U0563652

让我们 甲骨文 oracode 一起追寻

The Great Sea：A Human History of the Mediterranean

First Published 2011
Published in Penguin Books 2011, 2014

First published in Great Britain in the English language by Allen Lane 2011

本中文版根据 Penguin Books 2014 年版本译出。

DAVID ABULAFIA

THE GREAT SEA

A HUMAN HISTORY OF THE MEDITERRANEAN

伟大的海

〔上〕

地中海人类史

〔英〕大卫·阿布拉菲亚 著

徐家玲 等 译　徐家玲 校

社会科学文献出版社
SOCIAL SCIENCES ACADEMIC PRESS (CHINA)

谨以此书纪念我们的先祖

本书获誉

人物形象丰富多彩……阿布拉菲亚轻松且热情洋溢地展示了他的学术成就。就其本质而言，本书是一部人类历史，一部扣人心弦、富有世俗色彩、血腥、妙趣横生的人类历史。

——西蒙·塞巴格·蒙蒂菲奥里，《金融时报》

这是一项可以为普通读者接受的非凡学术成就，任何一个因分散的地中海历史碎片而产生兴趣的人在阅读此书后都将获益匪浅。在今后很长一段时间里，都很难出现能够与本书抗衡甚至类似的作品。

——罗杰·克劳利，《文学评论》

一本具有轰动效应的书……这部恢宏的历史著作展现了一片狭长的海域是如何变成人类文明的交汇之地的。

——汤姆·霍兰，《观察家报》

在世最伟大的地中海历史学者。

——安德鲁·罗伯茨

在评价阿布拉菲亚取得的成就——他对史诗场面的描绘、对细节的敏锐观察与清晰的语言风格——时，任何评论都显得苍白。他在书中描写了大量无畏的探险者、焦虑的朝圣者、勇于进取的商人、野心勃勃的政客、战战兢兢的难民……

真是一个巨大的宝库……几乎每一页都充满人文关怀和洞见……

——多米尼克·桑德布鲁克，《星期日泰晤士报》

在这本杰出的权威性著作中，地中海显得前所未有的迷人、重要。

——BBC 历史频道

这本新的历史巨作歌颂了由多种血统和族群混合而成的航海民族……令人着迷。

——伊恩·汤普森，《独立报》

如果今年夏天想找本历史书读，那就读这本吧。

——弗兰克·特伦特曼，《星期日快报》

研究世界文明中心之一的卓越之作。

——托尼·巴伯尔，《金融时报》

今年出版的最好的历史类图书……引人入胜。

——杰弗里·惠特克罗夫特，《观察家报》

一项惊人的成就……叙述清晰且十分权威。

——诺埃尔·马尔科姆，《星期日电讯报》

一部令人难忘的作品，富有学术价值，笔触幽默，展现了作者对细节超乎寻常的洞察能力，赞颂了地中海沿岸人与自然曾经美妙的共生关系中的“易变性”。一本好书。

——乔纳森·基特斯，《星期日电讯报》

权威性的……令人印象极为深刻的……一部跨时四千年的史诗之作。

——大卫·吉尔摩，《展望》

书中的叙述雄心勃勃、令人叹为观止且十分专业……一本给人留下深刻印象的著作。

——蒂姆·威特马什，《卫报》

绝妙至极……他是一流的作家，善于用清晰的语言压缩历史，且观察细致入微。他的作品配得上心怀感激的广大读者。

——《大西洋月刊》

目　录

图片列表

18. 狄奥尼索斯兑酒器，前 6 世纪晚期

(Staatliche Antikensammlung & Glypothek, Munich. Photograph: akg - images)

19. 塔尔奎尼亚墓画，前 6 世纪晚期

(Photograph: akg - images/Nimatallah)

20. 马尔西利亚那书写板，前 7 世纪

(Florence Archaeological Museum. Photograph: akg - images/Album/Oronoz)

21. 皮尔吉金箔记事板，前 6 世纪晚期

(Museo Nazionale di Villa Giulia, Rome. Photograph: akg - images/Nimatallah)

22. 伊特鲁里亚壶盔

(The Trustees of the British Museum)

23. 撒丁岛奥罗洛石塔

(akg - images/Rainer Hackenberg)

24. 撒丁岛人的青铜船，约前 600 年

(Museo Archeologico Nazionale, Cagliari. Photograph: akg - images/Electra)

25. 佩里安德胸像

(Vatican Museum)

26. 亚历山大大帝胸像

(Print Collector/Heritage - Images/Imagestate)

27. 埃切尔夫人

(ullstein bild - United Archives)

28. 萨拉皮斯胸像

(akg - images/ullstein bild)

(Museo Nazionale di San Matteo, Pisa)

41. 阿克廊柱客栈

(Photograph: Ariel Palmon/Wikimedia Commons)

42. 威尼斯四骏

(Mimmo Jodice/CORBIS)

43. 中世纪晚期地图（仿伊德里西图）

(Wikimedia Commons)

44. 马略卡波托兰海图，14 世纪早期

(British Library)

45. 描绘马略卡城 1229 年被攻破的壁画

(Museo de Catalunya, Barcelona. Photograph: akg - images/Bildarchiv Steffens)

46. 卡马格的艾格莫特

(Photo: Bertrand Rieger/Hemis/Corbis)

47. 哈特曼·舍德尔《纽伦堡编年史》中的热那亚

(by permission of the Master and Fellows of Gonville and Caius College, Cambridge)

48. 杜布罗夫尼克

(Photograph: Jonathan Blair/Corbis)

49. 马尼塞斯装饰碗

(Victoria and Albert Museum, London)

50. 用于献祭的货运船模型，约 1420 年

(Maritime Museum, Rotterdam)

51. 巴伦西亚交易所

(Photograph: Felivet/Wikimedia Commons)

52.《海事代理法》的早期手抄本

63. 海军将领萨缪尔·胡德像，1784 年，詹姆斯·诺斯科特绘
(National Maritime Museum, Greenwich, London/The Bridgeman Art Library)
64. 斐迪南·冯·霍姆佩茨像，安东尼奥·苏埃雷布绘
(Presidential Palace, Valletta, Malta, Photograph by and courtesy of Heritage Malta)
65. 斯蒂芬·迪凯特像，约 1814 年，托马斯·萨利绘
(Atwater Kent Museum of Philadelphia/courtesy of Historical Society of Pennsylvania Collection/The Bridgeman Art Library)
66. 赛义德港，1880 年
(Wikimedia Commons)
67. 劳埃德公司在的里雅斯特的码头，约 1890 年
(adoc – photos)
68. 亚历山大大广场（也称穆罕默德阿里广场），约 1915 年
(Werner Forman Archive/Musées Royaux, Bruessels/Heritage – Images/Imagestate)
69. 意大利占领利比亚，1911 年
(akg – images)
70. 米尔斯克比尔港的法国战舰遭受攻击，1940 年 10 月
(Photograph: Bettmann/Corbis)
71. 英国军队登陆西西里岛，1943 年
(Imperial War Museum, London, A17918)
72. 海法的犹太难民船，1947 年
(akg – images/Israelimages)
73. 戴高乐访问阿尔及利亚，1958 年
(akg – images/Erich Lessing)

转写与纪年体系

在一本跨越时间如此之长的书中，文字转写是令人纠结的 xvi
事，完全一致几乎不可能做到。我已经尽力做到了信与达。对于希腊名称，我拒绝了被长期使用的不合理的拉丁化形式，除非是像埃斯库罗斯（Aeschylus）这样的人物；对于这些人，如果换一种写法，一些非专业人士可能就会无法辨认。因此，我使用了 Herodotos（希罗多德）和 Sophokles（索福克勒斯），并使用了 Komnenos（科穆宁）而不是 Comnenus 来指代伟大的拜占庭王朝。在描述此后几个世纪时，情况更为复杂。古代的 Thessalonika（塞萨洛尼卡）成为奥斯曼人的 Salonika（萨洛尼卡），然后又是当代希腊的 Thessaloniki（塞萨洛尼基）。阿尔巴尼亚的一个地方在不同的时期有不同的名字，从 Epidamnos（埃比达姆诺斯），到 Dyrrhachion 或 Dyrrachium（都拉基乌姆），再到 Durazzo 或 Durrës（都拉斯）。我在提到不同时期时使用了不同的名称。相似的问题出现在希伯来语、突厥语和阿拉伯语的名称中。对克罗地亚和黑山沿岸，我更倾向于使用斯拉夫语名称，因为人们现在还在用它们，因此我使用了 Dubrovnik（杜布罗夫尼克）而不是用 Ragusa（拉古萨），但是（由于缺少对于这里的居民相对文雅一些的称呼）我称这里的居民为“拉古萨人”。

另一个易引起争议的问题是是否使用基督教的纪年方式，即使用 BC、AD，还是现代人的替代品 BCE 和 CE，抑或是（就像李约瑟曾经建议的那样）使用简单的符号“-”或

“+”。鉴于后面两种用法表达的意义同使用 BC 或者 AD 是完全一致的，因此，我不认为它们有什么优越之处；那些不喜欢使用 Before Christ（BC）和 *Anno Domini*（AD）的人可以选择用一些其他的词组来解读 BC 和 AD，如“Backward chronology”（有编年史以前的）和“Accepted date”（人们公认的时间）。

序

“地中海史”可谓寓意颇多。本书是一部地中海海洋的历史，而非其周围陆地的历史；具体而言，是一部穿行于大海之上、居住在沿海港口和海上诸岛之民族的历史。本书的主题是探求地中海在不同程度上被整合为单一的商贸、文化甚至（在罗马人统治时期）政治区域的过程，以及诸整合时期是如何在剧烈的瓦解——或因战争或因瘟疫——中结束的。我将地中海的历史分为五个不同时期：第一地中海的下限为公元前1200年后的混乱，也就是传说中特洛伊（Troy）陷落的前后；第二地中海一直存续至约公元500年；第三地中海缓慢地出现，而后在黑死病时期（1347年）经历了一次大的危机；在第四地中海，该地区不得不应对来自大西洋的日益激烈的竞争以及大西洋势力的优势地位，这一时期大约结束于苏伊士运河开通之时（1869年）；在第五地中海时期，地中海成为进入印度洋的一个通道，并在20世纪后半期确立了一个出人意料的新身份。 *xvii*

我的“地中海”完全是指洋面本身、其滨海地区及其岛屿，以及那些为穿梭于大海之上的人提供了出发点与停泊点的海港城市。与研究地中海史的伟大先驱费尔南·布罗代尔（Fernand Braudel）对地中海的定义——他有时会将地中海之外的一些地方也囊括进来——相比，我的定义略显狭隘。布罗代尔以及后来大多数追随他的学者笔下的地中海均指远离海岸线的陆地和满是海水的海盆。另外还有一种趋势：一些学者对

地中海的定义会涉及橄榄树的种植及汇入海中的河流，这意味
xxiii 着人们必须对沿着这些河流两岸定居的传统社会（它们生产的食材和原料是跨地中海大宗贸易中的主要商品）进行考察，也就是将从未靠近大海的真正的“旱鸭子们”纳入考虑范围。当然内陆——很多事件发生于此，很多物品源自或经过此地——是无法回避的，但是本书所关注的是这样一些人：他们涉足大海，最好还能穿越大海进行旅行；在一些情况下，他们直接参与不同文化间的交易，参与宗教或其他思想运动；值得注意的是，为了控制海上路线，他们也许还会进行海上战争。

不可避免的，在这么一本长篇著述中，决定什么内容应该包含进来，什么内容应该排除在外，着实困难。在书中，特别是在涉及早期地中海的描述中，我本应更多使用“或许”、“可能”、“也许”和“大概”等限定词，但这样做有令读者感到迷惑的风险。我的目的是描述那些使地中海发生完全或大部分改变的民族、过程和事件，而非其周边的一系列微观历史（尽管它们可能也很重要）。故而我将注意力集中于我认为从长远来看重要的部分，如迦太基（Carthage）的建立、杜布罗夫尼克（Dubrovnik）的出现、柏柏尔（Barbary）海盗的影响或苏伊士运河的开通。对宗教的相互影响需要留出探讨空间，因此本书在基督教与伊斯兰教间的冲突上将花费大量篇幅，但同时对犹太教也将给予足够关注，因为在中世纪早期和早期现代，犹太人作为商人占有重要地位。当我写到古典时代时，我会大致平衡地论及每一个世纪发生的事情，因为我不希望写出一部“金字塔状”的书，这样的著作往往匆匆略过前情，以尽可能快而轻巧地写至现代社会。但是划归于各章节的时间断限是极为粗略的，且不同的章节有时会涉及于同一时期发生在

地中海不同区域的事件。

我们现在所知道的地中海，其古代时期是由腓尼基人、希腊人和伊特鲁里亚人塑造的；中世纪则由热那亚人、威尼斯人和加泰罗尼亚人塑造；在公元1800年之前的几个世纪里的塑造者则是荷兰、英国和俄国的海军；实际上，1500年之后，或更确切来说1850年之后，地中海在更为广泛的世界事务与商贸活动中逐渐失去了重要地位的说法具有一定说服力。在大多数章节中，我会关注我认为可以最好地诠释更广义的地中海 xix
发展的几个地点——特洛伊（Tory）、科林斯（Corinth）、亚历山大城（Alexandria）、阿马尔菲（Amalfi）、萨洛尼卡等。但我强调的是它们在海上的来往，以及促成或参与了这些来往的人。这种写作方法的一个结果是，我不会像一些读者所期望的那样，花大量篇幅描述鱼和渔人。大多数鱼在海下生存，而渔人则往往从某一个港口出发，待捕到鱼后（捕鱼处通常离其家乡的港口有一段距离）再返航。总体来说，他们在航行于其他水域时并没有与当地居民和文化建立联系。他们只是将鱼带回家，以某种方式加工——用盐做成腌制食品，抑或做成重口味的鱼酱——然后正如我在书中会经常提到的，商人们会把这些商品带到海外销售；在一般情况下，新鲜的鱼应该是海军船员常备的标准食物。坦率地说，直到20世纪初出现了潜艇战，我才把注意力转移到了地中海的洋面之下。

我希望拿起这本书的读者能像我享受写作过程一样享受阅读的过程。在企鹅出版社（Penguin Books）斯图尔特·普罗菲特（Stuart Proffitt）先生与我的代理人海尔斯文稿代理集团（A. M. Heath）的比尔·汉密尔顿（Bill Hamilton）先生的诚邀和鼓励下，本书才得以完成，所以在此我要向他们表达万分感激；同时我也要向本书的美国发行商（纽约牛津大学出版社的）彼得·金纳（Peter Ginna）和提姆·本特（Tim Bent）两位先生对我的鼓励表示感谢。使我感到特别惬意的是能够拜访或多次拜访书中提到的一些地方。地中海及其他一些地方的很多好客的东道主使我获益良多：直布罗陀博物馆的克莱夫·芬利森（Clive Finlayson）与杰拉尔丁·芬利森（Geraldine Finlayson）像以前一样友好地接待了我，不仅让我再次参观了博物馆，还让我渡过海峡到达休达（Ceuta）；马耳他大学历史系的查尔斯·达利（Charles Dalli）、多米尼克·费内克（Dominic Fenech）及他们的同事，以及英国高级专员阿切尔（Archer）女士与英国文化协会的罗尼·米卡莱夫（Ronnie Micallef）先生，他们在马耳他堪称好客东道主的典范；马耳他驻突尼斯大使维克基安·克雷莫纳（Vicki-Ann Cremona）也在突尼斯市（Tunis）和马赫迪耶（Mahdia）给了我极好的款待；穆罕默德·阿瓦德（Mohamed Awad）以热情好客而闻名，他带领我游览了亚历山大城；埃德赫姆·埃尔德姆（Edhem Eldem）带领我参观了伊斯坦布尔（和亚历山大城）一些未引起人们注意的角落；杜布罗夫尼克克罗地亚历史研究所（Croatian Historical Institute）的雷佳·塞斐洛维克（Relja Seferovic）也在黑山［新海尔采格（Herceg Novi）和科托尔
xxx （Kotor）］与波斯尼亚和黑塞哥维那［特雷比涅（Trebinje）］为我提供了巨大帮助；爱德华·米拉（Eduard Mira）与我分享了其关于中世纪巴伦西亚（Valencia）原初位置的见解；奥利维塔·斯赫纳（Olivetta Schena）不仅邀我前往卡利亚里（Cagliari）参加为我已故的朋友、著名的地中海史学家马克·唐格罗尼（Marco Tangheroni）先生举办的纪念活动，还让我

参观了古代的诺拉（Nora）遗址；在赫尔辛基大学历史系与芬兰外交部的邀请下，我得以在一座经常被称为“北方的直布罗陀”的要塞城市阐述我自己研究地中海历史的观点；弗朗西斯卡·特里维拉托（Francesca Trivellato）准许我在其研究里窝那（Livorno）的杰出著作出版前先睹为快；罗杰·穆尔豪斯（Roger Moorhouse）帮我鉴别了一些适合本书使用的、非常难以寻找的插图；贝拉·库尼亚（Bela Cunia）是一个极好的文字编辑；我的妻子安娜则陪我一起考察了雅法（Jaffa）、尼维兹德克（Neve Tzedek）、特拉维夫（Tel Aviv）、突尼斯市、马赫迪耶及塞浦路斯的很多地方。由于安娜的宽容，本来已经堆满了中世纪地中海研究资料的家里，又有了堆积如山的涉及古代与现代地中海的书。我的女儿比安卡与罗莎已经一起快乐地游遍了地中海的各个角落，并用各种话题帮助我充实资料，例如摩里斯科人（Moriscos）与巴塞罗那进程（Barcelona Process）。

我还要感谢那些在剑桥、圣安德鲁斯（St Andrews）、达勒姆（Durham）、谢菲尔德（Sheffield）、瓦莱塔（Valletta）及美因河畔的法兰克福听我讲演的人，他们对我关于“如何书写地中海史”的讲座给予了非常有用的反馈。在剑桥，我收到了来自科林·伦福儒（Colin Renfrew）、简·伦福儒（Jane Renfrew）、保罗·卡特利奇（Paul Cartledge）、约翰·帕特森（John Patterson）、阿历克斯·穆伦（Alex Mullen）、理查德·邓肯·琼斯（Richard Duncan Jones）、威廉·奥莱利（William O'Reilly）、胡波特斯·杨（Hubertus Jahn）、大卫·雷诺兹（David Reynolds）以及其他一些朋友在参考文献及其他方面的建议；罗杰·达维（Roger Dawe）则很热心地赠送了我一册他精心校注的《奥德赛》。查尔斯·斯坦顿（Charles Stanton）阅读了本书初稿，并对很多地方进行了修订——当然，书中如果还有错误，皆应由我负责。埃利萨·班多（Alyssa Bandow）就古代经济与我促膝长谈，帮助我厘清了自己的想法；没有任何研究机构能与剑桥大学和牛津大学的各个学院相比，因为它们为我提供了与其他不同学科的研究人员进行交流的平台；我还要向给予我激励的凯斯学院的同事们——他们中不仅有我的历史系同事，还有保罗·宾斯基（Paul Binski）、约翰·凯西（John Casey）、鲁斯·斯库尔（Ruth Scurr）、诺埃尔·苏吉姆拉（Noel Sugimura）、科林·伯罗（Colin Burrow）以及维克托利亚·贝特曼（Victoria Bateman）等——表示我的感激之情，他们的评论让我受益匪浅；还要感谢米哈里斯·阿加萨克列乌斯（Michalis Agathacleous），他引导我参观了塞浦路斯南部地区，这给了我极大帮助；古典系图
xxi 书馆的工作人员给了我莫大支持，同时冈维尔与凯斯学院图书馆的马克·斯坦森（Mark Stantham）及其他工作人员也给了我巨大帮助。在书稿即将完成的最后阶段，我发现自己已经无法离开那不勒斯了，因为那里发生了火山喷发（不是维苏威火山），当时弗朗西斯科·塞纳托尔（Francesco Senatore）及其好心的同事［阿列桑德拉·佩里吉奥利（Alessandra Perricioli）、特雷萨·杜尔索（Teresa d’Urso）、阿列桑德拉·科恩（Alessandra Coen）等］极为热情地为我提供了帮助，包括让我使用那不勒斯腓特烈二世大学的一间办公室并与他们近距离交流。在天气好转之后，由于卡特琳娜·弗莱明（Katherine Fleming）的好意，我有幸能在皮耶特拉别墅（Villa La Pietra），即纽约大学设在佛罗伦萨的学术中心的一次聚会

中讨论本书的一些主题。在受邀参加了 2010 年 6 月于卑尔根（Bergen）举办的纪念娜塔莉·泽蒙·戴维斯（Natalie Zemon Davis）获得霍尔贝格奖（Holberg Prize）的座谈会后，我在挪威对结语做了进一步完善。

谨以本书献给我已故的先祖，在几个世纪里，他们来往于地中海之上：从卡斯蒂利亚（Castile）到圣地的萨法德（Safed）和太巴列（Tiberias），其间在土麦那稍作逗留；而后，我的祖父再次从太巴列向西而行，然后我的祖母又经海上返回太巴列；他们的同行者中还有我的先辈雅各·贝拉卜（Jacob Berab）——他从卡斯蒂利亚的马克达（Maqueda）出发，最终到达了萨法德——以及里窝那和遍布意大利全境的阿布拉菲亚（Abulafia）、阿波拉菲奥斯（Abolaffios）、博拉菲斯（Bolaffis）家族的成员。本书书名采用了希伯来人对地中海的称呼，它出现在一句人们在看见地中海时会背诵的祈祷词中："耶和华我们的神，宇宙的君主，您创造了伟大的海，您是配得称颂的。"

大卫·阿布拉菲亚

2010 年 11 月 15 日书于剑桥

导言：有多个名字的大海

xxiii 在英语和罗曼语中，以“陆地之间”的海而著称的地中海已经被冠以多种称呼：罗马人将其称为“我们的海”（Our Sea），土耳其人将其称为“白海”（*Akdeniz*），犹太人将其称为“伟大的海”（Great Sea），日耳曼人将其称为“中部之海”（*Mittelmeer*），而古代埃及人则令人疑惑地将其称为“伟大的绿色”（Great Green）。当代作家进一步扩充了关于其名称的表示，赋予了它很多绰号，如“内海”（Inner Sea）、“环形之海”（Encircled Sea）、“友好之海”（Friendly Sea）、多元宗教的“信仰之海”（Faithful Sea）、第二次世界大战时期的“苦涩之海”（Bitter Sea）、因与邻近地区互通有无而微生态系统遭到破坏的“被腐蚀的海”，以及像一块真正的大陆一样在具有精确边缘的空间内包含了不同民族、文化和经济体的“液态大陆”（Liquid Continent）。因此，有必要在本书开篇对地中海的范围进行限定。自古代以降，黑海沿岸的谷物、奴隶、毛皮以及水果就源源不断地被运至地中海，但黑海是被地中海商人渗透的海，其居民并没有参与地中海的政治、经济和宗教变迁。其与巴尔干半岛、欧亚大草原、高加索地区的来往穿越了陆地，黑海沿海因此形成了前景与特征与地中海不同的多种文明。而对于亚得里亚海的居民而言，事实则并非如此，因为在斯皮纳（Spina）的伊特鲁里亚人和希腊人、中世纪与早期近代的威尼斯人与拉古萨人（Ragusans），以及生活时间更接近当代的的里雅斯特（Trieste）商人的影响下，他们积极地参与

了地中海的贸易、政治活动及宗教生活。本书中，地中海的边
界首先是其自然边界，然后是人为的边界。这些边界线位于直
布罗陀海峡；也位于达达尼尔海峡——由于达达尼尔海峡起到
连接黑海与“白海”的作用，书中的描述偶尔也会涉及君士 xxiv
坦丁堡；还在亚历山大城至加沙和雅法的沿岸地区。在本书中，
地中海的范围还包括地中海沿岸及海上的港口城市，特别是那
些不同文化发生碰撞与融合的港口城市，如里窝那、士麦那及
的里雅斯特等。一些岛屿，主要是那些当地居民放眼岛外的岛
屿，也是本书的描写对象，这也解释了为何在本书中对科西嘉
人（Corsicans）的描述要少于对马耳他人（Maltese）的描述。

与其他作者提供的关于地中海的视域相比，本书的视域可
能相对狭窄，但它确实统一性更强。很多已出版的关于地中海
的历史书籍的主题都是环地中海的陆地史，很自然，它们关注
的更多是陆地间的相互影响。其中两部著述具有很强代表性。 xxv
佩里格林·霍尔登（Peregrine Horden）与尼古拉·柏塞尔
（Nicholas Purcell）2000 年出版的巨作《被腐蚀的海》
（*Corrupting Sea*）包含很多与地中海周边土地的农业史有关的
观点，认为地中海史应该至少涉及近海十英里的陆地。他们阐
述了地中海交通的一些基本方面：联系不同点之间的“通
性”，以及当紧缩发生之时这种通性的“骤减性”。他们关注
的基本是陆地上发生的事件而非海面上发生的事件。另一本是
在众多地中海史学家间极负盛名的费尔南·布罗代尔的著作 xxvi
《菲利普二世时代地中海和地中海世界》（*The Mediterranean
and the Mediterranean World in the Age of Philip II*）。该书于 1949
年首次出版，是 20 世纪最具创新性和影响力的著作之一。自
20 世纪 50 年代起，布罗代尔就引领了大批学者关注其所选时

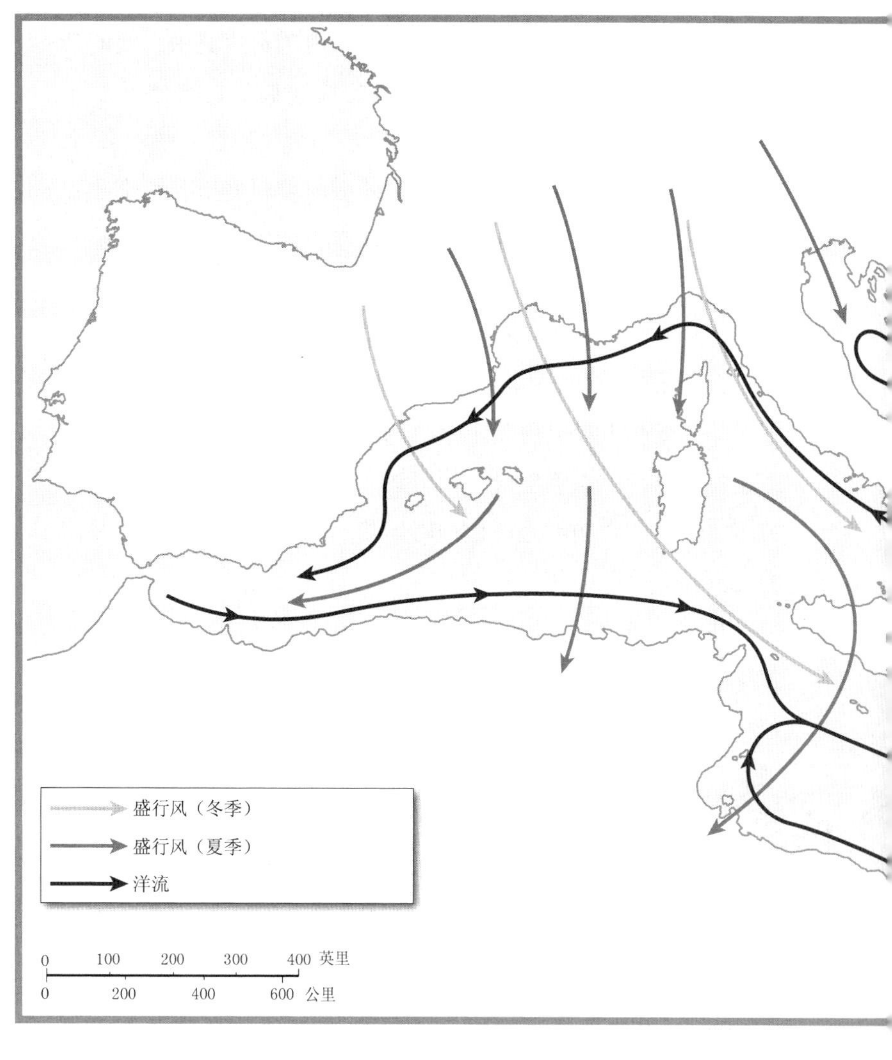
盛行风（冬季）
盛行风（夏季）
洋流
0
100
200
300
400 英里
0
200
400
600 公里

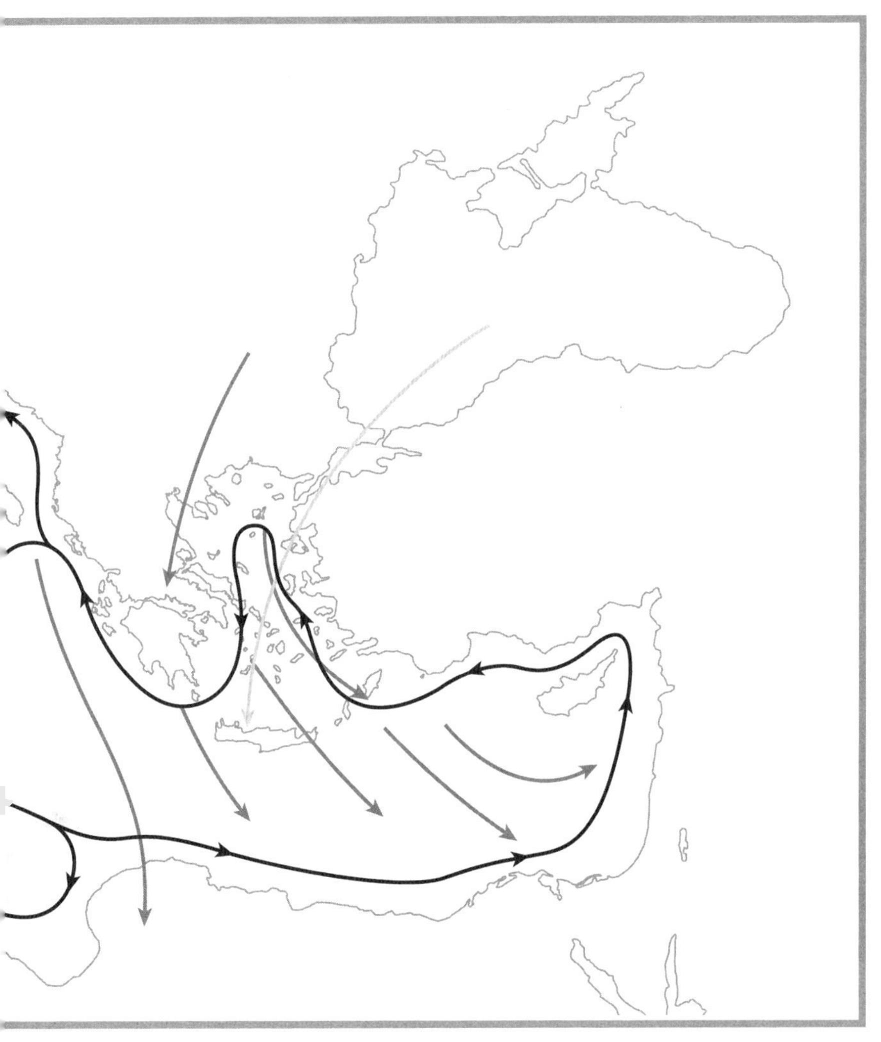

代的地中海史研究，还引领了一些学者关注更早或更晚时期的地中海史。在他的影响下，还有很多学者已经不再局限于地中海，而将研究拓展到了大西洋及其他海域。之后，他成为深受尊敬的法国年鉴学派的领军人物，赢得很多荣誉，并在其于巴黎高等研究应用学院（École Pratique des Hautes Études）创立的神秘“第六部”担任高职。但其思想的发展十分缓慢。一些法国文人，如受人尊敬的诗人、散文家保罗·瓦莱里（Paul Valery，1945 年逝世）对分布在法国、西班牙、意大利本土的沿海地区及法国在北非和中东的殖民地的“地中海文明”很是痴迷，认为存在“地中海文明”的观点在这三个国家的国民间十分流行。布罗代尔的书是他在法国、阿尔及利亚、巴西及德国战俘营中长久深思后的产物，其间，布罗代尔的文化探索之旅开始于对过往政治关系（许多法国历史学家仍对这一话题抱有兴趣）的深入研究，途中经过了瓦莱里所提出的地中海文化认同，以写出上述从地理环境出发认识历史的著作作为终点。就地中海的整体历史（而不只是 16 世纪的地中海）而言，布罗代尔是一位“百科全书式”的人物，对位于地中海边缘地区的社会如何相互影响的问题，他给出了一个新颖且令人激动的回答。布罗代尔方法的核心假设是“所有的改变都是缓慢的”，且“人受制于自己无法掌控的命运”。[1] 本书在这两方面均持相反观点。布罗代尔呈现给我们的可以被称为地中海的横向历史，它主要研究该地区在特定时期的特征；而本书则试图呈现地中海的纵向历史，强调其随着时间流逝而不断发生改变。

总体上，布罗代尔对政治史，即可被理解为“历史事件”（*histoire événementielle*）的东西多少持轻视的态度。[2] 地中海的地理环境被认为对于整个海域内发生的事具有决定性作用。他在著作中将政治与战争置于接近结尾之处，而把重心放在其他部分，即环地中海地区的地形地貌，以及地中海本身的重要特征，也就是有助于人们决定海上航行路线的季风、洋流等自然 xxvii
因素。事实上，布罗代尔所描述的地中海已经远远超出地中海本身，它包括所有那些经济生活受制于地中海的陆地：在书中多处，他都成功地将克拉科夫（Cracow）和马德拉群岛（Madeira）纳入了探讨的范围。受他启发，约翰·普莱尔（John Pryor）将重点放在了季风与洋流带来的局限性上。普莱尔认为中世纪与早期现代的航海家很难在北非沿岸航行，强调在春秋两季间通航的重要性，因为这段时间的顺风有助于海上航行。与此相反，霍尔登与柏塞尔则认为，在季风和洋流不那么乐观，但在贸易和政治上有利可图之时，水手们会准备开辟新的航线。[3] 在这种情况下，自然力造成的困难可以凭借技巧与机敏来克服。

当然，对于地中海的自然特征我们也不能视而不见。地中海所拥有的一些特征均源自其内海性质。在久远的地质时期，它是完全封闭的；然后在一千二百万至五百万年前，水的蒸发达到了极限，地中海盆地变成了一个深空的沙漠；而后，这个盆地被大西洋的海水冲破，一般认为它在不久之后就装满了水。由于河流水系向地中海注水的速度远远不及海水的蒸发速度，这种情况的发生并不令人惊奇，要知道当时的一些河流流量极少，它们包括西西里岛和撒丁岛上的一些小河细流，以及久负盛名但算不上大河的台伯河（Tiber）与阿尔诺河（Arno）（酷暑时分，阿尔诺河在流经佛罗伦萨之前只是一支涓涓细流）。事实上，也有一些大河汇入地中海，如尼罗河、波河

（Po）及罗讷河（Rhône）。在欧洲的河流中，多瑙河与俄罗斯的河流体系也为地中海提供了间接补给。黑海从大陆深处的几个大河水系引入水流，如此一来黑海就拥有了大量未经蒸发的水流，它们形成的急流经伊斯坦布尔流入了爱琴海的东北部。但这仅能补充地中海损失水分的百分之四，地中海海水的主要补充来源是大西洋，它可以向地中海稳定地注入冰冷的海水，这在某种程度上可以平衡地中海向外流出的水量。由于蒸发作
xxviii 用，从地中海流出的海水更咸也更重，流入的水因此浮在了流出的水的上面。[4] 地中海两端都开放的事实对其海洋属性的保留至关重要。另一个开放的通道是苏伊士运河，尽管由于河道极为狭窄，苏伊士运河对地中海的影响十分有限，但它为地中海带来了生长于红海与印度洋的鱼类。

从大西洋注入地中海的洋流阻止了中世纪的航海者经常性地由直布罗陀海峡出行，但这并未阻止维京人、十字军及其他人进入地中海。主要的洋流自直布罗陀海峡沿非洲海岸东行，呈环状绕行以色列、黎巴嫩及塞浦路斯，而后环绕爱琴海、亚得里亚海、第勒尼安海，最终沿法国与西班牙海岸返回赫拉克勒斯石柱（Pillars of Hercules）。[5] 至少在桨与帆的时代，这些洋流是一种重要的动力，可以使船只在地中海上的航行更顺利。甚至有证据证明，即使在多风的时节，人们也可以利用洋流往返于地中海上。这一地区气候体系的运动倾向为自西向东，故而巴塞罗那与比萨之间各港口的船只在春季可以利用季风向撒丁岛、西西里岛和黎凡特（Levant）航行。但在冬季，西地中海主要受北大西洋天气系统的影响；在夏季，它则受到停留在亚速尔群岛（Azores）上方的大西洋副热带高压影响。将冷空气带入普罗旺斯（Provence）谷底的密史脱拉风

(mistral)构成了冬季潮湿多风的气候的典型特征，但与之类似的还有意大利和克罗地亚的布拉风（*bora*）或屈拉蒙塔那风（*tramontana*）。约翰·普莱尔指出，普罗旺斯近岸之所以被称为“狮子湾”，是因为密史脱拉风的呼啸声就像雄狮的吼叫声。[6] 尽管现代人描绘的地中海都以阳光普照的形象出现，但没有人会低估地中海冬季风暴带来的忧虑和高度危险。有时低压天气系统会在撒哈拉沙漠上空形成并向北移动，形成令人不安的热风，它们被称为西洛可风（*scirocco*，意大利的叫法）、西罗科风（*xaloc*，加泰罗尼亚的叫法）或喀新风（*hamsin*，以色列与埃及的叫法）；大量来自撒哈拉沙漠的红色尘土可能会沉降至地中海周围的土地。只要船只的航行还需要依赖帆力，北风占优势之时北非沿岸的航行就十分危险，因为这些风可能会将船只吹向沙滩搁浅，而且可能使它们在南部地中海近岸触礁。正如普莱尔认为的，地中海北岸的很多险峻岬角以及 xxix
一些小湾和海滨对航海者更有吸引力，但这些小湾也是海盗青睐的便于隐匿的角落或缝隙。[7] 在中世纪时期，如果船只于春季自热那亚或马赛出发，沿地中海北岸航行，经西西里岛与克里特岛，再绕塞浦路斯到达埃及，那么著名的自西向东的黎凡特贸易通道会更易于航行。直到蒸汽机船的出现，才有了从克里特岛抄近路直达尼罗河河口的典型实践。尽管没有人能完全肯定地中海的风向与洋流是一致的，但古典时期和中世纪的很多文献都提到了来自西北的波瑞阿斯（*Boreas*）风，这说明布拉风已经有很长的历史了。

气候的改变可能对近海地区土地的生产力有重要影响，进而也会对地中海的谷物贸易产生影响。在古代和中世纪，这种贸易十分重要，但之后其地位逐渐降低。公元 16 世纪与 17 世纪的气候变冷可以解释为何粮田会荒芜，以及为何从北欧进口粮食变成了一种常见做法（导致荷兰与德国商人在地中海的实力获得提升）。沿岸地区的干燥可以表明气候发生了改变，但更重要的是，人为的破坏通常也是明显的：11～12 世纪，北非发生了新一波的阿拉伯人入侵，很可能导致人们忽视了大坝和灌溉工程，农业也因此蒙受了损失。在罗马帝国晚期，小亚细亚半岛经济的衰落随着葡萄园和橄榄种植园的废弃进一步恶化，曾经由这些植物保养的土壤此时已经被冲入河流并形成了淤积。[8] 在当代，一些大坝，例如上埃及著名的阿斯旺大坝（Great Aswan Dam），已经改变了水流注入地中海的模式，进而对洋流和空气湿度也造成了影响。尼罗河的季节循环在人类的作用下才发生了改变，这从而决定性地改变了埃及人的经济生活，结束了每年泛滥一次的、曾经被古埃及人视为神明恩赐的洪水。但另一方面，地理学家阿尔弗雷德·格罗夫（Alfred Grove）与生态学家奥利弗·莱克哈姆（Oliver Rackham）认为人类对地中海环境的影响远不及我们认为的那么严重，因为地中海地区的自然环境显示，它对气候和其他方面的变化及人为破坏有一种很强的恢复能力。他们强调，人类对自然的压力并
xxx 不能决定气候的变化，或者说至少在 20 世纪之前不会；至于侵蚀，虽然要考虑人为的因素，但其发生也是符合自然进程的——其在恐龙生活的时代也曾发生。关于人类影响自然的方式，经常被提及的是森林的砍伐，其对西西里、塞浦路斯及西班牙沿岸有很大影响。砍伐的目的最初是获取用于船只建造的木材，而后则是清理土地以建设新城或扩建城镇与村庄，但自然的再生也在同时发生。尽管如此，格罗夫与莱克哈姆对地中海的未来却不怎么乐观，因为水资源和鱼类资源被过度开发，

一些地区还面临沙漠化的威胁，且关于全球变暖的诸多可信预言即使最终只有部分成真，沙漠化的情况也会变得更加恶劣。[9]回顾地中海的历史就是观察人与自然的共栖关系，这种关系最终可能会走向终结。

本书并不否定风与洋流的重要性，但我希望用这本书令读者关注人类穿越地中海的经历，或在以海为生的各港口城镇和岛屿生活的经历。在对地中海史的塑造方面，人类的影响力要远比布罗代尔所认为的更大。本书涉及了很多政治方面的决策：海军应着手征服叙拉古（Syracuse）还是迦太基（Carthage）？阿克（Acre）还是法马古斯塔（Famagusta）？梅诺卡（Minorca）还是马耳他（Malta）？这些地方的战略意义在很大程度上取决于它们周边的地理环境。这不仅和风与浪有关，还有一些其他限制性因素：一艘商船上的新鲜食物和淡水可以满足船上成员两周的生活所需，但战船上根本没有足够的空间存放大量食物和淡水。这个简单的事实意味着控制公海是一项艰巨的挑战，至少在帆船时代是这样的；如果船只无法进入一些友好港口获得补给和检修，任何国家（或者权力集团）——无论其拥有多少艘战舰——都无法在海路上畅通无阻。因此，应将为控制地中海而发生的战争看作争夺沿岸地区、港口和岛屿控制权的斗争，而不是争夺公海控制权的战争。[10]为了应对几乎一直存在的海盗威胁，与海盗及其头目进行一些暗地里的交易是有必要的：可以给予他们礼物和进行贿赂，以换取商船的自由通行。前沿位置是极为重要的。科孚岛（Corfu）由于其所处位置，已经被那些企图控制进入亚得里亚海的门户的人觊觎了几
个世纪。加泰罗尼亚人和英国人先后经地中海建立了一系列属 xxxi
地，它们可以很好地为其经济和政治利益服务。然而奇怪的

是，那些被选为港口的地方通常并不是天然良港，这说明地理优势绝非唯一的考虑因素。亚历山大城因经常出现海潮而难以靠近；中世纪的巴塞罗那提供的也仅仅是一片海滩而已；比萨只在靠近阿尔诺河入海口处才有些许泊位；甚至到20世纪20年代，到达雅法（Jaffa）的船只还需要在海上卸载货物；墨西拿（Messina）的港口则位于靠近激流之处，古典时期的评论家将其认定为两大恐怖海妖斯库拉（Scylla）和卡律布狄斯（Charybdis）的所在地。[11]

人类史涉及对一些非理性或者理性决定的研究。这些由个体或群体做出的决定在几个世纪或几千年后已很难为我们所理解，且它们在出台之时可能就已经难以理解。但是一些小的决定就像蝴蝶扇动翅膀一样，可能会产生巨大影响：公元1095年，一位教宗在法国的克莱蒙（Clemont）发表演说，该演说言辞含糊却充满激情，进而诱发了长达五百年之久的十字军东征；不同于基督徒的魅力型领导者，土耳其互为竞争对手的将领之间的争斗导致1565年奥斯曼陆军与海军在马耳他出人意料地战败了——即使在这种时候，西班牙还是冒着失去其王牌据点西西里岛周围海域的危险，没有及时地派出急需的援军。地中海上还发生了一些以少胜多的战役：莱山德（Lysander）、劳里亚的罗杰（Roger de Lauria）以及霍雷肖·纳尔逊（Horatio Nelson）等有才干的海军将领的胜利改变了地中海的政治版图，挫败了雅典、那不勒斯或拿破仑治下的法国的称霸计划。一些杰出商人将其利益置于基督教事业之前。历史的车轮在转动，未来还是未知数，人的力量推动着历史车轮向前滚动却是不争的事实。

注　释

1. F. Braudel, *The Mediterranean and the Mediterranean World in the Age of Philip II*, trans. S. Reynolds, 2 vols. (London, 1972–3), vol. 2, p. 1244; P. Horden and N. Purcell, *The Corrupting Sea: a Study of Mediterranean History* (Oxford, 2000), p. 36.
2. E. Paris, *La genèse intellectuelle de l'œuvre de Fernand Braudel: 'La Méditerranée et le monde méditerranéen à l'époque de Philippe II' (1923–1947)* (Athens, 1999), pp. 64, 316.
3. J. Pryor, *Geography, Technology, and War: Studies in the Maritime History of the Mediterranean 649–1571* (Cambridge, 1988), pp. 7, 21–4; Horden and Purcell, *Corrupting Sea*, pp. 138–9.
4. Pryor, *Geography, Technology, and War*, pp. 12–13.
5. Ibid., p. 14, fig. 2.
6. Ibid., p. 19.
7. Ibid., pp. 12–24; C. Delano Smith, *Western Mediterranean Europe: a Historical Geography of Italy, Spain and Southern France since the Neolithic* (London, 1979).
8. See F. Tabak, *The Waning of the Mediterranean 1550–1870: a Geohistorical Approach* (Baltimore, MD, 2008), and Braudel, *Mediterranean*, vol. 1, pp. 267–75; C. Vita-Finzi, *The Mediterranean Valleys: Geological Change in Historical Times* (Cambridge, 1969).
9. A. Grove and O. Rackham, *The Nature of Mediterranean Europe: an Ecological History* (New Haven, CT, 2001); O. Rackham, 'The physical setting', in D. Abulafia (ed.), *The Mediterranean in History* (London and New York, 2003), pp. 32–61.
10. Pryor, *Geography, Technology, and War*, pp. 75–86.
11. S. Orvietani Busch, *Medieval Mediterranean Ports: the Catalan and Tuscan Coasts, 1100–1235* (Leiden, 2001).

第一部
第一地中海
(前22000～前1000年)

一　孤立与隔绝时代
（前22000～前3000年）

1

在人类来到地中海之前，它已有数百万年的历史了。从人 3
类在海上航行以寻找定居地、食物及其他必需品之时起，地中海就成了联系此岸与彼岸的“陆地之间的海洋”。43.5万年前，一些早期人类已经定居在毗邻地中海的土地之上，这一点可以由建立在现今罗马附近的一处猎人营帐证实。还有一些人在尼斯（Nice）附近的阿玛塔遗址（Terra Amata）用树枝搭建了简易棚屋，并在住处中央垒砌了灶台，他们的食物有犀牛肉、象肉、鹿肉、兔肉和野猪肉。[1] 我们并不知晓早期人类是何时冒险渡过海洋的。2010年，雅典的美国古典学研究院（American School of Classical Studies）宣布，他们在克里特岛（Crete）发现了早于公元前13万年的石英手斧，这表明早期人类已经找到一些穿越海洋的方法——尽管他们可能也是无意间被风暴带至那里的。[2] 直布罗陀岩洞中的发现表明，在2.4万年前，有另一个人类种群在眺望大海另一端的摩西山（Jebel Musa），它清晰可见地耸立在对面的非洲海岸上：发现于1848年的首副尼安德特人遗骨属于一个居住在直布罗陀岩（Rock of Gibraltar）的洞穴中的女人。最初人们并没有马上鉴定出这些残骨属于一个新的人种，直到八年之后类似的骸骨在德国的尼安德谷（Neander Valley）出土，该人种才获得了自己的名字，所以尼安德特人（Neanderthal Man）这

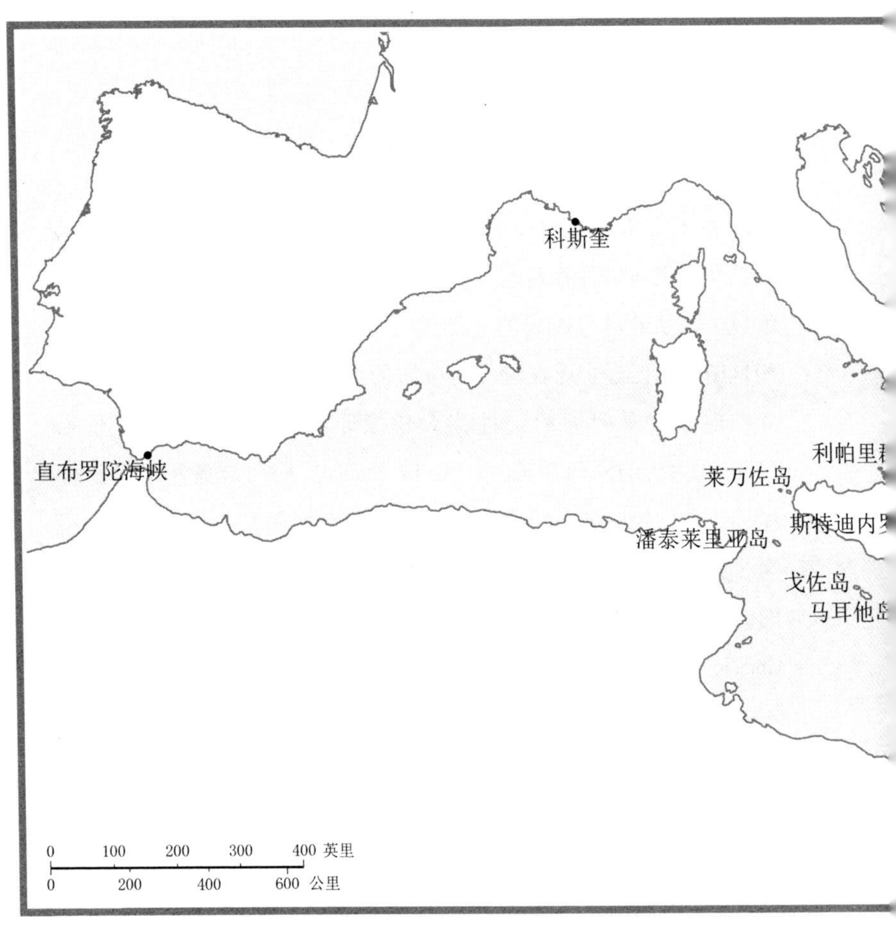
科斯奎
直布罗陀海峡
利帕里
莱万佐岛
斯特迪内
潘泰莱里亚岛
戈佐岛
马耳他
0 100 200 300 400 英里
0 200 400 600 公里

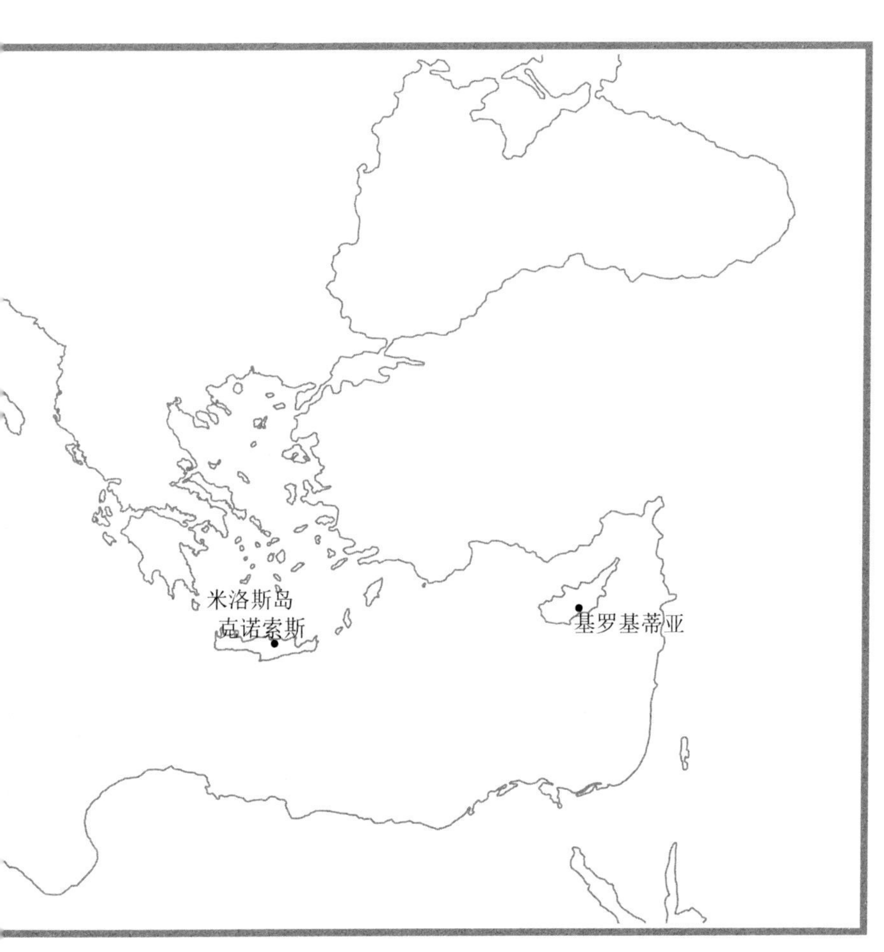
米洛斯岛
克诺索斯
基罗基蒂亚

一种群其实应该叫作“直布罗陀女人”（Gilbraltar Women）。直布罗陀的尼安德特人从周边海域获取食物，它们包括贝类和
4 甲壳类海洋生物，甚至还有海龟和海豹，尽管在这一时期他们的岩洞和海洋之间横亘着一片广阔平原。[3] 可是在被晚期智人（*homo sapiens sapiens*，即我们所属的那个分支）统治的摩洛哥，并无证据显示当地曾有尼安德特人存在。显然，这两个人种被海峡隔开了。

在漫长的旧石器时代的早期和中期，在地中海上航行几乎是不可能的，但今日的一些岛屿在当年可通过陆桥抵达，这些陆桥后来因海平面上升而被淹没了。邻近马赛的科斯奎（Cosquer）洞穴内有智人制作的石雕，其时间可追溯至公元前27000 年，而壁画的时间应早于前 19000 年。该洞穴现在位于海平面以下，但在当时，它距地中海沿岸还有几英里。第一个关于短距离航海的有力证据来自旧石器时代晚期（the Upper
5 Palaeolithic），即约前 11000 年。当时，游访者已踏上希腊基克拉泽斯群岛（Cyclades）中的米洛斯岛（Melos），以寻找用来制作石器的黑曜岩，这种石材打制的石刃比燧石更锋利。在西西里岛我们已发现几十个同时期的旧石器时代遗址，它们多沿海岸分布。尽管生活在这些遗址中的居民也猎杀狐狸、野兔和鹿，但他们以软体动物为主食。他们关注死者，会在死者身上涂一层赭石颜料，有时候会给死者戴上项链，然后再将其埋葬。在西西里岛西端，他们占据了现在埃加迪群岛（Egadian islands）最东端的几个岛屿（在当时可能是与西西里岛相连的小岬角）；莱万佐岛（Levanzo）便是其中之一，约前 11000 年，他们在那里用雕刻和壁画装饰了一个洞穴。凿刻的雕像中有鹿和马，其形象可谓栩栩如生。涂绘的壁画更具写意性，人

物的构图颇为粗糙，且被鉴定为较晚时期占据洞穴者的创作。 6
西西里洞穴的绘图和壁画说明当时存在一个成熟的狩猎采集社会，我们还可从其他证据得知他们用燧石和石英制造有效的工具，还创立了包括交感巫术在内的一些仪式，旨在获得捕猎的成功。他们用于狩猎的工具有弓、箭和矛；他们居住在洞穴和岩穴中，但也会住在露天搭建的营帐中。他们在岛上分布稀疏，尽管他们的祖先就地取材制造了将自己运往西西里岛的简单船只，但这些后世子孙并未对海洋做进一步探索。[4]

虽然西西里岛的第一批居民生活于与世隔绝的环境中，但与其他散布于地中海海滨的数百代旧石器时代晚期人类相比，其生活方式并没有显著不同。但这并不是说其生活方式过于简单。把他们与澳大利亚或亚马孙的狩猎采集社会的游牧民比较，我们可以发现，无论处于哪种生产力水平，复杂的神话和仪式在过去几千年间已经使家族和族群紧密地联系在了一起。如果说有什么变化的话，它的发生也是十分缓慢的，未必包括可被称为“进步”的因素，因为就技术（如洞穴艺术家所掌握的那些）而言，它们可能延续，也可能失传。约公元前 8000 年，气候渐暖，引发了植物群和动物群的变化，这些变化有时鼓励小族群迁徙他处寻找传统猎物，有时则促使他们寻找其他替代食物，尤其是来自海洋的食物。由于冰川融化，海平面逐渐上升了一百二十米。现代地中海的轮廓已变得清晰可辨，地峡转变为岛屿，海岸线基本退至现在的位置。但这一过程非常缓慢，并不是随时随处都可以见到的。[5]

在这些不停迁徙的人群中几乎不存在社会分化，他们四处游荡以寻找食物，到达易于接近的山顶和海湾，从一个定居地迁徙到另一个定居地，来来去去地穿行于各聚落。但是当族群对某些特定的区域熟悉之后，他们便形成与环境相适应的饮食习俗。或许由于埋葬尸骨和装饰洞穴的缘故，他们对土地有了一种真正的依恋。偶尔，石器会不断易手，流传于群落之间，抑或因部落间的冲突而被夺取。总之，他们依赖于海洋和陆地
7 提供的野生动物、鱼类和浆果，过着自给自足的生活。尽管人口规模很小，在某一个时间段内整个西西里岛的人口可能不过数千人，但气候变化和人类活动对动物数量的影响日益加深。大量动物开始灭绝，比较有代表性的是野马，它们先于人类到达西西里岛——当时西西里岛与意大利还是完全连为一体的。这些野马被记录在了莱万佐洞穴的壁画上，它们是盛宴上的食品。

从这一过渡时期至约公元前 5000 年，是我们熟知的中石器时代（Mesolithic），当时石器变得更为精制，但动物饲养、陶器制作及谷物耕种技术尚未出现。史前西西里人的食物转向了海产品，他们在海洋中捕捉鲷鱼和石斑鱼，在一些考古遗址中我们已发现大量贝蚌壳，其中有一些还经过雕刻并被饰以赭色。至前 6400 年，在后来被称为突尼斯的地方出现了卡普萨文化（Capsian culture），该文化极其依赖贝蚌类食物，且在海岸线留下了大量贝冢。[6] 向东，在爱琴海，旧石器时代晚期和中石器时代的航海者有时会经基克拉泽斯群岛到达米洛斯岛采集黑曜石并将其运回希腊本土的洞穴内，如距米洛斯岛一百二十公里的弗兰克西（Franchthi）洞穴遗址便是其中之一。他们的船可能是用芦苇制成的，而切削芦苇使用的则是经改良的小而锋利的石器或者细石器（microliths）。由于海平面仍在上升，岛屿间的距离比今天更短。[7] 中石器时代的西西里人已经知晓

黑曜石是从西西里岛东北方的火山群岛利帕里（Lipari）获得的。穿越广阔海洋的迁徙活动已经开始。这种迁徙是局部性的、间歇性的，但也是具有目的性的，其目的就是搜集珍贵材质以制造更优质的工具。这种迁徙并不是“贸易”。这时可能还没有人定居于米洛斯岛或利帕里群岛上；即使有，定居者也无法表达他们对岛上的火山石具有优先使用权。西西里岛或希腊的史前人类制作黑曜石刃的目的并不是将它们送至内陆地区的相邻群落。自给自足就是此时的规则。为寻找证据证明早期人类在为获得渴求的物品进行有目的的旅行，我们有必要快速跳跃到新石器时代（Neolithic）。在这个时代，社会已经开始分层且变得更为复杂，人类与土地的关系也在发生革命性的巨变。

2

事实上，存在于地球上的所有人类族群的“新石器时代 8
革命”（Neolithic Revolution），是开始于公元前10000年前后的关于如何掌控食物资源的一系列独立发现。驯化的牛、绵羊、山羊和猪为人类源源不断地提供了肉、奶和可用来制作工具的骨头，后来还提供了可用来缝制衣服的纤维。人们认识到作物可以在相应季节轮番播种，因此开始种植各种品种的麦子，最初是半野生的双粒小麦（*emmers*），最后（在地中海）出现了早期的小麦和大麦产品。最早的陶器——以手工而非陶轮塑形——已经开始被用来贮存食物。人们的劳动工具还是用燧石、黑曜石及石英石打制的，但这些工具变得更小巧，且其用途变得更加具体化，这种趋势在中石器时代已经比较明显。这意味着劳动分工不断明确，出现了一个有技能的工具制造者阶层，他们像寿司厨师那样经历了看似简单实则长期而复杂的训练。新石器时代的社会完全有可能创立复杂的、由不同阶层构成的政治机制，如君主制，并依据个人的身份和劳动分工来确定其社会地位。

集中性聚落发展起来，人们筑建围墙，既靠本地物产又靠从外地买入的产品为生。第一个集中性聚落是约在公元前8000年出现的耶利哥（Jericho），它在前8千纪早期有约两千位居民，当地的黑曜石来自安纳托利亚而非地中海。大约自前10000年起，郁南［Eynan，即马拉哈（Ayn Mallaha），位于今以色列北部］的居民已开始培育谷物、磨制面粉，此外他们还有闲情逸致在石头上雕刻简单却优美的人物肖像。由于新的食物来源出现，东地中海的人口不断增长，对资源的竞争导致部族间的冲突更为频繁地发生，武器也因此被更多地用来防备同类而非捕猎动物。[8] 冲突促进了迁徙，人们从安纳托利亚或叙利亚迁至塞浦路斯和克里特。至前5600年，一个有几千人的部族已定居于塞浦路斯的基罗基蒂亚（Khirokitia），他们用切割开的石头而非黏土制作容器。作为最早的塞浦路斯人，他们虽然也从外部运进一些黑曜石，但还是把主要注意力放在土地和羊群身上。他们在石头地基上用泥砖建房，卧室在房舍的
9 第一层，而祖先的坟墓则被安置于房舍的地板之下。不大引人注目的是，在克里特岛的克诺索斯（Knossos），最早一批新石器时代居民的定居点可追溯至约前7000年，它标志着外来者集中迁至该岛的过程的开始，这个海岛在青铜时代（Bronze Age）的东地中海将占据重要地位。这些居民携带谷物种子和动物沿小亚细亚半岛海滨到达克里特岛，因为在克里特岛上并不存在与其饲养的动物相近的野生属种。他们种植小麦、大麦

和扁豆。他们大约在五百年后才掌握了制陶术，而纺织术在前5千纪的前半期才出现。陶器的缺乏表明他们是一个孤立的族群，并没有效仿其东部近邻的制陶术。他们从西北不远处的米洛斯获取黑曜石。不过，一般而言，克里特人并不关注大海：发现于克诺索斯最底层的数量不多的贝壳受到了水的侵蚀，表明人们是在壳中生物死亡很久后，才将搜集的贝壳制作成了装饰品。[9]但是与外界的联系已经开始改变早期克里特人的生活。约前6500年，人们开始生产黑色的、表面较为光滑的陶器，它们与当时的安纳托利亚风格的陶器有些相似。这里的制陶技术不是渐近发展的，而是从外部整体引入的。在新石器时代晚期，进一步的迁徙发生在了岛屿的其他地方，如南部的法伊斯托斯（Phaistos），但这一过程持续了三千年，其间克里特人逐渐转向海洋。事实上，对于出现在克里特岛上的这种独特的文明，最好的理解是它是发展缓慢、拥有强大地方特征的土著文化与不断增强的外部影响相互作用的结果，外部世界所提供的新技术和新模式被克里特人依照自己的需求采用，从而具有了属于克里特岛的特色。

这时，人们已经制作了手推磨和臼，建立于石头地基上的房子成为人们固定的居住地，陶工需要特制的工具来塑造和烧制器皿。劳动分工的发展需要专门的工具，对黑曜石的需求也增加了。黑曜石的诸多优点足以抵消人们在获得它的过程中遇到的麻烦：它极易打磨成薄片，边刃也非常锋利。米洛斯的那些开采时间长达约一万二千年之久的黑曜石石场在青铜时代早期极受欢迎，当时金属器具开始变得更加风行。而黑曜石之所以受到人们欢迎是因为它价格较低：在早期青铜时代，金属制 10
品极为稀少，生产红铜和青铜的技术尚未得到普及，且普及工作很难开展。尽管在新石器时代的村庄内，分工不断细化，但对米洛斯石场的开发依旧没有规划，且缺乏商业特征。尽管在岛上的菲拉科皮（Phylakopi）也出现了定居点，但当时黑曜石的采集已持续了很长时间，而在该定居点繁荣发展的时候，其黑曜石石场已经开始衰落；此地的第一批定居者并非黑曜石商人，而是金枪鱼捕捞者。[10]米洛斯并无专门的港口，寻找黑曜石的人首先要找到适合的小海湾停泊船只，然后再前往石场，将这种火山石劈砍为片状。

3

为寻找关于新石器时代欧洲大规模建筑工程的重要证据，我们很有必要将目光转向西部，如马耳他岛（Malta）和戈佐岛（Gozo）的神庙和圣所，它们的建筑年代甚至早于金字塔。马耳他的神庙是由一批用自己的双手创立了一种独特文化的渡海者所建。英国著名考古学家科林·伦福儒（Colin Renfrew）已经注意到，“五千多年前，在马耳他，一些非常特别的事情正在发生，它们在地中海地区（或者更大范围内）都是独一无二的”。这种文化在约公元前3500年全面崛起。[11]老派的文化传播论假设，即这些神庙在某种程度上模仿了金字塔或巴比伦的金字形神塔（ziggurats）的说法，显然是错误的。然而，神庙的修建者尽管不是模仿者，但也未成为地中海范围内其他文化的模仿对象。约前5700年，人类开始在马耳他定居，他们来自非洲，更可能来自西西里岛，他们的文化体现在现存最早的马耳他石墓中。早期马耳他居民在到来时准备充分：他们带来了双粒小麦、大麦和扁豆。他们开垦了岛上的一些土地，开辟了可耕地，岛上本来被大片森林覆盖，但这些森林现在完全消失了。他们从西西里岛附近的火山岛上获取工具，从潘泰莱里亚岛（Pantelleria）和利帕里群岛获取黑曜石。自前4100年起，岛屿文化开始以独特的方式发展。在约前3600年之后的一千年里，人们挖掘、修建了巨大的地下坟墓或地窖用于集体墓葬，这表明马耳他居民内部有一种强烈的族群认同感。戈佐岛的吉甘提亚（Ggantija）和马耳他 11
岛的塔尔欣（Tarxien）正进行着宏伟的建筑工程。神庙的正面贴岩壁被切凿成巨大的凹面，面对着封闭式庭院；被覆以屋顶的建筑内有走廊、通道及隔间；多处半圆形房屋的布局都呈三叶草形。建造者的初衷是建立从很远处就能看到的巨型神庙，当人们从海上前来时，便会看到眼前的神庙越来越高地矗立在岛上，例如马耳他南部的哈扎伊姆（Hagar Qim）神庙便修建在地中海上的陡峭悬崖上。[12]

随着时间的流逝，岛上建筑缓慢出现，就像中世纪的那些大教堂一样，且它们并无统一规划。[13]奇怪的是，这些建筑没有窗户，但以前一定存在着大量用木料或石料制作的配饰。石料配饰得以完全保留下来，它们通常都刻有精美图案，包括螺旋式图案。史前马耳他文化包含的不仅仅是那些不朽建筑，神庙中还有大量塑像，通过一些留存的塑像残片我们可以断定，其表现的是一位与生育和繁殖相关的大母神的形象。在塔尔欣，有一尊近两米高的女性塑像是当时的崇拜中心；显而易见，在同一时期的西地中海并未出现类似的崇拜地。在塔尔欣神庙的居室中我们可以找到举行祭祀仪式的明显痕迹。在一个洞穴内的祭坛上，我们发现了一把燧石刀，祭坛周围还有牛骨与羊骨。我们还挖掘出一些贝壳，表明海洋食品在当地饮食中占有重要地位。一些岩画上还涂有船的草图。[14]所有建筑物和雕刻物均是在没有使用金属的情况下完成的，因为马耳他直到约公元前 2500 年才有了金属。

无论从文化层面还是物质层面来看，这都是一个孤立的世界。据估计，在新石器时代，岛上人口数量低于一万人。然而岛上的劳动力完成了六个大圣所和很多小圣所的修建，表明岛屿可能已被划分为几个行政区域。可能有人希望发现关于冲突的证据，比如矛尖；然而事实上并没有这样的证据留存：这是一个和平的聚落。[15]马耳他岛和戈佐岛可能是圣岛，获得了地中海中部地区各部族的尊重，类似于希腊古典时期的提洛岛（Delos）。在塔尔欣，我们在神庙的一块板材上发现了一个洞，这或许可证明此地是一处圣所遗址，但是值得注意的是，我们几乎没有发现外来者到访的证据。如果
12 它们是圣岛，那么其神圣性应该部分体现在如下惯例中：此地不可靠近，只有那些献身于女神的土著马耳他人才可在此居住。不仅这些女神以大大小小的塑像形式被展示出来，而且神庙的形状——外形丰满突出，内部形似子宫——也表现了对女性的崇拜。

这一文化的消失如同其产生一样令人不解。长期的平静状态在公元前 16 世纪中叶终止。神庙文化并没有衰落的迹象；但由于入侵者的到来，出现了一个很明显的断层时期。外来入侵者缺乏建造此类大型建筑所需的技术，但有一个优势——他们拥有青铜武器。根据出土的泥陶织锭和碳化的布匹我们可断定，他们来自西西里岛和意大利东南部，且善于纺织。[16]到前 14 世纪，他们又被另一群西西里人取代。但此时的马耳他已经失去了其独特性：移居者与马耳他人的后裔杂居于这些已经从地球上消失的先人们留下的不朽居室中。

4

在数百年间马耳他岛没有发生太大的变化，而西西里岛的形势则更加多变，因为后者面积更大，且拥有各种资源。利帕里群岛上的可开采的黑曜岩吸引了迁居者的前来。正如我们在位于叙拉古（Syracuse）附近的斯特迪内罗（Stentinello）可以看到的，迁居者们带着自己的文化来到此地，他们的社会在公元前4千纪初开始兴盛，其时马耳他神庙还在建造中。斯特迪内罗遗址上分布着很多小棚屋，有一面约二百五十米长的界墙，墙外有沟渠环绕，在墙中我们发现了陶器和小型的兽首塑像。这是一个繁忙的村庄，有自己的手艺人，掌控着周边的乡间和海滨，并从这些周边区域获取食物。这些居民的定居点让我们想起了意大利东南部的那些定居点，因此斯特迪内罗人的祖先很明显来自那里。

从最早的斯特迪内罗文化时期到后来的紫铜和青铜文化时期差不多有三千年，在这一期间并未发生急剧变化，且移民是间歇性的——在此之前，并没有大的移民浪潮冲击地中海。但
这种缓慢的、逐渐渗透的外部影响创造出了一种共同文化中的 13
某些要素。在新石器时期，斯特迪内罗的西西里人的生活方式与地中海地区的其他部族有相似的特点，但这并不意味着他们都讲同样的语言（由于没有书面文字，我们无法得知他们使用的是何种语言），也不表示他们供奉的是同一个祖先。但他们都参与了酝酿出农耕业、畜牧业和制陶业的伟大的经济和文化变革。一种风格相近的粗糙压花陶器出现在了从叙利亚至阿尔及利亚、从西班牙至安纳托利亚的诸遗址中。在同一时期，利帕里不再只是一个人们可任意开采黑曜石的据点，而成了一

些部族的定居之地，这些部族与斯特迪内罗的居民有相似的口味和习惯。公共海域不能阻碍这些史前居民间的交流，移居者向南航行，斯特迪内罗风格的陶器也出现在了一些突尼斯的遗址中，这些遗址中同时还有来自西西里岛和非洲间的潘泰莱里亚岛的黑曜石。[17]

由于利帕里掌控了黑曜石的供应，当地的生活水平很高。一系列不同风格的陶器的出现是否能说明居民人口构成的变化，这个问题已经引起了无休止的争论。在艺术风格改变的同时该岛的居民成分却没有发生改变，现代意大利的研究者已充分意识到了这一点。公元前 6 千纪，陶器以饰有红色火焰为特征。然后出现了纯棕色或纯黑色陶器，其特点是表面柔滑有光泽且制作工艺精湛。至前 5 千纪，这些陶器均让位于饰有曲线状或螺旋状的波纹图案的陶器，后者与意大利南部内陆和巴尔干半岛上发现的陶器非常接近。接下来，在前 4 千纪初，这里又引进了简约风格的红陶，它们最早出现在久已存在的“迪亚那文化”（Diana culture）中，该文化以其遗址的主要发掘地而得名。此处值得强调的是，这些岛屿的文化发展缓慢，其社会结构十分稳定。[18]

水手们穿过亚得里亚海、爱奥尼亚海或西西里海峡，向岛上运送、供应物品，其中大部分都是易坏之物，只有陶器和黑曜石是易于保存的。对这些早期航海者使用了何种船只，我们只能猜测。在公海之上，将船只覆以毛皮可以使其与水隔绝；另外，这类船也不会太小，因为它们不仅用来载人，还要运送动物和陶罐。[19]后来的证据，也就是来自基克拉泽斯群岛的陶
14 器上的线形绘画表明，这些船吃水较浅（因此它们在波涛汹涌的大海中极为不稳），且船的动力源自船桨。有人用一艘名

为帕皮勒拉（Papylella）的芦苇筏做了模拟实验，结果表明这类船的移动速度极为缓慢——最快为每小时四节，如果遇上坏天气则速度更慢。从阿提卡（Attika）出发，一路沿海岛航行，最终到达基克拉泽斯群岛的米洛斯岛，这通常可能需要花费一周的时间。[20]

在地中海，还有一些岛屿只有很少的定居点，包括巴利阿里群岛（Balearics）和撒丁岛。虽然马略卡岛（Majorca）和梅诺卡岛（Minorca）到公元前 3 千纪中期才出现制陶术，但前 5 千纪初便有人类在这两座岛上定居，且由于早期移居者放弃了与大自然的斗争，岛上很可能有一个偶然的间断期。撒丁岛上最早的居民似乎已经开始饲养家畜，这些动物一定是被他们带至当地的。[21]在北非海岸一带既没有出现大型建筑，也没有出现马耳他那样的繁荣迹象。对于大多数地中海海滨的居民来说，他们外出冒险的范围不会超出能看到他们自己住所的渔场。尼罗河三角洲及其西部的法尤姆（Fayyum）于前 5 千纪出现了一些农耕区，但这只是埃及当地的现象，而非地中海的现象。也就是说，这些农耕区标志着当地居民对于他们生活的环境做出了创造性的反应——他们使用了井水浇灌或者浸灌的方法。至少在几个世纪内，下埃及仍然是一个封闭的世界。马耳他岛、利帕里群岛和基克拉泽斯群岛均是发挥了特殊作用的相当罕见的海岛型人类聚落：利帕里群岛和基克拉泽斯群岛为石器制作提供了石材，而马耳他则是一种复杂宗教的神秘崇拜中心。

注 释

1. D. Trump, *The Prehistory of the Mediterranean* (Harmondsworth, 1980), pp. 12–13.
2. E. Panagopoulou and T. Strasser in *Hesperia*, vol. 79 (2010).
3. C. Finlayson, *The Humans Who Went Extinct: Why Neanderthals Died out and We Survived* (Oxford, 2009), pp. 143–55.
4. L. Bernabò Brea, *Sicily before the Greeks* (London, 1957), pp. 23–36; R. Leighton, *Sicily before History: an Archaeological Survey from the Palaeolithic to the Iron Age* (London, 1999).
5. Trump, *Prehistory of the Mediterranean*, p. 19.
6. Ibid., p. 20.
7. S. Wachsmann, 'Paddled and oared ships before the Iron Age', in J. Morrison (ed.), *The Age of the Galley* (London, 1995), p. 10; C. Perlès, *The Early Neolithic in Greece: the First Farming Communities in Europe* (Cambridge, 2001), p. 36; R. Torrence, *Production and Exchange of Stone Tools: Prehistoric Obsidian in the Aegean* (Cambridge, 1986), p. 96; C. Broodbank, *An Island Archaeology of the Early Cyclades* (Cambridge, 2000), pp. 114–15.
8. W. F. Albright, *The Archaeology of Palestine* (Harmondsworth, 1949), pp. 38, 62; Trump, *Prehistory of the Mediterranean*, pp. 24–6.
9. C. F. Macdonald, *Knossos* (London, 2005), p. 3.
10. Torrence, *Production and Exchange*, pp. 96, 140–63.
11. C. Renfrew, in *Malta before History: the World's Oldest Freestanding Stone Architecture*, ed. D. Cilia (Sliema, 2004), p. 10.
12. A. Pace, 'The building of Megalithic Malta', in Cilia, *Malta before History*, pp. 19–40.
13. J. Evans, *Malta* (Ancient Peoples and Places, London, 1959), pp. 90–91.
14. A. Pace, 'The sites', and A. Bonanno, 'Rituals of life and rituals of death', in Cilia, *Malta before History*, pp. 72–4, 82–3, 272–9.
15. Evans, *Malta*, p. 158.
16. D. Trump, 'Prehistoric pottery', in Cilia, *Malta before History*, pp. 243–7.
17. Bernabò Brea, *Sicily*, pp. 38–57; Leighton, *Sicily before History*, pp. 51–85.
18. Leighton, *Sicily before History*, p. 65.
19. Trump, *Prehistory of the Mediterranean*, p. 80.
20. Wachsmann, 'Paddled and oared ships', p. 10; C. Broodbank and T. Strasser, 'Migrant farmers and the Neolithic colonization of Crete', *Antiquity*, vol. 65 (1991), pp. 233–45; Broodbank, *Island Archaeology*, pp. 96–105.
21. Trump, *Prehistory of the Mediterranean*, pp. 55–6.

二　紫铜与青铜时代（前3000～前1500年）

1

人们在谈及史前社会的发展时，总会从以下两个视角选取 15
其一加以考察：一个是传播论者的方式（现在已不大流行），这一派的观点主要是，新式样和新技术的到来要归因于移民和贸易；另外一种观点则强调社会内部因素促进了变化与发展。随着人们更为重视社会内部发展对于社会变革的促进，对移居者的种族认同的研究逐渐淡化。这在一定程度上反映，人们已经意识到根据语言和文化进行的简单“种族”识别，与这些族群生活的周边环境是无关的：族群在融合，语言被相互借用，一些重要的文化习俗如丧葬仪式在没有新移民到来的情况下也在发生变化。同样，将所有社会变迁仅归因于受贸易增长影响的内部发展，这也是不正确的：史前时代人烟稀少的地中海海滨和岛屿为人类寻找食物提供了广袤的空间，被放逐的军事首领或去往异教神庙朝圣的人可以在远离家乡的地方建立新的居住地。如果新居住地有更早的居民，那么移居者或是将他们驱逐或消灭，或是与他们通婚，其中某一方的语言还会出于现在已无法解释的原因成为主体语言。

基克拉泽斯群岛于青铜时代早期（自约公元前3000年起）成为一种充满生机与活力的文化的故乡。当时，其主要岛屿均有人居住，米洛斯岛上的菲拉科皮这类村落均呈现出欣

欣向荣的景象，其他岛屿上的小村落也以原初的一些小型田庄为中心发展起来。[1] 黑曜石的采石场仍在使用，与此同时，基
16 克拉泽斯群岛西部的紫铜也被运到了克里特岛。基克拉泽斯群岛的产品不断输出，且已有了明确的输出方向：出于某种原因，产品向爱琴海的南部而非北部流动，这说明当时海洋的开放程度依旧有限，且依赖于其他地区能为基克拉泽斯群岛的岛民提供什么。岛民们似乎很少将外来物品运进他们的村落，在基克拉泽斯群岛的考古遗址中，我们只发现了少量的东方产品。但认为考古记录相当完整是一种典型错误，纺织品、食物、奴隶及用木料这类无法长久保存的材料制作的产品毫无疑问都已经进入海岛，尽管这些物资的到来在前 3

千纪是否可被正式称为“贸易”，仍然是一个悬而未决的问题。

基克拉泽斯文化不再只局限在基克拉泽斯群岛上，它开始向南传播。在考古学家所称的“EB I”时期，即青铜时代早期的第一个阶段，一批新的移居者在克里特岛东北部的阿亚夫提亚（Ayia Photia）发展起来。从墓葬形式判断，他们的文化更像基克拉泽斯文化，而非克里特文化。但若将此地 17
确定为基克拉泽斯居民的正式“殖民地”，就会太过具体；更确切的说法是，基克拉泽斯居民移居至克里特岛，并以其原有的习俗在此居住。至“EB II”时期，即大约公元前2500年，基克拉泽斯群岛的物品进入阿亚夫提亚，甚至被克里特工匠模仿；另外，这些物品的流通还辐射至东北方新兴的特洛伊城。此城邻近达达尼尔海峡，不断加强着与安纳托利亚内陆和黑海的联系，可能是锡的主要来源地。[2]

此时，有一种金属的影响力正在加强，它巩固了掌权者的力量，它就是青铜。由于对这种合金的需求，爱琴海上形成了一个网，将特洛伊和诸岛屿连接起来。青铜或紫铜制成的闪闪发光的容器及基座显示了所有者的财富和威望；而确保应敌时的安全的却是青铜武器。拥有这些物件的人无疑是成功的军事领袖。紫铜于基克拉泽斯群岛最西端的基斯诺斯岛（Kythnos）或希腊本土的阿提卡被发现。早期的冶金者已经知道将相对较软的紫铜与锡铸成合金可以增加铜的硬度。搜集青铜原料并建立交换体系意味着爱琴海上已经形成了至少可被描述为贸易路线的相互交往的网络。为进行交换，乘着船的中间人依据季节的不同，年复一年地建立了有规律的联系，但将这些中间人视为完全以贸易为生的职业商人还为时过早。地中海因此活跃起来，来自各地的人穿梭于地中海之上，寻找或急于售出那些同样来自各地的货物。

这些贸易路线都经过了基克拉泽斯群岛，但群岛并未受到来自多个方向的影响，而是形成了自己的独特艺术。然而，在使用“艺术”这个表述时我们应该加一些限定语，因为岛上居民生产的艺术品已具有明确功能，尽管有些功能现在已很难译解。“基克拉泽斯艺术”对当代艺术家影响很大。“朴素的形式却总能摄人心魂”，科林·伦福儒如是说，因为当时之人越来越关注人体比例的“和谐”，这种“和谐”在同时期的马耳他、埃及古王国或美索不达米亚的雕像中是找不到的。[3] 在
18 艺术品的规格方面，既有微小雕像（在现代人眼中，这种雕像是定式化的，更像小提琴而不是人），又有接近真人大小的乐师雕像。小提琴雕塑属于可追溯至约公元前 3000 年的早期作品类型。女性雕像占据统治地位，暗示当时是大女神崇拜时期。“萨利亚哥斯的肥胖妇人”（Fat Lady of Saliagos）拥有丰满的臀部，就像马耳他的神像一样，这可能与生殖崇拜有关。来自帕罗斯岛（Paros）的大理石为这些雕塑提供了原材料，但是从留存的大量颜料来看，有人对它们做过着色处理。[4]

这些雕像与葬礼有关，在一处墓葬中发现了十四尊陪葬的神像。我们发现，有时这些雕像是破碎的，将它们打碎可能是复杂葬礼仪式的一部分。它们代表已故者吗？考虑到其生产已经经历了成百上千年的历史（基克拉泽斯群岛上的早期青铜时代开始于公元前 3000 年，且持续了十二个世纪），它们可能有好几种用处。其他的解释包括，它们是“*psychopompoi*”，即冥界的亡魂引路者，或者是人祭的替代者，又或者是陪伴死者的殉葬者，它们将在另一个世界满足死者的性需求或为其提供

音乐表演。这些雕像证明了一个具有较高技艺的专职匠人阶层的存在。墓葬显示，这是一个有阶级划分且结构复杂的社会，存在着领袖和下属；男性劳力应该已在爱琴海上日益增加的小船上充当桨手，然而他们的航行不大可能超出爱琴海的范围，而且似乎帆船到前 2 千纪才开始投入使用。桨船的图像在所谓的“煎锅”，即一种刻有图案的泥板上有所展现，图案中的物体形似蜈蚣，它的船头是翘起的。[5]

2

特洛伊在地中海史上的影响有两个方面。一方面，自青铜时代起，特洛伊就成为联系爱琴海与安纳托利亚及黑海地区的补给站；另一方面，特洛伊的故事已经扎根于历史意识中，不仅对于宣称毁灭了该城的希腊人是如此，对宣称来自该城的避难者是自己祖先的罗马人也是如此。自公元 1868 年以降，真实的特洛伊与神话中的特洛伊已很难区分，当时德国商人海因里希·施里曼（Heinrich Schliemann）痴迷于证实《伊利亚 19
特》的真实性，认定距达达尼尔海与爱琴海交汇处四公里远的希沙里克（Hisarlik）山丘就是荷马笔下的那座城市。[6] 有些学者认为特洛伊战争并不存在，特洛伊的位置因此也并不构成一个问题。但赫梯文献（Hittite archives）中的发现平息了这一严重争论，证实希沙里克山丘中存在一处为古典时期的希腊人所熟知的名为特洛伊或伊利奥斯（Ilios）的城址。后来的定居者，包括古典时期建立伊利奥斯新城的希腊人，以及最开始想在此地而非拜占庭建立新罗马的皇帝君士坦丁，同样相信特洛伊就位于此地。更引人注目的是，该遗址有着极为久远的历史，可追溯至古典作家所描述的特洛伊战争（前 1184 年）之前。在青铜跨越东地中海开始对外输出时，该城的历史揭开了序幕。它被一次又一次重建，1961 年，现代考古发掘者卡尔·布雷根（Carl Blegen）在九个主要地层中辨认出了四十六个遗址层。[7]

特洛伊并没有新石器时代的先民居住。定居于此的人都已经熟知紫铜，可能还从事锡的贸易。第一个特洛伊城，也就是“特洛伊第一文化层”存在于约公元前 3000 年至约前 2500 年，是一个小的聚落，长约百米，但后来发展了一个很典型的设防处，有石筑的瞭望台和三重防御工事。[8] 在此期间它被多次重建，且在“特洛伊第一文化层”的最后时日被一场大火化为灰烬。但在要塞之内生活定居的可能性已经被证实，留存下来的纺锤表明当时人们在壁炉（其遗迹已被发现）旁从事纺织活动。这可证实早期特洛伊人也在进行呢绒贸易，放养于堡垒外的平原上的绵羊提供了毛纺织物的原料。“特洛伊第一文化层”中保留最好的民居近二十米长，有向西开门的门廊，该房舍可能是群落首领及其家族的居所。早期的特洛伊人塑造了很多小雕像，几乎全部为女性形象，他们的饮食主要是贝类、金枪鱼、海豚肉和谷物。在这一层，金属武器还未被发掘，但磨刀石的存在证明紫铜和青铜工具被定期磨尖。并没有证据可证明当时有奢侈品：出土的装饰品由骨头、大理石或彩石制作而成。尽管有大量陶罐看起来都颜色暗淡，一般也无修饰，但其形状透出了几分优雅的感觉。[9]

20 早期特洛伊的文化世界的影响力已超出安纳托利亚；在西部不远，一个类似的群落在利姆诺斯岛（Lemnos）上的波利奥克尼（Poliochni）遗址（有时被称为欧洲最古老的城市）繁衍生息；位于莱斯沃斯岛（Lesbos）的特勒米（Thermi）遗址也有类似情况。[10]但去推断诸岛上的最早居民来自何处或讲何种语言是没有助益的。实际上，如果特洛伊和波利奥克尼最早作为贸易中转站出现，以确保通往爱琴海和进入内陆的路线畅通，那么很可能它们一开始就吸引了各色人种前来，就像后来的港口城市一样。虽然现在的希沙里克山丘距海较远，但史前的特洛伊濒临大海湾（荷马似乎已知晓此海湾的存在），该海湾后来渐渐被淤沙填满。[11]因此，它是一座近海城市，位置具有战略性：逆风可使船只在几周之内都无法通过达达尼尔海峡，这样一来船只就需要在海湾内逗留数日，于是，居住在要塞内的居民可以有偿地为船上人员提供所需。但所有这些并未立即发生，且在"特洛伊第一文化层"时期，越过要塞的航行可能只是偶尔发生且方向不太容易掌控。在首层的原址之上是"特洛伊第二文化层"（约公元前2500年至约前2300年），该层是更雄伟、更完善的防御堡垒，比前一层略大，有一个巨大的门廊和一座宏伟的宫殿，可能还有木质圆柱环绕。这一时期的特洛伊人同样是农耕者和纺织者（在发掘出来的一个纱锭上还粘有一截碳化的线头）。[12]他们获得或制造一些精美的武器；一般认为他们的青铜武器是通过爱琴海从外部引入的，但也有一些紫铜制造的较软武器，它们可能是由通过爱琴海运来的原料在当地生产。

尽管特洛伊人此时已经开始使用轮制陶器（"特洛伊第一文化层"没有），但布雷根并不喜欢他们的陶器，认为"他们是阴沉，缺乏生机的人，不大喜爱光明与快乐"。[13]至于这一时期特洛伊人生产的修长的高脚酒杯是否真的如此乏味无趣，却是一个个人喜好问题。与此同时，装有油或酒的大型陶罐从遥远的基克拉泽斯群岛被运至特洛伊城。在爱琴海沿岸和安纳托利亚，我们也发现了与特洛伊陶罐相类似的陶器。这很容易使人误认为它们是自特洛伊引进的，但事实上，这种陶罐的样式更有可能反映了一种共有的文化，特洛伊只是其中的一部分。实际上，与特洛伊有诸多相似之处的波利奥克尼的规模相当于两个特洛伊。这些爱琴海沿岸的聚落在财富
21 上远远落后于埃及和美索不达米亚的城市，且并没有证据表明它们已经形成了书写体系——这一工具在适当之时会极大地促进贸易和结算。无论如何，特洛伊和波利奥克尼正在成为一个复杂的贸易世界的一部分，好几条蜿蜒曲折的常规贸易路线都从海上或陆上经过了它们。这为“特洛伊第二文化层”的统治精英们带来了巨大财富，最有力的证据就是施里曼发现的著名的“普里阿摩斯宝藏”（Treasure of Priam）。

这份偶尔被怀疑为由施里曼自己捏造的宝藏长期隐匿于苏联，使学者们失去了对其进行解读的机会。[14]施里曼将自己从几个储藏室——其中一个被他命名为“大宝库”——中发现的宝藏聚集在一起，并将宝藏之出现归因于千年后发生（如果确实发生的话）的一次围攻。这些艺术品的制作工艺相当精湛。妇女的首饰与金银器皿非常引人注目，它们包括一个金制船形碟、一个用金线制作的妇女头饰（施里曼认定的），还有上千颗小金珠和一些银项链。此外还有大量用其他材质制成的物品，如玉制礼仪斧与水晶球（可能被镶嵌于权杖之上）。有一些物品很明显出自本土，其他一些，包括金器，肯定来自其他地方。这些宝物表明，这个社会由一个兴旺的精英集团掌控，通过该城的中转贸易他们积累了大量财富。特洛伊城不仅是一个贸易中转站，还是一个工业中心，其产品最有可能是厚重的羊毛制品。另外一种出口物品可能是产自伊达山（Mount Ida）附近的木材，

主要被用于邻近岛屿船只与建筑物的建造。这一地区的种植业和畜牧业比较发达。从发现的动物遗骨来看，此时该城还未如之后那样成为著名的养马中心。但特洛伊仅是一个外围的定居点；地中海从未成为东方的哈梯①诸王的兴趣焦点，相反，他们的目光投向了多山且富含矿藏的西亚内陆。

特洛伊的兴起轨迹并非直线。“特洛伊第三文化层”（建
于第二层之后，第二层约于公元前 2250 年毁于火灾）要比第
二层贫瘠，其居民聚居于一个不是很舒适的小山顶，甲鱼肉是
他们的主要食物。在利姆诺斯岛上，波利奥克尼很显然曾遭到
袭击，且城镇的规模和财富在前 3 千纪末进一步缩小。前
2100 年前后，特洛伊被再次毁灭（可能是由于战争），但是在
重建后的第四文化层，条件并未发生明显改善，狭窄且弯曲的 22
街道穿行于房屋之间。西亚的广泛变化正在影响东地中海：在
安纳托利亚的中部和东部，哈梯帝国及其后阿尼塔（Anitta）
时期的新帝国（始于约前 1750 年）成为发端于底格里斯河与
幼发拉底河的贸易的中心，而之前将金属运至爱琴海北部边缘
的贸易路线上的交易量减少了。[15]黄金期过后是长达三百多年
的衰退期，但到“特洛伊第五文化层”末期（约前 1700 年），
条件发生了明显改善：房屋更清洁，且与其焖炖甲鱼的祖先相
比，这一时期的居民更喜欢牛肉和猪肉。但是在贸易和文化方
面最惊人的发展再一次发生在了东地中海的克里特岛和基克拉
泽斯群岛上。

---

① 原文如此。《圣经》中把哈梯人（Hatti）和赫梯人（Hittite）都称为“赫族”，但前者似乎是非印欧民族，最初居住于幼发拉底河西岸，后来被赫梯人征服。——译者注

3

克里特岛上的米诺斯文明（Minoan civilization）是首个重要的地中海文明，也是地中海世界的第一个富裕、拥有文字、充满艺术气息的都市型文明。考虑到古王国时期高度发达的埃及文明出现时间更早，这个说法似乎不那么准确，但在埃及人眼中，地中海海岸只是他们世界的外缘，且他们的世界是以尼罗河而非遥远的海洋为核心的。相反，米诺斯人则积极在地中海上航行，其文化中的海洋特征尤为明显，这反映在陶器的样式、制陶术、对海神波塞冬的崇拜中。几乎可以肯定的是，米诺斯人的祖先是来自安纳托利亚的移民。然而其创造的文明在艺术、宗教、经济生活和社会组织形式等方面又别具一格。另外，他们留下了关于其伟大国王米诺斯（Minos）的传奇故事，现代考古学家已经把这个名字与克里特岛文明联系在了一起。修昔底德记载了米诺斯王在地中海创立第一个海洋帝国（*thalassokratia*）的过程，故关于早期克里特的记忆一直延续到了公元前 5 世纪的雅典。雅典人还记得每年向克里特国王贡献童男童女之惯例，此记忆可以在前 2 千纪克里特人的祭仪中得到印证。[16]

23 克诺索斯始于新石器时期的最早聚落在公元前 3 千纪末期之前，已经开始发展自己的艺术风格。早期青铜时代的克里特陶器与邻近岛屿的同类产品越来越不相同。早期米诺斯文化第二阶段（Early Minoan II，约前 2600 年至前 2300 年）的陶器带有斑点花纹，这是一种在烧制物品的过程中学会的技术。另外，人们也注意到器皿的外形制作得极为精美且装饰得栩栩如生（巨大的旋涡和流动的河水），这使得早期克里特的陶器风格与同时期的安纳托利亚大为不同。这些陶器还受到了外来因素的影响。到前 2000 年，克里特人已开始制作象牙和石制印章，这标志着精英集团渴望维护其物品所有权的情况已经出现。一些印章的主题（如狮子）很明显受到外来因素影响；而一些抽象的图案则通常会使我们想到埃及和近东地区的印章，这表明该地与叙利亚和尼罗河口的贸易已然十分活跃。[17]

至于早期米诺斯人是天资聪慧的当地人，还是将近东文化中的元素带至克里特的移民，我们没有必要做出刻板的结论；克里特位于多种文化的交汇处，必然会吸引来自各地的移居者。自荷马起，许多古典作家都列举了该岛上居住的不同民族，包括“勇敢的克里特原住民”，也就是“真正的克里特人”，以及“高贵的佩拉斯吉人”，这一表述被用于指代多种迁移民族。克里特岛上及内陆的一些地名带有前希腊时期的名词词尾，例如 - *nthos* 和 - *ssa*，它们可能是由在希腊人到达之前居于此地的民族传下来的。以 - *nthos* 结尾的最典型的词是“*Labyrinthos*”（迷宫），在古典文献中，该词与克诺索斯的米诺斯王宫有关；而在以 - *ssa* 结尾的词中比较典型的是“*thalassa*”（大海）。[18]然而语言的沿袭和基因的遗传是两件互不相干的事，相较于去分辨出一个天赋异秉的“原生种群”，更好的做法是将米诺斯人理解为一个多民族群体，他们对多种文化都持有十分开放的态度，这使他们能够随心所欲地创造出在其他地方都找不到的艺术形式。他们不会受制于邻近地区（尤其是埃及）的风格与技术传统，那些地方的文化几千年来几乎没有发生改变。

克里特的王宫建筑有力地证明，克里特发展出了一种极富活力的地方文明。宏伟的克诺索斯王宫（距海岸六英里）重 24

建于约公元前 1950 年。约在同一时期（中期米诺斯第一阶段），其他地方——如南部的法伊斯托斯和东部的马利亚（Mallia）——的王宫也修建起来。然而克诺索斯王宫是“众宫殿中的女皇”；这是因为该地在政治或宗教上的重要性，还是因为其辖区拥有比其他地方更加丰富的资源，我们不得而知。关于克里特岛被几个王宫划分为几个部落首领辖地的理论，也就仅是理论罢了，甚至“王宫”这一表述的准确性也值得怀疑：这些建筑可能是神庙建筑群，但我们不能认为米诺斯人像现代人一样对建筑类型进行了严格划分。[19]很明显，在克诺索斯王宫的原址上，此前已经有一个小的建筑群；因此大型宫殿建筑并非已占据此地的新移民的首创，而是产生于已有岛屿文化的基础之上。它反映了当时经济的繁荣，因为克里特稳固了其东地中海交通枢纽的地位，而且克里特岛也是羊毛和纺织品的原产地。模仿外族宫殿的意识是显而易见的：埃及也有同样大小的大型宫殿和神庙，它们有绘有壁画的墙面和柱廊式的庭院。但克里特宫殿的图案、风格及功能是与埃及建筑迥然有别的。[20]

克诺索斯王宫多次被毁于火灾和地震，且在其二百余年的历史中，它的内部形貌发生了诸多变化，但很多历史痕迹依旧可以追寻。挖至古王宫建筑层，在所谓的“容器室”（Vat Room）内，有一些出自约公元前 1900 年的精美的高脚酒杯和人工制品，它们可能被用于宗教仪式。有一些陶器出自克里特岛上的山地，但也有一些外来物品，如象牙、彩陶和鸵鸟蛋，这反映了此地与埃及及叙利亚的联系。当然，还有大量来自米洛斯的黑曜石。因此很明显，在古王宫时期，米诺斯人向北与基克拉泽斯群岛有联系，向南、向东与黎凡特和尼罗河地区的居民有往来。发现于古王宫的重型织机说明克诺索斯是某种向邻近地区出售的特别纺织物的生产中心，这种重型织机大约于前 1750 年后才出现在其他地方。被称为“*pithoi*”的巨大陶罐被成排摆在地面上，用于储存油、谷物及其他物品，这些储存物或供宫廷专用，或为交易商品。克里特人进一步完善了一种薄如蛋壳的陶器的制作技术，并将这种陶器出口至埃及与叙利亚地区。一些物品产于宫廷匠室，但在宫殿周围也有一些城镇，因为完全意义上的克里特文明在很大程度上还涉及周围的 25
城镇及其特有的工艺。克诺索斯在卡赞巴（Katsamba）和阿姆尼索斯（Amnisos）有一些卫星城镇，它们都是海港，而阿姆尼索斯还在埃及文献中被提及。在这个港口内有米诺斯的船队，而且（通过对于陶器的考察可知）其海上商船队由此出发开赴伯罗奔尼撒半岛和包括罗得岛在内的多德卡尼斯群岛（Dodecanese），然后上行至米利都（Miletos），可能还远至特洛伊。[21]直到 21 世纪初，海洋考古学家才在克里特岛东北部发现了第一艘米诺斯人的失事船只。该船长十米至十五米，载有大量双耳细颈椭圆土罐和大罐，主要用于盛放约前 1700 年沿克里特海岸运送的酒或油。这艘船的木质结构已完全腐烂，但一个克里特印章显示了一艘有单桅、喙状船头和高船尾的船，这艘失事的船应该就是这个样子的。[22]

关于该文明与外界的联系以及这种文明对于此的特殊回应的证据，因克里特书面文字的出现而被保留下来。约公元前 1900 年，带有象形文字的印章开始出现，故文字体系的出现与王宫建筑的第一阶段几乎同期。及至古王宫末期，大量档案文献涌现，它们是接收物品或储藏品的清单，包括自耕地上收取并被交予克诺索斯统治者或诸神的贡（供）品目录。书写的主要功能是保管账目，在众多书写人员身后有一个高效且要求严格的行政组织。某些符号的特征与埃及象形文字相似，说明克里特受到了埃及书写体系的影响。可能由于克里特语的发音体系是不同的，其所形成的大多数符号与埃及文字十分不同。所以，虽然其书写理念借鉴自埃及，但书写体系不是。

公元前18世纪，在火灾和大规模地震的打击下，古王宫时期结束。法伊斯托斯有必要进行全面重修。在尤卡塔斯山（Mount Jouktas）的一处圣所内，一个男祭司、一个女祭司及一个年轻人一起祈求地震之神息怒；年轻人被献祭，接着屋顶塌落，将企图将年轻人献祭的人埋葬。[23]考虑到雅典进贡童男童女以喂养米诺牛（Minotaur）的故事，我们并无理由怀疑人祭在克里特的米诺斯的存在。在经历了一段时间的重建后，新王宫建
26 筑群出现。新王宫尽管也被火灾和地震破坏，但今天在克诺索斯依旧可见。约在1900年，阿瑟·埃文斯（Arthur Evans）爵士在想象中对其进行了重构：栩栩如生的壁画、迷宫、在不同楼层的“宫室”、大宫殿、可以隐约想象的典礼［即在公牛身上腾跃的运动（或宗教仪式）］，还有向女神波提尼亚（Potnia）献上供品的盛大游行。[24]新王宫时期的时代断限被确定在约前1700年至前1470年，其结束的原因主要是大地震和火山喷发，且这次火山喷发也结束了锡拉岛上的基克拉泽斯文明。一些壁画形象反映了宫殿文化：有一幅壁画展示了宫廷妇女，她们大多裸着上身，围坐在中央庭院周边。这些壁画是对一些小片壁画进行修复的成果。不过我们不应被它们蒙蔽：大多数评论者在看到此幅图景时，认为其描绘了米诺斯文化时期的欢乐、和平以及妇女受到尊敬的场景，但是值得注意的是，我们不要以现代人的价值观进行判断，因为我们在壁画中看到的是精英们的生活——一座王宫，以及男祭司和女祭司的团体。这些宫殿是否

为（或是否同时为）真正的神庙也是一个值得提出的问题。这些建筑是以宗教祭礼为核心的宫廷文化的所在地，其中蛇形女神——可能是冥府之神——具有特别重要的作用；正如其他早期地中海文化一样，女神崇拜在这个时期占统治地位。

这一时期是与外界联系日显频繁的时期。一个发现于克诺索斯的埃及条纹大理石盖可追溯至约公元前1640年。两百年后，在卢克索神庙外的埃及维齐尔[①]莱克米尔（Rekhmire）的墓中，绘有克夫提乌人（*Keftiu*）带来礼物的场景，图中来客穿着短褶裙且身体半裸，服饰与克里特人相似。克夫提乌之名令人想起《圣经》中的迦斐托（Caphtor），而迦斐托指的就是克里特。壁画上写有："这些礼物来自克夫提乌和海上诸岛的大君们。"作为回赠，克里特人获得了象牙、装有香水的石罐、黄金以及用于组装战车的面板——这些物件并非自组装的粗陋配件，而是享有盛誉、精心装饰的战车配件。[25]但并无大批外来手工品进入克里特，米诺斯人的艺术风格也未深受外来因素影响。米诺斯人对自己的艺术风格非常自信，它体现在了一些克诺索斯最著名的考古发现中：半裸蛇形女神小塑像和装饰有章鱼图案的精美高脚酒杯。实际上，米诺斯文化在对外输出：这一时期产于希腊本土的精美陶器与米诺斯的物件有相同的图案和风格，包括章鱼图案。

这一时期的克里特人不再使用象形文字，而是以有音节的 27
线形文字A（Linear A）登记其资产。线形文字A不如象形文字漂亮，但书写速度更快。他们在档案中使用的似乎是卢维语（Luvian），它是印欧语系的一支，与赫梯语有亲缘关系，也被

① 维齐尔是由法老委任的最高官员。——译者注

安纳托利亚西海岸一线的居民，以及公元前12世纪的特洛伊居民使用（根据该地出土的一枚刻纹印章推测）。[26]卢维语被广泛用于宫廷中的官方通信，但它在克里特的使用并不意味着有一部分或所有克里特人都是安纳托利亚卢维人的后代。此处的关键是，米诺斯人（不像特洛伊人）创造了一种文明，这种文明与安纳托利亚文明不同。

4

约公元前1550年至前1400年，克里特诸王宫的重建与基克拉泽斯群岛——尤其是在锡拉岛上的阿科罗提利（Akrotiri）——新一轮的火山喷发几乎同时发生。锡拉岛上可能已经居住了基克拉泽斯人、克里特人或爱琴海岸所有其他民族，他们来此地是为了获得米洛斯的黑曜石。藏红花生长于锡拉岛，一幅壁画上描绘有采收藏红花的场景。另外，正是通过克里特及其附属地阿科罗提利，爱琴海诸岛才获得了更多舶来品，包括来自埃及和叙利亚的圣甲虫雕饰、彩陶塑像以及珠串。阿科罗提利成为一个重要的中心，并进口了大量的克里特陶器。阿科罗提利的建筑也效仿了克里特的设计风格。墙上的一些壁画非常引人注目：穿着短褶裙的克里特船员操控船队进入一处港口，港口的房屋都有两层或三层楼高。这些船似乎在渡运一些武士，他们穿着希腊本土风行的服饰。在高度发达的克里特文明和希腊本土正在兴起的迈锡尼文化之间，锡拉岛起着桥梁的作用，这表明米诺斯人已将其贸易，可能还有其政治影响力发展到了克里特岛以外的地方。[27]

在公元前1525年以后的数年间出现了一些不祥的征兆，该地区的稳定遭到严重威胁。阿科罗提利位于一个巨大火山

口（部分在水中）的边缘。大地不断颤动。约前 1500 年，
锡拉岛被一次火山大喷发（人类历史上最猛烈的火山喷发之 28
一）分裂，只留下一个新月形海岛伸出水面，好在之前的一次地震已使居民在此前及时撤出了阿科罗提利。[28]无论从字面上还是从更深层次上看，克里特都发生了巨变。前 1525 年前后的几次地震给克诺索斯带来巨大灾难，王宫的很多部分被荒弃。在锡拉岛火山喷发后的很多年间，太阳都被“尘雨”遮蔽，火山灰过后才落到地面，以致克里特岛东部的灰尘竟达十厘米厚。农业惨遭破坏，导致了长期饥荒的发生。在位于尤卡塔斯山阿克哈涅斯（Arkhanes）的一座小型米诺斯王宫，一些明显用于其他目的的房间成了储藏室。整个地区都受到了火山喷发的影响，保证补给的需求因此扩大，通过与近邻贸易的方式解决供应紧缺不再可能。这种危机感还可由克诺索斯北屋（North House）中的可怕发现证实：约在这一时期，有四五个儿童被杀，其肌肉被从骨头上剔除，可以确定这是一种献祭仪式和食人行为。[29]米诺斯人希望以此平息男神与女神们不断增长的怒火。

卢克索神庙中遗存下来的法老宫廷中的使者画像便是这一时期的作品。他们前来可能并不是为了获得象牙、猿和孔雀，而是想凭借法老与克里特人间的联盟获得尼罗河谷的粮食。锡拉岛的火山喷发伤害但没有毁灭克里特的经济与社会，且克诺索斯大约在之后五十年内仍然保有财富和影响力（可能规模缩小了）。这次火山喷发造成的破坏只是变化的第一个阶段，之后还有一系列范围更广的变化，它们改变了东地中海（可能还有部分西地中海）的政治认同、经济认同、文化认同、和民族认同。

注　释

1. R. L. N. Barber, *The Cyclades in the Bronze Age* (London, 1987), pp. 26–33.
2. C. Broodbank, *An Island Archaeology of the Early Cyclades* (Cambridge, 2000), pp. 301–6; Barber, *Cyclades*, pp. 136–7.
3. C. Renfrew, *The Cycladic Spirit* (London, 1991), p. 18; J. L. Fitton, *Cycladic Art* (London, 1989).
4. F. Matz, *Crete and Early Greece* (London, 1962), p. 62.
5. Broodbank, *Island Archaeology*, pp. 99–102; Renfrew, *Cycladic Spirit*, p. 62.
6. C. Moorehead, *The Lost Treasures of Troy* (London, 1994), pp. 84–6; J. Latacz, *Troy and Homer: Towards a Solution of an Old Mystery* (Oxford, 2004).
7. C. Blegen, 'Troy', *Cambridge Ancient History*, vols. 1 and 2, rev. edn, pre-print fascicle (Cambridge, 1961), p. 4.
8. D. Easton, 'Introduction', in C. Blegen, *Troy* (2nd edn, London, 2005), p. xxii.
9. Blegen, *Troy*, pp. 25–41; T. Bryce, *The Trojans and Their Neighbours* (London, 2006), pp. 39–40.
10. Blegen, *Troy*, p. 40; Bryce, *Trojans*, p. 40; Matz, *Crete and Early Greece*, p. 37; L. Bernabò Brea, *Poliochni, città preistorica nell'isola di Lemnos*, 2 vols. (Rome, 1964–71); S. Tiné, *Poliochni, the Earliest Town in Europe* (Athens, 2001).
11. Latacz, *Troy and Homer*, p. 41.
12. Blegen, *Troy*, pp. 47–8, 55.
13. Ibid.
14. Moorehead, *Lost Treasures*, pp. 128–30.
15. Bryce, *Trojans*, pp. 51–6; Blegen, *Troy*, pp. 56–61, 77–84, noting Easton's comments, ibid., p. xvii.
16. Thucydides 1:4.
17. Matz, *Crete and Early Greece*, pp. 57–8, 69.
18. A. Morpurgo Davies, 'The linguistic evidence: is there any?' in *The End of the Early Bronze Age in the Aegean*, ed. G. Cadogan (Leiden, 1986), pp. 93–123.
19. R. Castleden, *Minoans: Life in Bronze Age Crete* (London, 1990), pp. 4–7; C. F. Macdonald, *Knossos* (London, 2005), pp. 25–30.
20. Matz, *Crete and Early Greece*, p. 57; Castleden, *Minoans*, p. 29; Macdonald, *Knossos*, pp. 43–7.
21. Macdonald, *Knossos*, pp. 50–52; Castleden, *Minoans*, p. 69, fig. 18 (plan of Gournia), p. 112.
22. Reported in *Archaeology* (Archeological Institute of America), vol. 63 (2010), pp. 44–7.
23. Macdonald, *Knossos*, pp. 58–9, 87–8; Castleden, *Minoans*, pp. 169–72.
24. C. Gere, *Knossos and the Prophets of Modernism* (Chicago, IL, 2009), and the discussion in part 5, chap. 2 below.

25. Macdonald, *Knossos*, pp. 134, 173; Castleden, *Minoans*, p. 12.
26. Morpurgo Davies, 'The linguistic evidence'; L. R. Palmer, *Mycenaeans and Minoans: Aegean Prehistory in the Light of the Linear B Tablets* (2nd edn, London, 1965).
27. L. Casson, 'Bronze Age ships: the evidence of the Thera wall-paintings', *International Journal of Archaeology*, vol. 4 (1975), pp. 3–10; Barber, *Cyclades*, pp. 159–78, 193, 196–9.
28. Barber, *Cyclades*, pp. 209–18.
29. Macdonald, *Knossos*, pp. 171–2, 192.

三　商人与英雄时代
（前1500～前1250年）

1

29　公元前1500年前后，克里特岛不仅经历了巨大的经济变革，也经历了非常重要的政治转变。很多定居点，如阿克哈涅斯都被废弃了，大约在同一时期，一个希腊人的王朝到来了；米诺斯时期的遗迹一个接一个地被摧毁，在诸多大型王宫中只余下了克诺索斯一处。地震和火灾已经被认定为罪魁祸首，来自希腊的入侵者也难辞其咎。由于没有人知道谁应该对此负责，较为明智的尝试是将两者相结合予以说明，且认为希腊人趁克里特混乱之际将其占领；或者还可以认为，克里特人需要强有力的领袖，于是将目光转向了希腊人。然而无可争辩的是，米诺斯人的克里特被引入了希腊人正在崛起的迈锡尼文明中。在早期和中期青铜时期的商贸航线上无足轻重的地区，此时却成为爱琴海海域的政治和（或者）商业势力的中心：迈锡尼文明和权力的大中心是一连串沿希腊东部边沿分布的定居点，以及离海不远的内陆地区的定居点，它们从北部的伊奥科斯［Iolkos，即沃洛斯（Volos）］开始，有奥科美纳斯（Orchomenos）、底比斯（Thebes）、迈锡尼（Mycenae）、梯林斯（Tiryns），以及西南部的派娄斯（Pylos）。希腊人的成功在前15世纪早期就有了一些迹象，当时迈锡尼诸王被葬于圆形墓A中（如人们逐渐知道的那样），他们戴着金箔面具，这些面具似乎模仿了他们长有胡须的面部形象，同时也显示他们试图模仿法老佩戴华丽金制面具入葬的习俗。[1] 当然，迈锡尼“富有黄金”这一说法一直保有特殊声誉。如果荷马所列“参战船只细目”（《伊利亚特》中的一份古老文献）可 30
信，那么至前12世纪，这些独立小邦国都普遍认为迈锡尼王（*wanax*）是他们的宗主。[2]

米诺斯人的记载与迈锡尼人的记载被难以察觉地糅合在了一起。这一方面是由于，克里特艺术对希腊本土的影响非常深远，直到制陶匠人试验性地发展出了自己的外形和图案，迈锡尼生产的物品，如陶瓷才逐渐作为地方产品获得了自己的个性；另一方面，米诺斯人与迈锡尼人之间模糊的界线，很明显是在迈锡尼人征服克里特后，来自希腊本土的讲希腊语的精英集团占领了克诺索斯的结果。尽管如此，文化的延续性依然清晰可见，迈锡尼人用于记录希腊语的线形文字B是对米诺斯 31
人创立的文字体系中线形文字A的改进。线形文字B已被文特里斯（Ventris）和查德维克（Chadwick）于20世纪50年代成功破译。[3] 迈锡尼人在克诺索斯重新启用了泥板文献档案，然后在派娄斯对其进行了改进与精心制作，用于记录臣民献给王和神的贡（供）品。甚至在希腊南部，通过传于后世的手工艺品，我们可知他们的宗教仪式也与米诺斯人几乎无异——印章上有女神和祭司的形象，一个杯子和一块镶嵌板上绘有腾跃公牛的运动或仪式。[4]（这些东西尽管发现于希腊，却产于克里特。正如有人据此论证的那样，它们的存在表明公牛崇拜在希腊盛行。）古典时期希腊男神与女神的名字经常会显露出其 32
前希腊时期的根源，且这些神祇有时能在迈锡尼人的书面记录中找到。有迹象显示，在贸易方面希腊与克里特间也存在着延

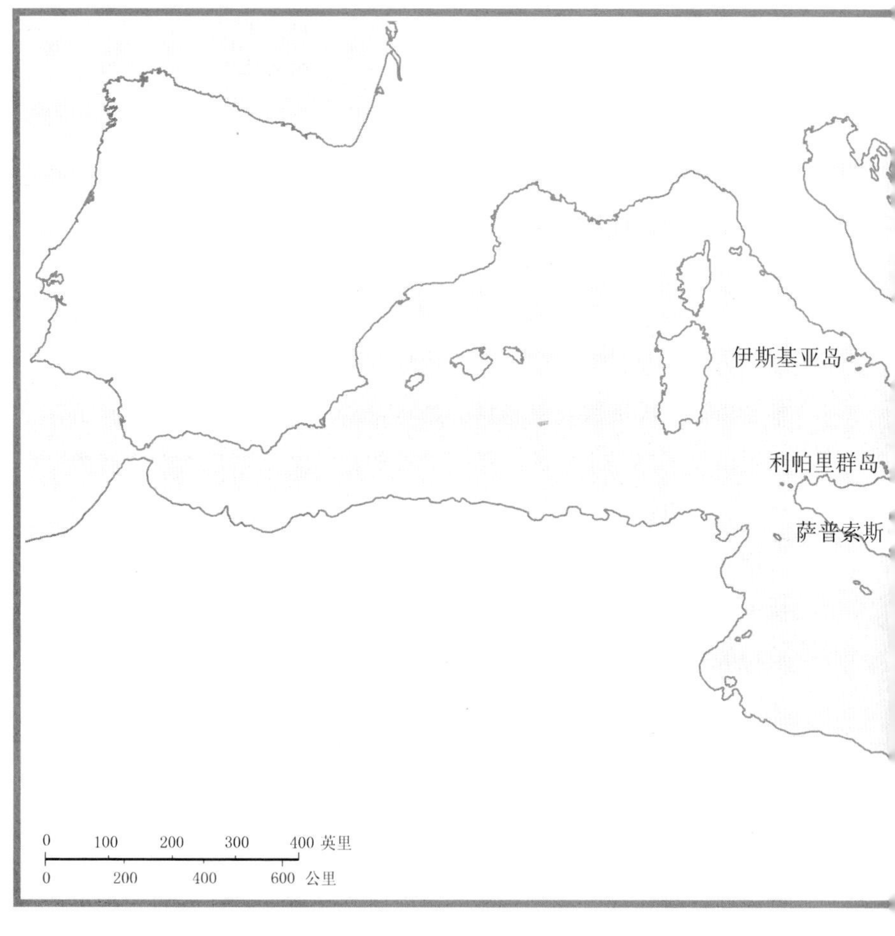
伊斯基亚岛
利帕里群岛
萨普索斯
0 100 200 300 400 英里
0 200 400 600 公里

科格里奥
迈锡尼
派娄斯
米洛斯岛
克诺索斯
乌加里特
恩科密
比布鲁斯
多尔
阿瓦利斯
塔尼斯

续关系，如希腊人与克里特人的产品都被运到了罗得岛、叙利亚及特洛伊，但长距离的航海活动已深入地中海深处，远至西西里岛与意大利。

迈锡尼人以好战而著称。他们善于学习，并很快使自己融入已经存在的文化。尽管古典时期的希腊人告诉我们，像佩罗普斯（Pelops）一样的文明初创者是如何从其他地方（如佩罗普斯来自安纳托利亚）来到希腊的，但迈锡尼人的祖先很可能生活于多山的巴尔干半岛南部。他们是防卫要塞的伟大建造者。像克里特岛米诺斯宫这样防御较为简陋的宫殿较为少见——位于伯罗奔尼撒半岛西南部的派娄斯（Pylos）就是一个典型的例子，且几乎可以肯定，它的防卫主要依靠一支大的海上船队构成的“木墙”，和后来德尔斐神谕（Delphic Oracle）所描述的雅典船队一样。海洋在迈锡尼文明中具有重要作用，但陆战和围城战也会出现在他们的艺术中，更引人注目的是迈锡尼人和梯林斯人遗留下来的诸多要塞的断壁残垣。迈锡尼的一些城墙有七米厚；在梯林斯，贯穿于石质建筑之中的狭窄隧道（现在依旧可穿行）在那些甚感困惑的古典作家笔下被描述为由独眼巨人（Cyclopean giants）所建。线形文字B的泥板文献还显示了双轮战车对此好武社会的重要性，并对它们进行了计数；荷马在提及这个突然消失的有大量青铜武器和用野猪牙制成的头盔的古老世界时，也对其有所描述。[5] 在迈锡尼人的伟大战争首领的墓葬中埋有大量青铜武器，不过他们也甚为了解用黑曜石制成的薄如纸片样的箭头，这些箭头出自米洛斯和利帕里（Lipari）。

“迈锡尼人”如何称呼他们自己是一个重要问题。“迈锡尼”是现代人对青铜时代希腊文明的称谓；在公元前14世纪，其表达的只是由堡垒和周围村庄所组成的迈锡尼（*Mukenai*）聚落（勉强可称为城镇）。这一地名的希腊语复数形式，如同一时期的其他地方（典型的有雅典的复数 *Athenai*）一样，可能反映了这样的事实：这些中心是由多个村庄合并而成的。[6]其统治者属于武士阶层，至前 14 世纪，他们过着非常奢侈的生活。他们的随葬品中不仅有武器，还有金银制成的高脚酒杯以及（描绘了狩猎场景的）精美镶饰的随葬小刀。历史学家 33
在谈及“迈锡尼贸易”时，指的是这些早期希腊军事首领统辖下的政治区域之间的贸易。对商人和农民是否讲希腊语，人们也仅能猜测；事实上，很多人肯定是会多种语言的克里特人，他们生活在线形文字 B 时期的克诺索斯和法伊斯托斯。赫梯作为邻国，在文献中将迈锡尼人称为 *Ahhiyawa*，而埃及文献将其称为 *Ekwesh*。这说明 *Akhaiwoi* 这一名称，即古典希腊语中的 *Akhaioi* 与今天人们口中的阿凯亚人（*Achaeans*），如果不是他们对自己的称呼，至少也是外邦人对他们的称谓，这些外邦人非常肯定地认为迈锡尼是一个主要的区域性力量。[7]在米诺斯人建立的贸易链的基础上，迈锡尼商人维系着他们与富藏铜矿的塞浦路斯（当地直到古典时代一直使用着线形文字）的交往，另外还与罗得岛、位于安纳托利亚海岸的米利都及叙利亚海岸有贸易往来。如果伊阿宋（Jason）的“阿尔戈号”（*Argonauts*）的故事是有历史根据的，那么他们可能与黑海地区也有联系。“格里多亚残骸”（Gelidonya wreck），也就是发现于土耳其南部海岸的前 13 世纪的遇难船只的残骸，说明了当时迈锡尼人的贸易范围很广。残骸的大部分被水流冲走，但是其装载的一些货物因太重而被留在原地，它们是一些半吨重的大铜块，还有可证明这艘船已经到过叙利亚和塞浦路斯的青铜器与印章。在发现于土耳其海滨城镇乌鲁布伦（Ulubrun）的更古老的残骸中人们发现了更多的铜，且有趣的是，船上还装载了相当于铜重量十分之一的锡，这个比例刚好适用于青铜的制作。[8]

迈锡尼贸易的一个新特征就是与意大利建立了联系，这是米诺斯时代的克里特岛所没有的。关于希腊本土与西西里岛的联系的最早证据可追溯至公元前 17 世纪，主要可依据希腊（中希腊时期）与西西里岛东部陶罐的相似性得出此结论（在西西里岛东部还出土了一些中希腊时期的陶罐）。然而，这并不能说明它们之间有经常性的直接联系，它们的来往甚至连间歇性的中介贸易都算不上，因为这些陶罐从希腊经爱奥尼亚海，而后沿意大利半岛的靴跟和靴头进入西西里岛。[9]能证明两地之间定期联系的铁证稍后才出现，当时大量晚期青铜时代的陶器被带入利帕里群岛，且大量的黑曜石被运回希腊。商人们也留下了一些瓷珠，它们很明显源自埃及，这说明当时已逐
34 渐出现一个贸易网，这个贸易网囊括了地中海中部和东部的大部分地区。当克诺索斯落入迈锡尼人之手后，黑曜石开始失去吸引力；穿越地中海和安纳托利亚地区运输铜锡的新路线正在开发中。对金属的寻找引导迈锡尼航海者远赴伊斯基亚（Ischia）及其邻近的小岛维瓦拉（Vivara）；在登上托斯卡纳（这里富藏锡矿）和撒丁岛（在此他们遗留下一些铜块）的海岸之前，他们在伊斯基亚等地卸下了陶器。[10]从锡拉岛壁画上描绘的船只来看，船运技术毫无疑问已经取得巨大进步：以帆助桨，且船身更大，船舷更高，可以承受更强的海浪冲击。他们肯定也对中部和东部地中海的浅滩、暗礁及洋流等有更为详细的了解，没有这些常识，他们不可能在希腊诸岛屿间自由航

行，也不可能驶向西西里岛。在这一时期，沿海岸线的航行依旧占主导地位；观察迈锡尼陶器在海岸上的分布，我们可发现其航道由多德卡尼斯群岛延伸到意大利半岛的靴跟处，且绕过鞋背下行至西西里岛。

与意大利的紧密联系导致了海外贸易站的出现。[11]尽管迈锡尼人向利帕里群岛运送了大量的陶器，包括大陶罐等，但没有证据证明利帕里人处于迈锡尼人的统治之下。然而利帕里人的确与更北的地区［最远至托斯卡纳北部的卢尼（Luni）］建立了联系。[12]利帕里逐渐备受关注，不只因为它拥有黑曜石，还因为它是西西里周围海域的补给站和通往北部地区的中转站。大陶罐是典型的产品，它并不是装饰品，而是载货用的——装载的最有可能是食油，因为食油是希腊出口物品中最受欢迎的产品之一。在利帕里群岛的一处墓葬中发现的琥珀项链经鉴定来自亚得里亚海北部而非东地中海。这些都说明，在这一时期，迈锡尼人是最富有的（但并非唯一）冒险穿越地中海中心水域的商人。与此同时，利帕里群岛的居民都居住在火山山坡上修建的小木棚中；对他们而言，奢侈品主要是琥珀和玻璃球，而非金银首饰。

西西里岛以东的一个近海岛屿萨普索斯（Thapsos）上的一个聚落为我们展现了一个更为复杂的输入型文化，该文化在源头上属于迈锡尼人。该地居民建造了一个棋盘格式的城镇，
街道宽至四米，宽敞的房子围庭院而建，墓葬中有大量来自希 35
腊本土的晚期青铜时代的器皿，说明“该考古遗址是一个名副其实的异邦殖民地”。[13]事实上，与萨普索斯房屋最为相似的设计，出现在了迈锡尼世界另一端的塞浦路斯，它们的位置靠近法马古斯塔（Famagusta）的恩科密（Enkomi）。这看起来就

像是先构想好了贸易殖民的蓝图，而后在迈锡尼世界的两端将其付诸实践。萨普索斯生产了很多迈锡尼风格的小香水瓶，[14]它是一个制造中心，专门为“国际”市场生产香油。但是萨普索斯并非迈锡尼文化的一个简单分支。它生产了大量西西里风格的粗制灰陶，这说明萨普索斯拥有一个混杂的民族群体。在同一时期，位于斯科格里奥（Scoglio del Tonno）①，即现在的塔兰托（Taranto）附近的另外一个迈锡尼聚落促成了亚得里亚海物品，特别是南意大利的铜的流通，且实际上充当了向西西里岛运输货物的中转站。[15]于是，对航行于地中海上的人群而言，正是在迈锡尼时代，地中海世界的拓展开始引人注目。

2

对迈锡尼商人更为重要的地域不是欠发达的西方，而是叙利亚与黎巴嫩沿岸。[16]至公元前 14 世纪，贸易者在叙利亚的乌加里特（Ugarit）和比布鲁斯（Byblos），以及迦南（Canaan）沿岸的基色（Gezer）与拉吉（Lachish）等地留下了大批量的迈锡尼陶罐（青铜时代晚期Ⅱ期风格）。黎凡特地区的贸易网正在形成，足以供给那些由迦南人、塞浦路斯人、赫梯人、埃及人构成的爱琴海商人团体、居民和到访者的富裕城市。[17]黎凡特的一些港口早已与尼罗河三角洲有联系；埃及底比斯（Thebes）的科纳蒙（Kenamun）墓葬中曾有一幅现已无存的壁画，上面绘有在迦南商人监督下卸载货物的埃及港口，画中的货物有纺织品、紫色染料（黎凡特海岸的特产，提取自一

① 根据其意也可译为“金枪鱼礁”。——译者注

种骨螺)、油、酒及牲畜。

自公元前3千纪起，乌加里特便是一个重要、活跃的贸易中心；它在某一时期是埃及的藩属国，一个名为尼奇马杜(Niqmadu)的国王曾与法老家族联姻。该城从黎巴嫩山区向埃及供应埃及当地匮乏的雪松木材。乌加里特是美索不达米亚 36
世界——它借鉴了美索不达米亚复杂的楔形文字——与东地中海世界各地区，包括尼罗河三角洲、爱琴海、克里特岛［在乌加里特泥板中被称为卡布图里（Kabturi)］，以及距离乌加里特只有一百英里的塞浦路斯（该岛兼有中转站的职能，来自埃及的货物经由此岛运往希腊内陆）之间的桥梁。[18]在乌加里特，我们发现了一些塞浦路斯韵体的铭文，说明有来自塞浦路斯的商人居住于此。乌加里特的居民有各种背景：有一些商人被埃及人称作“玛严努”（*Maryannu*，或称“青年英雄”），他们来自安纳托利亚和希腊地区；有一些行政人员的名字并非当地人的名字——在乌加里特周围的一些地区居住着一些讲迦南语的人，这种语言含有腓尼基语和希伯来语的元素。专门的官员被指派去料理外来商人的事务，外来商人要遵守当地的居住规定，同时享有在乌加里特置办房屋的权利。从一个约前13世纪的象牙盒看，乌加里特艺术曾受米诺斯文明影响，因为该象牙盒上的女神既有当地的特征，又融合了米诺斯的艺术特色。[19]乌加里特有充满生机的文学艺术，有大量刻于泥板上的宗教诗歌被保存下来，且这些诗歌与后来希伯来语的宗教诗歌惊人地相似。这些联系也给爱琴海世界艺术的复苏注入了活力。曾经的克诺索斯已被吞并，迈锡尼世界提供的东西变得更多：克里特人的手工艺作品以及希腊内陆的一些产品此时已经可与曾占优势地位的米诺斯物品相匹敌；另外还有克里特岛的优质纺织品——线形文字B中的“*ri-no*”在早期古典希腊语中的拼写为“*linon*”，意为亚麻布。至此，位于东地中海港口城市的那些由来自爱琴海的移民和商人组成的小型集落已然形成；除商人和货物的到来外，雇佣军也带着他们的武器和盔甲来到此地。当贸易开始改变东地中海的特征时，只有战争才会使这些地区的贸易和文化遭受巨大损害，将其引向一个漫长冬季（这最终发生了）。

此前，我们的注意力更多地放到了西西里岛贫穷的村民身上，对法老的属民则关注较少，故在此有必要对他们的缺失做一些解释。随着下埃及沼泽地与邻近的尼罗河流域的条形灌溉地合并在一起，埃及人建立了一个复合型的、以城市为基础的
37 社会；早在公元前3千纪，通过金字塔的建造，埃及人就已向我们展现了他们组织大批劳动力的能力。为宫廷生产的艺术品，包括华丽的金器、较为珍奇的宝石等，均已优于克里特岛米诺斯王宫中最好的手工艺品。即使在主题上没太大影响，埃及艺术在技术方面对克里特壁画的影响是毋庸置疑的；埃及的物件在早期希腊世界被珍重地保存下来；埃及的政治对迦南和叙利亚海岸沿线，特别是比布鲁斯有较大影响。对一些主要必需品，如锡、木材及铜矿等的寻求，使埃及人将其影响力扩展至西奈半岛及以外地区。但当历史学者提到埃及人的海上贸易活动时，他们首先想到的仍是它与南部地区的联系：在前2千纪，沿红海下行至蓬特（Punt）的贸易远航将象牙和乌木一类的产品运至法老的宫殿。[20]尽管有些法老的确在下埃及大兴土木——《圣经》记述了一个以拉美西斯（Ramesses）命名的大型储藏城市的修建——但在约前1570年后，他们的权力中心主要在上埃及。然而，拉美西斯城［在古王国时期该城被

称作派拉姆西（Piramesse）］在前13世纪的一个时段内的确是埃及的首都，那时法老们正在向迦南与西亚挺进，希望有一个靠近其利益中心的基地作为首都。

公元前1570年，统治下埃及和中埃及超过一个世纪的希克索斯（Hyksos）王朝被逐出。这些统治者后来被斥为“野蛮的亚洲人”（其确切的身份依旧是谜），但他们将一些重要的改革引入埃及，包括双轮战车和青铜盔甲。[21]他们最终取得埃及政权的手段是武力征服还是阴谋诡计，我们不得而知，但在技术方面他们确实要比埃及人先进；且他们与邻近的叙利亚和克里特保持着联系，这种联系对于他们获得必要的军事装备是非常重要的。希克索斯人统治的晚期是埃及艺术充满活力的时期，最著名的是图坦卡蒙墓中的考古发掘。约前1340年，当信仰异教的法老埃赫那吞（Akhenaten）在阿玛纳城（Tell el-Amarna）为太阳神建立新首都时，其选择的也是上埃及距法老传统权力中心相对较近的地方。对于古埃及人而言，最重要的水域既非地中海，也非红海，而是尼罗河；地中海是他们的地平线，而且无论从政治角度还是贸易角度看，法老时代的 38
埃及都不能被称为地中海大国（尽管他们也从东地中海获取一些资源）。直到前4世纪亚历山大城建立，埃及的地中海海岸上才有了一座眺望希腊世界的主要城市。但在这一时期，到埃及的外来商人通常比旅居海外的埃及人多；萨胡拉（Sahure）金字塔浮雕上刻画的航海者（约前2400年）应该是亚洲人，且其航船的设计可能模仿了黎凡特风格——有些船可能已经可以航行至上游区域，它们中既有战船，也有货船。总体来说，埃及人依赖外来的代理人为其建造、管理及驾驶船只，起码在穿越地中海时需要雇用代理人。[22]

“伟大的绿色”这一表述出现在这一时期的埃及文献中，但被用于描述许多水系——法尤姆湖（Lake Fayyum）是其中之一，尼罗河是另一个，偶尔也被用来指代红海。公元前2千纪末，“*Y-m*”这个词偶尔被用来指代大海，包括地中海，这个词本身源自闪米特语（*Yam* 在希伯来语中意为大海）。对埃及人而言，地中海并没有重要到需要为其指定特别名称的地步。[23]在尼罗河三角洲的一些港口有很多来自或前往叙利亚的船只，如位于三角洲东部的特亚茹［Tjaru，现为特尔赫巴（Tell Hebua）］。该港口已经被希克索斯人使用，而后由第十八王朝的统治者重建。前15世纪图特摩斯四世（Thutmose Ⅳ）在位时，特亚茹是拥有“异邦王族使者”头衔的总督的官邸的所在地，总督的职责之一便是在西奈沙漠开采绿松石矿。在这一时期，绿松石是埃及人比较喜欢佩戴的宝石。然而，特亚茹还有另外一个职能——它是与外界进行贸易的基地，这一点可通过在此地发现的来自叙利亚和塞浦路斯的陶器证实，这些地区还富藏埃及人渴望获得的木材。然而，更为重要的是阿瓦利斯（Avaris），它也位于三角洲东部。早至前18世纪，在阿瓦利斯居民（包括士兵、航海者及手艺人）中，便有很多人有迦南人血统。希克索斯人将阿瓦利斯设为首都，其占地面积超过二十万平方米。希克索斯人统治的结束并不意味着阿瓦利斯的衰落。[24]当地修建于希克索斯人被推翻后的宫殿装饰着克里特风格的壁画，这进一步印证了克诺索斯的克夫提乌与法老宫廷之间的联系。[25]

39 还有一个港口的重要性也在上升，那就是塔尼斯（Tanis）。在公元前11世纪早期，有一个来自南方腹地的卡尔纳克（Karnak）的埃及使者由此地被派往比布鲁斯的迦南王国执行一项艰难的任务：确保木材供应，重建一艘河船，将其献给至高无上的阿蒙（Amun）神。他是神庙的高级管理者（Elder of the Portal），名为维纳蒙（Wenamun）。他留下了一份行程记录，该记录写在莎草纸上，保存在一个埃及人的墓中。据其描述，他从塔尼斯出发的时间为前1075年4月20日。[26]从一开始，他就面临一些问题：尼罗河三角洲的一些地方势力打算独立，不再依附弱势的法老拉美西斯十一世（Ramesses XI）；且当地的统治者斯门德斯（Smendes）认为，没有必要冒着风险专派一艘船将维纳蒙送至比布鲁斯，于是安排他搭乘一艘由当地船长门戈贝特（Mengebet）驾控的船只，当时该船长正打算和一位叙利亚船员出海贸易。这艘船沿海岸线航行，在多尔［Dor，今海法（Haifa）南部］停靠，此地是所谓的阐卡尔人（Tjekker）的聚集中心，他们是一个海洋民族，我们之后将简要谈及他们。[27]多尔的统治者谦逊有礼（他给维纳蒙提供了面包、酒和肉）。然而，门戈贝特的一个船员没能抵挡诱惑，带着维纳蒙携带的用于购买木材的巨额钱财，包括几磅重的银和超过一磅重的金器逃之夭夭。维纳蒙跑到统治者那里告状；统治者说，如果那个贼是多尔人，自己就可以补偿维纳蒙的损失，现在自己唯一可以做的是进行调查。此次调查足足持续了九天时间，但毫无成果，维纳蒙认为唯一的选择就是继续北上。到达比布鲁斯后，他设法在门戈贝特的船上找到了与其丢失的钱财差不多数量的银器，并把它们藏匿起来。这些银器是其他人的财产，但是他坚持不交出，除非船主赔偿他丢失的金银，因为窃贼是船主的一个船员。

比布鲁斯的统治者泽克巴尔（Zekerbaal）比多尔统治者更不友好。他拒绝接受维纳蒙，对维纳蒙从港口传来的信息，他的简短答复是维纳蒙应该离开。其传令者说："比布鲁斯的主人派我来告知你：'滚出我的港口！'"[28]这样的争执反反复复持续了二十九天。当9月来临时，维纳蒙担心他得等到来年春天
40 航行恢复后才能离开了（这证明当时有休航季，休航惯例甚至也适用于沿迦南海岸线的航行）。后来，国王泽克巴尔告诉维纳蒙，曾经有与他类似的使者等待了十七年！维纳蒙打算在另外一艘要离港的船上预定位置，因为门戈贝特已丢下他去了下一个停靠港。后来，当王廷向巴力神（Baal）献祭时，国王的一个臣子突然出现了幻觉，激动不已的国王认为，他必须接见埃及至上神阿蒙的信使，这至少是官方的说法。但是维纳蒙认为，国王的目的是要将他和他的财物分离，使他误了船期，趁他到达皇宫后再将其银两剥夺。但是维纳蒙几乎没有其他选择。莎草纸上写有他进入王宫（泽克巴尔坐在里面）的过程："当他转过身背对着窗户时，叙利亚大海的波浪击打着他的后脑勺。"[29]国王不仅未对法老表现出应有的尊敬，还对阿蒙神的高级祭司很无礼。他责备维纳蒙没有提交国书（国书被他丢在了塔尼斯），还下令解雇了埃及船员，因为在他看来，和叙利亚人相比，他们显得无能且愚蠢。国王坚定地提出，比布鲁斯的二十艘船及西顿（Sidon）的五十艘船应与埃及进行贸易，然而维纳蒙表达了埃及官方的观点：这些船只不能以异邦船只的身份与埃及贸易，它们必须是处于法老保护下的海船。于是，双方不断地讨价还价，都想获得更多利益，且国王很希望趁埃及的统治者处于弱势之时羞辱埃及。他承认之前的一些国王曾根据埃及人的要求供给木材，但他要求埃及进行偿付；他令手下将王国的账本呈上（表明比布鲁斯有一套复杂的管理体制），从账本中，他证明过去埃及人已经向自己的王国交付

了大量白银。[30]维纳蒙很生气，开始指责国王对埃及这一伟大国度和作为众神之王的法老的失礼。

尽管如此，维纳蒙也知道他的气话不会产生什么作用，故他派人向埃及捎信，要求为泽克巴尔准备一些体面的礼物。埃及人很认真地考虑了他的要求，他们送来了大量奢侈品，包括金银器皿以及一些生活资料，如牛皮、亚麻布、鱼、扁豆、绳子及五百卷莎草纸（泽克巴尔可以在上面记录更多的财务账目）。[31]同时，维纳蒙的需求也没有被怠慢。泽克巴尔派遣了三百名壮丁和三百头牛帮助他砍伐和运送木材。泽克巴尔亲自到
海岸监督木材的装载，并向维纳蒙送上自己的美意以安抚他： 41
酒、一只绵羊和一个埃及歌姬。维纳蒙乘着一艘由比布鲁斯船员驾驶的船离港。他逃离了多尔海盗的追捕；后来因遇到风暴船只驶向塞浦路斯，在那里，他受到当地居民的袭击，多亏当地的善良的女王他才幸免于难。[32]留存的文献便记录到此，然而整个故事似乎是在为这次失败的任务辩解——我们并不清楚木材最终是否到达埃及。当然，这一描述并不能代表东地中海上的日常贸易情况，但其珍贵之处在于，它首次记录了贸易航行，以及在异国宫廷做生意会可能遇到的政治难题。

埃及人是地中海上最富有的势力，但是也有一些不可忽视的敌手。赫梯帝国在安纳托利亚中部地区出现，拥有大量的金属资源，严重威胁到埃及人在叙利亚的利益。拉美西斯二世（Ramesses Ⅱ）致力于恢复埃及在此地的影响力——自信仰异教的法老埃赫那吞统治以来，埃及对此地的统治便减弱了。赫梯人则调动了其盟友，包括位于西亚的仆从，如吕西亚人（Lycians）和达达尼尔人（Dardanians）（后来荷马用这个词称呼特洛伊人），以作为回应。公元前 1274 年 7 月，在卡迭石

（Kadesh），成千上万辆战车被投入战斗；通常来讲，尽管拉美西斯宣称埃及人在战斗中取得了巨大胜利，但自负的他依然无法掩盖双方均受到重创的事实，因为在战争伊始，赫梯人便砍杀了大量的埃及士兵。[33]前 1258 年，双方都承认和谈才是最好的结局。双方订立协议，划定了各自在叙利亚的势力范围，在大马士革附近确立了一条界线，并维持了半个世纪的和平稳定局面。然而，卡迭石之战可以被看作一系列灾难性周期的开端，后续灾难包括特洛伊的陷落（据推测其发生在九十年后）、迈锡尼要塞的毁灭，以及同样重要的神秘的"海洋人"的到来。

注　释

1. W. D. Taylour, *The Mycenaeans* (London, 1964), p. 76.
2. Homer, *Iliad*, 2:494–760.
3. J. Chadwick, *The Decipherment of Linear B* (Cambridge, 1958).
4. F. Matz, *Crete and Early Greece* (London, 1962), p. 134, plate 32; Taylour, *Mycenaeans*, plates 3–4.
5. Taylour, *Mycenaeans*, pp. 139–48.
6. Ibid., p. 100.
7. T. Bryce, *The Trojans and Their Neighbours* (London, 2006), pp. 100–102; J. Latacz, *Troy and Homer: Towards a Solution of an Old Mystery* (Oxford, 2004), p. 123; cf. O. R. Gurney, *The Hittites* (London, 1952), pp. 46–58; A. Yasur-Landau, *The Philistines and Aegean Migration and the End of the Late Bronze Age* (Cambridge, 2010), p. 180.
8. G. F. Bass, 'Cape Gelidonya: a Bronze Age shipwreck', *Transactions of the American Philosophical Society*, vol. 57, part 8 (1967); G. F. Bass, 'A Bronze Age shipwreck at Ulu Burun (Kas): 1984 campaign', *American Journal of Archeology*, 90 (1986), pp. 269–96.
9. R. Leighton, *Sicily before History: an Archaeological Survey from the Palaeolithic to the Iron Age* (London, 1999), pp. 141, 144, 147–8; cf. L. Bernabò Brea, *Sicily before the Greeks* (London, 1957), pp. 103–8.

10. Taylour, *Mycenaeans*, pp. 152–3.
11. W. D. Taylour, *Mycenean Pottery in Italy and Adjacent Areas* (Cambridge, 1958); R. Holloway, *Italy and the Aegean 3000–700 BC* (Louvain-la-Neuve, 1981).
12. Bernabò Brea, *Sicily*, pp. 138–9; cf. Holloway, *Italy and the Aegean*, pp. 71–4.
13. Holloway, *Italy and the Aegean*, pp. 87, 95.
14. Taylour, *Mycenean Pottery*; Holloway, *Italy and the Aegean*, pp. 85–6.
15. Holloway, *Italy and the Aegean*, pp. 67, 87–9.
16. F. Stubbings, *Mycenaean Pottery from the Levant* (Cambridge, 1951).
17. W. Culican, *The First Merchant Venturers: the Ancient Levant in History and Commerce* (London, 1966), pp. 46–9.
18. Ibid., pp. 41–2, 49–50; W. F. Albright, *The Archaeology of Palestine* (Harmondsworth, 1949), pp. 101–4.
19. Taylour, *Mycenaeans*, pp. 131, 159.
20. D. Fabre, *Seafaring in Ancient Egypt* (London, 2004–5), pp. 39–42.
21. A. Gardiner, *Egypt of the Pharaohs: an Introduction* (Oxford, 1961), pp. 151–8.
22. Fabre, *Seafaring in Ancient Egypt*, pp. 158–73.
23. Ibid., pp. 12–13.
24. Ibid., pp. 65–70.
25. Bryce, *Trojans*, p. 89.
26. H. Goedicke, *The Report of Wenamun* (Baltimore, MD, 1975).
27. Ibid., pp. 175–83.
28. Ibid., p. 51.
29. Ibid., p. 58.
30. Ibid., pp. 76, 84, 87.
31. Ibid., p. 94.
32. Ibid., p. 126.
33. Gardiner, *Egypt*, pp. 252–7; Gurney, *Hittites*, p. 110; N. Sandars, *The Sea Peoples: Warriors of the Ancient Mediterranean 1250–1150 BC* (London, 1978), pp. 29–32; R. Drews, *The End of the Bronze Age: Changes in Warfare and the Catastrophe ca. 1200 BC* (Princeton, NJ, 1993), pp. 130–34.

四　海洋人与陆地人（前1250～前1100年）

1

42 特洛伊与海上民族的衰落已经成为庞大的文学主题，它们是影响到整个东地中海——或许也影响到西地中海——的一系列进程的一部分。在公元前18世纪，随着希沙里克山丘上的宏伟城市建筑拔地而起，特洛伊发生了巨大变化：“特洛伊第六文化层”一直存续至前13世纪，其间伴随着一些小规模的重建工程。堡垒的城墙有九米厚（可能更厚），还修了几个大城门及宏伟的瞭望塔，关于该城墙的残存记忆激发了荷马的灵感；城内有带庭院的两层楼房。该堡垒是一个精英阶层的居住之地，他们以某种方式生活，但与同时代的迈锡尼人、派娄斯人或克诺索斯人相比，他们的衣饰并不奢华。[1]一处近海平原的考古发现证实这里存在一片下城区，其规模似乎是堡垒的七倍，占地约十七万平方米，与希克索斯人设在阿瓦利斯的都城差不多大。[2]这里比较富有的资源之一是马匹，这一时期的文化层中开始出现马骨。荷马笔下的特洛伊人是著名的“驯马师”（*Hippodamoi*），尽管他选择这个词是为了成全史诗的韵律，但这一描述也与考古发现的证据惊人地相符。在两个大帝国投入成百上千战车的卡迭石之战（或据《圣经》所载，战车被送至红海深处）期间，驯马师显然是战时所需。

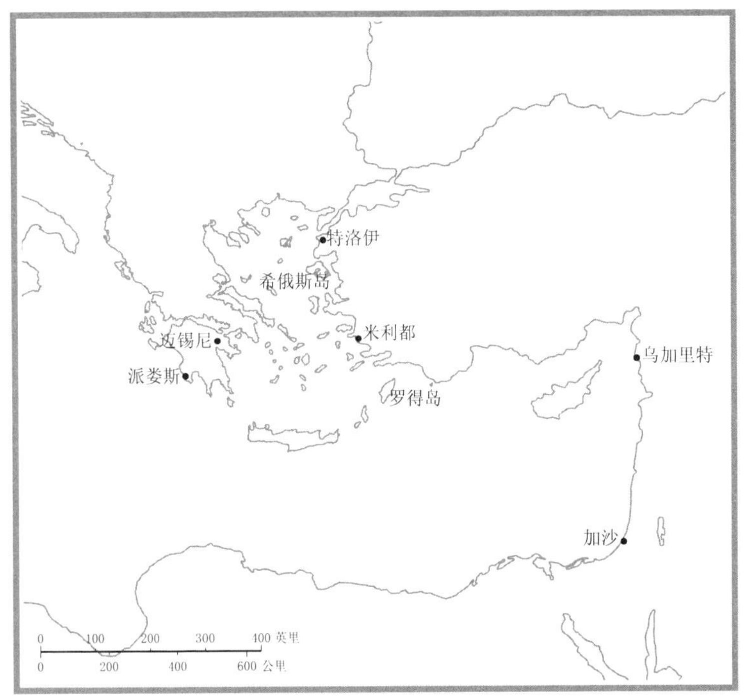

观点的分歧早期主要集中在特洛伊人的身份上。古罗马人
宣称自己是特洛伊人的后代，他们也断言自己并不是希腊人的
一支。然而，荷马笔下的特洛伊人说希腊语。最有说服力的证 43
据来自他们的陶器。特洛伊陶器不只属于特洛伊人，它属于覆
盖安纳托利亚部分地区的一种更为广泛的文化。特洛伊人也从
希腊本土获得了一些希腊风格的陶器，但从特洛伊文化遗址的
第六文化层和第七文化层一期（Troy VⅡa）的考古发现看，仅
有百分之一的陶器是迈锡尼风格（包括当地仿制品）。所有证
据表明，特洛伊人属于赫梯世界外围的一个族群，使用与赫梯
语接近的卢维语，卢维语属于那些生活在安纳托利亚西侧海岸
的人，且正如我们所见，他们还借用了来自克里特的线形文字

A。[3] 毫无疑问，赫梯档案中保留有大量特洛伊人与赫梯国王的通信文件，但特洛伊人自己的书信没能保存；只有一份简短的书面文献被发现，它是来自“特洛伊第七文化层二期”的一个刻有卢维语象形文字的印章（“特洛伊第七文化层二期”的时间为公元前 12 世纪晚期，但印章本身可追溯至更久以前）。从其上文字看，它属于一个抄写员和他的妻子。[4] 特洛伊处于
44 赫梯世界而非迈锡尼世界的边缘。整体来看，它并非一个极为重要的地方；但就局部而言，它又位于北部爱琴海贸易路线上的重要位置。出于这个原因，它成了兵家必争之地。[5]

公元前 13 世纪，赫梯统治者渴望进一步增强其在安纳托利亚近地中海地区的影响力。他们的目标是牵制埃及人，从而在争夺叙利亚北部控制权的竞争中占据优势；但是他们也在小心防范另一个敌手——阿西亚瓦（Ahhiyawa）王，即迈锡尼身份最高的王。特洛伊本身和此事无太大关系，但其军事方面的援助可能颇有用处。如前所见，赫梯的西亚诸属国已被召集到卡迭石战场。阿西亚瓦人与赫梯人之间的冲突的导火索有很多，包括米拉宛达［Milawanda，即米利都（Miletos）］，此地曾经是米诺斯贸易的中心，此时它至少间歇性地成为迈锡尼在小亚细亚沿岸的一个同盟者。赫梯人被此激怒，于前 1320 年袭击了这座城市，并将其毁灭。[6] 小亚细亚沿岸于是成为一个战乱之地，该地区经常改变效忠对象，迈锡尼武士似乎也常常插手该地纷争。

其中一个混乱之源是一个出身不详的名为皮亚马拉杜（Piyamaradu）的雇佣军长官（*condottiere*）。约公元前 1250 年，他是赫梯统治者致阿西亚瓦王的一封带有抱怨情绪的信中主要谈及的对象。在早些时候，赫梯王与阿西亚瓦王曾因由谁主宰

一个被称为维露沙（Wilusa）——这一名称令我们想起了希腊人对特洛伊的另一个称呼伊利奥斯，或者其原称维利奥斯（Wilios）——的地方而发生分歧，但之后他们成了朋友。[7] 很明显，小亚细亚沿岸被分割成很多令人无法确定其从属的小国，它们时而效忠于赫梯王，时而又处于阿西亚瓦王的保护之下。维露沙有一位名为阿拉克山笃（Alaksandu）的国王，其名字的发音似与亚历山德罗斯（Alexandros）极为相似，亚历山德罗斯是海伦的诱拐者帕里斯（Paris）的一个别称。另外一个管理着百辆战车、统领众多步兵的雇佣军长官是“阿西亚人”（Ahhiya）阿塔西亚（Attarssiya），他的名字与阿伽门农（Agamemnon）和墨涅拉奥斯（Menelaus）的父亲阿特柔斯（Atreus）的名字极为相似。征服塞浦路斯似乎已成为阿塔西亚的小规模军队的目标，而塞浦路斯的归属是埃及人和赫梯人都感兴趣的事。[8] 这些名字都无法证实荷马史诗的真实性，但是在史诗中出现了不少安纳托利亚人的名字，荷马或更早的一些叙述者们提到了它们。一度反抗赫梯人的维露沙国王阿拉克山笃与赫梯人缔结了和约。维露沙是阿苏瓦（Assuwa）的四领地 45
之一，其统治者对赫梯人通常采用不同政策，对迈锡尼人亦是如此，但是在卡迭石之战中，维露沙为赫梯人提供了军队支援。阿苏瓦治下的另一个行政区域名为塔瑞萨（Taruisa），这个名字会让人联想到特洛伊。[9] 所有对阿苏瓦加以描述的文件，都表明阿苏瓦位于安纳托利亚西部较远处；而且很明显，维露沙和塔瑞萨位于伊利奥斯（或特洛伊）遗址附近。一首出自赫梯人首都的诗（约前 16 世纪用卢维语写成）提到了“陡峭的维露沙”，而且同样的短语也被荷马用来形容伊利奥斯。可能维露沙和塔瑞萨指同一时期的同一个城市或属于同一统治者的两个相邻城市，就像荷马笔下的阿伽门农，他既是阿尔戈斯（Argos）的王，又是迈锡尼的王。但可以肯定的是，希沙里克就是荷马笔下的伊利奥斯，也是维吉尔笔下的特洛伊。

毫无疑问，迈锡尼人与安纳托利亚人之间的战争，是为了争夺小亚细亚西部土地和城镇的所有权而发生。特洛伊战争是这些冲突的一个后期的记忆，这些冲突最终被浓缩为一次希腊人向众多城市中的一座发动的一场战役。一些历史学家强调，对特洛伊城十年围攻的记载不可信，事实上，它并非一次性的战争，也非十个阶段的战争，而是具有很多个阶段的战争，战争是间歇性的，而且在赫梯的外交信件中还有关于短暂和平时期的记录。一般而言，这并非迈锡尼王与赫梯王之间的战争，因为大多数战争由一些野心勃勃的雇佣军长官操纵，为了确保最大利益，他们也经常倒戈，没有理由认为他们会效忠于自己的族群。这是一种低水平、地方性的战斗，但它们偶尔也会导致一些大的冲突，例如当赫梯人觉得有必要宣布对米利都的宗主权时。伊利奥斯或特洛伊并没有因这类冲突而衰落；事实上，“特洛伊第六文化层”引起了一些贪婪的征服者的注意，因为它位于由地中海进入安纳托利亚的贸易路线上，来往运送的货物有金属、织物，更为重要的是还有马匹。

导致“特洛伊第六文化层”走向毁灭的，并不是人的贪婪。特洛伊位于强震多发地带。约公元前 1250 年，南墙被掀翻，东墙的一部分也完全塌陷，一场大地震将这座城市夷为平地。坍
46 塌下来的建筑物碎片堆积得很高，有些地方高达一米半。[10]尽管如此，城墙的主要部分并未遭到破坏。[11]然而，对下城区发生了些什么，我们知之甚少。很明显，地震之后，老一辈的精英阶层就不再住在上城区的大房子里。新的房舍被建于“特洛伊第

六文化层”的瓦砾堆上，至少在堡垒内其排列更为紧密，以便更多人口居住。在这些新居内，特洛伊人挖掘储物窖，他们之前从未这样做过，这证明他们意识到有必要准备库存，以备灾难时期使用。迈锡尼陶器进口数量的减少说明当时的贸易联系已变得很弱。特洛伊的盛世不复存在，但它并不孤单，同一时期的迈锡尼也面临困难。约前 1250 年，迈锡尼下城区遭受了一次袭击，城堡因而不得不加固；人们修建了一条穿越科林斯地峡的城墙，希望以此抵挡外来侵袭者，但这些侵袭者究竟是来自迈锡尼其他城邦的王，还是外来世界的入侵者，我们就不得而知了。[12]至前 13 世纪末，沿海岸线已经建立起一些瞭望塔，用以向宫殿的居住者告知入侵者的动向。即使如此，很多迈锡尼的重要城市，包括梯林斯和派娄斯，都已在前 1200 年前后被摧毁。在派娄斯，因灾难的出现，人们向神献祭。在一份由线形文字 B 书写的献祭牲畜的清单中提到了一男一女，可能是用于人祭［这一活动不禁使人想起希腊传说中阿伽门农用女儿伊菲革涅亚（Iphigeneia）献祭的故事］。此次灾难使黎凡特沿岸受到波及：乌加里特王派出军队接应赫梯人，但在军队远去时外族的船队集结在了叙利亚海岸；国王在绝望之中在一块泥板上写了一封信，以向盟友塞浦路斯王发出警告，但是这封信从未被送出——三千多年后它被发现时仍然在一个窑炉中等待烘干。在几天内甚至几个小时内，乌加里特的巨大贸易中心被摧毁，从此再未复兴。[13]靠近内陆的阿拉拉赫城（Alalakh，接近现在土耳其与叙利亚的交界处）于前 1194 年被毁，之后再未复苏。但是其位于阿尔米纳（al-Mina）的港口被重建，生产于其母邦毁灭前后的迈锡尼货物已经在此地出土。[14]阿拉拉赫处于亲赫梯派与亲埃及派的不断内讧之中，因此它总是在发生政治危机。位

于安纳托利亚内陆的赫梯首都博阿兹柯伊（Boğazköy）在同一时期也被摧毁，尽管这可能是内部危机的后果。而且，赫梯中心
47 城市的毁灭意味着赫梯无法保护其在地中海的属地。尽管乌加里特发出了警示，但塞浦路斯仍然受到了严重打击，它的一些城镇被摧毁，然后希腊难民或者入侵者到来，他们带来了古代的线形文字和一种早期的希腊语。在克里特岛，一些人向内陆迁徙，一直到达岛上一些难以接近的高点，如卡尔菲（Karphi）和弗洛卡斯特罗（Vrokastro）。

于是，在古典作家埃拉托色尼（Eratosthenes）所认定的特洛伊陷落的时刻，即公元前 1184 年前后，特洛伊被再次毁灭，这次是被烧毁的。一位不幸的拼命逃跑的特洛伊人的遗骸被发现于“特洛伊第七文化层一期”的废墟之下。[15]因此，就算在这一时期希腊人的确将特洛伊毁灭了，在他们获得成功之时，他们自己的城邦也由盛转衰。与其说“特洛伊第七文化层一期”的陷落因拥有黄金资源的迈锡尼人与拥有驯马师的特洛伊人之间的一场冲突发生，不如说它是几个处于衰落中的国家之间的一次战争的结果。同时，也没有证据可以证明毁灭特洛伊的人，就是伟大的迈锡尼王阿伽门农统一领导下的希腊人；一种合理的猜测是，他们是一群由具有希腊或其他血统的流放者与商人组成的乌合之众。他们很可能也是袭击了迈锡尼和派娄斯的那些人，抑或是来自迈锡尼和派娄斯的武装难民。从这个角度看，“特洛伊陷落”是一个渐进的过程：一开始是赫梯人及其代理者与希腊人及其代理者之间的战争；然后，“特洛伊第六文化层”被毁这一灾难性事件削弱了这座城市的防御力，甚至似乎也削弱了其自给能力（地窖的出现便是证据）；前 1184 年前后发生的要塞的陷落使特洛伊经历了更大的

毁灭；自此以后，特洛伊进入一个逐渐衰落的时期。于是，这个过程引发了基本的疑问：这一时期的东地中海究竟发生了什么？发生于青铜时代晚期的这些毁灭性灾难标志着与过去的彻底决裂吗？抑或其衰落（这一点毫无疑问地发生了）经历了更为渐进的过程？从来自克里特和特洛伊的证据看，两地居民都在更为卖力地储藏食物，暗示当时多有饥荒发生，这使得一些族群定居在了物产更为丰富的土地上。进一步讲，“衰落”也有多层含义：政治统一体的损毁，如一些大帝国的瓦解；贸易量的下滑，这反映了需求量的减少；人们生活水准的下降，这不仅发生在政治精英阶层中，而且波及了多数社会群体。于是，问题焦点再一次集中在身份不明的入侵者上，我们被再次带到传奇与历史的交接之处。

2

在这一时期，有能力的士兵可以选择在军旅生涯中为获得 48
东地中海沿岸土地的控制权而战；如果没有人雇用他们，他们可以使自己变为“维京海盗”，去夺取自己所求之物。据发现于塔尼斯的铭文所示，拉美西斯二世宣称已经摧毁了被称为沙尔达纳（Shardana）的族群，该族群曾从海上突袭埃及，但不久之后，他们就被编入拉美西斯的军队，且出现在了公元前1274年的卡迭石战役中。据前1189年的一份莎草纸的记载，拉美西斯三世夸张地称已将侵袭其王国的人碾为粉末，而后又承认将他们安置在了一些军事要塞中。[16]考古发掘表明，有一部分沙尔达纳人被派往阿克湾，为法老守护经过迦南的王室道路，这些偷猎者于是变成了猎场的看护者。沙尔达纳海盗擅长用剑和矛，佩戴独具特色的有角头盔。[17]当沙尔达纳武士逐渐被接受时，其他群体却引起了人们的怀疑：阿皮鲁人（*apiru*）或哈比鲁人（*habiru*）被认为是制造混乱的沙漠中的流窜者，他们中间偶尔会有人成为雇佣兵。他们的名字可能与“希伯来”这个词同源，但阿皮鲁或哈比鲁并不仅仅指代一个人数不多的闪米特族群。[18]各类贫困人群——流浪者、难民及被放逐者——都被吸引至富庶的埃及寻求生计，这不足为奇。随着青铜时代晚期地中海经济条件的恶化，这一群人铤而走险的动机进一步增强。令人惊诧的是，克里特人和安纳托利亚人居然没有外出寻找土地、工作及新的机会。

从公元前13世纪末至前12世纪中期，特洛伊的第六文化层和第七文化层一期被毁灭，下埃及则被来自四面八方的敌人围困。第一个威胁来自西部土地上的族群。大批利布人（Libu）或利比亚人（Libyans）在国王梅尔利（Meryry）的率领下，于前13世纪末，携带自己的家人、成群的牲畜、黄金、白银及家具向东迁移。正如法老麦伦普塔（Merneptah）在一段存留于卡纳克神庙的铭文中所宣称的那样：“他们整天都在四处游逛，抢掠食物以充饥；他们来到埃及就是为了寻找食物、养家糊口。”与他们一同到来的还有他们的北非同盟
49 者梅什韦士人（Meshwesh）和一些外族雇佣军。他们已到达世界上最富有国家的边界，并打算在此定居；如果埃及人不欢迎他们，他们将强行入驻。这使麦伦普塔感到无法忍受。前1220年4月，他在尼罗河三角洲的西部与利比亚人及其同盟者进行了一场漫长而艰苦的战争。最终，梅尔利被彻底打败，退回其故土，“并将弓、箭及鞋丢弃于身后”。麦伦普塔宣称已斩杀六千个利比亚人，以及他们的同盟者至少三千人。[19]然而，这只是周期性入侵的开始，这种入侵的性质更接

近未遂的移民运动，而不是掠夺行为。在未来的几十年之内，其他族群乘着牛车而来，这次的入侵者来自东方。备受历史学家关注的这一时期的“海洋人”是这场范围更广、规模更大的人口迁移中的一支。在这轮长期的移民潮中，目的在于迁徙的人要比投机取巧的雇佣兵多，“陆地人”要比“海洋人”多。

利比亚人知道从何处可以获得帮助，且国王梅尔利还获得了来自“海上诸国”（引自一段碑文）的几个外族团伙的支援。其中一个民族是卢卡人（Lukka），安纳托利亚人称其为吕西亚人（尽管这并不能确切地证明他们已定居在吕西亚），至少从公元前14世纪开始，他们就是臭名昭著的海盗和士兵了。他们中既有一些沙尔达纳人，也有其他族群。埃及人宣称，有2201个埃克韦什人（Ekwesh）、722个图尔沙人（Tursha）及200个舍克里什人（Shekelesh）在同梅尔利作战时死于战场。[20]现在麦伦普塔非常自信地认为他亲自解决了该地区的问题，且傲慢地记录了他武力平乱的过程；其王国的疆域不仅向西延伸至利比亚，还囊括了东部的土地。他声称，“以色列被夷平，已经荒无人烟”（这是埃及文献首次提及以色列，且很明显，他希望这也是最后一次提及）；他将这种态度强硬的和平也扩展到了迦南的土地，在这里他已经“劫掠了每一处土地”。成功控制了阿什克伦（Ashkelon）和基色后，他说：

> 人们可以无忧无虑地在任何道路上自由穿行。所有的要塞都开放了，所有水井都可供旅行者们使用。城墙和城垛安详地沉睡在阳光中，直到它们的守卫者把它们唤醒。

> 治安员们舒展放松地安然熟睡。沙漠前线戍卫者亦可以在他们喜欢的草地上滞留。[21]

50 麦伦普塔肯定雇用了一个有能力的宣传者，但是我们没有理由相信他所吹嘘的全面和平，其关于以色列状况的吹嘘我们也不能相信。无论如何，他所实现的这种和平只持续了很短的时间。仅仅在三十年后，即公元前 1182 年，法老拉美西斯三世又遭遇了一次来自西部的入侵，但这一次利比亚人并未召集其北部盟军渡海而来。然而，入侵者的军队甚至比麦伦普塔时期的队伍更为强大：如果相信埃及人的话，即他们斩杀的敌人达 12535 人，那么利比亚的军队可能要超过 30000 人，还不包括随军人员。[22]在埃及人于浮雕上描绘的一场战役中，一些入侵者被编入埃及军队，成为埃及军队的一部分：有佩戴着角状头盔的沙尔达纳人；还有些士兵戴有羽毛头饰，这使我们想起前 12 世纪的一些塞浦路斯小物件上的图案；还有些士兵穿着褶裥短裙，与雕刻品上的舍克里什人的服装非常相似。[23]

如果拉美西斯的话可信，那么这的确是一次伟大胜利，但是和平并未到来：约在公元前 1179 年，北方各部族仍然在流动迁徙（前 1176 年，利比亚人再次发动侵袭，折损了 2175 名梅什韦士士兵）。一段存于哈布城（Medinet Habu）神殿内的铭文记录了这些事件的埃及版本。引人注目的是，动乱不只发生在埃及的地中海沿岸，还发生在更广阔的地区：

> 诸异邦在岛屿上进行密谋。一时间所有地方都在战争中四分五裂，呈一盘散沙状。在他们的武力面前，无一国

> 家得以幸免，赫梯、卡尔基米什（Carchemish）、阿扎瓦（Arzawa）及阿拉希亚（Alasiya，即塞浦路斯）之间的联系被切断。

他们军力所达之处无不成为荒漠，就“像从未存在过一样”，而后他们自叙利亚和迦南向埃及前进。[24]埃及人坚持认为，此次灾难不仅影响了他们自己，也对其旧敌赫梯人有很大影响，其以陆地为根基的帝国在这一时期瓦解。他们的看法是正确的。侵入埃及的有培勒舍特人（Peleshet）、阐卡尔人、舍克里什人、达奴人（Denyen）及维舍什人（Weshesh），所有这些族群都联合起来了；他们“将手伸向周边可触及的土地”，这使人们不禁想起蝗虫过境的情景。由于入侵者分别从海路和陆路而来，故他们必然会于埃及的地中海岸及东部边界相遇。陆战中，埃及人及其沙尔达纳的同盟者与赫梯式的战车部队（三个人一辆战车）进行对战，入侵者能够调动大量资源，包 51
括大批量的名贵马匹。像利比亚人一样，他们也随军携带妇女和儿童，用大牛车运载物资。

从海上来的入侵者发现自己遇到了围栏和燃烧的火堆：“他们被迫上岸，陷入包围，然后纷纷倒在沙滩上”。[25]但在埃及人的另一处记录中，入侵者试图由三角洲进入尼罗河河口；有一些效力于埃及人的船舰努力将侵袭者逼上岸，使之落入埃及弓箭手的射程之内。从浮雕可知，埃及的船似乎是适合于在河上航行的船只，而入侵者的船只与叙利亚的贸易船只更为相似。所有船只都配有风帆，不过它们的移动都要依靠帆与桨的合力。“海洋人”在船头船尾装饰有鸟头，这一特点在公元前12世纪的一个出自斯基罗斯岛（Skyros）的迈锡尼陶罐上也可见到。有一常见情况被归为培勒舍特人的一个特征（有时也被归为达奴人、阐卡尔人和舍克里什人的特征）：除了褶裥短裙外，培勒舍特人还佩戴似乎饰有羽毛的头盔，这种头盔有点像高高的王冠。入侵者的强大之处并非在其海军，而是陆军（尽管还是败于埃及人）：他们投入大量步兵，用标枪和锋利的剑进行战斗，这些武器被证明在战斗中要比赫梯人和埃及人使用的昂贵易损的战车更为有效。沙尔达纳人的圆形盾很适合近距离战斗。入侵者还没有铁制武器，而赫梯人已开始小规模地生产一些铁器。入侵者们受过严格训练，意志坚定，其武器也十分锐利。这些战士的形象在一个迈锡尼晚期的花瓶上有所表现，故该花瓶以“武士瓶”而著称。花瓶上绘有一队士兵，他们手持标枪、圆盾，身着护胫甲和褶裥短裙，头上戴有角状头盔，具有典型的沙尔达纳士兵及其盟军的特征。[26]法老雇用沙尔达纳人的做法十分明智，因为这意味着他今后可以用类似的武器和策略抵抗入侵者。

如果在埃及铭文和莎草纸中提及的这些族群的身份可以确定，那么我们对地中海的动荡局面的认识将会更为清晰。现代
52 怀疑论者不想去辨认这些在埃及文献中被提及的族群，认为仅靠少量辅音字母不足以做出认定（就像在赫梯文献中提到的阿西亚瓦人一样），且无论如何名字要比族群更容易移植。[27]但是在埃及的文献中，有很多名字与荷马史诗、《圣经》及其他文献中的名称相似，让人很难相信这是偶然：一次或两次相似可能是偶然，但是六个以上的相似名称就可以构成证据。达奴人这一名字，会让人回想起“达纳威人”（*Danawoi*）或达纳人（*Danaoi*），荷马有时用其描述那些在特洛伊城外扎营的希腊人；这个名字也会使人想起但族人（Danites），他们是居于

雅法附近的一个海洋人族群，据《约书亚记》和《士师记》记载，它显然是在另外十一个部族之后加入以色列同盟的。[28]这些族群分布很分散，公元前9世纪，在南土耳其的黑山（Karatepe）出现了一个“达奴尼姆（Dannuniyim）王”。[29]如前文所述，在埃及铭文中已出现了*D-r-d-n-y*，也就是达达尼尔人（Dardanians）。阐卡尔人的发音类似于特洛伊人（Teucrians），他们是达达尼尔人在安纳托利亚的邻居，有一些散居于今以色列北部的海岸，前文中提到的维纳蒙就是在这里遇见了阐卡尔人。还有一些学者根据发音相似的原理，认为在梅尔利的联盟中，舍克里什对应西西里；埃克韦什对应阿西亚瓦，并进而认为阿西亚瓦人就是迈锡尼人；而图尔沙人（*T-r-s-w*）则对应托斯卡纳人（Tuscany），五个世纪后，他们又成为逖圣人（*Tyrsenoi*）或伊特鲁里亚人。这些称呼描述了种族、部族或起源地，但当它们被转化为象形文字后元音会消失，因此很难重构。[30]整体而言，至前1200年，东地中海处于灾难性的动荡之中，且海盗与雇佣军不稳定的结盟使他们可偶尔组建大规模的海军和陆军对派娄斯和乌加里特这样的城市进行劫掠；可能实际上就是在这些军队的征战中，“特洛伊第七文化层一期”陷落了。他们肯定也攻击过自己的故乡，因此有很多英雄被自己的母邦流放，这一点可以从后来一些希腊的传奇故事中得到印证。有时故乡被劫掠也会导致一些战士为了重获财富而袭击塞浦路斯、乌加里特，甚至尼罗河三角洲。在他们中可能有塔瑞萨人（Taruisa），塔瑞萨与维露沙邻近或接壤。因此塔瑞萨人这个称谓而不是稍后的伊特鲁里亚人可以最好地解释图尔沙人的来源。换言之，特洛伊人既是海洋民族，又是海洋民族的劫掠对象。

3

53 虽然埃及对这一征服进程进行了抵抗，但法老还是失去了对尼罗河三角洲的控制；从维纳蒙（Wenamun）的故事可知，这导致了埃及公元前11世纪的诸邦分立、四分五裂的局面。诸邦对其上埃及宗主甚至不再履行口头上的臣属义务。在更偏北的地区，尽管发生于前1200年前后的事件并未导致迈锡尼文化突然、彻底的衰退，但如果希腊传说是有根据的，那么这些事件肯定带来了政治方面的巨大伤害。事实上，也有些地方逃过了前述诸多事件的损害，它们中最重要的是雅典：虽然在迈锡尼时期它算不上一流城市，但卫城已经有人居住，卫城下的凯拉米科斯（Kerameikos）公墓已经在使用。该城之所以能避免毁灭，可能主要是因为其拥有得天独厚的自然屏障：不仅有笔直陡峭的要塞，并配有“独眼巨人修建的围墙”，而且它的供水系统可以助其克服被长期围攻的困境。[31]甚至在很长一段时间内，迈锡尼一些较大规模的建筑在被毁后还有人居住。希腊北部地区，如塞萨利（Thessaly）及几个爱琴海岛屿依旧和平；罗得岛是海上贸易枢纽，很多青铜时代晚期的多德卡尼斯精美陶器由此岛运至希腊、南意大利及叙利亚，传统风格的图案，如章鱼图案依旧很受欢迎。希俄斯岛（Chios）的恩波利翁（Emborio）是迈锡尼的一个繁荣的贸易中心。特洛伊的经历与之十分相似：“特洛伊第七文化层一期”被毁灭后，一个不那么繁荣的新城市出现了。

希腊北部地区未受破坏的事实使很多人认为攻击那些巨大中心的侵袭者从南方跨海而来；而并非所有岛屿都受影响这一事实又表明入侵者来自北方。希腊的历史传说提到，雅典在北部多利亚希腊人（Dorian Greeks）的一次入侵中幸存下来。据推测，多利亚人是雅典的竞争对手斯巴达人的祖先，故雅典人更看重这一传说而非考古证据。一位权威人士在对迈锡尼时代晚期进行评论时说道：“不只应有能证明入侵的证据，还应该有关于入侵者的证据。”[32]他仅能找到两个证据：用于交锋的短剑和一种回形别针（该别针前部弯曲，类似于提琴弓的搭扣）。有人认为，新式剑到达东地中海这件事，可以说明入侵 54
势力在与特洛伊、迈锡尼及叙利亚沿海城镇的对抗中为何获得了成功，但并不能证明有一场大规模的入侵发生，且迈锡尼人也已使用了同样的剑。而整个中地中海和东地中海的别针样式在这一阶段发生了类似的改变，这些变化反映了包括西西里岛西部在内的地区的艺术品位的变化以及制作工艺的进步。另外，方言方面的证据也足够明晰。多利亚式的希腊方言已遍布伯罗奔尼撒。与此同时，来自希腊的迈锡尼难民迁居至塞浦路斯，标志着希腊人首次大规模迁入该岛，并带来了他们的方言［这种方言只在偏远的阿卡迪亚（Arcadia）留存］。语言学方面的证据恰好得到了考古证据的佐证，因为希腊人迁移时带来了长久存在的迈锡尼风格的陶器，以及一种具有希腊风格的墓室。[33]

尽管古文化正在被改造，但关于这方面的证据不易解读。例如家族合葬墓向独葬或合葬式的石板墓［石棺墓（cist tombs）］的转变，反映了人口的变化、丧葬风格的变化，还是因资源匮乏人们无法组织劳动力修建家族陵墓？在这一问题上，学界目前依然存在争议。我们还可以在陶器上发现旧有技术正在消失的迹象，考古学家轻蔑地将这些陶器归类为“亚迈锡尼式”（Sub-Mycenaean）陶器。爱琴海地区的迈锡尼文明最终也受到影响，且早在公元前1000年之前，位于米利都和恩波利翁的贸易中心就被摧毁；东地中海贸易航线上的货物运送量急剧下降，且货物的运输经常会遭受海盗的劫掠，在后来的希腊故事中海盗被称为“提色尼安人”（Tyrsenians）。尽管在这一刻，人们的关注点仍不可避免地聚焦于东地中海，但有证据证实在同一时期，中部地中海的发展也出现了断层。在西西里岛，前13世纪中期被称为“战争与恐惧开始”的时期；但是威胁来自意大利本土，而非遥远的海洋族群。[34]根据在西西里岛发现的一些青铜时期晚期的陶器可推测，约前1200年这里与希腊的联系就开始减少，至前1050年可能已经彻底结束。[35]

进入南部希腊的陆上移民在到来时，并未像前往希腊的劫掠者那样协同一致行动。他们可能没有满怀敌意地进行武装入
55 侵，而是慢慢地、持续不断地渗入希腊的北部，定居于现在的伊庇鲁斯（Epeiros）和阿尔巴尼亚。他们以一种更为简单、基本的存在肯定并巩固了这一趋势。但是这一存在在很大程度上削弱了希腊本土在地中海贸易中的地位。交流依然存在：至公元前11世纪，雅典作为“原几何”（proto-Geometric）风格陶器的生产中心，已经经爱琴海将其产品出口，而且这种陶器（有些图案极为精美且技术精湛）已经在米利都（此时已被收复）和士麦那老城（Old Smyrna，这是一个新的聚落）出土。这种状况表明，希腊人开始通过海洋重建连接小亚细亚和希腊本土的贸易网，这就为前8世纪充满生机的爱奥尼亚希腊文明的出现提供了客观条件。

4

发现于公元19世纪末的一份被称为阿梅诺皮的奥诺玛斯

提康（Onomastikon of Amenope）的著名莎草纸，很有助益地确定了培勒舍特的位置在巴勒斯坦南部，阐卡尔在巴勒斯坦中部（为维纳蒙的故事证实），沙尔达纳位于巴勒斯坦北部。这与考古证据刚好吻合：海洋人群体居住在阿克，而阿克可能是埃及人建立的基地之一，并派有雇佣军驻守。[36]海洋人群体与阿克的联系非常紧密，以至于培勒舍特这个原本属于培勒舍特人的名称最终成为该地区的名字。就像埃塞俄比亚的闪米特词法拉沙（Falasha）被用于指代埃塞俄比亚的犹太人，“培勒舍特”意为“异邦人”或“流浪者”；在希伯来语《圣经》中，它又演变为 *Pelishitim*；在希腊语中，培勒舍特人的土地被称为 *Palaistina*，由此演变出了 Philistine（腓利士）和 Palestine（巴勒斯坦）。培勒舍特这个词可能也与佩拉斯吉（Pelasgian）有联系，佩拉斯吉常被后来的一些希腊作家用来描述爱琴海地区的前希腊族群，据说其中有一些居住在克里特岛——正如闪米特词法拉沙所表达的，在此，他们的身份是异邦人或流浪者。在考古学研究的帮助下，我们可对腓利士人的身份做出进一步的确认。在腓利士人的一些遗址上，如今天以色列阿什多德（Ashdod）的遗址，我们发现了前 12 世纪和前 11 世纪的陶器，其风格与青铜时代晚期的迈锡尼陶器相似。塞浦路斯也有类似的陶器出现，但是我们并不能判断其来源，因为该岛经常被海洋人劫掠，且不断有迈锡尼人迁徙至此。[37]这说明自约前 1300 年开始就出现了一个持续的移民进程，它不时被突如其 56
来的毁灭打断：如果移民者不能获准居于此地，他们可能就会拿起武器，就像法老们看到的那样；如果他们受到欢迎，甚至如果他们被埃及人打败，那么他们就可以在此居住，而且在靠近沙尔达纳的地方，有很多人于法老的军队中效力。

腓利士人选择的移民区域自加沙向北沿海岸线分布，他们的四个主要中心为：加沙、以革伦（Ekron）、阿什克伦及阿什多德。“第一批腓利士人”到达阿什多德时，带来了迈锡尼风格的制陶术（此地的迈锡尼风格的陶罐并非进口品，而是用当地的黏土制成）。腓利士人（和塞浦路斯人）对迈锡尼文明的传统风格保存得最为长久，当时在希腊，这些传统风格已经被更为简明、粗犷的装饰取代。对从以色列的基色、约旦河西岸的特尔艾吞（Tell Aytun）以及其他遗址出土的陶器的研究表明，当时比较常见的一种设计为一只长颈鸟的图案，有时它的头会转向背后。这种设计十分精致，用线条勾勒，有红色的细条纹及其他图案。[38]在加沙地带发现的陶器及引人注目的人形黏土陶棺也显示了来自埃及的影响。毫无疑问，在埃及服役的士兵已将埃及的艺术风格带至此地；但是迈锡尼的影响更具优势，此地的陶器展现了很强的迈锡尼特质特征。

迈锡尼自制陶器的出土表明跨越海洋的人不仅仅是士兵和海盗。这些移民人数众多、拖家带口，既有制陶者，也有士兵。腓利士人的移居地特尔卡西尔［（Tell Qasile），今特拉维夫（Tell Aviv）］成为酒和油的农业贸易中心。腓利士人的到来并未导致该地与爱琴海商业交流的大潮；相反，由于贸易城市被毁，迦南沿岸的古老生活方式即将消失。食品贸易依旧活跃，某一地区食材的匮乏则可以由另一地区的盈余进行补偿。但是迈锡尼文明辉煌时期的奢侈品贸易已然萎缩，且没有宏伟的王宫可供客商销售其奢侈品。

腓利士人来自希腊世界。[39]他们是阿伽门农与奥德修斯（Odysseus）的同族。当他们到来时，他们讲希腊语或卢维语。有一些印章上刻有一些符号，这些符号类似于线形文字 A 或

线形文字 B 的字母表中的符号。《圣经》强调腓利士人来自迦
斐托（Caphtor，即克里特），这些印章很明显印证了这一传 57
说。《耶利米书》称腓利士人为“迦斐托岛的遗民”。大卫王杀死了腓利士巨人哥利亚（Goliath），哥利亚不禁使我们想起荷马笔下的希腊人。《圣经》中描述的哥利亚的甲胄与同时期迈锡尼武士瓶上所描绘的希腊人甲胄非常相似。[40]大卫王作为流亡者与腓利士人生活了一段时间后，雇用了一些克里特卫兵（Cherethites，即基利提人）。

定居巴勒斯坦之后，很多腓利士人失去了航海本领，转而从事农耕和手工艺活动。不久后他们便说起了闪米特语，并接受了迦南人的神，但起初他们是带着自己的男神与女神移居此的。阿什多德出土了一些手臂高举的彩色小雕像，它们被认为代表了爱琴海的大地女神，且与迈锡尼世界发现的黏土塑像类似。[41]在以革伦内陆地区，他们建立了崇拜中心，崇拜中心中有爱琴海风格的炉灶，后来这些中心逐渐就被装饰成了迦南式的庙宇。[42]有铁质刀刃的刀具也在这里出土，这是在神殿中举行宗教仪式时需要的器具。《圣经》提到，他们控制了铁的供应，以色列人因此无法受益于铁的使用。以色列人对铁的使用事实上仅限于一些珍贵物品，如铁质手镯；铁质手镯在当时非常流行。腓利士人不仅是掠夺者和毁灭者（在现代人眼中，这就是腓利士人一词代表的含义），他们还沿巴勒斯坦海岸创立了一种活跃的以城镇为基础的文明，迈锡尼文明的痕迹在该文明中获得了长期保留。腓利士人展示了一群雇佣军和迁徙者实现对其他民族土地的控制的过程，以及土地上的人民慢慢将腓利士人融入闪米特－迦南文化，从而从文化上征服腓利士人的过程。他们离开地中海向内陆发展，占领了迦南南部山脚下

的一些地区，如以革伦，该地后来因压榨橄榄油而闻名。在那里，他们发现自己与以色列的子孙之间矛盾不断。

5

提及以色列，我们首先会产生这样的疑问：在青铜时代晚期的动乱中，除腓利士人外，以色列人是否也开始了迁徙？神通过先知阿摩斯问道："我不是已将以色列人领出埃及地，将
58 腓利士人领出迦斐托了吗?"[43]那些相信以色列人逃出埃及在历史上确有其事的人，一般将其时间确定于约公元前1400年至前1150年间。《圣经》中描述的以色列子民到达埃及的很多细节也与其他证据吻合——为了寻求食物供应，闪米特旅行者到达埃及，且闪米特族的维齐尔时不时地出现在埃及宫廷［这与约瑟（Joseph）的故事没有太多不同］。在埃及人的战车陷入红海淤泥之后出现的、据说是摩西吟唱的"海之颂歌"——很明显它是一首非常古老的歌曲——描述了与海洋人时代一致的使用战车作战的方式。[44]前文已经提及，游牧的阿皮鲁人或哈比鲁人出现在了埃及东部，他们可能还与乌加里特的衰落有关，乌加里特国王在其绝笔信中提到了他们。我们也会看到臣服于埃及人的人群（他们有时是战俘），这让我们联想到在埃及长期遭受奴役、受苦受难的以色列人。更为严谨的寻求证据的方法可参考荷马。荷马可以通过口述历史、传说及周边族群的记载，追溯在他生活的年代数百年以前的社会的特点，这种方式也可使早期以色列人详细而生动地描述他们长期旅居埃及，之后成功从法老战车的追捕中戏剧性地逃离的过程。同样，也有一种很有说服力的观点，认为《出埃及记》中描述的这场伟大的民族迁徙引发了很多小规模的迁移，一些闪

米特部族离开埃及便是其中一部分，这在近东文献中并没有出现（除了麦伦普塔铭文曾简要提及）；以色列人是阿皮鲁游牧民，在一段时间后，他们回归了游牧生活，逃离了对法老的臣服，最终跪拜在了他们自己的神的脚下。

进入迦南后，以色列的子民并未摧毁耶利哥或埃伊（Aï），因为早在几百年前，这些地方已经被毁灭。他们带着绵羊和山羊（没有猪）居住在山区的村子里。他们在自己的神的面前达成契约，而且他们也承认其他民族和部落——如但族——的存在。[45]正像腓利士人努力融入迦南社会，既尊奉大衮（Dagon）神，又尊奉当地居民的神一样，但族成了希伯来人中的一个族群，接受了以色列的神。在这一时期，除与但族的交流和与腓利士人日益紧张的关系外，以色列人和地中海地区的来往很少。当腓利士人开始在迦南开垦土地，并与当地融 59
合时，他们试图控制内陆的一些地区，并与以色列人有了正面冲突。如果《圣经》的记载准确，其冲突的高潮发生在约公元前1000年。在扫罗王和他的儿子于一场与腓利士人的激烈战争中去世后，曾经生活于腓利士人间的大卫王继位。为了瓦解腓利士人的力量，他以刚征服的牢固据点耶路撒冷为基地，据推测，他借此控制了整个地区。尽管在军事上不断取得胜利，但是前11世纪以来的以色列人的遗址并未留下太多奢侈品的痕迹，且以色列人与地中海的贸易交往也很少。即便如此，对以色列人依旧需要关注，因为在之后的很长一段时期内，他们将对地中海各族群的历史产生巨大影响。据《圣经》记载，东地中海区域有很多不安分的部落和族群，但没有任何一个部族能在亚非交界地长久居住。

可能并非所有的海洋人都来自海洋，其移民规模也可能没有埃及记述者想让其读者相信的那么大，但这并不代表我们可以低估海洋人和陆地人各自的影响力，事实上他们甚为活跃。这一时期出现的灾难是一个世界已经开始分崩离析的先兆。伴随政治混乱发生的是经济危机，局部地区还出现了严重的饥荒。《圣经》简短地提到，在以色列人与腓利士人交战之后，发生了一场瘟疫，这说明这一时期的混乱出现的原因之一，是黑死病或类似疾病的暴发，且疫病的源头应该与查士丁尼时期出现的黑死病相同。在这样的情形下，整个东地中海突然陷入动荡也就不足为奇了。但在一个很多事情都只能推测的时期，上述猜测可能多少有些夸大事实。东地中海地区的青铜时代晚期已经被描述为“有史以来最可怕的转折期”，其遭受灾难的程度远远超出了罗马帝国衰落的时期，它或许是“古代史上最严重的灾难”。[46]第一地中海世界囊括了自西西里岛到迦南、自尼罗河至特洛伊的广阔区域，但迅速地瓦解了。而它再次成为囊括直布罗陀海峡至黎巴嫩间广阔区域的“贸易内湖”，则是好几百年之后的事了。

注　释

1. C. Blegen, *Troy* (2nd edn, London, 2005), pp. 92–4; T. Bryce, *The Trojans and Their Neighbours* (London, 2006), pp. 58–61.
2. J. Latacz, *Troy and Homer: Towards a Solution to an Old Mystery* (London, 2004), pp. 20–37; cf. Bryce, *Trojans*, pp. 62–4.
3. Bryce, *Trojans*, p. 117.
4. Latacz, *Troy and Homer*, pp. 49–51, 69.
5. Ibid., pp. 46–7, fig. 10 (map of trade routes).
6. Bryce, *Trojans*, pp. 104, 111.

7. O. R. Gurney, *The Hittites* (London, 1952), pp. 49–50; Bryce, *Trojans*, pp. 110–11.
8. Gurney, *Hittites*, pp. 51–2; Bryce, *Trojans*, p. 100.
9. Latacz, *Troy and Homer*, pp. 92–100.
10. Blegen, *Troy*, pp. 124–8.
11. 认为地面塌陷为毁灭主因的观点，见 M. Wood, *In Search of the Trojan War* (2nd edn, London, 1996), pp. 203–11。
12. V. R. d'A. Desborough and N. G. L. Hammond, 'The end of Mycenaean civilisation and the Dark Age', *Cambridge Ancient History*, vols. 1 and 2, revised edn, pre-print fascicle (Cambridge, 1964), p. 4; N. Sandars, *The Sea Peoples: Warriors of the Ancient Mediterranean 1250–1150 BC* (London, 1978), p. 180.
13. Sandars, *Sea Peoples*, pp. 142–4; R. Drews, *The End of the Bronze Age: Changes in Warfare and the Catastrophe ca. 1200 BC* (Princeton, NJ, 1993), pp. 13–15.
14. L. Woolley, *A Forgotten Kingdom* (Harmondsworth, 1953), pp. 163–4, 170–73.
15. Blegen, *Troy*, p. 142.
16. Sandars, *Sea Peoples*, p. 133; also A. Gardiner, *Egypt of the Pharaohs: an Introduction* (Oxford, 1961), pp. 284, 288; A. R. Burn, *Minoans, Philistines, and Greeks BC 1400–900* (2nd edn, London, 1968).
17. Sandars, *Sea Peoples*, pp. 106–7.
18. Ibid., pp. 50–51; Gardiner, *Egypt*, p. 198; B. Isserlin, *The Israelites* (London, 1998), p. 55.
19. Sandars, *Sea Peoples*, p. 105; Gardiner, *Egypt*, pp. 265–6.
20. Drews, *End of the Bronze Age*, p. 20; A. Yasur-Landau, *The Philistines and Aegean Migration and the End of the Late Bronze Age* (Cambridge, 2010), p. 180.
21. Sandars, *Sea Peoples*, p. 114; Gardiner, *Egypt*, p. 266; Isserlin, *Israelites*, p. 56, and plate 34 opposite p. 81.
22. Drews, *End of the Bronze Age*, p. 21.
23. T. and M. Dothan, *People of the Sea: the Search for the Philistines* (New York, 1992), p. 95; cf. Sandars, *Sea Peoples*, pp. 134–5.
24. Sandars, *Sea Peoples*, p. 119; Gardiner, *Egypt*, pp. 276–7.
25. Sandars, *Sea Peoples*.
26. Ibid., pp. 124, 134–5, 165, 178, plate 119; p. 189, plate 124; F. Matz, *Crete and Early Greece* (London, 1962), supplementary plate 22; W. D. Taylour, *The Mycenaeans* (London, 1964), plate 7.
27. Gurney, *Hittites*, p. 54.
28. Joshua 18:1 and 19:40–48; Judges 5; Dothan, *People of the Sea*, pp. 215–18; Sandars, *Sea Peoples*, pp. 163–4.
29. Dothan, *People of the Sea*, p. 215.
30. Sandars, *Sea Peoples*, pp. 111–12, 200; Yasur-Landau, *Philistines and Aegean Migration*, pp. 180, 182; cf. Gardiner, *Egypt*, p. 264.
31. C. Whitman, *Homer and the Heroic Tradition* (Cambridge, MA, 1958), pp. 51–2.

32. Desborough and Hammond, 'End of Mycenaean Civilisation', p. 5; also V. R. d'A. Desborough, *The Last Mycenaeans and Their Successors* (Oxford, 1964).
33. Desborough and Hammond, 'End of Mycenaean Civilisation', p. 12.
34. L. Bernabò Brea, *Sicily before the Greeks* (London, 1967), p. 136.
35. R. Leighton, *Sicily before History: an Archaeological Survey from the Palaeolithic to the Iron Age* (London, 1999), p. 149; also R. Holloway, *Italy and the Aegean 3000–700 BC* (Louvain-la-Neuve, 1981), p. 95.
36. Dothan, *People of the Sea*, pp. 211–13.
37. W. Culican, *The First Merchant Venturers: the Ancient Levant in History and Commerce* (London, 1966), pp. 66–70.
38. Dothan, *People of the Sea*, plates 5 and 6, and pp. 37–9, 53.
39. Yasur-Landau, *Philistines and Aegean Migration*, pp. 334–45.
40. I Samuel 17:5–7.
41. Yasur-Landau, *Philistines and Aegean Migration*, pp. 305–6.
42. Dothan, *People of the Sea*, pp. 8, 239–54.
43. Amos 9:7.
44. Exodus 15:1–18; Isserlin, *Israelites*, p. 206.
45. Isserlin, *Israelites*, p. 57.
46. Drews, *End of the Bronze Age*, p. 3.

第二部
第二地中海
（前 1000～600 年）

一　紫色染料的贸易者（前1000～前700年）

1

从公元前12世纪的灾难中恢复过来是一个缓慢的过程。 63
爱琴海上的那些国家衰退到了哪种地步，我们不得而知，但很多东西都消失了：书写文字消亡了，但在塞浦路斯避难的希腊人中它还存在；米诺斯人和迈锡尼人独特的涡纹风格的陶器也消失了，但同样，它在塞浦路斯还有所保留；贸易萎缩了；王宫衰落了。黑暗时代并非爱琴文明的独有现象。向西远至利帕里群岛也有动乱的迹象——在西西里岛，旧有秩序已在前13世纪的破坏中终结，利帕里的居民只能靠建立坚固的防御工事来维持一定程度的繁荣。[1] 法老的力量也被削弱；尼罗河的土地之所以没有受到进一步破坏，是因为外来侵略者的消失（他们定居在了新开拓的土地之上），而与埃及的内部实力无关。

至公元前8世纪，新的贸易网络出现，东方文化被传至西方，最远到了伊特鲁里亚和南西班牙。令人惊讶的是，这些新贸易网的建立，并没有借助大规模的帝国扩张实现（西亚的贸易网络是在亚述王的强势统率下建立的），而是由商人团体建立：希腊人有意或无意地在追寻其迈锡尼先人的足迹，将方向转向了西西里岛和意大利；伊特鲁里亚海盗和贸易者出现在刚刚兴起的城市的土地之上；更为超前的是，黎巴嫩的迦南商

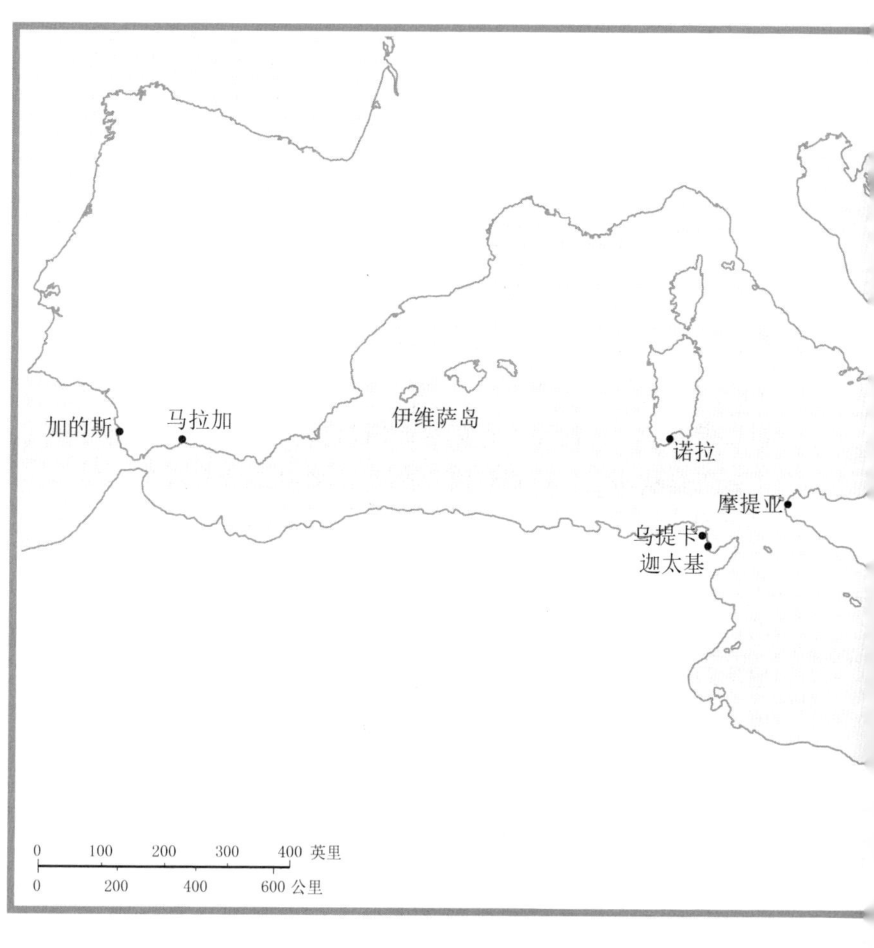
加的斯
马拉加
伊维萨岛
诺拉
摩提亚
乌提卡
迦太基
0 100 200 300 400 英里
0 200 400 600 公里

克提昂
阿瓦德
西顿
推罗

人，也就是希腊人熟知的腓尼基人（*Phoinikes*），也出现了，这一族群因热爱贸易和追逐利润而为荷马所憎恨。[2] 至此，对
64 这些从事“贸易”的人长期轻视的历史也开始了。他们的名字源于“紫色染料”这一名词，它提取自一种骨螺，是迦南沿岸最为昂贵的产品。希腊人也承认腓尼基文字是字母文字的源头，是他们的新书写体系的基础。而且腓尼基也是艺术范本的源头，在一个积极的艺术创造酝酿期，腓尼基艺术改变了希腊和意大利古风时期的艺术。

尽管黎巴嫩沿岸各城共享一种文化，彼此之间互通有无，但任何统一体的范围都是有限的：“其范围由海上贸易而非陆上贸易确定。”[3] 然而，考古学家习惯性地将约公元前 1000 年之前的黎凡特地区的居民称为迦南人，将在此之后的居民称为
65 腓尼基人。[4] 这一惯例掩盖了重要的难题：腓尼基人的城市是何时、如何成为地中海贸易的伟大中心的？更为重要的是，他们是否能在地中海东部沿岸的一些早期贸易中心，如比布鲁斯和乌加里特的基础上建立贸易中心？[5] 如前所见，乌加里特大约于前 1190 年被摧毁，沿岸已被多尔的阐卡尔人这样的族群占据。毫无疑问，破坏已经发生了；西方的旧有市场同克里特与爱琴海一起从商业地图上消失了。海盗攻击商人。但是古老的迦南世界的一些重要方面留存下来，有时影响力惊人。[6] 迦南语成为生活在黎凡特土地上的各族——爱琴海的腓利士人、希伯来农民，以及推罗（Tyre）与西顿（Sidon）的城市居民——的通用语言。迦南人的宗教在稍作改变后被该区域除希
66 伯来人之外的所有人接受。但希伯来人其实也没有那么例外，因为他们的先知曾因其追随迦南人的传统习俗而谴责他们。以色列人也熟知腓尼基人的习俗——有时他们会在祭祀仪式上献

祭他们的头生子，而这也引起《圣经》中的先知和后来古罗马的作家的愤怒和惊骇：“你不要将你的任一子孙让可憎恶的摩洛神（Molech）带走。”[7]

于是，地中海的这一角落的历史延续性远胜于希腊或意大利。在公元前11世纪，繁荣景象开始走向衰落，但并未消失。前10世纪腓尼基人在贸易中具有重要作用，但这并不意味着他们已经控制了海洋贸易。他们还有其他的路径可供开发：将其紫色染料出售给富有且军事实力势不可当的伊拉克北部的亚述人，远比跨越海洋将该产品兜售给贫穷的民族更具有商业的意义。[8]但是希腊人并不这样看待早期腓尼基人。古典作家认为，推罗是在特洛伊毁灭（前1191年）的若干年前建立起来的；但是推罗本身就是一个更为古老的遗址，通过推罗国王阿比米尔基（Abi-milki）与埃及法老间的信件可知，这位国王是前14世纪的一位重要人物。罗马人认为，腓尼基人在所谓的推罗建城后的一个世纪之内已经开始在西方寻找和建立定居地：加的斯（Cádiz）建立于前1104年，约在同一时期北非建立了乌提卡（Utica）和利克苏斯（Lixus）。这似乎证明早期的腓尼基人已经冲出“黑暗时代”，开辟出了一个新的贸易网络。《圣经》曾提及地中海西部的一块名为他施（Tarshish）的土地，其读音更像古典作家熟知的塔特索斯（Tartessos）。尽管有几个古罗马作家提到很久之前便有加的斯存在，但事实上，他们只是重复了历史学家维雷乌斯（Velleius Paterculus）的观点。维雷乌斯与奥古斯都大帝生活在同一时代，因此他生活于上述事件发生一千一百年以后。这些久远的时间并没有被考古研究证实。即使在腓尼基，属于前11世纪和前10世纪的考古发现也惊人匮乏。这是因为一方面，现代黎巴嫩城市人口密集，向底层挖掘的工作很难进行；另一方面，海上族群对黎凡特地区的城市进行了极其严重的破坏。

《圣经》强调，推罗王的财富和权势可追溯至公元前10世纪。根据《列王纪》的描述，推罗王希兰（Hiram）与以色
67 列王所罗门（Solomon）之间的同盟关系因一纸条约的签订（所罗门约在前960年接受了该条约）被推至顶峰，该条约规定以色列应确保推罗人的粮食与食油供应，而推罗要向以色列提供木材及工匠，以修建以色列新都的耶路撒冷神殿。[9]《圣经》对神殿的描述也为我们了解腓尼基人早期崇拜中心的情况提供了珍贵记述，它可与哈措尔（Hazor）及其他地方发掘的神殿相媲美：一个外坛，两侧有两根柱子护持的神龛入口，向前穿过一个较大的外殿便可进入圣所。在推罗发现的以色列双耳细颈椭圆土罐容量高达二十四升，这表明，在前9世纪到前8世纪，在早期希伯来人居住的土地上，食品贸易从未中断。[10]作为对推罗人帮助修建神庙的回报，据说所罗门王还将以色列北部的一些居住地送给推罗王；《圣经》称其为城市，但也提到，当看到这些定居点时，希兰王并不高兴，所以很明显，所罗门的财务代办夸大了赠物的分量。[11]几个世纪以来，以色列人在腓利士人定居点东部的丘陵地带牧羊和种植大麦，他们凭借自己的实力成为一支重要力量。他们深知推罗缺乏农业资源；只要有正常的粮食供应，这座城市——在一个或两个世纪后人口可能已达到三万——就可以生存和发展。在城市后面有丰富且优质的森林资源，树木长得很高。如果这座城市想要自给自足，就必须开采森林资源用以交换和贸易。[12]希伯来人也为骨螺所吸引；尽管被禁止食用螺肉，但他们被命令用从骨螺中提取的染料为袍服染边。实际上，这种紫色染料可以染

出的颜色种类有很多，从碧蓝到铁红应有尽有，取决于如何对其进行处理。因此，推罗与它的邻居有两大优势：在西亚纺织品贸易中极受重视的奢侈品，以及大量的木材产品。没有后者，建筑业、造船业的和数不尽的日常生活用品的制造都是完全不可能的。因此，推罗及其邻居并非只是作为亚洲与欧洲的中间人而繁荣，它们也有自己的特色产品。

腓尼基诸城在公元前 11 世纪至前 9 世纪早期所拥有的巨大优势是，它们不受强权控制，彼此之间通常也相互独立。埃及人对迦南地区影响力的急剧衰落为腓尼基人提供了绝好的机会，使他们能够不受外界干扰，我行我素。前 9 世纪，亚述军 68
队从东而来，这种局面因此被打破：亚述军队像“狼入羊圈”一样洗劫了沿岸城市，恰如它在内陆最终吞并了以色列王国一样。但是亚述人也极为明智地认识到腓尼基人将是财富的源泉，他们从推罗及其邻居的贸易中继续获得贡赋。直至此时，推罗仅是腓尼基沿岸诸多独立城邦中的一个，但是它已经为异邦人（如希腊人和希伯来人）所知晓；它还是大约建立于前 814 年的地中海西部城市迦太基的母邦。有时推罗的统治者也对西顿实行治理，且荷马史诗与《圣经》都称他们是“西顿人的王”（荷马从来没有用过“腓尼基人”这一词语，而一直使用“西顿人”的说法）。[13]这可能使推罗显得比较特殊，但从诸多显著方面看，推罗确实是腓尼基人贸易的中心。同腓尼基人之后的多个属地以及位于北部的阿瓦德（Arvad）一样，推罗在一个岛上，因其良好的防御位置而得到了 *Tzur* 这一名称，意思是“岩石”或“要塞”。直到前 4 世纪末，亚历山大大帝建了一个长堤将推罗与内陆相连，这座城市才与海岸永久连为一体。这些小岛拥有天然的防御屏障，但水源的供应是应长久担心的问题。据古典晚期的相关记载，有阿瓦德人用水渠将水从内陆引入城中，另外也可以用小船运水及在蓄水池中存储雨水。[14]至亚历山大时期，推罗已经有两个自己的港口，一个向北面对西顿，另一个面向埃及，有条运河将两个港口连接起来。[15]前6世纪，希伯来先知以西结（Ezekiel）认为，推罗就像是用黑门山（Mount Hermon）上的柏木和黎巴嫩的雪松木制作而成的精美船只，银、铁、锡、铅都来自希腊和西方，而犹大王国则送来谷物、蜡、蜂蜜、油及乳香。[16]他沮丧地预言道，推罗这艘大船正要遭遇船难。他还提供了一份地中海至西亚的航线图，其中推罗被定位为世界上所有货物的集中点——有西方他施的财富，有北部爱奥尼亚的财富，还有图巴尔（Tubal）及其他一些神秘土地和岛屿上的资源。

推罗是逐渐成为一座光辉之城的。推罗至塞浦路斯、埃及和安纳托利亚南部的短程贸易即使在乌加里特衰落后的暗淡时
69 期仍在继续，尽管公元前11世纪埃及的经济困难也削弱了推罗的实力，因为它与尼罗河三角洲有相对紧密的联系。而西顿因将目光转向了亚洲腹地而获得较大成功。[17]腓尼基艺术深受历史悠久的西亚文化和法老统治下的埃及的文化影响，这一点毫不令人意外。腓尼基文化是亚述与埃及风格的结合体。[18]从以色列国王暗利（Omri）在首都撒玛利亚（Samaria）的宫殿出土了一些前8世纪的象牙制品，它们显然深受埃及风格影响：两个天使彼此相对，翅膀正面张开，脸部没有遮挡，他们的条纹头饰具有典型的埃及特征。然而在大多数情况下，象牙出自红海或经由埃及运送至西方，且腓尼基的银器和象牙制品出现在了罗马以南的普莱奈斯特［Praeneste，即今天的帕莱斯特里纳（Palestrina）］的一个贵族墓中，时间可追溯至前7世

纪。而后，腓尼基人开辟了新的航线进入地中海中部和西部。

一些最好的腓尼基产品须作为贡品上交给有权有势的统治者。现存于大英博物馆、来自伊拉克北部的巴拉瓦特（Balawat）铜门是公元前9世纪为亚述王萨尔玛那萨尔三世（Shalmanasar Ⅲ）所造，门上铸有推罗王伊索巴尔（Ithobaal）在推罗的一个港口为船上装载贡物的场景，且还有一段铭文庄重地宣布："我收到了推罗和西顿人民用船只运来的贡赋。"然而，贡物还不能通过海船运送至伊拉克北部。青铜铭文中还描述了一个事实，即滨海地区的迦南人是通过远航地中海致富的。[19]这进一步被亚述王阿叙尔纳西尔帕（Assurnasirpal）的年表证实。阿叙尔纳西尔帕死于前859年，曾声称自己从推罗、西顿、阿瓦德及其他沿海城市获得了"银、金、铅、铜、青铜器、用彩色羊毛织的毛衣、亚麻袍服、一只大猴、一只小猴、红枫木、黄杨木、象牙及一种被称为'纳比鲁'（*nabiru*）的海洋生物"。在这份清单中既有带着异域风情的商品，又有日用品；既有经地中海运来的商品，又有产自腓尼基本地的产品；还有猴子之类的珍稀动物，它们可能是经红海运达此地的。[20]红海贸易被纳入地中海贸易的说法见于《圣经》的记载，《圣经》提到的俄斐（Ophir）的船，就是被所罗门和希兰王从埃拉特（Eilat）派出的。[21]

尽管腓尼基人的贸易并非简单的物物交换，但他们没有铸造钱币。[22]在进行大笔交易时他们使用银块或铜块支付；有时也用贵金属铸造的酒杯支付，这种酒杯的重量应该有一定标准 70
（关于酒杯的记忆被保留在《圣经》中，据说约瑟将一个酒杯藏在弟弟便雅悯的粮袋中；另外在前述维纳蒙的故事中对此也有记载）。[23]标准重量，如舍克尔（shekel）的采用，就很好地证明了，即使没有钱币，腓尼基人也可以使所谓的市场经济正常运转；换句话说，他们熟知货币经济，但他们使用的钱体现为钱币以外的多种形态。很久之后，腓尼基人才开始铸造钱币，主要为了更方便地同西西里岛和南意大利的希腊人进行贸易，因为希腊人热衷于使用钱币。[24]腓尼基人在地中海贸易中的基本产品是金属：腓尼基人建立的第一个可明确定位的贸易基地距其家乡不远，位于铜矿资源丰富的塞浦路斯岛上，靠近拉尔纳卡（Larnaka）。该基地建立的时间为公元前 9 世纪，此地即希腊人熟知的克提昂（Kition），也就是希伯来人口中的基提姆（Kittim）。在腓尼基人中，该城被简单地称为“新城”（*Qart Hadasht*），同样的名字后来也被用于指代北非的迦太基和西班牙的卡塔赫纳（Cartagena）。[25]重要的是，腓尼基人尝试在克提昂建立属地，并获得对该地周围土地的统治权。前 8 世纪中期的一则铭文记载，尽管在克提昂有一个供奉女神阿施塔特（Astarte）的巨大神庙，但“新城”的长官是推罗王的代理人，他崇拜的是黎巴嫩的巴力神（*Baal Libnan*）。[26]塞浦路斯的巨大粮仓与其铜矿一样具有很大吸引力。推罗的粮食供应不仅来自以色列的谷物产地，也来自塞浦路斯。若没有正常的粮食供应，腓尼基人就无法确保城市的繁荣，而城市财富的增多也反映为人口的增长和资源压力的增大。不幸的是，对推罗人来说，他们在塞浦路斯的成功引起了亚述王的注意。萨尔贡二世（Sargon Ⅱ，逝于前 705 年）取得了对塞浦路斯的统治权，亚述人从此进入地中海，这是一个短暂但重要的标志性事件。有一则铭文记录了萨尔贡在克提昂确立统治权的史实，多年以来，他依旧从岛上收取贡物，并未干涉岛内事务，因为他的目标就是夺取岛上的财富。[27]当然，对于亚述王而言，铜矿资源的吸引力并未消失。后来，西顿和推罗的国王陆立（Luli）曾逃离推罗前往塞浦路斯避难，由此可知亚述人对塞浦路斯的统治被削弱。这一事件被刻成一组浮雕，它描绘了受辱国王匆匆离开腓尼基船只的情景。[28]但是，塞浦路斯的重要性只体现在 71
这个使腓尼基商人与罗得岛和克里特岛上的居民定期联系的贸易网中。

至公元前9世纪末，腓尼基人的地中海贸易已经拉开序幕。尽管在腓尼基商人是否先于希腊商人或其他神秘族群——如提色尼安人，该族群在爱琴海和第勒尼安海地区常被提及——开始从事地中海贸易这个问题上，争论仍然存在，但无论首先抵达意大利的是谁，腓尼基人使自己开拓的贸易路线伸向更远地域——沿北非海岸延伸——的努力应获得承认。

2

欲探寻腓尼基早期贸易帝国的踪迹，最好的途径就是在公元前800年前后进行一次环地中海航行。[29]这次航行还要穿越直布罗陀海峡，到达加的斯及更远处，因为腓尼基人的地中海贸易的一个显著特点是，这些来自地中海最东部的商人也在最西部探索进出大西洋的通道。考虑到地中海的季风和洋流情况，以及一个可以确认的事实，即他们大约在春末至秋初这段相对较短的时间出海，他们应该沿着向北的路线，经过塞浦路斯岛、罗得岛及克里特岛，而后穿过广阔无垠的爱奥尼亚海，最终到达南意大利、南撒丁岛、伊维萨岛（Ibiza）及南西班牙。在他们穿越爱奥尼亚海时，陆地已远离了他们的视线，从撒丁岛至巴利阿里群岛的路线亦是如此。迈锡尼人则乐于慢慢沿爱奥尼亚海边缘西行，通过伊萨卡岛（Ithaka）前往意大利靴跟处，他们在身后留下的陶罐提供了线索；南意大利缺乏黎凡特陶罐的事实，则无声地证实了腓尼基航海者的自信。向西航行的腓尼基船只通常会在马拉加（Malaga）附近水域停泊。直布罗陀海峡的天气是变化无常的，有一股强劲洋流从大西洋涌进，且雾气与顶头风交替出现。这可能意味着，在试图穿过海峡到达加的斯和其他贸易前哨之前，他们要等待很长时间。幸运的是，从大西洋进入地中海比离开地中海要更容易，因为
72 阻止船只从地中海进入大西洋的风和洋流此时刚好成了优势。在返回推罗的旅程中，腓尼基人会沿着漫长的北非海岸前行，但此时依然须格外谨慎，因为沿途有很多激流险滩，而且在很长一段时间内，他们将无法买到塞浦路斯岛、西西里岛及撒丁岛这些金属资源丰富的岛上的产品。[30]另外，迦太基的巨大港口为那些距离家乡十分遥远的、在希腊和伊特鲁里亚海盗猖獗的水域内航行的船只提供了避风港。

根据尼尼微（Nineveh）的亚述王宫或其他地方的一些浮雕作品，我们可以将这些船只复原。海洋考古学家也开始打捞腓尼基船只的残骸：有一些来自西西里岛西部的公元前 3 世纪晚期的迦太基船只残骸；还有两艘更加残破不全的腓尼基遇难船只，它们被发现于古代腓利士人的阿什克伦港以西三十三海里处，船上载着前 8 世纪晚期的陶罐。[31]这些考古发现给人的总体印象是，腓尼基人和迦太基人要比希腊人更喜欢重型船只。这些船只与比布鲁斯和乌加里特在东地中海使用的船只间的一致性也令人印象深刻，但腓尼基人肯定也对它们进行了重要改进。例如船上有锋利撞角，这种在古典时期海战中用于却敌的可怕武器，已为希腊人、伊特鲁里亚人及罗马人所效仿。通过对龙骨的改造，腓尼基人富有技巧地加重了船体，使其可

承载大批货物相对平稳地穿行公海。以沥青填封船隙的技术也被认为是腓尼基人的创新，这对于长距离航行船只的防水性十分重要。

所有迹象都表明，在这一时期的地中海贸易中，货物的运送能力有了真正的提高。值得注意的是，就船只本身来讲，腓尼基船并不比古代比布鲁斯的船大：约公元前 1200 年，乌加里特的一些船只可以承载四十五吨货物，腓尼基船只的最大承载量比它大不了多少，[32]但是其稳定性明显提高。正因如此，腓尼基人的航行才可以远及大西洋港口加的斯和莫加多尔（Mogador）等地，甚至如前 6 世纪的希罗多德所说，这使环非洲航行成为可能。这种用于中长距离贸易的圆形船只长度是宽度的三倍或四倍，其长度可以达到三十米，而阿什克伦的船只 73
残骸仅有约其一半长。[33]依照巴拉瓦特铜门上的图像，这些船有高翘的船首，并饰有马头的形象（可能是出于对类似于波塞冬这样的海神的尊敬，波塞冬也是一个爱马者），[34]船头上还画有眼睛。在船尾的后甲板延伸处，船板被组装成鱼尾的样式。桅杆上挂着方形的风帆，据《圣经》中先知所说，桅杆是用黎巴嫩产的香柏木制作而成的。一些船也使用船桨助力。船舵则是固定在船舷上的一个宽大的桨。这种看起来甚为牢固的船只有很好的承载力，比较适合谷物、酒和油的运输，不同于只运送少量异邦奢侈品的快船。两次船难留下的残骸证实了我们的推测：考古学家在两艘船之间发现了八百个载酒的双耳陶罐，它们的装载量（如果陶罐都装满酒的话）高达二十二吨。这时也有一些小型船只（与大船并没有太大差异），主要进行短途贸易，航行于腓尼基人贸易网中各个分散的港口之间。这些小型船只的大小约是阿什克伦船只大小的一半，其遗骸已在西班牙南部水域被发现，船上装载着铅锭、编筐及产自南西班牙当地的陶罐。[35]它们是早期地中海的流动货船。贸易网中流动的商品既有一些原料产品，如食材，也有价格昂贵的制品，如发现于南西班牙和伊特鲁里亚的奢华墓室中的象牙制品及银碗等。[36]还有一种不同样式的船只被用于战斗，其特征是有锋利的青铜撞角，战争中，腓尼基船长用其撞击敌人的船只。这种船的长度约是宽度的七倍，它还有一个前桅。这种战船与圆形货船的不同之处还在于，它通过桨为船只提供动力，在战斗中尤其如此。[37]

在地中海西部发现的最古老的腓尼基物品是出自撒丁岛南部的“诺拉石碑”（Nora stele），它属于约公元前 9 世纪晚期；该石碑提到一处奉献给普美（Pumay）神的神殿建筑，该神在腓尼基百姓间被称为普美亚童［Pumayyaton，希腊语为皮格马利翁（Pygmalion）］。根据石碑上的文字，它是在撒丁岛上镌刻的，因此，撒丁岛此时已经开始被称为撒丁岛了。由于撒丁岛的南部可以提供大量的优质金属，包括铁和银，因此腓尼基人在这里的出现不足为奇。石碑的镌刻者可能是最早的开拓者，从其修建神殿这一事实来看，他们已经打算长居此地，因
74 为建立神殿通常是腓尼基移民早期的一步行动。而且，就是在地中海正南部的诺拉，腓尼基人开始建立大批长期具有重要意义的居住地。

3

在众多居住地中，迦太基最为著名。维吉尔很开心将迦太基的建立时间追溯至特洛伊战争时期，当时埃涅阿斯（Aeneas）拜访了女王狄多［Dido，亦称埃利萨（Elissa）］。

维吉尔的《埃涅阿斯纪》（*Aeneid*）是对罗马的过去和将来的沉思，故他在书中对罗马共和国曾面临的最强大敌人进行描述也就不足为奇了。其他的古典作家，包括犹太历史学家约瑟弗斯（Josephus），则提供了另外一种关于迦太基初建的说法，其中也提到了狄多，据说她逃离了凶残的兄长皮格马利翁的毒手，皮格马利翁杀害了她的丈夫，也就是赫拉克勒斯（Herakles）的一位高级祭司——希腊人视赫拉克勒斯与迦太基神麦勒卡特（*Melk-Qart*，意为“城之王”）为同一位神。她第一个到访的港口是塞浦路斯的克提昂，即另一座“新城”，然后她决定带领八十位或可称为神娼的年轻女子西行，以确保腓尼基的宗教仪式在其避难定居之地的延续。[38]她们直接逃至北非，在迦太基定居下来，但她们并非第一批到达此地的腓尼基人，附近的乌提卡人接纳了她们。居于此地的利比亚人也热烈欢迎她们的到来。最早称埃利萨为狄多的便是这些人，狄多之意为“流亡者”。腓尼基人并未被阻止来此地定居，但是当她们开始购买土地时，利比亚国王就不那么慷慨了。他说，狄多-埃利萨可以买一块牛皮大的土地。女王则做出了非常聪明的回应，她命人将一块牛皮切成细条，用它们圈出了比尔萨山（Byrsa，迦太基卫城）的外围。尽管该地初建的传奇故事很有趣，但它不过是希腊作家解释迦太基腹地山丘之名起源的一次尝试，因为在希腊语中，“比尔萨”的含义就是动物皮。事实上，他们听到的应是迦南词“布尔特”（*Brt*），意为要塞。即使被狄多欺骗，利比亚王依旧对其十分着迷，他坚持要求与她成婚，但是她仍忠于自己死去的丈夫。为了逃避这次婚姻，她自行火祭殉情，从此以 75
后，人们便将其奉为女神。[39]尽管这一故事具有一定程度的倾向性，但有两点仍然值得注意。一是女王自我献祭这一故事具有持久性，维吉尔将其带入了主流古典文学，后来它又进入了欧洲文学。二是故事中包含的一些细节十分精确：其行火祭的日期——在第一届奥林匹克运动会（Olympiad）前约三十八年(776 + 38 = 814)① ——与考古发现一致，因为考古证据显示这刚好发生在腓尼基人在此地定居的时期。迦太基的精英们依旧称自己为“推罗之子”（*bene Tzur*）或“推罗人”，据后来的古典作家的描述，迦太基移民会定期向位于推罗的麦勒卡特神殿献礼。狄多的自我献祭也可能是后世对腓尼基真实世界的描绘，且自我献祭在迦太基可能是特别常见的事情：人祭的目的是在城市建立之时取悦神明麦勒卡特，从而确保神明的恩宠。

可惜的是，我们没能发现任何一件来自公元前 8 世纪上半叶的迦太基文物。这里最早的考古发现是一些前 730 年前后的墓葬，和约前 750 年之后的陶罐残片。值得注意的是，留存至今的最古老物品都属于希腊人，而非腓尼基人，这里有来自爱琴海埃维厄岛（Euboia）的绘制有几何图案的器皿。但我们之后会看到，埃维厄人当时已经在那不勒斯湾建立了殖民地，因此某些器皿可能来自那里。[40]早期的迦太基并没有将自己与希腊不断发展的贸易与殖民活动隔绝开来。荷马对西顿商人的蔑视，其实就起源于当时腓尼基人与希腊人间的贸易联系。特别值得注意的是，希腊陶罐都被置于著名的托菲特（*Tophet*）神殿之下作奠基物，有时这一神殿会用孩子充当祭品。

---

① 公元前 776 年为第一次希腊奥运会召集之时，公元前 814 年被推断为狄多女王自焚之时。——译者注

迦太基很快就成了所有腓尼基殖民地中的“女王”。对这
座城市的崛起，常见的解释是它地理位置优越，是来自或前往
南西班牙的商人的必经之地。但是西班牙生产的东西很难与最
粗陋的古迦太基产品相媲美。其他方面的解释强调迦太基原本
是推罗流放者的避难地，是塞浦路斯岛上克提昂人的移居地，
也是繁荣的黎凡特海滨城市不断增长的过剩人口之迁居地；另
外，它还吸引了一些当地的柏柏尔人（Berbers）。实际上，迦
太基成功的关键并不是西班牙或腓尼基，而是它作为一个城市
的开放性：这里的农业资源令古典作家记忆深刻，据他们描 76
述，这座城市被豪华的住宅和庄园环绕。另外，迦太基作家马
贡（Magon）在公元前 5 世纪或前 4 世纪写的一部关于农业的
论著，被罗马元老院下令翻译成拉丁文和希腊文。[41]迦太基的
贵族阶层靠谷物、橄榄油和葡萄园获得财富，而不是像推罗人
那样靠紫色染料、香柏木及象牙获得财富。这些记录恰好与来
自圆形船只的考古证据一致，如前所述，这些船只更适合载运
装满油和酒的陶土罐以及装满谷物的麻袋，而不是价值不菲的
奢侈品。在前 600 年之前，迦太基已经是一座十分繁荣的大城
市，如果当地没有充足的食品供应，这将不太可能发生。迦太
基之所以如此强大，是因为它已经成为它自己建立的贸易网络
的中心。这个贸易网络也包括腓尼基人在该地区的其他移居
地。乌提卡距北非海岸不远，它是更为古老的城市，但从来不
是迦太基的竞争对手。另外，西西里岛的摩提亚（Motya）在
某些方面更像推罗或阿瓦德，而不像迦太基，它被描述为
“腓尼基殖民地的典范”。[42]摩提亚于前 8 世纪建于西西里岛以
西不远处的一座小岛，靠近今日的马尔萨拉（Marsala）。该岛
位置隐蔽，位于格兰德岛（Isola Grande）与西西里海岸之

间。[43]摩提亚会让人联想起推罗的另一点是此地有一些紫色染料工场，因此它不仅是一个贸易中心，还是一个手工业中心，其产品还包括铁器。它的繁荣期为前 7 世纪，当时以儿童为祭品的做法越来越常见，尽管我们并不清楚为什么会这样。与推罗人一样，摩提亚人缺乏一块处于他们自己控制下的大面积内陆土地。但是这促使他们与西西里岛西部的土著伊利米人（Elymians）建立了友好关系，这支族群最靠近摩提亚的主要中心是伟大的厄里斯（Erice）神殿，该神殿位于西西里岛西海岸的一座高耸的山峰之上。摩提亚人从伊利米人那里获得粮食、食油及他们需要的酒，因为西西里岛西部盛产这些东西。摩提亚人也可以利用位于厄里斯海岸下方的广阔的特拉帕尼（Trapani）盐池。在有盐的地方人们就可对鱼类进行长期贮存，例如会季节性地大量出现在西西里海岸的金枪鱼。鱼是迦太基人的特产食物，他们发明了制作臭鱼酱（*garum*）的方
77 法，罗马人特别喜欢这种鱼酱。腓尼基人并没有打算征服他们的邻居，他们的居住点是贸易和手工业中心，他们并没有试图在西西里岛西部建立政治上的统治权。

然而，腓尼基人的领土扩张到了西西里岛以外。从公元前 750 年起，撒丁岛南部出现了一连串的定居地，它们的出现不仅是为了提供安全的港口，也是为了控制周边乡村并以此确保基本补给。其中大部分聚落是古典时期腓尼基人的基地，位于高于海面的地峡之上，如塔罗斯（Tharros）和诺拉便是如此；苏尔基斯（Sulcis）考古层的最底层像迦太基的考古层一样，有来自埃维厄的希腊陶罐。[44]在内陆，腓尼基人占领了一些古代的要塞，虽然在表面上，他们与撒丁岛原住民维持和平的关系，撒丁岛原住民很乐意获得拿金属和谷物与驻留苏尔基斯的

腓尼基富商进行贸易的机会。约前 1540 年，腓尼基人和迦太基人对撒丁岛的控制权得到了确认，当时迦太基人和伊特鲁里亚人在科西嘉的阿拉里亚（Alalia）海战中将弗凯亚（Phokaia）的希腊人赶走了，这保证了科西嘉岛和撒丁岛一直处于希腊世界的外围。考虑到撒丁岛本身的价值——这里是各种金属资源和农产品的产地，腓尼基人在海战中的胜利进一步加强了其在西地中海的影响力。尽管弗凯亚的希腊人在马赛建立了一个基地，但是在地中海西部地区，只要迦太基人保持优势，希腊人就无法对其进行深度渗透，于是只有腓尼基人才有可能探索南西班牙和摩洛哥的潜在资源。这些定居点的存在向我们展示了腓尼基人生活在何处，而不是他们走了多远。在意大利、西班牙和其他一些地方的墓葬中有其受推罗人影响的证据，一些随葬品是装饰着动物图案的雕花银器，这类银器在前 6 世纪的意大利中部是极其珍贵的。但是我们并不清楚腓尼基和迦太基商人是自由代理商还是国家代理商。有时他们会作为使团成员被统治者派出，并会因此获得一些佣金，例如他们曾为亚述王效力。在地中海西部，他们则可以自己做主。起初，他们可以向伊特鲁里亚和迦太基王室提供各种商品。至前 500 年，他们已经发展出一个贸易网，该贸易网的维持依赖于他们自己的投入，且它可以为他们带来直接效益，为他人效力的方式因此失去了吸引力。

远西世界越来越引人注目。如斯特拉波（Strabo，他在公 78
元 1 世纪早期写作）这样的希腊作家强调了西班牙南部作为银产地的重要性。在地中海，从很多腓尼基的基地都可通往直布罗陀海峡：蒙蒂勒（Montilla）、马拉加、阿尔穆尼卡（Almuñécar）及其他的一些现已埋葬于阳光海岸（Costa del

Sol）坚硬岩石之下的聚落。有些聚落之间的距离仅有几个小时甚至几分钟的步程；大多数聚落被纳入了当地的经济和社会体系，但从马拉加附近的一个遗址中发掘出的光洁的前6世纪早期伊特鲁里亚陶罐，说明此地与外界也有广泛的联系。[45]在伊维萨岛上有一个腓尼基人的早期定居点，由此地可远眺伊比利亚内陆；在通常情况下，当地人用金属换油和酒，尽管贯穿了伊维萨历史的资源还有闪闪发光的盐池。在伊比利亚内陆，约前730年建立的小镇托斯卡诺斯（Toscanos）的发展对我们具有启发性意义。在前7世纪中期至晚期，该镇是一个拥有一千五百人的社群，那里的工匠能够制作铁器和铜器。但是约前550年，不知因何缘由，它被荒弃了。作为一个规模不大的贸易站，它可以满足当地伊比利亚人口的需求，但在腓尼基人更大范围的贸易网中它显得无足轻重。然而如果有人希望了解与东方人的接触是如何改变伊比利亚人的，那么对他来说托斯卡诺斯还是十分关键的。

事实上，在这个地区腓尼基人的主要基地是位于直布罗陀海峡之外的加迪尔（Gadir）或加的斯；但是由于其收益都流入了腓尼基人的地中海贸易网，故早期的加迪尔也是地中海史的一部分。就像其他很多腓尼基移民聚落一样，加迪尔建立在靠近海岸的岛上，一般认为它建于公元前1104年，但这一时间可能比其实际建立的时间早约三百年。这里有一座为麦勒卡特建立的神庙，且后来西塞罗（Cicero）写道，此地有人祭习俗——可能是一种春天的祭祀活动，以庆祝迦南神话中记载的麦勒卡特的复活。该神庙非常富有，是存放奇珍异宝的宝库，同时也是祭祀中心，这种情况在地中海贸易世界中已经比较常见。在麦勒卡特神庙中有许多东西都值得珍藏，因为加迪尔是通往希罗多德时期就享有盛名的富庶之地塔特索斯的主要通道。关于塔特索斯的名字，自古便有争论。一些人认为，塔特索斯是一个城市，同时也是一条河；此时则指西班牙南部住着土著伊比利亚人的一个王国或某个区域。该地最吸引人的地 79
方，或者说邻近瓜达基维尔河（Guadalquivir）的地区最吸引人的地方，就是它的银矿：“银与塔特索斯是同义词。”[46]如果希罗多德的记载可信，那么希腊贸易者萨摩斯（Samos）的克莱奥斯（Kolaios）被风吹离航线，于前7世纪中期到达西班牙南部，并从塔特索斯带回六十塔兰特（约合两千公斤）白银便是史实。值得注意的是，克莱奥斯见到的当地国王名叫阿甘索尼奥斯（Arganthonios），头几个字母的意思便是“银”。

根据后来的西西里人狄奥多罗斯（Diodoros，生活于公元前1世纪）的说法，将银运往东方（包括希腊和亚洲）的是腓尼基人，而非伊比利亚人。作为交换，腓尼基人带来了橄榄油和他们的手工艺品：首饰、象牙品、小香水瓶及编织品。自约前8世纪起，他们便教授塔特索斯人提取、精炼、加工金属的方式。这些方法是比较复杂的。一位西班牙学者将这种联系时髦地描述为一种“不等价的”“殖民”剥削关系，但事实并非如此。[47]塔特索斯人在西班牙南部和葡萄牙的冶炼中心积极地工作，不仅提取、冶炼白银，还有金和铜。即使那些热衷于用“殖民主义”视角解读的人也承认，掌控着“生产的每一个环节”的是土著的伊比利亚人，从采矿到冶炼，他们“牢牢地掌握着他们自己的资源”；而伊比利亚的精英阶层则从对腓尼基人的贸易中获利。当地的工匠开始采用腓尼基风格，且伊比利亚贵族们获取的财富使他们过上了奢华的生活。正是在与东方交往的过程中，西部的传统社会发生了改变；这种改变也发生在伊特鲁里亚，但其改变速度更快。腓尼基人并非简单地走向远方，他们的活动也有能力将遥远土地上的政治和经济生活提升到一个新的高度。他们正在开始改变整个地中海。

人们经常会把塔特索斯视同于希伯来《圣经》中被不断提及的富含金属的他施。约拿逃离上帝，从雅法前往他施，很明显，该故事的作者认为他施是一个极为偏远之地，到达那里要穿越海洋向最西处行进。以赛亚讲了一个关于推罗的令人恐惧的预言——来自他施的推罗船只在经过基提姆（Kittim，即
80 塞浦路斯的克提昂）时得知了其家乡被毁的消息："哀哉，他施的船只啊，因为他施已经被损毁，无房屋，无停泊处。"[48]

4

如前所述，在运作这一贸易体系的过程中，腓尼基人并未使用太多钱币。对他们而言，更为重要的是他们可以记录自己做过的事情。商人们是受过教育的，他们使用一种简单的线形文字，该文字很容易学，并能快速书写，是现在大多数现代字母文字（此处的字母文字指狭义的字母文字，即一个字符基本对应一个字母、代表一个发音）的祖先。[49]阅读和书写原来是祭司的专有能力，因为由三种埃及文字书写的复杂发音只能为受过良好训练的人识读。线形文字 B 中的音节字母本身也是笨拙的，更何况是将其加于希腊语这样本身就无法简单地分出辅音和元音音节的语言上。在腓尼基手写体中，表示一栋房子的符号为"b"，因为房子这个词"*bet*"的首字母是"b"。二十二个腓尼基字母中有很多（但不是所有）都以"ox"为首。腓尼基文字成功的秘密在于完全排除了元音，直到后来希腊人才引进了元音字母。*Mlk* 代表的含义是"他统治"或"他

曾统治”，如何理解取决于元音字母，细心的读者只能根据上下文判断其含义。这种书写体的首例存在于公元前10世纪比布鲁斯国王阿西拉姆（Ahiram）的棺木上。这里的关键问题并非腓尼基人是否仅根据一些随意的涂写（西奈地区较早使用的一种书写体可能已经有一些字母）就发明了字母，而是他们通过地中海将字母文字传播了出去，不仅传播到了其位于地中海西部的居留地（如诺拉的碑文证实的那样），也将其传播给了他们的邻居，也就是爱奥尼亚的希腊人。希腊人将一些在他们看来多余的字母——例如喉音不再出现在希腊语中——转化为元音的音素，而且对大多数符号重新进行了精细设计。[50]

腓尼基人在文化方面如何取得了这样的成就依旧是个谜。乌加里特的迦南人创造了如《圣经》中的诗篇那样脍炙人口的宗教诗歌，而迦太基人则编著农学的小册子。也有一种观点轻视地认为腓尼基人的文化是一种衍生物，在艺术方面，他们很明显依赖于埃及和亚述的风格，例如他们的牙雕艺术就是如 81
此。当然，这也是穿梭于近东和地中海的消费者所希望见到的：各种物件上有的是伟大的尼罗河帝国文明和伟大的底格里斯河与幼发拉底河帝国文明的印记，而非贪求利益的迦南城镇的印记。腓尼基人懂得如何满足其顾客的需求，包括远在西部的塔特索斯和托斯卡纳的顾客。腓尼基文化穿越了地中海，最远传播到了西班牙南部。这种传播通过移民和同土著居民的贸易实现，其重要性不仅在于它将东方的风格带到了遥远的西方，也在于这是东方的水手第一次由海上到达如此遥远的西方，其远航里程远远超过了从希腊西部向南意大利和西西里岛缓缓航行的迈锡尼水手。

尽管腓尼基人与土著居民进行了通婚，但他们并未丢掉自己独有的东地中海文化，也没丢掉自己作为推罗人或迦南人的身份认同，关于此点最具说服力的证据莫过于他们从迦南本土带来的人祭习俗。这种祭祀活动引起了很多《圣经》学者和古典作家的强烈反感：以撒未能献祭成功是《圣经》诸多反对人祭的故事中的一例。这种祭祀活动在腓尼基人的新移居地有逐渐强化趋势，特别是在迦太基、苏尔基斯和摩提亚。在今日可供参观的迦太基城南部的托菲特，将幼儿献祭给巴力神的历史持续了六百年；在这一城市存在的最后两百年，城中有两万个装满了孩子遗骨（偶尔或有小动物的骸骨）的陶瓮，也就是说，平均每年会有一百个陶瓮，而需要引起注意的是，每个瓮中可能又装着好几个孩子的遗骨。托菲特是神灵崇拜的专用地。很多瓮中也装有死胎、早产的胎儿及自然流产的胎儿。在那个婴儿死亡率居高不下的社会，其他的遗骸应该属于自然死亡的孩子们。因此，托菲特是早夭儿童的墓地；孩子们一旦长大成人，应该举行的就是土葬而不是火葬了。[51]因此，正如《圣经》和古典文献强调的，尽管的确有人祭发生，但不会像我们在第一眼看到大量盛装着烧焦儿童骸骨的陶瓮时通常会感觉到的那么普遍。但在碰到一些严重、紧急的威胁时，人们就会扩大祭祀规模，通过这种极端的方式平息神明的怒气。据两
82 位希腊历史学家记载，公元前 310 年，迦太基被叙拉古僭主围攻时，城市长老们认为神的愤怒主要因贵族家庭在祭祀中用小奴隶代替他们自己的头生子而起，于是他们将五百个贵族出身的孩子献祭给愤怒的神明。托菲特前 4 世纪的一块石碑上描绘了一个祭司站在平台上，头上戴着帽子一样的头饰，身穿极薄的长袍，将一个孩子带向祭祀之地。根据《圣经》

和其他古典文献中的记载，祭祀过程是将活着的孩子放在巴力神神像宽阔的臂弯中；作为祭品的孩子将掉下来，活生生地落入下面熊熊燃烧的火炉中。[52]通过把幼儿献祭给神灵，腓尼基人确认了他们对巴力神、麦勒卡特神和其他腓尼基神的臣服，也确认了他们是几百年前自黎巴嫩迁徙至北非、西西里岛和撒丁岛的推罗人的后裔。因此，尽管腓尼基（特别是迦太基）输出的艺术缺乏原创性，但腓尼基人是拥有强烈的身份认同感的族群。

注　释

1. L. Bernabò Brea, *Sicily before the Greeks* (London, 1957), pp. 136–43.
2. M. E. Aubet, *The Phoenicians and the West: Politics, Colonies, and Trade* (2nd edn, Cambridge, 2001), p. 128; S. Moscati, 'Who were the Phoenicians?', in S. Moscati (ed.), *The Phoenicians* (New York, 1999), pp. 17–19.
3. G. Markoe, *The Phoenicians* (2nd edn, London, 2005), p. xviii.
4. D. B. Harden, *The Phoenicians* (2nd edn, Harmondsworth, 1971), p. 20.
5. S. Filippo Bondì, 'The origins in the East', in Moscati, *Phoenicians*, pp. 23–9.
6. Aubet, *Phoenicians in the West*, pp. 23–5.
7. Leviticus 18:22.
8. Markoe, *Phoenicians*, pp. 38–45, 121.
9. B. Isserlin, *The Israelites* (London, 1998), pp. 149–59, for Israelite agriculture.
10. Aubet, *Phoenicians and the West*, pp. 48–9, and fig. 19.
11. I Kings 9:11–14; S. Moscati, *The World of the Phoenicians* (London, 1968), p. 33.
12. Markoe, *Phoenicians*, p. xx
13. Ibid., p. 37 (King Ithobaal, early ninth century); Moscati, *World of the Phoenicians*, p. 35.
14. Harden, *Phoenicians*, p. 25; cf. Tyre: Markoe, *Phoenicians*, p. 73.
15. Aubet, *Phoenicians and the West*, pp. 34–5; Markoe, *Phoenicians*, p. 73.
16. Ezekiel 27.
17. Markoe, *Phoenicians*, pp. 15–28.
18. M. L. Uberti, 'Ivory and bone carving', in Moscati, *Phoenicians*, pp. 456–71.
19. Harden, *Phoenicians*, p. 49 and plate 48.

20. Moscati, *World of the Phoenicians*, p. 36; Aubet, *Phoenicians and the West*, p. 91, fig. 27, a later bas-relief from Nimrud showing two monkeys.
21. I Kings 9:26–8; I Kings 10:22, 10:49; Markoe, *Phoenicians*, pp. 31–4; Isserlin, *Israelites*, pp. 188–9.
22. Markoe, *Phoenicians*, p. 122.
23. Genesis 44:2.
24. Aubet, *Phoenicians and the West*, pp. 80–84.
25. Moscati, *World of the Phoenicians*, pp. 137–45.
26. V. Karageorghis, 'Cyprus', in Moscati, *Phoenicians*, pp. 185–9.
27. Ibid., p. 191; Markoe, *Phoenicians*, pp. 41–2.
28. Harden, *Phoenicians*, p. 49 and plate 51; Moscati, *World of the Phoenicians*, pp. 40–41.
29. Cf. Ezekiel's account of Tyre: Ezekiel 27; Isserlin, *Israelites*, p. 163.
30. Aubet, *Phoenicians and the West*, pp. 166–72, 182–91; P. Bartoloni, 'Ships and navigation', in Moscati, *Phoenicians*, pp. 84–5.
31. Markoe, *Phoenicians*, pp. 116–17; R. D. Ballard and M. McConnell, *Adventures in Ocean Exploration* (Washington, DC, 2001).
32. Markoe, *Phoenicians*, p. 117; cf. Aubet, *Phoenicians and the West*, p. 174.
33. Bartoloni, 'Ships and navigation', pp. 86–7; Markoe, *Phoenicians*, p. 116.
34. Aubet, *Phoenicians and the West*, pp. 173–4.
35. Markoe, *Phoenicians*, pp. 118–19.
36. Ibid., p. xxi.
37. Bartoloni, 'Ships and navigation', pp. 87–9; Aubet, *Phoenicians and the West*, pp. 174–8.
38. S. Ribichini, 'Beliefs and religious life', in Moscati, *Phoenicians*, p. 137.
39. Aubet, *Phoenicians and the West*, pp. 215–16; R. Miles, *Carthage Must Be Destroyed: the Rise and Fall of an Ancient Civilization* (London, 2010), pp. 58–9.
40. Aubet, *Phoenicians and the West*, pp. 221–6, and figs. 49 and 51.
41. Miles, *Carthage Must Be Destroyed*, p. 81.
42. Aubet, *Phoenicians and the West*, p. 232.
43. Harden, *Phoenicians*, pp. 35–6, figs. 6–7; Markoe, *Phoenicians*, pp. 81–3; popular account: G. Servadio, *Motya: Unearthing a Lost Civilization* (London, 2000).
44. Aubet, *Phoenicians and the West*, p. 238.
45. Ibid., pp. 311, 325; also Miles, *Carthage Must Be Destroyed*, pp. 49–54.
46. Aubet, *Phoenicians and the West*, p. 279.
47. Ibid., pp. 279–81, 288–9.
48. Jonah 1; Isaiah 23:1; cf. 23:6, 23:14.
49. G. Garbini, 'The question of the alphabet', in Moscati, *Phoenicians*, pp. 101–119; Markoe, *Phoenicians*, pp. 141–3; Moscati, *World of the Phoenicians*, pp. 120–26.
50. Harden, *Phoenicians*, p. 108 and fig. 34; also plates 15 and 38; Markoe, *Phoenicians*, pp. 143–7.

51. Markoe, *Phoenicians*, pp. 173–9; Aubet, *Phoenicians and the West*, pp. 245–56 (though the biblical references there are confused); Miles, *Carthage Must Be Destroyed*, pp. 69–73.
52. Aubet, *Phoenicians and the West*, p. 249; Harden, *Phoenicians*, plate 35; Ribichini, 'Beliefs and religious life', in Moscati, *Phoenicians*, pp. 139–41 Miles, *Carthage Must Be Destroyed*, p. 70.

二　奥德修斯的继承者（前800～前550年）

1

83 早期希腊人是否同腓尼基人一样拥有强烈的族群认同感，我们不甚清楚。直到公元前6世纪他们面临来自东方的波斯的巨大威胁时，伯罗奔尼撒半岛、阿提卡及爱琴海区域以希腊语为母语的不同群体才开始强调他们的共性；这种希腊认同感在与伊特鲁里亚和迦太基海军在西地中海打响的战争中被进一步强化。[1] 在希腊人心中，爱奥尼亚人、多利亚人、埃奥里亚人（Aeolians）和阿卡迪亚人是相互独立的群体，而不是总体意义上的赫拉斯人。斯巴达人骄傲地以多利亚人的后裔自居，认为自己来自北方。雅典人认为自己是无人能征服的古希腊人的后代。爱奥尼亚人渡过爱琴海，在希俄斯岛、莱斯沃斯岛及亚洲沿岸的新定居点繁衍生息。我们不能将所谓的“希腊人”简单地认定为那些对希腊诸神和英雄的传说津津乐道的人，因为这些故事在其他地方，特别是在伊特鲁里亚人中间也有流传。也不能将我们现在称为希腊的土地上的居民都认定为希腊人，因为他们中有那些住在岛屿与沿岸的更早的异邦人——一般被称为佩拉斯吉人或提色尼安人——的后人。除此之外，讲希腊语的人还从爱琴海和伯罗奔尼撒向外移民，有一些来到了小亚细亚，他们将在此生活二千五百年；还有一些迁居到了西西里岛、意大利和北非。

地中海铁器时代早期的这场大移民是如何、何时、为何出现的，至今仍是个谜。但可以确定的是，它改变了这个地区，将古希腊的物产、众神、风尚、思想与希腊人向西带至西班 84
牙，向东带至叙利亚。希腊人对这些迁徙的记忆体现在了关于他们的祖先的传说中，这些传说往往十分复杂且相互矛盾，讲述了他们的先祖跨越地中海以播撒自己的“种子”的过程。在有的传说中，一个族群中的所有人都登上船只，被带往几百英里之外的地方。这些传说所讲述的更多是他们分散的时间，而不是人们通常认为的久远之前的英雄们的居处。[2] 因此，许多人痴迷于辨认自己古老的祖先，把他们同某些地名和族群之名联系起来，根据一些语源学上的推论（现在我们已经知道这些推论都是错误的）和离奇的事件，在地图上勾勒出他们迁徙的路线。

对于古希腊人而言，特洛伊的陷落不仅导致迈锡尼和派娄斯英雄世界的瓦解，它在人们的记忆中还标志着希腊人开始游弋于地中海及地中海以外的区域。在这个新的时代，航海者们 85
不得不与公海之上的危险——例如会唱歌的塞壬（Sirens）、女巫喀耳刻（Circe），以及独眼巨人库克罗普斯——做斗争。风暴肆虐的海域被记录在了荷马的《奥德赛》和其他一些从特洛伊返乡的英雄（这些英雄被称为“*Nostoi*”，意为返乡者）的故事之中。该海域的具体位置尚未确定，相关故事对其具体区域的描述也极为模糊。海洋之神波塞冬被构想为很不喜奥德修斯的神，他经常将奥德修斯脆弱的船只撞为碎片：“所有的神都可怜他，除了波塞冬——他冷酷无情，狂怒无常”，尤其在奥德修斯杀死了波塞冬的怪物儿子，也就是独眼巨人之一波

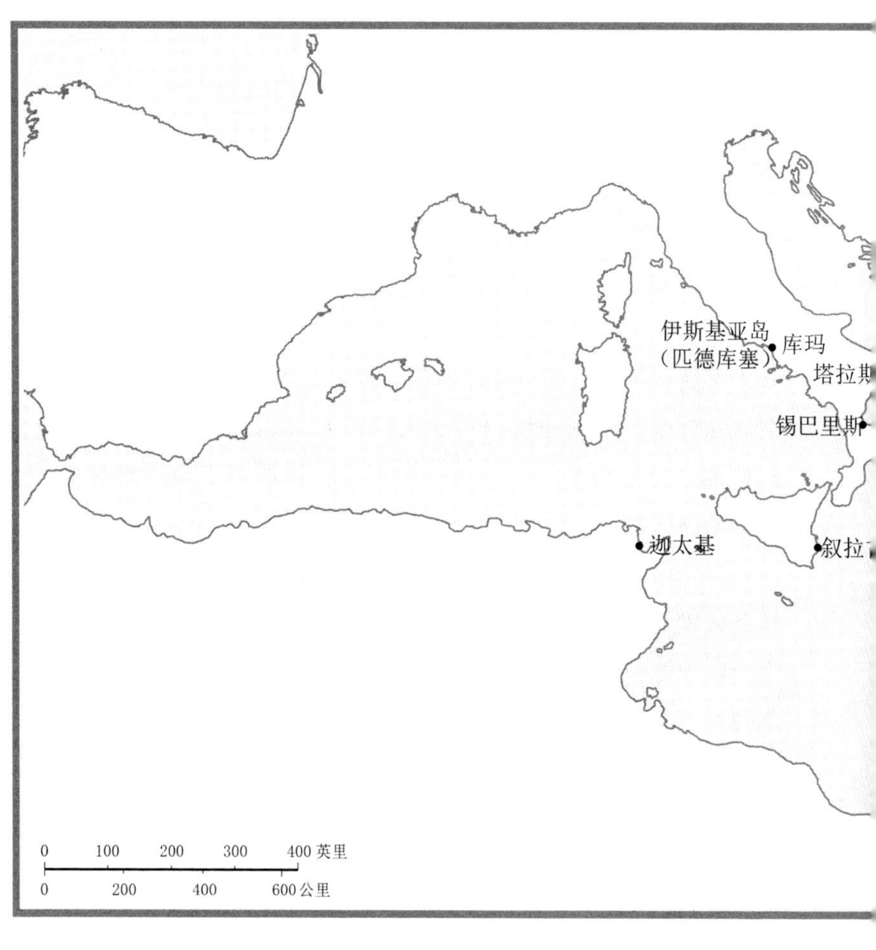
伊斯基亚岛
（匹德库塞）
库玛
塔拉
锡巴里斯
迦太基
叙拉
0 100 200 300 400 英里
0 200 400 600 公里

比达姆诺斯
克基拉岛
伊萨卡岛
埃维厄岛
科林斯
弗凯亚
阿尔米纳
瑙克拉提斯

吕斐摩斯（Polyphemos）之后。[3] 所有流浪者都以最终能返回故乡为目标，无论是西方的奥德修斯，还是游荡于利比亚和埃及
86 的斯巴达的墨涅拉奥斯（Menelaos）。外面的世界充满了诱惑，有忘忧岛，还有海中女神卡吕普索（Calypso）的洞穴；但这些都不能取代家中的炉灶，王后佩涅洛佩（Penelope）坐在炉旁纺织，避开酒宴上的求婚者，等待着失踪的丈夫。毫无疑问，古典希腊著作《荷马史诗》的评注者已经确定了《奥德赛》中提及的很多地方的位置，特别是那些位于南意大利和西西里岛周边水域的地点：斯库拉（Scylla）的水域和卡律布狄斯（Charybdis）旋涡最终被认定为水流湍急的墨西拿海峡；忘忧岛则似乎与杰尔巴岛（Jerba）相对，在今天的突尼斯海岸附近。克基拉［Kerkyra，今科孚岛（Corfu）］被认为是阿尔金诺斯（Alkinoos）国王的领地，奥德修斯在此岛沿岸遭遇海难后，向这位国王讲述了他的冒险经历，且有幸得到了国王美丽的女儿诺西卡（Nausikaa）的帮助——从奥德修斯裸露的身体中，她看出了他的尊贵身份。[4] 无论荷马是谁，也无论他生活于什么年代（可能是公元前700年前后），他在地理位置方面都叙述得不够详尽。对于早期希腊航海者而言，他们很容易把《奥德赛》当作一本关于地中海航行的指南。一些严谨的学者和航海者认定奥德修斯的冒险故事揭示了真实的历史，他们致力于复原奥德修斯的航行路线。[5] 但是荷马笔下的海被认为是地中海和黑海的混合物，可能还涉及大西洋的一些水域。例如喀耳刻居住的埃阿亚岛（Aiaia）从其名字看，似乎位于东方太阳升起的某个地方。与荷马生活时代较为接近的诗人赫西俄德（Hesiod）却认为喀耳刻必然生活在距意大利较近的地方。地中海的地图在诗人手里具有极大

的可变性。[6]

希腊人及其邻居也意识到了那些在特洛伊陷落几个世纪后导致人们不断迁移的动乱，他们试图确定迁移者是谁的后裔，以此使关于这场移民的故事变得个体化。这个被人不断重复讲述的故事最终使罗马人相信，他们是从特洛伊城逃出的埃涅阿斯的后裔。在他的冒险经历中移植有很多奥德修斯的经历，比较著名的便是探访地府。伊特鲁里亚人也坚信他们是奥德修斯［他们称其为乌利斯（*Ulisé*），拉丁语写作乌利塞斯（*Ulysses*）］或埃涅阿斯的后裔。希腊和特洛伊的英雄们成为地中海传奇故事的一部分，希腊人失去了对其的专有权。毕竟荷马告诉我们的仅是故事中的一小部分：《伊利亚特》讲述了特洛伊被围攻的几十天中发生的故事；《奥德赛》则是关于一位英雄的返乡 87
之旅及儿子寻找父亲的传奇故事。这些传奇中还有大量可以填充的空白，且有大量口头传说可被古希腊作家们采用。从公元前 7 世纪的赫西俄德到雅典伟大的戏剧作家，他们都非常深刻地描述了阿伽门农返乡后的权力之争及其被谋杀于浴室的故事。特洛伊故事的快速传播可由瓶画、刻纹镜子及其他物品印证，它们不仅描绘了荷马记载的故事，还描述了特洛伊战争的其他方面及战后之事。这些物品似乎属于前 7 世纪，特别是《奥德赛》中记载的很多场景可由前 600 年以前的希腊陶器印证，其中包括塞壬的故事和较之稍晚的女巫喀耳刻的传说。[7]

《奥德赛》令人不解的方面在于，不仅英雄在何处抵达陆地模糊不清，其偏离故事中心的家乡的具体位置也不准确。伊萨卡岛位于迈锡尼世界的最边缘处，毫无疑问，对那些早期迈锡尼贸易者来说，此地是他们进入南意大利的跳板。越过伊萨卡岛和其他几个爱奥尼亚海上的岛屿就可以到达克基拉岛；从克基拉岛航行一小段距离便可进入南意大利，经此地可进入斯巴达人在塔拉斯的殖民地，该殖民地建于公元前706年，非常靠近斯科格里奥遗址，斯科格里奥的南意大利土著居民在之前的几个世纪中已经获得了大量迈锡尼陶器。在前800年之后，来自西爱琴海的科林斯和埃维厄岛的陶器被运至伊萨卡岛和小镇艾托斯（Aetos）。在艾托斯人们发现了许多科林斯陶器，显然这里是科林斯人的一个补给站。此地还有一间神殿，航海者向神殿供奉琥珀珠、青铜护身符及金饰品等来自克里特岛的物件。[8]尽管施里曼想尽办法要找到奥德修斯的宫殿，但几乎没有遗迹可以证明伊萨卡岛曾存在过迈锡尼人繁荣昌盛的生活中心。该岛并没有在青铜时代晚期的变动中被摧毁，旧有的崇拜中心依然活跃，而且旧有人口和习俗的存续也可以解释，为何留存至今的奥德修斯返乡故事的细节要比其他返乡者的故事更为丰富。在城中有一个为奥德修斯修建的神殿，建立时间为前8世纪中期。在之后的几个世纪，希腊人相信该神殿纪念的是奥德修斯献出的青铜三足器，此处也是他最终返回岛上的位置。奥德修斯的信徒在神殿留下了他们自己的三足器，现在这些三足器已经出土。[9]

88 荷马已经意识到商人们正在探索爱琴海以外的海域。他赞扬海盗的勇气，鄙视商人们的经商方式；他将一个腓尼基商人描绘成“内心虚伪狡诈、已经做了许多害人之事”的人，因为腓尼基人是“非常狡猾”且“行为不端”的民族。[10]荷马回想起那个交换不是通过商人间的交易，而是贵族武士间的互相赠礼完成的时期：“他已经送给墨涅拉奥斯两个银浴盆、一对三足器和十塔兰特黄金。”在荷马心中的英雄时代，人们依照传统的行为准则行事。根据荷马描绘的图景，摩西·芬利（Moses Finley）构想出了一个“奥德修斯的世界”，这个世界的存在是早于希腊商人的商业化世界的。[11]但是荷马自己也感到很矛盾。一些王公贵胄也有可能经商，甚至诸神也会扮作商人。在《奥德赛》的开篇，雅典娜就以高贵的商人形象出现在了奥德修斯的儿子忒勒玛科斯（Telemachos）面前：“我乃门忒斯（Mentes），聪慧的安基阿洛斯（Anchialos）之子。我统治着喜好航海的塔福斯人（Taphians）。现在，我已偕同伙伴驾船而来，穿过泛着酒色的海面，前往异邦之地忒墨塞（Temese）。我带来了闪亮的灰铁，希望换取此地的青铜。”[12]一般认为，忒墨塞是南意大利的一个地名，但坦率而言它可能是任何地方。事实上，荷马的关注范围几乎不涉及意大利。荷马偶尔会提到西西里人，不过他们大多出现在《奥德赛》第二十四卷，此卷是后来杜撰的结尾，或对此前事件进行了大肆篡改。

在《奥德赛》最负盛名的一节中，荷马描述了奥德修斯的船员与独眼巨人库克罗普斯的邂逅。从这段描述中，我们可以读出希腊人在同陌生原始的外界族群接触时的重重忧虑，尽管他们看似已经发展出了自己的文化。荷马很轻率地对文明与野蛮做了区分。独眼巨人“妄自尊大且无法无天”，他们并不费心耕种土地，而是直接采集他们所需的物资。“他们从不开会商讨相应事宜，也不制定相关法典”，在洞中过着孤僻的生活，并不关注自己的邻居。[13]他们是不敬神明的食人一族。[14]总之，他们不懂得贸易的好处：“巨人库克罗普斯没有造出涂红了船首的船只，他们中间也没有造船的工匠，因此无法建造结实的船只，无法到达每个有人居住的城市，也无法完成海上航

行之人可以完成的诸多任务。”[15]而忒勒玛科斯生活的岛屿则很
容易就能找到修造海船的船匠，因为雅典娜建议忒勒玛科斯打
89 听他父亲的音讯，“准备一条你能找到的配有二十位桨手的最
好船只”。[16]在这个时代，海上航行是自然而便捷的。这是一个流动的社会，人们开始在地中海上与其他地方建立联系。希腊人与腓尼基人或是联合或是竞争，不但他们的发源之地开始焕发新生，其在故土之外建立的城市文明也呈现出生机勃勃的景象。另外，他们对定居地之外的地中海上的其他族群也产生了极为深远的影响。

2

爱琴海（特别是埃维厄岛）的希腊人开始与面向第勒尼安海而居的族群往来的时刻被描述成了一个非常重要的时刻，对西方文明而言，“该时刻几乎要比古代取得的任何单项进步都更为影响深远”。[17]它不仅对于希腊的商人和移居者最早踏上的意大利土地是一个重要时刻，对于希腊本土繁荣的贸易中心亦是如此：埃维厄岛上的城市衰落后，科林斯控制了航线，将成千上万的精致陶瓶运往西方，并将诸如金属和食材等原材料运回来；继科林斯之后，公元前5世纪的雅典开始获得同样的贸易统治地位。希腊能够在青铜文明衰落后重现繁荣，希腊手艺人偏爱的独具风格的物件能够广布各地（希腊艺术因此成了远西的伊比利亚和伊特鲁里亚手艺人的参照对象），离不开这些外部的资源和联系。要书写希腊文明史，如果不关注地中海中部和西部水域，而只描述雅典和斯巴达崛起的故事，就如同在书写意大利文艺复兴史时认为文艺复兴只发生在佛罗伦萨和威尼斯。

希腊人与那不勒斯湾的首次接触可追溯至迈锡尼时期，维瓦拉岛（Vivara）上发现的陶器可以证明此点。埃维厄人大约于公元前 750 年在邻近的伊斯基亚岛建立了一个落脚点。没有迹象显示，他们是有意紧随其青铜时期先人的足迹的；但铁器 90
时代的第一批希腊移民定居在了深入第勒尼安海海域的某处一事仍令人费解。紧接着，他们在该海湾的库玛［Kyma，即库迈（Cumae）］建立了一个陆上定居地。[18] 半个世纪后，斯巴达人在意大利靴跟处的塔拉斯［即塔兰托（Taranto）］建立了一处殖民地，从该地可以轻松航行至爱奥尼亚诸岛和科林斯海峡，且对于在意大利土地上的首次试探性探索而言，定居这里似乎是更合乎逻辑的选择。尽管如此，一般观点认为，腓尼基人已经多次航行至北非，甚至在此之前已经越过直布罗陀海峡到达塔特索斯。这些漫长而雄心勃勃的路线的形成以获取金属为动机，无论是托斯卡纳和撒丁岛的铜和铁，还是撒丁岛与南西班牙的银。晚于这个时代的一份希腊文献在记载腓尼基航海者前往塔特索斯的航行时，对腓尼基人能在遥远的西方找到这些财富表示惊讶。据其记载，这些商人载着油向西航行，然后踏上归途，带着“如此之多的白银，以致船只上没有空间再装载或者再接收白银，于是他们在起航之时将所有设备与器具都打制成了银具，甚至还打制了银制船锚”。[19] 而且我们还可看到，有足够的证据证明在这些水域，希腊人和腓尼基人维持着友好的关系。换句话说，在某种程度上，尽管这些水域上的主要定居地，如迦太基和库玛，都已经形成了各自的族群认同（例如希腊城邦中的居民并不认为他们是希腊人，而是自称埃维厄人、多利亚人或爱奥尼亚人），但这些跨越广阔海域的航线是一项合作性事业。

连接埃维厄和伊斯基亚两岛的贸易路线的两个端点在哪里是一个谜。为何在经历了“黑暗时代”的长期衰退后，埃维厄岛会成为第一个重要的海外贸易和移民中心，至今仍不得而知。[20]埃维厄是一个被森林覆盖的狭长岛屿，它的一侧与希腊本土相连；从希腊本土至此最多几英里的路程，赫西俄德却过分夸大了穿过该狭窄海峡的恐怖。岛上的两大主要城市哈尔基斯（Chalkis）和埃雷特里亚（Eretria）控制着优质的自然资源，且在与雅典和科林斯的地方贸易中较好地开发了这些资源，这一点或许是关于埃维厄崛起的最有力解释。埃维厄盛产木材，这对于船只建造至关重要。实际上，一首献给阿波罗的荷马式赞歌（Homeric Hymns，即写于公元前7世纪或前6世纪的赞美诸神的一类诗歌，它们被认为带有荷马的风格）就曾描述该地“以船只闻名”。酒是另外一种资源——早期希腊语单词“*woinos*”被传到意大利，在这里伊特鲁里亚人将这个词改为了罗马人所知的“*vinum*”。[21]哈尔基
91 斯的名字说明该地区富藏铜矿，而且在埃维厄岛的勒夫坎迪（Lefkandi），人们发现了用于铸造三足器的模具，它们属于约前10世纪晚期的物件。当时勒夫坎迪是一个繁荣的中心，在该地，一处一端呈半圆形的建筑已被挖掘出来。据测量，该建筑长四十五米、宽十米，修建时间为前950年以前。它是在石头地基上用泥砖修成的，其屋顶上有茅草覆盖。这是一位伟大武士的壮观陵墓，该武士身披亚麻布斗篷（其残片还在），在他身旁有铁剑、矛以及随死者进入另一个世界的三匹马。墓中还有一具女性骸骨，她的陪葬品有金首饰以及铜铁制成的别针。[22]

埃维厄人并未将其所有精力都投向伊斯基亚岛。实际上，

他们的目标是将哈尔基斯和埃雷特里亚打造成东西地中海贸易网中的中间点。早在公元前 11 世纪晚期，制陶术已经从叙利亚海岸传至勒夫坎迪。约前 825 年，阿尔米纳建立了贸易点，这加强了勒夫坎迪与叙利亚的联系。勒夫坎迪遗址在第二次世界大战前被莱昂纳德·伍利（Leonard Woolley）爵士发掘，他很明确地阐述了埃维厄岛作为贸易和手工业中心对其周围地区的重要性——向东是欣欣向荣的亚述帝国，沿海岸下行可到达推罗和西顿，穿过公海可到达爱奥尼亚人（即希腊人）的土地。[23]它与塞浦路斯的联系更为紧密，经塞浦路斯可到达叙利亚诸城镇、南安纳托利亚及尼罗河三角洲。埃维厄是所有沿海文化发生碰撞的地方；腓尼基人在克提昂的殖民地也住着希腊居民和商人。在埃维厄的遗址中，我们已经发现了一个来自塞浦路斯的青铜权杖头，以及源自埃及或黎凡特地区的金器、彩陶、琥珀及水晶。[24]依据勒夫坎迪武士墓中出土的精美衣物残片推测，高质量的针织物对于勒夫坎迪的居民也是一种颇具吸引力的商品。叙利亚沿岸以生产布匹而闻名，其染料更是吸引了很多希腊人前往黎凡特。在这些因素的共同推动下，埃维厄岛成了前 9 世纪希腊世界中最为繁华的地区（除部分希腊化的塞浦路斯岛外）。这些商品是由什么人带至埃维厄岛的，这个问题的答案尚不明确。前 8 世纪，在哈尔基斯人和埃雷特里亚人于伊斯基亚岛建立定居点之前，此地就已经开始繁荣。可能从塞浦路斯到来的商人并非希腊人，而是腓尼基人，这或许可以解释为何早期希腊诗人会了解腓 92
尼基商人及其先进技术。

另外一个未解之谜是，埃维厄人从与塞浦路斯和黎凡特的商品交换中能获得什么。由于他们开辟了向西的航线，他们可以获得金属供应，如铜和铁，并以此换取东方的产品，因为很明显，在这个时期当地的资源已经无法满足埃维厄人的迫切需求。但是，最重要的是，他们有义务供应一些货物，而这些在考古层中是没有留下确切痕迹的：成袋的谷物、装有酒和油的陶罐以及带瓶塞的香水瓶。装运这些产品的陶罐被运至远及以色列王国或位于南部安纳托利亚的奇里乞亚（Cilicia），陶罐的设计与图案固然已备受赞誉，但最重要的还是它们盛装的货物。之后，由于这种贸易已经成为一种常规贸易，为了能够购买越来越多的来自东方的奢侈品，埃维厄人被激发出了进一步寻找金属和其他一些商品以进行抵付的动力，因此进入了第勒尼安海。一些来自埃维厄岛或至少是埃维厄风格的陶器可以证明，埃维厄岛与撒丁岛有直接或间接的联系。托斯卡纳海岸及内陆的铁矿依旧是较好的资源，在此地一些繁荣的村庄逐渐合并成为伊特鲁里亚繁荣城邦文化的基础。所以，埃维厄人渐渐开始与环第勒尼安海的居民建立联系，最初是以腓尼基人为媒介，而后通过他们自己的船只。

伊斯基亚是埃维厄人选择的一个基地，奇怪的是，他们称此地为匹德库塞（*Pithekoussai*），意为猴子的领地。该岛一大吸引人之处为其葡萄园，另外还有其安全的近海地理位置，以此为据点，埃维厄贸易可向外辐射，寻找意大利中南部及诸意大利岛屿上的产品。[25]在约公元前750年至前700年，拉科阿梅诺（Lacco Ameno）是一个繁荣的商业和手工业基地，此地出土的两件特殊文物可说明这一遥远的定居点与希腊世界的联系。其中之一是产自罗得岛的酒杯，该酒杯被随葬于一个约十岁的男孩的坟墓之中。酒杯上镌刻了一段基调轻快的铭文：

> 涅斯托耳（Nestor）有一个精美的酒杯，任何人用此酒杯饮酒都将很快对戴着金黄色花冠的阿芙洛狄忒（Aphrodite）充满渴望。[26]

据《奥德赛》中的陈述，涅斯托耳的酒杯由黄金制成，但是 93
在倒入酒水之后，它就有了仅凭黄金无法赋予的魔力。[27]该则铭文有很多引人注目的地方。它由哈尔基斯居民喜爱的希腊字母书写而成，它的刻写很有可能并不是与罗得岛上的铸造同时完成的，而是后来被埃维厄岛的希腊人添加上去的，当时他们已经从到访埃维厄岛的腓尼基人那里学会了字母文字。埃维厄人将这种字母文字向西带至意大利，之后这种字母（而非在希腊世界获得成功的阿提卡字母）促成了伊特鲁里亚字母文字的诞生，并由此衍生出了罗马的字母文字。除荷马的标准颂诗外，该诗是从前8世纪流传下来的唯一的韵体诗。它对于涅斯托耳的提及，进一步说明特洛伊战争在古风时期希腊人的生活和思想中占据的中心位置。与罗得岛的联系，不论是直接联系还是通过哈尔基斯人或埃雷特里亚人建立的间接联系，也为出现于伊斯基亚的一些产自罗得岛的小香水瓶（*aryballoi*）所证实，人们在葬礼中用光瓶中之物，然后便丢弃了这些瓶子。

来自拉科阿梅诺的另外一件引人注目的文物是一个浅颈花瓶（*krater*），其边缘部分的图案描绘了一场海难。这也是第一个此种类型的陶器，是从意大利遗址出土的第一个有叙事画的花瓶，而且是在当地制造的。它展示了一艘船——与后来科林斯陶器刻画的那种船甚为相似——被打翻，其船员为了活命在海中游动，但是一人已经淹死，另外一人即将被一条大鱼吞食。接下来的场景是肚满肥圆的鱼将尾巴翘起，说明后一位船员似乎并未逃脱被吞食的厄运。这里并不存在《奥德赛》或其他英雄返乡故事中的场景，其展现的可能是当地常见的一种情况，即真实世界中的人一旦到了海上便再无回归之时。其他来自古墓的证据也可以证明，海上交通对伊斯基亚的匹德库塞居民十分重要。有一些来自南伊特鲁里亚的花瓶，它们呈纯黑色，被称为巴契罗（*bucchero*）；使之尽显典雅之风的是它们的造型，而不是装饰图案。南伊特鲁里亚与东方的联系特别紧密，在该地公元前 8 世纪 70 年代的古墓中，有约三分之一出土了产自黎凡特或在黎凡特影响下生产的产品。[28]在一座小孩的墓中，考古学家发现了一个圣甲虫护身符，上面有法老博克霍里斯（Bocchoris）的名字，据此可断定这是约前 720 年的墓。此外，塔尔奎尼亚（Tarquinia）的一处伊特鲁里亚遗址出土了一个彩陶花瓶，花瓶上的文字也提到了该法老的名字。所以我们可以
94 推断，航线以埃及为起点，可能经过腓尼基或叙利亚的阿尔米纳到达希腊，而后进入第勒尼安海。无论如何，匹德库塞并非这条贸易线的终点，商人们继续向前推进，一直到达富藏金属资源的托斯卡纳海岸。就像海外的腓尼基人最终成为比黎凡特的腓尼基人更为忙碌的商人一样，在遥远的西方，埃维厄人也建立了他们自己的活跃的贸易世界，并最终将叙利亚、罗得岛及科林斯与匹德库塞连接在了一起。

匹德库塞的居民是贸易者，同时也是男女手艺人。一片可能源自厄尔巴岛（Elba）的铁渣揭示了与伊特鲁里亚建立联系的重要性，因为伊斯基亚并不生产金属。考古学家在这里也发现了冶炼设备，且从一些残存的金属短线和锭块来看，这里已经生产了铁器和青铜器。这是一个由勤劳的外来人员组成的社会劳动群体，根据最准确的估计，在公元前 8 世纪晚期，其人

口为 4800 ~ 9800 人。因此，昔日的中转站现在已经发展成一个颇具规模的城镇，在此安家立业的不仅有希腊人，还有一些腓尼基人及来自意大利本土的人。一个装有幼儿遗骸的陶罐上刻有腓尼基人的标志性图案。[29]我们不能只因为匹德库塞是希腊人建立的基地，就断言这里只有希腊人，特别是只有埃维厄人居住。如果外来的手艺人能带来他们自己的风格和技术，他们也会受到欢迎，不论他们是科林斯的制陶者（从约前 725 年开始住在库玛），还是腓尼基的雕刻者（可以满足意大利人对东方雕刻品的需求）。因此，匹德库塞成为一座桥梁，“东方化风格”的物品汇集此地，并经此地传向西方。匹德库塞人注意到，伊特鲁里亚南部的一些正在兴起的村落，如维爱（Veii）、卡埃里（Caere）和塔尔奎尼亚，对东方的物品充满渴望，所以它们向早期的伊特鲁里亚人出售其想要的物品，作为交换，它们将获得产自伊特鲁里亚北部的金属。一些村庄围绕着“七丘”聚集，它们就在伊特鲁里亚南部的台伯河对岸，但他们是否注意到了此点，我们就不太确定了。

3

修昔底德讲述了埃维厄岛的城市被卷入利兰丁战争（Lelantine War）的经过。在他看来，这场战争是希腊人在伯罗奔尼撒战争之前最惨烈的一次内战。但是我们无法确定这场 95
战争的时间，且几乎没有关于它的细节性描述；它可能是为争夺对利兰丁平原的地下铜矿和铁矿资源，或者平原上的葡萄园和牧场的控制权而发生的冲突。[30]无论如何，至公元前 700 年，埃维厄岛已经盛极而衰。它无法继续维持领先地位，因为其他中心（如科林斯）已经成为其强有力的竞争者。与西方的贸易为科林斯带来发财的机会。荷马早已描述过该城的富有。[31]前5世纪的传统主义诗人品达（Pindar）在《奥林匹亚颂》中唱道：“我将会了解幸运的科林斯，那地峡上的波塞冬门户。”[32]前5世纪的科林斯在领土和人口规模上，仅是雅典的约三分之一；但它凭借地利可以从跨地中海贸易，以及范围更大的自希腊西至亚得里亚海、爱奥尼亚海、第勒尼安海的贸易网络获取巨额利润。坐落在连接希腊北部和伯罗奔尼撒半岛的交通线上，科林斯也可以从穿越地峡的陆路贸易中获利。[33]科林斯卫城的陡峭要塞中（可能是几个村落的聚合体）的居民在约前900年就与更远的地方建立了联系。当时科林斯原几何风格的陶器已经到达维奥提亚（Boiotia）；至前800年，数量可观的科林斯陶器作为祭品被虔诚地送至德尔斐（Delphi）。[34]至前8世纪中期，很多科林斯陶器被运往匹德库塞，并从那里沿贸易路线下行至伊特鲁里亚的一些早期村庄。[35]在前7世纪，科林斯人在地峡的两端建立了港口，一个港口在科林斯湾的勒凯翁（Lechaion），另一个在肯克里埃（Kenchreai）。从肯克里埃出发经萨龙湾（Saronic Gulf）可进入地中海；萨龙湾的水域更为平静，但从科林斯到这里需要花费更长时间。与港口同样重要的，还有科林斯人建立的船只专用滑道（*diolkos*）。通过滑道，科林斯的奴隶们可以经陆路将船舶从一个港口转移至另一个港口。阿里斯托芬（Aristophanes）极富想象力地把滑道比作性行为：“这种滑道对于地峡有什么意义呢？你们上下抽动阴茎的次数远比科林斯人将船推过滑道的次数还多！”[36]与东西方——包括希俄斯、萨摩斯、伊特鲁里亚——进行频繁贸易的证据在科林斯出土的陶器中就可以轻松找到。[37]修昔底德断言，科林斯是一个造船中心，因为“据说，赫拉斯的第一艘三列桨战船就是在科林斯制造的”。[38]

在公元前625年至前600年间的某个时间，科林斯僭主佩 96
里安德（Periandros）与小亚细亚沿岸的米利都统治者达成了一项协议：双方要建立一个范围远至爱奥尼亚和埃及的联盟。僭主的外甥基普塞洛斯（Kypselos）以普萨美提克（Psammetichos）作为自己的昵称，这也是与佩里安德建立了密切联系的法老之名。爱奥尼亚人的一个贸易据点在尼罗河三角洲的瑙克拉提斯（Naukratis）逐渐建立，很快科林斯的陶器便出现在了此地。[39]至前6世纪中期，意大利和西西里岛的希腊人在购买陶器时最偏爱的就是科林斯陶器。在前8世纪晚期，迦太基人模仿了科林斯人的设计图案，随后就屈从于科林斯正宗陶器的小规模进口。伊特鲁里亚人在购买陶器时有能力鉴别其中的优质产品，例如约前650年的基吉陶瓶（Chigi vase）是流传至今的最精美的科林斯陶器。直到前6世纪，雅典陶器才在出口至意大利的陶器中占据优势地位。[40]

尽管科林斯陶器精美典雅，但没有人会相信科林斯仅凭人们对这些陶器的需求就能维持与东方和西方的密切联系。城市中致力于陶器生产的区域并不大。多数陶器作为压舱物放在装满易腐商品（其中最为珍贵的是染成深红色、紫色、火红色和海绿色的地毯、毛毯、亚麻衣料）的船舱内。[41]这些商品的生产依赖于染料的供应，因此与腓尼基的紫色染料的贸易者的联系显得颇为重要。其中的一个联络点位于黎凡特地区的商业中心阿尔米纳，在这里希腊人、腓尼基人、阿拉米人（Aramaeans）及其他人群混杂而居且互通有无。[42]而科林斯的优势在于产品的多样性。科林斯商人们拥有种植业与畜牧业产品、木材、精美器皿及陶砖（他们将大量的陶砖送往德尔斐的神庙，除了个别覆盖着大理石屋顶的建筑之外，那里的其他建筑都用陶砖覆盖屋顶）。小型的青铜制品是备受青睐的出口品，青铜和铁制成的武器、铠甲也广受欢迎，早在公元前 700 年，科林斯人就开始在这一领域享有盛誉。[43]

成功的代价是嫉妒，且在科林斯与其邻邦发生的战争中，勒凯翁曾几度落入敌人之手。但科林斯的政策总的来说是尽可能地与更多的邻居保持和平关系，该政策一直沿用到了公元前 5 世纪伯罗奔尼撒战争的爆发，毕竟海上和陆上的冲突对一个
97 贸易城邦来说是有害无益的。然而我们不太确定的是这种贸易是否由科林斯船只完成。在科林斯，我们发现了大量制造于前 460 年之前的迦太基双耳细颈陶罐，这说明科林斯与西地中海之间活跃的食材贸易是由科林斯人和迦太基人共同完成的。有人提出，运往科林斯的陶罐中装载的主要产品是一种用鱼的内脏制成的臭鱼酱，这种鱼酱从位于大西洋沿岸的摩洛哥的遥远的腓尼基人贸易中心库阿斯（Kouass）运来。[44]前 8 世纪末至前 3 世纪中，科林斯生产的双耳细颈陶罐已遍布西地中海，向西它们最远被运至阿尔赫西拉斯（Algeciras）和伊维萨岛，南意大利及希腊人在昔兰尼加（Cyrenaica）的定居点也能看到这种陶器。制造这些陶罐是为了装载货物，且它们的出现揭示了当时活跃的谷物、酒和油的贸易；随着希腊本土的滨海城市人口不断增加，像西西里岛这样的地区对谷物的需求也会相应增加，而且将西方的希腊人与其故土联系起来的生命线就是通过科林斯地峡建立起来的。作为回应，科林斯将其土地上产出的富余产品油和酒卖给西西里岛及更远处城市的购买者。[45]

科林斯的崛起引起了关于古代地中海经济的更广泛的争

论。例如摩西·芬利认为，财富的根基在于本地的农业和生活必需品的贸易。他坚称，在科林斯，奢侈品的贸易量是很小的，以至于对经济增长没有什么明显作用，且后来的雅典亦是如此。芬利对人类学家关于礼物交换的观点深信不疑，认为在这一时期，相互联系远比寻求利益重要。很多证据却指向了相反的方向。[46]例如自公元前6世纪中期以来，科林斯人开始使用一种银币，而且南意大利发现的一些窖藏银币表明，这些钱币早在前6世纪末就被带至西方。爱琴海世界中可以辨别的最古老硬币源自吕底亚（Lydia），但我们不知道科林斯人铸币的想法源自何处。很可能科林斯人铸币的最初动机是使那些使用他们的两个港口和滑道的商人定期缴纳税款。[47]无论如何，至前600年，从事贸易的人要远远多于从事礼品交换的代理人。

在科林斯早期历史中有两个人物证实了这一观点。一个是
佩里安德，他的父亲领导了一场革命，推翻了之前统治该城市 98
的巴克基阿德（Bacchiad）王朝。[48]佩里安德统治科林斯的时间为公元前627年至前585年；就经济层面而言，这是一个黄金时期。但是希罗多德认为佩里安德具有许多独裁者特有的坏品质：他被认为谋杀并尸奸了自己的妻子梅丽莎（Melissa）；他因为儿子死于克基拉岛而被激怒，从克基拉岛掠夺了三百个男孩并将他们籍没为奴，然后将他们送往吕底亚阉割。对亚里士多德而言，他是严酷独裁者的典型。但亚里士多德也在其他方面提出，佩里安德依赖于市场和港口的税收，且秉公执法；甚至还有一些人将其推崇为古希腊七贤之一。[49]后来的很多文献公开断言，他是奢侈行为的反对者，据说他烧毁了深受科林斯贵妇喜爱的精美衣料，制定法律反对蓄养奴隶，主张臣民应自己从事劳动。[50]他憎恶懒散。此处最值得一提的是，在人们关

于他的遥远记忆中，他的政策有利于财富的创造。

另一个需要注意的人物是巴克基阿德王朝的独裁者德玛拉图斯（Demaratos）。直到很久之后的奥古斯都统治时期，德玛拉图斯的生平细节才得以披露，且披露人哈利卡那索斯的迪奥尼索斯（Dionysios of Halikarnassos）是一位不太可信的作家。据说当德玛拉图斯的王朝被推翻后，他于约公元前 655 年逃至塔尔奎尼亚，并与当地一位贵族女子结婚。该女子为他生了一个儿子，取名为塔克文（Tarquin），也就是罗马的第一位伊特鲁里亚国王。据说德玛拉图斯也带来了一些手艺人。[51]科林斯人肯定发生过流散，而且巴克基阿德王朝曾积极建立科林斯人的海外殖民地。在约前 733 年，该王朝的臣民在西西里岛建立了最有影响力的希腊城邦叙拉古；约在同一时期，他们还在克基拉岛建立了一个殖民地，但是与其的关系有时并不是很好。[52]克基拉岛是科林斯人沿伊庇鲁斯（Epeiros）和伊利里亚（Illyria）海岸建立的定居点之一，但克基拉本身也在埃比达姆诺斯——现在阿尔巴尼亚的都拉斯——建立了一处殖民地。克基拉和叙拉古保护着穿过爱奥尼亚海前往亚得里亚海的贸易者。从亚得里亚海里的殖民地人们可以获得产自巴尔干内陆的银，科林斯人铸造的精美钱币正是用这种银做成的。前 4 世纪初，叙拉古的僭主狄奥尼修斯在努力控制中地中海水域时，决定在亚得里亚海和爱奥尼亚海沿岸“建立一些城市”，目的是
99 “确保通往伊庇鲁斯的航线的安全，且这些城市可以为船只提供停泊处”。[53]关于叙拉古和克基拉之建立，我们可以提出一个问题：其建立的目的是保护已经存在的贸易路线，还是安置科林斯无法养活的多余人口？[54]当殖民者在新占领的土地上稳固扎根后，他们就可以进行初级产品（如谷物）的贸易，进而

缓解母邦在基础生活资料方面的压力，并使母邦能够不受任何约束地继续发展。

归根结底，这个问题是一个鸡与蛋的问题。这一时期，一个希腊城邦将居民送至海外的动机有很多：在社会的顶层，有政治放逐者；在底层，有盯上新市场的商人和船主；此外有一些手艺人，他们意识到在遥远的西西里岛和法国南部地区，对其产品的需求正在增加；还有一些人要到西方寻找可耕种的土地。拓殖活动并不意味着母邦发生了饥荒，它象征的是财富的不断增加，以及以科林斯和其他在地中海上创立诸多子邦殖民地的城市的成功经验为基础更进一步的希望。然而，正如科林斯的德玛拉图斯所经历的那样，也有一些希腊人只能作为当地最有影响力之族群的客人居住的土地。在这些族群中，最为重要的当属伊特鲁里亚人。

注　释

1. I. Malkin, *The Returns of Odysseus: Colonisation and Ethnicity* (Berkeley and Los Angeles, CA, 1998), p. 17.
2. Ibid., p. 22; also D. Briquel, *Les Pélasges en Italie: recherches sur l'histoire de la légende* (Rome, 1984); R. Lane Fox, *Travelling Heroes: Greeks and Their Myths in the Epic Age of Homer* (London, 2008).
3. *Odyssey* 1:20, 5:291, 5:366, in the translation of Roger Dawe.
4. Malkin, *Returns of Odysseus*, pp. 4, 8.
5. Notably in the works of the French Homer scholars Victor Bérard and his son Jean Bérard: J. Bérard, *La colonisation grecque de l'Italie méridionale et de la Sicile dans l'antiquité* (Paris, 1957), pp. viii, 304–9.
6. Malkin, *Returns of Odysseus*, p. 186.
7. Ibid., p. 41; M. Scherer, *The Legends of Troy in Art and Literature* (New York, 1963).
8. Malkin, *Returns of Odysseus*, pp. 68–72.

9. Ibid., pp. 68–9, 94–8; Lane Fox, *Travelling Heroes*, pp. 181–2.
10. *Odyssey* 14:289; 15:416, trans. Dawe.
11. M. Finley, *The World of Odysseus* (2nd edn, London, 1964).
12. *Odyssey* 1:180–85, trans. Dawe.
13. Ibid., 9:105–115.
14. Ibid., 9:275.
15. Ibid. 9:125–9.
16. Ibid. 1:280.
17. D. Ridgway, *The First Western Greeks* (Cambridge, 1992) (revised edn of *L'alba della Magna Grecia*, Milan, 1984). Subsequent literature on the western Greeks: G. Pugliese Carratelli (ed.), *The Western Greeks* (London, 1996); V. M. Manfredi and L. Braccesi, *I Greci d'Occidente* (Milan, 1996); D. Puliga and S. Panichi, *Un'altra Grecia: le colonie d'Occidente tra mito, arte e memoria* (Turin, 2005); also Lane Fox, *Travelling Heroes*.
18. Lane Fox, *Travelling Heroes*, p. 160.
19. Cited by Ridgway, *First Western Greeks*, p. 99.
20. Lane Fox, *Travelling Heroes*, pp. 52–69.
21. Ibid., p. 159.
22. Ridgway, *First Western Greeks*, p. 17; Lane Fox, *Travelling Heroes*, pp. 55–9.
23. L. Woolley, *A Forgotten Kingdom* (Harmondsworth, 1953), pp. 172–88.
24. Ridgway, *First Western Greeks*, pp. 22–4.
25. Lane Fox, *Travelling Heroes*, pp. 138–49.
26. Ridgway, *First Western Greeks*, pp. 55–6, figs. 8–9; Lane Fox, *Travelling Heroes*, pp. 157–8.
27. *Odyssey* 3:54, trans. Dawe.
28. Ridgway, *First Western Greeks*, pp. 57–9, 115.
29. Ibid., pp. 111–13, and fig. 29, p. 112.
30. Lane Fox, *Travelling Heroes*, pp. 169–70.
31. *Iliad* 2:570 – cf. Thucydides 1:13.5; J. B. Salmon, *Wealthy Corinth: a History of the City to 338 BC* (Oxford, 1984), p. 1; M. L. Z. Munn, 'Corinthian trade with the West in the classical period' (Ph.D. thesis, Bryn Mawr College, University Microfilms, Ann Arbor, MI, 1983–4), p. 1.
32. Pindar, Olympian Ode 13; C. M. Bowra (trans.), *The Odes of Pindar* (Harmondsworth, 1969), p. 170.
33. Thucydides 1:13.
34. Salmon, *Wealthy Corinth*, pp. 84–5, 89.
35. Ridgway, *First Western Greeks*, p. 89.
36. Aristophanes, *Thesmophoriazousai*, ll. 647–8.
37. L. J. Siegel, 'Corinthian trade in the ninth through sixth centuries BC', 2 vols. (Ph.D. thesis, Yale University, University Microfilms, Ann Arbor, MI, 1978), vol. 1, pp. 64–84, 242–57.
38. Thucydides 1:13; Siegel, *Corinthian Trade*, p. 173.

39. Herodotos 1:18.20 and 5:92; A. Andrewes, *The Greek Tyrants* (London, 1956), pp. 50–51; Siegel, *Corinthian Trade*, pp. 176–8; also M. M. Austin, *Greece and Egypt in the Archaic Age* (supplements to *Proceedings of the Cambridge Philological Society*, no. 2, Cambridge, 1970), especially p. 37.
40. Salmon, *Wealthy Corinth*, pp. 105–6, 109–10.
41. Munn, *Corinthian Trade*, pp. 6–7; Salmon, *Wealthy Corinth*, pp. 101–5, 119.
42. Woolley, *Forgotten Kingdom* pp. 183–7.
43. Salmon, *Wealthy Corinth*, pp. 99, 120.
44. Munn, *Corinthian Trade*, pp. 263–7, 323–5.
45. Salmon, *Wealthy Corinth*, p. 136.
46. K. Greene, 'Technological innovation and economic progress in the ancient world: M. I. Finley reconsidered', *Economic History Review*, vol. 53 (2000), pp. 29–59, especially 29–34.
47. Munn, *Corinthian Trade*, pp. 78, 84, 95–6, 111; cf. M. Finley, *The Ancient Economy* (London, 1973).
48. Andrewes, *Greek Tyrants*, pp. 45–9.
49. Herodotos 5:92; Aristotle, *Politics*, 1313a35–37; Salmon, *Wealthy Corinth*, p. 197; also Andrewes, *Greek Tyrants*, pp. 50–53.
50. Salmon, *Wealthy Corinth*, pp. 199–204.
51. C. Riva, *The Urbanisation of Etruria: Funerary Practices and Social Change, 700–600 BC* (Cambridge, 2010), pp. 70–71; A. Carandini, *Re Tarquinio e il divino bastardo* (Milan, 2010).
52. A. J. Graham, *Colony and Mother City in Ancient Greece* (Manchester, 1964), p. 220.
53. Diodoros the Sicilian 15:13.1; Munn, *Corinthian Trade*, p. 35.
54. Graham, *Colony and Mother City*, pp. 218–23.

三　第勒尼安人的胜利（前800～前400年）

1

100 伊特鲁里亚人的重要性不只在于其令 D. H. 劳伦斯（D. H. Lawrence）着迷的色彩斑斓、栩栩如生的墓葬壁画，不只在于其特殊语言令人困惑的起源，也不只在于其在早期罗马史中留下的深刻痕迹。他们之所以重要，是因为他们是西地中海在东地中海文化影响下出现的第一个文明的创造者。有时，伊特鲁里亚文化被贬低为一种衍生文化，伊特鲁里亚人被一位最为著名的希腊艺术家贴上了“无艺术修养的野蛮人”的标签;[1] 他们生产的任何符合希腊人标准的物件都被归为希腊艺术家的作品，其他被扔掉的作品则是可证明他们艺术水平低下的证据。然而，即使伊特鲁里亚艺术不具有古典意义上的品位或完美性，大多数人还是会像劳伦斯一样赞美其生动性及表现力。但是这里我们关注的问题是伊特鲁里亚受到希腊和东方影响的程度、丰富多彩的东地中海文化向西方的传播，以及意大利中部（罕有迈锡尼人拜访此地）与爱琴海及黎凡特建立密切商业关系的过程。这些进程是一场范围更广的运动的一部分，辐射了撒丁岛和西班牙的地中海地区。

伊特鲁里亚崛起的标志有：除希腊早期殖民者的城市外第一批意大利城市的修建，伊特鲁里亚人海上势力的建立，以及意大利中部与黎凡特之间的贸易联系的形成。随着这一进程的发生，地中海的文化版图经历了长期变化。高度复杂的城市社会在西地中海沿岸形成，在这类社会中，对腓尼基和爱琴海海域物产的需求日益增长，融合了东西方特征的新艺术风格开始 101
出现。沿连接伊特鲁里亚与东方的贸易新路线前来的不仅有希腊商人和腓尼基商人，还有希腊和腓尼基的男女众神，且希腊众神（包括一整套关于奥林匹斯山的神话、特洛伊的故事及诸英雄的传说）最终征服了意大利中部族群的思想。对于科林斯精美器皿（后来是雅典器皿）的需求使诸多市场建立起来；实际上，多数最为精致的希腊器皿出现在了伊特鲁里亚人的墓中而不是希腊人的墓中。迦太基初期的成功也与这些位于意大利中部的市场有关。迦太基的位置就在这些市场的附近，迦太基人获得了进入伊特鲁里亚诸城邦的特权，而这种联系又通过一系列协议（其中包括公元前509年与罗马人的一项协议）得到了巩固。在迦太基人眼中，与他们在北非与西西里岛进行贸易的土著民族文化相对落后；但在伊特鲁里亚，他们找到了理想的贸易伙伴，且在迦太基人与西西里岛的希腊人争夺中地中海控制权的斗争中，伊特鲁里亚人也被证明是强有力的盟友。

伊特鲁里亚人因其两大“未解之谜”引起了各方关注。它们是关于族群起源的问题，以及与之相关的独立于古代世界其他语言的伊特鲁里亚语的起源问题。古代历史学家提出了他们自己的观点，认为伊特鲁里亚人自东地中海迁徙而来。希罗多德的说法很有价值且接受度很高，他的陈述展现了一个公元前5世纪的爱奥尼亚希腊人是如何看待地中海世界中诸民族与各地区间的关系的。[2] 他向我们说明了，在吕底亚王阿提斯（Atys）的统治时期，换句话说就是在很遥远的过去，移民是如何发生的。希罗多德说，吕底亚人发明了除跳棋以外的其

阿德里亚
斯皮纳
马赛
比萨
塔尔奎尼亚
卡埃里
维爱
库玛
伊斯基亚岛
锡巴里斯
迦太基
叙拉
0
100
200
300
400 英里
0
200
400
600 公里

利姆诺斯岛
弗凯亚
德尔斐
科林斯
雅典

他棋类游戏。他们这样做的原因是他们遭受了一次严重的饥荒。他们最初的解决方法是吃一天饭，下一天棋，希望以此忘记饥饿："以此方式，他们坚持了十八年。"但是形势越来越糟。所以国王决定以抓阄的方式将饥饿的人口分为两部分，一半人口将继续留在吕底亚，另一半人口则要在阿提斯之子迣圣（Tyrsenos）的带领下寻找新的家园。[3] 移民者下行至士麦那，他们制造船只，航行经过了许多地方，最后到达了翁布里亚人（Umbrian）的土地。在那里，他们建立了城市，依照首领迣圣的名字称自己为迣圣人。迣圣（在雅典阿提卡方言中写作
102 *Tyrrhenos*）对于伊特鲁里亚人来说，是一个标准的希腊语名称。于是，我们有了另一种希腊作家们非常喜欢的说法。相信伊特鲁里亚人自东方迁徙而来的人不仅包括一些最伟大的罗马诗人，如维吉尔、贺拉斯（Horace）、奥维德（Ovid）及卡图鲁斯（Catullus），还包括最具影响力的散文家，如西塞罗、塔西佗（Tacitus）和塞涅卡（Seneca）。显然，伊特鲁里亚人和吕底亚人对此也坚信不疑。公元 26 年，罗马皇帝提比略（Tiberius）决定在小亚细亚的一座城中建立一间雄伟的神庙；为说服罗马人萨迪斯（Sardis）是这座神庙的最理想位置，该城提醒元老院说，伊特鲁里亚人是罗马人在几个世纪前派往海外的拓殖者，这说明萨迪斯一直与意大利有密切的联系。[4]

在奥古斯都时期写作的古文物收藏家迪奥尼索斯与希罗多
103 德一样是哈利卡那索斯人，他决心证明伊特鲁里亚人并不是东方的移民，而是意大利的土著居民。他最终希望证明希腊人与罗马人间有很近的亲缘关系，证实伊特鲁里亚人生于本地是其复杂论证过程中的一环。[5] 这种观点在 20 世纪的修正主义历史

学家间颇受欢迎，他们意识到，仍然被广泛认同的希罗多德的记载只是表面上看似合理而已。一方面，希罗多德阐释了东方文明对于早期伊特鲁里亚艺术和文化的深刻影响。另一方面，在公元前 8 世纪和前 7 世纪，当腓尼基人和希腊人开始深入第勒尼安海时，这种影响显得最为深远，但这个时间比希罗多德
设想的东部移民来到伊特鲁里亚的时间要晚很多。且正如迪奥 104
尼索斯所言，吕底亚的语言（起源于卢维语）和伊特鲁里亚语之间没有任何关联。[6] 当代意大利考古学家马西莫·帕罗提诺（Massimo Pallottino）受到迪奥尼索斯说法的影响，认为真正的问题并非“种族”问题，而是伊特鲁里亚文明作为融合多种文化要素——既有拥有不同起源与语言的当地居民，也有来自腓尼基和希腊的外来商人——的复合体如何形成的问题。[7] 一些来自小亚细亚的流浪雇佣兵（*condottieri*）可能已经在意大利中部诸族群中确立了自己的统治地位，这就可以解释前 650 年前后，塔尔奎尼亚和卡埃里的精英阶层为什么会突然开始热衷于东方风格的大型墓葬；而“塔尔奎”（Tarquin，或 *Tarchna*）这个名字很容易使我们回想起安纳托利亚的暴风之神塔浑（Tarhun），早在几个世纪之前，塔浑就已把自己的名字赐给了特洛伊附近的阿扎瓦族（Arzawa）及其土地。至于伊特鲁里亚语，它肯定是一种产生于意大利的古老地中海语言，但后来来自北部和东部的入侵者用他们属于印欧语系的语言（如拉丁语）取代了伊特鲁里亚语。学界也曾尝试在血型和 DNA 的帮助下解决这一难题。[8] 据说在托斯卡纳的穆尔洛（Murlo，曾经是伊特鲁里亚人的一个重要中心），当地人口的基因类型与黎凡特人的基因类型具有很强的相似性；而且托斯卡纳中部的牛也比我们想象中的牛具有更多“东方”特点，

科学家们因此推测，当时到来的不仅有移民，还有他们的牲畜。[9]但在伊特鲁里亚时代之后，东方人有很多机会——或者作为罗马军团的士兵，或者作为中世纪的奴隶——定居于托斯卡纳的城镇。所有这些因素都促使历史学家们关注一个问题，这个问题不是伊特鲁里亚人从何而来，而是他们如何在意大利发展出了独特的文化。

伊特鲁里亚文明并非因为大规模的移民而出现，但这并不是说伊特鲁里亚与东地中海的联系是无足轻重的。这种关于伊特鲁里亚崛起的解释强调的不是整个民族的迁徙，而是物品、审美标准和宗教崇拜自东向西的引入。民族可能并未迁移；但是从历史文献和考古证据看，个体可以完成迁移，例如科林斯的德玛拉图斯——他是罗马王塔克文一世（亡于约公元前579年）的父亲，以及前7世纪希腊制陶工阿里斯托诺索斯（Aristonothos）——他工作于伊特鲁里亚的卡埃里。[10]希腊人和
105 腓尼基人带来的不仅是陶器和奢侈品，还有社会行为的新模式。宴会（包括宴会中斜躺于卧榻上的习俗）及葬礼可能都模仿了叙利亚的习俗。性行为则融合了希腊和伊特鲁里亚本土的习俗：单词 *katmite* 是典型的希腊词语 *Ganymede*（侍童）在伊特鲁里亚文中的缩写形式，该词后又被转化为拉丁语的 *catamitus*（娈童），这个词还带有对伊特鲁里亚人喜欢鸡奸行为的指责；但是一些研究者同时也感到困惑，因为女性在宴会上扮演了重要角色，而在其他地方，宴会则是男人的特权。[11]

2

从很早起，伊特鲁里亚人也被指控为海盗。一首荷马式诗歌使伊特鲁里亚人与海盗的关系变得明朗化。这首诗讲述了一

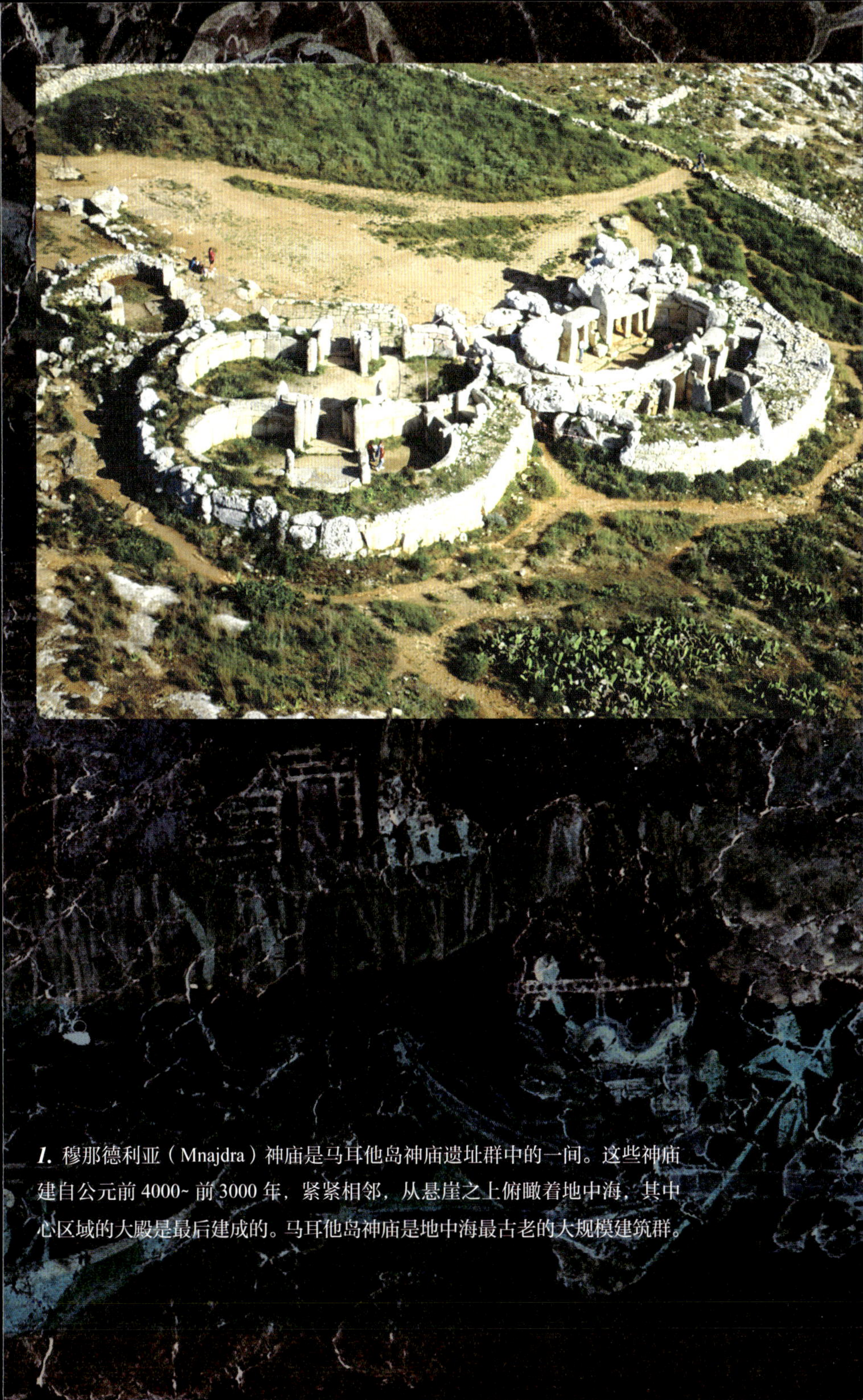

1. 穆那德利亚（Mnajdra）神庙是马耳他岛神庙遗址群中的一间。这些神庙建自公元前 4000~ 前 3000 年，紧紧相邻，从悬崖之上俯瞰着地中海，其中心区域的大殿是最后建成的。马耳他岛神庙是地中海最古老的大规模建筑群。

2. 图为16厘米长的“睡美人”，藏于瓦莱塔国家考古博物馆。这可能是一个地母神的形象，也可能是马耳他岛与戈佐岛的拟人化形象，两个隆起之处分别代表这两座岛屿。

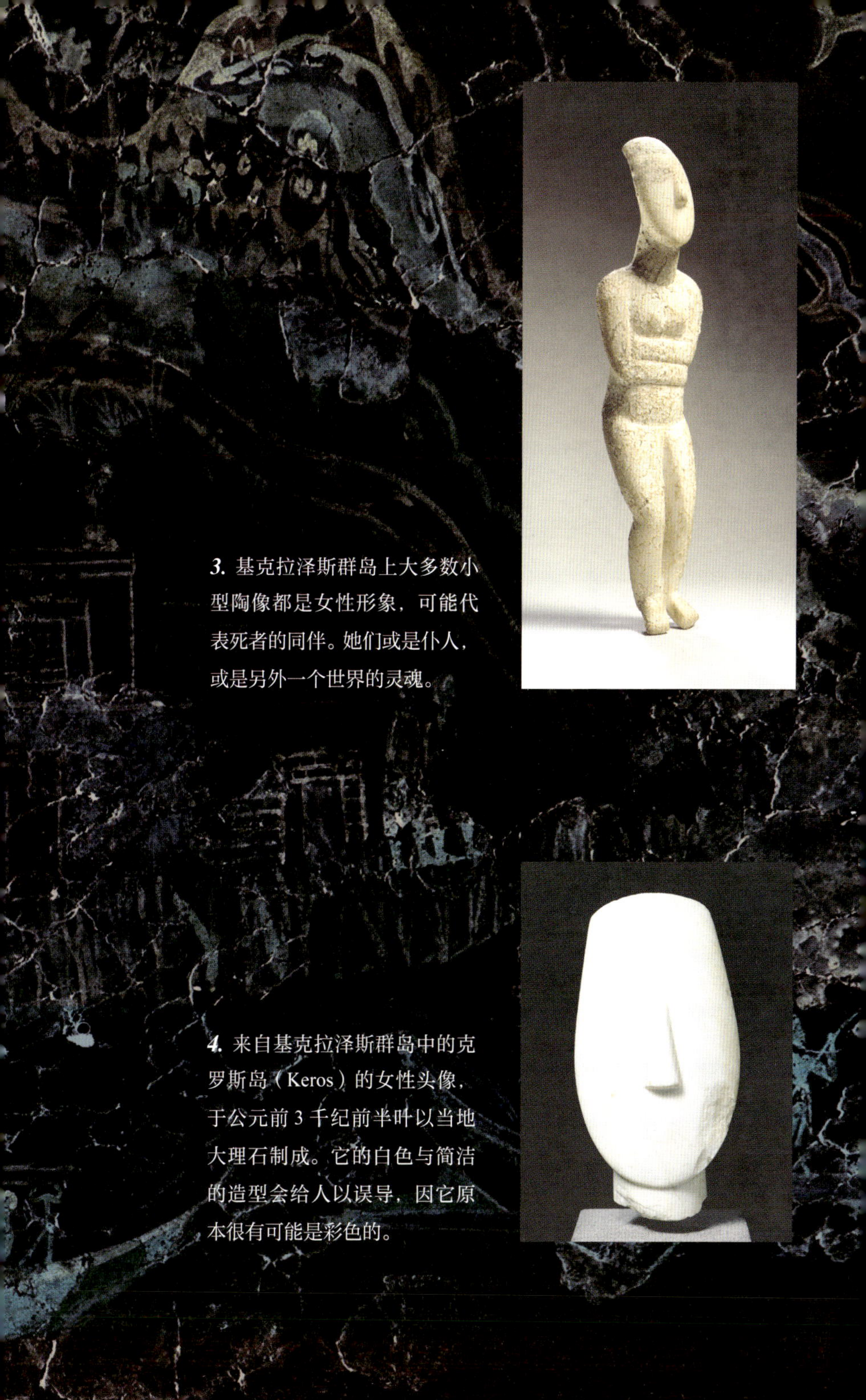

3. 基克拉泽斯群岛上大多数小型陶像都是女性形象，可能代表死者的同伴。她们或是仆人，或是另外一个世界的灵魂。

4. 来自基克拉泽斯群岛中的克罗斯岛（Keros）的女性头像，于公元前3千纪前半叶以当地大理石制成。它的白色与简洁的造型会给人以误导，因它原本很有可能是彩色的。

5. 约公元前 1500 年产自克里特的一个陶瓶，是使用章鱼的肢体来表现流动与自然意象的米诺斯陶罐之一，它已经完全脱离了埃及与叙利亚的样式，形成了一种独特的岛屿风格。**（上）**

6. 法老的维齐尔莱克米尔坟墓中的一幅壁画（约公元前 1420 年）。莱克米尔的职责之一是收取和处理邻邦的贡赋。此壁画描述的便是这一场景，画上还有十分自负的文字："诸邦皆臣服于吾王。"有一些贡品，如油罐或酒罐，似乎来自克里特岛；其他的一些物品和动物则可能来自南部邻邦。**（下）**

8. 迈锡尼的一个金箔死亡面具（约公元前1500年），出土于一处贵族墓葬。正如荷马所言，“迈锡尼富有黄金”，且由一些讲希腊语的贵族武士统治，他们后来深受米诺斯文化吸引。这些面具可能模仿了伟大的法老们所带的死亡面具。

9. 早期腓利士人为他们的首领制作的黏土人面，该人面上没有覆盖其爱琴海的先祖们曾经使用过的金箔死亡面具。该黏土人面发掘于以色列北部的伯善。

10. 这一公元前12世纪的迈锡尼“武士瓶”上描绘了一队士兵，其佩戴的有角头盔具有典型的入侵者与雇佣兵的特征，埃及人称这些入侵者为沙尔达纳人。士兵们的其他装备则与荷马笔下英雄们的盔甲相似。

11. 出现在上埃及拉美西斯三世哈布神庙（公元前12世纪早期）墙壁上的腓利士人形象。该神庙雕带上的图像主要用于纪念拉美西斯三世对所谓“海洋人”的胜利。

12. 公元前 9 世纪晚期，腓尼基商人在撒丁岛南部的诺拉建立了一个聚落。图中是为一座神庙的建成而写的献词，该献词是西地中海现存最早的闪米特字母铭文之一。**（左）**

13. 这是约公元前 400 年于迦太基刻成的一块石碑或石匾。从图中人物的头饰判断，该石碑展现的是一位祭司将一个被选为祭品的孩子带向祭坛的场景。**（右）**

14. 迦太基船只的模型。该模型是一盏油灯，于公元 232 年被献给贝斯马利斯（Beithmares，在今黎巴嫩境内）的宙斯神庙。尽管它是一件晚期物件，但对我们了解腓尼基和迦太基船只的外形提供了一些启发。**（上）**

15. 腓尼基银币。币上刻有一艘腓尼基船只，还有一只被希腊人认作海怪的海马。**（下）**

17. 巴拉瓦特城亚述王宫的青铜门饰。门饰中的腓尼基人带着贡品穿过地中海，然后经陆地到达亚述王宫。

18. 公元前 6 世纪晚期的一个以黑色图案装饰的兑酒器，由雅典艺术家埃克斯基阿斯制作完成，后被出口至伊特鲁里亚的乌尔奇，它出土于那里的一座坟墓。它是一盏浅酒杯，上面的图案描绘的是酒神狄奥尼索斯在被伊特鲁里亚海盗抓捕后，将他们变成海豚的故事。

19. 公元前 6 世纪晚期塔尔奎尼亚一处墓葬中的壁画，展现了狩猎与捕鱼的场景。这幅伊特鲁里亚壁画上的欢快场面很明显受到爱奥尼亚式希腊艺术风格的影响。

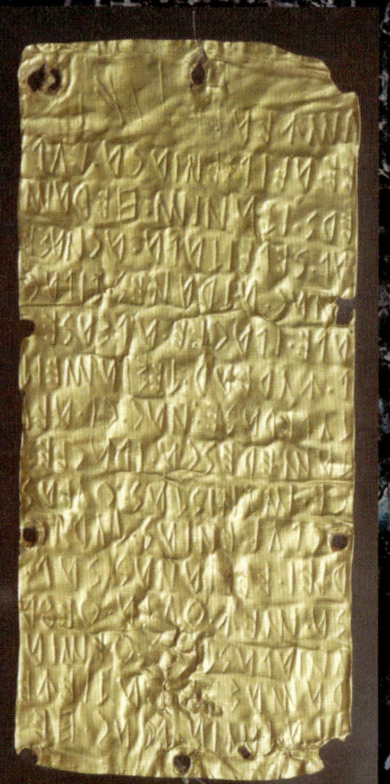

20. 伊特鲁里亚地区的一块书写板（公元前 7 世纪），它发现于马尔西利亚那城，可能被用于教授字母。这块书写板是可证明古风时期的希腊语字母被引入伊特鲁里亚地区的最早证据。这些字母像腓尼基字母一样由右向左书写，其中有一些写法如 *delta* 被伊特鲁里亚人放弃，因为他们没有这样的发音。**（上）**

21. “这是神庙，是国王塞法利・维历阿纳斯向乌尼－阿斯塔特敬献的神像的所在地……”这是 1964 年发现于伊特鲁里亚沿岸的皮尔吉的三块金箔记事板之一。在这三块记事板中，其中两块的文字为伊特鲁里亚文，另一块上的文字是腓尼基文。它们记录了公元前 6 世纪卡埃里国王的一次献祭。**（下）**

22. 公元前 474 年，叙拉古僭主希伦在那不勒斯附近的库玛取得对伊特鲁里亚人的海战胜利，他因此向奥林匹亚山上的宙斯神殿敬献了一顶敌人的壶状头盔，上面写有：“希伦，宙斯之子，叙拉古人之子，狄诺美涅斯之子，库玛的提色尼安人。”

23. 撒丁岛中部奥罗洛（Orolo）的防御石塔是迄今保存得最好的史前城堡遗迹，数千座这类石塔曾在岛上星罗棋布。其中许多石塔周围曾环绕着一些村落，如图中的这座。它建于公元前1500~前900年，在此后数个世纪中一直被人使用。

24. 早期撒丁岛人开发了岛上的矿藏，而且他们都是天才的工匠。这艘约铸造于公元前600年的青铜船可能是一盏油灯。在距此地很远的伊特鲁里亚也出土了一些这类青铜器物。

25. 佩里安德在公元前 627~ 前 585 年统治着科林斯，积极推动了当地的经济发展。他被视为严苛的独裁者，但人们同时也称颂他的智慧与公正。

26. 这尊亚历山大大帝的雕像在他去世之后完成，亚历山大被塑造为太阳神。亚历山大于公元前 331 年造访了埃及太阳神阿蒙 - 拉的神殿，并希望埃及人像崇拜阿蒙 - 拉一样崇拜自己。他死后，古代埃及和希腊的宗教思想在托勒密时期融合了。

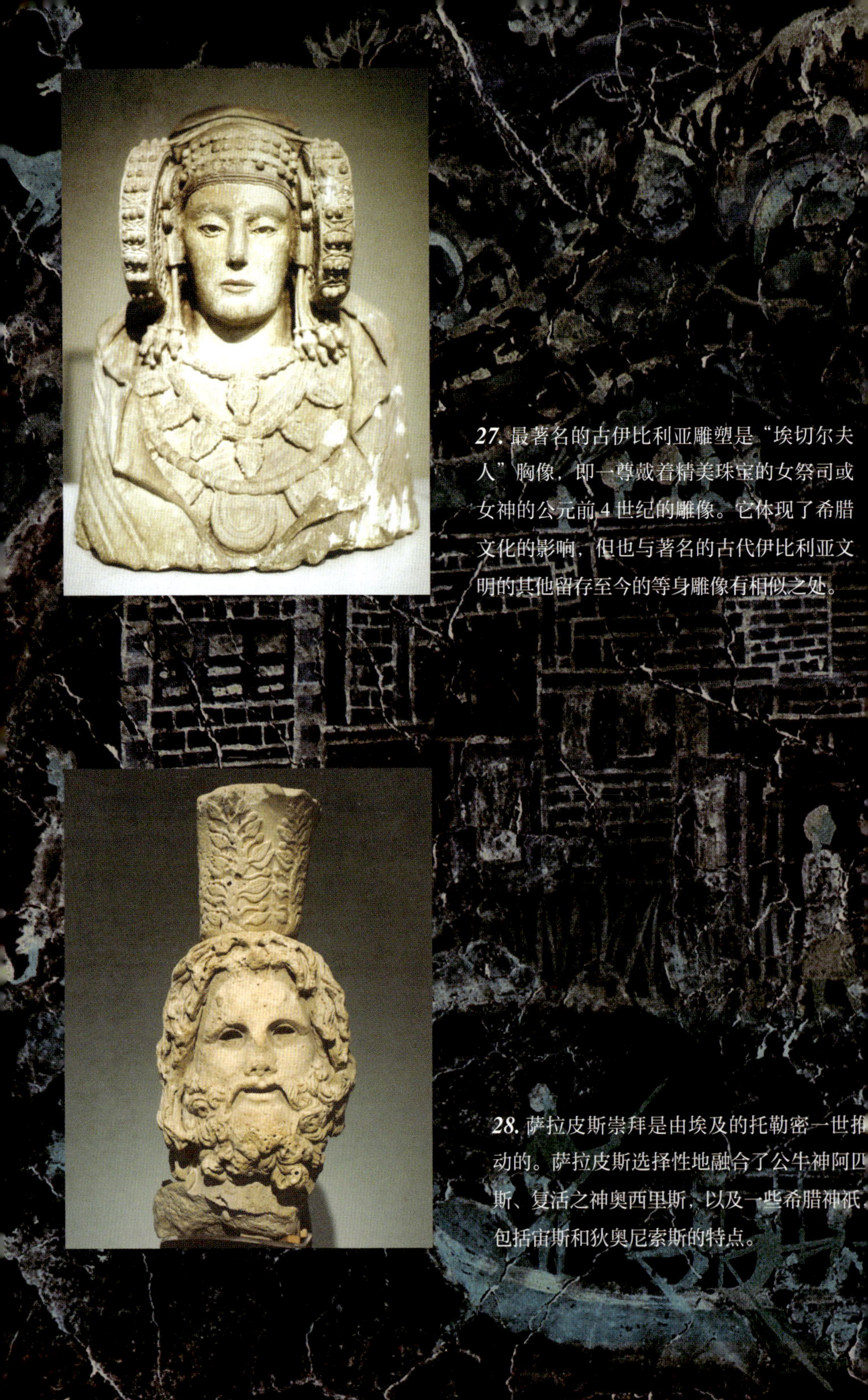

27. 最著名的古伊比利亚雕塑是“埃切尔夫人”胸像，即一尊戴着精美珠宝的女祭司或女神的公元前 4 世纪的雕像。它体现了希腊文化的影响，但也与著名的古代伊比利亚文明的其他留存至今的等身雕像有相似之处。

28. 萨拉皮斯崇拜是由埃及的托勒密一世推动的。萨拉皮斯选择性地融合了公牛神阿匹斯、复活之神奥西里斯，以及一些希腊神祇，包括宙斯和狄奥尼索斯的特点。

29. 公元前 3 世纪，迦太基将军哈米尔卡·巴尔卡（即汉尼拔的父亲）在西班牙建立了自己的帝国并发行了货币。钱币上的希腊式图像是他本人或麦勒卡特神的肖像。这种图像可能有把哈米尔卡比作麦勒卡特的意图，麦勒卡特之于布匿人类似于赫拉克勒斯之于希腊人。

30. 尼禄（死于公元前 68 年）时期纪念谷物贸易的铜币。谷神席瑞斯手持麦穗面朝手持象征丰收的羊角的丰收女神安诺纳。在钱币上同样清晰可见的还有一个放置了称量谷物的秤的祭坛，以及一艘运粮船的船尾。

31. 托勒密王朝最后一位统治者克莱奥帕特拉，她是十分文雅却又非常残酷的埃及统治者。她与恺撒和马克·安东尼的爱情故事最终为她的王朝带来灾难，她的国家因此被罗马占领。**（上）**

32. 尼禄时期发行的标志奥斯蒂亚新港落成的钱币。这枚钱币上的微缩图像惊人地展现了从不同角度看到的不同种类的船只。**（下）**

33. 图中的大型罗马战船也就是五列桨战船正准备参加公元前31年的亚克兴角海战。该浮雕来自于普莱奈斯特，也就是今天位于罗马东南方的帕莱斯特里纳。**（右）**

34. 这幅精妙绝伦的壁画展示了那不勒斯附近的港口（有可能是普特奥利）内的来来往往的船只。这幅壁画装饰的是斯塔比亚的一所房子，该建筑在公元前 79 年维苏威火山的爆发中被掩埋。

35. 拉文纳的圣阿波里纳尔大教堂的镶嵌画，画中展示了克拉西斯港口的拜占庭舰队，以及该港口令人印象深刻的防御工事。

36. 奥斯蒂亚犹太会堂的飞檐，上面是七烛台（menorah）的图案，这是罗马帝国晚期的犹太人的一个象征符号。该犹太会堂在公元1~4世纪一直被犹太人使用。

37. 奥斯蒂亚犹太会堂中的一则 2 世纪铭文，纪念会堂内供奉法律经卷的约柜之落成，约柜的修建由闵迪斯 · 福斯特赞助。这块石板上的文字主要是希腊文，也就是罗马时期的犹太人日常使用的语言，此外铭文中还杂有一些拉丁文字。

38. 12 世纪初，黄金祭坛被摆在了威尼斯圣马可大教堂的主祭坛上。这幅金箔画描述了 828 年威尼斯人从亚历山大偷出圣马可的遗骨后，乘船回到威尼斯的场景。

262. Panorama d'Amalfi da S. Cristoforo

39. 在一张1885年的照片中我们可看见依一处陡峭半岛而建的阿马尔菲，它在中世纪早期是一个由商人构成的活跃社群的所在地。即使在11世纪其影响力最强的时期，它也只是一个小村庄，其船只如图所示沿海湾停靠。它始终是一个小城镇，但其山顶的修女院现在已经成了一间豪华旅舍。

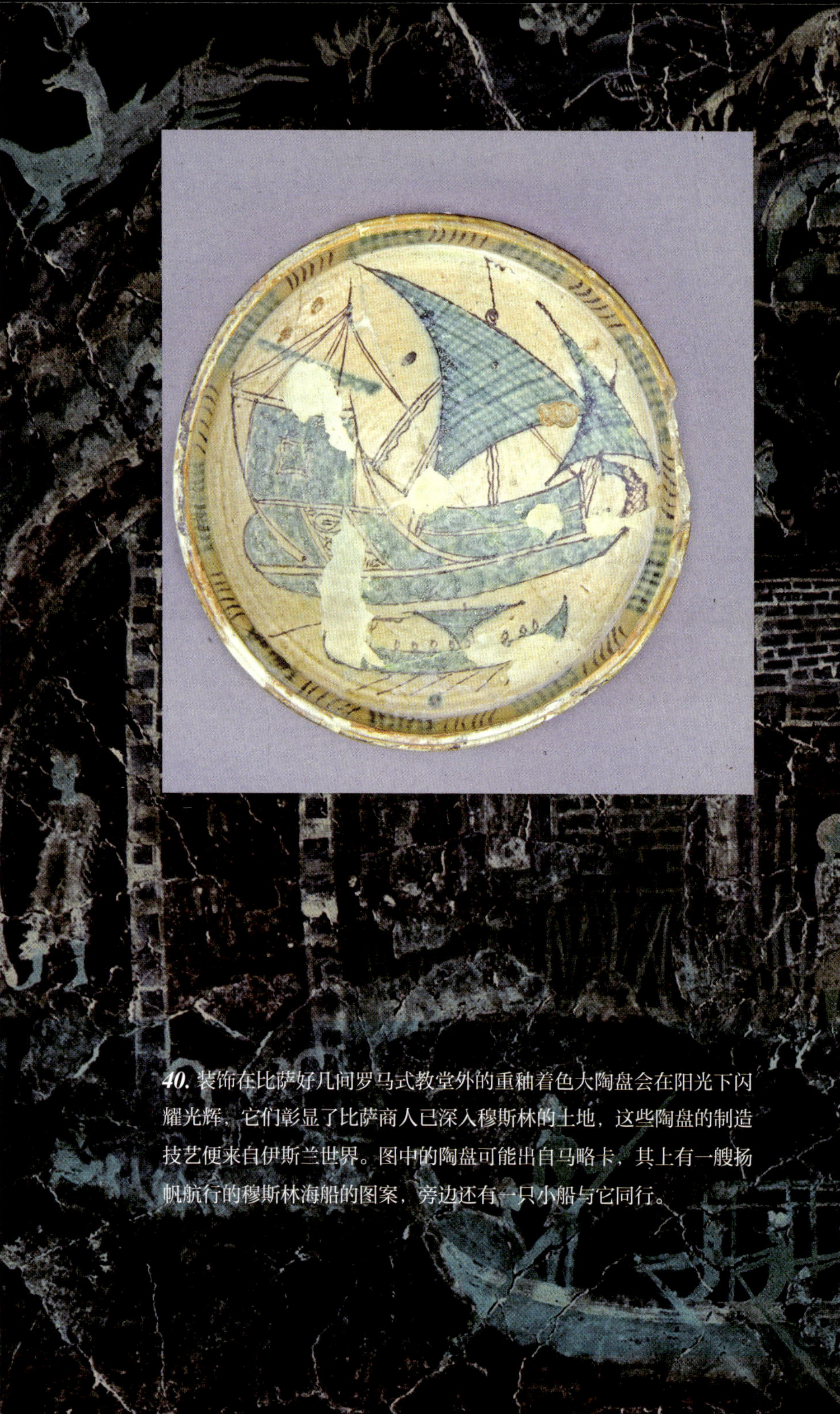

40. 装饰在比萨好几间罗马式教堂外的重釉着色大陶盘会在阳光下闪耀光辉，它们彰显了比萨商人已深入穆斯林的土地，这些陶盘的制造技艺便来自伊斯兰世界。图中的陶盘可能出自马略卡，其上有一艘扬帆航行的穆斯林海船的图案，旁边还有一只小船与它同行。

个故事，即酒神狄奥尼索斯（Dionysos）以一位英俊青年的形象出现，披着一件漂亮的紫色披风，长发随风舞动，站在海边岬角上。但是：

> 很快，一艘精心装饰的船只
> 飞也似的向酒红色的大海驶来，
> 船上的人是海盗，他们是提色尼安人。邪恶的命运引导着他们，
> 他们看到了他，对他点了一下头，迅速跳下来，
> 将他俘获，带到他们的船上，心中甚为喜悦。[12]

但是绑索从他身上自然脱落。舵手意识到他是神而不是人，因此说："不要碰他，万一他生气了，会招来狂风暴雨。"但是船长回答道："我认为他要去埃及或塞浦路斯或北方净土（Hyperborean）或更远的地区。最终，他会告诉我们谁是他的朋友及他们有什么财富。"作为回应，狄奥尼索斯用葡萄藤将该船缠绕起来，把酒倾倒在船舱内，然后召出一只熊。受惊的水手们纷纷跳入大海，变成了海豚。酒神饶恕了那名舵手，最后现形为"呐喊的狄奥尼索斯"。狄奥尼索斯与海盗的故事是很多花瓶绘画者比较喜欢的一个主题，技艺最为高超的雅典画师埃克斯基阿斯（Exekias）便是其中之一。出自他之手的一个浅杯上描绘了狄奥尼索斯斜躺在一艘船上，船的桅杆已经为一条巨大的葡萄藤所攀附，该葡萄藤一直向上攀爬，超出了宽大的帆，七只海豚绕着该船跳跃。该绘画以黑色构图，底色为红色，制作时间可追溯至约公元前530年。[13]这个杯子上有画 106
师的印章，最为引人注目的是，它出土于伊特鲁里亚最大城市

之一乌尔奇（Vulci）的墓地之中。乌尔奇的居民极其喜欢精美的希腊陶罐。尽管伊特鲁里亚人事实上在这个故事中扮演了反派角色，但是这并没有阻止他们对埃克斯基阿斯杯子的喜爱。

在致狄奥尼索斯的颂诗中，他似乎站在了东地中海的某处海岬上，因为海盗们认为他可能要去黎凡特或黑海以北的"北方净土"。提色尼安人出现在希腊水域的说法也被利姆诺斯岛上的考古发现证实。古代的历史学家们也强调在爱琴海诸岛及沿岸有由这些民族组成的居住区。[14]希罗多德和修昔底德提出，提色尼安人和佩拉斯吉人生活在爱琴海北部沿岸，在阿索斯山（Mount Athos）周围及利姆诺斯岛上（该岛在阿索斯山的视域范围内），但在公元前511年雅典人的一次入侵中，他们被驱逐了。[15]此故事还有一个关于早期地中海贸易和航海史的一个引人注目的修订版本，其中讲到希腊人和腓尼基人已经有了他们的早期竞争者，这些竞争者多少与伊特鲁里亚人有关。（根据一位法国学者极为别出心裁的观点，狄奥尼索斯与海豚的故事是真实的，它反映了伊特鲁里亚人尽力控制地中海上的酒业贸易的方式。）[16]所有的伊特鲁里亚人在希腊语中都被称为提色尼安人，但是这并不是说所有的提色尼安人都是伊特鲁里亚人。很明显，提色尼安人主要用于指代野蛮的海盗。[17]

上述评论很容易被认为是古代历史学家对神秘的希腊民族之幻想的又一个例子。但是神话与现实是有关联的。一块发现于利姆诺斯岛卡米尼亚（Kaminia）的墓碑上刻有一位武士小像，据说于公元前515年前后立起，该武士手持盾牌与长矛，旁边用希腊字母刻着一段铭文。但它并不是希腊语，因为还发现了一些写有同样语言的铭文残片，上面显然是利姆诺斯岛上的居民使用的一种语言，而当时岛上居住的仍然是修昔底德笔下的“提色尼安人”。这种语言与远在意大利中部的伊特鲁里亚铭文所用的语言相似，但并非相同。[18]卡米尼亚石碑纪念的是弗凯亚的赫莱斯（Holaies the Phokaian），他位高权重，死时年仅四十岁（有人认为是六十岁）。赫莱斯似乎在爱奥尼亚海沿岸的弗凯亚和爱琴海周边地区当雇佣军。[19]但是爱琴海的提色尼安人除了语言和喜欢做海盗外，在其他方面都不像伊特鲁里亚 107
人。在艺术和工艺方面，利姆诺斯并未模仿伊特鲁里亚。除了古典时期历史学家们的评论及铭文外，并无其他迹象表明该地居民和伊特鲁里亚人有任何联系。这里没有发现伊特鲁里亚的陶罐碎片，也没有发现可说明此处与伊特鲁里亚讲相似语言的居民建立了直接联系的迹象。[20]米里纳（Myrina）城外的一个前7世纪的神殿（多少有些奇怪的是现在它被并入一家酒店）由像迷宫一样的许多走廊和房间组成，但它和希腊或意大利没有明显关联。因此，爱琴海地区的提色尼安人是由一些与伊特鲁里亚人讲类似语言的族群组成，可能他们也喜欢做海盗，但是他们可能保留了一种非常传统的文化；而意大利的提色尼安人，正如我们将会看到的，则将伊特鲁里亚打造成为一个具有开创性的文明之地。

希腊人可能致力于区分其所遇到的每一个民族，在他们之间严格划界区别；但现实是，像利姆诺斯岛和阿索斯山这样的地方是新旧文化发生碰撞的地方。有时，古代习俗甚至语言还会在这些地方遗存。地中海的海岸和岛屿并没有形成统一体。不同族群于地中海诸岛和海岸分散居住已有几千年之久。希腊作家对地中海诸民族的死板划分扭曲了事实真相。

3

从保守的利姆诺斯进入伊特鲁里亚南部的塔尔奎尼亚，就会进入一个不同的世界，这个世界正在经历巨大改变，且这些变化来自穿越地中海到达这里的强大推动力。这种大改变早在公元前 10 世纪就已经开始；一种高度发达的文化从意大利西部沿岸——这些最接近地中海的地区是最先与东地中海文化建立密切联系的——传入内陆。首先，一些村社共同体在山顶上圈地建房，这里后来成为一座伟大的城市，即罗马人熟知的塔尔奎尼亚（在古罗马语中写作 *Tarquinii*）。[21]该名称是复数形式，伊特鲁里亚其他一些城市名也是复数形式（*Veii*——维爱；*Volsinii*——沃尔西尼；*Vulci*——乌尔齐；*Volaterrae*——弗拉特
108 拉），这可能告诉大家它们都是由若干村落聚合而成的。最早在这些村落中的前城市文化（pre-urban culture）被命名为“维兰诺瓦”（Villanovan），从发音来看这个名字是一个很有现代感的名称：维兰诺瓦是波伦亚（Bologna）的一个郊区，它是第一个被考古学家认定的具有这种文化的典型特征的地方，考古学家们在这里发现了大量火葬墓地。维拉诺瓦文化也在同一时期于伊特鲁里亚南部沿海地区出现，而后逐渐向北扩散至现在的托斯卡纳，且穿过了波伦亚的亚平宁山脉。然而，最先发生向城市文明的跨越的，却是伊特鲁里亚的海滨城市：这些城市富裕且组织完善，有文化精英，有漂亮的神殿，也有技艺精湛的匠师。伊特鲁里亚文明从沿海城市逐渐向内陆传播；而且一些晚期的中心，如佩鲁贾（Perugia），最初是作为内陆的居民区出现的，后来它们也被伊特鲁里亚化。[22]从这个意义上讲，伊特鲁里亚“民族”的确因为迁徙而出现，

但它是意大利内部的迁徙，是从地中海岸向亚平宁山脉或者跨越亚平宁山脉的迁徙，而且它更多是风尚的转移而非人口的流动。

维兰诺瓦工艺中最令人震惊的例子当属其具有顶饰的青铜头盔，该头盔的制作方式让我们回想起了同时期的中欧青铜器；这些头盔很清楚地证实了武士阶层在已经形成等级制度的维兰诺瓦村社中的地位。[23]一些出身高贵的人不再行火葬而改为葬于狭长的墓坑中，造成这种改变的不是人口的大规模迁移而是海外联系的建立。最终，这些坑墓就变成了规模更大的塔尔奎尼亚和切尔韦泰利（Cerveteri）的丘冢和绘画墓葬。有一处可以被认定为早期贵族武士之墓的墓葬，但由于没有给他歌功颂德的铭文，我们不能确定墓主的名字，而且也没有证据证明维兰诺瓦文化中出现了书面文字。1869 年，有消息称在塔尔奎尼亚城外的墓地中发现了一个巨大的石棺，这处公元前 8 世纪晚期的墓葬被称为“武士之墓”。[24]从其随葬品可以看出，东地中海的商品已经到达此地，后来这些商品成了一位塔尔奎尼亚贵族价值不菲的所有物。墓中发现了十四个希腊风格的花瓶，其中有几个是迁居至意大利的希腊陶工制成的，但保留了产自克里特岛、罗得岛及塞浦路斯岛的物件的样式。[25]而此地与东地中海有更广泛联系的说法进一步被发现于墓中的圣甲虫指环证实。该指环由银和铜铸成，在其下方雕刻着一只腓尼基风格的狮子。[26]

这些与外部世界的联系是借助大海实现的。有大量维兰诺 109
瓦时期的陶制船模留存下来，船头采用鸟头的造型；据推测，这些陶器是维兰诺瓦海盗和商人的陪葬品，因为要将一整只大船同死者的尸体或骨灰一起埋葬是不太可能的。[27]在公元前 7

世纪早期，陶工阿里斯托诺索斯在卡埃里居住并工作，他在一个陶制醒酒器上描绘的海战场面栩栩如生，这场海战可能发生于希腊人和伊特鲁里亚人之间，一方站在一艘较低的桨船上，另一方则站在较沉重的商船上。[28]可以推测，维兰诺瓦人的物品中既有自制的，也有进口的，因为该文化在青铜武器的设计方面与爱琴海世界遥相呼应，在陶器风格上更是如此：传统的维兰诺瓦陶瓶其实是一些融合了希腊元素的装饰性储物罐，这种陶罐会使我们想起前 9 世纪的希腊几何风格陶罐。维兰诺瓦人开始用一些精细的颗粒状花纹装饰首饰，后来这成为伊特鲁里亚金匠们的特有手法，这种方法学自（且后来超越了）黎凡特。[29]一些青铜器甚至已经可以与乌拉尔图（Urartu，位于现在的亚美尼亚）的精美浇铸物相媲美。[30]基底金属贸易是伊特鲁里亚繁荣的根本。多亏当地盛产铜、铁及其他金属，伊特鲁里亚人才有足够的资金购买从希腊和黎凡特进口的数量不断增长的产品，因为他们几乎没有什么成品可供出口［但他们已经为表层光滑的黑陶（*bucchero*）找到了销售市场，也就是希腊、西西里岛和西班牙］。厄尔巴岛及其对面的波普罗尼亚（Populonia，伊特鲁里亚唯一真正位于海上的主要城市）周围的海岸富藏铁矿；再深入内陆一些的维图罗尼亚（Vetulonia）和沃尔泰拉（Volterra）周边是铜矿富藏地。[31]至前 7 世纪，一个繁荣的新定居点出现在了位于阿尔诺河河口附近的比萨，此地是多条通商道路的交汇处。[32]经由比萨，伊特鲁里亚人与撒丁岛的居民交换金属；撒丁岛的陶工甚至定居在了维图罗尼亚。[33]他们可能是作为奴隶到达此地的，因为当第勒尼安海发展出商业之时，猎奴和贩奴成为进一步在海上获取利润的手段。盐是另外一种资产，维爱城的居民与其近邻罗马城的居民在台伯河口竞相争夺对盐供给的控制权。酒也是伊特鲁里亚商人特别喜欢的一种物品，他们将其运出第勒尼安海，再运往法兰西南部。[34]

当希腊人在伊斯基亚附近站稳脚跟后，他们对这些自然 110
财富的开发变得更有热情。然而能够证明意大利中部与希腊世界建立了密切联系的最早证据，出现在希腊人到达该地几十年后，也就是公元前8世纪。维兰诺瓦的胸针和别针出现在了希腊人的遗址中，另外还有许多由维兰诺瓦青铜工匠制作的盾牌和头盔的残片。[35]将它们运载至此地的很可能是希腊作家提到的提色尼安人的船只。在此地与爱奥尼亚和科林斯建立联系后，早期的伊特鲁里亚人就开始制作具有他们自己的风格的原始科林斯式陶罐。塔尔奎尼亚最具实力的居民及其邻居希望获得来自东地中海的精美物品，以彰显他们的权势与地位，这些物品包括：由腓尼基商人带来的鸵鸟蛋，刻有狮身人面像、黑豹、荷花及其他“东方”特色图案的象牙和金板，带有埃及主题图饰的彩陶和玻璃制品（尽管大多都是在腓尼基生产的仿制品）。[36]

从东方引入的一种文字将改变意大利的面貌。字母文字从希腊来到伊特鲁里亚，但还不确定其是源于希腊本土还是来自第一批定居于伊斯基亚和库玛的居民。在形式上，伊特鲁里亚字母是来自埃维厄的希腊字母。该字母沿贸易路线来到这里，且很早以前就到来了。在伊特鲁里亚发现的最引人注目的文物之一是一块公元前7世纪的书写板，它于1915年出土于阿尔贝尼亚的马尔西利亚那城（Marsiliana d'Albegna）。它的边框刻有字母表，按照传统的字母顺序排列，其形式似乎非常古老。[37]该书写板出土时旁边还有一支铁笔，且在书写板上还有蜡的痕迹，因此该书写板的用途很明显是学习文字。[38]在模仿希腊字母的基础上，伊特鲁里亚人形成了他们自己的标准字母，一般情况下，这种文字的书写是由右向左的（与腓尼基及早期希腊字母文字一样）。伊特鲁里亚的字母文字之后又被很多邻近族群借鉴，他们中比较典型的是罗马人。

早期的铭文揭示了许多与通过海洋建立的联系有关的事实。希腊和伊特鲁里亚的商人们记录了他们的交易，一个例子便是在法国西南部的佩克玛赫（Pech Maho）发现的属于公元前5世纪中期的一块铅板。这块铅板的一面用伊特鲁里亚语书写，提到了玛塔利艾（*Mataliai*，即马赛）；后来该铅板被重复使用，
111 上面用希腊语记录了向恩波利翁（Emporion，希腊人建于加泰罗尼亚海岸的一个基地）的居民购买船只的细节。[39]人们在位于罗马北部海岸的卡埃里的港口皮尔吉（Pyrgoi）发现了三块金箔板。这些金箔板反映腓尼基人（可能性最大的是迦太基人）出现在了伊特鲁里亚的海滨城市。其中两块金箔板上的文字是伊特鲁里亚文，另一块写有腓尼基文。它们记录了约前500年吉斯拉（Cisra，或卡埃里）的国王塞法利·维历阿纳斯（Thefarie Velianas）的献词，该国王向伊特鲁里亚的女神乌尼（Uni）献出了一座神庙。通常而言，该女神等同于希腊的赫拉（Hera）、罗马的朱诺（Juno）；但是在这里，她等同于腓尼基的阿施塔特女神。[40]这里也有来自希腊的到访者：塔尔奎尼亚附近发现了一段约前570年的铭文，它被刻在一块新月形的石头上，这块石头象征着一只锚。这段铭文读作："我属于艾伊娜的阿波罗（Aiginetan Apollo），索斯特拉托斯（Sostratos）生育了我"。这段文字属于靠近雅典的艾伊娜岛（Aigina）上的希腊语方言，可以确定，这里所说的索斯特拉托斯就是希罗

多德记载的那个带领希腊商人前往塔特索斯经商的人。[41]伊特鲁里亚人并没有为外来的商人和迁居者设置什么障碍，也没有排斥他们的神祇；事实上，伊特鲁里亚人欢迎他们，并从他们身上学到了一些东西。[42]

4

在“东方的”艺术风格对古代维兰诺瓦文化的深刻影响下，公元前7世纪中期，伊特鲁里亚的文化、政治甚至环境都发生了改变。由于希腊与黎凡特的联系通过爱奥尼亚和腓尼基商人得到了强化，希腊文化也经历了同样的改变过程。实际上，这些爱奥尼亚人是穿越海洋从东方到达伊特鲁里亚的一种影响力之源，所以明确分辨影响源自希腊还是东方的其他地区是很难的：一些有翼生物的石雕被用来保护死者的坟墓，这种坟墓非常奢华，不再是简单的墓冢，而通常是仿照死者生前的房子建立的墓室。在塔尔奎尼亚，最早一批纪念性陵墓建于地面之上，它们是宽大的圆形构造，上面还覆有尖顶；其入口上方的石灰板上刻画着诸神及另外一个世界的精灵。同时，这些陵墓建筑也展现了那些新兴贵族精英之财大气粗，他们竟然为死者修建了如此引人注目的宫殿。这种设计似乎与东地中海地区，如吕底亚、吕西亚及塞浦路斯等地的墓葬非常相似。自前6世纪中期起，为精英家族修建绘有壁画的坟墓已成为塔尔奎 112
尼亚的一个特色。但更早的一些例子则来自其邻近城邦；而且，2010年8月，考古学者挖掘出了一处前7世纪中期的部分用绘画装饰的前厅，它可能是王室陵墓的一部分。该发现引起了极大的反响——这处陵墓与位于塞浦路斯东部的萨拉米斯（Salamis）同时期的希腊坟墓最为相似。[43]最早的坟墓深受希腊爱奥尼亚艺术的影响，人们不禁会产生这样的疑问：建造这些坟墓的艺术家是否本身就是爱奥尼亚的希腊人？很明显，外来匠人和本地匠人之间并不存在明显的区别。卡埃里墓葬中的前6世纪绘画（现藏于卢浮宫和大英博物馆）有强势的构图、规范的布局、细致的空间组织，它们不仅在风格上属于爱奥尼亚，而且几乎可以确定的是，其中的人物场景也来自希腊神话：帕里斯的裁判和伊菲革涅亚的献祭。塔尔奎尼亚的绘画墓葬中经常会饰有一些家庭宴会的场景，同时也有一些希腊神话中的故事：阿喀琉斯（Achilles）出现在公牛墓（Tomb of the Bulls）中，且神秘的巴龙墓（Tomb of the Baron）中绘有的游行场景完全属于希腊风格。一个檐壁上绘有年轻人牵着马的情形，以及一个留有胡须的男子领着一个年轻同伴与一位情妇或女神会面的情形。这些壁画在灰色底漆涂层上用红、绿、黑三种颜色简单着色，每一个人物形象看上去都深受爱奥尼亚文化的影响——这些人都戴有爱奥尼亚的一种尖顶帽（*tutulus*），且他们皆体态丰满健壮。20世纪20年代，劳伦斯参观了该墓，像大多数参观者一样，他也被其独特且栩栩如生的壁画吸引：狩猎和捕鱼的场景、鸟儿飞翔的场景、一个裸体男人跳入海中的场景、一个捕鱼者拖动网绳的场景。至少，这些画面所反映的更多是伊特鲁里亚的艺术风格，而不是希腊的艺术风格。但是在南意大利的希腊殖民地波塞冬尼亚［Poseidonia，即现在的帕埃斯图姆（Paestum）］发现的一处绘画墓葬中，也有一个跳水的场景，这表明这些图像是希腊绘画者经常使用的题材。

在其他艺术类别与它们所揭示的思想世界中，也有相似的情形。伊特鲁里亚的陶器开始模仿科林斯和雅典具有黑色图像的陶器，并取得了不同程度的成功。后来，在陶罐的红底上绘涂黑色图画的方法被一种更为复杂的红纹技术取代：陶罐表面的大部分区域被涂成黑色，而未被涂黑的红底则构成了陶器上的图画。伊特鲁里亚人在从雅典购买大量新陶器的同时，也制作一些仿制品。[44]但是，伊特鲁里亚人的器物外观极其保守，113
他们更喜欢“古老”或“仿古”的风格；而在当时的雅典，雕塑和绘画都采用了一种具有生命力与“和谐”感的古典风格。[45]伊特鲁里亚人从希腊人那里购买的陶器并非都是最优质的。在位于波河河口的伊特鲁里亚人聚落斯皮纳发掘的陶器几乎都产自希腊，尤其是希腊的雅典；但是它们有时质量非常差，一个雅典艺术家甚至被称为“最糟糕的绘画者”。[46]更为重要的是，这些绘在陶器上的图案讲述的完全是希腊神话故事。意大利诸民族开始借用希腊世界的神话和宗教理念；古老的森林和水源崇拜依旧保有活力，但是意大利诸民族之无形的抽象神明现在与奥林匹亚诸神一般具有了形状、形体与自己的情绪。维爱城内有一间很大的神庙，约公元前500年，其屋顶梁开始被装饰上真人大小的阿波罗、赫尔墨斯和其他诸神的陶制雕像。这些雕像由伊特鲁里亚的著名雕塑家乌尔卡（Vulca）创作完成。它们的流畅风格并不是对希腊风格的完全照搬，且以如此具有戏具性的方式装饰屋顶梁很明显是一种伊特鲁里亚人而不是希腊人的实践。但是乌尔卡描绘的是希腊神话而非伊特鲁里亚神话。这些作品是意大利、希腊、东方风格的结合体。在某种意义上，这就是我们所说的伊特鲁里亚艺术。这种融合也体现在占卜术中：在这里，近东的做法与意大利本土民族的做法再一次融合在一起。没有人能比一位伊特鲁里亚的脏卜师（*haruspex*）更熟练地释读被献祭的动物肝脏上的斑点；

在410年哥特人袭击罗马城时，人们仍然会咨询伊特鲁里亚脏卜师的意见。

5

希腊人与伊特鲁里亚人之间的关系有时候也体现为政治关系，且这种关系并不像文化、宗教和贸易关系那样容易维持。至少自公元前8世纪起，意大利中部诸民族与希腊人就多次发生海战。我们已经在希腊的奥林匹亚和德尔斐发现了一些证据，即希腊人战胜后从维兰诺瓦人手中缴获的头盔，这些战利品被希腊人献给了诸神。[47]在法国南部，来自希腊爱奥尼亚海海域的弗凯亚人曾经建立了一个殖民地（就是后来的马赛）。
114 在靠近该殖民地的海域，伊特鲁里亚海军与弗凯亚海军时而竞争，时而合作。[48]希罗多德向我们讲述了前540年弗凯亚人和伊特鲁里亚人在科西嘉阿拉里亚城的附近海域发生的一次大规模海战。六十艘弗凯亚船对阵六十艘迦太基船和另外六十艘来自卡埃里的船。尽管双方在船只数量上相差悬殊，但是弗凯亚人赢得了胜利；但由于其船只也受到重创，他们不得不撤出了科西嘉。希罗多德讲述了卡埃里人用石刑屠杀弗凯亚战俘的经过。后来，卡埃里人发现那些经过屠杀地的人会突然变瘸，而且这种怪事不仅发生在人的身上，也发生在他们的牲畜身上。他们感到又惊又疑，于是派使者前往德尔斐神庙向阿波罗的女祭司求乞神谕，最后他们被要求举办定期赛事以纪念死去的弗凯亚人。这种赛事在希罗多德生活的时代还在举办，而且类似的丧葬活动被画在了伊特鲁里亚陵墓的墙壁上。[49]卡埃里人与德尔斐神庙保持着联系，他们在德尔斐所立财库的地基已被发现，实际上他们是第一批被允许进入希腊主要崇拜地的“外邦人”。[50]同时，伊特鲁里亚人可以随意开发科西嘉岛上的铁、蜡和蜜。然而，比这些资源更为重要的事实是，在这一时期，伊特鲁里亚人的船只在第勒尼安海北部没有劲敌。[51]

第勒尼安海南部则是另一种情形。库玛的希腊人对于近在眼前的伊特鲁里亚势力（既存在于陆上，又存在于海上）十分在意：伊特鲁里亚人在内陆深处还建立了两座城市［卡普亚（Capua）与诺拉（Nola）］，且他们至少控制了一座沿海城镇（庞贝）。[52]为战胜伊特鲁里亚人，库玛不得不依赖于西西里岛的希腊殖民者的帮助。公元前 474 年，叙拉古僭主希伦（Hieron）取得的一场胜利改变了西地中海的政治和商贸局势。他很清楚地意识到，当薛西斯（Xerxes）的大军被希腊人的力量击退时，他就在击败外族蛮人的战争中做出了贡献。此外，在希伦的此次胜利之前，叙拉古人在西西里岛的西莫拉（Himera）之役中也获得了胜利：六年之前，叙拉古海军在前任僭主盖伦（Gelon）的率领下，战胜了西地中海的另一劲敌迦太基人。据说，盖伦获胜的时间与希腊人取得对波斯人的萨
拉米斯海战的胜利是在同一天。[53]不久之后，希腊诗人品达以 115
伊特鲁里亚人在库玛的失败为主题，赞扬了“战车竞赛的胜利者、埃特纳的希伦”：

> 噢，伟大的克洛诺斯（Kronos）之子，
> 我向您祈求，
> 让腓尼基人和第勒尼安人的战争咆哮在家中平息；
> 人们已经看到，在库玛面前，
> 他们光荣的船队遭受了何种灾难，

> 而当叙拉古之主驱舰将他们驱逐，
> 使他们从其快艇落入大海之时，
> 赫拉斯人的小船则从受奴役的压力中解放出来。[54]

希伦向奥林匹亚捐献了一顶伊特鲁里亚式壶盔，上面刻有："希伦，宙斯之子，叙拉古人之子，狄诺美涅斯（Deinomenes）之子，库玛的提色尼安人。"该头盔现保存于大英博物馆。然而，品达将伊特鲁里亚人和迦太基人（"腓尼基人……的战争咆哮"）联系在一起的尝试导致了年代错乱。由于某种原因，迦太基人与伊特鲁里亚人之间的联系在库玛之战爆发前二十年就已经减弱。考古证据证明，在前550年到前500年的这段时间，伊特鲁里亚向迦太基的物品输出一度中断。[55]作为迦太基的希腊盟友，雷焦的阿纳克西拉斯（Anaxilas of Rhegion）为防止伊特鲁里亚人对雷焦发动袭击，专门在墨西拿海峡建立了一个堡垒。因攻击行动失败，伊特鲁里亚人的船只向南航行，准备进军利帕里群岛，当时这些岛屿依旧保持着其自史前时期就具有的功能，即充当东西地中海贸易交换活动的中间点。[56]而后，在前5世纪早期，伊特鲁里亚人在西地中海被逐渐孤立。

尽管公元前5世纪末，伊特鲁里亚的船只似乎再一次采取了行动，但叙拉古人已经在整个第勒尼安海占据优势。前453年至前452年，伊特鲁里亚人袭击了卡埃里沿岸，暂时把自己安置于富含铁矿的厄尔巴岛，并在那里捕获了很多奴隶；最后，这些提色尼安海盗拥有了他们自己的钱币。[57]伊特鲁里亚人对叙拉古人的憎恨一直持续至伯罗奔尼撒战争爆发，在之后的章节我们将会讨论这一战争。当雅典人对叙拉古发动袭击时，他们已经意识到了伊特鲁里亚人与叙拉古人间的敌意。[58]

前 413 年，伊特鲁里亚人派出三艘大船前往叙拉古支援雅典船队。修昔底德曾言简意赅地指出：“一些第勒尼安人出于对叙拉古人的憎恨，才参与了对叙拉古的战斗。”[59]伊特鲁里亚人人数不多，但他们至少在一场战斗中起到了扭转局势的作用。几个世纪以后，斯普里纳家族（Spurinna，塔尔奎尼亚的一个贵族家族）为歌颂祖先（其中一位是前 413 年参加这场战争的 116
西西里海军将领）的功勋，非常自豪地立起了一块刻有拉丁文的石碑。[60]

6

希腊与伊特鲁里亚之间的联系主要通过意大利南部的城市锡巴里斯（Sybaris）维持，该城市的居民以喜爱奢侈品闻名。公元前 510 年，锡巴里斯因其他地区的嫉妒而被摧毁，直到当时它仍是规模最大的贸易集散地之一，来自科林斯、爱奥尼亚及雅典的商品经由此地被运往波塞冬尼亚，并在此地被装上伊特鲁里亚的船只。[61]锡巴里斯因与伊特鲁里亚交好而特别出名（或可说臭名昭著）；据 2 世纪生活于瑙克拉提斯的阿特纳奥斯（Athenaios）的记载，锡巴里斯与伊特鲁里亚在贸易领域的合作向两个方向延伸——北部向伊特鲁里亚，东部向小亚细亚沿岸的米利都：

> 锡巴里斯人穿着米利都的羊毛披风，这一点足可说明这两个城邦间的友好关系。锡巴里斯人对伊特鲁里亚人的喜爱超过了其对意大利所有其他民族的喜爱；而且，在来自东方的这些人中，他们更喜欢爱奥尼亚人，因为爱奥尼亚人和他们一样，也喜爱奢侈品。[62]

迁居西方的希腊人主要起媒介作用，伊特鲁里亚人喜爱的物品并非由他们生产，而是由其爱琴海地区的同胞生产。

当旧有的沟通渠道因战争和商业纠纷而无法使用时，雅典人为了维持其竞争优势，开通了新的交流渠道。库玛之战标志着伊特鲁里亚人丢掉了其在西地中海的制海权。第勒尼安海不再是他们的内海，而是迦太基人、大希腊（Magna Graecia）的希腊人，以及新的竞争者，如罗马人、沃尔西人（Volscians，意大利中部的山地民族，拥有超群的技艺，且可独立发动海上袭击）等共有的海域。对于海上优势地位的丧失，伊特鲁里亚人做出的回应是牢牢控制内陆城镇，包括佩鲁贾（它先前是翁布里亚人的一个中心，与拉丁民族有联系）、波伦亚（之前由维兰诺瓦人居住，其文化与较早的伊特鲁里亚文化相
117 似），以及曼图亚（Mantua）等位于波河河谷的城市。[63]这意味着新的路线将被开辟，它会把来自东地中海的货物经亚得里亚海沿岸各港口运抵意大利半岛。在公元前 7 世纪和前 6 世纪，在今天意大利马尔凯（the Marches）的所在地，一个非凡文化的全盛时期已经来临，该地被称为皮塞尼斯人（Picenes）的族群通过海洋受到了希腊人的影响，在陆上则受到了伊特鲁里亚人的影响。[64]但前 500 年以后，亚得里亚海沿岸的居民成为维系该地与希腊的交往的主要媒介。即使相关路线包含一段花费较高的穿越亚平宁山脉的陆上行程，但对于航海者来说这仍然十分便捷：船可以从科林斯湾出发，经爱奥尼亚诸岛前往希腊殖民地阿波罗尼亚（Apollonia）和埃比达姆诺斯，然后再经皮塞尼斯到达阿德里亚（Adria）和斯皮纳。阿德里亚与斯皮纳是在意大利东北部的泥沼地和浅滩上建立的新港口，它们十分靠近后来的费拉拉（Ferrara）和拉文纳（Ravenna）。正如

在文艺复兴时期费拉拉的埃斯泰公爵们投入了很大精力驯养良驹一样，在古风和古典时期，费拉拉的马匹驯养也吸引了大批希腊人前来。[65]

我们可以说斯皮纳是伊特鲁里亚人建立的一个定居点，但大量希腊人移民到了此地；也可以说它是一个希腊人建立的定居点，但经历了大量伊特鲁里亚人的移民。其人口由伊特鲁里亚人、希腊人、来自希腊东北部的威尼提人（Veneti）和其他很多民族构成。它可能已经成为内陆城市菲尔希纳（Felsina，即伊特鲁里亚人的波伦亚）的出海口：一个公元前5世纪晚期的石柱上刻了一艘战船，该战船属于菲尔希纳的凯科纳（Kaikna）家族中的一员，很难想象除了亚得里亚海的港口（如斯皮纳）外这些船还能被停放在哪里。斯皮纳和阿德里亚向希腊人和伊特鲁里亚人供应了大量意大利和凯尔特（Celtic）奴隶；只有当波河河谷的伊特鲁里亚殖民者与越过阿尔卑斯山的凯尔特入侵者之间发生冲突时，奴隶的数量才能增加。斯皮纳城被设计成棋盘状，这是伊特鲁里亚人十分喜欢的格局，但是其通向海洋的水道则混合了伊特鲁里亚、希腊、威尼斯的特征。在斯皮纳的墓地中已发现四千多座墓冢。大量的希腊陶瓶也被发掘，其中有很多属于前5世纪和前4世纪早期；之后，这里与雅典的联系中断，斯皮纳的居民不得不使用伊特鲁里亚窑炉中出产的质地较差的陶罐。[66]波河三角洲冲积平原上的耕地非常肥沃，但冲积平原有一个缺点——它不太固定。前4世 118
纪，耕地范围不断扩展，与此同时这座城市距离大海也越来越远。同一时期，凯尔特人入侵意大利，其行动在前390年的一次对罗马的侵袭中达到高潮，很多入侵者定居于此，对该地区造成了很大影响。[67]因此，斯皮纳的全盛期相对较短，却十分辉煌。它的崛起是一个更广泛的发展进程，即整个亚得里亚海成为一个大市场之进程的一部分，在这个大市场中希腊的货物随处可见。

因此，伊特鲁里亚城邦的出现并非第勒尼安海的独有现象，亚得里亚海也在向迁徙者和外来商品开放。伊特鲁里亚人与希腊人及腓尼基人一起重塑了地中海，这有助于建立跨越整片海域的相互联系。

注 释

1. J. Boardman, *Pre-classical: from Crete to Archaic Greece* (Harmondsworth, 1967), p. 169.
2. D. Briquel, *Origine lydienne des Étrusques: histoire de la doctrine dans l'antiquité* (Rome, 1991).
3. Herodotos 1:94.
4. Tacitus, *Annals* 4:55; R. Drews, 'Herodotos I. 94, the drought ca. 1200 BC, and the origin of the Etruscans', *Historia*, vol. 41 (1992), p. 17.
5. D. Briquel, *Tyrrhènes, peuple des tours: Denys d'Halicarnasse et l'autochtonie des Étrusques* (Rome, 1993).
6. Dionysios of Halikarnassos 1:30.
7. M. Pallottino, *The Etruscans* (2nd edn, London, 1975), pp. 78–81; but the point about Tarhun is mine.
8. Beginning with *Ciba Foundation Symposium on Medical Biology and Etruscan Origins*, ed. G. E. W. Wolstenholme and C. M. O'Connor (London, 1958).
9. G. Barbujani et al., 'The Etruscans: a population-genetic study', *American Journal of Human Genetics*, vol. 74 (2004), pp. 694–704; A. Piazza, A. Torroni et al., 'Mitochondrial DNA variation of modern Tuscans supports the Near Eastern origin of Etruscans', *American Journal of Human Genetics*, vol. 80 (2007), pp. 759–68.
10. C. Dougherty, 'The Aristonothos krater: competing stories of conflict and collaboration', in C. Dougherty and L. Kurke (eds.), *The Cultures within Ancient Greek Culture: Contact, Conflict, Collaboration* (Cambridge, 2003), pp. 35–56.
11. C. Riva, *The Urbanisation of Etruria: Funerary Practices and Social Change, 700–600 BC* (Cambridge, 2010), pp. 142–6; R. Lane Fox, *Travelling Heroes: Greeks and Their Myths in the Epic Age of Homer* (London, 2008), pp. 142–6.

12. Homeric Hymn no. 8, to Dionysos; see also M. Iuffrida Gentile, *La pirateria tirrenica: momenti e fortuna*, Supplementi a *Kókalos*, no. 6 (Rome and Palermo, 1983), pp. 33–47.
13. M. Cristofani, *Gli Etruschi del mare* (Milan, 1983), pp. 57–8 and plate 37 – cf. plate 68 (late 4th c.); G. Pettena, *Gli Etruschi e il mare* (Turin, 2002); Iuffrida Gentile, *Pirateria tirrenica*, p. 37.
14. M. Torelli, 'The battle for the sea-routes, 1000–300 BC', in D. Abulafia (ed.), *The Mediterranean in History* (London and New York, 2003), pp. 101–3.
15. Herodotos 1:57; also 4:145, 5:26; Thucydides 4:14.
16. M. Gras, *Trafics tyrrhéniens archaïques* (Rome, 1985), pp. 648–9; cf. Iuffrida Gentile, *Pirateria tirrenica*, p. 47.
17. Dionysios of Halikarnassos 1:30; 他们自称拉斯纳人。
18. Gras, *Trafics tyrrhéniens*, p. 629; 利姆诺斯语中的aviz相当于伊特鲁里亚语中的"年"。
19. Ibid., generally, and pp. 628, 637, 650; *Il commercio etrusco arcaico* (Quaderni del Centro di Studio per l'Archeologia etrusco-italica, vol. 9, Rome, 1985); G. M. della Fina (ed.), *Gli Etruschi e il Mediterraneo: commercio e politica* (Annali della Fondazione per il Museo Claudio Faina, vol. 13, Orvieto and Rome, 2006); cf. Cristofani, *Etruschi del Mare*, pp. 56–60.
20. Gras, *Trafics tyrrhéniens*, p. 615.
21. Riva, *Urbanisation of Etruria*, p. 67; H. Hencken, *Tarquinia and Etruscan Origins* (London, 1968), pp. 78–84.
22. Pallottino, *Etruscans*, pp. 91–4.
23. Hencken, *Tarquinia and Etruscan Origins*, p. 99 and plates 54, 90–93.
24. R. Leighton, *Tarquinia: an Etruscan City* (London, 2004), pp. 56–7; Hencken, *Tarquinia and Etruscan Origins*, pp. 66–73.
25. Hencken, *Tarquinia and Etruscan Origins*, plates 139–41.
26. Ibid., p. 72, fig. 31c, and p. 119.
27. Dougherty, 'Aristonothos krater', pp. 36–7; Hencken, *Tarquinia and Etruscan Origins*, pp. 116, 230, and plates 76–7.
28. Cristofani, *Etruschi del Mare*, pp. 28–9 and plate 15.
29. Hencken, *Tarquinia and Etruscan Origins*, p. 122, and plate 138.
30. Ibid., p. 123.
31. G. Camporeale et al., *The Etruscans outside Etruria* (Los Angeles, CA, 2004), p. 29.
32. S. Bruni, *Pisa Etrusca: anatomia di una città scomparsa* (Milan, 1998), pp. 86–113.
33. Camporeale et al., *Etruscans outside Etruria*, p. 37; also Riva, *Urbanisation of Etruria*, p. 51 (Bronze Age contact).
34. Gras, *Trafics tyrrhéniens*, pp. 254–390.
35. Cristofani, *Etruschi del Mare*, p. 30.
36. Hencken, *Tarquinia and Etruscan Origins*, pp. 137–41.
37. E.g. Pallottino, *Etruscans*, plate 11.
38. D. Diringer, 'La tavoletta di Marsiliana d'Albegna', *Studi in onore di Luisa Banti* (Rome, 1965), pp. 139–42; Lane Fox, *Travelling Heroes*, p. 159.

39. A. Mullen, 'Gallia Trilinguis: the multiple voices of south-eastern Gaul' (Ph.D. dissertation, Cambridge University, 2008), p. 90; H. Rodríguez Somolinos, 'The commercial transaction of the Pech Maho lead: a new interpretation', *Zeitschrift für Papyrologie und Epigraphik*, vol. 111 (1996), pp. 74–6; Camporeale et al., *Etruscans outside Etruria*, p. 89.
40. E. Acquaro, 'Phoenicians and Etruscans', in S. Moscati (ed.), *The Phoenicians* (New York, 1999), p. 613; Pallottino, *Etruscans*, p. 221.
41. Pallottino, *Etruscans*, p. 112 and plate 11 (original in Museo Nazionale Etrusco, Tarquinia); Herodotos 4:152.
42. Gras, *Trafics tyrrhéniens*, pp. 523–5.
43. Announced in *Corriere della Sera*, 5 August 2010; *La Stampa*, 6 August 2010.
44. J. D. Beazley, *Etruscan Vase-Painting* (Oxford, 1947), p. 1.
45. Ibid., p. 3.
46. So named by J. D. Beazley, *Attic Red-figure Vase-Painters* (2nd edn, Oxford, 1964).
47. Cristofani, *Etruschi del Mare*, p. 30 and plate 13.
48. Gras, *Trafics tyrrhéniens*, pp. 393–475; Torelli, 'Battle for the sea-routes', p. 117.
49. Herodotos 1:165–7.
50. Cristofani, *Etruschi del Mare*, p. 83 and plates 54, 58; cf. O. W. von Vacano, *The Etruscans in the Ancient World* (London, 1960), p. 121.
51. L. Donati, 'The Etruscans and Corsica', in Camporeale et al., *Etruscans outside Etruria*, pp. 274–9.
52. Cristofani, *Etruschi del Mare*, pp. 70, 84.
53. A. G. Woodhead, *The Greeks in the West* (London, 1962), p. 78.
54. Pindar, *Pythian Odes*, 1:72–4, trans. M. Bowra.
55. C. and G. Picard, *The Life and Death of Carthage* (London, 1968), p. 81.
56. Gras, *Trafics tyrrhéniens*, pp. 514–22.
57. Diodoros the Sicilian 11:88.4–5; Cristofani, *Etruschi del Mare*, pp. 114–15.
58. Thucydides 6:88.6.
59. Thucydides 7:57.11.
60. Leighton, *Tarquinia*, p. 133 and fig. 56, p. 140; Gras, *Trafics tyrrhéniens*, pp. 521, 686; Cristofani, *Etruschi del Mare*, p. 115.
61. Cf. T. J. Dunbabin, *The Western Greeks: the History of Sicily and South Italy from the Foundation of the Greek Colonies to 480 BC* (Oxford, 1968), p. 207.
62. Cited by J. Heurgon, *Daily Life of the Etruscans* (London, 1964), p. 33.
63. Cristofani, *Etruschi del Mare*, p. 95.
64. C. Riva, 'The archaeology of Picenum', in G. Bradley, E. Isayev and C. Riva (eds.), *Ancient Italy: Regions without Boundaries* (Exeter, 2007), pp. 96–100 (for Matelica).
65. Cristofani, *Etruschi del Mare*, p. 93.
66. Ibid., p. 101 and plate 66, p. 103, pp. 128–9; Heurgon, *Daily Life*, p. 140; cf. J. Boardman, *The Greeks Overseas: their Early Colonies and Trade* (2nd edn, London, 1980), pp. 228–9; Cristofani, *Etruschi del Mare*, pp. 103, 129.
67. Cristofani, *Etruschi del Mare*, p. 128.

四　通往金苹果园（前1000～前400年）

1

在我们现在所说的意大利内部，人们对与东地中海之联系产生的影响感受完全不同。希腊文化对西西里岛土著民族——西坎人（Sikans）、西科尔人（Sikels）和伊利米人——日常生活的渗透要比对托斯卡纳和拉丁姆（Latium）土著民族生活的渗透更为缓慢。在西西里岛，希腊人和迦太基人在很大程度上都与当地土著居民保持距离。在几个世纪里，富有各种矿藏的撒丁岛已经成为生机勃勃的文明中心，这种文明的一大标志是一种被称为 *nuraghi* 的石塔，现在仍有成千上万的石塔点缀着该岛屿；它们周围似乎曾经有一些繁荣的村庄，这些村庄深深地扎根于岛上富饶的农业土地上。这些石塔约于公元前1400年开始出现，但是进入铁器时代后一些新的石塔还在修建。[1]在迈锡尼时期，撒丁岛与外界已经有联系，因为东地中海的贸易者为寻找铜矿到达了此地。根据安格鲁卢如（Anghelu Ruju）的墓葬群［位于撒丁岛西北部的阿尔盖罗（Alghero）附近］，我们可以对前2千纪的本地精英的财富进行估算；这些墓冢是已经发掘的新石器时代晚期和西欧青铜时代早期陵墓中最为富有的，显示出此地与西班牙、法国南部及东地中海的联系。[2]西班牙的影响体现在发掘于该地的钟状宽口罐上。与西班牙的另外一种联系是语言上的联系。撒丁岛人并未留下书

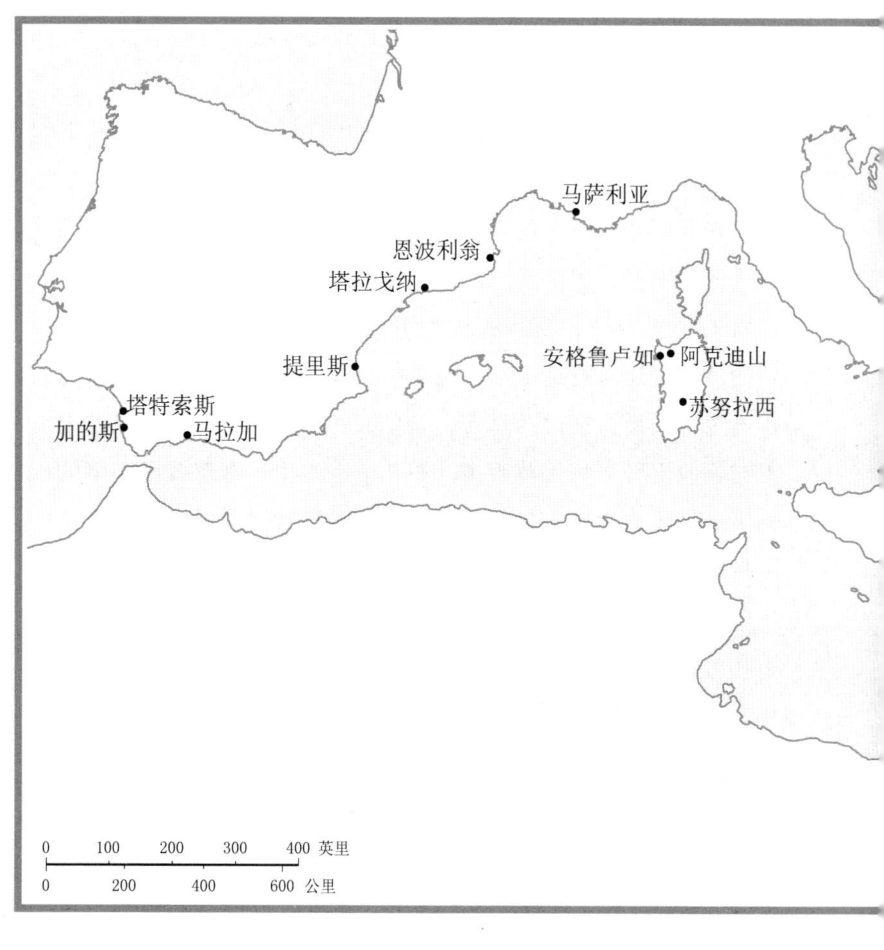

马萨利亚
恩波利翁
塔拉戈纳
提里斯
塔特索斯
加的斯
马拉加
安格鲁卢如
阿克迪山
苏努拉西
0 100 200 300 400 英里
0 200 400 600 公里

弗凯亚

面记录，这是因为他们没有书写体系，还是因为他们使用的易损坏的书写材料未能保存下来，我们不得而知。但是很多现在仍在使用的地名为我们提供了一些线索。同样提供线索的还有撒丁语，它是后来出现的一种特殊的通用拉丁语，其方言中融
120 合了许多前拉丁时代的词语。石塔时期的民族似乎讲的是一种或几种与非印欧语系的巴斯克语（Basque）相关的语言。因此，撒丁语中表示“小羊羔”的 *bitti*，与巴斯克语中表示“小山羊”的 *bittn* 极为相似。[3] 这一证据并不能说明有一次大规模的从伊比利亚向撒丁岛移民的浪潮。它证实的是如下事实：在西地中海存在着一个语族，在西班牙、法国南部、一些西地中海岛屿以及北非的一些地区都能找到说这类语言的人。

早在公元前 2 千纪，撒丁岛人就开始将死者葬于令人印象深刻的石窟陵墓中。他们会把墓地凿砌成与活人住房相似的样子，墓中有几间由走廊连接在一起的墓室，墓室中还装饰有门框、门楣，以及其他一些模仿活人住所中木制配件的石雕。撒丁岛上的这些墓葬建筑现在被称为 *domus de janas*，意为“仙
121 居”。古代的撒丁岛人也建造了一些令人印象深刻的圣地，例如在北部靠近萨萨里（Sassari）的阿克迪山（Monte d' Accodi）上，有一个靠着大斜坡而建的平顶金字塔，可能是建于前 15 世纪的一个祭祀场所。

大多数石塔都临海岸而立；有一些被建在小山顶上，且各种因素证实，它们的主要功能是防御：抵御窃羊贼、海盗，更重要的是抵御其棘手的撒丁岛邻居的侵扰。它们也是存放黄铜与青铜的“保险箱”，无论是原材料还是已经制成的雕塑和武器都可以在这里储藏。位于撒丁岛南部的巴鲁米尼（Barumini）的苏努拉西（Su Nuraxi）的大型建筑群是极好的

例证，公元前 8 世纪至前 6 世纪是此地的繁荣期。除了城堡，苏努拉西还有约六十座小屋，这些小屋都修在石制地基上，它们围绕一个中心广场分布。一个大的建筑被认为是议事厅，里 122
面配有一条石制长凳和一些可放置油灯的壁龛。后来该地受到迦太基人攻击，遭到毁灭，迦太基人的驻地卡利亚里（Cagliari）距撒丁岛南部不远，苏努拉西于前 5 世纪被重建，且由发掘出来的一些陶器、青铜器和铁器可推测，该地后来又成为一个繁荣的中心。[4] 它是一个极为分裂的社会，每一个小领主都拥有自己的城堡。但是来自腓尼基、迦太基和伊特鲁里亚的影响在此地的渗透非常缓慢：与在与希腊人和腓尼基人的接触中发生改变的早期的伊特鲁里亚文明不同，它并未因与外界的联系而发生急剧且明显的改变。[5] 它与意大利、西班牙和非洲以甚为微妙的方式相互影响，且撒丁岛上的社会令人印象深刻的是其根深蒂固的保守主义——一直到前 3 世纪末这里还在建造石塔，其时，不仅迦太基人，罗马人也成了他们的宿敌。例如在阿尔盖罗附近的帕尔马维拉（Palmavera）这样的遗址，就有许多修建于约前 750 年的塔、楼梯、秘道和城墙，同时还有一些环绕塔基分布的修筑有防御工事的村落。它们见证了一个腓尼基入侵者在撒丁岛安营扎寨的时代，于是，撒丁岛人需要修建更为复杂的建筑来对付更为精明的敌人。古代撒丁岛的宗教崇拜也显示出其社会的保守主义；在这里，希腊或腓尼基的神并未获得统治地位，岛民们都是圣井崇拜和公牛崇拜的虔诚信徒。[6]

撒丁岛人并非城市居民。其聚落的典型特征是村落围绕着堡垒建立。撒丁岛的城市是由腓尼基人和迦太基人建造的。尽管有时迦太基和撒丁岛人之间关系并不和谐，但这并不意味着石塔文明是与世隔绝的文明。琥珀是这里的一种舶来品，该物品经一条未知的航线从波罗的海（Baltic）一路而下，在苏努拉西结束了其旅程。黄金并未引起撒丁岛人的兴趣，而且直到公元14世纪撒丁岛南部才开始对银矿进行充分的开采利用。在撒丁岛发现的最古老的希腊陶器（且先不说一些迈锡尼时期的残片）来自前8世纪。前7世纪时，有一个爱奥尼亚陶瓶被送到苏努拉西。科林斯的陶器只出现在了撒丁岛南部的考古遗址中，伊特鲁里亚的陶器（包括希腊陶罐的仿制品）却出现在了岛上的多处遗址中，这多少可帮助说明撒丁岛与外部世
123 界建立了联系。[7]对于撒丁岛岛民来说，这些物品具有很明显的吸引力，以铜块作为交换物，他们就可轻松获得这些外来物品。

对于撒丁岛人来说，寻找铜矿并非难事；但是将铜转化为更为坚硬的青铜合金所必需的锡矿，则要从西班牙和法国南部进口。撒丁岛人用青铜制造的小雕像具有十分深远、广泛的影响：这种长腿人物小雕像深深地吸引了20世纪的雕塑家贾科梅蒂（Giacometti）的注意力；它们也深受维图罗尼亚的伊特鲁里亚金属工匠喜爱，此地通常雇有来自撒丁岛的工匠专门制作这类四肢修长的小雕像。有几百个产自撒丁岛的这种小雕像留存至今，通常是公元前8世纪至前6世纪的作品。他们似乎在描绘一个真实的世界，有武士、弓箭手、匠师及牧羊人，但女性雕像要远远少于男性雕像。有时，他们也会制造一些动物铜像，在某些场合，这些动物铜像可被当作受当地居民崇拜的神明的化身。[8]小雕像为当时的航海活动提供了最直接的证据，因为伊特鲁里亚港口出土了不少铜制船舶模型，它们被认定是前8世纪后制作的。有一个模型的

船首是鹿头的模样，其船舷上还点缀着几只野兽和鸟。另外一艘圆底船模型上绘有一只蜷缩的猴子，这种动物可能已经由迦太基人从非洲带至此地。[9]

2

南意大利的希腊人起着桥梁性的作用，将爱奥尼亚、阿提卡、伯罗奔尼撒半岛与伊特鲁里亚诸新兴城邦连接在一起。同样，遥远的爱奥尼亚殖民地马萨利亚（Massalia，位于今天的马赛）也像桥梁一样将希腊世界的主体与地中海最靠西的海岸连接起来。[10]来自小亚细亚沿岸的弗凯亚人再一次成为先驱者，率先于公元前600年前后在马萨利亚建立了移居点，当时大约有六百个成年人来到此地，并很快与当地人进行了通婚。该地的早期发展很快，到前6世纪，其占地约达五十公顷。[11]它真正的辉煌时代是弗凯亚人来到此处后的前半个世纪。前6世纪中叶，波斯人对爱奥尼亚的入侵导致弗凯亚人开始向外移民，以尽可能远地离开波斯敌人。希罗多德提出，波斯人要求弗凯亚人拆除一座城市的防御工事，并将一座建筑象征性地献 124
给波斯总督。弗凯亚人表示他们对这一提议很感兴趣，且希望可以停战一天，以便对此事做出周全的考虑；但是他们借停战的有利时机，将所有财产装载上船，驶向希俄斯岛，并驶向更远的西方——先是科西嘉岛，而后是马萨利亚。因此，他们交给波斯王的是一座没有人的“鬼城”。[12]

但这些并没有使马萨利亚成为一个爱奥尼亚复国人士的集合地。马萨利亚是一个特别的地方，当其他地方的爱奥尼亚同胞正在与伊特鲁里亚人斗争时，当地居民却尽力保持沉默；对此有一种解释是马萨利亚人与西地中海上的族群建立了密切联系——不只是伊特鲁里亚人，还有居于非洲和西班牙的迦太基人，以及居于意大利西北部和法国南部的文化较为落后的利古里亚人（Ligurians）。[13]马萨利亚成为与西欧凯尔特民族建立联系的一个据点，希腊和伊特鲁里亚的陶器及其他物品可以经此地向北进入高卢腹地。与此同时，希腊人、伊特鲁里亚人与迦太基人在这一地区同时展开贸易；前文提及的佩克玛赫被迦太基商人用作贸易站，然而很明显这里也有来自其他地方的商人到访，正如在此地发现的铅板上的伊特鲁里亚铭文已经揭示的那样。吸引这些商人来到法国南部的不是铅，而是锡矿，他们希望获得法国西北部甚至不列颠（不列颠已经有了来自加的斯的腓尼基水手的足迹）的锡矿供应，而来自加的斯的腓尼基人已经到达了这些地区。沿塞纳河发现的一些希腊和伊特鲁里亚青铜器和陶器，特别是在威克斯（Vix）发现的一个约公元前530年制作的大型青铜薄壁兑酒器（*krater*），就各类商品所循之进入高卢腹地的漫长贸易路线（但不一定是个体商人的路线），为我们提供了一些线索。[14]这个大型兑酒器提醒我们，酒在马萨利亚是一种大宗贸易商品。该酒罐可容纳1100升液体，希腊人习惯于将2份水兑入1份酒中。实际上，前6世纪是希腊人前往遥远的西方进行贸易的一个黄金时代。尽管爱奥尼亚在科西嘉岛上的一个殖民地刚一建立就被伊特鲁里亚人和迦太基人扼杀，但是在一段时间内，一些小规模的聚落还是在马拉加、西班牙南部的其他地区，以及更为有名的恩波利翁形成，恩波里翁现已改名为恩布里斯（Empúries）。在附近区域，来自罗得岛的商人可能已经建立了罗得城（Rhode），即今天加泰罗尼亚的罗赛斯（Roses）。

马萨利亚维持着与东地中海的联系，其青铜的冶炼炉急需 125
锡。在马赛的考古发掘中，我们已经发现了大量产自公元前6世纪的希腊陶器，它们中一部分来自埃维厄、科林斯、雅典、斯巴达、爱奥尼亚，以及更近一些的伊特鲁里亚。富有的马萨利亚商人在德尔斐留下了一笔宝贵的财富。[15]法国南部的文化被希腊同化了。晚期罗马作家查士丁（Justin）对较早时期的作家庞培·特罗古斯（Pompeius Trogus）的论述［其《腓力史》（*Philippic Histories*）已佚失］做出了如下概述：

> 因此，高卢人从马萨利亚人那里学到一种更文明的生活方式，他们之前的粗野习俗或被放弃或已改进。通过马萨利亚人，他们学会耕种土地，为自己的城邦修建围墙。他们也逐渐适应了依法行事，而不再依靠暴力。另外，他们还学会了修剪葡萄藤与种植橄榄。这种文明之光辐射到所有人和事，人们甚至会以为，不是希腊被移植到了高卢，而是高卢已经被移植到了希腊。[16]

当然，这是几个世纪以后的人写的赞美之词，将橄榄树和葡萄藤引入此地的是否真的是希腊人也值得商榷。[17]但是可以肯定的是，希腊人和伊特鲁里亚人对该地的葡萄园进行了集约型开发，并将更为先进的橄榄油压榨技术和酒的酿制技术引入此地。约翰·博德曼（John Boardman）爵士坚持认为“在勃艮第（Burgundy），人们喝的第一杯酒是来自马萨利亚的希腊葡萄酒”。而且在朗格多克（Languedoc）和普罗旺斯的很多遗址上，我们发现了很多来自雅典、腓尼基和伊特鲁里亚的酒罐，它们进一步支撑了博德曼的观点。[18]查士丁是对的：像罗马军团一样努力将此地区划入希腊文化圈的范围是没有必要的。

像西地中海其他地方一样，在公元前500年前后，马萨利亚也开始经历重要转变。促成这些转变的部分原因是希腊人和伊特鲁里亚人间逐渐紧张的政治关系，它导致跨第勒尼安海的贸易走向衰退。同时，法国北部和东部的文化——一般被称为哈施塔特文化（Hallstatt culture）——逐渐衰落，而更趋东部的凯尔特人的土地成为充满生机的新大陆文化中心。所谓的拉特尼文化（La Tène culture）经由东阿尔卑斯山的一些隘口，受到伊特鲁里亚文化的深刻影响。这意味着连接地中海与欧洲
126 北部的贸易路线向东转移，罗讷河（Rhone）河谷的居民对于地中海精致货物的需求逐渐减少。[19]被运往马萨利亚的陶器数量减少了，但在这个世纪的末尾，陶器贸易得到了恢复。然而，更为重要的是，希腊人无法再通过马萨利亚向高卢内陆运送酒和精美货物了；而与此同时，在西方遥远的西班牙海岸，迦太基人在贸易中占据了统治地位。希腊世界对此种局面做出的回应之一是，他们对亚得里亚海北部的一条贸易路线更为依赖，这条路线把他们与新兴城市斯皮纳连在了一起。马萨利亚的衰落使斯皮纳地位上升。希腊世界的另一个回应是，将马萨利亚定位为普罗旺斯和郎格多克沿岸新殖民地［包括阿格德（Agde）］的母邦城市，但是马萨利亚最著名的子邦尼凯亚（Nikaia，即今天的尼斯）到前3世纪才得以建立。[20]

3

一个最典型的希腊化案例可以在西班牙找到。早期希腊文学，如赫西俄德的著作提出，地中海最西端是三头巨人革律翁

(Geryon) 等神话怪物的故乡；这里也是神秘的金苹果园 (Garden of the Hesperides) 的所在地；另外，在赫拉克勒斯石柱处，阿特拉斯 (Atlas) 撑起了苍穹。[21]如前所述，腓尼基人最先来到了此地，并在地中海之外的加的斯建立了一个重要基地。而希腊人中，弗凯亚人及其邻居则再次成为先驱者，于公元前 7 世纪中期与萨摩斯的水手克莱奥斯一同进入此地；据说塔特索斯的国王甚至还曾邀请弗凯亚人住在他的土地上。[22]但随着事件的发展，他们错误地到达了科西嘉岛。前 6 世纪至前 4 世纪，西班牙的希腊定居者和贸易者的数量与迦太基人相比是相当有限的，且他们是否已经把迦太基人视为竞争者，我们也不得而知。恩波利翁的希腊人用金属与当地人做生意，公元前 4 世纪的恩波利翁钱币既有迦太基的图案，又有希腊的西西里图案。恩波利翁的公民可能会被迦太基军队招募为雇佣兵，在西西里岛与希腊人作战；但恩波利翁并未试图开辟一个受其直接控制的大区域。它的财富所基于的不是当地的资源，而是与富藏金属资源的西班牙南部地区的联系，而这种联系的维持则靠迦太基商人从中周旋。[23]但是希腊文化的影响很容易超过迦太基文化的影响。尽管希腊人在加泰罗尼亚的一些中心依旧 127
繁荣，但位于安达卢西亚 (Andalucía) 的那些中心，例如马拉加附近的麦纳克 (Mainake)，很快就衰落了，且这些地区被纳入了腓尼基人的势力范围。富藏银矿的塔特索斯可能于约前 500 年开始走下坡路，但是也有其他一些机遇，如迦太基人利用其在西地中海取得的胜利，与新兴的罗马于前 509 年签订了一项协议，该协议委婉但严格地禁止罗马人及其同盟者进入西地中海水域。

试图封闭海洋的尝试通常会产生适得其反的后果，这种做法很容易将海盗引来，且这种计划的落实也需要付出很大代价。或许在迦太基人获得对西班牙的垄断地位之前，一位希腊航海者编写了一份航海手册，该手册描绘了自西班牙的加利西亚（Galicia）海岸穿过直布罗陀海峡，并沿着海岸前往马赛的路径；马赛可能就是该作者的居住地。毫无疑问，编写这份手册是为了记录这条航线，以便更好地获取加利西亚供应的锡。这位作者是来自马赛的著名希腊航海者皮西亚斯（Pytheas）的前辈，皮西亚斯在公元前 4 世纪发现了通往不列颠的海上航线。[24]这份前 6 世纪（或者可能要稍晚些）的小册子被保留在了 4 世纪的异教拉丁作家阿维努斯（Avienus）用拉丁语创作的文辞粗陋的诗中。[25]阿维努斯反复强调他的古文本描述了西班牙沿岸的一个地方，该地后来成为废墟。因此，阿维努斯读到的文本是古代文献和后来一些旅行者的观察记录的混合体。而手册对一些地名的忽略，如希腊人的殖民地罗得岛，则表明在该希腊航海者编写航海手册时，这些殖民地还未建立，这进一步证明该手册是十分古老的资料。阿维努斯花了大量篇幅描述塔特索斯（自前 5 世纪起已经开始走向衰落），并很自信地将其与加的斯相提并论，尽管他也强调称“现在它的规模不大，现在它被遗弃，现在它是一片废墟”。[26]他描述了塔特索斯人是如何与其邻居进行交易的，以及迦太基人是如何来到这些水域的；他还指出有一座富有锡矿藏的闪烁光芒的山峰已经引起了早期贸易者的兴趣。[27]该文本还提到了西班牙南部衰落的腓尼基城市，表明在前 6 世纪晚期，阿维努斯的这位先辈就游历过这些地方。另外，阿维努斯还提到了一些腓尼基的聚落现被迦太基移民者占领的过程。[28]通过将希腊文本译为拉丁文本，并增添一些后世的资料文献，阿维努斯创立了一个重写本，但

问题在于我们很难分清其中的层次。[29]阿维努斯的确描述了塔 128
拉戈纳（Tarragona）和巴伦西亚（Valencia）的一些重要土著聚落群，他称它们为提里斯［此名称与图里亚河（Turia）的名字关系密切，这条河直到现在仍然流经巴伦西亚的中心地带］。当他提到巴塞罗那（该名字有迦太基起源）时，他认为此城市建立较晚。在谈到西班牙沿岸的那些以奶和奶酪为生存资源的凶悍民族时，阿维努斯称他们像“野兽”一样，然后他向我们展现了，那些被统称为伊比利亚人的民族实际上有各不相同的生活方式。考古发掘也证实了西班牙其实并不存在一个单一的“伊比利亚民族”，生活在这片土地上的是很多部落和小邦。[30]

希腊人和迦太基人与伊比利亚诸族群之间有频繁的互动。这种互动促成了一种文明的形成，该文明具有较高的艺术水平、规模合理的城市，并使用了某种书写体系。伊比利亚文明几乎没有引起除西班牙以外的其他族群的注意，但是伊比利亚人的文明程度很高，在西地中海它已经超过了除伊特鲁里亚外的其他族群。[31]他们为我们提供了希腊和腓尼基文化通过远程贸易和移民向西渗透的一个例子，向我们展现了希腊与腓尼基的文化影响与当地的石雕与及金属加工技术的结合。但是伊比利亚人比伊特鲁里亚人更难认定族群身份。伊特鲁里亚人已经形成一个团结的单一族群，他们称自己拉斯纳人（*Rasna*）；而安达卢西亚、巴伦西亚海滨及加泰罗尼亚的伊比利亚人却有不同的文化。这里有很多部落，没有形成政治统一体。甚至他们讲的是不是同一种语言或相互关联的语言，我们也都不是很清楚，现存语言中与古代伊比利亚语最接近的可能是巴斯克语和柏柏尔语。在内陆，他们与其他族群融合，通常被现代学者，甚至也被阿维努斯划归为凯尔特人（这是一个很模糊的表述，主要强调大陆文化传统，而非地中海文化传统）。[32] 于是，“伊比利亚”是一个很广义的词，指公元前 7 世纪至前 2 世纪一个政治上依旧不稳定的世界中的诸多族群，迦太基人、希腊人，以及后来的罗马人都曾以贸易者和征服者的身份对这个世界进行渗透。

如西西里岛和南意大利的情况所展现的，希腊人的聚落（如恩波利翁）有时远离土著居民，但是随着时间的推移，通婚和其他联系会使城市成为不同族群的杂居之地。在距恩波利翁不远的乌利亚斯特雷特（Ullastret）有一个建于公元前 4 世纪的重要伊比利亚城镇，该城镇规划较好，有四个入口和一片空地，占地面积为四万平方米。但是，我们不能认为伊比利亚
129 人与殖民者之间始终是充满敌意的。有一些例子表明伊比利亚人将他们从希腊人和其他民族那里学到的经验，与他们自己独特的表达结合在了一起。尽管在西班牙西南部存在多种民族，但是伊比利亚人书写所用的字母是大致相同的，而且，毫无疑问，很多字符源自希腊语，而非腓尼基语。奇怪的是，虽然他们已经开始使用字母文字，但增添了一些音节符号，如 *ba*、*be*、*bi*、*bo*、*bu*（字母 *c* 和 *d* 亦是如此）。更为奇怪的是，在这种变化后，这一书写体系的创造者就不再进行创新了。现代西班牙有两个基本特征来自希腊人对伊比利亚人的影响：葡萄和橄榄逐渐在伊比利亚受到欢迎，尽管加泰罗尼亚的酒因品质差而受到罗马诗人马尔提阿利斯（Martial）责难。无论如何，伊比利亚人传统上更喜欢啤酒，通常也从伊特鲁里亚进口较优质的葡萄酒。[33]

另一个文化借鉴的例子体现在伊比利亚人的墓葬风俗。伊

比利亚人一贯偏好火葬。考古学家在安达卢西亚的图土基（Tutugi）发现了许多最早可追溯至公元前 5 世纪的墓冢，它们形制各异，有一些只埋葬了简单的骨灰盒，也有一些修建了若干奢华的墓室，这些墓室间有走廊，墙上还有绘画痕迹。这些大型坟墓中的一大常见建筑元素是以爱奥尼亚风格装饰的石柱。它们很明显是为收纳上层人士的骸骨而修建的，令我们不禁想起了伊特鲁里亚人，反映了来自意大利的影响。像意大利和东地中海某些地区一样，伊比利亚人也效仿了在一些富有或知名人士的墓中放入相当数量的随葬品的习俗，例如在图亚（Toya）的一座三厅室墓葬中有若干青铜桶、宝石和一辆二轮战车。[34]原生文化与外来影响相融合的第三个例子体现在雕塑艺术上。伊比利亚艺术家们利用石灰岩创造出了几乎接近实物大小的公牛、马和鹿的雕塑，它们十分明显地展示了动物的主要特征。他们更喜欢深浮雕，且留存下来的一些雕塑据推断都是用于神庙和其他祭祀中心的外部装饰。[35]希腊风格的影响是循序渐进的，且这种影响的产物并不是一种完全希腊化的风格。这一点在伊比利亚最著名的前 4 世纪的雕像“埃尔切夫人”（Dama de Elche）——一尊戴着精美首饰的女祭司或女神的半身像——身上体现得格外突出。尽管其脸部造型在很大程度上借鉴了古典时期的希腊样式，但雕像的其余部分与出现在西班牙的其他真人大小的妇女雕像风格十分相似。[36]她的首饰 130
可能多少模仿了迦太基的样式，[37]但是该半身像和其他类似雕塑处理衣服褶皱的方式都反映出了伊比利亚的标准风格。伊比利亚人并不像希腊人和伊特鲁里亚人那样喜欢塑造裸体形象，只有一幅伊比利亚陶瓶画描绘了裸体男子，但是该陶瓶是在恩波利翁出土的，那里的居民主要是希腊人。[38]

陶器可以揭示不同族群间的贸易联系；如果这些陶器是绘有图画的陶瓶，则它们还可以反映文化影响产生的方式，这种影响可能体现在瓶画中，也可能体现为土著民族对希腊神话中的诸神和英雄们的兴趣。不同于意大利诸民族，伊比利亚人的宗教信仰并未被希腊人和腓尼基人的宗教思想征服，尽管考古证据显示，沿海地区居民和一些外来民族一样，信仰的是德墨忒尔（Demeter）、阿施塔特及其他外域神祇，例如从图土基的一个墓葬坑中出土的一尊雪花石膏雕像很明显是一位腓尼基女神。[39]在瓶画领域，伊比利亚人显示出了独创性，而不是像伊特鲁里亚人那样简单地模仿希腊风格。来自巴伦西亚附近的利里亚（Liria）的黑绘花瓶上描绘了舞蹈与战争的场景；其人物形象由一种生动的半抽象风格勾勒，表现出了一种动感，画面剩余部分则被填充以花饰、圆形图案、各种花卉图案及其他图形，以防出现空白。[40]在安达卢西亚，公元前6世纪的希腊几何形图案到前4世纪还在使用，主要为了满足伊比利亚购买者的要求，他们偏爱鸟、兽及树叶的图形。因此，所谓的单一“伊比利亚风格”并不存在，准确的表述是伊比利亚人学习了希腊的一些基本艺术理念，然后他们对来自东地中海的一切事物（由希腊人和腓尼基人的船只载来）做出了自己的改进。

最后，伊比利亚人并非作为贸易者，而是作为优秀士兵，为西班牙域外的人所知晓。公元前480年他们被西西里岛的西莫拉僭主招募为雇佣兵，但是前5世纪末他们又服役于迦太基军队，与迦太基士兵一起袭击了西西里岛上的希腊城市。前395年，迦太基被叙拉古的希腊僭主击败后，很多伊比利亚人又转投希腊僭主麾下。大约在这一时期，他们甚至在阿里斯托芬的一部喜剧中被提及，这引起了人们的嘲笑，因为据说他们全身都覆盖着体毛。其著名的军刀借鉴了希腊和伊特鲁里亚军刀的设计，在作为雇佣兵服役的期间，他们学会了使用这种军刀的方法。[41]从战争中获得的薪俸和战利品应该为伊比利亚带来了大量财富，这也能够解释为何某些伊比利亚墓葬显得十分富有。另外，西班牙的自然资源，尤其是金属资源，才是伊比 131
利亚繁荣的真正源头。伊比利亚人占据了优越的地理位置，从西班牙内陆到沿海地区的交通线路可以为他们带来收益，他们同样也可以从加迪尔（加的斯）和其他大西洋港口出发，然后穿过直布罗陀海峡（也就是阿维努斯记载的路线），从这条航线中获益。现在，整个地中海的海面上都有希腊人、伊特鲁里亚人或迦太基人在航行；遥远西方的族群是雅典的阿里斯托芬戏剧中的嘲笑对象，而西方族群则将希腊（先是科林斯，而后是雅典）看作时尚与风格的中心。

注　释

1. M. Guido, *Sardinia* (Ancient Peoples and Places, London, 1963), pp. 59–60; cf. M. Gras, *Trafics tyrrhéniens archaïques* (Rome, 1985), pp. 87–91.
2. M. Pallottino, *La Sardegna nuragica* (2nd edn, with an introduction by G. Lilliu, Nuoro, 2000), pp. 109–14.
3. Ibid., pp. 91–102.
4. Ibid., p. 162; Guido, *Sardinia*, pp. 106–7, 142.
5. Guido, *Sardinia*, p. 156.
6. Ibid., pp. 112–18; Pallottino, *Sardegna nuragica*, pp. 141–7.
7. Gras, *Trafics tyrrhéniens*, pp. 113–15, and fig, 19, p. 114, also pp. 164–7, figs. 29–30, and pp. 185–6.
8. Guido, *Sardinia*, pp. 172–7; Gras, *Trafics tyrrhéniens*, p. 145 (Vulci).
9. Guido, *Sardinia*, plates 56–7; Gras, *Trafics tyrrhéniens*, pp. 115–19, 123–40; Bible Lands Museum, Jerusalem, *Guide to the Collection* (3rd edn, Jerusalem, 2002), p. 84.

10. V. M. Manfredi and L. Braccesi, *I Greci d'Occidente* (Milan, 1966), pp. 184–9; D. Puliga and S. Panichi, *Un'altra Grecia: le colonie d'Occidente tra mito, arte a memoria* (Turin, 2005), pp. 203–14.
11. Gras, *Trafics tyrrhéniens*, p. 402.
12. Herodotos 1.163–7; A. J. Graham, *Colony and Mother City in Ancient Greece* (Manchester, 1964), pp. 111–12; M. Sakellariou, 'The metropolises of the western Greeks', in G. Pugliese Carratelli (ed.), *The Western Greeks* (London, 1996), pp. 187–8; Manfredi and Braccesi, *Greci d'Occidente*, pp. 179–81, 184–5; Puliga and Panichi, *Un'altra Grecia*, pp. 203–4.
13. G. Pugliese Carratelli, 'An outline of the political history of the Greeks in the West', in Pugliese Carratelli, *Western Greeks*, pp. 154–5.
14. M. Bats, 'The Greeks in Gaul and Corsica', in Pugliese Carratelli, *Western Greeks*, pp. 578–80, and plate, p. 579; V. Kruta, 'The Greek and Celtic worlds: a meeting of two cultures', in Pugliese Carratelli, *Western Greeks*, pp. 585–90; Puliga and Panichi, *Un'altra Grecia*, pp. 206–7.
15. J. Boardman, *The Greeks Overseas: their Early Colonies and Trade* (2nd edn, London, 1980), pp. 216–17; Manfredi and Braccesi, *Greci d'Occidente*, p. 187.
16. Justin, *Epitome* of Pompeius Trogus, 43:4; Boardman, *Greeks Overseas*, p. 218; Manfredi and Braccesi, *Greci d'Occidente*, p. 186.
17. L. Foxhall, *Olive Cultivation in Ancient Greece: Seeking the Ancient Economy* (Oxford, 2007), and other studies by the same author.
18. Boardman, *Greeks Overseas*, p. 219.
19. Ibid., p. 224.
20. Kruta and Bats in Pugliese Carratelli, *Western Greeks*, pp. 580–83; Boardman, *Greeks Overseas*, p. 224.
21. P. Dixon, *The Iberians of Spain and Their Relations with the Aegean World* (Oxford, 1940), p. 38.
22. Ibid., pp. 35–6.
23. A. Arribas, *The Iberians* (London, 1963), pp. 56–7.
24. B. Cunliffe, *The Extraordinary Voyage of Pytheas the Greek* (London, 2001).
25. Avienus, *Ora Maritima*, ed. J. P. Murphy (Chicago, IL, 1977); L. Antonelli, *Il Periplo nascosto: lettura stratigrafica e commento storico-archeologico del-l'*Ora Maritima *di Avieno* (Padua, 1998) (with edition); F. J. González Ponce, *Avieno y el Periplo* (Ecija, 1995).
26. Avienus ll. 267–74.
27. Ibid. ll. 80–332, especially ll. 85, 113–16, 254, 308, 290–98.
28. Ibid. ll. 309–12, 375–80, 438–48, 459–60.
29. Cunliffe, *Extraordinary Voyage*, pp. 42–8; Dixon, *Iberians of Spain*, pp. 39–40.
30. Avienus ll. 481–2, 485–9, 496–7, 519–22.
31. Dixon, *Iberians of Spain*; Arribas, *Iberians*; A. Ruiz and M. Molinos, *The Archaeology of the Iberians* (Cambridge, 1998).
32. Avienus l. 133.

33. Arribas, *Iberians*, pp. 89, 93, 95, figs. 24, 27, 28, and pp. 102–4, 120, bearing in mind Foxhall, *Olive Cultivation*.
34. Arribas, *Iberians*, pp. 146–9.
35. Ibid., plates 35–8, 52–4.
36. Ibid., p. 160; also plates 22–3; Dixon, *Iberians of Spain*, pp. 106–7, 113–15 and frontispiece.
37. Dixon, *Iberians of Spain*, p. 107.
38. Ibid., p. 82 and plate 12b.
39. Arribas, *Iberians*, p. 131 and plate 21; also Dixon, *Iberians of Spain*, p. 11.
40. Dixon, *Iberians of Spain*, pp. 85–8, plates 10, 11a and b.
41. Ibid., pp. 54–60; Arribas, *Iberians*, pp. 73–87.

五 制海权（前550～前400年）

1

132 人们可能希望地中海海岸能成为限制中东的大国（赫梯、亚述）和法老统治下的埃及扩张的天然屏障。亚述人偶尔使用恐吓手段逼迫塞浦路斯归顺自己，埃及人也做过这方面的尝试，因为这座岛屿拥有令人难以忽视的木材和金属资源。然而，没有哪一次控制东地中海的尝试，能与公元前6世纪波斯对安纳托利亚和黎凡特地区的征服，以及其入侵希腊的企图相提并论；波斯人的失败则被视为特洛伊陷落后希腊人最伟大的一次胜利。这次成功不仅是军事上的胜利，也是政治上的胜利，因为希腊本土的诸多城邦与爱琴海诸岛在抵御波斯人的战斗中实现了团结，甚至叙拉古也被要求进行援助（尽管可能受波斯挑拨，它曾击退了迦太基人的一次行动）。为了纪念这次胜利，希腊人修建了很多纪念性建筑物，如来自德尔斐的青铜蛇柱，它现在屹立于伊斯坦布尔的竞技场（Hippodrome）。该纪念柱上刻有在前479年的普拉提亚（Plataia）战役中协助抵抗波斯人的三十一个城邦的名字，但该名单是不完全的。[1]一个“赫伦人共同体”开始出现，且“赫伦人”（Hellene）这一荷马对阿喀琉斯的追随者的称呼逐渐开始被理解为一种基于语言、信仰和生活方式的身份认同。[2]于是出现了为保卫希腊自由而对抗专制的波斯的故事，希罗多德对这一故事做了最为

成功而生动的讲述。前 472 年，埃斯库罗斯在他的戏剧《波斯人》中强调，赫拉斯（即希腊）的未来直接取决于其母邦雅典的命运： 133

阿托莎（Atossa）女王：请问，在这个所有人类居住的世界中，被人们称为雅典的城市位于何处？

将领：很遥远的地方，我们的太阳神在那里沉落，其光辉在那里消散。

阿托莎：那片遥远的土地就是我的儿子渴望占领的地方吗？

> 将领：是的，因为如果雅典归属于他，所有的赫拉斯人都会对其唯命是从。[3]

希腊人是否真的为了自由而反抗波斯人还有待商榷。在公元前5世纪晚期伯罗奔尼撒战争最激烈的阶段，斯巴达人和雅典人都不时向波斯人寻求支持。归顺于波斯王并没有被一直视为一种令人鄙视的行为。这个争取自由的故事被不断讲述，先是希罗多德的记叙，之后是罗马时期的普鲁塔克（Plutarch）为雅典和斯巴达伟人撰写的传记。波斯王率领的入侵希腊大军
134 中有一些希腊人，不论是否自愿，他们都在与其他希腊人战斗。波斯人会定期对他们进行干扰，如招募军队和征收赋税，但波斯人的一般政策是只要希腊城市毫无怨言地奉上土壤或水等象征性的贡品，那么它们就将获得较大的自主权。

从希腊的角度看，其与波斯人的关系问题始于公元前546年吕底亚王国的毁灭。该王国的国王克洛伊索斯（Kroisos，或写作Croesus）因财富而声名显赫。波斯王居鲁士（Cyrus）要求爱奥尼亚的希腊城邦（它们名义上效忠于吕底亚）与其联合以打败吕底亚人，但是爱奥尼亚人在吕底亚陷落后才向其表明意愿，一切都为时已晚，居鲁士此时已打算不再给予爱奥尼亚人他们作为吕底亚名义上的子民时曾享有的优待。一些人臣服于波斯，然后发现他们不得不供养波斯人的军队；这种负担在居鲁士统治时期相对较轻，但在后来的波斯统治者即位后变重了，因为这些统治者需要筹措资金以发动大规模战争。也有一些城邦，特别是弗凯亚，听取来自赫伦人的建议，实行了全体性移民。后来成为雅典军队中著名统帅的米太亚德（Miltiades），带领五艘船从弗凯亚出发，船上装载着一群逃难

者和城市中的所有财富；不幸的是，其中一艘船被腓尼基海盗劫获。在这一时期，对波斯人而言，更为重要的是那些中东大帝国的土地。前539年，巴比伦为居鲁士攻陷，后来该事件成为《但以理书》中的一个生动故事。紧接着，前525年，埃及被居鲁士之子冈比西斯（Cambyses）征服。与此同时，波斯人还使一些腓尼基城市臣服在了自己脚下。对于腓尼基人来说，这并不全是坏事。波斯人绕开爱奥尼亚，将新的活力注入贯穿推罗和西顿的贸易路线。在地中海，腓尼基人为波斯海军生产龙骨，尽管爱奥尼亚的希腊人也被期待为波斯王室的海军建造船只。约前525年，作为爱奥尼亚统治者之一的萨摩斯的波吕克拉特斯（Polykrates），为其盟友冈比西斯征集了100艘大桨帆船（每艘由50个桨手操控）和40艘有三排桨的三列桨战船。［这些船腓尼基人也能建造，前499年，腓尼基人曾派出200艘三列桨战船攻击纳克索斯岛（Naxos）。[4]］换句话说，组织一支强大的船队需要招募成千上万的水手，因此波吕克拉特斯召集的人力很有可能已远远超过萨摩斯本身拥有的人口。令希罗多德也感到很困惑的一个问题是，其是否可与海上霸主米诺斯相提并论。[5]

埃及陷落后，昔兰尼加（Cyrenaica）的希腊城邦承认了波 135
斯人作为最高宗主的地位，所以至此波斯帝国的疆域已经延伸至今日之利比亚。像其他腓尼基城邦一样，迦太基似乎对波斯人的一系列进展表示认同。但波斯人并没有试图在地中海建立霸权。希腊人告诫其西西里岛上的同胞，他们的岛屿也处境危险。但是在欧洲范围内，波斯人最为在乎的地区并非希腊，而是位于现在的乌克兰境内的大片土地，在这片土地上居住着斯基泰人（Scythians）。希腊人和波斯人都视这一游牧民族为野蛮人。波斯王大流士（Darius）曾于公元前513年出兵征讨斯基泰人。在爱琴海北部地区，一些希腊人和其他族群向波斯人发难，而波斯人则以暴行实施了报复：波斯人于前509年占领了利姆诺斯，并对当地居民实施了大屠杀。贪婪的波斯人还希望控制以自然资源闻名的埃维厄。[6] 自前499年起，爱奥尼亚陷入了叛乱，并不时得到希腊半岛各城邦的支持，这种动乱导致了残酷的报复：腓尼基船员以血腥劫掠的方式报复了希腊竞争者。不过当爱奥尼亚叛乱逐渐平息之时，波斯人出人意料地表现出了体贴周到，他们不仅接受了希腊的民主政治，还要求这些城邦订立贸易协议，希望以此从根源上消除城邦间的紧张关系。在主神阿胡拉·马兹达（Ahura Mazda）面前，波斯王意识到他有责任以怜悯之心对待臣民，帮助他们获得安定。即便如此，爱奥尼亚还是未能恢复到原来的繁荣状态。[7]

2

公元前486年薛西斯即位后将波斯原来极力调和与异己势力关系的政策转变为对波斯敌人的暴力镇压。他打算对支持爱奥尼亚反叛的希腊人进行惩治。腓尼基人和埃及人收到命令，他们被要求提供大量绳索用以建造两座跨越赫勒斯滂海峡（Hellespont）① 的船桥。这些缆绳一定要非常结实，足以经受得住湍急的水流。因为较早的一支船队已经在阿索斯山的海岬附近遭遇了海难并损失惨重，故薛西斯王要求在此地开凿一条运河，且这一任务也已经完成。部队的行军路线将经过色雷斯（Thrace），波斯人沿着这一路线设立了一些食品补给站。希腊

① 达达尼尔海峡的古称。——译者注

人很清楚这场战争将是海陆两地作战，且斯巴达人被指派担任 136
海军的高级统帅，这进一步表明斯巴达人在海上的实力不容忽视。毫无悬念的是，在薛西斯摧毁希腊城市、奴役希腊百姓之前，很多希腊人就已经臣服于米底人（Medes）和波斯人，受诱惑成为“米底党”（Medize），站到波斯人一边。德尔斐的祭司皮提亚的预言（Pythian Oracle）指示雅典人放弃家乡，向西迁移。她进一步做了一些含糊的预言，提到了“木墙”，告诫雅典人这些“木墙”可以在波斯人的攻击中幸存。另外，她还暗示，在距雅典西部不远的萨拉米斯将会有糟糕的事情发生。

陆地上的战役于公元前480年在狭窄的温泉关（Thermopylai）关口上演了最具戏剧性的一幕，当时300名斯巴达勇士誓死抵抗规模庞大的波斯军队；而后，波斯大军横扫了希腊北部和东部，而已经成为空城的雅典则遭受洗劫，包括卫城（Acropolis）中的古代神庙。[8] 海上战役则为希腊提供了良机，因为波斯的船队主要由腓尼基自重轻、航速快的三列桨战船组成，希腊人可以寄希望于用自己较重的三列桨战船来抗击它们。腓尼基人可能在数量上占上风，但是希腊人更了解这片水域。[9] 前480年，希腊盟军通过将波斯船队拦截在萨拉米斯，得以拖延波斯对伯罗奔尼撒看似很难避免的大规模入侵。萨拉米斯是一个小岛，它的东部与阿提卡内陆隔着一道狭窄的海峡，在这里双方船队面对面排列；其西部则与面朝埃莱夫西斯（Eleusis）的海湾隔着较宽的海峡相对。希腊人以200多艘海船（一些人估算有380艘，主要是雅典船只）对阵600艘到1200艘敌船，因此希腊人就需要将腓尼基船只吸引到萨拉米斯与希腊陆地之间狭窄的海峡地段，并在那里对他们进行埋伏。[10] 希腊人使用了一个奥德修斯式的计谋：一个雅典间谍向波斯人报告称，天黑之后希腊人打算向西逃走。于是，波斯派腓尼基人去海峡西部的出口处巡逻。但希腊人仍按兵不动，天亮后，被派去封锁希腊人逃离通道的巡逻队对当时的安静深感迷惑。与此同时，希腊人则与驻守在东部海峡的腓尼基船队开战。科林斯船只扬起帆，从表面上看他们要沿海峡逃往西部的埃莱夫西斯，实际上
137 这是他们诱敌深入的计谋，最终波斯人发现自己的船在狭窄的入口处无法挪动。此间，薛西斯王一直坐在位于萨拉米斯湾高处的金制御座上，期待着看到波斯海军追逐敌军并大获全胜。但是相反，200 艘腓尼基船与其他波斯船或沉没或被俘获，而希腊人只损失了约 40 艘船。[11]为波斯军队效力的爱奥尼亚希腊人为了避免与希腊本土的同胞发生战争，匆匆驾船离开了。这是一场古怪的胜利：波斯海军并未被彻底击溃，大约还有1000 艘各类战船浮在海上，且在其附近还驻守着一支波斯军队；但是萨拉米斯海战证明薛西斯无法推进对希腊南部的征服。斯巴达人和雅典人入驻了爱琴海，他们已经成功阻止它变成波斯人的海。后一年希腊人在陆上战场普拉提亚（Plataia）的胜利进一步强化了希腊人的联盟。通过历史日期的核准，有人认为，就在萨拉米斯海战胜利的同一天，叙拉古人在盖伦的带领下取得了对入侵西西里岛的迦太基人的决定性胜利。对波斯和腓尼基联军而言，入侵西西里岛可能是为了开辟第二战场。波斯人在东西两个方向被同时击败的观点有很强的吸引力。

波斯战争巩固了斯巴达（它在温泉关战役损失了许多英雄）和雅典（雅典人在牺牲了自己的城市之后，在阿提卡水域的海战中取得胜利）在道义上的优势。斯巴达和雅典都开

始乘胜追击，并在海上取得进一步的胜利，特别是在萨摩斯岛（他们成功将萨摩斯从波斯人的统治中解救出来）和米卡勒（Mykale）岬附近（在这里他们于公元前479年成功引燃波斯船队，并出力促成了爱奥尼亚的叛乱）。因此，薛西斯撤退时带走的船只大大少于其来时率领的船只，埃斯库罗斯在其剧作中将薛西斯塑造为一个悲剧角色，他不自量力地挑战希腊诸神，并给波斯人和希腊人带来苦难。埃斯库罗斯坚持认为，希腊人是在为一个基本原则——自由而战：

> 右翼为先锋，准备就绪，
> 后面跟进整个船队，首尾相连，
> 于是，一个人大声呐喊：“现在，赫拉斯的子民们，就是现在！
> 解放赫拉斯，解放你们的妻子，解放你们的家乡，
> 拯救你们诸神高高的祭坛和你们先人的墓葬。
> 现在，成败在此一战！”[12]

3

大规模重建后的雅典成了民主政治的积极拥护者（这里 138
的民主仅仅是男性自由公民的民主，很多客籍民或外邦人被排除在外）。通过利用海军控制爱琴海诸岛屿，雅典也成为一个区域性帝国的中心。[13]斯巴达则集中精力维持其在伯罗奔尼撒半岛南部的权威，在这里，一小撮受过良好训练的斯巴达士兵（重装步兵）统治着为数众多的奴隶人口［希洛人（*helots*）］和从属于斯巴达的同盟者［柏里伊赛人（perioikoi）］。正如修

昔底德所言，斯巴达是“一个简单的村落联合体”，此处并没有宏伟遗迹。同时他认为，从雅典拥有的遗迹来看，其在人印象中的实力是其真实实力的两倍。[14]

雅典帝国是通过宗教信仰实现整合的。在爱琴海水域上影响力最强的信仰是神圣的提洛岛（Delos）上的阿波罗崇拜。提洛岛位于基克拉泽斯群岛中部，差不多在爱琴海的正中间，进入该岛对于爱奥尼亚的希腊居民来说很方便——萨摩斯岛位于其东北偏东，希俄斯岛位于东北部偏北。萨摩斯的大海盗波吕克拉特斯对提洛岛很感兴趣，他将离提洛岛不远的雷尼亚岛（Rheneia）奉献给了提洛岛的阿波罗；在去世（公元前522年）之前不久，他建立了一座巨大的链桥将雷尼亚岛和提洛岛连在一起。[15]提洛岛还引起几个邻近岛屿上的居民的关注，如纳克索斯人，他们在这里放置了狮子石雕（the Terrace of Lions），它们是用纳克索斯著名的优质大理石雕刻而成的。通过参与提洛岛的阿波罗神崇拜，爱奥尼亚人与爱琴海周围的希腊同胞团结在了一起。这里的阿波罗崇拜不仅表现为祭祀活动，也体现在一些节日活动中，如竞技比赛、合唱表演及舞蹈表演。修昔底德引用了过去一首献给福玻斯·阿波罗①的诗：

> 啊！首先是，福玻斯，你的心偏爱提洛岛。
> 在那里，爱奥尼亚人穿着拖曳的长袍，聚在一起，
> 在他们的妻子和孩子的环绕中，走在你的神圣之路，
> 在那里，他们以拳击和歌舞取悦于你，

---

① 福玻斯·阿波罗（Phoibos Appollo）为古希腊太阳神的全名。——译者注

当赛事开始进行时，他们会大声呼喊你的名字。[16]

爱琴海中部的一个祭祀中心显然是希腊诸城邦于公元前 139
477 年建立用誓言维系的提洛同盟（the Delian League）之处，该同盟的主要任务是在薛西斯撤退之后继续对波斯人施压。很明显，将提洛岛作为同盟总部应该是雅典人的提议，因为这里不仅是公认的圣洁之地，而且可以使人们不会注意到雅典在控制同盟这一事实。起初，同盟财库被置于提洛岛上的雅典圣所内；但是前 454 年，这个财库被搬到雅典。至此，提洛同盟显然成为雅典的一个政策工具——雅典人任命整个管理委员会的成员，这些人应该来自爱奥尼亚和爱琴海诸岛。[17]雅典人既信任这个同盟，也在利用它的神圣性。

很少有人认为在城邦内实行民主而在城邦外实行帝国政策是相互矛盾的。历史学家约翰·希利（John Seeley）爵士的箴言是“帝国与自由”（*imperium et libertas*）。[18]雅典人知道为何他们需要一个帝国：这并不只是为了抵抗波斯人；为了确保生存，雅典必须有足够的基本资源，必须有可以向其提供物资之地，且同样重要的是，必须占有可以确保引入物资的远程航线安全性的关键区域。雅典面对的最大挑战是谷物的供应。关于公元前 5 世纪雅典的规模有多大还存在争议。一种较为合理的估算是雅典及其阿提卡附属区域的人口为 33.7 万人。[19]仅靠当地资源是无法供养这么多人的。尽管阿提卡最开始并不被看好，但是此地还是有一些精耕细作的农耕区的。阿里斯托芬也描述道，雅典人可以从周边乡村买到多种类型的产品：黄瓜、葡萄、蜂蜜、无花果、萝卜。当地人甚至还设法种植了反季节作物，所以很难从农产品的种类分辨到底处于哪个季节。[20]但是古典时期的证据表明阿提卡拥有的资源可以养活约 8.4 万人，且这个数字无论如何也不会超过 10.6 万。[21]因此，雅典需要进口谷物以养活自己，这些谷物大多来自遥远的埃维厄、黑海［或本都王国（Pontos）］和西西里。大约有一半的谷物是进口的，确保该城市的供给的是船主和谷物商人（他们是受到指责的对象）。

雄辩家伊索克拉底（Isokrates）大约于公元前 380 年对"*klerouchoi*"进行了描述，"*klerouchoi*"指的是被派往雅典掌
140 控下可提供物资的外邦领土的雅典殖民者。这些人的存在是必要的，因为"我们拥有的土地相较于我们的人口规模很少，但我们的帝国很大；我们拥有的战船不仅是其他所有城邦战船总和的两倍，而且我们战船的战斗力足以对抗规模两倍于我们的海上势力"。[22]他强调了埃维厄岛的重要性——"我们对它的控制程度远远超过我们对自己国家的控制程度"，因为早在前 506 年，雅典人就已经获取了伟大的哈尔基斯（Chalkis）家族的土地，并将其分配给四千位公民，且六十年后伯里克利（Perikles）对其进行了进一步分配。[23]然而前 411 年，在灾难性的伯罗奔尼撒战争趋近结束时，埃维厄岛摆脱了雅典人的控制。修昔底德评论称："对他们而言，埃维厄比阿提卡更有用。"且失去埃维厄岛造成的恐慌甚至比在西西里岛（雅典的另一个谷仓）的战败还严重。[24]

基于公元前 4 世纪及后来很少被提及的证据，人们一般认为，黑海一直都是主要的谷物产地。[25]但在前 4 世纪之前，黑海谷物偶尔才被提及，且它的提及意味着爱琴海区域出现了供给紧缺。雅典依赖整个爱琴海区域——色雷斯、利姆诺斯、埃维厄及莱斯沃斯——来满足其资源需求。在莱斯沃斯岛，两万

名莱斯沃斯耕种者的劳动成果被分配给三千位雅典人，这些雅典人允许一部分原住民作为农奴留在此地。[26]所有这些表明，雅典采取措施促成了这一系统性的、有组织的谷物贸易，而不是随意地依赖商人们在爱琴海及其他地区能找到的谷物产地。[27]该贸易体系的主要受益者是在雅典帝国的海外领地（*chôra*）获得大量土地的富人。[28]

4

雅典无法容忍持异议者。公元前470年，当纳克索斯岛试图脱离提洛同盟时，雅典向纳克索斯人征收了现金税，以此替代原来从他们手中获得的船只。后来，雅典将这种做法向更多盟友推广，从留存下来的大量贡赋清单看，雅典是想以这种方式树立自己在爱琴海的权威。提洛同盟有一个实力较强的竞争者，即伯罗奔尼撒同盟。该同盟包含希腊南部的一些城邦，由 141
斯巴达控制。修昔底德评论了这两个同盟的不同之处：

> 斯巴达人没有要求其盟邦缴纳贡款，但是要求它们接受那些为斯巴达利益工作的贵族寡头的统治。雅典则逐渐接管了盟邦海军的控制权，对于属于例外的希俄斯和莱斯沃斯则要求它们缴纳贡款作为替代。[29]

因此，斯巴达与盟邦相互协作，雅典则凌驾于盟邦之上。但另一方面，雅典的盟邦对雅典的领导能力——特别是对远离其希腊本土之地的领导——印象深刻。雅典人很清楚，对外胜利可以提升其在爱琴海的霸主地位。前466年，盟军在雅典将军西蒙（Kimon）的率领下在距小亚细亚沿岸不远的欧里梅敦

(Eurymedon) 河口将波斯军队打得落花流水，共有两百艘波斯船被击毁。盟军勇敢地抗击波斯人，于前 459 年派遣一支由两百艘船组成的船队前往埃及，支援一场反对波斯人统治的叛乱，但最终蒙受惨败之辱。十年之后，提洛同盟派西蒙率领一支船队前往波斯人统治下的塞浦路斯进行骚扰。在同一时间，雅典人正在打击敌人和镇压叛乱，加紧对埃维厄岛的控制，并在前 466 年与他们最主要的竞争者斯巴达人建立了和平关系。因为斯巴达和雅典的关注点不同——雅典试图控制爱琴海地区，斯巴达则希望维持其在伯罗奔尼撒的霸权，在它们之间划分利益范围并非难事。但一旦雅典和斯巴达被拖入小城邦间的纷争后，真正的麻烦就会出现了。

伯罗奔尼撒战争的爆发其实可以追溯至亚得里亚海发生的一些事件，在伊利里亚边缘有一个很小但位置很有战略价值的城镇埃比达姆诺斯。该城位于一条日益重要的贸易路线上，这条路线始于科林斯湾，终于伊特鲁里亚殖民地斯皮纳及希腊殖民地阿德里亚，雅典是这条贸易线的一个较大受益者。埃比达姆诺斯的修建者是来自克基拉（科孚）的科林斯殖民者，因此该城镇是科林斯的孙邦，而且和大多数希腊城邦一样，它被贵族派与民主派的党争（公元前 436 ~ 前 435 年）撕裂了。民
142 主派由于受到贵族派及其蛮族盟友伊利里亚人围攻，向克基拉求助；但是很明显克基拉对此并不关心。[30]克基拉人自视有一支受人敬重的海军力量（拥有一百二十艘战船，仅次于雅典），与母邦科林斯——毫无疑问，双方的关系是冷淡的——在海上发生了争执：科林斯宣称克基拉并没有向作为母邦的自己表现出应有的尊敬，而克基拉则认为“这一时期，自己的财力足以使其与赫拉斯最富有的城邦平起平坐，而且其军力也

超过了科林斯”。[31]在科林斯回应其孙邦埃比达姆诺斯的请求，派殖民者前往帮助这座被围攻的城市后，其与克基拉的关系进一步恶化了。[32]一场毫无意义的争斗因此在科林斯与克基拉之间的水域——克基拉认为这片水域属于自己——爆发了。克基拉人向雅典求助，因为他们认为雅典强大的海军力量可以牵制傲慢的科林斯。他们对雅典人说：“科林斯为了日后袭击你们，先对我们发起了攻击”。[33]他们要求加入雅典的联盟，但他们也意识到这一请求并不恰当，因为此前雅典与斯巴达达成了协议，双方希望维系提洛同盟和伯罗奔尼撒同盟之间的平衡。克基拉请求的具体内容如下：

> 赫拉斯有三大海军力量：雅典、克基拉和科林斯。如果科林斯人首先控制了我们且让我们的海军与他们的联合在一起，那么你们就不得不对付克基拉与伯罗奔尼撒的联合船队；但是如果你们同意我们加入你们的联盟，你们的船只将和我们的船只并肩作战。[34]

从这一席话可知，接下来，战争的爆发将是不可避免的。前433年，雅典人派船前往位于克基拉和希腊陆地之间的西博达（Sybota）以援助克基拉人，在这里，科林斯及其同盟的150艘船对阵克基拉的110艘船。雅典船队的主要影响力是精神上的：雅典的船队一到达就加入了战斗，而科林斯人一看到雅典人就急忙逃走了，因为他们坚信还有一支规模更大的海军正在路上，但事实并非如此。斯巴达很明智地对此事件袖手旁观。[35]

修昔底德对战争和政治，特别对在雅典和斯巴达斗争期

143 间，希腊诸城邦做出相关政治决议的理由感兴趣。有一些他没有解开的谜团：为什么已经在爱琴海建立了一个帝国的雅典人，希望进入希腊西部海域、爱奥尼亚海及亚得里亚海？雅典人、科林斯人与克基拉人的商业利益在促使他们开战方面发挥了多大作用？科林斯人和雅典人并非没有看见公元前5世纪时亚得里亚海已经出现的新贸易机遇。可以确定的是，经济利益方面的考虑是雅典公民大会做出另一个决定的根本原因，此决定即围攻位于哈尔基斯半岛的科林斯殖民地（也是雅典的盟邦）波提狄亚（Potideia），该地距今天的塞萨洛尼基（Thessaloniki）不远。塞萨利（Thessaly）靠近一些谷物产地，雅典由此获得谷物供给，控制了塞萨利将有利于控制爱琴海北部诸岛，包括雅典统治下的利姆诺斯岛。与此同时，伯罗奔尼撒同盟内则出现了对雅典日益增长的抱怨之声，有的甚至来自雅典自己的盟邦：位于阿提卡与伯罗奔尼撒之间的艾伊娜对雅典驻军深表不满，因为这损害了其自治权。[36]换言之，其他希腊城邦目睹了雅典人将原本的同盟体系转变为帝国的整个过程，它们想知道这一过程何时何地才会结束。斯巴达人决定领导这次对雅典的斗争。很多斯巴达人非常不愿意卷入战争，且当该事件被提交至公民大会进行投票时，究竟是主战派呼声高还是主和派呼声高，在一开始并不明显。[37]

雅典与斯巴达战斗的第一回合是所谓的阿基达米安之战（Archidamian War，公元前431~前421年），在这一阶段，雅典可以在海上展示其航海水平之高。前428年，雅典强有力地回击了莱斯沃斯的一次反叛，当时莱斯沃斯的主要城镇密提林（Mytilene）的公民密谋推翻雅典的统治，并扩大自己的海军势力。[38]他们告诉斯巴达人，雅典人“对我们的海军已经有了警觉，以防我们形成一支力量且与你们或其他力量联合在一起”，尽管如此，“如果你们能给予我们全力支持，那么你们将赢得一个具有更强大的海军力量的城邦（这是你们最需要的）”。[39]伯罗奔尼撒人允许密提林人即刻加入他们的同盟，但这并没有挽救密提林被雅典再次夺回的命运。在随后发生的著名的，或者说声名狼藉的争吵中可以看出雅典民主的利己主义和排他性：雅典人同意了像克里昂（Kleon）这样的将军的残忍提议，将密提林男性全部处死，妇女儿童籍没为奴。一艘三列桨战船被火 144
速派往莱斯沃斯执行该法令。尽管如此，雅典人也进行了重新考虑，并派了另一艘三列桨战船前去撤销决定。它紧追第一艘船，虽然没有超过它，但还是按时到达并拯救了当地百姓。这就是帝国。之后由于反叛依旧不断发生，雅典人逐渐剥夺了其盟邦的独立权，不再以平等态度待之。

伯罗奔尼撒战争过程中出现了大规模的人口死亡，造成这种结果的既有疾病又有人类的残酷行为。瘟疫（可能是鼠疫）于公元前430年到达希腊，并摧毁了雅典。地中海上的交通线总是为流行病的传播提供路径，文献中记载的一些更为典型的案例，如6世纪查士丁尼时期的瘟疫以及14世纪的黑死病，都将戏剧性地揭示这一点。但人们并没有从病理学的角度对这种疫病给予较多关注，而将其看作诸神对人类恶行的惩罚。

公元前425年，雅典人试图在派娄斯建立一个基地，从而将战争引入伯罗奔尼撒半岛。派娄斯是古内斯托尔（Nestor）的前首府，可以从这里对斯巴达的谷物供应路线进行干扰。[40]结果四百二十名斯巴达重装步兵发现自己被困于派娄斯对面的斯帕克特里亚岛（Sphakteria）上，且在一段时间内，他们的命运似乎与未来的战争联系在一起。这些人可能是斯巴达精锐部队的十分之一，所以他们的回归对斯巴达至关重要。斯巴达人与雅典的一位将军达成一个局部停战协议，他们将把停留在此水域的约六十艘船交给雅典作为抵押，直到双方完成协商。所有迹象似乎都显示战争即将结束，但是当斯巴达使团真正面对雅典公民大会时，他们发现自己无法对其敌人事实上的胜利给予让步。[41]所以战争仍然继续，且雅典将军克里昂带领一支特遣队对派娄斯进行了突然袭击，并俘获了被困于斯帕克特里亚的重装步兵——这并不是温泉关之战的重演。[42]

这场战争很快延伸至爱琴海和克基拉周边水域以外。但为何雅典人会于公元前427年在西西里岛开辟一个新战场，还是一个令人不解的问题。修昔底德认为，雅典人希望切断从西西里岛向伯罗奔尼撒诸城邦运送谷物的路线。且他们也开始怀疑“他们能否获得对西西里岛的控制权”。[43]习惯于控制岛屿的雅
145 典人并未认识到西西里岛有多大，也不了解想要控制这个岛屿将面临多少竞争压力：迦太基人是一个潜在的对手；叙拉古人是一个更为直接的威胁，因为他们是多利亚殖民者，装备精良，并拥有一大支船队，而该力量可能会倒向伯罗奔尼撒一方。[44]自古以来的忠诚开始展露出来，据修昔底德的说法，西西里岛的殖民者分为两个阵营：支持雅典联盟的爱奥尼亚人和本能地支持斯巴达的多利亚人。西西里岛东部正与叙拉古交战的爱奥尼亚殖民地莱翁蒂尼（Leontini）向雅典求助，雅典的回应是派出二十艘船作为支援。雅典的自信因其快速的成功而增强，这些胜利包括解救莱翁蒂尼和在墨西拿海峡确立统治权。叙拉古似乎比雅典预期的更软弱，对西西里岛的征服似乎是可行的。但这是一个灾难性的假设。

在雅典与斯巴达斗争的下一个阶段，西西里岛问题重新出

现了。雅典盟友的范围已经扩展至整个西西里岛，甚至已经包含了西西里西部希腊化的伊利米人。塞格斯塔（Segesta）或埃格斯塔（Egesta）的居民已经开始修建宏伟的神庙，该神庙至今依旧矗立在那里。他们视雅典为可帮助他们抵抗叙拉古及其同盟的保护者；当塞利诺乌斯（Selinous 或 Selinunte）的多利亚人向南袭击塞格斯塔时，塞格斯塔便派出使节前往雅典寻求援助（公元前 416 年或前 415 年）。塞利诺乌斯是另外一座西西里城市，其宏伟的神庙现在依旧留存。塞格斯塔的使节强调，这只是叙拉古和多利亚希腊人试图赢得整个岛屿控制权的开始，这一说法足够可信，因为几位叙拉古的僭主已经有了统治大西西里的野心。所有这些论证都助长了雅典人重开西西里战线的热情。[45]塞格斯塔为雅典人的援助准备了回报，他们向雅典人送去了六十塔兰特的未被铸造成钱币的银锭作为礼物；雅典回访塞格斯塔的使节也受到饮宴款待，所用的餐具均用金银制成，他们离去时的印象是，该岛的富有令人难以置信，其财富可很好地服务于雅典人的利益。但实际上塞格斯塔人反复使用了自己为数不多的精美餐具，当雅典使节在一个又一个塞格斯塔家族接受款待时，这些餐具也在挨家挨户地传递。[46]所有这些都足够诱惑贪婪的雅典人，于是经过公民大会投票决定，雅典派出六十艘船前往西西里岛。被派往西西里岛的将军中有明确支持西西里远征的亚西比德（Alkibiades），他后来毫无廉耻地先后效力于雅典、斯巴达和波斯，直到战争末期才作为雅典潜在的拯救者获得雅典人的尊敬。[47]亚西比德并未被给 146
予展示自己价值的机会，他被指控涉入一桩奇怪的渎神案，据说他在夜间损毁了分散于雅典城内的几尊赫尔墨斯雕塑的阴茎。他考虑到雅典对他而言比斯巴达更为危险，于是投靠了敌人。

公元前 415 年，雅典人最终向叙拉古发起了进攻，这是一个很难攻克的城市，因为它位于山崖上，扼守着前往大海港的入口。而在叙拉古北部交战的双方试图在沼泽地、采石场及开阔地上筑起围墙——叙拉古人筑起守卫城墙用以隔离雅典人，雅典人则筑墙围困叙拉古以断其供给。但这场战斗并非孤立地进行：斯巴达人派出了援助部队；雅典人则向不是希腊人的伊特鲁里亚和迦太基海军求助。伊特鲁里亚人派出一些船以展示自己的价值；迦太基人则更乐于坐山观虎斗，因为像叙拉古一样，雅典人在西西里岛的势力已经给其带来诸多不利。[48]斯巴达将领吉里普斯（Gylippos）率领一支小型船队和陆军到达此地，削弱了雅典人的士气。当战争打响时，叙拉古船队固守大海港的入口，最终击败了雅典海军（包括一些刚到的援助部队）。[49]海上胜利发生不久后叙拉古人又取得了戏剧性的陆上胜利。七千名雅典士兵被俘，并被带至叙拉古附近的采石场，他们在那里忍受高温折磨，最终有数千人死于中暑和营养不良。很多人沦为奴隶，不过据普鲁塔克的记载，如果有人能背诵欧里庇底斯（Euripides）的作品，那么他就可获得自由，这是因为欧里庇底斯的戏剧深受西西里岛上的希腊人喜爱。[50]因此，对西西里岛的远征以一次后果与瘟疫一样惨烈的灾难结束。从政治上看它也是灾难，雅典的威望大大折损，人们因此感到雅典的政策缺乏方向性，而且这一时期雅典最有能力的政治家亚西比德此时已成了斯巴达的座上宾。

雅典决定对西西里岛作战的本意是干扰这里对伯罗奔尼撒的谷物供给，可现在雅典正面临谷物供给中断的威胁。至公元前 411 年，斯巴达人积极与波斯人建立联盟，他们希望将腓尼

基人的船只引入爱琴海。波斯人的态度不明朗，因为他们也在 147
与雅典进行洽谈。对于他们来说，希腊人内斗到筋疲力尽之时，他们便可坐收渔翁之利。因此前 411 年波斯人向斯巴达人许诺的腓尼基船只从未到达，但是伯罗奔尼撒人利用自己的海军力量赢得了对赫勒斯滂的控制权，并在地处战略性位置的拜占庭煽动了叛乱。在赫勒斯滂的一系列海战中，斯巴达人由于缺乏海上作战经验而被雅典海军钻了空子，雅典因此获得了一些胜利；但是对于雅典而言，这些胜利并非易事，一次战役的失利就可能导致整个战事的失败。[51]前 406 年，在位于希俄斯岛与小亚细亚之间的阿吉纽西（Arginoussai），雅典以仅损失一百五十五艘船中的二十五艘的结果，取得了一场巨大的海上胜利，但是后来海军将领被送上法庭，这场胜利因此付诸东流。他们因没有将落水淹死的雅典船员的尸体捞回而被判处渎神罪。

对此斯巴达人知道如何应付，他们正忙于建立一支他们自己的船队。[52]简单掠夺阿提卡已经无法为他们带来胜利；这是一场必须在海上取得胜利的战争。公元前 6 世纪，斯巴达已经在海上向萨摩斯岛的波吕克拉特斯发起了挑战，且斯巴达在海军上下的功夫不容小觑。斯巴达人成功调动了盟邦和附属城邦，他们雇用了希洛人作为桨手。在与雅典人作战的晚期，最成功的一位斯巴达海军将领名为莱山德（Lysander），他在人们眼中十分善战，即使在其任期已满、不再有资格担任海军将领后，他仍被任命为名誉海军将领，以此身份留在军中并完成了击败雅典的任务。他就是在前 405 年的羊河战役（Aigospotamoi）中带领斯巴达军队以绝对的优势取得战争胜利的将领，在他的指挥下斯巴达人几乎俘获或击沉了整支雅典海军。[53]雅典人不得不向其求和，他们的帝国分崩离析，至此斯巴达成为希腊的霸主，虽然在前 4 世纪初为了维持霸权，它不得不在陆上和海上进行艰难的斗争。[54]

伯罗奔尼撒战争将原来由雅典人控制的爱琴海转变成了斯巴达人的湖。同时这场战争在亚得里亚海和西西里岛也引起巨大反响。在这场战争中，帝国野心与经济问题不可避免地纠缠在了一起，其中最为重要的议题是应由谁来控制将谷物从西西
148 里岛、爱琴海和黑海运往雅典和其他城邦的供给线。至公元前 4 世纪末，城邦时代已开始走向尽头。痴迷于增强自己神圣权威的马其顿王多次进行征战，东地中海的政治和经济形势（包括谷物的运送）因此发生了决定性改变。而在地中海西部，迦太基遇到了试图挑战其区域性霸权的更为强大的竞争对手，争夺该海域的新一轮大战即将发生。在接下来的两个世纪中，地中海非洲一侧海岸的两座城市——迦太基和亚历山大（Alexandria）将在地中海的政治文化史中占据主导地位。

注　释

1. N. G. L. Hammond, *A History of Greece to 322 BC* (Oxford, 1959), p. 226.
2. Thucydides 1:5.
3. Aeschylus, *The Persians (Persae)*, trans. Gilbert Murray (London, 1939), ll. 230–34, p. 30.
4. A. R. Burn, *The Pelican History of Greece* (Harmondsworth, 1966), pp. 146, 159; Hammond, *History of Greece*, pp. 176, 202; J. Morrison and J. Oates, *The Athenian Trireme: the History and Reconstruction of an Ancient Greek Warship* (Cambridge, 1986).
5. Thucydides 1:21; Herodotos 3:122; C. Constantakopolou, *The Dance of the Islands: Insularity, Networks, the Athenian Empire and the Aegean World* (Oxford, 2007), p. 94.

6. Herodotos 5:31.
7. Burn, *Pelican History*, p. 158.
8. P. Cartledge, *The Spartans: an Epic History* (London, 2002), pp. 101–17.
9. Burn, *Pelican History*, p. 174 – cf. Hammond, *History of Greece*, p. 202.
10. On numbers: W. Rodgers, *Greek and Roman Naval Warfare* (Annapolis, MD, 1937), pp. 80–95.
11. Ibid., p. 86.
12. Aeschylus, *Persians*, ll. 399–405, p. 39.
13. J. Hale, *Lords of the Sea: the Triumph and Tragedy of Ancient Athens* (London, 2010).
14. Thucydides 1:14.
15. Ibid. 1:13 and 3:104; Constantakopolou, *Dance of the Islands*, pp. 47–8.
16. Thucydides. 3.104 (trans. Rex Warner); cf. Homeric Hymn to Delian Apollo, ll. 144–55.
17. Constantakopolou, *Dance of the Islands*, p. 70.
18. 这句话写在了剑桥大学历史系以约翰·希利爵士命名的图书馆的大门上。
19. A. Moreno, *Feeding the Democracy: the Athenian Grain Supply in the Fifth and Fourth Centuries BC* (Oxford, 2007), pp. 28–31.
20. Aristophanes, *Horai*, fragment 581, cited in Moreno, *Feeding the Democracy*, p. 75.
21. Cf. P. Garnsey, *Famine and Food Supply in the Graeco-Roman World: Responses to Risk and Crisis* (Cambridge, 1988), and M. Finley, *The Ancient Economy* (London, 1973).
22. Isokrates 4:107–9, cited in Moreno, *Feeding the Democracy*, p. 77.
23. Moreno, *Feeding the Democracy*, p. 100.
24. Thucydides 8:96; cf. Moreno, *Feeding the Democracy*, p. 126.
25. Herodotos 7:147.
26. R. Meiggs, *The Athenian Empire* (Oxford, 1972), pp. 121–3, 530; Moreno, *Feeding the Democracy*, p. 318.
27. Moreno, *Feeding the Democracy*, p. 319; cf. P. Horden and N. Purcell, *The Corrupting Sea: a Study of Mediterranean History* (Oxford, 2000), p. 121.
28. P. J. Rhodes, *The Athenian Empire* (*Greece and Rome*, New Surveys in the Classics, no. 17) (Oxford, 1985).
29. Thucydides 1 (trans. Rex Warner).
30. Ibid. 1:2; J. Wilson, *Athens and Corcyra: Strategy and Tactics in the Peloponnesian War* (Bristol, 1987); D. Kagan, *The Peloponnesian War: Athens and Sparta in Savage Conflict 431–404 BC* (London, 2003), p. 25.
31. Thucydides 1:2 (adapted from version by Rex Warner).
32. Kagan, *Peloponnesian War*, p. 27.
33. Thucydides 1:3.
34. Ibid.
35. Thucydides 1:4; Kagan, *Peloponnesian War*, pp. 34–6, and map 8, p. 35.
36. Thucydides 1:67.2; Kagan, *Peloponnesian War*, p. 41, n.1.

37. Thucydides 1:6.
38. Kagan, *Peloponnesian War*, pp. 100–101; Constantakopolou, *Dance of the Islands*, pp. 239–42.
39. Thucydides 3:13.
40. Ibid. 4:1.
41. Kagan, *Peloponnesian War*, pp. 142–7.
42. Thucydides 4:2.
43. Ibid. 3:86.4.
44. Ibid. 6:6.1; Kagan, *Peloponnesian War*, pp. 118–20.
45. Cf. Thucydides 6:6.1.
46. Ibid. 6:46.3.
47. W. M. Ellis, *Alcibiades* (London, 1989), p. 54.
48. Kagan, *Peloponnesian War*, p. 280.
49. Rodgers, *Greek and Roman Naval Warfare*, pp. 159–67.
50. Kagan, *Peloponnesian War*, p. 321.
51. Ibid., pp. 402–14.
52. Ibid., pp. 331–2.
53. Xenophon, *Hellenika*, 2:1; Cartledge, *Spartans*, pp. 192–202.
54. Xenophon, *Hellenika*, 3:2, 3:5, 4:2, 4:3, 4:4, 4:5, 4:7, 4:8, 4:9, etc.

六　地中海的灯塔 （前350～前100年）

1

公元前333年，马其顿王亚历山大三世（Alexander Ⅲ，他宣称自己是希腊人，但受到了雅典人的质疑）在奇里乞亚门（Cilician Gates）外的伊索斯（Issos）战役中大败波斯军队，报复了在以往几个世纪中把希腊置于威胁下的波斯王。但是他并没有深入波斯腹地追捕波斯王大流士三世（Darius Ⅲ）。他很清楚沿地中海海岸压制波斯力量的必要性，并向南进军至叙利亚和巴勒斯坦地区，无情地攻占了之前向波斯提供船队的腓尼基城市。他建立了一个大堤将推罗与大陆永久相连，但即使如此，推罗的抵抗还是持续了七个月之久，这激怒了他。推罗被攻陷后，其大部分居民或被屠杀，或被籍没为奴，或在十字架上被钉死。[1] 他绕开耶路撒冷，择路穿过加沙，因为这一阶段他的真正目标是埃及。自冈比西斯统治时期起，埃及已被波斯总督统治了近两百年，亚历山大三世对这片土地的征服不仅改变了埃及，也改变了整个东地中海。他的胜利使埃及完全改变了原有的定位，开始将目光朝外投向地中海，而非局限于其内部的尼罗河河谷。[2] 前311年，他决定在埃及北部边缘的一处石灰岩岬角上建立一座城市，这个岬角与内陆的冲积平原间隔着一个湖泊。与其说这是一座埃及城市，不如说它是毗邻埃及的城市，这也可由之后的拉丁文文献对其的称呼证实：它被

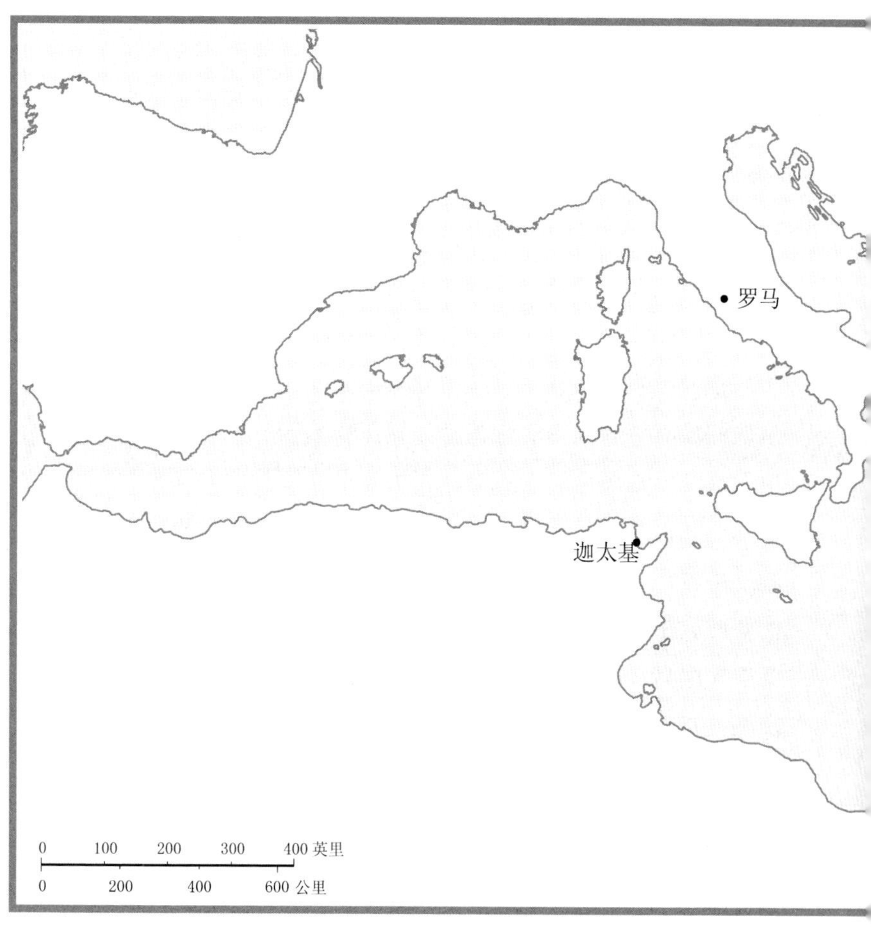
罗马
迦太基
0 100 200 300 400 英里
0 200 400 600 公里

帕加马
提洛岛
罗得岛
推罗
亚历山大

称为“*Alexandria ad Aegyptum*”，意为“通往埃及（或邻近埃
及）的亚历山大城”。在之后的两千多年里，亚历山大城都将
被更多视作一个地中海城市而不是埃及城市，直到 20 世纪外
150 国势力被逐出此地后人们才改变了看法。在这两千多年间的多
数时期，它都是地中海最伟大的城市。

亚历山大建立此城的动机必然包括为自己歌功颂德。[3] 不
久前他在下埃及古都孟菲斯被加冕为法老。而且在考察了亚历
山大城城址后，他拜祭了宙斯/阿蒙神，此后他便自认是该神
明的儿子，而非著名的马其顿王腓力二世（Philip Ⅱ，其对希
腊的多次征战已经为亚历山大的帝国奠定了基础）的儿子。
他对荷马的著作十分痴迷，且（据普鲁塔克记载）荷马曾多
次出现在他的梦里，让他想起《奥德赛》中的一个章节，据
其描述，在距埃及海岸不远的一个被称为法罗斯（Pharos）的
岛屿上有一个良港。他对于亚历山大城作为一个贸易中心的潜
151 力十分清楚，且为其作传的阿里安（Arrian）坚持认为，亚历
山大积极参与了这座城市的规划。不幸的是，由于没有足够的
画线工具可用来在地上勾画城墙的轮廓，亚历山大的建筑师建
议用大麦粉代替，而这要从马其顿士兵的给养中抽取。最终确
定城市边界的是被面粉引来的一大群鸟。[4] 同地中海世界的其
他新兴城市相同，亚历山大城的街道呈棋盘格状，其大部分格
局被保留到了今天，但早期亚历山大城宽阔的街道已经变窄很
多，且在水位线以上几乎找不到古代城市的痕迹——建于公元
前 4 世纪后期的所有建筑都不复存在了。亚历山大城的独特之
处在于它庞大的规模：它东西长三英里（五公里），南北宽度
152 大约为东西长度的一半，是一个狭长的城市，据说像一件希腊
式披风（*chlamys*）。[5] 港口在城市规划中占有重要地位，各港口

间由一道长长的防波堤隔开，这道防波堤又将新城与荷马口中的法罗斯岛连在一起。

很快，亚历山大就将埃及抛在后面，成功地经波斯挺进印度，然后在亚历山大城建成八年后，他于巴比伦去世，年仅三十二岁。[6] 他建立一个希腊 - 波斯大帝国，将两个伟大民族的高等文化结合到一起的梦想，也随之逝去。他的帝国被三名争夺权势的将军瓜分，分成马其顿与希腊、叙利亚与东方，以及埃及。正是在控制埃及的那位将军建立的王朝下，亚历山大在埃及边缘建立一座伟大城市的梦想变成了现实。外号“救星”的托勒密一世（Ptolemy I Soter）凭借个人能力手握大权，他自称法老，将希腊和埃及的统治和治理理念结合起来。托勒密王朝时期的雕像在表现法老时呈现出极强的传统风格，希腊人的发式偶尔才得以保留，而且托勒密人还按照古代埃及的风格为埃及诸神建造神庙。对于托勒密人来说，娶自己的姐妹也成为惯例，就像过去法老们长期坚持的那样，这种做法在希腊人中并不存在。[7] 亚历山大城成了重焕光彩的希腊文化最活跃的中心，这种希腊文化席卷了整个地中海。“希腊化”文化的一大独特之处在于它并不只属于希腊人。希腊化风格的艺术传入迦太基和伊特鲁里亚，希腊化的概念征服了犹太人、叙利亚人和埃及人。希腊化文化常常被视为古代雅典的通俗化的古典文化，以艺术和建筑的绚丽风格——古希腊的样式——为主要特征。然而，希腊科学与文化界最闪亮的几颗明星正是在这个希腊化的世界，特别是亚历山大城（而非希腊本土）中诞生的。他们中有数学家欧几里得、发明家阿基米德、喜剧作家米南德（Menander）；到后来罗马人统治的早期，则有犹太哲学家斐洛（Philo）和名医伽林（Galen）。在这种开放的新型希腊文化向地中海传播的过程中，亚历山大城发挥了关键性的基础作用，它成了地中海文化的灯塔。

托勒密王朝创新与传统相结合的宗教政策令人印象尤为深刻。早期的托勒密人野心勃勃、活力四射且极富求知欲，他们愿意接受不同的文化，在管理埃及经济时也颇有远见。把亚历山大城建造成一座生机勃勃的城市的是他们，而不是亚历山大
153 大帝。托勒密一世（亡于公元前 283 或前 282 年）和“恋姐者”托勒密二世（Ptolemy Ⅱ Philadelphos，亡于前 246 年）把希腊人、叙利亚人、埃及人和犹太人引入了亚历山大城。许多犹太人因为对亚历山大大帝的爱戴，作为忠诚的士兵来到此地；此后，“亚历山大”一直是犹太人最喜欢的名字之一。当然，他们的信仰与众不同，但托勒密王朝并不想进行干涉。亚历山大城东部有一块叫作三角洲（Delta）的重要区域，那里逐渐成为犹太人的活动中心，地中海沿岸的第一个大型犹太人聚居区也由此形成。古代的以色列人主要过着相对封闭的田园生活，被生活在沿岸地区的腓利士人和其他民族围在内地。正是出于这个原因，他们并没有在地中海此前的历史中发挥重要作用。但随着亚历山大城的建立，犹太人的信仰和文化开始慢慢向地中海传播。斐洛强调摩西作为律法制定者的地位，以及由摩西传承下来的神圣律法的价值。这种强烈道德启示与有组织律法体系的结合，以及一神论智识层面的吸引力，在此后的数个世纪中为犹太教吸引了众多皈依者和同情者。后来的犹太人在描绘这个时期时通常强调希腊与犹太文化间的敌对，以及时常因此发生的暴力冲突，这种矛盾最终酝酿出了前 2 世纪反抗叙利亚和巴勒斯坦塞琉古（Seleucid）统治者的马加比起义（Maccabean revolt）。虽然这一点在埃及的托勒密王朝贯彻得很

好，但这些统治者未能坚持尊重犹太教的传统：塞琉古人试图废止包括割礼在内的犹太人习俗，并在他们的神庙中举行异教的献祭。纪念犹太人起义的光明节（Hanukkah）逐渐成为为纪念对希腊化的完全摒弃而举行的庆典。尽管这次起义反映了对希腊化的反感情绪，但这些情绪本身也揭示了绝大多数犹太人实际上已深受希腊文化影响——他们因参与竞技比赛和学习希腊哲学而受到批判。生活在亚历山大城的犹太人广泛使用的语言是希腊语，而非阿拉姆语（Aramaic，巴勒斯坦犹太人的方言），不久后希腊语版的《圣经》就会出现。此外，在亚历山大城诞生之初的两个世纪中，希腊人和犹太人和谐地睦邻而居。犹太人在他们的许多会堂中都镌刻了纪念托勒密人并盛赞这个王朝的铭文，但同时他们拒绝接受异教神庙把托勒密人奉为“神圣”的做法。[8]

托勒密一世为城中的其他居民，特别是希腊人，带来了一 154
位新的崇拜对象——萨拉皮斯神（Sarapis）。萨拉皮斯身上的部分元素源自埃及，他是公牛之神阿匹斯（Apis）与复活之神奥西里斯（Osiris）的结合体［因此，这位神事实上应被叫作“（奥）西里－阿匹斯”（［O］sir－apis）］。但萨拉皮斯也吸收了希腊神祇——狄奥尼索斯、宙斯（与奥西里斯的性质相当），甚至冥界之神哈迪斯（Hades）——身上的一些元素。他还与希腊神话中的治愈之神阿斯克勒庇俄斯（Asklepios）有关。在他的画像中，他通常把一个量谷器皿放在自己的头顶，这一形象展现了他与埃及的富饶及其规模逐渐扩大的谷物贸易的关系。因此，这样一个折中形象既可用希腊风格又可用埃及风格表现。[9] 托勒密人在萨拉皮斯神可能的出生地——孟菲斯为其建造了一座被称为萨拉皮翁（Sarapeion 或 Serapaeum）的大型神庙，装饰这座神庙的是“纯希腊式的”雕像；亚历山大城的萨拉皮翁神庙的周围却都是埃及风格的斯芬克斯像，其中有些斯芬克斯今天仍然存在。萨拉皮斯在亚历山大城极受欢迎：“尽管看起来有些不可思议，但当时这种创造新神的做法并不稀奇。”[10]这是因为希腊人并不认为他们自己的神只能是希腊化的神，同时对于神在不同民族前有着不同形象一事，他们也能接受。因此，萨拉皮斯神的创立构成了埃及神祇适应希腊文化的过程中的一环。希腊人的问题不是“你们的神与我们的神有何不同”，而是“你们的神与我们的神哪里相同”。萨拉皮斯神的折中特质还向人传递了一种感觉，即奥林匹亚的十二位主神间并不存在明显的界线，他们的拟人化是一种把大量混杂的神圣特征合理化的过程。折中态度有时还表现为把萨拉皮斯神奉为“三位一体”的希腊或埃及神祇中地位最高的一位。这种倾向继续发展，最终萨拉皮斯被描绘成宇宙间的唯一真神，他的信徒彻底成为亚历山大城中基督徒的竞争对手。[11]

2

托勒密一世与托勒密二世治下的第二个重要创举是在法罗斯岛上建造了大灯塔；“法罗斯”一词在希腊语、拉丁语以及
155 罗曼语系中被保留下来，它直接就意为灯塔。大灯塔很快就被列为一大世界奇迹，与它同为世界奇迹的还有罗得岛巨像：这两处纪念性建筑都彰显了它们所在城市的荣耀，且同时强调了一个事实：这种荣耀在很大程度上是以贸易为基础的。灯塔是亚历山大城早期构想中的一部分，其修建工程始于公元前 297 年，前 283 年才结束。修建这样一座灯塔在某种程度上十分必

要：海岸附近有夜间无法看见且日间也难以发现的浅滩。如果这座城市想要成为地中海贸易中心，那么通往亚历山大城的道路就应该变得更为安全。托勒密人的这座屹立于海波之上的巨型建筑高一百三十五米（四百四十英尺），它分为三部分，最底层是面积逐渐向上收缩的方形平台，在那之上是一座顶部为圆形石柱的八角塔，柱顶上矗立着宙斯的巨型雕像。巨大的镜面将光线投向数英里以外的海面，根据比较合理的推测，这一距离约为四十英里。灯塔究竟如何照明至今仍然是个谜。尽管15 世纪晚期修建于此地的马木留克堡（Mamluk fortress）——它规模更小，但仍然十分壮观——重新使用了原灯塔的部分设施，尽管现代的水下考古活动发掘出了灯塔规模可观的残迹，但法罗斯灯塔的确切外形和运作方式仍然难以确定。

灯塔以及亚历山大城的修建之所以可行，是因为托勒密家族控制了大量资源。他们不只利用了这些资源，还在亚历山大城发展贸易的过程中增加了这些资源的价值。事实上，一些观察家坚持认为，亚历山大城从埃及内陆获取的财富至少不亚于来自地中海的收益。地理学家斯特拉波认为“该城从河道获取的收入远远超过了来自海洋的收益，因此湖畔边的港口比海港更为富庶”，不过他在托勒密一世与托勒密二世的黄金时代之后的数个世纪，也就是公元 1 世纪初期，才写下了这段文字。[12]亚历山大城两方兼顾，将埃及与地中海以前所未有的方式连接起来；而与地中海世界外部的联系——经红海与印度的联系——则确保了亚历山大城作为印度洋与地中海间第一港口的地位，且在之后两千年的大部分时间，它始终保持了这一地位。托勒密家族眼光独到，知晓如何维系亚历山大城乃至整个埃及的经济活力。他们明白仅依靠亚历山大本身并不能控制 156

海上商路。他们致力于将腓尼基诸城纳入自己的掌控下，这使他们与对手塞琉古人陷入冲突。如果他们想要维持强大的舰队，那么就需要将其政治影响力延伸到埃及以外的地区，将势力范围扩展到盛产木材的地区：塞浦路斯、黎巴嫩和安纳托利亚南部。同样，如果没有一支强大的舰队，他们也无法掌控这些地区。[13]于是海军的军备竞赛开始了，扩大的不只是埃及和叙利亚的舰队规模，舰船本身的体积也变得更大。前 4 世纪，双方有时拥有的舰船有 300 多艘。腓尼基人的造船厂用黎巴嫩的雪松为塞琉古诸王打造出一支强大的舰队。托勒密二世的舰队则拥有 336 艘舰船，其中包括 224 艘四列桨座式战船、三列桨座式战船和小型舰船；但其中还有许多巨型船，它们是 17 艘五列桨座式战船，以及可能两边装备着更多桨手的更大的船——5 艘“六列桨座式战船”、37 艘“七列桨座式战船”、30 艘“九列桨座式战船”、14 艘“十一列桨座式战船”以及 2 艘超大的“三十列桨座式战船”。后来，外号“笃爱父亲的人”的托勒密四世（Ptolemy Ⅳ Philopator，于前 204 年去世）要建一艘“四十列桨座式战船”，这可能是一种大型的双体船。[14]这些船的名称是桨手具体数目的直接反映，还是仅表示“要比之前的大船更大”，对此学界目前尚无定论。托勒密四世的“四十列桨座式战船”从未投入战斗，可能它并不适合作战；但它充分地展现了埃及希腊化的法老们的富庶和强大。其长度超过 130 米，宽度超过 16 米，据说可容纳 4000 名桨手和 3000 多名辅助海员。单为这样一艘船补给食物和饮水就需要一支小型舰队。[15]然而，一艘如此大尺寸的船的用途并不只有展示实力。在以色列阿特利特（Atlit）附近的海底发现了一只 2.25 米长、465 千克重的撞角，它属于前 2 世纪的一艘战船。[16]

除用于建造舰船的木材，托勒密王朝还需要寻找金、银、锡、铜等矿产资源。在过去的漫长岁月中，当赫梯人、腓利士人、希腊人和迦太基人积极用铁来制造武器和各种工具时，埃及人却奇怪地无视了这种金属。这或许是因为埃及的土壤在尼罗河河水泛滥后便十分易于耕作，因此埃及人完全不需要铁制重犁。但另一方面，埃及的金属制造业确实十分繁荣，金、银、铜等金属制作的盘子的出口成了亚历山大城的一大优势产业，其他出口货物还有织物、陶器以及作为该城特产的玻璃。[17]莎草纸是埃及的另一种特产，从维纳蒙所处的公元前 11 157
世纪起，周边地区就对它有着极大的需求，如今埃及的莎草纸已遍布地中海各地。迦太基是销售这些货物的主要市场之一，迦太基人还使用托勒密王朝的重量标准来制作货币。迦太基对托勒密王朝而言很有价值，因为西班牙和撒丁岛的白银正是通过迦太基流入埃及的。[18]埃及与罗得岛的关系也很密切，在前 3 世纪，罗得岛是与亚历山大城齐名的商贸重镇。亚历山大城因此被建设成整个地中海地区的主要商业中心之一，它如此具有活力，不仅因为托勒密王朝在其统治早期取得了辉煌成就，还因为它迅速地融入了希腊化的贸易网。

从埃及的沙漠中出土了一些莎草纸文献，其中提到了托勒密二世政府中的一名行政人员，他的名字叫阿波罗尼奥斯（Apollonios）。在这些文献中，有一份公元前 3 世纪的商船货单，记录了从叙利亚发往亚历山大城的阿波罗尼奥斯家中的货物，它可以帮助我们了解当时主要有哪些贸易品——有来自黑海的坚果（一直是地中海商路上很受欢迎的商品），有来自希俄斯岛的奶酪，有橄榄油、无花果、蜂蜜、海绵和羊毛，还有从外国进口的野猪肉、鹿肉和山羊肉。但占据船舱大部分空间的是葡萄酒——船上有盛放普通葡萄酒的138只双耳罐和6只半双耳罐，以及盛放甜葡萄酒的5只双耳罐和15只半双耳罐。这种贸易在征税方面十分谨慎、精确。[19]同过去的法老一样，托勒密王朝的统治者对贸易进行了严格的控制，而且他们并不打算放松这种控制。在船只抵达事先指定的港口后，船上的货物必须接受严格的检查。后来的罗马人、拜占庭人以及阿拉伯人也使用了这套古老的商业征税制度，它被称为“按价征税”（*ad valorem* taxes），表示在货物估价的基础上按照一定比例征税，有时税率会高达50%（葡萄酒和橄榄油），有时则只征收估价的三分之一或四分之一；不仅港口会征收这种税，当货物沿尼罗河运往亚历山大时，沿岸的征税站也会征税。[20]这种征税体系的一个后果是，当货物抵达亚历山大城的码头时，商人们不得不抬高货物的价格。然而人们对产自埃及的谷物和其他产品需求十分强烈，因此它们仍然能够在东地中海找到买主。此外，亚历山大城是把印度洋与地中海联系在一起的“中间商”，这一职能也使城中的居民获益匪浅。虽然在此之前，希腊商人已经在瑙克拉提斯和其他地方开始从事印度洋和地中海
158 间的贸易，但亚历山大城的加入使这种贸易的规模急速扩大。黄金、乳香和没药是从红海运来的三种最受欢迎的物品。在前270年或前269年，“恋姐者”托勒密二世重新开凿了一条运河，将尼罗河三角洲与西奈半岛西部的数个湖泊连接起来（如今这条运河被苏伊士运河横穿而过），开辟了一条通往红海的商路。来自印度的货物在亚历山大城中随处可见，托勒密王朝还凭借来自非洲和印度的大象建立了一支大象军队。[21]一份埃及莎草纸文献列举了一艘名为“赫尔马波罗”（*Hermapollo*）

的船上搭载的货物，该船从印度运回了60箱甘松、5吨重的普通香料以及235吨重的象牙和乌檀木。[22]地中海的大宗香料贸易早已成形，就算是葡萄牙人在15世纪末开辟的经好望角通往印度的航线，也没能动摇亚历山大城作为最重要的香料贸易中心的地位。

谷物是在亚历山大城的商贸活动中占据主导地位的产品。部分原因是这座城市需要获得补给。先前建造的运河将亚历山大城背后的马雷奥蒂斯湖（Mareotis）与尼罗河三角洲连接起来，谷物的获取得到了保障。但托勒密人充分意识到国际市场对谷物的需求始终存在；雅典可能转向博斯普鲁斯海峡寻找粮食供应，但罗得岛则渴望购买埃及的谷物以满足自己和贸易伙伴的需求。[23]由此一来，托勒密人发现自己占尽优势：他们继承自埃及人的政治制度规定，埃及的绝大多数土地都是法老的所有物，他们因此就能够对农民征收较高的租金，且要求农民上缴其土地的一半产出。鉴于在尼罗河河水泛滥之后土壤会变得十分肥沃，这样的要求似乎算不上毫无道理。与此同时，出口市场又浮现出了新的机遇：黑海地区面临凯尔特人和斯基泰人的不断入侵，这里的粮食生产和通往雅典和其他希腊城邦的运粮路线因此受到严重破坏。托勒密人意识到自己可以通过谷物贸易获利，于是开始努力提高谷物生产的品质与数量。他们扩大土地耕种面积，鼓励人们使用铁制农具以提高生产效率和产量："铁制农具给埃及农业带来了十分巨大的影响，这几乎可被称作农业革命。"[24]灌溉系统也得到改进，托勒密人发明了一些灌溉土地的新装置，其中就包括阿基米德螺旋泵，它至今仍是埃及农夫钟爱的工具，在当时它被称为"蜗牛"或"克齐里阿斯"（*kochlias*）。[25]波斯人曾引入一种新型小麦，它要优 159

于埃及人种植的各种传统麦子，这种小麦的优势在亚历山大在世时就已经得到重视。葡萄的种植活动迅速扩展到了亚历山大城对岸，且当地生产出了一些优质的葡萄酒。对托勒密人而言橄榄油业的发展也十分重要，因为在托勒密王朝之前，埃及的橄榄树种植并没有如此广泛。由此，托勒密人为埃及的再次繁荣奠定了基础，并且这种繁荣一直延续到了拜占庭时期。

3

托勒密人在花钱方面毫不吝啬。亚历山大大帝的遗体在途经叙利亚时被托勒密人抢走，并被葬于亚历山大城中心的豪华墓葬中（寻找墓葬的具体位置一直是深受亚历山大城市民喜爱的消遣），托勒密王朝由此获得了荣耀。但亚历山大城本身就充满活力，其最伟大的建筑毫无悬念就是那些附属于城北大规模宫殿群的建筑物。托勒密人在那里建立了两个相互关联的学术机构，它们证实了托勒密人的强烈的学术热情，也证实了他们当时的一种决心，即无论他们要做什么都要做得最大、最好。这两个机构便是亚历山大学宫（Mouseion）与亚历山大图书馆（Library）。在亚历山大图书馆，凭借埃及的莎草纸，托勒密人建立了有史以来收藏最为丰富的文献中心。设立学宫（献给缪斯女神的神龛）的想法并非首创［它的修建可以参考雅典的著名先例，且托勒密一世也采纳了学识过人的雅典人法勒鲁姆的德米特里（Demetrios of Phaleron，约公元前 350 ~ 前 280 年）的建议］，但其规模、存在时间以及影响力都是空前的。这里不单是一个教授音乐、哲学和艺术的祭祀中心。它是一所高级研究机构，是一间万灵学院，这里的学者们大多不用承担教学任务，可以全身心投入文学、科学和哲学的研究当中。根据斯特拉波的记载，学宫还设有一间公共休息室，学宫成员们可在此共同进餐。该机构拥有一笔捐款，国王任命一位祭司主持这里的工作。[26]

另一处伟大的学术机构大图书馆也极为神秘。它并非公共图书馆，不过专业学者均可进入，且馆中设有侧厅，学者们可在其中讨论问题并一起工作。该图书馆的修建源于托勒密一世的一个决定，他想要“将所有民族的著作收集起来，只要它们是值得关注的”。[27]尽管学宫据称主要研习希腊文化，但图书 160
馆的关注范围显然已经远远超出了希腊世界，不过绝大多数非希腊语的文献在存放之前都已被译成希腊语版，如埃及法老们的编年史、希伯来语的《圣经》、印度的传说。在法勒鲁姆的德米特里及其能力卓绝的继任者们的指导下，图书馆被安置在托勒密家族宏伟的宫殿群落中的某一处。虽然不久后塞拉皮翁（Serapeion）又建了一座“子图书馆”，而且那里的交通更为便捷，不过该馆的藏书规模似乎只有主馆的十分之一——这里只有4.28万卷莎草纸文献，而主馆则藏有40万卷各种各样的“混合”图书以及9万卷“未被混合的”图书。[28]有些卷册包含数种著作，但较长的作品［对此，亚历山大城的诗人卡利马科斯（Kallimachos）有个著名的说法，即“大书即大恶”（*mega biblion*，*mega kakon*）］被分成独立的卷册。然而，证据表明在图书的质量与数量之间存在矛盾。托勒密人决定要拥有伟大作家们的最好作品：他们骗雅典人要对埃斯库罗斯、索福克勒斯和欧里庇底斯等人的作品进行抄录，请他们将这些大师的剧本原稿送来，但最后却扣下不还，即便为此他们支付了数量庞大的白银作为赔偿。[29]与此同时，博物馆的学者们集中精力，对古代及古典时期的希腊诗人们——如萨福（Sappho）与品达（Pindar）——的作品加以分类和编辑整理，却忽略了不太知名但文采卓越的古典作家以及与他们自己同时代的诗人们，例如卡利马科斯，我们经常不得不通过在埃及沙漠中发现的莎草纸碎片才能还原卡利马科斯的作品。[30]因此，学宫与图书馆对编辑、整理古典作家们的作品文集至关重要，并最终促成古代与古典时期的希腊被神化为文学创作的鼎盛时期，当然托勒密人也付出了代价——亚历山大城也被彻底希腊化了。

对托勒密时期的亚历山大城的文学创作表示轻蔑将是一个错误。事实上，昔兰尼（Cyrene）的卡利马科斯以及罗得岛的阿波罗尼俄斯（Apollonios of Rhodes）就曾在亚历山大图书馆工作，而且卡利马科斯还为图书馆设计出一套分类体系。但他们自己也创作了历久不衰的作品：卡利马科斯以其警句著称；而阿波罗尼俄斯最伟大的贡献在于史诗，他按照荷马史诗的体例创作了《阿尔戈英雄纪》（*Argonautika*），该史诗重新描绘
161 伊阿宋寻找金羊毛并与美狄亚（Medea）相爱的旅程。但他的文风并非对荷马史诗的拙劣模仿：他有一种非同寻常的能力，描绘事情时仿佛是在直接同读者讲述他的亲眼所见，而且其绚丽的文风也很有魅力。虽然他永远无法摆脱荷马式地理知识的影响，导致罗马时期的评论家们嘲笑他的错漏，不过他描述了伊阿宋可能经过的地中海水域，描述了远方的欧洲河道水系，这透露出他背离了当时亚历山大城的地理学家以及民族志学者的影响。[31]

亚历山大城的图书馆在藏书规模与全面性方面都是独一无二的，不过它还有竞争对手。小亚细亚海岸的帕加马（Pergamon）的历任国王们也在为其图书馆收集图书；据说，

托勒密二世为了阻挠他们藏书量的增长，特意下令禁止将莎草纸出口到帕加马。但帕加马的图书馆馆员们想出一个解决办法：在动物皮毛制成的羊皮纸（即帕加马纸，*pergamenon*）上书写。[32]另一方面，亚历山大城的藏书量在经历了迅速增长后开始慢慢减少。文献的自然磨损、不当的搬动（图书馆不对外出借图书）以及经年累月的相对忽视，特别是尤利乌斯·恺撒将亚历山大城码头周围一些可能存放图书的仓库——可能是某种类型的远距离图书馆——付之一炬，都意味着亚历山大城图书馆的巅峰期已过。[33]尽管传统上的说法是亚历山大图书馆的毁灭与公元 642 年阿拉伯人入侵有关，但大家一般也认同，在那个时候，图书馆已经几乎没有什么可被破坏的物件了，而且让人难过的是该图书馆中的原始文献一份都没有留存下来。[34]

关于托勒密王朝对其他民族的智慧成果并不排斥的说法，最明确的证据是古代作家们的报告经常提及的一件事，即托勒密二世曾委托相关人员翻译希伯来语的《圣经》。[35]一则广为流传的故事称：耶路撒冷的祭司长派遣七十二名犹太贤人前往亚历山大城，他们被安置于七十二个隔间中，被要求独立翻译《摩西五经》。他们提交了七十二份完全相同的希腊译文，这被称为“七十士译本”。[36]事实上，“七十士译本”经历了数十年的时间才逐渐成形，它满足的不仅是求知欲旺盛的托勒密家族和他们支持的学者的需要，还有亚历山大城的犹太人的需要，在这些犹太人中讲希腊语的人口日渐增长，我们甚至都无法确定伟大的犹太哲学家斐洛是否精通希伯来语。有趣的是，“七十士译本”所依据的希伯来文本与犹太人保存的标准版本“马所拉抄本”（Masoretic）有数处差异，它还保留了一些被 162

犹太圣经放弃的伪造资料。在这些资料中，有些文献——如“所罗门智慧书”——显示出希腊化哲学思想的突出影响，这进一步证明亚历山大城的犹太人并没有完全摒弃希腊化文化，反而热情地对其表示欢迎。“七十士译本”是亚历山大城对地中海文化史做出的伟大贡献之一，后来君士坦丁堡的基督徒将之作为《旧约》的标准版本。事实上，拜占庭的基督徒保留下来的亚历山大城的犹太文化要比犹太人自己保留下来的更多，其中就包括斐洛的大量作品。

我们很容易就能列一份那些曾在托勒密时期的亚历山大城学习、研究的著名希腊学者的名单。有些学者影响极大但留下的信息却含糊不清：欧几里得是一个人，还是一个数学家学会？公元前3世纪时，精确算出地球直径的伟大学者埃拉托色尼（Eratosthenes）就曾是亚历山大图书馆的一名馆员。另一位极富创见的科学家是阿利斯塔克（Aristarchos），他推演出了地球绕着太阳转动的结论，不过他的观点未能引起重视。在罗马时期，另一位亚历山大城的学者托勒密（Claudius Ptolemy）在其极有影响力的著作中仍然主张地球是宇宙中心，该书的出版进一步削弱了阿利斯塔克的影响力。亚历山大城拥有极具活力的医学传统。为进一步了解人体，城中的学者不仅解剖尸体，还对被定罪的囚犯进行活体解剖。阿基米德（前287~前212年）在其漫长的一生当中，可能只在埃及有过短暂的停留，但他始终与亚历山大城的数学家，如埃拉托色尼保持联系。[37]阿基米德的职业生涯可以反映托勒密宫廷对精妙机械的着迷程度。在安提基西拉岛（Antikythera）附近的地中海海床已出土了他的一件作品，它看起来像是关于宇宙的机械模型。[38]亚历山大城的科学研究服务的不仅是当地利益，这些科学家们的发明与发现的重要意义历久弥新，进一步证明了希腊化文化的强大生命力，而亚历山大城正是这场文化运动的首都。

4

亚历山大城并不是孤立存在的。它在商业上取得的成功仰仗于其与地中海东部和西部（至少远至迦太基）的联系。在 163
曾经强大的海上贸易力量雅典衰落后，东地中海还有另外一个地方也填补了雅典留下的真空地带：罗得岛。虽然罗得岛以外的世界已经被马其顿的将军们瓜分殆尽，但罗得岛上的希腊裔贵族成功地维持了该岛的独立性，使该岛没有被竞争对手控制。公元前 305 年，罗得岛人成功挫败塞琉古国王季米特里奥斯（Demetrios）夺取该岛的企图，他从叙利亚率四万大军封锁了罗得岛整整一年。但最后，罗得岛人的决心迫使季米特里奥斯撤退。这也是针对罗得岛的第一次著名围攻，后来类似的情况多次发生。为了纪念这次胜利，岛上树立起一座太阳神赫利俄斯（Helios）的巨型雕像，该雕像正好立在罗得岛的港口之上。这座著名的巨石雕像大约于前 280 年正式完工。罗得岛人甚至还成功地在东爱琴海诸岛和小亚细亚海岸建立自己的统治区域，使之成为重要的物资和人力资源基地。[39]他们对人力有着巨大需求，因为他们需要派遣大型舰队并耗费巨大精力来肃清海域中的海盗，这些海盗的出现也是雅典海上霸权衰落难以避免的后果之一。在前 206 ~ 前 203 年，罗得岛人投入了巨大力量以打击以克里特岛为据点的海盗。[40]他们致力于实现的目标是，任何势力都不得主宰他们航行的区域；他们要保持不同阵营间的平衡。如此一来，尽管他们与托勒密王朝治下的埃及保持着紧密的商业和政治联系，但如果埃及海军想要称雄于整个东地中海，他们就会选择支持塞琉古人。罗得岛人之所以能够这样做，是因为他们并没有试图去建造托勒密人以及塞琉古人钟爱的那种大得不合理的重型舰船。在他们倾向于建造的船只中，有一种三列桨快船（*triemiolia*），是在原有的三列桨战船基础上改造而建成的，它可以较好地同时利用船帆与划桨的力量，这种船因此是追击海盗的理想船只；罗得岛人还使用了希腊火（Greek fire）的一种雏形，它把火焰从管子里喷出并投向敌人船舰的甲板。[41]

尽管托勒密王朝已经建造出十分壮观的战舰，但亚历山大城的商业通道仍然受罗得岛的船只支配，在风向适宜之际，这些船只需三四日即可抵达埃及，而返回罗得岛的航线甚至在冬季也不会中断，不过船行速度会更慢一些。[42]狄奥多罗斯写道，“罗得岛人的岁入绝大多数来自前往埃及的商人”；他还声称，
164 “罗得岛人甚至可以说，供养他们自己城市的是埃及王国”。[43]埃及的绝大多数谷物是经由罗得岛人运往北方的，大量销往埃及的葡萄酒也来自罗得岛，因为罗得岛人在整座岛屿上都种植了成片的葡萄。亚历山大城内及其周围地区出土了十万只提耳处刻有罗得岛标记的双耳陶罐，[44]它们是可证明这类贸易的存在的有形证据。在爱琴海的其他遗址，以及爱琴海以北的黑海、以西的迦太基与西西里岛均出现了这种盛放葡萄酒的陶罐。古代文献对公元前200年前后罗得岛的年均贸易值做了估算——五千万德拉克麦（*drachmai*，即古希腊的银币）。按照每单进出口贸易征收百分之二的税收计算，这笔数额每年会产生一百万德拉克麦的收益。[45]罗得岛的银行家们构建起的网络覆盖了整个地中海中部与东部；他们提供贷款，维持地中海商

业网络的运作。爱琴海地区的城镇与岛屿都接受罗得岛货币的重量标准。这种贸易在周边区域激起的是感激而非敌意：当罗得岛在前227年或前226年毁于地震时，西西里、埃及、小亚细亚与叙利亚的统治者纷纷伸出了援手。

希腊化世界中的另一个重要的商业和信贷中心是提洛岛（Delos），最初这里被罗得岛人用作地区贸易的清算中心。[46]从公元前168年开始，因贸然与马其顿王开战而陷入困境的罗马人开始介入爱琴海的商业网络。他们不再视罗得岛人为盟友（及重要贸易伙伴），而是视其为附庸，希望罗得岛的舰队能听从罗马人调遣，加入他们与马其顿诸王的战争。罗得岛人对此不感兴趣。作为报复，罗马元老院怂恿另一个更为顺从的盟友雅典去管理提洛岛，但必须满足两个前提条件：当地人必须被驱逐，且该岛必须是自由港。于是商人们进入了提洛岛，其中包括许多意大利南部的居民，他们维系并加强了该岛与地中海西部的联系。在前100年前后，岛上居民数量已经增长到3万人。罗得岛因贸易被夺走而迅速衰落，据说罗得岛的商业收益迅速萎缩到了1.5万德拉克麦。提洛人在商业上的成功进一步提升了其作为圣地的声望。对提洛岛的考古发掘揭示，这里有大规模商业区，这些区域没有设防，因为该岛的神圣性会为其提供庇护。这里有数个*agorai*，也就是为意大利商人设立的交易场所，里面不仅有柱廊、门廊、商店和营业处，还设有用 165
于祭祀受商人们推崇的各种神——如海神波塞冬、信使神——的神龛。意大利人鼓励香水和药膏贸易，且与纳巴泰（Nabataen）商路的间接联系已经通过叙利亚建立起来，这条贸易路线将深入阿拉伯半岛的乳香和没药产地。另外，奴隶贸易也十分繁忙，这些奴隶是海盗活动的受害者。前2世纪末，奇里乞亚海盗在地中海东部重新出现（这毫无疑问是罗得岛衰落的后果，因为罗得岛人在过去一直守卫着安纳托利亚半岛的周边海域），海盗活动变得更加猖獗。在罗马时代，提洛岛被描述成“地球上最大的贸易中心”。[47]

尽管在某种程度上，提洛岛的幸运是建立在罗得岛的不幸上的，但前者的成功进一步证明了一种趋势：在公元前 3 ~ 前 2 世纪，地中海东部的商业网络不断整合为一个协调一致、管理有效的体系，这个体系的支配权最初属于罗得岛支配，后来被转交至提洛岛。提洛岛进一步扩大了这个商业网络，那不勒斯湾的普特奥利（Puteoli）商人也被吸收进来成了新的贸易伙伴。希腊化世界在政治上分裂成三个主要的单元——希腊、叙利亚和埃及，但一个单一的商业网络已经开始显现。有一个要素却不见了：在前 2 世纪中期，伟大的迦太基城从地图上消失了。现在，有必要往前回溯一下，考察这一结果是如何出现的，以及住在遥远边区的罗马人是如何在前 100 年之前逐渐主宰整个希腊水域的。

注　释

1. R. Lane Fox, *Alexander the Great* (3rd edn, Harmondsworth, 1986), pp. 181–91.
2. Serious account: P. M. Fraser, *Ptolemaic Alexandria*, 3 vols. (Oxford, 1972), vol. 1, p. 3; popular account: J. Pollard and H. Reid, *The Rise and Fall of Alexandria, Birthplace of the Modern Mind* (New York, 2006), pp. 6–7.
3. Lane Fox, *Alexander the Great*, p. 198.
4. Pollard and Reid, *Rise and Fall of Alexandria*, pp. 2–3.
5. Strabo, *Geography*, 17:8; J.-Y. Empereur, *Alexandria: Past, Present and Future* (London, 2002), p. 23.

6. Lane Fox, *Alexander the Great*, pp. 461–72.
7. S.-A. Ashton, 'Ptolemaic Alexandria and the Egyptian tradition', in A. Hirst and M. Silk (eds.), *Alexandria Real and Imagined* (2nd edn, Cairo, 2006), pp. 15–40.
8. J. Carleton Paget, 'Jews and Christians in ancient Alexandria from the Ptolemies to Caracalla', in Hirst and Silk, *Alexandria Real and Imagined*, pp. 146–9.
9. Fraser, *Ptolemaic Alexandria*, vol. 1, p. 255; Empereur, *Alexandria*, pp. 24–5.
10. Fraser, *Ptolemaic Alexandria*, vol. 1, p. 252; also pp. 116–17.
11. Ibid., p. 259.
12. Strabo, *Geography*, 17:7; cf. Fraser, *Ptolemaic Alexandria*, vol. 1, pp. 132, 143.
13. M. Rostovtzeff, *The Social and Economic History of the Hellenistic World*, 3 vols. (Oxford, 1941), vol. 1, p. 29.
14. L. Casson, *The Ancient Mariners: Seafarers and Sea Fighters of the Mediterranean in Ancient Times* (2nd edn, Princeton, NJ, 1991), pp. 131–3.
15. Ibid., p. 130.
16. Ibid., p. 135, and pl. 32.
17. Rostovtzeff, *Social and Economic History*, vol. 1, pp. 367, 387; Fraser, *Ptolemaic Alexandria*, vol. 1, pp. 137–9.
18. Rostovtzeff, *Social and Economic History*, vol. 1, pp. 395–6.
19. Casson, *Ancient Mariners*, p. 160; cf. Rostovtzeff, *Social and Economic History*, vol. 1, pp. 226–9.
20. Fraser, *Ptolemaic Alexandria*, vol. 1, p. 150.
21. Ibid., pp. 176, 178–81.
22. Empereur, *Alexandria*, p. 35.
23. Bosphoran grain: G. J. Oliver, *War, Food, and Politics in Early Hellenistic Athens* (Oxford, 2007), pp. 22–30.
24. Rostovtzeff, *Social and Economic History*, vol. 1, pp. 359–60, 363.
25. Diodoros the Sicilian 1:34.
26. Fraser, *Ptolemaic Alexandria*, vol. 1, p. 315; H. Maehler, 'Alexandria, the Mouseion, and cultural identity', in Hirst and Silk, *Alexandria Real and Imagined*, pp. 1–14.
27. Irenaeus, cited in M. El-Abbadi, 'The Alexandria Library in history', in Hirst and Silk, *Alexandria Real and Imagined*, p. 167.
28. El-Abbadi, 'The Alexandria Library in history', p. 172; Fraser, *Ptolemaic Alexandria*, vol. 1, p. 329.
29. Empereur, *Alexandria*, pp. 38–9.
30. Maehler, 'Alexandria, the Mouseion, and cultural identity', pp. 9–10.
31. Comments by E. V. Rieu in his translation of Apollonius of Rhodes, *The Voyage of* Argo (Harmondsworth, 1959), pp. 25–7; cf. Fraser, *Ptolemaic Alexandria*, vol. 1, p. 627.
32. Pollard and Reid, *Rise and Fall of Alexandria*, p. 79.
33. Empereur, *Alexandria*, p. 43.

34. El-Abbadi, 'The Alexandria Library in history', p. 174.
35. N. Collins, *The Library in Alexandria and the Bible in Greek* (Leiden, 2000), p. 45: Philo, Josephus (Jewish authors); Justin, Tertullian (Christian authors – also Irenaeus and Clement of Alexandria, attributing the work to the reign of Ptolemy I).
36. Carleton Paget, 'Jews and Christians', pp. 149–51.
37. Fraser, *Ptolemaic Alexandria*, vol. 1, pp. 331, 338–76, 387–9.
38. Pollard and Reid, *Rise and Fall of Alexandria*, pp. 133–7.
39. N. K. Rauh, *Merchants, Sailors and Pirates in the Roman World* (Stroud, 2003), pp. 65–7.
40. P. de Souza, *Piracy in the Graeco-Roman World* (Cambridge, 1999), pp. 80–84.
41. Casson, *Ancient Mariners*, pp. 138–40.
42. Rauh, *Merchants*, p. 66.
43. Diodoros the Sicilian 22:81.4, cited by Rauh, *Merchants*, p. 66.
44. Rauh, *Merchants*, p. 68.
45. Casson, *Ancient Mariners*, p. 163.
46. Rostovtzeff, *Social and Economic History*, vol. 1, pp. 230–32; for its early development, see G. Reger, *Regionalism and Change in the Economy of Independent Delos, 314–167 BC* (Berkeley, CA, 1994); later developments in: N. Rauh, *The Sacred Bonds of Commerce: Religion, Economy, and Trade Society at Hellenistic-Roman Delos, 166–87 BC* (Amsterdam, 1993).
47. Rauh, *Merchants*, pp. 53–65, 73–4; Casson, *Ancient Mariners*, p. 165.

七　迦太基必须灭亡
（前 400 ~ 前 146 年）

1

在雅典与斯巴达为控制爱琴海而爆发的战争发展到高潮之际，在更遥远的西部，希腊城邦为了自己的生活也卷入其他冲突当中。迦太基在其所处的地中海水域中是一支重要的海军力量，相当于雅典之于东地中海。公元前 415 年，当雅典人进攻叙拉古时，迦太基人尚且能够作壁上观。他们看到希腊人自己分崩离析，彼此争吵，以至于都无法顾及腓尼基人在西西里岛设立的商业据点。在迦太基人看来，任何能够削弱希腊人在西西里岛势力的事情都值得欢迎。另一方面，雅典海军的崩溃带来一个新问题，迦太基人发现在自己必须尽快对其做出处理。叙拉古人并非首次威胁要控制整个西西里岛。然而，事实再次证明，真正的麻烦制造者是塞格斯塔的伊利米人，他们招来的雅典人已经造成了巨大破坏，对此他们还不满足，于是又请求迦太基人前来帮助他们抗击老对手——塞利诺乌斯的希腊人。迦太基人有充分的理由来支持塞格斯塔。在塞格斯塔所辖区域内散布着布匿人（即腓尼基人）的殖民地，巴诺尔莫斯（Panormos，即巴勒莫）和摩提亚是其中较为出名的两个。当塞格斯塔人在前 410 年为寻求帮助而成为迦太基属民时，迦太基的公民大会意识到，巩固他们对西西里西部的控制权的时机已经到来了。[1] 166

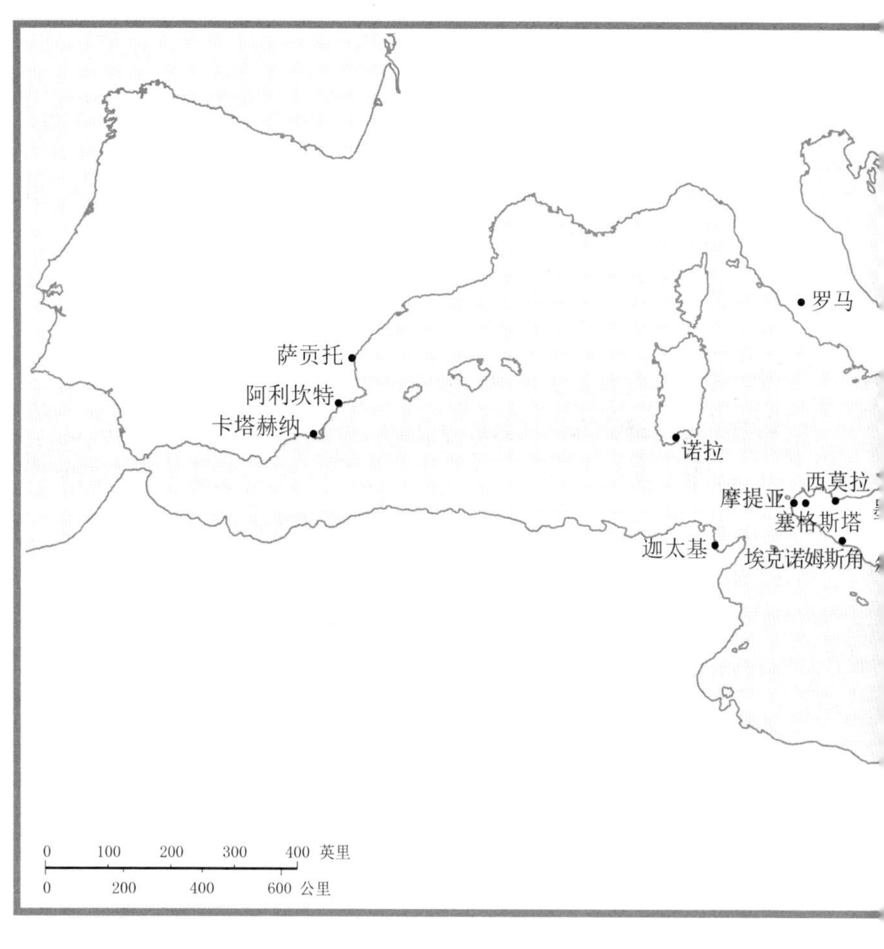
罗马
萨贡托
阿利坎特
卡塔赫纳
诺拉
西莫拉
摩提亚
塞格斯塔
迦太基
埃克诺姆斯角
0 100 200 300 400 英里
0 200 400 600 公里

拉斯
伊庇鲁斯
科林斯

塞格斯塔人的求助标志着一个决定性时刻的到来：迦太基过去的盟邦与商站只是松散的联合体，如今成了迦太基帝国，其治下的臣民不仅包括其腓尼基同胞，还有其他属民——被希
167 腊作家称为柏柏尔人的“利比亚人”，西西里的伊利米人、西科尔人和西坎人，当然还有撒丁岛人和伊比利亚人。

迦太基的精英们还需要处理一些其他内部问题，因为此时这座城市由一群控制元老院的强大家族主宰。据说迦太基名人汉尼拔（Hannibal）憎恨所有希腊人，因为他的祖父哈米尔卡（Hamilcar）于公元前 480 年在西莫拉同叙拉古军队作战时阵亡了。在这位令人敬畏的汉尼拔的指挥下，迦太基人在前 410 年轻松获胜，迫使塞利诺乌斯人撤出塞格斯塔。随后，在前 409 年，汉尼拔率领从意大利南部、北非、希腊与伊比利亚征召的军队发动了第二波大规模入侵。色诺芬（Xenophon）在其多少有些蹩脚的修昔底德历史续编中指出，汉尼拔率领的军队有十万人，这个数据可能是实际数量的两倍。[2] 汉尼拔使用的复杂攻城器械以近东腓尼基人非常熟悉的模式为原型，它们给汉尼拔带来很大助力，使他仅仅用了九天就攻破了塞利诺乌斯的城墙。城中的居民为自己的抵抗行为付出了惨痛的代价：16000 名塞利诺乌斯人被处死，5000 人沦为奴隶。随后，迦太基人又洗劫了西莫拉，也就是汉尼拔的祖父哈米尔卡前 480 年战死的地方。迦太基人在这里处决了 3000 名男性俘虏，以献祭哈米卡尔。[3] 迦太基人并没有沉浸于暴怒之中。他们还决定消灭叙拉古，从而确保对西西里岛大多数地区的统治。然而，这不是腓尼基人与希腊人的“民族”之战：迦太基人派遣一位使者前往雅典，雅典人如今正处于与斯巴达交战的最后阶段，他们向迦太基人示以友善，因为他们正在努力寻找能够找

到的所有盟友。[4] 雅典与迦太基还希望在希腊世界恢复和平后，双方能从相互间的贸易中获益。

如果色诺芬所记录的惊人数据值得信任，那么公元前 407 年迦太基人就集结了十二万人的大军，由 120 艘三列桨战船搭载着，他们入侵了西西里岛的西部地区。即使拥有规模如此庞大的军队，迦太基人还是在花费七个月的时间围困阿克拉加斯（Akragas）后才最终迫使其投降。这座城市的精美艺术品被洗劫一空，其中包括一只黄铜制成的公牛，据说前 6 世纪的一位阿克拉加斯僭主曾在铜牛腹内对其对手行炮烙之刑。[5] 这些战利品使迦太基人逐渐喜爱上了希腊风格的器物；到前 3 世纪时，希腊的艺术与建筑显然已经全面影响了迦太基。西西里岛的西部地区如今处于迦太基人的直接控制之下，而他们也开始继续向东扩张，来到南部海岸的杰拉（Gela），这座城市是前
往叙拉古的通道。杰拉城的居民选择了逃亡。叙拉古人在看到 168
希腊人接二连三遭遇失败后，急于同迦太基人和谈，而为其军队与舰队耗费巨资的迦太基人此时也愿意接受足够优惠的条款。已经被迦太基人征服的西西里岛西部与东南部区域继续由其控制，但希腊居民可以返回自己原来所在的城市，且生活在西西里岛的希腊人和西科尔人可以保持独立。这样一来，迦太基的主要目标已经达成。

民主制度是这场冲突的牺牲品。叙拉古再次落入一位长寿的僭主，也就是狄奥尼修斯一世（公元前 367 年去世）的统治之下，他也是一个极为恐怖的王朝的第一位君主。有一则故
事，称西西里有一位僭主知道自己遭人厌憎，因此在发现有一 169
位老妇人在城中的神庙中定期为自己祈求平安后，他感到十分惊奇，询问她为何如此。老妇人毫无畏惧地回答道：她知道他

是恐怖的暴君，但她还记得自己小时候有一位僭主十分残暴，但随后继位的人更糟，且这位新僭主之后的僭主比两位前任还要可怕；所以她要为现在的这位僭主祈求长寿，她知道如果他去世了，其继位者很可能是一位凶恶程度更加令人难以想象之人。这位僭主被老妇人诚恳的回答打动了，于是赠给她一袋金子。这些僭主们所倚仗的是野蛮的武力，他们没有丝毫实行君主立宪制的打算。但他们同时具有较高的品位和文化水平；某位早期的西西里僭主曾获诗人品达的赞誉，新僭主们则培养了一批哲学家，例如曾在前 388 年或前 387 年访问叙拉古的柏拉
170 图。据说他后来还数次到访，希望引导狄奥尼修斯一世的继任者们严格按照柏拉图原则制定政策。[6] 尽管柏拉图与叙拉古诸位统治者之间的大多数信件如今已被斥为后世杜撰，但柏拉图与叙拉古王廷间的联系仍然表明，在这个时期，穿越地中海的不仅是希腊的货物，还有希腊的思想。

狄奥尼修斯一世与迦太基缔结了和约；但在公元前 398 年再次与迦太基发生冲突的也是这位狄奥尼修斯，他夺取了腓尼基人在西西里岛西部的宝城摩提亚。城内居民遭到屠杀，甚至妇孺也被处死而不是被送入奴隶市场以免于灾难；生活在那里的希腊商人因被视为叛徒而惨遭迫害。[7] 这是摩提亚历史的终结，同时也是一场剧烈冲突的开端：前 396 年，一支大规模的迦太基舰队抵达叙拉古海港。叙拉古城再次面临灭顶之灾；叙拉古人也再次利用其港口的布局击退了敌人的舰队并同时攻击了登陆的敌军。迦太基的指挥官希米尔科（Himilco）眼见失败难以避免，于是与狄奥尼修斯达成秘密协议，尽其所能地撤走迦太基士兵，抛弃了来自伊比利亚、西科尔以及利比亚的盟军。体毛较重的伊比利亚人是职业雇佣军，他们被吸纳到了叙

拉古的军队中。更糟糕的是，此时迦太基在北非的属地发生骚乱，聚集在突尼斯的大量奴隶与起义军显示出了将要推翻近在咫尺的迦太基的势头。起义者最终溃散了，但迦太基毕竟经历了一场政治动荡。唯一的解决之道是与叙拉古的僭主和解，将在之前的和约中约定应由迦太基掌控的希腊城市让给叙拉古，不过这种屈辱并非十分彻底，因为西西里布匿居民仍然在迦太基人的控制之下。狄奥尼修斯的扩张野心转向了地中海的其他地区：前 384 年，他袭击了皮尔吉，这是位于伊特鲁里亚的卡埃里的出海口。狄奥尼修斯从这里带走了价值一千五百塔兰特的财物，这笔钱足以供养一支庞大的军队。他可能需要这场胜利带来的声望，当年他的使者在参加奥林匹克运动会时饱受羞辱，因为他们代表的是和波斯王一样糟糕的僭主。狄奥尼修斯并不打算建立一个叙拉古帝国，他只想不择手段地树立个人权威；雅典人对此心照不宣，他们在信件中称他为“西西里的执政官”（*archon* of Sicily）。[8] 他还决心夺回对整个西西里岛的 171
控制权。叙拉古与迦太基间的一系列冲突在前 375 年达到顶峰，当时一支 15000 人的迦太基军队被消灭，其中三分之二的士兵阵亡，剩下的三分之一被贩卖为奴。随后，迦太基人迅速振作起来，击败狄奥尼修斯并消灭了一支 14000 人的叙拉古军队。最终，过去由迦太基人长期统治的西西里西部仍然由其控制，他们甚至还收复了一些之前被汉尼拔征服的希腊城邦。

2

尽管迦太基与叙拉古的关系以敌对为主，这些战争却将迦太基与希腊世界紧紧联系起来。如今，这座城市在各个方面都与腓尼基渐行渐远；对于公元前 4 世纪晚期的迦太基来说，相较于与赫拉斯、西西里岛以及意大利的希腊城邦间再度密切的关系，它与推罗和西顿之间贸易往来的重要性值得质疑。迦太基人将麦勒卡特神与赫拉克勒斯联系起来。他们还相信自己因洗劫了西西里岛上的一座德墨忒尔神庙而冒犯了这位女神，因此他们将对这位女神的崇拜引入迦太基，甚至打算在当地希腊居民的帮助下按照希腊人的礼节来操办神庙内的祭拜仪式。[9] 迦太基人学习希腊语——在双方关系恶化时，迦太基人一度下令禁止学习或使用希腊语，这有力地证明了希腊语已成为当地精英的第二语言。这些精英积极开发北非的肥沃海岸，很多人在离海岸线不远处拥有丰饶的庄园，里面种满了谷物、水果和葡萄。腓尼基人沿北非海岸建立的众多小型城镇此时均沦为迦太基的属地。迦太基人还愈来愈频繁地与当地人通婚，这种趋势也蔓延到了迦太基的显赫家族，他们有的与当地的柏柏尔王室联姻，有的与西西里岛上的希腊望族通婚。此时的迦太基已发展成一座拥有二十万人口、广袤的郊区，以及众多商港和军港的国际大都市。

在整个公元前 4 世纪，迦太基人始终关注叙拉古。他们希望争夺对非洲与西西里之间的海域以及西西里岛的控制权。公元前 344 ~ 前 343 年，科林斯的海军将领提木良（Timoleon）
172 拯救了叙拉古，科林斯海峡的价值因此得到彰显。提木良的声望建立在一个事实之上：为了成为科林斯的僭主，他密谋暗杀了自己的兄弟。据普鲁塔克记载，在他的两名同谋杀害他的兄弟时，提木良掩面痛哭。[10] 因此，对于心怀不满、希望反抗狄奥尼修斯王朝的残暴统治的叙拉古贵族来说，提木良是一位理想的盟友。由于叙拉古城最初是由科林斯人建立的，因此当地人仍然觉得他们可以向科林斯寻求帮助，尽管此时的科林斯已经不再是希腊世界的政治经济领袖，且只能派遣一小支援助舰队。迦太基派出船只阻挠提木良的到来，但提木良另辟蹊径，成功突破了封锁，结果迦太基发现自己陷入了另一场毁灭性战争：在前 341 年的战役中，三千名迦太基士兵阵亡，迦太基将军哈斯德鲁巴（Hasdrubal）回国后被钉上十字架，这是针对那些战场上的无能者的标准刑罚。迦太基并没有失去其在西西里岛西部的领地，但提木良把他自己塑造成了该岛的领导人，在岛上几乎每一座希腊城邦中推行贵族政体。在之后数十年间，僭主政体都没有再出现过；更重要的是，西西里岛的希腊人似乎理解了团结合作的重要性。[11]

到普鲁塔克（亡于公元 120 年）生活的时代，提木良已被奉为英雄与诸神的宠儿，他“切断了僭主的神经”，将西西里岛从布匿蛮人的掌控中解放出来。事实上，提木良与他之前的诸位僭主并没有明显不同。他凭借雇佣军的支持夺得大权；通过对岛上诸多小僭主进行镇压，他声称自己拥有了长期存在争议的叙拉古主权。但他也有可取之处：他在年老时因受白内障困扰选择了辞职，这一行为得到了叙拉古民众的赞誉。另外，在其统治时期，西西里岛的大部分地区都实现了经济的复苏。城市被重建，包括毁于迦太基战争中的一些城市：阿克拉加斯与杰拉恢复了活力；同样重要的是，一些希腊人的小城镇再次繁荣发展。西西里岛东南部的斯科纳瓦赫（Scornavacche）建立在一座希腊小镇的遗址上，这里曾在前 405 年被西科尔人的袭击摧毁，但如今的它已经成为陶器制造业的中心。[12]这一复兴是由新移民与土著的西西里 - 希腊人（Siculo-Greek）共同完成的。提木良可能从希腊本土以及意大利南部的希腊城邦

引入了六万名移民。西西里岛与雅典之间的谷物贸易在前 4 世
173 纪后期愈发稳定；根据大量发掘于西西里岛的这个时期的科林斯货币，我们可以推断，此地经爱奥尼亚海与科林斯有非常密切的商业联系，西西里岛的农产品正是经由该商路销往希腊的。[13]当然，我们不能将这种繁荣完全归功于提木良的努力。在前 4 世纪的地中海中部地区，商业复苏是一个普遍的现象。伯罗奔尼撒战争期间暴发的瘟疫的致命性此时已经降低，人口数量开始恢复。迦太基与西西里岛上的希腊城邦之间的长期和平也使东西方的商业联系获得重建。迦太基从与雅典的商业联系中获益，同时充分利用其与西班牙的联系。

公元前 311 年，迦太基与叙拉古之间的最后一次大规模冲突爆发。迦太基在西西里西部的指挥官哈米尔卡遭遇了强劲的对手阿加托克利斯（Agathokles），后者已成功地推翻提木良的制度，自己成了叙拉古的僭主。与其前辈一样，阿加托克利斯也试图将整座西西里岛纳入叙拉古人的控制范围。哈米尔卡认为迦太基的最高利益只能在一个共识的基础上实现，即叙拉古可以主宰西西里岛的东部和中部；迦太基人担心阿加托克利斯可能对阿克拉加斯产生非分之想，因为那座城市距离迦太基人在西西里西部的居住区非常近。前 311 年，阿加托克利斯率领庞大的军队进攻阿克拉加斯，但一支由五十艘或六十艘战舰组成的迦太基舰队前来挫败了阿加托克利斯的进攻。次年，哈米尔卡率领 14000 人登陆（其中只有七分之一是真正的迦太基人）。他在当地厌恶阿加托克利斯野心的地方势力的支持下，扫荡了整个西西里岛。阿加托克利斯意识到，自己已走得太远，已在争夺西西里岛的战争中落败。如今，其辖区仅剩叙拉古一地。但他还拥有金钱和军队：3000 名希腊雇佣军，以及

从意大利重金引入的3000名雇佣军，他们由伊特鲁里亚人、萨莫奈人（Samnites）、凯尔特人组成。利用这些军队，再加上从叙拉古当地招募的8000名士兵，他装备了一支包含六十艘战舰的舰队，并于前310年率领舰队经由一座迦太基人控制的海防工事驶往迦太基附近的海岸。阿加托克利斯破釜沉舟，在登陆后将舰船全部焚毁（因为他带领的人员有限，难以留下足够的人来守卫舰船），随后他率军挺进迦太基，就在突尼斯附近安营扎寨。[14]这样一来，迦太基遭到叙拉古人的围困，而叙拉古同时也处于迦太基人的围困之中。

迦太基拥有通往海洋的便利通道，因此若没有足够规模的
海军是不可能将其围困的，所以阿加托克利斯对北非海岸的围 174
困未能迫使迦太基投降。不过，迦太基失去了周遭肥沃的土地与果园，这还是给这座城市造成了极为严重的伤害。就在阿加托克利斯率军登陆并对迦太基人发起进攻时，他的利比亚盟友（可能有10000人）纷纷逃亡，还有3000名来自意大利和希腊的雇佣兵在战斗中阵亡。有一句话流传很广，即阿加托克利斯“既没有亚历山大的天赋，又没有他的智谋”。[15]最后，他终于意识到，是时候达成和解了。不出所料，西西里岛的版图重新回归到过去的样子，即迦太基人统治西部，希腊人控制东部和中部。[16]令人惊讶的是，这次失败并未终结阿加托克利斯的统治。他自称“西西里国王”，这一新称号来自希腊人，自马其顿的腓力和亚历山大以来，希腊的国王们一直都是东地中海的统治者。如今，阿加托克利斯将建立帝国的野心指向其他地方，亚得里亚海成为其首要目标。他通过联姻与伊庇鲁斯的皮洛士（Pyrrhos of Epeiros）结盟，后者是亚历山大大帝的堂弟，同时是一位杰出的军事将领；同时，他又与埃及的托勒密王朝

结成秦晋之好。他控制了爱奥尼亚海的克基拉岛和莱夫卡斯岛（Leukas），并将自己的势力范围扩张至曾两次征讨的意大利。然而，阿加托克利斯并没有留下突出的遗产：他未能如愿建立一个王朝，且随着他本人在公元前 289 年遇刺身亡，他的海洋帝国也瓦解了。[17]

阿加托克利斯的真正遗产是其宿敌迦太基人的继续存在与繁荣。罗马人曾在公元前 509 年与迦太基签署商贸协议，如今要求续约。在前 509 年的迦太基人眼中，罗马人只是自己的朋友伊特鲁里亚人的作用有限的邻居；但如今，这些罗马人在意大利建立起了强大的政权，且在不久之后，他们就会把迦太基人的势力彻底驱逐出西西里岛。为了更好地理解这些发展变化，我们有必要再次回溯之前的历史。

3

至公元前 300 年，罗马在意大利半岛上的成就与辉煌，实际上是一系列陆上战役的结果。罗马并没有成为一支海上力量的野心，他们与迦太基于前 348 年重新修订的协议表明，那些
175 穿越海洋的罗马人只是商人，而非武装士兵。这些协议确保罗马人不会闯入迦太基的势力范围，特别是西西里岛；然而在几次严重饥荒中，如发生于前 493 年的那一次，谷物也被特地从西西里岛运往罗马。[18]早期罗马人的当务之急是击败其邻近的民族，如沃尔西人（Volscians），沃尔西人正沿着亚平宁半岛下行，希望在罗马南部的拉丁姆（Latium）的开阔地带定居。前 390 年，罗马人还面临高卢入侵者的严重威胁，但比较出名的传说称，罗马人被晚间啼叫的白鹅所救。罗马人与伊特鲁里亚人的关系是非常复杂的。他们在文化上有很多共同之处。但

前 396 年，罗马彻底摧毁了伊特鲁里亚人的最大城市之一维爱，开启了其征服伊特鲁里亚南部地区的第一个阶段。[19]在与罗马相距不过数里的维爱陷落之后，伊特鲁里亚的其他城市并未被摧毁，而是被纳入罗马的势力范围。前 253 年，富有的卡埃里在被击败后成了附属于罗马的盟友，失去了对部分海岸线的控制权，包括皮尔吉港，这里曾是希腊商人和迦太基商人的聚集与定居之地。因此，在几十年间，罗马沿伊特鲁里亚南部不断扩张，组织了大规模船队，并将迦太基海军力量赶出西西里岛，并不是巧合。除了获得伊特鲁里亚海岸上的补给站外，罗马人也开始在奥斯蒂亚（Ostia）建立自己的输出港，尽管这些港口最初的职能是将来自希腊、意大利和伊特鲁里亚的货物引入台伯河，并为罗马提供给养。[20]

商船来来往往，但罗马全副武装的战船则经历了从无到有的过程。罗马人积极回应海上威胁：公元前 338 年，来自拉丁海岸安提乌姆（Antium）［今安其奥（Anzio）］的沃尔西海盗侵袭了台伯河口，但被击退，且罗马人将其击毁船只的“鸟嘴形船首”（*rostra*）作为战利品带回家。这些船首被放在罗马广场的演讲台上，这也就解释了为何演讲者站立的地方被称为 *rostrum*。[21]几年以后，也就是约前 320 年，罗马人与斯巴达人在意大利南部建立的殖民城邦塔拉斯签订了一项协议，该协议规定罗马人不能驶入塔兰托海湾。通过这项协议，塔拉斯人确定了自己的势力范围，并保护了此时已经在南意大利占据优势地位，同时也是“意大利同盟”（Italiote League）领袖的塔拉斯的贸易利益。[22]尽管协议本身意味着双方的亲善，但对这份协 176
议更为合理的解释是，罗马人在陆地上与萨莫奈人及其他敌人进行的征战，使罗马军队与希腊城邦之间的距离越来越近，因此在地图上标识各自势力范围变得很有必要。和约、协议以及其他法律文书常常会提出多种可能，但它们不能反映当时的情况，有时甚至并不属实。此时仍然没有证据表明罗马打算配备大型战舰，不过前 311 年“两名海军将领”（*duumviri navales*）受命组建一支“舰队”（*classis*），并且需负责对它们的正常维护，[23]但这支舰队的规模可能非常小。

在与萨莫奈人的战争中，罗马人想要包围规模庞大、具有战斗力的萨莫奈军队，却被拖得越来越深入南部。当公元前 282 年罗马人指挥的十艘战舰驶入塔兰托海湾时，他们遭到了来自塔拉斯的希腊人的袭击，他们的小型舰队损失过半。但是罗马人并未因此意志消沉，而是前往塔兰托海湾的图里伊（Thourioi 或 Thurii）设置防线，之前当邻近的卢卡尼亚人（Lucanian）入侵图里伊时，图里伊人曾向罗马求助。塔拉斯人之所以与罗马为敌，并不是因为他们担心罗马人控制这片海域，罗马人的十艘战舰与希腊人的海洋城邦所拥有的数百艘战舰完全无法相提并论；真正令他们感觉到威胁的是，罗马人出现在这个地区会破坏他们的意大利同盟，导致南意大利的希腊城邦彼此为敌。[24]出于对罗马人的担忧，塔拉斯人穿过亚得里亚海，向伊庇鲁斯的皮洛士求助。皮洛士宣称自己是阿喀琉斯的后人，其远征罗马是在仿效特洛伊战争之先例，当时的罗马亦在自夸其城邦的建立者是特洛伊之埃涅阿斯的后人。至于皮洛士是否视自己为未来的地中海主人，是否想如其在东部建立帝国的表兄弟亚历山大那样建立一个广阔的西部帝国，我们不得而知。或许他只是希望从这些人手中得到丰厚的酬金，因为他的雇佣军方阵极为强大，还配备了象兵。正如塔拉斯人担心的那样，意大利南部的城市已经在选择是支持罗马和还是支持皮洛士。当皮洛士在意大利取得进展时，那些已经选择支持罗马的城市又见风使舵地投靠了皮洛士。前 280 年至前 275 年间，皮洛士掌控着意大利南部和中部的事务。皮洛士式的胜利几乎没有给他带来任何益处，几年之后他愤怒撤军，然后罗马接管了塔拉斯。南意大利的希腊城市则继续自治，但在少数特殊事务上仍需获得罗马的认可（如发行一种印有罗马女神像的特殊钱币）。[25]只要罗马人仍将自己看作植根于拉丁 177
姆的陆上力量，他们就没有控制意大利南部城市的渴望，也没有控制的能力。他们只建立了少数据点：那不勒斯南部的帕埃斯图姆（Paestum）、伊特鲁里亚的科萨（Cosa）和阿里米努姆（Ariminum）［今里米尼（Rimini）］。这些据点均是沿岸补给站，它们保障了经由意大利沿海地区的陆地和海洋上的商贸往来，但重点是保护内陆地区，例如将归顺于贝内文图姆（Beneventum）［现在的贝内文托（Benevento）］的新殖民地的萨莫奈边缘地带。[26]

布匿战争将罗马从其意大利保护壳中拖了出来。迦太基曾加入反对皮洛士的战争，并于公元前 276 年在海上赢得了巨大的胜利，将皮洛士一百多艘船的船队击沉了三分之二。[27]第一次布匿战争发生在西西里岛和非洲，罗马的影响力首次穿越公海向外扩展；第二次布匿战争（主要是陆战）则将罗马人引至西班牙，但汉尼拔经阿尔卑斯山的入侵导致主战场仍在意大利；在第三次布匿战争中，罗马深入非洲内陆，最终于前 146 年摧毁了迦太基。奇怪的是，至少在最开始，罗马人缺乏明确的目标。罗马人并未打算彻底摧毁迦太基，他们在很早以前与迦太基签订了契约，且双方并无明显的利益冲突。[28]在第一次与第二次布匿战争的间隙，双方经历了一段时间的和平，当时他们间的关系即使谈不上信任，至少可以说得到了修复。最终，罗马作为一支地中海势力出现，不仅将统治权扩展至战败的迦太基废墟，而且于同年占据了大片希腊土地。这可能又是一个“一不留神”便建立庞大帝国的例子。当罗马人意识到要进行第一次布匿战争就必须有大型船队之时，他们才开始组建。两座城市均陷入了一系列战斗，其中包括古代最大规模的海战。在这些海陆战斗中，有数以万计的人战死。历史学家们经常将这些战争的爆发原因与第一次世界大战的起因进行比较，这么做是有道理的——在第一次世界大战中，一系列相对小的突发事件也点燃了席卷整个地区的战火。[29]正如第一次世界大战不仅仅是德国与英法联盟间的冲突，布匿战争也不仅仅是迦太基与罗马的冲突，其他利益集团很快浮现出来：伊比利亚诸城、北非诸王、撒丁岛的酋长，以及第一次布匿战争期间西西里岛的希腊城邦。汉尼拔所对抗的罗马军队中也有高卢、
178 伊特鲁里亚和萨莫奈的士兵。罗马派出征讨迦太基人的船队中有大量（可能大多数）战船是由希腊人及意大利中部和南部的其他友邦提供的。用“布匿”描述这些战争是基于一种错误的假设，即它们主要是迦太基和罗马间持续的、不死不休的对抗。[30]

4

布匿战争的长期性、紧张程度和残酷性深深地震撼了古代的历史学家。撰写罗马崛起历史的希腊历史学家波利比乌斯曾得到一位参加过布匿战争的将军的支持，波利比乌斯认为第一次布匿战争是过去所有战争中规模最大的。它从公元前 264 年持续到前 241 年，在时间跨度上轻松地超越了特洛伊战争。而

第二次布匿战争（前 218 ~ 前 201 年）同样是漫长的浩劫，导致了农业的荒废。[31]罗马与迦太基的战争源于远离罗马的纷争，而且对于任何一方来说，介入这样的纷争是否符合其最大利益，仍是一个没有明确答案的问题。危机始于西西里岛边缘的墨西拿。有一支来自坎帕尼亚（Campanian）的雇佣军此时占领了墨西拿，他们此前曾为叙拉古僭主阿加托克利斯效力，被称为马迈尔丁人（Mamertine），即“战神之子”（men of Mars）。他们在前 3 世纪 80 年代到达这里，并因将西西里岛东部的城镇劫掠一空而臭名昭著。罗马人之所以被卷进来，是因为他们在意大利的战事进展顺利，在前 270 年占领了位于墨西拿对面的希腊城市雷焦。西西里岛于是进入了罗马人的视野，但这并不意味着他们有意入侵该岛。在叙拉古的新统治者希伦在战场上击败马迈尔丁人后，这帮雇佣军极为恐慌，分别派使者向罗马与迦太基寻求军事援助。希伦是一支值得关注的势力。他与埃及的托勒密统治者维持着商业与外交联系，而且他遵循悠久的传统，不仅赞助奥林匹克运动会，还亲自参与竞赛。恰好附近的利帕里群岛有一支迦太基舰队，舰队的指挥官成功说服马迈尔丁人让他在墨西拿驻军。[33]

马迈尔丁人不喜欢有人对他们指手画脚，于是有了异心；他们转投罗马，请罗马人帮助自己对抗迦太基人。但要说服罗马的元老院很难，他们不愿意介入这样一场发生在意大利半岛以外的争端。波利比乌斯称，许多罗马人担心迦太基人会控制 179
整个西西里岛，担心他们随后会介入意大利本土。[34]有一种说法称，元老院不愿意采取行动，公民大会却投票同意参战。即便如此，这场战争针对的也并非迦太基。被派往西西里岛的罗马将军同时攻击希伦和迦太基人。他的任务是保卫墨西拿，抗击马迈尔丁人的敌人迦太基人。认为他打算征服西西里岛并肃清岛上的迦太基军队是荒谬可笑的。他的目的是使该地区的势力恢复平衡。最终，马迈尔丁人成功依靠自己的力量将迦太基人的驻军驱离墨西拿；而迦太基的将军在回国后，被钉死在十字架上，以儆效尤。罗马人发现，要想越过墨西拿海峡十分困难，因为在利帕里群岛驻扎着强大的迦太基舰队，而且罗马的将军也缺乏在意大利与西西里岛之间的风暴区作战的经验。因此，罗马人向马迈尔丁人提供的帮助断断续续，这一点都不奇怪。罗马人最终抵达了墨西拿，但这迫使叙拉古的希伦与迦太基结成了邪恶的联盟。罗马人严重缺少战舰，于是他们的指挥官阿皮乌斯·克劳狄乌斯（Appius Claudius）从塔拉斯、韦利亚（Velia）、那不勒斯以及其他希腊城市招募了一支舰队，该舰队包括三列桨战船以及装备五十支桨的撞角战船。据说，迦太基人彻底击败了这支罗马舰队，然后他们向罗马送去一则傲慢的信息：接受条件，否则尔等永远不得插手海上事务。[36]即便如此，迦太基仍希望和解。

罗马人十分自负，没把此事放在眼里，到公元前263～前262年，他们已经在西西里岛投放了至少4万名武装人员。叙拉古的希伦受到震动，决定支持可能的胜者，他背弃了迦太基而转而支持罗马（后来他因此得到了丰厚的回报）。更重要的是，罗马人已经成功地解决了大规模跨海输送人员的难题，运来的并不都是罗马人或拉丁人，许多人来自意大利的盟邦；而迦太基人在阿克拉加斯的营帐中也有大量来自伊比利亚、高卢和利古里亚的雇佣兵。罗马人获得了胜利，他们洗劫了这座城市，将城中的2.5万人贩卖为奴，然后开始着手实施将迦太基人赶出西西里岛这一具有现实性的计划。[38]然而，这并不是说

罗马人视自己为殖民西西里岛的主人。他们并没那么大的野
心。罗马人将乐于见到来自西西里岛的谷物供应得到确保，因
为罗马城的人口已迅速增加。尽管数代以后的罗马精英大多鄙
视商业活动，但就这场战争而言，只要能够取得胜利，就仍有 180
充分的商业理由参战。[39]

罗马需要一支真正的海军舰队。波利比乌斯称，直到此时，罗马人才开始组建自己的舰队。[40]他们做出了重要的调整，原先罗马人严重依赖希腊盟友及伊特鲁里亚属地提供的船只，现在他们使用一种更大的战舰，相当于“两名海军将领”常使用的舰只的 10 倍或 12 倍大。这种转变是怎样实现的，至今仍是一个谜，比斯巴达人船队的建立还要神秘。斯巴达可以借鉴其希腊城邦的专长，其中一些城邦还处在斯巴达人的控制之下。现在，在公元前 261 年或前 260 年，罗马决心建造 100 艘五列桨战船和 20 艘三列桨战船。罗马曾俘获了一艘迦太基的五列桨战船，把它作为自己的造船模型。[41]罗马人如何操作他们建造的船只？他们从哪里获得穿行第勒尼安海以及爱奥尼亚海的变化莫测的水域所必需的航海技巧？他们如何做到成功破解造船的秘密，将各种横梁和成形的木料拼接在一起？事实上，他们如何成功地在六十天里完成了从切割木头开始的所有程序（后来的老普林尼如是说）简直就是个谜。如果直接使用未经风化的新鲜木头，木材变干后的收缩就会产生很多可怕的问题。波利比乌斯诚恳地评论道，那些船“造得很糟糕，难以移动”。[42]此外，还需要准备沥青和绳索。据说，在出海之前，罗马水手要在陆地上进行严苛的训练，在他们敢于出海前须在无水的环境中先学习划桨技术。有一项发现提高了快速建造战舰的故事的可靠性：考古者发现了迦太基战舰的残骸，残

骸所用的木料上带有布匿字母（这些字母也有编号的作用），因此迦太基的舰船似乎是按照编号组装起来的。罗马人的战船组装线是在奥斯蒂亚还是南意大利的希腊城邦，我们目前尚不能确定，但这一定是耗资巨大的工程。在经过最初的犹豫之后，罗马全身心地投入与迦太基的战争；然而，罗马人的预期目标仍不明确。在战场上拼搏成为一种荣誉。

这支舰队的战斗力如何还是个问题。舰队的首次参战发生在利帕里群岛，结果却是一场灾难：罗马指挥官被封锁在利帕里的海港之中，而他的水手惊恐万分，四散奔逃。不过罗马人很快就在一种被称为“乌鸦”（*korax*）的新锚固装置的帮助
181 下，于同一水域内的米莱（Mylai）取得了一场胜利。这种装置很短命，但十分有名，它有一个可升降的坡道，且可向任意方向转动，弥补了罗马船只缺乏机动性的不足；在坡道下方是一个重磅铁制尖钩，它不仅能抓住敌船，还能切入敌船甲板。[43]使用这种装置的目的是使罗马船员能够登上迦太基人的船只，进行其最为擅长的肉搏。罗马人仍不信任海洋，试图把以船只撞击为主的海战变为人为的陆战，使船只成为士兵战斗的平台。年复一年，双方舰队的规模不断增加，杀伤力也越来越强。据波利比乌斯记载，在公元前256年发生于西西里岛西部的埃克诺姆斯角（Eknomos）大规模海战中，230艘罗马战舰直面迦太基的约350艘（更可能是200艘）战舰以及15万名士兵，这“可能是史上最大规模的海战”。[44]在战争后期的前241年，西西里岛以西的埃加迪群岛也发生了一场关键性战役，当时参战的舰船数量只略有减少。这表明尽管双方都在风暴和战争中损失了很多船只，而且海上的长时间作战也会导致船只的自然损耗，但造船厂竭尽全力建造的船只仍能对其及时

补充。参战船只成百上千的数量让人印象深刻，然而古典作家们在这些数字的记录上的相互矛盾反映它们一不小心就会被夸大。现代历史学家们也经常沉迷于确定舰船总量，而不只是造型优美的三列桨战船以及五列桨战船的数量。他们把运送水手、马匹以及关键补给的船只也算了进来，因为若没有新鲜的水源和丰厚的食物补给，战舰将仅能坚持数日。（通常，超出配给的水与食物可从立场中立的商人处购得，他们抱着迅速获利的希望，停泊在能远望战争的海滨，等候前去做生意的时机。）

埃克诺姆斯角战役是罗马人的巨大胜利，这要归功于“发挥了重要作用的乌鸦”。罗马舰队还很快学会了如何在战斗中结成紧紧相连的编队，此时他们面对的难题是如何在战斗最白热化时还能使队伍保持整齐划一。显然，这样的编队刻意模仿了陆上战斗中的编队，使罗马人在面对排列得比较稀疏的迦太基海军时拥有优势，因为布匿的海军将领考虑的是如何更便利地操作舰船，以及如何展开追击。迦太基人的优势在于速度，更愿意迅速接近敌船的侧翼或尾端，撞击敌人以使其沉 182
没。在埃克诺姆斯角战役中，布匿人的舰队可能打算包围罗马舰队以对其侧翼和尾端发动致命性的撞击。[45]换句话说，埃克诺姆斯角战役之所以在海军战斗史中具有重要地位，不仅是因为双方投入舰船与水手的数量之多，还因为它是两支拥有不同海战理念的舰队进行交锋的典范。[46]

埃克诺姆斯角战役中的胜利为罗马人打开了从西西里海峡前往非洲的通路。此时的大计划是入侵迦太基帝国的腹地。但罗马人想要进攻迦太基并不等于他们要占领该城，更等于要摧毁它。在公元前 256 年，一支罗马舰队运送 1.5 万士兵在迦太基以东不远处的阿斯皮斯（Aspis）登陆，对附近的农田和小镇进行侵扰，据称在这次行动中有2万名奴隶被俘，不过其中有许多是从前被俘的罗马人和意大利人，此时他们终于获得了解放。但罗马军队此时还没有能力在非洲维持一个据点，因此在前255年7月只能灰心丧气地撤退，带着至少364艘舰船返回西西里岛。[47]这时，对海洋的不熟悉带给罗马人的灾难，远大于迦太基海军造成的威胁。舵手们坚持称在这样的时节靠近西西里海岸是不安全的，因为这是西西里海域一年当中风暴最变幻无常、最剧烈的时候。罗马的指挥官们否定了舵手们的意见，这些舵手显然不是罗马人。罗马人想要展示他们的战旗，想要以武力使西西里岛南岸的城镇屈服。猛烈的风暴将海水倾泻到舰船低矮的船舷上，这支庞大的舰队中只有80艘船幸免于难，超过10万人葬身大海，可能占据意大利劳动力的15%。波利比乌斯记载道："此前从未有过比此次灾难更严重的海难记录"。[48]

战争的最后一幕是公元前241年发生在西西里岛以西的埃加迪群岛附近海域的海战。在这场战役中，重建的罗马海军击沉或俘获约120艘迦太基战舰；迦太基人意识到他们只能缔结和约。罗马对迦太基施以严厉的惩罚，但这并不表示迦太基从此失去了生存的权利。战败方被迫支付20吨白银作为赔款，需要在十年内还清，更重要的是，迦太基被迫放弃它在西西里岛及附近群岛的所有权利。迦太基承诺不向意大利海域派遣舰船，不向叙拉古的希伦，也就是此时已成为罗马人坚定盟友的叛徒发动攻击。[49]事实上，希伦是最大受益者，罗马人信任他，
183 将西西里岛日常事务的管理权托付给他。罗马并不打算直接管理西西里岛。战争的目标是逐步发展起来的，但即使到战争末

期，罗马人的预期也不过是让迦太基保持中立而已。迦太基的商船可以继续往来于地中海；事实上，由于需要向罗马支付巨额赔款，他们必须这么做。

5

我们需要反思第一次布匿战争，因为此次冲突标志着罗马舰队的诞生。古代历史学家一致认为，第二次布匿战争是第一次布匿战争的自然结果。迦太基战败后，来自周遭的压力越来越大：一方面是北非内陆的努米底亚（Numdian）统治者不断施压；另一方面，以撒丁岛人为主的雇佣军发生了严重暴动。雇佣军杀死了迦太基的指挥官以及撒丁岛上的迦太基人，在新的军队被派往撒丁岛镇压叛乱后，这些军队竟然也加入了暴动的队伍。但雇佣军最终被驱逐了，他们来到伊特鲁里亚，向罗马寻求帮助，且罗马的元老院也愿意提供这种帮助。令罗马人愤怒的是，迦太基人竟然抓捕了五百名曾秘密资助叛乱者的意大利商人。迦太基本来想要恢复其在撒丁岛部分地区的统治，但得知罗马人反对的决心后，迦太基人屈服了。公元前 238 年，他们不但向罗马人缴纳了一千二百塔兰特白银，而且放弃了撒丁岛。[50]因此，罗马人在地中海的两座最大岛屿上迅速建立了自己的统治，且他们仅靠武力威慑就获得了撒丁岛。迦太基已经没有争辩的力气。对于撒丁岛，罗马要求的是否只有布匿商人经常到访的海港和沿海据点，至今仍无定论。撒丁岛难以征服，因为岛上有成千上万个围绕石塔形成的聚落，聚落中的人接受好战的军事首领的指挥。对撒丁岛人来说，其与罗马人的关系并不比与迦太基人的关系更亲密，直到前 177 年，罗马才对撒丁岛人取得了大胜。[51]罗马感兴趣的主要是撒丁岛的

战略位置，拥有它就能够保证对整片第勒尼安海海域的控制。他们渴望得到的不是整座岛屿，而是其海岸线，要保证其海港
184 不受海盗以及迦太基战舰的威胁，因为这些海港可以为罗马人的舰队提供补给。如此一来，罗马就开始有意识地按照控制海洋的原则来制定他们的地中海战略。

6

罗马人对西西里岛和撒丁岛的占领——或更确切地说，将迦太基势力从这两座岛屿上驱走——迫使迦太基人将其野心转向西部。如今，迦太基掌控之地仅剩马耳他岛、伊维萨岛以及北非和西班牙南部的一些商站。哈米尔卡·巴卡（Hamilcar Barca）创建的帝国的所在地就是西班牙，该帝国的规模和野心远远超过了数个世纪之前腓尼基人创立的商业网络。哈米尔卡致力于建立陆上领地。古代历史学家们曾提出一个疑问：在哈米尔卡眼中，西班牙究竟是他个人的领地，还是迦太基人扩张的新舞台（这种扩张包括对古代塔特索斯的银矿的控制）。很可能两者兼而有之。哈米尔卡所在的巴卡家族极为显赫，但在迦太基的共和国体制下他们的影响力不是没有遭受质疑。关于发行于西班牙的迦太基领地的希腊风格货币上的图案究竟是麦勒卡特，还是希腊式的头戴花环的统治者，至今仍存争议。巴卡家族有意将自己打造成新的亚历山大家族，他们要在西部建立王权统治。[52]哈米尔卡致力于将迦太基从罗马的枷锁下解救出来，一则出名但可能是虚构的故事明确表达了他的这种诉求：公元前237年，哈米尔卡在前往西班牙前，为神祇巴力·哈蒙（Baal Hamon）准备了一场献祭，他将其幼子汉尼拔叫至跟前，要求汉尼拔将手放在牺牲上，并发誓“永远不要向罗

马表达善意”。[53]

顺理成章的，哈米尔卡关注的首先是获取对富含银矿的西
班牙南部的控制权。就像在撒丁岛一样，对“控制”的概念
必须小心操作。他与伊比利亚以及凯尔特 - 伊比利亚
（Celtiberia）的酋长们结盟，逐渐扩充他的军队，因此到公元
前 228 年，他已经将 5.6 万人输送到战场。巴卡家族［因为最
初继承西班牙的是哈米尔卡的女婿哈斯德鲁巴（Hasdrubal），
哈斯德鲁巴被暗杀后才轮到他自己的儿子汉尼拔］还建造了
一些城市来加强控制。哈米尔卡监督建造了阿克拉莱克（Akra 185
Leuke），普遍观点是它就埋在现代的阿利坎特（Alicante）城
址之下，约前 227 年，哈斯德鲁巴想要在南部更靠近海岸、更
接近银矿的地方建造新的城市。迦太基人在给人和地方命名时
极度缺乏创意，他们有数不尽的汉尼拔和哈斯德鲁巴。哈斯德
鲁巴将他的新城命名为“新城”（*Qart Hadasht*），现在这里叫卡
塔赫纳（Cartgena）。但从波利比乌斯时代开始，历史学家们为
了避免把这座城市与迦太基母邦搞混，经常称其为“新迦太
基”，也就是“新的新城”。[54]哈斯德鲁巴为确保人们能感受到他
的存在，在该城所在地的山丘上为自己建造了一座宏伟的宫殿。
更重要的是，从北非前往卡塔赫纳极为便利，卡塔赫纳于是成
为连接迦太基与西班牙一系列港口与堡垒的关键纽带。

事实上，迦太基与罗马的冲突继续在西班牙北部上演，也就是现在巴伦西亚海岸以北的萨贡托（Saguntum）。经过漫长的围城之后，公元前 219 年底，汉尼拔洗劫了这座受到罗马保护的城市。罗马人对这样一个距离其政治和商业区域如此遥远的地方产生兴趣，本身就意味着，迦太基人在十八年的时间里不断加强对西班牙的控制的举动，引发了罗马人的担忧。这又是

一个战略性问题：罗马人不想被迦太基人包抄，但又拒绝让迦太基回到撒丁岛或西西里岛继续经营。在早些时候，哈斯德鲁巴曾带领迦太基，就布匿人对西班牙部分地区的控制，与罗马达成共识，之后迦太基人便可停留在埃布罗河（Ebro）以南的地区，此地在萨贡托以北很远处。[55]罗马觉得有必要采取行动阻止迦太基势力的复苏。汉尼拔决定率军越过阿尔卑斯山，将战争引到罗马的家门口，为的是将冲突从巴卡家族控制的西班牙，或二十三年前迦太基曾经落败的水域转移。不过这未能阻止罗马人对西班牙发动攻击。罗马人的统帅是格奈乌斯·普布利乌斯·西庇阿（Cnaeus Publius Scipio），他率领 2.5 万名士兵乘船抵达西班牙，在古代的商站恩波里翁登陆。他赢得了对迦太基人的海战胜利，但与第一次布匿战争时参战的罗马舰队规模相
186 比，此时的舰队太小，只有三十五艘战船。然而，不久之后，与他们结盟的凯尔特-伊比利亚人变节，导致罗马人陷入挣扎。

战争的另一个新舞台是希腊北部。马其顿的统治者腓力五世震撼于汉尼拔在意大利南部的坎尼（Cannae）取得的大胜（公元前 216 年），也拿起武器反抗罗马。罗马发现他们根本无法同一时间在许多战场作战，腓力在阿尔巴尼亚沿岸水域取得了一些胜利。罗马人再一次以其在意大利的战略为基点考虑了马其顿问题。他们非常担心会失去对亚得里亚海南部海岸的控制，于是派遣一支军队前往布伦迪西厄姆［Brundisium，今布林迪西（Brindisi）］阻止马其顿人登陆。[56]马其顿人坚决抵抗，罗马无法迫使其投降。罗马人逐渐意识到，其地中海领地的扩张必然会使他们与从前未进入他们视野的周边民族建立联系，甚至发生冲突。

关于西西里岛，西塞罗写道：“它是我们帝国王冠上的第

一颗宝石，是第一个被称为行省的地方。”因为罗马人开始发现，对像西西里岛这样的地方进行非正式的帝国管理不再能够满足他们自己的需求。叙拉古的希伦受到礼待，被允许在公元前 237 年对罗马进行国事访问；更重要的是，他给罗马人带来了二十万蒲式耳[①]西西里岛出产的谷物。他可以自由统治西西里岛的南部与东部，但到前 227 年，西西里岛的北部与西部，也就是罗马与迦太基曾经数次激烈海战之地，被交由罗马的执政官管理。岛上设置了军事要塞并驻有军队，但这些军队需要给养，在地中海中部巡逻的舰队同样需要食物补给。于是，罗马人决定在西西里岛实行更加正式的谷物征税制度。在前 215 年老迈的希伦去世后，问题暴发了，叙拉古发生了暴动。[57]叙拉古城中敌视罗马的小集团幻想与布匿人结盟，希望确保叙拉古对整座锡拉岛的统治权，仿佛迦太基会不求回报地帮助他们。[58]迦太基终于重回西西里岛，随之而来的还有数以万计的士兵，阿克拉加斯成了布匿人的主要基地。但前 213 年，罗马人将他们的陆军与海军的全部火力集中到了叙拉古。在此之前，叙拉古一直是岛上的最大城邦，而且罗马还面临补给的困难。罗马人试图封锁港口，但由于他们的船只过于分散，迦太基舰队仍然能够安然无恙地在周边水域穿行。前 212 年，迦太 187
基人试图在一百五十艘战舰的护卫下，将一支由七百艘商船组成的船队送往叙拉古，却毫无悬念地以失败告终。但在那个年代，海军的封锁几乎是不可能实现的，对于一个像叙拉古一样拥有宽阔海港以及很长的防波堤的城市来说尤其如此。叙拉古人与迦太基人在伟大的阿基米德的建议下，将罗马舰队彻底击

---

① 蒲式耳（*bushel*）是一种计量单位。1 蒲式耳相当于 36.368 升。——译者注

溃。阿基米德兴奋地设计出新的机器，它们能将罗马人的船只吊出水面，将其剧烈摇晃，使船上的水手掉入大海；他还设计出巨大的镜子，将西西里岛灼热的阳光反射到敌船的木料上，使其着火。不过，顽强的罗马人最后还是在前 212 年成功地占领了叙拉古，阿基米德也惨遭杀害，据说他当时正在地上勾勒另一个天才之作的设计图。[59]次年，罗马人又从迦太基人手中夺走阿克拉加斯。随后的一年，罗马人吹嘘道，现在西西里岛上已经再也找不到一个迦太基自由民了。[60]夺取西西里岛不仅有军事和政治上的好处，还有文化上的：叙拉古的珍宝被掠夺一空，希腊雕像作为战利品被送往罗马，推动了罗马人对希腊人卓越文化的热衷与学习。

战争持续了又一个十年，决定其走向的是西西里岛以外的事件，尽管若没有在西西里岛的胜利，罗马是不太可能取得进一步成果的。在西部，西庇阿意识到罗马军队可涉水穿过新迦太基城边的大潟湖，于是在公元前 209 年占领了新迦太基。然而，冲突的焦点逐渐移向非洲，罗马人最终于前 202 年在非洲的扎马（Zama）战役中击败了汉尼拔。虽然汉尼拔率军在意大利半岛上几经辗转、大肆破坏了许多年，但没有达到预期目的。罗马人将数千名士兵从西西里岛运送到非洲的能力至关重要，但他们与努米底亚国王们的联盟也为罗马的胜利提供了保障。事实上，罗马赢得了对海洋的控制权，这一点在迦太基最后签署的屈辱条约中也有所反映：迦太基只能保留十艘三列桨战船，他们闻名于世的五列桨战船完全被禁止。根据李维（Livy）的叙述，罗马人从迦太基的巨大圆形港口中拖出五百艘战舰，并将其付之一炬。迦太基再次被征收巨额赔款，并被剥夺了非洲以外的所有领地，甚至非洲的一些领地也被割让给

努米底亚人。哈米尔卡·巴卡小心翼翼积攒起来的西班牙领地
尽失罗马。迦太基被禁止到非洲以外的地区作战，事实上沦为 188
了罗马的附庸。这样的条款经常被强加于罗马在意大利的邻邦，但对迦太基这就等同于阉割。[61]罗马再次威风凛凛地指挥一切，赢得了从未想象过的卓越地位与荣耀。

7

虽然取得了对汉尼拔的胜利，但罗马仍需面对地中海中部的许多未解难题。他们与马其顿人打了两场大仗，马其顿人最终被迫接受罗马的保护；向南，他们与埃托利亚同盟（Aetolian League）交战于希腊中部；向东，与他们交战的是塞琉古王朝的军队，军队中有亚历山大大帝去世后在叙利亚获得权势的希腊将领。[62]到公元前 187 年，罗马的边界已经从从前的西班牙巴卡领地向东跨越地中海一直延伸到黎凡特地区。当然，罗马还有潜在的对手，例如埃及的托勒密王朝，后者拥有巨量的战舰，但毕竟这是整个地中海第一次感受到一个国家的强大政治影响，这就是罗马共和国。在罗马与周边地区发生冲突时，迦太基保持静默，忠实地履行着与罗马签订的屈辱性条款。在叙利亚战争期间，迦太基人还心甘情愿地将他们仅存的战舰驶往远古祖先生活过的水域。他们从迦太基地平线以外的遥远属地带来谷物，以补给罗马的陆军与海军。[63]前 151 年，迦太基人偿清了他们欠罗马的战争赔款。就在这个时刻，他们发现自己与努米底亚的八旬老国王马西尼萨（Masinissa）起了冲突。迦太基人认为自己此时已经摆脱了罗马人的制约，能够自行决定对马西尼萨发动攻击。而罗马的想法完全不同。在罗马人眼中，繁荣、不断复苏、能够实施自己的政策的迦太基，

间接威胁了罗马对整个地中海的控制，尽管这种威胁并没有直接针对罗马人在西西里岛、撒丁岛或西班牙的领地。罗马人加图（Cato，亡于前 149 年）是顽固的保守派，他曾作为迦太基人与马西尼萨的正式调解员前往迦太基。他坚信只有彻底消灭迦太基，才能保障罗马的未来。他不断地在罗马元老院的演讲中谴责迦太基，每次他要结束演讲时，无论他的演讲主题与迦
189 太基是否相关，他都会强调："另外，我的主张是，迦太基必须灭亡。"[64]于是罗马开始了对迦太基的挑衅。起初他们要求迦太基派出人质，迦太基答应了；然后是上交包括两千支石弩在内的所有库存武器的要求，迦太基人答应了。但罗马人提的第三个要求实在让人难以接受。迦太基人被要求全部撤离他们的城市，在至少十英里以外的内陆地区任选一处迁居地。如果罗马人认为允许迦太基人选择自己的居所是慷慨之举的话，他们就是在欺骗自己。迦太基人对此表示拒绝，结果战争再次爆发。这是迦太基的生死之战，与此前的两次战争完全不同，这一点在最后的要求中体现得十分明显。在小西庇阿（Scipio Aemilianus），也就是此前应战汉尼拔的老西庇阿的继子的指挥下，罗马军队直接行至北非。这一次双方没有在西西里岛或西班牙周旋，因为这里已经完全脱离了迦太基人十分有限的影响范围。尽管迦太基人凭借非凡的能力成功组建了一支新的舰队，但他们的城市还是从陆地与海洋遭到了双重包围，最终在前 146 年春被罗马人攻陷。小西庇阿将城中居民贩卖为奴，城市的大部分地区被夷为平地（有传言称他曾在土中撒盐，以此预示迦太基绝不能再度兴起，实际上我们并不清楚这种说法是否准确）。

布匿战争持续了将近一百二十年。其影响力远远超出了地

中海的西部与中部：在迦太基陷落的那一年，罗马人巩固了其对希腊的控制，开启了与埃及和叙利亚的统治者争夺地中海东部控制权的激烈竞争。他们与马其顿人的战争持续了二十多年，然后与希腊的各种城邦联盟征战，并在公元前 146 年最终占领了科林斯。科林斯一直被视为反罗马势力的核心，但该城及其两座海港所具有的商业吸引力是毋庸置疑的。整座城市都遭受了无情的洗劫。所有居民都被贩卖为奴。华丽且大多古老的艺术品都被拍卖。一船一船的雕像与绘画被送往罗马，激起贵族追捧希腊艺术的热潮。毁灭不同城市造成的文化影响是十分不同的。布匿文明在迦太基陷落后作为北非的通俗文化苟延残喘，而希腊文明却在科林斯陷落后向西传播。[66]这些战争以
别的形式进入罗马人的意识。在奥古斯都·恺撒统治的时期， 190
维吉尔描述了建立迦太基的狄多女王与特洛伊避难者埃涅阿斯之间的宿命纠葛。只有在火葬仪式中毁灭狄多的迦太基，这一混乱的关系才能终结：

整座宫殿回响着呜咽、叹息和妇女的哀号，
一片啼哭之声响彻霄汉，
恰像敌人冲了进来，
整个迦太基或古老的推罗要陷落了，
人间的庐舍和天神的庙堂统统被卷入疯狂的烈火之中一样。①[67]

① 译文引自《埃涅阿斯纪》，杨周翰译，译林出版社，1999，第 667 ~ 671 页。——译者注

注　释

1. B. H. Warmington, *Carthage* (London, 1960), pp. 74–5, 77; R. Miles, *Carthage Must Be Destroyed: the Rise and Fall of an Ancient Civilization* (London, 2010), pp. 121–3.
2. Xenophon, *Hellenika*, 1:1.
3. A. Andrewes, *The Greek Tyrants* (London, 1956), p. 137; Miles, *Carthage Must Be Destroyed*, pp. 123–4.
4. Warmington, *Carthage*, p. 80.
5. M. Finley, *Ancient Sicily* (London, 1968), p. 71; Andrewes, *Greek Tyrants*, p. 129; Miles, *Carthage Must Be Destroyed*, p. 126（一则迦太基碑铭纪念了阿克拉加斯的灭亡）。
6. Warmington, *Carthage*, pp. 83, 87; Finley, *Ancient Sicily*, pp. 71–2, 91–3.
7. Warmington, *Carthage*, p. 91; Miles, *Carthage Must Be Destroyed*, pp. 127–8.
8. Warmington, *Carthage*, pp. 93–5; Finley, *Ancient Sicily*, pp. 76, 78, 80, 82.
9. Warmington, *Carthage*, p. 94.
10. Plutarch, *Parallel Lives*, 'Timoleon'; Finley, *Ancient Sicily*, p. 96.
11. Warmington, *Carthage*, pp. 102–3; Miles, *Carthage Must Be Destroyed*, pp. 136–7.
12. R. J. A. Talbert, *Timoleon and the Revival of Greek Sicily, 344–317 BC* (Cambridge, 1974), pp. 151–2; Finley, *Ancient Sicily*, p. 99.
13. Plutarch, 'Timoleon'; Talbert, *Timoleon*, pp. 156–7, 161–5; Finley, *Ancient Sicily*, p. 99.
14. Finley, *Ancient Sicily*, p. 104; Warmington, *Carthage*, p. 107.
15. Warmington, *Carthage*, p. 113.
16. Finley, *Ancient Sicily*, p. 105.
17. J. Serrati, 'The coming of the Romans: Sicily from the fourth to the first centuries BC', in *Sicily from Aeneas to Augustus: New Approaches in Archaeology and History*, ed. C. Smith and J. Serrati (Edinburgh, 2000), pp. 109–10.
18. Livy 2:34.4; B. D. Hoyos, *Unplanned Wars: the Origins of the First and Second Punic Wars* (Berlin, 1998), p. 28; G. Rickman, *The Corn Supply of Ancient Rome* (Oxford, 1980), p. 31.
19. R. Cowan, *Roman Conquests: Italy* (London, 2009), pp. 8–11, 21–5.
20. R. Meiggs, *Roman Ostia* (2nd edn, Oxford, 1973), p. 24.
21. Rickman, *Corn Supply*, p. 32.
22. K. Lomas, *Rome and the Western Greeks 350 BC–AD 200* (London, 1993), p. 50.
23. Livy 9:30.4.

24. Disagreeing with Lomas, *Rome and the Western Greeks*, p. 51.
25. Lomas, *Rome and the Western Greeks*, p. 56.
26. Hoyos, *Unplanned Wars*, pp. 19–20.
27. J. F. Lazenby, *The First Punic War: a Military History* (London, 1996), p. 34; Miles, *Carthage Must Be Destroyed*, pp. 162–5.
28. Miles, *Carthage Must Be Destroyed*, pp. 107–11, 160–61.
29. E.g. A. Goldsworthy, *The Fall of Carthage* (London, 2000), pp. 16, 65, 322.
30. Hoyos, *Unplanned Wars*, pp. 1–4; Goldsworthy, *Fall of Carthage*, pp. 19–20.
31. Polybios 1:63; Hoyos, *Unplanned Wars*, p. 1; on devastation: Goldsworthy, *Fall of Carthage*, pp. 363–4.
32. J. Serrati, 'Garrisons and grain: Sicily between the Punic Wars', in *Sicily from Aeneas to Augustus*, ed. Smith and Serrati, pp. 116–19.
33. Lazenby, *First Punic War*, pp. 35–9; Goldsworthy, *Fall of Carthage*, pp. 66–8; Miles, *Carthage Must Be Destroyed*, pp. 171–3.
34. Polybios 10:3; Lazenby, *First Punic War*, p. 37; Hoyos, *Unplanned Wars*, pp. 33–66.
35. Polybios 20:14; Lazenby, *First Punic War*, p. 48; Miles, *Carthage Must Be Destroyed*, p. 174.
36. Diodoros 23:2.1.
37. Lazenby, *First Punic War*, pp. 51, 55.
38. Polybios 20:1–2; Hoyos, *Unplanned Wars*, p. 113; Lazenby, *First Punic War*, p. 60; Goldsworthy, *Fall of Carthage*, p. 81.
39. Cf. though Miles, *Carthage Must Be Destroyed*, p. 175.
40. Polybios 20:9; Lazenby, *First Punic War*, pp. 62–3.
41. Polybios 20:9–12.
42. Ibid. 22:2.
43. Lazenby, *First Punic War*, pp. 64, 66 and 69, fig. 5.1; Miles, *Carthage Must Be Destroyed*, pp. 181–3.
44. J. H. Thiel, *Studies on the History of Roman Sea-power in Republican Times* (Amsterdam, 1946), p. 19; Goldsworthy, *Fall of Carthage*, pp. 109–15; also Lazenby, *First Punic War*, pp. 83, 86–7.
45. Cf. Lazenby, *First Punic War*, p. 94.
46. J. Morrison, *Greek and Roman Oared Warships, 339–30 BC* (Oxford, 1996), pp. 46–50.
47. Goldsworthy, *Fall of Carthage*, p. 115.
48. Polybios 37:3; Lazenby, *First Punic War*, p. 111; Miles, *Carthage Must Be Destroyed*, p. 181.
49. Polybios 62:8–63.3; Lazenby, *First Punic War*, p. 158.
50. Warmington, *Carthage*, pp. 167–8; Hoyos, *Unplanned Wars*, pp. 131–43.
51. M. Guido, *Sardinia* (Ancient Peoples and Places, London, 1963), p. 209.
52. B. D. Hoyos, *Hannibal's Dynasty: Power and Politics in the Western Mediterranean, 247–183 BC* (London, 2003), pp. 50–52, 72, 74–6; Miles, *Carthage Must Be Destroyed*, pp. 214–22.

53. Hoyos, *Hannibal's Dynasty*, p. 53.
54. Ibid., pp. 55, 63–7, 79–80; Miles, *Carthage Must Be Destroyed*, p. 224, citing Polybios 10:10.
55. Hoyos, *Unplanned Wars*, pp. 150–95, especially p. 177 and p. 208.
56. Goldsworthy, *Fall of Carthage*, pp. 253–60.
57. Serrati, 'Garrisons and grain', pp. 115–33.
58. Finley, *Ancient Sicily*, pp. 117–18; Goldsworthy, *Fall of Carthage*, p. 261.
59. Thiel, *Studies on the History of Roman Sea-power*, pp. 79–86; Goldsworthy, *Fall of Carthage*, pp. 263, 266.
60. Finley, *Ancient Sicily*, p. 119.
61. Goldsworthy, *Fall of Carthage*, p. 308.
62. Thiel, *Studies on the History of Roman Sea-power*, pp. 255–372.
63. Goldsworthy, *Fall of Carthage*, p. 331.
64. Warmington, *Carthage*, pp. 201–2.
65. Goldsworthy, *Fall of Carthage*, pp. 338–9.
66. Rauh, *Merchants*, pp. 38–53.
67. Virgil, *Aeneid*, 4:667–71, in Dryden's translation.

八　“我们的海”（前146～150年）

1

迦太基与科林斯陷落之前，罗马与地中海的关系已经发生 191
了重大转变。这种关系表现为两个方面。一方面是政治关系：显然，在第三次布匿战争之前，罗马的影响范围已经向西扩展到西班牙，向东扩展到罗得岛，虽然罗马元老院这时还未对沿岸地区和岛屿进行直接管辖。另一方面是商业关系：罗马商人与地中海的各个角落之间的联系日渐紧密。然而，元老院与商人属于两个不同群体。与荷马笔下的英雄一样，罗马的贵族总是乐于宣称，他们不会用商业玷污自己的双手；在他们眼中，商业与诡计、侵占以及欺诈联系在一起。若不撒谎、欺骗、贿赂，一名商人又如何获利呢？富商都是成功的赌徒，他们的财富源于冒险和碰运气。[1] 可是这样的优越感没有妨碍诸如老加图和西塞罗这样的精英人士从事商业活动，当然是通过代理人来完成的，而绝大多数的代理人都是新罗马人。

随着罗马完成对意大利的控制，它为统治下的许多城镇的市民提供了联盟者的身份，也为退伍老兵设立了殖民地。如此一来，“罗马人”（Romanness）渐渐不再意味着生活在罗马，而且只有部分罗马城中的居民拥有罗马公民的身份并拥有权投票，妇女与奴隶被排除在外。在公元前1年前后，罗马约有二十万奴隶，占总人口的五分之一。他们的经历是地中海地区民

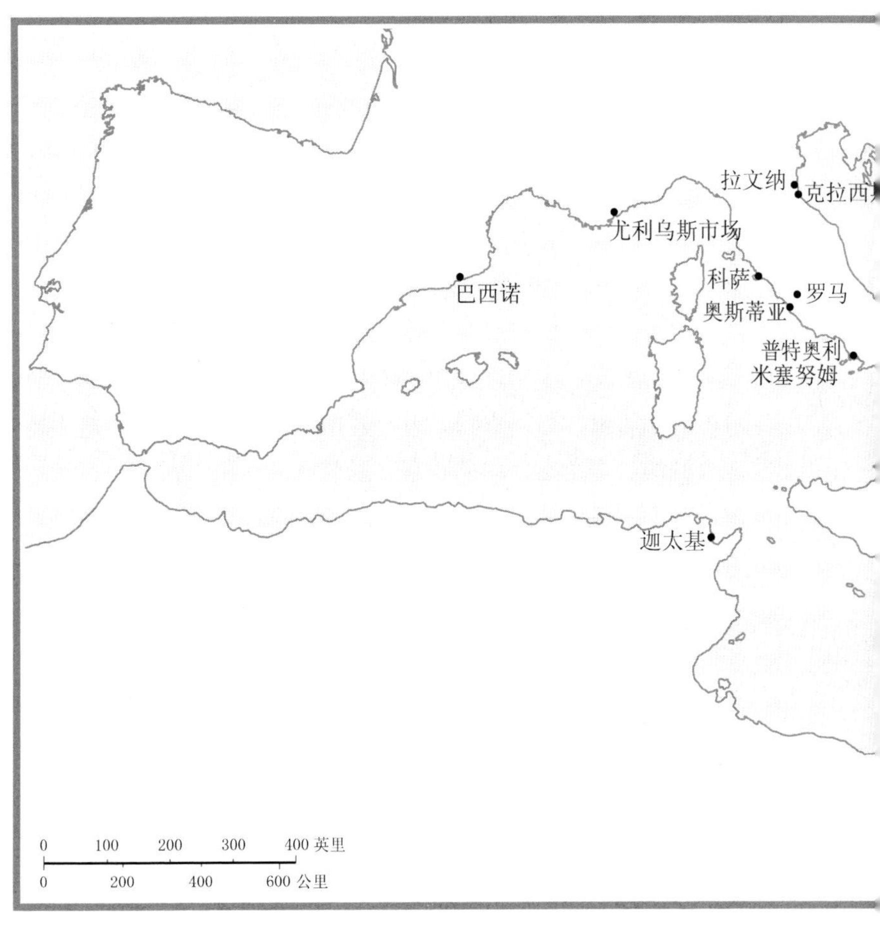

拉文纳
克拉西
尤利乌斯市场
科萨
罗马
巴西诺
奥斯蒂亚
普特奥利
米塞努姆
迦太基
0 100 200 300 400 英里
0 200 400 600 公里

崎岖的奇里乞亚
提洛岛
亚历山大

192 族史的重要部分。来自迦太基和科林斯的俘虏可能被安置在农
田耕种，他们被迫忍受背井离乡的艰苦生活，对于自己妻儿的
命运一无所知。伊比利亚的俘虏被迫在西班牙南部的银矿工
作，其工作环境之恶劣实在无法用语言形容。但那些显露了自
己才能的人可以作为希腊教师生活在贵族的家中，或者为其主
人充当商业代理人，甚至能够从事跨海贸易（尽管他们很可
能会消失于亚历山大的销金窟中）。奴隶可以把钱积攒为私产
（*peculium*）——尽管法律上它与奴隶的其他所有物的一样属
于奴隶主——并用其赎回自己的自由，或者慷慨心善的主人会
完全遵从其喜爱的奴隶的心意还他们自由。自由民可以成为非
常成功的银行家和商人，也能够享受罗马公民的绝大多数权
193 益。如此一来，大量来自希腊、叙利亚、非洲和西班牙的移民
来到罗马，东地中海的标准交流方式——希腊语自然就成了罗
马城中许多区域的日常语言。1 世纪的诗人卢坎（Lucan）曾
抱怨道：“城里生活的不再是罗马本地人，而是人类中的垃
圾，这些不同种族混杂在一起，让我们即使想打一场内战都打
不起来。”[2] 他的势利隐含着淡淡的自我怨恨：他生于西班牙南
部的科尔多瓦（Córdoba），在孩童时期被带到罗马。然而，即
使元老院也被这些自由民的子孙渗透，更不用说出身较好的伊
特鲁里亚人、萨莫奈人和拉丁人了。[3] 喜剧作家普劳图斯
（Plautus）在一部剧作中，用北非的布匿语栩栩如生地描绘了
194 狡猾的商人和聪明的奴隶。由于罗马城及其外港吸引了大量外
国商人，城里使用的语言变得更加混杂了。这些商人包括：推
罗人，这些商人曾经生活在伟大的腓尼基，到奥古斯都时代他
们已经重操旧业开始行商；犹太人，这个时期的犹太人包括大
量船员和水手；南意大利人，我们之后将会看到，那不勒斯海

湾在罗马的补给体系里发挥了特殊作用，因此，“罗马商人”一词表示“接受罗马庇护的商人”，而非“具有罗马人血统的商人”。

罗马在地中海确立的霸权依赖于三种因素：足以供养这座大城市的物资，可以为这座城市送达物资的港口，以及对商人的保护（罗马人打败了出没于东地中海的海盗，这些海盗曾严重威胁围绕亚历山大、提洛岛以及罗马的其他合作者建立的商业体系）。

2

海盗追求财富。公元前 2 世纪商业的繁荣发展也为海盗的繁荣发展创造了理想的环境，尤其是自从罗得岛衰落后，无论罗得岛人还是提洛岛人都没有肃清东地中海猖獗海盗的海军力量。西地中海也与东地中海一样遭到海盗的蹂躏。公元前 123 ~ 前 121 年，梅特卢斯 · “巴利阿里库斯”（Metellus “Balearicus”）就是通过镇压像瘟疫一样盘踞在巴利阿里群岛周边的海盗而获得了自己的绰号，这个时候巴利阿里群岛已经处于罗马人的统治之下。那里的海盗总是乘着一种比救生艇好不了多少的小船在海面上横冲直撞，却能造成巨大的麻烦。[4] 在布匿人的首都被毁后，再也没有迦太基商人管理这片海域。罗马人开始意识到他们对此负有责任，于是认真承担起来。前 74 年，年轻的贵族盖尤斯 · 尤利乌斯 · 恺撒准备前往罗得岛学习修辞学（他本人很有学问），但在途中被海盗劫持。用这样一位显赫的贵族可以换得一笔丰厚的赎金，因此海盗对他以礼相待，但即使在被释放时，他仍然颇有勇气地嘲讽海盗，声称他将再度返回以将他们彻底消灭。他集合了一支小舰队，抓捕了曾经抓住他的海盗，然后将他们钉上十字架。由于他们曾经的礼遇，他在把他们钉上十字架之前仁慈地先将其喉咙割断。[5]

195 海盗们小型但敏捷的舰队沿着航线掠食，他们的基地分布在克里特岛、意大利以及土耳其东南部的岩石海岸。该海岸是被形象地称为“崎岖的奇里乞亚”的危险之地，位于塞浦路斯以北及罗得岛以东数百英里。经由曾经辉煌的伊特鲁里亚城市的贸易渐趋衰落，伊特鲁里亚的船主们于是转而使用了一些不太正当的营利手段。罗得岛出土了一块石碑，它的树立是为了纪念提马克拉提斯（Timakrates）的三个儿子，他们在抗击出没于东地中海的第勒尼安海盗时阵亡了。[6] 有时海军为搜寻某些特定敌人还鼓励海盗船参与海上巡逻。约公元前200年，斯巴达王纳比斯（Nabis）就曾这么做过，他与克里特岛的海盗结盟，而这些海盗的劫掠目标是驶往罗马的补给船。[7] 盘踞在西西里岛的反叛将领，例如庞培的儿子赛克斯图斯·庞培（Sextus Pompeius），就曾出动船只试图切断罗马的谷物供应。赛克斯图斯·庞培能够轻易达成这一目标，因为不仅是西西里岛，撒丁岛也在他的掌控之下。[8] 各岛以及沿海港口的统治者要对经过其海域的商船征收通行税，若被拒绝就会以武力相逼。海盗需要基地，以便将掠夺的金钱、货物和奴隶卸下，因此他们的活动需要得到小港口居民的自愿合作，例如吸引了数不清的销赃者、皮条客、非法商贩和骗子的阿塔雷亚（Attaleia）。奇里乞亚的海盗努力供养着生活在托罗斯山脉（Taurus Mountains）南端的所有社群。他们讲卢维语，生活在家族本位的社会中，对男性和女性后裔一视同仁，由长者或“君主”（*tyrannoi*）管理。[9] 海盗船上的水手是移居到海滨地区的山民，但若不是得到了来自沿海地区的锡德（Side）和阿塔雷亚的水手们的帮助，他们是没法学到航海技能的。据地理学家斯特拉波记载，锡德的居民允许海盗们在码头附近拍卖俘虏，尽管他们明知这些俘虏本是自由人。[10]对于这些海盗使用的制作简易的船只，普鲁塔克做出了如下的描述：

> 他们的船在船头都装有镀金桅杆，船帆用紫色布织成，桨柄上镀着银，仿佛他们很高兴以罪恶为荣。在整个海岸，除了音乐和舞蹈、宴饮与狂欢外，别无他物。[11]

到公元前 67 年，海盗问题已经蔓延到罗马的门口，袭击 196
了奥斯蒂亚以及意大利的海岸地区。[12]普鲁塔克还称：

> 这群海盗控制了整个地中海，致使正常的航行与商业活动无法开展。正是因为这些海盗的猖獗，罗马人的经济陷入困境，他们也意识到如果这种状况持续下去，陆地上就会因粮食不足而发生饥荒，因此罗马人最后决定派遣庞培去解决海盗问题，从海盗手中夺回海洋。[13]

此时，庞培已经在罗马的权力斗争中有了突出表现（或者说树立了很多敌人，全看评价的人支持哪一方）。[14]他打算一劳永逸地解决海盗问题。前 66 年，他将地中海分成三个区域，打算系统性地逐一清除海盗。他先处理了家门口的问题，肃清了第勒尼安海海域的海盗。他率领一支舰队前往西西里岛、北非和撒丁岛（西塞罗曾称这三处是“国家的三座粮仓”），在那里设防，以确保罗马城的补给线的安全。[15]据说此项任务进行了四十天。随后，他准备突袭奇里乞亚，但他在西部取得的成果的传播速度远远超过了舰队的航行速度，因此他的舰船一进入奇里乞亚海岸城镇的视野，这些城镇就纷纷向他投降了。海上及陆上的战斗规模非常有限。他抵达时可能只带了五十艘战舰和五十艘运输舰，舰队规模不大，不过奇里乞亚人的轻型船还是难以与之抗衡。罗马人还投票表决，如果他需要，罗马还可为他准备五百艘战舰。[17]庞培的目标不是消灭海盗，而且消除海盗行为：他没有将敌人全部屠杀，而是接受他们的投降并将其重新安置，为他们提供可耕种的农田。[18]元老院曾提议给庞培三年时间解决海盗问题，而庞培的行动只花费了三个月。自此以后，海盗对于罗马的粮食供给线不再是严重的灾难，而只是轻微的刺激。

庞培以对海盗的战争为跳板，开拓了罗马人在叙利亚和巴勒斯坦的领地范围，这些领地的稳定不只依赖于罗马的军队，还依赖于当地国王们的共识，即与罗马结盟是保证他们自身权势的最佳方式。[19]然而，庞培并不满足于只在东方拥有这一个领地。罗马人在东地中海的领地只是罗马历次激烈内战的副产品。这些内战的交战方分别是：庞培对尤利乌斯·
197 恺撒；布鲁图斯（Brutus）对马克·安东尼（Mark Anthony）
和屋大维（Octavian）；以及马克·安东尼对屋大维，后者就是未来的奥古斯都·恺撒。公元前 48 年，庞培所代表的贵族派与盖尤斯·尤利乌斯·恺撒的支持者在希腊东北部的法萨卢斯（Pharsalus）交战（“这是他们自己所希望的”，尤利乌斯·恺撒看着死去的敌人沉思，然后如此评述）。[20]庞培逃往埃及但落入了圈套，在他以为终于到了海滨的安全之地时被突然刺死。此时，东地中海唯一尚未落入罗马统治的大片领土就是埃及，“毁之可惜，合之危险，治之烦扰”。[21]尤利乌斯·恺撒对庞培紧追不舍，但他的对手在他抵达埃及的两天前被杀死了。他立刻发现这是一个确立罗马在埃及影响力的良机，决定支持迷人、聪慧、狡黠（虽然可能并不非常漂亮）的女王克莱奥帕特拉（Cleopatra），帮助她赢得与她弟弟托勒密十三世的权力斗争。众所周知，恺撒成功地实现了他的目标，炮击亚历山大城，并要承担毁坏整个或部分大图书馆的责任。他将罗马军队驻扎于埃及，名义上是为了向仍然独立的女王提供保护。无论他是否征服了埃及，克莱奥帕特拉实实在在地征服了他，他们生了一个孩子，取名托勒密·恺撒。女王曾带着儿子前往罗马，罗马人普遍认为他就是恺撒的孩子。一位罗马将军有一个可能成为未来的法老的儿子，这样的构想让罗马政客们警铃大作，认为恺撒也有称帝的野心，尽管绝大多数历史学家都辩称：“恺撒被刺是因其所为，而非其所将为”。[22]

公元前44年，恺撒被刺，之后罗马政客们的相互斗争差点使埃及再次脱离罗马人的控制。尽管前42年在爱琴海北部滨海地带发生的腓力比（Philippi）战役中，恺撒的继承人屋大维和恺撒的朋友马克·安东尼一起为恺撒报了仇，但他们自己的关系也开始恶化。获胜后，领袖们封自己为“三巨头”（Triumvirs），对罗马世界进行了划分：屋大维掌管西部，马克·安东尼掌管埃及和东部，雷必达（Lepidus）管理阿非利加。这样做的目的并不是将罗马的辖区分成三份，而是维护新的政权，对行省进行重组。马克·安东尼将腓尼基人的城市、“崎岖的”奇里乞亚的城镇以及整座塞浦路斯岛（前58年被

罗马吞并）转赠克莱奥帕特拉。奇里乞亚很有价值，因为在过去很长时间里，它与腓尼基和塞浦路斯一样，是重要的木材
198 产地。尽管如此，安东尼还是成为臣服于克莱奥帕特拉魅力的第二位罗马伟人，诽谤他的人坚持声称，他自视为未来的埃及国王。或者他所希望的就是把亚历山大城变成泛地中海帝国的未来首都？在打完了同亚美尼亚人的战争后，他在亚历山大城的街道上举行了一场罗马人的凯旋式，这是从未有过先例之举。此后，屋大维与安东尼间的不信任日益凸显，他们的权力之争变为公开的战争。

屋大维在公元前 31 年获得了公开大胜，不过不是在埃及，而在希腊西北部靠近爱奥尼亚群岛的亚克兴角（Actium）海域。安东尼拥有更大规模的舰队，拥有通向埃及的畅通无阻的补给线；他所缺少的是那些他视为盟友的人的忠诚。这些盟友在遭遇屋大维战船的包围后就开始逃跑，而安东尼带着四十艘战舰脱围而出，逃回亚历山大。[24]这场战役是否真的规模极大，至今尚无定论，但屋大维却充分意识到了它的宣传价值。

> 年轻的恺撒，身着闪亮的盔甲，立于船尾，
> 在这里引领着罗马人与他们的神明投入战斗：
> 他所尊奉的宏伟壮丽的神庙将光辉射向远方；
> 看啊，他的头上还悬挂着恺撒的荣耀之星。

另一边则是罪大恶极的安东尼：

> 安东尼率领着军队一字排开，遥遥相对，

> 他得到蛮族的帮助，带着东方诸王的军队，
> 有附近的阿拉伯人，远方的巴克特里亚人，
> 讲着各种不同语言的人联合一致参战：
> 身在吵吵嚷嚷的中心，穿着华丽长袍，
> 还有他的厄运——埃及的妻子——在旁追随。[25]

在此后的千余年里，亚克兴海战作为世界史中的一场决定性战役被传唱。这场战役的结果为屋大维在意大利赢得声望与支持，这些正是他此前缺少的。他的胜利保证了东地中海在未来的三个世纪中仍与罗马联系在一起，直到新罗马在君士坦丁堡的建立，这种局面才被一种新的权力平衡取代。

安东尼在回到埃及后又坚持了一年，直到屋大维的军队从
东西两面发起攻击。他最终兵败自刎。数日后，埃及的最后一 199
位法老克莱奥帕特拉也选择了同样的结局。她是否用一条角蝰把自己毒死的问题不过是细枝末节。重要的是，如今屋大维才是埃及的主人。他立刻表现出对被占地区文化传统的理解。他愿意像法老那样统治，为的是将埃及变成他的个人领地。他通过总督管理埃及，总督直接对他负责，而非元老院与罗马人民（*Senatus Polulusque Romanus*），对于埃及来说，后者只有理论上的权威。[26]屋大维明白，埃及最宝贵的财富不是绿宝石或斑岩，而是产自尼罗河流域的麦上的麦穗。

由此一来，针对海盗的战争、东地中海大片土地的获得、罗马的内战，都对地中海产生了明显的政治与经济影响。从此以后，罗马人就需要保证从直布罗陀海峡到埃及、叙利亚和小亚细亚沿岸地区的整片海域的安全。地中海完全成为罗马的内湖。这个过程花费了一百一十六年的时间。第一阶段从迦太基

与科林斯的陷落持续到公元前 66 年的奇里乞亚战役。第二阶段较短，以屋大维得到埃及告终。在击败了所有竞争对手后，屋大维成为奥古斯都·恺撒，罗马世界的第一公民（*Princeps*）或领袖。在如维吉尔、贺拉斯和李维等诗人和历史学家的宣传下，他在内战中的胜利经常被看作新秩序确立和罗马帝国诞生的时刻。但是，这种新的帝国秩序也是罗马统治向远至埃及的东方扩张的结果。地中海已经成为“我们的海”（*mare nostrum*），但“我们”指的是一个更大概念上的罗马，而非元老院与罗马人民本身。罗马的公民、自由民、奴隶以及同盟遍布地中海，商人、士兵和俘虏纵横来往于这片海洋之上。与他们同行的还有占据主导地位的希腊文化，这种文化已经深深根植于罗马社会［例如维吉尔、普劳图斯和特伦斯（Terence）等诗人与剧作家都借用了希腊式的概念、内容与韵律］。这种文化越来越多地融入了一些来自东方的主题，亚历山大城的大街小巷已经对这些主题习以为常，此时在罗马城中它们也广为流行：阿普列乌斯（Apuleius）在他的滑稽小说《金驴记》（*The Golden Ass*）中提到的伊西斯（Isis）崇拜，以及在 70 年耶路撒冷被罗马人摧毁之前就已经被犹太商人和俘虏带到罗马的犹太教上帝崇拜。罗马就位于这一网络的中心，它现在是一
200 个熙熙攘攘的世界性都会，这里有着数百万居民需要供养。获得埃及确保了罗马的粮食供给，因此也保证了民众对帝国统治的支持。

3

对于罗马商人来说，谷物贸易不只是获利的手段。公元前 5 年，奥古斯都·恺撒将谷物分发给三十二万名男性公民。他

骄傲地将这件事记录在一块纪念他的胜利与成就的巨型石碑上，因为赢得罗马公民的支持与在海上与陆上赢得胜利同等重要。[27] “面包与竞技赛”① 的时代开始了，培养罗马人是项艺术，许多皇帝都充分意识到了这一点［事实上，直到3世纪，皇帝奥勒良（Aurelian）才用面包代替谷物，正式将烤好的面包分发给公民］。[28]到前1世纪末，罗马控制了地中海地区一些最为重要的谷物产区，即西西里岛、撒丁岛和非洲等庞培仔细加以保护的地区。其后果之一是中意大利谷物种植的衰落：在前2世纪晚期，罗马保民官提比略·格拉古（Tiberius Gracchus）就曾抱怨称，伊特鲁里亚如今遍布大地产，那些大地主们饲养牲畜以获利，而不是从土地上获得利润。[29]罗马不再需要倚仗意大利古怪的气候来获取食物，但要控制遥远的西西里岛和撒丁岛也非易事，与叛军指挥官赛克斯图斯·庞培的冲突就是明证。交易体系越来越复杂，确保了谷物和其他货物能被及时运送到罗马。随着奥古斯都改造罗马城，随着帕拉丁山（Palatine hill）上建立起雄伟的宫殿，罗马对奢侈品——来自印度洋的丝绸、香水、象牙，来自东地中海的希腊的精美雕像、玻璃器皿、雕花金属器物——的需求也逐渐增长。在早些时候，也就是前129年，埃及国王托勒密八世接待了一支来自罗马的使团，使团由征服迦太基的西庇阿率领。当托勒密八世身着丝绸（可能来自中国）制成的轻薄长袍慷慨地宴请来客时，罗马人感到十分震惊，因为他们透过那衣料不仅可以看到埃及国王肥胖的身躯，还能看到他

① “面包与竞技赛”（bread and circuses）指以小恩小惠获得民意支持，而不是好的公共服务和公共政策。——编者注

的生殖器。但西庇阿式的朴素生活在罗马贵族中业已过时。甚至同样简朴的老加图也曾经从航运投资中购买百分之二的
201 股份，将他的资金分散到多次航海活动中，而且他还派遣一名很得他欢心的自由民昆提奥（Quintio）作为他的代理人参与这些航行。[31]

从提洛岛被建成一座自由港（公元前 168 ~ 前 167 年）到 2 世纪是海上交通的繁荣期。我们已经知道，海盗侵扰在前 69 年以后显著减少，航行变得更加安全。有趣的是，绝大多数超大型船只（二百五十吨以上）都是在前 2 ~ 前 1 世纪出现的，而在所有时期，大部分船只的排水量都不少于七十五吨。较大型的船携带着武装卫队，虽然它们的速度逊于较小的舰船，但能够更有效地保护自己免受海盗袭击。随着海盗的衰落，小型船只变得更受欢迎。这些小型舰船最多能装载约 1500 只双耳罐，而大型舰船则能装载 6000 只或更多，这种规模一直到中世纪晚期才被超越。[32]货物的统一性传递出商业活动的规律性：大约半数以上商船携带着一种货物，可能是葡萄酒、橄榄油或谷物。穿越地中海的大宗货物数量越来越多。港口附近的沿岸地区能够专门经营其土壤适合种植的某一特定产品，日常所需的基本食物则由到访的商人供应。“罗马帝国统治下的和平”（*pax romana*）保证了他们的安全，这种和平则是在镇压海盗以及罗马的统治覆盖整个地中海后确立的。

在距离伊特鲁里亚海岸不远的一处海岬上有一座小港口科萨，这里的考古发现为了解这个时期的环地中海货物运输提供了令人印象深刻的证据。这里的工坊在帝国早期的贵族家族“塞斯提”（Sestii）的鼓动下制造了成千上万只双耳罐，他们

把自己的家乡变成了一个成功的手工业制造中心。马赛附近的大康格鲁岛（Grand - Congloue）发现的沉船上有来自科萨的双耳罐：一千二百只罐子大多带有 SES 的标记，这是塞斯提家族的标记。它的下面还有另一艘公元前 190 ~ 前 180 年的沉船，装载了来自罗得岛与爱琴海其他地区的双耳罐，以及数量极多的准备运往高卢南部或西班牙的南意大利产餐具。这类商品可以经远程运输运往内陆，大量的食物则在海岸线或海岸附近就被消费了，因为除非可以采用河运，在内陆运输这些食物非常困难且成本极高。比起陆路运输，水路运输的费用便宜很多。我们后面会看到，即便像罗马这样距离海洋很近的城市也面临海路运输的问题。[33]

谷物是主要食物，特别是产自西西里岛、撒丁岛、阿非利 202
加和埃及的硬粒小麦（*triticum durum*），硬粒小麦比软粒的更干燥，因此更易于保存。不过，内行更青睐一种被称为西里戈（*siligo*）的小麦粉，它由脱皮的斯卑尔脱（Spelt）小麦磨成。[34]以面包为主的食物只能填饱肚子，面包的“伴随物”（*companaticum*），如奶酪、鱼或蔬菜则使饮食更加丰富。蔬菜不宜运输，除非经过腌制；奶酪、油和葡萄酒却可以在地中海的各个市场中找到；经海路运输的腌肉则主要供应罗马军队。[35]用鱼的内脏制成的臭鱼酱越来越受欢迎，它被盛放在双耳罐中售往地中海的各个地区。考古学者在据巴塞罗那大教堂不远处发现，在中等规模帝国城镇的诸多建筑中，有一处规模相当大的臭鱼酱工场。[36]在顺风的情况下，从罗马前往一千海里外的亚历山大城需要十天；若天气不好，从亚历山大城返回罗马则需要花费六倍多的时间，虽然船员们都希望在约三个星期后就回到罗马。从 11 月中到 3 月初，人们一般会避免海上航行；在9月中到11月初以及3月到5月底，海上航行是非常危险的。在整个中世纪，这种“禁航期”仍然在某种程度上得到遵守。[37]

《使徒行传》（*Acts of the Apostles*）中关于塔尔苏斯的保罗（Paul of Tarsus）的描述生动地记录了一次冬季穿行地中海的失败航行。保罗当时为罗马人的囚犯，被安置在一艘亚历山大城的谷物船甲板上，该船从安纳托利亚半岛南部海岸的米拉（Myra）出发驶往意大利。时值航行季的末期，船被狂风耽搁，当他们最终离开克里特岛时，海面已经变得危险重重。船长没有选择在克里特岛过冬，而是鲁莽地决定冒险驶向风暴频发的海面，他的船因此在海上悲惨地颠簸了两个星期。船员们“为减轻船重将小麦倾入大海”。水手们驾船驶往马耳他岛，在那里把船拖到岸上，但船被撞碎了。保罗称，船上的旅人得到了生活在岛上的“蛮族”的善待。没有人死亡，但保罗和其他人在马耳他岛上耽搁了三个星期。根据马耳他人的传说，保罗利用这段时间使岛民皈依了基督教；在保罗笔下，马耳他人却是轻信、原始的——他治愈了地方首领生病的父亲，因此被当地人奉为神明。航行条件好转后，另一艘来自亚历山大城并在岛上过冬的船搭载他们一起离开了此地。于是保罗依次抵
203 达叙拉古、意大利南端的雷焦，以及距雷焦一天路程的那不勒斯湾的普特奥利港，或许最初那艘谷物商船的目的地便是该港。他从普特奥利港出发前往罗马（依据基督教的传说，他最终在那里被斩首）。[38]

奇怪的是，罗马政府并没有像中世纪的威尼斯共和国那样建立一支国有商船船队；多数搭载谷物驶往罗马的商人从事的都是私营贸易，他们有时还在皇帝在埃及或其他地方的私人地

产装运谷物。[39]约公元200年，谷物商船的平均排水量是340～400吨，可以搭载50000摩底（modii）① 谷物（1吨相当于150摩底）。部分船的排水量高达1000吨，但海面上同时还穿行着难以数计的小型船。罗马每年需要约4000万摩底的谷物，因此800艘载重量为平均水平的船须在春季到秋季间抵达罗马。1世纪，约瑟弗斯声称阿非利加每年提供的谷物可满足罗马八个月的需求，埃及的供给可满足四个月的需求。[40]这完全能满足20万男性罗马公民1200万摩底谷物的需求。[41]第二次布匿战争结束后，北非中部就开始成为罗马的补给来源地，从这里到意大利的路途更短、更快捷，自然比始于亚历山大城的远距离运输更加安全。[42]

大量的商人从出产谷物的北非海滨城镇前往奥斯蒂亚，抵达后他们聚集到现在被称为合作广场（Piazzale delle Corporazioni）的柱廊周围。[43]当时非洲土地还未遭受干旱与侵蚀的破坏，燥热的夏季之后便是冬天的雨季，这种气候循环对于土壤十分有利。[44]皇帝本人也觉得非洲有很多机遇：尼禄（Nero）曾将属于六名超级大地主的地产没收，老普林尼相信他由此获得了阿非利加行省的一半土地（大致相当于现代的突尼斯）。[45]从前这块富饶的土地主要为非洲的城市提供给养，尤其是迦太基；在这一时期，它开始向广阔的地中海中部，尤其是罗马和意大利地区提供粮食补给。被纳入这一网络的不只是罗马治下的土地，还有一些毛里塔尼亚（Mauretanian）诸王掌管下的自治领土。当然，也有其他货物从非洲被运往罗马：罗马富人餐桌上的无花果（老加图称其可在三天内抵达）、松

① 摩底为古罗马的容积单位。——译者注

露和石榴，以及斗兽场所需的狮子与猎豹。[46]从公元2世纪开
204 始，皇帝鼓励阿非利加的农民去开发偏远的土地，因为意大利的农产品产量大幅下滑，连意大利人口的需求都无法满足，更不用说帝国的其他地区了。哈德良时期驻北非的官员写道："我们的恺撒为满足人们的需求，以不知疲惫的狂热要求人们耕种所有适合种植橄榄、葡萄、谷物的土地。"[47]人们修建了灌溉渠道与堤坝，以收集、分配冬季的雨水，这套系统在11世纪阿拉伯人侵袭前一直运作；一种混合型农业经济繁荣起来，陶器制造业同样如此——出口到海外的非洲赤陶为罗马帝国晚期的贸易特征提供了重要证据。[48]因此，非洲农业的集约化与商业化应归功于罗马人的推动。随着罗马人的统治与影响力扩展到地中海的各个角落，在这片海洋上形成了十分完备的贸易体系。

从帝国财政的角度看，埃及谷物在很多方面都优于阿非利加谷物。埃及不只向罗马一地输送谷物，还一直供养东地中海及爱琴海的大片区域。因为尼罗河河水每年定期泛滥，亚历山大城被视作一个高度可靠的粮食来源；而来自今天的摩洛哥、阿尔及利亚、突尼斯和利比亚等地的粮食供应则不太稳定，人们必须从多个中心获得所需谷物。[49]最重要的是，在该时期，饥荒不时突然降临西西里岛这类肥沃之地，但罗马帝国并不只是依靠单一、脆弱的粮食补给来源；埃及经历的饥荒比西西里岛还少，但更为恐怖。[50]由于帝国有了来自整个地中海的粮食补给，缺粮问题并不严重。罗马能够得到足够的食物；皇帝们在他们的货币上纪念谷物的分配。公元64～66年，尼禄直接在一些格外考究的铜币上刻下了与谷物供应有关的图案（对于这位自命不凡之人而言，这种做法并不出人意料）：谷神席瑞斯（Ceres）手持麦穗，面朝丰收女神安诺纳（Annona），

安诺纳手持象征丰收的羊角；中间的祭坛上放置了称量谷物的秤，背景是一艘运粮船的船尾。[51]

4

一旦谷物、橄榄油和葡萄酒抵达意大利，它们就会被运往距离海岸十英里的罗马。这种运输需要台伯河上风向的配合， 205
且罗马也缺少好码头。奥古斯都时期，针对这一问题的解决办法是，将谷物先运送到那不勒斯湾，那里的普特奥利是一个有遮挡的大型港口，它就位于今天那不勒斯郊区的波佐利（Pozzuoli）。谷物在此地将被装上小型船；由于从伊特鲁里亚的科萨到拉丁姆与坎帕尼亚边界上的加埃塔（Gaeta）没有适宜的港口，因此这些船需要沿坎帕尼亚与拉丁姆的海岸驶往台伯河。尼禄（公元 68 年去世）于是计划在奥斯蒂亚与那不勒斯湾之间修建一条可容纳两艘五列桨战船通行的大运河，以避免沿意大利海岸航行时的不便与可能遇到的危险。当这项工程还在筹备阶段时，有人提出将台伯河入海口的各个港口扩大，其中最重要的就是奥斯蒂亚。这座港口的庞大遗址今天仍在向我们展现当年它与非洲、高卢以及东方的贸易往来。我们稍后再详细介绍奥斯蒂亚。

普特奥利提前得知运粮船队即将抵达的消息：

> 今天，亚历山大城的通信船（*tabellariae*）突然出现了。这些船总是提前出发，前来通知舰队即将抵达。坎帕尼亚人对此非常欢迎。普特奥利的所有人都聚集到码头附近，试图通过船上的缆索来指认哪些船来自亚历山大城。[52]

他们之所以能做出判断，是因为亚历山大城的运粮船队都会使用一种特殊形制的船帆，“所有船都把船帆高挂在桅杆之上”。盖乌斯·卡里古拉（Gaius Caligula，公元41年去世）以停泊在普特奥利的亚历山大舰队为荣。他劝说犹太王希律·阿格里帕（Herod Agrippa）不要经布林迪西、希腊和叙利亚返回犹大地（Judaea），而改由普特奥利乘船出发，因为亚历山大城舰队的船长们开起船来就像是在赶马车一样。希律王在离开普特奥利几天后就抵达了埃及。[53]普特奥利由火山灰制成的水泥远近闻名，整个意大利都用它来做混凝土。最重要的是，这种水泥还被用于建造码头和防波堤，以容纳最大型的航船。普特奥利已经成为奢侈品贸易的中心，此地的商品既有希腊的大理石，也有在埃及被罗马控制后大量运抵港口的莎草纸和玻璃。普特奥利的商人们在提洛岛非常活跃，那里有一个南意大利商人的代表团。与提洛岛的联系使许多奴隶经普特奥利进入
206 意大利。与罗马一样，普特奥利的居民成分也十分复杂，有来自推罗的腓尼基商人，有来自巴勒斯坦以东沙漠地带的纳巴泰人，也有引入萨拉皮斯神崇拜的埃及人。[55]腓尼基人曾经是普特奥利的主要势力，但到174年他们已经生活艰难。他们曾向母城推罗写信求助，希望推罗帮他们支付事务所与货栈的巨额租金，他们称自己要交的数目远远高于其民族：

> 前些日子，生活在普特奥利的推罗人负责港口的保养，当时的推罗人十分富裕且数量庞大。然而我们的人数现在已经大幅缩减，且需要支付在神庙祭拜我们民族的神祇的开支。我们没有可以帮助我们缴纳驻地租金的必要资源了，我们每年都需要缴纳十万迪纳里。[56]

在“亚历山大、亚洲和叙利亚经商的人”也为朱庇特（Jupiter）、朱诺（Juno）和密涅瓦（Minerva）建造了神庙。[57]在城市中最富有的家族的资助下，人们建起了精美的公共建筑。尼禄的朝臣佩特洛尼乌斯（Petronius）在其撰写的小说《萨蒂利孔》（*Satyricon*）中提到了一座位于坎帕尼亚的城市，虽然他没有给出这座城市的名字，但它很可能就是普特奥利。这部小说的主角是一个名为特里马乔（Trimalchio）的自由民，他在海上赚了钱，结果又失去了这些财富［“海神尼普顿（Neptune）一天就吞噬了三千万塞斯特斯（*sesterces*）”］，他只好再次白手起家，退休时已经拥有了数百万塞斯特斯的资产。[58]

无论是否真的存在像小说中的特里马乔那样成功的自由民，自由民都在港口的商业活动中发挥了重要作用。庞贝城出土了一套举世瞩目的蜡版，上面的记载证实了普特奥利的银行世家苏尔皮奇（Sulpicii）家族的财务状况。共有一百二十七份文献留存至今，它们记载的事件主要发生在公元 35 ~ 55 年。[59]其中一份是一张一千迪纳里的借据，借款人是来自小亚细亚卡利亚（Caria）的希腊自由人墨涅拉乌斯（Menelaus），贷款人是奴隶普利姆斯，他是商人普布利乌斯·阿提乌斯·塞维鲁的代理人。塞维鲁的名字还被刻在了盛放鱼酱的双耳罐上，这些鱼酱是从伊比利亚半岛出口到罗马的。墨涅拉乌斯拥有属于自己的货船，他贷款的目的是为一批从普特奥利运往罗马的鱼酱预支运费。[60]以上事实均表明了普特奥利是如何与广阔的地中海世界联系起来的：它是一位希腊船长的家乡，该船长与从事西班牙鱼酱贸易的罗马富商保持着联系。由一位远离罗马的奴隶充当居住在罗马的塞维鲁的代理人，这种情况在当 207

时十分寻常。在雅典的鼎盛时期，希腊的银行家们就已经熟悉此时在普特奥利通用的信贷技巧。与从前不同的，是如今这些信贷活动遍布了从西班牙鱼酱工场到埃及的整个地中海。赊账（credit）不仅指用货币或商品支付的预付现金，这个词（拉丁语中表示“他相信”）还传达出了一种信任的意味。在罗马帝国的和平时代，合作与信任的建立更为简单，也更为有效。

真正为普特奥利带来财富的是谷物。据估计，在每年的这个时期，大约有十万吨谷物在这里中转。[61]由于这里的谷物需要搬运或处理，奴隶和有偿劳工在这里拥有大量的工作机会：无论是简单地成袋搬运谷物，还是需要将其重新倒入另一容器，都需要从抵达意大利的船只卸下谷物，重新装载上前往罗马的较小船只或驳船。在罗马城，有人会重新检查谷物的品质并对其征税。这些谷物要么存放在港口，要么存放在罗马城中，而谷物的储藏并不简单，必须要避免谷物发霉、生虫，要防止老鼠啃噬，这意味着谷物储存地必须保持通风、温度适宜。[62]谷物商人需要租用库房中的仓库，有些库房的规模特别巨大：罗马的加尔巴纳库房（Horrea Galbana）的第一层有仓库一百四十多间，而奥斯蒂亚海岸的格兰迪库房（Grandi Horrea）的第一层有六十间仓库。[63]对于正在为东方的奢侈品（如从亚历山大城运来的印度商品）寻找市场的商人而言，普特奥利也是很好的选择，因为这里是元老院贵族们在夏季前往巴亚（Baiae）、赫库兰尼姆（Herculaneum）以及斯塔比亚（Stabiae）避暑时的必经之地，此外它还紧邻此时仍欣欣向荣的那不勒斯，以及那不勒斯的众多卫星城，如庞贝城。

位于台伯河入海口的奥斯蒂亚地位逐渐上升，最终取代普特奥利成为搭载货物前往罗马的船只聚集的主要港口。奥斯蒂亚城的建立可追溯至公元前 5 世纪，当时的罗马与维爱正在争抢台伯河入海口的盐田；但很长时间以来，奥斯蒂亚始终只是河口的一处停泊地。在奥古斯都时期与提比略时期，奥斯蒂亚都有过建设计划，但直到克劳狄乌斯治下，一座靠近罗马城的易于通行的港口才真正开始修建。42 年，人们开始在台伯河以北两英里处建造一座新的港口，它的名字极为简单，就叫“波图斯”（Portus，意为港口）。建造这座港口的目的不是为了取代普特奥利，而是为了在向罗马运送谷物时有一条安全通道。不幸的是，克劳狄乌斯的防波堤显然不够结实：62 年，208
停泊在港口里的两百艘船被突然降临的暴风雨损毁。在后来的一个世纪，皇帝图拉真（Trajan）在克劳狄乌斯的港口内又修建了更安全、更壮观的六边形港口，以加固奥斯蒂亚。他的继任者哈德良对货栈和商铺所在的大片区域进行了重建。奥斯蒂亚有很多砖瓦结构的多层公寓楼，一直到 4 世纪，这些建筑在某种程度上都具有中层阶级的气质，而许多较为贫穷的移民在来到码头后只能转而前往罗马寻找租住之地。[64]

5

在屋大维赢得权力之后，地中海沿岸所有地区及所有海岛都落入了罗马人的统治，或在罗马人的影响范围之内，地中海实实在在成了“我们的海”。屋大维的胜利开启了地中海地区长达两百多年的和平期。当然，海上不时也会有海盗出没，例如在罗马控制薄弱的北非西端的毛里塔尼亚人：公元 171 ~ 172 年，摩尔海盗侵袭西班牙和阿非利加，于是皇帝马可·奥勒留（Marcus Aurelius）扩充罗马舰队以应对这一威胁。但罗马海军的作战地通常都不在地中海，因为他们在不列颠以及莱茵河与多瑙河流域驻扎着大批海军，他们在这些地方抵御着不断发动侵扰的日耳曼人。帝国核心部分的动荡也没能从根本上摧毁地中海的和平。在 68～69 年，也就是尼禄自杀后混乱不堪的四帝内乱期，皇帝奥托（Otho）为解决竞争对手维特里乌斯（Vitellius）带来的威胁招募了数千名水手，但维特里乌斯最终获得了胜利。奥托倚仗的是两支意大利海军，他们的基地就在距离普特奥利非常近的拉文纳（Ravenna）和米塞努姆（Misenum）。69 年，最后的胜利者韦帕芗（Vespasian）也利用了海军力量，但方式不同：他切断了从其基地埃及到罗马的谷物补给线，然后在自己抵达罗马后再将这些粮食发放给罗马人，以表现自己的慷慨，这种做法对维特里乌斯造成了致命打击。[66]后来，海军还帮助皇帝将陆军运到阿非利加，以镇压当地的起义。115～116 年，图拉真派遣舰队前往昔兰尼加、埃
209 及和叙利亚去镇压犹太人的大规模起义。[67]有时船员们在抵达目的地后还被要求在陆上作战，而像布匿战争那样的大规模海战是文学创作的素材，而不是水手们所期望的体验。

罗马海军受到的重视程度远远比不上希腊海军以及以无情、残忍著称的罗马陆军。一种猜想是罗马海军对“罗马帝国统治下的和平”并没有做出太多贡献。在海军中服役显然比不上在陆军中服役。[68]但公元 2 世纪时，一名军团的士兵决定要转到海军，并因这一令人无法接受的行为遭到处罚。这样的例子还有很多，对于很多人来说在海军中服役是令人骄傲的事。2 世纪早期的一份埃及莎草纸文献上记录了这样一件事：一位名叫塞姆普罗尼乌斯（Sempronius）的人极为悲伤，因为他听说有人劝儿子盖尤斯（Gaius）放弃了加入舰队的计划。他告诉儿子：“务必要坚持，否则你就不再是我的儿子……只

要坚持下去，你就能得到好的机会。”[69]舰队的新兵招募产生了深远的社会影响。地中海的水手们来自罗马世界的各个地方，有的人来自如（多瑙河流域的）潘诺尼亚（Pannonia）等内陆地区，当然还有很多希腊人和埃及人（这里的埃及人指的不是那些生活在埃及的希腊人，而是土生土长的埃及人）。这些人还带来了他们的信仰。在罗马海军中，水手不管有无埃及人血统，都普遍崇拜萨拉皮斯神：“萨拉皮斯神在海上极受欢迎，商人与军舰都要接受他的引导。”[70]不同的神混在一起是罗马世界的典型特征。但从另一个方面来说，这类人种的混合也会带来压力。如果军队中的指令是以拉丁语来传达的，那么新兵就需要起拉丁名字，使自己变得拉丁化和罗马化：

> 阿庇安（Apion）向父亲大人埃皮马库斯（Epimachos）致以最诚挚的问候。我先祝您身体健康、生意兴隆。也祝愿我的姐姐、她的女儿、我的弟弟一切顺心。我要感谢萨拉皮斯神，当我遭遇危险时，他及时拯救了我……我在信中附有一张尤克莱蒙（Eukremon）为我画的小像。现在我的名字是安东尼乌斯·马克西姆斯（Antonius Maximus）。[71]

数年后，他结了婚并育有三个孩子，其中两个起的是拉丁名字，另一个起的是希腊名字。此时“安东尼乌斯·马克西姆斯”对萨拉皮斯神的兴趣已经减退了，因为他在“这里的神明”面前为他的姐姐祈祷。[72]

罗马海军的声望并不显赫，因为他们更像警察，而不是战 210
斗部队。虽然海军并没有接到为商船护航的命令（部分因为商船多为私营，部分因为没有这个必要），但他们的存在保证了民用航线的安全。在那不勒斯附近的米塞努姆、拉文纳，以及同普罗旺斯的“尤利乌斯市场”［Forum Julii，即今天的弗雷瑞斯（Fréjus）］一样的许多沿海商站长期驻扎着海军，他们足以确保航线的安全。迦太基在公元前 29 年被重建成一个行政和商业中心，其正式名称是“和谐的尤利亚迦太基殖民地”（*Colonia Iulia Concordia Carthago*）。虽然此时它已经发展成为北非（除亚历山大城之外）的主要罗马城市，但罗马的舰队没有选择在此地驻扎。[73]然而，在此地以西的凯撒里亚［Caesarea，今切厄切尔（Cherchel）］有一支罗马海军驻扎，因为更靠西的毛里塔尼亚会不时发生动乱。[74]在地中海人的眼中，“罗马帝国统治下的和平”不是一个镇压敌人以强加胜者的和平的积极过程（塔西佗曾讽刺派驻欧洲北部的罗马军队“先破坏，然后称其为和平”），而更多是一种良性存在。至少在 3 世纪中期之前，人们已经充分意识到需要常常对舰队进行维护。船只仍是古典晚期的传统型四列桨战船和五列桨战船，直到拜占庭时期，船身的设计才出现重要的变化。因此海军依然困扰于传统的问题：船舷太低，高出水面的距离不过四米，导致它们无法航行于波涛汹涌的大海之上，也无法在冬天航行。[75]舰队还承担着运送官员前往帝国各地的职责，但（与中世纪的舰船不同）这些大帆船并没有被同时用作商船，部分是受限于它们的设计，但也有部分原因是皇帝并不想成为十足的商人。

将米塞努姆与拉文纳建设成主要指挥中心的想法可以追溯至奥古斯都时期。米塞努姆是西地中海各地的行动控制中心，但它的指令可以传至更远的东部。由于从埃及运送谷物的船只停泊于普特奥利，而普特奥利就位于米塞努姆附近，因此在米

塞努姆可以密切监控这条航线的沿途活动。米塞努姆背后的内
湖经过疏通后与海岸相连，这样一来，舰队就拥有了一个安全
的内港。港口周围成排矗立着罗马富豪的别墅，提比略晚年时
也曾在这里休养。[77]另外，从拉文纳派出的舰队监视着总是窝
藏海盗与盗匪的达尔马提亚（Dalmatia）海岸，爱琴海也在他 211
们的照看范围内。拉文纳被一圈潟湖包围（现代的海岸线与
古代海岸线相距数英里），并不是理想的海港选择，因此它的
港口建在两英里以外的一处被称作克拉西斯（Classis）的地
方，意为“舰队”，一条运河将克拉西斯与拉文纳连接起来。
由于拉文纳一直是重要港口，它的景象被保留在了公元6世纪
的拉文纳镶嵌画中。如今，我们唯有通过用镶嵌画装饰外墙的
克拉斯的圣阿波里纳尔大教堂（Sant’Apollinare in Classe）一窥
克拉西斯过去的荣光，该教堂建于6世纪。罗马人从第勒尼安
海以及亚得里亚海北部的基地就能够监控整个地中海的安全，
这种能力实在让人印象深刻。

公元2世纪的商人可能有时也会思考，还有什么可能打破地中海的统一。这种统一是在罗马统治之下的政治统一；是允许商人们自由穿行地中海进行贸易的经济统一；是希腊文化占据主导地位的使用希腊语或拉丁语的文化统一；在很多方面，地中海甚至是一个宗教统一体，或者说呈现出信仰多样性的统一体，因为地中海各地的人（除犹太人或基督徒外）在崇拜神明一事上相互借鉴。对“我们的海”进行的单一统治确保了通行的自由，使地中海区域以前所未有的规模实现了文化融合。

注 释

1. N. K. Rauh, *Merchants, Sailors and Pirates in the Roman World* (Stroud, 2003), pp. 136–41.
2. Lucan, *Pharsalia*, 7:400–407, trans. Robert Graves.
3. R. Syme, *The Roman Revolution* (Oxford, 1939), pp. 78, 83–8.
4. P. de Souza, *Piracy in the Graeco-Roman World* (Cambridge, 1999), pp. 92–6.
5. L. Casson, *The Ancient Mariners: Seafarers and Sea Fighters of the Mediterranean in Ancient Times* (2nd edn, Princeton, NJ, 1991), p. 191; de Souza, *Piracy*, pp. 140–41, 162, 164.
6. Cited in de Souza, *Piracy*, pp. 50–51.
7. Livy 34:32.17–20; Polybios 13:6.1–2; both cited in de Souza, *Piracy*, pp. 84–5.
8. de Souza, *Piracy*, pp. 185–95.
9. Rauh, *Merchants*, pp. 177, 184; 但很有可能这些“君主”（非伊特鲁里亚人）是在罗得岛附近活动的第勒尼安人（Tyrrhenoi），这两个词很容易被弄混。
10. Strabo, *Geography*, 14.3.2; Rauh, *Merchants*, pp. 171–2.
11. Plutarch, *Parallel Lives*, 'Pompey', 24.1–3, trans. John Dryden.
12. de Souza, *Piracy*, pp. 165–6.
13. Plutarch, *Parallel Lives*, 'Pompey', 25:1, trans. John Dryden.
14. Syme, *Roman Revolution*, p. 28.
15. Cicero, *Pro Lege Manilia*, 34; G. Rickman, *The Corn Supply of Ancient Rome* (Oxford, 1980), pp. 51–2.
16. de Souza, *Piracy*, pp. 169–70.
17. Rickman, *Corn Supply*, p. 51; Syme, *Roman Revolution*, p. 29.
18. Plutarch, *Parallel Lives*, 'Pompey', 28:3; de Souza, *Piracy*, pp. 170–71, 175–6.
19. Syme, *Roman Revolution*, p. 30.
20. *Hoc voluerunt*: Suetonius, *Twelve Caesars*, 'Divus Julius', 30:4.
21. Syme, *Roman Revolution*, p. 260.
22. F. Adcock in *Cambridge Ancient History*, 12 vols. (Cambridge, 1923–39), vol. 9, *The Roman Republic, 133–44 BC*, p. 724; Syme, *Roman Revolution*, pp. 53–60.
23. Syme, *Roman Revolution*, pp. 260, 270.
24. Ibid., pp. 294–7; C. G. Starr, *The Roman Imperial Navy 31 BC–AD 324* (Ithaca, NY, 1941), pp. 7–8; J. Morrison, *Greek and Roman Oared Warships, 339–30 BC* (Oxford, 1996), pp. 157–75.
25. Virgil, *Aeneid*, 8:678–80, 685–8, in Dryden's rather loose version.
26. Syme, *Roman Revolution*, pp. 298–300; Rickman, *Corn Supply*, pp. 61, 70.
27. *Res Gestae Divi Augusti*, ed. P. A. Brunt and J. M. Moore (Oxford, 1967), 15:2.
28. Rickman, *Corn Supply*, pp. 176–7, 187, 197, 205–8.

29. Ibid., p. 12.
30. Rauh, *Merchants*, pp. 93–4.
31. Plutarch, *Parallel Lives*, 'Cato the Elder', 21.6; Rauh, *Merchants*, p. 104.
32. Rauh, *Merchants*, p. 105.
33. Rickman, *Corn Supply*, pp. 16, 121.
34. Ibid., pp. 6–7; also P. Erdkamp, *The Grain Market in the Roman Empire: a Social and Political Study* (Cambridge, 2005); P. Garnsey, *Famine and Food Supply in the Graeco-Roman World: Responses to Risk and Crisis* (Cambridge, 1988).
35. Rickman, *Corn Supply*, p. 16.
36. Museu de la Ciutat de Barcelona, Roman section.
37. Rickman, *Corn Supply*, pp. 15, 128.
38. Acts of the Apostles, 27 and 28.
39. Rickman, *Corn Supply*, pp. 17, 65.
40. Josephus, *Jewish War*, 2:383–5; Rickman, *Corn Supply*, pp. 68, 232.
41. Rickman, *Corn Supply*, pp. 61, 123.
42. Ibid., pp. 108–12; S. Raven, *Rome in Africa* (2nd edn, Harlow, 1984), pp. 84–105. Other sources included Sicily: Rickman, *Corn Supply*, pp. 104–6; Sardinia: ibid., pp. 106–7; Spain: ibid., pp. 107–8.
43. Rickman, *Corn Supply*, pp. 67, 69.
44. Raven, *Rome in Africa*, p. 94.
45. Pliny the Elder, *Natural History*, 18:35; Rickman, *Corn Supply*, p. 111.
46. Raven, *Rome in Africa*, pp. 86, 93.
47. Ibid., p. 95.
48. Ibid., pp. 95, 100–102.
49. Rickman, *Corn Supply*, pp. 69–70 and Appendix 4, pp. 231–5.
50. Ibid., p. 115 (AD 99).
51. Ibid., pp. 76–7, and Appendix 11, pp. 256–67.
52. Seneca, *Letters*, 77:1–3, cited in D. Jones, *The Bankers of Puteoli: Finance, Trade and Industry in the Roman World* (Stroud, 2006), p. 26.
53. Jones, *Bankers of Puteoli*, p. 28.
54. Ibid., pp. 23–4; and Strabo, *Geography*, 5:4.6.
55. Jones, *Bankers of Puteoli*, p. 33.
56. Cited in R. Meiggs, *Roman Ostia* (Oxford, 1960), p. 60.
57. Jones, *Bankers of Puteoli*, p. 34.
58. Petronius, *Satyricon*, 76; Jones, *Bankers of Puteoli*, p. 43.
59. Jones, *Bankers of Puteoli*, p. 11.
60. Ibid., pp. 102–17.
61. Ibid., Appendix 9, p. 255.
62. Rickman, *Corn Supply*, pp. 21–4, 134–43; G. Rickman, *Roman Granaries and Store Buildings* (Cambridge, 1971).
63. Rickman, *Corn Supply*, p. 23; Rickman, *Roman Granaries*, pp. 97–104.

64. Meiggs, *Roman Ostia*, pp. 16–17, 41–5, 57–9, 74, 77.
65. M. Reddé, *Mare Nostrum: les infrastructures, le dispositif et l'histoire de la marine militaire sous l'empire romain* (Rome, 1986).
66. Tacitus, *Histories*, 3:8; Starr, *Roman Imperial Navy*, pp. 181, 183, 185, 189; Rickman, *Corn Supply*, p. 67.
67. Starr, *Roman Imperial Navy*, p. 188.
68. Ibid., p. 67.
69. Cited ibid., p. 78.
70. Aelius Aristides, cited ibid., p. 87.
71. Oxyrhynchus papyrus cited ibid., p. 79.
72. Ibid., pp. 84–5.
73. Reddé, *Mare Nostrum*, p. 402.
74. Raven, *Rome in Africa*, pp. 75–6; Reddé, *Mare Nostrum*, pp. 244–8.
75. Reddé, *Mare Nostrum*, pp. 139, 607, and more generally pp. 11–141.
76. Tacitus, *Annals*, 4:5; Suetonius, *Lives of the Caesars*, 'Augustus', 49; Reddé, *Mare Nostrum*, p. 472.
77. Reddé, *Mare Nostrum*, pp. 186–97; Starr, *Roman Imperial Navy*, pp. 13–21.
78. Reddé, *Mare Nostrum*, pp. 177–86; Starr, *Roman Imperial Navy*, pp. 21–4.

九　新信仰与旧信仰（1～450年）

1

同罗马世界内的任何其他港口城市一样，奥斯蒂亚的人 212
口十分混杂。1961年，一个特别的考古发现是奥斯蒂亚近郊的犹太会堂，当时这里在修建一条连接罗马与菲乌米奇诺机场（Fiumicino airport）的道路，该机场是这一地区通向新世界的大门。这座会堂是欧洲留存下来的最古老的会堂结构，它最早修建的部分时间可追溯到公元1世纪，但它在4世纪时经历了修复或者部分重建。这间会堂被犹太人至少持续使用了三百年。据此地一则2世纪铭文的记载，供奉犹太人律法经卷的约柜是由某位名为闵迪斯·福斯特（Mindis Faustos）的人资助修筑的；这则铭文主要由希腊文书写，这是因为罗马的犹太人与东方保持着联系，他们一直把希腊语用作日常语言。该会堂建筑和其附属部分占地856平方米，所有考古证据都显示，这是由上千名犹太人组成的繁荣社区所使用的主会堂。4世纪时，此地不仅有会堂，还有一个烤炉，可能是为了在逾越节烘烤无酵饼；另外还有一处行圣礼的水池。会堂区域有一些偏殿，可能用于讲习经文、召开犹太人会议和进行拉比法庭庭审。一处横梁上雕刻有圣殿中竖立的大烛台、在新年吹响的羊角号，还有住棚节（Feast of Tabernacles）

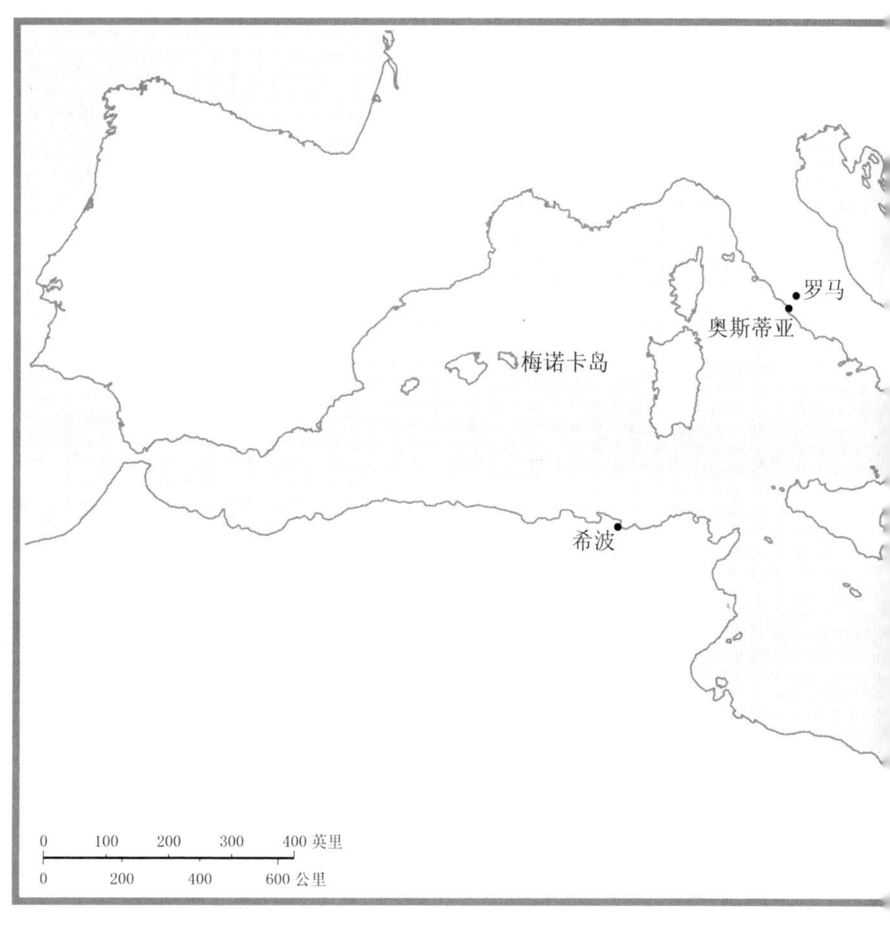
罗马
奥斯蒂亚
梅诺卡岛
希波
0 100 200 300 400 英里
0 200 400 600 公里

君士坦丁堡
士麦那
加沙

的符号——香木缘和装饰用棕榈枝。[1] 在奥斯蒂亚，犹太教并不是拥有众多信奉者的唯一东方宗教。城中还有一座小型砖砌神庙，经鉴定它是供奉萨拉皮斯的神殿。在该神殿内，黑白相
213 间的镶嵌画展示了尼罗河的场景。大量碑铭都提到了伊西斯崇拜。这里还有一些密斯特拉神（Mithras）的神龛，此神在罗马军队中颇有人气。西布莉（Cybele）女神（她也在奥斯蒂亚受到崇拜）的男性信徒在进入出神（ecstasies）状态后，据说会阉割自己。[2]

沿着商路，古代的信仰体系由犹大地或尼罗河流域移植到了意大利和其他地区，并因当地与东地中海地区的希腊化文化的联系而发生了变化。有时，一些人带着他们的新信仰而不是旧信仰横穿地中海。塔尔苏斯的保罗（Paul of Tarsus，即圣保罗）曾经前往罗马；在罗马城内还发展出了一个与之一脉相承的宗教团体，该团体的创立者是另一位来自东方的旅行者西门·彼得（Simon Peter，即圣彼得)，彼得与保罗为同道之人。在前往叙利亚、小亚细亚、希腊和意大利的途中，保罗宣传道，一个被其门徒称为犹太人的弥赛亚（Jewish Messiah）的人，事实上是上帝的化身（God Incarnate)。伟大宗教革命慢慢成熟的种子已经在地中海播撒开来。

2

地中海在罗马帝国晚期出现两个明显的变化：日耳曼人的入侵与罗马皇帝将基督教立为国教。在众多异教与犹太教的强烈反对声中，基督教化缓缓发生。东方的信仰轻易地在地中海各地传播开来，但对于罗马人来说，无论是犹太教还是基督教都无法与异教信仰相比。犹太人与基督徒被看作“无神论者”，

因为他们直接否认异教诸神的存在。他们拒绝供奉被神化的皇帝。然而，罗马人在夺取东地中海的统治权后，将犹太人作为例外谨慎对待；犹太人通过献祭他们自己的上帝来尊崇皇帝，他们被理解为以一种古怪的方式表示忠心。其他所有臣民都需要按照要求向被神化的皇帝献祭，于是基督徒的拒绝违背了法律，因此他们只能被扔到斗兽场承受横死的结局。圣保罗及其继承人在犹太人以外的社区积极宣扬耶稣基督的福音，在他们 214
的努力下一个基督徒社区逐渐形成，罗马人也无法再将这些人划归为犹太人的支派。基督徒们不遵从犹太人的戒律，讲求心灵的割礼，而非身体的割礼，并把禁食猪肉解释为禁止过猪一样的生活。迫害反而坚定了他们的决心：他们崇敬那些被罗马人处死的人，尊其为殉道者，抛弃了犹太人关于死者尸骨不洁净的概念，发展出对殉道者遗骸的崇拜。按照一些狂热者的观点，甚至他们所遭受的折磨都是幻觉，因为耶稣基督会让他们在狮子的利爪之下变得麻木；还有一些人为这种痛与折磨感到兴奋，因为这将证明他们赢得了耶稣基督的怜悯并获得了永恒的生命。[3]

尽管从总体上讲，犹太人的宗教自由能得到保证，但罗 215
马人无法做到政策始终如一。在罗马曾发生了一起诈骗案，有四名骗子以为圣殿募集资金的名义行骗，提比略皇帝于是将四千名生活在罗马的犹太人转移到撒丁岛，那里是传统的流放地。四个人中还有一个是一名元老的妻子，该元老对犹太教持同情态度（这并不罕见）。克劳狄乌斯同意为生活在亚历山大城的犹太人恢复公民权，疯狂的皇帝盖乌斯·卡里古拉在位时剥夺了该权利，但没有证据表明这时离散的犹太社群曾团结一致反抗当权者；亚历山大城街道只要发生冲突，那么它的起因一定是犹太人与希腊人之间长久以来的互相憎恶，而不是政府的政策——希腊人反而认为政府太偏向犹太人了。然而，在巴勒斯坦，犹太人受到镇压，他们于是被迫
216 或主动地离散到地中海各地。从地中海历史学家们的视角来看，公元 70 年提图斯（Titus）摧毁圣殿以及 131 年哈德良摧毁耶路撒冷的重要意义，只在于一个词——“离散”（diaspora）。犹太历史学家约瑟弗斯认为：罗马人不太可能在 70 年镇压犹太人起义时，就开始打算摧毁犹太人的圣殿；但在圣殿已经被焚毁、被劫掠后，新任皇帝韦帕芗与其子提图斯从中看到了政治利益——他们可以带着从圣殿中获得的财宝游行。纪念这次游行的浮雕被刻在了提图斯凯旋门上，它至今仍然矗立于罗马广场的南端。[4] 大量的犹太奴隶被流放到意大利及以外的地区。

颇不寻常的是，罗马人不允许犹太人在耶路撒冷继续祭祀。攻占圣殿并不意味着这座巨大的圣殿及其柱廊法庭（其围墙的大半部分幸存至今）将被完全摧毁。对圣殿进行大规模修复后，信仰活动本应该恢复如故。仁慈的老皇帝涅尔瓦（Nerva，公元 98 年去世）愿意减免犹太战争后强加于犹太人的特别赋税，恢复耶路撒冷的礼拜似乎已经为期不远了。[5] 但他的继任者图拉真是士兵出身，实行强硬政策；在其统治末年，也就是 115 ~ 116 年，他还残忍地镇压了叙利亚、埃及和昔兰尼加的犹太人起义——随着犹太人分散到地中海各地，以前大多局限于巴勒斯坦与亚历山大城的紧张局势如今变得更加普遍。事实上，当这些起义发生时，巴勒斯坦相对平静。图拉真的继任哈德良采取了一种毫不退让的解决方案：他把耶路撒冷彻底重建成献给卡皮托利山的朱庇特的埃利亚卡皮托里纳

(Aelia Capitolina)①；他还禁止施行过割礼的男性进入该城。哈德良下定决心反对犹太人以及以色列的上帝，这完全有悖于罗马尊重其他宗教的传统。132～136年，巴勒斯坦再次爆发起义，此次起义极为激烈，但同样没有希望。犹太人曾取得短暂的胜利，收复耶路撒冷，甚至可能恢复了献祭礼拜，但最终以惨败结束，他们遭到哈德良军队的恐怖屠杀，约有六十万人因此丧命。[6] 这些事件同样对地中海造成了深远影响：大量的犹太人向西流散，有的作为奴隶，有的是逃犯；可以确定的是一个世纪后，有大量犹太人生活在西班牙。[7] 犹太人在耶路撒冷失败的影响不仅仅体现在政治和人口层面。在圣殿时代后期，由于法利赛（Pharisee）等教派挑战了旧圣殿时期祭司的 217
权威，犹太人的特征已经发生了变化。圣殿的毁灭进一步加速了这些变化，这些变化是由有学识的世俗人士拉比（rabbis）领导的，而不是圣殿祭司；犹太会堂本身并非新鲜事物，此时却成为犹太人学习与祷告的中心。

对基督徒的迫害同样一波接着一波。公元1世纪时，尼禄曾指控基督徒在罗马放火，这场火灾使他有机会将部分罗马城区重建得如镀金般富丽堂皇。3世纪中期，皇帝再次对帝国境内的基督徒进行迫害。在托斯卡纳的科萨港纪念碑上，皇帝德基乌斯（Decius）被称为“神圣事物的光复者”(*restitutorsacrorum*)，这种提法显然指的是他对基督徒的积极捕杀。一个可以避免迫害的方法是表面妥协，在公开场合祭拜罗马神，而私下里仍坚持信仰。对这种策略是否有效产生的分

① 埃利亚卡皮托里纳意为“埃利乌斯献给卡皮托利山的朱庇特之城”，埃利乌斯是哈德良的族姓。——译者注

歧，以及对将经文“上交”（*donaverunt*）给罗马政府的祭司阶层是否有效这一更严重的分歧，引发了严重的对骂与分裂：4 世纪时活跃于非洲的多那图斯派教会（Donatist Church）在绥靖者面前自诩真正信仰的坚持者。基督徒摆脱罗马当局所设困境的另一种方法是伪装自己为犹太人：“星期六去犹太教会堂，星期日去基督教教堂”。这种立场在 4 世纪 90 年代安条克（Antioch）的反犹太集会中遭到强烈谴责。当然，那个时候的基督徒已经占据了上风，但在整个地中海区域，对于许多人（甚至包括许多犹太人和基督徒）来说，基督教和犹太教间的界线非常模糊，远不如基督教正教的愤怒先知们，如圣居普良（St Cyprian）想让我们相信的那样分明。对犹太教的辱骂出于一种激烈竞争的意识，而非想要痛打落水狗。双方你争我夺，互不相让。然而，广大公众对教义细微处的差别并不太感兴趣，吸引他们的可能是伦理规范和宗教抱负，而在这两方面，基督教和犹太教并没有很大不同——双方都倡导爱邻人，且主张如果这一世遭遇不公，那么上帝会在另一个世界给予回报。许多犹太人可能在遵从宗教规则方面是相当随意的，而且巴比伦的塔木德学院还在对这些规则进行细细雕琢，这种状况使宗教与宗派之间的来回改宗更为简单。

在德基乌斯的迫害中，一位牺牲在了士麦那的基督教殉道
218 者名叫皮奥尼乌斯（Pionius），一篇关于他的生平与受审的记述经常提到“希腊人、犹太人和女人”，这些人在他被捕时聚集在士麦那公共广场上对他恶语相向。皮奥尼乌斯拒绝参与异教的祭祀活动，而当时无论是犹太人还是异教徒都在欢庆他们的节日［可能是犹太人的普珥节（Purim）和异教徒的酒神节（Dionysia），在这两个节日人们都可喝得酩酊大醉］。在这样

的场合中，虽然拉比们无数次地下达禁令，但犹太人与异教徒的庆祝活动还是有一定程度的融合。[9] 在士麦那以及其他地方，有一些较受尊重的大型犹太社区吸引了许多皈依者，还有一些"敬神者"参加犹太人的祭礼但不皈依，因此犹太人从种族上讲是相当混杂的。[10]

对于许多基督徒来说，与犹太人的成功同样令人烦扰的还有他们自己中的异端。当然，一个人认为是异端的可能在另一人眼中却是正统。然而，显然也有非常激进的运动。在被钉上十字架后，垂死的皮奥尼乌斯发现自己旁边是名马西昂派（Marcionite）信徒，马西昂派是由基督徒发起的运动，马西昂派信徒将犹太人的上帝视为撒旦，拒绝承认希伯来人的《圣经》。[11]虽然基督徒与犹太人在很多地方都有分歧，但主流基督徒还是接受希伯来人的《圣经》的，且并不打算对其进行修正；他们从《圣经》中先知们的故事预见到基督的到来，对它高度评价，但在理解上却与犹太人有着较大差异。对于圣奥古斯丁（St Augustine，公元 430 年去世）来说，犹太人是神圣经书的拥有者，作为仆人受命照看主人的财产，但这并不意味着他们真正理解所保护之物。[12]

在地中海的海面上，犹太人与基督徒也建立了联系。海上有一些船东是犹太人。犹太人也常常到访加沙。拉比曾就一个问题深入讨论，即加沙的犹太人是否可以参与当地为尊崇一位希腊神明而召集的市集，这一讨论再次揭露出在晚期希腊化世界与罗马世界中，犹太人与异教徒社区间的界线是模棱两可的。[13]然而，有些当海员的犹太人一丝不苟地遵守他们的戒律。公元 404 年，一位来自小亚细亚的主教从亚历山大乘船前往他的教区。在亚历山大，犹太人有自己的船东行会（*navicularii*），拥有并经营着大量航船。该主教所乘之船的船长名叫阿玛兰图斯（Amarantus），他和他的水手都是犹太人，他们正是这位主教的嘲讽对象。在周五的夜幕降临后，船长让船工停下工作，任由船在海面上漂荡，这让这位主教十分担心自己的性命。在安息日（Sabbath）前夜，乘客们都处于危险之中，这时这位
219 主教才获准驾驶船（他是这样讲的）。事实上在那种情况下，犹太人的所有律法都可以暂停奉行。该主教记录下来关于那艘船的一切，不禁让人奇怪，它究竟是如何抵达目的地的：船上的缆索断了，所以船帆无法展开，船长还将备用锚卖给了别人。在同一个时期，《塔木德》（*Talmud*）中记录的拉比的讨论又显示，犹太人曾经非常频繁地进行穿越地中海的航行。他们除了考察商业法中的条例外，也探讨了让犹太人在安息日参与跨海航行是否正当，以及什么样的行为在安息日才能获得允许（例如打水或在甲板上散步）。[14]

3

传统上，君士坦丁（Constantine）皈依基督教的原因也许与他的一场胜利有关：公元 312 年 10 月，就在罗马城郊的米尔维安桥（Milvian Bridge），他战胜了对手马克森提乌斯（Maxentius）。但后来又过了十三年，他才把自己变成罗马世界的唯一主人。事实上，他在 337 年临死前才接受洗礼，但 313 年的米兰敕令已经取消了对基督教崇拜的禁令，他在君士坦丁堡建成的新罗马也将是一个基督教中心，一座没有被异教神庙玷污过的城市。325 年，他在尼西亚（Nicaea）主持了纷争不断的基督教大公会议，试图在皇帝（没有神学家）的调解下解决关于三位一体性质的神学难题。会议在已经存在分歧

的教会中造成了进一步分裂，尽管《尼西亚信经》（Nicaean Creed）后来成了正教的教义基础。他把自己看作“教会以外的主教”，但同时又是帝国的大祭司长（*pontifex maximus*）。可能由于他清楚地意识到宗教变革必须缓慢进行，可能由于他自己对于异教以及基督教的信仰比较迷惑，君士坦丁平等对待异教与基督教的崇拜活动，甚至在新罗马的落成仪式上，太阳神的战车上面竟然奇怪地出现了基督的十字架。在旧罗马，君士坦丁的凯旋门仍然巍然矗立，上面雕着繁复的纹饰，但丝毫没有提到他的新信仰，元老们对这种信仰无论如何还是持反对态度的。但他也为那座伟大的基督教大教堂奠基，该教堂为圣彼得修建，无情地横穿了一处异教徒的墓地，该墓地就位于圣彼得大教堂文艺复兴时期的鸟铳之地下。这种矛盾还进一步体现 220
在：君士坦丁在位时发行的货币上刻有 SOLINVICTVS，意为“未被征服的太阳”；他以死刑禁止私人求问脏卜师（即伊特鲁里亚人的预言家，依据被献祭牲畜的内脏来解读信息），但同时又要求当罗马皇宫遭遇雷击时必须向脏卜师求教。皇帝还努力将异教徒和基督徒拉到一起：他命令军队向为皇帝以及皇帝敬畏神明的儿子们带来胜利的神祈祷，而不需特别强调究竟是哪位神。君士坦丁之所以动作缓慢是出于实际需要；对皇帝的信仰发展得很成熟，作为一名进行了将近二十年权力斗争的统治者，他不可能使其信仰异教的追随者们放弃他们的祭礼，因为这样的祭礼生动地表达了信徒们对被神化的皇帝的忠诚。[15]

有一点毋庸置疑：君士坦丁的政策使得基督教在地中海的传播变得更加容易。然而，限制性因素同样存在。帝国“政府”面临的一个问题是非正统教派，他们拒绝承认由君士坦丁认定的《尼西亚信经》。他们中有叙利亚和埃及的一性论派［特别是科普特（Coptic）教会］信徒，欧洲大陆上信仰阿利乌斯派（Arian）的蛮族——在正教眼中，这些另类否认了三位一体中圣父与圣子的平等地位。接着，又出现了难以计数的小教派，如马西昂派、多那图斯派，他们与周围的基督徒间争论的根源是在君士坦丁将基督教合法化之前就已经发生的事件。所有这些教派运动也都出现在地中海，并四处传播，有时传播者是蛮族雇佣兵或商人，而当迦太基或安条克或亚历山大城中一个教会攻击另一个教会时，一起逃离迫害的朝圣者和难民则成了传播者。

另一个问题是异教信仰的坚持。君士坦丁的继任者中，只有具有多重色彩的朱利安（Julian）放弃了基督教。朱利安曾在雅典学习新柏拉图主义，到公元 360 年成为皇帝时已经彻底放弃了基督教。由于对基督教的厌恶，当犹太人要求重新在耶路撒冷开展祭祀活动时，他选择了支持。他还同时下令重开异教的神庙，[16]目的在于重建带有高级祭司的异教“教会”。这也是对基督教主教们的间接恭维，因为主教们展示了他们是如何在帝国各地组织信徒们的信仰的。[17]朱利安的统治时间很短，
221 在此期间还要忙于在东方与波斯人的战事；但异教并没就此安歇或死亡。6 世纪查士丁尼一世（Justian I）关闭了雅典的古典学校与学园，此时从异教角度研究哲学文献的实践才算正式终结。对于“异教”最好的理解，不是把它看作系统化的宗教信仰，而是各有特色、混杂、动态发展且没有任何教义或神圣文献的地方崇拜。这个复数的“异教”很难被基督教击败，虽然基督教提供的道德法则——其重点在于慈善，希望将“犹太人和希腊人、奴隶与自由人”都涵盖在内——很有吸引

力。在地方上，基督徒的崇拜仪式中包含了异教的因素，一些地方性神明成了基督教的圣徒（东方的武士圣徒带有强烈的赫拉克勒斯色彩）。异教徒与基督徒之间的分别也没有那么严格，在地中海沿岸的地方社会中异教信仰仍然很强势：在约700年时，它们在伊斯兰教扩张后的北非和西班牙悄悄地隐匿起来。

处理非基督徒问题的一个有效办法是摧毁他们的神庙和会堂。在公元400年前后，加沙还是一个繁荣的港口和学术中心，这受益于它的地理位置——它处于从地中海经贝尔谢巴（Beersheba）和佩特拉（Petra）前往阿拉伯沙漠中的纳巴泰诸镇的商路之上。[19]和其他地方一样，皇帝要求关闭神庙的命令在这里被无视；地方利益集团可以凌驾于来自君士坦丁堡的皇帝命令之上，而加沙城中的大多数市民仍是异教徒。[20]当地奉行严格苦修的主教波菲利（Porphyry）不得不屈辱地独自维持着教堂，而异教徒仍然在许多大型神庙中进行礼拜，这些神庙分别供奉着太阳神、美神阿芙洛狄忒、智慧女神雅典娜以及一位名叫玛纳斯（Marnas）的神。玛纳斯是宙斯的一个化身，他的神庙马尼翁（Marneion）特别宏伟壮观，是一栋由两排柱廊围绕着的圆形的带穹顶建筑。在波菲利就这一情况向君士坦丁堡牧首，也就是可怕的约翰·克里索斯托姆（John Chrysostom）抱怨后不久，约翰·克里索斯托姆就下达了一道关闭神庙的命令；但皇帝派去的使者接受了贿赂，默许马尼翁神庙继续开放。波菲利感觉有必要直接向皇帝请愿。他亲自前往君士坦丁堡，皇后尤多西娅（Eudoxia）对此十分重视，于是一支军队在402年受命前往加沙。他们花了十天时间积极地把一些不太重要的神庙劫掠一空，然后推倒、焚烧。接着，他

们的注意力终于转向马尼翁神庙，异教徒们聚集于此将所有的大门封锁，准备保卫这栋建筑。皇后派来的士兵将猪油和沥青
222 泼到大门上，然后点火。士兵们洗劫了这座神庙，然后清除了加沙城中的所有偶像。皇后尤多西娅特意拨款要求在马尼翁神庙的废墟上建造一座教堂。更令异教徒感到愤怒的是，马尼翁神庙的大理石板被用来铺路，这样一来，异教徒们就不得不每日踩踏在他们圣所的遗迹上。尤多西娅特意从埃维厄岛运来三十二根绿色大理石石柱，该教堂在 407 年的复活节正式落成。波菲利的圣徒行传记载，与此同时，许多异教徒改宗基督教。[21]异教徒依然诉诸武力进行抗争：有一次，波菲利被追得不得不在加沙的屋顶上奔逃（他可能是位苦修僧人，但对殉难没什么兴趣）。[22]基督教只是加沙城中的一种信仰，这座城市中生活着大量异教徒、犹太人和撒玛利亚人（Samaritans）。基督教徒既不是数量最多的，也不是势力最大的，他们所拥有的优势不过是官方的支持；而异教徒和犹太人所倚仗的却是帝国的庞大规模。通常，加沙或巴利阿里群岛发生的事件是不在君士坦丁堡的视线范围之内的。

4

基督教扩张所遭遇到的第三种阻力是犹太教的自信。有种倾向认为，在提图斯和哈德良摧毁耶路撒冷，特别是在君士坦丁选择了基督教以后，犹太教已经是强弩之末。然而，它的古老传统依然令人印象深刻。它与基督教在道德伦理方面并没有很大差别，正如与耶稣同时代的拉比希列（Hillel）所称：“己所不欲，勿施于人；此即全部律法，余皆评注”。犹太教很欢迎改宗皈依之人（也包括奴隶，不过奴隶经常被迫

改宗），而不关心皈依者是否学识渊博、善于观察。[23]因此，毫不出人意外的是，一直到公元5世纪，犹太教与基督教在地中海世界夺取最高权威的争斗仍持续不断。信奉基督教的诸位皇帝试图禁止奴隶施行割礼，并禁止犹太人担任公职。5世纪初的帝国法律将犹太教视为强弩之末，否定犹太人兴建新犹太会堂的权利，不过他们原有的会堂可以保留。[24]从表面上看，犹太教衰落了。

希波的圣奥古斯丁（St Augustine of Hippo）有一位朋友， 223
名叫塞维鲁（Severus），是梅诺卡岛的主教，他在一封信中描绘了公元418年五百四十名梅诺卡犹太人皈依基督教的事情，展现了发生在地中海偏远角落的这场灵魂争夺之战的实质。[25]塞维鲁所强调的是犹太人是梅诺卡社会中最有影响力的群体，而不是梅诺卡并不是一座重要的岛屿（这座岛是“最荒凉的土地，因为其规模极小、干燥且崎岖不平”）。犹太人以该岛东部的马格纳（Magona），也就是现代的马翁（Maó或Mahón）为基地；而基督徒则聚集在西部的亚摩纳（Jamona），也就是今天的休达德亚（Ciutadella）。塞维鲁还提出，犹太人不得进入亚摩纳，一旦他们尝试这样做，就会被疾病击倒，甚至还可能被雷击。即便如此，岛上最杰出的人仍然是犹太人，其中最著名的是狄奥多鲁斯（Theodorus），此人是马格纳的“所有犹太人以及所有基督徒当中，无论在财富还是名望上都最为出众的人”。[26]狄奥多鲁斯的弟弟梅莱蒂乌斯（Meletius）娶的是利托里乌斯（Litorius）伯爵的女儿阿特米西亚（Artemisia）。这位利托里乌斯是才能极为出众的将军，在5世纪时曾是仅次于罗马最高将领弗拉维乌斯·埃提乌斯（Flavius Aetius）的副总指挥，还曾率领一支匈奴雇佣军在高卢获得胜利。[27]但这并不意味着利托里乌斯本人是犹太人，特别是考虑到当时的帝国法律不允许将这样的高官授予犹太人；无论他信奉何种宗教，他的女儿遵循的是犹太律法。塞维鲁特意强调岛上犹太人和基督徒间的紧张关系，但十分明确的一点是，在四百年之前，岛上的两大社群仍能和睦相处。塞维鲁不断提到“我们所熟知的古老习惯”“我们长久以来的感情所系”，虽然他总是声称这些行为是罪恶的。[28]君士坦丁堡制定的法律并没能取代狄奥多鲁斯及其犹太家族在岛上的领导地位。

这个时期的西地中海很不稳定。公元410年，哥特人阿拉里克（Alaric）攻陷罗马。后来，西哥特人的军队入侵西班牙，而其他蛮族部落——汪达尔人（Vandal）、苏维汇人（Suevi）、阿兰人（Alan）——也正向西罗马帝国进军。这些蛮族都没有海军，但梅诺卡仍然感受到了强烈的威胁。416年，新发现的圣斯蒂芬（St Stephen）的遗骨抵达梅诺卡岛，激发了马格纳地区基督徒的狂热，他们自诩这些圣骨的所有者。[29]圣斯蒂芬是基督徒的“首位殉道者”，被奉为“第一位向犹太人发难的人”。圣斯蒂芬当年从耶路撒冷（人们发现他的
224 遗骨之地）出发，穿越地中海，计划前往西班牙和北非。他曾因当地的一场革命而在梅诺卡盘桓数日。他的骨骸的发现曾被耶路撒冷的基督徒用来对当地的犹太人施压；在这些遗骨被发现之前，耶路撒冷的犹太人长老迦玛列（Gamaliel）已经被剥夺了其传统的优先权，即与帝国的行政长官平起平坐的特权，而且还不得对皈依者施行割礼，也不得兴建新的会堂。据说，414年，亚历山大城的牧首将城中的犹太人驱逐，整个东地中海的犹太人都被迫改宗，其会堂被没收。[31]随着梅诺卡岛上圣斯蒂芬遗骨的到来，基督徒变得更加自信。基督徒（包

括塞维鲁）和犹太人狄奥多鲁斯都梦想着，这位主教一定已经预知了犹太人的皈依。当时社会上弥漫着末日气氛：犹太人的皈依难道真的预示着基督的再次降临吗？塞维鲁写道：

> 使徒所预告之时或许已经到来，外邦人的数目添满了，以色列全家都要得救。① 可能主希望从大地边际点燃这一火花，以便整个大地都沐浴在爱的光芒之下，以焚毁那不信者之林。[32]

基督徒使用的方法还谈不上狡诈。他们指控犹太人私藏武器，打算以此对付基督徒。公元417年2月2日，亚摩纳的基督徒聚集起来，一起穿越整座岛屿，步行三十英里，但我们相信这段路程并不痛苦，因为他们心中有着光荣的目标。塞维鲁要求进入犹太人的会堂搜查武器，犹太人虽不情愿，但表示接受，不过在搜查开始之前双方发生了暴力冲突。基督徒冲入会堂，然后付之一炬，同时掠走了会堂内的珍宝，包括会堂的银器（后来归还了）以及托拉圣卷（被基督徒扣下）②。后来证明私藏武器完全是想象。塞维鲁承认针对犹太人的暴动是由一名贼头贼脑的基督徒开始的，“不是因基督之爱而起，而是因强盗之爱”。次日，第一名犹太人选择皈依基督教，他名叫流便（Reuben）。其余的犹太人犹豫了三天，狄奥多鲁斯试图通

---

① 这段话源自《新约·罗马书》11：25，26，中译参见《圣经》和合本。——译者注

② 托拉（Torah）是犹太人对《圣经》中前五卷的称呼，也称“摩西五卷”，包括《创世纪》《出埃及记》《利未记》《民数记》《申命记》，按照犹太律法，托拉必须由受过训练的文士用羊皮纸手抄而成。——译者注

过与基督徒辩论来分辨哪种信仰是真理，但最后他逐渐被对方的论据说服，那些论据既有理论性，又有实践性，因为流便力劝他：“如果你真的希望得到安全、受到尊敬、过得富足，那
225 么信基督。”只是狄奥多鲁斯的皈依是有前提的，即他的人民中的绝大多数愿意与他一起接受洗礼，后来的发展也如他所愿。[33]有些人拖得更久：狄奥多鲁斯的弟妹阿特米西亚逃到一个山洞，在她丈夫皈依基督教后想要更坚定地坚持信仰，但她在从仆人带来的水中喝出蜂蜜味后，意识到这是神迹，于是也选择随大家一起皈依基督教。[34]

由于塞维鲁的记录是我们了解这些事件的唯一资料，很难进一步分析他的描述文字下面的真相。事件当中有一些要素让人印象深刻：犹太人在政治上的重要性以及犹太女人的突出地位。当基督徒从亚摩纳长途跋涉前往马格纳时，他们并没有明确的侵略意图，因为有一则评注曾提出，当犹太人听到基督徒队伍诵唱的《诗篇》第九段时，还因“听起来极为甜美”而加入队伍。我们不可避免地会得出结论：在圣斯蒂芬的遗骨到来之前，犹太人和基督徒之间一直存在冲突，但实际上犹太教与基督教之间的界线非常模糊，而这恰恰是主教们所反感的。暴力行为促使梅诺卡的犹太人皈依基督教；但彼此的熟悉则减轻了皈依后心灵上受到的冲击。尼西亚会议后，一神论在地中海逐渐取得胜利，但其排他性不仅将异教徒，也将其他不同的一神信仰推到了敌对阵营。

注　释

1. B. de Breffny, *The Synagogue* (London, 1978), pp. 30–32, 37.
2. R. Meiggs, *Roman Ostia* (Oxford, 1960), pp. 355–66, 368–76.
3. R. Lane Fox, *Pagans and Christians in the Mediterranean World from the Second Century AD to the Conversion of Constantine* (London, 1986), pp. 428, 438, 453.
4. M. Goodman, *Rome and Jerusalem: the Clash of Ancient Civilisations* (London, 2007), pp. 26–8, 421, 440–43.
5. Ibid., pp. 469–70: coins inscribed FISCI IVDAICI CALVMNIA SVBLATA.
6. Ibid., pp. 480, 484–91.
7. S. Sand, *The Invention of the Jewish People* (London, 2009), pp. 130–46, 该文献严重低估了离散规模。
8. Lane Fox, *Pagans and Christians*, pp. 450, 482.
9. Ibid., p. 487.
10. Sand, *Invention*, pp. 171–2.
11. Lane Fox, *Pagans and Christians*, p. 492.
12. A. S. Abulafia, *Christian-Jewish Relations, 1000–1300: Jews in the Service of Christians* (Harlow, 2011), pp. 4–8, 15–16.
13. R. Patai, *The Children of Noah: Jewish Seafaring in Ancient Times* (Princeton, NJ, 1998), pp. 137–42.
14. Ibid., pp. 70–71, 85–100.
15. Lane Fox, *Pagans and Christians*, pp. 609–62.
16. G. Bowersock, *Julian the Apostate* (London, 1978), pp. 89–90, 120–22; P. Athanassiadi, *Julian the Apostate: an Intellectual Biography* (London, 1992), pp. 163–5.
17. Bowersock, *Julian*, pp. 79–93; R. Smith, *Julian's Gods: Religion and Philosophy in the Thought and Action of Julian the Apostate* (London, 1995).
18. Lane Fox, *Pagans and Christians*, p. 31.
19. G. Downey, *Gaza in the Early Sixth Century* (Norman, OK, 1963), pp. 33–59, 此书中有多处无聊的长篇大论。
20. Lane Fox, *Pagans and Christians*, p. 270.
21. Downey, *Gaza*, pp. 17–26, 20–21, 25–9.
22. For his career, see Mark the Deacon, *Life of Porphyry Bishop of Gaza*, ed. G. F. Hill (Oxford, 1913); Marc le Diacre, *Vie de Porphyre, évêque de Gaza*, ed. H. Grégoire and M.-A. Kugener (Paris, 1930).
23. Sand, *Invention*, pp. 166–78, 但此书的论述过于夸张了。

24. Severus of Minorca, *Letter on the Conversion of the Jews*, ed. S. Bradbury (Oxford, 1996), editor's introduction, pp. 54–5; J. Amengual i Batle, *Judíos, Católicos y herejes: el microcosmos balear y tarraconense de Seuerus de Menorca, Consentius y Orosius (413–421)* (Granada, 2008), pp. 69–201.
25. C. Ginzburg, 'The conversion of Minorcan Jews (417–418): an experiment in history of historiography', in S. Waugh and P. Diehl (eds.), *Christendom and its Discontents: Exclusion, Persecution, and Rebellion, 1000–1500* (Cambridge, 1996), pp. 207–19.
26. Severus of Minorca, *Letter*, pp. 80–85.
27. Bradbury, ibid., pp. 34–6.
28. Severus of Minorca, *Letter*, pp. 84–5.
29. Ibid., pp. 82–3.
30. Bishop John II of Jerusalem, ibid., p. 18; also Bradbury's comments, pp. 16–25.
31. Ginzburg, 'Conversion', pp. 213–15; Bradbury in Severus of Minorca, *Letter*, pp. 19, 53.
32. Severus of Minorca, *Letter*, pp. 124–5.
33. Ibid., pp. 94–101.
34. Ibid., pp. 116–19.
35. Ibid., pp. 92–3; but cf. Bradbury's comment, p. 32.
36. Bradbury, ibid., pp. 41–2.

十　地中海世界的瓦解（400～600年）

1

自从爱德华·吉本撰写《罗马帝国衰亡史》（*Decline and* 226
Fall of the Roman Empire）以来，伟大的罗马帝国为何、何时以及是否衰落的问题，就成了历史学家们孜孜不倦进行探讨的对象。目前人们至少提出了二百一十种解释，有些说法（“闪米特化”、同性恋问题、男子气概下降）坦率来说是非常荒诞的。[1]关于蛮族入侵摧毁了罗马——既指罗马城又指罗马帝国——的观点曾不再流行，后来又再度受到推崇。[2]一些历史学家坚持认为“罗马的衰落”本身就是伪命题，而强调罗马传统的延续性。[3]然而，从地中海的角度看，非常明显的一点是，这片伟大的海到公元800年时已经分裂了。这个分崩离析的过程持续了数个世纪，也留下了数个嫌疑人：5世纪及之后的日耳曼蛮族，7世纪的阿拉伯征服者，8世纪的查理曼及其法兰克军队，以及内斗——罗马帝国的将军们争权夺利，有的要夺取地方领地，有的要夺取皇位。很明显，罗马的衰落不是单独“某个原因”导致的；无数问题的积累导致了旧制度的终结，撕裂了“第二地中海”。

在公元400年到800年的漫长岁月中，地中海在经济及政治上都陷入分裂：罗马的皇帝们意识到，统治地中海周围地区，以及欧洲大陆上莱茵河西部和多瑙河南部的大片土地，这

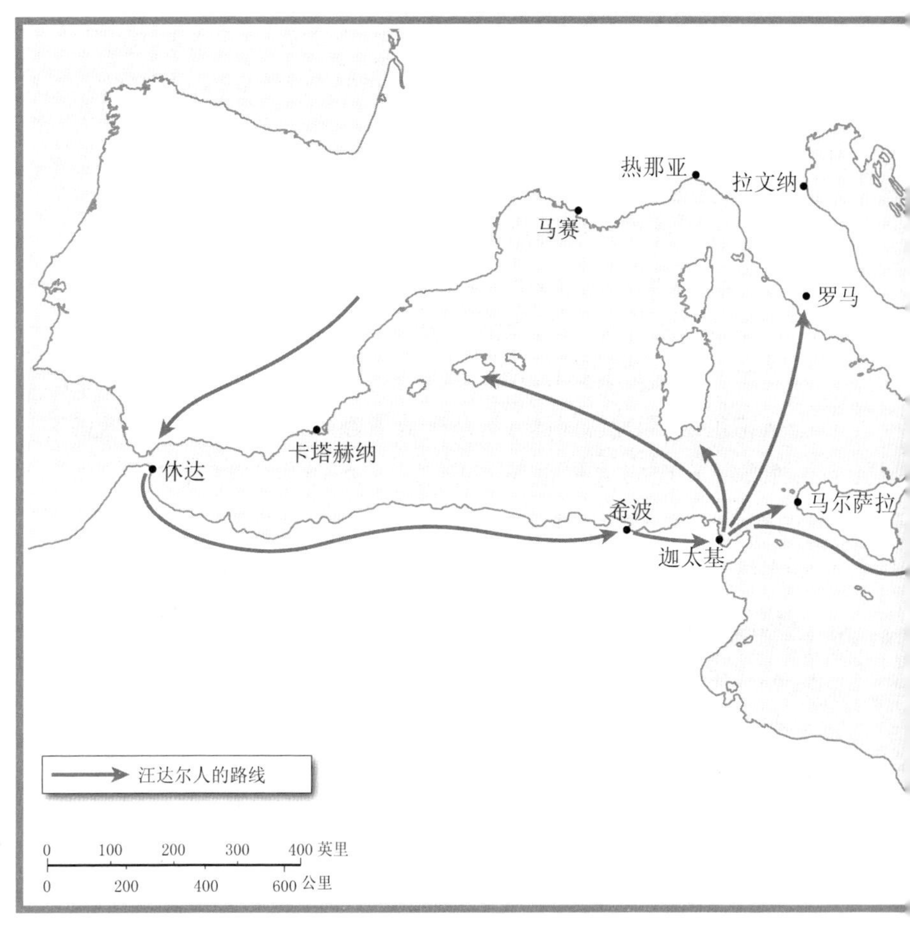
热那亚
拉文纳
马赛
罗马
卡塔赫纳
休达
马尔萨拉
希波
迦太基
汪达尔人的路线
0 100 200 300 400 英里
0 200 400 600 公里

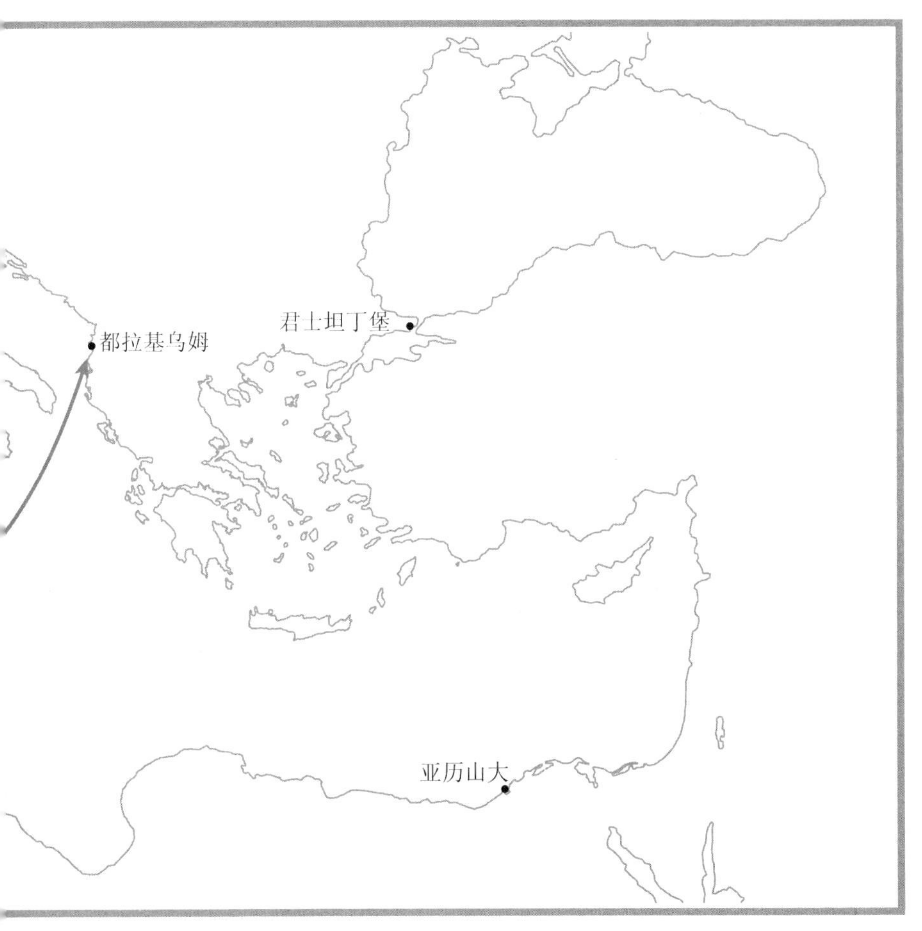
君士坦丁堡
都拉基乌姆
亚历山大

一任务远远超出一个人的能力范围。因此，从 284 年开始统治的戴克里先（Diocletian）以东部的尼科米底亚（Nicomedeia）
227 为基地，将帝国的管理交给由共治皇帝组成的团队，其中最先出现的是西部的另一位“奥古斯都”，后来从 293 年到 305 年又有两名副皇帝或“恺撒”被委任，这套制度称为“四帝共治”。[4]戴克里先在尼科米底亚的驻地本身是后来君士坦丁于 330 年建立“新罗马”的前奏；君士坦丁曾考察过特洛伊这座罗马人视为自己起源地的城市的遗址，后来却选择了商业中心拜占庭，拜占庭拥有极佳的港口和重要的战略位置，地处连接黑海与地中海的商业要道。当然，另一个惊人的变化则是君士坦丁正式承认了基督教的合法性，而在此前的数个世纪中，基督教一直是地下宗教。

公元 476 年，西罗马的最后一位皇帝，也就是名为罗慕路斯（Romulus）的“小皇帝”（Augustulus），被日耳曼人的军事首领奥多阿克（Odoacer）废黜。在此之前，意大利依然是西罗马皇帝的驻地，但权力中心已经向东转移，这一变化恰恰是对地中海经济发展现实的适应。在东方，希腊化时期与托勒密时期的商业世界仍然繁荣，这里以亚历山大、加沙和以弗所（Ephesos）等繁忙港口为中心，通过贸易往来以及共同的希腊文化联系在一起。强调以城市为主体的东方和以农村为主体的西方间的对立会过于简化，因为东部的主要人口仍是农民和牧民，且东地中海沿岸密布的乡镇以及多样化的农业生产缔造了更为复杂的经济。当代之人仍能在博物馆看到罗马帝国晚期的埃及精美织物；大量的奢侈品当时在西西里岛东部流通。更为日常的货物在供应方式上已经发生了改变。君士坦丁堡建立的影响之一是埃及谷物的目的地从旧罗马转向新罗马。[5]330 年时，

这似乎是一个无害的变化。在任何情况下，罗马所需谷物的三
分之二都由非洲供应。那是个繁荣的时代，当时迦太基已经成
为地中海地区继罗马和亚历山大之后的第三大城市。如果说帝
国人口在3世纪末到4世纪可能由于疫病而大幅削减，那么北
非诸行省的农业生产能力还是可以继续为西罗马首都提供补给
的。罗马与迦太基的元老和骑士阶层扩大了他们在非洲的地
产。[6]船东们的世袭行会得到帝国的保护，行会成员可享受减免
税收的特权，被赋予了骑士身份。尽管帝国财政并不直接干涉
船东行会的管理，但它对船东的保护保证了谷物航线仍然活 228
跃。非洲的农民也种植橄榄树和葡萄树以获得收入，非洲也因
向意大利和其他地区出口橄榄油和葡萄酒而繁荣起来。非洲赤
陶不仅成为地中海的主要陶器，而且已深入高卢内陆乃至不列
颠地区。返程的船只带回了意大利的砖块。这当然不是因为非
洲人不会制砖，而是因为谷物商船船员在将谷物卸载后需要用
砖块来压舱。[7]这是非洲，尤其是迦太基的黄金时代。这座城市
布局合理，街道纵横交错，还有漂亮的建筑——迦太基人特别
喜欢自己的斗兽场，甚至蛮族人的入侵威胁也无法打断他们对
这种娱乐的热衷。迦太基人以其港口为傲，因为古迦太基的圆 229
形港口被重建，图拉真时期还有一座漂亮的六边形外港建成。
这座港口与皇帝在奥斯蒂亚附近建造的波图斯构成了双子港，
如今“布匿港口”的轮廓仍依稀可见。[8]

非洲也是一个和平之地。从公元3世纪开始，远离帝国中心的边境地区就不断遭到蛮族的入侵。在遥远的不列颠，“撒克逊海岸的伯爵们”组织防线抵御跨越北海而来的日耳曼入侵者。在400年左右，成群结队的哥特人、苏维汇人和其他日耳曼部落侵袭高卢、意大利和西班牙，罗马城在410年也遭到

洗劫，但即使在这些灾难发生的时候，非洲看起来仍非常安全。[9]阿非利加学者奥古斯丁（Augustine）——他后来成为希波的主教，并于430年去世——因罗马被劫而感到震惊，然后在
230 这种刺激下撰写了他的不朽名篇《上帝之城》。在书中，他描述了一座天国的“城市”，它远远优于脆弱的尘世之城和罗马帝国。然而，至少希波和迦太基似乎得到了海洋的保护。人们都知道蛮族人是很好的士兵，但不是优秀的水手。哥特人被限制在意大利，甚至无法跨越卡拉布里亚海湾前往西西里岛。其他蛮族，也就是汪达尔人和阿兰人，则向西进入了西班牙的群山之中。很难说他们这样做可能带来什么威胁。

汪达尔人属于日耳曼民族，他们曾生活在今天波兰南部的某地，与大多数蛮族一样信奉阿利乌斯派的基督教，其教义主张：圣子与圣父并非同性，亦非同样不朽，而是圣子由圣父所出。后来“vandalism”这个词成为破坏的同义词，但在公元1794年它才由一位法国主教造出，当时这位主教因革命者造成的破坏而感到深深的绝望。[10]可以肯定的是，汪达尔人乐于看见财物逐渐增加，因此汪达尔国王极不情愿将积攒的金银用于发展经济——经济学家把这个过程称为“囤积”（*thésaurisation*）。与此相对的是，阿兰人源于高加索地区，从那里向欧洲东南部迁徙，他们的语言属于伊朗语族，习俗与汪达尔人相去甚远，例如他们并不蓄奴。这些看起来很不协调的盟友一起进入并瓜分了西班牙，但416年，他们遭到哥特人的军事首领瓦利亚（Wallia）的攻击与屠杀，后者所打着刚刚组建的哥特－罗马同盟的旗号，这个同盟非常短命。这些蛮族相互攻击的频率远远高于对罗马人的侵袭。据说，生活在贝蒂卡（Baetica），也就是今天的安达卢西亚的汪达尔人被全部消灭。

但在这场惨败之后，幸存者必须寻找其他土地生活。他们的目的是征服与安居，而不是劫掠与消失。这次他们选择了非洲，这个决定看起来很合乎逻辑，因为那里距离他们最近。429 年夏，在他们那瘸腿、无情的国王盖萨里克（Geiseric）的率领下，他们越过了直布罗陀海峡。

丹吉尔（Tangier）周边的廷吉塔纳（Tingitania）由西班牙进行管理，这里是罗马的土地但实际由毛里塔尼亚国王控制，这些国王在总体上与罗马谨慎地保持着友好关系。相比于北非的其他地区，这里对罗马的价值没那么高，罗马对于这种松散的联盟关系也比较满意。[11]同样，盖萨里克的兴趣也在于控制非洲最富庶的区域。迦太基位于神眷之地，有着丰美的麦田与橄榄园，看起来比西班牙南部还要富足。[12]盖萨里克需要 231
将十八万士兵与妇孺送到海峡对岸（这个数目表明贝蒂卡的汪达尔人几乎被歼灭的说法过于夸大了），[13]但他没有船，而且在这片海域摆渡的船只最多能搭载七十人。如果他真的能够筹集到数百艘这样的小船，那么他手下这些人也要大约一个月才能横渡海峡。但他仍需要解决的一个问题是该到哪去筹集这么多船。盖萨里克选取的路线是从大西洋一侧横渡直布罗陀海峡，也就是从西班牙最南端的塔里法（Tarifa）前往丹吉尔与休达之间的海滩。这是一段短暂的航程，但即使在夏季，所经水域也相当危险。经过一次一次地不断往返后，盖萨里克终于将汪达尔人和阿兰人带到了廷吉塔纳，但他们并未在廷吉塔纳长期逗留，而是向东穿过陆地，经过长达三个月的跋涉，在公元 430 年 5 月或 6 月到达了希波。希波坚持抵抗了十四个月，这是因为汪达尔人并不擅长攻城战，而且希波的罗马城墙也比较坚固。这样的罗马城墙很好地展现了罗马人的深谋远虑，因为在经历漫长的“罗马帝国统治下的和平”后，城市的防御极易被忽略。那些身在城中向外张望的人当中就有希波主教奥古斯丁，他在围城期间逃离了。他可以进行反思：此前信奉异端的蛮族给罗马带来的破坏，如今威胁到了他所在的行省。

希波沦陷后，新的阿利乌斯派教规建立起来，将近五百位大公教会主教因为遵循尼西亚大公会议的立场而被驱逐出他们规模通常较小的主教区。这标志着阿利乌斯派终止了对大公教会的容忍。此后，迦太基也被征服，不过在这一过程中盖萨里克是颇有耐心的：这座城市于公元 439 年陷落，在那时迦太基周边的所有地区都已经落入汪达尔人之手。迦太基成为汪达尔王国的新首都。然而，非洲的汪达尔人并不是破坏者，大多古老的传统与秩序都被他们承继下来。盖萨里克意识到，他不能只统帅自己的臣民，不能仅仅像其正式尊号“汪达尔人与阿兰人的国王”（*rex Vandalorum et Alanorum*）所描述的那样。[16] 442 年，汪达尔人与罗马人缔结和约，其条款规定汪达尔人的国王负责整个地区的统治。尽管盖萨里克把搜刮的大量黄金囤积在国库中，但没有证据表明汪达尔人的统治导致了经济的衰退。新的建筑工程还在进行；东方的商人带着拜占庭的货币来到迦太基；北非商人继续到东方经商；迦太基的美丽海港也得
232 到修缮。[18]在汪达尔统治时期，出口到迦太基的东地中海双耳罐数量显著增长。迦太基人也使用本地出产的赤陶精品进餐。事实上，北非的谷物不再被征用以补给罗马，而是由当地商人经营，这推动了经济的发展。[19]汪达尔人喜欢东方的丝绸，喜欢浴场、宴会和戏剧，还热衷于划船。他们赞助罗马诗人的创作，与生活在意大利的哥特人一样被罗马化，那些哥特人也开

始美化他们在拉文纳的统治中心。[20]虽然拉丁语和使用范围更小的布匿语是非洲的通用语言（*lingua franca*），但汪达尔人与哥特人一样，仍然一代又一代地保留着自己的日耳曼名字［古萨蒙德（Gunthamund）、瑟雷萨蒙德（Thrasamund），等等］。汪达尔人的征服并未扰乱乡村的生活，这一点可由汪达尔统治中心发现的木制地产记录板证明，它们被称为阿尔贝蒂尼记录板（Alebertini tablets）。[21]事实上，古老的制度不但没有行将就木，反而生机勃勃、充满能量。非洲西北部的罗马人、布匿人和摩尔人靠海运为汪达尔人提供各种补给，以维持汪达尔王国的存续。[22]船只用于贸易，当局势发生变化时还需要运送军队。533 年，汪达尔国王盖利默（Gelimer）将他拥有的一百二十二艘舰船派往撒丁岛镇压岛上总督的起义。汪达尔人并没有修建传统式样的战舰；当他们越过海洋前去征服其他地方时，船只仅发挥了运输马匹和武器的作用。[23]

汪达尔王国的范围远不止罗马帝国时的阿非利加行省。早在侵入阿非利加之前，汪达尔人已经派兵攻击巴利阿里群岛；公元 455 年，他们正式吞并该群岛。[24]在功勋卓著的罗马将军埃提乌斯于 454 年去世后的第二年，无能的西罗马皇帝瓦伦提尼安三世（Valentinian Ⅲ）被暗杀，这为汪达尔人提供了新的机遇。[25]455 年 6 月，汪达尔人开始了一场极为大胆的远征，军队被派往罗马。远征不是阿利乌斯派对大公教会的圣战，而是劫掠：汪达尔人得到的指示是不要破坏，不要屠杀，只需寻找珍宝，特别是皇帝的珍宝。他们带着丰厚的战利品满载而归，还包括相当多的奴隶（他们处理奴隶时毫不留情，直接把夫妻、父母及子女拆散）。根据一些记录，他们掠夺的珍宝包括提图斯从耶路撒冷圣殿劫掠的烛台与其他各种金器，它们作为 233

战利品一直被保存在迦太基，直到534年拜占庭人收复该城。[26]盖萨里克还在455年或456年夺取了科西嘉岛，作为其造船业的木料来源地，而大公教会被流放的主教们被迫在岛上砍伐木头。与此同时，汪达尔人还曾征服撒丁岛，不过大约在468年他们失去了该岛，直到482年前后才收复。他们在岛上定居，与那些从非洲来到此地的摩尔人一同居住，这些摩尔人被称为“蛮族”（*Barbarikinoi*），撒丁岛东北部荒无人烟的山区因此被命名为巴尔巴吉亚（Barbargia）。在征服西西里岛方面，汪达尔人也毫不迟疑，从440年就开始对西西里海峡无情地发起攻击，之后从461年或462年起年复一年地劫掠该岛。而且他们还成功地削弱了罗马人对西西里岛的控制，但就在盖萨里克去世（经过半个世纪各种征战之后终于在477年去世）不久前，汪达尔人与日耳曼将军奥多阿克达成协议。奥多阿克在数月前废黜了西罗马的最后一位皇帝，如今以意大利国王的身份进行统治。奥多阿克为西西里岛向汪达尔人纳贡，但只将马尔萨拉（Marsala）附近的西部岬角交由汪达尔人直接控制。尽管如此，汪达尔人此时看来似乎马上就要将西地中海的三座粮仓——阿非利加、西西里岛和撒丁岛全部收入囊中。在盖萨里克统治的末期，汪达尔人感到他们已经从西西里岛和意大利获得了足够多的东西，于是开始侵袭希腊和达尔马提亚沿岸，蹂躏了爱奥尼亚群岛中的扎金索斯岛（Zakynthos）。

汪达尔人创造的海上帝国极具个性。没有任何证据表明他们支持了公海上的海盗行为，他们的国王对商业也没有太大兴趣。他们很清楚，在控制帝国的谷仓的时候，他们就相当于扼住了罗马的咽喉。汪达尔人对谷物运输的介入加剧甚至直接导致了大约发生于公元 450 年的意大利饥荒。他们并没有与罗马帝国的舰队发生冲突，因为那种类型的海战当时已经很少见了（不过，在 5 世纪 60 年代盖萨里克成功地摧毁了两支拜占庭舰队）。汪达尔帝国的巅峰是其创立者盖萨里克的统治时期，在他 477 年去世后的六十年间，汪达尔人一直是一支强大的力量。到 500 年，信奉阿利乌斯派的东哥特人（Ostrogoths）统治着意大利，信奉阿利乌斯派的汪达尔人控制了北非，信奉阿利乌斯派的西哥特人（Visigoths）统治着西班牙和高卢南部。在新罗马建立后的一个半世纪里，地中海的政治、民族和宗教版图发生了彻底改变。分裂正在发生。

2

对于这种分裂我们可以有不同的理解方式。可以理解为西 234
地中海逐渐与东地中海分离；可以理解为东西两边都爆发了一系列危机，东部遭受严重打击，但比西部恢复得更快、更果断。大规模入侵在早期对于以拜占庭为中心的东罗马也产生了很大影响，但西罗马的皇权消失了，而与此同时，东罗马的皇权却在哥特人、斯拉夫人、波斯人和阿拉伯人的大规模侵袭下幸存下来，即使入侵者在公元 7 世纪一度在君士坦丁堡兵临城下。7 世纪时，希腊的大部分土地都处于斯拉夫部落的控制之下。整个地中海的经济同样遭到破坏，但造成这种结果的是此前没人见过的袭击者。6 世纪 40 年代，地中海遭遇瘟疫，它可能是腺鼠疫和肺鼠疫，在病理上与 14 世纪的黑死病比较相似。[28] 与黑死病一样，查士丁尼时代的瘟疫夺去了大量人口的性命，约占拜占庭总人口的百分之三十，并且以城镇居民居多。地中海东部冬季的寒冷与干燥导致了干旱和饥荒，而在更往东的地区，类似的气候变化可能使原先盘桓在东亚的瘟疫被释放出来，开始向西传播。[29]此外，罗马帝国晚期经历的寒冷气候也导致土地退化，而原先种植葡萄以及橄榄的梯田被逐渐荒弃，引发了山体滑坡和土壤侵蚀。但这里同样存在到底是鸡生蛋还是蛋生鸡的问题：葡萄园和橄榄园的荒弃意味着需求的减少，那么一定有某种因素导致了需求降低。另一种观点认为地中海周边的人口膨胀导致对土地的过度开发，因为大量人口需要更多的谷物，原本种植树木和其他植被的土壤因此裸露出来，导致表层土壤被河水带到河口，进而引起了河口的淤塞。如此一来，一系列生态问题（因为当时的人们尚无法正确评价自己的活动所产生的影响）破坏了人们赖以生存的土壤，导致了饥荒与干旱。因此，有人认为早在瘟疫发生之前，地中海周边地区就已经出现了人口萎缩的现象，所以在瘟疫到来后，已经相当脆弱的人们遭到了沉重打击：经历食物短缺后人们对疾病的抵抗力十分低下，致命性不那么强的地方瘟
235 疫也不时暴发。[30]所有这些并不仅仅停留在理论层面，我们也有足够的证据可证明，在北非、小亚细亚的以弗所、希腊的奥利匹亚、撒丁岛的诺拉以及意大利西北部的卢尼，都出现了这种河口淤塞的情况。[31]

虽然在拜占庭皇帝查士丁尼一世的统治下发生了瘟疫，但他仍然积极重建地中海范围内的罗马秩序。在瘟疫暴发之前，查士丁尼已经收复了迦太基（公元 534 年），向那座城市投入大量金钱：他在过去著名的圆形海港处又建了一座新的港口，还重建了城市的城墙和护城河，因为一个世纪之前发生的事情表明，即便是地处非洲的城市也会遭到陆上袭击。在攻陷汪达

尔王国之后，查士丁尼的大将贝利撒留（Belisarios）接着在意大利发动了哥特战争。拜占庭的军队驻扎在西西里岛，就在迦太基陷落的两年后，他们凭借一个经典的计策经由一条引水渠拿下了那不勒斯。查士丁尼认为意大利的收复事关自己的声望，曾经是东哥特诸王根据地的拉文纳再次成为帝国的官员，也就是总督的驻地，该城位于克拉西斯的外港也再次成为拜占庭的海军基地。那不勒斯海港兴建了防御工事，因为当贝利撒留为皇帝夺回该城时，其敌人哥特人还在继续暴乱。[32]拜占庭的力量甚至延伸到了热那亚附近的海岸——这个中世纪的伟大贸易中心出现了经济活动的最早迹象。[33]查士丁尼毫不担心同时在数条战线作战的压力，还派军队前往西班牙南部，从西哥特人手中夺取了卡塔赫纳周边地区的控制权。随着撒丁岛以及巴利阿里群岛重新被拜占庭控制，一条商业纽带把拜占庭的核心地带同休达和直布罗陀海峡连了起来。

查士丁尼重建泛地中海罗马帝国的尝试耗尽了君士坦丁堡的资源，并一度引起经济危机。意大利在战争与疾病中遭到了严重破坏。[34]虽然瘟疫过后人口大幅削减，但查士丁尼仍积极地改善港口并加强港口城市的防御工事。为了增强君士坦丁堡与意大利之间的联系，他在都拉基乌姆（Dyrrhachion，古代的埃比达姆诺斯）的周围建立了一圈宏伟的城墙与高塔，今天仍可看到这些建筑的部分遗迹。都拉基乌姆城位于通往君士坦
丁堡的陆路也就是艾格纳提亚大道（Via Egnatia）的终端，但 236
科林斯为经由爱琴海的海路也建造了类似的工事，尽管在严重瘟疫的袭击下该城的大量居民已经逃往爱琴海上的艾伊娜岛。[35]关于迦太基，我们可以讲述类似的故事。港口的建立并没有激发迦太基的经济活力。拜占庭收复迦太基之后，来自东

方的双耳罐数量急剧减少。奇怪的是，在来自东方的政治势力控制该地后，当地与东方的商业联系反而减少了。商业的衰落可能是国家打算重新控制谷物贸易造成的。[36]

对于东地中海来说，公元 6 世纪同样是一个命运多变的时代。以弗所同雅典和德尔斐一样经历了严重衰落；而亚历山大在 6 世纪中期之前仍然十分繁华，约有十万居民。但是，也有一些地区显示了新的活力：在一场地震后，克里特岛上的戈提那（Gortyna）在 7 世纪新建了很多漂亮的建筑，成了一个成功的制陶中心。克里特以及塞浦路斯拥有的一个优势是入侵的斯拉夫人并没有抵达这些岛屿。7 世纪早期的大量金币可以证明，这些岛屿一直非常繁荣。爱琴海上的一些岛屿，例如萨摩斯和希俄斯，成为人们逃避斯拉夫人的避难所，在其他地区人口大幅削减的时候，新居民的到来使这些地区变得生机勃勃。[37]《罗得海商法》（“Rhodian Sea Law”）成为拜占庭内外使用的标准海洋法。[38]除了北方的蛮族之外，拜占庭还面临着希腊世界的老对手——波斯诸王的威胁。波斯人的入侵对地中海沿岸诸城造成了毁灭性的影响。616 年以前，萨迪斯一直是很有气势的地区首府，拥有大理石铺成的街道、各式柱廊以及地中海地区最大的犹太会堂之一。这座城市后来被波斯人摧毁，只留下被焚烧后的废墟，此后这座城市再也没有被重建。曾经因图书馆而享有盛名的帕加马（Pergamon）也有着类似的命运。[39]

尽管遭遇了灾难，一些传统的商贸网络仍很活跃，甚至重焕生机。在拜占庭重新掌控拉文纳后，波河流域的谷物从克拉西斯向外地输送。另一方面，那不勒斯与曾为它提供大量谷物的非洲的联系减弱了。那不勒斯的考古地层反映了这一点：公元 6 世纪的地层中有大量的非洲赤陶，而在这个时期其数量已经大幅减少。[40]与非洲赤陶的减少构成对比的，是那不勒斯出现的大量来自东地中海的陶器，包括来自萨摩斯的双耳罐。萨 237
摩斯是在斯拉夫人统治下的希腊本土迅速衰落的大背景下繁荣发展的岛屿之一。[41]事实上，罗马、拉文纳、叙拉古和迦太基出土了约六百件萨摩斯的陶罐，因此这些位于意大利和非洲的新收复地很显然与东地中海保持甚至加强了联系。意大利南部和西西里岛仍然与外部世界保持着交往，且伦巴第人统治下的南意大利地区能够铸造金币。对于拜占庭来说，亚得里亚海是一个偏远的湖泊，正是在这个时期，第一批泥泞的港口初现端倪，它们后来发展成了威尼斯。而在更往西的地区，形势更加严峻。卢尼严重衰落且未能复兴。在 600 年前后，卢尼的居民只能制作铅币。[42]拜占庭与热那亚之间有一定的联系，但似乎更多是政治联系而非商业联系。马赛依然是西地中海商业中心的领头羊，但只是过去那座伟大希腊城市苍白无力的影子而已。来自东方的双耳罐的数量在 6 世纪锐减，以至于到 600 年，其数量只有 500 年前后的四分之一；到 7 世纪，这样的双耳罐彻底消失。与之相对，非洲双耳罐的数量在 6 世纪出现了复苏，由此可知西地中海的中程贸易仍要经过马赛。与东方的联系并未完全终结。图尔主教格列高利（Gregory of Tours），也就是为高卢可怕、残忍的墨洛温王朝（Merovingian dynasty）诸王编史的历史学家，曾提到来自加沙和劳迪西亚（Laodicea）这两处叙利亚 - 巴勒斯坦地区的港口的葡萄酒。[43]一艘格列高利所处时代的沉船很好地印证了这份记录，沉船遗迹发现于法国南部克罗港（Port Cros）的周边水域。船上装载了来自爱琴海和加沙的双耳罐，罐中盛放了葡萄酒。[44]

在现在发现的沉船中，可确定为活跃于这个时期的有八十艘。公元600年前后，一艘船在法国南部海岸沉没，船上装载了沥青、北非的陶器、加沙的双耳罐，以及胡乱刻着希腊字母的大水罐。该船相当简陋，船板很薄，各个组件契合度也不高，所以它的沉没令人感到毫不奇怪。这艘船并不大，排水量不超过五十吨，最多能装载八千摩底麦子，这个重量只占罗马谷物商船载重量的一小部分。[45]6世纪和7世纪的船只小于罗马先辈们使用的船只。在土耳其附近的亚西·阿达（Yassi Ada）出土了一艘约626年的沉船，该船使用的钉子比罗马人造船用
238 的钉子轻很多。这艘船的排水量超过五十吨，制作相当廉价，“其寿命只能持续到开始获利的那一刻”。[46]然而，在这样一艘船上还有一间贮藏丰富食品的厨房，而且它的屋顶还是瓦制的，房间中的碗、盘子和杯子表明该船来自爱琴海或君士坦丁堡。[47]偶尔，一些装载贵重物品的船只也会遇难：西西里岛附近的“马扎梅尼号”（*Marzameini*）沉船就携带了三百多吨的绿色和白色大理石，其沉没时间约在540年。这艘船装载的是用来装饰教堂的内部饰物，拉文纳和利比亚有类似的教堂。这些精美的器物被装载上船，作为彰显宗教统一的宣传物越洋过海：教堂装饰风格的统一可以体现的是一位皇帝（即查士丁尼大帝）治下的一种教义。[48]来自东地中海的沉船是对岛屿城市和海岸城市间紧密联系的进一步反映。土耳其西南海岸的伊斯坎迪·布尔努（Iskandil Burnu）出土了一艘约6世纪末的沉船，船上装载了来自加沙的葡萄酒，还有一种经鉴别属于符合犹太教教规的洁净砂锅，因此很可能这艘船的船主是位犹太人（就像之前阿玛兰图斯的故事中那位5世纪初的犹太船长）。[49]

在账务收支方面，拜占庭既经历了严重的经济衰退，也体

现了持续的发展活力，后者集中体现为东地中海的岛屿经济。当然，这种局面在瘟疫造成人口骤降后才显现。地中海的商业版图被重新勾勒，古老的商业中心走向衰退，而新的中心迸发了活力。幸存下来的经济活力的种子散播在拜占庭统治下的地中海，为 8 世纪和 9 世纪的复兴提供了可能性。而在更遥远的西部，复苏的速度更慢，难度也更大。

注　释

1. B. Ward-Perkins, *The Fall of Rome and the End of Civilisation* (Oxford, 2005), p. 32.
2. Ibid., pp. 1–10; P. Heather, *The Fall of the Roman Empire: a New History* (London, 2005), p. xii.
3. C. Wickham, *The Inheritance of Rome: a History of Europe from 400 to 1000* (London, 2009).
4. Heather, *Fall of the Roman Empire*, p. 130.
5. G. Rickman, *The Corn Supply of Ancient Rome* (Oxford, 1980), pp. 69, 118.
6. B. H. Warmington, *The North African Provinces from Diocletian to the Vandal Conquest* (Cambridge, 1954), pp. 64–5, 113.
7. Ward-Perkins, *Fall of Rome*, pp. 103, 131.
8. Heather, *Fall of the Roman Empire*, pp. 277–80.
9. Warmington, *North African Provinces*, p. 112; S. Raven, *Rome in Africa* (2nd ed, Harlow, 1984), p. 207.
10. H. Castritius, *Die Vandalen: Etappen einer Spurensuche* (Stuttgart, 2007), pp. 15–33; A. Merrills and R. Miles, *The Vandals* (Oxford, 2010).
11. Raven, *Rome in Africa*, p. 171.
12. C. Courtois, *Les Vandales et l'Afrique* (Paris, 1955), p. 157.
13. Ibid., p. 160; cf. H. J. Diesner, *Das Vandelenreich: Aufstieg und Untergang* (Leipzig, 1966), p. 51 for lower estimates.
14. Courtois, *Vandales*, pp. 159–63; Castritius, *Vandalen*, pp. 76–8.
15. Courtois, *Vandales*, pp. 110, 170; Wickham, *Inheritance of Rome*, p. 77.
16. A. Schwarcz, 'The settlement of the Vandals in North Africa', in A. Merrills (ed.), *Vandals, Romans and Berbers: New Perspectives on Late Antique North Africa* (Aldershot, 2004), pp. 49–57.

17. Courtois, *Vandales*, p. 173; A. Merrills, 'Vandals, Romans and Berbers: understanding late antique North Africa', in Merrills (ed.), *Vandals, Romans and Berbers*, pp. 4–5.
18. Merrills, 'Vandals, Romans and Berbers', pp. 10–11.
19. R. Hodges and D. Whitehouse, *Mohammed, Charlemagne and the Origins of Europe* (London, 1983), pp. 27–8; also Wickham, *Inheritance of Rome*, p. 78: 'the Carthage-Rome tax spine ended'.
20. J. George, 'Vandal poets in their context', in Merrills (ed.), *Vandals, Romans and Berbers*, pp. 133–4; D. Bright, *The Miniature Epic in Vandal North Africa* (Norman, OK, 1987).
21. Merrills, 'Vandals, Romans and Berbers', p. 13.
22. Diesner, *Vandalenreich*, p. 125.
23. Courtois, *Vandales*, p. 208.
24. Ibid., p. 186.
25. Heather, *Fall of the Roman Empire*, p. 373.
26. Castritius, *Vandalen*, pp. 105–6.
27. Courtois, *Vandales*, pp. 186–93, 212.
28. Some authors reject the bubonic explanation; see W. Rosen, *Justinian's Flea: Plague, Empire and the Birth of Europe* (London, 2007).
29. A. Laiou and C. Morrisson, *The Byzantine Economy* (Cambridge, 2007), p. 38; C. Morrisson and J.-P. Sodini, 'The sixth-century economy', in A. Laiou (ed.), *Economic History of Byzantium from the Seventh through the Fifteenth Century*, 3 vols. (Washington, DC, 2002), vol. 1, p. 193.
30. C. Vita-Finzi, *The Mediterranean Valleys: Geological Change in Historical Times* (Cambridge, 1969); Hodges and Whitehouse, *Mohammed, Charlemagne*, pp. 57–9.
31. C. Delano Smith, *Western Mediterranean Europe: a Historical Geography of Italy, Spain and Southern France since the Neolithic* (London, 1979), pp. 328–92.
32. Morrisson and Sodini, 'Sixth-century economy', p. 209; P. Arthur, *Naples: from Roman Town to City-state* (Archaeological Monographs of the British School at Rome, vol. 12, London, 2002), pp. 15, 35; H. Ahrweiler, *Byzance et la mer* (Paris, 1966), p. 411; J. Pryor and E. Jeffreys, *The Age of the Δρομων: the Byzantine Navy ca 500–1204* (Leiden, 2006).
33. Morrisson and Sodini, 'Sixth-century economy', p. 173.
34. Arthur, *Naples*, p. 12.
35. Morrisson and Sodini, 'Sixth-century economy', pp. 173–4; G. D. R. Sanders, 'Corinth', in Laiou (ed.), *Economic History of Byzantium*, vol. 2, pp. 647–8.
36. Hodges and Whitehouse, *Mohammed, Charlemagne*, p. 28.
37. Morrisson and Sodini, 'Sixth-century economy', pp. 174, 190–91; C. Foss, *Ephesus after Antiquity: a Late Antique, Byzantine and Turkish City* (Cambridge, 1979); M. Kazanaki-Lappa, 'Medieval Athens', in Laiou (ed.), *Economic History of Byzantium*, vol. 2, pp. 639–41; Hodges and Whitehouse, *Mohammed, Charlemagne*, p. 60.

38. W. Ashburner, *The Rhodian Sea-law* (Oxford, 1909).
39. C. Foss and J. Ayer Scott, 'Sardis', in Laiou (ed.), *Economic History of Byzantium*, vol. 2, p. 615; K. Rheidt, 'The urban economy of Pergamon', in Laiou (ed.), *Economic History of Byzantium*, vol. 2, p. 624.
40. Hodges and Whitehouse, *Mohammed, Charlemagne*, p. 38; J. W. Hayes, *Late Roman Pottery* (Supplementary Monograph of the British School at Rome, London, 1972) and *Supplement to Late Roman Pottery* (London, 1980);

    C. Wickham, *Framing the Early Middle Ages: Europe and the Mediterranean, 400–800* (Oxford, 2005), pp. 720–28.
41. Arthur, *Naples*, p. 141; Morrisson and Sodini, 'Sixth-century economy', p. 191.
42. Hodges and Whitehouse, *Mohammed, Charlemagne*, p. 72.
43. Morrisson and Sodini, 'Sixth-century economy', p. 211.
44. F. van Doorninck, Jr, 'Byzantine shipwrecks', in Laiou (ed.), *Economic History of Byzantium*, vol. 2, p. 899; A. J. Parker, *Ancient Shipwrecks of the Mediterranean and the Roman Provinces* (British Archaeological Reports, International series, vol. 580, Oxford, 1992), no. 782, p. 301.
45. Parker, *Ancient Shipwrecks*, no. 1001, pp. 372–3.
46. Van Doorninck, 'Byzantine shipwrecks', p. 899.
47. Parker, *Ancient Shipwrecks*, no. 1239, pp. 454–5.
48. Van Doorninck, 'Byzantine shipwrecks', p. 899.
49. Parker, *Ancient shipwrecks*, no. 518, p. 217.

们
甲骨文
一起追寻

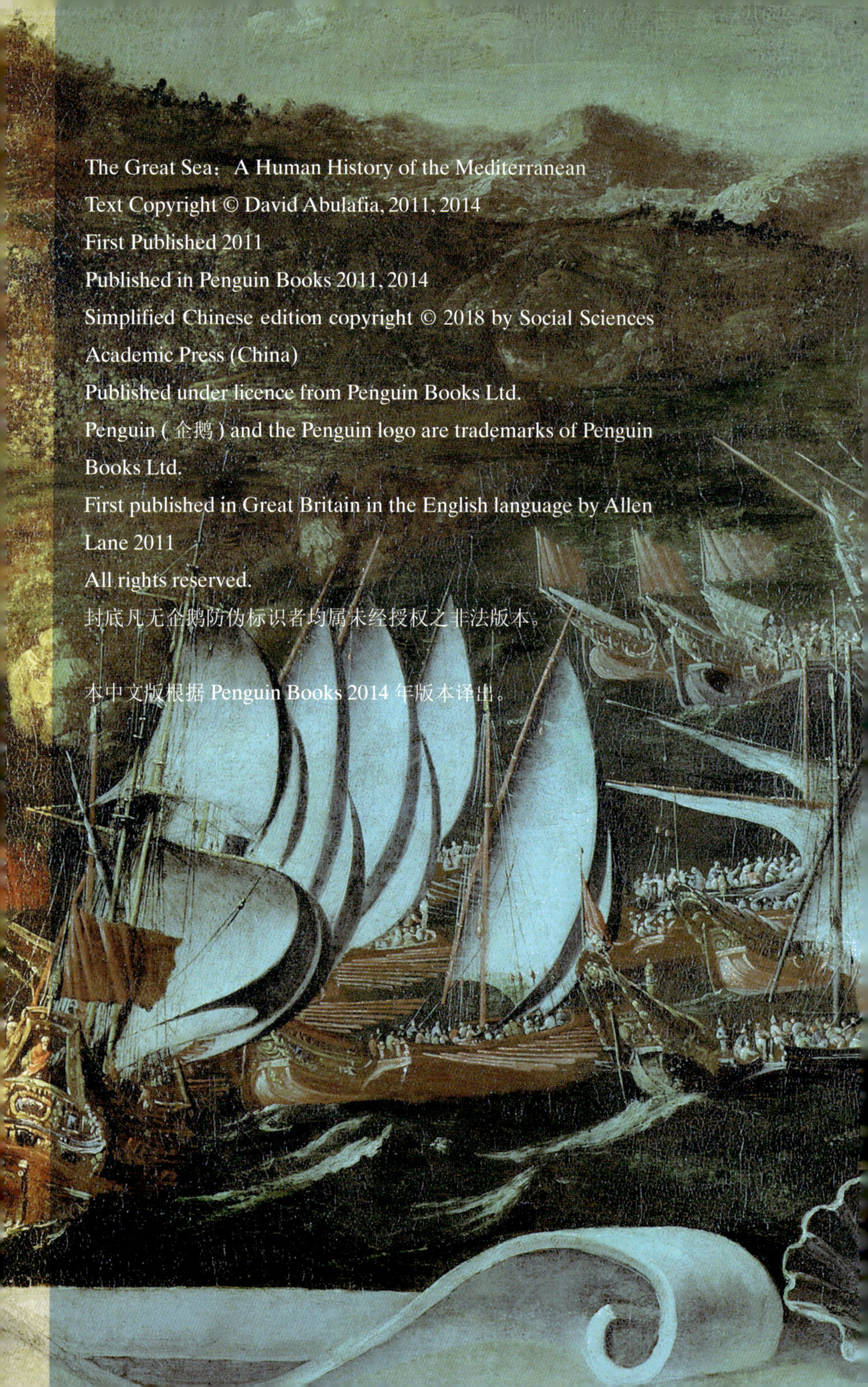

本中文版根据 Penguin Books 2014 年版本译出。

DAVID ABULAFIA

THE GREAT SEA

A HUMAN HISTORY OF THE MEDITERRANEAN

伟大的海

〔下〕

地中海人类史

〔英〕大卫·阿布拉菲亚 著

徐家玲 等 译　　徐家玲 校

社会科学文献出版社
SOCIAL SCIENCES ACADEMIC PRESS (CHINA)

H
H
Z
F
L
L
A
M
N

目　录

第三部

第三地中海

（600～1350年）

一　地中海交通
（600～900年）

1

至公元6世纪，地中海的统一被打破了；它不再是“我们的海”，在政治方面和贸易方面都不是。人们试图揭示，地中海的基本统一是贸易层面的统一，至少这种统一幸存到7世纪的伊斯兰教征服（以711年入侵西班牙为顶点），或者甚至可延续到乱伦弑杀者查理曼的法兰克帝国取得了对意大利和加泰罗尼亚的控制。[1] 人们也试图证明，地中海世界的复苏开始得比过去几代历史学家所推测的要更早一些，而且，它在10世纪甚至9世纪时就已经开始。[2] 就拜占庭的东方而言，这是无可辩驳的，因为这一地区已经显现出了一些恢复迹象；伊斯兰地区更是如此，到这时它们已经从叙利亚和埃及扩展到了西班牙和葡萄牙；然而，拜占庭的西方却更像一个谜。毫不夸张地说，一些历史学家认为此时的西方正在衰落，而另一些却认为它在扩张和发展。对于这点，人们可以机智地回答，这里存在巨大的地域性差异；但是，依然存在的问题是：地中海是在什么时候失去了统一？是否失去了统一？又是在什么时候恢复了统一？是否恢复了统一？正如在古代，地中海融合为单一的贸易区域，之后经历了数个世纪——从前10世纪的黑暗时代到罗马帝国的出现——才变成

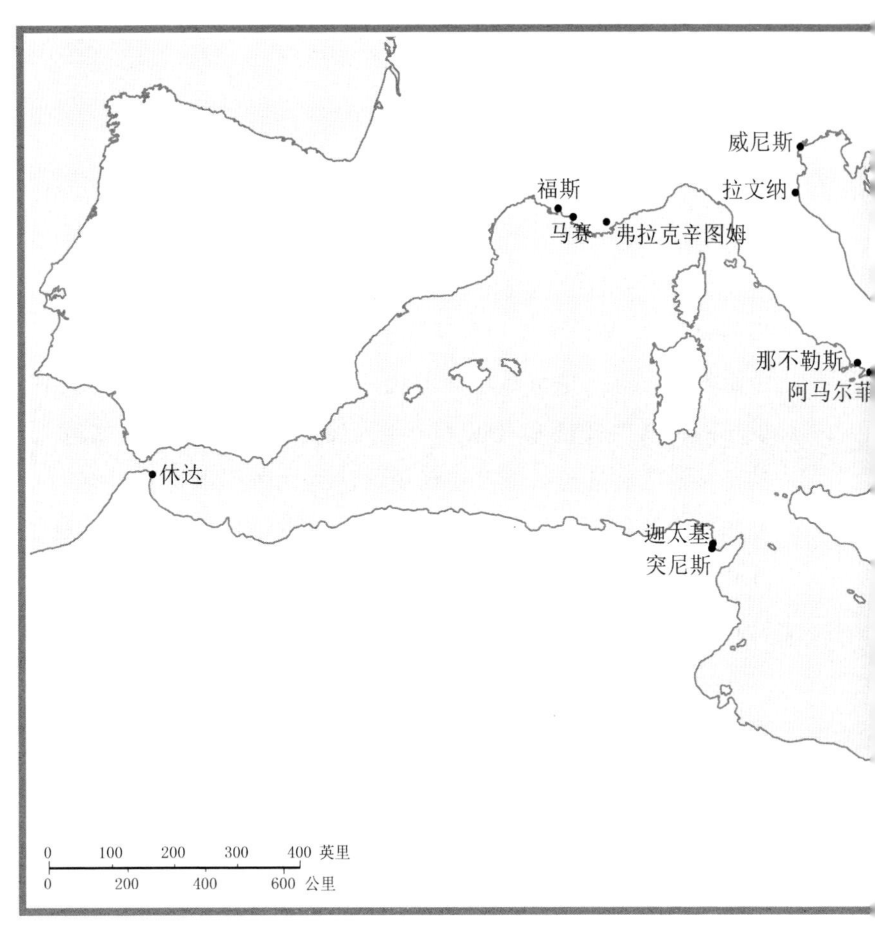
威尼斯
拉文纳
福斯
马赛
弗拉克辛图姆
那不勒斯
阿马尔菲
休达
迦太基
突尼斯
0 100 200 300 400 英里
0 200 400 600 公里

君士坦丁堡
都拉基乌姆
亚历山大

一个政治上统一的区域。因此，在第三地中海时期，整合的过程也是相当缓慢的。尽管侵入的阿拉伯人和更久远之后的土耳其人都尽了最大的努力，政治上的完全统一依然再也没有出现。

242 拜占庭失去了如此多的领土，被斯拉夫人和其他敌人占领，这使得这个帝国只保留了少量著名的遗产。西西里、南意大利的一部分、塞浦路斯和爱琴海诸岛仍处于拜占庭的统治之下，帝国从这些领土上的一些金银矿井中获取财富。[3]甚至撒丁岛和马略卡岛也是拜占庭的属国，但不太清楚的是，跨地中海的沟通网络是否还存在。君士坦丁堡维持着对埃及的控制，埃及是其重要的粮食供应地，然而这个城市已经极大地衰落了。“叙利亚”商人与犹太商人在西欧的编年史中经常被提及，证明了他们作为腓尼基人的后代继续在跨地中海的商业网络中发挥着作用。拜占庭认识到它不仅受到北方蛮族的严重威胁，而
243 且受到东方敌人之威胁。尽管波斯人在公元 7 世纪早期暂时占领了耶路撒冷，但他们并没有起到在叙利亚和埃及瓦解拜占庭势力的作用。

沿着叙利亚商人为寻找能在地中海出售的香水和香料所开辟的贸易路线，穿过沙漠居民纳巴泰人的属地，即距离红海东岸不远的内陆地区，一支宗教和政治势力正在兴起，它将永远改变地中海南岸及北岸之间的关系。在穆罕默德（Muhammad，亡于公元 632 年）时代，穆斯林的目标是使阿拉伯半岛上的异教居民改宗，征服阿拉伯半岛上的犹太人部族或迫使他们皈依伊斯兰教。在伊斯兰的旗帜（象征着服从——即使不是服从安拉，也至少服从于那些崇拜安拉的人）下实现了各部族的统一之后，一轮在早期先知的“代理人”，即哈里发（*khalifas*，

caliphs）领导下的大规模军事行动和政治扩张开始了。哈里发 244
是穆罕默德的继承者，其军队在先知穆罕默德去世后几年之内即攻占了耶路撒冷和叙利亚，后来则是在阿穆尔·伊本－阿斯（'Amr ibn al-'As）指挥下于641年攻入了埃及。事实上，这时候的伊本－阿斯已经与他的首领哈里发产生分歧。神的绝对统一是伊斯兰教的核心原则，但其追随者的统一很快瓦解了。

伊斯兰教并非诞生于地中海，但它从初创之日起就与地中海一神教派——犹太教和基督教——相互竞争、相互影响（伊斯兰教也与异教主义互相影响，不过是以另一种方式，因为穆斯林拒绝容忍除犹太教、基督教及波斯的琐罗亚斯德教之外的任何宗教或教派）。伊斯兰教能在叙利亚的基督徒中间争取皈依者，是因为这里的许多基督徒都是被希腊教会镇压的愤愤不平的一性派成员。许多东方基督教派的拥护者承认伊斯兰教教义中与基督教教义相近的方面，这让他们缓慢地被新的宗教同化；穆斯林接受耶稣，或伊萨（Isa），认为他是穆罕默德之后的伟大先知，他们也接受圣母感孕生耶稣的说法，他们还坚持认为伊萨仅仅是个凡人。[4]伊斯兰教的其他特质则追随着犹太教的行为模式，特别是禁止食用猪肉、日常祈祷（伊斯兰教是每日五次，犹太教每日三次），以及在主持宗教仪式时不设专门祭司团体——因祭司自后圣殿时代以来就已经在犹太教中消失了。一方面，穆斯林认为，《希伯来圣经》和《新约》是被损毁的经文，被损毁的部分载有最伟大的先知即将降临的预言；另一方面，穆斯林承认犹太人和基督徒都是“有圣书的人群”，与穆斯林崇拜的是同一个上帝。由此产生了顺民（*dhimmi*）这一概念，它指的是服从穆斯林统治的基督徒和犹太人，他们缴纳人头税［即吉兹耶（*jizyah*）］，回报是他们有权崇拜他们自己的神，只要他们不去试图劝诱穆斯林皈依他们的宗教。的确，顺民们所缴付的税款成为伊斯兰教国家的一个经济支柱。顺民们被免除了兵役义务——这一义务是由穆斯林专有的，但他们缴纳的税款维护了军事机器的运转。因此，埃及的所有科普特人或者北非的所有柏柏尔人如果都迅速皈依伊斯兰教，就会给国家带来严重的问题。它将腐蚀哈里发国家征税系统的基础。对顺民采取宗教宽容的态度是具有重要意义的，如中东的著名历史学家伯纳德·路易斯（Bernard Lewis）所述，顺民是“二等公民——但毕竟是公民”。换句话说，他
245 们被视为社会的组成部分，而不是异类的少数族群——的确，在公元7世纪和8世纪阿拉伯半岛之外的地区，在整个叙利亚海岸，在埃及和遥远的西班牙，更无须说在像波斯这样的东方土地上，他们都是多数族群。

由于科普特人对信奉正统基督教的拜占庭持敌视态度，埃及被阿拉伯人军队攻陷就变得比较容易，可能仅用了1.2万名士兵。此事对君士坦丁堡的直接影响是切断了从尼罗河运输谷物供应新罗马公民的路线。后来在公元674年和717年，君士坦丁堡将面临阿拉伯人的包围，但在当前，阿拉伯人却停留在非洲，他们在埃及看向的不是地中海，而是向南看到了努比亚（Nubia）：占领这块临近红海的土地，将巩固他们对阿拉伯半岛的占领。穆罕默德去世后，阿拉伯人扩张的主要目标是伊拉克和伊朗，因为波斯是直接延伸到阿拉伯半岛北部的最大国家。因此，阿拉伯人最初的目标不是创建一个沿着地中海南岸延展的帝国，他们对地中海的征服只是一次穿插表演。在进军努比亚受阻之后，他们才转而向西去攻击昔兰尼加，进入了柏柏尔人部族的领地。[5]

这一行动被证明为明智之举。当昔兰尼加和阿非利加行省还处于拜占庭统治之下时，阿拉伯人总是处于危险之中，因为它们将成为光复埃及之战的战场。为避免这种情况，阿拉伯人需要控制海岸线和北非沿岸的港口，这只有在也门派出大量士兵并有柏柏尔人的帮助时才有可能实现，柏柏尔人是北非的土著族群，他们由一些罗马化的城镇居民和一些信仰不同宗教的农村部族构成。阿拉伯人还需要一支船队，而且“阿拉伯”海军势力公元 654 年在罗得岛外对拜占庭的胜利，只意味着他们能够成功地雇用本地的基督徒船员；海战可能是以希腊人为一方，以希腊人、叙利亚人和科普特人为另一方的混战。搞定与柏柏尔人的关系也并不是很容易的：异教的柏柏尔部族皈依伊斯兰教之后，又会在阿拉伯人从地平线上消失之后回到原初的信仰上；据说，当时有一个部族曾十二次皈依伊斯兰教。[6]也有大批信仰基督教和犹太教的柏柏尔人，女王卡希珊（Kahina）就可能是一位信奉犹太教的柏柏尔人，她的骁勇善战仍留在人们的记忆中。[7]7 世纪北非柏柏尔人的伊斯兰化是迅 246
速的、肤浅的、暂时的，但它足以让柏柏尔人的军队去追求战利品，此时穆斯林军队开始在拜占庭城市迦太基周围直面他们真正的目标。自 660 年之后，他们控制了属于旧罗马的阿非利加行省，即被他们称为伊夫里基亚（Ifriqiya）的一些较小的城镇。他们在离地中海有一段距离处建立了自己的设防城市凯鲁万（Qaywaran）；凯鲁万靠近内陆，对他们而言有更大吸引力，因为如此一来他们就可以喂骆驼吃草，而不是开采海洋资源。698 年，迦太基从陆地上被包围，它得不到来自君士坦丁堡的足够的支持，来自叙利亚和其他地方的 4 万人的阿拉伯军队包围了这座城市；约 1.2 万名柏柏尔人也加入其中。是阿拉伯人对迦太基的征服，而不是 750 年之前罗马人对迦太基的征服，标志了这座城市作为商业和帝国中心的历史的结束。阿拉伯人没有利用这座城市，而是在其近处的突尼斯建了一座新城。拜占庭失去了它另一片最富裕的领地，查士丁尼所征服的西班牙的一小块领地，已经于 7 世纪 30 年代被西哥特人吞并，因而拜占庭只保留了对于休达、马略卡岛和撒丁岛的松散的主权。拜占庭在西地中海的势力完全消失了。

2

伊斯兰教的征服代表着地中海历史的一个悖论。一种观点认为，伊斯兰教的征服割裂了地中海的统一；然而，伊斯兰教也为创造一种跨地中海的新统一提供了基础，尽管并没有跨越整片海域，因为穆斯林的贸易和交通网络主要局限于其南方和东方的海岸。与君士坦丁堡、小亚细亚和拜占庭所属爱琴海之间的贸易联系紧密起来，一些处于拜占庭松散统治下的意大利港口也被纳入了贸易网络之中，特别是威尼斯和阿马尔菲。但是南部高卢和意大利的居民面对的主要是作为奴隶掠夺者的穆斯林船员。奴隶成为在西欧和伊斯兰世界之间流通的主要商品，这种流通一般都经过地中海［他们也通过佛兰德（Flanders）修道院中的阉割院发展了从东欧到西班牙的陆路奴
247 隶贸易］。海盗活动的持续存在可以被视为贸易持续发展的证据，因为如果没有值得抢劫的东西，海盗是无利可图的，然而，萨拉森人（Saracens）的多数牺牲者可能还是被猎奴者从南意大利和法兰西南部抢来的新水手。另外三种商品——莎草纸、黄金和奢侈纺织品——在作为主要贸易商品几百年之后，此时不再出现了。关于商品贸易消失的原因，伟大的比利时

历史学家亨利·皮朗（Henri Pirenne）认为，公元7~8世纪标志着地中海与古代的根本断裂；贸易缓慢地衰落，变成“涓涓细流”。[8]由于多数莎草纸产于埃及，因此这种古代产品在西欧消失并被当地手工制作的羊皮纸代替的现象就可以表明，莎草纸已经不再是跨地中海贸易的商品了。罗马教会是在10~11世纪仍使用莎草纸的极少数机构之一；罗马有靠近那不勒斯湾和萨勒诺湾仍在运作的各港口的优势，这两个海湾保持着与君士坦丁堡和伊斯兰世界的联系。

有关地中海贸易仍保有活力——哪怕不那么繁忙——的证据的确存在。公元716年，高卢的法兰克国王希尔佩里克二世（Chilperic Ⅱ）答应给科尔比（Corbie）修道院的修士们可观的赋税减免，允许他们通过罗讷河（Rhône）三角洲的滨海福斯港（Fos-sur-Mer）进口莎草纸和其他东方商品，但他只是在重申一项古老的特权，因此，这并不能证明福斯港的贸易依旧活跃。[9]在极盛时期，福斯港开辟了北方航线，不仅运输西班牙皮革和莎草纸（每年五十刀），而且还有一万磅油、三十桶鱼酱、三十磅胡椒、一百五十磅孜然，以及大量的无花果、杏仁和橄榄——假定这些东西的确被运到了北方。[10]我们知道，福斯附近的马赛是地中海西北角极少数尚未衰落的港口之一。考古学的证据表明，这个城市事实上在6世纪以后扩大了，而且它与迦太基及其所属地域的联系在600年之后仍然比较密切。马赛甚至有自己的金币，这证明了它与地中海的联系，因为当时在西欧并没有可靠的黄金资源。[11]但是，到了7世纪末，马赛人感受到了压力。迦太基落入阿拉伯人之手，意味着马赛与非洲的联系被切断了。黄金资源枯竭了，本地的金币不能被铸造出来，东方的双耳陶瓶也无法被运抵此地了。

248 公元 9 世纪的阿拉伯作家伊本·库尔达比（ibn Khurdadbih）描写过一群讲多种语言冒险的犹太商人，人们称之为“香料商”（*Radhaniyyah* 或 *Radhanites*）。[12]他列举了这些商人的四条线路，一些人经陆路穿越高卢，经过布拉格到达占据黑海北岸广阔空间的白保加尔人（White Bulgars）的王国，其他人经海路，由普罗旺斯到埃及，顺红海而下至印度，或者从黎凡特的安条克到伊拉克、印度、锡兰，再走海路到远东。但有些商队是从西班牙出发，沿北非海岸东行到黎凡特的，从陆上走这一路线会比从海上走更容易一些，因为在海上会遇到浅滩、逆风和洋流。[13]从尼罗河三角洲返回的香料商可以乘船到君士坦丁堡，或者他们有可能找到返回高卢的路线。对这些路线的描述将这些商人塑造成从事调料、香料和药材贸易的“香料商”的角色，然而他们的北方熟人又让他们得以将铁制武器、皮毛和奴隶运到地中海；穆斯林在缺少铁制武器时，就愿意从北方购买武器。[14]与香料商同行的还有不少贩奴者，其中有穆斯林也有基督徒；到 961 年为止，有 13750 名“萨卡里巴”（*Saqaliba*），即斯拉夫奴隶，居住在穆斯林统治下的科尔多瓦。在温德人（Wendish）的土地上，即现在的东德意志，日耳曼人和斯拉夫民众之间的战争保证了大批战俘源源不断地流向奴隶市场，*sclavus* 和 *slave* 之类的名称，使人们想到许多斯拉夫人血统的奴隶。来自斯拉夫土地上的奴隶也到达了叙利亚和埃及，他们与切尔克斯人（*Circassians* 或 *Cherkess*）一同来自黑海地区。[15]虽然这些斯拉夫人的遭遇很悲惨，但他们的命运，甚至那些幸免于阉割手术的人，也不总是能与那些几个世纪后跨越大西洋大量贩运至美洲的奴隶的命运相比。看起来很强壮的青年人没有被阉割，而是进入了埃米尔（emir）设在科尔多瓦的卫队，有时候他们会晋升为高级指挥官。另外，女性有可能进入封闭的后宫（harem）；较为英俊的男孩会落入那些喜好男色的王公手中。有一个可以被称为香料商的人物——萨拉格萨的亚伯拉罕（Abraham of Saragossa），他是一个西班牙犹太人——受到了法兰克皇帝“虔诚者”路易（Louis the Pious）的个人保护。他在828年前后特别活跃，得到了通行税豁免权；他明确地被批准购买外族奴隶并在法兰克的土地上卖出，但是，在846年，犹太商人遭到里昂主教控诉，主教说他们只关注在普罗旺斯诸城市中寻求奴隶供应来
249
源，而且他们还将基督徒奴隶卖给科尔多瓦的买主们。[16]

如果说罗马人的海军力量是建立在海盗灭绝的基础之上的话，那么穆斯林的海军力量则奠基于海盗行为。正因如此，在穆斯林船队中服役的有希腊人、科普特人、柏柏尔人和西班牙人等，他们无疑都是能操控船只的。西行的航海船只经常受到那些为穆斯林统治者效力的海盗的肆意攻击。公元9世纪的一位阿拉伯作家描述了地中海上的向其他基督教土地航行的基督徒船只如何成了穆斯林海盗的正当攻击目标；当一艘船被捕获时，如果船长坚持强调他是在一位穆斯林统治者，如安达卢西亚的埃米尔保护之下，那么他就得出示书面证据。[17]尽管阿拉伯人和柏柏尔人在711年对西班牙的入侵引发了少数海上军事行动（一次极为重要的行动是横渡直布罗陀海峡），在8世纪的其他时段我们都可以看到穆斯林船队在地中海西部自由穿行。当迦太基于698年陷落时，突然猖獗起来的海盗被拜占庭海军轻而易举地镇压下去，但是，当拜占庭失去了对西西里以西海域的实际控制权之后，穆斯林船队得以自由航行在那些仍承认拜占庭权威——尽管有时是有所保留的承认——的岛屿和

海岸线上，如巴利阿里群岛、撒丁岛和利古里亚海岸。[18]

这一区域的安全在公元800年前后受到了严重威胁。海上冲突在整个西地中海海域发生。这些事件一般被认为是阻止阿拉伯入侵者控制地中海岛屿的斗争。然而，穆斯林海军通常更热衷于掠夺战利品（包括战俘，他们可以将战俘卖掉），而不是扩大穆斯林的领地。基督徒也热衷于夺取奴隶、获得战利品，尽管他们的目的更明显是自卫。此外，确切地说，因为在当今，西方出现了一个乐于对抗穆斯林海军的大国，所以海上的对抗激化了，海盗们变得更为胆大妄为。798年，阿拉伯海军攻击了巴利阿里群岛，此时这一群岛还没有成为入侵西班牙的最初目标。岛上居民得知君士坦丁堡不能提供任何援助，于是转投高卢和北意大利的统治者查理曼大帝，他们宣布查理曼大帝是他们的新领主。查理曼大帝派了
250 一些军队，以在阿拉伯人再次袭击此岛时将他们击退。[19]他令他的儿子路易建立了一支船队以保护罗讷河三角洲，并建立了新的沿岸防御设施以保护法兰西南部以及意大利西北部的港口。法兰克热那亚伯爵哈达马尔（Hadumar）率领一支船队侵入科西嘉岛，并在战斗中被杀害。科西嘉人和撒丁人继续战斗，一位名叫布尔夏德（Burchard）的法兰克海军将领摧毁了十三艘敌船。与此同时，威尼斯船只巡视着西西里和北非的海域，是它们或另一些为拜占庭服役的船只，对来自伊斯兰西班牙的安达卢西亚的船只取得了显著胜利。812年，十三艘阿拉伯船只攻击很小但战略地位很重要、位于西西里和非洲之间的兰佩杜萨岛（Lampedusa），但被拜占庭人歼灭。不久之后，北非人觉得事态已经到了非解决不可的地步，于是与拜占庭的西西里总督格雷戈里奥签订了一份为期十年的

和约。[20]现在，由基督教徒构成的海军控制了西西里西部的海域，拜占庭已经得到了他们在地中海中部急需的缓冲，因为阿拉伯人对西西里和卡拉布里亚的攻击已经使地中海沿岸城乡受到严重破坏。

对于拜占庭人来说不幸的是，穆斯林决心从西西里岛获得更多的东西，而不仅仅是奴隶和掠夺物，因此于公元 827 年发动了对西西里的入侵，逐渐将整个岛置于北非阿格拉比特（Aghlabid）埃米尔的控制之下。穆斯林重新开始对撒丁岛和科西嘉岛发动攻击，对此，法兰克人以一次对非洲海岸的大胆攻击予以回应。可问题是，法兰克海军没有长久的基地，即使在取得了一系列战斗的胜利之后，在苏塞（Sousse）的一次失败就足以迫使法兰克人逃离非洲。无论如何，814 年查理曼大帝去世，法兰克帝国的辉煌时代结束了，内部争斗使查理曼的继承人“虔诚者”路易把精力从西地中海移开。在 9 世纪 40 年代，阿拉伯人已经能够随意地侵袭马赛、阿尔勒（Arles）和罗马了。让想控制南意大利的拜占庭人和法兰克人感到更为尴尬的是，一支穆斯林海军于 847 年占领了巴里海港，建立了一个埃米尔国家，它的统治持续到 871 年，这时法兰克人和拜占庭人才学会齐心协力，最终驱逐了穆斯林。[21]在 9 世纪试探性的举动后，10 世纪阿拉伯海盗在普罗旺斯沿海和距普罗旺斯不远的内陆弗拉克辛图姆（拉加尔德弗雷），建立了他们的基地。阿拉伯海盗严重威胁了从普罗旺斯出海的基督徒的贸易 251
活动，同时，海盗也为穆斯林供应奴隶和战利品。[22]

3

面对穆斯林的进攻，拜占庭也有过各种成功。在公元 718

年拜占庭人将阿拉伯人拒于君士坦丁堡城墙之外后，从 8 世纪早期开始，其船队开始在地中海上航行，但是地方起义，特别是西西里岛的起义，威胁到了他们对地中海航线的控制。自 6 世纪以降，拜占庭海军已经以一种快速大帆船（*dromôn*）为主力。它是战船的一种，船体随着时间推移越来越大，在 12 世纪之前，它一直是整个地中海上的标准战船；它的特征包括使用了一种三角帆而不是横帆，数排划桨置于主甲板之下而且（很可能）采用了支架式结构而不是壳式结构。最初，每艘船配备五十名桨手，分布在船舷两侧，每人控制一只船桨［他们成为单列桨战船（*monoremes*）的划船手］，后来演化为双列桨手（*biremes*），即每两名桨手控制一只船桨，共有一百五十名桨手。[23]穆斯林的舰船与之类似，但面临着极大的困难：浅滩、岩石和沙滩使得沿北非海岸自东向西的航行非常困难。船只航行时被迫选择继续向北，实行越岛作战。这一事实与海盗劫掠和贩卖奴隶一起，很好地解释了为什么穆斯林海军要冒险进入巴利阿里群岛、撒丁岛和西西里岛。[24]说这些海军“控制水域”，只是对它们行动方式的一种简单描述：如果海军要有效地在某一海域巡逻，那么让舰船驶入对它们友好的港口并获得补给就十分重要。对那些从拜占庭中心地带驶出的船队实施远程控制是不可能的，最好的选择就是在航海的前沿地区建立拜占庭的基地。[25]拜占庭人控制了塞浦路斯和克里特（这个岛屿曾经短暂地被阿拉伯人占有）以北的海域。这让他们能够维持爱琴海及更远一些地区的交通。但拜占庭帝国的边缘地带更危险，特别是在亚得里亚海。

他们在这一地区的困难并不是阿拉伯人造成的，阿拉伯人占领巴里毕竟是稍后才发生的事情；他们的困难来自法兰克

人，即到公元8世纪末为止一直控制着意大利大片土地的统治者，这片领土（在751年）包括原来的拜占庭行省，也就是 252
首府设于拉文纳的总督区（Exarchate）。直到8世纪90年代，法兰克人的军队仍然活跃在靠近亚得里亚海的地区，查理曼摧毁了庞大而富裕的阿瓦尔人（Avar）的帝国，将今日斯洛文尼亚、匈牙利和巴尔干北部的大片领土并入自己的帝国。791年，法兰克人占领了伊斯的利亚（Istria），这是亚得里亚海北部海湾内的多岩石半岛，当时在名义上仍处于拜占庭管辖之下。[26]这些征伐活动使得法兰克和拜占庭的利益发生冲突。法兰克人与拜占庭人之间的敌对情绪在查理曼大帝于800年的圣诞节在罗马被加冕为西罗马皇帝时激化，但这位新加冕的皇帝认为这次事件并不重要，故一笑了之。而拜占庭直到1453年灭亡之时还十分敏感地强调自己是罗马帝国真正的继承者。听到查理曼想占有西西里的报告时，拜占庭人感到更为不安。查理曼似乎曾密谋与巴格达的阿拔斯王朝（Abbasid）哈里发哈伦·赖世德（Harun ar-Rashid）结盟，哈里发赠给查理曼一头大象，以示自己对他的尊敬，同时还赠给他一把圣城耶路撒冷圣墓教堂的钥匙，而拜占庭人一直宣称自己对耶路撒冷拥有保护权。

从君士坦丁堡的角度看，亚得里亚海是对于试图进犯拜占庭领土的敌军的第一道防线。维护好自都拉基乌姆到萨洛尼卡（Salonika）间的艾格纳提亚大道具有军事上的必要性，而不仅仅是因为它作为商路十分重要。[27]于是，拜占庭加大力度保护达尔马提亚和阿尔巴尼亚海岸，抵制法兰克人、斯拉夫人、阿拉伯人和其他入侵者及劫掠者。除了在一些城镇，如伊斯的利亚的波雷奇（Poreč）城内有早期拜占庭镶嵌画遗存下来，这一地区基本上由拉丁教会主导，而且当地人讲的是一种中古拉丁语（Low Latin），这种语言后来发展成为现在已经消失的达尔马提亚语。[28]拜占庭的影响也扩展到亚得里亚海北部的意大利一侧，沿着新月形的海湾伸展，穿越格拉多（Grado）的潟湖和湿地，沿着意大利半岛一侧下行经过一系列沙滩（或称*lidi*），到达拉文纳以北不远处的科马基奥（Comacchio）。失去了拉文纳总督区并未完全剥夺拜占庭作为意大利宗主的地位，因此，即便这片地区拥有的鱼比人多，且这里只生产盐而不生产麦子，它也毫无疑问是一块有价值的地方。

这里并不稳定，水和泥沙相互争夺控制权。皮亚韦河
253 （Piave）、波河和阿迪杰河（Adige）以及诸多更小的河流的淤积物被排放到这里。根据公元 6 世纪的作家卡西奥多鲁斯（Cassiodorus）的记载，这片湿地上早期居民的生活“如同水鸟，时而在水面上，时而在陆地上”，他们的财富只是鱼和盐，但是，他也不得不承认，盐在某种意义上比金子更贵重：每个人都需要盐，但一定有人会认为他们不需要黄金。卡西奥多鲁斯把这些湿地上的居民理想化，说“所有人分享着同样的食物和相似的房屋，于是，他们不可能妒忌其他人的炉灶，而且他们没有整个世界都盛行的那些恶习”。[29]蛮族的入侵改变了这个地区，不是他们征服了潟湖湾，而是他们使这片潟湖变成了逃避日耳曼人军队，也就是伦巴第入侵者的避难地。这一次移民不是马上完成的，但许多村庄开始出现在科马基奥、埃拉克莱阿（Eraclea）、耶索洛（Jesolo）、托切罗（Torcello），以及里亚尔托（Rialto）附近的一些小岛上。在托切罗的小规模社区中，一些玻璃作坊的建立可上溯到 7 世纪。可能是在 715 年，科马基奥从伦巴第统治者手中获得了一些特权。其中

一个岛，即格拉多岛，成了一位名字响亮的主教的所在地，他的权威延伸至整个潟湖地区；但这里也出现了许多主教——每个大小不等的居民区都拥有一位主教，许多给人留下深刻印象的教堂在8 ~9 世纪纷纷建立，这一事实有力说明了此地贸易的繁荣。[30]如同在达尔马提亚地区一样，这些主教遵行着拉丁教会的礼仪，但在政治上，他们直接附属于君士坦丁堡。在拜占庭总督区衰落之前，居民们期盼着来自拉文纳的直接性政治指令和军事上的保护——早在 697 年，拉文纳总督就指定了一位军事指挥官，或者称都督（*dux*），来保护这片潟湖。[31]在拉文纳总督区于 751 年衰落之后，这片潟湖的价值奇怪地被忽视了。事实上，它们才是罗马帝国在北意大利持续存在的标志。

随着法兰克人于公元 8 世纪晚期到达意大利，潟湖上的居民已经有意臣服于新的罗马皇帝查理曼。他的军队就在附近，他承诺让他们获得伦巴第及更远地区的贸易特权，以吸引他们归附自己。此外，法兰克人已经因他们对于古典文化的兴趣而得到了尊重，他们逐渐地修正自己粗陋的蛮族特性。亲法兰克的和亲拜占庭的两个宗派在潟湖和达尔马提亚出现。在 9 世纪初，拜占庭人决心守住这块占领地，遂派出了一支船队开向亚 254
得里亚海北部海湾，在这片水域与法兰克人交战。807 年，拜占庭收复了潟湖区的多数地盘。两年之后，他们包围了仍然忠于法兰克人的科马基奥，不幸引来法兰克人的陆军和海军，由查理曼的儿子、意大利国王丕平（Pippin）指挥。丕平把拜占庭船队吓得逃离了潟湖海域，这片区域因此被危险地暴露于法兰克人的攻击下，丕平还包围了马拉莫柯（Malamocco）海滨防线，期望由此获得突破，从而进击里亚尔托及潟湖内的居民区。历史记录多有不同，但它们都显示丕平似乎失败了。威尼斯总督安德里亚·丹多洛（Doge Andrea Dandolo）写于14世纪的编年史描述了当地居民如何用面包块攻击法兰克人，阻止其进军，这证明了法兰克人的围攻并没有伤害到他们，他们仍有大量食物，这是与许多不可信的围城故事同时传播的。[32]法兰克人和拜占庭人都认为这场战争使人忽视了更重要的问题，因此都向往和平。查理曼认识到，如果他妥协，就可获得拜占庭人对其皇帝头衔的认可。812年，一个解决方案出台了，拜占庭宣称自己对这片潟湖拥有最高主权，同时希望此地的居民向法兰克人缴纳三十六磅白银作为年贡，并在拜占庭对付达尔马提亚的斯拉夫人时提供海上支持。这笔年贡并不是一个沉重的负担，因为和约使潟湖居民获得了进入意大利市场的特权，于是亚得里亚海的这一角落就能够成为西欧与拜占庭交往的桥梁，享有东方和西方两个帝国的保护。这一特权地位使商人们获得极大的好处。

在拜占庭与查理曼之间的亚得里亚海战役发生之后，潟湖上出现了作为政治和商业实体的城市威尼斯。与法兰克人的争斗鼓励了分散的潟湖民众组成一个以保卫海岛为目标的群体，这些岛在长长的海滨防线的保护下抵御外部入侵者，但这远不能阻止来自陆上的入侵者。威尼斯人逐渐分散到接近里亚尔托的那些小岛上，在潮湿的地面上打下木桩，用来自伊斯的利亚半岛的木料建筑了木屋。早期威尼斯并不是一座大理石建筑构成的城市，甚至没有自己的主教——最靠近威尼斯的主教驻于卡斯泰洛岛（Castello）上，该岛位于里亚尔托居民点以东。[33]
255 从操控驳船和平底船穿越波河三角洲，到航行于亚得里亚海上，威尼斯人都是行家里手，但是只有少数几个家族一直控制着都督——或者称总督（Doge）——这一职务，主要的家族都在陆地上拥有农庄，因为威尼斯还没有发展到完全以贸易为主导、精英们不再耕作土地的程度。[34]

然而，在威尼斯人聚合于一个城镇之前，与遥远地域的贸易联系已经开始发展。威尼斯人在盐、鱼和木材方面的贸易量十分可观，同时他们还开始从事有限的东西奢侈品贸易。其竞争者可谓极少：在公元8世纪，罗马只能从地中海获得极少量的商品。奢侈品进口的规模很小，但利润很高，这是因为这种贸易具有风险，也因为威尼斯人所经营的商品甚为稀缺，例如丝绸、珠宝、黄金工艺品、圣徒遗骨等。[35]他们将这些商品卖给居住在波河流域及其邻近地区的伦巴第王公、法兰克王公和爱好奢侈品的主教们。人们在亚得里亚海北部发现了拜占庭的金币，偶尔也有阿拉伯人的金币。在靠近波伦亚的雷诺河（Reno，此河是若干注入潟湖的河流之一）河岸，人们发现了一个藏金窖，里面的金币可上溯到法兰克与拜占庭海战期间。这是一个混杂着拜占庭、南意大利和伊斯兰金币的口袋；拜占庭金币来自君士坦丁堡，伊斯兰世界的金币则来自埃及、北非等地。这表明，这些钱是由一位穿行于地中海、从事贸易的商人用一艘船运来此地的。威尼斯船只偶尔受命运载使臣们进出君士坦丁堡。[36]现在，马赛处于衰落之中，威尼斯已经成为维持与东地中海的交往——包括商业、外交和宗教事务交往——的重要口岸。

在所有那些自东方来到威尼斯的旅行者中间，最为重要的是已经死去很久的犹太人马可（Mark），他被认为是一卷福音书的作者，并建立了亚历山大教会。公元828～829年，亚历山大的一些威尼斯商人将他们偷出的马可遗骨装在木桶中，覆以猪肉偷偷地装在船上，瞒过了穆斯林的海关官员（这些官员不肯检查被猪肉覆盖的桶底之物）——如果一个偷盗圣骨的小偷成功了，这自然是他已经获得圣人认可的标志。[37]圣马可的遗骨于是被安置在威尼斯总督府附近的一个教堂内，直到11 世纪，这个小教堂才大为扩建，建了新的大殿；到 19 世
256 纪，这个教堂才由总督的小教堂升格为主教座堂（cathedral）。这一事件并不是简单地使威尼斯取代了亚历山大成为朝圣中心，它还意味着威尼斯获得了类似于古代亚历山大的身份地位，即成了基督教的教区之一。[38]借助于与君士坦丁堡的密切联系，威尼斯也试图在西罗马帝国的辉煌失落后维系拜占庭的文化。威尼斯人不仅开始创造一座建立于水中的特色城市，还创造了一种不同于西欧、拜占庭和伊斯兰世界的特色文化和特色政治。

4

威尼斯和稍晚时候兴起的阿马尔菲成为东西方有限联系的中心这一事实，说明了东西方联系之前中断的程度。它们是两座新城，晚期罗马帝国衰亡的范围是如此之大，以至于西地中海的古代贸易中心在商业交往地图上完全消失不见了。但东地中海不是这样，在这里，亚历山大城在公元 6 世纪的危机中幸存下来，在伊斯兰教征服埃及之后仍然保持了它作为一个活跃的贸易中心的地位。到 8 世纪晚期，拜占庭出现了全面复兴的信号，但是西方复兴得慢一些，它所失去的是罗马统治整个地中海时期建立的强有力的海上联系。在罗马帝国统治下，地中海上的联系不仅仅是商业的，宗教思想也自东方传到帝国首都，艺术风格也在被复制，士兵和奴隶都背井离乡。在“黑暗时代”，奴隶们仍然在被来回运送，但是数量少了一些；然

而，从东方到西方的文化影响却带有异域色彩，来自君士坦丁堡宫廷的礼物跨越了不安全的海面到达蛮族的宫廷，海盗和船的漏水并不能阻止它们。

当历史学家们试图统计这一时期的跨地中海贸易量时，他们不得不承认，在公元8世纪时，这种贸易活动的活跃程度远不及9世纪，这并不单纯因为8世纪的书面记载遗失了，也因为在这一时期海难极少发生。[39]在关于这两个世纪有记载的四百一十例活动中，只有四分之一发生在8世纪，而这些记录也 257
提到了传教者、朝圣者、难民和外交使节的航行。只有二十四次商业航行是可鉴别的；穆斯林商人并不愿意踏入异教徒的领地，我们所知的商人只是犹太人和叙利亚人，犹太人和叙利亚人这两个称谓在不久后成了另一种指代“商人”的通用词语。[40]外交使臣在西欧和拜占庭之间频繁往来，旨在开拓双方政治上、商业上、宗教上及文化上的联系渠道，而不是说这种联系已经很频繁。尽管8~9世纪的阿拉伯金币曾经出现在西欧，但在8世纪末，它们大量进入西欧，此时查理曼将他新兴的法兰克帝国扩展到了西班牙北部和意大利南部；而拜占庭金币在9世纪中期以后才大量出现于西欧。[41]事实上，这些阿拉伯金币中有许多就是在欧洲铸造的，它们产于穆斯林统治下的西班牙。

东西地中海联系的恢复，以及地中海北岸和南岸联系的恢复，依赖于诸多商人群体的活动，他们发现已经可以无障碍地穿越地中海。很多因素——他们的宗教认同、他们用来控制风险和赚取利润的合法商品、他们跨越广泛区域的沟通交往能力等——都可以证明他们有能力这样做。到了公元10世纪时，这种群体已经出现在伊斯兰世界和意大利的一些地区。

注 释

1. H. Pirenne, *Mohammed and Charlemagne* (London, 1939) – cf. R. Hodges and D. Whitehouse, *Mohammed, Charlemagne and the Origins of Europe* (London, 1983); R. Latouche, *The Birth of the Western Economy: Economic Aspects of the Dark Ages* (London, 1961).
2. M. McCormick, *The Origins of the European Economy: Communications and Commerce AD 300–900* (Cambridge, 2001), pp. 778–98.
3. A. Laiou and C. Morrisson, *The Byzantine Economy* (Cambridge, 2007), p. 63.
4. T. Khalidi, *The Muslim Jesus: Sayings and Stories in Islamic Literature* (Cambridge, MA, 2001).
5. Hodges and Whitehouse, *Mohammed, Charlemagne*, pp. 68–9; D. Pringle, *The Defence of Byzantine Africa from Justinian to the Arab Conquest* (British Archaeological Reports, International series, vol. 99, Oxford, 1981); on Byzantine ships: J. Pryor and E. Jeffreys, *The Age of the Δρομων: The Byzantine Navy ca 500–1204* (Leiden, 2006).
6. X. de Planhol, *Minorités en Islam: géographie politique et sociale* (Paris, 1997), pp. 95–107.
7. S. Sand, *The Invention of the Jewish People* (London, 2009), pp. 202–7.
8. Pirenne, *Mohammed and Charlemagne*; A. Lewis, *Naval Power and Trade in the Mediterranean A.D. 500–1100* (Princeton, NJ, 1951); McCormick, *Origins*, p. 118; P. Horden and N. Purcell, *The Corrupting Sea: a Study of Mediterranean History* (Oxford, 2000), pp. 153–72 (p. 154 for 'the merest trickle'); also C. Wickham, *Framing the Early Middle Ages: Europe and the Mediterranean, 400–800* (Oxford, 2005), pp. 821–3.
9. McCormick, *Origins*, p. 65; Horden and Purcell, *Corrupting Sea*, p. 164.
10. Horden and Purcell, *Corrupting Sea*, p. 163.
11. Ibid., pp. 164–5; S. Loseby, 'Marseille: a late Roman success story?' *Journal of Roman Studies*, vol. 82 (1992), pp. 165–85.
12. E. Ashtor, 'Aperçus sur les Radhanites', *Revue suisse d'histoire*, vol. 27 (1977), pp. 245–75; Y. Rotman, *Byzantine Slavery and the Mediterranean World* (Cambridge, MA, 2009), pp. 66–8, 74.
13. Cf. J. Pryor, *Geography, Technology, and War: Studies in the Maritime History of the Mediterranean 649–1571* (Cambridge, 1988), p. 138.
14. M. Lombard, *The Golden Age of Islam* (Amsterdam, 1987), p. 212: Rotman, *Byzantine Slavery*, pp. 66–7.
15. D. Abulafia, 'Asia, Africa and the trade of medieval Europe', *Cambridge Economic History of Europe*, vol. 2, *Trade and Industry in the Middle Ages*, ed. M. M. Postan, E. Miller and C. Postan (2nd edn, Cambridge, 1987), p. 417.

16. McCormick, *Origins*, pp. 668, 675; Rotman, *Byzantine Slavery*, p. 73.
17. P. Sénac, *Provence et piraterie sarrasine* (Paris, 1982), p. 52.
18. Pryor, *Geography, Technology*, pp. 102–3.
19. J. Haywood, *Dark Age Naval Power: a Reassessment of Frankish and Anglo-Saxon Seafaring Activity* (London, 1991), p. 113.
20. Ibid., pp. 114–15.
21. G. Musca, *L'emirato di Bari, 847–871* (Bari, 1964); Haywood, *Dark Age Naval Power*, p. 116.
22. Sénac, *Provence et piraterie*, pp. 35–48; J. Lacam, *Les Sarrasins dans le haut moyen âge français* (Paris, 1965).
23. Pryor and Jeffreys, *Age of the Δρομων*, pp. 446–7.
24. J. Pryor, 'Byzantium and the sea: Byzantine fleets and the history of the empire in the age of the Macedonian emperors, *c.*900–1025 CE', in J. Hattendorf and R. Unger (eds.), *War at Sea in the Middle Ages and Renaissance* (Woodbridge, 2003), pp. 83–104; Pryor and Jeffreys, *Age of the Δρομων*, p. 354; Pryor, *Geography, Technology*, pp. 108–9.
25. Pryor and Jeffreys, *Age of the Δρομων*, pp. 333–78.
26. Haywood, *Dark Age Naval Power*, p. 110.
27. McCormick, *Origins*, pp. 69–73, 559–60.
28. M. G. Bartoli, *Il Dalmatico*, ed. A. Duro (Rome, 2000).
29. F. C. Lane, *Venice: a Maritime Republic* (Baltimore, MD, 1973), pp. 3–4.
30. Wickham, *Framing the Early Middle Ages*, pp. 690, 732–3; McCormick, *Origins*, pp. 529–30.
31. Lane, *Venice*, pp. 4–5.
32. Sources in Haywood, *Dark Age Naval Power*, pp. 195, nn. 88–94.
33. Wickham, *Framing the Early Middle Ages*, p. 690.
34. Lane, *Venice*, p. 4.
35. Cf. Wickham, *Framing the Early Middle Ages*, pp. 73, 75.
36. McCormick, *Origins*, pp. 361–9, 523–31.
37. P. Geary, *Furta Sacra: Thefts of Relics in the Central Middle Ages* (Princeton, NJ, 1978).
38. D. Howard, *Venice and the East: the Impact of the Islamic World on Venetian Architecture 1100–1500* (New Haven, CT, 2000), pp. 65–7.
39. McCormick, *Origins*, pp. 433–8.
40. Cf. Lewis, *Naval Power and Trade in the Mediterranean*, pp. 45–6.
41. McCormick, *Origins*, pp. 436, 440, 816–51.

二　跨越基督教和伊斯兰教的边界（900～1050年）

1

258 穆斯林的统治区域的扩张延伸到了摩洛哥、西班牙和西西里，这就意味着地中海的南半部成为穆斯林统治下的湖，该事实为贸易提供了绝妙的新机遇。在各种记录中犹太商人都是最突出的。但这种现象是不是一种偶然性的遗存，或者他们是否比科普特人和叙利亚基督徒或者北非、西班牙和埃及的穆斯林城镇居民更为成功，都是不确定的。有理由认为非穆斯林商人有特别的优势。穆斯林被他们的法律法规束缚，这些法律规定他们不得在异教徒的土地上生活或者从事贸易活动。这就意味着，几个世纪以来，地中海上伊斯兰城镇的统治者们向基督徒和犹太人中的贸易者敞开了大门，但穆斯林居民却对到意大利、加泰罗尼亚或普罗旺斯去冒险持谨慎态度。

我们之所以了解犹太商人的情况，是因为成百上千份犹太人信件和贸易文件尚存于所谓的开罗经冢（Cairo Genizah）内。在公元7世纪中期，入侵埃及的阿拉伯人在现代开罗外缘的福斯塔特（Fustat，意为“渠沟”）建立了他们的基地，并在不久后将其首都迁移到新开罗大城堡周边地区。[1] 旧的开罗，或称福斯塔特，成为这个城市的犹太人和科普特人的定居地；在11世纪时，一群犹太人重建了本·以斯拉（Ben Ezra）会堂，其楼上有一间库房，它就是我们所说的经冢（Genizah）①，要进入经冢只能通过梯子，他们将无用的文件和手稿存放于该库房内。他们希望避免破坏任何写有上帝之名讳的文件；由此 259
概念延伸出来，他们也不会破坏任何以希伯来文书写的文件。可以说，经冢中的手稿集“完全不是一种档案”，因为其设置是为了让文件不受破坏地被闲置一边，事实上是把它们“埋葬”于地表之上，而非制造一个可随意进入的房间，供人们系统性地翻阅参考。[2] 这些手稿于1896年获得了学者的注意，当时，两个苏格兰妇女将《便西拉智训》（*Wisdom of Ben Sira*）的希伯来文本带到了剑桥。此书原来只以希腊文留存于《七十士译本》中，并被犹太人（后来被新教徒）收于非正统的《伪经》（*Apocrypha*）中。不论这一文本是丢失的希伯来原本，还是从希腊原文译为希伯来文的译本，它都是一个伟大的发现。在剑桥，讲授《塔木德》的讲师所罗门·谢克特博士（Dr Solomon Schechter）闻讯极其兴奋，于是特意前去开罗，与会堂商谈购买其库房所存之物，并带回了几乎全部手抄本的四分之三，它们一般都皱皱巴巴的，有的已经破碎不堪，乱七八糟地堆放在一起，后人用了数百年的时间将其分类（其他残片已经在市场上被一件件地卖掉了，最终散布在从圣彼得堡到纽约的世界各地）。[3]经冢中有大量的商人信件（可叹的是，它们经常是不标记日期的），以及中世纪许多犹太人中的伟大人物手写的信件，尤其是西班牙哲学家摩西·迈蒙尼德（Moses Maimonides）及西班牙诗人犹大·哈列维

---

① 因经冢一词，人们称在这一时期活跃于地中海上的犹太商人为Genizah，有些中译按照读音译为“杰尼扎”犹太人，但本书倾向于用意译，即经冢犹太人。——译者注

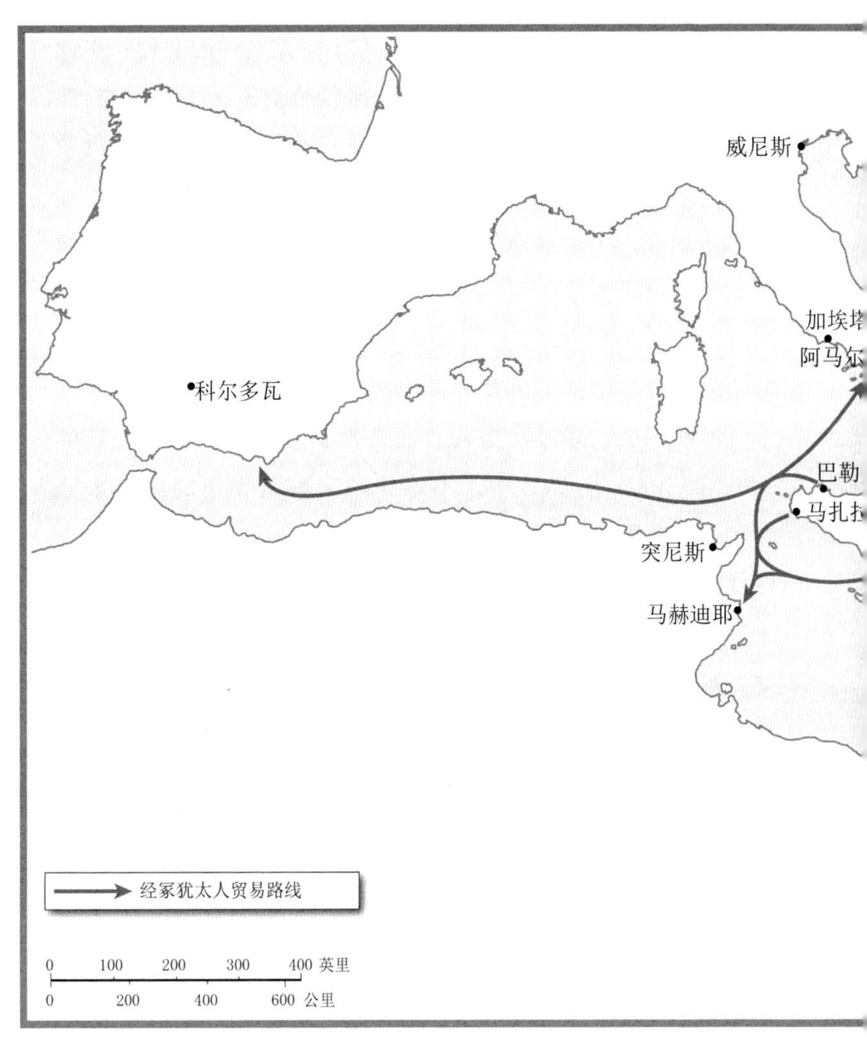
威尼斯
加埃
阿马
科尔多瓦
巴勒
马扎
突尼斯
马赫迪耶
经家犹太人贸易路线
0 100 200 300 400 英里
0 200 400 600 公里

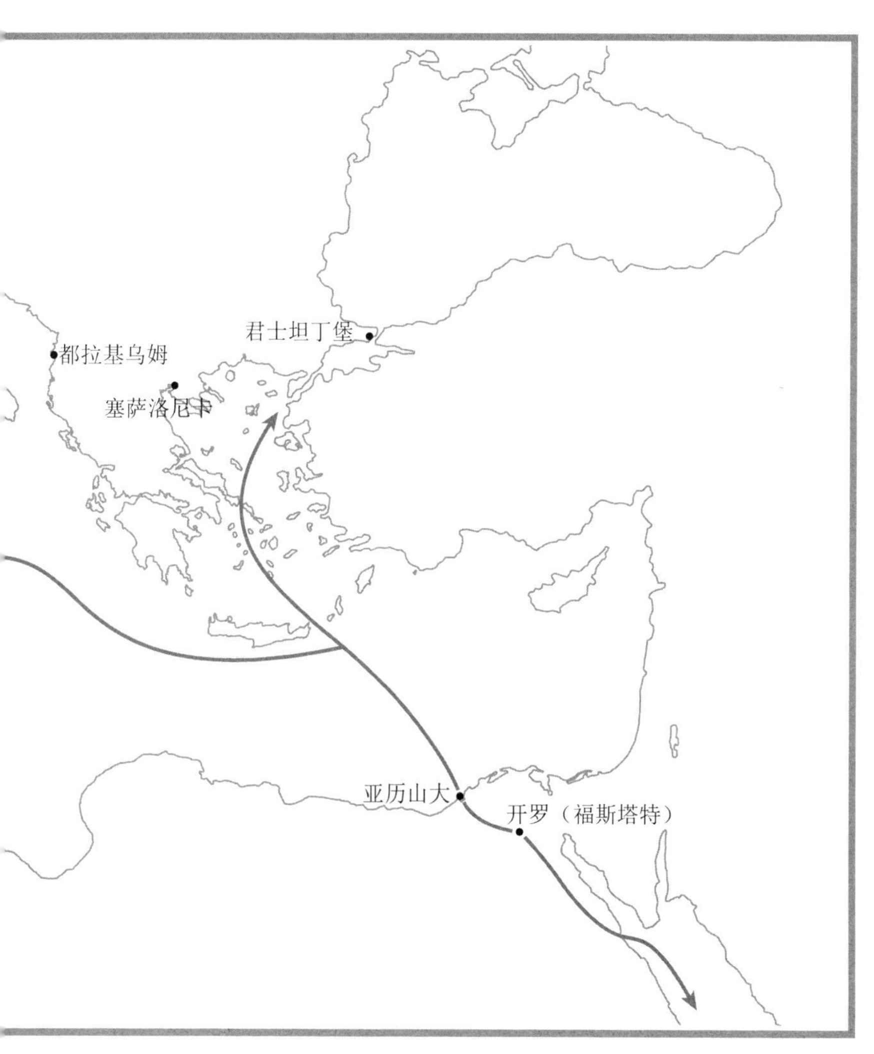
君士坦丁堡
都拉基乌姆
塞萨洛尼卡
亚历山大
开罗（福斯塔特）

(Judah ha-Levi)。[4]

在经冢中的商人信件得到验证之前，我们关于中世纪伊斯兰世界经济生活的信息主要从编年史、司法案例和考古证据中获得。与这些资料的发现和保存同样重要的是，什洛莫·多夫·戈伊坦（Shlomo Dov Goitein，他生活在以色列，当时在普林斯顿）决定仔细研究这些资料，以重建他所说的“地中海社会”的社会与经济生活。这一名词引出的问题是：在大多数史料依据得以保存下来的公元950～1150年，经冢犹太人究竟在地中海世界的贸易圈子里有多大的代表性？我们甚至不能肯定，本·以斯拉会堂内的犹太人是不是典型的埃及犹太人。他们的会堂仿效了古“巴勒斯坦”的礼仪程序，这种古老的礼仪程序后来被意大利和德意志的犹太人沿袭。另一座会堂是
260 按照“巴比伦”犹太人的需要而组织仪式的，这些犹太人不仅包括伊拉克犹太人，也包括所有遵行这类仪式的犹太人，包括伊比利亚半岛上的赛法迪犹太人（Sephardic Jews）。这里也有许多埃及的卡拉派（Karaite）犹太人（他们拒绝承认《塔木德》的权威性），以及一些撒马利亚人。当然，本·以斯拉派的犹太人慷慨赐予荣耀，促使许多富有的突尼斯犹太人定居于福斯塔特，加入他们的会堂。这大概可以解释，为什么经冢文献里关于穿越地中海到突尼斯和西西里的资料，要远比到西班牙或伊拉克的资料丰富。

2

261 经冢文献并非对那些居于福斯塔特城的人的生活的简单记载。这些犹太人也与生活在地中海各处——包括安达卢斯（al-Andalus）、西西里和拜占庭——的家人、朋友和商务代理

人通信，但他们同西方的基督教城市的交往较为有限。[5] 关于穆斯林商人的情况有许多资料，他们经常被委托向远方发货（北非海岸的交通十分忙碌）；这是由于许多犹太人有安息日 262
（Sabbath）的禁忌，不能在陆上旅行，如果他们随商队而行就难以避开安息日。在海上的旅行如果遇到安息日还稍为简单一些，因为人们只要选择不在安息日出发即可。[6] 或许是出于犹太人的宗教倾向使得他们更乐于选择海上航行这一简单的事实，经冢文献中的犹太人成了有志于穿越地中海的商人。他们形成了密切交错的、有他们自己的精英人士和习俗的社会圈子，与他人建立了跨越地中海交往的利益纽带——婚姻同盟在福斯塔特与巴勒莫的家族之间形成，一些商人还在数个港口置办了住宅，甚至娶了多位妻子。这些联系可见于一封 11 世纪发自福斯塔特的信件。一个名叫伊本·伊居（Ibn Yiju）的人给他在西西里的兄弟约瑟夫写了信，将他的女儿许配给约瑟夫的儿子，并称他唯一的儿子已经在他远在也门之时就死去了。[7] 这是一个特别的地中海社会，但它也会将目光投及地中海之外的世界，埃及成为地中海贸易圈和印度洋贸易圈之间的桥梁，与印度洋贸易圈相连接的是一条通向红海港口阿伊扎布（Aydhab）的短距离陆上路线。商人们的经营范围从西地中海延伸到也门和印度。大批东方的香料就是这样通过埃及进入地中海的。

经冢犹太人充分利用了属于穆斯林的地中海部分地区新出现的繁荣。埃及是这一地区的经济重心。亚历山大作为贸易和跨海交通的中心得以复兴；开罗则作为从亚历山大通过尼罗河和沙漠到达红海的中心环节而繁荣起来。法蒂玛王朝于公元 969 年将国家权力中心由突尼斯移至开罗，开罗也成了一个大都市，法蒂玛家族的成员作为哈里发统治着这片地区，并挑战了巴格达阿拔斯王朝哈里发与科尔多瓦倭马亚朝（Umayyad）哈里发的领袖地位。法蒂玛王朝的统治者信奉什叶派信条，但他们意识到，他们所统治的民众还包括相当多的逊尼派穆斯林以及许多科普特基督徒和犹太人，他们在处理问题时应对所有人予以充分考虑。如果他们升起什叶派的旗帜，就是在宣称他们要对抗地中海和东方的逊尼派对手。法蒂玛人从埃及进入红海进行贸
263 易，取得了相当丰厚的利润，这反映在他们的优质金币上，由此他们在中东占据了优势地位。他们取得的成就使得阿拔斯王朝败落了，阿拔斯王朝因掌控波斯湾经底格里斯河和幼发拉底河上行的商路而曾经生活得十分奢靡，同时，阿拔斯王朝的商业利润缩水，金币贬值。经冢犹太人在将东方奢侈品卖给地中海客户时可利用这些经过红海的贸易路线。[8]

这些犹太商人专营一些特别的商品，他们并没有过多涉足粮食贸易。当然，这时一定还存在着活跃的粮食贸易，因为伊斯兰世界兴起的一个重要结果就是黎凡特和北非城市的复兴——的确，其中一些城市成了新的基地，如防御性城市福斯塔特和凯鲁万，以及能将撒哈拉沙漠的黄金从内陆运出的港口城市马赫迪耶和突尼斯。大量城市居民依赖于外来的粮食和原材料，包括他们的产业需要的纺织纤维和金属等。城市中有许多掌握特殊技能的手工业者，他们制作的手工品可供出口，在远方用来交换食物。突尼斯人依赖于西西里的谷物，但他们（或者说经冢犹太人代表他们）出口棉麻织品，他们通常是从西西里购买原棉用于加工。这种被地中海隔离开来的两岸共生现象，在整片地中海海域都可以看到：伊斯兰教的西班牙从摩洛哥取得粮食，同时卖给摩洛哥人成品——纺织品、陶器和金

属工具。如果条件许可，埃及人也如同在过去几个世纪中那样，到拜占庭控制下的塞浦路斯和小亚细亚寻找他们缺少的木材。[9]

经冢犹太人充分利用了经济发展所创造的机会。他们对于犹太律法中规定的商业手段并不满意，一般遵行穆斯林的经商方法，这种方法将贸易中的风险分摊给本国的合伙人，而不是像拉比们所说，在参与旅行的代理人中分配。[10]这就意味着年轻的商人可用成功商人的代理人的身份参与贸易活动，而不必担心因经营不当而一蹶不振。[11]人们开始用较为复杂的方式在整个地中海完成支付：信用票据、汇票和支票是为人所熟知的，这对于行商处理债务、在必要时购置货物并完成消费是非常重要的。他们大批量地从事麻织物和丝织品的买卖，丝锭经 264
常被用作一种投资方式，他们把丝锭堆在一个容器内，到需要集资时再拿出来使用。埃及亚麻被运到西西里和突尼斯，丝绸有时来自西班牙或西西里；在西西里，波斯丝绸的仿制品被制造出来，仿制商标在伊斯兰世界也很常见，可以认为这么做的目的不是伪造，而是对原产品商标的尊重。[13]经冢商人是经营不同品质丝绸的行家里手，他们知道最好的西班牙丝在进入埃及后价格可达每磅三十三第纳尔（dinars），而品质较差的西西里丝可能降至每磅两第纳尔。[14]亚麻的贸易规模更大，包括纺成麻线的和未纺成麻线的，有一款布料是部分由亚麻丝织成，它事实上因福斯塔特城而得名，被称为“福斯提安”（fustian，棉麻粗布），这个词后来被意大利商人用来指代任何地方生产的棉麻混纺产品，甚至产于德意志的也被如此称呼，这个词进入了当代欧洲的语言中。

经冢犹太人的世界一直延伸到当时已知世界的西部边缘。尽管安达卢斯以及穆斯林统治下的西班牙还没有被经冢商人们当作商贸活动的重心，但多关于西班牙商人的资料很丰富。一些人带上了安达卢斯人（*al-Andalusi*）或者哈－塞法迪人（*ha-Sefardi*）的标签，就像雅各·安达卢斯（Jacob al-Andalusi）家族——该家族于公元 11 世纪中期生活于西西里、突尼斯和埃及——那样，在地中海各处经商。[15]大商人哈尔丰·本·内塔尼尔（Halfon ben Nethanel）于 1128 ~ 1130 年在西班牙经商，后来在 1132 ~ 1134 年到了印度，1138 ~ 1139 年时又回到了安达卢斯。[16]西西里是经冢犹太人贸易网络的一个中心。在它于 9 世纪被穆斯林征服之后，第一座沦陷的城市是该岛西端的马扎拉（Mazara）。该城成为埃及船只的目的地，一些小船也载着商品穿行于马赫迪耶和其他突尼斯港口之间；一旦它们进入马扎拉，商品就会被转移到更大的船只上，并由此东行。穿行于安达卢斯、西西里和埃及之间的一些船只很大；载重量为一千零五十吨的大船可从亚历山大载大约五百名乘客前往巴勒莫。在马扎拉著名的亚麻市场，埃及的商人们都在焦急等待着亚麻价格的变化，以确定自己应该向西方运送多少亚麻。向另一个方向运送的是丝绸，它被大量用作埃及新娘的嫁妆，此外，还有许多精细纺织品：枕头、床罩、地毯和一
265 种被称为“披肩头纱”（*mandil*）的遮盖新娘头发的饰物。[17]西西里岛上有一大片土地是留给牧场的，高品质的皮革（有的时候是镶金的）和绵羊乳酪也毫不奇怪地是该岛输出的著名产品。[18]绵羊乳酪被运到遥远的埃及，其中一些还能保持着鲜度。

这并不是说，西西里的一切都很平静祥和；拜占庭攻击过西西里东部（皇帝决心为君士坦丁堡收回这颗明珠），岛上也有埃米尔之间的争斗。在公元 11 世纪早期有一封言辞悲切的

信件被送到了埃及，它描述了约瑟夫·本·塞缪尔（Joseph ben Samuel）在拜占庭对西西里发动新一轮攻击时的悲惨经历。他出生于突尼斯，但生活在埃及，并在埃及成婚；他在巴勒莫也有一处房产。一次船难将赤身裸体、身无分文的他丢在了北非海岸。幸运的是，他在的黎波里（Tripoli）找到了一位欠他钱的犹太人，他用这笔钱买了新衣服，出发前往巴勒莫的住所，却发现这栋房子被他的邻居推倒了。他抱怨称自己没有钱将此人告上法庭。尽管如此，他还是能发出十磅丝绸及一些金币到埃及。他愿意接受拜占庭海军的攻击；他愿意回到埃及找他的妻子和儿子，把他们带回巴勒莫，但是担心她不会答应此事，或者他得与她离婚。当时，行商有一个习惯，即拟定一份有条件的离婚协议，保证行商在无目击者的情况下死去后，他们的妻子可以避免被犹太律法阻止再嫁。这种离婚，如果她愿意的话，就可以成为事实上的离异，但约瑟夫申明，他爱他的妻子，写这份离婚书只是因为害怕上帝的惩罚，害怕在海的那边等待着他的命运。他哀伤地继续写道：

> 那么，噢，上帝，噢，上帝，我的主！按照你的宗教信仰去关注我的孩子吧！——当然，我对此非常了解。当他变得坚强一些时，就让他找一个老师去学习吧。

经冢文献中有许多关于船只的信息。多数船主是穆斯林。早早地登船，并在船只起航前密切关注自己的货物，是一个很不错的想法；习惯上，人们都在起航之前一天登船，在起航前夜不断地祈祷并写出遗嘱和相关说明。当然，起航的时间是不可预料的，由于突发暴雨、关于海盗的新闻或者统治当局的干

266 预，人们总是不得不在港口内等待出航，例如，一艘在航行季末在巴勒莫港等待驶往西班牙的商船被当局扣押，导致全船人在巴勒莫滞留了整个冬季。一个乘客抱怨道，他被困在巴勒莫，“手和脚都被砍掉了”——这话不能从字面上理解。航行时间也是不可预料的：在公元 1062 年，一艘船自亚历山大驶往马扎拉只用了十七天；但另一信件揭示了一个叫作佩拉希亚·伊居（Perahya Yiju）的人用了整整一周的时间从巴勒莫航行至墨西拿（他一点儿也不喜欢这个城市，认为它很肮脏）。一艘小船耗时两个月才从亚历山大开到阿尔梅里亚（Almería）；另一艘船用了五十天才从亚历山大驶到巴勒莫，而有时候，这段距离只需要航行十三天。[20]乘客们带着行李、餐具和陶器，有时候他们得睡在自己的货物上面，如果运载物是亚麻之类的物品，他们可能还不会太难受；船上没有舱室，在整个航程中人们都在甲板上苦挨。信件中很少提到他们的食物，食物一定非常简单。[21]戈伊坦的感觉是，船难并不经常发生，而历史学家们关注船难只是因为关于船难的描述都非常形象。船只的确及时到达，且经家犹太人也不因大海而惊恐。海上航行似乎不比陆地上的行程更危险。船长们在沿北非海岸航行时，试着在能看见陆地的海域行进，海岸上有灯塔观察着船只的移动，这显然是为了他们自己的好处而不仅仅是要控制关税。信息被送回亚历山大，通报船只的航行情况，商人们关注着这些信息，以确认他们的货物正在途中。[22]

有许多资料证实了犹太书籍和学者的流动，这说明贸易路线除传递亚麻外也传递着思想。公元 1007 年前后，一份咨询宗教见解的文件由东行的穆斯林商人驼队从摩洛哥带到巴格达。[23]犹太人可能做到的事对于穆斯林也非常简单，希腊医药和哲学方面的文本跨越了广阔的地中海，在西班牙南部流行。事实上，当希腊医生狄奥斯科理斯（Dioskorides）写的医药作品于10世纪传到科尔多瓦时，无人能读懂它，但是据说哈里发的御医犹太人哈斯代·伊本·沙普鲁特（Hasday ibn Shaprut）曾经与一位希腊修道士一起工作，他们一起把这些文本译成了阿拉伯文。沿着从西班牙到埃及和叙利亚的路线，267
一个经济、文化和宗教联合体在某种程度上形成了。在伊斯兰世界内部，除了什叶派与逊尼派之间的派别分歧，以及倭马亚家族、法蒂玛家族和阿拔斯家族之间的政治分离之外，贸易和文化方面的交往一直活跃。穿越地中海去麦加朝圣的穆斯林像持各种信仰的商人一样频繁活动，加强了这种联系。被弃于这些联系之外的大多是基督教西欧的居民。在10世纪和11世纪，意大利和普罗旺斯的拉丁商人在涉足这片海域时始终十分小心。只有少数基督教城市向穆斯林的海域派出商船，因为它们知道，成功的秘诀就是与穆斯林敌人合作。这些基督教城市中就有威尼斯，它的早期历史前文已经讲述过了。另一个知名度并不逊于威尼斯的港口是阿马尔菲，它紧靠索伦托半岛（Sorrentine peninsula）的山地边缘，难以抵达。

3

阿马尔菲是地中海历史上的一大谜题。如果有哪座罗马南部的城市会崛起为意大利贸易中心的话，那么它一定是拥挤的那不勒斯；除了亚麻业、与内陆便利的交通和陡峭的地形，那不勒斯还具有持续不断的贸易史——尽管它在公元6~7世纪经历了衰败，但并未因此崩溃。然而，在阿马尔菲的兴盛期，也就是与850~1100年大致相当的时期，阿马尔菲超越那不勒斯成为国际贸易的中心，尽管它是一个没有任何历史的城镇，在 6～7 世纪才围绕一个灯塔发展起来。[24]它有一条主街道盘旋而上，还有穿插在城市建筑之间的狭窄小巷，似乎根本无法与威尼斯竞争。[25]这里的早晨几乎不可能有风，对航海有相当大的影响。[26]这让一些历史学家讲起了“阿马尔菲之谜”，他们拒绝接受基督徒、犹太人尤其是穆斯林作家关于阿马尔菲是 10 世纪和 11 世纪西方最大的转运口岸的说法。一位意大利历史学家笔下的阿马尔菲是一个“没有商人”的城市，根据他的
268 观点，阿马尔菲人在山崖上种植葡萄、经营果园，认为贸易只是增加一些收入的手段。[27]当然，制造一些可以到达其他大陆的船只是一项要付出昂贵代价的事业，该事业激发了进行商业扩张的动力。

狭小的阿马尔菲只是这个故事的一部分。然而，阿马尔菲变成了一个标签，指代一些来自南意大利的商人和水手，特别是索伦托半岛的山坡上的一些微型城镇的居民。阿马尔菲上方的城市拉韦洛（Ravello）和斯卡拉（Scala）没有自己的港口，于是派它们的商人搭乘阿马尔菲人的船前去海上；从阿特兰尼（Atrani）到阿马尔菲仅需步行五分钟，两地被一处突起的岩石隔开；马约里（Maiori）和米诺里（Minori）坐落于通向萨勒诺（Salerno）的海岸上；切塔拉（Cetara）则成为一处渔船队集结地。简言之，索伦托半岛的整个南海岸，从波西塔诺（Positano）到拉卡瓦（La Cava）的圣三一大修道院（Santissima Trinità，建于公元 1025 年），都属于阿马尔菲。阿马尔菲与潟湖湿地中的威尼斯的相似度比第一眼看上去高。威尼斯最初是一些小社区的集合，这些社区被水隔离开来，而不是像阿马尔菲中的社区一样被深山和陡峭的悬崖隔离——两种形态都给人

以固若金汤的感觉。阿马尔菲人和威尼斯人都认为自己是由于蛮族入侵而避难于此的。阿马尔菲在公爵——他们与威尼斯的总督一样，都与远方的拜占庭统治者保持着松散的联系——的统治下建立了零散的、碎片化的城市。在北非的萨拉森人入侵的时代，这种分散性使他们与潟湖周围分散的威尼斯人一样获得了抵御的力量。

阿马尔菲人能够发动一支船队作战的最早证据出现于公元812年，当时，他们与另一个在地中海贸易中变得很活跃的城市加埃塔的水手一起，被拜占庭的西西里省督召集去抵抗穆斯林对西西里的入侵，当时穆斯林的船队已经抵达伊斯基亚岛和蓬扎岛（Ponza）的沿岸。当穆斯林的陆军侵入西西里岛，且穆斯林海军肆虐无忌地进军罗马并掠夺了圣彼得大教堂和城墙外的圣保罗大殿（St Paul's-without-the-Walls）时，情况变得更为危险。三年后，一支南意大利船队在奥斯蒂亚艰难地击败了敌人，这一事件在后来几个世纪中都被认为是拯救了罗马的战役——它被拉斐尔画在梵蒂冈宫殿的壁画上，此壁画的赞助人是利奥十世（Leo Ⅹ），他与画中胜利时期的教宗利奥四世（Leo Ⅳ）同名。[28]教宗试图说服阿马尔菲人站在他的一边，允许他们自由使用罗马的港口。但是，阿马尔菲的商人一定会问
自己：如果需要到西西里、突尼斯和更远的地方去搜罗罗马教 269
廷渴望的奢侈品，与罗马建立这种关系又有什么用呢？于是，尽管教宗以开除教籍相威胁，但阿马尔菲人和加埃塔人与穆斯林签订了协议，这为他们至少带来了物质上的救赎。到906年，加埃塔的执政官拥有了金币、银币和铜币，且获得了珠宝、丝绸和可用来装饰教堂的大理石，还有土地和牲畜，所有这些都在他的遗嘱里写了出来。[29]阿马尔菲人也供养着坐落于南意大利

内陆的蒙特卡西诺（Montecassino）本笃派主修道院，视自己为它在耶路撒冷的代理人。在希腊人与拉丁人教会还保持着某种程度的友好关系的时期，他们也是坐落于阿索斯山的本笃派修道院的赞助人。

遥远的君士坦丁堡很乐意签署夸大其词的文件，授予阿马尔菲的公爵和杰出公民“*protospatarius*”的称号（从理论上讲，这是军事将领的头衔）。[30]然而，有一个家族，即潘塔莱奥尼（Pantaleoni）家族得到了皇帝的注意。公元11世纪，潘塔莱奥尼家族的人带了一批铜门来到蒙特卡西诺修道院、阿马尔菲大教堂和罗马城墙外的圣保罗大殿。[31]这只是潘塔莱奥尼家族成员从东方带来的众多奢侈品中最重要的东西。阿马尔菲人想要在拜占庭的领土上建立基地以便经商，10世纪时他们在君士坦丁堡城内还拥有一些码头和货栈。[32]他们与威尼斯人一道穿越亚得里亚海，成为拜占庭强有力的设防城市都拉基乌姆的主要居民。[33]威尼斯和阿马尔菲的商人都渴望利用自都拉基乌姆经萨洛尼卡到君士坦丁堡的大路。

阿马尔菲在更远的东方，即法蒂玛王朝的土地上留下了深刻的印迹。阿马尔菲人在耶路撒冷建立了一处客栈，耶路撒冷没有什么商业优势，但珍奇圣骨的交易不断发展。作为蒙特卡西诺修道院的代理人，他们使得本笃派修道士们可以为那些来自欧洲的越来越多的朝圣者——他们经常从南意大利的港口出发——提供帮助。这个小客栈后来发展为耶路撒冷的圣约翰医院骑士团（Hospitaller Order of St John of Jerusalem），团中的善战的修士后来为保卫罗得岛和马耳他岛与突厥人作战。11世纪之后，这个骑士团发展为马耳他主权军事教团（Sovereign
270 Military Order of Malta），现在其总部位于罗马。[34]传说第一次东

征的十字军在1099年包围耶路撒冷时，阿马尔菲人就在城内。他们被迫服从穆斯林的指令，从城内向十字军扔石块；奇妙的是，石块在半空中变成了面包，供养了饥饿的十字军士兵。当然，事实上，阿马尔菲人之所以能繁荣，恰恰是因为他们避免了在基督徒与穆斯林的冲突中选边站。

公元10世纪时，福斯塔特有一处阿马尔菲殖民地；996年，其成员被指控在法蒂玛哈里发的泊船港放火，大约有一百六十名意大利商人在随后发生的暴乱中被杀。[35]阿马尔菲人在福斯塔特生活时，与犹太商人也建立了联系，有一个叫作“马尔夫”（Malf）的地方在经冢文献中时不时地出现。经冢商人们航行至阿马尔菲出售胡椒。尽管发生了大屠杀事件，阿马尔菲人与法蒂玛王朝的联系仍然很密切。[36]他们在对非洲的贸易中创造了很高的利润并制造、发行了自己的金币。

西方正在复兴，同阿马尔菲人一样愿意与穆斯林做生意的西方人获得了利润。无论如何，另外两个意大利城市，即热那亚和比萨，开始证明更具野心的政策可以带来更高的回报。

注 释

1. S. Reif, *A Jewish Archive from Old Cairo: the History of Cambridge University's Genizah Collection* (Richmond, Surrey, 2000), p. 2 and fig. 1, p. 3.
2. S. D. Goitein, *A Mediterranean Society: the Jewish Communities of the Arab World as Portrayed in the Documents of the Cairo Geniza*, vol. 1, *Economic Foundations* (Berkeley, CA, 1967), p. 7; cf. the puzzling title of Reif's *Jewish Archive*.
3. S. Shaked, *A Tentative Bibliography of Geniza Documents* (Paris and The Hague, 1964).
4. Reif, *Jewish Archive*, pp. 72–95.
5. On Byzantium: J. Holo, *Byzantine Jewry in the Mediterranean Economy* (Cambridge, 2009).
6. R. Patai, *The Children of Noah: Jewish Seafaring in Ancient Times* (Princeton, NJ, 1998), pp. 93–6; Goitein, *Mediterranean Society*, vol. 1, pp. 280–81.
7. Shaked, *Tentative Bibliography*, no. 337.
8. D. Abulafia, 'Asia, Africa and the trade of medieval Europe', *Cambridge Economic History of Europe*, vol. 2, *Trade and Industry in the Middle Ages*, ed. M. M. Postan, E. Miller and C. Postan (2nd edn, Cambridge, 1987), pp. 421–3.
9. Mercantile contacts: Holo, *Byzantine Jewry*, pp. 201–2.
10. Goitein, *Mediterranean Society*, vol. 1, p. 429.
11. Shaked, *Tentative Bibliography*, nos. 22, 243 (wheat), 248, 254, 279, 281, 339, etc., etc.
12. Goitein, *Mediterranean Society*, vol. 1, pp. 229–48, 257–8.
13. S. Goitein, 'Sicily and southern Italy in the Cairo Geniza documents', *Archivio storico per la Sicilia orientale*, vol. 67 (1971), p. 14.
14. Abulafia, 'Asia, Africa', p. 431; Goitein, *Mediterranean Society*, vol. 1, p. 102.
15. O. R. Constable, *Trade and Traders in Muslim Spain: the Commercial Realignment of the Iberian Peninsula 900–1500* (Cambridge, 1994), pp. 91–2.
16. Ibid., p. 92.
17. Goitein, 'Sicily and southern Italy', pp. 10, 14, 16.
18. Goitein, *Mediterranean Society*, vol. 1, p. 111; Goitein, 'Sicily and southern Italy', p. 31.
19. Goitein, 'Sicily and southern Italy', pp. 20–23.
20. Goitein, *Mediterranean Society*, vol. 1, pp. 311–12, 314, 317, 325–6; Goitein, 'Sicily and southern Italy', pp. 28–30.
21. Goitein, *Mediterranean Society*, vol. 1, pp. 315–16.
22. Ibid., pp. 319–22.

23. Reif, *Jewish Archive*, p. 167.
24. P. Arthur, *Naples: from Roman Town to City-state* (Archaeological Monographs of the British School at Rome, vol. 12, London, 2002), pp. 149–51.
25. D. Abulafia, 'Southern Italy, Sicily and Sardinia in the medieval Mediterranean economy', in D. Abulafia, *Commerce and Conquest in the Mediterranean, 1100–1500* (Aldershot, 1993), essay i, pp. 8–9; B. Kreutz, 'The ecology of maritime success: the puzzling case of Amalfi', *Mediterranean Historical Review*, vol. 3 (1988), pp. 103–13.
26. Kreutz, 'Ecology', p. 107.
27. M. del Treppo and A. Leone, *Amalfi medioevale* (Naples, 1977), the views being those of del Treppo.
28. G. Imperato, *Amalfi e il suo commercio* (Salerno, 1980), pp. 38, 44.
29. C. Wickham, *Early Medieval Italy: Central Power and Local Society 400–1000* (London, 1981), p. 150; on Gaeta: P. Skinner, *Family Power in Southern Italy: the Duchy of Gaeta and its Neighbours, 850–1139* (Cambridge, 1995), especially pp. 27–42 and p. 288.
30. Imperato, *Amalfi*, p. 71.
31. H. Willard, *Abbot Desiderius of Montecassino and the Ties between Montecassino and Amalfi in the Eleventh Century* (Miscellanea Cassinese, vol. 37, Montecassino, 1973).
32. Abulafia, 'Southern Italy, Sicily and Sardinia', p. 12.
33. Anna Komnene, *Alexiad*, 6:1.1.
34. J. Riley-Smith, *The Knights of St John in Jerusalem and Cyprus, 1050–1310* (London, 1967), pp. 36–7.
35. C. Cahen, 'Un texte peu connu relative au commerce orientale d'Amalfi au Xe siècle', *Archivio storico per le province napoletane*, vol. 34 (1953–4), pp. 61–7.
36. A. Citarella, *Il commercio di Amalfi nell'alto medioevo* (Salerno, 1977).

三　地中海的变迁（1000～1100年）

1

271 比萨和热那亚的兴起如同阿马尔菲一样，也是一个谜，这个谜题因这些城市在肃清西地中海海盗，开辟远及圣地、埃及和拜占庭的贸易路线——这些商路都是由商人和移民经营维持的——方面的惊人成功而更加复杂。比萨和热那亚经历了不同的发展过程。热那亚原来是公元7世纪的拜占庭总督的驻地，但经过两三百年的沉寂之后，该城于934～935年遭到来自北非的萨拉森人的洗劫，平静被突然打破。[1] 这个城市没有明显的可用资源；它位于利古里亚阿尔卑斯山（Ligurian Alps）的一侧，与产粮的平原隔离开来。其沿海地区的主要产品有葡萄酒、坚果、草药和橄榄油，热那亚人用当地的草药和油制了香蒜酱（*pesto*），这种产品只能说明这里的贫穷而不是富有。热那亚的港口在中世纪末期才发展起来，这经过了多个世纪的修缮才得以实现，但船只因集中停靠在热那亚东西方向的沙滩上而得到了最好的保护，没有被恶劣天气的破坏。[2] 除了造船业之外，热那亚没有其他产业。热那亚人需要生存，他们开始探寻航海之路，并以此为维系城市生存的核心。随着城市发展，他们更加依赖于外部供应的小麦、咸肉和奶酪。从这些规模不大的商业开始，热那亚脱颖而出，逐渐发展出了前工业社会中最有雄心的贸易网络。

比萨则完全不同。这个城市坐落于阿诺河边，距离海岸只
有几英里；河道入海口的沼泽地使得比萨不能成为一个好的港 272
口。比萨人在由内陆伸向海岸的平坦农田中种植谷物，并喂养
绵羊以为比萨提供羊毛、皮革、肉和乳制品，这是他们的优势
所在。比萨的市民很少担心他们无法填饱肚子，这与热那亚人
不同。另外，对于以普罗旺斯和撒丁岛为基地的穆斯林来讲，
托斯卡纳低洼的海岸比陡峭的利古里亚更易于从海上进攻；到
比萨海军出现时，它的首要敌人就是穆斯林。公元 982 年，比
萨船只随同德意志皇帝奥托二世的军队沿着意大利半岛向更南
端的卡拉布里亚行进，希望压制穆斯林，以免他们从西西里岛
发动侵袭。在之后一个世纪，比萨和热那亚集中力量，希望清
除第勒尼安海上的萨拉森海盗。为达到这一目的，就要在撒丁 273
岛建立指挥中心，比萨和热那亚以激昂的活力对抗西班牙穆斯
林中善战的穆贾希德（Mujahid）——他是德尼亚（Denia）和
马略卡的统治者——的陆军和海军进入撒丁岛。[3] 不管穆贾希德
是否希望征服岛屿，几乎可以肯定的是，他的势力只到达了撒丁
岛上的一些沿海据点。1016 年，穆贾希德被逐出撒丁岛，这提升
了比萨人和热那亚人作为基督教反对穆斯林军队之圣战勇士的声
誉。基督教徒和穆斯林之间的势力平衡逐渐发生变化；随着穆斯
林的中央政权变得支离破碎，比萨和热那亚的舰队抓住了机会。

2

这两个城市越是深入了解撒丁岛，就越是觉得它对于它们 274
非常有价值。这个岛上有着广泛的牧羊人群体，到公元 12 世
纪以前，比萨人和热那亚人开始视撒丁岛为他们自己乡村地
区（*contado*）的延伸。这里的粮食产量丰足，品质居中；在

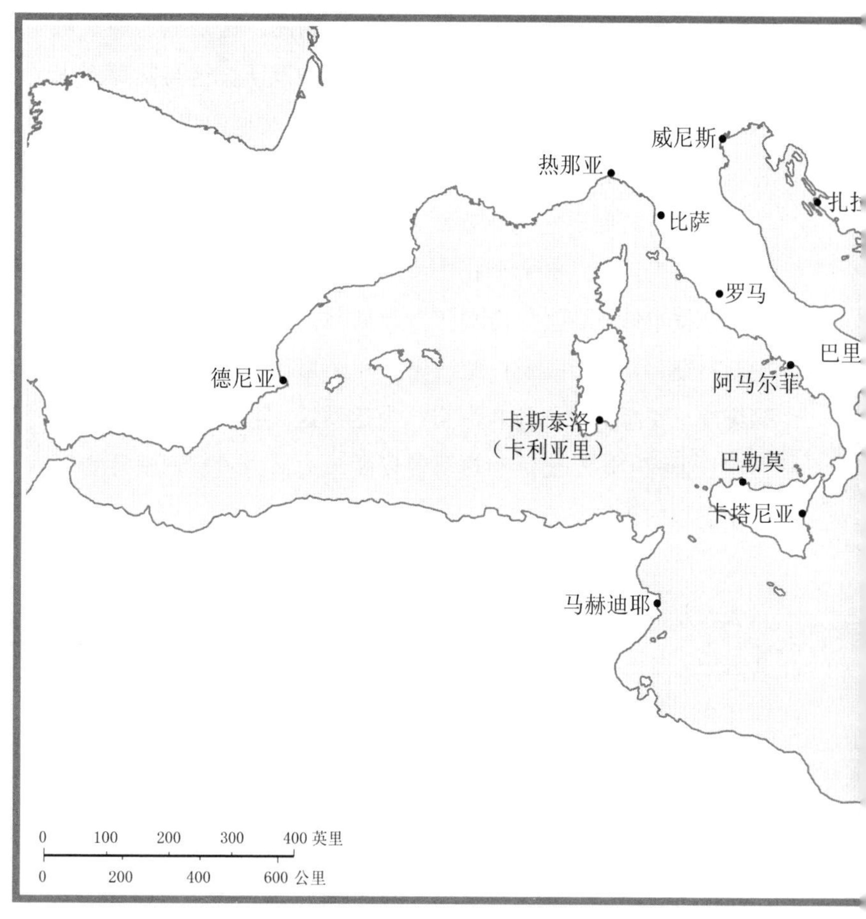
威尼斯
热那亚
比萨
罗马
巴里
阿马尔菲
德尼亚
卡斯泰洛
（卡利亚里）
巴勒莫
卡塔尼亚
马赫迪耶
0 100 200 300 400 英里
0 200 400 600 公里

君士坦丁堡
立基乌姆
亚历山大

南部有许多可以被改为盐田的潟湖。比萨人和热那亚人毫无顾忌地奴役撒丁岛人，他们将这些人视为未开化的群体。撒丁岛人讲后期拉丁文，记录当地羊、牛、马数量的财产文件使用的就是该语言。撒丁岛自石塔时期以来几乎没发生突出变化，仍是远离大海的田园社会：它是一座岛屿，但并不完全属于地中海。它的政治和宗教结构仍是原始时代的。当地人微言轻的国王（或者称“审判官”）出现于10世纪，他们是几乎不复存在的拜占庭权威的最后的代表。但是拜占庭的势力以另一种方式出现。岛上的教堂遵循着希腊教仪，且在1100年之前，至少有一些教堂是以希腊的十字式风格修建的。教宗猛烈抨击这种习俗，并支持欧洲大陆的修士进入该岛，其中包括来自蒙特卡西诺的本笃派教士。[4] 所有变化都有助于改变撒丁岛上的生活。上层家族的成员，即所谓的“马约拉尔”（*maiorales*），与热那亚人和比萨人通婚，因此他们很容易就可以买到欧洲大陆的产品，甚至锅碗类炊具也可以进口了。而农民的生活水平却仍然很低，他们受到疫病折磨，食物贫瘠，死亡率高。这意味着只有少数人能吃上饭，更多的谷物被用于出口。比萨人和热那亚人对于撒丁岛人的政策，只有一个词可以概括：剥削。

公元12世纪，热那亚人经常派船只前往撒丁岛，他们廉价但重要的产品保障了投资的稳定回报率。任何拥有一小笔闲置资金的人——例如继承了一点儿遗产的寡妇——都可以安全地用五磅或十磅重的热那亚银币投资对撒丁岛的出口贸易，以期在几个月后收回六磅或十二磅。[5] 撒丁岛使比萨和热那亚第一次领略了殖民形式。这两个城市都试图维持撒丁岛上的审判官们对自己的忠诚。在1100年前后，该目标经常通过这两个城

市的大教会的代理人而达成。撒丁岛南部的卡利亚里（Cagliari） 275
的审判官马利阿诺·托奇托里奥（Mariano Torchitorio）把撒丁岛南部的土地赠给了热那亚的圣罗伦佐大教堂。但他是一个有远见的人，因为他也同样使比萨人获得了一些礼物。[6]即使如此，挑拨离间的手段只能取得短期的效果。比萨和热那亚太过强大，撒丁岛无法抵抗。比萨人修建了带有很强比萨特色的大教堂和修道院，其外墙覆盖着黑白相间的大理石，这极为清楚地说明了比萨在撒丁岛的优势。建于12世纪早期的萨萨里圣三一修道院（Santa Trinità di Saccargia）是这类建筑在撒丁岛北部的典型代表，它有斑马纹状的外墙。比萨人和热那亚人是在石塔时代后最先修筑设防城墙的：在审判官统治卡利亚里的时期，比萨人占据了被称为卡斯泰洛的陡峭山峰，至今它还俯瞰着卡利亚里城，山上的高墙围出了一个比萨人的侨居区，比萨的士兵和商人们可在此地安然度日。据说热那亚的多利亚（Doria）家族在1102年前后于撒丁岛的西北部建立了阿尔盖罗（Alghero）。在12世纪和13世纪，热那亚人和比萨人能够保证他们对撒丁岛的控制。即使教宗和神圣罗马帝国的皇帝都坚持认为撒丁岛（至少在理论上）属于他们，但真正有意义的是谁在这里成功立足了。可问题是热那亚和比萨都希望自己成为撒丁岛的真正主人，这导致了两座城市的激烈角逐。由于撒丁岛的归属问题而不是意大利半岛内的意见不合，热那亚和比萨间冲突频发。到1200年，撒丁岛周围的海域基本上肃清了穆斯林海盗，但意大利海盗大量涌现——比萨人攻击热那亚人，反之亦然。

3

比萨人和热那亚人之所以能够调动自己的船队，中央政权在北意大利的衰亡是原因之一。“意大利王国”仅仅是一个概念上的存在，它的统治者自公元10世纪以后就是德意志的国王，该国王同时也是西罗马帝国的皇冠持有者——962年教宗为奥托一世加冕，使西罗马帝国获得再生。帝国在地方上的代
276 理人势力衰微，这些或那些城市的政权日益旁落地方贵族的手中。到12世纪初，贵族们开始组织自治的共同体，虽然历史学家们使用“公社”（commune）或“城市共和国”（city-republic）这样的词称呼这种共同体，但是它们都有不同的名称。在热那亚，这被称为“自治会议”（*compagna*），字面意思是“一起分食面包的人”。的确，热那亚的政权自1100年之后就非常像一种商业合作了。这种自治会议在一定期限内形成，用于解决某些特殊问题，如建造十字军的战船，或者解决在热那亚经常导致暗杀或街头暴乱的政治冲突。这种“伙伴关系”在某种意义上是一个向整个社群敞开的公共机构；但从另外一些非常重要的角度看，它又有私人社团的性质，尽管“公共”和“私人”这两个概念的区别在12世纪的热那亚人的头脑中还不明确。这个城市中充斥着一些私人“飞地”，它们是修道院和贵族的财产，是享有豁免权的小区域，逐渐地被自治会议中的一些上层官员攫取和控制。这些官员都有着响当当的“执政官”头衔，表明他们对罗马共和模式的认识，在热那亚的第一个自治会议问世时就有了多达六位执政官了。[7]如在古罗马时期那样，在这一时期，拥有实权的人小心地操纵选举制度，执政官总是来自贵族阶级。[8]

这些贵族创建了热那亚的贸易帝国，同样的进展也发生于比萨。此处的难题是他们究竟是谁：我指的并不是他们在历史记录中被反复提及的名字［如热那亚的多利亚（Doria）

家族和斯皮诺拉（Spinola）家族，或者是比萨的维斯孔蒂（Visconti）家族和阿利阿塔（Alliata）家族]，而是他们的财富和权力到底源自贸易还是土地。意大利城市的公社将城镇周边那些习惯居住在此类地区的小贵族和相对晚近成名的人物（他们的地位依赖于从经商、纺织业或者银行业获得的财富）凝聚起来。到公元12世纪早期，在比萨和热那亚，这些群体融合得很好，新贵的财富被带入需要更多金钱的古老家族。进入那些成员在陆战或者海战中赢得名声的家族的荣耀的可能性，吸引着商人团体中最为富裕的人。一个新的集团出现了。这个集团的成员显然并不愿意与那些构成市民之大部分的工匠 277
和水手分享权力。公社的兴起并不是城市变成民主共和国的标志；相反，它表明寡头们赢得了胜利，热那亚的街头因此爆发了严峻的派系斗争。然而，在这些暴力活动发生的间隙，人们还是有机会以空前的规模赚钱。精英们投资于遥远地域的跨海贸易；他们在城市购买土地，并继续经营自己在农村的产业，甚至将他们的手伸到远隔海洋的撒丁岛上去攫取土地。城市政权对于这类活动干预甚少，只在跨国同盟影响到贸易，或者这些同盟的建立取决于那些主宰贸易活动的人时，才予以干预。[9]

这些就是在公元1100年前后我们能在意大利北方观察到的趋势，但比萨和热那亚是最早形成贵族社团的城市。意大利内陆城市的发展，特别是大伦巴第平原上的城市的发展，对于地中海上发生的事件有重要影响，因为它们都成了舶来奢侈品的需求中心，且同时，它们自己的精英组织生产了日益精细的布料和金属制品，这些产品可以运抵地中海的另一端，以偿付现在需要的丝绸和香料的货款。在热那亚和比萨，以及在意大利东部的威尼斯，人们发现自己能够到达那些他们的老前辈阿马尔菲商人所不能接近或不能经常接触的地方，以满足消费者的需求。此外，这些城市开始把眼光投向阿尔卑斯山以北的地域。南德意志的宫廷和城市都欢迎由威尼斯人运来的产品，且在 12 世纪，德意志商人也抵达威尼斯，为德意志人的商栈（Fondaco dei Tedeschi）奠基，这种商栈在以后的几个世纪里都是以热那亚为基地的德意志商人的商务代理站。[10]热那亚商人开始溯罗讷河而上，前往香槟地区的新兴市集，他们可以在那里买到最为精致的弗兰芒呢绒，然后顺罗讷河而下至地中海。一个广泛的商业网络形成了，其核心是热那亚、比萨和威尼斯间的海上贸易，也有延伸至西欧的分枝。

支持这一商业革命的是经营和记账方式的发展。事实上，
278 我们之所以对于热那亚这一时期的经济和社会如此了解，是因为自公元 1154 年以来，城市里的文书做了大量合同、遗嘱、土地出售和其他转让的记录。[11]这些记录中保存下来的第一件，就是由公证官乔瓦尼［Giovanni Scriba，或称约翰文士（John the Scribe）］所写的笨重大书，这些记录写在从亚历山大进口的厚实平滑的纸上，他的服务对象包括热那亚 12 世纪中期最有权势的家族。[12]经商的方式变得越来越高端，这在某种程度上是因为大公教会公开地斥责任何形式的“高利贷”。高利贷这个名词的用法极其宽泛，从高额贷款利率到简单的商业利润都可用它指代。商人们的经营手段须设法逃避教会的责难，教会对经商赢利行为所实施的最重惩罚是开除教籍。人们可以贷出一种货币，再用另一种流通货币结算还款，经商利润就隐含在钱币交换率当中。商人们常常结成一种被称为 *societas* 的合伙

形式，其中一个坐商的投资额度占四分之三，而其合伙人的投资占四分之一的份额，同时后者须同意航行前往双方协商的某一目的地，并在该地经营，作为回报他将获得利润的一半。这对于一个年轻的商人来说是开始资本积累的好途径，但另一种利润的分配方式变得更加常见——佣金（*commenda*）。在这种合作关系中，出行的合伙人不必投资，只需付出他的技术和服务，他将获得四分之一的利润。这种分配方式有助于将财富分散到贵族精英以外的阶层；一个忙碌的、野心勃勃的、不怕海上和异国港口之险境的商人阶层形成了。[13]热那亚人和比萨人遥望地中海，在每一个角落寻找机会。

4

要在拜占庭和伊斯兰世界开展更有野心的事业，掌控家门前的水域是基本前提。在巴里处于穆斯林埃米尔的控制之下时（公元 847 ~871 年），威尼斯人需要肃清亚得里亚海的穆斯林船队；880 年，威尼斯人的努力得到回报，他们从感激涕零的拜占庭皇帝那里获得了一项特权。992 年，威尼斯人再一次前来帮助拜占庭，在这次行动中，它获得了一项贸易特权。[14]比萨人和热那亚人并不拥有强如希腊皇帝的庇护者，只能依赖自己的努力。1063 年，一支比萨船队侵入了被 279
穆斯林控制的港口巴勒莫，破坏了一些敌船，并掌控了在港口外拦截（和他们自己一样的）入侵者（如他们自己那样）时所用的铁链。他们没能进入港口，但还是掠走了大量战利品。[15]他们的利润增加了上帝的荣光，因为他们捐出其中的一部分修建了比萨人的圣玛利亚（Santa Maria）大教堂。如果有任何标志能够显示这座城市的财富增长，那就是这座壮丽的大理石教堂了。

这些劫掠使人们产生了一种感觉，即他们在进行一场对抗穆斯林的圣战。上帝将以胜利、劫掠物品，以及当时界定尚不明确的“精神财富”来回报他们的付出。在精神回报和物质回报方面还没有明显的界线，公元 1087 年（当年比萨人和热那亚人攻击了突尼斯海岸的马赫迪耶）的事件充分证实了这一点。[16]马赫迪耶城屹立于一处海岬，是由当年实际控制了埃及的法蒂玛统治者所奠基的，它也曾经是来自通布图（Timbuktu）之外的尼日尔河岸的沙金集散地；这些沙金由骆驼商队驮运穿过撒哈拉大沙漠，抵达地中海，然后被注入伊斯兰世界的经济。对马赫迪耶的控制一定也是控制西西里海峡的关键环节，由此也是地中海东西两方自由交通的关键环节。因此，它一直是基督教征服者——12 世纪的诺曼诸王、14 世纪的法兰西十字军——所设定的目标。但是它最为繁盛的时期是 11 世纪晚期。经冢犹太商人经常光顾此地，在此出售来自东方的胡椒和埃及的亚麻。[17]1062 ~ 1108 年，马赫迪耶由精力充沛的埃米尔塔敏（Tamin）治理，他通过贸易和对卡拉布里亚的尼科泰拉（Nicotera）及西西里岛马扎拉的海盗式袭击致富。[18]对于近邻来说，他是一个讨厌的骚扰者。法蒂玛王朝愚蠢地发动了贝都因人（Bedouin）的军队［即巴努希拉尔部（Banu Hillal）和巴努苏莱曼部（Banu Sulaym）］，他们以为这会使突尼斯重新与埃及结盟。最终，贝都因人仅仅加剧了局面的混乱，对村庄造成了难以挽回的伤害，导致北非的居民开始对西西里的谷物产生依赖，而突尼斯在数百年之前曾经是地中海世界的面包筐。[19]据 13 世纪的阿拉伯作家伊本·阿尔－阿希尔（ibn al-Athir）记载，基督徒试图劝诱西西里的诺曼伯爵罗

杰（Roger）参与攻击马赫迪耶的军事行动（罗杰曾经在西西
里岛上耗费了二十五年时间以扩大基督徒的控制范围）；但是 280
“罗杰抬起他的大腿，放了一个大大的屁”，抱怨说这会引起诸多纠纷：“食物的贸易权将从西西里人的手中转到他们的手中，而且我将失去每年在谷物贸易上所得到的利益而使他们获益”。[20]

即使没有罗杰伯爵的加入，意大利的同盟者也乐于在公元1087 年采取行动。教宗维克托三世在罗马欢迎那些前来参战的人，他们在这里获得了朝圣者的香袋，表明他们已经拜谒了圣彼得大教堂。这曾经使研究十字军东征的当代历史学家大感兴奋，他们坚持认为自 1095 年第一次东征后，十字军便开始被视作朝圣者：“朝圣行为与圣战事实上是同一件事。”[21]就像在巴勒莫一样，意大利人对马赫迪耶的袭击造成了很大的破坏，但并没有占领这个城市，可能他们从来没有想要占领它。他们用掠夺得来的财富资助修建了位于比萨中心的科尔泰维基亚（Cortevecchia）的圣西斯托（San Sisto）教堂，该教堂的立面装饰着十字军从马赫迪耶劫掠来的陶器。[22]此外，比萨人还为此举作了一首拉丁文的诗——《比萨人的胜利之歌》（*Carmen in victoriam Pisanorum*），诗中满是圣经式的想象，使人回忆起以色列的子民与其异教邻人间的斗争。马赫迪耶人在诗中摇身一变成了古代的米底人（Midianites），而比萨人则自称马加比家族甚至摩西的继承者：“噢，希伯来人再次掠夺了埃及，并因击败法老而喜悦；他们越过了伟大的海，似乎它是最干燥的陆地；摩西将水从最坚硬的岩石中吸出。”[23]这首诗营造了一种狂热，使与异教徒作战的神圣事业看起来超越了商业方面的考虑。

比萨人和穆斯林之间的关系并不总是对立的，比萨人用伊斯兰世界的陶器装饰教堂就可证明这一点。[24]这些陶器用了很厚的陶釉和丰富的色彩，在风格上十分不同于西欧生产的古朴器皿，而且被嵌入教堂的外墙使它们在阳光下像珠宝一样闪耀着光芒。[25]大的陶盘（*bacini*）被嵌入比萨的钟楼和教堂正面的墙，它们述说着一个耐人寻味的故事，这个故事并非只与战争相关，还涉及贸易和人们对于东方产品的迷恋。公元 11 世纪修建的教堂的外墙展示了埃及式的精美陶器。这里有在马赫迪耶战争前
281 后从西西里岛和突尼斯运来的陶罐；摩洛哥曾向比萨输送大量更简朴的绿色和棕色的陶器，它们的表面覆有蓝色的陶釉。比萨人开始习惯于这种装饰方法，即使他们在 13 世纪已经发展了自己的涂釉陶器制造业，教堂的钟楼上还是安置了这种彩陶盘装饰。这是因为意大利人从伊斯兰世界不只获得了陶器，还学习了穆斯林的技术，这为文艺复兴时期的意大利奠定了锡釉陶器产业的基础。

在比萨附近，圣皮耶罗格拉多（San Piero a Grado）教堂的立面镶有一只大盘，上面画了一艘挂着三角帆的三桅船，有较大弧形的船头和倾斜的船尾。这艘船来自穆斯林统治下的马略卡，它的设计相当富有特色。[26]即便如此，这一图像还是令人隐约想起那些装载各类货物的巨大帆船，它们在伊斯兰势力控制地中海南部水域期间在西班牙、非洲和西西里岛间航行。它印证了经冢文献关于宽大船只 *qunbar* 的描述，这种船可以装载大量货物并同时搭乘旅客。[27]另一只陶盘描绘了一艘较小的、装备有桨和帆的船，它紧随一艘双桅船航行，这可能是一种体长、低矮、流线型的快速帆船。经冢文献中同样可找到相关的证据。在这些文献提到一种叫作 *ghurabs* 的轻型帆船，这个词传达了一

柄剑的利锋之意，突显了这种船破浪前进的能力。而长形低矮的小船可能是 *qarib*，这是一种远洋船只，能够一直从突尼斯驶向叙利亚。[29]

5

对穆斯林在地中海霸权的挑战在公元 11 世纪末激化了。在 11 世纪 60 年代，也就是罗伯特·吉斯卡尔（Robert Guiscard）和他的兄弟罗杰·德奥特维尔（Roger de Hauteville）的军队侵入西西里后，基督徒在穆斯林控制下的地中海海域的扩张进展顺利。此两人是诺曼骑士，他们已经在伦巴第和南意大利的拜占庭领土建立了统治权。1061 年，即在他们占领了巴里——人们所知的拜占庭“伦巴迪亚”（Longobardia）行省的首府——的十年后，他们受诱渡过墨西拿海峡，干预占领了西西里岛且对诺曼人的威胁毫无所知的三个埃米尔间的激烈争端。伊本·哈
瓦斯（ibn al-Hawas），也就是其中一位埃米尔，把自己的妹妹 282
放在山顶的恩纳（Enna）保护起来，她是势力强大且可憎的卡塔尼亚埃米尔伊本·阿斯-希姆纳（ibn ath-Thimnah）备受虐待的妻子，后者试图以武力将妻子夺回却没有成功。绝望之中，伊本·阿斯-希姆纳请求诺曼人帮助他，罗伯特和罗杰·德奥特维尔答应了。他们到了西西里，至少从表面上看，他们不是入侵者，而是卡纳尼亚的埃米尔军事上的支持者。他们将这一同盟关系作为逐渐地夺取整个岛屿的基础，他们首先占领了墨西拿，继而于 1072 年占领了巴勒莫（但对整个西西里的占领直到 1091 年诺托陷落后才完成）。他们将战斗人员和马匹运过墨西拿海峡的本领令人难忘。罗杰成为西西里伯爵，并娶了意大利西北部的萨沃纳（Savona）贵族的女儿；和她一起来

的有大批利古里亚和意大利其他地方的移民，他们后来被称为伦巴第人。随着这批移民的到来，西西里岛缓慢的拉丁化进程开始了，直到12世纪，在西西里东部的一些城镇中，还有一些人讲着与利古里亚的意大利语相近的方言。[30]

然而，西西里岛的本质并没有发生迅速变化。在公元12世纪的多数时候，这里是一个多族混居之地：穆斯林人口最多，约有一千一百人；希腊人略少；犹太人则约占全部人口的百分之五；而拉丁移民（不论他们是诺曼人还是“伦巴第人”）的占比不到百分之一。希腊人口主要集中在西西里岛的东北角，在埃特纳火山周边被称为瓦尔德莫尼（Val Demone）的区域，且尤其集中在墨西拿，墨西拿后来成为诺曼人治下的西西里的主要造船基地。这里的每个居民群体都被允许保持一定独立性：人们可自由地实践宗教信仰，这是在与被征服的城镇如恩纳签订“投降协议”时确立的原则；各群体有自己的法庭，处理相同宗教信仰者内部的讼案；伯爵保证为他们提供保护，缴纳的保护金或称“人头税”（*poll-tax*）由穆斯林和犹太人来支付，它只是穆斯林向“有经书的人民”所征收之人头税（*jizyah*）的扩展，只不过在这里，基督徒可以免税，而穆斯林需要征税而已。

罗伯特·吉斯卡尔征服了拜占庭在南意大利的行省，周边的伦巴第公国也引起了拜占庭皇帝的极度愤怒。教宗与希腊正教会之间的关系在公元11世纪持续恶化，因为教宗开始强调
283 其对于整个基督教世界的最高权威，而且诺曼人的胜利有可能使南意大利的教会脱离希腊派基督教。尽管1054年的“东方分裂”经常被视为西方的大公教会与正教东方分裂的决定性节点，但这一年的事件只是长期争执中的一小部分：教宗使节亨

拜（Humbert of Silva Candida）在君士坦丁堡的圣索菲亚大教堂高高的圣坛上抛出了一个文件，将君士坦丁堡牧首和他的主人拜占庭皇帝开除了教籍。拜占庭曾经在阿普利亚（Apulia）的沿海城市巧妙地平衡与拉丁人和希腊人的关系。在那里，拉丁主教们通常更乐于接受君士坦丁堡的权威，至少在政治事务上情况如此，而无视西方的统治者，包括教宗。诺曼人的到来挑动了拉丁人对抗拉丁人，希腊人对抗希腊人；诺曼人对于意大利靴头部位的卡拉布里亚的征服，以及之后对西西里岛的征服，使数万希腊人被置于罗伯特的兄弟罗杰的统治之下。在1071 年巴里陷落之后，诺曼人对于拜占庭人的敌意更强，因为罗伯特计划入侵意大利亚得里亚海岸对面的拜占庭领土。他将都拉基乌姆和爱奥尼亚诸岛视为可以在他金发碧眼的大块头儿子波希蒙德（Bohemond）协助下深入拜占庭领地的门户。罗伯特攻打拜占庭的理由是，他在为被废黜且被流放的皇帝米哈伊尔·杜卡斯（Michael Doukas）打抱不平。他欢迎一位自称米哈伊尔的难民修士随军前行。他给这位修士穿上皇帝的服饰，让他站在都拉基乌姆的城墙前，但这个“米哈伊尔”（历史学家安娜·科穆宁娜的说法）一出现，在城垛上守卫的市民就立即大声喊叫说他是假冒的。人们可能会推测安娜如此说，是因为她是在位皇帝阿列克修斯·科穆宁（Alexios Komnenos）的女儿，这位皇帝是一个强大王朝的奠基者，他的文治武功带来了拜占庭的伟大复兴。安娜怀疑罗伯特觊觎君士坦丁堡的皇位，而且我们很难否定这一点。对阿尔巴尼亚的进攻只是他试图沿着艾格纳提亚大道一直攻向拜占庭心脏的一场战争的第一阶段。

公元 1081 ~1082 年，罗伯特建立了一支足以装载用兽皮包裹的庞大攻城塔的船队，以图从海上攻击都拉基乌姆，而波希蒙德会在前方海岸的法罗拉（Valona 或 Vlorë）登岸，然后从陆上行进。当时是夏季，海面比较平静，但是据安娜·科穆
284 宁娜记载，上帝显示出了对拜占庭人的恩宠，刮起了大风将罗伯特的船只吹散并摧毁。当云层散开之后，建在船上的攻城塔被突然兴起的巨浪击倒，陷入甲板之下。船沉了，罗伯特和他的少数随从有幸存活，被抛在岸边。即使面临如此逆境，罗伯特·吉斯卡尔也不认为这是神的裁夺，而决心重新发动攻击。[31] 罗伯特集结他的残余兵力包围了都拉基乌姆，甚至带来了一些更庞大的围城塔搭在城墙上。这些城墙建筑十分牢固，据拜占庭作家的说法，两台二轮战车可以在城墙上叠起来——这个画面更接近荷马的描写，而不是 11 世纪战争的现实情形，因为在这一时期，这种二轮战车早已消失。都拉基乌姆只能被叛变和欺骗征服。事实上，给入侵者打开城门的是一个阿马尔菲商人。[32]

阿列克修斯对于如何对处于帝国西端的潜在敌人发动战争的问题有了明智的解决方法。他的船队缺乏在离家如此远的地方进行战斗的能力。拜占庭的海军被局限于爱琴海，拜占庭人在陆地上还有足够多的问题需要处理：塞尔柱突厥人攻击着其在小亚细亚的东方边境，斯拉夫人在巴尔干半岛上，更不必提君士坦丁堡内部的派系之争了。拜占庭人更乐于利用外交手段避免冲突，但仅诉诸外交手段并不能搞定罗伯特·吉斯卡尔。外交手段是对作为其他势力的威尼斯人使用的，威尼斯商人生活在对冲突的恐惧之中，这种冲突可能导致他们难以自由出入亚得里亚海。诺曼人在阿尔巴尼亚的一次胜利会使南意大利军舰控制亚得里亚海的入口。威尼斯非常乐于见到控制南亚得里亚海西岸的势力无法同时控制东岸，所以威尼斯人答应为拜占庭人提供海上援助，以将吉斯卡尔赶离都拉基乌姆。他们派出

了配有镶着钢钉的重型撞角的帆船，它们撞向敌船并将其撞破。最后，拜占庭人收复了都拉基乌姆，罗伯特（他当时在意大利也遭遇了困难）被迫撤退，但波希蒙德仍在阿尔巴尼亚逗留了一段时间并为那里带去了浩劫。当罗伯特再度发动进攻时，他已经是老弱之躯，最后在公元1085年的攻击行动中死于凯法利尼亚岛（Kephalonia）的小港口费斯卡尔多（Fiskardo），此地的地名中至今仍保留着他“吉斯卡尔”的绰号（意为狡猾的）。尽管阿列克修斯和他的宫廷在听到这个消息之后甚为欣慰，但这绝不是南意大利的统治者通过阿尔巴尼亚入侵拜占庭的最后一次尝试。

与此同时，威尼斯人向皇帝阿列克修斯派出使节，公元 285
1082年皇帝颁布“黄金诏书”，赏给威尼斯人许多礼物，并同时强调威尼斯人是皇帝的“臣属”（*duli*）。他给予威尼斯人的最为贵重且最具争议性的礼物是允许威尼斯人在拜占庭帝国除黑海和塞浦路斯之外的所有地方享有贸易免税权。皇帝试图保住君士坦丁堡作为连接地中海（从地中海可获得香料和奢侈品）和黑海（从黑海下行，商人们可带来皮毛、琥珀和其他北方的产品）的要道的特殊地位。威尼斯人甚至在金角湾得到了一些土地，包括一个码头和他们自己的教堂（附有自己的面包房）。[33]1082年的特权在地中海树立了一种标准；且无论何时，只要意大利城市需要与一个需要其提供海军力量支持的贸易伙伴谈判，它们都有一个现成的模式可仿效。

关于拜占庭经济受威尼斯人制约达到什么程度，学界有不同的观点。从长远来看，意大利人的出现可能促进了农产品和纺织品的输出。[34]很明显，在公元1100年前后，威尼斯人在拜占庭的存在还是极其有限的。威尼斯商人在拜占庭世界的主要目的地很令人惊奇地是接近自己家园的都拉基乌姆（刚刚从诺曼人手中夺回）以及科林斯（进入此地不需要经过爱琴海，只需使用科林斯湾内位于勒凯翁的古代港口即可）。威尼斯人从这两处运载葡萄酒、油、盐和谷物回到自己正在蓬勃发展的家乡，那里对这类普通食品原料的需求在不断增长。[35]对于多数的威尼斯商人来说，有着丝绸、珠宝和金属制品的君士坦丁堡是远在天边的地方，但是他们开始考虑充分利用他们已经获得的特权。这是一项权利，因为他们仍然认为自己是住在东罗马帝国边区的居民，对于他们作为帝国臣民的身份颇感自豪，这个再清楚不过的事实可以通过圣马可大教堂的建筑和装饰证明，这座教堂重建于 7 世纪下半叶，完全属于拜占庭风格，模仿了君士坦丁堡的圣使徒教堂的形制。圣马可大教堂的修建意在全面彰显与东方的联系，因为它也骄傲地宣称它与亚历山大，即埋葬圣马可骸骨之地的联系。[36]

286 到公元 11 世纪末，比萨人和热那亚人已经越来越热衷于用武力清除西地中海的穆斯林海盗，并瓜分了撒丁岛。与此同时，威尼斯人在拜占庭帝国赢得了在日后将变得独一无二的地位。穆斯林在地中海上的统治不再是理所当然的，尤其在十字军的陆军和海军第一次开始行动之后。

注　释

1. S. A. Epstein, *Genoa and the Genoese, 958–1528* (Chapel Hill, NC, 1996), p. 14.
2. Ibid., pp. 10–11 (with a rather more positive view of its harbour).
3. Ibid., pp. 22–3.

4. D. Abulafia, 'Southern Italy, Sicily and Sardinia in the medieval Mediterranean economy', in D. Abulafia, *Commerce and Conquest in the Mediterranean, 1100–1500* (Aldershot, 1993), essay i, p. 24.
5. Ibid., pp. 25–6.
6. J. Day, *La Sardegna sotto la dominazione pisano-genovese* (Turin, 1986; = J. Day, 'La Sardegna e i suoi dominatori dal secolo XI al secolo XIV', in J. Day, B. Anatra and L. Scaraffia, *La Sardegna medioevale e moderna*, Storia d'Italia UTET, ed. G. Galasso, Turin, 1984), pp. 3–186; F. Artizzu, *L'Opera di S. Maria di Pisa e la Sardegna* (Padua, 1974).
7. Epstein, *Genoa*, pp. 33–6.
8. Cf. A. Greif, *Institutions and the Path to the Modern Economy: Lessons from Medieval Trade* (Cambridge, 2006), p. 229; also L. R. Taylor, *Party Politics in the Age of Caesar* (Berkeley, CA, 1949).
9. Epstein, *Genoa*, pp. 19–22, 41; Greif, *Institutions*, p. 230.
10. G. Rösch, *Venedig und das Reich: Handels- und Verkehrspolitische Beziehungen in der deutschen Kaiserzeit* (Tübingen, 1982).
11. S. A. Epstein, *Wills and Wealth in Medieval Genoa, 1150–1250* (Cambridge, MA, 1984).
12. D. Abulafia, *The Two Italies: Economic Relations between the Norman Kingdom of Sicily and the Northern Communes* (Cambridge, 1977), pp. 11–22.
13. Q. van Dosselaere, *Commercial Agreements and Social Dynamics in Medieval Genoa* (Cambridge, 2009).
14. D. Abulafia, 'Gli italiani fuori d'Italia', in *Storia dell'economia italiana*, ed. R. Romano (Turin, 1990), vol. 1, p. 268; repr. in D. Abulafia, *Commerce and Conquest in the Mediterranean, 1100–1500* (Aldershot, 1993); D. Nicol, *Byzantium and Venice: a Study in Diplomatic and Cultural Relations* (Cambridge, 1988), pp. 33, 41.
15. Abulafia, *Two Italies*, p. 52.
16. H. E. J. Cowdrey, 'The Mahdia campaign of 1087', *English Historical Review*, vol. 92 (1977), pp. 1–29, repr. in H. E. J. Cowdrey, *Popes, Monks and Crusaders* (London, 1984), essay xii.
17. S. D. Goitein, *A Mediterranean Society: the Jewish Communities of the Arab World as Portrayed in the Documents of the Cairo Geniza*, vol. 1, *Economic Foundations* (Berkeley, CA, 1967), pp. 196–200, 204–5.
18. Cowdrey, 'Mahdia campaign', p. 8.
19. D. Abulafia, 'Asia, Africa and the trade of medieval Europe', *Cambridge Economic History of Europe*, vol. 2, *Trade and Industry in the Middle Ages*, ed. M. M. Postan, E. Miller and C. Postan (2nd edn, Cambridge, 1987), pp. 464–5.
20. Abulafia, *Two Italies*, p. 40.
21. Cowdrey, 'Mahdia campaign', pp. 18, 22.
22. D. Abulafia, 'The Pisan *bacini* and the medieval Mediterranean economy: a historian's viewpoint', *Papers in Italian Archaeology, IV: the Cambridge Conference*, part iv, *Classical and Medieval Archaeology*, ed. C. Malone and

S. Stoddart (British Archaeological Reports, International Series, vol. 246, Oxford, 1985), pp. 290, repr. in D. Abulafia, *Italy, Sicily and the Mediterranean, 1100–1400* (London, 1987), essay xiii.

23. Cowdrey, 'Mahdia campaign', p. 28, verse 68; also p. 21.
24. G. Berti, P. Torre et al., *Arte islamica in Italia: i bacini delle chiese pisane* (catalogue of an exhibition at the Museo Nazionale d'Arte Orientale, Rome; Pisa, 1983).
25. Abulafia, 'Pisan *bacini*', p. 289.
26. Ibid., pp. 290–91; J. Pryor and S. Bellabarba, 'The medieval Muslim ships of the Pisan *bacini*', *Mariner's Mirror*, vol. 76 (1990), pp. 99–113; G. Berti, J. Pastor Quijada and G. Rosselló Bordoy, *Naves andalusíes en cerámicas mallorquinas* (Palma de Mallorca, 1993).
27. Goitein, *Mediterranean Society*, vol. 1, p. 306.
28. Pastor Quijada in *Naves andalusíes en cerámicas mallorquinas*, pp. 24–5.
29. Goitein, *Mediterranean Society*, vol. 1, pp. 305–6.
30. D. Abulafia, 'The Crown and the economy under Roger II and his successors', *Dumbarton Oaks Papers*, vol. 37 (1981), p. 12; repr. in Abulafia, *Italy, Sicily and the Mediterranean.*
31. Anna Komnene, *Alexiad*, 3:12.
32. Ibid., 4:1–5:1.
33. R.-J. Lilie, *Handel und Politik zwischen dem byzantinischen Reich und den italienischen Kommunen Venedig, Pisa und Genua in der Epoche der Komnenen und der Angeloi (1081–1204)*, (Amsterdam, 1984), pp. 9–16; Abulafia, *Two Italies*, pp. 54–5; Abulafia, 'Italiani fuori d'Italia', pp. 268–9.
34. J. Holo, *Byzantine Jewry in the Mediterranean Economy* (Cambridge, 2009), pp. 183–6.
35. Abulafia, 'Italiani fuori d'Italia', p. 270.
36. D. Howard, *Venice and the East: the Impact of the Islamic World on Venetian Architecture 1100–1500* (New Haven, CT, 2000), pp. 65–109.

四　“上帝惠赐的利润”（1100 ~ 1200 年）

1

公元 1095 年，在法兰西中部的克莱蒙的一次布道中，教 287
宗乌尔班二世（Urban Ⅱ）发起了一个运动，它将改变地中海和欧洲的政治、宗教、经济版图。他的布道主题包括基督徒在东方的伊斯兰世界遭到的压迫、基督徒军队与突厥人战斗的失败，以及耶稣受难并被钉于十字架之地耶路撒冷的圣墓教堂（Church of the Holy Sepulchre）被掌控在“异教徒”手中的丑闻。[1]教宗乌尔班意欲动员、召集法兰西南部的志愿者去东方帮助拜占庭对付突厥人，但其演说被理解为号召基督教世界的骑士们停止彼此之间的内部争斗（这件事使他们的灵魂面临危险），转而将他们的精力用来对付异教徒，组织一次神圣的武装朝圣运动，怀着那些死于此次伟大征程的人将获得永恒救赎的信念。这是一个取代其他教会要求的救赎行为的机会，这是最适合骑士阶级的机会，应投身战争，但这次的效力对象是上帝。参加十字军战争的人此前的所有罪愆将因而获得救赎这一概念是逐渐成为正式信条的。但是民众对于教宗所宣传的为基督而战这一理念的理解，领先于教法制定者们更为谨慎的定义。

第一次十字军东征的主要行军路线绕开了地中海，而是从
陆上经过了巴尔干半岛和安纳托利亚半岛；十字军由于战事、 288

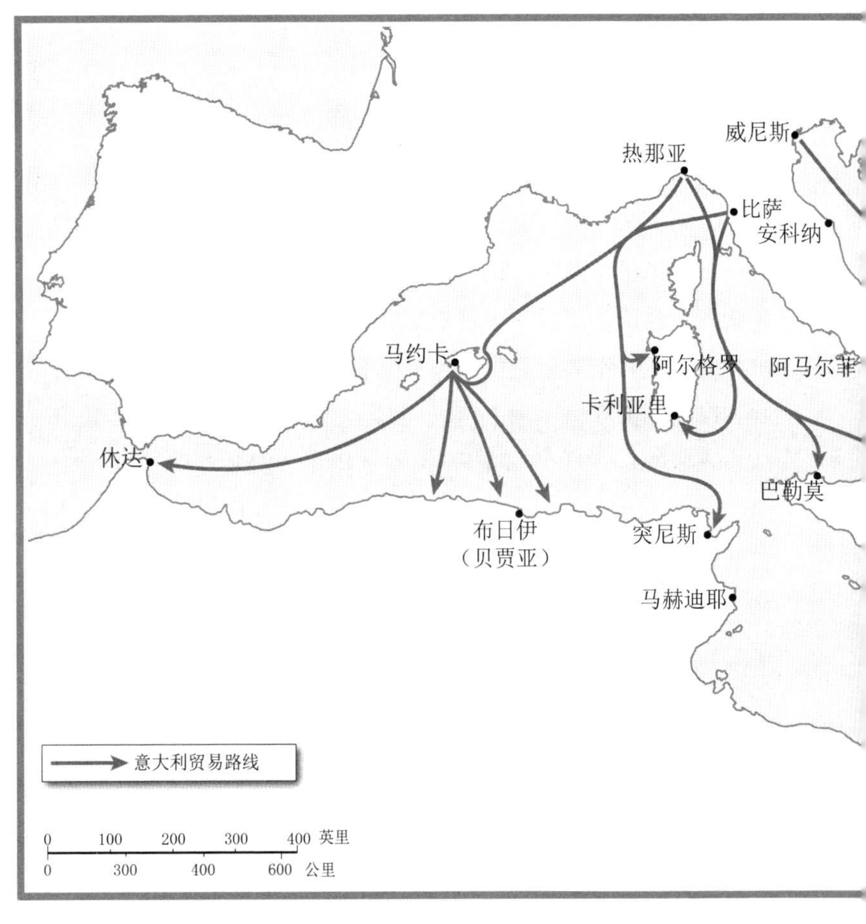
威尼斯
热那亚
比萨
安科纳
马约卡
阿尔格罗
阿马尔菲
卡利亚里
休达
巴勒莫
布日伊
（贝贾亚）
突尼斯
马赫迪耶
意大利贸易路线
0 100 200 300 400 英里
0 300 400 600 公里

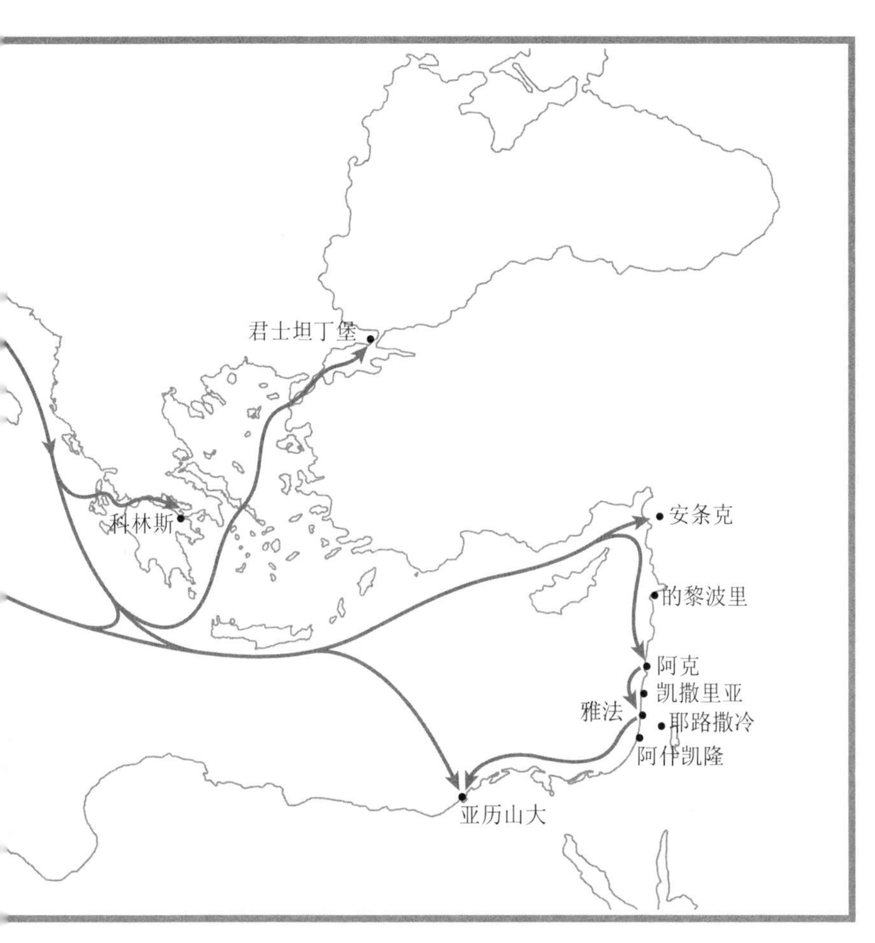
君士坦丁堡
科林斯
安条克
的黎波里
阿克
凯撒里亚
雅法
耶路撒冷
阿什凯隆
亚历山大

疫病和疲劳过度而大大减员，他们中的许多人在到达叙利亚之前从未见过除君士坦丁堡的博斯普鲁斯海峡之外的其他海域。[2]甚至在东方，他们的目标也不是一座滨海城市，而是耶路撒冷，因此公元 1099 年对耶路撒冷的征服创造了一片远离大海的飞地，我们将会看到，这个问题只有意大利的海军能够解决。另一支来自阿普利亚的军队是由罗伯特·吉斯卡尔的儿子波希蒙德征集的。拜占庭人拿不准他是否真的要接手他父亲征服拜占庭土地的计划，当他来到君士坦丁堡时，他被迫承认了拜占庭皇帝的权威，称自己是这位皇帝的臣属（*lizios*）。这是西方封建制的用语，在这里被如此使用，是因为波希蒙德更乐于根据自己家乡的传统向皇帝宣誓效忠，而不是按照拜占庭的法律做出承诺。1098 年，他占领了近期才被拜占庭人丢失并
289 落入突厥人之手的城市安条克，成为安条克大公，此后拜占庭宫廷便使出各种手段，坚持称他的公国是拜占庭帝国的属国。令人惊诧的是，一群装备极差的乌合之众竟证明了他们能够于 1098 年占领安条克，然后又于 1099 年占领耶路撒冷，然而拜占庭人更倾向于把这件事视为典型的野蛮人的运气，而不是基督策划的胜利。从君士坦丁堡的视角看，十字军所获得的成果并不完全是负面的。西方骑士已经在拜占庭领土与塞尔柱突厥人和法蒂玛哈里发发生争议的土地之间的敏感地带站住了脚。

波希蒙德加入十字军的宗教动机并不应该被低估，但是他
290 是个实用主义者：他清楚地看到，如果十字军不进入地中海，如果没有一支能够在西方打开补给线的基督徒舰队的支持，他们将一无所获。因此，他需要与意大利海上势力建立联系。格勒诺布尔（Grenoble）和奥朗日（Orange）主教传达的教宗乌尔班讲演在热那亚和比萨激发了宗教热情，他可以以此为倚

仗。热那亚市民决定结束他们的内部争端和嫌隙，在一个由六位执政官领导的自治会议下团结起来；成立这个自治会议的最主要目标是为十字军建立一支武装船队。历史学家们长期以来都主张，热那亚人把参加十字军东征看成一次商业机遇，他们希望在十字军征服的任何土地上获得贸易特权，这种权利应与威尼斯人最近在拜占庭获得的商业利益相匹敌。然而热那亚人并不能预见到十字军的结局。他们愿意搁置自己的贸易活动，把所有的精力用于建设那些之后很有可能在战争和风暴中损失殆尽的船队。使他们采取行动的是对圣战的热情。据参加了第一次十字军东征的热那亚编年史学家卡法罗（Caffaro）记载，早在十字军东征之前的公元 1083 年，一艘被命名为波美拉（Pomella）的热那亚船就曾载着佛兰德伯爵罗伯特和耶路撒冷的第一位拉丁统治者布永的戈弗雷（Godfrey of Bouillon）去往亚历山大，从亚历山大出发，他们历经艰难，拜谒了圣墓教堂，并梦想为基督教世界收复它。[3] 这个故事完全是虚构的，但它表达了热那亚精英人士的一种理念，即他们的城市注定要在征服耶路撒冷的战争中扮演重要角色。

公元 1097 年 7 月，十二艘大帆船和一艘稍小的船从热那亚出发。船员包括约一千二百名男丁，这在该城的男丁中占有相当大的比例，因为热那亚全城只有一万人。[4] 无论如何，这支船队通过某种渠道知道了十字军的所在地，在叙利亚北岸和十字军取得了联系。安条克仍然处于包围之中，热那亚船队就停泊在圣西梅恩港（St Symeon）之外，该港口是安条克城的出海口，自青铜时代以来它就是通向地中海的通道。[5]1098 年 6 月夺得安条克之后，波希蒙德回报了热那亚人，在安条克给他们修了一座教堂，附近有三十间房屋、一间货栈和一口井，它们基本构成了一处商业殖民地。[6]这是热那亚人从即将由十字军人创建的国家中取得的第一宗特惠许可。在1099年夏天，颇有威望的热那亚埃姆布里亚科（Embriachi）家族派遣搭载族
291 人的船只在雅法海域停泊，为十字军人围击耶路撒冷施援——他们用从自己船只拆下的木料为耶路撒冷制作攻城器械。然后在1100年8月，二十六艘大船和四艘补给船从热那亚出发，载运了大约三千名男丁。[7]他们与新建立的耶路撒冷王国的北法兰西统治者鲍德温一世（Baldwin I）取得联系，开始缓慢地征服沿海地区，因为沿海地区是维系西欧和这个新建王国间补给线的战略要地。他们于1101年5月洗劫了古代海滨城市凯撒里亚。[8]热那亚人的首领在分配掠夺物时分给了每个船员两磅胡椒，这表明即使在一个如此之小的黎凡特港口，香料的存储也十分充足。他们还拿走了曾经悬挂在凯撒里亚大清真寺上的绿色大陶盘，人们相信这个大盘曾在最后的晚餐中被使用，它由珐琅制作（这是一个在几个世纪之后才纠正的错误，当时某人把它摔到地上，发现它是用玻璃制作的）。由于几乎可以肯定这个盘子是1世纪的罗马手艺人制作的精品，他们对于此陶盘来源的直觉并不是完全错误的。这个盘子在凯旋仪式中被迎进了热那亚大教堂，现在还在那里展示，以“圣杯”（Holy Grail）候选者之一的身份吸引着人们的关注。[10]

这只绿色的陶盘对于热那亚人来说是可以与他们的任何商业特权相媲美的回报，所有优惠权都被列入城市年鉴并作为神赐的信号被加以庆祝。热那亚人与每一个需要在叙利亚和巴勒斯坦获得海港控制权的十字军国家（耶路撒冷、的黎波里、安条克）的统治者交好。公元1104年，由于夺取了具有良港和进入内陆地区的便捷通道的海港城市阿克，热那亚人的财富

进一步增加。在之后两个世纪的多数时间内，阿克成为意大利商人在圣地的主要贸易基地。热那亚人撰写了文件，以说明耶路撒冷的统治者曾经允诺，在热那亚人帮助下征伐的一直延伸到巴勒斯坦海岸的土地中，有三分之一归热那亚人，但并不是所有人都相信这些文件的真实性；即使这些文件并不真实，它们也仍然是可证明热那亚人勃勃野心的证据。[11]他们甚至被许诺将获得三分之一的“巴比伦尼亚”（Babylonia，当时的欧洲对开罗的称呼），因为他们也一直策划侵入法蒂玛王朝治下的埃及。在以上所有地方，热那亚人还获得了法律上的豁免权，其范围自犯罪法扩展到财产法，使热那亚人摆脱了国王法庭的 292
日常司法程序。[12]热那亚人坚持称他们被允许在耶路撒冷的圣墓教堂内竖起一块刻有镀金文字的石碑以记录他们的特权。且不论这份铭文是否已经准备到位，对于这种公开记录的需求表明了热那亚人是如何执着于维系他们在从未建立过重要海军力量的耶路撒冷王国的域外特权。[13]

2

热那亚人也有竞争者。比萨人也热衷于加入十字军，于公元 1099 年派出了由其大主教戴姆伯特（Daimbert）率领的船队。他们于 1099 年帮助十字军攻打雅法，得到的回报是在当地建立贸易基地的权利。[14]在三个曾支援十字军运动的意大利城市中，动作最慢的是威尼斯。威尼斯人意识到拜占庭皇帝并不喜欢看到大批饥饿且装备极差的西方十字军进入君士坦丁堡。他们也不愿意使在法蒂玛王朝治下的亚历山大经商的威尼斯商人陷入麻烦。然而，他们看到了十字军给热那亚人带来的巨大利益，最终派出了两百艘船驶往东方。他们的第一站就是小亚细亚南部的衰败小镇米拉，在这里，他们挖到了圣尼古拉（St Nicholas）的骸骨，他是为海员提供庇护的圣徒。令威尼斯人嫉妒的是，在1087年，一群自巴里出发的海员成功地从米拉偷走了圣尼古拉的骸骨，为了保护这些骸骨，他们用白色石块建立了一座宏伟的大教堂。从此以后，作为圣地朝拜之旅起点的巴里本身也成了一处重要的朝圣地。威尼斯人发现在威尼斯统治下的海滨有足够的遗骸，他们可在其周围修筑圣尼可洛（San Niccolò）教堂。[15]在米拉发生的事之后，他们把注意力转回到了十字军运动。他们的主要任务是帮助十字军攻击海法，它于1100年的陷落带来了对城内穆斯林和犹太人口的大屠杀。[16]十字军因此控制了自迦密山（Mount Carmel）到阿克之间的弧形海湾地带。到1100年，巴勒斯坦的大部分海岸皆被掌控在十字军手中，但阿什凯隆（Ascalon）直到1153年还在埃及人的占领下。埃及人驻阿什凯隆的治理者事实上是服从于意大利人的利益的，因为只要敌人的军事力量在圣地沿岸驻
293 扎，他们就需要意大利人的海军船队，意大利人因此可以期望从耶路撒冷国王手中获得更好的特权。

意大利人可以向他们自己贺喜。贸易活动显然活跃在和平时期，但即使在战争期间也有许多极好的贸易机会：获取战利品或者奴隶、提供武器（通常是向双方提供）、对敌方船只发动海盗式袭击等。但是，要在支持耶路撒冷的拉丁诸王和维系同其他客户的联系及承诺间取得平衡并不容易（特别是在埃及和拜占庭）。拜占庭人开始怀疑自己给了威尼斯人太多的东西。公元1111年，比萨人得到了有限的商业特权；然后在1118年，阿列克修斯·科穆宁的儿子和继任者约翰二世拒绝重申拜占庭于1082年赐给威尼斯人特权的黄金诏书中

的条款。于是，当威尼斯人向其他方面寻求商业利益时，他可能不应该感到惊诧；威尼斯人对十字军产生了极强热情，他们响应了向十字军提供海上支援的请求，派出了一大支船队前往圣地。1123 年，他们在阿什凯隆港外将法蒂玛王朝的多数船只击溃，使它们沉入海底。[18]威尼斯人因此得以封锁推罗，该城仍然掌控在穆斯林手中，但在第二年被攻克。在这里，威尼斯人确立了极高的特权地位，不仅占有了该城的三分之一，而且控制了城外的田庄，且在今后任何一处威尼斯人协助攻克的城镇，他们都将有权掌控一座教堂、一个广场、一个烤炉和一条街道。他们被免除了所有的贸易关税；承诺书上写着："在每一处国王或男爵的土地上，每一个威尼斯人都将像在威尼斯一样完全自由。"[19]推罗成为他们在叙利亚－巴勒斯坦海岸的主要据点，但这并不能阻止法蒂玛王朝船队的偶尔入侵。然而埃及海军发现，他们现在已经没有任何一处可为其提供给养的基地了。有一次，一些埃及海员试图登陆获取一些淡水，但被拉丁王国的弓箭手击退。[20]法蒂玛王朝失去了进入黎巴嫩森林的入口，千百年来这里一直是黎凡特的重要造船业基地。尽管阿什凯隆的海战并不标志法蒂玛海军的全军覆没，但它是一个转折点：穆斯林的船只已经无法动摇基督教船队的优势地位。东地中海海上通道的控制权已经落入比萨人、热那亚人和威尼斯人之手。参与早期的十字军活动带给这些城市的不仅是在圣地诸城内的立足点，还有在整个地中海上的航行主导权。

最后，甚至拜占庭皇帝也认识到，他不能阻止威尼斯人的 294
行为了。他极不情愿地在公元 1126 年颁布了给予威尼斯人的特权诏书。[21]威尼斯人的出现刺激了拜占庭的经济。[22]尽管威尼斯人并不向拜占庭帝国的财库纳税，但与他们进行交易的拜占庭臣民要交税，而且从长远来看，由商业税收构成的收入在增长而不是下降。但是，皇帝们总是关注直接的收入而无法看得更远。无须纳税的特权集团的存在引起了人们的敌视。[23] 1140年，皇帝曼努埃尔·科穆宁一世（Manuel I Komnenos）开始重新打击威尼斯人，但采取了不同的方式。他注意到，那些意大利人蜂拥进入君士坦丁堡，有些人成为城市的外籍居民，融入了君士坦丁堡的城市生活（他们被称为 *bourgesioi*）；另一些人则惹是生非，他们主要从事海外贸易。皇帝在金角湾内建立了一块封闭的区域，从德意志和法兰克商人手中夺取了土地，建立了威尼斯人的居住区，以便更轻松地控制威尼斯商人。

3

北意大利的兴起导致其他曾经在地中海世界成功经商的商人群体的势力——阿马尔菲人和经冢犹太人——在 11 世纪衰退。阿马尔菲人在拜占庭宫廷失宠，那些定居于君士坦丁堡的阿马尔菲市民甚至得向威尼斯人纳税。对于此，一个明显的原因是阿马尔菲不能像威尼斯人那样，提供一支大规模的、能够打败罗伯特·吉斯卡尔海军的船队。尽管阿马尔菲能够在公元 1131 年之前一直在诺曼人统治下保持相当程度的独立，但它的地位在拜占庭人眼中大打折扣，因为它的城址太接近诺曼征服者建立于南意大利的要塞——萨勒诺距离此地只有很短的航程。[24]但是，阿马尔菲仍然具有一定影响力。1127 年，阿马尔菲和比萨达成了友好协议。但在 1135 年，比萨人参与了日耳曼人对新建立的南意大利和西西里诺曼王国的一次入侵。西西里的罗杰允许阿马尔菲人的船只离港，并攻击了他可以发现的

任何敌船——毫无疑问的是，他的新臣民幻想发现迷路的比萨
人载满昂贵商品的船只。在阿马尔菲人离开后，比萨海军进入
了阿马尔菲港，蹂躏了这座城市，带走了大量战利品；他们于 295
1137 年再一次劫掠了阿马尔菲。[25]阿马尔菲的海上贸易范围缩减至包括巴勒莫、墨西拿和撒丁岛在内的第勒尼安海水域，且它在南意大利的陆路贸易发展得相当不错，于是许多内陆城市如贝内文托（Benevento）逐渐成为阿马尔菲人的小贸易中心。[26]到 1400 年，阿马尔菲已经成为一些并不引人激动的基础性商品，如葡萄酒、油、猪油、羊毛和亚麻织品的重要来源地，同时它也因生产优质纸张而闻名。[27]在这些变化之下的是一种显著的延续性。阿马尔菲人一直知道，海洋并不是他们的唯一生计来源。他们一直在索伦托（Sorrento）半岛的陡峭山坡上种植葡萄，并不只把自己视为职业商人。[28]

公元 12 世纪地中海上发生的多方变化使阿马尔菲被边缘化；它距离北意大利和阿尔卑斯山另一侧的新兴商业中心太过遥远。热那亚人、比萨人和威尼斯人可以轻松进入法兰西和德意志，更不用说伦巴第平原了，也能与遥远的佛兰德的大规模纺织中心建立联系，于是向埃及收购者卖出优质的佛兰德呢绒成为热那亚人的常规利润来源。阿马尔菲代表着小商小贩贸易的旧秩序，在这种秩序中，少量商人从伊斯兰和拜占庭高度发达的文明世界的中心带来数量有限的奢侈品，卖给西欧的少数富裕君主和教职人士。自此以后，阿马尔菲、拉韦洛及其邻近城镇的精英阶层利用先人们代代相传的记账及会计知识，在西西里王国的行政体系中效力，为其服务，有些人的生涯极其成功。这类精英并没有失去其对东方风格的向往。拉韦洛的鲁菲洛（Rufolo）家族在 13 世纪借鉴伊斯兰风格，建成了一座宫

殿，以及阿马尔菲主教堂，即著名的“天堂修道院”（Cloister of Paradise），它们同时拥有伊斯兰和拜占庭的元素。[29]借鉴东方风格并不意味着对其他宗教和文化的开放姿态。如同在威尼斯一样，异国情调表现的是富裕、尊贵和家族的自豪感，同时唤起对阿马尔菲（和威尼斯一起）作为东西方主要沟通桥梁的时代的记忆。

另一群商人和旅行者也在同一时期走向衰落，他们是经冢犹太商人。大约于公元 1150 年，寄向开罗经冢犹太人的商务
296 邮件开始减少；[30]1200 年之后，与埃及无关的事件大多从信件中消失了。这个自安达卢斯延伸到也门和印度的庞大伊斯兰世界，现在局限在尼罗河谷和尼罗河三角洲。阿尔莫哈德派（Almohad）在摩洛哥和西班牙的兴起是一种政治上的灾祸，该派对于犹太人极不宽容；在来自阿尔莫哈德王朝西部的犹太难民中，有哲学家兼医生摩西·迈蒙尼德（Moses Maimonides）。[31]但经冢犹太商人面临的最大难题是意大利人的兴起。威尼斯和热那亚不鼓励犹太人在其境内定居。据一位西班牙犹太旅人的记载，在 1160 年前后，整个热那亚城只有两名犹太人，他们是从摩洛哥的休达移居而来的。[32]随着意大利人对整个地中海交通的控制力增强，以及随着穆斯林商船比过去更多暴露于基督徒的攻击之下，传统的海上商路对于经冢犹太人越来越不具有吸引力。而且，随着意大利海军力量的增长，拜占庭与埃及之间的海路，即经冢犹太商人以往的经商之路，也落入了意大利船主之手，他们同时受益于拜占庭皇帝和法蒂玛王朝哈里发赐予他们的特权。

还有另一个重要原因使犹太商人失去影响力。公元 12 世纪晚期出现了一个穆斯林商人集团，即卡利米斯（Karimis），它控

制了自红海到也门和印度的商路，在过去两个世纪中，犹太人曾经在这条商路沿线十分活跃。这条商路向地中海供应商品：东方的调味品和香精被运至埃及红海海岸上的阿伊扎布（Aydhab），再经陆路转运开罗，然后由水路溯尼罗河而上至亚历山大城。由于一位标新立异的十字军领主雷纳德·德沙蒂永（Reynaud de Chatillon）在12世纪80年代派遣船队去红海水域的尝试（目的是入侵麦地那和麦加），红海开始对非穆斯林旅行者封闭。卡利米斯继续主宰这一水域的贸易，直到15世纪早期。[33]以埃及统治者作为媒介，意大利人与卡利米斯建立商业合作关系，保障了胡椒和其他香料流入地中海的正规渠道。从西班牙南部到印度的贸易网络现在分离成两部分：地中海方面是基督徒，印度洋方面是穆斯林。

法蒂玛王朝的统治者和其继承者阿尤布王朝的统治者（Ayyubids，该族中最为著名的人物是库尔德人（Kurdish）军
事首领萨拉丁）对于他们自己能够从贸易资源中获得的收入 297
越来越有兴趣。这并不是出于一种商业精神，而是因为他们发现香料贸易是他们支付战争费用的资金来源。在公元1191～1192年的十二个月中，他们通过所谓的“五一税”（*khums*）从沿尼罗河各港口经商的基督商人手中征集了28613金第纳尔（gold dinars）。这意味着即使在一个如此困难的时期——此时萨拉丁攻克了耶路撒冷，第三次十字军东征正在进行，意大利城市与南法兰西及加泰罗尼亚诸城镇正在向圣地派出舰队——通过这些港口运出的商品价值也超过了十万第纳尔。[34]尽管这种商业税的名目为“五一税”，但事实上对一些香料，如香菜、孜然和胡荽征收的税额高于这个比例，因为埃及当局非常清楚西欧是多么渴望获得这些产品。在12世纪晚期，阿拉伯

海关税收官员阿尔－马克组米（al-Makhzumi）编纂了一本征税手册，其中列举了经过埃及港口的商品。他提到的商品范围比经冢犹太人信件中提到的更大。达米埃塔（Damietta）出口鸡肉、粮食和明矾，明矾在埃及是由当局垄断的。埃及的纺织品生产者对明矾的需求量不断增加，他们使用这种暗灰色的粉末作为给织物染色时的稳定剂和清洁剂。[35]埃及也是以下商品的产地：亚麻，当局对亚麻征收了重税；翡翠，当局对翡翠贸易的管控越来越多；黄金，这类商品是从法老的坟墓中盗取的；还有价值极高的药物，西方人称之为木乃伊粉，即由木乃伊压成的粉末；尼罗河三角洲的港口进口木材，木材在埃及是十分珍稀的商品；亚历山大城进口铁、珊瑚、油和番红花，它们都由意大利商人贩运到东方。[36]其中一些商品可以被分类为战时物资，而教廷则越来越担心北意大利商船在为耶路撒冷的拉丁王国担任或者假意担任主要海上防护者的同时向穆斯林运送武器。阿拉伯人用 *janawiyah* 即“热那亚”来指代一种盾牌，显示至少这种盾牌中的一些是从意大利非法地运出的。[37]

偶尔会出现紧张局面，意大利商人会被逮捕，但法蒂玛王朝和阿尤布王朝不可能冒财政收入减少的风险。有一次，比萨海员在一艘比萨人的船上攻击了穆斯林乘客，他们杀死了男性，使女人和孩子成为奴隶，同时偷走了所有商品。为了报
298 仇，埃及当局囚禁了那些驻留埃及的比萨商人。此后不久，于公元 1154～1155 年，比萨人派出使者去法蒂玛埃及谈判。双方关系得以修复，都做出了善待商旅的承诺。[38]更看重埃及而非圣地的不只比萨人。令人毫不奇怪的是，在保留至今的 1171 年以前威尼斯人签订的将近四百份贸易合同中，过半数涉及对君士坦丁堡的贸易；但有七十一份涉及埃及，这比同拉

丁王国的贸易份额大得多。[39]这些只是从大量文件中偶然保留下来的一小部分，大部分文件都遗失了，但它们说明了东方的诱惑是多么的强烈。

当意大利商人前往君士坦丁堡、亚历山大、阿克或巴勒莫的道路因与当地统治者间的争端而受到阻碍时，西北非在吸引着他们。比萨人和热那亚人进入马格里布港（Maghrib）获取皮革、羊毛、精细陶器，并从摩洛哥进口大量粮食。黄金的供应尤其重要，它是以沙金的形式由穿越撒哈拉沙漠的驼队运抵马格里布的城镇的。[40]公元12世纪中期，这些土地落入了属于极端派的阿尔莫哈德王朝的统治下。阿尔莫哈德派伊斯兰教有自己的柏柏尔哈里发，被逊尼派［如大量被他们取而代之的阿尔摩拉维德人（Almoravids）］视为异端。该派的典型特征是试图回归最为纯粹的伊斯兰教，其基本原则是神的绝对唯一性——使用神的属性如仁慈为其命名，也是对神之真实存在的误解。西班牙和北非的阿尔莫哈德哈里发尽管对于他们治下属于少数群体的犹太人和基督徒怀有敌意，却欢迎外来的商人，认为这些外来商人是财富的源泉。1161年，热那亚人派出一个使团拜谒摩洛哥的阿尔莫哈德哈里发，获得了十五年的和平协议，热那亚人也确定了他们能带着货物不受任何阻拦与干扰地在阿尔莫哈德人的土地上旅行经商。据相关记载，1182年，与休达的贸易占热那亚人贸易总量的29%，略领先于诺曼人的西西里岛；如果把布日伊（Bougie）和突尼斯包括进来，热那亚人在北非的贸易份额可达37%。[41]

热那亚人在突尼斯、布日伊、马赫迪耶及北非海岸的其他城市获得了他们的商栈（fonduk），即一个仓库和附带着生活区的商业总部。突尼斯的另一些商栈建筑是公元17世纪的建

筑，属于意大利、德意志、奥地利和法兰西的商人。[42]意大利人和加泰罗尼亚人的商栈可扩大为一整块商业区域。热那亚公
299 证员皮耶特罗·巴蒂弗吉利奥（Pietro Battifoglio）在1289年的记录中描述了突尼斯的一个规模庞大、充满活力的热那亚社群，其成员包括商人、士兵、教士和失足女性，他们对自己经营的旅店中满是葡萄酒桶感到自豪，甚至阿尔莫哈德统治者也很乐于向他们征税。

4

基于对贸易合同的研究，一些成功的热那亚和威尼斯商人的生活及职业生涯就可以被重新构建起来。在社会阶梯的顶端站着大的贵族家族，如热那亚的德拉·沃尔塔家族（della Volta）的成员经常占据执政官之位，执政官负责决定共和国的对外政策——与诺曼人统治下的西西里、拜占庭、西班牙的穆斯林以及其他外部势力是战是和皆由他决定。由于这些家族也是海外贸易活动的投资者，他们在经营上具有极大优势，能够通过政治和约的谈判获得他们热衷于攫取的商业利润。[43]热那亚的大家族结成了密切的血亲同盟，这种同盟的共同利益高于个人的直接利益。[44]当敌对的血亲同盟试图掌握执政官和其他官职时，热那亚人所付出的代价是尖锐的派系冲突。威尼斯贵族走的是另一个极端，在地位平等的基础上接受总督的权威，一般能够控制这种冲突；控制高层官员以及同君士坦丁堡和亚历山等地开展有利可图的贸易活动的，同样是大的家族集团，如齐亚尼（Ziani）、蒂耶波洛（Tiepolo）、丹多罗（Dandolo）。他们的成功对一个由众多成功商人组成的城市上层中产阶级的财富构成了连锁反应。区分贵族之家和平民商人的不只是血

统；贵族可以依靠的财富更具多样性，因此即使在战争时期贸易活动衰退了，他们仍然能够从城市和乡村的产业中或者通过田赋获得收入。他们的地位比一般商人更稳固，有更强的后继力量。因此，商业革命在创造大量财富的同时，也进一步提升了精英阶层的富裕程度，强化而不是削弱了他们在12世纪意大利的主要滨海城市中的统治地位。

文献对两位“新富”有较好的记载。威尼斯的罗曼诺·麦拉诺（Romano Mairano）在公元12世纪40年代在希腊从事小规模的贸易探险活动，主要从君士坦丁堡的威尼斯人殖民地 300
出发。[45]后来他转向了更富野心的目的地，包括亚历山大和圣地。他的生涯说明了威尼斯人是如何控制自拜占庭到伊斯兰世界的海上商路的。威尼斯人也安心于从事拜占庭内部的贸易，维持着君士坦丁堡同较小的希腊城市之间的联系。[46]到1158年，罗曼诺获得了极大的成功，向圣地的圣殿骑士团供应了五万磅铁。他不只是一个商人，还成了一位著名的船主。当拜占庭皇帝转而对付威尼斯人时，他似乎仍然处于上升阶段。拜占庭皇帝曼努埃尔一世怀疑威尼斯人对于自己的敌手西西里国王表示了同情，而且在各种情形下，威尼斯人在拜占庭经济中占据的（或者是在他们的想象中所占据的）强势地位都引起了希腊人对他们越来越强的敌意。认识到这种趋势的麦拉诺开始于12世纪60年代在威尼斯创立他的事业。当他的第一任妻子去世后，他再次结婚，发现由于妻子的丰厚嫁妆他变得更为富有。他与之后将成为威尼斯总督的塞巴斯蒂亚诺·齐亚尼（Sebastiano Ziani）共事时，修建了威尼斯商船船队中最大的“透图斯·蒙都斯号”（*Totus Mundus*），它的另一个（希腊语）名称是“克斯莫斯号”（*Kosmos*），他亲自将这艘船驶往君士坦丁堡。威尼斯人与拜占庭皇帝的关系似乎得到了改善，曼努埃尔一世甚至颁布了诏书，宣称他将把任何一个敢于烦扰威尼斯人的家伙送上绞刑架。但是他的目标是营造一种错误的安全感。1171 年 3 月，皇帝对威尼斯人发起了一次类似于“水晶之夜”的暴力行动，知道自己的行为能够获得民众的支持。上万的威尼斯人在自己的生活区内被逮捕，数千人被杀害，其财产被没收。那些能够逃到码头的人登上了在此随时可起航的“克斯莫斯号”，被浸了醋的兽皮掩盖着这艘船，保护它不受火箭和投石机的攻击。“克斯莫斯号”成功抵达了阿克，向当地通知了这次灾难的消息，但罗曼诺·麦拉诺已经失去了他的所有财产，并因建造这艘大船而负债累累。两年之后，他的这艘船再度出现在安科纳（Ancona）附近的海域，该城已经向曼努埃尔·科穆宁宣誓效忠，正处于曼努埃尔的敌手、德意志皇帝腓烈特一世（Frederick Barbarossa，又称巴巴罗萨）的围攻下。威尼斯人现在更倾向于帮助巴巴罗萨而不是曼努埃尔（这并不令人感到奇怪），且意识到安科纳已经成为自己在亚得里亚海水域的一个商业竞争对手。尽管安科纳顶得住德意志人的进攻，但出于义务威尼斯人仍是帮助了处于危难之中的这座城市。[47]

301 当时麦拉诺已经差不多五十岁了，他必须从零开始重建事业。为此他只能再次求助于贵族阶层的齐亚尼家族；已故总督之子皮耶特罗对麦拉诺一次驶向亚历山大的航行投入了一千镑威尼斯钱币。麦拉诺带着一大船木材，并不在乎教宗有关禁止出售战时物资的警告。在威尼斯与君士坦丁堡之间的关系如此恶劣的时代，麦拉诺派船前往北非、埃及和耶路撒冷王国从事胡椒和明矾的买卖。当新登基的皇帝于公元 1187 ~ 1189 年重新赐予威尼斯人相当优惠的待遇时，麦拉诺已经做好了回到君士坦丁堡的准备。即使已经上了年纪，他仍然投资对埃及和阿普利亚的贸易，但在1201年他再次陷于资金短缺的境地，遂向堂弟借钱；此后不久他就去世了。[48]这就是他跌宕起伏的一生，他经历了成功时期的辉煌和灾难时代的衰落，并曾在中年时期戏剧性地从灾祸中逃生。

另一个遭际坎坷的人是萨勒诺的所罗门（Solomon of Salerno）。尽管来自南意大利，但他以热那亚为基地开始经商，就像麦拉诺那样，他与热那亚的贵族走得很近。[49]他也与西西里国王有私人来往，据说他是西西里国王的忠实臣仆。当他在热那亚城外买下一些土地时，他表示自己愿意成为热那亚人，他试图用自己的女儿和热那亚的贵族家族之一联姻；他背弃了萨勒诺。他承认，萨勒诺、阿马尔菲和其邻近的城镇都被热那亚、比萨和威尼斯等进取心更强的贸易城市超越了，且他是在热那亚获得财富的。他带着自己的妻子埃莉阿德（Eliadar）离开萨勒诺，她也是一个积极的商人，在热那亚女人可不受阻拦地进行商业投资。所罗门和埃莉阿德是一对令人畏惧的夫妇，他们将眼光投向了整个地中海。和罗曼诺·麦拉诺一样，所罗门愿意远行到地中海最遥远的角落去寻求财富。公元1156年，在埃及、西西里岛和西方，黄金般的机会在召唤他们。在当年的夏季，他决定利用更为开放的法蒂玛王朝提供的机会。他答应代表一批投资者前往亚历山大，然后沿尼罗河下行至开罗，他将在开罗购买东方香料，包括可用于印染业的胶质材料虫胶，以及红色染料的原料苏木。其他方位也有能够吸引所罗门的巨额利益。同年，他试图从一个携款潜逃至西西里岛的热那亚人那里换回二又三分之二磅的西西里金币，这在当时价值不 302
菲，而当时热那亚外交使节正因此事与西西里国王谈判。[50]他在东方经营了近两年，把他的妻子埃莉阿德留在家里处理热那亚、弗雷瑞斯（Fréjus）和巴勒莫三地间的贸易事务。

在从东方返回热那亚之后，所罗门又转向西方，与马略卡岛、西班牙西西里岛和他的老朋友埃及来往，他在埃及的投资数额巨大。一份文件揭示了由他委派的一次环地中海航行，这在当时野心勃勃的冒险行动中十分典型："先去西班牙，然后是西西里岛或普罗旺斯或热那亚，从普罗旺斯到热那亚或西西里岛；或者如果他愿意，可以从西西里岛到罗马尼亚（拜占庭帝国），然后再去热那亚，或从西西里直接到热那亚。"[51]热那亚的大贵族们热情地投资所罗门远航埃及的事业，忽视了文件中表明船有可能在埃及被卖的条款。意大利人不仅把木材运给亚历山大的船厂，还直接把船只送到法蒂玛王朝供其舰队使用。所罗门到达了成功的顶峰。尽管他是一位外来人，他的女儿阿尔达（Alda）还是与马龙家族中一个权贵的儿子订婚了。所罗门有他自己的笔记，上面记载了他的商业活动，文献后来逐渐提到"所罗门的宫廷"，说明他生活得很奢侈。但和罗曼诺·麦拉诺一样，他的事业受制于他无法控制的政局变化。热那亚在公元 1156 年与西西里国王交好，但于 1162 年被迫放弃这一使其获得大量小麦和棉制品的极为有利的同盟关系；德意志皇帝腓特烈一世扼住了热那亚人的咽喉，他们不得不加入腓特烈一世的军队直接进攻西西里。安萨尔多·马龙（Ansaldo Mallone）废除了他的儿子和所罗门的女儿的有利联姻关系。所罗门和埃莉阿德的商业帝国似乎突然到达了崩溃的边缘。

然而，与西西里保持一些联系仍然是可能的。公元 1162 年 9 月，在热那亚人因德意志人而放弃了西西里岛的几个月后，所罗门接待了由一位声名卓著的西西里穆斯林派出的使者，这位穆斯林是伊本·哈穆德（ibn Hammud），是西西里穆斯林社群中的领袖人物。他不顾当时的禁令向所罗门提供了资金，抵押物是一件貂皮披风、一些银器和其他精美物品。一位西西里的阿拉伯著书者赞美伊本·哈穆德说：“他绝不肯让自己的钱生锈”。他非常富有：西西里国王借口他有不忠的行为，罚了他二百五十磅重的黄金，这在当时是一笔巨额财 303
富。[52]这类交往使所罗门得以继续从事商贸活动，但对他这种人来说情况并不太妙。热那亚和耶路撒冷国王之间的争吵妨碍了对圣地的贸易；且由于热那亚与西西里国王的不和，进入东地中海也越来越难，因为西西里国王的船队控制着东西地中海之间的通行要道。就像其他热那亚商人那样，所罗门和他的妻子现在从东地中海转向西地中海，与现在属于阿尔及利亚的重要港口布日伊通商。所罗门应该是在 1170 年前后去世的。他想以联姻方式跻身热那亚贵族集团的野心因政治事件的发生受挫。除非他和他的继承人能够进入贵族集团，否则他的地位将无法得到巩固。他在热那亚城外购置的土地仅值一百零八镑热那亚银币，他的财富主要是以现金、贷款、投资与投机为基点，城市贵族的财富却是植根于城市和乡村的地产。城市贵族的财富给了他们永久的权力，而这正是萨勒诺的所罗门和罗曼诺·麦拉诺缺乏的东西。而且，正是由于商人和贵族的合作才有了当时发生的商业革命。

注 释

1. 早期计划请参见 H. E. J. Cowdrey, 'Pope Gregory VII's crusading plans', in *Outremer: Studies in the History of the Crusading Kingdom of Jerusalem Presented to Joshua Prawer*, ed. R. C. Smail, H. E. Mayer and B. Z. Kedar (Jerusalem, 1982), pp. 27–40, repr. in H. E. J. Cowdrey, *Popes, Monks and Crusaders* (London, 1984), essay x。
2. J. Prawer, *Histoire du royaume latin de Jérusalem*, 2 vols. (Paris, 1969), vol. 1, pp. 177–238.
3. S. A. Epstein, *Genoa and the Genoese, 958–1528* (Chapel Hill, NC, 1996), pp. 28–9.
4. Ibid., p. 29.
5. L. Woolley, *A Forgotten Kingdom* (Harmondsworth, 1953), pp. 190–91, plate 23.
6. M.-L. Favreau-Lilie, *Die Italiener im Heiligen Land vom ersten Kreuzzug bis zum Tode Heinrichs von Champagne (1098–1197)*, (Amsterdam, 1989), pp. 43–8.
7. Epstein, *Genoa*, p. 30.
8. Prawer, *Histoire*, vol. 1, pp. 254, 257.
9. Favreau-Lilie, *Italiener im Heiligen Land*, pp. 94–5.
10. R. Barber, *The Holy Grail: Imagination and Belief* (London, 2004), p. 168.
11. Favreau-Lilie, *Italiener im Heiligen Land*, pp. 88–9, 106.
12. Epstein, *Genoa*, p. 32.
13. D. Abulafia, 'Trade and crusade 1050–1250', in *Cultural Convergences in the Crusader Period*, ed. M. Goodich, S. Menache and S. Schein (New York, 1995), pp. 10–11; repr. in D. Abulafia, *Mediterranean Encounters: Economic, Religious, Political, 1100–1550* (Aldershot, 2000); J. Pryor, *Geography, Technology, and War: Studies in the Maritime History of the Mediterranean 649–1571* (Cambridge, 1988), pp. 122, 124.
14. Favreau-Lilie, *Italiener im Heiligen Land*, pp. 51–61; Prawer, *Histoire*, vol. 1, p. 258.
15. Abulafia, 'Trade and crusade', pp. 10–11.
16. Prawer, *Histoire*, vol. 1, pp. 258–9.
17. R. C. Smail, *The Crusaders in Syria and the Holy Land* (Ancient Peoples and Places, London, 1973), p. 17; R. C. Smail, *Crusading Warfare (1097–1193)*, (Cambridge, 1956), pp. 94–6.
18. Pryor, *Geography, Technology, and War*, p. 115.
19. J. Prawer, *Crusader Institutions* (Oxford, 1980), pp. 221–6; J. Richard, *Le royaume latin de Jérusalem* (Paris, 1953), p. 218.

20. Pryor, *Geography, Technology, and War*, pp. 115–16.
21. R.-J. Lilie, *Handel und Politik zwischen dem byzantinischen Reich und den italienischen Kommunen Venedig, Pisa und Genua in der Epoche der Komnenen und der Angeloi (1081–1204)*, (Amsterdam, 1984), pp. 17–22.
22. J. Holo, *Byzantine Jewry in the Mediterranean Economy* (Cambridge, 2009), pp. 183–6.
23. Abulafia, 'Italiani fuori d'Italia', pp. 207–10.
24. A. Citarella, *Il commercio di Amalfi nell'alto medioevo* (Salerno, 1977).
25. D. Abulafia, *The Two Italies: Economic Relations between the Norman Kingdom of Sicily and the Northern Communes* (Cambridge, 1977), pp. 59–61.
26. G. Imperato, *Amalfi e il suo commercio* (Salerno, 1980), pp. 179–235.
27. D. Abulafia, 'Southern Italy, Sicily and Sardinia in the medieval Mediterranean economy', in D. Abulafia, *Commerce and Conquest in the Mediterranean, 1100–1500* (Aldershot, 1993), essay i, pp. 10–14.
28. M. del Treppo and A. Leone, *Amalfi medioevale* (Naples, 1977).
29. J. Caskey, *Art and Patronage in the Medieval Mediterranean: Merchant Culture in the Region of Amalfi* (Cambridge, 2004).
30. S. D. Goitein, *A Mediterranean Society: the Jewish Communities of the Arab World as Portrayed in the Documents of the Cairo Geniza*, vol. 1, *Economic Foundations* (Berkeley, CA, 1967), pp. 18–19.
31. D. Corcos, 'The nature of the Almohad rulers' treatment of the Jews', *Journal of Medieval Iberian Studies*, vol. 2 (2010), pp. 259–85.
32. Benjamin of Tudela, *The Itinerary of Benjamin of Tudela*, ed. M. N. Adler (London, 1907), p. 5; Abulafia, *Two Italies*, p. 238.
33. D. Abulafia, 'Asia, Africa and the trade of medieval Europe', *Cambridge Economic History of Europe*, vol. 2, *Trade and Industry in the Middle Ages*, ed. M. M. Postan, E. Miller and C. Postan (2nd edn, Cambridge, 1987) pp. 437–43; cf. the misconceptions in Holo, *Byzantine Jewry*, p. 203.
34. H. Rabie, *The Financial System of Egypt, AH 564–741/AD 1169–1341* (London and Oxford, 1972), pp. 91–2.
35. Abulafia, 'Asia, Africa and the trade of medieval Europe', p. 436.
36. C. Cahen, *Makhzūmiyyāt: études sur l'histoire économique et financière de l'Égypte médiévale* (Leiden, 1977).
37. C. Cahen, *Orient et occident au temps des croisades* (Paris, 1983), pp. 132–3, 176.
38. K.-H. Allmendinger, *Die Beziehungen zwischen der Kommune Pisa und Ägypten im hohen Mittelalter: eine rechts- und wirtschaftshistorische Untersuchung* (Wiesbaden, 1967), pp. 45–54; Cahen, *Orient et occident*, p. 125.
39. Cahen, *Orient et occident*, p. 131.
40. L. de Mas Latrie, *Traités de paix et de commerce et documents divers concernant les relations des Chrétiens avec les arabes de l'Afrique septentrionale au Moyen Âge* (Paris, 1966).

41. D. Abulafia, 'Christian merchants in the Almohad cities', *Journal of Medieval Iberian Studies*, vol. 2 (2010), pp. 251–7; Corcos, 'The nature of the Almohad rulers' treatment of the Jews', pp. 259–85.
42. O. R. Constable, *Housing the Stranger in the Mediterranean World: Lodging, Trade, and Travel in Late Antiquity and the Middle Ages* (Cambridge, 2003), p. 278.
43. Abulafia, *Two Italies*, pp. 50–51.
44. D. O. Hughes, 'Urban growth and family structure in medieval Genoa', *Past and Present*, no. 66 (1975), pp. 3–28.
45. R. Heynen, *Zur Entstehung des Kapitalismus in Venedig* (Stuttgart, 1905); J. and F. Gies, *Merchants and Moneymen: the Commercial Revolution, 1000–1500* (London, 1972), pp. 51–8.
46. D. Jacoby, 'Byzantine trade with Egypt from the mid-tenth century to the Fourth Crusade', *Thesaurismata*, vol. 30 (2000), pp. 25–77, repr. in D. Jacoby, *Commercial Exchange across the Mediterranean: Byzantium, the Crusader Levant, Egypt and Italy* (Aldershot, 2005), essay i.
47. D. Abulafia, 'Ancona, Byzantium and the Adriatic, 1155–1173', *Papers of the British School at Rome*, vol. 52 (1984), p. 208, repr. in D. Abulafia, *Italy, Sicily and the Mediterranean, 1100–1400* (London, 1987), essay ix.
48. Gies, *Merchants and Moneymen*, pp. 57–8.
49. Abulafia, *Two Italies*, pp. 237–54, showing he was not a Jew; cf. E. H. Byrne, 'Easterners in Genoa', *Journal of the American Oriental Society*, vol. 38 (1918), pp. 176–87; and V. Slessarev, 'Die sogenannten Orientalen im mittelalterlichen Genua. Einwänderer aus Südfrankreich in der ligurischen Metropole', *Viertel-jahrschrift für Sozial- und Wirtschaftsgeschichte*, vol. 51 (1964), pp. 22–65.
50. Abulafia, *Two Italies*, pp. 102–3, 240.
51. Ibid., p. 244.
52. Ibn Jubayr, *The Travels of ibn Jubayr*, trans. R. Broadhurst (London, 1952), pp. 358–9; Abulafia, *Two Italies*, pp. 247–51 – in the Genoese documents he appears as 'Caitus Bulcassem'.

五　穿越地中海的方式（1160～1185年）

1

公元12世纪的船长们并没有留下日记或航海记录，但是 304
自西班牙航行至东方的犹太和穆斯林朝圣者们留下了诸多穿越地中海的生动记录。图德拉的便雅悯（Benjamin of Tudela）是纳瓦拉（Navarre）地区一个城市的拉比，他在1160年前后开始了穿越地中海的航行。[1] 他写日记之目的是用希伯来文描述地中海周边的陆地、大片的欧洲土地和远至中国的亚洲大陆土地，以便犹太人受众阅读了解；而且他也仔细地记录了他造访的每一个城镇的犹太人口数量。他的日记记录了横跨地中海，然后经君士坦丁堡向下行至叙利亚海岸的几次真实旅程，但是他对于地中海之外的一些偏远之地的描述显然基于传闻和谣传，他想象中的冒险越远，这些谣传就越神奇。然而他显然去过耶路撒冷，并表达了他对传说中锡安山（Mount Zion）上的大卫王陵墓的惊叹。随着基督徒对于圣地的热情变强，犹太人在他们轻视的十字军的影响下将关注也投向了耶路撒冷。[2] 便雅悯的路线把他从纳瓦拉经阿拉贡王国和埃布罗河沿岸带到塔拉戈纳，在那里，“巨人和希腊人”修建的厚重的古典时期防御工事给他留下了深刻印象。[3] 他从这里又转移到巴塞罗那，那是“一个小而美丽的城市”，满是智慧的拉比，以及来自所有地方，包括希腊、比萨、热那亚、西西里岛、亚历山大、圣地

威尼斯
蒙彼利埃
萨沃纳
热那亚
马赛
比萨
巴塞罗那
塔拉戈纳
阿马尔菲
德尼亚
奥里斯塔诺
格拉纳达
卡塔赫纳
休达
巴勒莫
特拉帕尼
图德拉的便雅悯的路线
伊本·居巴尔的路线
0 100 200 300 400 英里
0 200 400 600 公里

君士坦丁堡
孚岛
阿克
耶路撒冷
亚历山大

和非洲的商人。便雅悯的记录是说明巴塞罗那开始发展跨地中海关系的珍贵而可靠的证据。[4] 他也提出，另一处吸引来自世
305 界各地，包括英格兰的商人的地方，是蒙彼利埃（Montpellier），“各个地区的人都通过热那亚和比萨代理人在此从事贸易活动”。[5]

从蒙彼利埃到热那亚要走四天的海路。[6] 便雅悯写道，热那亚“被城墙环绕，其居民并不是由国王统治，而是由他们自己选出的法官来管理”。他也强调称，“他们已经控制了海洋”。他对海盗问题的关注不亚于贸易问题，因为他提到了海盗对穆斯林和基督徒的土地（包括拜占庭）发动的攻击，而且对于他们掠回的战利品印象深刻。两天航程之外的地方是比萨，但热那亚人一直在与比萨交战。便雅悯称热那亚人有着“上万”座塔楼，他们据守塔楼而相互攻击。[7] 便雅悯也到过巴里，但发现在公元 1156 年西西里国王威廉一世的破坏之后，此地便荒凉不堪。[8] 他又渡海到了科孚岛，称当时此地也处于西西里王国的统治之下，然后他精力充沛地由陆路前往君士坦丁堡，中途经过了底比斯，然后回归海路抵达了加利波利（Gallipoli）。他希望穿过爱琴海诸岛前往塞浦路斯。在塞浦路斯，他被一些伊壁鸠鲁派的犹太异端者的行为方式震惊，“以色列人已经在所有的地方将他们逐出教门”，因为他们的安息日排除了星期五的晚上却包含了星期六的晚上。[9] 他们的存在提醒我们，在东地中海地区，无数的小教派仍然活跃。便雅悯沿黎巴嫩海岸下行时，遇到了一个更危险的派别，即伊斯玛仪派中的阿萨辛（Ismaili Assassins），但他避开他们到达了吉伯利特（Gibellet），这是热那亚人设在黎凡特地区的一处基地，正如他所观察到的，该地由热那亚贵族埃姆布利亚科

(Embriaco）家族中的一员统治。当地发现的一处古代神殿使他心醉神迷，神龛上有一座雕像，两侧是两尊女神像。这显然是古代的异教崇拜，古代以色列人曾与这种行为做斗争，但是他相信现在这里也有异端：再度出发的他不得不穿过德鲁兹派(Druze）武士的领地，他认为德鲁兹派也是无法无天的异端，行乱伦之事且相互易妻而居。[10]

便雅悯在他旅行的某个阶段来到了埃及，而且对亚历山大的港口设施印象深刻：这里有灯塔，约在一百英里之外就可以看到它。这里也有来自世界各地的商人，他们“来自所有的基督教国家”，包括威尼斯、托斯卡纳、阿马尔菲、西西里，
也来自希腊、德意志、法兰西和英格兰，以及西班牙和普罗旺 306
斯，还有商人来自穆斯林统治下的土地，如安达卢斯和马格里布的商人。[11]“印度的商人带来了各种香料，以东（Edom，即基督教世界）的商人从他们手中进货。”此外，“每个民族都有自己的商栈”。便雅悯通过西西里岛回到家乡，他对于西西里王国奢华宫廷的描述将在下一章中提到。

2

如果生活在当代，便雅悯一定可以被称为研究古代遗址的
专家。他热衷于探查罗马、君士坦丁堡和耶路撒冷的古建筑。 307
与他描述自己遇到的每一个犹太人社群的热情相匹配的，是他对细节的洞察力和对与不同民族交往的沉迷。当写到圣地时，他毫不令人奇怪地把自己变成了引领人们参观位于耶路撒冷、希伯伦（Hebron）和太巴列的犹太圣殿和拉比圣墓的导游，但他没有记录基督徒的圣处。他亲历旅行的私人目的很有可能是以一个朝圣者的身份拜谒圣地，而其他方面的兴趣只是表面

上的。与便雅悯经历相似的是穆罕默德·伊本·阿赫迈德·伊本·居巴尔（Muhammad ibn Ahmad ibn Jubayr），他的记录写于大约二十五年之后。[13]他于公元 1145 年出生在巴伦西亚，他却成为格拉纳达总督的书记员，总督是阿尔莫哈德哈里发阿卜杜勒·穆明（Abd al-Mu'min）的儿子。这位总督尽管有如此显赫的阿尔莫哈德家族的出身，但喜欢喝酒，并总是让
308 伊本·居巴尔尝试饮酒。伊本·居巴尔极其害怕得罪他的主人，在人生中第一次饮用了酒精饮料。但当这位总督意识到他的书记员是多么心烦意乱后，他把七杯金币赐给了伊本·居巴尔。

伊本·居巴尔认为使用这笔钱的最好法子是为自己去麦加朝圣支付路费，他于公元 1183 年 2 月出发。他离开西班牙的时间长达两年多。[14]在休达，他发现了一艘热那亚的船正准备起航前往亚历山大。在第一程中这艘船沿安达卢斯海岸把他带到德尼亚，从此地出发后，这艘船将先后停靠伊维萨岛、马略卡岛和梅诺卡岛，然后在离开摩洛哥之后两周将到达撒丁岛：“这是一次速度快得超乎寻常的跨海之旅”。[15]这也是一段穿越数个政治领地的航程：从阿尔莫哈德人统治下的摩洛哥，到阿尔莫哈德人的死敌、信奉逊尼派的阿尔摩拉维德人统治下的巴利阿里群岛，然后来到撒丁岛，这里处于比萨人海军势力的绝对控制之下。然而构成威胁的是自然之力而不是人。一股强劲的风暴在撒丁岛外围兴起，但伊本·居巴尔的船最终到达了撒丁岛西部的奥里斯塔诺（Oristano）。一些乘客在此下船去准备补给。其中一位穆斯林看到有八十名穆斯林男女在市场上作为奴隶被人出售，很是伤感。[16]伊本·居巴尔的船借着顺风之力起航出港，但这是一个错误。另一场大风暴来临了，它相当猛

烈，这艘船甚至都无法使用主帆，其中一片帆被强风卷走，同时被卷走的还有用来固定船帆的桅杆。“一些信奉基督教的船长站出来，加入这次航行并遇到风暴的穆斯林水手也站出来，他们都认为这场风暴生平罕见。任何关于这场风暴的描述其实都只能算作轻描淡写。”[17]然而即使气候如此恶劣，他们也到达了目的地西西里岛，因为这艘船是沿着一条常被称为“千岛航线”的路线行驶的，这是充分利用海风和洋流之力的西行路线。[18]如果他们继续航行，冬季的西北风将有助于他们的航程，但是早春的气候是难以预测的，风向改变了。[19]他们从西西里岛的外缘通过，看见了埃特纳山，然后向克里特进发，当他们在夜间抵达克里特时离开休达港已经有四个星期了。从克里特出发，他们越过利比亚海朝北非驶去，3 月 29 日，亚历山大的灯塔就遥遥在望了。整个航程持续了三十天，与经家犹太人的记录相比并没有太长。[20]

在陆地上和在海上一样也有诸多艰难险阻。当他们到达亚 309
历山大的海关并上岸时，每一个乘客的详细个人信息都被记下，船载货物的清单也被收走。穆斯林须上交被称为“天课”（*zakat*）的慈善税款，即使他们拥有的只剩朝圣（hajj）必需的补给。另一个著名的乘客是艾哈迈德·伊本·哈桑（Ahmad ibn Hassan），他是来自格拉纳达的医师。他被卫兵带到当地官员的面前，被询问西方世界发生了什么事情，以及船上都带了哪些商品。这类对重要乘客的问讯在地中海的港口上是例行程序。伊本·居巴尔在返回西班牙的途中经过了巴勒莫，在那里他受到了更加严格的讯问。[21]船上的乘客还须承受海关官员们带有羞辱性质的彻底搜身：

> 海关署拥挤得令人窒息。他们带的所有商品，无论是大件还是小件的，都被搜查，然后被乱七八糟地扔作一堆，搜查者的手竟然伸到乘客们的腰包里，看里面是不是有什么东西。货主们不得不发誓称，他们没有其他还没有被搜查到的东西了。在整个过程中，由于鱼龙混杂、手续繁复，加上对货物的粗暴抛掷，许多东西不翼而飞。[22]

伊本·居巴尔抱怨道，如果这种状况被告知正义而仁慈的苏丹萨拉丁知晓，他必然会制止这种行为。

即便如此，伊本·居巴尔还是非常欣赏亚历山大。今天，在这座城市中，古代和中世纪的城市痕迹已经基本从地面上消失了。即使在伊本·居巴尔的时代，地底下的亚历山大还是比地面上的更引人入胜：房屋和小巷的下面有水井、水道，使“地下的建筑甚至比其上方的地表建筑更精致、更牢固”。在街道上，他观察到巨大的柱廊式建筑“直耸云天，无人能说明如此修建石柱的原因和目的”；他被告知，这些设施曾经被过去的哲学家使用，而且他相信，这些石柱是当年天文观测台的一部分。关于亚历山大图书馆的记忆此时已经变成了传说。居巴尔对灯塔印象深刻；在它的顶端有一间清真寺，居巴尔去那里祈祷。他听说这里有多达 1.2 万间清真寺，换句话说数量极多，清真寺中的伊玛目们从当局领取薪酬。与其他伊斯兰世界的大城市一样，这里满是伊斯兰经学院（*madrasas*）、济贫
310 院和浴室；当局监管着一个民众就医的计划，在这个计划下，人们去病人家中探视，然后向医生汇报，医生将针对病人的护理回答一些问题。每天，城中都向外来旅行者发放两千份面包。当公共基金不足以承担这种开支时，萨拉丁就用自己的钱

垫付。[23]这里的税收很低，但犹太人和基督徒得付人头税（*dhimmi*）。伊本·居巴尔对阿尤布王朝苏丹的吹捧令人惊讶——他的逊尼派信仰与阿尔莫哈德派的信仰多少有些分歧，且他与阿尔莫哈德派的关系并不融洽。

从亚历山大启程，伊本·居巴尔又经由尼罗河上行到红海和麦加，然后在公元1184年9月才回到地中海：他沿大马士革海岸南下，穿过戈兰高地（Golan Heights），抵达耶路撒冷拉丁王国的阿克。他穿越了住着穆斯林却由法兰克人掌控的提卜宁（Tibnin），他说此地“属于被称为太后的母猪的管辖范围，她是阿克领主这头猪的母亲”，他指的是耶路撒冷拉丁王国的太后。[24]伊本·居巴尔和与他一同朝圣的随从们下定决心不受诱惑，于9月18日进入阿克城，他表达了强烈的心愿：愿安拉摧毁这座城市。这里的来访者同样被送到海关署，海关署的院子很大，足以容纳新到的骆驼商队；院里有石凳，基督徒的海关官吏们坐在那里，他们讲阿拉伯语，并用阿拉伯语做记录，在乌木或黄金制作的墨水盒内蘸笔。他们在为一位包税商工作，这位包税商每年付给国王一大笔税款，以得到开署征税的许可。这在中世纪的地中海是常见的操作模式，而且几乎可以完全确定的是，伊本·居巴尔造访的这间海关署是廊柱客栈（Khan al-‘Umdan）。它是一种巨大的拱形结构，其廊柱环绕着一个院子。该建筑在距离港口很近的地方，但是其大部分是在土耳其时期重建的。[25]楼上有一处空地，可堆放已经检查完毕的货物，但是海关税吏们都很仔细，甚至会检查那些声称自己并没有携带任何商品的乘客的行李；但与亚历山大的情形不同，“所有检查都很有礼貌且带着敬意，没有粗暴无礼的行为”。[26]

阿克在公元1184年已经是一个规模很大的港口，但1190

年之后来自意大利和欧洲其他地方的商人获得的大量新优惠待遇使它变得更大。在 1187 年萨拉丁攻克耶路撒冷和多数十字军王国后的危难时期，欧洲许多地方提供了急需的海军援助，这些优惠是对这些帮助的报答。比萨人可以把他们的业务从雅
311 法转移至此。雅法距离南方太远，使比萨人很难从黎凡特贸易中充分受益；而从雅法以北的阿克同大马士革和内陆地区建立联系则更轻松。但这并不是说阿克有一个特别好的港口。船只在海港的入口外停泊，人们不得不用一条铁链把港口封锁起来（如地中海的多数港口那样），货物得通过小船运抵岸边。换句话说，阿克“不能停泊大型船只，大船必须在港口外停泊，只有小船才能进入”。遇到恶劣天气时，必须把船只拖上沙滩。中世纪的商人在选择他们的贸易商站时，良港并不是必备前提——在巴塞罗那、比萨和墨西拿我们可看到同样的情形。但是，伊本·居巴尔认为“阿克港之伟大堪比君士坦丁堡”，这并不是说阿克港的规模大，而是指穆斯林和基督徒能够汇聚此地，他们从海上或跟随陆上的骆驼商队来到此地，“街道挤满了人，人们很难踩在地上”。如同以往，伊本·居巴尔很快就得掩饰对所见的羡慕之情并代之以诅咒：“在这里，不信和伪善的情绪在猛烈燃烧，猪和十字架无处不在。”此处的猪既指道德败坏的基督徒，又指肮脏的牲畜。“这里脏乱不堪、臭气冲天，到处都是垃圾和粪便。”[27]他自然强烈反对十字军将清真寺改造为基督堂的行为，但他确实注意到，在原来的星期五清真寺里，有一个角落可供穆斯林使用。这是因为法兰克移民和当地居民关系的紧张程度低于阿尔莫哈德派的士伊本·居巴尔或新到达的十字军的预期。这些新十字军对他们看到的和谐状态感到十分困惑。北叙利亚的沙札尔（Shayzar）的年迈酋

长（*sheikh*）乌沙玛·伊本·蒙奇迪（Usamah ibn Munqidh，1095～1188 年）留下了对那个时代的记录，这份回忆录描述了基督徒与穆斯林分界线两侧的友好关系。这位酋长与一位法兰克骑士日渐熟悉，他写道："他是我亲密的伙伴，始终与我维持着这种关系，并开始同我称兄道弟。"[28]与同一时期的西班牙和西西里发生的那种深刻广泛的文化交往相比，耶路撒冷王国的法兰克人几乎没有从伊斯兰文化中进行借鉴，但双方的确达到了一种具有现实意义的和谐共存（*convivencia*）。伊本·居巴尔对于穆斯林在基督教王国中的这种表现感到十分不安。他写道："在真主的眼中，一个穆斯林没有任何理由生活在异教徒的土地上，除非是路过，且这条道路应明显通往穆斯林的土地。"[29]

然而，基督徒的船只仍然被认为是最安全和最可靠的，伊本·居巴尔在要回到西方时选择了一艘由一个热那亚海员掌舵的船："他对航海术有透彻的领悟，作为一艘海船的船长技术 312
娴熟。"船的航行目标是利用将在 10 月持续两周的东风起航，因为除了 10 月及 4 月中旬到 5 月下旬外，地中海上主要刮西风。公元 1184 年 10 月 6 日，伊本·居巴尔和其他穆斯林与两千名来自耶路撒冷的基督教朝圣者一起上了船，尽管他对于船载乘客数量的估计对于一艘船来说过高了。基督徒和穆斯林在甲板上共处，但他们互不妨碍："穆斯林与法兰克人保持着距离。"伊本·居巴尔表达了他的愿望：他希望上帝能使穆斯林很快就离开他们的基督徒旅伴。居巴尔和其他穆斯林把他们的货物装载上船，在船等待顺风的期间，他们每晚都在陆上过夜，这样可以休息得更舒服一些。但这个决定差点令他们大祸临头。10 月 18 日，天气看起来并不适合行船，伊本·居巴尔仍然在陆地上睡觉，但此时船已经扬帆起航了。他和他的朋友租了一条四桨大船，拼命追赶前面的船，毕竟船上载着他们的全部财产，而且他们已经为这次航行支付了费用。穿越波涛汹涌的海面是非常危险的，但他们在当晚赶上了热那亚人的船。他们有了五天的顺风，航行很顺利，但之后遇到了西风；船长迂回行进，以避免陷入更坏的境地。西风于 10 月 27 日发展到极为猛烈的地步，一支带帆的桅杆被折断并坠入了大海，但船员们马上立起了一支新的桅杆。[30]风停后，海面平静如“玻璃铺设的宫殿”，伊本·居巴尔从《古兰经》中引用了这句话。[31]基督徒在 11 月 1 日夜幕降临后欢庆他们的万圣节；所有乘客，无论男女老幼，都手持一支点燃的蜡烛，听着祈祷和布道：“整条船从上到下都被灯烛照得通亮。”[32]伊本·居巴尔显然再次受到震动，但一如往常，他并不想表现出这一点。

伊本·居巴尔的日记非同寻常地记载了这一时期的船上生活。他描写了在海上去世的穆斯林与基督徒如何在历史悠久的海葬仪式中被抛入大海。根据热那亚人的海洋法，船长将拥有在海上去逝之人的物品：“死者真正的继承人无法继承他的财产，对此，我们感到震惊”。[33]这艘船没有因要获取补给而在中
313 途停泊，许多穆斯林和基督教的朝圣者在航行开始一段时间后都感觉物资紧缺。但是居巴尔坚持说在甲板上有许多新鲜食品可以买到：“在这艘船上，他们感觉自己就像是在一个商品丰富的城市中一样”。有面包、水、水果（包括西瓜、无花果、木瓜和石榴）、坚果、鹰嘴豆、扁豆、奶酪、鱼和许多其他东西；经验丰富的热那亚水手显然知道，只要他们能够将任何额外的补给物装上船，他们就能拥有垄断市场。风将船吹到了一座拜占庭控制下的海岛，乘客们从当地居民手中买到了肉和面包。在经过克里特岛时，这艘船碰到了更多的风暴，乘客们开

始担心自己将在希腊的一座岛上或非洲沿海某处过冬，但前提是他们能挺过风暴；然而实际上他们只是被风刮回了克里特岛。伊本·居巴尔感动地从一个阿拉伯诗人的诗中引了一句话："海是苦涩而难以控制的。"[34]他曾说，秋季里会有一个人们可由东方平安地航行至西方的时期，现在指出：

> 各种类型的旅行都有适当的季节，海上航行必须在一个吉祥且获得人们公认的时段进行。不应该像我们一样在冬季的月份从事冒险。总之，真主掌握了一切。

他的悲观情绪是没有道理的。不久后，来自亚历山大的五艘船出现在海平面上。这支小型船队进入了爱奥尼亚海上一个小岛的港口，补充了肉、油和一种用小麦和大麦做成的烘烤得很硬的黑面包。人们蜂拥而上，去抢购面包，尽管它很贵。其实这里出售的东西已经没有廉价的了——感谢真主赐予的一切。[36]

当这些船只离开港口时，时间已接近 11 月末；随着冬季的来临，旅途更加艰辛。在南意大利海域，"惊涛骇浪不断地袭向我们，其冲击力令人感到惊心动魄"。但是他们在卡拉布里亚靠岸了，在这里许多基督徒都认定他们已经受够了，除了要忍受风浪的袭击外，他们现在还都饥渴难耐。伊本·居巴尔和他的朋友们仅靠船上每天发放的一磅被水浸湿的干粮充饥。那些上岸的人把他们还留存的一些食物卖给了那些仍然在船上的人，而穆斯林必须花费一个银第尔汗（*dirham*）才能买一块饼干。[37]他们在接近西西里岛时曾感到如释重负，但这种感觉很快就荡然无存。墨西拿海峡的水像是沸腾了一样翻滚着，这片水域被西西里岛和意大利本土挤在中间。强大的风推着船靠 314

近墨西拿附近的海岸，一片帆因被卡住而降不下来；海船在风的驱赶下漂向浅水，它的龙骨撞上海底的礁石，船因此停下来了。舵被撞坏，锚也无用了。所有船上的人，无论是穆斯林还是基督徒都只能听天由命。一些地位较高的乘客搭上了救生船，但救生船试图从海岸回到海上时被海浪拍得粉碎。一些小船于是出动，去帮助那些受困的乘客，尽管其救援并不是出于善意：小船主们想从获救的人那里获得高额的回报。船只搁浅的消息传到了西西里国王的耳中，为督造他的战船他刚到墨西拿。他前来围观这起事故，对那些船夫的表现甚为不满，于是向他们下令，他将发给他们一百塔里，他们因此应将一些付不起他们索要的报酬的穷困穆斯林运回岸上。伊本·居巴尔惊讶于真主使西西里国王出现在墨西拿的先见之明，“这证明了我们被赐予的救赎”。[38]国王威廉确实拯救了那些仍然在船上的人，因为船在触礁的第二天就解体了。

虽然航行如此惊险，但伊本·居巴尔对于墨西拿港口的便捷感到震惊。船只可以直接到达海岸，完全没有必要安排驳船来转运乘客和商品，只需一块木板即可。船只“沿码头排列，像马匹成列地拴在桩上或者拴在马厩中”。[39]然而，为了到达安达卢西亚，居巴尔不得不穿过西西里岛前往特拉帕尼(Trapani)，他要在那里寻找一艘驶往西班牙的船。在正常情况下这并不困难，但国王已经对所有的船只下了禁行令：“他似乎在准备一支船队，在他的船队离港之前任何船只都不得驶出。愿真主使他的计划失败，愿他无法达到自己的目标。”居巴尔开始意识到，这支船队的目标是拜占庭帝国，因为在西西里每个人都在谈论一个被西西里国王留在宫廷中的青年，国王想把这个青年送上拜占庭帝国的皇位，以重现一个世纪之前的罗伯特·吉斯卡尔的计划。[40]这则禁令委实讨厌，但总是可通过老办法说动国王的大臣们。伊本·居巴尔在三艘要一起向西行驶的船中的其中一艘上找到了一个位置，热那亚船主贿赂了王室的官员，使其对船的出发睁一只眼闭一只眼。这三艘船于公元1185年3月14日起航。它们穿过埃加迪群岛朝西西里岛西部航行；它们在小港口法维尼亚纳（Favignana）与热亚那 315
人马可的船相遇，船上搭乘着来自亚历山大的朝圣者，正是居巴尔在几个月前于麦加遇到的那群人。于是旧友重聚，并举行了宴会。现在一起驶向西班牙的有四艘船了，但是季风似乎在和他们开玩笑，船被风吹往撒丁岛，然后被吹到南面，最后又回到撒丁岛，并朝伊维萨岛、德尼亚和卡塔赫纳驶去。在卡塔赫纳，伊本·居巴尔重新踏上西班牙的土地，最后于1185年4月25日回到了他的家乡格拉纳达。他用一位阿拉伯诗人充满疲惫感的诗句结束了他的讲述："她抛下了她的船员，停了下来，像一个到达旅途终点的旅行者。"[41]

伊本·居巴尔很不幸地遇到了坏天气，而墨西拿水域的船难也不是每天都能遇到的。毫无疑问，他夸大了自己面对的危险、船上搭乘旅客的数量和行船的艰辛。然而，从许多方面看，他的航行可能在当时那个时代极为典型，尤其是穆斯林与基督徒朝圣者都使用热那亚船只这一点。他写道，热那亚的船长"统治着"他们的船，但这些大船通常并不是船长的财产。热那亚投资者买下股份，通常每人各占六十四分之一的较小数额，所以商船的所有权极为分散。一个活跃的投资者将同时投资几艘船以分散自己的风险。被用来指代这种股份的词是*loca*，即"位置"，它们可以像现代的"股票"（*equities*）那样被买卖、被继承。[42]这些股份没有固定的价格，因为每艘船都是不同的，且每艘船被分割成的份额也不同；通常每一股份可以用大约 30 镑的热那亚货币买到，这是一个中产阶级的热那亚人可能获得的遗产数额及决定投资的数额。股份持有者包括少数女性；许多股份持有者，包括城中德拉沃尔塔（della Volta）和埃姆布利亚科（Embriachi）等大家族的成员，都参与热那亚的行政管理。这些股份可以使他们从乘客旅费和商人租用货栈支付的费用中获得收入。股份的总价值可高达 2480 热那亚镑，如公元 1192 年的例子所示；或者低至 90 镑，这无疑意味着一艘船的使用寿命将尽，或需要进行大量维修。[43]

当时主要有两类船。轻型单桅帆船被用于战争或者搭载被派遣到别国宫廷的使节，但是如同在古代那样，这些船只无法承受惊涛骇浪，一般在人们视力可及的近陆海域航行，当风不
316 大或者当准备靠岸时使用船桨作为辅助工具。轻型帆船有一根桅杆和一块大三角帆，船头不是撞角而是鸟喙状或者是尖头的。这种船上一般安置有二十到八十名桨手，他们都是自由市民。和公元 16 世纪后的普遍情形不同，他们并不共同操纵一个大桨，而是两名桨手坐在一张凳子上，各操纵一支长短不同的桨，这种机制在威尼斯被称为 *alla sensile* 。[44]这种船的优点是速度快，因此它们很容易就能超过弧形船。许多单桅帆船都属于私人，但在战时会被热那亚城市公社征用，当然一般会有足够的补偿。[45]热那亚文献提到了一种桶状帆船，它的拉丁语简称是 *navis*，这种船被提到的次数远比单桅帆船多。这些文献也很少提那些被称为 *barca* 的小船，因为这类小船只能沿海岸做短距离航行，或者载少量货物在热那亚和科西嘉或者撒丁岛之间来回，且热那亚人很少投资这种船。[46]大型舰船可达 24 米长、7.5 米宽。到 13 世纪早期，它们可能会配上两到三个桅

杆，并配有三角帆；伊本·居巴尔明确指出，这种船可在需要利用海风时再装上方形的帆。1200 年之后，人们开始把这种船建得更高，它有了两层或三层船舱，但底舱非常窄小，因为建这种船的目的是增加装载货物的空间而不是改善乘客的生活条件。[47]地中海还没有开始使用尾舵，希腊人和伊特鲁里亚人喜欢的传统舵桨仍然占据主导地位。这种船能使用多久令人担忧。坚固的罗马单桅帆船作为运输粮食的工具颇为耐用，但是中世纪却倾向于把船只建得轻便一些，对于其在水中的倾斜度和维修还不够关注。

多数船都能够安全到达目的地，因此如果投资足够分散的话，这种投资就不算不良投资。这意味着，只派出少量船只出海的城镇，如阿马尔菲和萨沃纳（离热那亚不远），就处于不利位置：他们的商人不能把投资分散给更多船。因此他们之中一些人，如萨勒诺的所罗门在前往热那亚、比萨或威尼斯后，感到自己在这些地方可以做得更好。这构成了乘数效应。比萨、威尼斯、热那亚这三个城市的贸易比较繁荣，其潜在的竞争对手无法与之匹敌。热那亚人和比萨人在地中海上的成功在公元 12 世纪晚期达到了巅峰，因为他们坚持一项原则：从普 317
罗旺斯的港口起航前往黎凡特的船只只许搭载朝圣者和其他乘客，而不允许装载货物。[48]

船上的所有人和货物都被紧凑地安排在一起，乘客们就睡在星空之下，把他们自己的行李当作枕头和床垫。到公元 13 世纪，货物可以放在甲板之下，船舱也在船的两端建立起来，于是，在中世纪出现了公务舱，它们针对的是那些愿意为更舒服的航行付账的乘客。[49]在海上旅行的恶劣条件下，促使众多海上旅客穿行地中海的是信仰：对于心怀信仰的朝圣者来说，海上的逆境是对他们虔诚之心的考验，这种虔诚可助他们获得他们的崇拜对象的认可。另一个因素是商人的信念，他们深信自己有能力从有时很危险的地中海南部和中部的航行中获得收益，他们对于可能遇到的风险已做了估计。商人们同样清楚，他们所取得的任何利润都应归功于上帝的恩赐——“这是上帝惠赐的利润”（*proficuum quod Deus dederit*）。

注　释

1. Benjamin of Tudela, *The Itinerary of Benjamin of Tudela*, ed. M. N. Adler (London, 1907); also *The Itinerary of Benjamin of Tudela*, ed. M. Signer (Malibu, CA, 1983); references here are to the original Adler edition.
2. J. Prawer, *The History of the Jews in the Latin Kingdom of Jerusalem* (Oxford, 1988), especially pp. 191–206.
3. Benjamin of Tudela, *Itinerary*, p. ב
4. Ibid., p. 2.
5. Ibid., p. 3; cf. H. E. Mayer, *Marseilles Levantehandel und ein akkonensisches Fälscheratelier des XIII. Jahrhunderts* (Tübingen, 1972), pp. 62–5.
6. Cf. M. Soifer, '"You say that the Messiah has come ...": the Ceuta Disputation (1179) and its place in the Christian anti-Jewish polemics of the high Middle Ages', *Journal of Medieval History*, vol. 31 (2005), pp. 287–307.
7. Benjamin of Tudela, *Itinerary*, p. 3.
8. Ibid., p. 9.
9. Ibid., pp. 14–15.
10. Ibid., pp. 17–18.
11. Ibid., p. 76, n. 1: twenty-eight groups in one MS, forty in another.
12. Ibid., pp. 75–6.
13. Ibn Jubayr, *The Travels of ibn Jubayr*, trans. R. Broadhurst (London, 1952).
14. Broadhurst, ibid., p. 15.
15. Ibn Jubayr, *Travels*, p. 26.
16. Ibid., p. 27.
17. Ibid., p. 28.
18. Roger of Howden, cited in J. Pryor, *Geography, Technology, and War: Studies in the Maritime History of the Mediterranean 649–1571* (Cambridge, 1988), p. 37.
19. Pryor, *Geography, Technology, and War*, pp. 16–19, and p. 17, figs. 3a–b.

20. Ibn Jubayr, *Travels*, p. 29.
21. Ibid., pp. 346–7; also J. Riley-Smith, 'Government in Latin Syria and the commercial privileges of foreign merchants', in *Relations between East and West in the Middle Ages*, ed. D. Baker (Edinburgh, 1973), p. 112.
22. Ibn Jubayr, *Travels*, pp. 31–2.
23. Ibid., pp. 32–5.
24. Ibid., p. 316.
25. R. C. Smail, *The Crusaders in Syria and the Holy Land* (Ancient Peoples and Places, London, 1973), p. 75.
26. Ibn Jubayr, *Travels*, pp. 317–18.
27. Ibid., pp. 318, 320.
28. Usamah ibn Munqidh, *Memoirs of an Arab-Syrian Gentleman or an Arab Knight in the Crusades*, ed. and trans. P. Hitti (2nd edn, Beirut, 1964), p. 161.
29. Ibn Jubayr, *Travels*, pp. 320–22.
30. Ibid., pp. 325–8.
31. Koran, 27:44.
32. Ibn Jubayr, *Travels*, p. 328.
33. Ibid., p. 329.
34. Ibid., pp. 330–31.
35. Ibid., p. 332.
36. Ibid., p. 333.
37. Ibid., p. 334; Pryor, *Geography, Technology, and War*, p. 36.
38. Ibn Jubayr, *Travels*, pp. 336–8.
39. Ibid., p. 339.
40. Ibid., pp. 353, 356.
41. Ibid., pp. 360–65.
42. H. Krueger, *Navi e proprietà navale a Genova: seconda metà del secolo XII* (= *Atti della Società ligure di storia patria*, vol. 25, fasc. 1, Genoa, 1985).
43. Ibid., pp. 148–9, 160–61.
44. J. Pryor and E. Jeffreys, *The Age of the Δρομων: the Byzantine Navy ca 500–1204* (Leiden, 2006), pp. 423–44.
45. Pryor, *Geography, Technology, and War*, p. 64; Krueger, *Navi*, p. 26.
46. Krueger, *Navi*, pp. 24–7.
47. Pryor, *Geography, Technology, and War*, pp. 29–32; R. Unger, *The Ship in the Medieval Economy, 600–1600* (London, 1980), pp. 123–7.
48. D. Abulafia, 'Marseilles, Acre and the Mediterranean, 1200–1291', in *Coinage in the Latin East: the Fourth Oxford Symposium on Coinage and Monetary History*, ed. P. Edbury and D. M. Metcalf (British Archaeological Reports, Oxford, 1980), pp. 20–21, repr. in D. Abulafia, *Italy, Sicily and the Mediterranean, 1100–1400* (London, 1987), essay x.
49. Unger, *Ship in the Medieval Economy*, p. 126.

六　帝国的兴衰（1130 ~ 1260 年）

1

318 意大利水域上并不只有比萨、热那亚和威尼斯的船队。“大伯爵”罗杰一世对西西里岛的征服到公元 1091 年就告一段落了。在诺曼人的统治下，西西里岛兴盛起来：墨西拿吸引着来自拉丁世界的商人，成为热那亚、比萨同阿克、亚历山大间贸易航线上的补给站。伊本·居巴尔称它为“异教商人的大市场，这里聚集着来自世界各地的船只”，并且指出这是一个巨大的军械库，西西里王国的船队就是在这里打造的。[1] 这里的统治者把他土地上生产的沥青、钢铁大多留给自己使用，因为控制造船的原材料是至关重要的。[2] 罗杰一世无情却天分很高的儿子罗杰二世取得了由他的堂兄弟统治的南意大利的大部分土地；与之同样重要的是，1130 年，他从教宗手中取得了新造的西西里王国的王冠。他是有心称霸地中海的人，自视希腊僭主的继承人，并强调称他不是篡位者，而是一个古代王国的复兴者。[3] 他在公共场合出现时，穿着拜占庭皇家礼服，或是阿拉伯埃米尔的袍服。他用最精致的希腊式镶嵌画和最华贵的木制天花板——它们是阿拉伯手艺人的杰作——装饰自己宫殿内的礼拜堂。他委托在休达避难的王公伊德里西（Idrisi）绘制了一份世界地形图，因此可以极其仔细地考察地中海和地中海以外的世界。

宣传与行动是同步进行的。公元1147～1148年，在第二次十字军东征期间，罗杰二世将注意力转移到拜占庭帝国。这次十字军是在1147年由教宗动员的，不久前十字军建立于北叙利亚的埃德萨（Edessa）公国落入穆斯林之手。罗杰主动献 319
出他的船队，但由于他的敌人德意志统治者康拉德三世（Conrad Ⅲ）的施压，他的援助被拒绝了。罗杰准备把他的船队用于其他方面。1148年，拜占庭皇帝曼努埃尔·科穆宁因受制于取道拜占庭的第二次东征的十字军而无力他顾，罗杰利用了这个机会。他的海军占领了科孚岛，攻击了科林斯和雅典，而他的陆军则深入希腊内陆，从底比斯掠走了数十名犹太丝织工，让他们在自己的宫廷作坊里工作。一位拜占庭编年史学家用富有表现力的语言描述了班师回朝的西西里大帆船：

> 任何人看到西西里的三列桨船装载着如此多的精美商品，看到船桨浸没在水中，都会说这些船不是海盗船，而是装载各种货物的商船。[4]

毫无疑问，负面影响也是存在的。罗杰现在控制了亚得里亚海的出海口，威尼斯人对此十分警惕，遂向曼努埃尔·科穆宁派出救援船队。皇帝没有别的选择，只能重新给予威尼斯人那些在他眼中已是过分的贸易特权。在听说威尼斯人在科孚围攻战中如何消磨时间后，他对威尼斯人的不信任加深了：为嘲讽曼努埃尔长得黑，威尼斯人给一位非洲人穿上华丽的袍服，将他安置在一艘悬挂了拜占庭帝国旗帜的船上，命他表演拜占庭的宫廷礼节。[5]罗杰不经意地迫使拜占庭人和威尼斯人明白了他们之间互相厌恶的程度极深。罗杰对希腊发动了突袭，但

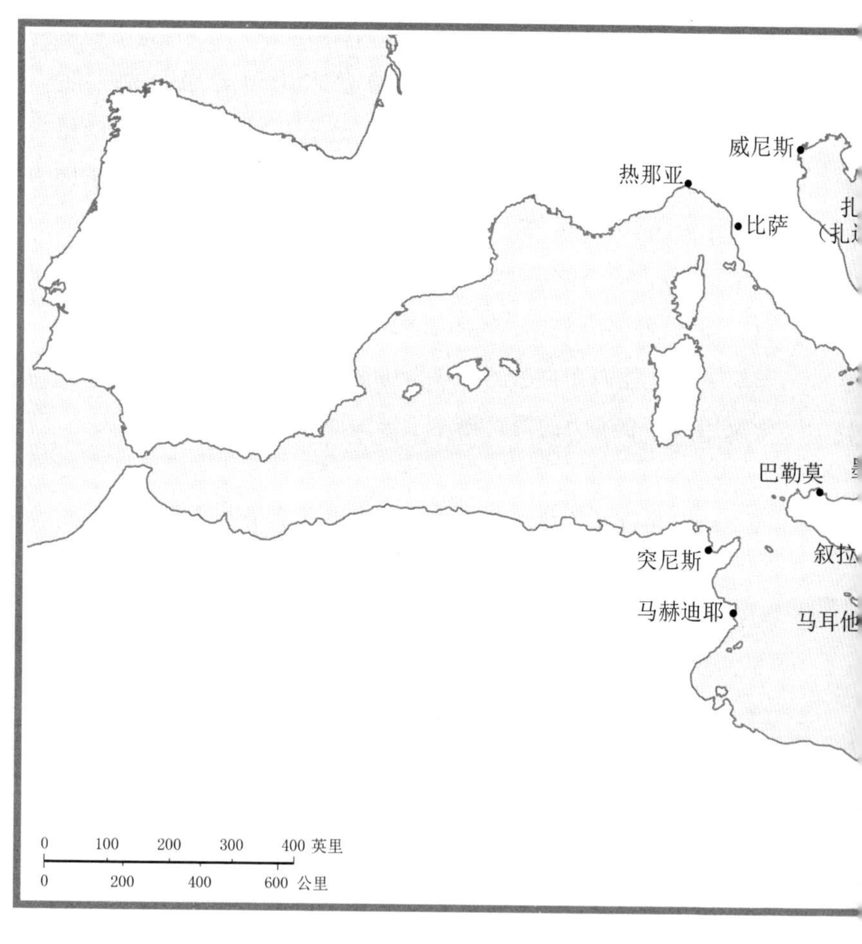
威尼斯
热那亚
比萨
巴勒莫
叙拉
突尼斯
马赫迪耶
马耳他
0 100 200 300 400 英里
0 200 400 600 公里

杜布罗夫尼克
君士坦丁堡
都拉基乌姆
萨洛尼卡
斗孚岛
科林斯
的黎波里
干地亚
（伊拉克利翁）
推罗
阿克
耶路撒冷
达米埃塔
亚历山大

他企图在北非创造一个长久的海上帝国。[6] 他巧妙地利用了这里混乱的政治和经济状况：在这个饥荒严重的时期，罗杰用西西里岛产的谷物赢得了一个又一个非洲埃米尔对自己权威的认可，并且他于公元 1146 年派出船队攻击并轻松占领了的黎波里。[7] 两年之后，马赫迪耶的埃米尔哈桑（al-Hasan）表示不愿服从，于是他派出了一支船队，它的统帅是机动灵活、颇有才干的希腊基督徒安条克的乔治（Admiral George of Antioch），他早年曾为马赫迪耶的统治者效力。在潘泰莱里亚岛附近的海域，西西里船队碰上了一艘马赫迪耶的船，并发现该船带着信鸽。乔治强迫该船船长给马赫迪耶送信，告诉埃米尔，尽管有一支正在行进的西西里船队，但它的目标是拜占庭帝国。哈桑以为这个信息准确无误，但他看到西西里船队于 1148 年 6 月
320 22 日黎明在海平面上出现时大吃一惊。哈桑逃跑了，他的城市被轻松占领，乔治允许他的军队在城中劫掠两小时。

之后，他把马赫迪耶人纳入王室的保护范围，甚至向当地商人发放贷款，从而使这里的商业活动尽可能快地恢复。他从当地市民团体中指定了法官，以保证穆斯林能继续生活在他们自己的法律制度下。外国商人到来了，当地恢复了旧日的繁荣。罗杰将这一系列的征服视为他建立部分地区再次基督教化的“非洲王国”的第一步。他试图使基督徒移居马赫迪耶，因为在过去的五个世纪里，当地的基督徒几乎完全消失了。[8] 但他也有一个更大的战略计划，意在控制西西里王国的周边海
321 域：他已经于公元 1127 年重新占领马耳他（他的父亲于 1090 年第一次占领此地），而且他热切地希望在希腊西面的爱奥尼亚诸岛确立自己的影响力。[9] 只要占有这些地方，他就能够在王国周边创建一道海上封锁线，从而保证敌人的船队——不管

是效力于拜占庭的威尼斯船队，还是效力于德意志皇帝的比萨船队——都不能向他的领地发动进攻。他有兴趣在西班牙海域打一次海战。到 1154 年去世时，他已经快要成功创建一个强大的海权国家。[10]罗杰并没有带领他的船队亲征，而是将其置于他的主要行政管理者安条克的乔治的指挥之下，此人现在拥有了“埃米尔中的埃米尔”的称号。后来，莫迪卡的威廉（William of Modica）于 1177 年被指定为“幸运的王室船队”的埃米尔，或者可以写作 *amiratus* 或 admiral，这个特指海军将 322
领的概念于 13 世纪被逐渐引入法兰西、西班牙和其他地区。这是一个西西里岛阿拉伯语词，它反映了 12 世纪地中海中部的西西里船队所拥有的绝对主导权。[11]

公元 1154 年之后，罗杰的儿子“恶棍”威廉（William ‘the Bad’）在整合整个王国的权力网方面做得远逊于他的父亲。面对获得威尼斯人支持的一次拜占庭对阿普利亚的入侵，威廉可能表现出了他的良好判断力，因为他接受了非洲领地已经无法维持的事实。北非城市认识到威廉在其家乡面临的困境，于是把他们的命运与在摩洛哥迅速发展的阿尔莫哈德运动结合在一起。阿尔莫哈德哈里发于 1159 年亲自指挥了对马赫迪耶的进攻。1160 年 1 月，阿尔莫哈德人攻破了马赫迪耶的城墙，让城内的基督徒和犹太人在死亡与皈依伊斯兰教间做出选择。[12]这起使形势发生逆转的大事件使威廉受到很多责备，但事实上，他（或者他的谋臣们）表现出了一些处理外交事务的能力。威廉击退了拜占庭人的入侵，与曼努埃尔·科穆宁达成和约，拜占庭皇帝第一次勉强承认了西西里王国的合法性。

当热那亚人、比萨人和威尼斯人控制了在东西方间远程载运商品和朝圣者的海上航线时，西西里人也控制了第勒尼安海与东方、亚得里亚海与东方间的交通要道。西西里船队称霸这些水域的事实使北意大利人陷入了非常尴尬的境地。他们如果不希望把他们的船只交给西西里海军，就必须与巴勒莫的宫廷交好。但是，他们被迫走上其他道路，因为他们希望安抚拜占庭和德意志皇帝。公元 1156 年，热那亚人与国王威廉一世签订了一项条约，城市编年史学家就此事写道：“长期以来，整个世界的智者都在说，热那亚人收获的远比其付出的更多、更好。”[13]国王威廉需要一种保证，即热那亚人的船队不会被他的敌人用于攻击他的王国。[14]热那亚人经墨西拿海峡从亚历山大和圣地运出的货物可享受减税待遇。该条约对通往东方的航线的安全与购买西西里岛的部分商品的权利同等重视。热那亚人同样需要西西里岛的产品。不断发展的热那亚得供养它自己，
323 而无论如何，相较于热那亚与比萨一直争夺的撒丁岛，西西里岛有产量更丰富、品质更好的小麦。这项协议描述了热那亚人将如何接收小麦、腌肉（产自西西里王国北部一个以基督徒居民为主的地区）、羊毛、羔羊皮和棉花［主要来自阿格里真托（Agrigento）的周边地区］。[15]在此后数个世纪中，热那亚人对西西里岛的谷物形成依赖，他们购买这些谷物的价格比较便宜，且把谷物运到他们的繁荣家园的运费也比较低；另外，通过从西西里岛购买大量原棉到北意大利，热那亚人奠定了其棉纺织业的基础，这一产业将在整个中世纪持续繁荣。[16]一些最好的棉花来自马耳他，该岛接受西西里国王的统治，而且马耳他的棉花早在 1164 年就已经被热那亚人记录在案。[17]西西里岛的贸易逐渐全面发展起来，于是它与北非的密切联系被与北意大利的联系替代。在诺曼人的统治下，西西里岛进入了欧洲的

经济网络。在当时，它还只是一块充满异国情调的地区，这里的商人们可以找到的产品不仅有谷物还有糖和靛蓝，但随着生产这些地中海伊斯兰社群传统产品的穆斯林人口减少，自 1200 年之后它们就被更多的小麦取代。随着热那亚人将越来越多的意大利甚至弗兰芒的毛织品运到西西里岛南部，以帮助他们支付购买小麦、棉花和其他商品的费用，北方和南方的联系变得越来越密切，在北意大利和南意大利之间，一种互补的关系发展起来。在这种关系中，西西里岛成为原料和食品的供应地，而北意大利成为成品的供应地。西西里王国的统治者是岛上谷物生产基地的主人，因此能够从他不起眼但至关重要的资产中获得巨大的财富。[18]

“好人”威廉二世（King William Ⅱ“the Good”，1166～1189 年在位）背靠强大的船队，对更广泛的地中海事务产生了极大的兴趣。他将他的权威扩展到整个亚得里亚海，将达尔马提亚海岸的城市杜布罗夫尼克［即拉古萨（Ragusa）］纳入自己的保护之下，该城正成为一个重要的港口。[19]但是，他的视野远远超出了亚得里亚海。1174 年，他发动了对埃及亚历山大的强力攻击；1182 年，他派出自己的船队向马略卡进军，但是他的船队没有取得任何成就。三年之后，拜占庭成了他的目标，且当他去世时他已经有了向被包围的十字军国家提供帮助的计划。他认为自己是为了基督而与穆斯林及希腊人斗争的战士。他最具野心的征伐计划使西西里船队在 1185 年进入了拜占庭帝国深处。他可以寄望于得到意大利商人的支持，因为 324
1182 年，在一次获得拜占庭新皇帝安德罗尼卡·科穆宁（Andronikos Komnenos）公开鼓励的可怕突发暴力事件中，君士坦丁堡的拉丁人遭到屠杀。一艘威尼斯船进入爱琴海，在玛勒亚海角（Cape Malea）遇上了另一些威尼斯船，这些船上的船员呼喊着："你们为什么停在这里？如果不逃跑，你们全都会死，因为我们与所有拉丁人都已经被君士坦丁堡流放了。"[20]但是牺牲者多是比萨人和热那亚人，威尼斯人仍然纠结于他们与君士坦丁堡的长久争执，他们中没有太多人在君士坦丁堡事件中受害。

到公元1185年，威廉获得了他需要的理由：一个四处游荡的骗子来到了他的宫廷，宣称自己是被废黜的拜占庭皇帝，威廉遂将帮助这个不可信人物复位作为自己的高尚职责。[21]当采取行动的时机来临时，他的船队依照当年罗伯特·吉斯卡尔确定的方案开始行动：都拉基乌姆被攻克，一支军队在此登陆；这支军队一直深入到萨洛尼卡，在王室船队的协助下攻克并洗劫了这座城市，船队一直在伯罗奔尼撒周边待命。拜占庭第二大城市的陷落激起了希腊人的士气。[22]西西里人被证实无法控制萨洛尼卡，但他们的攻击加深了拜占庭人对西方人的憎恨。[23]当威廉的野心扩张到整个地中海时，他的成功无法持续下去。在这一点上，北意大利人表现得更为出色。

2

公元12世纪末13世纪初是永远改变地中海政治版图的一系列政治灾难发生的时期，即使在这个时候，意大利靠海的几个共和国已利用这些变化越来越牢固地控制住了地中海的海路。1169年，耶路撒冷王阿莫里（Amaury）在估计形势时犯了严重错误，决定与曼努埃尔·科穆宁结盟，以攻击法蒂玛王朝统治下的埃及。曼努埃尔承诺提供一支强大的拜占庭船队，也就是说，当拜占庭人拥有足够意志力时，他们还能够派出一

支庞大的船队。阿莫里将召集法兰克人的军队，他们将一起进
攻尼罗河三角洲和开罗。最后，一支法兰克军队确实抵达了开 325
罗，但他们在那里建立一个傀儡政权的企图遭到了民众的反对。法蒂玛王朝被推翻，但埃及并没有成为顺从的盟友，而是成了反对拉丁王国的中心。[24]不久之后，阿尤布王朝新即位的苏丹萨拉丁——他是一个库尔德人出身的逊尼派穆斯林——在争夺伊斯兰教第三神圣的城市的斗争中，看到一个可以使中东全体穆斯林联合起来反抗法兰克人的事业。萨拉丁把对叙利亚和埃及的统治合二为一，自此以后法兰克人的耶路撒冷王国便愈发岌岌可危，因为法兰克人无法继续使用其传统策略，即在叙利亚统治者和法蒂玛王朝间挑拨离间，以此取得平衡。萨拉丁于 1187 年在太巴列湖附近的哈丁角（Horns of Hattin）大败组织混乱的法兰克军队，此后便占领了耶路撒冷城和巴勒斯坦海岸沿线，包括港口大城阿克，唯有推罗得以幸免。

西方的反应是果断的，却没有达成既定目标。第三次十字军东征于公元 1189 年发动，这次行军对海上力量依赖度很高：在马赛的船只的运送下，英格兰国王和诺曼底公爵理查一世的军队取道西西里到达黎凡特。在西西里岛，他对当地事务的干预（主要因为他卑鄙地想拿回他妻子的嫁妆，而她曾嫁给已故国王威廉二世）导致希腊人和拉丁人在墨西拿发生冲突并引发动乱。理查成功夺取了塞浦路斯，该岛当时处于科穆宁王朝一个谋反者的统治下；后来阿克也被收复了，他还同时收复了今天属于以色列和黎巴嫩的狭长海岸地带，但没能收复耶路撒冷。阿克街道上的意大利水手和商人比以往任何时候都多，他们对海上支持的迫切需要迫使法兰克统治者不断向外国商人

赐下在阿克和推罗的商务特权：马赛、蒙彼利埃和巴塞罗那的商人都被赐予“绿色宫殿”作为他们基地，它是位于推罗的一处建筑；他们同时还被免除了关税。[26]

阿克拥有了多个主人，他们对自己拥有的权利寸步不让：在近港口处有威尼斯人和比萨人的自治社区，一大片热那亚社区夹在这两块飞地的后面。到公元 13 世纪中期，被围墙隔离出来的威尼斯人社区拥有了两座分别为圣马可和圣德米特里修建的教堂，还有一座为总督（*bailli*）修建的宫殿、一个蓄水池、一座底楼有十六间店铺的商栈、有三层楼的仓库，以及圣
326 马可教堂的教士们的生活区。意大利人的社区极其拥挤，热那亚人可能拥有大约六十间房屋。[27]在不同的社区之间经常发生武装冲突：圣萨巴斯战争（War of St Sabas，1256 ~ 1261 年）发端于热那亚人和威尼斯人间因居住区边界而发生的争吵，后来场面失控，热那亚人最终放弃了阿克。热那亚人将其大本营转移至推罗，而原来占据推罗的威尼斯人则进一步巩固了对阿克的占有。互为竞争对手的两个共和国把精力都放在了对头身上，似乎忽视了来自伊斯兰王国的长期性威胁，但在这一点上拉丁世界那些好斗的东方法兰克贵族表现得不比他们好。圣殿骑士团和医院骑士团（或称圣约翰骑士团）也在阿克拥有很大的社区，他们对自己政治上的自治权十分坚持。[28]在刨除那些属于耶路撒冷牧首和其他领主的地盘后，阿克已经没有多少剩余土地可作为法兰克国王的财产，但是他拥有来自贸易税收的丰厚收入——即使有些商人有免税权，他们也得与那些须全额纳税的内陆商人做买卖，税率是很古怪的数字 269/2400。中世纪的地中海统治者非常清楚，低额税收能刺激贸易，从而使他们能获得更多的而不是更少的收益。[29]

萨拉丁同他的法兰克竞争者一样，对意大利的来访者很热情。他们之所以如此宝贵，是因为他们可以创造财政收入，且在没人盯梢时还可提供军备。[30]埃及购入了越来越多的欧洲产品，特别是来自伦巴第和佛兰德的精品布料。对于精品布料的需求并不仅仅产生自一种穿着奢侈服饰和（对于一个埃及人来说）带有异国情调的服饰的愿望。它们经常以最精细、最柔软的英格兰羊毛制作，以昂贵的东方靛蓝或西班牙格拉纳[①]染色。中东的产业正在走向衰落。为什么会这样还不清楚；在伊斯兰化的地中海，城市化程度仍然很高，一些城市，如开罗、大马士革和亚历山大规模很大。但无论如何，意大利人明显抢占了先机。

比萨扮演的是其他托斯卡纳贸易者的港口，这些人可以住在比萨的海外殖民区。只要他们向比萨的裁判官表示服从，并像比萨常住民那样缴纳税赋，他们便可被视为比萨人，可以享受地方统治者给予比萨人的各种豁免权。托斯卡纳内陆有一座 327
专门向东方出售其产品的城市，即拥有许多塔楼的圣吉米尼亚诺（San Gimignano），它是番红花粉在西方的最大产地。番红花粉由番红花脆弱易碎的花蕊制成，是少有的在西方比东方生长得更好的香料。它被用来做染料、调味品和草药，其生产过程十分复杂，因此其价格极其昂贵。[31]来自圣吉米尼亚诺的人将该商品运至阿克，然后经穆斯林的领土将其带到阿勒颇（Aleppo）。热那亚人、比萨人和威尼斯人发动的商业革命开始把那些远离地中海岸的城镇的居民包括进来。佛罗伦萨也取得了成功；它的商人在兜售由其作坊完成最后工序的精美的法兰

① 格拉纳（*grana*）是一种类似于胭脂虫的红色染料。——译者注

西和佛兰德的纺织品，后来他们开始自己生产这些商品的高仿品。佛罗伦萨商人开始从他们与突尼斯、阿克和其他地方的贸易中获得大量黄金，这些贸易活动不仅有纺织物的出售，还包括以金换银的业务。到公元 1252 年，热那亚人和佛罗伦萨人都已经有了足够发行他们自己的金币的黄金贮备，这是查理大帝之后西欧（除了西西里岛、南意大利和西班牙的部分地区）最早的金币。[32]到 1300 年，佛罗伦萨的弗罗林（florin）散布在了地中海的每个角落，标志着意大利人的领先地位，以及“伟大的海”作为一个贸易圈不断加强的整合力。

3

比法蒂玛王朝的衰落更具戏剧性的是西西里王国的衰亡。当萨拉丁还能够维系旧的统治模式（包括实践获利甚巨的垄断）之时，西西里岛和南意大利于公元 12 世纪 90 年代落入了贪婪的封建巨头之手，在地中海地区中部造成了极不稳定的局面。面对多数西西里封建巨头的强烈反对，德意志皇帝霍亨斯陶芬王朝的亨利六世在比萨和热那亚船队的支持下入侵了西西里王国，他宣称自己因妻子（罗杰二世的遗腹女）而获得了西西里的继承权。[33]但他对西西里的占领只持续了三年，即从 1194 年到 1197 年，此间他一直在策划一次征服君士坦丁堡的
328 十字军战争。他死后，他的遗孀康斯坦丝（Constance）试图在其有生之年恢复西西里王国旧时的平衡，但是这个王国开始瓦解：穆斯林在西西里西部发动了起义，此地在之后的四分之一个世纪都处于暴乱之中。在康斯坦丝去世之后，她年幼的儿子腓特烈成为巴勒莫各竞争派系手中的傀儡，居于意大利本土南部的封建巨头和主教们利用这一机会，在没有受到任何激烈

反抗的情形下占领了王室领地。

对西西里水域的控制权转移到了北意大利海盗的手中。热那亚人和比萨人决定让皇帝亨利当年为和他们结盟而做出的慷慨承诺得到部分落实。热那亚人获得的承诺是可占领叙拉古，于是公元 1204 年，一个名为阿拉曼诺·达科斯塔（Alamanno da Costa）的热那亚海盗以叙拉古伯爵的身份占领了叙拉古。比萨的船只在西西里海域经常受到热那亚海盗的攻击，而热那亚海盗的举动得到了热那亚城市公社的许可。[34] 与此同时，阿拉曼诺的朋友热那亚人恩里克·佩斯卡托勒（Enrico Pescatore，绰号“渔夫”）自立为马耳他伯爵。马耳他伯爵亨利①是公海水域上最危险的私掠者之一，他有自己的小型船队和狂妄的野心。1205 年，他派了两艘单桅大帆船及三百名热那亚和马耳他水手袭击了希腊水域，在那里，他们扣押了两艘向君士坦丁堡航行的威尼斯商船，船上满载着钱币、武器和两百大捆欧洲布料。他们在制造了一起国际性事故之后，一直深入至黎巴嫩的的黎波里，包围了这座城市，迫使基督教的伯爵与之议和，承诺给予热那亚人贸易特权，以回报他们在反击叙利亚穆斯林时提供的帮助。[35] 亨利的成功被他的随从、伟大的吟游诗人皮埃尔·维达尔（Peire Vidal）写成了韵体诗：

> 他是那么慷慨、勇敢，且有骑士风度，他是热那亚人之星，他使海上和陆上所有的敌人闻风丧胆……我亲爱的孩子亨利伯爵摧毁了他的所有敌人，他是他朋友们的保护

① 即恩里克。——译者注

者，不管何人希望得到他的保护，他都会毅然前往，毫无畏惧。[36]

于是，即使这些热那亚海盗追求实现其私人野心，但他们同时也在尝试为母邦谋取利益，而只要他们被认为是在为共和国的利益而劳作，其母邦城市似乎就不会放弃他们。

随着另一个地中海强大海上势力的衰落，亨利的下一次冒险以征服克里特为目标。在曼努埃尔·科穆宁一世于公元1180年逝世之后，因继承人问题而发生的争斗消耗了拜占庭
329 贵族的政治能量；一支突厥人于四年前在小亚细亚的密列奥塞法隆（Myriokephalon）取得的伟大军事胜利——曼努埃尔在这次战役中侥幸逃命——使政治能量进一步流失。[37]意大利海盗在爱琴海得以建立他们的基地；科孚岛落入一个热那亚海盗之手，现在此人可以随心所欲地袭击那些驶出亚得里亚海的威尼斯船只了。[38]因比萨和热那亚市民于1182年在君士坦丁堡经历了大屠杀（关于这次屠杀，前文已经提到），比萨人和热那亚人渴望向希腊人寻仇。[39]最恶劣的一次复仇行动是由热那亚海盗古列尔莫·格拉索（Guglielmo Grasso）实施的，他和一个名叫福蒂斯（Fortis）的比萨海盗联起手来。他们在1187年毫无顾忌地袭击了罗得岛，然后袭击了一艘萨拉丁派往拜访拜占庭皇帝伊萨克·安杰洛斯（Isaac Angelos）的威尼斯船只，船上除了有萨拉丁的外交使节外，还装载着野兽、优质木材、贵金属，以及作为苏丹之特别礼物的“真十字架”。海盗们杀死了船上的很多人，只留下了一些比萨的和热那亚的商人，福蒂斯还占有了这片“真十字架”圣物，他带着这片圣物穿越地中海到达科西嘉南部被岩石包围的博尼法乔（Bonifacio），这

个城市后来被他的比萨随从占领。热那亚人坚信，他们更有权保存这片“真十字架”，所以攻击了博尼法乔城，占有这片圣物和这座城市，这座城市后来成为比萨人在撒丁岛北部从事商业活动的据点。[40]西方对这次对萨拉丁使节船的袭击并无反对的声音，因为这艘船的行程可视为拜占庭人和阿尤布王朝结盟对付耶路撒冷王国的证据。

拜占庭在各方面都被重重危机困扰。在欧洲东南部，拜占
庭势力受到了保加利亚和塞尔维亚的军事领主们的挑战。已失
去皇权的科穆宁家族的成员在黑海沿岸的特拉布宗（Trebizond）
和塞浦路斯建立了他们自己的国家。拜占庭早在其被征服之
前就已经分裂了。当一次新的十字军东征在公元 1202 年开始
策划时，其原定目标是萨拉丁的经济活动基地亚历山大。如
果能够攻克亚历山大，就可用它来交换耶路撒冷王国那些陷
落的城市，或者把它作为以后摧毁阿尤布王朝势力的基地。
第四次十字军东征的故事被讲述了许多次：十字军从威尼斯
人那里租用船只；他们不能付清威尼斯人向他们索要的费用，
威尼斯人于是督促他们帮助自己攻击达尔马提亚海岸的扎拉
城［Zara，即扎达尔（Zadar）］以偿付部分费用；十字军人
因此答应开向君士坦丁堡，希望能将自己的保护对象阿列克 330
修斯·安杰洛斯（Alexios Angelos）重新推上拜占庭的皇位；
十字军内部的复杂关系，特别是与威尼斯人以及希腊人的关
系，在 1203 年因希腊人对阿列克修斯敌意的增长而更为恶
化；阿列克修斯四世被推翻，十字军的回应是立即开始攻击
君士坦丁堡；然后在 1204 年 4 月，君士坦丁堡的巨大城墙被
翻越，曾被认为无法攻克的君士坦丁堡被攻克，洗劫在城内
持续了好几天。[41]威尼斯人以镶满珠宝的圣器、水晶制作的圣

水壶、镀金及镶嵌珐琅的圣书封面、圣者的遗骨和其他从拜占庭皇宫和教堂中掠夺的价值不菲的宝物丰富了圣马可大教堂的宝库。多数物件仍然被保存在圣马可大教堂中，其中最为著名的是从君士坦丁堡的竞技场运走的活灵活现的铜铸马匹。圣马可所在的威尼斯现在是新的君士坦丁堡，也是新的亚历山大。[42]

君士坦丁堡的沦陷最为明显的受惠者是威尼斯人，他们控制了拜占庭的贸易路线，并能够随意排挤他们的竞争对手。帝国被分割了：萨洛尼卡和克里特岛的治理权被赐予一位十字军首领，即意大利西北部的贵族蒙菲拉的卜尼法斯（Boniface of Montferrat），而君士坦丁堡的皇冠则被交予佛兰德伯爵鲍德温（Baldwin）。希腊的王公们仍然驻留在小亚细亚的尼西亚城和巴尔干半岛西部的伊庇鲁斯。皇帝鲍德温不得不花费许多时间以极有限的资源与保加利亚人对抗。希腊人的流亡政府顽强地收复了拜占庭的腹地，而君士坦丁堡贫弱不堪的拉丁帝国最后被尼西亚的统治者米哈伊尔·巴列奥略（Michael Palaiologos）灭亡，他于公元 1261 年光复了君士坦丁堡。[43]威尼斯宣称它自己是“罗曼尼亚（即拜占庭帝国）八分之三领土的领主”。当与皇帝鲍德温一样承担着沉重压力的卜尼法斯决定将克里特岛以一千银马克的价格卖给威尼斯人时，威尼斯人的份额至少在理论上增长了。卜尼法斯并没有在事实上控制这个岛屿，于是威尼斯人就得发兵占领它。威尼斯人希望如此行动的绝妙理由是，此岛是通往东地中海的航线上的交通枢纽，而且威尼斯商人们早就知晓，它是谷物、油和酒的重要来源地。

在威尼斯人开始行动之前，马耳他伯爵亨利向克里特发起
331 了一次雄心勃勃的海上攻击，试图使自己成为该岛的国王；而

热那亚人在瓜分第四次十字军东征的战利品的活动中被排除在外，他们于是在亨利背后助推。公元1206年，亨利占领了干地亚（伊拉克利翁）和克里特的十四处堡垒。他大胆地派出一位使节去见当时的教宗英诺森三世（Innocent Ⅲ），要求教宗封自己为克里特王，但遭到反对。热那亚人曾经假装他们并没有卷入亨利的计划，但于1208年开始直接表示对此事的兴趣，以船只、人员和食品援助亨利，不久以后，他们就获得了可在该岛的城镇中建立商栈、面包房、浴池和教堂的许诺。在其行动缓慢开始之后，威尼斯人组织了武装人员反击热那亚人；一位蒂耶波洛（Tiepolo）家族的成员被指定为克里特公爵，这个位子上的人将经常充当威尼斯总督的副手。热那亚人无意同威尼斯人进行长期战争，于1212年同威尼斯人签署了一项和约，但在六年后热那亚的马耳他伯爵和叙拉古伯爵才镇压了海盗。[44]此后，亨利乐此不疲地在西西里国王和神圣罗马帝国皇帝（从1220年起）腓特烈麾下效力，成了他的海军司令，偷猎者居然成了狩猎场的看护者。

我们不能低估这一短暂冲突的重要性。它是热那亚人和威尼斯人之间的第一次大规模对抗；他们已经成为前往阿克城的海路上的竞争对手，且如前所述，在公元1256～1261年，他们之间发生了激烈的争斗。热那亚人深恨威尼斯人控制了前拜占庭帝国的贸易，于是当米哈伊尔·巴列奥略在1261年收复君士坦丁堡时，他们毫不出人意料地为其提供了海上支持，且获得了相当优惠的条件作为回报。但是1212年以后，克里特岛落在了威尼斯人手中，威尼斯人发现他们自己已经成为一群不太喜欢共和国的希腊人的主子（在1363年克里特岛发生了一次针对共和国的暴乱）。此外，威尼斯人巩固了他们在东地中海的补给线；希腊人和威尼斯人逐渐学会了合作，一种混合的文化在岛上发展起来，威尼斯人与克里特人通婚，甚至天主教和正教基督徒之间的界线也变得模糊了。[45]

4

尽管在克里特岛上发生着地域内的交融，但意大利城市公
332 社在东拉丁或者跨地中海的文化发展中的重要性难以估计。一些绘图抄本曾经被鉴定出自公元 13 世纪的耶路撒冷王国，这证明那些生活在东方的艺术家与那些在托斯卡纳和西西里工作的人一样借鉴了拜占庭的图画风格。君士坦丁堡于 1204 年的陷落使更多的拜占庭元素注入西方，强化了拜占庭对意大利艺术的影响，并为热衷于古典文献研究的威尼斯人创建了一种学习途径。[46]伊斯兰元素也具有装饰性的意义，被用在威尼斯和南意大利的建筑上，但当地人对产生这种艺术的文化不太有兴趣。对于东方文化的兴趣主要是实用性的。在 12 世纪的君士坦丁堡有一两个比萨的译员，他们除了完成他们必须完成的任务——将往来于西欧与君士坦丁堡的官方信件翻译成拉丁文或者从拉丁文译成希腊文——外还试图翻译希腊的哲学著作。比萨人雅各布在 1194 年曾经为拜占庭皇帝伊萨克·安杰洛斯担任译员。[47]比萨人威廉的儿子麦蒙——他的名字显示出他的混血身份——曾经在与北非的阿尔莫哈德王朝谈判中提供帮助。比萨人的文书用阿拉伯文字与阿尔莫哈德人通信。他们甚至还向北非学习一些有用的会计知识。比萨商人列奥纳多·斐波那契（Leonardo Fibonacci）一度在布日伊居住，他在 13 世纪初写的一篇著名的论文谈到了阿拉伯数字。[48]但是文书们本能的保守性使他们仍用拉丁数字进行统计，统计工作因此仍然是令

人厌倦的任务。

经由地中海的贸易路线很可能已经传播了许多不同派别的思想，它们将在公元 1209 年之后的数十年内在南法兰西引发重要变化。11 世纪，拜占庭皇帝们对鲍格米勒派（Bogomil）的异端积极地进行了镇压，这派异端传播了一种二元论的宇宙观，在此观念下善神的精神王国正在同掌控肉体世界的撒旦进行战斗。历史学家们提出，在第一次和第二次东征期间经过君士坦丁堡的十字军或者来自比萨和其他地方的意大利商人与鲍格米勒派建立了联系，并将他们的信仰带往欧洲，然后它们再发展成为 12 世纪朗格多克的清洁派（Cathars）异端邪说。[49]人们一般认为意大利的观点更为温和，可能受到了巴尔干的异端派别的影响，这些异端派别的信徒带着他们的思想经由杜布罗夫尼克及它的邻近城市越过了亚得里亚海。然而很难论证这种 333
异端思想是沿海路传到西欧的，因为它们并没有在海港城市生根：蒙彼利埃是一个重要的地中海贸易中心，但一般观点认为那里没有异端派别，在热那亚人中也很难找到清洁派的信徒。在热那亚和威尼斯，清洁派信徒很少出现。热那亚人忙于挣钱，沉溺于属于肉体的凡俗世界，正如他们所自称的“吾等热那亚人乃商人矣”。

注　释

1. Ibn Jubayr, *The Travels of ibn Jubayr*, trans. R. Broadhurst (London, 1952), p. 338; D. Abulafia, *The Two Italies: Economic Relations between the Norman Kingdom of Sicily and the Northern Communes* (Cambridge, 1977), pp. 116–19.

2. D. Abulafia, 'The Crown and the economy under Roger II and his successors', *Dumbarton Oaks Papers*, vol. 37 (1981), p. 12; repr. in D. Abulafia, *Italy, Sicily and the Mediterranean, 1100–1400* (London, 1987), essay i.
3. H. Wieruszowski, 'Roger of Sicily, *Rex-Tyrannus*, in twelfth-century political thought', *Speculum*, vol. 38 (1963), pp. 46–78, repr. in H. Wieruszowski, *Politics and Culture in Medieval Spain and Italy* (Rome, 1971).
4. Niketas Choniates, cited in Abulafia, *Two Italies*, p. 81.
5. D. Nicol, *Byzantium and Venice: a Study in Diplomatic and Cultural Relations* (Cambridge, 1988), p. 87.
6. D. Abulafia, 'The Norman Kingdom of Africa and the Norman expeditions to Majorca and the Muslim Mediterranean', *Anglo-Norman Studies*, vol. 7 (1985), pp. 26–41, repr. in D. Abulafia, *Italy, Sicily and the Mediterranean, 1100–1400* (London, 1987), essay xii.
7. Ibn al-Athir, in ibid., p. 34.
8. Abulafia, 'Norman Kingdom of Africa', pp. 36–8.
9. C. Dalli, *Malta: the Medieval Millennium* (Malta, 2006), pp. 66–79.
10. C. Stanton, 'Norman naval power in the Mediterranean in the eleventh and twelfth centuries' (Ph.D. thesis, Cambridge University, 2008).
11. L.-R. Ménager, *Amiratus-'Aμηρᾶς: l'Émirat et les origines de l'Amirauté* (Paris, 1960); L. Mott, *Sea Power in the Medieval Mediterranean: the Catalan-Aragonese Fleet in the War of the Sicilian Vespers* (Gainesville, FL, 2003), pp. 59–60.
12. Abulafia, 'Norman Kingdom of Africa', pp. 41–3.
13. Caffaro, in Abulafia, *Two Italies*, p. 97.
14. Cf. G. Day, *Genoa's Response to Byzantium, 1155–1204: Commercial Expansion and Factionalism in a Medieval City* (Urbana, IL, 1988).
15. Abulafia, *Two Italies*, pp. 90–98.
16. M. Mazzaoui, *The Italian Cotton Industry in the Later Middle Ages, 1100–1600* (Cambridge, 1981).
17. Abulafia, *Two Italies*, p. 218; Dalli, *Malta*, p. 84.
18. See Abulafia, *Two Italies*, pp. 255–6, 283–4; D. Abulafia, 'Southern Italy, Sicily and Sardinia in the medieval Mediterranean economy', in D. Abulafia, *Commerce and Conquest in the Mediterranean, 1100–1500* (Aldershot, 1993), essay i, pp. 1–32; colonial economy: H. Bresc, *Un monde méditerranéen: économie et société en Sicile, 1300–1450*, 2 vols. (Rome and Palermo, 1986); another view in S. R. Epstein, *An Island for Itself: Economic Development and Social Change in Late Medieval Sicily* (Cambridge, 1992).
19. D. Abulafia, 'Dalmatian Ragusa and the Norman Kingdom of Sicily', *Slavonic and East European Review*, vol. 54 (1976), pp. 412–28, repr. in D. Abulafia, *Italy, Sicily and the Mediterranean, 1100–1400* (London, 1987), essay x.
20. C. M. Brand, *Byzantium Confronts the West 1180–1204* (Cambridge, MA, 1968), pp. 41–2, 195–6.
21. Ibid., p. 161.

22. Eustathios of Thessalonika, *The Capture of Thessaloniki*, ed. and trans. J. R. Melville-Jones (Canberra, 1988).
23. Brand, *Byzantium Confronts the West*, p. 175.
24. G. Schlumberger, *Les campagnes du roi Amaury Ier de Jérusalem en Égypte au XIIe siècle* (Paris, 1906).
25. E. Sivan, *L'Islam et la Croisade: idéologie et propagande dans les réactions musulmanes aux Croisades* (Paris, 1968).
26. D. Abulafia, 'Marseilles, Acre and the Mediterranean 1200–1291', in *Coinage in the Latin East: the Fourth Oxford Symposium on Coinage and Monetary History*, ed. P. Edbury and D. M. Metcalf (British Archaeological Reports, Oxford, 1980), p. 20, repr. in D. Abulafia, *Italy, Sicily and the Mediterranean, 1100–1400* (London, 1987), essay xv.
27. J. Prawer, *Crusader Institutions* (Oxford, 1980), pp. 230–37, 241.
28. R. C. Smail, *The Crusaders in Syria and the Holy Land* (Ancient Peoples and Places, London, 1973), pp. 74–5 (with map); M. Benvenisti, *The Crusaders in the Holy Land* (Jerusalem, 1970), pp. 97–102; Prawer, *Crusader Institutions*, pp. 229–41; P. Pierotti, *Pisa e Accon: l'insediamento pisano nella città crociata. Il porto. Il fondaco* (Pisa, 1987).
29. J. Riley-Smith, 'Government in Latin Syria and the commercial privileges of foreign merchants', in *Relations between East and West in the Middle Ages*, ed. D. Baker (Edinburgh, 1973), pp. 109–32.
30. C. Cahen, *Orient et occident au temps des croisades* (Paris, 1983), p. 139.
31. D. Abulafia, 'Crocuses and crusaders: San Gimignano, Pisa and the kingdom of Jerusalem', in *Outremer: Studies in the History of the Crusading Kingdom of Jerusalem Presented to Joshua Prawer*, ed. R. C. Smail, H. E. Mayer and B. Z. Kedar (Jerusalem, 1982), pp. 227–43, repr. in Abulafia, *Italy, Sicily and the Mediterranean*, essay xiv.
32. D. Abulafia, 'Maometto e Carlo Magno: le due aree monetarie dell'oro e dell'argento', *Economia Naturale, Economia Monetaria*, ed. R. Romano and U. Tucci, *Storia d'Italia, Annali*, vol. 6 (Turin, 1983), pp. 223–70.
33. Abulafia, *Two Italies*, pp. 172–3, 190–92.
34. D. Abulafia, 'Henry count of Malta and his Mediterranean activities: 1203–1230', in *Medieval Malta: Studies on Malta before the Knights*, ed. A. Luttrell (London, 1975), p. 111, repr. in Abulafia, *Italy, Sicily and the Mediterranean*, essay iii.
35. Ibid., pp. 112–13.
36. Cited in ibid., pp. 113–14, nn. 43, 46.
37. Brand, *Byzantium Confronts the West*, p. 16.
38. Abulafia, 'Henry count of Malta', p. 106.
39. Brand, *Byzantium Confronts the West*, p. 209.
40. Ibid., pp. 210–11; Abulafia, 'Henry count of Malta', p. 108.
41. J. Phillips, *The Fourth Crusade and the Sack of Constantinople* (London, 2004); J. Godfrey, *1204: the Unholy Crusade* (Oxford, 1980); D. Queller and T. Madden, *The Fourth Crusade: the Conquest of Constantinople* (2nd edn,

Philadelphia, PA, 1997).

42. D. Howard, *Venice and the East: the Impact of the Islamic World on Venetian Architecture 1100–1500* (New Haven, CT, 2000), pp. 103, 108.
43. J. Longnon, *L'Empire latin de Constantinople et la principauté de Morée* (Paris, 1949); D. Nicol, *The Despotate of Epiros* (Oxford, 1957); M. Angold, *A Byzantine Government in Exile: Government and Society under the Laskarids of Nicaea (1204–1261)* (Oxford, 1975).
44. Abulafia, 'Henry count of Malta', pp. 115–19.
45. S. McKee, *Uncommon Dominion: Venetian Crete and the Myth of Ethnic Purity* (Philadelphia, PA, 2000).
46. Howard, *Venice and the East*, p. 93.
47. Brand, *Byzantium Confronts the West*, p. 213.
48. *Leonardo Fibonacci: il tempo, le opere, l'eredità scientifica*, ed. M. Morelli and M. Tangheroni (Pisa, 1994).
49. C. Thouzellier, *Hérésie et hérétiques: vaudois, cathares, patarins, albigeois* (Paris, 1969).

七　商人、雇佣军和传教者（1220~1300年）

1

地中海中部和东部的帝国衰落与西端阿尔莫哈德势力的瓦 334
解是同步发生的。哈里发对极端的阿尔莫哈德派教义失去了热情，他们被指责已经背叛了该派本来的宗旨。在公元1212年于纳瓦斯德托洛萨战役（Las Navas de Tolosa）中败给基督教的西班牙诸王后，哈里发据说被他的一个奴隶勒死了。西班牙和突尼斯的阿尔莫哈德派领土落入了一些当地的新王手中，他们只在口头上遵从阿尔莫哈德派的宗旨。哈夫斯（Hafsid）王朝的统治者们获得了对突尼斯的控制权，自称阿尔莫哈德派信仰的继承者。柏柏尔人的马林王朝（Marinids）经过长期斗争之后，于13世纪中期在摩洛哥摧毁了阿尔莫哈德国家。与此同时，那斯里德（Nasrid）王朝于格拉纳达奠基，该王朝在此地的统治一直维系到了1492年。它严格遵循逊尼派伊斯兰教教义，而不是阿尔莫哈德派伊斯兰教教义。13世纪也见证了西地中海基督教世界的重大转变：比萨与热那亚对科西嘉岛和撒丁岛周围海域控制权的争夺于1284年告终，结果是比萨人在梅洛里亚海战（Battle of Meloria）中失去了有丰富铁矿资源的厄尔巴岛。[1] 尽管比萨人并没有失去对他们统治下的撒丁岛的控制，甚至收回了厄尔巴岛，但这时比萨和热那亚都有了一个新对手，该对手不是航海共和国，而是获得阿拉贡国王和加

威尼斯
热那亚
蒙彼利埃
马赛
比萨
佩皮尼昂
巴塞罗那
马伦西亚
马略卡城
（帕尔马）
休达
巴勒莫
布日伊
突尼斯
马耳他
0 100 200 300 400 英里
0 200 400 600 公里

君士坦丁堡
都拉基乌姆
阿克
达米埃塔
亚历山大

泰罗尼亚伯爵征服者詹姆斯一世（James I“the Conqueror”）支持的以巴塞罗那为首的城市群体。

公元13世纪之前，阿拉贡诸王对于地中海责任的诉求并
335 不明显。这些领主在1118年才击溃萨拉戈萨的埃米尔王国，统治着面积不大的山地王国，将主要精力浪费在了对基督教的卡斯蒂利亚（Castile）王国和纳瓦拉（Navarre）王国事务的干预中。但是，在1134年，阿拉贡的“斗士”阿方索一世去世，未能留下继承人；他的兄弟是一位修士，为了生育后代被迫还俗，之后生了一个女儿，把她嫁给巴塞罗那伯爵。巴塞罗那伯爵的领地和阿拉贡王国因此在12世纪中期合为一体，但这种联合是出于个人原因的联合，受制于统治者。巴塞罗那伯爵在加泰罗尼亚依然是伯爵（名义上处于法兰西国王的宗主权之下）；在高地上的阿拉贡，他才是一位国王。此外，巴塞罗那伯爵还被加泰罗尼亚的地方纷争分去了精力，在该地区他充其量是地位平等的众贵族中的第一人。伯爵的视野没有超出加泰罗尼亚，但他在比利牛斯山外的朗格多克和鲁西永（Roussillon）有许多同盟者和附庸。1209年，阿拉贡-加泰罗尼亚的伯爵-国王（他时常被如此称呼）被卷入了法国南部的事件，被迫加入了教宗召集的反清洁派异端的十字军，即阿尔比十字军（Albigensian Crusade）。尽管他南法的封臣们都被指控为在保护异端人群，或者甚至他们自己就是异端，伯爵-国王彼得二世（Peter Ⅱ）将自己的领主义务置于首位，出头帮助这些诸侯对抗西蒙·德蒙福尔（Simon de Montfort）统帅的北法兰西的军队。彼得在1213年图卢兹（Toulouse）附近的米雷（Muret）战役中被杀，于蒙彼利埃留下了年轻的继承人詹姆斯。这些事件进一步动摇了加泰罗尼亚的地位。[2]

在图德拉的便雅悯生活的时期，巴塞罗那仍然是“一个美丽的小城”，但便雅悯坚持认为在公元 1160 年前后，来自意大利和地中海各地的商人都到访过此地。[3] 这是该城市的低谷期，然而，如果说 11 世纪时地中海沿岸还有一个似乎将变得繁荣的城市，那就是巴塞罗那了。[4] 在精力充沛且好战的伯爵的统治下，这些领主乐于威胁那些分散于西班牙南部的伊斯兰国家，并对它们发动攻击。巴塞罗那因此得到丰厚的贡赋，大量黄金被注入其经济发展中，激励如里卡特·吉列姆（Ricart Guillem）的成功商人投资巴塞罗那西部［靠近当代的兰布拉（Ramblas）］的葡萄园、果园和其他产业。里卡特是一个城堡主的儿子，是巴塞罗那的新兴之星。1090 年，他反击了制造
混乱的雇佣兵埃尔·熙德（El Cid）并旅行至穆斯林统治下的 336
萨拉戈萨做以银换金的交易。但是巴塞罗那的第一次繁荣是短暂的，紧随而来的是漫长的寒冬期；自阿尔摩拉维德王朝在西班牙南部建立后，巴塞罗那的贡赋来源于 11 世纪末就枯竭了。[5] 然后随着热那亚和比萨崛起，巴塞罗那被边缘化，因为它略为偏离那些往来于理想避风港（如休达和布日伊）的意大利船只的航线：这些船想行至马略卡岛和伊维萨岛，并与伊比利亚海岸的德尼亚建立联系，德尼亚位于巴伦西亚的南面。巴塞罗那并没有良港，而我们现在看到的优良港口是现代建成的。加泰罗尼亚军队于 1148 年攻击托尔托萨（Tortosa）时，仍然需要依靠热那亚海军的帮助。但加泰罗尼亚人开始建立他
们自己的小型船队，在巴塞罗那的雷戈米尔门（Regomir 337
Gate）附近修建了一处造船厂；此地是巴塞罗那南方的门户，一条道路从大教堂一直延伸到海边（该地现在位于哥特区的南端）。[6] 巴塞罗那也是一座首府城市，伯爵－国王的宫殿位于

该城的东北部。巴塞罗那尽管发展了一个设计合理的政权体系，但从来都不是自由的共和国，城市的长老们并不享有比萨人和热那亚人拥有的那种决策自由。[7]但是这也是巴塞罗那能够成功的一个原因。在 13 世纪，城内的贵族们和伯爵 - 国王的利益出现交叉。他们都开始关注海外贸易和穿越地中海从事海上征伐可带来的利益。

2

338 在詹姆斯一世没待在其母亲的城市蒙彼利埃的多数时间中，加泰罗尼亚的大领主们内部争斗不断；即使如此，王室的权力也并没有被完全削弱，因为詹姆斯的支持者中有如鲁西永伯爵那样的显贵人物，鲁西永伯爵认为保护王室的权威有助于强化他自己的地位。到公元 12 世纪 20 年代，这位年轻的国王建功立业，渴望成为十字军英雄。他重启了征服穆斯林统治下的马略卡的长期计划，他的先祖拉蒙·贝伦格尔三世（Ramon Berenguer Ⅲ）曾经于 1114 年在比萨船队的支持下短暂占有过这座岛屿。但这一次，他试图用一支由自己的臣属们的船只构成的船队去攻击马略卡。的确，热那亚人和比萨人在马略卡岛稳稳地站住了脚，在那里他们经营了贸易商站，因此并不赞同詹姆斯野心勃勃的计划。[8]詹姆斯于是在塔拉戈纳设宴，以向他的臣属们请教，显赫的船主佩雷·马特利（Pere Martell）赞助了这次宴会，他认为此项事业是正义且有利可图的：

> 因此，您看，我们认为阁下征服那个岛的理由有两个：首先，你和我将因此扩张我们的权力；其次，那些听到这一征服消息的人会认为，阁下能攻取上帝乐于置于此

> 的土地和海上王国一事是一个神迹。[9]

从此以后，国王和商人在利益上很明显达成了一致。

除了加泰罗尼亚的船只，詹姆斯还可以依赖马赛的资源，因为普罗旺斯的伯爵们都是巴塞罗那王室的姻亲。公元1229年5月，詹姆斯集合了一百五十艘大船，以及许多较小的船只。他宣称："这支船队如此庞大，海上似乎布满了白色的船帆。"[10]在一段颇为艰难的航行之后，加泰罗尼亚人和他们的同盟登陆并在年末攻下了马略卡岛的首府城市梅地纳-马约卡［Madina Mayurqa，加泰罗尼亚人称之为Ciutat de Mallorca，即马略卡城（Ciutat de Mallorca），它是现代的帕尔马］。加泰罗尼亚诸城，以及马赛和蒙彼利埃获得了马略卡城中的一些产业和城外的一些土地，这是对它们援助的回报。国王詹姆斯感觉到了热那亚人和比萨人的不满，于是赐予意大利商人在马略卡岛的贸易特权，尽管他们曾经反对国王的伟大事业。这些行动为马略卡城的商业扩张奠定了基础。但是，国王又花了好几个 339
月的时间征服其他岛屿。1231年，在詹姆斯虚张声势的恐吓下，梅诺卡岛投降了：他在马略卡岛东部可以看到梅诺卡岛的地方集结了他的军队，到了晚上，他命每位战士举起两个火把，于是当梅诺卡岛上的穆斯林远远看到火把时，他们以为有一大支军队在准备攻击他们，于是送上了表示臣服的文书。为了保证他们的自治和对伊斯兰教教仪的践行，他们每年都向詹姆斯纳贡。[11]1235年，一支得到国王许可的、由塔拉戈纳大主教组织的私人征伐队攻克了伊维萨岛。

正如攻克伊维萨岛这件事所体现的，詹姆斯很少从这些岛屿的事务中直接获利。他高兴地将马略卡的行政管辖权授予伊比利亚亲王葡萄牙的佩德罗（Pedro of Portugal），以换取佩德罗拥有所有权的比利牛斯的战略要地。詹姆斯还是更关注陆地安全而非海上安全。但是他征伐马略卡的一个后果是，巴利阿里群岛突然成为基督教海军的前沿阵地。詹姆斯在自传中记下了自己的功绩，以庆祝自己的胜利，这是这类由中世纪国王写下并留存至今的著作中的第一部。该书以加泰罗尼亚语写成，商人和征服者们越过地中海，沿着西班牙海岸南下，把这种语言带到了马略卡，后来当詹姆斯于公元 1238 年征服巴伦西亚时，它又被带入了另一片基督徒的属地。詹姆斯在晚年时身边还有两个儿子，他认为应将阿拉贡、加泰罗尼亚和巴伦西亚授予长子彼得，但同时创建了一个扩大了的马略卡王国，传给了小儿子詹姆斯。这个新的王国的存在时间从 1276 年一直持续到 1343 年，其领土包括詹姆斯所占有的比利牛斯山外法兰西一侧的富庶土地——鲁西永、塞尔达涅（Cerdagne）和蒙彼利埃，其中蒙彼利埃是联系地中海和北法兰西的重要贸易中心。不管有意还是无意，他都创建了一个依赖海洋生活的王国。

他在征服中要解决的一个问题是该如何对待穆斯林民众。詹姆斯将穆斯林视为一种经济资产。在马略卡岛，许多穆斯林以土地为生，臣服于基督教的领主。穆斯林团体慢慢瓦解，有些人移民了，另一些人改信基督教。这块土地并没有因此被空置：基督徒从加泰罗尼亚或者普罗旺斯漂洋过海来到这里定居，岛上的人口成分很快发生了变化，于是到公元 1300 年，穆斯林已经是被基督徒包围的少数群体。[12]而在巴伦西亚，国
340 王试图使自己成为统治伊斯兰王国的基督徒国王；尽管巴伦西亚城市的核心部分很少有穆斯林，但穆斯林在郊区繁荣发展，在巴伦西亚旧伊斯兰王国的穆斯林社区内，人们被允许践行他

们自己的法律和宗教，他们甚至可禁止基督徒和犹太人移居他们的小城镇和农村（如在梅诺卡发生的那样）。这些小村镇是重要的生产中心，通常专门生产那些在早期穆斯林征服活动中被阿拉伯人运到西方的农作物和手工艺品，陶器、谷物（包括稻米）、干果和精细布料都是可能的产品；而且，通过向内陆贸易或跨地中海的贸易收税，国王和贵族领主获得了大量收入。[13]从穆斯林签订的投降协议中有时很难看出穆斯林是被打败的一方；这些条款读起来更像是双方在平等基础上签订的和约。[14]但是看来是维持稳定的好方式，至少在巴伦西亚的穆斯林起义、13 世纪 60 年代的粗暴迫害条款制定之前是这样的。王室的宽容是真实的，但也是有条件的、易变的。

詹姆斯在犹太人那里看到了特殊的潜质，即使巴塞罗那规模较大的犹太人团体对海上贸易并没有特殊兴趣（与传统看法不同，他们也不热衷于放贷）。[15]他从加泰罗尼亚、普罗旺斯和北非请来了犹太人，使之于马略卡定居。他特别关注来自西吉尔马萨（Sijilmasa）的一个犹太人，西吉尔马萨是撒哈拉沙漠北部边缘的小镇，在这里许多骆驼商队从尼日尔河河湾处运来黄金。这个犹太人就是所罗门·本·阿马尔（Solomon ben Ammar），他在公元 1240 年前后的商业和金融领域甚为活跃，在马略卡城有自己的产业。这样一个人物很容易进入北非的市场，将马略卡变成连接加泰罗尼亚和属于伊斯兰世界的地中海部分地区的桥梁。所罗门和其他很多西班牙犹太人一样，能够熟练地使用阿拉伯语。因此，以下情形的出现并非巧合：在下一个世纪，来自马略卡的犹太人和由犹太教改宗而来的基督徒开始了地图的制作，利用穆斯林和基督徒编写的资料中的准确的地理学知识，制作了著名的波托兰海图（portolan charts），这幅地图描绘地中海沿岸和远海情况的细致程度至今仍然令世人震惊。[16]

在西班牙，三种始于亚伯拉罕的宗教信仰间的碰撞表现出不同的形式。在托莱多（Toledo），即卡斯蒂利亚的腹地，国王阿方索十世赞助了翻译阿拉伯语文献（包括被译成阿拉伯语的希腊文著作）的活动，其中很多翻译都是犹太人。而在
341 地中海沿岸，这类活动受到了更多限制。在阿拉贡的詹姆斯一世的脑中，有两个至关重要的问题。其中之一是现实问题，即如何在巴伦西亚和他统治的其他地区保持对桀骜不驯的穆斯林民众的控制。另一个是宗教问题，即是否应向且该如何向他的犹太和穆斯林臣民提供皈依基督教的机会。由于他从这些犹太教和穆斯林团体中征收的赋税使他获利甚丰，他同南地中海沿岸的早期穆斯林征服者一样处于进退两难的境地：太多改宗者会影响他的税收基础。因此，尽管他坚持要求他的犹太臣民去会堂听托钵修士的布道，但也因犹太人更愿意向他交一笔特别税款以免于按照他的要求行事而窃喜。然而他还是公开表明了对托钵修士的支持。多明我会的总会长拉蒙·德佩尼亚福特（Ramon de Penyafort）总是把在加泰罗尼亚的犹太人社群和北非的穆斯林社群中传播基督教的福音置于首位。他的一个成就是创建了语言学校，在那里传教士可以通过学习熟练使用阿拉伯语和希伯来语；他们还可研习《塔木德》（*Talmud*）和《圣训》（*hadith*），这使他们能够站在相反立场与拉比和伊玛目们就其教义进行辩论。[17]公元 1263 年，国王詹姆斯在巴塞罗那主持了一次公开的辩论会。会上，来自希罗纳（Girona）的著名拉比纳玛尼德（Nahmanides）和从犹太教改宗的基督徒保罗激烈地讨论了弥赛亚会不会到来的问题。双方都声称他们赢得了辩论，但是纳玛尼德知道自己现在树大招风，必须离开加泰罗

尼亚。于是，他逃到了阿克。在逃亡途中，他在海滩上丢失了自己的印章指环。这枚指环在当代出土，目前正在耶路撒冷的以色列博物馆展出。[18]

不同信仰人群之间日常接触的内容可从一份客观的二手报告中看到，报告的内容是一个犹太人和著名的热那亚商人英盖托·康达尔多（Ingheto Contardo）之间的争论，它于公元1286年发生于马略卡的热那亚商栈。当地一位拉比常去热那亚人生活区的长廊同他的热那亚人朋友辩论。康达尔多并不把这位拉比视为敌人，而是视他为需要启蒙、救赎的朋友。他说如果他发现一个犹太人在寒冷的天气挨冻，他会乐意放倒一个木制十字架，将其劈成碎片，以供犹太人烧火取暖。[19]犹太人嘲笑康达尔多，问他：如果弥赛亚已经来了，为什么世界还有战争？为什么你们热那亚人和比萨人打得那么激烈？这些年的激烈冲突也提供了一个背景，让我们尝试了解一位极富领袖魅力的人的职业生涯。此人是往返于地中海两端、知晓基督教和伊斯兰神秘主义思想的卡巴拉派人物（kabbalist）亚伯拉罕·本·萨缪 342
尔·阿布拉菲亚（Abraham ben Samuel Abulafia），他于希伯来纪年5000年（公元1239～1240年）生于萨拉戈萨。[20]阿布拉菲亚坚信世界末日即将来临；弥赛亚是否将在教宗面前显露身份的主题，我们在前文描述1263年的巴塞罗那辩论时已经提到过。阿布拉菲亚从地中海的一端旅行至另一端。他从南意大利出发，试图于1260年深入阿克。但是他准备经圣地耶路撒冷去传说中以色列人丢失的十二支派①居住的神秘的撒姆巴提

① 原文如此。在以色列王国灭亡后，以色列民族消失的支派为十个。——译者注

翁（Sambatyon）流域时，被法兰克人、穆斯林和蒙古人之间的战争阻隔了。阿布拉菲亚回到了巴塞罗那，但又不肯就此安分，于1270年再度出发，在希腊的佩特雷（Patras）和底比斯传播自己信奉的教义，激起了南意大利的特拉尼（Trani）犹太人的愤怒，然后他前往教廷，计划在那里进行自己有关弥赛亚即将到来的布道宣传，在做以上工作的同时他还在撰写一本充满呓语和幻想的书。他的作品阐述了一种使人狂喜入神的独特的卡巴拉派思想体系，这种思想体系的主要特征是他坚信希伯来文字经精心组合后可向人提供一条通往上帝的精神之路。他认为自己可以展示，一个专注思考上帝的灵魂将如何脱离肉身，目睹上帝的无上荣光。幸运的是，在阿布拉菲亚即将演示自己观点的几天前，教宗离世。他（在他身陷囹圄一个月后，此时他只成功地把捕获他的方济各派修士弄得无所适从），又回到了南意大利和西西里岛，被他的忠实追随者们簇拥。他最后于1291年出现于马耳他和戈佐岛之间的科米诺岛（Comino）上，生活在这片水域在当时十分危险。

阿布拉菲亚的经历说明了激进的宗教思想是如何通过旅行被改革者本人或其追随者传播到整个地中海的。他的生涯也表明，接近上帝的方法是如何在天启宗教的神秘主义信徒中交流和分享的。一个多产的加泰罗尼亚作家和传道者拉蒙·鲁尔（Ramon Llull，公元1232～1316年）试图将犹太教、基督教和伊斯兰教的共同信仰，他自己的神秘主义理论以及三位一体的神学理论结合在一起，创造一种体系或者“艺术”，并带着它穿越整个地中海，他的旅行同亚伯拉罕·阿布拉菲亚的一样雄心勃勃。鲁尔出生于一个相当受人敬重的巴塞罗那家族在马略卡岛的支系。在马略卡岛上的新社会中，他以朝臣身份过着优

越的生活，但是他坚持认为自己的生活是有罪、放荡的。1274 343
年于马略卡朗达山（Mount Randa）上获得的一次神秘体验使他相信，他必须将他的才能用于使人皈依的事业中。[22]他试图学习阿拉伯语和希伯来语，并建立了一所语言学校，以培养向马略卡山区的米拉马尔（Miramar）传教的教士。他编写了好几百册书，多次旅行至北非（但因自称先知而被驱离），但没有任何证据说明他曾经帮助了任何人皈依。也许他的“艺术”对除一小群追随者以外的其他人来说都太复杂了。一个可以解释他的“艺术”的方式是，它是欲将现存所有事物加以分类并理解这些类别之间的关系的企图。他定义了九种“绝对的”东西（尽管在他的著作中，这个数目并不完全一致），包括善、大、力、智，以及九种“相对的”东西，如“开始”、“中间”和“结束”。他的书中充斥着数据、编码和符号，一眼看去令人费解，但是他也写了一些面向大众的以皈依为主题的短篇。[23]

在基督教传教者中，鲁尔很特别，因为他坚持称犹太人、基督徒和穆斯林尊崇的是同一位上帝，且他反对基督徒竞争对手是撒旦的信徒这一越来越流行的看法。在《异教徒和三个智者》（*Gentile and the Three Wise Men*）一书中，他基本公允地详细描述了犹太教、基督教和伊斯兰教的信仰，并且允许一位犹太辩论者给出可证明上帝存在的证据。他在著作中强调：“恰如我们有同一位上帝、同一位创世者、同一位主，我们也应该拥有同一个信仰、同一种宗教、同一个教派和同一种热爱与尊崇上帝的方式。我们应该互相帮助、互相热爱”。[24]他试图将自己宣传的东西付诸实践。他为到访亚历山大和其他伊斯兰地区的商人写了一本简明的手册，向他们说明应该如何与当地居民讨论基督教和伊斯兰教的优点。他们却更乐意讨论胡椒的价格；他们也知道，对于伊斯兰教的任何批评都可能导致被捕、被驱逐出境或者被处死。鲁尔于公元 1293 年从热那亚渡海到非洲的第一次尝试失败了；即便是他也缺少勇气。他已经将书籍和其他随身物品装上了船，但立即又害怕得浑身无力，不敢起航，这使那些曾经被他的励志言辞感动的人震惊不已。然而他很快又出发前去突尼斯，在那里他对穆斯林宣称，如果他们能够以其真理说服自己的话，自己就将随时皈依伊斯兰教
344 （这是试图引起他们相互争论的诡计）。他的诡辩引起了苏丹的关注，于是他被放逐到一艘热那亚船上。苏丹严禁他再次到来，否则将对他处以极刑。这种对于传教者的威胁经常使他们梦想成为殉教者。[25]在对那不勒斯和塞浦路斯宣传了自己的主张之后，他于 1307 年回到北非。这次，他来到了布日伊，站在市场中指责伊斯兰教。在被捕之后，他告诉当权者："实践天主教真理的基督之仆并不惧怕肉体的死亡，因为他们可以为那些不信者的灵魂获取精神生活的恩典。"但是，拉蒙·鲁尔曾经打动了热那亚和加泰罗尼亚的商人，他们在宫廷中有一些影响力，在他们的帮助下他没有被处以极刑。他于 1314 年回到突尼斯，这时，苏丹正在玩弄老一套的伎俩：为了在对付竞争对手时加强自己的力量，他寻求加泰罗尼亚人的支持，并大肆散布谣言称他有心皈依基督教。鲁尔因此受到欢迎，但此时他年事已高，之后很可能于 1316 年时春天死于一艘开回马略卡岛的船上。[26]

苏丹对雇佣军的关心远甚于对传教者的关注。加泰罗尼亚的民兵维护着马格里布统治者的权力，但是阿拉贡的国王们也很重视加泰罗尼亚民兵的存在：他们保证了北非各地的苏丹不

会陷入艰难的对抗之中，如我们随后会见到的那样，这些对抗在公元 13 世纪晚期和 14 世纪早期动摇了基督教的君主政体。一些雇佣军如卡斯蒂利亚亲王亨利是一些在欧洲不能保住自己领地的冒险者。[27]这并不是新鲜事。在 11 世纪晚期，教宗格列高利七世曾经给北非的埃米尔写了具有妥协意味的书信，希望以此对那些在穆斯林军中服役的基督徒提供宗教关怀。在西班牙，基督徒参加穆斯林的军队，穆斯林也参加基督徒的军队。但到 1300 年，雇佣军成为保证北非土地被纳入由阿拉贡王朝统治的加泰罗尼亚的实质性保护之下的大战略的一部分。

3

加泰罗尼亚人的另一专长领域是航海。到了 13 世纪末，
加泰罗尼亚的船只因安全可靠而获得了好名声。如果一个商人 345
要在巴勒莫寻找船只装载他的货物，他知道他最好选择一艘加泰罗尼亚船，如马特·奥利弗达尔（Mateu Oliverdar）所拥有的坚固的“圣弗朗西斯科斯号”（*Sanctus Franciscus*），该船在 1268 年泊在巴勒莫港口。[28]虽然热那亚人乐于几个人共享船只的所有权，但在加泰罗尼亚，常见情况是个人完全拥有一艘船。加泰罗尼亚人向托斯卡纳的小麦商人或者奴隶贩子出租场地，并寻找愿意出租整艘船或部分的富商。[29]巴塞罗那和马略卡的船主和商人在利益诱惑下来到了意大利人曾经长期盘踞的地域。13 世纪 70 年代，来自巴塞罗那的中产阶级寡妇玛利亚·德马拉（Maria de Malla）在与君士坦丁堡和爱琴海地区的人们做生意时，派出她的儿子去购买乳香（像口香糖一样昂贵的商品）；她向东方运去精细织品，包括来自北法兰西的沙隆（Chalons）麻布。德马拉家族的专项特长是做毛皮生意，

包括狼皮和狐狸皮。[30]加泰罗尼亚人还获得了在突尼斯、布日伊和其他一些北非城镇建立由他们自己的商务代理管辖的商栈的权利。这些海外商务领地可以创造巨额利润。当詹姆斯一世于1259年发现突尼斯的加泰罗尼亚商务代理付给他的租金是如此之少时，感到暴怒不已。他立即把租金数额增至三倍。[31]加泰罗尼亚人大量聚集的另一个中心是亚历山大。13世纪90年代，德马拉家族在此地搜集亚麻子和胡椒。14世纪，阿拉贡国王詹姆斯二世试图说服埃及苏丹允许他在巴勒斯坦的一些圣处实行保护特权；苏丹承诺，他如果发出“满载商品的大船”到埃及，就会得到基督受难时留下的圣物。[32]教廷在阿拉贡国王表面上的支持下，试图禁止加泰罗尼亚人和意大利人在埃及的贸易活动，那些与穆斯林敌人做买卖的人将被开除教籍。但是国王保证有两个修道院院长去处理商人与埃及人交易的免罪问题，他们只需交一笔罚款即可。这些罚款后来成为贸易税，产生了相当可观的收入：1302年，对同亚历山大城做生意的人的罚款总数几乎达到国王从加泰罗尼亚所获的有记录收入的一半。阿拉贡诸王不但没有镇压贸易活动，而且成了这种贸易的共谋。[33]

加泰罗尼亚人当然也试图挑战意大利人对东方香料贸易的垄断权。但是他们真正的实力在于他们在西地中海建立的网络。宽敞的突尼斯外国人居民区街道上满是加泰罗尼亚人、比
346 萨人和热那亚人，这些移民区内有很多商栈、小酒店和教堂。进入北非的港口意味着接近穿越撒哈拉沙漠的黄金之路。加泰罗尼亚人为这些地区运来了产自佛兰德和北法兰西的毛麻织品；他们自己的纺织业在公元1300年实现扩张，此后商人也运来了产自巴塞罗那和莱昱达（Lleida）的精细纺织品。他们

也从事食盐贸易，食盐资源在加泰罗尼亚的伊维萨岛、撒丁岛南部和西西里岛西部都非常丰富，但在沙漠的南部极其短缺，有时还被用作货币。随着13世纪巴塞罗那开始繁荣发展，商人们保障了这座城市的食品供应。西西里岛很早就成了小麦贸易的中心，运载小麦的是大型圆船。该岛早在13世纪60年代就开始向地中海的其他地区供应小麦，它们包括：突尼斯，这里在阿拉伯部族在11世纪蹂躏北非的农村后再也没能恢复元气；热那亚和比萨，它们可能还被指望照看自己的供应线；还有普罗旺斯的城镇。[34]13世纪80年代的一份合同简单地要求“好运号”(*Bonaventura*)，也就是近期在巴勒莫港停泊的船，起航去阿格里真托，那里堆满了“大量的小麦等着这艘船去装运”。

加泰罗尼亚人也擅长做另一种重要货物的生意：奴隶。他们被描写为“黑人”、“黄种人”或“白种人”，一般都是来自北非的穆斯林俘虏。他们在马略卡、巴勒莫和巴伦西亚被售出，然后被送到加泰罗尼亚主人和意大利主人的家中做家务。公元1287年，阿拉贡国王认定梅诺卡人犯了通敌之罪，宣布1231年的投降协议无效，遂率军进入此岛，将岛上所有人籍没为奴，他们被分散至整个地中海，一度在奴隶市场中大量出现。[35]一些有较好社会关系的幸运奴隶会被他们的教友赎回，穆斯林、犹太人和基督徒都设立了赎回兄弟的基金。加泰罗尼亚与普罗旺斯的圣三一赎奴会（Order of Trinitarians）和普罗玛利亚赎奴会（Order of Mercedarians）这两个宗教团体是专注于从穆斯林手中赎回基督徒的代表性团体。[36]一个年轻妇人被萨拉森人侵者从法兰西南部的海岸拖走的故事是中世纪骑士故事中的一个常见主题，但加泰罗尼亚人以积极的心态做好了回应的准备。他们以海盗行为或者诚信商人的身份全力以赴地投 347

入到了地中海贸易网中。

与此同时，马略卡一直有船只驶往北非和西班牙。公元1284年签发给欲驶离马略卡的航海者的许可证书揭示了几乎每天都有船只出港，甚至在1月也是如此；这里没有禁航的季节，尽管在较暖的季节商贸活动更为活跃。在这些船只中，较小的海船被称作*barques*①，不到十二名海员就能驾驶这种船迅速往返于西班牙陆地和马略卡岛间。更常见的是大一些的船，叫*leny*，字面意思是木头，这种船适合进行穿过公海驶往北非的距离稍长一些的航行。[37]和其船只一样，马略卡人也是先驱者。1281年，两艘热那亚船和一艘马略卡船到达伦敦，在此地马略卡船装载了二百六十七包英格兰细羊毛。此后，马略卡人定期前往英格兰进行这种贸易的实践一直持续到了14世纪。腓尼基人在从直布罗陀海峡驶往塔特索斯的途中从来没有遇到大的困难，但是中世纪的船只需同直布罗陀与休达之间的洋流、雾气和逆风斗争。它们也与沿岸的统治者们，包括摩洛哥马林王朝（Marinid）的柏柏尔统治者及西班牙南部格拉纳达的那斯里德王朝统治者抗争。这一片水域不太友好，而且驶离地中海的海路之开通不仅标志着外交策略的成功，也标志着技术上的成功。原毛和佛兰德的纺织品现在可以相对便宜的价格从北方直接进入地中海，然后被运往佛罗伦萨、巴塞罗那和其他从事羊毛加工和纺织的城镇的作坊中。明矾是最好的染色固化剂，可从小亚细亚的弗凯亚获取，然后运往布鲁日（Bruges）、根特（Ghent）和伊普雷（Ypres）的织染坊，以避开经由法兰西东部和德意志的成本高昂、路途艰难的陆路和内

① 一种三桅帆船。——译者注

河交通。尽管常常发生危机，但地中海和大西洋的航行开始慢慢连在一起，而且加泰罗尼亚战舰经常在直布罗陀海峡巡航。到 14 世纪早期，地中海地区的造船者们开始模仿经常在波罗的海和北海航行的宽大的圆形船的样式，甚至借用了它的名字 *cog*，称模仿品为 *cocka*。沿着摩洛哥海岸南下，加泰罗尼亚和热那亚船只也发现了可以买到他们所渴求的粮食的市场，当地 348
的居民们很乐意得到意大利和加泰罗尼亚的纺织物。到 14 世纪 40 年代，这些船只甚至深入加那利群岛（Canaries），马略卡人曾经尝试征服这些岛屿（但失败了）。[38]

不出所料的是，自公元 1276 年起，臣服于马略卡国王的马略卡商人决定拥有他们自己的商务代理人和商栈。这是造成阿拉贡的彼得和马略卡的詹姆斯兄弟两人之间关系紧张的一个因素，他们瓜分了詹姆斯一世的王国。航海者和商人在利用这些紧张关系时毫不迟疑。1299 年，一个名叫佩雷·德戈劳（Pere de Grau）的无赖（他拥有一艘船）被指控在西西里西部的港口特拉帕尼偷窃了一个热那亚木匠的工具箱。佩雷针锋相对地坚持说，事实上这位木匠偷盗了他的大船。这起案件被提交到加泰罗尼亚的商务代理那里，但是佩雷尖刻地说："这位商务代理对马略卡的市民没有任何司法管辖权，只对那些处于阿拉贡国王领地的人有司法权。"[39]随着加泰罗尼亚人迅速地将其贸易网络扩张到整个地中海，该网络有了破裂的危险。

4

这种破裂的趋势在整个地中海蔓延。在公元 13 世纪中期，戏剧性的政治变化再次打破了该地区的势力平衡。十字军的远征没有能够保护以阿克为统治基地、自称耶路撒冷王国的狭长而脆弱的东地中海沿岸。耶路撒冷王国的领地变得越小，领主之间的派系争斗就越发激烈，因为王权十分衰弱，而另一些好斗的势力，包括意大利城市公社、医院骑士团、圣殿骑士团的力量很强大。西方的统治者很清楚埃及对这个王国的威胁，而且有一系列依靠海运船只的十字军的目标是埃及：第五次东征的十字军在 1219 年到 1221 年的短暂期间获得了对尼罗河三角洲上的达米埃塔的控制权；法兰西的路易九世也在 1248 年损失惨重的东征中向达米埃塔投入了兵力。在上述这两次十字军行动中，十字军都希望用他们在埃及的征服地去换取耶路撒冷，或者同时控制埃及和圣地，但这是一个无法达成的梦。但信奉基督教的国王逐渐因其家乡附近的争端，如我们在随后要讨论的争夺西西里岛的战役，被分散了注意力。虽然有许多歌颂十字军的言论和较小规模的海上征伐，但是 1248 年之后，
349 对圣地的大规模征伐就终止了。[40]奴隶出身的军事指挥官们在阿尤布王朝统治时期夺取了政权，于 1250 年到 1517 年控制着埃及和叙利亚。这些马木留克人保留了对意大利商人和埃及统治当局之间的商贸事务安排，但他们也决定在地图上移除耶路撒冷的拉丁王国。阿克于 1291 年沦入马木留克人之手，城内居民遭到了可怕的屠杀，但是有许多避难者挤上了最后离港的船只，在塞浦路斯得到了安置。阿克不再是一个国际贸易中心，拉丁人在东方的统治开始局限于塞浦路斯王国。

我们已经看到，第四次十字军的一个遗留影响就是君士坦丁堡衰弱的法兰克政权——尼西亚的希腊人于公元 1261 年在热那亚人的帮助下收复了君士坦丁堡，他们对热那亚人的回报是相当慷慨的贸易特权，包括获得谷物、奴隶以及黑海的蜂蜡和皮毛的权利。西西里岛也发生了剧变，在那里腓特烈二世恢

复并振兴了诺曼人的统治体制。他的一项成功之举是重建西西里船队，1235 年他派出这支船队去进攻北非的杰尔巴。[41]当教宗反对腓特烈对德意志、西西里岛及北意大利部分地区进行联合统治时，后者于 1241 年恰到好处地用船队逮捕了代表团中的所有红衣主教和大主教，当时这些人正乘坐热那亚人的船去罗马参加教宗的一次会议。[42]颇具讽刺意味的是，腓特烈的海军将领安萨尔多·德马利（Ansaldo de Mari）也是热那亚人，热那亚人在是否支持腓特烈的问题上一向分裂为两派。严格来说，腓特烈二世与教宗之间的激烈斗争并不属于地中海历史，但在腓特烈二世 1250 年去世后的那些年发生的事对整个地中海都产生了重大影响。1266～1268 年，西西里和南意大利的腓特烈继承人被教宗的盟友、法兰西的十字军国王路易九世的兄弟、安茹和普罗旺斯伯爵查理完全打败了。

查理试图为他自己和安茹家族的继承者们创建一个地中海帝国。在他的设想中，帝国的核心是西西里岛和南意大利，在它们周围是海上封锁线，以保证对西西里岛和非洲之间的海域，以及南意大利与阿尔巴尼亚和撒丁岛间的海域的控制权。在年轻时查理已经通过与阿拉贡的一个女继承人联姻，将普罗旺斯从阿拉贡人手中夺走。在他的统治下，马赛的对立派贵族 350
被迫接受了他的权威，马赛的港口成了他的大型军械库。[43]公元 1269 年，查理不顾他的对手阿拉贡国王詹姆斯一世的反对，策划使自己的儿子菲利普当选撒丁国王。[44]他于 1277 年从安条克的玛利亚那里购买了衰败的耶路撒冷王国的国王头衔，但当时塞浦路斯国王对耶路撒冷的所有权声明获得的认可更为广泛。查理认为自己是反穆斯林（不管是突尼斯还是东方的穆斯林）的十字军人，但他在东方首要关注的是从前的拜占庭帝国。他宣称霍亨斯陶芬王朝诸王控制的阿尔巴尼亚是他的领地，并夺取了都拉基乌姆；然后，在众多阿尔巴尼亚领主的拥戴下，他僭领了“阿尔巴尼亚国王”的称号。[45]在希腊人恢复对君士坦丁堡的控制后，他梦想帮法兰克人夺回他们在第四次十字军行动中夺得的帝权，并让他的女儿与君士坦丁堡的法兰克皇帝共结连理。他坚信，希腊的皇帝米哈伊尔·巴列奥略八世并不是真的想实现在教宗统领下的希腊教会与拉丁教会的复合。对于他来说，将从教会中分离出去的希腊人带回罗马权威之下的唯一途径是使用武力。

查理计划着与威尼斯人结盟，派出一支规模庞大的船队进攻君士坦丁堡；都拉基乌姆将是他沿艾格纳提亚大道深入拜占庭腹地的基地。罗伯特·吉斯卡尔和“好人”威廉曾经的作战计划被掸去灰尘再度面世。查理用他相当可观的收入之一半来建造他的船队，其中有五十艘或六十艘单层甲板大帆船，而且很可能还有三十艘辅助型船。这些帆船看上去都气势磅礴，其船体庞大、坚固，应该能在外海上漂浮停泊。[46]维持这支船队至少要花费3.2万盎司黄金，甚至可能要5万盎司。[47]查理严重低估了其臣民对承担重税的忍耐度。在高压之下，反抗爆发了。在巴勒莫，自公元11世纪起便移居此地的拉丁移民的后代在1282年3月的“西西里晚祷”[48]大起义中攻击了查理的安茹士兵。起义的口号是“去死吧！法兰西人”，但是他们同样仇视来自阿马尔菲和那不勒斯湾的官僚群体。这些人被热那亚人和比萨人排挤出了地中海贸易，于是将他们的经商手段用于
351 服侍腓特烈二世及后来的查理一世。[49]他们对征税这类琐事的热衷引起了岛上精英阶层的抵制。起义者迅速攻克了整座岛屿，希望建立一个自由的共和国同盟。起义者向查理最伟大

的同盟者教宗请求支持，却遭到断然拒绝，无奈中他们转而向腓特烈孙女的丈夫、霍亨斯陶芬朝的最后传人、征服者詹姆斯的儿子阿拉贡国王彼得求助。

公元 1282 年 8 月，彼得和他的船队恰巧在西西里岛附近，彼得坚持称他当时在北非小镇阿尔克尔（Alcol）进行一场圣战。此言是否纯系借口，他是否确实计划占有西西里岛，是备受争议的问题。在一个法兰西士兵性侵了一位年轻的西西里主妇后，巴勒莫发生了一系列事件，造成了局势的失衡，城内似乎已经混乱不堪。当彼得于 9 月份到达该岛时，他或者准确地说他的妻子康斯坦丝得到了多数西西里精英的支持。他来此的最终目的是落实他妻子对于西西里主权的诉求；而且如果南意大利的居民参与了起义，且他拥有能够打败查理装备精良的安茹军队的资源（查理从佛罗伦萨的银行家手中得到了贷款，银行家希望确保阿普利亚的谷物能够被运到不断扩张的佛罗伦萨），他也会夺取南意大利。[50]安茹家族劝说法兰西国王于 1283 年入侵阿拉贡（这对法兰西是一次灾难）。阿拉贡王朝支持了意大利的反教宗者，后者在托斯卡纳和伦巴第诸城中亲安茹家族的圭尔夫派（Guelfs）和亲阿拉贡王朝的吉伯林派（Ghibellines）两败俱伤的争斗中确立了尽忠的目标，结果使斗争陷入僵局：到彼得三世和查理一世都已故去的 1285 年，阿拉贡国王占领了西西里，而安茹国王控制了南意大利，但两人都自称“西西里国王”（而位于意大利本土的王国通常被称为“那不勒斯王国”）。教宗试图在 1302 年及之后出面调停，但安茹家族和阿拉贡家族的斗争贯穿了整个 14 世纪，消耗了宝贵的财富资源，偶尔还会升级为冲突。

斗争同时在海上和陆上发生。安茹家族的查理可能认为加泰罗尼亚的船队不值一提。这是一个错误，在阿拉贡国王彼得指定来自卡拉布里亚的劳里亚的罗杰（Roger de Lauria）为船队的指挥官后，这一点尤为明显。此人是地中海历史上最伟大的海军指挥官之一，是新时代的莱山德。[52]与管理良好、小巧紧凑的加泰罗尼亚船队相比，查理的船队装备精良但缺乏凝聚
352 力，它是由南意大利人、比萨人和普罗旺斯人拼凑而成的乌合之众。[53]公元1282年10月，罗杰在卡拉布里亚海岸的尼科泰拉打败了查理的船队，扣押了二十名安茹家族的成员和两艘比萨的大船，迫使查理退守南意大利。无论如何，如果查理想重新攻下西西里岛，他就需要取得对分隔西西里岛与非洲海岸的西西里海峡的控制。他再次被罗杰阻止，在马耳他周围的海域，一支安茹家族的守军与阿拉贡入侵者发生了冲突。1283年6月，一支由十八艘船组成的普罗旺斯船队到达了后来成为马耳他大海港（Grand Harbour）的水域，但它被劳里亚二十一艘船组成的船队追赶。两支海军对战了一整个白天，到入夜时分，安茹家族的船队被迫放弃了多艘船，还有一些船被摧毁。安茹军队损失惨重：大约有三千五百名战士被屠杀，且阿拉贡人抓获了几百名战俘，包括一些贵族。牺牲者可能多数来自马赛，马赛人在这场战斗中损失的人数占其人口总数的将近五分之一。[54]在法兰西人于1283年入侵加泰罗尼亚后，加泰罗尼亚船队也得心应手地在罗赛斯海岸俘获了法兰西船队中的一半船只。罗杰宣称："我坚信，海上不会有任何船队、船只，甚至任何一条鱼，除非它拿着阿拉贡国王的武器。"[55]

安茹家族现在已经不能在加泰罗尼亚人的持续攻击下保护南意大利海岸了，公元1284年他们彻底失去了对第勒尼安海的控制，因为查理一世的儿子萨勒诺亲王查理愚蠢至极地率领

一支安茹家族的船队在那不勒斯海面攻击了罗杰的船只。许多那不勒斯水手都不善于对付加泰罗尼亚人，他们被迫在甲板上与敌手进行白刃战。这次的灾难形式有所不同。那不勒斯人的船队没有被摧毁，但一些普罗旺斯的舰船被捕获，萨勒诺的查理就在一艘被捕获的船的甲板上。[56]直到1289年，他一直是阿拉贡人的战俘，尽管在他的父亲于1285年去世后，（至少是安茹人的眼中）他已经成了西西里国王和普罗旺斯伯爵。在此后的若干年内，加泰罗尼亚船队肆无忌惮地扩大了他们在地中海上的行动范围，攻击了凯法利尼亚（从属于那不勒斯）、基克拉泽斯和希俄斯；突尼斯海岸附近的杰尔巴岛和克肯纳群岛（Kerkennah）也重新回到西西里人的控制之下。没有人能抵抗劳里亚的罗杰的进攻。他持续不断地取得海上战役的胜利，保证了西西里岛始终由阿拉贡人控制。

马略卡岛则是另一个问题。彼得三世早在其统治之初就憎 353
恶他父亲把领地分割为阿拉贡王国和马略卡王国的做法。彼得在弟弟马略卡的詹姆斯二世背信弃义地投靠安茹家族后，侵入鲁西永，攻入佩皮尼昂（Perpignan）的王宫，发现自己被锁在了弟弟的卧室外。他甚感受挫地敲打大门，而詹姆斯此时却从下水道逃离了这个国家，直到公元1298年才在教宗干预下夺回王位。[57]然而彼得做出的决定与他父亲的做法相似，即把新征服的西西里领地与其他领地分而治之，并把它作为独立的实体授予他的第二个儿子。这承认了一个可怖的事实：西西里人并不是在为巴塞罗那王室战斗，而是在为霍亨斯陶芬家族战斗。此外，西西里岛离巴塞罗那太远，从巴塞罗那控制它是很困难或不可能的。然而，这个岛屿是如此具有魅力。早在“西西里晚祷”事件之前，加泰罗尼亚商人就大批前往巴勒莫、特拉帕尼和其他港口，以寻找谷物和棉花。然而，彼得的目标是实现他的妻子对于王权的诉求，而不是保护商人们的利益。在彼得逝世之后，商人们的机会就因三个阿拉贡国王——阿拉贡 - 加泰罗尼亚国王，马略卡国王和西西里国王——间的争执减少了。

尽管面对着政治上的分裂以及加泰罗尼亚 - 阿拉贡世界内部实行的封港令，加泰罗尼亚人还是使自己占据了一个可与意大利人比肩的地位。他们在这个时期加入了夺取地中海控制权的竞争活动：当巴塞罗那人开始为了进入非洲、西西里岛和东方而加入竞争之时，热那亚人、比萨人和威尼斯人还没有完全获得对地中海商路的控制权。加泰罗尼亚人在航海方面有着令人印象深刻的专长，包括地图制作的技术。他们还有其敌手完全不具备的优势：在阿拉贡国王的保护之下，他们很容易就可接近突尼斯、特莱姆森（Tlemcen）和亚力山大的统治者的宫廷。后代之人在回顾征服者詹姆斯和彼得的时代时，会视之为加泰罗尼亚的英雄时代。

注　释

1. D. Herlihy, *Pisa in the Early Renaissance* (New Haven, CT, 1958), pp. 131–3.
2. D. Abulafia, *The Western Mediterranean Kingdoms 1200–1500: the Struggle for Dominion* (London, 1997), pp. 35–7.
3. Benjamin of Tudela, *The Itinerary of Benjamin of Tudela*, ed. M. N. Adler (London, 1907), p. 2.
4. S. Bensch, *Barcelona and its Rulers, 1096–1291* (Cambridge, 1995).
5. J.-E. Ruiz-Domènec, *Ricard Guillem: un sogno per Barcellona*, with an appendix of documents edited by R. Conde y Delgado de Molina (Naples, 1999); but cf. Bensch, *Barcelona*, pp. 85–121, 154–5.
6. S. Orvietani Busch, *Medieval Mediterranean Ports: the Catalan and Tuscan Coasts, 1100–1235* (Leiden, 2001).

7. Abulafia, *Western Mediterranean Kingdoms*, p. 52.
8. Bernat Desclot, *Llibre del rey En Pere*, in *Les quatre grans cròniques*, ed. F. Soldevila (Barcelona, 1971), chap. 14; D. Abulafia, *A Mediterranean Emporium: the Catalan Kingdom of Majorca* (Cambridge, 1994), pp. 7–8.
9. James I, *Llibre dels Feyts*, in *Les quatre grans cròniques*, ed. F. Soldevila (Barcelona, 1971), chap. 47, cited here with modifications from the translation of J. Forster, *Chronicle of James I of Aragon*, 2 vols. (London, 1883); Abulafia, *Mediterranean Emporium*, p. 7.
10. James I, *Llibre dels Feyts*, chaps. 54, 56.
11. Abulafia, *Mediterranean Emporium*, pp. 78–9, 65–8.
12. Ibid., pp. 56–64.
13. See A. Watson, *Agricultural Innovation in the Early Islamic World: the Diffusion of Crops and Farming Techniques, 700–1100* (Cambridge, 1983).
14. R. Burns and P. Chevedden, *Negotiating Cultures: Bilingual Surrender Treaties on the Crusader-Muslim Frontier under James the Conqueror* (Leiden, 1999).
15. L. Berner, 'On the western shores: the Jews of Barcelona during the reign of Jaume I, "el Conqueridor", 1213–1276' (Ph.D. thesis, University of California, Los Angeles, 1986).
16. Abulafia, *Mediterranean Emporium*, pp. 78–9, 204–8; A. Hernando et al., *Cartogràfia mallorquina* (Barcelona, 1995).
17. R. Vose, *Dominicans, Muslims and Jews in the Medieval Crown of Aragon* (Cambridge, 2009).
18. R. Chazan, *Barcelona and Beyond: the Disputation of 1263 and its Aftermath* (Berkeley, CA, 1992).
19. Best edition: O. Limor, *Die Disputationen zu Ceuta (1179) und Mallorca (1286): zwei antijüdische Schriften aus dem mittelalterlichen Genua* (Monumenta Germaniae Historica, Munich, 1994), pp. 169–300.
20. H. Hames, *Like Angels on Jacob's Ladder: Abraham Abulafia, the Franciscans, and Joachimism* (Albany, NY, 2007).
21. Ibid., pp. 33–4.
22. H. Hames, *The Art of Conversion: Christianity and Kabbalah in the Thirteenth Century* (Leiden, 2000); D. Urvoy, *Penser l'Islam: les présupposés islamiques de l'"art" de Lull* (Paris, 1980).
23. D. Abulafia, 'The apostolic imperative: religious conversion in Llull's *Blaquerna*', in *Religion, Text and Society in Medieval Spain and Northern Europe: Essays in Honour of J. N. Hillgarth*, ed. L. Shopkow et al. (Toronto, 2002), pp. 105–21.
24. Ramon Llull, 'Book of the Gentile and the three wise men', in A. Bonner, *Doctor Illuminatus: a Ramon Llull Reader* (Princeton, NJ, 1993), p. 168.
25. 'Vita coetanea', in Bonner, *Doctor Illuminatus*, pp. 24–5, 28–30.
26. Bonner, *Doctor Illuminatus*, p. 43.
27. C.-E. Dufourcq, *L'Espagne catalane et le Maghrib au XIIIe et XIVe siècles* (Paris, 1966), pp. 514–20.

28. D. Abulafia, 'Catalan merchants and the western Mediterranean, 1236–1300: studies in the notarial acts of Barcelona and Sicily', *Viator: Medieval and Renaissance Studies*, vol. 16 (1985), pp. 232–5, repr. in D. Abulafia, *Italy, Sicily and the Mediterranean, 1100–1400* (London, 1987), essay viii.
29. Ibid., pp. 235, 237.
30. Ibid., pp. 220–21.
31. A. Hibbert, 'Catalan consulates in the thirteenth century', *Cambridge Historical Journal*, vol. 9 (1949), pp. 352–8; Dufourcq, *L'Espagne catalane et le Maghrib*, pp. 133–56.
32. J. Hillgarth, *The Problem of a Catalan Mediterranean Empire 1229–1327* (English Historical Review, supplement no. 8, London, 1975), p. 41; A. Atiya, *Egypt and Aragon* (Leipzig, 1938), pp. 57–60.
33. Hillgarth, *Problem*, p. 41; J. Trenchs Odena, '*De alexandrinis* (el comercio prohibido con los musulmanes y el papado de Aviñón durante la primera mitad del siglo XIV)', *Anuario de estudios medievales*, vol. 10 (1980), pp. 237–320.
34. Abulafia, 'Catalan merchants', p. 222.
35. Ibid., pp. 230–31.
36. J. Brodman, *Ransoming Captives in Crusader Spain: the Order of Merced on the Christian-Islamic Frontier* (Philadelphia, PA, 1986); J. Rodriguez, *Captives and Their Saviors in the Medieval Crown of Aragon* (Washington, DC, 2007).
37. Abulafia, *Mediterranean Emporium*, pp. 130–39.
38. Ibid., pp. 188–215; A. Ortega Villoslada, *El reino de Mallorca y el mundo atlántico: evolución político-mercantil (1230–1349)* (Madrid, 2008); also Dufourcq, *L'Espagne catalane et le Maghrib*, pp. 208–37.
39. Abulafia, 'Catalan merchants', pp. 237–8.
40. N. Housley, *The Later Crusades: from Lyons to Alcázar 1274–1580* (Oxford, 1992), pp. 7–17.
41. D. Abulafia, *Frederick II: a Medieval Emperor* (London, 1988), pp. 164–201.
42. Ibid., pp. 346–7.
43. G. Lesage, *Marseille angevine* (Paris, 1950).
44. Abulafia, *Mediterranean Emporium*, pp. 240–45.
45. P. Xhufi, *Dilemat e Arbërit: studime mbi Shqipërinë mesjetare* (Tirana, 2006), pp. 89–172.
46. J. Pryor, 'The galleys of Charles I of Anjou, king of Sicily, ca. 1269–1284', *Studies in Medieval and Renaissance History*, vol. 14 (1993), pp. 35–103.
47. L. Mott, *Sea Power in the Medieval Mediterranean: the Catalan-Aragonese Fleet in the War of the Sicilian Vespers* (Gainesville, FL, 2003), p. 15.
48. Abulafia, *Western Mediterranean Kingdoms*, pp. 66–76; S. Runciman, *The Sicilian Vespers: a History of the Mediterranean World in the Thirteenth Century* (Cambridge, 1958).

49. H. Bresc, '1282: classes sociales et révolution nationale', *XI Congresso di storia della Corona d'Aragona* (Palermo, 1983–4), vol. 2, pp. 241–58, repr. in H. Bresc, *Politique et société en Sicile, XIIe-XVe siècles* (Aldershot, 1990).
50. D. Abulafia, 'Southern Italy and the Florentine economy, 1265–1370', *Economic History Review*, ser. 2, 33 (1981), pp. 377–88, repr. in Abulafia, *Italy, Sicily and the Mediterranean*, essay vi.
51. Abulafia, *Western Mediterranean Kingdoms*, pp. 107–71.
52. J. Pryor, 'The naval battles of Roger de Lauria', *Journal of Medieval History*, vol. 9 (1983), pp. 179–216.
53. Mott, *Sea Power*, pp. 29–30.
54. Ibid., pp. 31–2.
55. From the chronicle of Bernat Desclot: see ibid., pp. 39–40.
56. Mott, *Sea Power*, pp. 33–4.
57. Abulafia, *Mediterranean Emporium*, pp. 10–12.

八 “关闭”大议会（1291～1350年）

1

354 公元1291年，阿克的陷落震惊了西欧，西欧的确没有在这座城市陷落前的最后几十年内为保护它而做些什么。人们发动了许多新的远征计划，对这些计划最为狂热的是从加泰罗尼亚监狱获释的那不勒斯的查理二世。但是，他只是说说而已，其实他更热衷于打败阿拉贡人的尝试，而不是获得发动一次十字军行动的能力，况且他也没有资源来做这件事。[1]意大利商人为适应其不再能通过阿克获得东方丝绸和香料的现实，已经采用了多种经营方式。威尼斯人逐渐开始在对埃及的贸易中发挥带头作用；而热那亚人则在1261年在君士坦丁堡建立一块殖民地之后，集中精力于与爱琴海和黑海地区的大宗商品贸易。但是，拜占庭的皇帝们对于热那亚人很警惕。拜占庭也向威尼斯人提供了支持，尽管与对热那亚人的支持相比略逊一筹，因此热那亚人不认为他们可以为所欲为。米哈伊尔八世和他的儿子安德罗尼卡二世（Andronikos Ⅱ）将热那亚人的活动范围限制在金角湾以北的高地上，该地被称为佩拉（Pera）或者加拉泰（Galata），那里的大片热那亚人的碉楼仍然是伊斯坦布尔北部的主要景观。但是两位皇帝也赋予了热那亚人自治权，热那亚人的殖民地发展得十分迅速，以至于它很快就需要扩张范围。到14世纪中期，热那亚人在佩拉的贸易收入使得希腊人的君士坦丁堡相形见绌，前者大约是后者的七倍。拜占庭的皇帝们将爱琴海和黑海的控制权交给了热那亚人，而米哈伊尔大约有八十艘船的海军被他的儿子解散了。当时的人相信，由于君士坦丁堡拒绝了使神圣的正教会与渎神的天主教会统一的所有企图，因而上帝会保护君士坦丁堡，以为回报。[2]

热那亚人逐渐容忍了威尼斯人的存在，因为战争会损害贸 355
易，吞噬价值不菲的资源。偶尔，如在公元 1298 年那样，某一方的海盗的攻击导致了危机，所有城市都陷入战争。在这一年发生的科尔丘拉（Curzola 或 Korčula）之役中，大约有八十艘热那亚舰船对抗九十多艘威尼斯舰船。威尼斯人是在深入亚得里亚海的本土作战。而热那亚人坚持不懈地赢得了这一天的战斗，数百名威尼斯人被俘，包括（据说是）马可·波罗，在被囚于热那亚期间，他对同一囚室的一个波斯行吟诗人讲述了他在中国和东方的非凡故事。[3] 波罗家族的真正故事并不仅仅表现了鲁莽或者愚蠢，这些威尼斯珠宝商由阿克出发前往远东，年轻的马可加入了队伍。13 世纪蒙古帝国的兴起恢复了穿越亚洲的贸易通道，打通了将东方丝绸运至黑海沿岸的路线，尽管穿越印度洋和红海的海上通路仍在将东印度群岛的香料运往亚历山大港和地中海。当他们于 13 世纪 60 年代进入黑海之后，热那亚人和威尼斯人立即试图涉足这条带有异国情调的穿越亚洲的贸易之路。事实上，当热那亚人专注于从事奴隶、粮食和干果这些黑海沿岸的地方特产的贸易之时，威尼斯人更乐意从事昂贵的奢侈品贸易。对优质的蜂蜡也有很大的需求量，它被用来点亮西方的教堂和宫殿。热那亚人在克里米亚的卡法（Caffa）建立了一个成功的贸易基地，而威尼斯人的基地在亚速海（Sea of Azov）上的塔

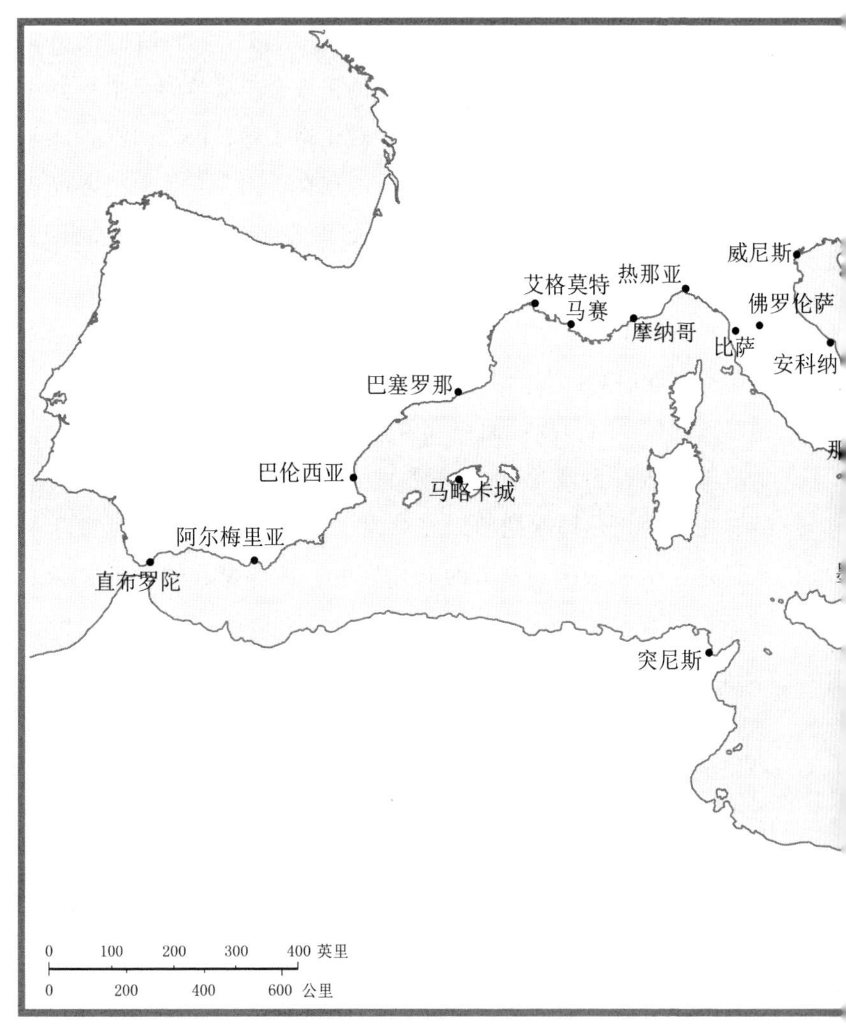
威尼斯
艾格莫特
热那亚
佛罗伦萨
马赛
摩纳哥
比萨
安科纳
巴塞罗那
巴伦西亚
马略卡城
阿尔梅里亚
直布罗陀
突尼斯
0 100 200 300 400 英里
0 200 400 600 公里

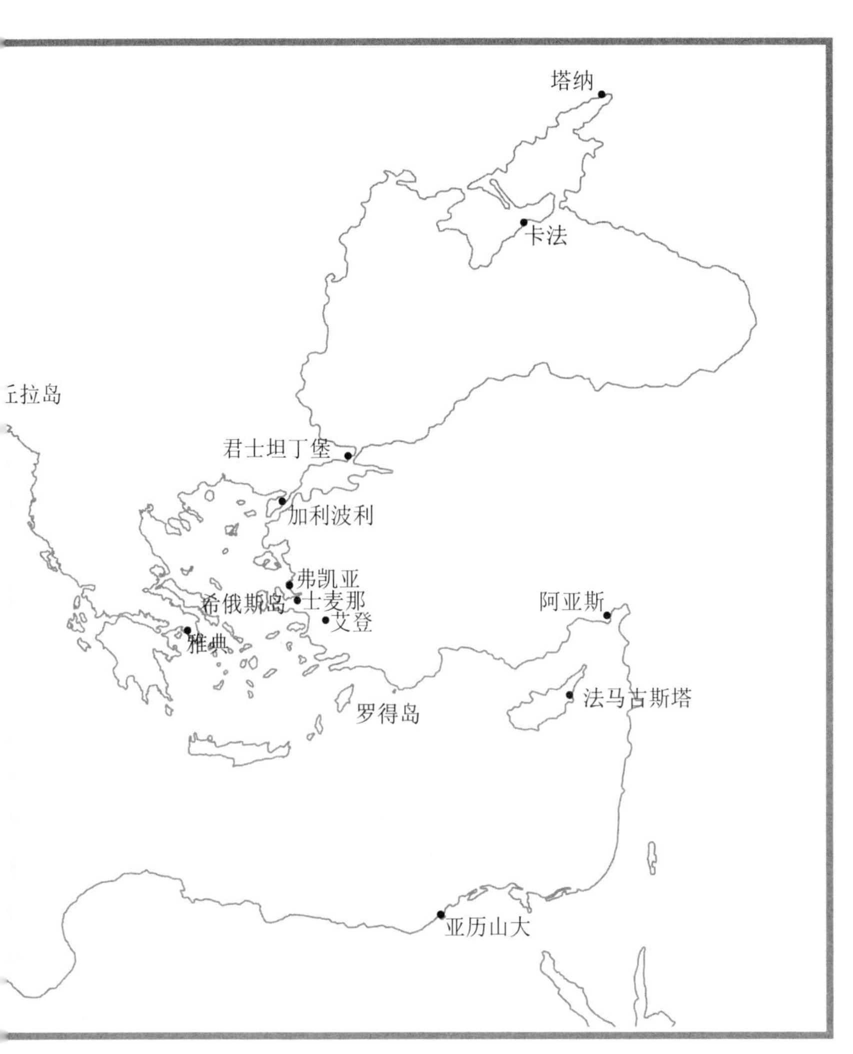

塔纳
卡法
拉岛
君士坦丁堡
加利波利
弗凯亚
希俄斯岛
士麦那
艾登
雅典
阿亚斯
法马古斯塔
罗得岛
亚历山大

纳（Tana）。在卡法，热那亚人召集了成千上万名奴隶，其中大多数是切尔克斯人（Circassians）和鞑靼人（Tartars）；他们在意大利城市把奴隶卖掉，使其成为家仆，或者卖给埃及的马木留克人，将他们补充进苏丹的卫队。热那亚人向他们的穆斯林敌人提供强大的军队这一奇观毫无疑问导致了教廷的不悦和警觉。

热那亚人把黑海地区的谷物发运到比君士坦丁堡还远的地方，恢复了曾经使古代雅典人有粮吃的黑海粮食贸易。而随着意大利城市规模的不断增长，他们就从更遥远的地区收购谷物，如摩洛哥、保加利亚与罗马尼亚的海岸、克里米亚、乌克兰等。这里的产品价格远比北意大利便宜，所以即使考虑到运输的费用，从上述地区运来的粮食在意大利的市场上也能以不高于从西西里岛和撒丁岛进口的谷物的价格出售。对于西西里岛和撒丁岛粮食的需求仍然较大。热那亚人将从以上所有地方
356 运来的粮食分散到地中海各处：他们和加泰罗尼亚人供应着突尼斯的粮食市场；他们将谷物从西西里岛运至北意大利。[4] 有一个城市对粮食的需求保持不变，那就是佛罗伦萨，只是在这一时期，它发展成一个经济体，一个加工和生产纺织品的中心。尽管佛罗伦萨处于内陆，当地人极其依赖地中海来取得他们需要的羊毛和食品；他们控制的土地十分狭小，在一年十二个月内生产的粮食只能满足这座城市五个月的需求。托斯卡纳的土地十分贫瘠，当地生产的粮食无法与来自外域的“重小
357 麦”① 相比。一个解决办法就是定期地向他们的同盟者安茹家族的那不勒斯国王提供贷款，这样他们就能进入似乎拥有无限

① 即蛋白质和淀粉成分较高的小麦。——译者注

粮食资源的阿普利亚。[5]

这些发展反映了环地中海区域的经济和社会变化。到公元1280年或1300年，人口增长，粮食价格也相对增长。地区性的饥荒变得更常见，城镇中的人必须到更远处去寻找他们需要的粮食。欧洲的商业革命导致了城市的骤然发展，城镇内的就业机会吸引着来自农村的劳动者。城市史无前例地开始主导西 358
欧地中海沿岸地区的经济，自加泰罗尼亚到托斯卡纳的弧状区域的主要商业中心城市有巴伦西亚、马略卡城、巴塞罗那、佩皮尼昂、纳博讷（Narbonne）、蒙彼利埃、艾格莫特（Aigues-Mortes）、萨沃纳、热那亚、比萨和佛罗伦萨，在这些城市中弗罗林金币被广泛使用和模仿。艾格莫特盛产食盐，自14世纪早期以来它的景观就没有改变多少。它是法兰西王国面向地中海的门户城市，于13世纪40年代建立，直到此时才直接控制了朗格多克。国王路易九世关注繁荣的蒙彼利埃城，这座城市是贸易、银行业和手工业中心，但由于复杂的封建契约规则，它被置于阿拉贡国王的宗主权下。路易九世希望将商业重心转移到他位于潟湖上的新港口艾格莫特，他也同样使此地成为他于1248年集结的那支损失惨重的十字军的出发地。最终，艾格莫特迅速成为蒙彼利埃的一个出海口，避开了法兰西王室在下一个世纪对它的控制。[6] 威尼斯人对于如何满足其城市内十万居民的粮食需求这个问题有与众不同的答复。他们试图将亚得里亚海北部的所有粮食运至自己的城市，这样威尼斯人就会有首选权，然后才在其饥饿的邻市，如拉文纳、费拉拉（Ferrara）和里米尼（Rimini）间分配剩余粮食。他们试图将亚得里亚海变为“威尼斯人的海湾”。威尼斯人与安茹家族的查理和他的继承者就保证阿普利亚小麦供应的问题进行了艰苦的谈判，甚至准备支持查理一世去攻击君士坦丁堡，这次进攻行动原定在1282年，即“西西里晚祷”事件发生的那一年实施。

热那亚人和威尼斯人的大圆船除了装运食物外，也从小亚细亚装运明矾至西方。热那亚人在明矾产地的边缘地带建立了他们的飞地：首先，在小亚细亚沿岸，热那亚冒险家贝内德托·扎卡里亚（Benedetto Zaccaria）于公元1297年创建了一个短暂的“亚细亚王国”；然后是附近的希俄斯岛，它于1346年被热那亚商人公会的家族重新占领（他们对此地的控制一直持续到了1566年）。希俄斯不仅是获得弗凯亚明矾之地，也盛产干果和乳香。比希俄斯更为重要的是塞浦路斯的法马古斯塔，它填补了自阿克陷落之后留下的空白。塞浦路斯处于来自法兰西的吕西尼昂（Lusignan）家族控制之下，但其居民多是拜占庭希腊人。它的统治者们经常被卷入派系斗争，但是吕西
359 尼昂王朝从与邻国的贸易活动获得财富，并在这些财富的支持下在塞浦路斯延续了两个多世纪。[7]许多外国商人的公会前来造访或驻扎：法马古斯塔是来自威尼斯、热那亚、巴塞罗那、安科纳、纳博讷、墨西拿、蒙彼利埃、马赛和其他地方的商人的基地，当地已经损毁的哥特式教堂可说明商人们曾经积累起来的财富。[8]

以塞浦路斯为起点的贸易路线延伸到了另一个基督教王国，即奇里乞亚的亚美尼亚，它位于当代土耳其的东南部海岸。西方的商人通过塞浦路斯向亚美尼亚供应谷物，他们使亚美尼亚成为离开地中海的门户，从此地商人们可走上通往波斯大不里士（Tabriz）以及更远处的丝绸市场的充满异国情调的艰难贸易路线。塞浦路斯与贝鲁特（Beirut）保持着密切的联系，叙利亚基督徒商人在这里充当安科纳和威尼斯商人的代理

者，为他们供应大批量的棉花以运至意大利甚至德意志加工成布匹，这是地中海上出现了一个跨越基督教世界和伊斯兰世界的单一经济体系的明显征兆。一些布匹成品被运回东方，在埃及和叙利亚出售。贸易和政治在吕西尼昂国王的脑中交织纠结。塞浦路斯国王彼得一世在公元 1365 年发动一场针对亚历山大的野心勃勃的十字军远征时，他的庞大计划之一是在安纳托利亚南部和叙利亚诸港口确立基督教的支配地位（他已经攻取了安纳托利亚的两处港口），但是他的资源无法使他在埃及的征伐活动长期维持下去。于是他转而对亚历山大进行病态的掠夺，这证实了他所谓的“圣战”是由物质利益驱动的。在他回到塞浦路斯之后不久，这位惯会制造敌手的国王就被刺杀了。[9]

2

意大利和加泰罗尼亚商人的商业优势是以他们海上力量的优势为基础的。大型圆帆船之所以能够自由地穿越基督教世界和伊斯兰世界，主要是因为有长形多桨大帆船监视各海域。这种单层甲板的多桨帆船的长宽比为 8∶1，其动力结合了桨手和风帆的力量。在桨的下面，四到六名桨手肩并肩坐着，每两人或三人操纵一支桨。但作为商船，这种船最适合用于运载小批 360
量的高端商品，如香料，因为船上的空间十分有限。这些船速度快、机动性强，但容易在深海中沉没。随着佛兰德商路的发展，驶向大西洋的船只建造得更长、更宽且更高（这是最重要的），因此这种新的“大帆船”能够应对比斯开湾（Bay of Biscay）的海风和洋流。[10]圆船中有极少数属于威尼斯人和热那亚人的巨型船只，如公元 13 世纪 60 年代建造的“罗卡福特号”（*Roccaforte*），它是一种吃水量达五百吨的大船，相当于多数“圆船”吃水量的两倍多。[11]

一些船，特别是那些自威尼斯出发驶向黎凡特或者佛兰德的船只，在出发后伴有护航船，并有武器保护［此即威尼斯人所说的穆达（*muda*）系统］。即使如此，穆斯林和基督徒海盗的疯狂攻击也会在一个较长时期内中断运输。公元 1297 年，由格里马迪（Grimaldi）家族的一位成员——他因为经常披着修士的风帽，为他自己赢得了“修士”的绰号——领导的热那亚暴乱群体，占领了热那亚领地最西端的摩纳哥岩［事实上，摩诺伊科（Monoikos）这个名称源于古代时期的弗凯亚移民，与修士毫无关联］。作为那不勒斯的安茹家族的国王智者罗伯特（Robert the Wise）——他已经在 1318 年成为热那亚的最高领主——的支持者，摩纳哥的水手们在之后几十年内都是令人厌恶的对象。1336 年，摩纳哥海盗扣下了两艘从佛兰德返程的装有货物的单桅大帆船。佛兰德元老院不得不叫停所有驶向佛兰德航行的船只，航运在二十年后才恢复。格里马迪家族的成员留在原处，但仍是事端制造者，仍然统治着摩纳哥，不过他们找到了比做海盗稍微体面一些的赚钱方式。[12]

贸易在创造一个成功商人的阶级的同时，也强化了贵族的势力。在威尼斯，贵族掌控了收益最好的贸易通道，留给中产阶级的选择只剩用圆船做谷物、食盐和酒的生意。要确定哪些人可称为贵族并不简单，尽管有一些古代的家族，如丹多罗（Dandolos）家族在过去几个世纪中都占据着社会阶梯的顶端。问题是，在社会繁荣发展的时代——当时许多人都已经获得了巨额财富并要求获得决定护航帆船应该向哪里进发，或者自己应与哪些外国君主签订条约的权利，但做决策的仍是由贵族构

成的元老院（公元14世纪早期便是如此情况）——究竟哪些人能够获许向上攀登社会阶梯。结果是1297年出现了一个限 361
制大议会成员的决议，规定元老院和高层委员会只能由现有成员以及他们的后裔构成，他们来自约两百个家族，其中有许多是像蒂耶波洛那样的商业精英家族。这种“关闭”（Serrata）或多或少应是永久性的，但随着时间的推移，一些家族仍然通过“后门”获许加入了贵族行列。大议会的“关闭”于是成为贵族们重新确认其在政治、贸易和社会领域的至高权力的一个机会。

3

加泰罗尼亚人在公元14世纪初取得了成功。1302年，“西西里晚祷”战争正式结束，重新打开了连接西西里、马略卡和巴塞罗那的贸易航道。最重要的是，阿拉贡国王决定宣示他对撒丁岛的领主权。该岛曾经于1297年被教宗赐给阿拉贡的詹姆斯二世，教宗希望以此交换西西里岛，[14]詹姆斯的兄弟腓特烈的攻击性回应是占领西西里岛，使之成为他的独立王国。直到1323年，阿拉贡国王阿方索四世才发动了对撒丁岛的攻击；虽然他是为了自己的王朝才这样做，但加泰罗尼亚的商人认为这一征服行动将使他们获得该岛所产的大量粮食、食盐、奶酪、皮革，以及最为重要的白银。[15]这些即将成为征服者的人忽视了一向存在于撒丁岛人中的对外来统治的抵触情绪。加泰罗尼亚人基本上都住在城市内，主要是沿海一带（仍有说加泰罗尼亚语的后裔生活于阿尔盖罗），而撒丁人则住在城墙之外。与此同时，热那亚人和比萨人认为加泰罗尼亚人的入侵侵犯了他们作为领主的权益。比萨人最后被允许在撒丁岛南部保有产业，但比萨已是强弩之末——不久之前，这个城市甚至考虑要主动归附阿拉贡的詹姆斯二世。但热那亚人更为麻烦。当加泰罗尼亚人对他们实行野蛮攻击时，他们的回应是以牙还牙。撒丁岛周围的海域成为危险之地。该岛一直处于抗争之中，抗争的双方是岛上的古老原住民与即将成为新主人的民族，或者都是希望成为新主人的人。在 14 世纪晚期，一
362 个统治根基在该岛中西部的阿博雷阿（Arborea）的王国建立，结束了地方性的对抗，其女王埃莱奥诺拉（Eleonora）以立法者的形象而受到称颂。[16]

在野心勃勃、身材矮小的彼得四世于 1337 年继承阿拉贡王国的王位后，阿拉贡的宫廷开始制定其可被描述为“帝国主义式的”战略目标。彼得四世在统治之初下定决心要处理他的堂兄在马略卡岛的行为。马略卡国王詹姆斯三世给人的印象是心智不够健全。他痛恨彼得四世的说法，即马略卡国王是阿拉贡国王之附庸，前往巴塞罗那商讨他们之间的关系问题。他的船停在滨海宫殿的墙外，由于他的坚持，对方修建了一座吊桥搭在船舷上。然后他试图引诱彼得上他的船，一个广为流传的说法是他有一个疯狂的计划，即绑架阿拉贡国王。马略卡的商业公会对此感到厌烦。他们愿意且需要与他们在巴塞罗那的贸易对手保持密切的联系。在阿拉贡国王宣布詹姆斯抗拒王命并于 1343 年攻下马略卡之时，他们十分欣慰。加泰罗尼亚的船队由一百一十六艘船构成，包括二十二艘单桅多桨大帆船。[17]此后不久，詹姆斯在试图收复自己的领地时逝去。在彼得漫长生命（其在位时间长达五十年之久）的最后时期，他试图用联姻方式收回阿拉贡人的西西里岛。他的帝国之梦开始变为现实：最后，一个加泰罗尼亚－阿拉贡“帝国”出现了。

加泰罗尼亚商人希望利用此事获取更大的利益。1380 年，彼得解释了“跨地中海”联系的重要性，也考虑了控制饱经战争创伤的撒丁岛的必要性：

> 如果我们失去了撒丁岛，随后将失去的就是马略卡岛，因为马略卡岛已经习惯于从西西里岛和撒丁岛获得的食物将不再运达，于是这里将不再有人居住，我们也将失去这块土地。[18]

一个连接西西里岛、撒丁岛、马略卡岛和加泰罗尼亚地区的网络即将出现，在这个网络中，意大利诸岛将持续不断地为马略卡和巴塞罗那供应生命之粮。

养船队是一件令人头痛的事。公元 13 世纪，一个大的造船厂于巴塞罗那建立，现在那里成了航海博物馆。造船厂的工人在棚架之下劳作，大的钢环悬挂在拱门上，因此他们可用滑轮起吊船体。但是，根据一个王室顾问的估计，建立这样一间 363
能容纳二十五艘单桅帆船的船厂要花费两千盎司黄金，这超出了阿拉贡国王的承受能力。该数字还没有包括保养船只、供养船员以及购买武器和其他装备的费用。加泰罗尼亚大帆船上的船员们的饮食很单调，由硬干粮、咸肉、奶酪、菜豆、油和酒构成，也有鹰嘴豆和蚕豆，与热那亚、威尼斯和那不勒斯水手的饮食的区别在于不同成分的构成比例不同：威尼斯水手分得的干粮和奶酪少一些，但咸肉更多；而那不勒斯船队享有的是免费的酒（难道这就可以解释那不勒斯人在战争中的拙劣表现吗?）。[19]把大蒜、洋葱和香料混合在一起，就可制成一种口味相当不错、可抹在干粮上的酱汁。人们当时就知道，大蒜和洋葱可预防一些疾病，如败血症。干粮的准确说法是 *biscoctus*，意为两次烤制，因此它比较坚硬，但体轻、容易保存且富有营养。[20]船员的饮食中没有咸鱼是很奇怪的事。咸鱼在巴塞罗那饮食中是很重要的。当地盛产凤尾鱼，也可从大西洋捕鱼，在基督徒们禁食肉类的大斋期，咸鱼尤其重要。虽然船下的海水中有丰富的渔产资源，但国王没有理由为鱼买单。腌制的食物会增加人们对淡水的需求，这始终是一个问题。每个船员每天需要消耗至少八公升淡水，在炎热的季节则消耗量更大。每艘船可以装载五千公升淡水，水容易被污染，需要加以净化并以醋去味。但是，船上的给养是需要不断补充的，因此同古代的情形类似，船需要经常靠岸。[21]保障船的给养是船长需要行使的重要职责之一，他的角色不只是船上的指挥官。

西地中海的一些区域是禁区。公元 1340 年前后，热那亚、加泰罗尼亚和摩洛哥的马林王朝就直布罗陀海峡的控制权展开了争夺。[22]由于人们担心摩洛哥人入侵西班牙南部——来自摩洛哥的经常性入侵成为 11 世纪和 12 世纪伊比利亚的基督教王国面临的一大威胁——这一问题变得更为复杂了。对于基督教国家而言，幸运的是，格拉纳达的穆斯林国王们总体而言和自
364 己一样担心被马林王朝控制，但是在 14 世纪 30 年代后期，他们与摩洛哥人结盟，极大地威胁了穿越直布罗陀海峡的通路。卡斯蒂利亚国王不止一次地试图通过包围直布罗陀的行动来赢得对海峡的控制，但最终他自己却被穆斯林包围并被迫撤退了。[23]1340 年，卡斯蒂利亚船队在直布罗陀城外被一支新建的摩洛哥船队打败，失去了三十二艘战船。基督徒的这次失败震撼了阿拉贡人，于是他们与长期以来同自己争斗不休的卡斯蒂利亚人议和。阿拉贡国王希望装备至少六十艘快船，但他得乞

求他的议会提供资金；巴伦西亚议会提供了二十艘快船，甚至好斗的马略卡国王也提供了十五艘快船。与此同时，摩洛哥人已经可以自由出入西班牙，但是卡斯蒂利亚人在葡萄牙的帮助下，于 1340 年 10 月在西班牙南部的萨拉多（Salado）击败了一支摩洛哥军队。他们在这次战役中夺取的马林王朝之军旗，现在还保存在托莱多大教堂的珍宝馆中。但是，这次胜利并没有结束这场战争，卡斯蒂利亚仍然经常派出由十艘或二十艘船组成的船队进入海峡。这与摩洛哥人的船队相比规模很小，1340 年摩洛哥人大约有二百五十艘战船，其中包括六十艘快船。战争于 1344 年结束，当时卡斯蒂利亚的国王阿方索十一世进攻了阿尔赫西拉斯（Algeciras）港。最后，一位信奉基督教的国王控制了海峡的北岸，但没有攻克直布罗陀的另一出口。[25]

穆斯林的海上势力也在东地中海复兴。从某种程度上讲，这是对基督徒在突厥人海域内取得的成功的回应。公元 1310 年，在二十多年前被赶出阿克的医院骑士们从他们当时位于塞浦路斯的基地出发，夺取了罗得岛。此地在之前许多年里都是突厥人的攻击目标，拜占庭对其有名义上的宗主权。[26]医院骑士们此时将罗得岛建成了他们的基地，建立了一支庞大的船队开始积极地从事海盗活动。他们也不断与西方的统治者，包括法兰西国王、那不勒斯国王和其他君主谈判，希望能得到大规模十字军船队的帮助。但是，这支船队的目标不再只是圣地，或者埃及和叙利亚的马木留克王国，而是越来越多地把注意力转向突厥人。他们在抵达小亚细亚海岸后改变了游戏规则：突厥人已经冲破了拜占庭建立已久的使他们局限于安纳托利亚高原的警戒线，而且，正如医院骑士适应了海洋一样，突厥人也在来自拜占庭海军的希腊人的帮助下适应了海洋。米哈伊尔八

365 世为节省财政开支，于 1284 年解散了拜占庭的舰队，他以为意大利的海军会保护他；由于安茹的查理忙于应付“西西里晚祷”事件，他也摆脱了查理的干扰。数个小规模的突厥公国出现在小亚细亚海岸，其中最为重要的是以爱琴海为边界线的埃米尔国艾登（Aydin）。于基督徒来说，幸运的是这些突厥人的埃米尔国在侵扰基督徒属地边境的同时耗费了同样多的时间在内部斗争上。即便如此，到 1318 年，艾登成了令其基督教邻国头疼的对象，当时埃米尔乌姆尔帕夏（Umur Pasha）与数年前已经控制雅典的加泰罗尼亚雇佣军结成联盟，这支雇佣军在名义上服从于西西里岛的阿拉贡国王的权威。[27]在加泰罗尼亚人和艾登的突厥人之间结成的这一古怪同盟惹恼了威尼斯人：一位威尼斯贵族的封地圣托里尼岛（Santorini）两次受到袭击，威尼斯人害怕这个同盟随后会对克里特岛构成威胁。[28]

解决突厥人的威胁似乎要依靠一支装备良好、资金充足的海上十字军，在此军队中，医院骑士、意大利海军、那不勒斯的安茹家族和法兰西人应协同确立对爱琴海的完全控制权。这一动议因威尼斯人和热那亚人的野心而受挫，因为他们首要关注的是保护他们的贸易通道和他们在这一海域获得的领主权。一个由西方海军组成的“神圣同盟”——威尼斯人事实上是其追随者——暂时性地于 1334 年清除了爱琴海海域的猖獗海盗。[29]但是，问题并没有完全解决，教宗热心地促成了另一次十字军行动，这支十字军于 1344 年从乌姆尔帕夏手中夺取了士麦那。十字军在士麦那取得的胜利只是表面上的。基督徒们只成功征集了一支拥有三十艘快船的船队：西方人的热情只是表面文章而非出自真心。[30]他们夺取了要塞［他们对这座要塞的控制一直维持到帖木儿（Timur）于1402年攻陷它之时］，但没能进入内陆，一个原本宝贵的贸易中心于是转变为受到围攻的边塞城镇。事实上，十字军补给不足。像安茹家族的那不勒斯国王智者罗伯特这样的统治者已经长期征收十字军税，甚至装备了十字军船队，但这支船队神奇地转移了目标，被投入到对抗热那亚吉伯林派或者是西西里岛的阿拉贡人的战争中。

这一区域的不安定因热那亚人的出现——热那亚人的一个 366
合股公司于公元1346年占领了希俄斯岛——而加剧了；该岛由热那亚人的投资商共享所有权，由一个公司管理，该公司被称为马奥那（*Mahona*）。其主要靠明矾、乳香和干果获取利润，并不热衷于与西方船队一起进一步涉险；甚至医院骑士也逐渐地失去了对十字军的热情，开始利用罗得岛在商路上的有利位置赚钱。在其东方，艾登被打败，在安纳托利亚留下了一个权力真空地带，但它迅速被一个来自西北的新崛起的突厥群体填补。这些突厥人即奥斯曼土耳其人，他们热衷于从事对抗拜占庭的圣战（并于1331年占领了尼西亚），但是就像这一时期的所有突厥人一样，他们也愿意在基督教统治者需要雇佣军时为其效力。于是拜占庭皇帝约翰·坎塔库津六世（John Ⅵ Kantakouzenos）允许他们定居于达达尼尔海峡欧洲一侧的加利波利，这是他们在巴尔干半岛上的第一个桥头堡。

一直到公元14世纪中期，基督教船队都没有占据无人匹敌的优势。加泰罗尼亚人极力使船队保持一定的规模，以期在他们的穆斯林对手要攻占直布罗陀海峡时予以阻止。即便如此，阿拉贡国王与加泰罗尼亚商人的同盟还是创建了一个能够供应西地中海各国以必需品和奢侈品的完整的贸易网络。尽管联系时有中断，且多次出现不祥征兆，威尼斯人和热那亚人在从 1299 年到 1350 年的数十年间还是保持了和平。热那亚的海军军官们在寻求好的战争机遇时发现了其他客户。他们已经在 13 世纪为腓特烈二世服役；到 1300 年，他们教授了加泰罗尼亚人如何在地中海和大西洋上调动船队。他们为葡萄牙船队做了奠基性工作。但他们不能抵抗另一个凶残的入侵者，该入侵者在七八百年之后又回到了地中海。

4

黑死病有时候被视为大自然对中世纪欧洲和地中海各国过快发展的经济的压制：人口增长速度是如此之快，对欧洲的土
367 地施加了难以承受的压力，谷物价格被迫上涨，鸡蛋和鸡肉等高端产品也因此匮乏。产出极差的边边角角的土地也被开垦出来，每一粒粮食都得到珍惜。饥荒发生得越来越频繁，特别是在高度城市化的地区，如托斯卡纳。尽管北方发生了特别严重的饥荒，自公元 1315 年的大饥荒以来尤其如此，但它对阿尔卑斯山以南并没有造成多少影响。[31]然而，我们可以绘出更乐观的图景。到 1340 年，人口的增长达到顶峰，特别是在西欧和拜占庭。在 1329 年到 1343 年，马略卡的城市人口下降了 23%，差不多的数字也出现在了普罗旺斯和其他地区的城镇中。[32]大规模专门化生产的发展促进了用商品交换生活必需品的城市贸易网络的发展。早在 1280 年，比萨人就放弃了阿尔诺河河口的贫乏耕地，用其牧养绵羊；他们运出毛皮、肉食、奶酪和羊毛以从海外换回谷物，因为羊身上很少有用不上的东西。托斯卡纳的小城市圣吉米尼亚诺特别以盛产藏红花等经济作物和酒著称，在这些产品的供养下，该城的人口密度纪录直

到 20 世纪才被打破。它的商业网络被扩展到了地中海上，在那里，如我们已经看到的那样，圣吉米尼亚诺的商人向阿勒颇等远东城市出口藏红花。这一“商业化”的趋势在欧洲北部也很明显，预示了在黑死病之后会出现的诸多发展。

且不论在公元 1340 年前后的危机之后是否出现了新兴经济，黑死病的确打破了欧洲和伊斯兰世界间的平衡。达地中海周边国家和地区的人口总量一半以上的死亡人数必然会在社会、经济、宗教、政治多个方面对当地民众的生活产生巨大影响。这种震动既是精神的，又是经济的。[33]然而，瘟疫导致的“黑暗时代”的持续时长并不能与以青铜时代的结束和罗马帝国的崩溃为标志的灰暗时期相比。在当时，瘟疫的到来加深了晚期罗马帝国的困境，推迟了复兴的到来，但它并不是发生巨大倒退的唯一原因。但是 14 世纪的瘟疫是引发地中海及其沿岸地区转型的重要介质，这种转型进一步带来了新秩序的创建。

热那亚人对于地中海上黑死病的到来有不察之责。腺鼠疫是由蒙古军队而非商人带到热那亚人在克里米亚的商业基地卡
法的——蒙古人于公元 1347 年包围了卡法。[34]一些意大利人乘 368
船从克里米亚发生的战争中逃出，沿水路进入君士坦丁堡，但是即便他们没有被感染，船上的偷渡者黑鼠也被感染了。这些老鼠喜欢黑海商船上装载的大量谷物，身上有传播瘟疫病毒的跳蚤，船载的大捆布匹商品为跳蚤提供了藏身之处。1347 年 9 月，腺鼠疫在拜占庭首都肆虐，其市民开始逃离，但他们也是病毒携带者。一艘运载奴隶的船从黑海起航驶向亚历山大，船上有三百人；据阿拉伯历史学者阿里·马克里齐（al-Maqrizi）记载，当这艘船到达亚历山大港时，船上只余四十五人，而且

他们也很快就死去了。[35]毫不出人意料，亚历山大成为腺鼠疫在东地中海的一个传播中心，1348 年春，加沙受到影响。西地中海第一个感染此种疫病的地方是墨西拿。一个西西里编年史学家将此归罪于十二艘来自东方的热那亚长船，这批船于 1348 年到达。墨西拿的居民带着病菌逃到岛屿的各个角落，疫病越过海峡传至雷焦，于 1348 年 5 月到达那不勒斯。[36]到 1348 年春天，黑死病已经感染了整个马略卡岛，由此它沿穿越加泰罗尼亚的经典商路，进入佩皮尼昂、巴塞罗那和巴伦西亚，又南下至穆斯林统治下的格拉纳达王国，于 1348 年 5 月到达了阿尔梅里亚。[37]同一个月，巴塞罗那的市民们带着他们的圣骨和圣像游行，恳求上帝消灭这次瘟疫，此类行为自然进一步帮助了疫病的传播而非结束。[38]突尼斯于 1348 年春天被感染，瘟疫很有可能是由西西里传播至此的，另一个感染源是从马略卡下行到摩洛哥和阿尔及利亚港口的加泰罗尼亚船只。[39] 12 世纪到 14 世纪城市的急速发展意味着，西地中海岸与中东的繁荣城市一样易受瘟疫感染。各地死于瘟疫的人数都多得令人震惊：有三分之一到一半的人口死于瘟疫；在西地中海的一些地方，如加泰罗尼亚，死去的人可能占人口总数的六成或七成。[40]瘟疫在传播过程中也变得更烈性了，新出现的肺鼠疫可在几小时之内夺走那些呼吸道感染者的性命。

欧洲和地中海近一半人口的损失对于经济关系影响巨大。
369 对食物的需求大大减少，但由于西西里岛和其他地方的土地因疫病导致的劳动人口减少而无人耕种，瘟疫过后许多人都陷入饥荒。由于疫病在热那亚、威尼斯和其他商贸城市的大街小巷及水道上传播得很快，所以这些大的商贸城市人口锐减。[41]黑死病并不是唯一的灾难，公元 14 世纪晚期，瘟疫的反复发生导致人口总数在要缓慢恢复之时再度下滑；新的瘟疫对年轻人危害尤其大，因为老一代已经在经历多年瘟疫后有了一些抵抗力。在“西西里晚祷”起义之后的那个世纪，西西里岛失去了百分之六十的人口，从八十五万人降至三十五万人，导致人口锐减的两起最重要的事件是1347年的瘟疫与1366年在西西里岛上暴发的又一次瘟疫。[42]在经历了黑死病的摧残与恐怖后，一切都改变了。尽管这次瘟疫改变了整个地中海，却没有造成长久的衰落。旧的经营体制如商栈仍然存在；热那亚人、威尼斯人和加泰罗尼亚人继续明争暗斗；基督徒策划了更大胆的十字军计划，意图攻击势力一度稳固的马木留克人。在这一切的背后，旧的贸易网络发生了一些微小却重要的变化，其第一个信号是一个活跃的贸易区在直布罗陀海峡外出现。在这一复苏之后，第四地中海于14世纪末到来了。

注　释

1. S. Schein, *Fideles Cruces: the Papacy, the West and the Recovery of the Holy Land, 1274–1314* (Oxford, 1991).
2. A. Laiou, *Constantinople and the Latins: the Foreign Policy of Andronicus II 1282–1328* (Cambridge, MA, 1972), pp. 68–76, 147–57.
3. F. C. Lane, *Venice: a Maritime Republic* (Baltimore, MD, 1973), p. 84.
4. D. Abulafia, ‘Sul commercio del grano siciliano nel tardo Duecento’, *XI° Congresso della Corona d’Aragona*, 4 vols. (Palermo, 1983–4), vol. 2, pp. 5–22, repr. in D. Abulafia, *Italy, Sicily and the Mediterranean, 1100–1400* (London, 1987), essay vii.
5. D. Abulafia, ‘Southern Italy and the Florentine economy, 1265–1370’, *Economic History Review*, ser. 2, 33 (1981), pp. 377–88, repr. in Abulafia, *Italy, Sicily and the Mediterranean*, essay vi.
6. G. Jehel, *Aigues-mortes, un port pour un roi: les Capétiens et la Méditerranée* (Roanne, 1985); K. Reyerson, *Business, Banking and Finance in Medieval Montpellier* (Toronto, 1985).

7. P. Edbury, *The Kingdom of Cyprus and the Crusades 1191–1374* (Cambridge, 1991); very helpful studies in B. Arbel, *Cyprus, the Franks and Venice, 13th–16th Centuries* (Aldershot, 2000).
8. D. Abulafia, 'The Levant trade of the minor cities in the thirteenth and fourteenth centuries: strengths and weaknesses', in *The Medieval Levant. Studies in Memory of Eliyahu Ashtor (1914–1984)*, ed. B. Z. Kedar and A. Udovitch, *Asian and African Studies*, vol. 22 (1988), pp. 183–202.
9. P. Edbury, 'The crusading policy of King Peter I of Cyprus, 1359–1369', in P. Holt (ed.), *The Eastern Mediterranean Lands in the Period of the Crusades* (Warminster, 1977), pp. 90–105; Edbury, *Kingdom of Cyprus*, pp. 147–79.
10. R. Unger, *The Ship in the Medieval Economy, 600–1600* (London, 1980), pp. 176–9; J. Robson, 'The Catalan fleet and Moorish sea-power (1337–1344)', *English Historical Review*, vol. 74 (1959), p. 391.
11. Lane, *Venice*, p. 46.
12. D. Abulafia, 'Venice and the kingdom of Naples in the last years of Robert the Wise, 1332–1343', *Papers of the British School at Rome*, vol. 48 (1980), pp. 196–9.
13. S. Chojnacki, 'In search of the Venetian patriciate: families and faction in the fourteenth century', in *Renaissance Venice*, ed. J. R. Hale (London, 1973), pp. 47–90.
14. 另一个计划涉及阿尔巴尼亚，参见：D. Abulafia, 'The Aragonese Kingdom of Albania: an Angevin project of 1311–16', *Mediterranean Historical Review*, vol. 10 (1995), pp. 1–13。
15. M. Tangheroni, *Aspetti del commercio dei cereali nei paesi della Corona d'Aragona*, 1: *La Sardegna* (Pisa and Cagliari, 1981); C. Manca, *Aspetti dell'espansione economica catalano-aragonese nel Mediterraneo occidentale: il commercio internazionale del sale* (Milan, 1966); M. Tangheroni, *Città dell'argento: Iglesias dalle origini alla fine del Medioevo* (Naples, 1985).
16. F. C. Casula, *La Sardegna aragonese*, 2 vols. (Sassari, 1990–91); B. Pitzorno, *Vita di Eleanora d'Arborea, principessa medioevale di Sardegna* (Milan, 2010).
17. D. Abulafia, *A Mediterranean Emporium: the Catalan Kingdom of Majorca* (Cambridge, 1994), pp. 15–17, 54.
18. Ibid., pp. 14, 248.
19. L. Mott, *Sea Power in the Medieval Mediterranean: the Catalan-Aragonese Fleet in the War of the Sicilian Vespers* (Gainesville, FL, 2003), p. 216, table 2, and p. 217; J. Pryor, 'The galleys of Charles I of Anjou, king of Sicily, ca. 1269–1284', *Studies in Medieval and Renaissance History*, vol. 14 (1993), p. 86.
20. Mott, *Sea Power*, pp. 211–24.
21. Tangheroni, *Aspetti del commercio*, pp. 72–8.
22. Robson, 'Catalan fleet', p. 386.

23. G. Hills, *Rock of Contention: a History of Gibraltar* (London, 1974), pp. 60–72; M. Harvey, *Gibraltar: a History* (2nd edn, Staplehurst, Kent, 2000), pp. 37–40.
24. Robson, 'Catalan fleet', pp. 389–91, 394, 398.
25. Harvey, *Gibraltar*, pp. 44–5.
26. J. Riley-Smith, *The Knights of St John in Jerusalem and Cyprus, 1050–1310* (London, 1967), p. 225; Edbury, *Kingdom of Cyprus*, p. 123.
27. K. Setton, *The Catalan Domination of Athens, 1311–1388* (2nd edn, London, 1975).
28. E. Zachariadou, *Trade and Crusade: Venetian Crete and the Emirates of Menteshe and Aydın (1300–1415)* (Venice, 1983), pp. 13–14.
29. Ibid., pp. 27–37.
30. N. Housley, *The Later Crusades: from Lyons to Alcázar 1274–1580* (Oxford, 1992), pp. 59–60; Zachariadou, *Trade and Crusade*, pp. 49–51.
31. W. C. Jordan, *The Great Famine: Northern Europe in the Early Fourteenth Century* (Princeton, NJ, 1966); cf. D. Abulafia, 'Un'economia in crisi? L'Europa alla vigilia della Peste Nera', *Archivio storico del Sannio*, vol. 3 (1998), pp. 5–24.
32. O. Benedictow, *The Black Death 1346–1353: the Complete History* (Woodbridge, 2004), p. 281.
33. B. Kedar, *Merchants in Crisis: Genoese and Venetian Men of Affairs and the Fourteenth-century Depression* (New Haven, CT, 1976).
34. M. Dols, *The Black Death in the Middle East* (Princeton, NJ, 1977); Benedictow, *Black Death*, pp. 60–64, 69; 认为黑死病不是腺鼠疫与肺鼠疫的观点，见 B. Gummer, *The Scourging Angel: the Black Death in the British Isles* (London, 2009)。
35. S. Borsch, *The Black Death in Egypt and England: a Comparative Study* (Cairo, 2005), pp. 1–2.
36. Benedictow, *Black Death*, pp. 70–71, 93–4.
37. Ibid., pp. 77–82, 89–90, 278–81.
38. Ibid., pp. 82–3.
39. Ibid., pp. 65–6.
40. Ibid., pp. 380–84.
41. D. Abulafia, 'Carestia, peste, economia', *Le epidemie nei secoli XIV–XVII* (Nuova Scuola Medica Salernitana, Salerno, 2006).
42. S. R. Epstein, *An Island for Itself: Economic Development and Social Change in Late Medieval Sicily* (Cambridge, 1992).

第四部
第四地中海
(1350~1830年)

一　想成为罗马皇帝的人（1350～1480年）

1

瘟疫发生后，人口数量急剧下降，地中海内部的粮食供给 373
压力也随之消失。但这并不意味着古老的地中海谷物贸易就此衰落。事实上，它繁荣发展着：一些劣等田地被弃耕，变成了草场，其他一些地区则转而生产糖与染料，与这伟大的海相接的陆地上的经济生活，呈现出更加多样化的特征。随着生产专业化的提升，各种各样的商品贸易发展起来。地中海经济开始呈现出新面貌。区域性贸易崭露头角：木材被运往加泰罗尼亚沿岸地区；羊毛有的从阿普利亚出发穿过亚得里亚海到达达尔马提亚地区的新城镇，有的从梅诺卡岛（当地盛产绵羊）运到托斯卡纳，特别要说明的是，托斯卡纳地区在公元1400年前后有一位著名的“普拉托商人”（Merchant of Prato）名叫弗朗切斯科·迪·马可·达蒂尼（Francesco di Marco Datini），他曾致力于记录每一捆羊毛，保留每一封信件（现存十五万封），这对于历史学家来说具有很高的价值。[1]他派驻扎伊维萨岛的一名代理人抱怨道：“这个岛对健康不利，面包糟糕，葡萄酒劣质——上帝宽恕我吧，这儿就没一样好！我觉得我恐怕要在这儿被刮掉一层皮了。”[2]但商业需求当然比个人享受重要。

这位普拉托商人在坐落于西班牙海滨的圣马蒂奥（San

威尼斯
热那亚
普拉托
皮奥姆比诺
梅诺卡岛
巴伦西亚
阿尔盖罗
马略卡城
0 100 200 300 400 英里
0 200 400 600 公里

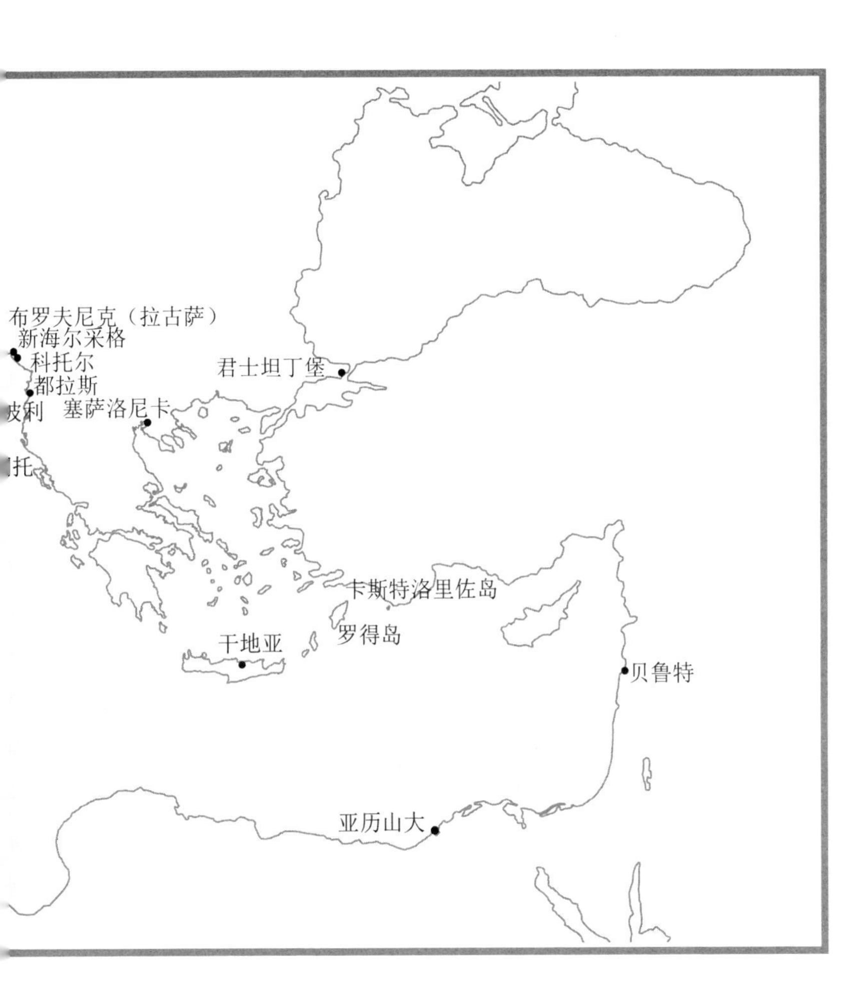
布罗夫尼克（拉古萨）
新海尔采格
科托尔
都拉斯
塞萨洛尼卡
君士坦丁堡
卡斯特洛里佐岛
罗得岛
干地亚
贝鲁特
亚历山大

Mateu）设置了托斯卡纳办事处，在那里代理人可以收购最优质的阿拉贡羊毛，此时绵羊养殖业已经深入西班牙内陆地区，逐渐征服了梅塞塔高原，到了夏季，数百万只牲畜在高地吃草，冬季则转场到高原地带。达蒂尼的商业网络还延伸到马格里布（Maghrib）、巴尔干半岛以东以及黑海地区。在 14 世纪 90 年代，他还投身于奴隶贸易，当时马略卡和西西里的奴隶
374 市场上会出售来自黑海的切尔克斯人以及来自北非的柏柏尔人。[3] 他所经营的商品包括来自地中海以外远东地区的靛蓝染料、巴西苏木、胡椒、芦荟、片姜黄和良姜，以及来自地中海周边的棉花、乳香、精制糖。除了大量的羊毛原毛外，他还从西班牙和摩洛哥进口鸵鸟羽毛、象牙、大米、扁桃仁以及大枣。他会从巴伦西亚订购餐具，按照惯例，上面装饰着他自己的徽章；不过若干年后，他再次订购时却发现对方没有保留自己的徽章设计，因此感到勃然大怒。[4]

达蒂尼是个寡头式人物，不是公元 14 世纪晚期那种典型的商人，但他的生平充分展现出商品贸易的勃勃生机。他成功
375 地在极为恶劣的环境中开展贸易，即便在 1402 年也是如此，当时米兰大公扫荡了整个托斯卡纳地区，并将除佛罗伦萨外的所有主要城市都收入囊中。地中海的商人总是知晓如何从战争与和平当中获利。然而，有一个极为重要的变化发生了。14 世纪早期，佛罗伦萨的三大银行家族巴尔迪（Bardi）、佩鲁齐（Peruzzi）和阿恰约利（Acciaiuoli），与极为依赖银行贷款的那不勒斯国王、罗得岛的骑士团以及欧洲内陆的统治者们建立起紧密联系；但就在黑死病暴发前夕，这些银行破产了，显然是由于之前累积了过多的毒债（最具代表性的就是向英王提供的贷款）。后来取代这些破产银行的跨国银行都谨慎地控制

自己的规模，经营时也更加稳健；美第奇银行就是如此，尽管 376
它同时也拥有着政治权力，是著名的统治家族。[5] 谨慎经营保障了稳定的收益。扩张的野心同样也更加温和：加泰罗尼亚人遣往佛兰德、英格兰以及马赛的船只变少，这座曾经的重要商站已辉煌不再。如此一来，新的商业结构出现，随之而来的还有新的精神面貌。[6] 推动城市生活发展的不仅是手工业专业化的不断增强，这反映在手工行会的发展方面，还在于大量乡村居民移居到城镇，由于人力的减少，村庄已经无法存续。在埃及，土地废弃导致对灌溉设施的忽视，而这些设施维持着尼罗河三角洲的生态平衡。三角洲地区变得贫穷，工资减少，然而地中海的欧洲一侧在应对劳动力不足的问题时，却走向了崛起。[7] 于是，城市人口不断增长，到 1400 年时，这一地区在许多方面已经恢复到黑死病之前的水平，这又促使热那亚人、威尼斯人和加泰罗尼亚人继续前往地中海和黑海的粮食产地。

在瘟疫的刺激下，基督徒普遍产生一种心理，即人们需要为其罪孽忏悔。但这种罪孽显然不包括内斗：威尼斯与热那亚在公元 1350 ~ 1355 年爆发激烈冲突，随后在 1378 ~ 1381 年冲突再起（基奥贾战争，Chioggia）。这两次冲突的起因都在于争夺从爱琴海前往黑海的通道。第一次冲突发生时，威尼斯人与阿拉贡国王达成协议，而后者当时正与热那亚人争夺撒丁岛的控制权。威尼斯人派遣舰队前往西地中海，并于 1353 年在撒丁岛北部阿尔盖罗附近海域击败热那亚人，而加泰罗尼亚人则派遣舰队奔赴遥远的博斯普鲁斯海峡，在战斗中还牺牲了一名舰队司令。然而，没有任何一方从这场战争中获益：在占领达尔马提亚长达三百五十年后，威尼斯被迫接受将其划归匈牙利；热那亚则陷入内斗，该城落入米兰的维斯孔蒂（Visconti）家族的领主们手中，在后者看来，热那亚的资源已经耗尽，于是在1355年就与同样被耗尽的威尼斯签署了和约。[8]

当战争于公元1378年再次爆发时，双方关注的焦点起初是小岛特涅多斯（Tenedos），认为控制该岛就可以掌控经由达达尼尔海峡的商路。两年之前，拜占庭的一位篡位皇帝曾将该岛赠送给热那亚人作为得到其援助的回报，但威尼斯人从这位
377 皇帝的对手那里得到承诺，他们可以控制该岛。[9]热那亚和威尼斯要打仗的念头实在令人惊诧，因为黑死病已经大大减少了劳动力的供给，威尼斯人不得不从达尔马提亚招募大批新桨手。此外，他们还有其他严重分歧。在这两次战争间隙，1363年，威尼斯人遭遇克里特起义，起义者不仅包括当地的希腊人，还有一些威尼斯贵族，如古老且伟大的格拉德尼戈家族（Gradenigo）。[10]起义使得威尼斯人的供给网出现问题，因为意大利东北部缺乏广袤腹地，他们只能对克里特进行开发——事实证明是过度开发——以便获取谷物、葡萄酒、橄榄油和蔬菜。在两次战争期间，热那亚与威尼斯在亚得里亚海海域爆发冲突，热那亚海军不敢进入该海域，威尼斯则以另外一种更危险的方式陷入严重危机。在1378～1380年，由于亚得里亚海的东侧被匈牙利国王控制，威尼斯就完全暴露在其敌手的攻击之下。威尼斯还需处理另一个顽疾：若要实现其东地中海的扩张野心，就必须将威尼斯附近的海域完全掌控在共和国之手。

热那亚人向匈牙利国王以及威尼斯的近邻帕多瓦的卡拉拉（Carrara）领主求助，从而使威尼斯陷入包围。公元1379年，热那亚人焚毁了威尼斯海滨的一些村庄，其盟友则洗劫了威尼斯潟湖南端的基奥贾。盟军还曾放出狂言：不把圣马可大教堂

门廊上方的四座青铜马掠走，他们绝不停歇。这是威尼斯自9世纪初被加洛林人围城以来遭遇的最大危机。威尼斯成功地在围城战中坚持下来；最后反而是热那亚人陷入困境，因为他们的补给已然耗尽。到1380年6月，热那亚人意识到，他们已经难以维系，只能选择和谈。这次冲突的重要特征之一在于：威尼斯人在舰船的前甲板上安装了发射石弹的火炮，使用了大量火药。热那亚人的指挥官皮耶特罗·多利安（Pietro Dorian）就是在一座塔遭炮弹击中后被砸死的。[11]

威尼斯的历史学家喜欢将基奥贾战争说成是威尼斯人取得了胜利，但热那亚人进逼潟湖这件事本身就是对威尼斯的巨大羞辱。威尼斯失去了特涅多斯岛，无法收复达尔马提亚，不得不承认热那亚在塞浦路斯的权利（热那亚人由此参与到白糖贸易中），甚至还不得不将其本土的附属国特雷维索（Treviso）让渡给奥地利公爵，也因此丧失了意大利东北部的谷物产地—— 378
哈布斯堡王朝的利爪由此伸入意大利东北部，直到第一次世界大战结束。[12]在公元1350年和1378年的两场战争中，威尼斯在领土和声望方面所失去的远远多于所获得的。尽管这些冲突很严重，但它们仅仅是极其和谐的关系的戏剧性中断，两地的商船仍一起穿行于爱琴海，经由君士坦丁堡，前往盛产谷物的克里米亚（Cremea）。1381年后，双方细分了各自的贸易范围以及商业利益，以避免产生纠纷：威尼斯保有黎凡特商贸的主要中心，其商船前往亚历山大和贝鲁特购买香料；而热那亚人则更愿意采用圆形商船①装载大宗货物——明

① 这是罗马帝国时期盛行的一种船只，长宽比例为3∶1，所以从侧面看像圆形。——译者注

矾、谷物和干果——并在小亚细亚、希腊和黑海搜罗这些商品；“无籽葡萄干”（currants）的名称就来源于科林斯，而位于黑海南岸的独立的希腊国家特拉布宗（Trebizond）则是榛子的主产地。1300 年前后，雄心勃勃的商业冒险冲动曾驱使热那亚人和威尼斯人深入波斯，甚至远到中国，而此时这种冲动已经消失；商人们致力于恢复横跨地中海的重要联络网。[13]

促成稳定的一个因素在于威尼斯造船厂的高效，而且它是整个地中海最大的、组织最为严密的造船厂。威尼斯的造船厂位于名为塔纳（Tana）的大型缆绳作坊的旁边，它早在公元 14 世纪初就已建成，当时但丁听到了从地狱最深处传来的回声。

正如在威尼斯人的船厂里，
　　冬天熬着黏糊糊的沥青，
　　来涂抹已经损坏的船只，
既然已经不能再航海；那就只能，
有的正给自己造新船，有的正用麻屑
　　填塞船只两侧因多次航行形成的隙缝；
有的在船头敲啊敲，有的在船尾敲啊敲，
　　这个人在制桨，那个人在缠绕缆索，
　　还有一个人缝补着前桅的帆，缝补着后桅的帆……①[14]

① 此处的译文参见〔意〕但丁著《神曲》，田德望译，人民文学出版社，1990，第 157 页。

原来的老造船厂的船坞可容纳 12 艘商船，而新造船厂的规模是前者的三倍。到 14 世纪晚期，在一位海军将领的领导下， 379
它的生产效率有所提高：造船厂一年可制造 3 艘大型商船，这看起来并不多，只是从 14 世纪 40 年代开始，随着通往黎凡特和佛兰德的航行渐趋稳定，商船的规模大幅提高。这些大商船是装有大三角帆的三列桨船，可搭载 150 吨货物以及多达 200 名水手。只有威尼斯公民可以将货物放在船上，这些船出航时还配有护卫，一些小型的配备着武器的护卫船伴其左右，沿着威尼斯元老院仔细选择的路线航行；只有过了二十五岁才能成为公民，且如我们所见，利润最丰厚的航线运送的是丝绸和香料，威尼斯贵族纷纷投资以获得控制权。对于那些更为普通的物品，威尼斯人用圆形的挂方帆的商业柯克船（cogs）来装运，这些船均由私人造船厂建造，在设计方面较少受限。已知最大的 15 世纪柯克船长约 30 米，排水量为 720 吨左右。[15]威尼斯人的造船技术与其航海技巧不相上下，而且威尼斯和热那亚及马略卡一样，均是地图绘制的主要中心。如此一来，威尼斯水手人人熟知地中海沿海地区的确切信息。此外，随着指南针的广泛应用，人们对在海洋中航行更有信心，航海季也扩展到一年中的大多数时段。[16]

2

有一项业务让水手忙碌不停，那就是将朝圣者送往圣地。巴勒斯坦最后一处基督徒据点的丢失，并未终结朝圣活动；阿拉贡诸王与其他地区争夺一些模糊的权利，要为圣地的基督徒避难所提供保护，而马木留克苏丹们清楚，当与西方的统治者进行政治以及商业谈判时，可以打圣地牌。朝圣是一种自然的或被认为是自然的需求。菲力克斯·法贝尔（Felix Fabri）是多明我会修士，他在公元 1480 年从德意志前往圣地，并生动地描述了乘船时船上的臭气、不适以及污秽：爬满蛆虫的肉，不能饮用的水，无处不在的寄生虫。他回程时从亚历山大出发，在不适合航海的季节里，也像早年的朝圣
380 者伊本·居巴尔一样，经受了狂风与海浪。不过，他得知有个隐秘的地方最适宜睡觉，就在捆得结结实实的香料包上方。[17]但至少对少数学者来说，朝圣已经呈现出一种新的模式。1358 年，彼特拉克（Petrarch）受朋友乔瓦尼·曼德利（Giovanni Mandelli）的邀请，一起前往圣墓教堂。但彼特拉克认为待在后方更加安全，于是将一本小册子送给曼德利，在书中他描绘了穿越地中海的路线。他特别注明奥德修斯到访过的所有地方，还指出了意大利最南端的克罗托内（Crotone）的朱诺神殿（*Juno Lacinia*）；他注意到奇里乞亚就是庞贝击败大批海盗的地方；他曾在基督被钉上十字架的地方沉思片刻（“您本不应为其他人承担如此艰巨的职责，不妨用您的眼睛看看……周遭这些，您已用心感受到的这些事”）；但他最后却与曼德利分手，不是在耶路撒冷，而是在亚历山大，不是在一堆香料之中，而是在亚历山大的坟墓和庞贝的骨灰旁。[18]以古典时代的遗址为中心的文化旅游即将开始。彼特拉克的《圣地导游手册》（*Itinerary*）现存四十份手稿，可见其受欢迎程度，尤其在 15 世纪的那不勒斯——因为曼德利就是在南意大利的海岸接受了大量关于古典时代的遗址的信息洗礼，这些内容（而非对圣地的兴趣）也吸引着广大读者。

彼特拉克的古典之旅在公元 15 世纪 20 年代由安科纳的一

名商人变为现实，该商人每次看到古典时代的遗址时都会惊呆，第一次是在他的家乡，然后是在地中海沿岸。但这位安科纳的希里亚克（Cyriac）还有政治动机：他向奥斯曼苏丹做自我介绍，而后者并没有意识到希里亚克还有个目的，即搜集资料用于针对土耳其人的十字军运动。不过，他的确很欣赏古典时代的遗迹，曾在 1436 年前往德尔斐，那里已是杂草丛生，令当地居民十分诧异的是，他竟在那里逗留了六天，在他误认为是主殿的地方，在剧场和体育场，热情地徘徊，抄录铭文，绘制示意图。[19]虽然绝大多数对古典时代感兴趣的人，仍像彼特拉克那样舒适地坐在自家的沙发里，但希里亚克的经历意味着跨越地中海进行游览的动力不再仅限于宗教或商业活动。

少数人在旅游时愿意“入乡随俗”，接受在海对岸生活的人们的宗教和习俗。有一位传奇的马略卡修士叫安塞尔
默·突尔梅达（Anselmo Turmeda），他在波伦亚了解到伊斯 381
兰教的知识后前往北非，在那里皈依了伊斯兰教，并成为公元 15 世纪早期的知名穆斯林学者，他的教名为阿卜杜拉·塔尔朱曼（Abdallah at-Tarjuman）；他的墓如今依然立于突尼斯。一个世纪后，生于格拉纳达的学者兼外交官哈桑·伊本·穆罕默德·瓦赞（al-Hasan ibn Muhammad al-Wazzan），即非洲的利奥（Leo Africanus），被是基督徒的海盗俘虏后带到罗马，在那里成为教宗利奥十世（Leo X）的门徒，并撰写了一篇非洲地理志：我们在此提到的这位著者，也向西方读者介绍了地中海以外伊斯兰世界的真实情况，他还在两大宗教间变来变去，先是从伊斯兰教改信基督教，后来又重新皈依伊斯兰教。[20]

3

阿拉贡国王们的财富，以及他们治下许多王国的财富，为我们了解公元14世纪末和15世纪地中海地区的富庶提供了极佳的指南。加泰罗尼亚的影响越过地中海，延伸到亚历山大和罗得岛等地的市场；到15世纪末，阿拉贡国王已经在伊比利亚半岛以及整个欧洲政坛举足轻重。阿拉贡国王马丁（Martin）的继承人是小马丁，后者娶了西西里的女继承人，实际上这位女继承人在与小马丁结婚之前是被诱拐并送到西班牙的，但这门婚姻为阿拉贡国王提供了很好的口实，使他在1392年入侵该岛；15世纪时，西西里岛由岛民议会委任的总督管理，阿拉贡国王的影响此时已然式微，他们在西西里的支脉也已消失。显然，和平有利于西西里人，同样也有利于那些想要购买西西里谷物的人。加泰罗尼亚的贵族们开始在西西里岛购入地产，并定居于此。[21]小马丁在撒丁岛因感染疟疾去世，他所取得的最后成就是加泰罗尼亚－阿拉贡人重新收复西西里岛的大片土地，从那之后，加泰罗尼亚的文化影响占据了主要地位，例如艺术上的影响。[22]

阿拉贡统治者的新魄力在阿方索五世身上更具说服力，他于公元1416年即位，成为15世纪最伟大的君主之一。[23]巴塞罗那王族的男性继承人绝嗣，而阿方索来自卡斯蒂利亚；
382 尽管如此，他却将眼光转向地中海，其计划涵盖整个海洋。与所有阿拉贡国王一样，他也赢得了一个绰号：“宽宏大量的”（Magnanimous，或叫“慷慨者”）阿方索。这个绰号完美地表达出了他的愿望，即成为慷慨的庇护者。凭借与生俱来的高贵品质，他徜徉于同是西班牙人、为古罗马皇帝提供服务的哲学家塞涅卡的著作当中；他热情地学习古典文献，对于史诗般描绘出来的古代战争很感兴趣。他了解到有两位极为成功的罗马皇帝就是西班牙人，即图拉真与哈德良。[24]阿方索立志在地中海重建罗马帝国，以应对逐渐发展起来的土耳其人的威胁。在其统治初年，他进攻科西嘉，因为教廷曾将科西嘉岛与撒丁岛一起交给阿拉贡的国王，不过那是在1297年。他仅占据了卡尔维（Calvi）这座堡垒，在其余地区的努力均以失败告终，但他的这次征战揭示出其野心绝不仅限于所继承的西班牙领地。为了实现建立罗马帝国的梦想，他将视线投向意大利，向糊里糊涂的那不勒斯女王乔安娜二世（Joanna Ⅱ）大献殷勤，甚至还得到承诺，她会推荐阿方索作为其继承人（尽管这位女王私生活十分精彩，却没有任何子嗣）。不幸的是，她还承诺把日趋动荡的王国留给安茹公爵兼普罗旺斯伯爵——安茹的勒内（René of Anjou）。“好国王勒内”（*Le bon roi René*）同阿方索一样，也对骑士文化极为热衷，还赞助艺术；他也想拥有很多王国，不过当1480年他的生命走到终点时，他一无所有；与之相比，阿方索在1458年去世时已经拥有六七个王国以及一个公国。[25]为了争夺南意大利，阿方索与勒内断断续续地打了二十多年，耗费大量王室资源，因为维持一支强大的舰队花费巨大。这位君主的资金储备相当有限，因此他不得不毕恭毕敬地求助于议会，给了他们一个为获得他们最看重的特权而讨价还价的机会。[26]幸运的是，安茹的勒内比他还穷，但勒内成功调动了热那亚的舰队：自从一个多世纪前加泰罗尼亚入侵撒丁岛后，热那亚人对加泰罗尼亚人的敌视就从未减退。

阿方索陷入严重危机。公元1435年，他率领舰队在蓬扎岛附近海域迎击热那亚人；结果他被击败并被俘，之后被带到热那亚。但热那亚人却不得不将这名俘虏交给他们的领主——米兰大公菲利普·马里亚·维斯孔蒂（Filippo Maria Visconti），
383 大公竟然被阿方索吸引，决定与其结盟，使得局势彻底反转。米兰大公甚至还思忖将其公国转赠阿方索，而这时的阿方索计划控制整个意大利，无暇顾及伊比利亚事务。阿方索与勒内的战争漫长且耗资巨大，在 1442 年达到高潮，这一年他用在城墙之下挖地道的办法占领了那不勒斯。即使勒内被驱逐出境，他也始终认为那不勒斯王国应该属于自己，因此仍不断地向四处征伐的阿拉贡人施压，而在 15 世纪 60 年代之前，热那亚始终是反抗西班牙人远征南意大利的基地。[27]那不勒斯陷落后，意大利的战争并未就此结束。1448 年，阿方索对一个战略意义极为重大的小国皮奥姆比诺（Piombino）发动攻击，这个国家与控制着富产铁矿、拥有舰队的厄尔巴岛结盟，皮奥姆比诺的商队和舰队还曾远航经商或者出征突尼斯。[28]掌握了皮奥姆比诺，他就可以控制穿行于热那亚与那不勒斯之间的商船，为他进一步入侵托斯卡纳提供跳板。虽然皮奥姆比诺的领主明智地选择臣服，并愿意每年贡献一只金制高脚杯，以换取阿方索对他的好感，但皮奥姆比诺仍是块难啃的骨头，多年以后，阿拉贡人才控制了厄尔巴岛两岸的基地，直到 16 世纪转归于西班牙人控制之下。[29]15 世纪中期，意大利大部分地区被五大强权，即米兰、佛罗伦萨、威尼斯、教廷以及阿拉贡国王分割。虽然阿拉贡国王控制的领土面积最大（如果算上两座意大利岛屿的话，其面积会更大），他却不得不放弃主宰整个半岛的梦想。1454 年，其他四方签署了《洛迪和约》（Peace of Lodi），阿方索也最终于次年初签下自己的名字。这份协议保证了接下

来半个世纪的和平（间或发生一些比较严重的冲突），其目的之一就是要将签约国的力量转移到另一项紧急任务，即对抗土耳其人的战争上。

就在该条约签署的前一年，君士坦丁堡被征服者穆罕默德（Mehmet）攻陷。所有关于抵抗土耳其人的讨论都无济于事：事实上，他们正怀着比以往更大的信心前往巴尔干半岛。早在公元 1447 年，阿方索就承诺为积极备战的匈牙利国王约翰·匈雅提（John Hunyadi）① 提供援助。阿方索遵守承诺召集了军队，却将军队派去托斯卡纳参战。然而，他不只是在讨伐土耳其人上显得玩世不恭。[30]阿方索很喜欢将自己刻画成一位救赎大众的国王、为基督而战的勇士——就像是加拉哈德（Galahad）再世，位于那不勒斯的阿方索凯旋门上的巨大雕像即采用了加拉哈德的主题。他还为起义反抗土耳其人的阿尔巴 384
尼亚人——伟大的斯坎德贝格（Scanderbeg）——提供了颇为热心的支持，因为若奥斯曼人占据阿尔巴尼亚，土耳其的舰队和陆军就将直接威胁到南意大利。[31]阿方索的野心还扩展到卡斯特洛里佐（Kastellórizo），它是位于罗得岛以东的一座微型岛屿，成为阿拉贡舰队深入东地中海的海军基地（如今这里是希腊最偏远的领土）。[32]就在君士坦丁堡陷落之前，阿方索还曾与希腊亲王德莫特里奥斯·巴列奥略（Demetrios Paliaologos）谋划，打算从最后的拜占庭皇帝君士坦丁十一世那里夺取君士坦丁堡的皇权，这样他就可以在伯罗奔尼撒半岛任命总督。阿方索去世后，为了纪念他，若阿诺·马特雷尔（Joannot Martorell）将

---

① 匈牙利原名为 Jánnos Hunyadi，故也译作雅诺什·匈雅提，此处依英文音译。——译者注

这些击败土耳其人、收复东地中海的宏大愿景写进了一部生动的小说中，这就是《骑士蒂朗》（*Tirant lo Blanc*）①。[33]从很多方面看，那好摆空架子的英雄蒂朗就是阿方索，或者就是这位国王所期待成为的那种人，该书（在经常出现的直白的爱情场景中）充斥着各种关于如何能最有效地击溃土耳其军队和热那亚人的建议，因为阿方索就将热那亚人视为奥斯曼人的秘密盟友。[34]在《骑士蒂朗》中，热那亚人试图挫败在罗得岛抗击土耳其人的医院骑士团：

> 大人啊，您要知道，我们骑士团有两名热那亚修士背叛了我们，因为在他们的建议下，可恶的热那亚人派遣所有舰船载着许多士兵到来，却没有带来任何给养。我们城堡里的叛徒还做了极其邪恶的勾当，他们磨去了我们所用十字弩上的刻痕，在上面涂抹肥皂和奶酪。[35]

在 1453 年君士坦丁堡的最后围城之战中，热那亚人的行为也曾引起类似的怀疑。[36]

4

到公元 1453 年，奥斯曼人凭借强大的行政管理系统以及为圣战（*jihad*）事业的献身精神，已经肃清小亚细亚沿岸的一系列敌对的突厥小国，其中最著名的要属扼守前海盗据点的艾登（Aydin）。尽管奥斯曼人在 1402 年曾大败于中亚霸主帖

---

① “Tirant lo Blanc”的本意为“白色的蒂朗”，2006 年以该书内容改编的同名电影译为“骑士蒂朗”，所以此处也采用“骑士蒂朗”的译名。——译者注

木儿，但很快就恢复过来。到 15 世纪 20 年代时，他们重返巴尔干半岛。1423 年，拜占庭皇帝将塞萨洛尼卡卖给威尼斯人；虽然威尼斯人对此已渴求多年，但他们掌控此城的时间只有七 385
年，之后它很快就被苏丹穆拉德二世（Murad Ⅱ）的军队攻陷。年轻的穆罕默德二世（Mehmet Ⅱ）的成功，平息了政府中的纷争，比较谨慎的官员们反对快速扩张，担心扩张过度会难以控制，而更富冒险精神的官员则将穆罕默德视为复兴罗马帝国的领袖，在他们的想象中，罗马帝国在穆斯林土耳其人的统治下，将融合罗马－拜占庭、土耳其以及伊斯兰的统治概念。穆罕默德二世的目标是收复与建立，而不是毁灭罗马帝国。他的希腊书记员在发布文件时称穆罕默德为罗马人的“皇帝”（*basileus*）和统治者——这也是过去拜占庭皇帝的名号。[37]但他的帝国梦想并不限于新罗马，他还想要成为旧罗马的主人。现实的政治局势也将其注意力引向西部事务。斯坎德贝格在阿尔巴尼亚发动的反叛使苏丹意识到传统的政策存在漏洞，即不应该允许独立的基督徒领主统治巴尔干。即使那些像斯坎德贝格一样在奥斯曼宫廷中被培养成穆斯林的人也会变节。因此，奥斯曼的权威需要直接行使，奥斯曼人的权利需要推进到亚得里亚海岸。1468 年，斯坎德贝格去世，阿尔巴尼亚反叛力量也逐渐衰竭；到 1478 年时，穆罕默德已经控制了阿尔巴尼亚海岸的法罗拉，数月后他从威尼斯人手中夺取了天险罗查费山（Rozafa）护佑的城市斯库台（Scutari，Shkodër）。[38]威尼斯人一直控制着古老的都拉基乌姆，即如今的都拉斯；同时，位于黑山（Montenegro）峡湾腹地的港口科托尔（Kotor，Cattaro）也始终处于威尼斯人的保护之下，要到下个世纪初才被土耳其人占领；但威尼斯人对亚得里亚海这个区域中其他领地的控制都被削弱了。[39]

威尼斯人对斯坎德贝格不太热心，担心如果他们支持起义者，就会危及其在君士坦丁堡的商站。然而，失去阿尔巴尼亚的海岸要付出沉重代价，不仅仅因为那里作为盐场拥有重要价值，还因为威尼斯人驶出亚得里亚海时必须经由阿尔巴尼亚海岸。从海岸前往内陆的商道也同样重要，因为通过这些商道可获取产自巴尔干内陆山区的白银、奴隶和其他产品。土耳其人对威尼斯人在爱琴海的海军基地的袭击［利姆诺斯岛和内格罗蓬特（Negroponte）均被土耳其人占据］进一步增加了威尼斯人的困难。“高门”①（*Sumblime Porte*，即
386 人们所知的奥斯曼宫廷）十分清楚这可能会产生什么影响，所以依然赋予威尼斯人以贸易特权。这一讯息非常明确：与过去数个世纪地中海周围的穆斯林统治者一样，奥斯曼人依然允许来自海外的基督徒商人自由活动；但他们不能接受威尼斯人或热那亚人在“白海”拥有领地。[40]

征服者穆罕默德在统治末年，下定决心要直面地中海的基督教政权。土耳其人的明确目标是位于罗得岛的医院骑士团总部，该骑士团于公元 1310 年占据该岛。从那之后，医院骑士团不断对穆斯林商船发动海盗袭击，还控制了小亚细亚一些沿岸站点，最具代表的当属博德鲁姆（Bodrum），医院骑士团在此用哈利卡那索斯伟大陵墓（Mausoleum of Halikarnassos）的石头建造了城堡。罗得岛吸引穆罕默德的另一个原因还在于它在古代就是非常著名的城市。[41]萨克森的火炮专家米斯特·约格（Meister Georg）曾长期住在伊斯坦布尔，为土耳其人提供

① 亦译为“宏伟门”，是土耳其帝国宫廷议政之处。——译者注

了关于医院骑士团城堡的布局的宝贵信息，但在 1480 年时，罗得岛的防御极为坚固，即使土耳其最好的专家投射大量石弹也无法将其攻下。双方都不遗余力：医院骑士团在夜晚派出突击队，将被杀掉的土耳其人的首级带回来，他们还带着这些首级在市内游行以鼓舞守卫士兵的士气。土耳其人在这样坚决的抵抗面前颇感挫败，因此与医院骑士团签署条约，后者承诺不再干扰土耳其人的商船。[42]苏丹们没有忘记他们的失败，但罗得岛在之后的四十二年中始终是医院骑士团的财产。西欧人也没有忘记在罗得岛发生的事请，因为在土耳其人面临严峻威胁的同时，西欧人感到了一丝振奋。此后不久，一部有关这次围城的木刻历史书在威尼斯、乌尔姆（Ulm）、萨拉曼卡（Salamanca）、巴黎、布鲁日和伦敦成为最早的畅销书之一。

与此同时，土耳其舰队也威胁到了西方。南意大利正是其直接的目标，因为它距离阿尔巴尼亚最近，也因为奥斯曼人若能控制亚得里亚海入口处的两侧，就能迫使威尼斯人服从苏丹的意志。威尼斯人并不想公开对抗土耳其人。当土耳其人在公元 1480 年对奥特朗托（Otranto）海峡发起攻击时，威尼斯人竟然帮助土耳其人，将其军队从阿尔巴尼亚转运到意大利，不过这种做法遭遇了威尼斯官方的反对。140 艘奥斯曼舰船（包括 40 艘桨帆船）将 1.8 万人带到海峡对岸。由于奥特朗托的居民拒绝投降，土耳其军队的指挥官葛迪克·艾赫迈德帕夏 387
（Gedik Ahmet Pasha）对幸存者们明示可能会发生的后果，然后下令发起攻击；这座城镇防御极为简陋，也没有安装火炮，结果自然没有悬念。在占领这座城市后，艾赫迈德帕夏下令杀死所有成年男性，约 2.2 万人中只留下 1 万人；有 8000 人沦为奴隶，穿过海峡被遣送至阿尔巴尼亚。年迈的大主教在奥特朗托大教堂的最高祭坛上被杀。之后，土耳其人在阿普利亚南部散开，对周边的城镇进行劫掠。此时的那不勒斯国王，阿方索五世的儿子费兰特（Ferrante），早先已经将军队派往托斯卡纳，而一旦他的军队与战舰成功集结，他就能发动一场漂亮的反击战。不过，即便是在撤退中，土耳其人依然清楚表明了自己的意图：他们还会再来，要来征服阿普利亚的港口。随后四起的谣言把这句话改为：有一支大军，已经准备从阿尔巴尼亚向意大利和西西里发动攻击。[43]

奥特朗托围城战在西欧产生巨大震动。地中海的所有基督教政权都提供援助以对抗土耳其人，其中最重要的是阿拉贡国王斐迪南二世，他是那不勒斯的费兰特的表兄弟。一个惹人注意的例外就是威尼斯人，他们声称经过数十年与苏丹的陆军和海军的冲突，已感精疲力竭。土耳其人的劫掠分队已进入位于意大利东北部、在威尼斯人控制下的领土弗留利（Friuli）——面对土耳其人的威胁从陆地与海洋逼近，威尼斯人选择了绥靖。[44]威尼斯派驻阿普利亚的领事得到的指示是：他应该向那不勒斯国王表达对基督徒所取得胜利的欣慰，但仅限于口头，不能书面致意；书面信息经常会被间谍偷走，威尼斯共和国（Serenissima Repubblica）担心苏丹若看到被窃取信件的恭贺内容，会谴责威尼斯的两面派做法。

随着穆罕默德在公元 1481 年 5 月去世，南意大利再次遭到攻击的威胁得以解除。当时，穆罕默德年仅四十九岁。随后的数年当中，西方的统治者，如法国的查理八世（Charles Ⅷ）和阿拉贡的斐迪南，都把他们与土耳其人的战争作为政策的核心。这两位统治者都认为：他们如果控制了意大利南部，就能凭借当地的资源大展身手，发动一场大规模十字军运动，因为距离很近，阿普利亚就是对奥斯曼领土发动攻击的最佳起点；他们都对那不勒斯的王位提出要求，而无视当地已经存在有着阿拉贡血统的王朝。1494～1495
年，查理八世侵入南意大利，成为那不勒斯的统治者，但他 388
的地位并不稳固，很快他就被迫撤退。如今，威尼斯感受到全方位的威胁。抗击奥斯曼人的十字军只会让奥斯曼控制下的阿尔巴尼亚附近的水域交通更加危险。因此，在 15 世纪末，威尼斯控制了阿普利亚的一些港口，以确保可自由通行于该海峡。[45]1495 年，在血淋淋的大屠杀以及野蛮劫掠的背景下，威尼斯人从法国人手中获得了莫诺波利（Monopoli）；然后，他们说服那不勒斯国王费兰特二世将特拉尼、布林迪西和奥特朗托交予他们，整个过程兵不血刃，并且对那些地区的控制一直持续到 1509 年。国王需要盟友，而他们需要阿普利亚的产品，这些出口产品包括：谷物、葡萄酒、盐、油、蔬菜，以及加农炮所需要的硝石。[46]然而，1502 年，土耳其人占据了都拉斯，使威尼斯人失去了位于海峡阿尔巴尼亚一侧的最重要监听站。他们只能另建新的堡垒，这些堡垒今天依然矗立着。地中海逐渐分成两部分：奥斯曼治下的东部和基督徒居住的西部。一个显而易见的问题是，谁可能会赢得这场竞争；但也还有一个问题，即哪个基督徒政权能够主宰西地中海的水域。

5

这两个世界之间架起了一些桥梁。奥斯曼的宫廷对西方文化很是着迷，这一点可以从他们要征服古老罗马帝国的宣言中看出；与此同时，西欧人也努力理解土耳其人，并继续获取颇具异域风情的远东货物。[47]画家真蒂莱·贝利尼（Gentile Bellini）曾从威尼斯前往君士坦丁堡，并在那儿为穆罕默德二世绘制了一幅著名的画像，该像现藏于伦敦的国家美术馆。[48]奥斯曼对西方的军事压力几乎没有放松（只有在苏丹们的注意力转向波斯时才会出现），但奥斯曼人也意识到有必要在他们的疆土与西欧之间建立一个中立区，中立区的商人可获准进入差异极大的土耳其人的世界以及西方的基督教世界。这就是规模虽小但极富活力的商业共和国杜布罗夫尼克（Dubrovnik），西欧人称之为拉古萨。杜布罗夫尼克的起源与威尼斯和阿马尔菲（Amalfi）一样，由蛮族入侵时逃到这里的一波难民建立，他们占据了达尔马提亚南部的一处多岩石的海
389 角，附近的一道山峦挡住了斯拉夫人的入侵。拉丁人居住的拉古萨很快迎来了一支斯拉夫人，到公元 12 世纪末，这座城市使用两种语言，有的人讲南部的斯拉夫方言，有的人讲达尔马提亚语，后者是一种与意大利语紧密相关的罗曼语；在斯拉夫语当中，当地的居民被称为“丛林中的人”（*dubrovcani*）。虽然拉古萨人已经与独断专行的塞尔维亚以及内陆波斯尼亚的王公们签署协议，但他们仍然需要保护者，于是他们先接受西西里的诺曼诸王的庇护，然后依靠威尼斯，威尼斯人在 1202 ~ 1204 年第四次十字军东征之后就巩固了对达尔马提亚南部的控制。[49]

匈牙利国王在公元 1350 年介入威尼斯与热那亚的战争，并从威尼斯人手中夺取了达尔马提亚，从那之后，拉古萨接受了匈牙利的宗主权（始于 1358 年）。[50]这使得拉古萨人得以在没有严重外部干涉的情况下，发展自己的管理机构和商业网

络。一个商业贵族阶层出现了，他们凭借通往盛产白银和奴隶的波斯尼亚内陆地区的商路而获得利益；杜布罗夫尼克成为整个地区的主要食盐市场。[51]由于本土缺乏白银，这里对东地中海出产的白银需求极为巨大，于是拉古萨商人前往东方的拜占庭和土耳其人统治地区寻找货源。[52]黑死病过后，杜布罗夫尼克抓住新的机遇获得丰厚利润。本地的商业繁荣起来——事实上，倘若没有定期从阿普利亚运往达尔马提亚的小麦、油、腌肉、葡萄酒、水果和蔬菜，无论是杜布罗夫尼克还是其邻近地区都无法生存；甚至鱼都要从南意大利进口，一点儿也不像一座海洋城市。[53]当地几乎没有适合耕种的土地。15 世纪的作家菲利普斯·德·狄维西斯（Philippus de Diversis）曾这样解释他家乡的本质：

> 拉古萨这个地区，由于贫瘠，也由于人口众多，仅依靠微薄的收入生活，因此没有任何人及其家庭仅仅依靠其地产就能生存，他们需要有其他收入，所以必须投身商业。[54]

对城里的贵族也投身商业的行为，他颇为尴尬，因为他知道经商在古罗马是禁忌，贵族们都要远远避开。另外，本地资源的匮乏也刺激了一些重要产业的出现：来自南意大利和西班牙的羊毛被加工成粗纺毛织物，到 16 世纪中期，杜布罗夫尼克已 390
成为著名的纺织业中心。对于杜布罗夫尼克来说，亚得里亚海与南意大利诸镇之间的商业联系至关重要。杜布罗夫尼克为那不勒斯国王提供了关于发生在奥斯曼辖区的事件的有价值的相关信息。作为回报，国王们会帮助肃清亚得里亚海的海盗，并免除拉古萨人的港口税。[55]拉古萨人的船只得以在阿普利亚海域占据优势地位。这只是开始，此后拉古萨开始扩张，其舰队将成为地中海最大的商业舰队之一；英语中“*argosy*”一词表示“商船队”，该词并非来自伊阿宋的阿尔戈英雄，而是被误传的“Ragusa”。一位名叫本内德托·柯特鲁格利（Benedetto Cotrugli）的拉古萨贵族，也被称为柯特鲁耶维奇（Kotruljevic），是那不勒斯的制币师傅，但令其名声大噪的却是一本以经商艺术为主题的小册子，它讲述了可保证成功的商业技巧。他给商人的睿智建议是：要避免赌博或纸牌类的赌博，也不能太耽于吃喝。[56]

这样一个距离各位斯拉夫大公的辖区不过几步远的海洋共和国，自然难以逃脱他们的干涉，也正因如此，拉古萨人更愿意接受远距离的保护者——即便他们是土耳其人。到公元15世纪中期，充满敌意的斯拉夫人和土耳其人从不同的方向逼近，这座城市遭受的困扰因此不断增多。杜布罗夫尼克被其周边建造起来的坚固城墙——这些城墙今天仍然存在——护卫。杜布罗夫尼克的一个敌人是斯捷潘·武科西奇（Stjepan Vukcic），此人是杜布罗夫尼克后方地域的“黑塞哥”（*herceg*，或称公爵），后来这块土地被称为黑塞哥维那（Hercegovina）。武科西奇的头衔得自奥斯曼当局，不过他认为自己可以独立自主，当初向“高门”的臣服只是为了确保其权力，并非在权力方面做出让步。他决定在科托尔海湾入口新海尔采格（Herceg Novi）建立贸易据点以增加收入，希望以此打败杜布罗夫尼克。其利润来源不是来自远东的异域珍品，而是食盐，也就是杜布罗夫尼克所经营的传统商品。[57]不过，拉古萨人对领土扩张并不是毫无野心。他们当然也想要获得新海尔采格，甚至还想夺取距离黑塞哥维那不远处的塞尔维亚城市特雷比涅（Trebinje）。1451 年，拉古萨的传令官宣称：若有人能成功暗杀黑塞哥（此人也被人们怀疑是异端分子），就可以获得 1.5 万杜卡特的报酬，还可被擢升为拉古萨的贵族。

这一威胁震慑住了武科西奇，他不得不从拉古萨人的领土上撤退，可杜布罗夫尼克却不得不应对新的威胁，因为征服者 391
穆罕默德已经成功地将其权力扩张到巴尔干诸公国。于是，在公元 1458 年，拉古萨的使臣不辞辛劳地前往位于斯科普里（Skopje）的苏丹朝廷，向其表示臣服。他们还希望：作为回报，苏丹能赋予他们商业特权。这中间必然有一些讨价还价，但到 1472 年时，他们已经需要每年缴纳一万杜卡特的贡赋——此后，年贡金额不断增加。[58]定期缴纳的年贡要比雄伟的城墙更有保障。后来的局势发展却很奇怪。拉古萨人在奥斯曼治下的各地经商，但他们却给土耳其人的敌人提供支持，如斯坎德贝格。当时，斯坎德贝格从阿尔巴尼亚前往南意大利，准备为陷入围困的那不勒斯国王费兰特效劳，途经拉古萨；当武科西奇被土耳其人驱逐时，拉古萨人还为其提供帮助，显然已经忘记了当年准备暗杀他时的想法。然而，土耳其人却很少打压杜布罗夫尼克，看重的是它带来的利益，作为中间商，它能为“高门”提供货物和年贡。约 1500 年，威尼斯人努力阻止奥斯曼人在阿尔巴尼亚海岸的扩张，当他们的努力受挫时，拉古萨人反而从中获益。威尼斯无法再与君士坦丁堡进行贸易，但拉古萨人的商船只要高挂着他们的旗子，就可以在土耳其人辖下的水域自由通行，在东西方之间买卖货物。拉古萨人逐渐把他们应向奥斯曼苏丹缴纳的年贡置于脑后，炫耀着城市自由的神话，将其缩减成简单的座右铭——“自由”（LIBERTAS）。

注　释

1. D. Abulafia, *A Mediterranean Emporium: the Catalan Kingdom of Majorca* (Cambridge, 1994), pp. 217–21; F. Melis, *Aspetti della vita economica medievale (studi nell'Archivio Datini di Prato)* (Siena and Florence, 1962); I. Origo, *The Merchant of Prato* (2nd edn, Harmondsworth, 1963).
2. Origo, *Merchant of Prato*, p. 128.
3. I. Houssaye Michienzi, 'Réseaux et stratégies marchandes: le commerce de la compagnie Datini avec le Maghrib (fin XIVe–début XVe siècle)', (doctoral dissertation, European University Institute, Florence, 2010).
4. Origo, *Merchant of Prato*, pp. 97–8.
5. R. de Roover, *The Rise and Decline of the Medici Bank 1397–1494* (Cambridge, MA, 1963).
6. B. Kedar, *Merchants in Crisis: Genoese and Venetian Men of Affairs and the Fourteenth-century Depression* (New Haven, CT, 1976)，书中强调所谓的经济衰退伴随着商人们心理上的沮丧。
7. O. Benedictow, *The Black Death 1346–1353: the Complete History* (Woodbridge, 2004), pp. 118–33.
8. F. C. Lane, *Venice: a Maritime Republic* (Baltimore, MD, 1973), pp. 176–9; S. A. Epstein, *Genoa and the Genoese, 958–1528* (Chapel Hill, NC, 1996), pp. 220–21.
9. Lane, *Venice*, p. 186; Epstein, *Genoa*, pp. 219–20.
10. S. McKee, *Uncommon Dominion: Venetian Crete and the Myth of Ethnic Purity* (Philadelphia, PA, 2000), pp. 145–61.
11. Lane, *Venice*, pp. 189–201; Epstein, *Genoa*, pp. 237–42.
12. Lane, *Venice*, p. 196.
13. Cf. Kedar, *Merchants in Crisis*.
14. Dante Alighieri, *Divina Commedia*, 'Inferno', 21:7–15; Lane, *Venice*, p. 163.
15. Lane, *Venice*, pp. 122–3, 163–4; F. C. Lane, *Venetian Ships and Shipbuilders of the Renaissance* (Baltimore, MD, 1934).
16. Lane, *Venice*, p. 120.

17. H. Prescott, *Jerusalem Journey: Pilgrimage to the Holy Land in the Fifteenth Century* (London, 1954); H. Prescott, *Once to Sinai: the Further Pilgrimage of Friar Felix Fabri* (London, 1957).
18. *Petrarch's Guide to the Holy Land: Itinerary to the Sepulcher of Our Lord Jesus Christ*, ed. T. Cachey (Notre Dame, IN, 2002).
19. Cyriac of Ancona, *Later Travels*, ed. E. Bodnar (Cambridge, MA, 2003); M. Belozerskaya, *To Wake the Dead: a Renaissance Merchant and the Birth of Archaeology* (New York, 2009); B. Ashmole, 'Cyriac of Ancona', in *Art and Politics in Renaissance Italy*, ed. G. Holmes (Oxford, 1993), pp. 41–57.
20. N. Z. Davis, *Trickster Travels: a Sixteenth-century Muslim between Worlds* (New York, 2006).
21. P. Corrao, *Governare un regno: potere, società e istituzioni in Sicilia fra Trecento e Quattrocento* (Naples, 1991).
22. J. Carbonell and F. Manconi (eds.), *I Catalani in Sardegna* (Milan, 1994); G. Goddard King, *Pittura sarda del Quattro-Cinquecento* (2nd edn, Nuoro, 2000).
23. A. Ryder, *Alfonso the Magnanimous, King of Aragon, Naples, and Sicily, 1396–1458* (Oxford, 1990).
24. P. Stacey, *Roman Monarchy and the Renaissance Prince* (Cambridge, 2007).
25. J. Favier, *Le roi René* (Paris, 2009); M. Kekewich, *The Good King: René of Anjou and Fifteenth-century Europe* (Basingstoke, 2008).
26. W. Küchler, *Die Finanzen der Krone Aragon während des 15. Jahrhunderts (Alfons V. und Johann II.)* (Münster, 1983); L. Sánchez Aragonés, *Cortes, monarquía y ciudades en Aragón, durante el reinado de Alfonso el Magnánimo* (Saragossa, 1994).
27. A. Gallo, *Commentarius de Genuensium maritima classe in Barchinonenses expedita, anno MCCCCLXVI*, ed. C. Fossati (Fonti per la storia dell'Italia medievale, Rerum italicarum scriptores, ser. 3, vol. 8, Rome, 2010); and C. Fossati, *Genovesi e Catalani: guerra sul mare. Relazione di Antonio Gallo (1466)* (Genoa, 2008).
28. D. Abulafia, 'From Tunis to Piombino: piracy and trade in the Tyrrhenian Sea, 1397–1472', in *The Experience of Crusading*, vol. 2: *Defining the Crusader Kingdom*, ed. P. Edbury and J. Phillips (Cambridge, 2003), pp. 275–97.
29. D. Abulafia, 'The mouse and the elephant: relations between the kings of Naples and the lordship of Piombino in the fifteenth century', in J. Law and B. Paton (eds.), *Communes and Despots: Essays in Memory of Philip Jones* (Aldershot, 2010), pp. 145–60; G. Forte, *Di Castiglione di Pescaia presidio aragonese dal 1447 al 1460* (Grosseto, 1935; also published in *Bollettino della società storica maremmana*, 1934–5).
30. M. Navarro Sorní, *Calixto II Borja y Alfonso el Magnánimo frente a la cruzada* (Valencia, 2003); cf. A. Ryder, 'The eastern policy of Alfonso the Magnanimous', *Atti dell'Accademia Pontaniana*, vol. 27 (1979), pp. 7–27.

31. D. Abulafia, 'Scanderbeg: a hero and his reputation', introduction to H. Hodgkinson, *Scanderbeg* (London, 1999), pp. ix–xv; O. J. Schmitt, *Skënderbeu* (Tirana, 2008; German edn: *Skanderbeg: der neue Alexander auf dem Balkan*, Regensburg, 2009); F. Babinger, *Mehmed the Conqueror and his Time*, ed. W. Hickman (Princeton, NJ, 1979), pp. 390–96.
32. D. Duran i Duelt, *Kastellórizo, una isla griega bajo dominio de Alfonso el Magnánimo (1450–1458), colección documental* (Barcelona, 2003); C. Marinescu, *La politique orientale d'Alfonse V d'Aragon, roi de Naples (1416–1458)* (Institut d'Estudis Catalans, Memòries de la Secció Històrico-Arqueològica, vol. 46, Barcelona, 1994), pp. 203–34.
33. D. Abulafia, 'Genoese, Turks and Catalans in the age of Mehmet II and Tirant lo Blanc', in *Quel mar che la terra inghirlanda. Studi sul Mediterraneo medievale in ricordo di Marco Tangheroni*, 2 vols. (Pisa, 2007), vol. 1, pp. 49–58; English translations: C. R. La Fontaine, *Tirant lo Blanc: the Complete Translation* (New York, 1993), a full literal translation, and D. Rosenthal, trans. *Tirant lo Blanc* (London, 1984), an abridged version.
34. E. Aylward, *Martorell's* Tirant lo Blanch*: a Program for Military and Social Reform in Fifteenth-century Christendom* (Chapel Hill, NC, 1985).
35. *Tirant lo Blanc*, chapter 99.
36. Doukas, *Decline and Fall of Byzantium to the Ottoman Turks by Doukas: an Annotated Translation of* Historia Turco-Byzantina, ed. H. Magoulias (Detroit, 1976), chap. 38:5, p. 212.
37. H. İnalcık, *The Ottoman Empire: the Classical Age 1300–1600* (London, 1973).
38. Babinger, *Mehmed the Conqueror*, pp. 359–66.
39. P. Butorac, *Kotor za samovlade (1355–1420)* (Perast, 1999), pp. 75–115.
40. L. Malltezi, *Qytetet e bregdetit shqiptar gjatë sundemit Venedikas (aspekte te jetës së tyre)* (Tirana, 1988), pp. 229–41 (French summary); O. J. Schmitt, *Das venezianische Albanien (1392–1479)* (Munich, 2001).
41. L. Butler, *The Siege of Rhodes 1480* (Order of St John Historical Pamphlets, no. 10, London, 1970), pp. 1–24; E. Brockman, *The Two Sieges of Rhodes 1480–1522* (London, 1969); Babinger, *Mehmed the Conqueror*, pp. 396–9.
42. Butler, *Siege of Rhodes*, pp. 11, 22.
43. H. Houben (ed.), *La conquista turca di Otranto (1480) tra storia e mito*, 2 vols. (Galatina, 2008); Babinger, *Mehmed the Conqueror*, pp. 390–91, 395.
44. Babinger, *Mehmed the Conqueror*, pp. 390–96.
45. C. Kidwell, 'Venice, the French invasion and the Apulian ports', in *The French Descent into Renaissance Italy 1494–1495: Antecedents and Effects*, ed. D. Abulafia (Aldershot, 1995), pp. 295–308.
46. Ibid., p. 300.
47. N. Bisaha, *Creating East and West: Renaissance Humanism and the Ottoman Turks* (Philadelphia, PA, 2004); R. Mack, *Bazaar to Piazza: Islamic Trade and Italian Art, 1300–1600* (Berkeley, CA, 2002).

48. C. Campbell, A. Chong, D. Howard and M. Rogers, *Bellini and the East* (National Gallery, London, 2006).
49. D. Abulafia, 'Dalmatian Ragusa and the Norman Kingdom of Sicily', *Slavonic and East European Review*, vol. 54 (1976), pp. 412–28, repr. in D. Abulafia, *Italy, Sicily and the Mediterranean, 1100–1400* (London, 1987), essay x.
50. R. Harris, *Dubrovnik: a History* (London, 2003), pp. 58–63.
51. F. Carter, 'Balkan exports through Dubrovnik 1358–1500: a geographical analysis', *Journal of Croatian Studies*, vols. 9–10 (1968–9), pp. 133–59, repr. in F. Carter's strange *Dubrovnik (Ragusa): a Classic City-state* (London, 1972), pp. 214–92, much of the rest of which is an unattributed reprint of L. Villari, *The Republic of Ragusa* (London, 1904).
52. B. Krekić, *Dubrovnik (Raguse) et le Levant au Moyen Âge* (Paris, 1961).
53. B. Krekić, 'Four Florentine commercial companies in Dubrovnik (Ragusa) in the first half of the fourteenth century', in *The Medieval City*, ed. D. Herlihy, H. Miskimin and A. Udovitch (New Haven, CT, 1977), pp. 25–41; D. Abulafia, 'Grain traffic out of the Apulian ports on behalf of Lorenzo de' Medici, 1486–7', *Karissime Gotifride: Historical Essays Presented to Professor Godfrey Wettinger on his Seventieth Birthday*, ed. P. Xuereb (Malta, 1999), pp. 25–36, repr. in D. Abulafia, *Mediterranean Encounters: Economic, Religious, Political, 1100–1550* (Aldershot, 2000), essay ix; M. Spremić, *Dubrovnik i Aragonci (1442–1495)* (Belgrade, 1971), p. 210.
54. Filip de Diversis, *Opis slavnogo grada Dubrovnika*, ed. Z. Janeković-Römer (Zagreb, 2004), p. 156; B. Krekić, *Dubrovnik in the Fourteenth and Fifteenth Centuries: a City between East and West* (Norman, OK, 1972), p. 35.
55. Spremić, *Dubrovnik i Aragonci*, pp. 207–11 (Italian summary).
56. B. Cotrugli, *Il libro dell'arte di mercatura*, ed. U. Tucci (Venice, 1990); B. Kotruljević, *Knjiga o umijeću trgovanja* (Zagreb, 2005); also, on winds, waves and navigation: B. Kotruljević, *De Navigatione – O plovidbi*, ed. D. Salopek (Zagreb, 2005).
57. Harris, *Dubrovnik*, pp. 88–90.
58. Ibid., pp. 93, 95; N. Biegman, *The Turco-Ragusan Relationship according to the firmāns of Murād III (1575–1595) extant in the State Archives of Dubrovnik* (The Hague and Paris, 1967).

二　西方的变迁
（1391～1500年）

1

392 当拉古萨人凭借与土耳其人的特殊关系而收获利益时，热那亚人和威尼斯人却在与奥斯曼宫廷建立联系方面更为谨慎。苏丹并不想与他们断交，但他们却视东地中海为日益危险的区域。威尼斯人与埃及的马木留克苏丹间不时发生的纠纷，进一步加剧了双方的沟通难度，因为埃及人想要征收更高的税额以支撑其政权。马木留克对于整个地区也是个威胁。公元1424～1426年，他们侵入塞浦路斯，抓走了当地的国王杰纳斯（Janus）以及六千名俘虏；杰纳斯不得不支付二十万杜卡特赎金才重新取得王位，据说，从那以后杰纳斯再未笑过。1444年，马木留克包围罗得岛。1460年，他们支持吕西尼昂的詹姆斯（James of Lusignan）继承塞浦路斯王位，并派遣八十艘战舰直抵该岛，令整个基督教世界感到惊恐，没有人能理解为什么詹姆斯——这样一个私生子——竟想借助埃及人的帮助来谋取他没有资格得到的王位。[1]

当奥斯曼人和马木留克对这片区域造成的压力令人无法忍受时，热那亚人与其对手开始将注意力转向西方，从西西里和西班牙购买白糖，从西西里和摩洛哥购买谷物。尽管初看起来，公元15世纪中期时的热那亚困难重重，但这时才是其真正的经济复兴期：该城虽仍然深陷内斗，但大部分居民仍能从

贸易和投资中获利，城市再次繁荣起来。值得特别注意的是市
民入股新成立的公共银庄——圣乔治银庄（Banco di San
Giorgio），它最终获得了对科西嘉岛的控制。[2]热那亚人失去了
从小亚细亚弗凯亚的明矾矿获取明矾的便利条件后，1464 年， 393
在罗马的入口处——托尔法（Tolfa）发现了明矾矿，这是对热那亚人的最佳补偿；教宗庇护二世（Pius Ⅱ）说起这个发现时，称其为“在抗击土耳其人的过程中，我们所取得的最伟大胜利”。它确实降低了对“土耳其人”的依赖，但仍然没有降低对热那亚人的依赖，此时热那亚人将注意力转向中意大利，对明矾矿进行垄断经营。制糖技术也传到西方，其速度要先于商人，并导致东方的制糖业开始衰落。[3]西西里制造出复杂的磨糖机（*trappeti*）。巴伦西亚（Valencia）可以种植最好的甘蔗，商人甚至从遥远的德意志到这里建立种植园；由于需要贮存原糖，当地也发展出瓷器制造业，“西班牙－摩尔风格”的瓷器使得巴伦西亚名扬四海，今天在许多博物馆均可见到它们。[4]商业转向西方的趋势如此之强，并在 15 世纪 20 年代跨过直布罗陀海峡影响到马德拉群岛（Madeira），然后传播到亚速尔群岛、加那利群岛、佛得角（Cape Verde）和圣多美（São Tomé）——这些地区大部分隶属葡萄牙，但其中的资本与技术均来自热那亚人，据说马德拉群岛的第一批糖业股份就来自西西里。[5]

通往大西洋的商站重新受到重视。虽然格拉纳达在公元 1492 年之前一直是一个伊斯兰国家，但它也是热那亚商人、佛罗伦萨商人和加泰罗尼亚商人的聚集中心，他们定期前往阿尔梅里亚和马拉加（Málaga）购买丝绸、干果和瓷器。倘若没有从基督徒商人那里获得经济支持，很难说格拉纳达那斯里德

威尼斯
艾格莫特
热那亚
比萨
巴塞罗那
托萨
巴伦西亚
那不勒斯
马略卡城
（帕尔马）
格拉纳达
直布罗陀
丹吉尔
休达
巴勒莫
梅利利亚
奥兰
布日伊
突尼斯
的黎波里
0 100 200 300 400 英里
0 200 400 600 公里

君士坦丁堡
亚历山大

（Nasrid）王朝的苏丹们如何做才能维系自己的政权［或者建造如阿罕布拉（Alhambra）宫殿这样的恢宏建筑］。但他们更愿意相信是他们狂热的伊斯兰信仰庇佑了格拉纳达，外来的资金并无多大用处。[6] 当卡斯蒂利亚的国王成功地迫使格拉纳达苏丹缴纳年贡时，这里变得更加中立。卡斯蒂利亚与格拉纳达之间的边境战争从未停歇，但它更像是一次赛期很长的锦标赛，其更成功之处在于：它催生出了关于美丽的摩尔公主的西班牙民谣，而非赢得领土。

这种脆弱的稳定状态在公元 1415 年被打破，当时葡萄牙人派遣一百艘战舰前去攻打休达（Ceuta），并在短暂的围城后占领该城；也是在这场战争中，国王的儿子，即后来被称为“航海家”的亨利，得到了启发。这是一场伟大的胜利：葡萄牙人对海峡地区的复杂洋流一无所知，因此他们的舰队遭遇夏
394 季风暴，有一部分被吹回西班牙。这使得休达总督有时间召集摩洛哥人来巩固其防御，但随后他又愚蠢地放弃了请求。葡萄牙人在犹豫是执行原计划，还是转而攻击直布罗陀海峡地区的格拉纳达领土；无论从哪方面说，直布罗陀都是最有利的选择，因为自 1410 年巨岩发生起义以来，它一直被非斯（Fez）与格拉纳达争来夺去。但休达更大、更富有，位置也不是那么险峻，它横跨一道将哈乔山（Monte Hacho）的隆起地带与非洲大陆相连的狭长半岛。征服休达在当时引起了欧洲人的震惊。没有人能理解葡萄牙宫廷究竟在想什么。当他们听说了葡
395 萄牙宫廷的一桩秘闻后，这种震惊进一步加剧：人人都知道他们正在打造一支舰队，雇用外国船只，但大家都认为他们是打算对格拉纳达发起攻击，尽管卡斯蒂利亚人始终坚持攻击格拉纳达是卡斯蒂利亚的事。[7]

如此一来，葡萄牙人就成为直布罗陀海峡区域不受欢迎的第四支力量，其他三支力量是马里尼德家族（Marinid）治下的摩洛哥、那斯里德治下的格拉纳达以及卡斯蒂利亚。虽然葡萄牙人很渴望获得休达的财富，却没能保有：在穆斯林商人的集体抵制下，休达沦为一座空荡荡的鬼城，居民主要是葡萄牙的守军以及受到惩罚被流放到那里的人。葡萄牙人原本希望夺取休达能够打通连接摩洛哥大西洋一侧的粮食产地，但这场战役的后果却恰恰相反。休达对于葡萄牙人来说如鲠在喉。然而，他们太过骄傲又不愿意放弃，甚至还希望 396
在摩洛哥进一步扩大领地：公元 1437 年，葡萄牙人打算夺取丹吉尔，但遭遇了耻辱性的大败（直到很久之后的 1471 年才占领该镇）。亨利王子的弟弟费尔南多（Fernando）作为人质被送到非斯，只有葡萄牙人将休达归还才能被释放；亨利表示同意，后来却又食言，这让他永世蒙羞，而他的弟弟也一直被关在监狱里直到死亡。[8]这一协议的长期影响在于，休达一直被葡萄牙人控制，直到 1668 年才落入西班牙人之手。[9] 16 世纪时，路易斯·德卡蒙斯（Lius de Camões，又译作路易·德贾梅士）撰写了关于葡萄牙扩张的伟大史诗《卢济塔尼亚人之歌》（*Lusiads*），从那之后，征服休达就被看作葡萄牙人沿非洲海岸扩张的第一步：

> 千条战船如鸟儿般展翅翱翔，
> 乘着海风鼓起风帆，
> 劈开银色的汹涌海浪，
> 向着那赫拉克勒斯竖立的
> 石柱之所在驶去。[10]

显然，尽管此时的葡萄牙人还不能预言将要开辟从非洲前往印度的商路，然而，从大西洋进入印度洋的可能性正努力地否定着托勒密的《地理志》（*Geography*）。

葡萄牙水手们的目标并不是遥远的海域，而是地中海。[11]黑死病过去后兴起的大规模重建浪潮的重要特征之一，就是新商业中心以及新商人群体的涌现；到访地中海的大西洋客人越来越多，如葡萄牙人。这些商业活动集中于短途、定期的商路，并将其充分开发。葡萄牙人、巴斯克人、坎塔布里亚人（Cantabrians）和加利西亚人（Galicians）纷纷前往巴伦西亚和巴塞罗那从事咸鱼贸易。[12]也有一些更加雄心勃勃的长途贸易：据载在公元 1412 年，伊维萨岛出现了一艘英格兰船；1468 年，那不勒斯国王费兰特多与英格兰国王爱德华四世（Edward Ⅳ）签署商业协议。[13]一些雄心勃勃的英格兰远程航行是由布里斯托尔（Bristol）的商人实现的。1457 年，罗伯特·斯托米（Robert Sturmy）领着三艘船驶往黎凡特，但返程途经马耳他附近海域时遭遇热那亚人的攻击，两艘船沉没。消息传回英格兰时，民众强烈抗议，反对热那亚人对北方人试图
397 竞争地中海商路的封锁行为。南安普顿（Southampton）市长立刻将他能找到的所有热那亚人抓捕起来。[14]这是英格兰与地中海武力冲突的开端，而这种关系也将在此后的数个世纪中彻底改变这片海域。

毫不奇怪的是，从地中海港口驶出的法国商船也想在与亚历山大的香料贸易中为自己谋取一方市场。[15]公元 1432 年，一位富有的毛皮商之子布尔日的雅克·科尔（Jacques Coeur of Bourges）从纳博讷前往亚历山大与大马士革，黎凡特地区的重重商机让他很是着迷。后来他为王室效力，很快他的聪明才

智就获得了认可；他担任国王查理七世（Charles Ⅶ）的军需官（*argentier*），负责物资供应，包括王室需要的奢侈品；在15世纪40～50年代，他在法国与埃及以及北非之间建立起联系，开始实现自己的梦想。当时的一位作者称：他至少掌管着四艘大型帆桨船，是“当时法国人当中第一位将商船武装起来的人，船上装满了法国手工作坊生产的羊毛服装和其他产品，时常停靠在非洲和东方的海岸”。[16]他开始认识到，蒙彼利埃附近那片污浊泥潭边的艾格莫特，是实现其雄心勃勃的造船计划的基地；巴塞罗那的城市议会担心雅克·科尔会将香料贸易转移到那边，企图建立法国王室的垄断权。事实上，人们的确不完全清楚这些法兰西帆桨船是属于法国国王的，还是那位雄心勃勃的军需官的；也可能这种差别无关紧要，因为国王与他的军需官可分享这些利润。雅克·科尔努力获取埃及马木留克苏丹们的好感，后者允许他在贸易时享受一些特惠权，于是他的代理商网络得到增强和巩固。他曾经被视为典型的重商主义者，很好地反映出在地中海范围内实施积极的贸易政策所能带来的政治优势。[17]他的成功招致嫉妒，而他与外国政权，从马木留克苏丹到普罗旺斯的统治者安茹的勒内所建立的联系，似乎表明他是在执行自己的外交政策。1451年，他的政敌们联合反对他；他以挪用公款与叛国的罪名被捕，在饱受折磨后被流放。尽管这张商业网并没有使其免于逮捕，但雅克·科尔的生涯充分展示出，在15世纪中期的地中海，富于野心的商人们所能紧紧抓住的新商机。

2

所有经过直布罗陀海峡的船只都需要绕过那块巨岩。卡斯 398

蒂利亚的冒险家们决定收复这个公元 14 世纪时他们的同胞短暂控制过的城镇。1436 年，涅夫拉（Niebla）伯爵曾对直布罗陀发起攻击，失败后在撤退途中与四十名同伴一同被淹死；他的残骨被放在一个藤筐（*barcina*）中示众，直到今天，直布罗陀有一道门仍以“巴尔齐纳”（Barcina）命名。最后，在 1462 年，当城中的首领们去格拉纳达朝觐苏丹时，梅地纳 - 西多尼亚（Medina Sidonia）公爵趁机夺取巨岩。梅地纳 - 西多尼亚的公爵们具有强大的力量，指挥着自己的海军战舰，并且认为他们可以对巨岩为所欲为，包括使当地居民完全被外部人口替代。1474 年，四千三百五十名“皈依者”——刚刚皈依基督教的原犹太人——定居直布罗陀；他们希望借此逃脱在家乡科尔多瓦遭受到的苦难，并主动承担城市的防御职责。然而，公爵很快就被说服，认为这些皈依者会把直布罗陀献给对他们抱有同情心的国王与王后。他原本的计划是远征葡萄牙人控制的休达（这就是他对同为基督徒的邻人所表现出的爱），却指挥着舰队对直布罗陀发起了攻击并很轻易地再次将之收复。这一次，被迫离开的是皈依者。巨岩此后一直被梅地纳 - 西多尼亚诸公爵掌控，直到 1501 年时，卡斯蒂利亚女王伊莎贝拉（Isabella）坚持认为：必须把战略地位如此重要的地区置于王室的掌控之下。[18]

卡斯蒂利亚王国控制下的地中海沿岸地区非常有限，主要包括公元 13 世纪时征服的古老的穆尔西亚（Murcia）王国。15 世纪，卡斯蒂利亚与阿拉贡都经历了严重的内斗，内斗最终发展成为 15 世纪 70 年代伊莎贝拉与葡萄牙国王争夺卡斯蒂利亚王位的内战。也是在那时，伊莎贝拉嫁给了阿拉贡与西西里国王斐迪南二世（Ferdinand Ⅱ）。与卡斯蒂利亚一样，阿拉贡的国王也刚刚从内战中产生。1458 年，阿拉贡的阿方索五世于那不勒斯去世，此前，他认为自己的南意大利王国是可以任意支配的财产，并将其作为遗产赠给私生子费兰特（Ferrante）；而其他所有领地——包括位于西班牙本土的一些 399
地区、巴利阿里群岛、撒丁岛与西西里岛——都被传给阿方索的兄弟约翰（John），此时约翰已经通过联姻成为纳瓦拉国王。约翰拒绝将纳瓦拉交给其继承人，也就是颇受民众拥戴的比亚纳（Viana）王子查理（Charles），查理在纳瓦拉以及后来在加泰罗尼亚的支持者们将他奉为英雄，当他不明不白地、很可能是被下毒毒死之后，这种情绪更加强烈。纳瓦拉内战拉开了加泰罗尼亚内战的序幕。这场冲突的原因在于黑死病之后，城镇和乡村的巨大经济变革引发了整个社会的紧张态势。[19]

在巴塞罗那，一些颇有群众基础的党派——被称为布斯卡党（*Busca*）——要求减税、参与城市管理、严格限制律师与医师的收费、限制外国纺织品的进口以及对外国船只的使用。[20]概括起来，他们（向资金匮乏的君主提出）的要求就是一个词——“恢复”（*redreç*），比较贴切的翻译是“经济复苏”。布斯卡党获得了城市议会的控制权，却无力解决巴塞罗那的问题。到阿方索五世时期，布斯卡党与毕加党（*Biga*）——一个由古老的贵族家族组成的松散党派——一起操纵政权；在公元 1462 年加泰罗尼亚内战爆发之际，巴塞罗那依然处于分裂之中。马略卡岛也是一个处于分裂之中的社会。15 世纪时，这里不断爆发政治冲突，主要是首府居民与那些生活在首府以外的岛民——“城外人”（*forenses*）——之间的竞争。当阿方索五世不在西班牙本土时，这一冲突进一步加剧；马略卡城遭到“城外人”的围困。此外，15 世纪后半期（1467 年、1481 年和 1493 年）时，瘟疫继续在岛上肆虐。[21]

然而，真实的情形并没有那么令人绝望。在马略卡，富人们赞助艺术家，创作出让人印象深刻的艺术作品。也是在这个时期，马略卡、巴伦西亚、巴塞罗那和佩皮尼昂的市民们建造了精美的凉廊（*llotjas*），被称为“海事代理”（Consulate of the Sea）的商业法庭就设在这些凉廊内；在这里，法庭审理各种商业行为——涉及远洋保险合同的签订、债券转卖、现金兑换等。[22]马略卡的凉廊建于公元 14 世纪 30 年代，由著名的加泰罗尼亚建筑师吉列姆·萨格雷拉（Guillem Sagrera）设计，他还为阿方索设计了那不勒斯新堡（*Castelnuovo*）中的大厅，将
400 西班牙晚期哥特式建筑风格带到了地中海的其他地区。在他设计的凉廊中，高耸的圆柱看上去十分惊艳，当后来皮雷·康普特（Pere Compte）在 1483 ~ 1498 年为巴伦西亚建造同样雄伟的凉廊时，也部分吸收了萨格雷拉的高耸圆柱因素。巴伦西亚凉廊内壁的顶部有一行醒目的拉丁铭文，声称：

> 我是一幢花费十五年建成的辉煌建筑。市民们为之欢呼，并亲眼见证，经商是如此美好，当它对邻人诚实守信时，当它不把金钱用于高利贷时。如此行事的商人将会飞黄腾达，并终将得享永生。

乍一看，这并不是阿拉贡国王治下的土地能够“飞黄腾达”的时代。[23]公元 14 世纪 80 年代银行业的失败抑制了经济的发展，而早些年遭到抑制的意大利资本开始主宰西班牙海滨地区的商业。[24]巴塞罗那的商业精英们因贸易存在风险而厌倦

贸易，越来越多地选择投资债券，以获得相对稳定的回报；1401 年，在巴塞罗那滨海地区，他们建起了一所被称为“兑换桌”（Taula de Canvi）新的公共银行，进一步推动了这一趋势的发展。最重要的是，为了维系阿方索在地中海的战争支出，国王的财政需求耗尽了西班牙辖区的资金。不过，还是存在好消息的。阿拉贡国王构建的商业网络非但没有崩溃，反而焕发了新的生机。从 1404 年到 1464 年，几乎每年都有船只从巴塞罗那出发前往东地中海，其中绝大多数船只属于加泰罗尼亚人，而非外籍人。1411 年，有十一艘加泰罗尼亚商船驶往黎凡特，1432 年有七艘，1453 年有八艘。这个数字看上去并不高，但这些大型商船是去收购诸如香料这样的高价商品的，通常它们的交易量都比较小。加泰罗尼亚人经过数十年谨慎小心的经营，发展起自己的黎凡特贸易，终于成为继威尼斯人、热那亚人之后的第三支重要力量；他们在贝鲁特经商，在大马士革设置办事处。[25]这里也有定期前往佛兰德和英格兰的船只（主要是外国商船）。[26]

这些是大型帆桨船的重要航行路线，但还有一条极为活跃的商路，那就是满载谷物、干果、油、盐和奴隶的坚固的圆形柯克船所行驶的路线。如今我们掌握了巴塞罗那在 1428 年到 1493 年之间将近两千次的出航记录，其中有 25% 是前往西西里，约 15% 的目的地是撒丁岛，超过 10% 是前往南意大利——换句话说，是前往阿拉贡国王控制下的意大利地区。也 401
有大量加泰罗尼亚船只前往罗得岛（这份记录中有 129 次），因为它不仅仅是骑士团的堡垒，还是前往土耳其、埃及和叙利亚的集散地。[27]加泰罗尼亚人对南意大利呢绒贸易的控制很大程度上要归功于阿方索国王的庇护。当他于 1442 年夺取那不勒斯后，他就将原先在安茹诸王治下主宰该城商业活动的佛罗伦萨商人全部驱逐。加泰罗尼亚人抓住这次机会取代其竞争对手。到 1457 年时，阿拉贡人治下的那不勒斯活动着大量加泰罗尼亚商人，数量上远多于其他所有地方的商人。[28]他们贩卖的便宜羊毛织品大量进入南意大利，以至于到 1465 年，即便那不勒斯国王费兰特是当朝阿拉贡国王的侄子，也要试图禁止进口这些商品。[29]

公元 15 世纪加泰罗尼亚人的商业网络还有其他一些微小但极为重要的变化。完善的本地商业网络变得越来越重要；通常，船舶并不会前往太远的地方，而是在附近的便利地区寻找货源。小镇托萨（Tossa，可能只有三百名居民）与巴塞罗那之间来往不断，将产自加泰罗尼亚森林的大量木材运往巴塞罗那。[30]另一处木材产地马塔洛（Matarò）则更为重要，当地教堂中有一条精美的圆形商船“纳乌”（nau）的模型，现存于鹿特丹（Rotterdam）；它堪称 15 世纪加泰罗尼亚人造船技术的极佳证明。[31]另外一条相当活跃且很重要的小规模商路，是用于鱼类贸易的商路。1434 年的税收记录表明：在四旬斋期间，大宗腌制沙丁鱼从比斯开湾（Bay of Biscay）运往巴塞罗那；巴塞罗那人特别喜欢食用鳕鱼、金枪鱼和鳗鱼。源源不断的油、蜂蜜、木材、金属、毛料、皮革、染料汇集到西班牙海岸——大量当地产品的贸易为遭受黑死病袭击后的经济的恢复提供了基础。[32]

公元 1462 年之后的十年中，巴塞罗那的商业因加泰罗尼亚内战而衰落，但 1472 年之后却以惊人的速度恢复。[33]15 世纪 70 年代，许多领事被派到了地中海沿岸大大小小的港口，负责料理当地的加泰罗尼亚商务。这些港口包括亚得里亚海的杜

布罗夫尼克与威尼斯，西西里王国辖下的特拉帕尼、撒丁岛与
马耳他。来自德意志和萨伏伊的商人也汇集到巴塞罗那。[34]这
里再次充满了商机。同样，马略卡岛虽然经历了内乱，但也以
惊人的速度发展起来。船只从马略卡岛出发，驶向北非、巴塞 402
罗那、巴伦西亚、那不勒斯、撒丁岛，甚至偶尔还会前往遥
远的罗得岛和亚历山大。留存至今的15世纪前半期马略卡与
北非之间的航行记录有近四百份，其中80%的商船是从马略
卡出发的。与数百年前一样，马略卡是加泰罗尼亚与北非之
间商贸的中枢，而北非因出产大量优质货源，是商人们大批
前往的市场。在马略卡，充当保险经纪人的犹太人阿斯特
赫·柯西比利（Astruch Xibili）生意兴隆，他主要为往返西
班牙本土、法国南部和北非的商船提供保险。[35]与巴塞罗那一
样，马略卡对海洋保险也越发重视，这反映出当时的社会状
况：穆斯林海盗不时攻击基督徒商船，基督教国家之间不时
发生冲突，各城镇也经常爆发起义。然而，令人震惊的是这
个时期从事跨海贸易的商人们强大的适应能力，或更确切地
说是乐观精神。

在阿拉贡王国治下，有一座城市经历了切切实实的繁荣，它就是巴伦西亚。著名的英国历史学家约翰·艾略特（John Elliott）曾写道："对于巴伦西亚来说，公元15世纪就是黄金时代。"特别是想到在15世纪"像陀螺仪一样稳定的"巴伦西亚金币时，就会发现这种表述相当贴切。[36]在阿拉贡五世离开西班牙前往意大利之前，巴伦西亚是他最钟爱的居所，这反映在城中的众多艺术作品以及雄心勃勃的建筑规划中。巴伦西亚对商业机构的发展影响极大。"海事代理"法庭在恢宏的凉廊中设置，其法官的地位相当于王室法官，他们聚到一起处理

涉及海洋法以及商业法的案件。他们是从商会中选出的“最能干、最明智、最有经验”的成员，他们需要尽快做出判决，不搞任何浮夸的仪式，在穷人与富人之间做出公平的判决。不过，他们更倾向于庭外和解，因为其目的是促进社区的和谐，而非鼓励纷争。[37]巴伦西亚的海事法庭因 1494 年由市政府刊印的极为详细的法律条款而声名远扬，这部被称为《海事代理法》[①] 的法律也被广泛地学习与研究。

该法强调了海事法中的古老问题：

> 如果有货物或财产在装船后遭受鼠害，而且船主没有在船上养猫以避免鼠害，那么船主就需要赔偿这些损失。但这并不适用于以下情形：当货物装载上船时船上有猫，但在航行期间，猫死了，且在船能够靠岸、船主能够再买
> 403 到猫之前，货物遭到鼠害。如果他在第一次装货出发之前即在可以买到猫的港口购买了猫并把猫放到船上，他就不必为货物遭到鼠害而负责，因为这种情况的发生不是船主的疏忽造成的。[38]

遭遇风暴时，船长需将船上所有商人召集到甲板，并告知他们，他确信如果不把一些货物扔到海里，船只就会沉没。他需要明确宣布：

> 先生们，商人们，如果我们不减轻此船的重量，我们将会陷入危险，并将失去甲板上的一切，包括货物、商品

① 法学界通常又将其译为《康索拉多海法》。——译者注

> 和所有财产。如果您，慷慨的商人们啊，如果您允许我们减轻船的重量，那么我们就能在上帝的庇佑下挽救在场所有人的生命以及船上的大多数货物……显然，扔掉一些货物要比人员死亡、整艘船沉没乃至损失所有货物的结果合理得多。[39]

在《海事代理法》那一丝不苟的法律条文中闪现的基本原则是，责任必须认定，协议中各方的利益必须得到保护。因此，若一名船主告知旅客的出发时间晚于实际出发时间，那么他必须返还全部费用，并为相关的损害支付赔偿。客商们则需在他们没有遵守相关惯例与规则时，承担相应责任。[40]由于巴伦西亚还对外出口高品质的瓷器（包括为英格兰国王爱德华四世以及佛罗伦萨的美第奇家族定制的成套餐具），因此他们需要很谨慎地雇用熟练的搬运工，后者知道如何将瓷器搬运装船。如果搬运工的工作本身很出色，但仍然出现了一些破损，那么就需要由商人们来承担损失，而非船主。[41]水手们在周日、周二和周四可以吃到肉食，其他日子主要是喝汤；在每天的晚餐中他们食用为乘船而特制的干粮，用奶酪、洋葱、沙丁鱼或其他鱼作辅食。此外，船上还会定量供应葡萄酒，但这种酒是在船上用葡萄干甚至无花果制成的（浸泡在水里，然后产生出一种甜甜的、泥土色的酒浆）。[42]

巴伦西亚受益于巴塞罗那的困境——银行业危机、毕加党
与布斯卡党之间的政治冲突，尤其是巴塞罗那贵族经常将外来 404
的钱商驱逐出城。[43]巴伦西亚的另一大优势在于其处于意大利北部与大西洋之间的商路上。[44]热那亚与佛罗伦萨的帆桨船会经过伊维萨岛，绕过巴塞罗那，来到这里。汇集到巴伦西亚

后，船上会装运一些市场上的农产品，这些是仍然生活在巴伦西亚郊区的众多穆斯林所特有的产品，包括干果、糖、大米，这些商品在英格兰的宫廷中极受欢迎，英格兰人会将大米、鸡肉丁和糖与一种被称为牛奶冻的白色调合剂混合在一起。[45]外国资本主宰着巴伦西亚，推动了它的经济发展，也扩大了巴伦西亚相对于更加排外的巴塞罗那的优势。这里有热那亚人、米兰人、威尼斯人和托斯卡纳人、弗兰芒人和德意志人的活跃的社区，他们将巴伦西亚作为自己在地中海上的基地。[46]米兰人主要进口武器和其他金属器物。来自朗格多克（Languedoc）的商人从大宗羊毛贸易中获利，这些羊毛来自卡斯蒂利亚高原，有一部分是由托莱多（Toledo）的犹太人经营。[47]来自巴伦西亚的穆斯林商人与格拉纳达的那斯里德王国做生意。[48]公元15 世纪末，贪婪的斐迪南国王向城市征收高额税收减缓了其发展的速度。[49]不过，阿拉贡国王的收入相当可观，如果再加上其在意大利的领土，收入还会更多：西西里盛产小麦和糖，撒丁岛盛产小麦与盐。[50]加泰罗尼亚 - 阿拉贡王国的繁荣恰恰得益于黑死病之后经济的快速调整。

3

巴伦西亚的成功有一个很奇怪的现象：这里缺少虔诚的犹太人的身影。在公元 15 世纪，与西欧的其他国家相比，伊比利亚诸王国有一个独有的特征，那就是每个王国中都存在基督徒、犹太人和穆斯林。在西班牙，有时犹太人、基督徒和穆斯林的日常往来非常和谐，基督徒会去参加穆斯林、犹太人的婚礼，穆斯林与基督徒也会在巴伦西亚建立联合作坊。但到 14 世纪晚期时，和谐共存被彼此间的不信任取代。黑死病的传播被归咎于犹太人，并导致巴塞罗那以及其他地区对犹太社区的暴力袭击。[51]瘟疫的影响之一在于出现了一个新的中产阶级，其成员有时会将犹太人视为商业竞争对手。在14世纪晚期，西班牙南部埃西哈（Ecija）的副主教费兰·马丁内斯（Ferran Martínez）情绪激昂地布道，反对犹太人，要消灭犹太会堂并要求摧毁其圣卷与经书。卡斯蒂利亚国王也无力遏止这位副主教释放出来的暴力信号。1391年，在这位副主教的支持下，塞维利亚最先发生了民众暴乱，然后向北、向东席卷到阿拉贡国王的辖区，与之相伴的是犹太人被屠杀以及许多人皈依基督教。 405

这一事件影响了整个西地中海，导致公元1392年一整年阿拉贡控制下的西西里对犹太人进行迫害。[52]巴伦西亚的犹太人聚居区不复存在，因为原有2500人的犹太社区经历了屠杀或被迫改宗之后，只余200多人还承认自己是犹太人。同样在巴塞罗那，从8世纪时就已存在的犹太社区也遭受严重打击。位于巴塞罗那老城西北角的犹太人社区“卡尔”（Call）遭到严重侵袭。在马略卡岛，一次农民抗议副总督的行动失去控制：当他们无法攻下马略卡城外的贝尔维尔（Bellver）城堡时，他们就转向犹太人的“卡尔”，侵入城区，杀害了他们所遇到的许多人。进一步的压力来自上层，1413~1414年，阿拉贡国王费迪南一世与教宗本尼狄克十三世（Benedict XIII）在托尔托萨举办了一次犹太人与基督徒的公开辩论。这并不是平等者之间的辩论，而是一次迫使许多犹太人领袖皈依基督教的机会。[53]在阿拉贡国王的统治下，公开认为自己是犹太人的人数锐减，不过在皈依者当中有许多人仍在家中秘密坚持他们祖先的宗教信仰。到15世纪80年代，随着西班牙王国之内宗教裁判所的重新建立，将这一实践保密变得越发重要。阿拉贡国王治下的犹太人生活处境已经跌至谷底，并不是因为大规模的驱逐，而是伊比利亚半岛的重重压力。

公元 1391 年和 1413 ~ 1414 年犹太人的大批皈依似乎表明：迫于压力，大多数犹太人会选择皈依基督。当斐迪南二世（Ferdinand Ⅱ）于 1479 年登上阿拉贡王位后，他逐渐开始执行如其同名祖父一样的严苛政策。为了解决犹太人声明皈依基督教后却依然坚持其原传统宗教习俗［他们通常被称为马拉
406 诺（Marranos）］的问题，他重启阿拉贡的宗教裁判所，并将其扩展到整个西班牙，这种行为甚至在古老的基督徒家庭看来都是国王干涉宗教的手段。[54]负责宗教裁判所的多明我会修士们使斐迪南相信：如果不把所有宣称自己是犹太人的人从西班牙驱逐，将犹太人与皈依者隔离开，那么这项工作就无法完成。[55]斐迪南最希望的结果是绝大多数犹太人选择皈依，而非离开西班牙（他并不厌恶那些皈依基督教的犹太人，反而偏爱真诚的“皈依者”）。然而，法令颁布后却导致大规模的向外移民。相当多的犹太人——可能有 7.5 万人——放弃了西班牙，不过这个时期离去的大多数是卡斯蒂利亚王国的犹太人，因为在 1391 年动乱之后，加泰罗尼亚与阿拉贡的许多犹太人社区已经消失。然而，许多西班牙的犹太人，无论是阿拉贡的还是卡斯蒂利亚的，都需要经由阿拉贡国王治下的港口前往流亡地。

难民们得到的待遇有时相当好，有时则相当恶劣：关于犹太人被船长和水手们扔到海里的故事没有任何可被质疑的。[56]摩洛哥的苏丹并不想接受他们，所以去往距离最近的伊斯兰国家并不是好的选择。尽管搭载他们的船只大多数属于热那亚

人，但热那亚也不欢迎他们，因为它从来不鼓励犹太人到此定居：居住在热那亚的犹太人被严格限定在一小片地区，那里到处都是废弃的石头和瓦砾；在经历了严酷的冬季后，许多人就会甘愿选择皈依基督教。[57]更理想的选择是在意大利南部寻找新家园，在那儿，斐迪南的侄子费尔南多敞开怀抱欢迎他们，并保证他的官员们会为每位移民进行登记，以确定那个人作为工匠或商人的特殊技能。费尔南多还不断声称犹太人将获得“人道”（*humanamente*）待遇。数月后，费尔南多接收了第二批犹太难民，这一次是来自阿拉贡治下的西西里，尽管巴勒莫的市议会表示反对，担心驱逐犹太人会影响经济，但犹太人还是遭到了驱逐。[58]当斐迪南征服新的领地时，他依然积极地推行驱逐犹太人的政策——公元 1509 年他把犹太人逐出奥兰（Oran），1510 年将犹太人逐出那不勒斯。[59]

这些流亡的犹太人数量众多，更重要的是他们在地中海大部分地区引发的冲击。他们穿过意大利南部，当他们再次遭到驱逐时，就从那里继续分散出去：有的向北前往比较友善的亲王治下的费拉拉（Ferrara）与曼图亚（Mantua）；其他人则拥向奥斯曼人的辖区，苏丹几乎无法相信，他竟然有如此好运，获得了拥有高级技术的纺织工人、商人和医师。公元 16 世纪 407
时，一位身在奥斯曼宫廷的法国代表写道：

> 他们之中有各种拥有精湛技艺的人才，特别是那些被从西班牙和葡萄牙流放并驱赶出来的马拉诺，他们将给基督教世界带来危害与灾难，因为他们把各种用于战争的发明、技术以及机械教给土耳其人，如制作火炮、火绳枪、火药、炮弹以及其他军火；他们还带去了其他地区从未见

> 过的印刷术，通过它，他们可以精美的字母随意印制各种语言的各种书籍，如希腊语、拉丁语、意大利语、西班牙语以及很自然的他们所需要的希伯来语。[60]

在奥斯曼人统治的广大区域，穆斯林是少数族裔，因此接纳犹太人在他们的辖区生活没有任何困难，但需要接受顺民（*dhimmi*）身份的各种限制。萨洛尼卡［即塞萨洛尼卡（Thessalonika）］成为安置这些犹太人的特别地区。

许多流亡者将被驱逐出西班牙视为一种标志：以色列所遭受的苦难已经到了头，很快就会终结，犹太人将在弥赛亚（Messiah）的带领下得到拯救。秉持着这样的信念，一些人前往他们远祖生活过的土地，定居在加利利（Galilee）山区中的萨法德（Safed），他们也热切地想在那里建立纺织工场和其他企业。与此同时，他们专心投入卡巴拉教派（kabbalistic）的经文编撰中，还创作礼拜用的诗歌，这些诗歌后来传播到地中海全境以及之外的地区。他们中的一位拉比雅各·贝拉卜（Jacob Berab）从托莱多附近的马克达（Maqueda）游历至非斯，然后抵达埃及，最后来到萨法德，在这里，他梦想着重建古代犹太圣贤的会议——犹太公会（Sanhedrin），作为弥赛亚时代的序幕。[61]当流亡犹太人向东迁徙时，他们带着对西班牙——在希伯来语中，被称为塞法迪（Sepharad）——的记忆。这些塞法迪犹太人中的许多人在此后的数百年中继续讲着15世纪的西班牙语，并将这种语言传播至奥斯曼帝国境内以及北非的犹太人社区——这种语言经常被称为拉迪诺语（Ladino），不过它也从其他语言，如土耳其语中吸收了一些词。生活在地中海的犹太人广泛使用拉迪诺语是文化帝国主义的一部分，它还表现在这些塞法迪犹太人的礼拜仪式与行为方式被希腊、北非以及意大利大部的犹太人采用。因为塞法迪人坚持认为他们是相当于绅士（*hidalgos*）级别的犹太贵族后裔， 408
是生活在西班牙繁荣时期的犹太贵族。先知俄巴底亚（Obadiah）不是提到过“被驱逐到塞法迪的耶路撒冷人”吗？

公元 1492 年还见证了穆斯林在西班牙统治的终结。1 月 2 日，在经历了漫长又痛苦的战争后，格拉纳达国王布阿卜迪勒（Boabdil）率其城市部众向斐迪南与伊莎贝拉投降，这也有助于实现伊莎贝拉对卡斯蒂利亚王位的诉求。投降协议保证穆斯林有权留在他们原来的王国内；如果他们确实想离开，那么国王与王后将为他们乘船离去付账。只是到 1502 年，格拉纳达以及所有卡斯蒂利亚王国领土上的穆斯林才遭到驱逐，因为此前三年格拉纳达山区爆发了穆斯林起义。不过，阿拉贡国王治下的地区却没有发生类似事件，那里的穆斯林居民聚居于巴伦西亚王国以及阿拉贡南部。15 世纪时，巴伦西亚王国中可能有三分之一人口是穆斯林，随着基督徒人口的增多以及诸多穆斯林家庭改信基督教，穆斯林人口不断减少。如今，在巴伦西亚大教堂外，每周四仍然会召开著名的水务法庭，目的是调解城外农田的用水纷争，其中就保存着一些中古时代晚期穆斯林农民遵循的原则与方法。[62]但与伊斯兰世界的隔绝以及精英群体的缺失意味着：阿拉贡与巴伦西亚的穆斯林得努力维持他们的伊斯兰知识，或在某些领域还要努力维持阿拉伯语的使用。[63]斐迪南是位精明的统治者，他意识到驱逐穆斯林会在王国内引起人口流失以及经济混乱，毕竟这个帝国的繁荣在经历他父亲治下的内战后已经出现了危机。他去世 9 年后，也就是 1525 年，新任国王才再次试图促使西班牙的每个穆斯林都皈依基督教，而且直到 1609 年，这些被称为摩里斯科人（Moriscos）的西班牙穆斯林才开始被粗暴地全部赶出西班牙。[64]

4

在卡斯蒂利亚与格拉纳达，斐迪南与妻子伊莎贝拉的地位几乎相等，而在阿拉贡，她却只是王后。但当公元 1504 年伊莎贝拉去世时，斐迪南摄政卡斯蒂利亚的要求连续数年遭西班牙议会拒绝，这激励他将注意力更多地投到地中海，试图恢复 409 他叔叔阿方索曾创立的地中海帝国。他关注的是阿拉贡王国的未来，并且认为在他死后，卡斯蒂利亚与阿拉贡会再次分裂。在卓越的军事指挥官“伟大船长”科尔多瓦的费尔南多·冈萨雷斯（Fernando González de Córdoba）的帮助下，他于 1503 年重建阿拉贡对那不勒斯的直接统治，还与法国人发生了短暂的冲突，法国人在国王路易十二（Louis Ⅻ）的统治下重返意大利，其打击土耳其人的意图并不是很强烈，更看重的是落实路易对米兰公爵权位的继承要求。[65]对于斐迪南来说，他与阿方索一样，那不勒斯并不是其目标：斐迪南的政策带有强烈的救世情结，为了发起一场十字军运动并击败土耳其人以收复耶路撒冷，他还组织了一些前往东方的远征军，如由“伟大船长”统辖的小舰队曾对凯法利尼亚岛发动攻击——当然，这里距离亚平宁半岛的靴跟处并不远。[66]斐迪南的这些白日梦又进一步被一位古怪热那亚水手的执着所刺激，此人就是克里斯托弗·哥伦布（Christopher Columbus），哥伦布坚持他能够在印度为国王找到足够的黄金以支撑他想做的任何事。[67]

斐迪南更愿意其加泰罗尼亚臣民航行于地中海而非大西

洋，在这件事情上，他依然受到叔叔阿方索的影响，要构建一个包括西西里、撒丁岛、那不勒斯、马略卡岛以及新占领的北非领土的“加泰罗尼亚共同市场”（Catalan Common Market）。在公元 1497 年，梅地纳 - 多尼亚公爵已经表明征服摩洛哥海岸的梅利利亚（Melilla）是多么容易；直到今天，这里依然生活着西班牙人。在意志坚定的枢机主教西斯内罗斯（Cisneros）的帮助下，1509 年，斐迪南夺取了奥兰。这位上了年纪的枢机主教骑在一头骡子上，高举着一柄银十字架，冲在西班牙军队的最前面，鼓舞着人们为基督而战。征服了格拉纳达之后，他的激情并未退却，出于对伊斯兰教的蔑视，他将许多阿拉伯语书付之一炬，并为自己能将这些人类的大量知识销毁而深感幸福。征服奥兰之后，1510 年，斐迪南又夺取了布日伊和的黎波里。[68]西班牙人在北非沿线一直向东到利比亚建构起的防线巩固了基督教世界对地中海西部与中部的控制，但也燃起了各地穆斯林敌手的怒火，他们决心收复被西班牙人占据的城市。在斐迪南很高兴能在针对伊斯兰教的圣战中不断取得胜利时，他在非洲的扩张野心又有了一个实践难度。他若控制了马格里布（Maghrib）沿海地区，就能够为加泰罗尼亚人以及其他前往东方的商船提供保护，这不是因为欧洲的商船要沿非洲 410
海岸前行，而是因为西班牙人控制这里后可以遏制穆斯林海盗。

斐迪南的行为表明：在他的意识当中，地中海是多么重要，在伊莎贝拉去世后，他在那不勒斯花费了数月时间，让受到战争破坏的南意大利王国恢复元气。他迎娶了一位新妻子，极富才干、颇有教养的比利牛斯（Pyrenean）公主富瓦的杰曼（Germaine of Foix），希望她能为他诞下一位男性继承人以继承阿拉贡王国的领地。[69]然而，他的所有恢宏计划都因男性世系的中断而打了折扣。斐迪南与伊莎贝拉的儿子——胡安王子（Infante Juan）早早过世，而富瓦的杰曼也未能为他留下继承人。如此一来，卡斯蒂利亚和阿拉贡就传给了斐迪南那精神错乱的女儿胡安娜（Juana）的儿子，也就是他的外孙，哈布斯堡（Habsburg）王子根特的查理（Charles of Ghent）。[70]在查理治下，西班牙内部的权力从阿拉贡最终回到卡斯蒂利亚。随着新世界贸易航路的开辟，卡斯蒂利亚，特别是塞维利亚将走向兴盛，而加泰罗尼亚在地中海的商业网络则渐趋停滞。阿拉贡人仍在追诉其在意大利的传统利益，但卡斯蒂利亚人逐渐从巴塞罗那和巴伦西亚那里取得了对地中海帝国的掌控权。[71]

注　释

1. N. Housley, *The Later Crusades: from Lyons to Alcázar 1274–1580* (Oxford, 1992), pp. 196–7.
2. J. Heers, *Gênes au XVe siècle: civilisation méditerranéenne, grand capitalisme, et capitalisme populaire* (Paris, 1971).
3. E. Ashtor, 'Levantine sugar industry in the late Middle Ages: a case of technological decline', *The Islamic Middle East, 700–1900*, ed. A. L. Udovitch (Princeton, NJ, 1981), pp. 91–132.
4. 这些博物馆包括伦敦的华莱士珍藏馆、纽约的美国西班牙协会与耶路撒冷的以色列博物馆。
5. D. Abulafia, 'Sugar in Spain', *European Review*, vol. 16 (2008), pp 191–210; M. Ouerfelli, *Le sucre: production, commercialisation et usages dans la Méditerranée médiévale* (Leiden, 2007).
6. A. Fábregas Garcia, *Producción y comercio de azúcar en el Mediterráneo medieval: el ejemplo del reino de Granada* (Granada, 2000); J. Heers, 'Le royaume de Grenade et la politique marchande de Gênes en Occident (XVe siècle)', *Le Moyen Âge*, vol. 63 (1957), p. 109, repr. in J. Heers, *Société et économie à Gênes (XIVe-XVe siècles)* (London, 1979), essay vii; F. Melis, 'Málaga nel sistema economico del XIV e XV secolo', *Economia e Storia*,

vol. 3 (1956), pp. 19–59, 139–63, repr. in F. Melis, *Mercaderes italianos en España (investigaciones sobre su correspondencia y su contabilidad)* (Seville, 1976), pp. 3–65; R. Salicrú i Lluch, 'The Catalano-Aragonese commercial presence in the sultanate of Granada during the reign of Alfonso the Magnanimous', *Journal of Medieval History*, vol. 27 (2001), pp. 289–312.

7. P. Russell, *Prince Henry 'the Navigator': a Life* (New Haven, CT, 2000), pp. 29–58.
8. Ibid., pp. 182–93.
9. B. Rogerson, *The Last Crusaders: the Hundred-year Battle for the Centre of the World* (London, 2009), especially pp. 399–422.
10. Luis Vaz de Camões, *The Lusiads*, trans. L. White (Oxford, 1997), canto 4:49, p. 86.
11. F. Themudo Barata, *Navegação, comércio e relações políticas: os portugueses no Mediterrâneo Ocidental (1385–1466)* (Lisbon, 1998); J. Heers, 'L'expansion maritime portugaise à la fin du Moyen-Âge: la Méditerranée', *Actas do III Colóquio internacional de estudios luso-brasileiros*, vol. 2 (Lisbon, 1960), pp. 138–47, repr. in Heers, *Société et économie*, essay iii.
12. R. Salicrú i Lluch, *El tràfic de mercaderies a Barcelona segons els comptes de la Lleuda de Mediona (febrer de 1434)* (Anuario de estudios medievales, annex no. 30, Barcelona, 1995).
13. D. Abulafia, 'The Crown and the economy under Ferrante I of Naples (1458–94)', in T. Dean and C. Wickham (eds.), *City and Countryside in Late Medieval and Renaissance Italy: Essays Presented to Philip Jones* (London, 1990), pp. 135, 140, repr. in D. Abulafia, *Commerce and Conquest in the Mediterranean, 1100–1500* (Aldershot, 1993).
14. A. Ruddock, *Italian Merchants and Shipping in Southampton 1270–1600* (Southampton, 1951), pp. 173–7.
15. K. Reyerson, *Jacques Coeur: Entrepreneur and King's Bursar* (New York, 2005), pp. 3, 90–91; J. Heers, *Jacques Cœur 1400–1456* (Paris, 1997), taking a different view from M. Mollat, *Jacques Cœur ou l'esprit de l'entreprise au XVe siècle* (Paris, 1988) and C. Poulain, *Jacques Cœur ou les rêves concrétisés* (Paris, 1982).
16. Cited by Reyerson, *Jacques Coeur*, p. 87.
17. Ibid., pp. 90, 92, 162; Mollat, *Jacques Cœur*, pp. 168–80.
18. D. Lamelas, *The Sale of Gibraltar in 1474 to the New Christians of Cordova*, ed. S. Benady (Gibraltar and Grendon, Northants, 1992); M. Harvey, *Gibraltar: a History* (2nd edn, Staplehurst, Kent, 2000), pp. 48–53.
19. P. Wolff, 'The 1391 pogrom in Spain: social crisis or not?', *Past & Present*, no. 50 (1971), pp. 4–18.
20. C. Carrère, *Barcelone: centre économique à l'époque des difficultés, 1380–1462*, 2 vols. (Paris and The Hague, 1967); C. Batlle, *Barcelona a mediados del siglo XV: historia de una crisis urbana* (Barcelona, 1976).
21. J. M. Quadrado, *Forenses y Ciudadanos* (Biblioteca Balear, vol. 1, Palma de Mallorca, 1986, repr. of 2nd edn, Palma, 1895); plague: M. Barceló Crespi,

Ciutat de Mallorca en el Trànsit a la Modernitat (Palma de Mallorca, 1988).

22. R. Piña Homs, *El Consolat de Mar: Mallorca 1326–1800* (Palma de Mallorca, 1985); R. Smith, *The Spanish Guild Merchant: a History of the Consulado, 1250–1700* (Durham, NC, 1972), pp. 3–33.
23. Classic negative views in: J. Elliott, *Imperial Spain 1469–1714* (London, 1963), pp. 24, 30–31; P. Vilar, 'Le déclin catalan au bas Moyen Âge', *Estudios de Historia Moderna*, vol. 6 (1956–9), pp. 1–68; J. Vicens Vives, *An Economic History of Spain* (Princeton, NJ, 1969), with relevant sections republished in R. Highfield (ed.), *Spain in the Fifteenth Century 1369–1516* (London, 1972), pp. 31–57, 248–75.
24. A. P. Usher, *The Early History of Deposit Banking in Mediterranean Europe* (Cambridge, MA, 1943).
25. D. Coulon, *Barcelone et le grand commerce d'Orient au Moyen Âge: un siècle de relations avec l'Égypte et la Syrie-Palestine, ca. 1330–ca. 1430* (Madrid and Barcelona, 2004).
26. M. del Treppo, *I Mercanti Catalani e l'Espansione della Corona d'Aragona nel Secolo XV* (Naples, 1972), figure facing p. 16; D. Pifarré Torres, *El comerç internacional de Barcelona i el mar del Nord (Bruges) al final del segle XIV* (Barcelona and Montserrat, 2002).
27. There were 154 voyages from Barcelona to Rhodes between 1390 and 1493: del Treppo, *Mercanti Catalani*, p. 59.
28. Del Treppo, *Mercanti Catalani*, pp. 211, 213, 231–44.
29. Abulafia, 'The Crown and the economy under Ferrante', pp. 142–3.
30. D. Abulafia, 'L'economia mercantile nel Mediterraneo occidentale (1390ca.–1460ca.): commercio locale e a lunga distanza nell'età di Alfonso il Magnanimo', *Schola Salernitana. Dipartimento di Latinità e Medioevo, Università degli Studi di Salerno, Annali*, vol. 2 (1997), pp. 28–30, repr. in D. Abulafia, *Mediterranean Encounters: Economic, Religious, Political, 1100–1550* (Aldershot, 2000), essay viii; M. Zucchitello, *El comerç maritime de Tossa a través del port barcelonì (1357–1553)* (Quaderns d'estudis tossencs, Tossa de Mar, 1982).
31. H. Winter, *Die katalanische Nao von 1450 nach dem Modell im Maritiem Museum Prins Hendrik in Rotterdam* (Burg bez. Magdeburg, 1956); *Het Mataró-Model: een bijzondere Aanwist* (Maritiem Museum Prins Hendrik, Rotterdam, 1982).
32. Salicrú, *Tràfic de mercaderies.*
33. M. Peláez, *Catalunya després de le Guerra Civil del segle XV* (Barcelona, 1981), p. 140; cf. del Treppo, *Mercanti catalani*, pp. 586–7.
34. Peláez, *Catalunya*, pp. 145, 153–9.
35. P. Macaire, *Majorque et le commerce international (1400–1450 environ)* (Lille, 1986), pp. 81–91, 411; O. Vaquer Bennasar, *El comerç marítim de Mallorca, 1448–1531* (Palma de Mallorca, 2001).
36. Elliott, *Imperial Spain*, p. 24; 'gyroscope' cited from E. Hamilton, *Money, Prices and Wages in Valencia, Aragon and Navarre 1351–1500* (Cambridge, MA, 1936), pp. 55–9.

37. S. Jados (ed. and trans.), *Consulate of the Sea and Related Documents* (Tuscaloosa, AL, 1975), pp. 3–18; Smith, *Spanish Guild Merchant*, pp. 20–25.
38. Jados, *Consulate of the Sea*, p. 38; also pp. 35–8, 54–7, 204–8.
39. Ibid., pp. 56–7; O. R. Constable, 'The problem of jettison in medieval Mediterranean maritime law', *Journal of Medieval History*, vol. 20 (1994), pp. 207–20.
40. Jados, *Consulate of the Sea*, pp. 65, 68–9.
41. Ibid., pp. 135–7; on ceramics: *Valenza-Napoli: rotte mediterranee della ceramica/València-Nàpols; les rutes mediterrànies de la ceramica* (Valencia, 1997).
42. Jados, *Consulate of the Sea*, p. 79.
43. M. Teresa Ferrer i Mallol, 'Els italians a terres catalanes (segles XII–XV)', *Anuario de Estudios Medievales*, vol. 19 (1980), pp. 393–467.
44. J. Guiral-Hadziiossif, *Valence, port méditerranéen au XVe siècle (1410–1525)* (Publications de la Sorbonne, Paris, 1986), pp. 281–6; D. Igual Luis, *Valencia y Italia en el siglo XV: rutas, mercados y hombres de negocios en el espacio económico del Mediterráneo occidental* (Bancaixa Fundació Caixa Castelló, Castellón, 1998).
45. P. Iradiel, 'Valencia y la expansión económica de la Corona de Aragón', in D. Abulafia and B. Garí (eds.), *En las costas del Mediterráneo occidental: las ciudades de la Peninsula Ibérica y del reino de Mallorca y el comercio mediterráneo en la Edad Media* (Barcelona, 1997), pp. 155–69; E. Cruselles, *Los mercaderes de Valencia en la Edad Media, 1380–1450* (Lleidà, 2001); E. Cruselles, *Los comerciantes valencianos del siglo XV y sus libros de cuentas* (Castelló de la Plana, 2007).
46. See the studies by P. Mainoni, V. Mora, C. Verlinden collected in A. Furió (ed.), *València, mercat medieval* (Valencia, 1985), pp. 83–156, 159–73, 267–75.
47. E.g. Gentino Abulafia: G. Romestan, 'Els mercaders llenguadocians en el regne de València durant la primera meitat del segle XIV', in Furió, *València*, p. 217.
48. Salicrú, 'Catalano-Aragonese commercial presence', pp. 289–312.
49. E. Belenguer Cebrià, *València en la crisi del segle XV* (Barcelona, 1976).
50. S. R. Epstein, *An Island for Itself: Economic Development and Social Change in Late Medieval Sicily* (Cambridge, 1992); C. Zedda, *Cagliari: un porto commerciale nel Mediterraneo del Quattrocento* (Naples, 2001).
51. O. Benedictow, *The Black Death 1346–1353: the Complete History* (Woodbridge, 2004), p. 281.
52. Wolff, '1391 pogrom', pp. 4–18.
53. H. Maccoby, *Judaism on Trial: Jewish-Christian Disputations in the Middle Ages* (Rutherford, NJ, 1982), pp. 168–215.
54. A. Y. d'Abrera, *The Tribunal of Zaragoza and Crypto-Judaism, 1484–1515* (Turnhout, 2008).
55. R. Conde y Delgado de Molina, *La Expulsión de los Judíos de la Corona de Aragón: documentos para su estudio* (Saragossa, 1991), doc. §1, pp. 41–4.

56. Samuel Usque, *Consolation for the Tribulations of Israel (Consolaçam as Tribulaçoens de Israel)*, ed. M. Cohen (Philadelphia, PA, 1964); Joseph Hacohen and the Anonymous Corrector, *The Vale of Tears (Emek Habacha)*, ed. H. May (The Hague, 1971).
57. G. N. Zazzu, *Sepharad addio – 1492: I profughi ebrei della Spagna al 'ghetto' di Genova* (Genoa, 1991).
58. N. Zeldes, 'Sefardi and Sicilian exiles in the Kingdom of Naples: settlement, community formation and crisis', *Hispania Judaica Bulletin*, vol. 6 (5769/2008), pp. 237–66; D. Abulafia, 'Aragonese kings of Naples and the Jews', in B. Garvin and B. Cooperman (eds.), *The Jews of Italy: Memory and Identity* (Bethesda, MD, 2000), pp. 82–106.
59. D. Abulafia, 'Insediamenti, diaspora e tradizione ebraica: gli Ebrei del Regno di Napoli da Ferdinando il Cattolico a Carlo V', *Convegno internazionale Carlo V, Napoli e il Mediterraneo = Archivio storico per le province napoletane*, vol. 119 (2001), pp. 171–200.
60. Cited in M. Mazower, *Salonica, City of Ghosts: Christians, Muslims and Jews 1430–1950* (London, 2004), p. 48; *Maranes* signifies 'Marranos', a term more often used for *conversos*.
61. A. David, *To Come to the Land: Immigration and Settlement in Sixteenth-century Eretz-Israel* (Tuscaloosa, AL, 1999).
62. T. Glick, *Irrigation and Society in Medieval Valencia* (Cambridge, MA, 1970).
63. L. P. Harvey, *Islamic Spain 1250 to 1500* (Chicago, 1990).
64. M. Meyerson, *The Muslims of Valencia in the Age of Fernando and Isabel: between Coexistence and Crusade* (Berkeley, CA, 1991); L. P. Harvey, *Muslims in Spain, 1500 to 1614* (Chicago, IL, 2005).
65. J.-E. Ruiz-Domènec, *El Gran Capitán: retrato de una época* (Barcelona, 2002); C. J. Hernando Sánchez, *El Reino de Nápoles en el imperio de Carlos V: la consolidación de la conquista* (Madrid, 2001); D. Abulafia, 'Ferdinand the Catholic and the kingdom of Naples', in *Italy and the European Powers: the Impact of War, 1503–1530*, ed. Christine Shaw (Leiden, 2006), pp. 129–58; F. Baumgartner, *Louis XII* (Stroud, 1994).
66. J. M. Doussinague, *La política internacional de Fernando el Católico* (Madrid, 1944), pp. 91–106.
67. D. Abulafia, *The Discovery of Mankind: Atlantic Encounters in the Age of Columbus* (New Haven, CT, 2008); M. A. Ladero Quesada, *El primer oro de América: los comienzos de la Casa de la Contratación de las Yndias, 1503–1511* (Madrid, 2002).
68. A. Hess, *The Forgotten Frontier: a History of the Sixteenth-century Ibero-African Frontier* (Chicago, IL, 1978), pp. 37–42; Doussinague, *Política internacional*, pp. 194–209, 212–28, 346–52; R. Gutiérrez Cruz, *Los presidios españoles del Norte de África en tiempo de los Reyes Católicos* (Melilla, 1998).
69. R. Ríos Lloret, *Germana de Foix, una mujer, una reina, una corte* (Valencia, 2003).

70. B. Aram, *Juana the Mad: Sovereignty and Dynasty in Renaissance Europe* (Baltimore, MD, 2005).
71. T. Dandelet and J. Marino (eds.), *Spain in Italy: Politics, Society, and Religion, 1500–1700* (Leiden, 2007); T. Dandelet, *Spanish Rome, 1500–1700* (New Haven, CT, 2001).

三　神圣同盟与不神圣的同盟（1500～1550年）

1

411 黑死病过后地中海的重组是一个缓慢的过程。除了地中海政治局势的变化，如奥斯曼政权的扩张，从长远来看，发生在直布罗陀海峡以外的事件，将给地中海沿岸以及岛屿上的居民生活带来深刻变化。在黑死病暴发之前的十年里，沿非洲海岸可以南下至加那利群岛，通往大西洋的航路就此开通，公元15世纪早期，由于葡萄牙人发现并殖民马德拉群岛和亚速尔群岛，航线又被继续延长。[1]随着马德拉群岛糖料作物种植业的发展，佛兰德和北部欧洲其他地区就可以直接从大西洋获得这种原本需要从地中海获得的且价值高昂的商品。到1482年时，随着葡萄牙人在赤道以北不远处的西非的埃尔米纳［São Jorge da Mina（the Mine）］①建立起一座堡垒，黄金不需经由撒哈拉沙漠和穆斯林控制的马格里布港口就能抵达欧洲；几内亚（Guinea）商贸的开辟弥补了维持休达港口所需的费用。大西洋还为地中海主人们提供了奴隶：来自加那利群岛的岛民、对岸非洲的柏柏尔人，以及从北部的米纳带来的、数量不断增加的黑奴。大量奴隶经由里斯本最终抵达巴伦西亚、马略卡以及其他地中海港口。[2]

---

① 葡文原文即“米纳的圣乔治堡”。——译者注

公元 1492 年 10 月，随着哥伦布驶入加勒比群岛（Caribbean
islands），卡斯蒂利亚人又得到了一种贵金属资源，他们对那里实
施野蛮开发，要求印第安人用黄金缴纳高额税收，尽管他们可能 412
算是王国辖下的自由臣民。热那亚人虽在西班牙不受欢迎，却
成功地在塞维利亚站稳脚跟，得到王室的许可后，也开始经营
跨大西洋贸易。与此同时，他们还将触角伸向金融业。土耳其
人逐渐加大对热那亚的东地中海领地的压力，因此热那亚人加
强了与西班牙的结盟，看起来，西班牙人是能与土耳其人匹敌
的最强大力量。由于地中海航行越发危险，威尼斯人也在重新
衡量他们的选择。15 世纪中期，威尼斯已经陷入文艺复兴时
期意大利的政局混乱当中，在总督弗朗西斯科·福斯卡里
（Doge Francesco Foscari）的领导下，威尼斯获得了意大利内陆
的一块领地，远远超过一个世纪前它所控制的小块土地。威尼
斯的令状书可以向西远抵贝加莫（Bergamo），在那里，圣马 413
可的狮子将米兰的蛇击得粉碎。但这并不意味着威尼斯已放
弃其在地中海的利益，只是威尼斯共和国开始在内陆
（Terraferma），即意大利本土获取资产。于是，当威尼斯的东
地中海领地于 16～17 世纪逐渐被奥斯曼人占据后，它就能够
向意大利本土转移。[3] 威尼斯感觉自己越来越易于遭到攻击，
它的领导层也意识到：不愿意用自己的海军对抗奥斯曼人，
使他们在西欧被谴责为虚伪小人和机会主义者。

关于海洋越来越不安全的感觉并非幻觉。从公元 15 世纪
末开始，海盗出没于整个地中海，他们袭击商船、沿岸地区以
及岛屿，每年都会捕捉成千上万名奴隶。[4] 在基督徒的领地中， 414
遭穆斯林海盗劫掠最为严重的地区是卡拉布里亚、西西里与马
略卡；这些地区自从 9～10 世纪遭受萨拉森人的侵袭以后，就

威尼斯
热那亚
土伦
奥兰
阿尔及尔
突尼斯
马耳
杰尔巴岛
的黎波里
0 100 200 300 400 英里
0 200 400 600 公里

君士坦丁堡
雷韦扎
纳夫普利翁
莫顿
科伦
罗得岛

再也没有经历过如此规模的穆斯林海盗。海盗已经在整个地区蔓延；过去意大利和加泰罗尼亚的商人对这些海域的长期主宰已经褪色成为记忆。而基督徒和穆斯林都在从事海盗劫掠；在基督徒海盗中，最为活跃的是罗得岛的圣约翰骑士团（或称医院骑士团）。他们依然保有对抗伊斯兰教的圣战理想，能够从位于西欧的领地上获取收益以维护六艘的装备精良的战舰。另一边，在长达三个世纪的时间里，柏柏尔海盗始终威胁着基督教世界。他们得到奥斯曼宫廷的支持；在北非建立了安全基地；拥有精力十足、颇具天分的指挥官；而且，他们将基督徒与穆斯林海军间的战争带入西地中海。[5]

在公元 16 世纪的前二十五年中，东地中海成为奥斯曼帝国的内湖。对奥斯曼人扩张的一种显而易见的解释是传播信仰，苏丹们没有忘记他们的祖先是抗击拜占庭人，为伊斯兰教而战的勇士（ghazis）；然而，他们却愿意让巴尔干半岛的臣民绝大多数是基督徒或犹太人，这是因为在中古早期，阿拉伯的哈里发们就指出，圣书民族是穆斯林财政税收的重要来源。他们致力于保护贸易，部分是为了维持其宫廷的庞大开支，为富饶的首都供应丝绸、珠宝、黄金以及谷物之类的日用品，另一部分原因则在于他们明白，商路运营是获得大量税收的另一种渠道——因此，他们愿意保护拉古萨人，也愿意与威尼斯人和热那亚人签署商业协议。[6] 而在其他地方，他们却要按照自己的意志行事。1516 年，奥斯曼军队荡平叙利亚的马木留克人，为更快、更便利地攻占埃及开辟通道。这使得基督徒控制区域只剩下一些零星的岛屿：在爱琴海诸岛，所有意大利领主（他们通常也是海盗）被土耳其人在数十年中逐个打败；塞浦路斯仍被威尼斯人控制，热那亚人也依然掌控着希俄斯岛，但在 1522 年经过漫长、痛苦的围城之后，罗得岛已经屈服于土耳其人。在罗得岛，新任奥斯曼苏丹苏莱曼（Süleyman）得到展示自己军事才能的机会。他亲临阵前以报 1480 年土耳其军队在罗得岛战败之仇。由于预见到土耳其人可能会围城，这座城堡已经被大大加固，但积极作战的守卫者却很少——只有 415
300 名骑士，也有许多其他级别较低的人员。当天气逐渐恶劣时，苏莱曼依然拒绝撤围，一直坚持到罗得岛投降。1522 年 12 月，骑士团表示投降，被土耳其人赐予许多慷慨的条件，因为有时候，奥斯曼人会尊重那些英勇抗击他们的人。[7]

如今，医院骑士团无家可归，于是决定重新投入与穆斯林的战斗。幸运的是，神圣罗马帝国皇帝以及阿拉贡王国（包括西西里）的统治者查理五世愿意提供帮助。公元 1530 年 3 月，他为骑士团颁发一份慷慨的特许状，声明：他们“已四处游荡数年”，努力寻找“安身之处”；他将西西里王国的一些属地——包括非洲海岸的的黎波里以及马耳他岛和戈佐岛——恩赐给骑士团，供他们安置。作为回报，为表示承认神圣罗马帝国对西西里的宗主权，他们需要在每年的万圣节（All Saints’ Day）向西西里总督献上一只猎鹰。天主教徒斐迪南曾于 1510 年在的黎波里建造防御要塞，不过由于柏柏尔人可从陆地各个方向发起攻击，因此守住这里太过困难。[8]对于查理来说，占据的黎波里还是比较重要的；1551 年，的黎波里沦陷，此后，最为重要的自然就是守住马耳他。

初看起来柏柏尔海盗与组织严密的医院骑士团完全不可等同看待。然而，这些海盗也是不惧危险到远方为自己赢得声望的勇士。其中有许多人是希腊人后裔，是背弃了基督教信仰的叛徒；其他的包括卡拉布里亚人、阿尔巴尼亚人、犹太人、热那亚人，甚至还有匈牙利人。[9]他们并不是或者说不全是只关心自己利益或乐趣的四处流浪的精神病患者，他们中也有一些技术精湛的航海家，最著名的当属皮里·雷斯（Piri Reis），他绘制的地中海以及地中海以外世界的地图被奥斯曼宫廷收藏，其中包含着地理大发现时代的许多宝贵信息。[10]但最著名的海盗是巴巴罗萨（Barbarossa），西方这么称呼他是因为他的红胡子。事实上，他并不是一个人，而是两个人——乌鲁兹（Uruj或Uruc）和他的弟弟席兹尔（Hizr或Khizr）。围绕着他们衍生出一整套故事，但很难分辨哪些是虚构的。比较公认的是，这两兄弟生于征服者穆罕默德统治时期的莱斯沃斯岛，当时穆罕默德从意大利公爵尼科洛·朱斯蒂尼亚尼（Niccolò Giustiniani）手中夺取了这座岛屿。他们的父亲可能原本是基
416 督徒，曾作为穆斯林新军（janissary）① 在奥斯曼军中服役，退役后娶了一位基督徒妻子；他在爱琴海各地贩卖瓷器，最远向北运至君士坦丁堡，在经商时，他经常把儿子们带在身边。就是在这些旅程中，巴巴罗萨兄弟学到了海员技能。有一次，乌鲁兹在安纳托利亚海岸地区收购木材，不料却遭到罗得岛的医院骑士团“圣母号”（*Our Lady of the Conception*）帆桨船的追捕。乌鲁兹被捕后沦为舰上的奴隶，做着苦工，但两年之后，他被赎回，这种情况在当时并不罕见；然而，此后却开始流传出关于他脱逃的史诗般的故事。他幸福地重归大海，与席兹尔一起畅游于西班牙与马格里布之间的海域；据称，他们还曾于公元1492年帮助犹太难民和穆斯林难民离开西班牙。[11]

他们的起家装备只是一艘较轻的帆桨船，搭载了一百名左

① 或译耶尼切里兵团。——译者注

右的志愿者，都想获得战利品和荣耀。约公元 1502 年，他们的基地迁到杰尔巴岛，这里长期以来都是海盗的巢穴，也是基督徒入侵者与穆斯林守卫者战斗的舞台。他们与突尼斯宫廷建立联系，凭借哈夫斯（Hafsid）苏丹颁发的令状从事海盗业务；1504 年，他们出发前往厄尔巴岛，那里有深得海盗欢心的深海湾，他们突袭了两艘帆桨船与一艘西班牙客轮，前者被证实是为教宗尤利乌斯二世（Julius Ⅱ）效力，后者搭载着三百名士兵以及六十名阿拉贡贵族，正准备前往那不勒斯。他们如此轻易地拿下这些帆桨船，使自己在突尼斯的英雄名声进一步提高，而在罗马看来他们却是恐怖的敌人。到 1506 年时，他们已经拥有八艘船，而且他们的成功赢得了盛誉，奥斯曼苏丹授予他们“信仰守卫者”（*khayr-ad-din*）的尊号，在土耳其语中被称为“海雷丁”（Hayrettin）。[①] 穆斯林海盗与其基督徒对手间发生了一场消耗战；这些基督徒不只是热那亚和加泰罗尼亚的水手（要么是商人，要么是海盗），还有葡萄牙人和西班牙人，他们沿着地中海和摩洛哥大西洋海岸的堡垒一路挺进。虽然西班牙人在梅利利亚和奥兰取得了成功，但他们在阿尔及尔能取得的成就最多就是占领保护港口的一些孤立的岩石。这些岩石在 1510 年被装上了火炮，但他们始终无法控制这座城市。[12]

当冲突发生时，穆斯林有一重大优势：他们能够召集摩洛哥腹地得土安（Tetuan）周围的武装酋长为自己提供支援。夏季，他们活跃于海上，对西班牙发动袭击，抓获成千上万名奴隶，并驱使这些奴隶修建得土安的防御工事。席兹尔曾宣称他 417

① 意为“信任的美德”。——译者注

在仅仅一个月内就捕获了二十一艘商船和三千八百名基督徒奴隶（包括妇女和儿童）。这对兄弟无休止地对马略卡岛、梅诺卡岛、撒丁岛和西西里岛发动侵扰，其造成的直接影响就是：大量城镇和村庄从西地中海各岛屿危险的海岸地区迁徙到数英里以外的内陆。[13]乌鲁兹以极度嗜血闻名，他会像疯狗一样咬断受害者的喉咙，但实际上他是位精明的政客，利用这种名声达到政治目的。他从阿尔及利亚海岸的吉杰勒城（Jijelli）开始创建自己的王国。当他抢夺了一艘满载麦子的西西里帆桨船之后，当地居民对他产生了好感，因为当时他们自己的粮食供应非常少。他们邀请他来管理这座城市，不久之后，他就在阿尔及尔发动了政变。距离海岸不远处有一座重要的城市特莱姆森（Tlemcen），公元1517年，城里发生了继承危机，他利用这个机会成了那里的主人。以上所有事都引发了那些驻守奥兰的西班牙人的深切关注，他们一直努力与当地酋长建立友好关系。[14]西班牙的新任统治者哈布斯堡的查理也认识到他需要向北非的领地调派军队。幸运的是，特莱姆森的危机最终被当地人解决，他们把乌鲁兹看作土耳其统治的代理人；随后，乌鲁兹被赶出来，他陷入西班牙军队设置的陷阱，后在战斗中被杀。

第二位巴巴罗萨，即席兹尔，更常被称为海雷丁，此时他赢得了比乌鲁兹更令人恐惧的名声。为了强调自己是哥哥红胡子巴巴罗萨的继承人，他特意将自己的胡子染成红色。他巩固了对马格里布沿岸城镇的控制，于公元1529年成功地从西班牙人治下夺取阿尔及尔入口处的群岛。[15]由于他更加靠近巴利阿里群岛，因此就在同一年，他在群岛的福门特拉岛（Formentera）附近海域击败一支西班牙舰队，捕获七艘帆桨船及其船长；当他被那些船长激怒后，就用锋利的刀把他们切成片。[16]阿尔及尔成为巴巴罗萨的大本营，不过他仍谨慎地寻求奥斯曼苏丹的保护。他距离君士坦丁堡十分遥远，因此能够获得自治权；对于奥斯曼苏丹来说，他也很有价值，因此“高门”给他提供物质支援。奥斯曼苏丹们的关注点总是在地中海、巴尔干半岛和波斯之间转换，与东方萨法维王朝（Safavid）国王们之争斗常使其无暇关注地中海事务。更好的选择就是通过代理人海雷丁·巴巴罗萨来处理，而非将所有资 418
源投入某一处战场。巴巴罗萨得到官方承认，成为阿尔及尔的埃米尔，他更愿意称自己为“船长帕夏”（kapudan pasha）。苏丹塞利姆一世（Selim Ⅰ）送给他一面土耳其旗帜、一些火炮及其他军需品，还有两千名土耳其新军。

到公元16世纪30年代初，他已经赢得塞利姆的继承人苏莱曼的信任，甚至奉召前往君士坦丁堡的宫廷，就西地中海的战略提供建议，因为当时最大的问题在于土耳其人究竟能够向其西班牙对手施加多大的压力。据说，大维齐尔易卜拉欣帕夏（Ibrahim Pasha）曾鼓励巴巴罗萨冒险对罗马以南的意大利海岸上的丰迪（Fondi）发动攻击，希望能掳走美貌的寡妇吉丽亚·贡萨格（Guilia Gonzaga），她的丈夫曾是当地的领主。在传奇故事中，当土耳其人对丰迪城门发动攻击时，她半裸着逃亡，不过事实上，那天晚上她根本不在丰迪。[17]那不勒斯总督相当沮丧，在他看来，南意大利就是又一个罗得岛，是地处土耳其世界边缘的最后一个前哨。[18]果不其然，1534年，当此前对土耳其人始终心存疑虑的突尼斯国王去世、该国陷入继承纷争时，海雷丁指挥着奥斯曼苏丹派去的舰队对突尼斯发动攻击。海雷丁·巴巴罗萨发动突袭，不过随后查理五世无视巴巴罗萨要杀掉突尼斯城内两万名基督徒奴隶的威胁性声明，依然发起反击。1535 年，查理夺回突尼斯，却务实地将它交还给突尼斯前国王的幼子来管理，不过他要求获得一笔高额年贡：1.2 万枚金币、12 只猎鹰和 6 匹骏马。[19]但如果查理就此以为他在突尼斯的成功得到了臣民们的祝福，那么很快他就会发现自己是太过乐观了。数月之后，一支小舰队偷偷溜出阿尔及尔，驶往梅诺卡。在梅诺卡，巴巴罗萨的手下肆无忌惮地将西班牙的旗帜挂在自己的桅杆上，堂而皇之地进入雄伟的天然海港马翁。他们洗劫了这座城市，抓获 1800 名奴隶。[20]

2

针对土耳其人势力范围向西地中海的扩张，基督徒的应对措施有两种：直面迎战或妥协和解。法国国王法兰西斯一世
419 （Francis I，也叫弗朗索瓦一世）打算与土耳其人合作，招致许多对手的毁谤；不过，在西班牙，与奥斯曼人的斗争被看作基督徒过去抗击摩尔人的伟大十字军运动的延续与强化。查理五世寻求“我们造物主的帮助与指导”，希望在神的祐助下，能够成功地“对巴巴罗萨发起最有效的攻击”。[21]在热那亚舰队司令安德里亚·多利亚（Andrea Doria）的指挥下，基督徒发起了反击战。[22]在过去的数百年间，多利亚所在家族涌现出多位热那亚的著名海军将领，安德里亚就是他自己的主人：他没有亲自参加法兰西斯一世在公元 1528 年发起的对那不勒斯的攻击战，表现出他的自主意识，然后又从法兰西斯的阵营投向查理五世。不过他为查理五世效劳，很可能主要是出于金钱的诱惑而非原则问题。他经营着自己的舰队，但他仍可使用家乡的造船厂；他还雇用志愿者作为水手，并招纳了形形色色的罪犯；他的成功使得更多的人自愿投奔而来，即便他实行了严格

纪律，其中亵渎神明的行为被严格制止。[23]在许多方面，他就是海雷丁·巴巴罗萨的翻版，既有一定程度的独立性，又愿为圣战事业奋斗。1532 年，他受命去攻打希腊，向新主人充分证明了自己的价值，漂亮地完成了任务，夺取了伯罗奔尼撒半岛南端科伦（Coron）的海军基地。让敌人意料不到的是，多利亚突破土耳其人的封锁，并派自己的军队驻守那里。在繁盛期，科伦与莫顿（Modon）曾是“威尼斯帝国的双眼”，保护着自爱奥尼亚海向东的贸易路线。从土耳其人手中收复科伦是一场具有战略意义的胜利；苏莱曼派遣 60 艘帆桨船组成远征军，意图收复这里，但多利亚成功地将其击退。[24]

公元 1537 年，苏莱曼派遣 2.5 万名士兵，交由海雷丁指挥，对科孚岛发动攻击，自此，苏丹对西方的关注开始加强。土耳其人对科孚的围攻自然对西方构成了威胁：奥斯曼人拥有该岛意味着获得了对意大利发起攻击的平台，还能够控制通往亚得里亚海的交通。在教宗的支援下，神圣同盟（Holy League）在尼斯成立，将多利亚、西班牙人和威尼斯聚集到一起，其中威尼斯在传统上对“高门”总是采取比较审慎的政策。1538 年初，海雷丁对威尼斯人在东地中海的几处基地发动了一系列攻击，其中包括伯罗奔尼撒半岛的纳夫普利翁（Nafplion）和莫奈姆瓦夏（Monemvasia）。这不单纯是一对一的抗争，威尼斯人所控制的岛屿和沿海据点为西方船只提供了补给线和保护。奥斯曼人宣称他们从威尼斯人手中夺走了二十 420
五个岛屿，有时实行洗劫，有时则是征收贡赋。[25]多利亚在神圣同盟大军行动中的糟糕表现充分说明了他是自己的主人这一性格特征。这支神圣同盟军队包括：36 艘教宗的帆桨舰，10 艘医院骑士团的战舰，50 艘葡萄牙的战舰，以及 61 艘热那亚战舰。1538 年 9 月 28 日，这支联合舰队在科孚海域的普雷韦扎（Preveza）战斗中与海雷丁指挥的奥斯曼舰队相遇。[26]当多利亚发现西方的舰队处于下风时，他竟然选择撤退而非继续战斗。作为热那亚人，他对保护威尼斯人的利益毫无兴趣，而且——尽管充分意识到苏莱曼与海雷丁造成的威胁——他仍然优先选择保护西地中海。当时的一位法国观察家曾将多利亚和巴巴罗萨比作从不彼此撕咬的狼，或者是“从不互相啄食对方眼睛的”乌鸦。[27]

3

关于如何应对土耳其人，法国国王给出了完全不同的方案。法兰西斯一世深陷于同查理五世的纷争，他们都对意大利的米兰公国以及那不勒斯王国提出继承权的诉求，此前，法兰西斯的前任路易十二也曾对米兰公国提出同样的要求，而查理八世和路易十二都曾入侵那不勒斯王国。当查理五世已经把公元 1495 年对那不勒斯的征服视为他所领导的十字军朝着最终夺取君士坦丁堡和耶路撒冷的胜利迈出的第一步时，从 1498 年到 1515 年统治法国的路易十二的眼界却相当狭隘。他的确对莱斯沃斯岛发起过一次远征，却成了一场灾难，打消了他对东地中海的所有野心。1507 年，他投身于业已混乱不堪的热那亚事务，镇压城中发生的一次起义，但其目的依然是巩固在意大利西北部的统治，而非发起一场法国人抗击土耳其人的伟大运动。他低估了阿拉贡的斐迪南在意大利北部调动反对派的能力。1511 年在拉文纳的失利迫使路易撤出意大利；然而，其继任者法兰西斯却决心为法国向哈布斯堡的对手报仇，他先是收复了米兰，然后推行更加庞大的计划，最后导致 1525 年在帕维亚（Pavia）大战中的惨败，自己也被俘虏。[28]当他从马德里监狱被释放后，法兰西斯迅速放弃了与邻居哈布斯堡人和 421
平相处的承诺，因为法国周边的所有土地都以各种不同的方式向查理五世表示效忠。这些地区中有一些并不特别忠诚于查理，法兰西斯也没必要担心他会被这些邻居包围，但他知道若想实现自己在意大利建立帝国的梦想，就只有向哈布斯堡施压。[29]

法兰西斯想通过干涉西班牙人与土耳其人在西地中海的战争来解决自己的困境。[30]从根本上来讲，他与土耳其人缔结盟约的目的不是带来和平，而是施加灾祸。公元 1520 年，他派遣一个使团前往突尼斯，策动海盗们“给身在那不勒斯王国的皇帝制造更多的麻烦”，这一计划表明法兰西斯毫不关心他想要成为其宗主的南意大利人民的利益。[31]那时，法国人与土耳其人的结盟还属于秘密交易，大多数交涉都在巴尔干半岛进行，法国的代表还鼓动当地基督徒领主与土耳其人一起攻击哈布斯堡辖下的领土。1529 年，法兰西斯派使者前去求见苏莱曼，目的是想对安德里亚·多利亚的背叛实行报复；就在同一年，法国提供的火炮被用来攻打了阿尔及尔海港入口处的西班牙堡垒。七年后，查理五世收到报告，得知法国人与奥斯曼宫廷达成共识要同时进攻哈布斯堡治下的领地。查理想通过建立针对土耳其人的神圣同盟的方式，使法兰西斯陷于被动，因为如果神圣同盟建立起来，那么法国国王就必须在基督徒统一体与土耳其同盟之间公开做出选择；对于法兰西斯来说，权力的平衡才是最要紧的，他想象着，奥斯曼人可以被用作压制哈布斯堡家族的筹码。[32]人们不禁要问：如果 1529 年苏莱曼攻打维也纳取得成功的话，法兰西斯将如何反应？1532 年，向苏丹派去的使团十分清晰地阐述了法兰西斯的意图：苏莱曼应该集中力量攻打意大利，而非匈牙利和奥地利。法兰西斯想象着：苏莱曼的军队能够将哈布斯堡人赶出意大利半岛，之后他就可以打着基督的旗号，作为神指定的救世主进驻意大利。然而，苏莱曼再次由于同波斯国王的冲突而转移了注意力，将地中海的战争事务交由北非的海雷丁·巴巴罗萨负责。法国国王的表
422 现给人们的印象是十足的玩世不恭。到 1533 年时，法国人与土耳其人的盟约已完全不是秘密：法国准备招待海雷丁派来的使者，数月之后，11 艘精美的土耳其帆桨船抵达法国，带来了苏丹本人派遣的使团。双方的协商最后落实为“治外法权条款”（the“Capitulations”），这份商贸和约掩饰了其政治联盟的实质。[33]

法国人对土耳其人的支持可谓厚颜无耻。公元 1537 年，12 艘法国帆桨船出航，为 100 艘土耳其战舰提供二次补给，他们在地中海中部四处寻找海雷丁舰队的位置，闪避着马耳他骑士团的舰队。1543 年，当海雷丁的舰队劫掠南意大利的海岸、掳走雷焦总督的女儿时，同行的还有一名法国大使。苏丹甚至还提出可以将巴巴罗萨的舰船借给法国国王。巴巴罗萨的舰队在响亮的号角和民众的欢呼声中抵达马赛。法兰西斯欣然盛情款待土耳其人，不仅举办盛宴欢迎土耳其海军的到来，还为海雷丁的舰队提供补给，这样一来，“他将成为海洋的主人”。于是，土耳其人对法国东部的沿岸地区发动侵袭以作消遣，这些地方并不属于法国，而属于皇帝的一位封臣，即萨伏伊（Savoy）公爵：尼斯遭到围困，昂蒂布（Antibes）的修女们被俘获成为奴隶。

就在这时，法国与土耳其人联盟的怪异历史中最重要的事情发生了。法兰西斯向土耳其舰船开放了土伦港（Toulon），邀请海雷丁的手下在那里过冬。法兰西斯还送给巴巴罗萨一座

钟和一面银盘。三万名土耳其人散居于城镇及郊区，土伦大教堂也被改成了清真寺，还建立起奴隶市场，因为土耳其人继续从周围地区抓捕男人和女人，强迫其中一些男人到船上工作。土耳其钱币取代了法国钱币在当地流通。市议会抱怨土耳其军队消耗的橄榄太多，在这个自然资源不是很丰富的地方，食物和燃料供应都出现了短缺。巴巴罗萨也充分意识到他待在法国这件事引发了纷争，也担心食物供给的问题；他劝服国王送给他八十万枚金埃居（*écus*），并在公元 1544 年 5 月离开。新的掠夺又开始了，而且更加野蛮，当巴巴罗萨离开土伦时，他说服法国舰队与他一起行动：托斯卡纳沿海的塔拉莫内（Talamone）被洗劫；伊斯基亚岛拒绝向入侵者提供金钱、男孩与女孩，后被摧毁；法兰西斯的使节勒波林（le Paulin）窘迫地见证着所有这一切。[34]1544 年底，法兰西斯羞愧地与查理 423
五世签署和约，承诺与西班牙联合对抗土耳其人，但事实上，法兰西斯与其继任者亨利三世（Henry Ⅲ）并没有因他们与土耳其舰队和柏柏尔海盗联合攻击他们的共同敌人——哈布斯堡王朝——的疆土而感到内疚。例如，16 世纪 50 年代末，法国海军与阿尔及尔人联合攻击了易受攻击的梅诺卡岛以及距离那不勒斯不远的索伦托。

查理五世其实也没有那么固执地不肯与穆斯林统治者，尤其是与突尼斯统治者，在地中海上进行任何合作。传统上，威尼斯也会与奥斯曼人妥协以谋取商业利益。杜布罗夫尼克通过向“高门”缴纳贡金来维持着自己的中立。但相比其他基督教统治者，法兰西斯谋取自己利益的方式更加残酷无情，他这么做只是希望为自己赢得意大利的领土和作为一名军事指挥官的荣耀。查理五世更为冷静、谨慎地制定自己的政策，他在很大程度上是被动的：他关注着伊斯兰教在地中海的扩张，以及新教在欧洲的扩张，而法国却在挑战他所掌管的神圣罗马帝国以及西班牙诸王国的霸权。查理的政治热情取决于他与苏莱曼大帝以及马丁·路德及其后继者间的冲突。在他去世前不久，即公元 1556 年他宣布退位时，地中海内部的势力平衡仍很微妙。在此后十六年间发生的三件大事将最终决定伟大的海在相对较小的基督教西方与较大的伊斯兰东方之间的分裂，这三件事是：马耳他围城、奥斯曼人征服塞浦路斯和勒班陀战役（the battle of Lepanto）。

4

纵观公元 16 世纪地中海的海军力量，可以发现：奥斯曼人的到来产生出一套新秩序，或者说是对伊斯兰教早期的怀旧情绪。现在，一个伊斯兰帝国再次从陆地与海洋的各个方向寻
424 求势力扩张，穆斯林指挥的海军控制了东地中海的水域，并在西地中海通过代理人，即柏柏尔海岸（指北非海岸）的统治者向基督徒海军发起挑战。这是极为重要的转变。数百年来，穆斯林的海军逐渐控制了紧邻伊斯兰国家——埃及与叙利亚附近的马木留克舰队，最西端的摩洛哥舰队、爱琴海内部的土耳其埃米尔——的海域，伊斯兰的海上力量扩张到极大的规模。[35]此时的君士坦丁堡成了一个巨大舰队的指挥中心，与拜占庭时代帝国海军逐渐沦于热那亚与威尼斯人掌控之下的状况形成对比。技术精湛的海军将领成为海战艺术的专家。土耳其人不只是一支战斗力量；苏丹们还热衷于向首都提供生活物资，他们用谷物填饱不断增加的人口，用奢侈品装点帝国宫廷。[36]与此同时，在西部，西班牙的海军力量逐渐依赖于意大

利的资源。下一章中将会出现的，在马耳他、勒班陀与土耳其人作战的“西班牙”船只中，绝大多数都来自西班牙治下的那不勒斯与西西里。[37]数个世纪以来，墨西拿的兵工厂兴盛繁荣；但自13世纪安茹的查理打算打造一个海洋帝国以来，西西里与南意大利还从未在地中海发生的各种海上冲突中产生过这样大的影响。

与这些变化相伴随的还有保守主义。地中海历史的一个重要特点，就是帆桨船的长期使用。就船只本身而言，奥斯曼人用未干的或者说“绿色”木料建造的船只不像古典时期罗马的大型谷物船那样可长久使用。但帆桨船的基本设计几乎没有发生太多改变，除了威尼斯人建造的大量三桅帆桨船外——这种船行驶缓慢、比较笨重，进港口还需外力拖引，是从用以承担中世纪晚期前往佛兰德与黎凡特的航行的大型商用帆桨船发展而来。[38]西班牙帆桨船的长度约有40米，宽度仅有5~6米，长宽比例接近8:1。与古代一样，沿着船的纵向一侧有升起的甲板，在其下部安装着划桨的长凳。这种规模的舰船每一侧放置的划桨长凳约有25条，每条长凳上坐5名桨手。[39]当条件允许时，也会使用风帆的牵引力，与威尼斯以及奥斯曼帝国相比，西地中海的人们更愿意使用较大的船帆。这可能更适于在水面更为开阔的西地中海航行，而在亚得里亚海、爱奥尼亚海与爱琴海，在海上航行的船只需要从一座岛屿驶往另一座岛屿，要在曲折的海岸线之间缓 425
慢航行——奥斯曼帝国治下的爱琴海，帆桨船编织着密集的交流网络。[40]有了船帆的力量，航速相当可观，可能达到每小时10~11海里，而依靠桨动力的普通巡航速度只有每小时3海里，当需要加速追击或逃跑时，速度可翻倍。当然，人力无法维持长期快速划桨；每分钟划 26 次的频率只能维持 20 分钟。此外，还有一个老问题：较低的干舷在深海航行时容易被水浸，因而无法在不频繁停下的前提下，为桨手们提供充足的水和食物。[41] 解决这一问题的办法就是在天气恶劣时航行不能离陆地太远，因此帆桨船总是与海岸相伴。然而，由于它们并不是完全依靠地中海变幻莫测的风向的牵引，因此它们也有可精确操控的优势，一位训练有素的船员可以驾驶着船在狭窄的水域中行驶。

通常，船员中既有奴隶，也有自由人。当然，管理船员时要将团队合作的概念灌输下去。一般会安排一名自由人桨手与一名非自由人桨手比肩而坐；自由人桨手拥有较多权利，可以监视身旁的非自由人伙伴，后者通常会戴有脚镣。不过，奥斯曼人的舰队由不同类型的船只构成，有的由奴隶操作，有的由志愿者操作。一份公元 16 世纪的报告提到一支由 130 艘船组成的舰队，其中有 40 艘由奴隶来划桨，60 艘由被征召的、会得到固定薪金的自由穆斯林操作，其余 40 艘由自愿加入的基督徒操作，当然也需要向后者支付薪金①；该报告还指出，一旦战争爆发，还要额外征召穆斯林，因为只有穆斯林才受到完全信任。各个村庄都需要提供应征士兵以及他们的生活费用——每 20 ~ 30 户家庭需供养 1 名桨手。[42] 威尼斯设有“海军民兵”（*Milizia da Mar*），这是 1545 年设立的行政部门，其职能是从威尼斯及其属地征兵；威尼斯的各种行会与协会共有近 4000 名桨手，而且无论何时士兵籍册上都会有 1 万多名士兵

① 此处的舰只数目相加是 140，与前面提到的 130 艘不一致，原文如此。——译者注

随时等候征召，再通过抽签从中选出要在帆桨船上服役的船员。[43]无论是自由人，还是非自由人的船员都要严格遵守纪律；无论他们在基督徒船上服役，还是在穆斯林船上工作，都需如此。显然，所有桨手都得遵守时间，并负担船桨的重量（有些帆桨船的桨是独立的，但大部分是五人桨，也就是五个人操 426
纵一支巨大的桨）。在航行中，甲板上的状况相当糟糕：桨手们不得不在划桨岗位上就地解决排泄问题，尽管聪明的指挥官可以确保每两天清理一下粪便和其他杂物。与此同时，船上的空气污浊不堪。在船的坐板下方和舱门里有很小的空间，可供货物存放以及晚上蜷缩着休息。当船只遇到困境或沉没时，被缚的奴隶没有丝毫机会逃走；1571 年，当基督徒与穆斯林在勒班陀附近爆发大规模海战时，双方都有大量奴隶遭遇这一命运。在航行中，许多桨手几乎全身赤裸；在夏季地中海的高温中，脱水是个问题，有些人在当值时死去，一名船长但凡有点儿理智，就会知道他无法承担失去桨手的损失。桨手轮换制意味着桨手有时间恢复体力。那些最具合作精神的人会被提拔进入船上的指挥层，从甲板下面沉闷、肮脏的环境中解放出来，帮助计算时间或负责其他重要事务。在一定程度上，船上的恶劣状况确实需要改变，但同样不能要求积极和周到地对待奴隶或志愿者。铁的纪律决定着一切。

奥斯曼舰队上的奴隶会被剃发以标记其身份，而穆斯林奴隶则会挂着一把摇晃的锁；他们的一只脚上还会戴上铁环以象征被俘。因此，在陆地上，人们可以轻易地把他们辨识出来，而且他们待在陆地上的时间更长。虽然在冬季航行并不罕见（运送使团、发动闪击战等），但冬季到来时这些奴隶中的绝大部分不会上船，而是从事一些与海洋完全无关的任务，如在菜园和作坊中做替补小工；有些人还可自己做些生意，严格地说这样做是违反规定的（至少在威尼斯是这样），但如果他们想要赚钱为自己赎身的话，这就非常重要。即便在航运季节，他们也需要在岸上等待出海命令，他们的奴隶营（*bagni*）经常是一些在城市腹地建造的洞穴和牢房，有自己的商店和市场，形成一个相对封闭的区域。各奴隶营的情况不尽相同，有的尚可忍受，有的悲惨不堪；同性的性强暴行为比较普遍。另外，奴隶营中还设有祈祷场所：里窝那（Livorno）的奴隶营有一间清真寺；阿尔及尔的奴隶营有进行礼拜的房间。除了对
427 不同宗教信仰的容忍，某些地区还有另一种倾向，如在北非，可以改变宗教信仰以获得自由，基督徒改宗者在柏柏尔人舰队中作用极大，经常能获得指挥权。[44]

桨手们的食物供应充足，以使其能够承担繁重的工作，这也需要频繁靠岸进行补给。与早些年一样，不同舰队供应的饮食也不相同：公元 1538 年，在西班牙海军的西西里帆桨船上，一名桨手或中下级船员（*ciurma*）的配给是每天 26 盎司船上特备干粮，一个星期中有三天配给 4 盎司肉食，其余四天则供应炖菜（主要是蔬菜）。在西班牙之外的地区，船上的人们更喜欢食用鹰嘴豆，而到 16 世纪时，肉食的供应量普遍减少。这个时期，帆桨船的体积越来越大，整个西欧的食品价格却大幅上涨。这意味着 16 世纪末舰船补给的成本变得让人难以承担："地中海战舰的胃口像霸王龙一样已经超出环境的供养能力。"[45] 土耳其人在巴尔干和波斯的巨大战争开支，以及西班牙人在尼德兰的巨额军事开支——这导致在查理五世的儿子及继承人、顽固的菲利普二世统治时期爆发了起义——使他们用于地中海船队的资金所剩无几，进而使土耳其和西班牙陷入僵局。

注 释

1. D. Abulafia, *The Discovery of Mankind: Atlantic Encounters in the Age of Columbus* (New Haven, CT, 2008), pp. 33–44, 82–6.
2. D. Blumenthal, *Enemies and Familiars: Slavery and Mastery in Fifteenth-century Valencia* (Ithaca, NY, 2009).
3. B. Pullan (ed.), *Crisis and Change in the Venetian Economy in the Sixteenth and Seventeenth Centuries* (London, 1968).
4. F. Braudel, *The Mediterranean and the Mediterranean World in the Age of Philip II*, trans. S. Reynolds, 2 vols. (London, 1972–3), vol. 2, p. 880 dates the phenomenon too late.
5. J. Heers, *The Barbary Corsairs: Warfare in the Mediterranean, 1480–1580* (London, 2003); G. Fisher, *Barbary Legend: Trade and Piracy in North Africa 1415–1830* (Oxford, 1957); also J. Wolf, *The Barbary Coast: Algiers under the Turks, 1500 to 1830* (New York, 1979).
6. P. Brummett, *Ottoman Seapower and Levantine Diplomacy in the Age of Discovery* (Albany, NY, 1994), pp. 123–41.
7. Lively accounts in R. Crowley, *Empires of the Sea: the Final Battle for the Mediterranean 1521–1580* (London, 2008), pp. 11–27; and B. Rogerson, *The Last Crusaders: the Hundred-year Battle for the Centre of the World* (London, 2009), pp. 261–5.
8. A. Hess, *The Forgotten Frontier: a History of the Sixteenth-century Ibero-African Frontier* (Chicago, IL, 1978), pp. 21, 42, 75–6.
9. Ö. Kumrular, *El Duelo entre Carlos V y Solimán el Magnífico (1520–1535)* (Istanbul, 2005), p. 126.
10. M. Özen, *Pirî Reis and his Charts* (2nd edn, Istanbul, 2006), pp. 4, 8–9.
11. Fisher, *Barbary Legend*, p. 42; Heers, *Barbary Corsairs*, p. 61; Özen, *Pirî Reis*, p. 4; Rogerson, *Last Crusaders*, p. 156.
12. Heers, *Barbary Corsairs*, p. 63; Rogerson, *Last Crusaders*, pp. 160–63; Hess, *Forgotten Frontier*, pp. 63–4.
13. R. Davis, *Christian Slaves, Muslim Masters: White Slavery in the Mediterranean, the Barbary Coast and Italy, 1500–1800* (Basingstoke, 2003); Crowley, *Empires of the Sea*, p. 34.
14. Heers, *Barbary Corsairs*, pp. 64–5.
15. Kumrular, *El Duelo*, p. 119; also Ö. Kumrular, *Las Relaciones entre el Imperio Otomano y la Monarquía Católica entre los Años 1520–1535 y el Papel de los Estados Satellites* (Istanbul, 2003).
16. Heers, *Barbary Corsairs*, p. 68.
17. Ibid., pp. 70–71.
18. Kumrular, *El Duelo*, p. 119.

19. Heers, *Barbary Corsairs*, p. 71.
20. Crowley, *Empires of the Sea*, p. 63.
21. Wolf, *Barbary Coast*, p. 20 (1535).
22. P. Lingua, *Andrea Doria: Principe e Pirata nell'Italia del '500* (Genoa, 2006).
23. Crowley, *Empires of the Sea*, p. 49; Heers, *Barbary Corsairs*, p. 69.
24. Crowley, *Empires of the Sea*, p. 55; Rogerson, *Last Crusaders*, p. 288.
25. Crowley, *Empires of the Sea*, p. 69.
26. Lingua, *Andrea Doria*, pp. 94–101.
27. Wolf, *Barbary Coast*, p. 20.
28. D. Abulafia, 'La politica italiana della monarchia francese da Carlo VIII a Francesco I', in *El reino de Nápoles y la monarquía de España: entre agregación y conquista*, ed. G. Galasso and C. Hernando Sánchez (Madrid, 2004).
29. Heers, *Barbary Corsairs*, pp. 73–4.
30. R. Knecht, *Renaissance Warrior and Patron: the Reign of Francis I* (Cambridge, 1994), p. 296; J. Luis Castellano, 'Estudio preliminar', in J. Sánchez Montes, *Franceses, Protestantes, Turcos: los Españoles ante la política internacional de Carlos V* (2nd edn, Granada, 1995), pp. ix–xlvi.
31. Heers, *Barbary Corsairs*, p. 73.
32. Hess, *Forgotten Frontier*, p. 73; Sánchez Montes, *Franceses, Protestantes, Turcos*, p. 52.
33. Knecht, *Renaissance Warrior*, pp. 296, 299, 329.
34. Ibid., p. 489; Heers, *Barbary Corsairs*, pp. 83–90; Hess, *Forgotten Frontier*, p. 75.
35. Brummett, *Ottoman Seapower*, pp. 89–121.
36. Ibid., pp. 131–41.
37. G. Hanlon, *The Twilight of a Military Tradition: Italian Aristocrats and European Conflicts, 1560–1800* (London, 1998), pp. 29–30; D. Goodman, *Spanish Naval Power, 1589–1665: Reconstruction and Defeat* (Cambridge, 1997), pp. 13, 132.
38. J. Guilmartin, *Gunpowder and Galleys: Changing Technology and Mediterranean Warfare at Sea in the 16th Century* (2nd edn, London, 2003), pp. 245–7.
39. N. Capponi, *Victory of the West: the Story of the Battle of Lepanto* (London, 2006), pp. 179–81; Guilmartin, *Gunpowder and Galleys*, pp. 209–34; H. Bicheno, *Crescent and Cross: the Battle of Lepanto 1571* (London, 2003), p. 73 (plan of galley).
40. Capponi, *Victory of the West*, pp. 183–4.
41. Guilmartin, *Gunpowder and Galleys*, pp. 78–9, 211–20; J. Pryor, *Geography, Technology, and War: Studies in the Maritime History of the Mediterranean 649–1571* (Cambridge, 1988), p. 85.
42. Guilmartin, *Gunpowder and Galleys*, pp. 125–6.
43. Capponi, *Victory of the West*, pp. 198–9.
44. Davis, *Christian Slaves, Muslim Masters*, pp. 42–3 (renegades), 115–29 (*bagni*).
45. Guilmartin, *Gunpowder and Galleys*, pp. 237–9.

四　白海之战
（1550～1571年）

1

让-德瓦莱特（Jean de Valette）是圣约翰骑士团的成员， 428
当医院骑士团的基地还在罗得岛时，他主要领导劫掠奴隶的行动。撤离罗得岛时，他还亲眼见证了投降条约的签署。在那之后，他被委任为的黎波里总督，这里与马耳他一起交由骑士团管理。公元 1541 年，他驾驶的船“圣乔瓦尼号”（*San Giovanni*）与土耳其海盗发生冲突，他本人被俘，在四十七岁的壮年（当时这样分类）沦为一名苦囚在船上劳作。他熬过了一整年的屈辱生活，直到驻扎于马耳他的骑士团与土耳其人进行俘虏交换才重获自由。回到马耳他后，他晋升至骑士团的高层；人们都知道他时常会莫名其妙地发脾气，但他的勇气和风度也赢得了人们的赞誉。当土耳其的扩张范围接近马耳他以及西西里时，他已经成为骑士团潜在的领导人。1546 年，土耳其军队当中最有能力的海军司令图尔古特（Turgut），或德拉古特（Dragut），夺取了突尼斯海岸的马赫迪耶，不过 1550 年时西班牙人又将其收复。图尔古特在杰尔巴岛附近的海域与安德里亚·多利亚的舰队发生对峙，当多利亚设置的陷阱就要抓住他时，他却成功逃脱；他驶往马耳他岛与戈佐岛，给骑士团的岛屿留下一地狼藉；随后，他成功地袭击了的黎波里，这座城市经过四十年的基督徒统治后再次被穆斯林夺取。[1]西班牙

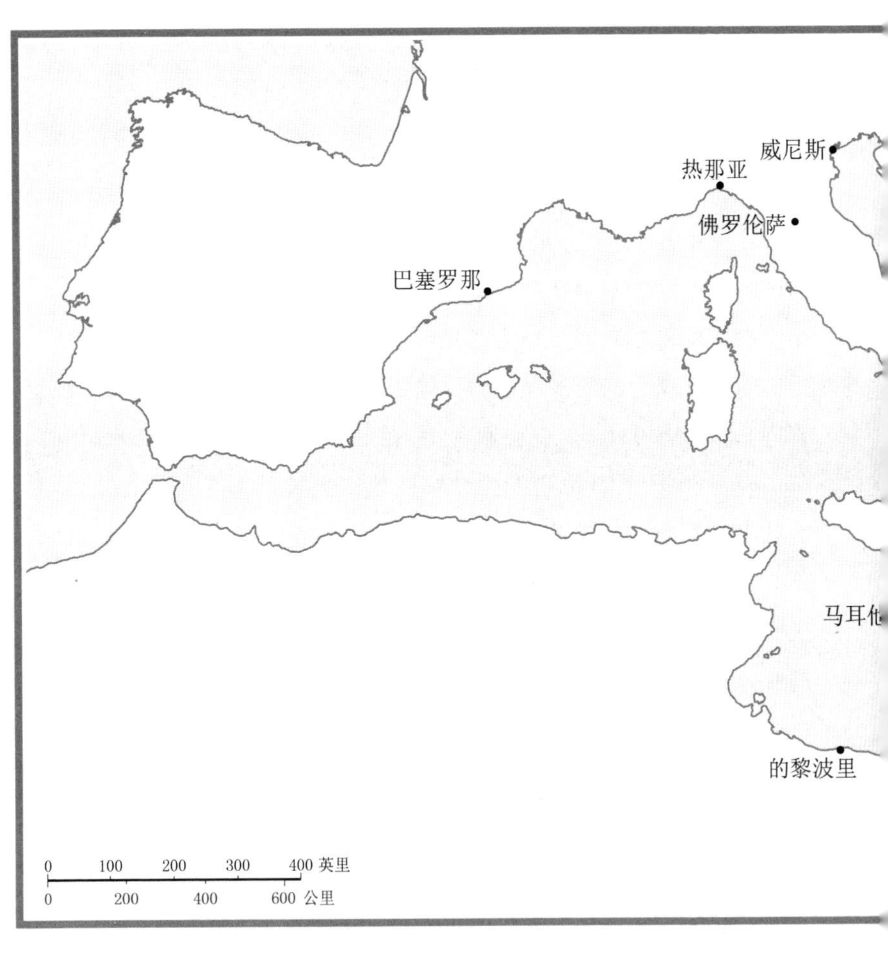
威尼斯
热那亚
佛罗伦萨
巴塞罗那
的黎波里
0 100 200 300 400 英里
0 200 400 600 公里

利特
杜布罗夫尼克
科托尔
君士坦丁堡
勒班陀
希俄斯岛
纳克索斯岛
尼科西亚
法马古斯塔
干地亚

人打算重新使天平倾向自己一方，1560年时派遣一支约有一百艘战舰的舰队（半数为帆桨船），希望最终能够夺取杰尔巴岛。这个时候安德里亚·多利亚已经上了年纪，他任人唯亲，将指挥权交给他的继承人，也就是大外甥吉安·安德里亚·多利亚（Gian Andrea Doria），当小多利亚面对皮雅利（Piyale）——一位极具天赋、祖先是基督徒的年轻将军——领导的土耳其海军
429 的反击时，他没有能力服众，各位船长不再遵守严格的纪律，无法保持该有的阵形。据称，皮雅利要求升帆并撞击西班牙舰船时的命令“堪称海军史上伟大的快速决定”。[2]在杰尔巴战役中，几乎没有一艘西班牙帆桨船能够逃脱被撞毁的命运。[3]西西里与教廷的舰队也花费数年时间才从这场失败中恢复。除了大量船只被毁，这场战役的灾难还在于西班牙和意大利的许多军官、技术高超的海员和技工（箍桶工、水手长、水兵）阵亡——西班牙损失的优秀人员有六百多名。[4]这场胜利增强了土耳其人的信心。他们有充分的理由相信自己的进攻马上就可以取得惊人的进展。

最为紧要的是整个地中海的控制权。任何想要控制从东地中海到西地中海通道的统治者都需要控制西西里海峡。由于的黎波里已经丢失，对突尼斯的掌控也危若累卵，对于基督教世界来说，保住马耳他岛的重要性就显而易见了。土耳其的作家表现出他们对于这块“被诅咒的石头”没有什么耐心了，力劝苏丹快点把它拿下，那样一来，马格里布与爱琴海之间的交通就可以更加顺畅。[5]随着医院骑士团不断发起海盗式袭击，夺取马耳他的呼声变得更加强烈。在马耳他骑士团的指挥官当中，最负盛名的是罗姆加斯（Romegas）。公元1564年6月初，在希腊西部海域，他对土耳其的一艘前往威尼斯的大型帆桨船

“苏丹娜号”（*Sultana*）发动袭击；仅被罗姆加斯据为己有的商品价值就达到八万杜卡特。接着，他俘获了开罗与亚历山大的总督，还抓住一位来自苏丹后宫、颇受爱戴的女侍，据说她当时已经一百零七岁。苏莱曼明确表达了自己的目的：

> 我要征服马耳他岛，我命令穆斯塔法帕夏（Mustafa Pasha）为战斗指挥官。马耳他岛是异教徒的总部。马耳他人控制了白海东部的穆斯林朝圣者以及商人们前往埃及的路线。我已命令皮雅利帕夏与皇家海军一起参加战斗。[6]

1565年3月30日，一支庞大的土耳其舰队从君士坦丁堡出发，抱着必胜的信念，通往西地中海的大门马上就要被打开；170艘战舰以及200多艘运输船带着3万名士兵，于5月18日进入马耳他岛的视野范围之内。[7]他们看起来就像是一支无敌的舰队；整个海平面都被船帆染成了白色。[8]还有更多的船只在年老的图尔古特的指挥下，从的黎波里出发，正在途中。奥斯曼 430
的各位王公都确信能够拿下并碾碎马耳他。

土耳其人最终未能如愿，部分原因在于他们做出的错误决定，还因为马耳他人对其新任的骑士团领导十分信服。马耳他的贵族躲在岛中央，即古代的首都姆迪纳（Mdina）的石筑宫殿中。底层的马耳他居民反而狂热地献身于基督教的事业，充当侦察员，在危险的海域游来游去以向被围的防御堡垒传递情报。战斗集中于马耳他的大海港及一些小海湾。现代马耳他的首都瓦莱塔（Valletta）是在围城结束后建造的，如今那里耸立着一块突出的岩石海岬，叫作希伯拉斯山（Mount Sciberras），在这座海岬的末端矗立着圣艾尔莫堡（Fort St Elmo），一道较 431

低的围墙为其提供防御。在圣艾尔莫堡的对面，是马耳他的老港维托里奥萨（Vittoriosa），骑士团的基地就位于这里，它如今被称为比尔古（Birgu）。圣约翰骑士团将其在罗得岛的生活方式复制到这里，每一个分队，或称“语团”（*langues*），都有各自的总部（此时在被一名信仰新教的女王统治的英格兰所设置的语团只召集了一名骑士）。在维托里奥萨港的一角，耸立着雄伟的城堡圣安杰洛（St Angelo）以守卫港口。圣安杰洛堡的对面是被一道窄窄的海湾隔开的郊区森格莱阿（Senglea）。这里是防御最为坚固的地区，而且不出所料，土耳其人也会被引到这里。一位帮助守卫马耳他的意大利士兵弗朗西斯科·巴尔比·迪柯雷乔（Francisco Balbi di Correggio）撰写了一部关于围城的回忆录，相当详细地描述了土耳其的两
432 位指挥官之间的对话，其中一位是掌管陆军的穆斯塔法帕夏，另一位是掌管海军的、更为年轻的皮雅利。巴尔比直截了当地说，如果土耳其人采纳穆斯塔法攻打姆迪纳的建议，“我们肯定就守不住了，因为我们的援兵正是经由姆迪纳前来。但万能的上帝没有允许那样的情况发生，正是因他的意志，两位帕夏才会因嫉妒而产生严重分歧——我们从改信基督教的人那里了解到这一情况”。[9]实际征战中，土耳其人决定夺取圣艾尔莫堡，若以那里为基地，他们就能够打乱骑士团对大海港的控制，还能够获得进入北部的马萨姆塞托（Marsamuscetto）水道［现代瓦莱塔与现代斯利马（Sliema）之间的河道］，他们希望把舰队停泊在该水道。土耳其人非常自信，认为不超过十二天，圣艾尔莫堡就会落入他们手中。

土耳其人低估了对手的决心，也被所在地的荒凉击退，他们发现：那是一个岩石小岛，没有任何植被，庞大的军队驻扎

在这里之后物资供应非常困难。守卫圣艾尔莫堡的是一支 800 人的军队，拥有充足的食物：肉类（包括饲养的活牛）、干粮、葡萄酒和奶酪。[10]这座堡垒遭受了无休止的攻击；为了报复土耳其人的进攻，骑士团将烧红的致命铁环扔到土耳其人的营帐当中。土耳其人这才注意到：马耳他比他们想象的还要难打。圣艾尔莫堡一直坚持到 6 月 23 日才被攻陷。骑士团坚持这么久，部分原因在于他们保卫的是他们自己所献身的基督教事业。与其在恐怖的大屠杀当中被杀掉，他们更愿意选择战斗至死；巴尔比还确认，大海港的海水被鲜血染成了红色。在这次围城战中，89 名骑士阵亡，但他们只是阵亡者中的精英，实际战死的人数更多，除他们外，还有 1500 名来自法国、意大利和西班牙的士兵。奥斯曼人的损失更加惨重：是西欧阵亡人数的四倍。[11]此时担任总团长的让 - 德瓦莱特前往各阵地鼓舞士气，几乎不睡觉。来自西西里的基督徒增援船只几乎没有什么进展，不过 7 月初时，有 700 名援军成功地进入维托里奥萨。如果要将土耳其人驱逐出马耳他岛，则需要更多的援军，不过欧洲的各个王廷逐渐才看到了奥斯曼人获胜的潜在影响。德瓦莱特不断向西西里发信求援，但西班牙国王害怕像之前在杰尔巴岛一样失去他的舰队。有时，菲利普想到这场冲突时，也会像账房先生一样眨着眼睛算计得失，即便他完全清楚将奥 433
斯曼人击退回东地中海就是他的责任所在。最后，国王同意西西里总督托莱多的唐·加西亚（Don García de Toledo）的建议，立刻派遣一支大型舰队前往马耳他；但马德里与巴勒莫之间缺乏有效沟通，导致行动迟缓，而且西西里可用帆桨船的数量也有限（唐·加西亚在 6 月底时只能提供 25 艘战舰，再晚两个月就能提供 100 艘了）。[12]

圣艾尔莫堡的陷落使得土耳其人终于可以对骑士团的森格莱阿城堡和维托里奥萨城堡发起迟来甚久的进攻，穆斯塔法帕夏将大炮拖拽到比它们略高的地方，准备使用火炮攻击。在随后的数个星期里，土耳其人实施了大面积的轰炸，进行了恐怖的屠杀。然而，守军这边就只能靠运气了，或者按照他们的说法，上帝在庇佑他们以及这座岛屿。就在 8 月初守军快要绝望的时刻，一支马耳他分队袭击了位于森格莱阿附近的土耳其大营。他们杀掉的土耳其人大多病重无法作战，但他们造成的破坏被看作盼望已久的西西里援兵造成，因此产生了更大的影响。事实上，西西里援兵刚从姆迪纳出来后就又返回去了；土耳其人派出的先遣队在抵达姆迪纳后，无一不为这座古老首都的严密防线感到震惊。巴尔比还记载：这件事与其他事件导致皮雅利与穆斯塔法帕夏再次发生冲突。皮雅利坚持称：他听说一支庞大的基督徒援军已经抵达。“如果事实如此，那么他有责任护住整支舰队。他说：‘苏丹更看重舰队，而不是这样的陆军。’说完这些话后，他就离开了。”[13]无情的屠杀又持续了一个月，土耳其人想在维托里奥萨布雷，将整座城市变成一堆瓦砾；穆斯塔法收到苏莱曼的信，询问围城战的情况，为此他颇感尴尬，因为苏丹明确要求：现在，这场战役必须结束，必须获胜。

有那么一段时间，似乎幸运眷顾着土耳其人：夏末的风暴打乱了西西里援军的路线，使得他们沿着巨大的弧形从叙拉古绕道潘泰莱里亚到特拉帕尼，然后从那儿才能再向戈佐岛进发，最终于公元 1565 年 9 月 6 日抵达马耳他。西西里援军登陆的消息再次引起穆斯塔法与皮雅利的争执：

> 经过一场漫长而痛苦的争论，穆斯塔法的想法是，既然确定一支庞大的援军已经登陆，最好立刻撤退。但皮雅 434
> 利却说："噢，穆斯塔法，那你准备怎样向苏丹禀报呢？如果你还没见到敌人就撤退，他不会砍掉你的脑袋吗？如果你连敌人都没见过，你又怎么向苏丹说明是什么样的军队迫使你逃亡呢。"[14]

所以穆斯塔法也同意留下来战斗，但他的军队却没有采取相应的部署：1 万人的援军在姆迪纳附近一举击溃了穆斯塔法的军队，土耳其军队逃到皮雅利的战舰上。到 9 月 12 日，活着的土耳其人已全部跑掉。数千人被抛弃于希伯拉斯山上的临时坟墓内。据巴尔比的记录，有 3.5 万名土耳其士兵在这场战役中阵亡，这要比最初发起进攻时的部队总人数多很多。[15]

马耳他保卫战在西欧激起了高昂的斗志，其影响难以估量。大约一个星期后，土耳其人失败的消息传到教廷。教宗在集会上宣称，胜利属于上帝与骑士团，并没有提及菲利普。[16] 马耳他的胜利打破了基督徒在对抗苏莱曼以及柏柏尔海盗时不断失利的怪圈：罗得岛沦陷、普雷韦扎战败、杰尔巴岛惨败。西班牙人恢复了活力，开始在加泰罗尼亚、南意大利和西西里打造一支新的舰队，因为他们确信奥斯曼人还会发起攻击；但此时他们精力充沛、信心满满，要将土耳其人的进攻打退而不是避开。奥斯曼人似乎把这场失利看成了逆境中的一件烦心事，而不是土耳其人在地中海霸权的终结。苏丹仍然能够征召大量的后备军。事实上，他的舰队仍然存在。无论是皮雅利还是穆斯塔法帕夏都没有被砍头，不过穆斯塔法被剥夺了指挥权。然而，令土耳其人失望的是，医院骑士团成功地阻止了奥斯曼人，使其无法决定性地冲破西地中海的防线。当然，土耳其人已经在这个地区得到了盟友，柏柏尔地区的埃米尔们承认奥斯曼人的宗主权。奥斯曼人还希望在西班牙本土寻找到这样的盟友，他们的关注对象是西班牙的穆斯林，或称摩里斯科人，他们中的许多人仍然坚持伊斯兰教的信仰，憎恨官方在宗教以及日常生活中对“摩尔方式”的打压。公元 1568 年底，摩里斯科人发动起义，经过两年的浴血奋战后被镇压下去。在起义期间，起义者得到柏柏尔人的支援——提供支援没有难度，因为“这个时期的西班牙本土根本没有舰船，国王的军
435 队全部在千里之外忙碌着”。[17]只要奥斯曼人取得一次进展，就可能迫使西班牙国王关注本国海域的防御，尽管这片海域有柏柏尔海盗，但西班牙人仍将其视为自己的海域。不过，考虑到有三座最为重要的岛屿——希俄斯、塞浦路斯和克里特——仍然被热那亚人和威尼斯人控制，“高门”经过深思熟虑，将注意力转回到了东地中海。

2

骑士团与他们所统治的居民有很大不同。骑士团是来自法国、西班牙和意大利的贵族；按照官方规定，他们无论如何也不能生育子女；人们还注意到，骑士团中位阶最低的骑士也被认为比马耳他最高贵的贵族重要。[18]公元 1565 年以后，骑士团被大加赞颂，被誉为基督教世界的拯救者，他们在绝境中的勇气与决心为其赢得无数赞誉，这种赞誉来自基督教新教欧洲，甚至也来自奥斯曼治下的君士坦丁堡。然而，马耳他处于地中海心脏的重要战略位置却不是以作为奥斯曼海陆两军的攻击焦点表现出来，而是以其他方式。骑士团来到马耳他后，选择维

托里奥萨而非姆迪纳作为其管理中心，极大地改善了这个昔日小渔港内人们的生活。骑士团自驻扎罗得岛起就以海盗式劫掠为主要收入来源，不过他们也鼓励马耳他的船长们申请私掠许可证；马耳他人只要将劫掠所得的十分之一上缴给骑士团总团长，就可获准悬挂骑士团的旗帜（红底白十字）。此外，要装备一艘船需要足够数量的火炮，这也是一笔巨额开支；通常，一支小型海盗船队会包括总团长辖下的船只以及当地海盗们拥有的船只。[19]像罗姆加斯这样的海盗经常把俘获的船只带回马耳他，然后进行拍卖。[20]在劫掠到的战利品当中，最珍贵的是奴隶，如果是成年男子的话，就可能被送到骑士团的舰船上工作。16 世纪晚期的马耳他有着庞大的奴隶市场。随着维托里奥萨港发展成跨地中海航行中的重要站点，信仰基督教的船长们越来越多地于此地停留，购买奴隶以补充此前航行中奴隶死去或逃亡造成的缺口。与早些年一样，若有些奴隶的家人仍然关心他们，愿意花钱将其赎回，那么对于卖者来说，这也是一 436
笔收益。[21]

在相对和平的时期，马耳他人在周边海域经商，主要前往西西里，从马耳他围攻战的前一年（公元 1564 年）到 1600 年，从马耳他岛出海的航船中有 80% 驶往西西里岛。往返西西里的航行有将近 4700 次，其繁忙程度可见一斑。此外，通往其他地区的有记载的行程包括前往马赛近 300 次，前往那不勒斯近 250 次，以及偶尔还会前往埃及、叙利亚、利比亚、君士坦丁堡、阿尔及尔、达尔马提亚，甚至走出地中海，到更远的北海，进入英格兰与佛兰德地区。与此同时，骑士团的到来，使得马耳他成为吸引地中海各地居民的中心地带。罗得岛的希腊商人跟随骑士团一起到来。其次是本地的马耳他商人，过去他们在国际贸易中几乎没有影响力，只是其庞大机器中的齿轮，向地中海各地运送谷物。一些位于纳沙尔（Naxxar）、泽布格（Zebbug）以及其他内陆地区的村庄，也拿出一小笔黄金，用于投资将西西里谷物运送到马耳他的海上贸易。马耳他岛上的另一种稀缺物资是木材，骑士团的到来使得对木材的需求激增，因为他们首先是一支海上力量。[22]他们让木材源源不断地运抵马耳他的能力令人震惊，同样不可思议的是德瓦莱塔的雄伟建筑计划，结果是今天所能见到的大海港。作为耶路撒冷圣约翰医院骑士团的继承者，马耳他的骑士团并没有忘记他们救助病患的义务：其医院的大病房是早期现代欧洲医院厅堂中规模最大的。照料病患就需要保证某些十分昂贵的外来香料的持续稳定供应，甚至还有奢侈的金属：用银盘盛放食物反映出的不是毫无节制的奢侈，而是当时人们认为银制餐具比陶器更卫生。

在公元 16 世纪时，马耳他并不是地中海中部唯一经济繁荣的地区。当时也是意大利半岛两侧之“自由港”诞生的时期。两种类型的自由港发展起来：一种港口欢迎信仰各种宗教、来自各个地区的人，不受宗教裁判所的干涉；另一种港口是现代意义上的自由，那里会降低甚或免除税收以鼓励贸易。前者的最佳代表是亚得里亚海西部、处于教宗领地内的港口安
437 科纳。[23]虽然安科纳从事的是泛亚得里亚海贸易，主要与杜布罗夫尼克通商，但它仍在中世纪晚期成功地开展了有限的泛地中海营运，这受到拥有垄断地位的威尼斯人的嫉恨，但处于安科纳领主教宗的保护下。1500 年前后，安科纳每年会向东地中海派遣两三艘商船，带回生丝、棉花以及香料，然后再从安科纳或杜布罗夫尼克向其他地区转售。从安科纳销售到东方的

商品包括肥皂、油和葡萄酒，但经由陆地运来的佛罗伦萨以及锡耶纳（Siena）的布料也会装在商船上，此外还有制衣业的著名副产品之一纤维纸，这是意大利人用从东方学到的用碎布边角料造纸的技术制造的东西——这也提供了证据，表明从1500年开始西欧的技术逐渐代替东方技术。[24]到这个时候，佛罗伦萨人全神贯注于他们的衣料经由安科纳向东方的销路；这不仅包括佛罗伦萨制造的丝绸和天鹅绒，还有从西欧获得的其他商品，如经由河流与陆路被运送到里昂的兰斯（Rheims）亚麻，这个时期的里昂是连接北欧与南欧的繁荣商站。而佛罗伦萨的衣料则要满足君士坦丁堡以及奥斯曼帝国的庞大市场。从16世纪20年代开始，佛罗伦萨人已经能够在距离家乡很近的地方会见来自巴尔干的客户，因为土耳其商人、拉古萨商人、希腊商人和犹太商人都汇集于安科纳，这里迅速发展成为欢迎所有民族、所有宗教的自由港。犹太商人分为两大类：一是博宁提尼人（*Ponentini*），即西地中海的塞法迪犹太人，其中大部分是过去被迫改信基督教的马拉诺犹太人（有时仍然是在模棱两可的“葡萄牙人”标签下的天主教徒）；另一类是黎凡特人（*Levantini*），即生活在奥斯曼帝国治下，来自君士坦丁堡、萨洛尼卡以及士麦那的塞法迪犹太人。前一种人更多地表现出对于西方生活方式的适应，而后一种则遵循着土耳其人的生活方式。

大量毛皮从巴尔干半岛进入意大利；随着安科纳的发展与繁荣，这座城市也不得不在意大利马尔凯地区之外的地方寻找进口谷物，对此，拉古萨人很愿意满足它的需要，他们掌握着西西里、南意大利、爱琴海以及阿尔巴尼亚（出产粟子）的粮食资源。[25]到公元16世纪晚期时，谷物供应开始出

现压力：意大利以及伊比利亚本地人口衰减，土地开始更多地转向种植葡萄与橄榄，结果就是庄园生产只为满足本地的
438 需求，不再关注对国际市场的供应。它产生的问题是：这些城市只能从地中海的其他地方寻找重要的粮食市场。该问题还构成了一系列更复杂问题的一部分，那就是：这种变化不仅发生在泛地中海的商贸活动中，还发生在地中海沿岸各地的农业耕作中。[26] 16 世纪末，当意大利中部发生政治动荡后，佛罗伦萨的布料贸易也开始衰落，安科纳人只能前往更加偏远的地方，从遥远的伦敦进口毛织布料，然后经由杜布罗夫尼克、新海尔采格和科托尔销售到巴尔干地区。[27]因此，安科纳的崛起并不仅仅是意大利某一小角落的个别现象。安科纳人“连通各地”的商业网络已经成形；该网络在亚得里亚海最为密集，而且延伸到更远的地区。安科纳是伊斯兰教世界与基督教世界之间的“真正前线”，在这里，来自许多民族的商人们面对面地进行交易。[28]

安科纳的商业伙伴杜布罗夫尼克，恰恰在奥斯曼人与西班牙人关系最为紧张的时期发展到最为鼎盛的阶段，这是凭借城市的元老会在两大敌对的海军势力之间游刃有余而实现的。每年的贡赋持续不断地流向“高门”，拉古萨的船只也主动加入西班牙无敌舰队，参加了公元 1588 年入侵英格兰的灾难性战斗；一般认为，苏格兰发现的“托伯莫里（Tobermory）沉船”就是一艘来自杜布罗夫尼克的船。[29]对于这样一个疆域仅限于城墙之内的城市共和国来说，能够在 1530 年维持一支由 180 艘战舰组成的舰队，确实是非凡的成就。到 16 世纪 80 年代，其舰队的总排水量据说可达 4 万吨。[30]杜布罗夫尼克作为一座天主教城市又同时是奥斯曼人的附庸，从双方获得自己的利

益。但它也开始向非基督徒的商人敞开大门。城市的元老们起初想禁止犹太人到城里居住，因为在 1500 年前后，西班牙和南意大利的犹太人被驱逐，城中的犹太人数量激增。到 1532 年，他们改变了想法，现在他们把犹太商人看作安科纳商路上的重要中介，非常鼓励犹太人到此定居。如今，城市的元老们降低了向犹太商人征收的关税，希望刺激商业的发展。在大量拥入西地中海的塞法迪犹太人中有许多医生。1546 年出现了一个小型的犹太人居住区，但这里并不像威尼斯的居住区那样环境恶劣、位置偏僻：它紧邻海关所在地斯庞扎宫（Sponza Palace），就在斯特拉顿［Stradun，或称普拉卡（Placa）］大
道不远处，这条大道正是杜布罗夫尼克最繁华的主街道。虽然 439
1667 年的一场大地震导致这一区域的大部分被重建，但犹太人区及其古老的会堂仍可辨认出来。[31]

杜布罗夫尼克成为国际性大都会。这也是文化繁荣的时期，拉丁文本研究和克罗地亚文学都发展起来——受古罗马剧作家普劳图斯影响的剧作家马林·德尔日奇（Marin Držic），得到了克罗地亚民族主义者和铁托派的南斯拉夫人（Titoist Yugoslavs）的诸多关注，后者视其为社会主义的先驱。与此同时，天主教的方济各会（Franciscans）与多明我会也在此建造了规模甚大的图书馆，这些图书馆至今仍在运营；这里的艺术风格属于意大利马尔凯地区以及威尼斯的艺术类型，进一步证明了意大利文化在克罗地亚地区的深远影响。[32]事实上，意大利语仍然是当地的官方语言。东西方文化在亚得里亚海的海港城市（包括威尼斯）创造出了如万花筒一样的融合现象。

杜布罗夫尼克同时面向陆地和海洋。这里有来自内陆波

斯尼亚地区的毛皮，从附近的特雷比涅以及更远的莫斯塔尔（Mostar）和新帕扎尔（Novi Pazar）进口的兽皮，此外，拉古萨人还经由马尔马拉海（Marmara）、爱琴海以及爱奥尼亚海深入保加利亚沿海地区购买毛皮。[33]公元16世纪早期，拉古萨人是欧洲粗纺毛织物（包括他们自己用巴尔干羊毛织成的毛料）贸易活动的专家，不过，到16世纪后半期时，他们就不得不将毛织物贸易更多地转向穿越巴尔干半岛的陆地商道。这种变化的部分原因在于威尼斯人的竞争，威尼斯人将原先与杜布罗夫尼克的贸易转到他们建于斯普利特（Split）的新的商站，此处距离威尼斯的路途更短。拉古萨人与威尼斯人面临的另一个困难是来自北海的竞争者：荷兰人与英格兰人，关于他们，更多的信息将在后面描述。[34]拉古萨人在伦敦的社区曾繁荣一时，到16世纪后半期时已经衰落，原因在于经由西地中海的海洋商路越来越危险；即使中立身份也无法使拉古萨人免于支付高昂的海洋保险金。[35]此外，随后我们将会看到，他们克罗地亚同胞中的海盗——乌斯科克人（Uskoks），以杜布罗夫尼克以北不远处的狭窄水道和岛屿为基地从事海盗劫掠——成为他们长期的烦恼。

然而，在公元16世纪，海洋交通衰落，陆路商道反而越
440 来越重要。[36]费尔南·布罗代尔将其视为16世纪末的主要发展，但这种趋势开始得更早，是随着安科纳、杜布罗夫尼克以及其他商业中心成为奥斯曼世界与西欧之间的连接点而出现的，因为对于任何一方来说，即便在战争期间，也渴求获得对方的商品。布罗代尔认为造成商路变化的一个因素在于塞浦路斯、安达卢西亚、那不勒斯以及其他地区大批量地饲养骡子；但这种观念可能有些本末倒置。为什么人们宁愿选择骡子而非

船只作为交通手段呢？答案在于：海洋的安全度已经跌落至谷底，以至于陆地交通尽管缓慢且费用高昂，但仍然比海上交通更有利。例如，16 世纪末，生丝从那不勒斯经由陆路运往里窝那，然后再运往德意志与佛兰德。杜布罗夫尼克也更多地投入于经波斯尼亚－黑塞哥维那的巴尔干贸易，而对前往英格兰、黑海以及黎凡特的远途海上贸易的兴趣有所减退。[37]甚至地中海沿岸新的贸易中心的出现，在布罗代尔看来，也证明了陆路贸易，而非海洋商路的繁荣：17 世纪初，士麦那的崛起，让经由安纳托利亚到波斯的富庶地区成为可能；威尼斯人也试图开发经由科托尔然后翻越黑山的“黑色山脉”的路线。更值得注意的是，马拉诺犹太人丹尼尔·罗德里格斯（Daniel Rodriguez）建议将斯普利特建设成威尼斯在亚得里亚海东岸的主要商站，于是人们对这座古城开始了重建，到 1600 年，这里已经成为一个生机勃勃的商业中心，主要经营来自东方的丝绸、毛毯和蜡。[38]奥斯曼人极为热情地配合这些计划，派士兵护卫经由巴尔干半岛的商路。如今，威尼斯人的大帆桨船走的是航程相当于原来三分之一的路线，即从亚得里亚海下行至斯普利特，而不再需要先出亚得里亚海，之后再前往亚历山大和南安普顿（Southampton）；但即便是如此简短的航程也会遭到克罗地亚海盗的侵袭。[39]海洋贸易向更短、更限于本土发展的趋势，早在黑死病过去后就已开始（前文已经提到西班牙水域的例子）。远程贸易的衰退是一个缓慢的过程；地中海作为交流手段的重要性也开始减弱。[40]

除去战争与海盗的影响，大西洋的开放也促使欧洲北部经
济进入新阶段；波罗的海的黑麦成为北方贸易的主要商品。西 441
班牙与北方遭遇到的通货膨胀，有时会被归咎于这个时期来自

美洲的白银的大量流入。[41]第四地中海不仅仅因哈布斯堡人与奥斯曼人的冲突而破裂，而且，作为大西洋经济蓬勃扩张的结果，它也被边缘化了。然而，这个时期也不是全然黯淡无光。例如巴塞罗那，在其中世纪的黄金时代结束时，这座城市的大部分历史似乎不再具有价值，但这并没有让它从商业地图上消失。它仍然承接了大量造船合同，以满足抗击土耳其人以及柏柏尔海盗舰队的需要。加泰罗尼亚的织物在新世界找到了新市场。公元16世纪时巴塞罗那的贸易也在扩张，不过是转向了西班牙内陆，并且对海洋的关注减退，符合商业路线从海洋转向陆地的大趋势。在海上，巴塞罗那附近地区的商贸日益被来自热那亚以及法国南部的商人主宰，此前三个多世纪当中加泰罗尼亚人控制的西地中海各岛屿间的商业活动，如今也由热那亚人掌控。1591年，有提议要求把热那亚人逐出巴塞罗那，尽管西班牙一直有敌视意大利商人的传统。另外，大量法国人移居巴塞罗那，到1637年时，按照统计数据，总人口中的10%都有法国血统。[42]在南意大利，热那亚人控制着长途贸易和西班牙治下那不勒斯的财政。[43]事实上，热那亚已经成为西班牙帝国的银行，西班牙王室的财政主要依靠热那亚人的贷款，而非以往推测的来自美洲的白银收入。[44]

3

在地中海找到新生计的人还包括来自西班牙以及葡萄牙的流亡犹太人。其中有两人蜚声国际，还直接参与到一系列事件之中，最终导致塞浦路斯被奥斯曼人占领以及勒班陀大海战的爆发。比阿特丽斯·门德斯·德卢娜（Beatrice Mendes de Luna）约在公元1510年生于葡萄牙，就是1497年大多数葡萄

牙犹太人被迫改宗几年之后。她的家族生活在佛兰德，与西班牙同属查理五世治下，即便这个家族有一些成员与皇室联 442
姻，但仍被怀疑为异端；积累大量财富的问题在于它会招致虚假的安全感——无论是出于神圣的还是罪恶的理由，富有的马拉诺总是容易成为攻击的目标。[45]查理五世深信：这些从犹太教皈依的信徒都十分可疑，他们一定与德意志王国中新教的传播有着极大的联系。1545 年，比阿特丽斯·德卢娜与其至亲匆匆离开佛兰德前往威尼斯，不过在那里他们再次被怀疑是遵循犹太律法①者，于是只好又在费拉拉寻找更为安全的避风港，因为那里的埃斯特（Este）王公们愿意接纳这些新的基督徒移民，移民们为这座日益发展的城市带来了财富、医疗技术以及美妙的音乐。比阿特丽斯·德卢娜恢复了她的富有，并重新以格拉西亚·纳西（Gracia Nasi）的身份开始公开作为一名犹太人生活，并支持从宗教裁判所逃离的马拉诺难民；在她的资助下，希伯来圣经的第一部西班牙语译本刊印发行，被称为“费拉拉的拉迪诺语（Ladino）圣经”，其目的是使犹太人和基督徒都可以阅读。[46]到 1552 年，她再次引起宗教裁判所的关注，导致她无法再舒适地生活在意大利；她堂而皇之地在四十名骑手组成的扈从队的护送下穿越巴尔干半岛抵达君士坦丁堡。拉古萨当局表现出一定的远见，对她表示欢迎，因为她此前在君士坦丁堡时，其设在杜布罗夫尼克的商业代理人为这座城市带来了大量商机。[47]苏

---

① 原文可译为“犹太化”，但语意不明，故作此译。特指在早期基督教时期，特别是 3 世纪时，基督教犹太人群中与保罗派相对立的派别，他们坚持维护摩西律法的原则，坚持要求外邦人中皈依基督教的男性实施犹太人传统的割礼。——译者注

丹允许她与其扈从依然穿着威尼斯式的服装，而没有要求他们按照犹太人的方式着装。然而，格拉西亚夫人（Doña Gracia）并没有背弃西方；她依然对意大利与地中海抱有浓厚的兴趣，这一点可从她决心为与其拥有相同信仰的兄弟姐妹提供庇护得到证明。

她的决心如此坚定，尤其见于公元 1555 年教宗将宗教裁判所落户安科纳，在该城经商者及过去被鼓励定居在这里的百余名“葡萄牙人”中寻找异端之时。对马拉诺的迫害标志着教宗保罗四世（Pope Paul Ⅳ）更具挑衅性的宗教政策的开端，他还将罗马的犹太人拘禁到狭窄的居民区中；在他看来，在教廷治下的商业城市中，这些不信之人的发展速度令其震惊。带着这样的情绪，他的代理人抓捕“葡萄牙人”，将其财物（据说价值三十万杜卡特）充公，并将二十六人处以火刑。格拉西亚夫人设法向苏丹传讯，于是 1556 年 3 月苏莱曼大帝通过他的盟友法国国王的使节，向教宗保
443 罗发出一封颇具轰动效应的信。在信中，他要求释放被关押的犹太囚犯，因为那些都是他的臣民；苏丹还主张，他的财产遭受的损失已经达到四十万杜卡特，但他的表述极重礼节，他称自己为“超越诸帝王之伟大皇帝”，并承认教宗为“弥赛亚耶稣的信徒之最高贵、最强大的主人”。[48]教宗回信称：他愿意保护土耳其臣民的生命与财产安全，但对于其他新基督徒的火刑还将继续；他还辩称，将要在安科纳为没有皈依基督教的犹太人创建一个居住区（没有丝毫讽刺之意）。当这一消息传到君士坦丁堡后，格拉西亚夫人的圈子开始联合抵制与安科纳的贸易。许多马拉诺向北逃亡到佩萨罗（Pesaro）港，这里是乌尔比诺（Urbino）公爵的领地；

于是，安科纳在过去半个世纪中曾经如此成功从事的商业活动，如今转移到了之前毫不起眼的竞争对手那里，这令安科纳人极度恼怒。[49]

然而，佩萨罗海港的设施比较差，那些不属于马拉诺的安科纳犹太人极为担心他们会与其基督徒邻居一样遭遇土耳其人的联合抵制。奥斯曼帝国内部也出现争议，塞法迪犹太人的拉比拒绝接受一位富有的、作威作福的女人的指手画脚，何况这个女人还是以葡萄牙的基督徒身份长大的。他们不认为她就是新的以斯帖（Esther），不认为她能够保护并拯救犹太商人，尽管她慷慨地在帝国各地出资兴建犹太会堂与学校。抵制活动最终失败。安科纳得以幸存。一个女人无法扼杀安科纳；但安科纳的管理者们明白，由塞法迪犹太商人领导的抵制土耳其人行动将会终结他们的繁荣。管理者们意识到：这个精明世故的群体，虽然可能在当地的迫害浪潮中陷于困境，但其能力跨越了政治、文化和宗教的边界，能够造成巨大的影响。来自西班牙与葡萄牙的流亡者向东迁徙（有的人向北进入荷兰等低地国家），但他们的流散不仅仅是到远离伊比利亚的地方生活。一个完整的海洋商业网络出现了，在其顶峰时期，曾经向西到达巴西和西印度群岛，向东到达果阿邦（Goa）和卡利库特（Calicut）。[50]他们所生活的商业世界，比五百年前他们的先辈经家犹太人的世界要大得多。犹太人被驱逐出西班牙对于那些亲历者来说是悲剧和灾难，而他们的后代却将灾难变为重生。

与格拉西亚夫人一起来到君士坦丁堡的还有她的侄子，也 444
是其女婿若昂·米格斯（João Miguez）；行割礼后，他更名为约瑟·纳西（Joseph Nasi）——纳西是自称“亲王”的较为谦逊的说法①。他的生平比其姑妈还要传奇。公元1577年，苏莱曼大帝去世后发生权力斗争，他拥有大量财富来支持获胜的候选人，并且成为苏丹塞利姆二世［Selim Ⅱ，或醉鬼塞利姆（Selim the Sot）］颇为信任的资政，据说，相较于战争，这位苏丹更喜欢喝酒。[51]葡萄酒为约瑟·纳西带来财富，却也加速了其靠山的倒台。虽然苏莱曼曾要求遵照伊斯兰律法，禁止在君士坦丁堡售卖葡萄酒，但约瑟·纳西还是获得了垄断权，可以从威尼斯人治下的克里特经由君士坦丁堡向摩尔达维亚（Moldavia）运送葡萄酒。这为奥斯曼政府带来了相当可观的税收，每年有两千杜卡特，当首都的葡萄酒禁令有所放松，允许犹太人和基督徒从事相关生意时，约瑟·纳西的收入进一步增长，而这种变化也意味着葡萄酒已经渗入整体经济［它早已流入托普卡普宫（Topkapı Palace）］。[52]古典时期曾以葡萄酒闻名的地方是基克拉泽斯群岛中的纳克索斯岛，这也是酒神狄奥尼索斯的岛屿，因此，塞利姆即位后，就把约瑟封为纳克索斯公爵。1536年以前，这座岛屿一直处于威尼斯人的松散管理之下，但从这一年开始，土耳其人控制了这里，不过只要其拉丁公爵愿意缴纳贡赋，就可以继续留在纳克索斯；而纳克索斯的正教居民却向“高门”抱怨公爵的治理无方，于是塞利姆想到，任命一位犹太人做总督比天主教徒做总督也差不到哪里。事实上，纳克索斯人厌恶任何一个外来的政权，不过，纳西的大部分时间都在君士坦丁堡，他的生活奢靡浮华，对于自己获得的封号十分自豪。

---

① 纳西一词在中世纪犹太人群体中是身份的象征，指知识和权威受到认可的、从事经学研究的家族中的成员，或可理解为中世纪的先知。——译者注

约瑟还将目光投向爱琴海以外。他制订计划，鼓励犹太
人到加利利的太巴列定居。[53]生活在萨法德附近的塞法迪犹太
人具有神秘主义的倾向，但没有稳定的收入来源，不过，他
们仍然在努力发展纺织业，甚至印刷业；纳克索斯公爵觉得
他们可以从丝绸上寻找商机，于是建议他们种植桑树。他还
安排将西班牙的羊毛跨越地中海运到太巴列，希望模仿威尼
斯纺织业的扩张，促进当地羊毛纺织业的发展。[54]教宗国推行
新一轮的迫害政策，导致成百上千名犹太人前往东方更为宽 445
容的奥斯曼辖区谋生，于是他设法吸引更多移民前来太巴
列。在地中海的犹太人中间流传着一封信，信中圆润的笔迹
写着：

> 我们从大地的一隅听闻那荣耀之歌，它献于正义的纳西（亲王），正是此前听闻过的那位大人，他从自己的口袋中拿出钱来，在包括威尼斯、安科纳在内的许多地方安排了船只，为我们提供帮助，结束我们这些被禁者的苦难。[55]

可是前往太巴列并不容易。一艘搭载移民的船被圣约翰骑士团捕获，船上的乘客沦为奴隶。犹太人希望通过向巴勒斯坦的古代圣城移民，加速弥赛亚的到来；无论是他们还是约瑟·纳西都没有建立一个犹太人国家或犹太人属地的明确概念。结果，太巴列的移民计划最终落空，因为这个地区仍然不安全；直到公元 18 世纪中期时，犹太定居者才陆续返回，并且长期居住于此。[56]

4

纳克索斯公爵能够对奥斯曼宫廷产生相当大的影响。公元1568年，他试图收回在法国的大笔财产和资金，因无果而被激怒，于是劝说塞利姆发布一道法令，没收法国商船上三分之一的货物，直到公爵的损失得到弥补。法令的目标是经由亚历山大从事黎凡特贸易的法国人，但它造成了意想不到的破坏，埃及的税务官误认为它还适用于来自威尼斯与杜布罗夫尼克的商船。与此同时，法国宫廷非常震惊，将该法令看作对法国与土耳其之间长期盟约关系的侵害，这一切却源于一个人（而且还是个犹太人）宣称自己的利益受到了侵害。尽管法国国王与奥斯曼苏丹的关系逐渐得到修补，但约瑟·纳西的财产索赔始终没有被完全满足。[57]不过，1569年，当奥斯曼人计划入侵塞浦路斯时，苏丹打算再次听听他的建议。这一年的9月，一次大爆炸摧毁了存放在威尼斯军火库中的火药以及四艘帆
446 桨船，于是形形色色的谣言将这起确定无疑的偶发事故归咎于纳克索斯的犹太人的邪恶阴谋。当然，约瑟·纳西对威尼斯确实怀恨在心，它曾恶劣地对待他著名的姑妈，还想要控制他在基克拉泽斯群岛的岛屿。据说，沉溺于杯中之物的醉鬼塞利姆二世曾向纳西承诺给他最大的奖赏——塞浦路斯王冠，因为奥斯曼人决定从威尼斯人手中夺取这座岛屿，这个故事在添油加醋后成为传奇。据说他为大获全胜之日预定了一顶王冠，定制的旗子上印着“约瑟·纳西，塞浦路斯国王”的字样。威尼斯观察家们的说法更为准确，他们认为约瑟·纳西向当权者施压，要求夺取塞浦路斯，即使大维齐尔穆罕默德·索科鲁（Mehmet Sokollu）表示反对。[58]一般情况

下，土耳其人政策的制定需要时间，其间必然会有主战派与主和派之间的口水战。即便如此，攻打塞浦路斯的谣言在1566年1月就已传播开来，当时威尼斯驻君士坦丁堡的负责处理本国公民事务的外交官员（*bailo*）在报告中称：（奥斯曼人）正在起草攻打塞浦路斯的计划；1568年9月，一支由六十四艘战舰组成的、以友好访问为名义的土耳其舰队对塞浦路斯的访问，使威尼斯人更加紧张。土耳其人无意识地考察了他们需要攻克的两座城市的防御工事：内陆的尼科西亚（Nicosia）与东海岸的法马古斯塔。到访的客人当中就有纳克索斯公爵。[59]

塞浦路斯这样一个孤零零地坐落于东地中海遥远角落的基督徒领地，是理所当然的目标。不久前（即公元1566年），土耳其人才将热那亚人从其在爱琴海的最后据点——希俄斯岛——清除出去。基督徒拥有的这些飞地使得奥斯曼人无法专心处理其他问题，例如与波斯萨法维王朝的冲突、肃清印度洋水域、将新来的对手葡萄牙的印度舰队驱逐出去等。塞浦路斯为掠夺谷物船的基督徒海盗提供了避难地，如今随着谷物产量的下降，对运送谷物前往君士坦丁堡以及其他重镇的商路必须予以保护。另外，在经由这片水域前往阿拉伯半岛上各伊斯兰教圣城的朝圣之路上，不断有信徒在途中遭到基督徒侵扰，引得怨声载道。伊斯兰教中主战派的护教者辩称：早些时候，这座岛屿曾经被穆斯林占领并统治，或至少需要向他们交纳贡赋；伊斯兰教有一个基本原则，那就是一旦有可能就必须收回曾经属于伊斯兰教地区（*dar al-Islam*）的土地。事实上，当威尼斯人对塞浦路斯所面临的日益增长的威胁表示抗议时，索科鲁回应道：这个问题如今已交由大穆夫提（Grand Mufti）领

447 导的精通伊斯兰律法的专家们处理。而且，当有人提醒说过去数十年中土耳其人与威尼斯人关系一直友善之时，当局并不为之所动。[60]然而，如今“高门”释放出的是最后通牒，威尼斯如果想要避免战争，就需要交出塞浦路斯。

菲利普二世同奥斯曼人一样，态度十分坚定，不过与往常一样，他依然担忧该从哪里获得供养舰队的经费；他的军队正困于佛兰德，与当地的新教徒以及其他反抗西班牙国王的起义者作战。菲利普希望教宗可以筹集资金来资助这场战争。他自己能承担一半军费，威尼斯出四分之一。[61]随后是无休止的讨价还价，争论的不仅仅是财政问题，还有指挥系统。在阿尔瓦（Alva）公爵终于成功地在低地国家确立了严酷的和平后，菲利普二世也就不再因此地而被牵扯精力了。[62]在西班牙，摩里斯科人中的许多人仍坚持其祖辈的信仰，而他们发动的起义耗尽了西班牙的资源，推迟了菲利普对呼吁建立神圣同盟的回应；他们也使得构建神圣同盟一事变得更为迫切，因为土耳其人在柏柏尔统治者以及摩里斯科人的支持下将对西班牙发动进攻的威胁，激起了人们对于伊斯兰军队将会重返西班牙的恐慌情绪。

所有这些摇摆不定的态度使得土耳其人能够自由地对塞浦路斯发动突袭。公元 1570 年 7 月初，土耳其人率大军来犯，这支军队约有 10 万人，由 400 艘战舰组成，其中包括 160 艘大帆桨船。[63]土耳其人决定：其首要目标是岛屿深处的尼科西亚，但威尼斯人已经开始修复、扩建防御工事，加固石墙。尼科西亚坚持了一段时间，但以石墙为掩护的毫无希望的战斗最终失败，土耳其士兵获得了令人唾弃的奖赏：他们可对城中居民随意烧杀抢掠。此间，西方各国仍然在争吵不休，而无视塞浦路斯的局势。最后，在 9 月中旬，一支最多不超过 200 艘战舰的舰队出发前往塞浦路斯，在其向东航行途中，听到了尼科西亚陷落的消息；由于不确定接下来的行动，菲利普的将军吉安·安德里亚·多利亚与教廷派来的指挥官马尔坎托尼奥·科隆纳（Marcantonio Colonna）产生了新的分歧。他们没有对尼科西亚的土耳其人发动任何攻势，这非常明智，因为多利亚的看法很正确：在没有大量陆军和庞大海军的前提下，夺取一座内陆城市没有丝毫希望。马耳他的围攻战发生在一座小岛的外围，而塞浦路斯则完全不同。[64]唯一的希望在于尚未被土耳其人占领的法马古斯塔，因为这里拥有坚固的城防体系，而且理 448
论上能够从海上获得补给。1571 年冬季似乎出现了一个机会，当时土耳其舰队从法马古斯塔海域大规模撤离；一支威尼斯人的先遣队冲破土耳其人的薄弱防线，但只留下 1316 名士兵，因而法马古斯塔的防守人员总共有 8100 名。君士坦丁堡的穆罕默德·索科鲁认为这是与威尼斯人和谈的最佳时机，当然条件是他们必须放弃法马古斯塔。[65]他怀疑威尼斯人是否有意愿或者有办法继续战斗。然而，威尼斯人却斗志高昂——此前，威尼斯人成功地夺回了在 16 世纪初失去的都拉斯，这个地方对于威尼斯人的战略重要性恰恰相当于塞浦路斯之于土耳其人。土耳其人提出的条件是：威尼斯人放弃塞浦路斯，但可把法马古斯塔作为商站，不过，威尼斯人拒绝了这项提议。无论如何，有一项谈判正在达成。神圣同盟建立起来，这是一支野心勃勃的十字军，由教宗、威尼斯与西班牙组成，它还为菲利普赢得了一份称心如意的协议，即北非战争将作为神圣同盟的永恒目标。[66]神圣同盟的指挥官将由查理五世那年轻且精力旺盛的私生子奥地利的唐·胡安（Don John of

Austria）担任。

当法马古斯塔在坚守之时，神圣同盟需要的大型舰队还在建造之中。土耳其人经由刚刚从威尼斯人手中夺取的克里特岛派遣舰队进入爱奥尼亚海与亚得里亚海南部，迫使威尼斯海军的关注点从遥远的塞浦路斯转到眼前。如今落入土耳其人手中的沿海堡垒包括乌尔齐尼（Ulcinj），位于今天黑山与阿尔巴尼亚边界线的北部。土耳其人的战舰还向北骚扰科尔丘拉岛（Korčula）与杜布罗夫尼克（不过拉古萨人成功地保持了中立，赢得了双方对它的敬意）。[67]后来，土耳其人驻扎于亚得里亚海北岸的扎达尔，对威尼斯本土造成巨大威胁，因为两地距离非常近，让人想起了一百八十年前的基奥贾战役。不过，土耳其人的目的是威慑而非摧毁威尼斯——他们要使威尼斯人相信：自己的帝国非常脆弱，抵挡强大的奥斯曼帝国是徒劳的。此外，经过数个月的炮击，满目疮痍的法马古斯塔打算投降。8 月初，威尼斯指挥官布拉加丁（Bragadin）亲自来到土耳其指挥官拉拉·穆斯塔法（Lala Mustafa）的营帐。当穆斯塔法听说威尼斯人囚禁的五十名穆斯林朝圣者已被处死后，他感到
449 非常失望。拉拉·穆斯塔法的不悦很快变为愤怒。布拉加丁的随从被当场处死，布拉加丁本人也饱受折磨；十天后，他被活活剥皮，土耳其人在其皮囊中填充别的东西，在塞浦路斯各地示众，然后送回君士坦丁堡。[68]这是在警告威尼斯，同时也向奥斯曼宫廷，特别是向穆罕默德·索科鲁传递信息：拉拉·穆斯塔法用这恶劣的行为瓦解了任何仍有可能与威尼斯和解的想法。[69]其实并不需要这种粗暴的手段：神圣同盟的舰队已经整装待发。在科孚附近的海域，基督徒海军得知法马古斯塔已经陷落。如果有什么不同的话，那就是这一消息坚定了他们的

决心。[70]

随后，在科林斯湾入口处发生的勒班陀大海战，一直被看作历史上具有决定意义的海战之一 。费尔南·布罗代尔在研究菲利普二世时代的地中海世界时，认为这场战役是“整个公元 16 世纪地中海上最壮观的军事行动”。布罗代尔还简洁却又有些神秘地宣称：“毫无疑问，在这里，唐·胡安就是命运的工具。”与西西里海峡发生的那场包围战相比，这场亚得里亚海入口处的战斗意义不同。在战斗爆发之前的数月，土耳其人认为他们即将赢得亚得里亚海，海上攻击与来自土耳其治下波斯尼亚的陆地攻击一起，对准了亚得里亚海尽头的威尼斯人的领地。这些攻击不仅仅是为打造帝国，或扩张伊斯兰教的统治。以后，人们会逐渐清楚，刺激土耳其人的因素还在于达尔马提亚北部的斯拉夫基督徒海盗和山匪，也就是打着十字军旗号的乌斯科克人。

两大对抗势力之间的平衡相当微妙。双方舰船上的士兵人数大体相当：大约有 3 万之众，不过土耳其海军的经验可能更为丰富。[71]土耳其人的战舰比基督徒的战舰多一些：基督徒一方只有 200 艘战船，土耳其人大约有 300 艘，奥斯曼的海军将领穆阿津札德·阿里（Müezzinzade Ali）将战舰排成新月形，以形成对基督徒舰队的包围，而他坐镇的中路则试图将基督徒舰队分割，一块一块地予以歼灭。[72]不过，西方的战舰在建造时更注意其耐用性，而奥斯曼人的战舰则是用“绿色”木材建成，属于一次性产品——使用两个季度就要更换。奥斯曼舰队主要包括轻型帆桨船，吃水较浅，这样虽然使其 450
更易受损，却使其能够在近海浅水区航行，因而他们可借此优势对基督徒的重型船只进行迂回包抄；威尼斯人也喜欢采用轻型的帆桨船。[73]基督徒海军拥有的火炮数量是土耳其军队的两倍，但土耳其人的弓箭手更多；枪支的杀伤力较大，但装弹耗时太久，而弓箭手却可眨眼间更换箭支。[74]双方都使用了火绳枪，这是一种手持的枪支，精准度不是很高，但加装弹药相对较快，在中世纪末期已经取代了致命的十字弩。[75]西班牙人的旗舰“皇家号”（*Real*）上配备着400名来自撒丁岛的火绳枪手；而奥斯曼人的旗舰“苏丹娜号”上配备的枪手数量只有对手的一半。[76]除此之外，由于库佐拉里斯群岛（Kurzolaris）距离伊萨卡岛东岸非常近，狭窄的海峡限制了基督徒帆桨船的快速行动。[77]

基于以上种种条件，就不奇怪这次海战为什么会造成如此恐怖的伤亡。神圣同盟海军确信：与土耳其人战斗的决定性时刻已经到来，在土耳其人的炮火下那些令人印象深刻的英勇行为导致了大量伤亡。威尼斯人的指挥官阿戈斯提诺·柏柏尔里格（Agostino Barbarigo）完全无视自己舰只的安全，驾驶着最尊贵的威尼斯共和国旗舰冲向奥斯曼人的帆桨船，以拦截对方船只前行。威尼斯的船长们一个接一个地战死——他们都来自威尼斯的显贵家族，如奎里尼家族（Querini）和康达利尼家族（Contarini）。柏柏尔里格奋不顾身地向前冲，却愚蠢地摘下了头盔，一阵箭雨射向了他的战舰，他的眼睛被击中，很快倒下死去。但教宗与那不勒斯的帆桨船紧随威尼斯分遣舰队之后，一点一点地逼退土耳其人。[78]威尼斯加莱塞战舰①的船首发射出的猛烈炮火把土耳其人的战舰炸得粉碎，被束缚在桨位

① Galleasses，是一种比单桅帆桨船（galley）更大、更高、更重的帆桨船。——译者注

上的奴隶也随着船只的碎片沉入海底。持续不断的炮火浓烟压制住了土耳其人的弓箭手。这场屠杀是无情的、丑陋而狂热的。[79]最后，基督徒的水兵登上穆阿津札德·阿里的旗舰，阿里英勇战死；他的首级被挑于矛尖高高地举起，极大地鼓舞了基督徒的斗志。[80]战斗没有就此终结，因为阿尔及利亚的战舰也加入战斗。但随着夜幕的降临，神圣同盟的舰队撤离了被血染红的水域，寻找掩蔽处以躲避即将到来的风暴。次日凌晨，阵亡人数以及被毁战船的数量完全说明了战争的结果，神圣同盟赢得了一场大胜，而且土耳其人的阵亡人数难 451
以计数。土耳其人约有 2.5 万，甚至 3.5 万人阵亡，不仅包括船上的奴隶，还有船长、指挥官，而基督徒一方的损失相对较小，不过也相当惨重：8000 人阵亡，大量人员受伤（伤员中有 4000 多人很快身亡）；伤亡人员中约有三分之二是威尼斯人，这些技术人才的损失对于威尼斯来说是难以承受的打击。然而，至少有 1.2 万名被迫在土耳其帆桨船上劳作的基督徒奴隶重获自由。[81]

胜利的消息传回威尼斯，尽管伤亡惨重，但丢失塞浦路斯后的绝望情绪还是得到了缓和。当一艘船带着败军的旗帜从勒班陀回来后，胜利也回到威尼斯人中间；威尼斯、罗马以及整个意大利和西班牙都在欢庆胜利，庆祝的方式不仅仅是篝火与祭典，更加持久的方式是威尼斯总督宫殿以及其他公共建筑中的大型壁画和油画。[82]然而，这场胜利从战略意义上讲只是使双方陷入僵持，因为在此后的数年间，任何一方都没有足够的人力、木料以及补给来筹建同等规模的舰队，或至少不敢冒险投入如此大规模的海战。[83]奥地利的唐·胡安在胜利的刺激下，想要直接攻打君士坦丁堡，但菲利普二世秉持着其特有的谨慎，认为最好让幸存下来的帆桨船在意大利过冬。[84]的确如此，正如布罗代尔认为的那样，勒班陀的胜利使得意大利与西西里免于遭受进一步的袭击，而马耳他包围战已经确保了基督徒对西西里水域的控制。在公元 1571 年 10 月 7 日之前的数年以及数个星期中，地中海的政治版图就已划定。法马古斯塔已经陷落，威尼斯人再没有希望去收复塞浦路斯；马耳他仍巍然挺立，土耳其人要想攻打这座骑士团的堡垒，仍需深思熟虑，即便如此，他们还是在 1574 年回到了这片海域，以巩固其对突尼斯的控制。布罗代尔认为，重要的是“土耳其霸权的魔咒被打碎了”。[85]勒班陀战役将业已形成的双方位置固定下来：如今的地中海被两支海上力量分割，土耳其人占据东部——除了威尼斯人控制的克里特外——掌控着所有主要的海岸与岛屿；西班牙人在马耳他以及意大利舰队的支持下控制着西部。

注　释

1. F. Braudel, *The Mediterranean and the Mediterranean World in the Age of Philip II*, trans. S. Reynolds, 2 vols. (London, 1972–3), vol. 2, pp. 919–20.
2. J. Guilmartin, *Gunpowder and Galleys: Changing Technology and Mediterranean Warfare at Sea in the 16th Century* (2nd edn, London, 2003), p. 143.
3. Braudel, *Mediterranean*, vol. 2, pp. 973–87.
4. Guilmartin, *Gunpowder and Galleys*, pp. 137–47.
5. E. Bradford, *The Great Siege: Malta 1565* (2nd edn, Harmondsworth, 1964), p. 14.
6. A. Cassola, 'The Great Siege of Malta (1565) and the Istanbul State Archives', in A. Cassola, I. Bostan and T. Scheben, *The 1565 Ottoman /Malta Campaign Register* (Malta, 1998), p. 19.
7. Braudel, *Mediterranean*, vol. 2, pp. 1014–17.

8. R. Crowley, *Empires of the Sea: the Final Battle for the Mediterranean 1521–1580* (London, 2008), p. 114.
9. F. Balbi di Correggio, *The Siege of Malta 1565*, trans. E. Bradford (London, 1965), pp. 51–3.
10. Ibid., pp. 55, 61–4.
11. Ibid., p. 91.
12. Braudel, *Mediterranean*, vol. 2, p. 1018; Crowley, *Empires of the Sea*, pp. 155–6, 165–6.
13. Balbi, *Siege of Malta*, pp. 145–7, 149–50; Crowley, *Empires of the Sea*, pp. 176–7.
14. Balbi, *Siege of Malta*, p. 182.
15. Ibid., p. 187.
16. Braudel, *Mediterranean*, vol. 2, p. 1020.
17. D. Hurtado de Mendoza, *The War in Granada*, trans. M. Shuttleworth (London, 1982), p. 58.
18. R. Cavaliero, *The Last of the Crusaders: the Knights of St John and Malta in the Eighteenth Century* (2nd edn, London, 2009), p. 23.
19. J. Abela, 'Port Activities in Sixteenth-century Malta' (MA thesis, University of Malta), pp. 151–2, 155.
20. Ibid., pp. 161, 163.
21. G. Wettinger, *Slavery in the Islands of Malta and Gozo* (Malta, 2002).
22. Abela, 'Port Activities', pp. 104, 114, 122, 139–42.
23. P. Earle, 'The commercial development of Ancona, 1479–1551', *Economic History Review*, 2nd ser., vol. 22 (1969), pp. 28–44.
24. E. Ashtor, 'Il commercio levantino di Ancona nel basso medioevo', *Rivista storica italiana*, vol. 88 (1976), pp. 213–53.
25. R. Harris, *Dubrovnik: a History* (London, 2003), p. 162.
26. F. Tabak, *The Waning of the Mediterranean 1550–1870: a Geohistorical Approach* (Baltimore, MD, 2008), p. 127.
27. Earle, 'Commercial development of Ancona', pp. 35–7; M. Aymard, *Venise, Raguse et le commerce du blé pendant la second moitié du XVIe siècle* (Paris, 1966).
28. Earle, 'Commercial development of Ancona', p. 40.
29. V. Kostić, *Dubrovnik i Engleska 1300–1650* (Belgrade, 1975).
30. Harris, *Dubrovnik*, pp. 163–4; F. Carter, 'The commerce of the Dubrovnik Republic, 1500–1700', *Economic History Review*, 2nd ser., vol. 24 (1971), p. 390.
31. V. Miović, *The Jewish Ghetto in the Dubrovnik Republic (1546–1808)* (Zagreb and Dubrovnik, 2005).
32. Harris, *Dubrovnik*, pp. 252–60, 271–84.
33. Carter, 'Commerce of the Dubrovnik Republic', pp. 369–94; repr. in his unsatisfactory *Dubrovnik (Ragusa): a Classic City-state* (London, 1972), pp. 349–404; Harris, *Dubrovnik*, p. 160.
34. Carter, 'Commerce of the Dubrovnik Republic', pp. 386–7.

35. Harris, *Dubrovnik*, p. 270.
36. Braudel, *Mediterranean*, vol. 1, pp. 284–90.
37. Ibid., p. 285.
38. Harris, *Dubrovnik*, p. 172.
39. Braudel, *Mediterranean*, vol. 1, pp. 286–7; A. Tenenti, *Piracy and the Decline of Venice 1580–1615* (London, 1967), pp. 3–15.
40. Tabak, *Waning of the Mediterranean*, pp. 173–85.
41. E. Hamilton, *American Treasure and the Price Revolution in Spain, 1501–1650* (Cambridge, MA, 1934).
42. J. Amelang, *Honored Citizens of Barcelona: Patrician Culture and Class Relations, 1490–1714* (Princeton, NJ, 1986), pp. 13–14; A. García Espuche, *Un siglo decisivo: Barcelona y Cataluña 1550–1640* (Madrid, 1998), generally, and pp. 62–8 for French settlers.
43. A. Musi, *I mercanti genovesi nel Regno di Napoli* (Naples, 1996); G. Brancaccio, *'Nazione genovese': consoli e colonia nella Napoli moderna* (Naples, 2001), pp. 43–74.
44. R. Carande, *Carlos V y sus banqueros*, 3 vols. (4th edn, Barcelona, 1990); R. Canosa, *Banchieri genovesi e sovrani spagnoli tra Cinquecento e Seicento* (Rome, 1998); Braudel, *Mediterranean*, vol. 1, pp. 500–504.
45. C. Roth, *Doña Gracia of the House of Nasi* (Philadelphia, PA, 1948), pp. 21–49.
46. M. Lazar (ed.), *The Ladino Bible of Ferrara* (Culver City, CA, 1992); Roth, *Doña Gracia*, pp. 73–4.
47. Miović, *Jewish Ghetto*, p. 27.
48. Roth, *Doña Gracia*, pp. 138–46, 150–51.
49. Ibid., pp. 154–8.
50. D. Studnicki-Gizbert, *A Nation upon the Ocean Sea: Portugal's Atlantic Diaspora and the Crisis of the Spanish Empire 1492–1640* (Oxford and New York, 2007).
51. C. Roth, *The House of Nasi: the Duke of Naxos* (Philadelphia, PA, 1948), pp. 39–40.
52. Ibid., pp. 46–7.
53. Ibid., pp. 75–137.
54. J. ha-Cohen, *The Vale of Tears*, cited ibid., p. 137.
55. Roth, *Duke of Naxos*, p. 128.
56. Under the leadership of Haim Abulafia: J. Barnai, *The Jews of Palestine in the Eighteenth Century under the Patronage of the Committee of Officials for Palestine* (Tuscaloosa, AL, 1992), pp. 152–3.
57. Roth, *Duke of Naxos*, pp. 62–74.
58. Ibid., pp. 138–42; N. Capponi, *Victory of the West: the Story of the Battle of Lepanto* (London, 2006), p. 127.
59. Capponi, *Victory of the West*, pp. 119–23.
60. Ibid., pp. 121, 124–5.

61. Ibid., pp. 128–30.
62. Braudel, *Mediterranean*, vol. 2, p. 1105.
63. Capponi, *Victory of the West*, p. 137; A. Gazioğlu, *The Turks in Cyprus: a Province of the Ottoman Empire (1571–1878)* (London and Nicosia, 1990), pp. 28–35.
64. Capponi, *Victory of the West*, pp. 150–54; Gazioğlu, *Turks in Cyprus*, pp. 36–48.
65. Capponi, *Victory of the West*, pp. 160–61.
66. Ibid., p. 170.
67. Ibid., pp. 229–31.
68. H. Bicheno, *Crescent and Cross: the Battle of Lepanto 1571* (London, 2003), p. 208; Gazioğlu, *Turks in Cyprus*, pp. 61–6.
69. Capponi, *Victory of the West*, pp. 233–6.
70. Guilmartin, *Gunpowder and Galleys*, p. 252.
71. Capponi, *Victory of the West*, pp. 263–4; Bicheno, *Crescent and Cross*, pp. 300–308.
72. Capponi, *Victory of the West*, pp. 259–60; Bicheno, *Crescent and Cross*, pp. 252, 260（部署计划和开始阶段）。
73. Guilmartin, *Gunpowder and Galleys*, pp. 253, 255, 257.
74. Crowley, *Empires of the Sea*, p. 272.
75. Guilmartin, *Gunpowder and Galleys*, pp. 158–60.
76. Crowley, *Empires of the Sea*, p. 279.
77. Capponi, *Victory of the West*, p. 256.
78. Ibid., pp. 268–71; Bicheno, *Crescent and Cross*, p. 263.
79. Crowley, *Empires of the Sea*, pp. 284–5.
80. Capponi, *Victory of the West*, p. 279.
81. Bicheno, *Crescent and Cross*, pp. 319–21; Capponi, *Victory of the West*, pp. 289–91.
82. Bicheno, *Crescent and Cross*, plates 6a, 6b, 7.
83. Guilmartin, *Gunpowder and Galleys*, pp. 247–8.
84. Braudel, *Mediterranean*, vol. 2, p. 1103.
85. Ibid., pp. 1088–9.

五　地中海的闯入者（1571～1650年）

1

452 在从勒班陀战役结束到17世纪中叶的这段时间，地中海相对统一。柏柏尔海盗并未离去——事实上，他们的海盗劫掠更加严重，在某种意义上，奥斯曼人赋予他们更多自由，因为“高门”已经不再期望对西地中海实行直接统治。[1]西地中海还遭遇基督徒海盗的劫掠——除了马耳他骑士团，还出现了圣斯德望骑士团（Santo Stefano），后者是公元1562年由托斯卡纳的美第奇公爵创建，由托斯卡纳的海盗以及圣战士组成。与威尼斯人一样，他们也从勒班陀胜利地带回了奥斯曼人的军旗；他们还极不协调地将它挂在比萨的教堂顶部，每日在天主教祭礼的烟熏当中昭显伊斯兰教的信仰。此处没有必要重复描述基督徒的马耳他骑士团以及圣斯德望骑士团为赚取功名而对柏柏尔海盗进行的没完没了的攻击与报复；最不幸的牺牲者是那些因在被捕获的商船上，或因在意大利、西班牙和非洲海岸上（相对而言，法国人不是穆斯林袭击者的对象，因为他们与奥斯曼宫廷关系较好）被捕，而沦为奴隶的人们。从西西里开出的帆桨船继续在海上巡航，以保证西班牙国王的意大利领地不受海上袭击者的侵扰，但发生大规模帆桨船战争的时代已经结束，这不仅仅是因为新式的舰船更注重效率，还因为建造和维持帆桨船的费用过高。即便如此，奥斯曼人在勒班陀战役后

仍立即重整了舰队。西方也警钟长鸣：他们确信奥斯曼人会以 453
基督教为目标发动第二次大规模袭击。

然而，“高门”已经对海战失去了兴趣，他们不再理会西班牙人，而是去关注其传统敌人——波斯的什叶派皇帝。这是极合时宜的，因为如今西班牙人的注意力也离开了地中海；菲利普二世的野心是要击败盘踞在北方的新兴的异教徒：新教徒。菲利普陷于同英格兰的伊丽莎白（Elizabeth）的战争以及低地国家臣民的起义当中。他不仅告别了奥斯曼人，还离开了摩里斯科人，过去生活着摩里斯科人的安达卢西亚地区如今人烟稀少、一片荒芜。[2]此外，他还获得一个意外之喜，这就是葡萄牙及其海外帝国。公元 1578 年，葡萄牙的年轻国王塞巴斯蒂安（Sabastian）出于基督教十字军运动的热情，率领军队投入与摩洛哥的战争，招致大败。于是，阿维斯（Aviz）家族最后的继承人枢机主教亨利（Cardinal Henry）继承了王位，但 1580 年他无嗣去世后，葡萄牙王位被传给西班牙的菲利普，菲利普并没有积极延续葡萄牙人的古老梦想去驯服摩洛哥。[3]在菲利普统治的包括旧大陆和新大陆的庞大领土中，地中海看上去相当小。1589 年，意大利的政治理论家乔万尼·博泰罗（Giovanni Botero）出版了一本书，名为《论国家理性》（*Reason of State*），该书后来在西班牙极受欢迎。他认为，一个国家如果其领地分散于许多地方，那么它在本质上是脆弱的，但西班牙人凭借灵活地使用其舰队成功地克服了这一弊病。在西班牙帝国，“没有任何领地在舰队的援助范围之外”，这使得加泰罗尼亚、巴斯克以及葡萄牙的水手们能够将伊比利亚半岛、国王菲利普的意大利领地，甚至低地国家都纳入一个统一实体当中：“这个本来看上去分散的、

威尼斯
热那亚
比萨
里窝那
安科纳
阿利坎特
阿尔及尔
0 100 200 300 400 英里
0 200 400 600 公里

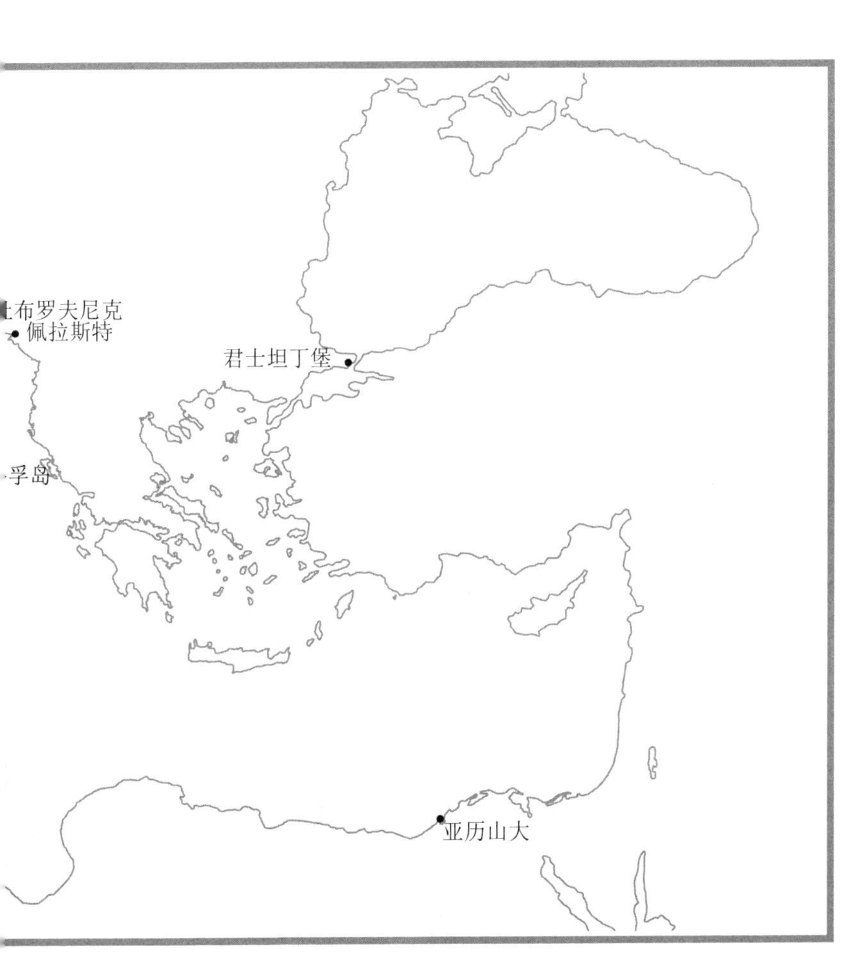

布罗夫尼克
佩拉斯特
君士坦丁堡
孚岛
亚历山大

缺乏灵活性的帝国，因有了为这些人掌控的海军力量，反而是统一而紧凑的。”[4]

地中海的平静源于奥斯曼人与西班牙人的心照不宣。但由
于西班牙人的巡航仅限于保护南意大利、西西里和西班牙海
岸，跨越地中海的航行变得极不安全。犹太商人和穆斯林商人
的货物经常会被基督徒海盗劫掠。由于新的极具破坏力的水手
也来到地中海水域，危险进一步加剧。随着大西洋经济开始迸
454 发出新的活力，来自荷兰、德意志以及英格兰的水手深入地中
海，从事商贸活动，也进行劫掠；当欧洲北部的商人在地中海
以及大西洋的谷物和香料贸易中占据了相当大的份额后，两大
海洋在一千三百年之前就开始逐渐发展的关系变得日益紧密。
后文还会谈及这些外来者；还有一些来自地中海内部的闯入
者，对传统的占支配地位的国家的航运构成严重威胁。这就是
来自塞尼（Senj）的乌斯科克人，他们的基地隐藏在达尔马提
亚北部的小岛屿和小海湾之间，位于茨雷斯岛（Cres）、克尔
克岛（Krk）和拉布岛（Rab）之后。今天看起来那么美丽的
海岸，在公元16世纪末却制造了大量的恐怖。这里位于奥斯
455 曼人在巴尔干半岛的领地与哈布斯堡人的领地间的分界线上，
也就是今天的斯洛文尼亚和克罗地亚北部，更不必说还有亚得
里亚海沿岸的威尼斯领地。这样的地方为任性妄为、特立独行
的山匪与海盗的泛滥提供了可能，尤其是他们把自己打造成对
抗土耳其人的基督教十字军的旗手，为捍卫基督教世界以及哈
布斯堡家族统治下的奥地利的利益而战。[5]

在克罗地亚的民族史诗中，乌斯科克人成为罗宾汉（Robin Hood）式的人物，他们虽然人数很少，所乘坐的也是小型舰船，但仍然成功地将威尼斯挤到亚得里亚海的小角落里。这使其成

为现代南斯拉夫的民族主义、社会主义历史学家们尊奉的英雄。[6]但不能把乌斯科克人想象得过于浪漫。他们有自己的贵族领袖，与地中海海滨地区的基督徒和穆斯林海盗以及强盗没有 456
明显不同。“乌斯科克”的本意为“难民”，他们与柏柏尔海盗一样，成员的族属多种多样，来自亚得里亚海沿岸的威尼斯殖民地、杜布罗夫尼克和阿尔巴尼亚，此外还有意大利的水手，偶尔还会有改变信仰的前穆斯林。有些人出生时是哈布斯堡王朝的臣民，有些是奥斯曼臣民，有些是威尼斯臣民；他们的背景随着时间变换也发生着改变，因此在公元16世纪90年代，有相当比例的成员来自扎达尔与斯普利特后方的达尔马提亚腹地，那里在奥斯曼人与哈布斯堡人漫长的陆地冲突中承受着重压。[7]在威尼斯人看来，乌斯科克人“此前是土耳其人的臣民，因无法忍受土耳其老爷们的暴政，而逃到塞尼”。[8]塞尼似乎也为他们准备了成功的机会：“原本扛着锄头和犁，衣着褴褛的赤脚汉子们，在很短的时间里就变得肥胖而富有。”[9]

塞尼没有天然的海港。当被称为“布拉风”（*bora*）的强季风吹过来时，船只必须靠岸，并被牢牢地拴在堤岸上，以免被风吹走。但城市被背后陡峭的山脉和茂密的森林保护着。[10]其影响力最大的时期是勒班陀战役结束到公元1610年之间，此时，乌斯科克人的警戒范围比较大，以塞尼为中心，向南直达内莱特瓦河（Neretva）的入海口，那里距离杜布罗夫尼克已经不远。[11]他们是一群无可救药的匪徒。即使奥地利当局与其对手处于和平期，只要有机会，这群匪徒仍会对威尼斯或土耳其的船只发起攻击。[12]在16世纪90年代，威尼斯人不再把乌斯科克人视为逃离奥斯曼人的基督徒难民，而是视为危险的罪犯，他们对塞尼进行封锁，并把许多人处死（不过1596年时，塞尼武装人员的总数也只有1000人，平常约有600人）。[13]威尼斯人容忍他们的唯一条件是：他们同意放弃罪恶的掠夺行为，并在威尼斯共和国的帆桨船上尽职尽责地服务。[14]

早在公元16世纪20年代，来自塞尼的海盗就开始威胁亚得里亚海的土耳其商船。威尼斯商船也是现成的劫掠对象，因为他们总想着与土耳其人缔结协约，也因为威尼斯人与哈布斯堡人在斯洛文尼亚边境地区偶尔会爆发冲突。早些年，乌斯科
457 克人只满足于向当地小货船掠夺鱼、酒、橄榄油和奶酪，但很快他们就升级为对前往杜布罗夫尼克和安科纳的大型圆形商船发动袭击，威胁到从托斯卡纳到君士坦丁堡的海路与陆路交通。[15]1599年，威尼斯人被乌斯科克人激怒，派出一艘装载着有毒葡萄酒的船前往乌斯科克人大批出没的水域，主动让乌斯科克人捕获，希望乌斯科克人喝了这种酒后全部暴亡。然而，乌斯科克人后来全都活着，因此这条计策显然失败了。乌斯科克人与杜布罗夫尼克的关系也令人担忧。拉古萨人被视为暗中勾结土耳其人的叛徒，拉古萨的长老们也知道土耳其人不会允许杜布罗夫尼克与乌斯科克人合作。有一次，拉古萨人将被处决的乌斯科克人的首级悬挂在城门上示众，向乌斯科克人以及奥斯曼人明确表明自己的立场。结果也不出所料：一份拉古萨的报告称，“他们对我们的袭击与对土耳其人一样”。[16]

尽管如此，一般说来，他们更感兴趣的还是犹太人和穆斯林的货船，而不是基督徒，他们更愿意登上那些船没收“异教徒的”货物；结果，犹太商人签署保险合同索赔的比例是基督徒商人的七倍。穆斯林的处境也很糟糕：有一位来自科托尔海湾的繁荣港口佩拉斯特（Perast）的船长，当公元1581年乌斯科克人登上他的船时，他对船上的穆斯林乘客承诺说，他

会照看他们，但他将船驶往塞尼，设宴款待乌斯科克人，而乘客们则作为奴隶被带走。[17]在意大利附近海域经商的犹太商人和穆斯林商人尝试了各种计谋。比较明显的是在货物上标注十字架的标记；另一种计谋是同时携带一份秘密账册以及一份伪造的账册。与此同时，塞尼主教还积极地确认那些与土耳其人合作的基督徒商人，特别是从事武器买卖的商人，然后将他们逐出教会——或者换一种方式，如果塞尼的圣战士劫掠他们的货物，他们不能做任何抵抗。

2

这些发展证实了威尼斯政治经济生活从公元 15 世纪中叶起就已显现出的大趋势：退出重要的黎凡特贸易，融入北意大利的政治经济生活。除了海盗影响之外，威尼斯人还需要处理 458
葡萄牙人于 1497 年开辟的前往东方的新路线所带来的影响。即便与中世纪贸易最盛期相比，威尼斯人到君士坦丁堡的数量已经大幅衰减，但那里依然存在一个庞大的威尼斯社区，到 1560 年已经建立起 12 间商人会所。[18]除了传统上控制威尼斯黎凡特贸易的商业贵族，其他商人也非常活跃，比较突出的是 16 世纪时生活在威尼斯的犹太人。这个社区的人员来源比较复杂。来自德国、意大利的犹太人从事典当业，他们从市政厅获得经营执照，并被要求居住在隐藏于城市北部的“新隔都”（Ghetto Nuovo）。紧邻他们的是更多涉足地中海商业活动，特别是经由巴尔干半岛前往萨洛尼卡与君士坦丁堡从事陆路贸易的塞法迪犹太人，与安科纳的犹太人一样，他们分为两类：一类是来自奥斯曼帝国的“黎凡特人”；另一类是“博宁提尼人”（Ponentines），即西方犹太人，主要是葡萄牙裔的马拉诺，他们往往过着基督徒的生活，至少表面上如此。博宁提尼人面临着被威尼斯宗教裁判所调查的威胁，但总的说来，威尼斯更需要从事黎凡特贸易的商人，而非推行基督教正统信仰的顾虑。[19]威尼斯人的务实主义还体现在其政权机构正打算批准兴建一座希腊正教教堂——希腊圣乔治堂（San Giorgio dei Greci）一事上，因为这个时期意大利的所有其他希腊教堂都属于东仪天主教会（Uniate），也就是说，他们承认教宗的权威。[20]

“威尼斯的衰落”极易被简单地视同威尼斯海上霸权的衰落。[21]事实上，在公元16世纪中期，威尼斯表现出了极强的适应力。这时，恰逢西欧大陆经济扩张时期，威尼斯人义无反顾地参与了这个进程。传统工业，比如玻璃制造业正在扩张，纺织品的生产规模也大幅膨胀。1516年，威尼斯每年生产的布匹不足两千匹，而到1565年，产量已经增长了十倍多。[22]威尼斯城的发展受益于佛罗伦萨的同类纺织品生产的衰落，也受益于西班牙原毛的正常稳定供应。这使得威尼斯更加重视通往西部的商路，货物可经伦巴第由陆路抵达，也可经由海路到达，不过威尼斯城仍然需要进口谷物、橄榄油和葡萄酒，这些均来自他们辖下的爱奥尼亚群岛以及克里特。塞浦路斯失陷之后，
459 威尼斯人航行的范围有所收缩，但他们与奥斯曼人重新缔结的和约，确保了当时克里特仍安全地处于威尼斯人的统治之下——此地的主要威胁不是来自土耳其人，而是来自难以驾驭的当地民众。

威尼斯的转型（这种表述比“衰落”更为贴切）使得其他人能够更加自由地涉足黎凡特贸易。威尼斯人撤离后，填补空白的是希腊人商业活动的复苏，他们在爱琴海、小亚细亚与埃及为奥斯曼帝国的商业活动提供服务。[23]另外，英格兰人的

到来是西班牙国王与英格兰女王、天主教君主与新教反对派之间激烈竞争的副产品。伊丽莎白有意与“高门”建立联系，部分原因是政治上的考虑——“土耳其人”是菲利普二世的对手——但也有商业上的考虑。公元 1578 年，女王的大臣沃尔辛厄姆（Walsingham）撰写了一篇短论，主题是“关于与土耳其的贸易”，他认为应该派一名“精明的人”去秘密会见奥斯曼苏丹，呈上女王伊丽莎白的亲笔信。1580 年，英格兰成立了一家土耳其公司，以推动与奥斯曼人治下地区的贸易。[24]然而，这也反映出英格兰商人的新的进取精神，他们要进入传统上由意大利商人主导的区域，意大利商人过去一直为英格兰供应异国商品。女王提高了对意大利商船及其货物征收的关税，以此鼓励本土商人参与地中海贸易。不过，她依然在 1582 年续订了与威尼斯的协议，直到伊丽莎白统治末期，威尼斯的大帆船（galleons）仍然在继续抵达英格兰。[25]英格兰人的目标之一是摩洛哥，早在 1558 年伊丽莎白登上英格兰王位之前，英格兰柏柏尔人公司（Barbary Company）的商人们就已经出现在这里。出口这一地区的商品还包括武器，英格兰商人很乐意想象这些武器可以用来对抗西班牙人和葡萄牙人。[26]

这并没有阻止英格兰人试图完全绕开地中海开发其他商路，经过西北或东北的商路，将香料运到北欧，这些路线可能比较寒冷，但比葡萄牙人绕经非洲的商路近得多；结果，英格兰人开始与俄国进行交易。但由于这里的贸易无法为其提供想要的香料，他们再次回到地中海，将商业活动与海盗劫掠结合起来，也因为此，伊丽莎白的私掠船才闻名于世；许多加入土 460
耳其公司（很快就被称为黎凡特公司）的人也投资俄国公司

(Muscovy Company)。[27]对于这些发展，威尼斯人的心情很低落。英格兰的商船进入土耳其水域后，使得威尼斯人无法再获取原本经威尼斯销往奥斯曼帝国各地的英格兰纺织品的收入。更糟糕的消息是，英格兰女王与奥斯曼苏丹签署了协议。另外，威尼斯人也不赞成伊丽莎白的宗教政策；威尼斯当然不能算是最衷心的教宗权力支持者，在公元1603年伊丽莎白去世之前，一直不愿意正式向英格兰派驻使节。[28]不过，一些新的变化也使威尼斯共和国能够从中获利。英格兰的商船开始出现在威尼斯，于是威尼斯也开始进口一些北方的基本产品，并对其越来越依赖，它们（尤其是谷物）甚至关系到该城的生死存亡：由于地中海谷物产区变得荒芜，且1587年初发生的饥荒进一步扩大了谷物的需求缺口，北方谷物的贸易总量不断增长。来自大西洋的干鱼和咸鱼也很受欢迎——从那之后，鳕鱼干（*stoccafisso*）就成为威尼斯菜系中的基本食材，现在依然如此。

英格兰人与荷兰人也前来做买卖。[29]起初，英格兰人关注的焦点不是以胡椒、姜为主的香料贸易，而是威尼斯人治下诸岛屿——爱奥尼亚群岛的赞特岛（Zante）与凯法利尼亚岛——的产品。自中世纪晚期以来，英格兰人开始痴迷于无籽葡萄干、紫葡萄干、无核小葡萄干，因此与威尼斯人展开竞争，争夺被后者称为“干葡萄”（*uva passa*）的市场，致使许多恶性事件发生。英格兰商人极为成功地闯入爱奥尼亚群岛，很快夺取了大半的葡萄干贸易。威尼斯政府试图禁止岛民与外国商人进行交易，对这些禁令，岛上居民的抱怨连连，但大多数时候置之不理。[30]

与此同时，英格兰人对于攻击威尼斯商船却毫无愧疚，尤其是当威尼斯人打算与西班牙做生意时——他们的织布机需要西班牙产的羊毛。公元1589年10月，一位英格兰船长在科孚港与一位威尼斯船长发生争吵；意大利人向英格兰人发起挑战，还称其为傲慢的狗。当威尼斯商船驶离港口时，英格兰船长却狂妄地追了出去。短暂的交火过后，意大利人觉得他已经
受够了并弃船离开，但即便如此，那位英格兰船长还是追着意 461
大利人乘坐的大艇一直回到科孚港。这些海盗完全目中无人。1591年，阿尔及尔港曾经欢迎的英格兰海盗，在巴利阿里群岛与巴塞罗那之间的海峡劫掠了一艘从里窝那向西行驶的拉古萨商船。北非的统治者往往乐于让海盗们使用他们的港口，只要他们与柏柏尔统治者分享战利品。他们船上的水手可能一半是穆斯林，一半是英格兰人。[31]一位叫作约翰·沃德（John Ward）的被流放的英格兰人手下有三百人；1607年，他迫使一艘威尼斯香料大帆船的船长投降，在突尼斯将船上的货物卖掉后得到七万克朗，仅以这种方式，他所攫取的货物总价就高达四十万克朗。[32]新教徒落入宗教裁判所之手后所遭受的虐待，彻底激怒了英格兰海盗，所以他们还亵渎了各个岛屿上威尼斯人的天主教堂。[33]

海盗们的成功归功于新的技术。他们带入地中海的是一种高舷帆船，威尼斯人称之为“贝尔托尼”（*bertoni*）。它们与西班牙以及威尼斯海军通常使用的大帆船看起来非常相似，但它的龙骨深且牢固，三面横帆也使得船只更易于操纵。这种新型船只并不是特别大，荷载的水手约有六十人，约每三人可分享一门火炮。当英格兰人在地中海的对手们成功地俘获这些船只时，就对其加以充分利用；他们甚至还从英格兰船长以及荷兰船长手中购买这种船只用于研究。然而，威尼斯太过保守。在

过去的数个世纪中，大三角帆船一直保护着这座城市的商贸与帝国，也使威尼斯政府对于那种认为这种新型的舰船对保卫共和国十分重要的观点完全置若罔闻。威尼斯的精英们无法理解，为什么公元 13 世纪曾经捍卫共和国的舰船在 17 世纪却无法奏效。直到 17 世纪初，贝尔托尼船在威尼斯才变得司空见惯，因为这时威尼斯人请求英格兰与荷兰帮助他们对抗奥地利的哈布斯堡人。到 1619 年，威尼斯海军已经拥有 50 艘贝尔托尼船以及五十艘帆桨船。然而，即使威尼斯的船长们已经开始操作贝尔托尼船，他们也无法挑战北方水手们的高超技术。1603 年，威尼斯的贝尔托尼船“圣玛丽亚·德拉·格拉齐亚号”（*Santa Maria della Grazia*）在出发前往亚历山大途中，于威尼斯人控制的克里特岛附近被敌军俘获。后来，大船被释放，却在夜间沿着亚得里亚海上行时又被捕获，船上的枪炮全被夺走。意大利人在海洋上近乎无敌的神话已成历史。

462 北方人之间也彼此攻击；公元 16 世纪晚期到 17 世纪初，英格兰人与荷兰人爆发了激烈的冲突。1603 年，托马斯·雪利（Thomas Sherley）指挥着一艘混杂着英格兰水手、意大利水手和希腊水手的船，袭击了两艘搭载爱琴海的谷物从基克拉泽斯群岛前往热那亚的荷兰商船。雪利还自鸣得意，伪装成托斯卡纳美第奇公爵的代表，妄称自己的行为是对抗土耳其人的十字军行动，不过能把对荷兰人的袭击说成圣战还真是神奇。雪利不得不给公爵写信解释自己的行为，因为雪利的劫掠显然越了界。美第奇人很乐意购买英格兰的贝尔托尼船，也乐于雇用英格兰的水手。公爵甚至还从英格兰购买火药。他还在考虑是否可以劝说约翰·沃德为他效劳，因为看起来沃德是位更有活力的海盗。领地已扩展到尼斯周边地区的萨伏伊公爵，愿意各类半真半假的水手使用他的旗号，使用他的自由港维勒夫朗什（Villefranche）。[34]正如阿尔贝托·泰尼迪（Alberto Tenenti）所指出的，“16 世纪末的地中海，无论是在心理上，还是在海军及商业领域，都发生了根本的变化”：犬儒主义代替了过去的圣战意识，虽然有时仍然会使用圣战的术语，但海盗们愿意与土耳其人和摩尔人进行合作的意图证明了这种旗号的虚假性。[35]圣斯德望骑士团的行为就是这一倾向的最好证明：到 17 世纪时，他们已经成为彻彻底底的海盗，从托斯卡纳的美第奇公爵们那里获得慷慨的特许权。

公元 17 世纪，北方人发现原本艰难的海上生活——恶臭的饮水、长满谷象的干粮、刻板的规则，到航行于地中海水域时已经有所改善。约翰·巴萨普（John Baltharpe）是名英格兰水手，用打油诗记录了他在 1670 年的地中海航程。驶进墨西拿港后，“船上日日在交易”，他可以购买：

长丝袜、地毯、白兰地酒，
还有很棒的丝质围巾；
卷心菜、红萝卜、甘蓝与坚果，
最后，一个男人可在荡妇那里吃到：
柠檬、橙子与优质的无花果，
还有叙拉古的葡萄酒，以及鸡蛋。

在里窝那，巴萨普特别兴奋地发现了一种美味的鱼，那是“意大利人的一道名菜”，在“卡莱斯”（Cales，或称卡利亚里 Cagliari），也是“什么都不缺”。甚至在肉食很少的阿利坎特，“没有英格兰的奶酪，也没有黄油，我们得到一小块奥伊 463

尔（Oyl），天晓得，真是太糟糕了”，令人欣慰的是有大量红葡萄酒——“这种公牛血……甜甜的，非常可口，极为诱人，瓶子一下子就见底了”。[36]我们可对比一下此后的时代，在1800年前后，纳尔逊勋爵（Lord Nelson）一年要准备三万加仑的西西里柠檬，以供应整个英格兰海军，这可防止其在地中海以及其他地方的水兵们感染坏血病。[37]

随着公元16世纪时生活水平的提高，北方人对地中海的兴趣也日益浓厚，即便生活水平的提高在17世纪已经停止，北方人在勒班陀战役之后还是经常出现在这里。他们的身份也发生了变化：汉萨同盟的德意志人是先锋（1587年地中海地区歉收之后就已出现），但影响力不大；同时，“佛兰德人”主要指的是西班牙辖下的尼德兰（Netherlands）北部起义省的新教荷兰人，而不是佛兰德的天主教徒。[38]荷兰海军的崛起始于安特卫普（Antwerp）成为葡萄牙与东方香料贸易中心之时，但荷兰的繁荣主要基于两点：一是在地中海的贸易以及海盗劫掠活动的扩张，二是对其大西洋以及印度洋商路的推进。[39]当荷兰联省共和国事实上摆脱西班牙统治实现独立后，生意迅速转向荷兰的造船厂。起初，荷兰人在地中海与法国商人有一定的合作，因为后者正打算开辟通往北非的商路，时不时地允许荷兰商船悬挂法国的旗帜（以保证他们在奥斯曼水域的安全）。[40]“方便旗”（flag of convenience）这一术语特别贴切：船长们不断变换船上悬挂的旗帜，以获取地中海某处海岸或海岛的统治者所声明的保护。

3

在所有行驶于这片海域的人当中，“葡萄牙人”，其中多

11．商栈一般是有拱顶装饰的两层建筑，中间有一个正方形天井。建于十字军时期阿克城的王室商栈是征收税费和收购货物的地方，现在被称为廊柱客栈。土耳其人重修了该建筑，但很好地保留了其原来的形制。意大利商人在阿克的其他地方也建有他们自己的商栈。

42. 这四匹神采飞扬的马是古希腊的艺术品，曾被用来装饰君士坦丁堡的竞技场。威尼斯人在第四次十字军东征时期将其从君士坦丁堡夺走。在风化之前，它们一直傲然耸立在圣马可大教堂的入口上方。

43. 来自休达的穆斯林学者伊德里西王公一直是西西里诺曼国王的地理学助理。尽管他 12 世纪的手稿没能保存下来，这幅中世纪晚期的地图很可能是仿照其手稿中的原图绘制的，地图的上部是南方，因此地中海位于右下方，亚得里亚海则深入欧洲内陆。

44. 14 世纪早期在马略卡岛绘制的波托兰海图。撒丁岛位于中央，马略卡岛十分显眼地被加泰罗尼亚君主的旗帜标出。地名被密集地标在海岸线上。

45. 这幅 13 世纪的壁画描绘了 1229 年阿拉贡王詹姆斯一世攻克马略卡城的情景。这些事件也被记录于国王詹姆斯的自传中。该书用加泰罗尼亚语写成，是自中世纪以来的第一部王室人物传记。

46. 艾格莫特意为死水，建于卡马格（Camargue）边缘，是从法兰西进入地中海的贸易基地和十字军东征的出发地。其保存良好的建筑大多建于 14 世纪，当时此地是其前竞争对手马略卡城统治下的蒙彼利埃的出海口。

47. 热那亚城位于利古里亚地区的阿尔卑斯山与海洋之间，而哈特曼·舍德尔（Hartmann Schedel）1493 年出版的《纽伦堡编年史》（*Nuremberg Chronicle*）较好地描绘了城中房屋、塔楼及教堂聚集于海港旁边的情景，图中还有为应对 12 世纪德意志皇帝腓特烈一世带来的威胁而修建的极为壮观的城门（中央最高处）。

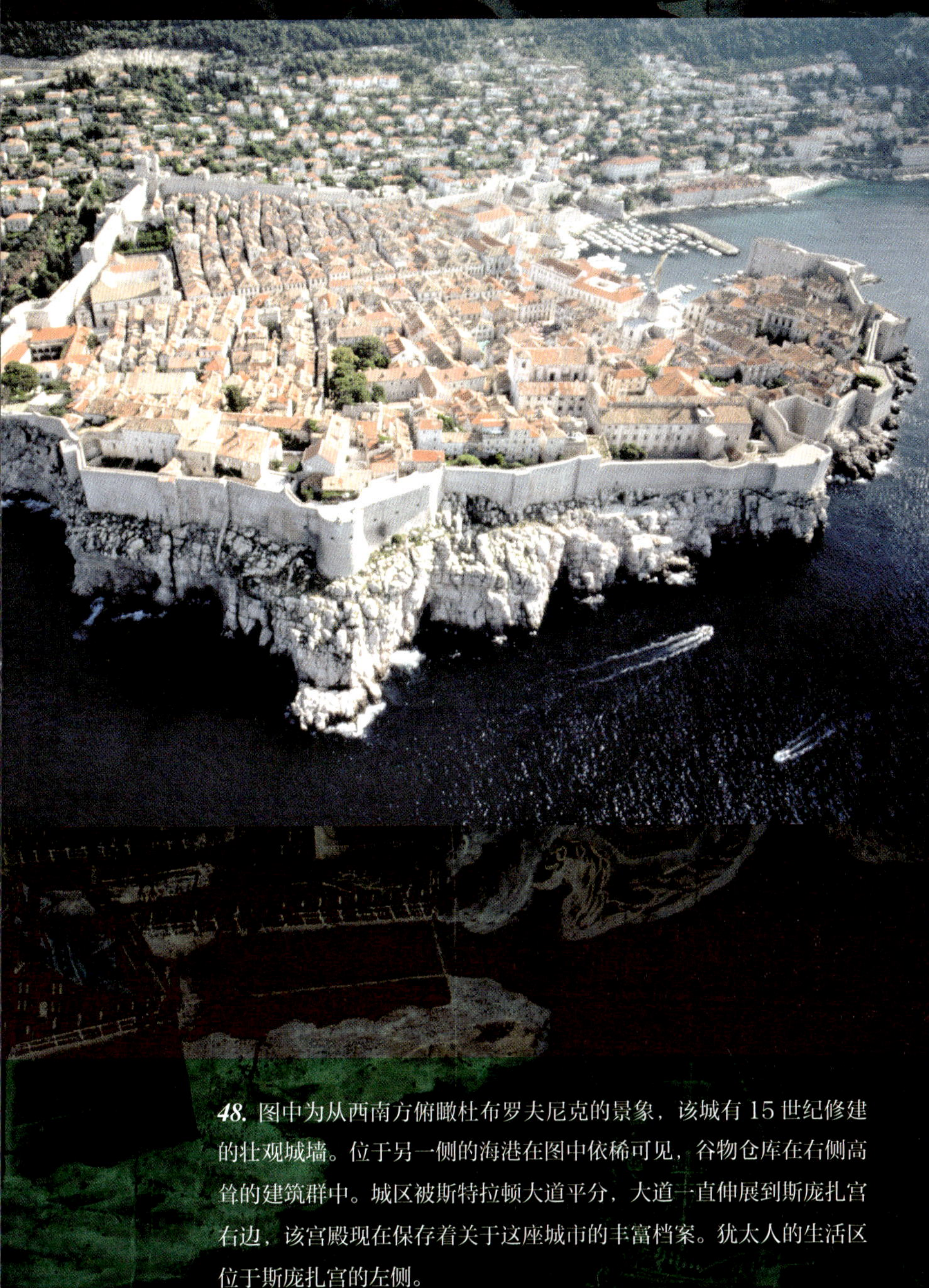

48. 图中为从西南方俯瞰杜布罗夫尼克的景象，该城有 15 世纪修建的壮观城墙。位于另一侧的海港在图中依稀可见，谷物仓库在右侧高耸的建筑群中。城区被斯特拉顿大道平分，大道一直伸展到斯庞扎宫右边，该宫殿现在保存着关于这座城市的丰富档案。犹太人的生活区位于斯庞扎宫的左侧。

49. 15 世纪时，巴伦西亚内陆的马尼塞斯（Manises）是生产用于装饰的重釉陶器的主要中心。图上的这只碗上绘制了意大利佛罗伦萨阿格利家族的盾形徽章。意大利贵族是西班牙－摩尔陶器的狂热购买者。在摩尔人技术的启发下，信奉基督教的陶工们逐渐垄断了陶器的生产，但在有些陶器作坊中穆斯林与基督徒一起劳作。

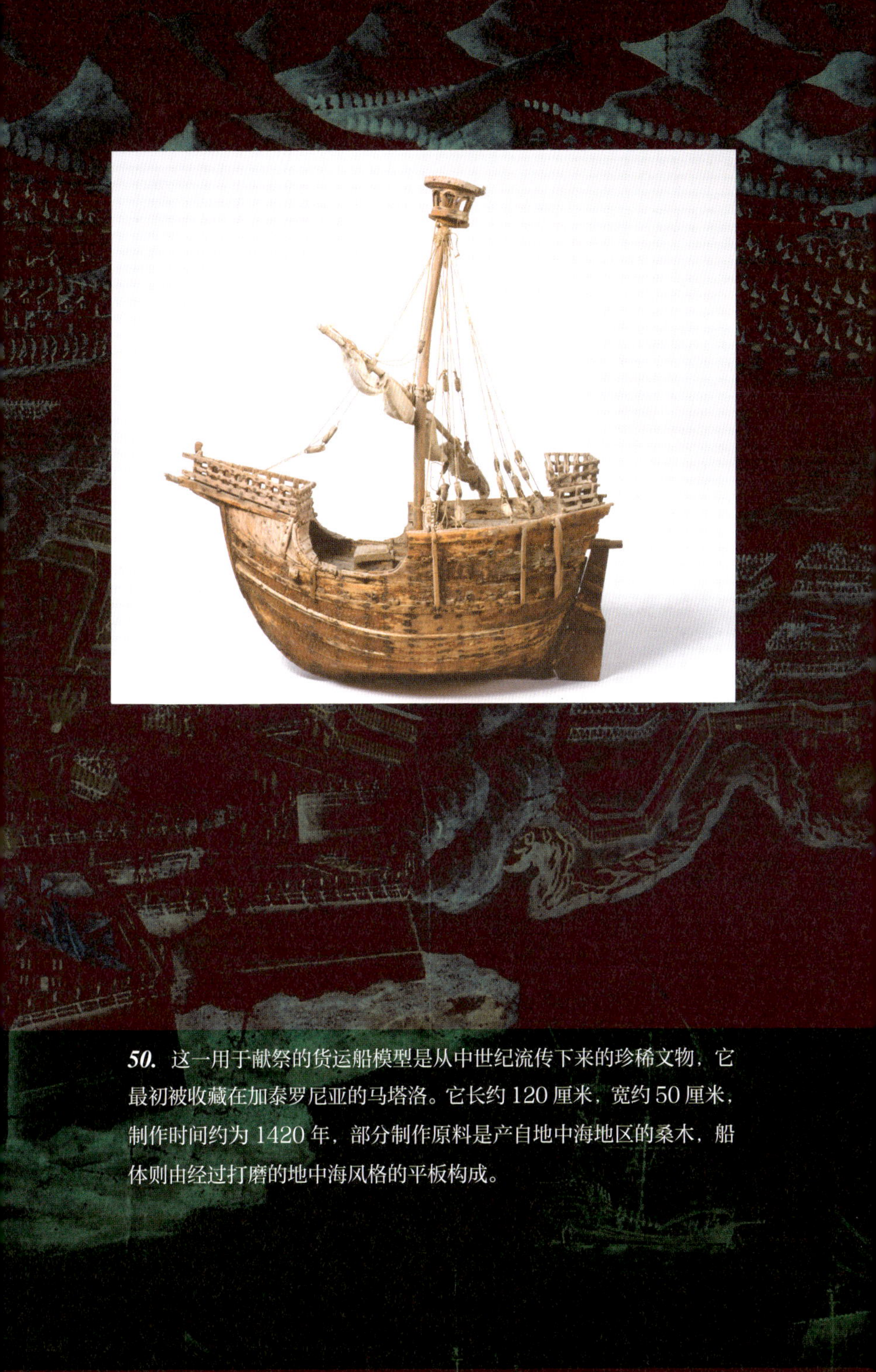

50. 这一用于献祭的货运船模型是从中世纪流传下来的珍稀文物，它最初被收藏在加泰罗尼亚的马塔洛。它长约 120 厘米，宽约 50 厘米，制作时间约为 1420 年，部分制作原料是产自地中海地区的桑木，船体则由经过打磨的地中海风格的平板构成。

51. 巴伦西亚华美的凉廊修建于1483~1498年。图中这间由高高的廊柱支撑的大厅曾被用于进行商业交易活动，而另一间屋子则是巴伦西亚商业法庭所在。在飞檐之间可见到称颂公平交易的铭文。

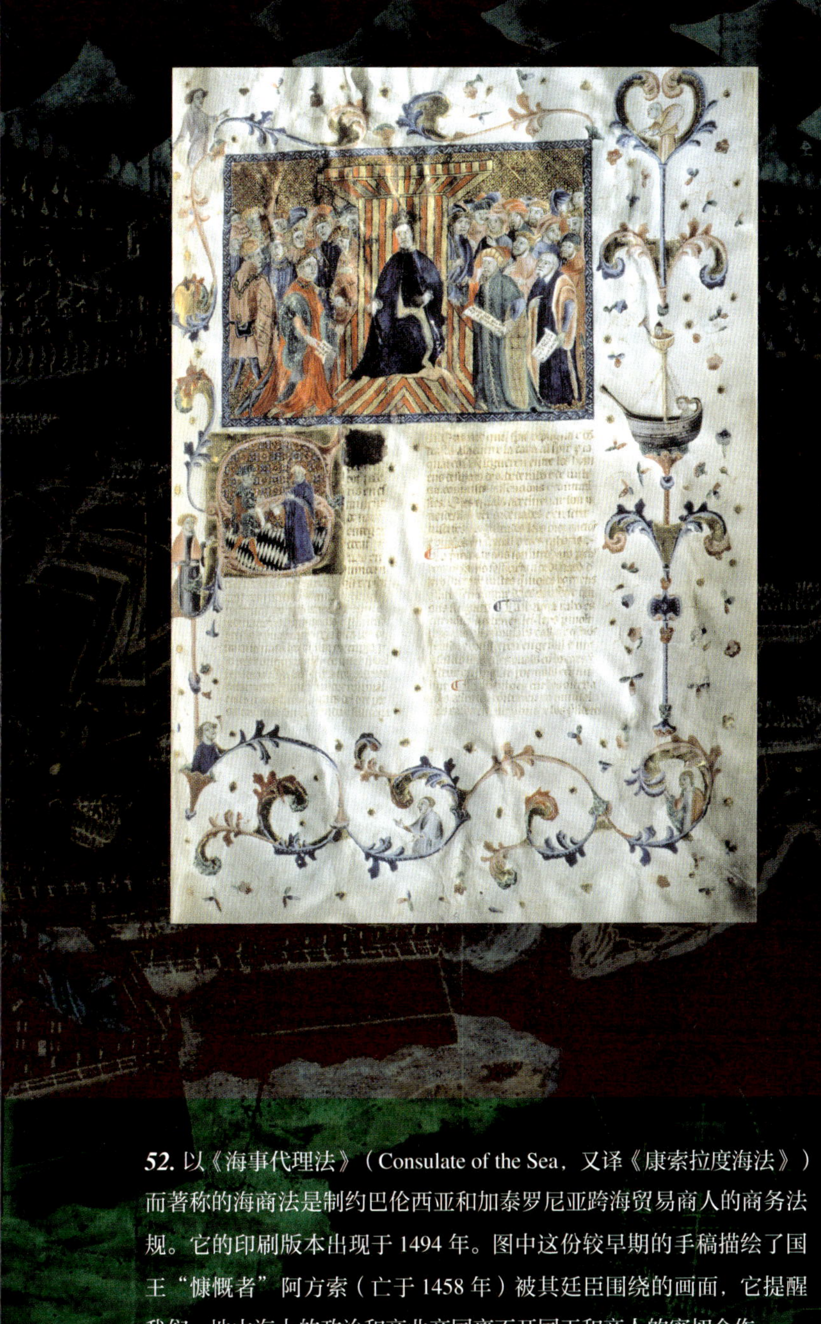

52. 以《海事代理法》（Consulate of the Sea，又译《康索拉度海法》）而著称的海商法是制约巴伦西亚和加泰罗尼亚跨海贸易商人的商务法规。它的印刷版本出现于 1494 年。图中这份较早期的手稿描绘了国王“慷慨者”阿方索（亡于 1458 年）被其廷臣围绕的画面，它提醒我们，地中海上的政治和商业帝国离不开国王和商人的密切合作。

53. 奥斯曼苏丹穆罕默德二世像。他被称为“征服者”，以强调是他征服了君士坦丁堡。他痴迷于意大利文化，命令意大利艺术家真蒂莱·贝利尼就任于他的宫廷，这幅图在 1481 年穆罕默德去世不久前方才完成。

54. 穆罕默德在晚年对拉丁人的基督教世界发动了野心勃勃的征伐，派他的舰队进攻意大利南部的奥特朗托，该城被占领，但他们未能在1480年攻克罗得岛。这里，一幅法兰西微型画描绘了土耳其人被打败，被迫向医院骑士团妥协，图中可见城墙沿线和海边城堡上的骑士团旗帜

55 与 *56* 席兹尔（**左**），亦称海雷丁或巴巴罗萨（死于 1546 年），是一个最无法无天的柏柏尔海盗；他把基地建在阿尔及尔，由此出发攻击梅诺卡岛和意大利，并在法王法兰西斯一世的邀请下于土伦越冬。这幅画是纳凯普·雷斯·海达尔（Nakkep Reis Haydar）的作品，他自己就在海上服役。安德里亚·多利亚（**右**）出身于最显赫的热那亚家族。他曾服务于法王，但又于 1528 年离弃他转投查理五世。他是海雷丁的强劲对手，且取得了重要的胜利，如在 1532 年收复了希腊南部的科伦。

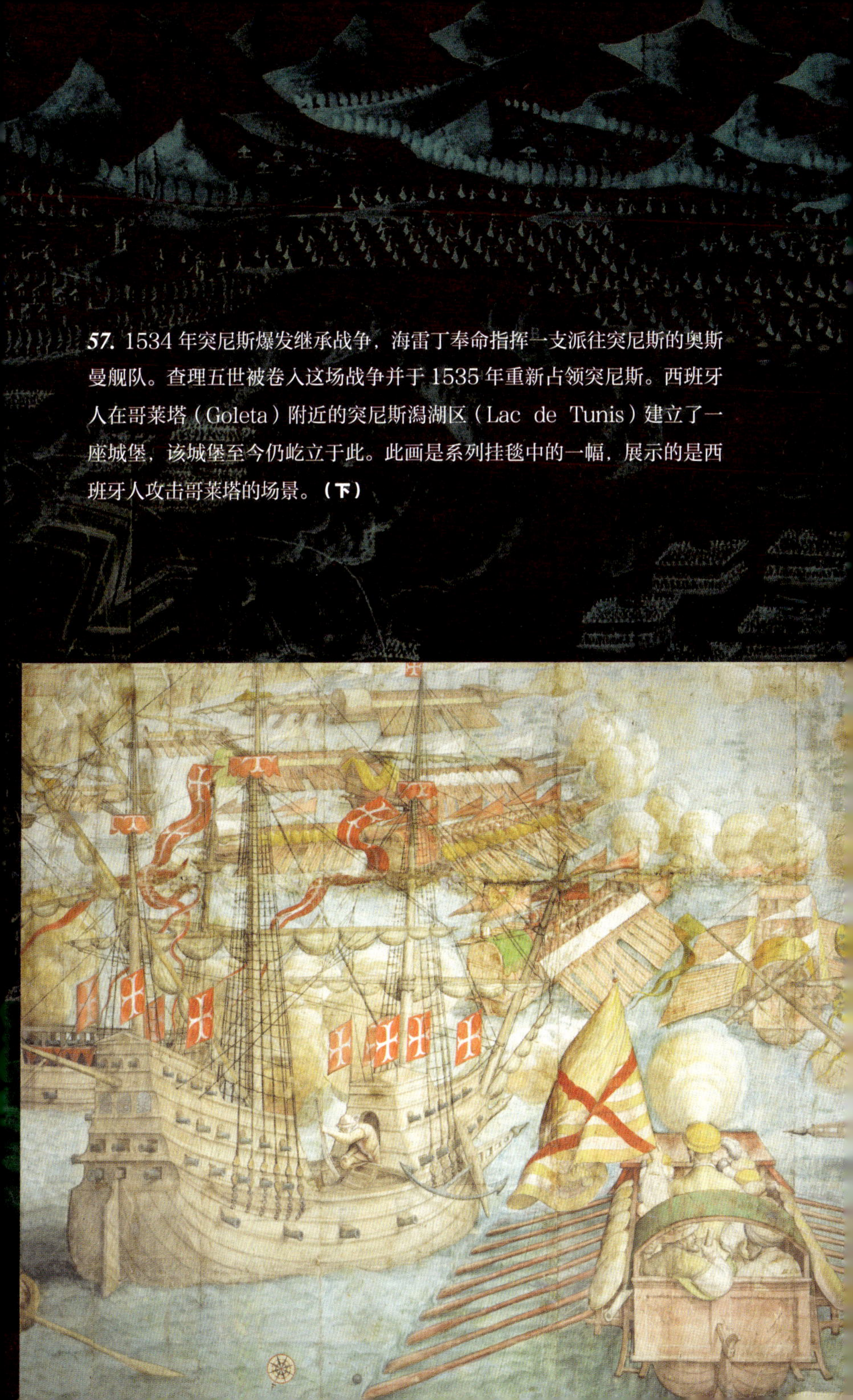

57. 1534 年突尼斯爆发继承战争，海雷丁奉命指挥一支派往突尼斯的奥斯曼舰队。查理五世被卷入这场战争并于 1535 年重新占领突尼斯。西班牙人在哥莱塔（Goleta）附近的突尼斯潟湖区（Lac de Tunis）建立了一座城堡，该城堡至今仍屹立于此。此画是系列挂毯中的一幅，展示的是西班牙人攻击哥莱塔的场景。**（下）**

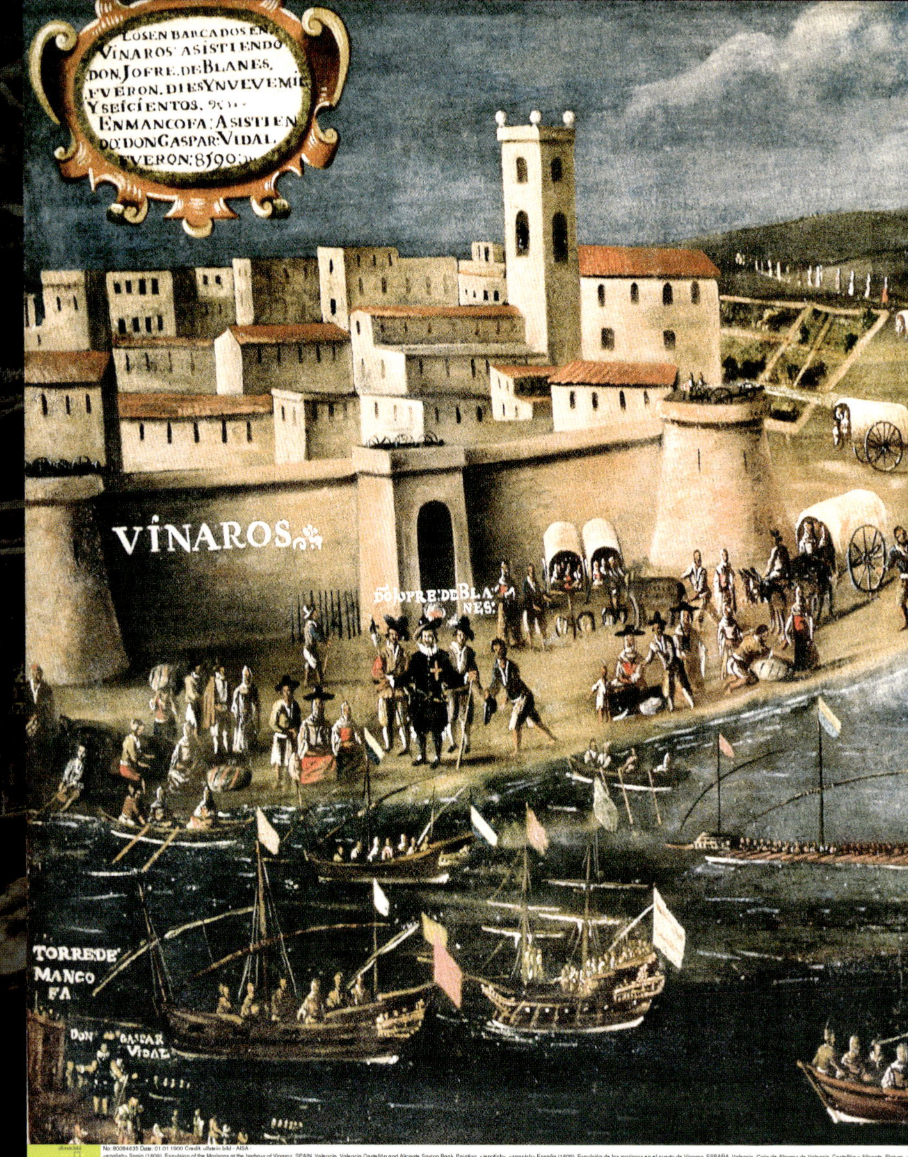
LOSEN BARCADOS EN
VINAROS: ASISTIENDO
DON JOFRE. DE BLANES.
FVERON. DIES Y NUEVE MIL
Y SEÍCIENTOS.
EN MANCOFA: ASISTIEN
DO: DON GASPAR: VIDAL.
FVERON: 8590:
VINAROS
DO JOFRE DE BLA NES
TORRE DE MANCO FA
DON GASPAR VIDAL

58. 大约有 15 万西班牙穆斯林后裔，即摩里斯科人，于 1609~1614 年被驱逐，即使一些人宣称他们已经改信基督教也不能幸免。这幅佩雷·奥罗米格（Pere Oromig）和弗朗西斯科·佩拉塔（Francisco Peralta）的作品描绘了他们由巴伦西亚城北的繁荣港口比纳罗斯（Vinaròs）撤离的情景。

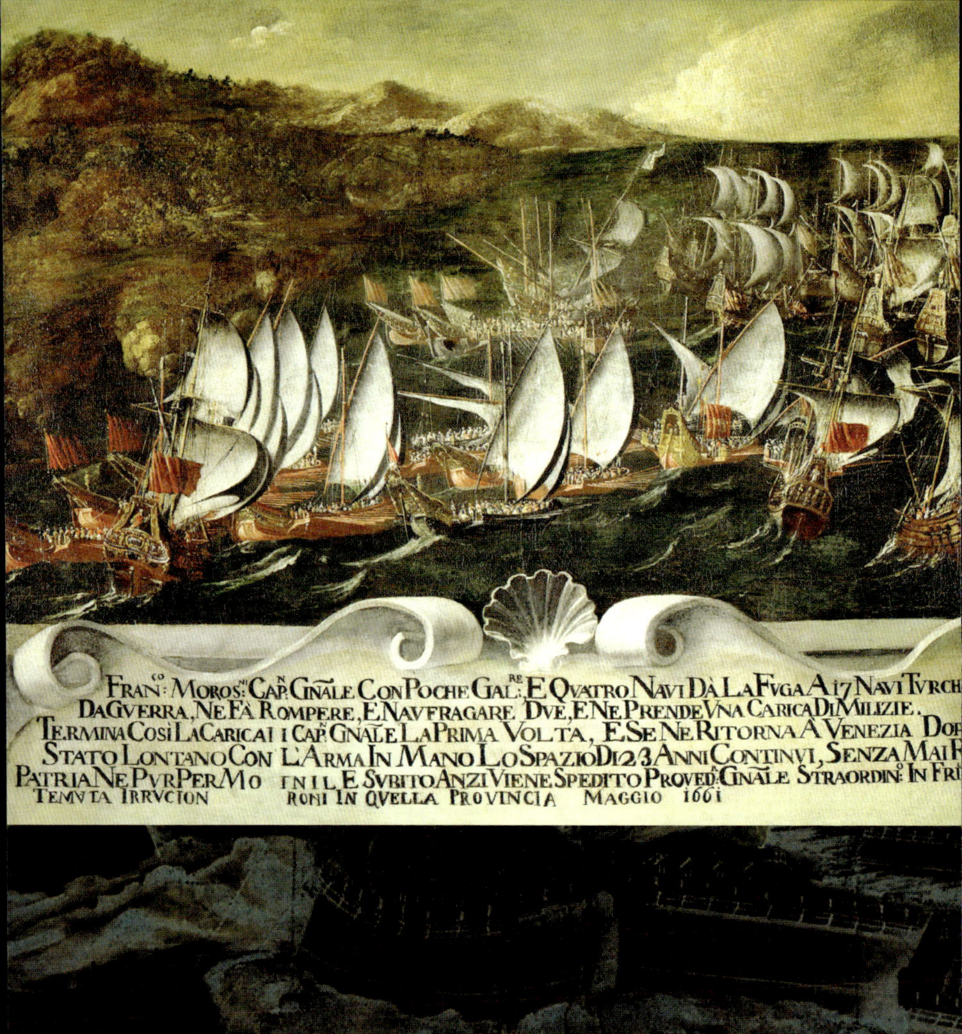
FRANco: MOROSni: CAPn: GNALE CON POCHE GALre: E QVATRO NAVI DÀ LA FVGA A 17 NAVI TVRCH
DA GVERRA, NE FÀ ROMPERE, E NAVFRAGARE DVE, E NE PRENDE VNA CARICA DI MILIZIE.
TERMINA COSÌ LA CARICA I I CAPn GNALE LA PRIMA VOLTA, E SE NE RITORNA À VENEZIA DOP
STATO LONTANO CON L'ARMA IN MANO LO SPAZIO DI 23 ANNI CONTINVI, SENZA MAI R
PATRIA NE PVR PER MO   ENIL E SVBITO ANZI VIENE SPEDITO PROVEDa: GNALE STRAORDINo: IN FRI
TEMVTA IRRVCION   RONI IN QVELLA PROVINCIA   MAGGIO 1661

60. 1756年，法国人攻击英国人占领的梅诺卡岛马翁。图中最显眼的位置就是守卫着地中海最大天然港口入口处的圣菲利普堡。法国人认为英国人出现在土伦附近是对其地中海舰队的直接威胁。

61. 1757 年 3 月 14 日在“君主号”（HMS *Monarch*）军舰后甲板上处决海军将领宾。宾是英国政府和海军部的替罪羊，他们派他以不足以胜任此次任务的少数船只和人员去解救梅诺卡岛。正如伏尔泰的著名评论所言，宾之所以被处死，是为了激励其他人（*Pour encourager les autres*）。

62. 海军上将费奥多·乌沙科夫（1744~1817 年）是地中海上的俄国舰队指挥官，他从法国人手中夺取了爱奥尼亚群岛。2000 年，他成为俄罗斯海军的保护神。**（左）**

63. 这幅萨缪尔·胡德的肖像是詹姆斯·诺斯科特（James Northcote）的作品。胡德子爵从 1793 年起任地中海英国舰队司令。与纳尔逊一样，他是一个教士的儿子。在他的指挥下，英国占领了土伦，并将科西嘉纳入了英国王室的统治下。**（右）**

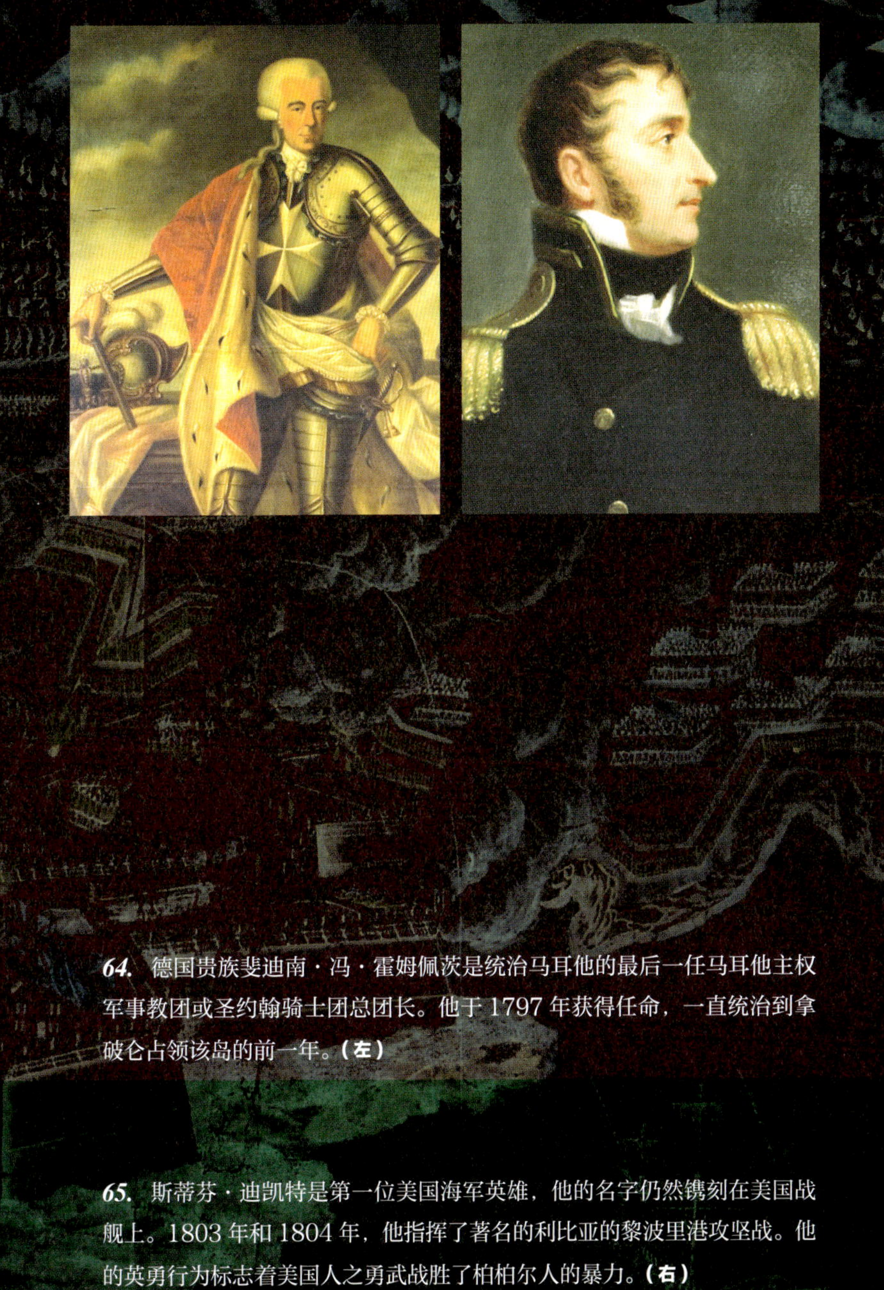

64. 德国贵族斐迪南·冯·霍姆佩茨是统治马耳他的最后一任马耳他主权军事教团或圣约翰骑士团总团长。他于 1797 年获得任命，一直统治到拿破仑占领该岛的前一年。**（左）**

65. 斯蒂芬·迪凯特是第一位美国海军英雄，他的名字仍然镌刻在美国战舰上。1803 年和 1804 年，他指挥了著名的利比亚的黎波里港攻坚战。他的英勇行为标志着美国人之勇武战胜了柏柏尔人的暴力。**（右）**

66. 赛义德港是为管理苏伊士运河而建立的新城。在这张摄于 1880 年的照片中，船只正等着驶入运河。在照片的中间偏左是一艘船帆与蒸汽动力并用的装甲船。

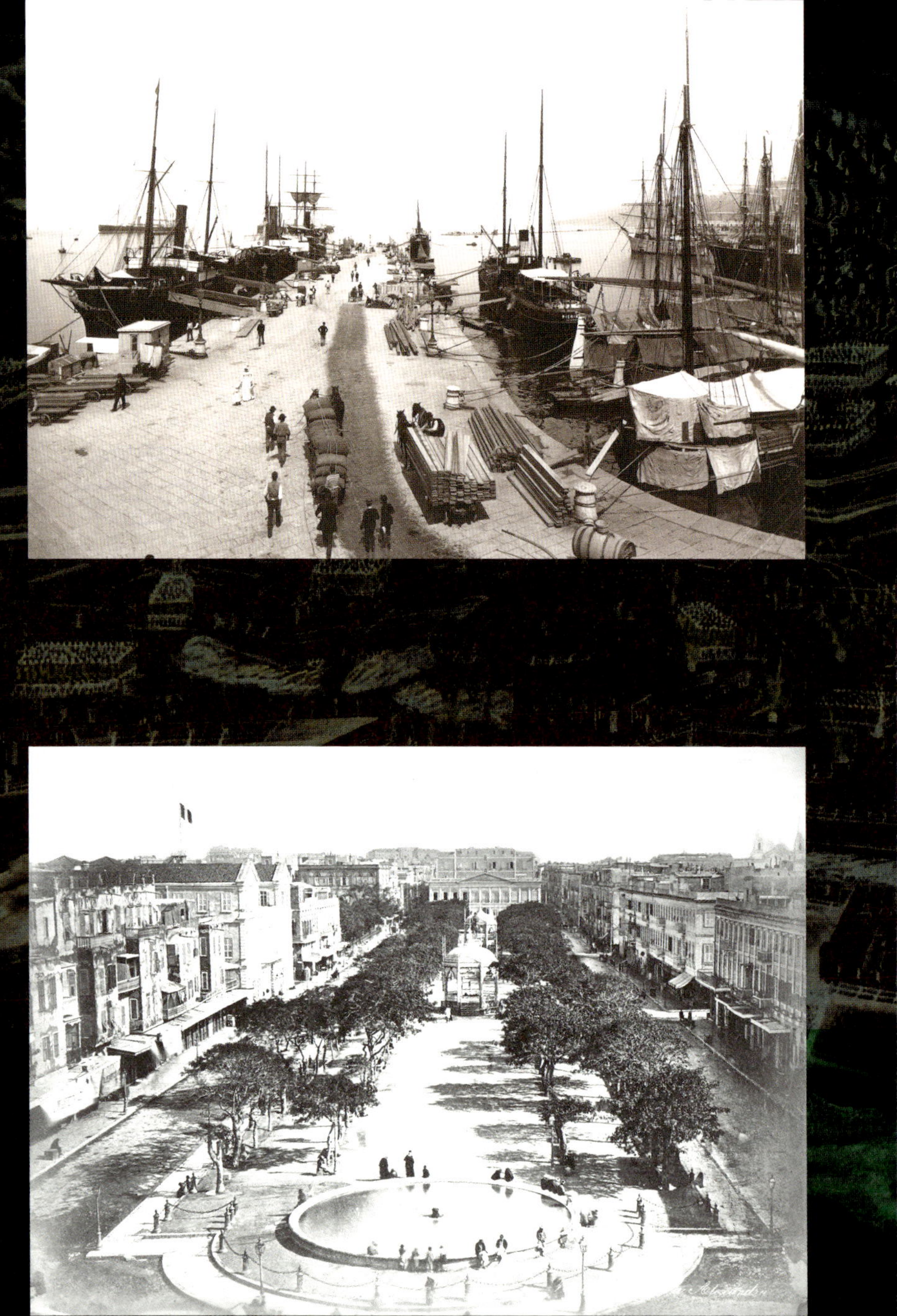

67. 的里雅斯特城中杂居着讲德语、意大利语、斯拉夫语的基督徒和犹太人，是奥匈帝国通向地中海的门户。此照片摄于 1890 年前后，展示了属于奥地利劳埃德公司的码头周围地区。劳埃德公司是城中最重要的航运公司，它的大股东们有多样化的民族背景。

68. 亚历山大的大广场也以穆罕默德阿里广场而著称，这是它在 20 世纪第一个十年中的样子。整齐的广场传递出亚历山大成为位于非洲的欧洲城市的愿望。这里建有多个国家的法庭以处理商务案件，也是在这里，纳赛尔将军于 1956 年发表了宣布将苏伊士运河收归国有的激动人心的演讲。

69. 意大利试图将其占有土耳其所属利比亚的行为描绘成欧洲文明使命的一部分，这幅在 1911 年 10 月刊于一家法语杂志的图画强化了上述理念。图中手持自由火炬的女神引领的意大利军士足以吓跑胆小、原始的原住民。

70. 法国海军拒绝加入英国舰队且撤至中立海域的行为致使丘吉尔于 1940 年 10 月授权英军攻击停泊于米尔斯克比尔港的法国战舰。法国人对英国人此举的怨恨导致双方外交关系的决裂，也导致被击败的法国同英国的关系在二战的大部分时间都很恶劣。

71. 1943 年 7 月，英国军队在西西里岛登陆，作为盟军进军意大利半岛战役的第一阶段。盟军对撒丁岛的佯攻导致德国人以为盟军要进攻的目标是撒丁岛而非西西里岛。

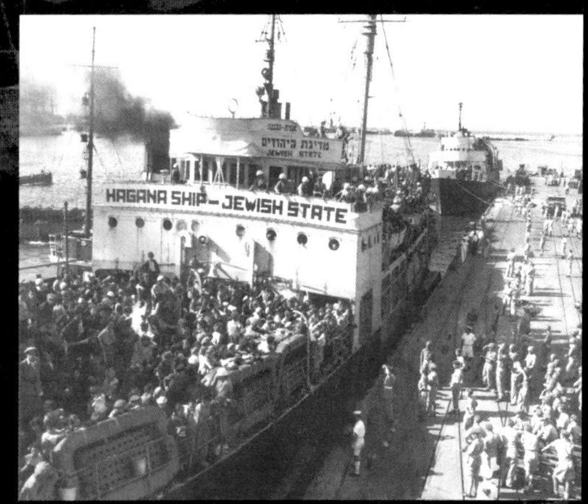

72. 满载 4500 名来自中欧和西欧的犹太难民的船于 1947 年 10 月 7 日在英占海法靠岸。其中许多想要进入巴勒斯坦的难民被送进了塞浦路斯的难民营。

73. 戴高乐在第二次世界大战期间领导了自由法国的抵抗，并于1958年当第三共和国纠结于法国对阿尔及利亚的统治时控制了法国政府，他最初承诺要保持法国对阿尔及利亚的统治。图中为他 1958年6月对阿尔及利亚的访问，他使那里的法国居民甚为振奋。

74. 自 20 世纪 60 年代以降，西班牙发明了假期项目套餐，于是出现了使其感到后悔的一些后果：海滨地区人满为患的酒店、餐馆及酒吧，以及拥挤得难以插足的海滩，如图中的加泰罗尼亚的滨海略雷特（Lloret de Mar）。同样的场景在法国、意大利、希腊、塞浦路斯和以色列的多处海滨也很常见。

75. 20世纪末，欧盟的地中海沿岸和岛屿成为被严密监控的前沿，来自非洲和亚洲的移民活动被严格控制。图中，一群来自非洲的移民试图在临近直布罗陀海峡的西班牙海岸登陆。

数是“马拉诺”，引起了特别的关注。自公元 1497 年葡萄牙
迫害犹太人以来，其宗教裁判所（在国王的命令下）停止了
对新基督徒的迫害；但 1547 年，迫害再次降临到这些新基督 464
徒身上，许多人被迫开始向外迁徙，前往更适宜生活的地方。“博宁提尼”犹太人模棱两可的身份，被托斯卡纳公爵之类的统治者所利用，他们愿意庇护所有能够使其收入最大化的商人。公爵们将这种庇护扩展到“葡萄牙人”身上，却不包括其辖下的犹太人；事实上，1570 年，佛罗伦萨的犹太人就被封闭在一处隔都当中。[41]不过逐渐地，公爵们开始看到建设一个自由港的益处，这种港口不仅向那些宗教信仰不坚定的马拉诺，也向黎凡特犹太人、穆斯林以及北部欧洲人开放，这些人可利用其定居权和特别的税收条款获利。于 1574 年去世的公爵科西莫一世（Cosimo I）生前将里窝那由一个毫无生气的小渔村发展成地中海商业的重要中心。在他临终之前，这座海港已经得到极大完善，一条新挖的运河将里窝那城与阿诺河连接起来，加速了货物在比萨与佛罗伦萨之间的转运；在其继承人弗朗切斯科一世（Francesco Ⅰ）统治时期，里窝那周围环绕着雄伟的五边形城墙。城墙内是一条长方形的罗马式街道，符合文艺复兴时期城镇规划最崇尚的原则。[42]这里的人口也缓慢增长：1601 年，城市居民约有 5000 人，包括 762 名士兵、114 名犹太人以及 76 名年轻的妓女，妓女群体的存在令我们注意到地中海每座港口对性服务不光彩的强烈需求。此后，随着港口基础设施的发展，这座城市也步入繁荣。[43]

生活在里窝那的外国人享有《里窝那法》（*Livornine*）所规定的权利，该法规在此后的两个多世纪当中，规范着美第奇政权与其非天主教臣民之间的关系。在这些特权当中，最负盛

名的是1593年公爵将里窝那的欢迎令扩展到“所有国家的商人、黎凡特人和博宁提尼人、西班牙人和葡萄牙人、希腊人、德意志人和意大利人、犹太人、土耳其人和摩尔人、亚美尼亚人、波斯人及其他”。[44]值得注意的是，在这座意大利城市的名单中意大利人的排位很低。非常重要的另外一点是，这个文件反复强调欢迎马拉诺，同样欢迎博宁提尼人、伊比利亚商人和犹太人。博宁提尼商人虽然有基督徒的面具，但只有宣称自己为犹太人，才能免于宗教裁判所的干涉——这意味着他们必须改变身份，特别是在西班牙和葡萄牙进行贸易时，而他们最擅长做这样的事。[45]对于他们的经济活动几乎没有限制；在意大
465 利生活的独特之处还在于他们可以拥有地产。他们通常生活在犹太会堂附近，虽然到18世纪时，会堂已经成为一座富丽堂皇的建筑，但始终没有法定的犹太人聚居区。里窝那城中还有一座教堂属于来自东地中海的亚美尼亚商人。在舰船奴隶们生活的奴隶营内，还有三座清真寺，不过前往里窝那的自由穆斯林的数量也在不断增加；他们获得了建造一块穆斯林墓地的许可。[46]

这些反映出里窝那与伊斯兰地区间商路的开通：公元1590年前后，来自亚历山大的船只抵达里窝那，但真正的成功在于在1573年到1593年间开辟的前往北非的商路，布罗代尔与罗曼诺（Romano）在这二十年间发现了四十四次自摩洛哥的拉腊什（Larache）与突尼斯之间的广阔海域前往里窝那的航行。倘若没有塞法迪犹太人的投资，或者没有柏柏尔统治者与美第奇家族的合作，这些联系就无法实现；荷兰人也加入这一商路当中，提供保险以及额外的航船。这条商路对于托斯卡纳地区的物资补给至关重要，它从北非带回小麦、蜂蜡、皮

革、羊毛以及糖。[47]其他日用必需品，如锡、松果、金枪鱼和凤尾鱼则来自西班牙和葡萄牙，经常被从法国南部港口出发的船只运至托斯卡纳。然而，西班牙商路的地理分布已经发生了变化。巴塞罗那与里窝那几乎没有联系，巴伦西亚也只有一般性的影响，西班牙在地中海区域最受欢迎的港口成了阿利坎特，这里有着优良的港口，还有通往西班牙内陆市场的优质道路。阿利坎特本身除了葡萄酒以及用本地橄榄油制作的香皂外少有其他产品；“它在近代也一直保持着一种类似于殖民工厂的特性，通常这种情况会出现在亚洲或非洲的毫无生气的内陆地区。”[48]在阿利坎特与里窝那之间的商路（以及阿利坎特与热那亚之间的商路）上，拉古萨人是占据主导地位的中间商，他们带来的商品有胭脂虫红和胭脂虫粉，这是用小虫子制成的红色染料，此外还有大米、丝绸、蜂蜜、糖，以及最重要的羊毛。除拉古萨人外，犹太商人也在这条商路上发挥着重要作用，尽管他们在西班牙王国时会被禁止信仰自己的宗教。[49]

里窝那还与直布罗陀海峡以外的区域——加的斯、里斯本以及北海各地建立了商业联系，其中加的斯逐渐成为西班牙在大西洋商贸的中心。荷兰人像蜜蜂追逐花朵一样被吸引 466
而来。尽管《里窝那法》并没有特别鼓励新教徒定居于里窝那，但荷兰商人发现他们只要保持一定的谨慎就能够和平地生活。里窝那是荷兰人的地中海商业网络的中心，也是许多来自大西洋的荷兰商船航行的目的地。虽然托斯卡纳与北非的商业联系得到加强，当地时不时地也有几次丰收，但仍需要从波罗的海进口谷物，因为波罗的海的谷物优于地中海的谷物，而且即便算上运输成本，波罗的海的谷物也是更便宜的。正如我们所见，这反映出地中海沿岸种植业在这个时期的衰退。意大利人也养成了食用北方黑麦的习惯：公元1620年，每五艘向里窝那运送谷物的荷兰商船中，就有一艘装着整船黑麦。美第奇公爵们还与荷兰人商定好优惠的价格，以保证其臣民能够买得起这种食物；当地中海地区有了充足的谷物后，商人还会把谷物替换成其他商品，如熏鲱鱼、干鲱鱼、沙丁鱼、鳕鱼甚至鱼子酱等。[50]贩卖谷物的荷兰商人并不仅仅是在地中海与欧洲北部间运载货物。他们自己也想要加入地中海内部的转运贸易，希望在运输南意大利的谷物与食盐去北意大利的贸易中找到自己的位置。如果北方发生1630年那样的饥荒，那么荷兰船长们就努力从爱琴海上为里窝那寻找供货市场，公然对抗奥斯曼人的禁令——奥斯曼帝国的规定是：将非法出口谷物者缚于木桩，使其活活饿死。当地中海的谷物供给充足时，他们就四处游走，从阿利坎特购买羊毛和食盐，从爱奥尼亚群岛购买葡萄酒和干果，从爱琴海购入丝绸等，他们还努力与黎凡特的主要商业中心建立联系——阿勒颇（Aleppo）已经发展为叙利亚重要的商业中心，那里驻扎着一位荷兰代表，此人还关注着荷兰人在巴勒斯坦与塞浦路斯的商业活动。由于阿勒颇位于内陆，商船只能在亚历山大勒塔（Alexandretta）靠岸，货物则需要经由陆路运送；货物包括一些异域商品，如靛青和大黄等，这些商品具有极高的药用价值。[51]

公元1608年，托斯卡纳的斐迪南公爵允许“佛兰德－日耳曼民族”建造一座献给圣母玛利亚的天主教礼拜堂，其中有一
467 块墓地，以供埋葬去世的佛兰德和荷兰商人。一方面，难免会有许多新教徒宁愿葬在天主教堂的辖区之外，但他们也被允许葬在私人花园里。另一方面，这些“民族”当中有一些杰出人

士是虔诚的天主教徒，如伯纳德·范登布鲁克（Bernard van den Broecke），他是圣母玛利亚礼拜堂的司库，在里窝那的主街斐迪南德大道（Via Ferdinanda）上的一栋大房子中经营他的事业。他的房子里有十间卧室以及一间宴会厅，宴会厅中装饰着一些油画，有一只装在笼子中的鹦鹉、一张双陆棋桌子以及精美的家具；在花园中，有一处喷泉以及大片的橘园。以里窝那为中心，范登布鲁克操纵着一个完整的商业网络，它覆盖了托斯卡纳公爵的宫廷、那不勒斯、西西里与威尼斯，当然还包括欧洲北部。1624 年，他还计划开辟一条新航路，从纽芬兰（Newfoundland）向那不勒斯供应鳕鱼，但因英格兰人的干扰而放弃——由于英格兰国王再次向统治那不勒斯的西班牙开战，致使他的鳕鱼被没收。即便如此，英格兰人与荷兰人（包括范登布鲁克）依然不时地与西班牙进行商贸合作，还常常悬挂托斯卡纳的旗帜作为“方便旗”。范登布鲁克毫不犹豫地投身于地中海的奴隶贸易，不过他的目的是从家境良好的俘虏身上敲诈赎金。他保证俘虏在自己家里会受到很好的款待，被赎回时能够保持最佳状态；他们一定“足衣足食，不受丝毫伤害”。[52]范登布鲁克的生意一直繁荣到17 世纪30 年代，这时，由于西班牙的政治困境、英格兰商人的竞争以及瘟疫，人们的生计越来越困难。但里窝那这座城市一直占据着地中海商业中的卓越地位，特别由于此处的塞法迪犹太人继续利用这一基地，与其他塞法迪犹太人聚居地，如阿勒颇、萨洛尼卡以及越来越重要的士麦那等地的塞法迪人同胞保持着联系。

4

里窝那的巨大成功并非特例。公元 17 世纪时，热那亚人也试图建立自己的自由港。起初是在 1590 年，这种自由仅限于食品类贸易，到 1609 年关税减免的特权已扩展到所有商品。这里与里窝那不同：热那亚强调的是商品的自由流通，而里窝
468 那更着重于吸引商人，使其在居住以及行动上不受任何限制。自热那亚开始与比萨、威尼斯和巴塞罗那争夺地中海的主导权以来，这座城市的特质和商业已经发生了巨大变化。从热衷贸易转向为西班牙王室提供资金支持，这种变化影响了整个热那亚社会，甚至那些负责处理西班牙王室债务事宜的人都是热那亚精英家族的成员。到 16 世纪 60 年代时，他们对船务已经毫无兴趣。[53]在停泊于热那亚的商船当中，热那亚人所拥有的船占少数：1596 年以后，经过这里的商船中有 70% 来自外地。不出所料，在这些外地人当中，拉古萨人最为活跃，同时还有来自德意志汉萨同盟的商船以及低地国家的商船，荷兰人则在 17 世纪占据了更为重要的地位。[54]到 16 世纪末，热那亚商人经常购买拉古萨商船的股份，这恰恰证明了正在发生的重大变化：两个世纪前，倘若有人认为一个小小的亚得里亚共和国会胜过骄傲的热那亚共和国，就会遭到无情的嘲笑。

热那亚人仍自视为西班牙国王的盟友；而西班牙国王却将其视为自己的子民，这种坚持无疑会减弱热那亚人与西班牙人结盟的热情。为了宣示热那亚在西班牙事务中的实际位置，公元 1606 年与 1611 年，西班牙人保证：西班牙的附庸马耳他骑士团在战斗指挥中优先于热那亚人，这使得热那亚人完全明白西班牙将自己视为附庸。关于这个问题的争论时而会激化，以至于热那亚的战船与马耳他的战船发生对峙，扬言要朝对方开火，西班牙的海军将领不得不迫使双方后退。但西班牙的财政

主要依靠热那亚人，热那亚人的帆桨船从西班牙将金银锭运抵热那亚——1600～1640年，数目就接近七千万枚西班牙银币（pieces of eight，或称比索）。热那亚人向西班牙国王提供贷款的条件是：从新大陆获取的金银收益中偿还热那亚人的预支款项。[55]其他商船主要从事更赚钱的从墨西拿购买生丝的贸易；早在一个世纪之前，丝绸就已成为热那亚恢复繁荣的基础，它象征着与西班牙之间密切却麻烦的联系，因为丝绸来自西班牙控制之下的西西里。与西西里出产的谷物一样，西班牙政府也对它课以重税，他们渴望把商人身上的每一枚便士都压榨出来。[56] 469

热那亚人与威尼斯人一样怀念过去的美好时光，因为那个时代的热那亚可以把商船派往地中海的各个地区，甚至进入地中海以外地区，从而获得巨额的利润。公元1642年，热那亚贵族安东尼奥·朱利奥·布里尼奥莱·萨莱（Antonio Giulio Brignole Sale）写了一篇文章，考察了关于打造一支新舰队的正反两方面观点，城市元老们希望通过打造新舰队重现热那亚的富庶。他坚信：地中海是理想的舞台，因为这里的“行省众多，各具特色，而且许多都拥有港口，人人可以轻易地找到工作”。若建造新的船队，那么就有可能重现“古老的黎凡特商路”，那曾经是“热那亚人获得资产与荣耀的特殊舞台”，他虽然坚持这一观点，但同时也认可反对者的意见，地中海已然与中世纪的地中海不同，按照中世纪的模式建造舰船无法挽回失落的世界。[57]

公元16世纪末到17世纪初，地中海陷入迷茫。尽管热那亚人努力重建黎凡特贸易，但在西欧的商贸网络中，地中海已经失去了主导地位，大西洋的商人如今成为主宰。

对于这些商人来说，地中海只是他们关注的一个方面，而且未必是他们最感兴趣或最重要的对象，因为他们的眼界已经从荷兰延展到巴西和东印度群岛，或者从英格兰延伸到纽芬兰与俄国。[58]15 世纪以及 16 世纪初做出的承诺最终未能实现。

注　释

1. G. Hanlon, *The Twilight of a Military Tradition: Italian Aristocrats and European Conflicts, 1560–1800* (London, 1998), pp. 26–7.
2. D. Hurtado de Mendoza, *The War in Granada*, trans. M. Shuttleworth (London, 1982), p. 259.
3. B. Rogerson, *The Last Crusaders: the Hundred-year Battle for the Centre of the World* (London, 2009), pp. 399–422.
4. G. Botero, *The Reason of State*, trans. D. and P. Waley (London, 1956), p. 12; D. Goodman, *Spanish Naval Power, 1589–1665: Reconstruction and Defeat* (Cambridge, 1997), pp. 9–10.
5. C. W. Bracewell, *The Uskoks of Senj: Piracy, Banditry, and Holy War in the Sixteenth-century Adriatic* (Ithaca, NY, 1992), p. 8; A. Tenenti, *Piracy and the Decline of Venice 1580–1615* (London, 1967), pp. 3–15.
6. E. Hobsbawm, *Primitive Rebels* (Manchester, 1959), and *Bandits* (London, 1969); cf. T. Judt, *Reappraisals: Reflections on the Forgotten Twentieth Century* (London, 2008); Bracewell, *Uskoks of Senj*, pp. 10–11.
7. Bracewell, *Uskoks of Senj*, pp. 51–2, 56–62, 67–8, 72–4.
8. Ibid., p. 70, n. 43 (1558).
9. Venetian report cited in ibid., p. 83.
10. Bracewell, *The Uskoks of Senj*, p. 2; Tenenti, *Piracy and the Decline of Venice*, p. 3.
11. Tenenti, *Piracy and the Decline of Venice*, p. 6.
12. Bracewell, *Uskoks of Senj*, p. 8; Tenenti, *Piracy and the Decline of Venice*, p. 8.
13. Tenenti, *Piracy and the Decline of Venice*, p. 10.
14. Bracewell, *Uskoks of Senj*, pp. 63–4; Tenenti, *Piracy and the Decline of Venice*, p. 10.
15. Bracewell, *Uskoks of Senj*, pp. 103–4; Tenenti, *Piracy and the Decline of Venice*, p. 8.

16. Bracewell, *Uskoks of Senj*, pp. 202–3.
17. Ibid., pp. 210, n. 109, 211–12.
18. E. Dursteler, *Venetians in Constantinople: Nation, Identity and Coexistence in the Early Modern Mediterranean* (Baltimore, MD, 2006), p. 24.
19. B. Pullan, *The Jews of Europe and the Inquisition of Venice, 1550–1670* (Oxford, 1983), especially pp. 201–312; R. Calimani, *The Ghetto of Venice* (New York, 1987).
20. D. Geanakoplos, *Byzantine East and Latin West: Two Worlds of Christendom in Middle Ages and Renaissance, Studies in Ecclesiastical and Cultural History* (Oxford, 1966).
21. E.g. Tenenti, *Piracy and the Decline of Venice*, p. 56; cf. R. Rapp, 'The unmaking of the Mediterranean trade hegemony: international trade rivalry and the commercial revolution', *Journal of Economic History*, vol. 35 (1975), pp. 499–525.
22. F. C. Lane, *Venice: a Maritime Republic* (Baltimore, MD, 1973), pp. 309–10.
23. M. Greene, 'Beyond northern invasions: the Mediterranean in the seventeenth century', *Past and Present*, no. 174 (2002), pp. 40–72.
24. J. Mather, *Pashas: Traders and Travellers in the Islamic World* (New Haven, CT, 2009), pp. 28–32; M. Fusaro, *Uva passa: una guerra commerciale tra Venezia e l'Inghilterra (1540–1640)* (Venice, 1996), pp. 23–4.
25. Tenenti, *Piracy and the Decline of Venice*, pp. 59–60.
26. T. S. Willan, *Studies in Elizabethan Foreign Trade* (Manchester, 1959), pp. 92–312.
27. Fusaro, *Uva passa*, p. 24.
28. Tenenti, *Piracy and the Decline of Venice*, pp. 60, 72.
29. Rapp, 'Unmaking of the Mediterranean trade hegemony', pp. 509–12.
30. Fusaro, *Uva passa*, pp. 25–6, 48–55; Tenenti, *Piracy and the Decline of Venice*, p. 61.
31. Tenenti, *Piracy and the Decline of Venice*, pp. 74–5.
32. Ibid., pp. 77–8; C. Lloyd, *English Corsairs on the Barbary Coast* (London, 1981), pp. 48–53; A. Tinniswood, *Pirates of Barbary: Corsairs, Conquests and Captivity in the Seventeenth-century Mediterranean* (London, 2010), pp. 19–25, 30–42.
33. Tenenti, *Piracy and the Decline of Venice*, pp. 63–4.
34. Ibid., pp. 64–5, 70–71, 74, 85, 138–43.
35. Ibid., p. 82.
36. J. Baltharpe, *The Straights Voyage or St David's Poem*, ed. J. S. Bromley (Luttrell Society, Oxford, 1959), pp. 35, 45, 58–9, 68–9; N. A. M. Rodger, *The Command of the Ocean: a Naval History of Britain, 1649–1815* (London, 2004), pp. 132–3.
37. Rodger, *Command of the Ocean*, p. 486.
38. M.-C. Engels, *Merchants, Interlopers, Seamen and Corsairs: the 'Flemish' Community in Livorno and Genoa (1615–1635)* (Hilversum, 1997), pp. 47–50.

39. Rapp, 'Unmaking of the Mediterranean trade hegemony', pp. 500–502.
40. Engels, *Merchants, Interlopers*, pp. 50–51.
41. S. Siegmund, *The Medici State and the Ghetto of Florence: the Construction of an Early Modern Jewish Community* (Stanford, CA, 2006).
42. F. Trivellato, *The Familiarity of Strangers: the Sephardic Diaspora, Livorno, and Cross Cultural Trade in the Early Modern Period* (New Haven, CT, 2009), p. 74; L. Frattarelli Fischer, 'La città medicea', in O. Vaccari et al., *Storia illustrata di Livorno* (Pisa, 2006), pp. 57–109; more generally: D. Calabi, *La città del primo Rinascimento* (Bari and Rome, 2001).
43. F. Braudel and R. Romano, *Navires et merchandises à l'entrée du port de Livourne* (Ports, Routes, Trafics, vol. 1, Paris, 1951), p. 21; Engels, *Merchants, Interlopers*, p. 41.
44. Trivellato, *Familiarity of Strangers*, p. 76; Engels, *Merchants, Interlopers*, p. 40.
45. Y. Yovel, *The Other Within: the Marranos, Split Identity and Emerging Modernity* (Princeton, NJ, 2009).
46. Trivellato, *Familiarity of Strangers*, pp. 78, 82.
47. Braudel and Romano, *Navires et merchandises*, p. 45; Engels, *Merchants, Interlopers*, p. 180.
48. Braudel and Romano, *Navires et merchandises*, p. 46; J. Casey, *The Kingdom of Valencia in the Seventeenth Century* (Cambridge, 1979), pp. 80–82.
49. Braudel and Romano, *Navires et merchandises*, p. 47.
50. Engels, *Merchants, Interlopers*, pp. 67, 91–9, 206–13; K. Persson, *Grain Markets in Europe 1500–1900: Integration and Deregulation* (Cambridge, 1999).
51. Engels, *Merchants, Interlopers*, pp. 65, 67–73, 96; on Aleppo: Mather, *Pashas*, pp. 17–102.
52. Engels, *Merchants, Interlopers*, pp. 179, 191, 195, 201.
53. T. Kirk, *Genoa and the Sea: Policy and Power in an Early Modern Maritime Republic, 1559–1684* (Baltimore, MD, 2005), pp. 45, 193–4; E. Grendi, *La repubblica aristocratica dei genovesi* (Bologna, 1987), p. 332.
54. Grendi, *Repubblica aristocratica*, pp. 339–43, 356–7.
55. Kirk, *Genoa and the Sea*, pp. 34–5, 84–7, 91–6.
56. Grendi, *Repubblica aristocratica*, p. 207.
57. Kirk, *Genoa and the Sea*, pp. 119–23.
58. F. Tabak, *The Waning of the Mediterranean 1550–1870: a Geohistorical Approach* (Baltimore, MD, 2008), pp. 1–29.

六　绝望中的离散犹太人（1560～1700年）

1

奥斯曼苏丹、西班牙国王以及他们的各级税吏，对于其 470
治下地中海各地居民的宗教身份极感兴趣。有时，在基督教帝国与伊斯兰教帝国发生冲突的时期，地中海似乎在两大信仰之间被硬生生地分割。然而，很早以来，奥斯曼人就接受了这样的事实：其治下许多地区的多数人口是基督徒，而其他群体则像是在不同宗教群体间航行（喻义）。之前已经提到塞法迪犹太人，他们具有令人瞠目结舌的能力，每当进入地中海西班牙辖下的港口时，都能突然变成基督徒的“葡萄牙人”。公元17世纪，许多塞法迪犹太人宣称士麦那的一名受蒙骗的犹太人是救世主，从此刻起，他们的存在就变得难以维持。留在西班牙的穆斯林同样感受到了这种紧张状态。摩里斯科人的悲惨历史在1525年（这一年，最后公开承认是穆斯林的人选择了改宗）到1609年（这些穆斯林最终被驱逐）之间逐渐淡出地中海；他们正是由于脱离了伊斯兰世界而孤立存在才成为独特的群体，此时再一次在宗教的对抗之间无处存身。

这些摩里斯科人生活的世界，在许多重要方面，与犹太人出身的皈依者的世界，有着明显差异。尽管一些摩里斯科人也被拖到宗教裁判所，但西班牙统治者起初对伊斯兰教的存在睁

里窝那
巴伦西亚
阿利坎特
0 100 200 300 400 英里
0 200 400 600 公里

君士坦丁堡
萨洛尼卡
士麦那（伊兹密尔）
干地亚
（伊拉克利翁）
加沙
亚历山大

一眼闭一眼；有时，只要向国王支付一笔“服务金”，就可以
471 免于被宗教裁判所侵扰，但宗教裁判所苦恼地发现，它们不能靠没收被怀疑者财产的方式增加自己的收入。[1]许多摩里斯科人社区缺少牧师，因此，也就不用因其还在继续信仰伊斯兰教而感到奇怪了；即使在基督教化的地区，有时也会出现伊斯兰化的基督教，这一点在格拉纳达城外圣山修道院（Sacromonte）的著名铅版上有所展示，上面镌刻着他们的预言——“阿拉伯人是在世界末日救助宗教的人”，并且他们神秘地认为这句话来自一位基督的哈里发，即（耶稣的，而非穆罕默德的）继承人。[2]许多时候，国王关心的主要是政治而非宗教：一位西班牙的基督徒作家曾记载，格拉纳达摩里斯科人的首领们曾经与柏柏尔人诸国的统治者以及土耳其人达成秘密协议，希望在其保护下建立一个小国，但这项事业毫无希望，因为他们没有船只，也没有补给；此外，西班牙人在北非海岸的各个据点在柏柏尔人诸国与摩里斯科人之间构成了一道屏障，同时“阿尔及尔的海盗更擅长在海岸地区劫掠与经商，而非登上陆地发动艰难的远征”。[3]即使如此，西班牙人没有机会自鸣得意。当西班牙天主教国王的陆军与海军在远方——不仅仅指勒班陀或马耳他，也包括尼德兰——征战时，摩里斯科人可能会在西班牙国内制造事端，转移西班牙人的注意力，从而为奥斯曼苏丹提供支援。菲利普二世与其父查理五世一样，在看待不信者的问题时，总是非黑即白。因此，对于菲利普来说，生活在西班牙的不守规矩的摩里斯科人，与其北方领地上难以驾驭的加尔文派，从根本上看是同一个问题。“对于上帝与整个世界，我需要承担如此特殊的义务，”菲利普写道，“因为如果异端占据上风（我希望上帝不会允许这种

事情发生），那就是为更糟糕的灾难与危险敞开了大门，为内战敞开了大门。”[4]

这些担心似乎在公元1568年底变成了现实，当时格拉纳达的摩里斯科人由于政府与宗教裁判所想把他们变成名副其实的基督徒，发动了暴力冲突。摩里斯科人曾被要求讲卡斯蒂利亚语，不能讲阿拉伯语；他们不得身着“引以为傲的摩尔式长袍”；妇女不得佩戴面纱，应露出面容；他们不能聚集在公共浴场，在婚礼以及其他庆典上禁止跳摩尔舞蹈。[5]这场可怕的
血腥战争持续了两年，对立的双方都不愿留一丝情面；如西班 472
牙所担心的那样，土耳其人与柏柏尔人从北非向起义者提供支援，他们与“高门”以及北非统治者的外交联系也逐渐发展起来。[6]然而，这点援助自然不足以击溃由奥地利的唐·胡安指挥的西班牙军队的决心，唐·胡安的残酷无情也很快为其赢得了勒班陀基督教军队总指挥的权力。摩里斯科人的问题在于，他们“不依靠自己的努力，而是不断地自我欺骗（无视各种迹象和证据），相信柏柏尔人会派大军来帮助他们，或者即使做不到，也会有庞大的舰队到来，神迹般地让他们、他们的家庭和他们的财产从我们的掌控之中飘移出去”。[7]事实上，土耳其人认为西班牙太过遥远且无法企及，于是将注意力转向更易
于抵达、更有利可图的塞浦路斯。[8]由于起义的中心位于阿尔普 473
哈拉斯（Alpujarras）山区与格拉纳达，远离海岸，因此摩里斯科人的困境就变得更加严峻。起义失败后，五万名摩里斯科人被遣散到卡斯蒂利亚各地，巴伦西亚王国成为唯一拥有大的穆斯林聚集中心的地方。[9]然而，这只是临时方案；当1580年菲利普二世得到葡萄牙王位后，时机降临了，他开始在整个伊比利亚半岛强制推行宗教的完全统一。有一种方案主张用船将

摩里斯科人送到海洋上，然后让船沉没，因为把他们送到与西班牙敌对的北非从而使对方人口增多显然没有任何意义。塞戈尔韦（Segorbe）主教的提议更令人不寒而栗，他主张把摩里
474 斯科人送到纽芬兰，还要将所有男性阉割，女性绝育，从而使“他们在那里完全灭绝”。[10]于是，到16世纪80年代，大规模驱逐摩里斯科人的行动被提上日程，此后又过了将近三十年才最终解决。问题不在于摩里斯科人是否应该被驱逐，而是以何种方式。很显然，认为所有的摩里斯科人都是潜在的叛徒，是基督教世界政治与宗教上的敌人的想法，完全无视了大量皈依者已经融入基督徒社会（事实上，有些人已经成为牧师）；也没有考虑这样做对经济困难日益加剧的西班牙社会，特别是巴伦西亚王国的摩里斯科人聚集地，将产生怎样的影响。因为到这个时候，巴伦西亚城市的衰落已然显现；有的人已经担心丝织业与制糖业的经营，也注意到水利设施被荒废，过去巴伦西亚还可以从城郊获得并不充足的粮食供应，但现在供应可能会完全消失。[11]巴伦西亚议会非常肯定，驱逐摩里斯科人将摧毁巴伦西亚的大地产，包括教会与修道院，因此巴伦西亚派出使者前去面见国王，指出这样做将会损失赋税，将没有足够的资金守卫西班牙的海岸。所有这些都无济于事——当使者见到国王菲利普二世时，驱逐法令已经于1609年8月签署完毕。[12]

最后，争论的结果是：比较简单的、将这些人送往北非的办法占据上风，于是，驱逐法案以摩里斯科人与柏柏尔人和土耳其人的统治者有着反叛性质的信件往来为由开始执行。[13]虽然法令要求立即执行，可以使用国王提供的船只遣散穆斯林，但不可避免地，这一过程非常缓慢，以至于驱逐行动一直持续到公元1614年。政府也考虑到部分反对者的声音，特别是基

于经济角度的考量，因此决定每 100 名摩里斯科人中有 6 人可以留下，条件是他们是农民且表现出对基督教的信服；他们还需要“告诉那些占据摩里斯科人财产的人如何经营，以及如何制糖，如何使用水利工程”。这项法令的内容十分详尽［让现代的读者能够联想起纳粹德国召开的声名狼藉的万湖（Wannsee）会议］，对要驱逐的人进行细致的分类，因为被驱逐人员中有混合家庭，例如如何处理父母中有一方自始至终都是基督徒的孩子问题。[14]他们离开时的港口也被明确指定，包括阿利坎特、巴伦西亚和托尔托萨。紧接着还展开了一波宣传攻势，声称摩里斯科人会带着奥斯曼舰队重返西班牙，他们甚 475
至派出 15 万人的大军支援土耳其人。摩里斯科人曾试图反抗，但看到引领自己离开家乡的西班牙军队是如此庞大时，只能无望地放弃了抵抗。事实上，摩里斯科人决定：任何人不得自愿加入被允许留下的特殊群体，不许留下来向基督徒传授如何使用这片土地。摩里斯科人相当团结。结果，在巴伦西亚王国，甘迪亚（Gandia）公爵十分绝望，因为没有任何人留下来耕种他的糖业庄园。他的感觉与摩里斯科人一样，所发生的一切就是一场灾难。1609 年 10 月 2 日，将近 4000 名摩里斯科人在德尼亚（Denia）上船，许多人搭乘特别运送他们的那不勒斯的帆桨船前往柏柏尔海岸；上船的人极多，拥挤不堪，短时间内有 2.8 万人拥入北非。对于西班牙船队来说，把这些人留在那里没有丝毫困难：第一拨摩里斯科人被送到奥兰，该地此时仍处于西班牙人的控制之下，摩里斯科人抵达后，与特莱姆森（Tlemcen）的统治者就他们在穆斯林的土地上的居住权问题进行协商。其他难民则拒绝西班牙人提供的免费运输，而是自行安排行程：1.45 万人从巴伦西亚登船，进入基督徒的视线，而基督徒来这儿是为了购买特价抛售的丝绸与缎带，于是这里就自然成为“一个巨大的跳蚤市场”。[15]一些摩里斯科人态度平静，对于他们来说，这是解放而非迫害：柏柏尔王公们“将允许他们作为摩尔人而生活，而非此前这里的主人眼中的奴隶”。

有证据表明有超过15万人离开了西班牙，不过据当时的数据统计人数要少一些：巴伦西亚的宗教裁判所给出的数据是100656人，其中在巴伦西亚港上船的有17766人，而这些人当中不足十二岁的有3269人，还有1339名尚未断奶的婴儿。[16]这时候我们需要转到古老的阿拉贡王国，有7.4万摩里斯科人从这里离开西班牙，从加泰罗尼亚离开的人数少一些；许多人从托尔托萨经海路离开，不过其他人则选择了陆路，忍受着巨大的磨难，翻越比利牛斯山进入法国。法国国王亨利四世（Henry Ⅳ）要求：他们必须全部乘船前往北非。[17]法国与奥斯曼的联盟并不涉及为西班牙的穆斯林提供保护的义务，而亨利刚刚在新教与天主教之间的残酷战争中获得了胜利，不愿意将新的宗教纷争引入王国，毕竟这个王国是他放弃了新教后才赢得的。[18]不过，法国人对其所见感到震惊。枢机主教黎塞留
476 （Richelieu）后来称这一事件为“人类历史上最奇怪、最野蛮的行为”，不过他可能更愿意谴责西班牙的基督徒，而不是为西班牙的穆斯林提供保护。[19]与此同时，西班牙国王的注意力转向卡斯蒂利亚，公元1614年初，国会告知菲利普三世（Philip Ⅲ），这项工作已经结束。[20]大约有30万生活在西班牙各个王国的摩里斯科人遭到驱逐。[21]

从西班牙基督徒的角度看，这场驱逐是针对不信者的行动，不过一些基督教化程度很高的穆斯林后代也被驱离，尽管

曾经承诺要保证那些愿意接受圣餐礼的人可以留下。国王的残暴行为导致了一个奇怪的后果：憎恨西班牙政策的那些混杂人群现在定居于柏柏尔海岸，摩里斯科人将他们的精力用于对西班牙海岸进行海盗袭击。除了报复心外，也有对过去浪漫生活的怀旧心理。安达卢西亚的音乐也被保留下来，部分存在于摩里斯科人中间，部分存在于早年被流放的难民中间——这些难民是在格拉纳达及其他地方陷入混乱时逃亡到北非各地的。北非的当地居民并不太欢迎这些人，远不如流放者所希望的那样。经过数十年来基督徒们对“摩尔方式”的讨伐，许多摩里斯科人似乎已经在语言、服装和习俗上实现了难以置信的西班牙化；他们与马格里布的居民保持着距离。这些生活在突尼斯的摩里斯科人大多讲西班牙语，许多人起的是西班牙名字；他们甚至还将刺梨等美洲水果引入北非，这种水果是他们于公元 1492 ~ 1609 年在西班牙时知道的。[22]如果他们想要寻找能够理解他们的同道者，他们会倾向于选择塞法迪犹太人，后者会与他们共同回忆过去在西班牙三种宗教和谐共处的美好时代，塞法迪人也与北非当地的犹太社区保持着距离，继续讲着一种卡斯蒂利亚语。如此一来，在北非，塞法迪犹太人与安达卢西亚的穆斯林之间，因着流亡而有了情感上的联系。

2

就在这个世纪末，塞法迪犹太人也遭遇了严峻的危机。这
场危机始于士麦那（或称伊兹密尔）。士麦那与里窝那构成了 477
将意大利与奥斯曼世界联系起来的二元体系的一部分。[23]公元 16 世纪初，这两个地方都不重要。但 1621 年德·库曼宁（de Courmenin）男爵曾到访士麦那，并记录道：

> 这时，伊兹密尔有着巨大的市场，市场上有羊毛、蜂蜡、棉布与丝绸，这些商品由亚美尼亚人带到这里。他们没有选择去阿勒颇，因为到这里更有利可图，可以少缴纳一些费用。这里有各种不同的商人，其中法国人比较多，其次是威尼斯人、英格兰人或荷兰人，他们都有着充分的自由。[24]

如同爱奥尼亚群岛的干果，士麦那凭借当地出产的商品吸引了外来商人的注意力；其他同时代的商人还注意到波斯丝绸越来越多，这是由亚美尼亚人穿越安纳托利亚半岛运抵这里的。土耳其人对来自欧洲的丝绸商人不像对前来购买谷物和水果的欧洲商人那样设置重重障碍，毕竟君士坦丁堡也需要大量谷物和水果的供应。

公元 1566 年以后，由于热那亚人在爱琴海的最后据点希俄斯岛丢失了，欧洲与爱琴海之间的贸易平衡被打破。热那亚人的离岸商站消失后，士麦那开始发展，当地种植了棉花与其他新产品，如烟草。对于烟草，“高门”还存有疑虑——不是因为不喜欢其味道，而是种植烟草越多，种植粮食的土地面积就会越少，而奥斯曼的首都一直需要稳定的食物供给。[25]几乎就在希俄斯岛陷落后，法国的查理九世为法国商人争取到在士麦那的贸易特权（1569 年），伊丽莎白一世则在 1580 年为英格兰人谋求到特许状，后来为英格兰黎凡特公司所独有；荷兰人在 1612 年取得了特权。外国人很欣赏士麦那的地理位置，它隐藏于一处海湾之中，使得海盗无法轻易袭击，外国商人的到来也为这座城市吸引了无数的犹太人、希腊人、阿拉伯人和亚美尼亚人。[27]1675 年，一位旅行者的记录有些让人难以置信，他提到这里的犹太人有 1.5 万之多，实际可能达不到，这个数字可按照人口比例缩减到约有 2000 人。这些犹太人来自地中海以及地中海以外各地区：有塞法迪犹太人，既包括黎凡特人也包括葡萄牙人，还有罗马尼奥人（Romaniotes，即希腊犹太人）以及来自东欧的阿什肯纳兹（Ashkenazim）犹太人①。葡萄牙犹太人的法律身份比较复杂，因为他们总是从那些拥有免税权的商人中寻找保护者：在 17 世纪末的某个时候，他们 478
（与丹麦人和威尼斯人一起）接受英格兰人的保护，后来又转而寻求拉古萨人的保护，最后苏丹亲自为其提供保护，但拒绝为他们提供税收减免的优惠，他们的对手因此感到十分满意——黎凡特公司在 1695 年曾断言："在士麦那，我们的最大对手是犹太人。"[28]

公元 17 世纪士麦那的特殊性通过沿港湾区建造的法兰克人大道（Street of the Franks）显露无遗。在那里可看见欧洲人建造的、配备着优雅家具的房屋。屋后的花园可通往码头，被用来装卸货物；还建有楼梯通往欧洲人仓库的屋顶。[29] 1700 年，一位法国来客观察到：

> 法兰克人大道贯穿整座城市，但在街上却很难看到土耳其人。当我们行走在大道上时，仿佛身处基督教世界；他们讲的是意大利语、法语、英语或荷兰语。每个人在向别人致意时都会脱帽行礼。

但在法兰克人大道听到的各种语言当中，最常出现的却是马赛

---

① 即德系犹太人。——译者注

商人讲的普罗旺斯语（Provencal），“因为在这里来自普罗旺斯的人远多于来自其他地区的人”。基督徒可自由地经营客栈，但其经营方式却不太明智，整日整夜地开门营业。更特别的是他们的自由信仰——“他们在教堂中公开唱诵；他们唱诵赞美诗、布道、举行圣礼，完全不会引起任何纷争。”[30]一座功能性港口城市由此形成，出于贸易的需要，穆斯林、犹太人以及基督徒等各教派信徒比邻而居：这里有三座西欧人的教堂、两座希腊人教堂以及一座亚美尼亚教堂。这里也有一些犹太会堂，但17世纪60年代葡萄牙会堂里的事件引发了犹太世界的大火；连基督徒与穆斯林也和犹太人一样感受着这场大火的炙烤。

生活在士麦那的不同民族和宗教群体一起经商。英格兰黎凡特公司的商人们经常雇用犹太人做代理商，其中有一名老迈不堪、患有痛风的掮客，名叫莫迪凯·泽维（Mordecai Zevi，Zevi一词经常拼作Sevi、Tzvi或Sebi），是个希腊犹太人，早年从事比较卑下的贩卖鸡蛋的生意。[31]他有三个儿子，其中两
479 个也做了掮客，但第三个儿子沙贝塔伊（Shabbetai）却眼界非凡，全身心地投入犹太学问中某些极为深奥难解的领域。对于犹太教卡巴拉教派的研究很早之前就已兴盛起来，最初出现在西班牙的犹太人中，自公元1492年起出现在巴勒斯坦萨法德的塞法迪犹太人中。在拉比看来，四十岁之前学习卡巴拉教义很危险，只有四十岁以后才能拥有理解它们所必需的知识背景与成熟度；但这些说法无法阻止沙贝塔伊·泽维，他从年纪很小的时候就开始自学：“他一切知识都靠自学，因为他是依靠自己习得造物主传下的真理的四人之一，其他三人是族长亚伯拉罕（Abraham）、犹大国王希西家（Hezekiah）和约

伯（Job）。”[32]关于沙贝塔伊的情绪波动及行为的描述可以使人确信：他有着两极化的人格。一方面自我怀疑与反省，另一方面又陷入沉迷与自大。当他朗读以赛亚（Isaiah）的预言“我要升到高云之上”时，他想象着自己正在做着那样的事，并邀请朋友来证明他能够在空中悬浮。结果，他们否认看到他能悬浮。于是，他就责备他们：“你们不值得看到这样荣耀的景象，因为你们不像我这样纯洁。”[33]

以色列人获救的时刻似乎已经到来。在公元17世纪40年代，东欧哥萨克人（Cossacks）为报复而展开的恐怖大屠杀在远及整个地中海的犹太人中引发一种强烈的危机感，难民们在奥斯曼帝国寻找安全的避风港，也将所发生的事情传播到这里。这种危机感几乎与1492年时一样严重，那时，西班牙对犹太人的驱逐引起了对弥赛亚的信仰热情。如今，二十多岁的沙贝塔伊认为自己是弥赛亚般的人物，不过他究竟是弥赛亚还是其他人仍然比较模糊。他驳斥数个世纪以来的传统，开始在犹太会堂中宣称上帝的四字母之名［犹太人一直以“阿多奈”（Adonai），也就是“我主”或“上帝”，来代称其四字母之名］①，并且还反驳托拉中的规定，例如禁食动物肾脏周围脂肪，因为这些要留作圣殿献祭之用。他甚至在食用禁忌食物时还祈祷称：“祝福你，我们的神，宇宙的君王，他允你行所禁忌之事。”他的私生活也很复杂：坦白说，他的妻子萨拉（Sarah）是名妓女，靠着算命挣一点点钱，但这恰恰重现了先

① 所谓四字母之名，即JHVH，中文译为“雅赫维”或“亚卫”，其原意是《圣经》中摩西得神启示时所听到的“我是自有永有之神”。由于摩西十诫规定不可妄称神名，因此，通常在祈祷时用Adonai取而代之。——译者注

知何西阿（Hosea）的经历，后者就娶了一名妓女。[34]他在萨洛
480 尼卡生活了一段时间，并开始招募一些追随者，这些人被他的预言能力与自信感召。他在东地中海各地游历，显然是希望得到巴勒斯坦拉比的支持，后者的意见会得到整个犹太世界的尊重；他的追随者中最突出的是一名来自加沙的聒噪的犹太人，名叫拿单（Nathan），也是沙贝塔伊最坚定的支持者。不幸的是，沙贝塔伊拒绝表演任何神迹，即便在希伯伦他的支持者面前也不愿意表演，结果当地塞法迪犹太人的领袖哈伊姆·阿布拉菲亚（Haim Abulafia）声称："我不相信弥赛亚会以这种方式到来。"[35]毕竟，沙贝塔伊没有证据证明自己是大卫王族的后裔。

回到士麦那后，公元 1665 年 12 月 12 日，他与追随者洗劫了士麦那的葡萄牙犹太人会堂，将原来的领袖驱逐。当他们拥有了一个基地来推行其主张后，就制定了新的节期并把旧的节期取消（尤其把纪念圣殿陷落的夏季斋戒期取消，因为如果犹太人所祈祷的拯救已经到来的话，这种庆祝确实没有必要）。他让女人阅读托拉，这是此前从未有过的做法，并在集会时讲艳情故事以娱乐大家，这个故事的名字在犹太-西班牙语中被称为《梅里塞达》（*Meliselda*），讲的是一位皇帝的漂亮女儿与一位年轻人见面并做爱："她的脸庞仿佛一道剑光，她的唇如珊瑚一样红艳明亮，她的肌肤像牛奶一样美丽白皙。"[36]并非此前从未有人注意到这个故事，而是这首诗歌显然是在说明弥赛亚与托拉之间的联系，它代表着神性降临。弥赛亚是位真正的国王，而非宗教领袖，因此沙贝塔伊自称拥有王权，并将其追随者封为葡萄牙、土耳其和罗马等地的国王或皇帝（最后两个王者的位置要留给他的两

个哥哥）；不言而喻，他把自己堂而皇之地列于“犹太人之王”的行列之中，并因此而欢喜；关于他的成就（如果可以被称为成就的话）的消息，经由塞法迪犹太人以及基督徒商人的信件往来，传到阿姆斯特丹。[37]这些行为不但没有激起愤怒，反而更坚定了追随者的信念，认定他就是上帝所承诺的弥赛亚。

对于基督徒来说，他们不懈地记录这些事情的意义是完全不同的：“只有上帝知晓他是不是使得那些顽固之徒改信皈依的途径。”[38]基督徒对东地中海（也迅速传到意大利）犹太人中 481
不断发酵的动乱的兴趣，在回溯沙贝塔伊运动的根源后，就变得很好理解了。他声称自己是弥赛亚，拥有权力与权威将旧的律法中的某些部分加以摒弃，这种做法让人想到福音书中所描绘的拿撒勒人耶稣。由于其父亲的生意，年幼的沙贝塔伊与士麦那的英格兰商人以及其他基督徒商人有了联系。同样是在他们中间，天启的概念传播开来，因为在公元 17 世纪 40 年代，英格兰的宗教热情高涨，狂热的新教派别抢夺着自己的位置，有些人推出了他们自己的弥赛亚概念［奥利弗·克伦威尔（Oliver Cromwell）也受其影响］；这些派别仔细地阅读《旧约》，认真琢磨预示基督再次降临的段落。在这些人当中就有第五王国派（Fifth Monarchy Men），也就是贵格会（Quakers）的前身，其起源充满了对末日的期待。[39]另一场影响基督徒商人又间接影响沙贝塔伊·泽维的运动是“玫瑰十字会启蒙”（Rosicrucian Enlightenment）①，这是一整套、包括炼金术在内的深奥难懂的知识，在 17 世纪初以印刷文字的形式传播开

① 又可译为玄术启蒙。——译者注

来。[40]这场运动发源于被三十年战争蹂躏后的德意志，但其信条吸引了欧洲北部各地的科学界人士。商路将士麦那的棉花带去英格兰，并从那里带回这些深奥的概念。

然而，沙贝塔伊·泽维的活动中心是地中海的奥斯曼帝国辖区，不出所料，他的名字也引起了苏丹的注意。竟然有一个犹太臣子，把他自己的哥哥任命为“土耳其国王”；在其追随者的犹太会堂里，传统上对于统治者的祈祷被改了，不再祈祷上帝赐福苏丹，信徒们聚会祈祷的是“我们的弥赛亚，约瑟的神所庇佑的受膏者，天界之狮与天界之牡鹿，正义的弥赛亚，诸王之王，苏丹沙贝塔伊·泽维”。[41]大维齐尔法佐·艾赫迈德帕夏（Fazıl Ahmet Pasha）受到伊斯兰教中教律严苛的教派影响，鄙视其他宗教；此前，他忙于在克里特与威尼斯人作战，现在这位大维齐尔的注意力转向这个麻烦的先知。[42]沙贝塔伊还制订了计划，使自己距离法佐·艾赫迈德更近。公元1665 年 12 月 30 日，沙贝塔伊及其追随者乘船从士麦那前往君士坦丁堡，想在那里建立自己的王国。违背季节规律的旅程灾难不断，即便只是爱琴海当中的一小段航行也是如此，但
482 《诗篇》第 107 节的话语足以平息他们所遇到的风暴：“他使得风暴平息，海浪也平静下来。”他在海上游弋了将近四十天。奥斯曼帝国辖下的大量犹太人聚集起来迎接他；但土耳其政府也在等他。他被直接带到监狱，可是即便是这个身陷囹圄的过程，也被其追随者弄成了一场巨大的公众游行；即使身在监狱，他还是能够引起所有人的注意。此时，苏丹穆罕默德四世（Mehmet Ⅳ）身在阿德里亚堡［Adrianople，即埃迪尔内（Edirne）］，正准备前往巴尔干半岛，于是又花费一段时间才将这位先知带到苏丹面前。苏丹给了他两个选择：要么施行神

迹证明自己是弥赛亚，要么改信伊斯兰教。苏丹所指定的神迹是：让他赤身裸体地接受土耳其弓箭手们的瞄准与射击，箭不能伤害到他，并要奇迹般地绕过他。沙贝塔伊表示反对，称他宁愿“变成土耳其人”①，并且顺顺利利地完成了转变。[43]

沙贝塔伊·塞维的背教极具戏剧性，因为阿德里亚堡的犹太人聚集在一起满怀期待地来见证他进入苏丹宫廷的时刻。结果，他竟揭发了自己的追随者。之后，他接受了御前侍卫的名誉职位，并改名为穆罕默德·埃芬迪（Mehmet Effendi）。对于生活在土耳其、意大利以及其他地方的犹太社区来说，这件事引起了巨大震动。在整个犹太世界，有的人认为这仅仅证明他是个骗子；有的人被整件事弄得泄气又沮丧；有的人则从其行为中看出他对世界的启示发展到新阶段：可能弥赛亚在最终露面之前要先改信伊斯兰教——一些追随者也跟随他的脚步接受了伊斯兰教，只是秘密地继续着犹太教的信仰与实践，形成东马派（Dönme），它至今仍然存在于土耳其的某些地区。虽然一位耶稣会作家坚持认为，沙贝塔伊在漫长的斋戒期将自己封闭在堡垒中时，其实存有一堆小点心，但并不能就此认定他是假称弥赛亚的骗子。虽然他自欺欺人、狂妄自大，也并不明智，但即便其反对者也承认他与其追随者加沙的拿单都是有学问的人。[44]不过，“一知半解反而危险”，在卡巴拉的神秘宇宙中更是如此。他的游历及其发起的运动还揭示出连接地中海各个港口的商业网络的一些重要方面：他的理论从士麦那这种商业中心渗透到萨洛尼卡、里窝那，然后进入巴尔干半岛与意大

① “变成土耳其人”（turn Turk）是英文俗语，指改信伊斯兰教。——译者注

利内部。他的理论不仅仅源于犹太土壤，还受到新教商人对天
483 启的热情的影响，那些商人将这些概念从英格兰、荷兰以及中欧带到士麦那。北方人不仅重新划分了地中海的商业地图，也影响到宗教格局的变化。

3

在公元 17 世纪的地中海，有变节的海盗，有被驱逐的摩里斯科人，有改宗的沙贝塔伊信徒，有“葡萄牙籍”的犹太商人：在这里，宗教身份不断地扭曲与重塑。基督徒社区也承受着沉重的压力，例如克里特。在这里，威尼斯人一直在努力维系他们对最后一块海外领地的控制权。克里特也成为威尼斯越来越沉重的财政包袱，威尼斯人一直在担心：他们什么时候会需要，而不是要不要，派遣庞大舰队前往克里特抵抗土耳其人，因为土耳其人在 1571 年夺取塞浦路斯之后，必然会对克里特发动袭击。这还不仅仅是与土耳其人的斗争。克里特人自己——既有希腊人的后裔，也有与当地希腊人联姻的威尼斯人的后裔，在 16 世纪末抓住了葡萄酒以及橄榄油贸易的机遇，在全岛范围内种植葡萄与橄榄树；到 17 世纪中期，橄榄油已经成为克里特的主要出口商品，克里特的葡萄酒也满足了奥斯曼治下爱琴海区域以及尼罗河三角洲消费者的渴求。谷物的种植量严重衰减，以至于克里特都难以满足自己的需求，这种变化实在太奇怪了，因为很长时间以来，克里特一直是威尼斯的主要谷物来源。克里特人开始从奥斯曼治下的地区进口谷物，这些交易大体上比较顺利，前提是威尼斯人继续向土耳其苏丹缴纳贡金，苏丹亦不觉得自己帝国内的粮食供应紧张。如此一来，早在 17 世纪中期土耳其人夺取克里特之前，克里特与奥

斯曼世界的联系就已经变得更加紧密了。[45]土耳其人容忍威尼斯人控制克里特的唯一理由是想要维持威尼斯与奥斯曼辖区间的商业流通；但随着威尼斯人逐渐放弃了黎凡特贸易，“高门”对维系与威尼斯共和国的特殊关系也就失去了兴趣。土耳其人也注意到，欧洲列强彼此之间发生了激烈争吵，后来还 484
演变为三十年战争，因此若对克里特发动袭击，基督教力量不可能统一起来进行抵抗。此外，曾在 1624 年到 1639 年牵扯奥斯曼人精力的波斯战争，如今也已结束。[46]

漫长的克里特战争的导火索是公元 1644 年底一艘土耳其船只被劫持，该船原打算从君士坦丁堡前往罗得岛，然后再去埃及，船上搭载着苏丹后宫的宦官总领以及麦加的新任法官。海盗是马耳他人；他们杀死宦官总领后把法官囚禁，还截获了大量战利品。即便威尼斯人根本没有参与袭击，奥斯曼宫廷还是认为马耳他人利用了威尼斯人在克里特与凯法利尼亚的港口。1645 年 6 月底，一支庞大的奥斯曼舰队逼近克里特。[47]西地中海的基督徒海军也确实被动员起来，一些战舰从那不勒斯、马耳他及教宗国出发。威尼斯自然也集结了自己的舰队，共和国任命八十岁的总督为指挥官，但所有这些努力均无济于事：在随后的数月间，土耳其人攻占了克里特的第二大和第三大城市——干尼亚（Chania）和雷西姆农（Rethymnon），以及岛上的许多地区。[48]对于威尼斯来说，幸运的是，克里特首府干地亚（Candia）受到护城河、城墙、城堡及半月堡等防御设施的保护，进行了顽强抵抗；这些当时最先进的军事设施能将土耳其人抛射的所有攻击物阻挡于城外。基督教联军的总体战略是将奥斯曼海军的注意力从克里特转移到距离帝国中心更近的地区：达达尼尔海峡在战争爆发之初就成为一个聚焦点，从

1654 年开始，这里发生了数次激烈的战斗，威尼斯人试图阻止土耳其舰队从这里进入爱琴海支援克里特战役。[49]不过，干地亚所受压力不断增大，到 1669 年，战局已经发展至关键时刻。西班牙国王承诺提供援助，但始终没有兑现，因为他更担心法国人的进攻而非土耳其人。法国国王也派了援军，但他们的舰队不敌奥斯曼舰队，土耳其人通过一场迅速又简单的海战胜利将其盟友送上逃亡之路，留下了毫无倚仗的干地亚。1669 年 9 月 6 日，威尼斯人放弃了干地亚，承认奥斯曼对克里特的统治权；威尼斯人毕竟是威尼斯人，他们仍然抓住机会与奥斯曼人签署了和约。[50]对于威尼斯人来说，这显然标志着其历史上一个伟大时代的终结，因为自 13 世纪初以来，他们就统治
485 着克里特。当他们投降时，威尼斯特使说："我们献上的是举世无双的堡垒。它是一颗无价的珍珠，任何苏丹的财产都无法与之相比。"数个小时后，苏丹真正地拥有了这颗珍珠。

奥斯曼人的到来并没有在克里特引爆一场革命。[51]干地亚成为地区商贸网络的中心，而其西部的干尼亚却成为颇受欢迎的国际贸易港。在那些威尼斯人曾经经商的地方，法国人想要凭借与"高门"的友好联系成功地取代威尼斯人。当伊斯兰教在克里特扩张时，这里的葡萄酒制造并未停止。法国商人和克里特商人都从岛上收购马姆齐（Malmsey）甜酒、橄榄油、干果、奶酪、蜂蜜和蜂蜡；偶尔也会对外出口谷物，主要是当对面的北非沿岸出现饥荒时才会如此。据一位法国游客在公元 1699 年的记载，阿卡迪（Arkadi）修道院的修士们酿出一种"风味浓郁、味道甘醇、口感厚重、颜色略深"，并带有一种特别香味的葡萄酒。与此同时，克里特人还喜欢上了一种咖啡，这种咖啡来自也门，经奥斯曼治下的埃及传入克里特，埃及后来成为克

里特产品的主要市场。让人印象深刻的还有本地商人的涌现，在威尼斯治下时，他们被排挤，只能居于次要地位；在土耳其人征服之前，他们已经开始崛起。这意味着：当土耳其人夺取该岛后，岛上已经拥有了由本地商贸交易构建起的坚实基础，也包括一些热衷于将岛上货物贩卖到奥斯曼治下各地的商人。[52]

希腊的水手和商人越来越常见，但在被征服的干地亚城里，商人的主体是穆斯林。这座城市会重新迁入人口也很好理解，但事实上，绝大多数干地亚的穆斯林商人不过是当地改变了宗教信仰却没有改变其住所的克里特人。到 1751 年时，穆斯林约有四十八艘舰船，其中就包括干地亚的商业舰队。[53]在克里特的各个城镇中，随时准备皈依伊斯兰教的现象已经很明显。当地居民得到保证：过去的历史会受到保护，岛上的穆斯林以及希腊正教徒的通用语言是希腊语，而非土耳其语。克里特人与拉丁教会的定期联系被切断，在威尼斯人统治时期，拉丁教会控制着岛上的统治集团。威尼斯人还曾经禁止正教主教们踏足克里特岛，不过正教的教会与修道院在政府的保护下还在正常运行——克里特教士在岛外受到推崇，有的教士还成为西奈山（Sinai）圣卡特琳娜（St Catherine）修道院院长。 486
奥斯曼征服者利用这一机会在正教徒中寻找支持者，在尚未控制干地亚之前就委任了克里特总主教。[54]与伊斯兰教进入克里特同样重要的是，那些没有接受新信仰的居民中正教信仰再次占据首位。由于克里特距离西奈山很近，它也成为东地中海希腊正教复苏的中心。

4

这时，地中海各港口、沿海地区以及岛屿上的居民似乎已经成为一种单一群体，他们的日常语言，即所谓的“法兰克语”（*lingua franca*）① 也进一步强化了这种感觉。[55]生活在地中海不同海岸的居民使用可相互交流的通行语言，可追溯到非常古老的时代，那时地中海的广大地区先后使用着布匿语、希腊语以及后来出现的中古拉丁语。[56]许多人用粗糙的混合语言交流，且多借助手势。在塞法迪犹太人中，广泛使用的是犹太－西班牙语，这使得从黎凡特直到摩洛哥的商人、朝圣者以及其他旅行者的交流变得更加方便，甚至讲希腊语的罗马尼奥犹太人也开始讲犹太－西班牙语。一方面，讲罗曼语的人在交流时大体上没有什么障碍（比如任何一位出现在西班牙召开的会议上的讲意大利语的人都可证明），但另一方面，属于拉丁语系的人与伊斯兰地区讲阿拉伯语或土耳其语的人的交流却存在着严重障碍。在现代早期，土耳其人从意大利语和希腊语中吸取了大量关于海洋的词，这也大体反映出土耳其人的舰船与装备的来源。[57]水手与商人们需要交流，奴隶主想要对俘虏发号施令，就连奴隶营中的土耳其人或欧洲人也需要用一种奇怪的混合语下达指令，然而，这种混合语言的核心却通常是意大利语和西班牙语的结合体。突尼斯人的“法兰克语”接近意大利语，而阿尔及尔的“法兰克语”则倾向于西班牙语；地理位置以及政治联系决定了这种差异。[58]据说，公元 18 世纪时，阿尔及尔的一位帕夏“能
487 听懂并会讲‘法兰克语’，但他认为用‘法兰克语’与自由的基督徒对话有失身份”。通常，变节的海盗会使用这种语言，他们中有些人觉得掌握流利的土耳其语和阿拉伯语的难

① 所谓 *lingua franca*，事实上指不同族群的居民共用的交际语言，而非真正意义上的“法兰克语”，故加引号。——译者注

度太大。所谓“法兰克语”的一些词在语义上发生了改变，因此土耳其人讲的“*forti*”虽然源于意大利语，但并不表示“坚强地”，而是表示“温柔地”，“*todo mangiado*”也不仅仅表示“都吃光”，而更常用作“消失”。[59]千万不要把“法兰克语”想象成一种正式的语言，它既没有正式的规则，也没有约定俗成的词，事实上，其流动性与易变性也明确反映出现代早期的地中海居民身份的不断变换。

注　释

1. L. P. Harvey, *Muslims in Spain, 1500 to 1614* (Chicago, IL, 2005), pp. 206–7; M. Carr, *Blood and Faith: the Purging of Muslim Spain, 1492–1614* (London, 2009), pp. 109–17.
2. Texts in Harvey, *Muslims in Spain*, pp. 382–98.
3. D. Hurtado de Mendoza, *The War in Granada*, trans. M. Shuttleworth (London, 1982), p. 42.
4. Cited in G. Parker, *Empire, War and Faith in Early Modern Europe* (London, 2002), p. 33.
5. Hurtado de Mendoza, *War in Granada*, p. 41; Carr, *Blood and Faith*, pp. 153–8.
6. Hurtado de Mendoza, *War in Granada*, pp. 150–51, 217–18, etc.; Harvey, *Muslims in Spain*, pp. 337–40; Carr, *Blood and Faith*, pp. 159–79.
7. Hurtado de Mendoza, *War in Granada*, p. 218 (with emendations).
8. Harvey, *Muslims in Spain*, p. 339.
9. Carr, *Blood and Faith*, p. 182.
10. Harvey, *Muslims in Spain*, pp. 295–6, revising H. C. Lea, *The Moriscos of Spain: their Conversion and Expulsion* (Philadelphia, PA, 1901), p. 296.
11. J. Casey, *The Kingdom of Valencia in the Seventeenth Century* (Cambridge, 1979), pp. 79–100.
12. Lea, *Moriscos*, pp. 318–19; Casey, *Kingdom of Valencia*, pp. 228–9, 234; Carr, *Blood and Faith*, p. 256.
13. Lea, *Moriscos*, p. 320; partial text in Harvey, *Muslims in Spain*, pp. 310–11.
14. Lea, *Moriscos*, pp. 322–5, n. 1.
15. Carr, *Blood and Faith*, p. 263.
16. Lea, *Moriscos*, pp. 326–33 (figures: p. 332, n. 1); Harvey, *Muslims in Spain*, pp. 314–16.

17. Harvey, *Muslims in Spain*, p. 317; Carr, *Blood and Faith*, p. 286.
18. Lea, *Moriscos*, pp. 340–41.
19. Cited in J. Casey, 'Moriscos and the depopulation of Valencia', *Past and Present*, no. 50 (1971), p. 19.
20. Harvey, *Muslims in Spain*, pp. 320–31.
21. M. García Arenal, *La diaspora des Andalousiens* (Aix-en-Provence, 2003), p. 103.
22. Ibid., pp. 123, 137, 139.
23. M. Greene, 'Beyond northern invasions: the Mediterranean in the seventeenth century', *Past and Present*, no. 174 (2002), pp. 40–72.
24. Cited in D. Goffman, *Izmir and the Levantine World, 1550–1650* (Seattle, WA, 1990), p. 52.
25. Ibid., pp. 61–4, 74–5.
26. E. Frangakis-Syrett, *The Commerce of Smyrna in the Eighteenth Century, 1700–1820* (Athens, 1992), pp. 74–9.
27. Goffman, *Izmir*, pp. 67, 77.
28. Ibid., pp. 81–4; Frangakis-Syrett, *Commerce of Smyrna*, pp. 80–81, 106.
29. Frangakis-Syrett, *Commerce of Smyrna*, p. 35.
30. Passages cited in Goffman, *Izmir*, p. 137; also J. Mather, *Pashas: Traders and Travellers in the Islamic World* (New Haven, CT, 2009), pp. 94, 213.
31. G. Scholem, *Sabbatai Sevi, the Mystical Messiah 1626–1676* (London, 1973), pp. 106–7, 109, n. 17; and the often inaccurate J. Freely, *The Lost Messiah: in Search of Sabbatai Sevi* (London, 2001), pp. 14–15.
32. Moses Pinheiro of Smyrna, cited by Scholem, *Sabbatai Sevi*, p. 115.
33. Scholem, *Sabbatai Sevi*, pp. 126–7.
34. Freely, *Lost Messiah*, pp. 50, 61.
35. Scholem, *Sabbatai Sevi*, pp. 358–9; Freely, *Lost Messiah*, p. 76.
36. Scholem, *Sabbatai Sevi*, pp. 396–401; Freely, *Lost Messiah*, p. 85.
37. Scholem, *Sabbatai Sevi*, pp. 374–5; Freely, *Lost Messiah*, p. 84.
38. Letter to England, cited by Scholem, *Sabbatai Sevi*, p. 383.
39. Scholem, *Sabbatai Sevi*, p. 101.
40. F. Yates, *The Rosicrucian Enlightenment* (London, 1972).
41. Freely, *Lost Messiah*, p. 93.
42. Ibid., pp. 133–4.
43. Scholem, *Sabbatai Sevi*, pp. 673–86.
44. Haim Abulafia, ibid., p. 359.
45. M. Greene, *A Shared World: Christians and Muslims in the Early Modern Mediterranean* (Princeton, NJ, 2000), pp. 62–7, 110–19.
46. Ibid., p. 17.
47. Ibid., p. 14; R. C. Anderson, *Naval Wars in the Levant 1559–1853* (Liverpool, 1951), pp. 121–2.
48. Anderson, *Naval Wars in the Levant*, pp. 122–5.
49. Ibid., pp. 148–67.
50. Ibid., pp. 181–4; Greene, *Shared World*, pp. 18, 56.

51. Greene, *Shared World*, p. 121.
52. Ibid., pp. 122–40, 141–54; Greene, 'Beyond northern invasions'.
53. Greene, *Shared World*, p. 155.
54. Ibid., pp. 175–81.
55. J. Dakhlia, *Lingua franca: histoire d'une langue métisse en Méditerranée* (Arles, 2008).
56. J. Wansborough, *Lingua Franca in the Mediterranean* (Richmond, Surrey, 1996).
57. H. and R. Kahane and A. Tietze, *The Lingua Franca in the Levant: Turkish Nautical Terms of Italian and Greek Origin* (Urbana, IL, 1958).
58. G. Cifoletti, *La lingua franca mediterranea* (Quaderni patavini di linguistica, monografie, no. 5, Padua, 1989), p. 74; *Dictionnaire de la langue franque ou petit mauresque* (Marseilles, 1830), p. 6, repr. in Cifoletti, *Lingua franca*, pp. 72–84.
59. R. Davis, *Christian Slaves, Muslim Masters: White Slavery in the Mediterranean, the Barbary Coast and Italy, 1500–1800* (Basingstoke, 2003), pp. 25, 57, 114–15; A. Tinniswood, *Pirates of Barbary: Corsairs, Conquests and Captivity in the Seventeenth-century Mediterranean* (London, 2010), pp. 58–61; Cifoletti, *Lingua franca*, p. 108.

七　对其他事件的推力（1650～1780年）

1

488 在整个公元17世纪，欧洲诸国之间的关系发生了戏剧性的变化，并在地中海产生强烈反响。在1648年三十年战争结束之前，天主教与新教发生冲突，对于在欧洲争权夺利的列强来说，教派身份是至关重要的问题。1648年之后，出现了一种明显的政治现实主义或者世俗的关怀。因此数年之后，英格兰的新教领袖奥利弗·克伦威尔还能够与西班牙国王进行合作，而英格兰人对荷兰人的戒心与疑虑导致双方在北海爆发了冲突。参与地中海事务的英格兰人身份也发生了变化：皇家舰队开始介入，英格兰人（1707年英格兰与苏格兰合并之后，他们可被称为英国人或不列颠人了）想要在西地中海寻找永久基地——开始是丹吉尔，然后是直布罗陀、梅诺卡，到1800年，已经扩张到马耳他。因此，从1648年到拿破仑战争的这段时间，最重要的标志是各国立场的频繁转变，如英国人先是联合西班牙人后又转向法国人，又如西班牙王位继承权引发的纷争分裂了欧洲，导致在地中海上对衰落的西班牙帝国之遗产的争夺。就在西班牙的困境越发明显时，奥斯曼人也悄悄地从其鼎盛期下滑：1683年奥斯曼人对维也纳的包围没有获得成功，而在地中海，土耳其人的帆桨船队仍然是巨大的威胁，他们的柏柏尔盟友在海战爆发时能够提供支援的可靠力量。

即便如此，威尼斯人仍然能成功地在数十年内控制着莫里亚（即伯罗奔尼撒）半岛，而且有趣的是，他们才是侵略者。与过去很长时间以来的表现相比，威尼斯人突然变得很 489
大胆，他们野心勃勃地想要将距离其航线最近的土耳其政权击溃。公元 1685 ~1686 年，威尼斯人在伯罗奔尼撒半岛的两侧攻占并摧毁了土耳其人的许多要塞，并在 1686 年 8 月 30 日夺取纳夫普利翁。这只是威尼斯人自 1687 年 9 月攻占土耳其人在新海尔采格的基地，开始肃清达尔马提亚海岸地区的前奏。1698 年奥斯曼人同意让步，承认威尼斯人对达尔马提亚以及莫里亚的控制。但该协议并没有保证长期的和平，因为在 1718 年 7 月，威尼斯人的舰队在希腊西部的马塔潘角（Cape Matapan）遭遇一支庞大的土耳其舰队，丧失了对莫里亚半岛大部分地区的控制权。双方都损失惨重，但土耳其人意识到他们无论如何都占据不了上风，因而选择了撤退。之后威尼斯人与奥斯曼人签署的一份新协议保证了此后半个世纪的和平，这也是威尼斯人所需要的，毕竟这个时期该国的权势与影响力都在衰退。威尼斯人的主要问题不再是保护黎凡特贸易，因为如今任何一个非地中海上的对手都不值得威尼斯人这么做；他们关心的是保护共和国在达尔马提亚的领地。但威尼斯共和国证明了自己并非强弩之末，土耳其人不得不寸土必争。[1]

2

在公元 17 世纪晚期和 18 世纪，更遥远的西部发生的事情也在地中海产生影响，导致了英格兰人与西班牙人的冲突，以

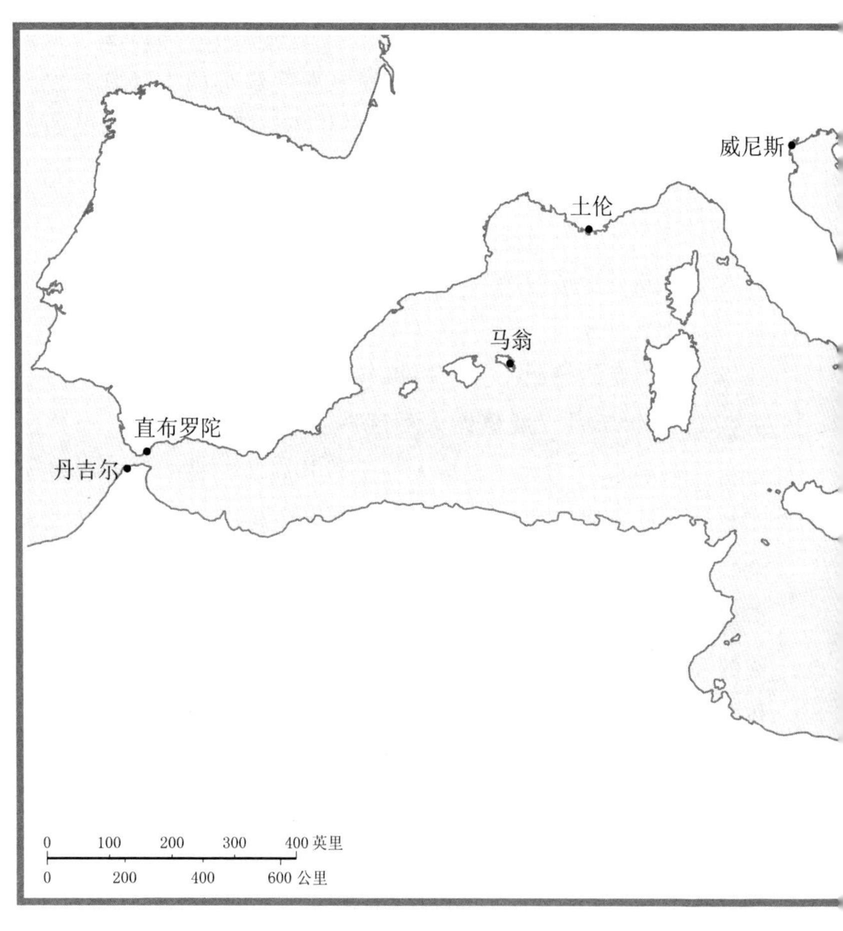

威尼斯
土伦
马翁
直布罗陀
丹吉尔
0 100 200 300 400 英里
0 200 400 600 公里

纳夫普利翁

及更晚些时候的英国人与法国人的冲突。1655 年，英格兰人占领牙买加（Jamaica），这里自哥伦布发现新大陆以来就一直由西班牙占据，由于英格兰联邦护国公（克伦威尔）对占领表示支持，但它威胁到了西班牙舰队的安全，因此原本对护国公比较友好的西班牙人转而暴怒。战云笼罩，英格兰舰队向南驶向加的斯，以侦察西班牙国王菲利普四世（Philip Ⅳ）的海军的动向。他们有两点担心：一是西班牙国王会派遣海军解救牙买加，二是西班牙人的进攻会切断英格兰商船通往地中海的通道。如果可以的话，在地中海入口处建造一个英格兰基地将对战局有着难以估量的价值。克伦威尔的探子蒙塔古
490 （Montague）报告称：最佳选择是直布罗陀，但其防御十分坚固。于是，看似更合理的选择是在北非海岸地区寻找基地。然而，他认为倘若控制直布罗陀海峡，只要有一座堡垒以及“十二艘或十五艘灵活的护卫舰”的支援，就可以为英格兰人的贸易打开大门。可能选择占领的候选城市是此时由西班牙人控制的休达，以及葡萄牙人的指挥中心丹吉尔。但克伦威尔依然热衷于夺取直布罗陀，而后来的海军大臣塞缪尔·佩皮斯（Samuel Pepys）力主派一艘装着独轮手推车和驻锄的船前往直布罗陀海峡，以切断直布罗陀巨岩与大陆间的联系；但这艘船被西班牙人截获。[2]

即使英格兰在查理二世（Charles Ⅱ）统治下重新恢复了
491 君主制，英格兰人也没放弃将他们的旗帜插到地中海入口处的念头。几乎立刻出现了一个绝佳的机会，公元 1661 年，葡萄牙再次摆脱西班牙而独立，英格兰与葡萄牙之间的古老盟约得到延续，这不仅仅为英格兰带来了那位长期忍受痛苦的查理的王后——布拉冈萨的凯瑟琳（Catherine of Braganza），也带来了

她丰厚的嫁妆，使英格兰获得了孟买（Bombay）和丹吉尔。如此一来，英格兰人不费一枪一弹地获得了通往地中海的基地，虽然丹吉尔的葡萄牙总督对于移交丹吉尔的命令极为气恼，认为这么做是对其从1471年以来就控制着这里的先辈们的不敬。[3]关注此事的外国人也相当吃惊。法国国王路易十四（Louis XIV）致函驻伦敦的法国大使，抱怨道：英格兰人正打算控制直布罗 492
陀海峡——他觉得，英格兰人可能会像丹麦人在波罗的海入口处征税一样，也向途经直布罗陀海峡的船只征税。[4]

对英格兰人来说，他们在看到丹吉尔破败的外观时颇为失望，还为每日的正常供水发愁，塞缪尔·佩皮斯报告称："这个时候除了泉堡（Fountain Fort）之外没有其他水源，如果摩尔人知道这个情况，就可能掐断我们的水源。"[5]他们原本以为这里将会是查理二世王冠上一颗新的宝石。结果，这座城市却几乎是一座空城，需要重新移入人口。第一种解决方法是仿效数个世纪以前葡萄牙人夺取附近的休达时的做法，将犯人流放到这里；第二种方法更为奇怪，将三分之一的苏格兰人口转移到这里。英格兰人本来的设想是，得到丹吉尔后，既能与大西洋的摩洛哥进行贸易，也可与地中海的柏柏尔人诸国经商。[6]这些目标如果能达到，就将对发展与丹吉尔附近地区的统治者的友好关系将起到至关重要的作用。那位统治者就是阿卜杜拉·盖兰（Abdallah Ghaylan），英格兰人称之为盖兰德（Gayland）；他统治着平原地区的四个阿拉伯部落以及山区的十八个柏柏尔部落。据说，他身形肥胖、生性狡诈、好色贪婪，"谨慎又放纵：性格矛盾"。[7]他对英格兰人的态度在友好或者至少给予友好承诺与敌对之间不断摇摆；例如，他拒绝了英格兰人从丹吉尔郊区收集柴薪的要求。他的这种模棱两可的态度使他从英格兰总督那里赢得了大量特权，因为后者不想在这座新殖民城市还没有好好稳固时就遭遇安全问题。最后，盖兰的要求愈发离谱（他要求得到五十桶火药以及英格兰船只的使用权），不久之后，摩洛哥军队因偷牛而与英格兰士兵发生小规模冲突：冲突当中有600多名英格兰士兵被杀，其中还包括总督蒂维厄特勋爵（Lord Teviot），随后风向突变，盖兰又再次与英格兰人和好。[8]

英格兰人治下的丹吉尔发展成一座欣欣向荣的港口城市。第一任总督所见到的空旷城市很快被拥有不同背景的人填满：除了1200~2000名守卫士兵外，还有大约600名平民，包括不同时期来到这里的荷兰商人、葡萄牙修士、穆斯林奴隶以及来自欧洲和北非的犹太人。由于犹太人积极地与穆斯林进行贸易，因此英国人对他们心存疑虑。塞缪尔·佩皮斯的报告中讲
493 到一个故事。“一个贫穷的犹太人与他的妻子为躲避宗教裁判所，从西班牙逃了过来”；英格兰守军的首领对他们毫无怜悯之心，“咒骂道，‘这个该死的家伙，就应该被烧死！’结果他们又被送到宗教裁判所，并被火刑处死”。[9]其他来访者则受到了更热情的欢迎。佩皮斯提到，土耳其商人或亚美尼亚商人从遥远的士麦那来到这里，他们把货物放在沙滩上“再运到非斯销售”。[10]对于寻找安全场所的商人们来说，丹吉尔周围新建的雄伟的防御工事能够给他们巨大的鼓舞；这里的防波堤也很壮观，尽管建筑师克里斯托弗·雷恩（Christopher Wren）拒绝了设计此防波堤的邀请。[11]

在英格兰，对于丹吉尔的价值，人们有着不同的认识，但当公元1665年接任蒂维厄特勋爵的总督贝拉西塞勋爵（Lord Belasyse）抵达后，他特别强调了这座城市的价值：

> 国王陛下从这座城市获得的价值，要远远高于其他任何领地所带来的价值，如果他能亲临此地，就会欣赏到以下景象：通向西班牙的海峡，往来的船只，非洲富饶的山脉，散发出芳香的鲜花，罕见的水果与蔬菜，美妙的音乐、肉食与葡萄酒，等等，这些似乎在这里是应有尽有，或者即将会有。[12]

这是很乐观的期待。此时与荷兰人的战争已初现端倪；荷兰人打算组建一支地中海舰队，英格兰人的还击则是加强其与突尼斯及的黎波里的政治与商业联系。于是，荷兰人摧毁了向丹吉尔运送必需物资的小舰队，数月后，也就是 1666 年初，路易十四决定支持加尔文派的荷兰人对抗英格兰人。他的大臣柯尔贝尔（Colbert）一直致力于推动法国商业与制造业的发展，此时直接负责派遣舰船在地中海抗击英格兰人。但英格兰的“丹吉尔人”（Tangerine）海盗在与法国人和荷兰人的对抗中相当成功，他们把所缴获的船只与货物带回丹吉尔出售。[13]这座殖民城市表现出了极大的活力。在许多方面，最严重问题在于伦敦，而非直布罗陀海峡。经营丹吉尔的代价对于一个同时在数个战场上陷入冲突的英格兰政府来说，是一个值得担忧的问题。只要丹吉尔主动投入与荷兰人的战争，英格兰在此地的存在就是合理的。此外，同样显而易见的问题是，丹吉尔是英格兰人与柏柏尔统治者，特别是阿尔及尔的柏柏尔统治者合作，或者合力对抗那些不遵守与英格兰所签协议的柏柏尔海盗的一处有效的基地。但并不是每个人都相信英格兰需要在地中海的门户地带建立一处基地，特别是 494
在与盖兰这个立场模糊的人为邻的时期，这迫使英格兰人从别处运来武器和人员，以守卫丹吉尔的生活物资。

上述原因使得查理二世在公元 1683 年重新考虑他的政策。到目前为止，他在财政上还需依赖其老对手路易十四，而路易十四对于英格兰的殖民地一直抱有敌意，在这种情况下，查理二世无力再对摩洛哥人开战。于是，查理二世决定从自己的私人收入中拿钱来支付丹吉尔的防御费用，这笔费用每年为 7 万英镑，总共 160 万英镑，但他知道不能无限期地这么撑下去。[14]有人提出把这座城市还给葡萄牙人（葡萄牙人以及许多英格兰商人认为丹吉尔的价值在于对抗海盗），或者将它转交查理二世的新盟友——法国人（法国人的舰队已经发展得极为庞大，1683 年时已拥有 276 艘战舰）。但到最后，1683 年，被派往丹吉尔的最后一位总督达特茅斯勋爵（Lord Dartmouth）得到的明确指令是：夷平这座城市，摧毁防波堤。因此，1684 年，英格兰人最终撤离丹吉尔，留下了一堆废墟。[15]但控制直布罗陀海峡的念头一直都在。查理二世带着浓浓的遗憾放弃了丹吉尔，此时距离英格兰得到这座地中海城市仅仅过去了二十年，如今英国的旗帜还在其上飘扬。

3

英格兰人一直想在地中海入口处获得基地的念头最终成为现实，然而，得到直布罗陀却不是英格兰人周密计划的结果。按照约翰·希利爵士的著名说法，英格兰人是“一不留神地”得到了直布罗陀。显然，公元 17 世纪 90 年代的西班牙王位继承危机将整个西班牙撕裂了。西班牙的最后一位哈布斯堡国王是查理二世（1700 年去世），他没有子嗣，据说还是个白痴；在过去的两个世纪当中，哈布斯堡家族的近亲婚姻对他们的健康带来了损害。在遗嘱中，查理二世指定路易十四的孙子，安茹（Anjou）公爵菲利普·德·波旁（Philip de Bourbon）为其继承人；毫不奇怪的是，法国的邻国均认为，倘若一位法国王子继承了西班牙在欧洲、地中海以及美洲的庞大帝国，会产生灾难性后果，会使法国成为比西班牙最鼎盛时期还要强大的世界强国。另一个选择是延续西班牙的哈布斯堡世系，从哈布斯 495
堡家族的奥地利支系中选择一人继承西班牙王位。由于英格兰国王现在是荷兰人奥兰治的威廉（William of Orange），因此荷兰人与英格兰人的利益逐渐趋同，尽管英格兰人认为自己“对商业利益与航海利益以外的事情毫无兴趣”，且荷兰人的看法也差不了太多；但如果一位法国王子成为西班牙国王，那么“只要这位来自法国的国王感觉时候到了，英格兰人与荷兰人的地中海贸易就会完全丧失，因为这位国王将在法国的帮助或支持下，成为整个海峡、地中海上所有地区和港口的主人”。[16]威廉国王想得更多，他说：

> 至于地中海贸易，必须在北非海岸获得港口；例如休达或奥兰，以及西班牙海岸的某些港口，例如梅诺卡岛的马翁，据说这是一处非常优良的港口；也许我们应该获得整座岛屿以确保得到这个港口。

但路易十四固执地认为，诸如休达、奥兰以及梅诺卡这样的西班牙领地绝对不能被英格兰人占据，他们对西班牙的遗产无权提出任何要求。可以确定的是，梅诺卡岛不属于伊比利亚半岛，但“它会使他们成为地中海所有商业活动的主人”，除荷兰人之外的“所有其他民族都会被排除在外”。英格兰人或荷兰人占据马翁会削弱土伦作为法国海军指挥中心的战略价值，而且，由于柯尔贝尔的去世，当法国海军建设不似以往那样积极有效时，这一问题就变得尤其重要。[17]

英格兰人认为波旁家族的安茹公爵菲利普以及奥地利哈布斯堡家族的查理三世为争夺西班牙王位爆发的西班牙王位继承战争（公元 1701～1714 年），是其获得利益的机遇：可以借机去征服加勒比群岛，战胜西班牙舰队的时机已成熟。英格兰人还在犹豫是进攻加的斯还是直布罗陀，但其终极目的是介入西班牙的大西洋交通，这条交通线的重要性不亚于不断被提及的对地中海上英格兰贸易的保护。加的斯是一座更大、更富庶的城市；直布罗陀比较小，但其战略位置更为诱人。[18]1704 年 7 月，在英格兰舰队司令鲁克（Rooke）的旗舰上召开了作战会议，会议决定：由达姆斯塔特－黑森（Darmstadt-Hesse）的
496 乔治王子指挥军队进攻直布罗陀。其目的不是为英格兰夺取直布罗陀，“而是迫使其服从西班牙的国王”。[19]当然，他们指的只是其中一位西班牙国王，也就是奥地利推出的候选人。在一封浮夸的国王来信中，直布罗陀的居民被要求接受查理三世作为他们的国王，但他们却有礼貌但又固执地认为：他们是法国的君主候选人“国王菲利普五世的忠实与虔诚的子民”，最后还祝黑森的乔治长命百岁。直布罗陀凭借它的城墙以及优质的火枪进行了英勇抵抗，但他们防守人员短缺，入侵者人多势众。后来，入侵者成功地俘虏了在巨岩南端的欧罗巴圣母礼拜堂（shrine of Our Lady of Europa）内避难的妇女和儿童，于是直布罗陀的市议会与军事总督一致同意：“对于尊贵的陛下而言，我们接受条件投降要比毫无目的的坚守更令他欣慰，而这也是这座城市及其附庸的巨大损失。”[20]这里的“陛下”仍然指菲利普，而非查理。因此，直布罗陀投降，并得到保证：

征服者不会强制推行新教——毕竟，他们是以一位天主教国王的名义夺取了这座城市。当地居民撤退到距此不远的内陆的圣罗克（San Roque），那里至今仍被认为是直布罗陀原住民的故乡。[21]

关于由谁来管理巨岩的讨论，一直以来的明确观点是，英格兰军队以正义的西班牙国王之名完成了此次征服：“英格兰不会声称她是为自己征服了这里。”[22]黑森希望把直布罗陀作为进入西班牙的大门：从直布罗陀沿海路对加泰罗尼亚发动攻击的计划得以通过，国王查理三世也亲临直布罗陀具体落实该计划。然而，事实却略有讽刺，现在他的确拥有第一块西班牙的领地，但不久之后，直布罗陀却永远地被英格兰女王所占据。现在开始出现不同的声音，直布罗陀“无法保护一支舰队免受另一支更强劲舰队的攻击，而只能为单艘舰艇或四五艘战舰提供安全庇护，因此在这方面它对我们的贸易有着巨大的好处”。[23]英格兰人开始注意到，拥有直布罗陀就开启了控制西地中海的更大可能。驻里斯本的英格兰大使梅休因（Methuen）警告称，倘若查理三世在争夺西班牙王位的斗争中失利，“英格兰也绝对不能放弃直布罗陀，因为这里永远是我们在西班牙的商业与特权的保证”。英格兰人在宣传时称颂直布罗陀的价值，“它位于海峡入口处，正处于我们商 497
业活动的最中心，控制着各地的商业贸易，我们的巡航船从这里出去震慑法国东部与加的斯之间的所有交易”。[24]夸张才是王道：事实上，直布罗陀只是一座小小的、废弃的城市，它的船坞还没有建好。

公元1711年，神圣罗马皇帝也就是查理三世的哥哥约瑟夫一世（Joseph Ⅰ）去世，权力平衡发生了重要的变化。查理有可能被选为皇帝，甚至能够从哈布斯堡家族的东部领地调集更多资源投入西班牙战争。但是，没有人乐见查理五世皇帝的双重帝国再次出现。要让英国政府接受菲利普成为西班牙国王并不困难，只要仍旧把西班牙最南端这个不太重要的海峡（从巴黎的角度看）交由英国人控制。双方的争吵没完没了且非常复杂。偶尔，法国人会站在菲利普五世的立场上，反对任何将西班牙“最微不足道的部分”出让的想法；后来就开始争论出让直布罗陀究竟意味着什么——最为简单的观点是：它仅仅是个城堡、市镇和港口，周围没有土地，甚至没有岩石。[25]问题是：直布罗陀究竟是什么？

公元1713年4月11日签署的《乌得勒支和约》（Treaty of Utrecht）意欲解决上述问题。该条约的第十条规定：英国人承认菲利普五世为西班牙国王，条件是：

> 割让直布罗陀的市镇、城堡，以及港口、防御工事、堡垒以及附属堡垒的全部、完整的所有权，他（西班牙国王）毫无保留、毫无条件地永远放弃以上所列举之物的所有权利。

天主教徒在直布罗陀可自由信教；但基于菲利普国王的请求，英国女王表示同意，犹太人和摩尔人不得生活在直布罗陀，不过来自摩洛哥的商船可在此停泊。[26]对于这座城市的新统治者来说，该禁令不过是个易被打破的承诺，在1704年英国人夺取直布罗陀到1713年条约签订的短短数年中，摩洛哥的犹太掮客已经来到此处。他们通过向海军提供食物和装备获得了丰厚利润。即便如此，仍需经过数十年的经营，

直布罗陀的潜力才能真正实现并释放出来：巨岩地区没有足够 498
的补给品，也缺乏修补舰船的设备，人们对此怨声载道。在18世纪时，除了犹太人外，还有越来越多的热那亚人来到这里。一个与众不同的社会出现了，里面充斥着掮客、小贩、船上的杂货商；但直布罗陀由将近五千名海员构成的流动人口统治，许多平民所生活的区域只能用肮脏来形容。[27]

4

《乌得勒支和约》还将西班牙的另一块领地梅诺卡转让给大不列颠。在公元 17 世纪 70 年代，与柏柏尔海盗进行小规模战斗的英国舰船得到西班牙人的允许，把梅诺卡作为储粮站，但这里的设施很差——没有大型仓库，有特别多的老鼠，不过“这里的面包、葡萄酒、母鸡、鸡蛋等所有东西都很便宜，八里亚尔就可以买一只羊”。[28]1708 年，英国人就占据了该岛，但其盟友查理三世不愿意让出宗主权；当英国人决定转而与菲利普五世谈条件时，虽然这对法国不利，这位波旁家族的男人还是同意出让该岛，不过答应之后他就立即后悔了。[29]马尔伯勒（Marlborough）公爵认识到梅诺卡的重要性，直布罗陀可以充当该岛的中间站——在地中海建立英国人的永久基地的伟大战略开始形成。[30]但眼前的问题是该岛资源匮乏。军队驻扎于此时，梅诺卡无法供养所有人，因为当地出产的谷物仅能满足当地居民自己的需要，当地牲畜的肉也比较粗糙。梅诺卡岛上有些地方寸草不生，所以木材供给也无处可寻。甚至为军队安排住处都很困难。[31]在炎热、干旱的梅诺卡服役被看作一种磨炼。然而，岛上的马翁港却是地中海最好的天然港口：它有三英里长，有些地方有半英里宽；

其入口约两百米宽，敌船很难驶入港口进行侵扰。此外，入口处还有坚固的圣菲利普堡提供保护。这座海港的重要性还在于它的战略价值，它使英国拥有了一个距离法国南部很近的基地：由此向东北二百二十海里处就是土伦的法国舰队。身在西班牙的英国军队指挥官斯坦厄普（Stanhope）写道：
499 “英国永远不能放弃这座岛屿，无论是在战时还是和平时期，它都能够控制地中海。”他还强调此处对将法国人牵制在海湾内有重要的作用——正如英国人控制敦刻尔克（Dunkirk）是为了控制英吉利海峡的法国人一样，为了制服地中海上的法国人，他们就需要控制梅诺卡岛。[32]

英国人开始琢磨，梅诺卡是否还有其他未发现的潜能。凭借这样的天然良港，梅诺卡岛将成为地中海贸易的中心。如果商业发展起来，梅诺卡人会变得“富庶、繁荣”。[33]理查德·凯恩（Richard Kane）是岛上副总督中最有能力的一位，他主持进行了一系列大型工程，创造了新的繁荣景象。沼泽排干了，变成了果园［直到今天，岛上仍然种植着一种名叫“奎恩”（*quen*）的梅子，即“凯恩”之意］，他从北非引入了种牛，希望改善岛上牲畜的体形与品质。凯恩具有公元 18 世纪英国改革者的品质，这些改革者在凯恩的家乡引领了农业革命。到 1719 年时，连接马翁与休达德亚的道路竣工——这项工程历时两年，今天仍然被称为“凯恩先生大道”（*Camí d'En Kane*）。[34]马翁被定为新首府，取代了西海岸的休达德亚（古代的亚摩纳）。这加剧了梅诺卡当地居民，特别是岛上的贵族们与英国当局间的分裂。在英国当局看来，岛民们忘恩负义且丝毫不配合：1777 年，岛上的副总督穆雷（Murray）致信岛上的治安官们（*jurats*），询问他们是否盼着宗教裁判所或柏柏尔海盗重新出现，如今英国政府为他们提供保护，使其免受上述两者的侵扰，而且英国人还将他们从过去的贫穷中拯救出来。[35]马翁成为英国努力改善岛上状况的焦点：新的船坞被建造起来，平直的道路被修造起来，这种道路至今依旧是该市的特点。英国建筑的印迹仍可从房屋的框格窗看出，它让人联想到英格兰南部的沿海城镇，而非西班牙的城镇。

所有这些英明的计划本身无法推动梅诺卡成为地中海一流商港之一；这里仍然主要是海军基地。英法（以及英荷）之间的竞争通过贸易以及战争来解决，而且，虽然英国的地中海贸易成功地维持下来，但在公元 18 世纪的大多数时间里，法国人才是市场的领袖。法国的织物生产商更好地满足了黎凡特市场的需求，他们所提供的色彩鲜亮明快的布料更符合土耳其人的品位以及当地气候。英国与土耳其的贸易活动在前一个世 500
纪获得了成功，但此时大幅收缩，在 1700 年到 1774 年，其出口额从 23.3 万英镑降至 7.9 万英镑。在 18 世纪，法国人通过马赛而在与士麦那交易中占据了最大份额，士麦那也成为奥斯曼人与西方贸易的主要中心，不过士麦那还与叙利亚、塞浦路斯、亚历山大、萨洛尼卡、柏柏尔人诸国以及君士坦丁堡有着繁忙的商业往来（也要考虑到偶尔的中断，例如 1720 年马赛暴发了严重的腺鼠疫）。这段时间里，英国与地中海的贸易在总体上有所增长，但它与美洲、非洲以及亚洲的贸易增速更快。此外，与地中海国家的纷争，无论是与法国还是与西班牙，都会阻碍英国商业的发展。他们所推行的各种绝妙政策——使梅诺卡成为西地中海的粮仓，或发展本地的棉纺业，或建造盐田——都没有产生什么效果。[36]

鼓励商业的政策还对梅诺卡的社会产生了其他重要影响。

在英国人占领之初，特意划出一片地区供新教徒、犹太人和希腊人生活。英国人承诺保护天主教会的权利，不过始终有挥之不去的疑虑，认为天主教一定不会忠于英国国王（这种说法被在英国军队中服役的大量天主教士兵证明是错的）。然而，天主教当局却怨恨英国人，因为他们坚持认为，诸如宗教裁判所这样的古老制度在英国人治下的土地上没有立足之地。公元1715年以及1721年，总督凯恩颁布法令，将外来的天主教牧师驱逐，还对教会法庭的权限加以限制。最后，凯恩决定：是时候在梅诺卡岛上建造英格兰国教的教堂了，这将是（有人明确指出）在地中海建造的第一座圣公会教堂。英国人从未像在直布罗陀所做的那样，承诺将犹太人和摩尔人驱逐出梅诺卡，到1781年时，梅诺卡岛上已经形成了500人的犹太社区，并建立了他们自己的犹太会堂。随着数百名希腊人的到来，梅诺卡岛上民族和文化的多样性进一步强化，尽管这些希腊人来自附近地区——科西嘉岛上一个由希腊难民组成的社区。希腊人获得了建造一座教堂的权利，但对其抱有敌意的天主教徒却拒绝向他们出售建造教堂所用的土地，即便这些希腊人的宗教领袖属于东仪天主教会——他们承认教宗权威，只不过遵循的是希腊人的教仪。经历了数个世纪严厉的宗教裁判后，梅诺卡本地人已经难以忍受不同的宗教信仰，而英国人则致力于宗教
501 信仰自由，这也就不可避免地产生出新的矛盾。[37]

梅诺卡的精英们分属不同的社区（*universitats*），他们仍然认为英国人是道德败坏的入侵者。梅诺卡的贵族规定女儿们不能与英国军官有任何联系，一些军官极其恶劣地习惯于去女修道院勾引漂亮的修女。公元1749年，三名追求浪漫的修女从位于休达德亚的女修道院逃离，藏身于一位英国军官的住处。

她们改宗英国圣公会，并嫁给了英国军官，这件事在本地官员看来是巨大的丑闻，而总督只是发布一道指令，要求他的士兵不能结交岛上的修女。[38]在其他方面，殖民当局与海岛原住民之间的社会交往受到限制。然而，英国人的占领时间相当长，足以留下他们的印迹（从伦敦引入的一种外来品便是印刷厂）。梅诺卡的加泰罗尼亚人在船坞中学到些新词：表示“红木”的 *móguini*，表示“螺丝钉”的 *escrú*，表示“统治者”的 *rul* 等。甚至梅诺卡人的饮食也迎合了英国人的口味，如肉汁（*grevi*）和用伦敦的杜松子酒酿成的杜松子味的烈酒。梅诺卡儿童们喊的口号“*faitim*!”源于英语的“和他斗!”[39]

英国人并没有在梅诺卡的防卫上无所作为。圣菲利普堡是大英帝国中最坚固的堡垒之一，它有可供人们藏身的深入地下的隧道网络，隧道里还能使存储的物品保持干燥，但还有一个最重要的问题只有伦敦政府才能解决：兵力短缺。[40]公元 1756 年，英国海军将领宾（Byng）意识到梅诺卡难以抵挡法国人的入侵，因为兵力短缺且没有足够的海军支援，英国人的统治地位（以及他本人）危在旦夕。后来对英国人海军将领宾的审判与处决，使得法国人占领梅诺卡这一事件显得不那么重要了。七年战争不仅仅发生在地中海，也发生在俄亥俄河畔（Ohio），在那里，法国人想要建造一道防线，从南部的路易斯安那（Louisiana）延伸到北部的五大湖；这样做就可以将北美的十三块英国殖民地限制在北美的东海岸。法国人还力求将地中海的英国人限制住，使其注意力转向土伦附近海域，也就是法国地中海舰队的所在地。伦敦收到了一些报告称：法国人在那里配备了十六艘或十七艘战舰。卡塔赫纳的英国领事似乎知道对方究竟在做什么：

> 我收到的情报称：有 100 个营正全力开赴鲁西永，这
> 502 些军队的目标是梅诺卡，他们将要乘坐如今停泊在马赛的
> 商船抵达梅诺卡，土伦的所有战船负责护航。[41]

起初，地中海只是七年战争的次要舞台，但局势很快变得明朗起来，英国人希望把梅诺卡作为基地，以干扰法国人的黎凡特贸易。

英国政府部分是由于缺乏资金，无力回击法国人的威胁。海军上校宾是一位极有能力的指挥官，但当他受命指挥一支只有 10 艘战舰且总人数不足 722 人的小舰队时，他就已知道这是不可能完成的任务。另外，其他军舰被派往大西洋执行任务，以致他的舰队延误了时日。宾的任务是：若梅诺卡被法国人占领，他就夺回来；若尚未受到攻击，他就需要封锁土伦港。[42]当他在公元 1756 年 4 月刚刚离开朴次茅斯（Portsmouth）前往地中海时，法国舰队就已经登陆梅诺卡，其指挥官包括海军指挥官德·加利索尼埃尔（Galissonnière）侯爵和陆军指挥官德·黎塞留（de Richelieu）公爵。这位黎塞留是曾为路易十三效力的那位才华横溢但寡廉鲜耻的黎塞留的侄子；加利索尼埃尔是一个很有才华的海军人才，不过其晋升速度较慢（可能因为他个子矮且驼背）。加利索尼埃尔保证法国舰队拥有了可完成这项任务的规模：他有 163 艘运输船，可运送 1.5 万名士兵。战列舰中包括“闪电号”（*Foudroyant*），该船装备着 84 门大炮，英国人的小舰队（总共 14 艘船）中没有可与之匹敌者，即使其旗舰“拉米伊号”（*Ramillies*）也做不到。[43]法国人毫不费力地在休达德亚登陆并赢得了梅诺卡人的支持，后者一直渴望着摆脱信奉新教的英

国人的统治。岛上有副总督凯恩修建的优质道路，法国士兵沿着这条路向东来到马翁，不过英国人派出一队由犹太人和希腊人构成的工兵将道路表面破坏，给带着重炮行军的法国人造成很大困难。即便如此，数日之后，英国军队手中就只剩下圣菲利普堡了。[44]

因此，当公元 1756 年 5 月中旬宾率军抵达巴利阿里群岛附近海域时，他的任务就是驰援圣菲利普堡。在与高级军官们召开的战前会议上，宾大致列出决定其小舰队战略部署的关键问题：有没有可能攻击法国舰队从而解救梅诺卡？显然不行。 503
即便这片海域没有法国舰队，他们能从法国人手中夺取梅诺卡岛吗？结果依然是不行。但如果他们失败了，直布罗陀会不会危险？会的。他们的结论是："我们一致认为，舰队应该立即前往直布罗陀。"[45]只剩副总督单枪匹马地守卫圣菲利普堡，他英勇地战斗到最后一刻。而宾上校，则成了英国政府拖沓、吝啬的替罪羊，因为英国政府必须向愤怒的民众解释为什么英国在地中海的属地会落入其宿敌之手。宾被送上军事法庭，在法庭上，他有力地回击了关于他应为战场失利负责的指控，然而，1757 年 3 月 14 日，他还是被判有罪并被处决。梅诺卡的陷落当然不是他的错。[46]那些想帮他说话的人中包括其英勇的对手德·黎塞留公爵以及与公爵通信的伏尔泰，在其名著《老实人》（*Candide*）中，他写道，老实人来到朴次茅斯港，看到一位英国海军上校被处决："在这个国家，人们认为不时地杀死一位海军上校是件好事儿，这样可以激励其他人。"

法国人对梅诺卡岛的控制只持续了数年；英法和约使此岛于 1763 ~ 1782 年回到英国人手中，后来经过西班牙的短期统治后，在 1798 ~ 1802 年，它又回到英国人手中，在与拿破仑的战斗中，这座岛屿又有了新的战略意义。然而，虽然英国人意识到这座基地在西地中海拥有的战略优势，但他们在梅诺卡始终没能高枕无忧。部分原因在于他们发现这座岛屿干燥且荒凉，虽然它邻近法国、西班牙和非洲，但这里却是偏僻荒凉之地（许多世纪之前，塞维鲁主教亦曾如此抱怨）。另一部分原因在于，他们不知道是否可以把梅诺卡岛当作诱饵，把它让渡给可能成为盟友的国家，从而与另一个地中海强国建立牢固的友谊。[47]这些讨论发生在 1780 年，在英俄之间展开。为了解释俄国如何突然成为一个地中海强国，有必要后退数年时间重新梳理一下历史。

注 释

1. R. C. Anderson, *Naval Wars in the Levant 1559–1853* (Liverpool, 1951), pp. 194–211, 236, 264–70.
2. G. Hills, *Rock of Contention: a History of Gibraltar* (London, 1974), pp. 142–6.
3. E. Routh, *Tangier: England's Lost Atlantic Outpost 1661–1684* (London, 1912), p. 10; A. Tinniswood, *Pirates of Barbary: Corsairs, Conquests and Captivity in the Seventeenth-century Mediterranean* (London, 2010), p. 204.
4. Routh, *Tangier*, p. 27.
5. S. Pepys, *The Tangier Papers of Samuel Pepys*, ed. E. Chappell (Navy Records Society, vol. 73, London, 1935), p. 88; A. Smithers, *The Tangier Campaign: the Birth of the British Army* (Stroud, 2003), pp. 31–2.
6. Routh, *Tangier*, pp. 21, 28.
7. Cited in ibid., pp. 23–4; Bromley in J. Baltharpe, *The Straights Voyage or St David's Poem*, ed. J. S. Bromley (Luttrell Society, Oxford, 1959), pp. xxvii–viii.
8. Routh, *Tangier*, pp. 66–9; Smithers, *Tangier Campaign*, pp. 49–53.
9. Pepys, *Tangier Papers*, p. 97; Routh, *Tangier*, pp. 272–6.
10. Pepys, *Tangier Papers*, p. 41.
11. Tinniswood, *Pirates of Barbary*, pp. 211–15.
12. Routh, *Tangier*, p. 81; also Sir Henry Sheres's opinion in Tinniswood, *Pirates of Barbary*, p. 205.
13. Routh, *Tangier*, pp. 82–6.

14. Pepys, *Tangier Papers*, p. 77; Hills, *Rock of Contention*, p. 150; Routh, *Tangier*, pp. 242–4.
15. Pepys, *Tangier Papers*, p. 65; Routh, *Tangier*, pp. 247–66; also plate facing p. 266; Smithers, *Tangier Campaign*, pp. 142–9; Tinniswood, *Pirates of Barbary*, pp. 242–53.
16. Earl of Portland, cited by Hills, *Rock of Contention*, pp. 157–8; M. Alexander, *Gibraltar: Conquered by No Enemy* (Stroud, 2008), p. 45.
17. Hills, *Rock of Contention*, pp. 158–9.
18. S. Conn, *Gibraltar in British Diplomacy in the Eighteenth Century* (New Haven, CT, 1942), p. 5.
19. Hills, *Rock of Contention*, pp. 167–9, and appendix A, pp. 475–7; M. Harvey, *Gibraltar: a History* (2nd edn, Staplehurst, Kent, 2000), p. 65; S. Constantine, *Community and Identity: the Making of Modern Gibraltar since 1704* (Manchester, 2009), p. 12.
20. Cited in Hills, *Rock of Contention*, p. 174 from council minutes.
21. Ibid., pp. 176–7.
22. Ibid., pp. 183, 195.
23. Cited in Conn, *Gibraltar in British Diplomacy*, p. 6.
24. Passages cited in Hills, *Rock of Contention*, pp. 204–5.
25. Ibid., p. 219.
26. Utrecht clauses, ibid., pp. 222–3; Conn, *Gibraltar in British Diplomacy*, pp. 18–22, 25–6.
27. Constantine, *Community and Identity*, pp. 14–34.
28. Baltharpe, *Straights Voyage*, pp. xxv, 61.
29. D. Gregory, *Minorca, the Illusory Prize: a history of the British Occupations of Minorca between 1708 and 1802* (Rutherford, NJ, 1990), pp. 206–7; Conn, *Gibraltar in British Diplomacy*, pp. 28–111; M. Mata, *Conquests and Reconquests of Menorca* (Barcelona, 1984), pp. 129–60.
30. Gregory, *Minorca*, p. 26.
31. J. Sloss, *A Small Affair: the French Occupation of Menorca during the Seven Years War* (Tetbury, 2000), pp. 40–43; Gregory, *Minorca*, pp. 35–6, 144–6.
32. Cited by Gregory, *Minorca*, p. 26.
33. Mata, *Conquests and Reconquests*, p. 160.
34. Ibid., p. 163; J. Sloss, *Richard Kane Governor of Minorca* (Tetbury, 1995), p. 224; Gregory, *Minorca*, pp. 59–60, 151.
35. Gregory, *Minorca*, pp. 90, 156; Mata, *Conquests and Reconquests*, p. 164.
36. E. Frangakis-Syrett, *The Commerce of Smyrna in the Eighteenth Century, 1700–1820* (Athens, 1992), pp. 119–21, 131; Gregory, *Minorca*, pp. 144, 149–55, and p. 247, n. 1, summarizing figures from R. Davis, *The Rise of the English Shipping Industry in the Seventeenth and Eighteenth Centuries* (Newton Abbot, 1962), p. 256; R. Davis, 'English foreign trade', in W. Minchinton (ed.), *The Growth of English Overseas Trade in the Seventeenth and*

Eighteenth Centuries (London, 1969), p. 108 and table opposite p. 118; Gregory, *Minorca*, pp. 144, 149–55.

37. Sloss, *Richard Kane*, p. 210; Gregory, *Minorca*, pp. 71, 119, 122, 132–4.
38. Gregory, *Minorca*, pp. 126–7; Mata, *Conquests and Reconquests*, p. 164.
39. Mata, *Conquests and Reconquests*, pp. 237–8.
40. Sloss, *Small Affair*, pp. 2–4.
41. Mr Consul Banks, in H. W. Richmond (ed.), *Papers Relating to the Loss of Minorca in 1756* (Navy Records Society, London, 1913), vol. 42, p. 34, and see also pp. 38, 50; B. Tunstall, *Admiral Byng and the Loss of Minorca* (London, 1928), pp. 22, 32, 39; D. Pope, *At 12 Mr Byng Was Shot* (London, 1962), pp. 36, 38 and p. 315, n. 6.
42. Pope, *At 12 Mr Byng Was Shot*, pp. 59–60, 65.
43. Tunstall, *Admiral Byng*, p. 103.
44. Sloss, *Small Affair*, pp. 7–16.
45. Text in Pope, *At 12 Mr Byng Was Shot*, appendix v, p. 311; Tunstall, *Admiral Byng*, pp. 137–9.
46. Pope, *At 12 Mr Byng Was Shot*, pp. 294–302.
47. I. de Madariaga, *Britain, Russia, and the Armed Neutrality of 1780: Sir James Harris's Mission to St Petersburg during the American Revolution* (New Haven, CT and London, 1962), pp. 239–63, 295–300.

八　在俄罗斯人的视角下（1760～1805年）

1

奥斯曼帝国的衰落引起了俄国沙皇对地中海的兴趣。从公 504
元17世纪末开始，俄国的势力向南扩张到亚速海（Azov）与高加索山脉（Caucasus）。彼得大帝（Peter the Great）从波斯帝国割走部分领土，结果，统治克里米亚的奥斯曼人感受到了威胁。[1]此时，俄罗斯人因与瑞典人争夺波罗的海的控制权而无暇南顾，但彼得仍然想办法寻找通往黑海的自由路径。这些计划带有彼得所立志改变的老俄国的特征，同时也具有他所立志建立的、以新技术立国的俄国的特征。当彼得在波罗的海建立新首都圣彼得堡（St. Petersburg）时，传统的观念并没有消逝：沙皇是拜占庭皇帝在宗教上，甚至政治上的继承人，而俄国是“第三罗马”。此外，这个时候的俄罗斯人已经拥有了成百上千艘战舰，足以挑战黑海上自负的土耳其人，不过，其舰队还无法发动一场全面海战。虽然彼得大帝有一段非常著名的经历，曾化名彼得·米哈伊洛维奇（Pyotr Mikhailovich）访问了西欧的造船厂，但俄罗斯人建造的舰船仍很糟糕。总的说来，这支舰队“纪律松弛、训练无序、士气涣散，没有操作经验，管理和装备都很混乱”；时人评论称“俄国海军管理的糟糕程度堪称第一”，因为帝国海军仓库中的大麻、焦油和钉子已经被耗尽。俄罗斯人开始雇用苏格兰海军将领来帮他们建

威尼斯
热那亚
土伦
圣弗洛朗
梅诺卡岛
那不勒斯
马耳他
0 100 200 300 400 英里
0 200 400 600 公里

敖德萨
杜布罗夫尼克
新海尔采格
君士坦丁堡
卜浮岛
切什梅

505 立现代指挥体系，他们还从英国购买海军所需物资；此外，英国与俄国间的商贸联系也进一步推动了双方的友好关系。当18世纪英国的黎凡特贸易渐趋衰退时，英俄之间的商贸关系在整个18世纪始终处于繁荣状态：在18世纪的最后三分之一的时间里，每年驶往黎凡特的英国商船最多不超过72艘，而驶向俄国的有700多艘。[2]由于北海、波罗的海与大西洋经济联系的持续增强，因此相对而言，地中海已经逐渐落后。

由此一来，毫不奇怪的是，将俄国海军带入地中海水域的不是地中海的局势，更不是黑海的事件。在遥远的东北欧，俄国女沙皇叶卡捷琳娜二世帮助她推举的候选人夺取波兰王位；在追捕反对新王一派势力的过程中闯进奥斯曼的疆域，于是公元1768年，他们发动了俄土战争。[3]1766年，英国人已经与叶卡捷琳娜缔结商业协议，并坚信在谨慎的操作下，女沙皇叶卡捷琳娜能为其带来丰厚的利润。英国政府认为：俄国海上力量的扩张会增强它对英国的依赖，因为其扩张只有通过英国人的帮助才能实现。英国政府还相信，如果俄罗斯人对土耳其人的胜利没有阻止法国人的话，那么法国商人最终也会进入黑海。英国人的政治意识当中首次出现了代理人战争的概念，即俄国的舰队将肃清地中海上那些威胁英国利益的势力。路易十五（Louis XV）的大臣德·布罗伊（de Broglie）在这个问题上也持同样的观点：他认为俄国海军对土耳其人的胜利将威胁到法国人在黎凡特的贸易。[4]

不过，俄国在地中海有所收获的机会微乎其微。黑海舰队没有实力挑战经过奥斯曼首都的博斯普鲁斯通道，因此俄罗斯人决定派出五支分遣舰队从波罗的海穿越直布罗陀海峡进入地

中海。所以，无论在北海还是地中海，俄罗斯人都有必要利用
一个友好国家的海军设施——坦白地说，他们的一些舰船无法
适应数月的海洋航行［它们刚抵达英国的赫尔港（Hull），2
艘大型舰船就需要进行大修，其中之一还在英国南部海岸搁
浅］。英国人想要维持表面上的中立，海军部却签发命令：俄 506
国人的船可以在直布罗陀以及梅诺卡购买他们所需要的一切物
品。公元 1770 年 1 月，4 艘俄国战舰在马翁建造完工，俄罗
斯人任命了一名希腊商人作为他们驻马翁的代理人。[5]

当土耳其人还在抱怨英国人怎么可以向俄国舰队提供帮助
时，俄罗斯人已经向东挺进，公元 1770 年 7 月 6 日，与土耳
其海军在希俄斯岛后方的切什梅（Çesme）交火。战争伊始， 507
俄罗斯人困难重重：当一艘土耳其战舰燃烧的桅杆落到他们一
艘船的甲板上时，后者发生了爆炸。不过最后，俄罗斯人非常
幸运：一阵猛烈的西风使得他们能够在希俄斯岛与土耳其本土
之间的海峡中使用火船攻击，水面上的许多土耳其船只被烧
毁。奥地利皇帝对此印象深刻，还颇为担心："整个欧洲都需
要包容这个民族，因为土耳其人完全无法与之匹敌。"[6]尽管他
们获得了一场胜利，但要想赢得整个海洋的控制权，俄罗斯人
对于下一步应该做什么仍毫无头绪；然而，他们建立了一些补
给站，数年之后，他们攻入爱琴海，且与土耳其人发生小规模 508
冲突，甚至殃及最南处的达米埃塔，他们在这里抓捕了大马士
革的总督。但正如过去英国人借助梅诺卡所领悟到的那样，真
正重要的在于拥有一处极为重要、具有战略性位置的港口，而
这恰恰是俄罗斯人所缺少的。

即便如此，人们还是感觉到地中海力量的平衡正在向一个
无法预知的方向发展。奥斯曼人实力的衰退以及威尼斯的日渐

衰弱，留下一个真空地带；此后人们会看到，不仅仅是俄罗斯人，甚至丹麦人、瑞典人，以及美国人也都介入地中海，即便他们的主要利益在别处，并不在地中海。事实上，这就是问题的一个侧面：除了老资格的威尼斯人与拉古萨人，每个民族都把地中海视为他们所必须经营的许多政治和商业领域中的一个——甚至肆无忌惮地侵入大西洋海域的柏柏尔海盗也是如此。在英国人的反制面前，法国人的沉默使得俄罗斯人可以放手介入东地中海。[7]事实上，在公元 1774 年前，几乎没有发生什么战斗，因为俄罗斯人已经排除万难，有效地控制了黎凡特海域。不过，他们未能占领爱琴海的主要岛屿，如利姆诺斯岛和印布罗斯岛①。这两座岛屿控制着通往达达尼尔海峡的通道，如果他们只能从直布罗陀海峡进出地中海的话，很难说他们是否能在地中海长期坚持下来。[8]俄罗斯人还需要算计一下他们能从地中海获得什么好处：控制东地中海本身不是目的，这一点在 1774 年俄罗斯人与土耳其人签署的和约中明确体现出来。按照《库楚克－凯纳尔吉和约》（Treaty of Küçük Kaynarca）的规定，土耳其人首次承认俄罗斯人对黑海部分海岸的控制；俄罗斯人也得到权利，可派商船穿越博斯普鲁斯海峡进入地中海，这使得连接黑海北岸与地中海的古老商路的复苏成为可能。如今，叶卡捷琳娜二世开始考虑俄国正教对东欧基督徒人民的责任，特别是对希腊人的责任。1770 年，俄罗斯人挑唆希腊人发动了一场重大的但毫无结果的起义。为受到压迫的奥斯曼治下的希腊正教提供帮助的理想，是其更伟大理想中的一

① 该岛原名 Imbros，即印布罗斯，是希腊语名称；1970 年 7 月 29 日之后正式改为 Gökçeada，即格克切岛。——译者注

部分：为正教基督教世界收复君士坦丁堡，这才是俄国沙皇们惦记很久的“伟大理想”。[9] 509

2

数年之中，在爱琴海取得的成功进一步刺激了俄罗斯人的胃口，他们开始考虑在地中海进一步冒险。这些计划的一贯特征是非地中海起源之民族行事的方式。公元 1780 年，英国政府深陷北美殖民地独立战争，由于法国人和西班牙人向北美初生的合众国（United States）提供援助，英国的局势相当危险。从 1779 年到 1783 年，直布罗陀再次遭到西班牙的封锁，最后还受到无情的炮轰，在这样的打击下，总督艾略特（Eliott）顽强地坚守下来。[10]重压之下的英国，有必要找一些盟友，尤其是拥有战舰的盟友，显然俄国就是最好的选择。不过，友谊必须付出代价。英国大臣斯托蒙特（Stormont）想要诱使叶卡捷琳娜联合攻击梅诺卡，指出“具有这样地理位置的港口对俄国的价值是显而易见的，不用思量”。他还主张“彼得大帝曾经考虑这个问题”，而且如果俄国得到梅诺卡，英国政府就只有高兴而不会有别的想法。有流言称，英国的敌人试图把俄罗斯人拉入他们的阵营，愿意将波多黎各（Puerto Rico）或特立尼达（Trinidad）让给俄国，这让斯托蒙特担心不已。这位英国大臣明白地中海对于俄罗斯人有着神秘的吸引力。俄罗斯人对于把加勒比海诸岛作为条件很是不满，暂且不论抛出这诱饵的是西班牙人还是英国人。叶卡捷琳娜二世的大臣波将金（Potyomkin），因其个子太高，得低头俯视英国驻圣彼得堡公使詹姆斯·哈里斯爵士（Sir James Harris），说：“如果你们把那么遥远的殖民地给我们，就是要毁掉我们。你知道我们的战舰很少驶出波罗的海，你们怎么还想着让它们跨越大西洋?”詹姆斯爵士得到的明确印象是“只有一个地方能诱使女皇与我们结盟，那就是梅诺卡”；那将成为“女皇荣耀的纪念碑”。在波将金的设想中，他们不会去琢磨如何获得梅诺卡人的支持：梅诺卡人将被驱逐，希腊人会被安置在那里。梅诺卡将成为正教在西地中海的堡垒，成为俄罗斯人与奥斯曼人斗争的前哨。

哈里斯面对的问题是，这仅仅是一个建议，说明波将金及
510 其政府的兴趣所在；英国政府并未真正批准出让领地，而俄罗斯人更享受这种在分裂的欧洲充当权力掮客的机遇。一方面，叶卡捷琳娜确实垂涎梅诺卡；另一方面，她知道英国会要求一些非常实在的回报，那就是俄国海军的支持。她还知道梅诺卡很难抵御来自西班牙人与法国人的攻击，因为她曾经说：“我不能陷入诱惑。”因此她决定她的使命是在交战双方之间进行调解，而不是激化大西洋与地中海的冲突。她那重视实际的判断力最终占据上风，而且她的判断在一年内就被证实，因为此时西班牙人的注意力转向了梅诺卡，并在公元 1782 年 2 月从英国人的控制下夺取了该岛。[11]一位匿名作者，很可能是埃德蒙·伯克（Edmund Burker)，对于与这位女沙皇有关的一些事件做出了简明扼要的评论：

> 英格兰曾经有充裕的时间来思量，有足够的理由来拒绝那项荒谬、昏聩的政策，在这政策的影响下，她得到的是迟疑不决的盟友，始终存有疑虑的伙伴，一个以波的尼亚湾（Bothnic Gulf）的底部为根基，在地中海、爱琴海及其岛屿上建立起新的海洋帝国的伙伴。[12]

这是在数年之后写成的，那时的英国政府已经开始后悔之前对俄国的支持。而现在，在 1778 年，英国政府还想知道路易十六（Louis XVI）是否有兴趣协助英国封锁英吉利海峡，以阻止俄罗斯人经由这里进入地中海。[13]

尽管叶卡捷琳娜拒绝接受梅诺卡岛，但这些协商以及最后英国人对俄国人热情的衰退，均表明俄国已经在地中海战争与外交事务中为自己赢得了重要的地位，而这种地位以后一直维系着。公元 1783 年俄罗斯人吞并克里米亚以及随后在黑海沿岸的扩张（导致敖德萨的建立），使得俄罗斯人在地中海的野心进一步膨胀，因为女沙皇如今已经拥有了向达达尼尔海峡进行商业与军事冒险的基地。而这靠的是与土耳其人关系的变化；1789 年，当叶卡捷琳娜与“高门”开战时，得到俄罗斯人授权的希腊海盗在亚得里亚海与爱琴海对土耳其船只进行骚扰。他们还得到威尼斯的热心支持，这也是后者作为独立共和国所参与的最后行动：一位名叫卡宗内斯（Katzones）的希腊 511
船长被允许使用威尼斯人治下的科孚作为基地，这促使俄国考虑这座岛在地中海上可能的优越地位。卡宗内斯给土耳其人的生活带来巨大麻烦：他夺取科托尔湾的新海尔采格城堡，还袭击遥远的塞浦路斯。1789 年，三支“毫无纪律、组织严重无序、半海盗性质的小舰队”悬挂着俄国国旗，刺痛了奥斯曼人。[14]他们的掠夺将地中海的不稳定完全暴露出来。

重新稳定地中海的方法是显而易见的：签署和平条约，至少在短期内和约解决了因领土而出现的纷争，使得商船拥有了安全的通道。因此，在公元 1792 年俄罗斯人与土耳其人签署和约后，俄国在地中海的贸易立即得到发展，部分原因就在于敖德萨的绝佳地理位置——它几乎不受冰雪的影响，还拥有通往乌克兰和波兰南部开阔地带的便捷通道。在其正式建立之年，即 1796 年，敖德萨已经能容留 49 艘土耳其商船、34 艘俄国商船以及 3 艘奥地利商船，它吸引着来自希腊、阿尔巴尼亚以及南部斯拉夫的居民到此定居。商人们从科孚、那不勒斯、热那亚与的黎波里纷至沓来。再看未来，1802 ~ 1803 年，敖德萨已经非常繁荣，从希腊、意大利和西班牙进口橄榄油、葡萄酒、干果与羊毛，希腊和意大利的货运船为了行驶方便，悬挂着土耳其、俄国以及奥地利的旗帜；与此同时，俄国的黑海诸港口对外出口谷物，其价值约为进口商品价值的两倍（事实上，1805 年谷物出口总值已经达到惊人的 570 万卢布[15]）。倘若不能自由地穿行博斯普鲁斯海峡与达达尼尔海峡——这种通行只有土耳其人与俄罗斯人签署和约才能实现，或者俄罗斯人战胜了奥斯曼人，从土耳其人手中夺回君士坦丁堡，使其重回正教控制之下——这样的商业成功是不可能实现的。

在敖德萨建立的那一年，叶卡捷琳娜的儿子保罗（Paul）继位，其野心远远超越了他的母亲，而她足够聪慧，知道俄国势力的极限在哪里。保罗在公元 1782 年就曾到地中海游历，假借“北方伯爵”之名微服出行，游遍了那不勒斯、威尼斯和热那亚等地，这段经历使他对地中海产生了兴趣，打算在这里建造俄罗斯人的立足点。[16]在他短暂的五年统治期内，他再次推动俄国向地中海核心地区发展。俄罗斯人仍然想要在地中海寻求
512 一座岛屿作为基地；但沙皇保罗的注意力已经转向了梅诺卡岛以东地区，关注点变成了马耳他。与以往一样，促使俄罗斯人介入地中海事务的是地中海以外的局势变化，起初保罗的兴趣不在那座岛，而是骑士团。马耳他骑士团与俄国在很多年前就

有了联系。彼得大帝曾在 1697 年派遣他的将军鲍里斯·切雷梅托夫（Boris Cheremetov）到访马耳他，提议与骑士团联合发动对奥斯曼人的攻击。俄国的舰队在黑海迎击土耳其海军，而规模不大但战斗力强大的马耳他舰队可在爱琴海向土耳其人发动攻击。骑士团团长不想将赌注压在还不甚了解的俄罗斯帝国身上，毕竟，它仍然是东正教的堡垒。不过，切雷梅托夫给骑士团留下了深刻的印象，他对施洗者圣约翰（St. John the Baptist）手臂遗骨的热爱与忠诚令骑士团动容——这份圣物在庆祝圣灵降临节的仪式中要被送往瓦莱塔的修女教堂，为了展现骑士团的伟大魅力，这位来自另一个基督教世界的客人也受邀参加。[17]

在叶卡捷琳娜二世统治时期，骑士团与俄国宫廷也产生了一些纠纷。这源于一位波兰贵族留下的颇为复杂的遗产，并导致在俄国控制下的波兰出现了一座医院骑士团修道院。[18]叶卡捷琳娜觉得自己可以利用骑士团来对抗其在波兰的反对者，于是在公元 1769 年邀请一位老朋友来到她的宫廷，这个人就是马耳他骑士团的意大利籍骑士米凯莱·萨格罗莫索（Michele Sagromoso），她非常清楚此人将带来骑士团团长和教宗的信息，而教宗对于在俄罗斯帝国建立大公教会极为热心。然而，当叶卡捷琳娜派遣一位立场模糊的意大利门客——可笑的卡瓦尔卡博（Cavalcabó）侯爵作为代表前往马耳他时，宗教问题再次出现。事情的开局有些不利：骑士团拒绝非天主教政权任命的代理大使，而且卡瓦尔卡博这个人也不值得信任，他被怀疑与骑士团中的狂热亲法派进行秘密交易。由于骑士团中有很多人是法国人，因此马耳他骑士团在法国也有丰厚地产。[19]卡瓦尔卡博的目标是为俄国舰队在马耳他争取到进驻权，这个时期的俄国舰队仍然在东地中海徘徊。到 1775 年时，这位备感挫败的女皇代表与古老的、长期被骑士团边缘化的马耳他贵族秘密筹划，徒劳地希望他们能够发动起义反抗暴君式的团长们，然后将他们的岛屿献给女沙皇叶卡捷琳娜。骑士团对叶卡
513 捷琳娜这位代表的诡异行为越来越愤怒。他们突袭其位于瓦莱塔郊区弗洛里亚纳（Floriana）的居所，发现那里堆满了武器。于是，卡瓦尔卡博被驱逐，在最后的岁月里，他生活在法国，在耻辱中过活，时刻担心会因诈骗而被捕。[20]

于是，沙皇保罗与马耳他骑士团的接近也就不那么奇怪了。[21]保罗年轻时就学习了骑士团的历史，他浪漫地把骑士团想象成对抗革命的潜在的强大堡垒：团员们都是血统纯正的贵族，因对基督教的热情而团结起来，超越了他那个时代欧洲国家之间的微不足道的差异。他并不担心骑士团对天主教的认同，也从未怀疑过自己作为最伟大的东正教的君主，能与骑士团紧密合作。[22]在他的设想中，马耳他骑士团应该能在两条战线上为他提供支援：波兰－俄国的修道院能在东欧内陆抵抗土耳其人的战斗中贡献资金与人力，而以马耳他为基地的骑士团，则会与俄国舰队一起在地中海向土耳其人施压。不久之后，东正教的统治者就能够收复古老的拜占庭土地。要实现这一伟大梦想，还存在着一个难以逾越的障碍。这个障碍的名字叫作拿破仑·波拿巴（Napoleon Bonaparte）。

3

美国的独立战争以及随后发生的拿破仑战争影响到整个地中海。公元 1793 年，就在革命政府向英国宣战后不久，似乎在某一刻英国舰队有能力制止法国舰队进入地中海水域。随着法国与其邻国的战争日益激化，以及对雅各宾（Jacobin）激

进派反对者的残酷镇压，法国的一些省份爆发了起义。土伦市民通过选举将雅各宾派驱逐出政府，并请英国人帮助他们的城市免遭正向南进发的革命军的蹂躏。难民们蜂拥而至，食物供给出现短缺。幸运的是，由胡德勋爵（Lord Hood）指挥的英国战舰已经封锁了土伦；但这只是加剧了土伦资源的短缺。8月23日，胡德勋爵同意接管土伦，但条件是城里的居民需要承认王位的继承人是国王路易十七（Louis XVII）。市民们忍气吞声地表示同意，因为他们对雅各宾派的恐惧平衡了他们对君 514
主制所缺乏的热情。英国人占领土伦后，法国舰队的一半沦于英国人的控制之下。但胡德几乎得不到地面部队的支援，因此当拿破仑·波拿巴率领的革命军在1793年12月17日夺取港口的入口处，也就是“小直布罗陀”（Petit Gibraltar）后，胡德意识到英国人守不住了。当他们撤退时，英国人摧毁了法国人的9艘战列舰以及3艘护卫舰，将以后法国舰队所需要的木材储备席卷而去。他们还带走12艘或更多的战舰，将其编到英国和西班牙海军当中。[23]

这是在整个战争期间法国海军遭受的最严重打击之一，至少与特拉法尔加（Trafalgar）大灾难同样严重。然而，土伦的丢失给英国人带来成堆的问题。只要拿破仑有新的动作，地中海的每一位英国指挥官都会着魔一般地关注着土伦。[24]英国的指挥官们必须想出新办法来应对法国舰队。一种解决方案是重建梅诺卡，在公元1798年时英国人已经重新占领梅诺卡，将这里作为最靠近法国南部的前哨。不过，在那之前，还出现了另一个更具诱惑力的可能。1768年，法国国王从热那亚人手中获得了科西嘉岛，而在此之前，热那亚人已经失去了对该岛的控制，科西嘉实际上被能言善辩、善于鼓舞人心的巴斯卡尔·保利（Pasquale Paoli）领导的革命军控制。后来，在法国向英国宣战之前，有消息在里窝那流传：革命政府对科西嘉没有兴趣，愿意把它出售。据称，俄罗斯人正积极地与热那亚政府商谈购买科西嘉的事宜，他们认为有可能把科西嘉岛发展成其在西地中海的海军基地。[25]这些谣言引起英国人对科西嘉的兴趣，当大不列颠要与法国开战时，这种兴趣更是增强了。

当土伦还在英国人控制之下时，巴斯卡尔·保利对科西嘉与英国结盟越来越感兴趣。他理解英国人失去土伦的重要意义，指出："占领土伦是件好事儿；它会迫使英国人来解救我们。"而保利高估了科西嘉岛的作用。在我们眼前的这本书中，与撒丁岛、梅诺卡岛、克里特岛或塞浦路斯岛相比，科西嘉岛并没有被赋予重要的地位，原因很简单，它能够为跨地中海航行提供的补给非常有限，与其他岛屿相比，它的出产也很
515 少。科西嘉岛北部的巴拉涅（Balagne）出产一些谷物，这里自 12 世纪被比萨人统治后才开始开发农田，但科西嘉的社会是内向型的、孤立的、保守的，内部交通也相当不便。因此，热那亚人后来会放弃控制该岛也就不奇怪了。[26]然而，英国人却开始设想，科西嘉岛拥有未开发的潜力，有可能成为很好的海军基地。也许，曾经有些漫无边际的提议提出，阿雅克肖（Ajaccio）最终可成为可与里窝那竞争的港口，科西嘉也会变成"掌控地中海以及黎凡特所有市场的大商场"。公元 1794 年，巴拉涅的圣弗洛朗（Saint-Florent）遭到英国人的袭击，数个星期后，科西嘉议会投票决定并入大不列颠；这座岛成为国王乔治三世（George Ⅲ）治下的自治社区。科西嘉人拥有自己的旗帜，上有摩尔人的头像和王室的武器，并附一则格言："要朋友，不要运气。"（*Amici e non di ventura.*）[27]

然而，英国人与科西嘉人的关系变了味道：保利的幻想破灭，因为拿破仑派遣激进分子回自己的家乡活动，革命委员会越来越活跃。公元 1796 年，威廉·皮特（William Pitt）政府认为英国人在科西嘉的位置保不住了；科西嘉与英国的联合解散，英国军队撤离。此前关于提升科西嘉价值的希望也迅速落空。皮特还想着也许叶卡捷琳娜二世会愿意接收科西嘉岛，作为她承诺为英国舰船留出特殊通道的回报；他还想让她相信只要有一支人数不超过六千的军队以及科西嘉议会的同意，她就能够控制整座岛屿。但这些建议还没有到达圣彼得堡，叶卡捷琳娜就去世了。当时，对于俄罗斯人在地中海的出现，英国人的看法是：俄罗斯人可能是有用的白痴，当英国人的精力和金钱主要用于对抗革命的法国以及后来的拿破仑时，俄罗斯人能够帮助英国完成一些次要的任务。

从法国人手中夺取地中海的控制权，就成为纳尔逊（Nelson）及其能力非凡的同僚们——胡德、柯林伍德（Collingwood）、特鲁布里奇（Troubridge）以及其他人的任务。一个重要的目标是阻止拿破仑在埃及建立法国基地，倘若拿破仑获得成功，就可以在更远的东方，也就是印度，干涉大英帝国的计划；从公元 18 世纪中期以来，英国人已经在那里确立 516
了权威。英国人拦截到一封法国人的书信，信中讲到了发动埃及战役背后的争论：

> 政府已经将目光转向了埃及与叙利亚：这些地区有着适宜的气候、优质且肥沃的土壤，可以作为法国商业的粮仓，充裕的仓库，而且随着时间的推移，还会成为印度财富的贮藏所。如果我们能够拥有这些地区并进行日常管

> 理，那么，几乎确定无疑的是，我们可以将我们的眼光投得更远，即最终摧毁英国人在印度的商贸活动，使我们从中获利，并且使我们成为那里、非洲以及亚洲的统治者。所有这些考量一同诱使我们的政府发动对埃及的远征。[28]

纳尔逊是位才华出众的指挥官，但将英法两国的冲突带入地中海腹地的是其对手拿破仑。我们再次发现，从俄罗斯人以及马耳他人的视角看整个事件是很好的方法，尽管有些不太正统。

拿破仑·波拿巴从一开始就把马耳他视为一处值得争夺的珍宝。在公元 1797 年，当他还只是革命委员会的一名雇员时，他就曾撰文向其上司们建议，“对我们来说，马耳他有着很大的利益”，认为法国需要与骑士团团长达成谅解。在他看来，实现这一安排至少需要花费五十万法郎：现任团长自从中风后始终未能康复，其继承者据估计是德意志人冯·霍姆佩茨（von Hompesch）：

> 瓦莱塔有居民 3.7 万人，可以把他们安置在法国；地中海也不再会有英国人；为什么我们的舰队或西班牙的舰队在前往大西洋之前不去占领马耳他呢？那里只有 500 名圣骑士，骑士团的团员也只有 600 人。如果我们不争夺，马耳他就会被那不勒斯国王占领。这座小岛对于我们价值非凡。[29]

虽然他高估了马耳他作为补给基地的价值，因为当地缺乏木材与水源，但这些依然是相当敏锐的评论。瓦莱塔雄伟的防御工事只是一种掩饰，背后掩藏的实际是防御兵力的不足，无论如

何，人总是会被舒适的生活引诱——即便对抗异教徒土耳其人的战争仍然是这些马耳他海盗的既定目标，但早期作为医院骑 517
士团时所秉持的热情，甚至是狂热的理想已经严重褪色。[30]此外，拿破仑攻占马耳他岛带来的危险不仅仅影响到当地。“两西西里王国的国王”与纳尔逊以及英国保持着紧密联系，长期以来他对马耳他群岛享有完全宗主权的诉求正是通过总团长每年献上的鹰隼得以实现的。

冯·霍姆佩茨在公元 1797 年 7 月正式当选骑士团团长。他把俄国的沙皇视为盟友，从而通过它的波兰－俄国修道院重新拿回医院骑士团的财产，同时他还希望得到奥地利皇帝的支持，他出生在那里，他也希望得到法国圣骑士们的支持，这些圣骑士对于法国所发生的一切感到惊恐，而且骑士团在那里还拥有许多领地。[31]冯·霍姆佩茨正确地判断出拿破仑的真正目标在别处；但拿破仑却坚信要想实现其在东地中海的目标就必须控制马耳他。当 1798 年 5 月一支庞大的法国舰队从土伦出发，经马耳他前往埃及时，冯·霍姆佩茨还在信任俄罗斯人和奥地利人，似乎他们真的准备为他提供帮助。曾担任骑士团团长秘书的杜布莱（Doublet）注意到，“马耳他的海域从没有出现过这样多得数不清的舰船”，当地的马耳他社区的首领们则讽刺说，现在是西欧的舰队，而非土耳其人的舰队，摆好架势要从骑士团手中夺取这座岛了。[32]当法国舰队抵达马耳他时，冯·霍姆佩茨颇为谨慎，坚持一次只能允许四艘舰船进入海港，拿破仑的使者抱怨道：“那样的话，当五六百艘舰船需要进港获取必要的水源和其他补给时，得花费多长时间啊？”使者还抱怨称不久之前马耳他曾向英国人表示出更多的善意。[33]不过，这就是拿破仑·波拿巴想要的结果。他现在拥有充足的理由派出 1.5 万人登陆马耳他并接管整座岛屿。冯·霍姆佩茨意识到他没有任何机会抵挡如此大规模的军队，因此他让出马耳他。6 月 13 日，拿破仑正式将圣骑士驱逐；他将大量的银盘熔化，骑士团的档案也被没收，但这么做不是为了阅读这些文档，而是因为弹药的外壳通常需要裹一些纸。如此一来，骑士团就失去了身份，只能依靠基督教势力的怜悯，与过去阿克城陷落和罗得岛陷落后的境地一样。骑士团的存续也再次成为不定之数。

518 马耳他的陷落恰恰加强了沙皇保罗将俄国海军开入地中海的决心。然而不可否认的是，他夸大了马耳他岛作为木材与水源补给地的作用，但他确实期望从马耳他征服更多土地。[34]他的第一步行动是劝说骑士团在俄国的修道院宣布废黜冯·霍姆佩茨，并于公元 1797 年 11 月推选沙皇为他们的新任骑士团团长。[35]他接着委任一些俄国正教贵族为马耳他骑士团成员，他每天都穿着总团长的教士长袍，给人的印象是他对于自己总团长的身份特别骄傲，不亚于俄国皇帝的身份。他自视为骑士的典范。“眼下，”一位奥地利大臣评论道，“沙皇唯一关心的是马耳他。”[36]

保罗给当时的人们带来的无数意外之一是他与奥斯曼人结盟。此前不久，在公元 1798 年夏，纳尔逊刚刚在紧邻亚历山大的阿布基尔湾（Aboukir Bay）打败了拿破仑的舰队（尼罗河战役）；此后，英国人成功地将法国人赶出埃及，不过此前拿破仑已经从当地掠夺走大量的古代文物。[37]自 16 世纪以来，“高门”对与法国的结盟始终相当满意。然而，法国人登陆奥斯曼人治下的埃及是难以容忍的。除此之外，巴尔干半岛上也有一些人在制造麻烦，他们对法国表现出极为危险的赞同态

度，其中的主要人物是约阿尼纳（Ioannina）领主、伟大的阿
尔巴尼亚督军阿里帕夏（Ali Pasha）。显然，现在是苏丹与法
国人决裂的时候了，因为法国人对黎凡特地区的野心已经超过
奥斯曼人所能容忍的限度，同时也因为拿破仑的舰队和陆军比
观察家们所预想的要更脆弱。俄土联盟的最重要特征是预备协
议，它就在尼罗河战役结束数个星期后签署，该协议允许俄国
海军经博斯普鲁斯海峡进入地中海。[38]幸运的是，土耳其人与
俄罗斯人有着共同的目标：不久前被拿破仑占据的爱奥尼亚群
岛。1797 年 5 月，拿破仑夺取威尼斯后，也将威尼斯帝国的
剩余领地一网打尽。土耳其人怀疑法国人会以安科纳为基地对
巴尔干半岛发动入侵，把对科孚及其邻岛的控制视为封锁亚得
里亚海的必要步骤。每一方都将对自己新盟友的极度不信任暂
时搁置。事实上，俄国海军指挥官是粗鲁的、只懂一种语言的
乌沙科夫（Ushakov），他一直有些嫉妒纳尔逊，因为他不希望 519
英国人获得所有的荣誉，而纳尔逊也决定要让这些不受欢迎的
盟友留在东地中海，他自己为英国夺回马耳他和科孚。他写
道，“我憎恶俄罗斯人”，还说乌沙科夫是“恶棍”。[39]土耳其人
拥有做工精良的法式现代战舰，但事实上，他们的水手中有许
多是希腊人，且纪律涣散，而黑海的俄国造船厂也无法建造那
种可以远距离航行并长时间作战的战舰。[40]不过，土耳其与俄
国的联合部队还是在 1799 年 3 月初占领了爱奥尼亚群岛。不
出所料，沙皇在嘉奖乌沙科夫时想到了圣约翰骑士团，于是，
乌沙科夫成了一名马耳他骑士。他们为爱奥尼亚群岛政府所制
定的条款也与众不同。七座岛屿将在土耳其的宗主权下，组建
一个贵族制的“七岛共和国”；俄国作为其保护国将拥有特别
的影响力。[41]

纳尔逊暂且抛开自己对俄国战舰的适航性及其指挥官的疑虑，致信乌沙科夫，提议联合对马耳他发动攻击，此时俄国军队正从都灵出发向南，这一计划似乎更加现实。纳尔逊担心这会演变成俄国在英国人的帮助下进行侵略。他坚持道：“尽管某一国家拥有的士兵要比另一国家多一些，但他们并不能因此占据优势。一旦将法国旗帜推倒，就需要立刻悬挂起骑士团的旗帜，而不能是别的旗帜。”[42]据一位历史学家记载：“在公元1799年10月，俄国在地中海的前景看起来是前所未有的光明。”乌沙科夫也很清楚，所以当12月他收到沙皇改变主意的“密令”（*ukaz*）时，震惊不已。密令的内容是：他必须立即撤离地中海，并且带着俄国的所有舰队退回黑海；把俄国在科孚的权利直接转交土耳其人，以换取苏丹允许俄国舰队从爱琴海返回黑海。这一撤退令来得正是时候。因为俄国对爱奥尼亚群岛的介入威胁到哈布斯堡控制的亚得里亚海，而且此前威尼斯被拿破仑像颗糖果一样送给奥地利人，也使他们尝到了甜头。保罗的算计有些不大现实，当他妄想着在那些一起对抗拿破仑
520 的不情愿的盟友中间瓜分后革命时代的欧洲时，却异想天开地建议神圣罗马帝国皇帝在威尼斯和低地国家之间进行选择。[43]

当乌沙科夫发现他不可能将意志消沉的舰队开回东地中海并被迫在科孚过冬时，保罗的野心有多么不切实际就会进一步揭示出来。俄罗斯人有气无力地旁观英国人对马耳他的包围，到公元1800年7月才离开科孚开往黑海。拿破仑对于守住马耳他未抱任何希望，那只是“在我的敌人中投下一颗引发不和的苹果”，他把这当作送给沙皇保罗的礼物；沙皇接住这个“苹果”且落入了陷阱，直到1800年11月，俄国人听说英国人已经于两个月之前夺取马耳他之时，才意识到这原来是个陷

阱。[44]英国人决定忘记之前发誓要将马耳他归还骑士团的最终目标，在占领瓦莱塔后，他们也没有自找麻烦地将其他盟友的旗帜悬挂起来：旗帜的主人既不是沙皇兼骑士团团长，也不是圣约翰骑士团，更不是马耳他过去的领主那不勒斯国王。伦敦的外交部以绝妙的外交辞藻抱怨种种不合规矩的做法，表达其因冒犯了作为“公认的骑士团团长”（有些夸张）的沙皇而产生的些许担忧。但就地驻扎（*in situ*）于马耳他的英国海军和陆军却没有上述困扰。[45]在此后的一个半世纪中，马耳他上空飘扬的是英国国旗。拿破仑很可能曾经梦想：沙皇在丹麦、瑞典、普鲁士的帮助下，创造“北方的武装中立”，并限制英国船只的进出。然而，拿破仑的美梦变成了噩梦。波罗的海与北海都爆发了冲突；纳尔逊虽然在理论上只是第二指挥，却再次在 1801 年 4 月的哥本哈根战役中成为伟大的胜利者，这场战斗中丹麦舰队被打成碎片。[46]约一个星期之前，满腹牢骚的俄国军官们冲进沙皇的卧室，将其扼杀。得知这位难以预料的盟友的命运后，英国人如释重负；被认为是另一个狂妄自大者的拿破仑却深受震动，他认定保罗被刺的背后是英国人的阴谋。然而实际上，保罗最大的敌人是他自己。

4

保罗的继承人亚历山大一世（Alexander Ⅰ）更为谨慎地开始了自己的统治。当公元 1801 年与法国签署泛欧和平协议后，有人提出恢复骑士团对马耳他的治理，并请俄国来保证马 521
耳他的自治权，沙皇很礼貌地予以回绝：除了两西西里国王，还有谁能够作为该岛的宗主来保护马耳他呢？[47]另外，亚历山大积极地恢复俄罗斯人在爱奥尼亚群岛的利益，特别是在奥斯曼帝国开始摇摇欲坠（这个摇摇欲坠的过程相当漫长）之后。沙皇的顾问曹尔托里斯基（Czartoryski）说土耳其“在最关键、最致命的部位开始腐烂、生了坏疽”。[48]如果要把奥斯曼帝国肢解，曹尔托里斯基的设想是由罗曼诺夫王朝与哈布斯堡王朝将土耳其的欧洲部分瓜分，将爱琴海、小亚细亚、北非留给英国与法国，并让希腊人独立。哈布斯堡皇帝将得到包括杜布罗夫尼克在内的达尔马提亚海岸，而俄国则控制科托尔与科孚，当然还有君士坦丁堡。他们也采取了实际行动：在面临法国人从南意大利施加的威胁时，爱奥尼亚群岛的防御加强，公使们被派往各个城镇，如科托尔，以期赢得当地民众对俄国的支持。[49]但英国与法国签署的《亚眠和约》（Peace of Amiens）在1803年破裂（部分原因在于英国拒绝交出马耳他），拿破仑很快自立为法国皇帝，并开始在大陆上彰显自己的强权。[50]这些事件促使亚历山大将其战舰重新部署在地中海。1805年10月21日，就在地中海外围的特拉法尔加，纳尔逊勋爵取得了“伟大的胜利”，这使得亚历山大的地中海计划变得相对容易。[51]对于反法同盟的战舰来说，地中海变得相对安全了一些，但英雄纳尔逊已经战死，他无法再继续提醒众人提防靠不住的俄罗斯人，事实上，俄国已经努力改善了自己战舰的适航性。

和他的前任们一样，在亚历山大统治时期，俄国对地中海的兴趣，与俄罗斯人对斯拉夫正教的同情紧密结合，沙皇致力于将其保护权扩展到更多斯拉夫正教徒身上。正因如此，俄罗斯人派遣船只前往科托尔湾，从那里可以到达群山环绕的正教的黑山（Montenegro）公国，土耳其人从来没能在此地确立完全的统治。黑山对于俄罗斯人的重要性依然在于意识形态层面，而非实际层面，即便说科托尔拥有400艘商船，这些船也包括一些比小型帆船（skiffs）大不了多少的船。[52]俄国在处理杜布罗夫尼克问题时，宗教问题也浮出水面。由于忌惮塞尔维亚人（Serbs），传统上，拉古萨人一直禁止正教教会出现在其 522
狭窄的领地上。公元1803年，拉古萨的元老院甚至关闭了俄国公使的礼拜堂。到了1806年3月，一支法国军队沿达尔马提亚海岸南下，拉古萨政府勉强同意，让俄国士兵在法国将要打过来时负责杜布罗夫尼克的防御。但到5月底，当法国人进入拉古萨领土时，拉古萨的元老院决定他们更愿意接受信奉天主教的法国人，而非正教的俄罗斯人，结果法国军队与得到黑山斯拉夫人支持的俄国军队爆发了冲突。尽管俄罗斯人曾一度成功地将其影响力延伸至达尔马提亚海岸，但杜布罗夫尼克一直是法国人的基地，1808年，它的共和国政府悲痛无奈地步了威尼斯共和国的后尘。法国指挥官马尔蒙（Marmont）的一位代表宣布："诸位阁下，拉古萨共和国及其政府解散，新政府正式就职。"杜布罗夫尼克起初由拿破仑治下的意大利管理，后来被划归到新设立的伊利里亚省（Illyria）。马尔蒙被授予新称号"拉古萨公爵"（*duc de Raguse*）。[53]这种沦陷不仅仅是政治方面的，因为在1806年时，杜布罗夫尼克还是拥有277艘帆船的母港，而到了1810年，仍在使用的船仅剩49艘。[54]共和国被裹挟到战争中，但这些战争并不能满足其自身的利益。奥斯曼人的权力消退使得拉古萨人失去了过去土耳其人保护下的中立与安全；他们努力试图重获土耳其人的支持，但无果而终，因为这个时期的奥斯曼人也大大受惠于法国人。[55]对于一个乐观得将"自由"奉为座右铭的共和国来说，这是个屈辱的结局。

这也是俄罗斯停止参与地中海事务的开端。俄罗斯人还是觉得从圣彼得堡控制这么遥远的地方难度太大。公元 1806 年底，俄罗斯人与土耳其人之间因瓦拉几亚（Wallachia），也就是今天罗马尼亚的事务产生严重分歧，俄土协议破裂，他们在地中海的行动也就大打折扣。俄罗斯人和土耳其人惊奇地发现他们竟然陷入战争之中。带着疑虑，英国向俄国提供了一定的支援，然而，是俄国舰队打了 1807 年 6 月底到 7 月初在阿索斯山附近海域的一场大海战，它是拿破仑战争中的重要海战之一，俄罗斯人希望借此打开达达尼尔海峡的入口。[56]在纸面上，俄罗斯人取得了胜利，但实际上，土耳其人仍然能够封锁达达尼尔海峡，无论如何，沙皇都收获颇丰。在战争期间，黑海与
523 地中海之间利润丰厚的贸易枯竭了；在撤出欧洲后，1807 年，沙皇与拿破仑在提尔西特（Tilsit）签署和约，放弃了俄罗斯人在地中海的领土野心。他还放弃了地中海的舰队，俄国战舰就被扔在那里。那些试图逃往大西洋的战舰被英国人轻易地俘获。一些战舰驶往的里雅斯特、威尼斯与科孚，但在那里它们也得不到任何帮助，最终只能选择投降、放弃或把船凿沉。还有一些船只来到土伦加入法国舰队：拿破仑一直希望在与俄罗斯人签署和约后，其会带来的一个好处就是收编俄国舰队。法国军官来到科孚，用法国旗帜替换俄国旗帜。[57]进入地中海让俄国耗费了大量金钱，最后也未能为它带来长久的利益。

注 释

1. R. C. Anderson, *Naval Wars in the Levant 1559–1853* (Liverpool, 1951),

pp. 237–42, 270–76.

2. M. S. Anderson, 'Great Britain and the Russian fleet, 1769–70', *Slavonic and East European Review*, vol. 31 (1952), pp. 148–50, 152, 154.
3. N. Saul, *Russia and the Mediterranean 1797–1807* (Chicago, IL, 1970), p. 4.
4. Anderson, 'Great Britain and the Russian fleet', p. 150; M. S. Anderson, 'Great Britain and the Russo-Turkish war of 1768–74', *English Historical Review*, vol. 69 (1954), pp. 39–58.
5. Anderson, 'Great Britain and the Russian fleet', pp. 153, 155–6, 158–9; Anderson, 'Great Britain and the Russo-Turkish war', pp. 44–5; Anderson, *Naval Wars in the Levant*, p. 281; D. Gregory, *Minorca, the Illusory Prize: a History of the British Occupations of Minorca between 1708 and 1802* (Rutherford, NJ, 1990), p. 141.
6. Anderson, *Naval Wars in the Levant*, pp. 286–91; E. V. Tarlé, *Chesmenskii boy i pervaya russkaya ekspeditsiya v Arkhipelag 1769–1774* (Moscow, 1945), p. 105, n. 1; F. S. Krinitsyn, *Chesmenskoye srazhenye* (Moscow, 1962), pp. 32–4 (maps).
7. Anderson, 'Great Britain and the Russo-Turkish war', pp. 56–7.
8. Anderson, *Naval Wars in the Levant*, pp. 286–305.
9. Saul, *Russia and the Mediterranean*, pp. 7–8; Anderson, 'Great Britain and the Russo-Turkish war', p. 46.
10. S. Conn, *Gibraltar in British Diplomacy in the Eighteenth Century* (New Haven, CT, 1942), pp. 174–6, 189–98; T. H. McGuffie, *The Siege of Gibraltar 1779–1783* (London, 1965); M. Alexander, *Gibraltar: Conquered by No Enemy* (Stroud, 2008), pp. 92–114.
11. I. de Madariaga, *Britain, Russia and the Armed Neutrality of 1780: Sir James Harris's Mission to St Petersburg during the American Revolution* (New Haven, CT and London, 1962), pp. 240–44, 250–52, 258, 263, 298–9; Gregory, *Minorca*, pp. 187–99.
12. Cited by Saul, *Russia and the Mediterranean*, p. 12, from *Annual Register of 1788, or a View of the History, Politics, and Literature for the Year 1788* (London, 1789), p. 59.
13. M. S. Anderson, 'Russia in the Mediterranean, 1788–1791: a little-known chapter in the history of naval warfare and privateering', *Mariner's Mirror*, vol. 45 (1959), p. 26.
14. Ibid., pp. 27–31.
15. Saul, *Russia and the Mediterranean*, pp. 178–9.
16. Ibid., p. 27.
17. R. Cavaliero, *The Last of the Crusaders: the Knights of St John and Malta in the Eighteenth Century* (2nd edn, London, 2009), p. 103.
18. Ibid., pp. 144–9.
19. Ibid., pp. 181–201.
20. D. Gregory, *Malta, Britain, and the European Powers, 1793–1815* (Cranbury, NJ, 1996), p. 105; Cavaliero, *Last of the Crusaders*, pp. 155, 158.

21. Cf. Saul, *Russia and the Mediterranean*, p. 35.
22. Gregory, *Malta, Britain*, p. 106; Saul, *Russia and the Mediterranean*, pp. 36–8.
23. M. Crook, *Toulon in War and Revolution: from the* Ancien Régime *to the Restoration, 1750–1820* (Manchester, 1991), pp. 139–48; D. Gregory, *The Ungovernable Rock: a History of the Anglo-Corsican Kingdom and its Role in Britain's Mediterranean Strategy during the Revolutionary War (1793–1797)* (Madison, WI, 1985), pp. 52–7; N. A. M. Rodger, *The Command of the Ocean: a Naval History of Britain 1649–1815* (London, 2004), p. 429.
24. P. Mackesy, *The War in the Mediterranean 1803–1810* (London, 1957), pp. 5, 7, 13.
25. Gregory, *Ungovernable Rock*, pp. 30–31, 47.
26. D. Carrington, *Granite Island: a Portrait of Corsica* (London, 1971).
27. Gregory, *Ungovernable Rock*, pp. 63, 73, 80–84.
28. Huntingdon Record Office, Sismey papers 3658/E4 (e).
29. Cited by Saul, *Russia and the Mediterranean*, p. 39, from J. E. Howard, *Letters and Documents of Napoleon*, vol. 1, *The Rise to Power* (London, 1961), p. 191.
30. Cavaliero, *Last of the Crusaders*, pp. 9–101.
31. Saul, *Russia and the Mediterranean*, pp. 39–40.
32. Cavaliero, *Last of the Crusaders*, pp. 223, 226.
33. Ibid., pp. 223–4; Saul, *Russia and the Mediterranean*, pp. 41–2.
34. Cf. Saul, *Russia and the Mediterranean*, p. 45.
35. Cavaliero, *Last of the Crusaders*, pp. 236, 238, 242.
36. Count Philip Cobenzl, cited ibid., p. 238; Gregory, *Malta, Britain*, p. 108.
37. R. Knight, *The Pursuit of Victory: the Life and Achievement of Horatio Nelson* (London, 2005), pp. 288–303; P. Padfield, *Maritime Power and the Struggle for Freedom: Naval Campaigns That Shaped the Modern World 1788–1851* (London, 2003), pp. 147–71.
38. Saul, *Russia and the Mediterranean*, p. 65.
39. Knight, *Pursuit of Victory*, p. 675.
40. Saul, *Russia and the Mediterranean*, pp. 79, 87; Gregory, *Malta, Britain*, p. 109.
41. Saul, *Russia and the Mediterranean*, p. 99.
42. Cited ibid., pp. 124–9.
43. Ibid., p. 128.
44. Gregory, *Malta, Britain*, pp. 113, 115.
45. Saul, *Russia and the Mediterranean*, pp. 145–6.
46. Knight, *Pursuit of Victory*, pp. 362–84.
47. Saul, *Russia and the Mediterranean*, pp. 162–3; Gregory, *Malta, Britain*, pp. 116–40.
48. Cited by Saul, *Russia and the Mediterranean*, p. 185.
49. Ibid., p. 186.
50. Knight, *Pursuit of Victory*, pp. 437–50.
51. Ibid., pp. 501–24.

52. Saul, *Russia and the Mediterranean*, p. 198.
53. R. Harris, *Dubrovnik: a History* (London, 2003), pp. 397–401.
54. Anderson, *Naval Wars in the Levant*, pp. 431–7; Saul, *Russia and the Mediterranean*, pp. 198–206.
55. Harris, *Dubrovnik*, p. 397.
56. Anderson, *Naval Wars in the Levant*, pp. 449–53.
57. Anderson, *Naval Wars in the Levant*, pp. 457–8; Mackesy, *War in the Mediterranean*, p. 211; Saul, *Russia and the Mediterranean*, pp. 216–20, 222; L. Sondhaus, *The Habsburg Empire and the Sea: Austrian Naval Policy 1797–1866* (West Lafayette, IN, 1989), p. 19.

九　总督、省长与帕夏（1800～1830年）

1

524 特拉法尔加战役使得地中海向英国船只全面开放，但英国尚未在地中海航线上获得绝对主导权。英国与拿破仑的军队为争夺西西里与南意大利的控制权展开了激烈斗争，前者支持那不勒斯国王斐迪南（Ferdinand），后者支持时刻想要推翻那不勒斯王权的元帅穆拉特（Marshal Murat），双方的争斗在公元1806年7月的马伊达（Maida，位于卡拉布里亚腹地）战役中达到高潮。英国取得了胜利。[1]马伊达战役揭示出，拿破仑愚蠢得让那么多军队滞留在如此糟糕的环境中，且距离他最想控制的意大利北部和中部那么远。把塔兰托作为控制南意大利、亚得里亚海入口处以及爱奥尼亚群岛的梦想也随之幻灭。[2] 然而，英国舰队的实际战线比歌颂其胜利的故事中所描述的战线延伸得更长。英国人需要保持马耳他与的里雅斯特之间的交通畅通，因为的里雅斯特已经成为奥地利帝国提供的物资补给的重要来源地，而当时经由德意志的路线已经被拿破仑军队封锁。[3]到1808年，法国人似乎正在重夺地中海的控制权；他们在土伦重组舰队，人们担心他们会对那不勒斯与西西里发动攻击。

英国政府怀疑是否有必要在地中海上发动战争。其他的担忧出现了：法国人试图控制西班牙，随着半岛战争的爆发，英国人的注意力转向了伊比利亚半岛上难以对付的陆上战斗。

战局的艰难可以从英国的战舰规模看出，因为这些舰船本来
在英国周边海域、加勒比海以及其他地方承担着重要任务。525
1808 年 3 月 8 日，15 艘舰船在纳尔逊十分能干的继任者、海军司令柯林伍德的指挥下摆开阵列：1 艘停泊于叙拉古，1 艘停泊于墨西拿，1 艘游弋于科孚海域，12 艘停靠于加的斯。在地中海还有 38 艘三帆快速战舰、单桅帆船（sloops）、双桅横帆船以及炮船对这些大型战舰提供护卫，其中大部分甚至还到土耳其以及亚得里亚海等遥远的地方进行巡逻与侦察。在拿破仑战争初期，英国的海军力量更薄弱：1803 年 7 月时只有 11 艘战列舰，1805 年 7 月有 10 艘。[4]与古代海战或者勒班陀战役时的巨量战舰相比，19 世纪初对战双方的战舰数量相当少。然而，英国战舰在战争中表现出来的性能要比法国以及西班牙的舰船强得多，特别是在火力方面。[5]英国政府不得不时常面临选择，应该将海军力量集中于哪里，然而，这些决策在时间和空间上总是远离地中海的舰队：封锁托斯卡纳、那不勒斯以及杜布罗夫尼克的提议把英国的意图带入到空想的境界。[6]

英国人需要盟友。他们利用了俄罗斯人的野心，使其提供海军支援。公元 1809 年时，英国人试图利用阿尔巴尼亚督军阿里帕夏去为英国人夺取爱奥尼亚群岛。他们还试图争取反抗奥斯曼人的希腊起义者的支持，尽管起义者们本能地敌视阿里帕夏。但英国政府又担心：倘若奥斯曼帝国西部的纷乱太过严重，会过于削弱土耳其人，致使其帝国崩溃。他们此时还不希望奥斯曼帝国崩溃，尤其是在与拿破仑进行关系到联合王国存亡的战争期间。在地中海，解决这一难题的唯一方法是占领爱奥尼亚群岛，将“七岛共和国”置于英国的保护之下。

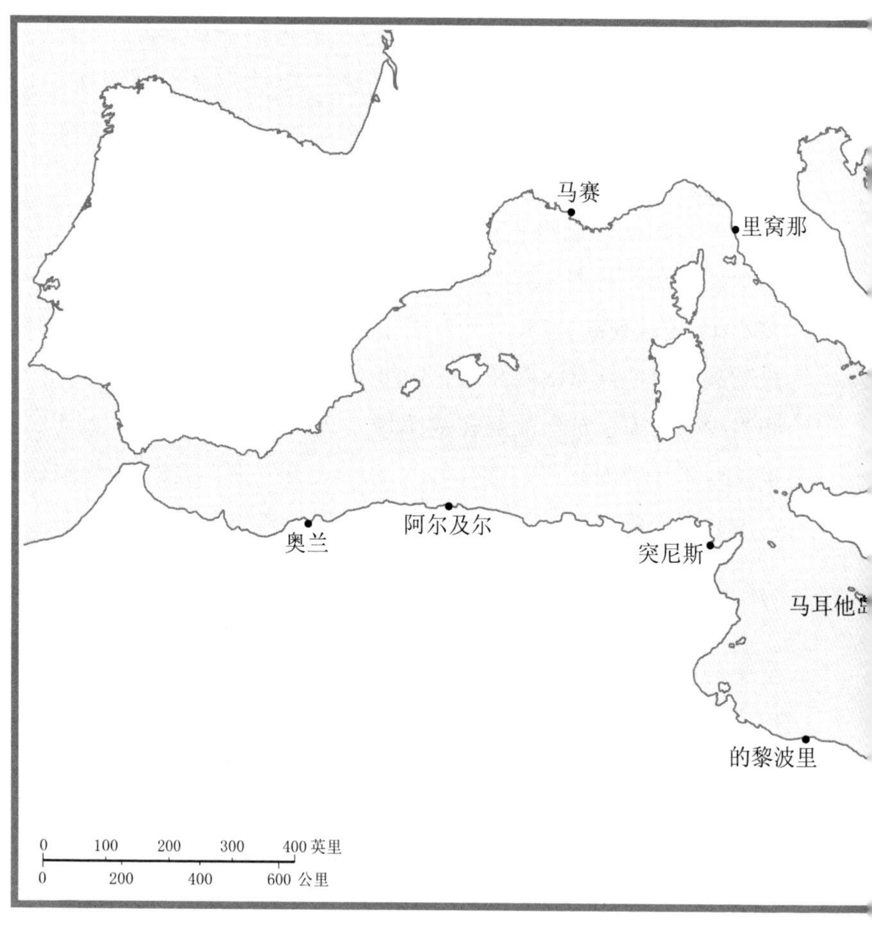
马赛
里窝那
奥兰
阿尔及尔
突尼斯
马耳他
的黎波里
0 100 200 300 400 英里
0 200 400 600 公里

君士坦丁堡
希俄斯岛
罗得岛
德尔纳

海军司令柯林伍德率领两千人在爱奥尼亚群岛登陆，就足以吓得法国人屈膝投降。奥地利大臣施塔迪伯爵（Count Stadion）认为，如今英国人已经成为“亚得里亚海的主人”。[7]

到拿破仑战争结束时，英国获得的领地包括：马耳他、科孚、西西里。在拿破仑战争的最后阶段，也就是公元 1806 年到 1815 年，西西里实际上已经成为受英国保护的领地。斐迪南国王憎恨自己对英国援助的依赖，但英国人紧紧地控制着西西里：他们需要那里的海军基地，也需要在此地为其舰队进行
526 必要的补给。[8]英国人在西西里岛驻扎，使得穆拉特在 1810 年尽管受命于拿破仑且已经进军至墨西拿海峡，却不敢贸然入侵该岛。[9]英国人明白，他们需要长期驻守地中海以遏制法国人，特别是让法国人远离埃及以及通往印度的航线。尽管地中海贸易已经总体上衰落，但商业心态仍然发挥着作用，如果英国人可以随意出入地中海的各大个市场，那么这些市场就会更加具有吸引力。拿破仑战争还带来其他方面的剧烈变革。1797 年拿破仑消灭了威尼斯共和国，并没有引起欧洲其他国家的哀伤；当拿破仑·波拿巴被击败后，拉古萨人也未能说服任何人来帮助他们恢复特权。地中海的各大传统商业势力纷纷从地图
527 上消失了。

2

威尼斯人和拉古萨人商业活动的减少为其他非地中海民族的商船提供了机遇。贸易衰落了，但仍然存在大量商机。对西西里来说，它已不再是供应整个地中海的巨大谷仓。公元 18 世纪后半期，岛上的居住人口几乎增长了一半，但这些增长的人口大多集中在城市，主要是巴勒莫。与此同时，谷

物生产却趋于衰落，一部分原因在于产量最大化的失败，另一部分原因在于土地荒芜闲置。17 世纪时，西西里人每年对外出口货物高达四万吨，但气候条件逐渐恶化；被称为“小 528
冰河期”的日益湿润的气候只是一个因素，因为地中海还面临着波罗的海以及其他地区的竞争。[10]19 世纪，来自英国的承包人，例如伍德豪斯（Woodhouse）和惠特克（Whitaker），曾在西西里岛西部鼓励种植葡萄，以生产马尔萨拉葡萄酒。此时仍然能够从地中海轻松地获得一些货物：来自撒丁岛与北非的珊瑚、来自希腊与土耳其的干果，以及经由奥斯曼帝国出口的咖啡。丹麦人、挪威人和瑞典人在从北海贸易中获得丰厚利润后，出现在北非海岸地区的柏柏尔人的“摄政地区”［这么称呼是因为他们的统治者有着各种各样的称号，例如总督（deys）、省长（beys，或译为“贝伊”）和帕夏（bashaws 或 pashas），都是名义上由奥斯曼苏丹委任的代表］。从 1769 年开始，丹麦人向阿尔及尔总督贡献“礼品”，以换取总督为其商船提供保护，不过这位总督会时不时地要求更多的赠礼，否则就会掠夺和骚扰斯堪的纳维亚人的商船，1800 年前后，这些要求几乎使阿尔及尔人与丹麦人爆发战争。与此同时，突尼斯的省长觉得自己收到的礼物品质较低，受到了冒犯，因此在 1800 年 5 月扣押了一些丹麦人的商船，6 月还派人将丹麦领事馆的旗杆砍断，引发一场短暂的战争。战争中，丹麦人和不久之后加入进来的瑞典人，发现自己只能任其宰割。[11]

这些问题最终通过外交手段解决。省长们和总督们想要得到赠礼以保证财政用度。据美国国会了解，这些总督与省长们的政策是签订新的商业条约以诱惑所有国家进入地中海水域，然后“尽可能频繁地与每个国家翻脸”。[12]与欧洲国家签署的协议过多，以至于柏柏尔摄政们没有太多机会从外国商船上掠夺货物与俘虏。俘虏可以赎回，但也可以被用作外交筹码来换取赠礼；俘虏们在柏柏尔人肮脏的监狱中苟延残喘的同时，也被用作自由劳工（不过军官们的待遇普遍好些）。在的黎波里，普通海员在夜晚会被锁在地板上，每天可以分配到一份食物，包括一块用大麦和豆子制成、杂质特别多的干粮，一些山羊肉，一些橄榄油和水。这些被奴役的俘虏需要为的黎波里建造城墙，被迫在酷日下劳作，被骂作“基督狗”，被鞭打。[13]当
529 然，北非的统治者也意识到基督教国家会竭尽全力地使这些人，还有他们从撒丁岛、西西里和巴利阿里群岛掳掠来的女性重获自由。

这时出现了一个新国家，它的船为柏柏尔人的敲诈勒索提供了新的机遇，这就是美利坚合众国。美国与的黎波里的冲突，是这个诞生不久的合众国与外国势力发生的第一场战争，它促成了美国海军的建立。[14]美国作家们将北非人说成未开化的“蛮族”，他们通常用“柏柏尔人”来称呼马格里布人，这样做很容易。[15]美国驻突尼斯和其他地区的领事发回的报告确认了之前的看法，这些省长、总督和帕夏们都是不受约束的专制君主，他们的统治方式可以从美国公使亲眼看到的砍头、断肢等刑罚判断出来。公元1786年，乔治·华盛顿在写给拉法耶特（Lafayette）的信中表达了其对柏柏尔海盗的强烈想法：

> 在这样的文明时代，在这样的自由时代，欧洲伟大的海洋强国怎么可以向柏柏尔人这样的小海盗国家纳贡呢？

> 难道我们就没有一支海军能够把那些敌人改变，把他们改造成文明人，或者把他们消灭吗？[16]

但他没有预见到，很快地，美国将与欧洲列强一起向这些柏柏尔人的国家纳贡。

一些历史学家提出一种概念，将美国与柏柏尔人的国家的战争当作基督徒与伊斯兰教“蛮族主义”之间的冲突，这种概念与事实不符。正如弗兰克·兰伯特（Frank Lambert）指出的那样，“对柏柏尔人的战争主要涉及贸易，而非宗教”；公元 1797 年，美国与的黎波里签署和约，和约中明确指出，美国在本质上并非基督教国家，总统麦迪逊（Madison）相信这种表述能够将宗教因素从争议问题中剥离，从而缓和其与北非穆斯林的关系。[17]所以，“它不是神圣战争，而是美国独立战争的延续”。[18]在文本记录中，独立战争在 1783 年结束，这一年英国人承认十三个殖民地不再受英国国王的制约。事实上，还存在着许多尚未解决的问题，特别是美国商船横跨大西洋以及在地中海自由贸易的权利。美国人希望达成一个原则，按照这一原则，这个新国家的公民在外国港口应该享有与欧洲传统国家同等的权利。过去，英国把 530
美洲殖民地看作一个封闭的殖民体系的内在组成部分，在这一体系中，其泛大西洋属地将为英国提供原材料，同时也吸收不断增多的英国工业产品。整个体系受到按照 18 世纪重商主义视角制定的商业税收的保护。1773 年著名的波士顿茶党事件明确表明了美国人的反对意见；对于任何一方来说，要摆脱这种关系非常困难。1766 年，也就是美国独立战争十年前，《宾夕法尼亚公报》（*Pennsylvania Gazette*）有一则报道，英国官方批准的“地中海通行券”，在费城的一间咖啡馆里被轻蔑地烧掉。[19]

对美国人来说，前往地中海经商引发两类问题，不过它们又交错在一起。即使在公元 1783 年以后，诸如直布罗陀这样的英国港口也不愿意接待美国船只，英国的船长们还会利用一切机会扣押美国船只——他们特别热衷于迫使美国船员为英国服务，特别是在英法战争期间。英国的政治家们，例如谢菲尔德勋爵（Lord Sheffield）将美国人视为潜在的商业对手，认为他们将会破坏英国的商业霸权，尽管他也注意到，由于柏柏尔海盗的存在，美国人在地中海贸易中获得成功的概率非常小。另一个问题是与北非统治者的关系：美国人想要在北非的港口自由通行，他们也希望保证自己的船只在公海不会遭到阿尔及尔、突尼斯和的黎波里海盗们的袭击。无论从哪一点看，杰斐逊都赞同谢菲尔德勋爵的观点：欧洲人已经在地中海拥有很大势力，美国人将不得不沿着狭窄的海峡偷偷潜入，而海盗们“会仔细检查进入海峡的一切”。[20]

于是，很明显，美国的地中海贸易在总量上难以与已有的欧洲列强相比，特别是公元 18 世纪末在地中海商业中具有领导地位的法国。然而，美国人的到来对柏柏尔人的国家产生了重要的影响，它重塑了柏柏尔人与非穆斯林海上势力间的关系。柏柏尔战争只是第一阶段，之后一系列事件不断累积，最
531 终导致 1830 年以后法国人对阿尔及尔的征服。这其中的主要人物是巴克利家族（Bacri），他们是在外部操控阿尔及尔事宜的犹太金融家。巴克利家族一方面为阿尔及尔总督提供资金，另一方面也到里窝那经商，与生活在直布罗陀和梅诺卡等英国商业基地的犹太人保持着密切的商业联系。他们对总督政府的

影响让人十分惊讶，因为美国的观察家们确信犹太人在阿尔及尔是受到迫害的。但总督明白他可以利用犹太银行家作为中介，帮助他处理与欧洲人的事务，而且他们任其摆布。1811年，阿尔及尔总督将大卫·科恩·巴克利（David Coen Bacri）处死，因为与他竞争的犹太人领袖大卫·杜兰（David Duran）残酷地指证他叛国，大卫·杜兰的祖先在1391年大屠杀时从马略卡来到这里。杜兰希望自己获得巴克利的首席地位，但很快就遭遇与巴克利相同的命运。

由此一来，一小撮犹太家族的精英紧紧围绕在总督身边，偶尔还会招致美国公使等人的恶评，例如突尼斯的美国公使威廉·伊顿（William Eaton）。[21]公元1805年，伊顿向的黎波里居民呼吁，美国人支持另外一人争夺帕夏之位。他恳求的黎波里市民要了解，美国人是包容“每一个民族、每一种语族、每一种信仰的人”，他们生活在“西方的尽头”。他说，现任帕夏优素福·卡拉曼利（Yussuf Karamanli）是一个“卑鄙、做伪证的叛徒，他委任的海军指挥官是酗酒的变节者，其主要顾问是贪婪的犹太人”。海军指挥官穆拉德·雷斯（Murad Reis）是坚定的反美派，他抵达阿尔及尔时的名字是彼得·莱尔（Peter Lisle），一个嗜酒的苏格兰人，皈依伊斯兰教后，娶了帕夏的女儿，但并没有改掉酗酒的毛病。[22]伊顿还写道，“请放心，美国人的神与穆罕默德追随者的神是同一个神；是唯一真神，无所不能的上帝”。[23]他发现突尼斯与其邻国是一个封闭的世界。然而，在某种意义上，它又是一个启蒙中的世界。当他看到北非穆斯林社会中大量的黑人和白人奴隶时，他开始质疑整个奴隶制度的正义性：

> 当我描述它时，我的灵魂悔恨不已，这的确是我在我自己的国家亲眼看到的野蛮情景的重现。然而，我们却在吹嘘自由和自然的正义。[24]

伊顿注意到，在突尼斯和阿尔及尔，犹太商人似乎主宰着贸易。他提到了一间犹太人的贸易公司“乔纳塔”（*Giornata*），它每年向突尼斯总督支付六万皮阿斯特（piastres），在里窝那还有一间“工场”或者说是货栈。他还
532 指出，每年从突尼斯出口二十五万件兽皮以及大量蜂蜡。此外，这里还向欧洲出售油、小麦、大麦、大豆、枣椰、盐和牲畜（包括马匹）；当英法两国战斗正酣之际，拉古萨人作为承运人，凭借杜布罗夫尼克在其最后几年向“高门”纳贡所得到的特殊地位，获得了丰厚利润。与此同时，突尼斯的大市场（souk）也渴求着美国人带到北非的商品：“棉布、毛呢、精纺衣料、铁、咖啡、糖、胡椒、各种香料、白色蜡烛、胭脂虫红、干鱼和木材。”他预计这些商品在突尼斯的价格是在美国购买时价格的三倍。[25]他的评注表明，他考虑的不仅仅是美国与北非间的直接贸易，还是地中海与大西洋之间的转运贸易。他的评述证明突尼斯、阿尔及尔和的黎波里缺乏制造业；虽然这里对外出口大量的蜂蜡，但是蜡烛也需要进口。然而，北非缺乏优质木材始终是严重的问题，特别是对于那些要建造自己的海盗舰队的国家而言。在某种程度上，这一问题可以通过购买或截获外国船只来解决，但公元 17 世纪末，在英国与荷兰的压力下，柏柏尔舰队已经衰落；到 1800 年，每个国家如果能够征集到 12 艘海盗战舰就已经非常幸运了。只有美国与柏柏尔诸摄政国保持和平关系，美国人才有可能参与

北非贸易以及地中海其他地区的贸易。托马斯·杰斐逊曾记录道，美国大量的大麦与面粉出口到地中海，此外还有大米、咸鱼或干鱼，每年能装满一百艘商船；但“显然，对我们的商人来说，他们冒险进入地中海，会遭到北非海岸上海盗国家的劫掠”。[26]

3

从获得独立的那一刻起，美国就试图解决柏柏尔海盗问题。公元 1784 年 5 月，美国国会批准与柏柏尔国家谈判。摩洛哥苏丹是第一位承认美国独立的统治者。从 1786 年到 1797 年，美国分别与摩洛哥、阿尔及尔、的黎波里和突尼斯签署了协议。在 1794 年 12 月与阿尔及尔签署的协议中，美国人承诺 533
立刻向总督提供 64.25 万美元以及价值 2.16 万美元的海军装备，包括火药、炮弹、松木桅杆和橡木板材等；他们还送给他一套金色茶具。这与总督最初提的条件差距很大，他的要求是：现金 224.7 万美元，两艘铜制装甲护卫舰。即便如此，困难仍然存在，当总督抱怨他应得的钱还未到账时，就必须再送上新的礼物——“为他准备了一艘新建的、带二十门火炮的美国战舰，这种船可以行驶得非常快，是给总督之女的礼品”——但总督还是要到了一艘载有三十六门火炮的战舰取而代之。[27]北非的统治者总是责骂他们从美国人和欧洲人那里得到的货物品质低劣、分量不足。基督徒诸国确实偷工减料，因为在它们看来，这些要求就是赤裸裸的抢劫。

公元 1800 年，一艘体积硕大的美国运兵船“乔治·华盛顿号”抵达阿尔及尔港，这艘用东印度商船改造而成的军舰装载着当地统治者期待获得的礼物，以及糖、咖啡和鲱鱼。阿尔及尔总督在惯常地抱怨美国人又拖延上缴礼物后，立刻要求该船船长带着阿尔及尔使者前往君士坦丁堡；船长害怕极了，以至于不敢拒绝。他这艘奇怪的货船还被称为“诺亚方舟”：船上不仅仅有马、牛和一百五十只羊，还有四只狮子、四只老虎、四只羚羊和十二只鹦鹉，还带着一百名黑奴以作为年贡献给奥斯曼苏丹，此外还有随同使者访问的众多随从。船长被要求悬挂阿尔及尔旗帜，不过他很快就换成了美利坚合众国的旗帜；有报道称，水手们嘲弄伊斯兰教，在穆斯林礼拜的时刻使船旋转，以至于礼拜的人无法辨认麦加的方向。[28]美国人尴尬地从自己的报纸上得知此次航行中的丢脸行为，他们与总督的关系虽然摇摇欲坠，却仍然得以维持。即便美国与阿尔及尔的关系已经跌至谷底，但也勉力维持着，在这个时候，它与的黎波里的关系却由于帕夏要求更多的贡赋而恶化。由于没有得到所要求的贡赋，帕夏派人将美国公使馆前悬挂着星条旗的旗杆砍倒，并派船去自行劫掠；他的小舰队除了一艘被俘获的瑞典船外，还有一艘船是数年前从美国人那里捕获的波士顿的“贝蒂号”
534 (*Betsy*)，此时被改名为“梅舒达号”(*Meshuda*)。[29]

在公元 1801 年 10 月到 1803 年 5 月这段时间，法国与英国保持和平，美国人与斯堪的纳维亚人正致力于利用地中海的相对平静来获取商业利润。但柏柏尔诸国一次又一次地阻挡着他们的道路，于是美利坚合众国第一次觉得自己被迫要与另外一个国家开战了。1802 年，瑞典人出于他们自己的不爽，欣然与美国人一起封锁的黎波里。这场冲突逐渐发展，影响范围进一步扩大，当摩洛哥皇帝要求美国人为其向的黎波里运送谷物的商船提供保护并遭到拒绝时，皇帝出于愤怒向美国宣战。[30]于是，1803 年 10 月，正在执行封锁的黎波里任务的护卫舰“费城号”（USS *Philadelphia*）在追逐一艘的黎波里舰船时搁浅。这艘船与船上三百零七名船员被帕夏的士兵抓获。帕夏认为他可以利用此次机会榨取四十五万美元的赎金。美国舰队的指挥官普雷布尔（Preble）仍然决定要以武力解决，坚信敌人拥有“费城号”就可以在海上拥有他们所需要的优势：甚至在和平时期“费城号”都可能被用来进行海盗袭击，或者作为从美国人和欧洲人那里压榨更多钱财的筹码。那艘船必须毁掉或最好重新夺回。他设计了一个大胆的方案，决定在夜间攻击且夺回这艘船。2 月 16 日夜幕降临后，双桅纵帆船“无畏号”（*Intrepid*）受命前往的黎波里，由中尉斯蒂芬·迪凯特（Stephen Decatur）指挥，还放肆地悬挂着英国国旗。“无畏号”堂而皇之地进入的黎波里港：海港领航员被船员用“法兰克语”告知他们的船装载着补给品。与此同时，的黎波里的舰队仍在沉睡，并不知道正在发生什么事。迪凯特领导的这次攻击成功地成为美国传奇，轻而易举地迫使大多数敌人四处逃窜。美国人明白他们无法将“费城号”带回自己的战线上，因此在夺回后的一刻钟内就放火将其烧毁。据说，整个的黎波里城都被火光映红。[31] 1804 年 8 月，对的黎波里海港进行的另一场攻击为迪凯特赢得了更响亮的声誉：据称，他得知一位身材高大的土耳其马木留克军人在那天之前杀掉了他的兄弟；他与那位身躯庞大的马木留克军人扭打在一起，即使短剑断裂也没有放弃，最后（一名无私的水手救了他的命，挡住针对迪凯特的致命一击），他成功地近距离杀死了那名土耳其人。这件事在美国各地通过绘画和报刊广为传颂。它表明美 535
国人的勇气如何战胜了野蛮强大的力量，个子矮小的、自由的和坚定果敢的迪凯特如何战胜又黑又丑陋的马木留克奴隶。

在的黎波里取得的这一小小胜利给美国人带来了难以估量的信心。[32]

即便如此，他们也无法摧毁帕夏的意志，美国人于是采用了完全不同的策略，这也是威廉·伊顿长期主张的计划。伊顿乘船前往亚历山大，以寻找的黎波里王位的竞争者哈麦特（Hamet），后者被自己的弟弟优素福排挤。伊顿发现优素福带着一支（主要由阿拉伯人构成）军队，在恶劣的环境中，由埃及沿陆路向的黎波里进军。他们花费了六个星期才行进四百英里，抵达了德尔纳（Derne），他们认为这座沿海城市有可能接受哈麦特为其统治者。最后，美国未能将哈麦特推上的黎波里的统治者之位，但哈麦特返回的威胁迫使帕夏议和。他愿意接受更为适当的条款，绝对无法与其他北非统治者敲诈的财富数额相比，大约是 6 万美元的赎金。[33]

4

阿尔及尔人实际上更加棘手。公元 1812 年，当得知美国与英国之间爆发战争后，阿尔及尔总督决定继续向美国人施压，此时的美国人还无法在地中海调集一支舰队。他坚持称“阿勒格尼号”（*Allegheny*）带来的礼物品质低劣：例如，他要求的是二十七条大直径绳索，但只得到四条。他要求补偿 2.7 万美金，当遭到美国人拒绝后，他就将他们驱逐，最终美国人不得不屈服答应支付这笔钱，公使利尔（Lear）不得不从巴克利家族以 25% 的利息借款。[34]与此同时，阿尔及尔人还将被捕获的美国双桅横帆船“埃德温号”（*Edwin*）带回自己的港口，在西班牙的英国军队支持下从事经由直布罗陀海峡的走私贸易（并且完全忽视英美关系的严重恶化）。“埃德温号”

的水手与船一同被留在阿尔及尔，而美国政府全力投入大西洋海岸以及加拿大的战争，无力关注地中海，决定派使者前往马格里布，希望谈判能够成功。莫迪凯·诺亚（Mordecai Noah）被任命为突尼斯公使。他是位了不起的人物，热衷于向其犹太 536
同胞说明，他们在美国社会都有自己的地位，他鼓励“希伯来民族”带着资金从旧世界跨越大西洋，实现所有美国人的共同利益。美国政府对巴克利家族非常了解，而诺亚可以通过犹太同胞用更有价值的方式接触到总督。1814 年冬，他穿越直布罗陀海峡，建立了与直布罗陀的犹太人社区的联系，从当地的一位领袖那里得到一封给巴克利家族的引荐信。但他只换回了一小部分美国俘虏的自由。[35]

麦迪逊总统并非好战者，但美国已经在对抗的黎波里的战争中染了血，并把与阿尔及尔的战争视为终结柏柏尔统治者胡搅蛮缠的第二阶段。公元 1815 年 2 月 17 日，美国与英国媾和；一个星期后，麦迪逊要求国会对阿尔及尔宣战，美国人集结了有史以来规模最大的舰队（只有十艘战舰）。民族英雄斯蒂芬·迪凯特负责指挥此次远征。[36]他完成了大家的预期，在尚未抵达阿尔及尔时就捕获了数艘阿尔及尔船。因此，他向总督提出条件时拥有极佳的优势，而此时的总督刚刚就职（此前两任总督均被刺杀）。当总督的使者要求迪凯特花点时间考虑美国人想在和约中提出怎样的条件时，迪凯特回答道：“一分钟都不用！”[37]他与阿尔及尔签署和约后，立即与突尼斯和的黎波里签署和约。阿尔及尔和约规定了要释放美国俘虏，规定了美国公使的职权，但它对地中海史的真正价值在于第二条：从此无须缴纳礼物或贡赋。这是迪凯特远征的最大成就。树立了这一先例后，欧洲列强充分理解了它的重要性；他们赋予美国比以往更多的尊重。美国人也庆祝自己的成就——约翰·昆西·亚当斯（John Quincy Adams）写道："我们在地中海上的战役，可能是我们作为一个国家以来的历史上最为辉煌灿烂的事件。"美国的历史并不长，但它用一支全新的海军取得的胜利更加令人印象深刻。[38]对柏柏尔人的胜利是美国民族认同形成的决定性时刻。

5

537 同样，在东方也出现了一种新秩序。到公元 1800 年，奥斯曼苏丹发现他在埃及以及希腊的臣民们变得越来越难以管理。埃及督军穆罕默德·阿里（Muhammad Ali）利用拿破仑军队到来以及撤退后遗留下来的混乱，推翻了奥斯曼人委任的马木留克官员，在 1805 年成为埃及的统治者。虽然他承认奥斯曼的宗主权，并正式作为总督行使职权，但他完全拥有主权。他是阿尔巴尼亚人，讲阿尔巴尼亚语和土耳其语，不懂阿拉伯语，他的眼光投向的是奥斯曼世界以外的地区，努力从西欧，特别是法国引入知识与技术——他之于埃及就相当于彼得大帝之于俄国。他将经济增长视为实现自己计划的关键，将土地收归国有，并建造了一支作战舰队。这些政策在细节上几乎神奇地让人联想到两千年前托勒密王朝的政策。他鼓励采用新农业体系，包括灌溉工程，因为他意识到西欧对高品质棉花的迫切需求，他还热衷于建立工业基地，因此埃及不会仅仅是向更富庶国家提供原材料的出口方。[39]他的野心是使埃及从 19 世纪初改变欧洲的经济扩张中获利。例如，他注意到亚历山大已经衰退到相当贫穷的境地：城市的规模和人口严重衰减，如今比一座小村庄大不了多少；其长途贸易也不再那么重要。穆罕默德·阿里治下的亚历山大开始复苏，吸引了东地中海各地移民的到来，包括：土耳其人、希腊人、犹太人、叙利亚人。[40]

公元19世纪20年代，穆罕默德·阿里不断增强的自信还表现在他试图将其统治权扩张到克里特与叙利亚。如果他想要把埃及建设成为一个现代的海上强国，这位总督就需要得到大量木材的产地，因此与过去的数千年一样，这就意味着他必须控制森林茂密的土地。在19世纪20年代，他所面临的问题是：虽然奥斯曼人对欧洲领地的经营很不成功，但对非洲领地的管理要成功得多。1821年，摩里亚（Morea）爆发起义，这里的地理环境对起义者比较有利，因此起义军很快控制了农村地区，土耳其人控制的区域只剩下纳夫普利翁、 538
莫顿和科伦。即便如此，土耳其人也没有掌控大海。伊兹拉岛（Hydra）和萨摩斯岛等地成为新的反抗中心。自17世纪以来，希腊的商人公会越来越活跃，这时候他们胡拼乱凑起一支舰队，该舰队主要由装备着火炮的商船组成。一支希腊舰队有三十七艘战舰，另一支有十二艘，其指挥官均来自伊兹拉岛。到4月底，这些经验丰富的希腊老水手们已经俘获四艘土耳其人的战舰，包括两艘护卫舰，这使得希腊人有信心在爱琴海巡逻，并在达达尼尔海峡附近与土耳其舰队对峙；尽管希腊的舰队无法对抗土耳其的舰队，但他们未遭受重大损失，成功撤退。到1822年时，土耳其政府被希腊人的海上侵扰激怒，集结了一支更大规模的土耳其舰队，这些战舰主要从柏柏尔人的国家征调而来。4月，当一支希腊远征军正在希俄斯岛上攻打其城堡时，土耳其人登陆干涉。希腊军队被赶走，土耳其人上岛并继续屠杀了当地许多居民，自然，这场大屠杀也被纳入希腊人英勇抗击土耳其人的历史篇章，成为欧仁·德拉克洛瓦（Eugène Delacroix）绘画作品的一个重要主题。[41]希腊人也以同样的方式回击：五个半月之后，他们屠杀了生活在摩里亚半岛的黎波里的穆斯林与犹太人。在过去的数个世纪当中，许多希腊人变成了穆斯林，许多土耳其人也被希腊化。希土战争中的大屠杀与宗族灭绝持续了一个半世纪，正是建立在对东地中海希腊与土耳其的共同文化遗产的悲剧性否定的基础之上。

然而，这并没有影响英国、法国、德意志等国的观察家们为希腊人的胜利欢欣鼓舞，他们将希腊人视为古典世界的后继者，早在其学生时代就学习到这个世界的历史、哲学与文学。然而各国政府对起义者提供支持时则更为谨慎：讲究实用主义的英国政府考虑的是，他们是否需要奥斯曼帝国在这个时候崩溃，穆罕默德·阿里也持同一看法，不过几乎没有人认为这个帝国还能延续很长时间。问题在于，巴尔干半岛的分崩离析将会改变欧洲列强的整体平衡，即破坏拿破仑在滑铁卢最终失败后形成的“欧洲协调”（the Concert of Europe）的微妙结构。
539 对此，奥地利很是担忧，为了保护自己的利益，它在东地中海维持着一支比英国舰队更大的舰队（二十二艘战舰）。在希腊人看来，奥地利人选择了妥协，因为他们宁愿与土耳其人贸易，然而奥地利人所做的不过是继续长久以来就存在的途经杜布罗夫尼克及其附近地区的达尔马提亚和东地中海之间的商业往来。[42]直到公元 1827 年，欧洲列强才向希腊提供实质性的援助。与此同时，穆罕默德·阿里也把希腊人的起义看作为自己摘取成熟果实的机会，因此在 1825 年初，他决定派遣舰队前往希腊。他打算将克里特、塞浦路斯、叙利亚以及摩里亚半岛纳入自己的帝国，并且设想，倘若立即将那里的希腊人驱逐，并将埃及的农民（*fellahin*）迁移到希腊南部，他就可以控制希腊。因此，他的目标是几乎控制整个东地中海。他不惜代价，派遣六十二艘战舰前往克里特东部海域，希望在爱琴海南部击溃希腊人的海军力量。[43]

公元1827年10月，当对峙双方的谈判还在进行时，一支由十二艘英国军舰、八艘俄罗斯军舰和七艘法国军舰组成的舰队在纳瓦里诺（Navarino）附近海域，几乎突然被卷入与一支奥斯曼舰队的战斗当中，这支奥斯曼舰队包括从土耳其、埃及和突尼斯调集来的六十艘战舰，其中还有三艘大型战列舰（其对手拥有十艘战列舰）。尽管双方已签署休战协议，土耳其人仍然拒绝这支联合舰队进入纳瓦里诺湾。盟军决定需要展示一下武力，于是，一场在海湾内的全方位战争开始了，战争中土耳其舰队被打成碎片。一些土耳其小船逃往亚历山大；其他的全部沉没。这支联合舰队，特别是英国、俄国以及法国的旗舰也遭损毁，一百八十二人阵亡。盟军并不特别清楚胜利后要做什么——奥斯曼苏丹的还击方式是对异教徒宣布开始圣战，而英国人和法国人则意识到希腊人内部的乱斗，派遣自己的战舰来辖制那些让人厌恶、各行其是的希腊船长们。[44]但纳瓦里诺海战是达成和约的关键一步，这一和约使处于松散的奥斯曼宗主权下的希腊南部的独立，在1828年获得承认。如今，穆罕默德·阿里意识到最有希望的未来是重新发展亚历山大与英国、法国的贸易，因此，在此后的数年中，他改建了造船厂， 540
投资连接亚历山大与尼罗河三角洲的马赫穆迪亚运河（Mahmudiyah）。这条运河建成于十多年前。[45]如今是享受它所带来的好处的时候了。

6

法国入侵阿尔及利亚也是一系列突发事件的结果，事件的核心并非人们所认为的柏柏尔海盗的活动，而是巴克利金融家族。法国大革命爆发以来，阿尔及利亚的谷物就源源不断地供给法国军队，但法国人从未把购买这些谷物而不断累积的债务当回事儿。到公元 1827 年，巴克利家族的资金出现短缺，坚持要求阿尔及利亚政府在法国人的欠款到账之前赔偿他们的债务。总督认为，巴克利家族是在与法国人勾结，想要从他手中勒索钱财。[46]当然，近代历史表明，恰恰是总督们更热衷于从他人那里勒索钱财。总督也怀疑法国人，是因为法国人开始加强了在阿尔及利亚的两座商站的防御工事。于是，1827 年 4 月 29 日，总督与法国公使发生争吵，争吵中，总督狂怒之中用苍蝇拍击中了法国公使的脸。法国人的反应是要求鸣礼炮向法国国旗致歉，但总督甚至不愿意考虑一下这一象征性动作，反而派出私掠船袭击法国军舰。1829 年夏，法国人封锁了阿尔及尔港口。即便如此，他们也没想通过征服阿尔及利亚来解决双方的问题，起初，只是觉得最好的选择是让亲法的穆罕默德・阿里统治这里。

马赛的商会从商业方面提出一些理由支持对阿尔及尔的征服：阿尔及利亚的贸易封锁，再加上希腊人反抗土耳其人的起义，妨碍了法国人在黎凡特的贸易。马赛商人希望拥有处于法国人控制之下的安全的、有保障的贸易伙伴。显然，位于马赛正南方的阿尔及尔就是这样的目标。事实也证明征服这里非常简单。公元 1830 年 7 月，总督被流放到那不勒斯，而且还不
541 得不将大部分钱财留给法国人。阿尔及利亚摄政国的小城

市——奥兰与君士坦丁（Constantine）被分配给友好的突尼斯王公——西班牙人在占领了奥兰将近三百年之后，觉得占领它耗资过大，于1792年将它卖给穆斯林。[47]不过，这时法国人的头脑中还远远没有弄清楚他们想从阿尔及利亚得到什么。他们发现自己正在攻击阿尔及利亚西部及东部的目标：君士坦丁的统治者有自己的想法，要将他的城市发展成为与欧洲人进行贸易的中心，此外，阿尔及尔东部的安纳巴（Annaba）也陷入混乱。19世纪30年代，法国人已经深陷阿尔及利亚的乱局当中，远远超过了自己的预期。北非统治者向奥斯曼人求助，但后者不打算给予他们任何慰藉，部分原因是缺乏资源和毅力。然而，虽然阿尔及利亚的许多地区都爆发了地方性冲突，但这里依然吸引了来自法国和西班牙的殖民者：1847年，有将近11万居民迁居于此，他们不只是简单地隐于城市之中，因为许多人希望获得从旧政权的国有地产分离出来的各类地产。[48]在此后的数十年间，各个城市见证了大量的建设工程，阿尔及尔拥有了宽阔的街道以及坚固、雄伟的建筑，变成了一座新马赛。征服阿尔及尔只是第一阶段，其后出现的一系列殖民征服，使法国、英国、西班牙和意大利（不过在1830年它还没有诞生）将地中海的许多战略要地瓜分一空。

第四地中海的历史始于这样一个时代：威尼斯、热那亚与加泰罗尼亚的桨帆船努力搏斗，越过海洋前往亚历山大。其终结时，埃及以过去的统治者只能梦想着的方式，成了通往东方的通道。当最后一艘清淤船完成任务，苏伊士运河开通，帆船和蒸汽船都能够畅通航行时，地中海历史上的一个新时代——第五地中海——开始了。

注 释

1. P. Mackesy, *The War in the Mediterranean 1803–1810* (London, 1957), pp. 121–53.
2. In 1803: ibid., p. 21.
3. Ibid., pp. 98, 319.
4. Ibid., appendices 1 and 5, pp. 398, 403–4.
5. R. Knight, *The Pursuit of Victory: the Life and Achievement of Horatio Nelson* (London, 2005), p. 555.
6. Mackesy, *War in the Mediterranean*, p. 229.
7. Ibid., pp. 352–5; L. Sondhaus, *The Habsburg Empire and the Sea: Austrian Naval Policy 1797–1866* (West Lafayette, IN, 1989), p. 42; M. Pratt, *Britain's Greek Empire: Reflections on the History of the Ionian Islands from the Fall of Byzantium* (London, 1978).
8. D. Gregory, *Sicily, the Insecure Base: a History of the British Occupation of Sicily, 1806–1815* (Madison, WI, 1988); Knight, *Pursuit of Victory*, pp. 307–27.
9. Mackesy, *War in the Mediterranean*, p. 375.
10. F. Tabak, *The Waning of the Mediterranean 1550–1870: a Geohistorical Approach* (Baltimore, MD, 2008), pp. 221–5; D. Mack Smith, *A History of Sicily*, vol. 3, *Modern Sicily after 1713* (London, 1968), pp. 272–4; Gregory, *Sicily*, p. 37.
11. L. Wright and J. Macleod, *The First Americans in North Africa: William Eaton's Struggle for a Vigorous Policy against the Barbary Pirates, 1799–1805* (Princeton, NJ, 1945), pp. 66–8; F. Lambert, *The Barbary Wars: American Independence in the Atlantic World* (New York, 2005), p. 91; R. C. Anderson, *Naval Wars in the Levant 1559–1853* (Liverpool, 1951), pp. 394–5.
12. Lambert, *Barbary Wars*, p. 90.
13. Testimony of Elijah Shaw in M. Kitzen, *Tripoli and the United States at War: a History of American Relations with the Barbary States, 1785–1805* (Jefferson, NC, 1993), pp. 97–101.
14. J. London, *Victory in Tripoli: How America's War with the Barbary Pirates Established the U.S. Navy and Shaped a Nation* (Hoboken, NJ, 2005).
15. J. Wheelan, *Jefferson's War: America's First War on Terror 1801–1805* (New York, 2003), pp. xxiii, 1, 7, etc.; Lambert, *Barbary Wars*, pp. 106–7.
16. F. Leiner, *The End of Barbary Terror: America's 1815 War against the Pirates of North Africa* (New York, 2006), p. ix.
17. Lambert, *Barbary Wars*, p. 118.
18. Ibid., p. 8; also pp. 109–13.
19. Ibid., pp. 9, 11, 23.
20. Ibid., pp. 47, 50, 76.
21. Wright and Macleod, *First Americans*, p. 48.

22. Kitzen, *Tripoli*, pp. 49–50.
23. Cited *in extenso* in R. Zacks, *The Pirate Coast: Thomas Jefferson, the First Marines, and the Secret Mission of 1805* (New York, 2005), pp. 189–90.
24. Leiner, *End of Barbary Terror*, p. 19.
25. Wright and Macleod, *First Americans*, pp. 54–5; Lambert, *Barbary Wars*, p. 31.
26. Lambert, *Barbary Wars*, pp. 30, 34.
27. Kitzen, *Tripoli*, pp. 19–20; Lambert, *Barbary Wars*, p. 87.
28. Lambert, *Barbary Wars*, pp. 100–103; Kitzen, *Tripoli*, pp. 40–42; Wheelan, *Jefferson's War*, pp. 96–7; Anderson, *Naval Wars in the Levant*, p. 396.
29. Lambert, *Barbary Wars*, p. 101; Anderson, *Naval Wars in the Levant*, pp. 397, 403.
30. Lambert, *Barbary Wars*, pp. 133–4; Anderson, *Naval Wars in the Levant*, p. 407.
31. Lambert, *Barbary Wars*, pp. 140–44; Kitzen, *Tripoli*, pp. 93–113.
32. Lambert, *Barbary Wars*, pp. 146–8; Kitzen, *Tripoli*, p. 122, and plates on pp. 123–4.
33. Lambert, *Barbary Wars*, pp. 130–54; Kitzen, *Tripoli*, pp. 135–76.
34. Leiner, *End of Barbary Terror*, p. 23.
35. Ibid., pp. 26–36.
36. Navy orders to Decatur: ibid., appendix i, pp. 183–6.
37. Lambert, *Barbary Wars*, pp. 189–93; Leiner, *End of Barbary Terror*, pp. 87–122, and appendix iii, pp. 189–94 for the Algiers treaty.
38. Leiner, *End of Barbary Terror*, appendix iii, pp. 189–94 (p. 189 for article 2); Lambert, *Barbary Wars*, p. 195.
39. G. Contis, 'Environment, health and disease in Alexandria and the Nile Delta', in A. Hirst and M. Silk (eds.), *Alexandria, Real and Imagined* (2nd edn, Cairo, 2006), p. 229.
40. O. Abdel-Aziz Omar, 'Alexandria during the period of the Ottoman conquest to the end of the reign of Ismail', in *The History and Civilisation of Alexandria across the Ages* (2nd edn, Alexandria, 2000), pp. 154, 158–9.
41. Anderson, *Naval Wars in the Levant*, pp. 483, 486–7.
42. Ibid., p. 508; Sondhaus, *Habsburg Empire and the Sea*, p. 63.
43. Anderson, *Naval Wars in the Levant*, pp. 492–3.
44. Ibid., pp. 523–36.
45. K. Fahmy, 'Towards a social history of modern Alexandria', in Hirst and Silk (eds.), *Alexandria, Real and Imagined*, pp. 283–4.
46. J. Abun-Nasr, *A History of the Maghrib in the Islamic Period* (Cambridge, 1987), p. 249.
47. Ibid., pp. 164, 166, 251, 254.
48. Ibid., p. 261.

第五部
第五地中海
（1830 ~ 2014 年）

一　昔日二者即将相见（1830～1900年）

1

英国诗人鲁德亚德·吉卜林（Rudyard Kipling）曾写过广 545
为流传的诗句："东方就是东方，西方就是西方，二者永不相见。"尽管到20世纪初，欧洲观察员已为他们眼中东西方在生活态度与生活方式上的巨大差异所折服，但在公元19世纪时，情况并非如此。那时，理想是连接东西方的桥梁：不仅通过有形的桥梁即苏伊士运河，更通过文化而交融，就像西欧人津津乐道于近东文化一样，近东的统治者——奥斯曼帝国苏丹与其高度自治的埃及总督——也看向法国和英国，以寻求他们可以效仿的模式，复兴治下日益凋敝的经济。于是，这便成为一种互惠关系：尽管有些人将"东方主义"视为西方帝国主义的一种文化表达，但地中海东部的主人却仍旧积极寻求与西方的文化接触，并将自身视为整个欧洲和地中海君主俱乐部的成员。[1] 于1863～1879年担任埃及总督的伊斯梅尔帕夏（Ismail Pasha）总是身着欧洲服饰，尽管他偶尔也穿上礼服，佩戴肩章，头顶土耳其帽；他讲土耳其语，而不讲阿拉伯语。同样，奥斯曼帝国的苏丹们，特别是他们的臣子（如伊斯梅尔，通常是阿尔巴尼亚人），经常炫耀西式服装。当然，他们在运用西方理念时也是有选择性的。埃及总督乐于送聪明的下属前往拿破仑时代的产物巴黎综合理工学院（École Polytechnique）学

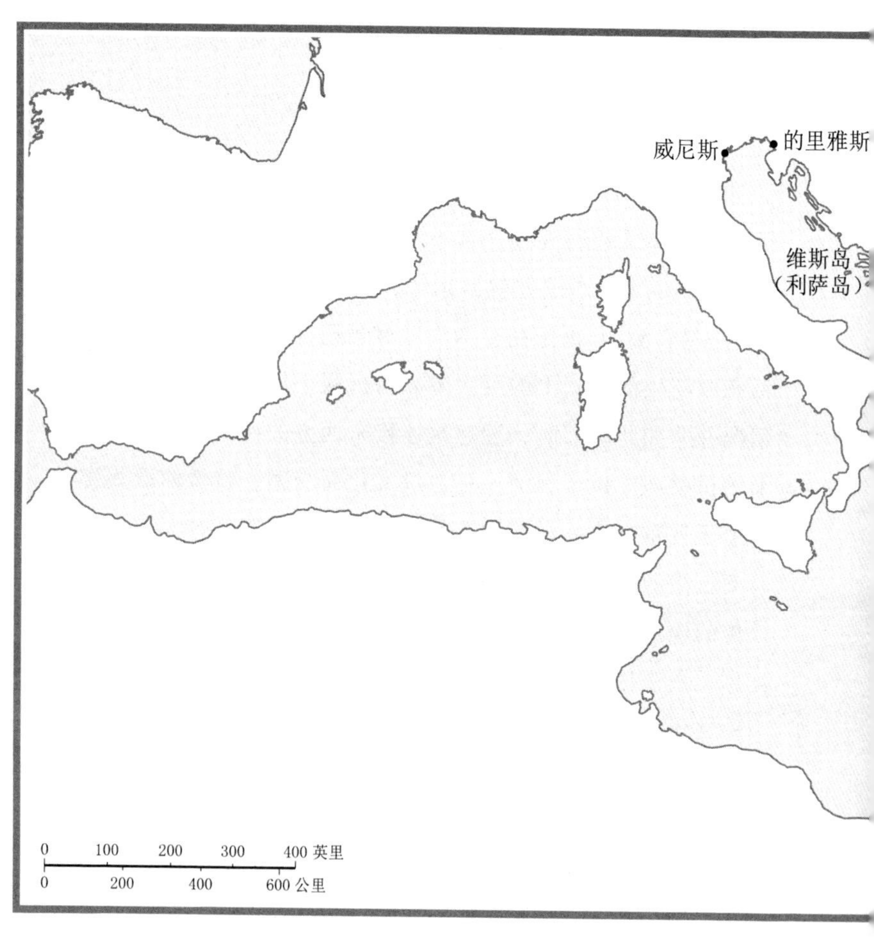
威尼斯
的里雅斯
维斯岛
（利萨岛）
0
100
200
300
400 英里
0
200
400
600 公里

君士坦丁堡
赛义德港
亚历山大
伊斯梅利亚
苏伊士

习；与此同时，他们并不鼓励过多参与法国沙龙：他们希望引
546 入激进的理念，但这种理念仅关乎技术，不涉及政体。到19
世纪初，将奥斯曼帝国视为圣战斗士之基地的理念几乎完全消
失。由于在东方失去了陆军和海军优势，奥斯曼帝国已不再是
恐惧的来源，而成为迷人的目标。传统的生活方式引起了西方
艺术家，如德拉克洛瓦的注意，但其他西方人，尤其是苏伊士
运河的修建者斐迪南·德·雷赛布（Ferdinand de Lesseps）却
热衷于推进现代化。埃及统治者急于使埃及跻身欧洲。他们没
有看到自身所处的黎凡特非洲角落的位置与其欧洲使命间的矛
盾：欧洲曾经是（现在也是）一种理念，一种理想，而不是
一片地域。[2]

547 拿破仑在东方的征战激起了法国人对埃及的极大兴趣：就
像古埃及曾是宏伟、富有帝国的所在地，现代法国在欧洲、在
地中海以及更广阔的世界起着同样的作用。其深层的理念是
“文明”，是法国人如何看待自己在世界上之位置的一种理念。
对古埃及的迷恋始于拿破仑军中制图员对古代遗迹的详尽记
录；这种详尽记录还算不上一种心醉沉迷，它不过是一项任
务，这项任务表现出法国人具有称雄东地中海的野心，而在这
一野心中，法国以法老和托勒密帝国的继承人自居。拿破仑一
世之后，埃及并未丧失魅力与风姿：在其外甥拿破仑三世的统
548 治时期，即公元1848年至1870年，“第二帝国风格”在优雅
的家具和建筑细节方面追寻着埃及的装饰形式。与古代埃及的
精神世界进行沟通的难度在于它们的文本难以释读。然而，在
法国军队在罗塞塔（Rosetta）发现了用圣书体、祭司体和希腊
文篆刻的石碑——该石碑一度被拿破仑据为己有（尽管现在
它保存于大英博物馆）——后，这一问题最终得以解决。1822

年，年轻的法国天才商博良（Champollion）对埃及铭文的释读，打开了通向古埃及的新窗口，这与若干年后占领阿尔及尔的行动同样重要，其使法国相信，它在地中海奥斯曼统治的那些土地上拥有一种使命。

当时有一些被东方魅力吸引的狂热人士。公元1830年前后，巴泰勒尔米－普罗斯佩·安凡丹（Barthélemy-Prosper Enfantin）成了一名致力于在地中海与红海之间建立联系的新教派的自封先知。这不单单是一个贸易和工程方面的问题。安凡丹在东方与西方的实际接触中发现一种新世界秩序的建立，在这种新秩序中，西方理性思维的阳性原则将和东方神秘生命力的阴性原则融为一体，“使地中海成为东西方联姻的婚床，并通过开凿纵贯苏伊士地峡的运河来完善这段婚姻”。因为这宗婚姻，一个和平的世界将会诞生，在这个世界中，半人半神的安凡丹将被誉为圣保罗的继承人，更无须提及摩西、耶稣和穆罕默德了。这只是他思想引人注目的一个方面。他坚持不懈地向妇女示以敬意的行为使君士坦丁堡和开罗的许多人感到不解；怪诞的天蓝色服饰与喇叭裤也很容易使他成为巴黎的笑柄。但他依旧参加了法国沙龙，在他获得穆罕默德·阿里接见时，阿里谦谦有礼地聆听了他关于用运河连接东方和西方的建议，而在此之前，他曾在地中海与苏伊士之间调查那里的地形地貌。[3] 埃及总督对于招商引资、推动辖区经济发展的诉求与任何人无异，但他认为穿越沙漠的运河是对其资源的消耗，而不是一笔资产：他怀疑运河会使埃及心脏地带的贸易发生转移，不会为亚历山大或开罗（现在已经由尼罗河与马赫穆迪亚运河连接起来）带来收益，而是会将大量收益转到试图在法国或英国和印度之间进行贸易的西欧商人手中。

549 安凡丹的古怪想法在其祖国法国似乎更容易被人们接受，因为他绘声绘色地表达了一种开始引导法国人思考社会和经济的设想。受圣西门（Saint-Simon）著作的影响，安凡丹和他的同代人坚持认为有必要逐步改善物质和道德状况。包括铁路和轮船在内的新科技的出现开始改变欧洲的经济，然而工业化的阴暗面不久即在英国显现。但在巴黎的沙龙中，理论占据主导地位，并继续受到革命时代的法国风尚的哺育。进步已成为理想。尤其值得注目的是，它在穆罕默德·阿里治下的埃及已成为理想，程度并不亚于在路易-菲利普（Louis-Philippe）治下的法国。以苏伊士运河为例，将理想变为现实的正是斐迪南·德·雷赛布。他将丰富的外交经验和开办运河公司所需要的细节掌控能力融为一体，以便继续他的计划，直到他摆平拒绝其计划的反对派。他不知疲倦地乘船往返于法国和黎凡特之间，也前往西班牙、英国以及其他地方，甚至前往敖德萨，以确保他能在纷繁复杂的政客、投资者、专业工程师——运河工程依赖这些人——构成的人际网络中了解进展。他因家族与路易-拿破仑——自公元1848起担任共和国总统，1852～1870年称帝——沾亲带故而拥有无可比拟的家族优势：他的表姐是皇后的母亲。

许多人声称修建运河是他们的主意，尽管开凿于西奈半岛西部石质荒漠中、连接地中海与红海的古运河遗迹还依稀可见。在公元前3世纪时，“恋姐者”托勒密二世曾将波斯人于前500年修建的运河的故道延长。尼罗河与红海之间的联系一直到阿拉伯时代早期都是开放的，偶尔会有中断。但其目的十分有限：埃及的阿拉伯征服者阿穆尔·伊本-阿斯曾利用运河系统将埃及小麦运往麦加。[4] 运河能够沟通地中海和印度洋商路的想法直到19世纪才正式出现，原因在于：埃及实际上就意味着尼罗河水路，而一条横贯沙漠的与尼罗河平行的水路无疑将夺走托勒密王朝、法蒂玛王朝和马木留克王朝严重依赖的赋税收入。

还有其他一些关于如何构建两大洋之间的通路的想法。公 550
元19世纪20年代，年轻的英国企业家托马斯·瓦格霍恩（Thomas Waghorn）注意到，从印度寄往英格兰的信件，存在长时间的延误，并发现从孟买到苏伊士之间存在一条潜在的路线，它可以运送那些愿意忍受炎热和旅途不适的乘客穿越从红海到尼罗河之间的沙漠。到达尼罗河时，原来想要休整的乘客们会因老鼠、蟑螂、苍蝇和跳蚤大批出没于溯流而上的蒸汽船和摆渡船中而受到惊扰。之后，他们去英格兰就相对容易一些，因为每月定期的班轮服务将从亚历山大航行至马耳他与康沃尔的法尔茅斯（Falmouth）——这些蒸汽船的班轮服务容后再议。[5] 当雷赛布邂逅瓦格霍恩时，他甚为动容，并写道“他是一个榜样”——不仅是事业和勇气的榜样，更是在设法建立红海和地中海之间有效通道上树立了榜样。[6] 英国的立场始终认为尼罗河航道更为便捷。在帕默斯顿勋爵（Lord Palmerston）担任首相时，曾强烈反对雷赛布的计划。其中也存在技术问题，无论进行多少次地形勘察都不足以解决这些难题。红海的水平面与地中海一致吗？这项工程的目标是修建一条运河，而非瀑布。土壤的多样性——砂质荒漠、岩质荒漠、沼泽——使修建过程更加复杂。但是，在帕默斯顿反对立场的背后却不是简单的技术问题。一旦工程获得成功，法国人将获得通往印度的通道，他们在埃及的声望将大大增强，而英国在地中海和印度洋的利益将受损。

奥斯曼苏丹也根本不确定他是否想要修建一条通往红海的运河。这在一定程度上也是个政治问题。雷赛布敦促总督们对运河做出自主决定，并且不要顾及某些人的想法——这些人认为修建运河需要获得奥斯曼苏丹本人的准许。被雷赛布的计划打动的第一位总督是赛义德（Said），他是穆罕默德·阿里的儿子，很胖，穆罕默德·阿里曾对其子沉溺享乐之举感到绝望。其实赛义德是个狡诈精明的政客，他乐意派出地质勘查团，乐意在雷赛布的股份中投入巨资，甚至乐意承担苏伊士运河公司的报纸开支。赛义德确实摇摆不定，但他在这一工程项目中涉入越深，如果项目破产，他将遭受的损失也就越大。资
551 金当然是个问题，尤其是当雷赛布于公元 1856 年无法同雅各布·德·罗斯柴尔德（Jacob de Rothschild）达成协议时。[7] 雷赛布转而寻求其他资金来源，并宣称要在世界范围内出售其股份，但只有埃及总督和法国人有投资热情。正如赛义德所发现的，当卖不出去的股份不得不推给总督时，雷赛布是个游说高手。赛义德是有回报的：运河北端的新港口将被命名为赛义德港（又译塞德港）；尽管一开始只有简陋的工地，但随着运河工程的推进，工地迅速扩大，到运河开通时，已经形成一座由填海的混凝土石块构成的超大防波堤。到 1863 年 1 月赛义德去世时，工程已取得了重要进展，但要实现在 1869 年预定日期结束项目的目标仍然前途漫漫：大量土方需要搬运，设计航道沿线的高地需要爆破。到此时，解决方案仍需依赖赛义德招募的苦力——这是自以色列子民时代起就已在埃及实施的强制劳役。随着人们不断在尼罗河与运河间往返，强制劳役现象在欧洲引发担忧，因为他们有些类似奴隶，同时也因为他们的效率低下。

所有这一切都随着新的总督，赛义德能干、高效的侄子伊

斯梅尔（Ismail）的继任而改变。他并没有像之前那样支持运河的开凿，因为他是个大地主，而且不喜欢强制劳役制度，强制劳役常常在最需要农民（fellahin）劳动力的时候使他们脱离土地。他毕业于圣西尔军校，了解西方人的理念。他无意使其宫廷民主化，但（就像沙皇亚历山大二世那样）他认为劳役制度在现代社会中早已不合潮流。正如他所说的："埃及必须成为欧洲的一部分。"[8] 他终止了强制劳役制，这让雷赛布面临到哪去找劳工的问题，而且即使去远东的中国，也找不到足够的人力。答案就是机械化，这对现代人而言是完全合乎时宜的，到公元 1863 年底，波莱尔拉瓦利公司（Borel，Lavalley and Company）开始设计一系列适合运河航道沿线不同土质施工的机器。开凿运河的四分之三的土方是由这些机器完成的，主要是在修建运河的最后两年，即 1867～1869 年，但没有什么事件是可以预见的：在最后一天，人们发现一块巨大的岩石伸进运河，威胁着所有吃水深度正常的船，这块岩石必须被爆 552
破清除。[9] 使用机器让公司的开支成倍增长，但没有机器，工程绝不可能如期完成，而且运河要想获得总督、苏丹和法国皇帝的支持，迅速交付也是至关重要的。

伊斯梅尔确信，他可以使用可观的棉花税收来支持运河的修建。公元 19 世纪 60 年代，埃及从全世界对棉花的需求中收益颇丰，它之所以繁荣是因为大西洋对岸的传统供货商美国正处于内战。长远来看，其前景并不如伊斯梅尔预期的那么乐观，但与大多数政客一样，他也认为繁荣背后不会有危机；1866 年，他已发生资金短缺，雷赛布甚至在没有征求他意见的情况下就在巴黎以高额利息举债。到运河完工时，伊斯梅尔帕夏已经支付了 2.4 亿法郎的建设费用，按目前的汇率计算，约为 1000 万英镑。[10]在政治上，伊斯梅尔发现他不得不小心行事。他想让“高门”授予他一个新的头衔且其长子可继承的理所应当的权利，他将这一举动不无道理地视为对他的独立统治权的认可。土耳其人不情愿地拣出了赫迪夫（*khedive*，即埃及总督）这一古代波斯头衔给他，没有人清楚该头衔的准确含义，但它似乎是对王权的诉求。另外，随着苏伊士运河公司实力增强，伊斯梅尔有充分的理由提高警惕，至少对运河区内的欧洲殖民者而言，苏伊士运河公司已充当了自治政府的角色。侵蚀埃及对运河的控制权的过程已经开始了。

公元 1869 年 11 月运河的开通典礼清楚显示了赫迪夫对获得欧洲众统治者认可的渴望。来宾中有乘坐“艾格勒号”（*L'Aigle*）明轮蒸汽船的法国皇后欧仁妮（Eugénie）、奥地利皇帝弗朗茨·约瑟夫（Franz Josef），以及来自普鲁士和尼德兰的王公。这一天同时依据伊斯兰教和基督教的仪典模式举行了宗教性的庆典，以标榜这是重大的历史事件。法国皇后的忏悔神父宣称，“今天两个世界合二为一了”；“今天是全人类的伟大节日”。这一全人类具有兄弟之情的信息，是安凡丹理所当然赞同的，也是伊斯梅尔想要促成的主题之一。神父还宣读了对雷赛布的颂词，将他比作克里斯托弗·哥伦布，而雷赛布
553 确信，此前还从未有过这种由穆斯林和基督徒共同举行的仪式。[11]11 月 17 日，由三十多艘船组成的庞大船队从赛义德港出发沿运河航行，达官显贵们在这一旅程中不时在沿途停留，进行各种茶歇和娱乐活动。皇后的明轮于 11 月 20 日抵达红海，并享受了鸣二十一响礼炮的接待。正如《泰晤士报》所报道的，雷赛布“将非洲变成了一座岛屿”。[12]

如今一切都依赖运河的吞吐量，赫迪夫乐观地希望从中获

得巨大利益；他有权获得运河航运收益的15%。显然，船主和商人们花了好几年时间来适应通往东方的这一新的快捷通道。公元1870年，有40多万吨货物由大约500艘船装载着在运河中通行。1871年，这一数字增长到75万吨。有人一度让赫迪夫相信，他将每年从500万吨货物中抽取赋税，而要达到这一数字得花上一段时间。当运河还在修建时，赛义德港就吸引了大量法国轮船（64艘）和许多埃及船只，以及众多土耳其帆船。奥地利帆船装载着来自威尔士和法国南部的煤炭，来自科西嘉和伊斯的利亚的木材，以及来自普罗旺斯的、运往西奈的不毛之地犒赏欧洲殖民者的葡萄酒。[13]将这些原始数据同运河开通之后那些年的原始数据进行对比，可直接感受到运河开通后发生的变化。从长期来看，这一数据有大幅增长：1870年有486艘船通过运河，1871年有765艘，而在19世纪70年代的其余年份，通过的船只均有1400艘左右，1880年突破了2000艘，1885年则达到了3600艘的高点，之后的数目只有小幅回落。尽管英国政府对这项工程反应冷淡，但英国商人却迅速加以利用，到1870年，三分之二的运输量被英国投资者占据。1870年之后的二十年，英国的优势愈发明显，以至于到1889年，联合王国占了680万吨的运河总运输量中的500万吨之多；这只让法国得到少许份额（36.2万吨），给德国、意大利、奥地利（主要是的里雅斯特）留的份额就更少了。伦敦的贸易委员会宣称：“欧洲和东方的贸易越来越多地经由苏伊士运河，不列颠国在该贸易中占据了越来越多的份额。”[14]

这是一个光明的未来，但在公元1870年股东们只能眼巴 554
巴地盼望着，他们的不安随着运河公司被证实无力发放分红而愈发强烈，或者，正如一篇法国短评所写的：“苏伊士运河的伤痛——零结果——接着便是毁灭!”[15]雷赛布决定将注意力转到下一个运河工程上，即开凿巴拿马运河（该工程已超过了其技术和资金实力范围），而在普法战争中失败的法国皇帝已经被迫流亡，巴黎被巴黎公社接管。巴黎的秩序一经恢复，第三共和国就宣布坚定地支持运河，却无力救助不走运的投资者。伊斯梅尔基本上已被抛弃，1872 年，因为资金短缺，他被迫举债 8 亿法郎（3200 万英镑）；到 1875 年他的债务正逼近 1 亿英镑，而且仅仅是维护费就高达每年约 500 万英镑，他的各项资源被榨干的速度远远超过积累速度——1863 年，埃及政府的税收收入远少于运河的维护费。他对借款人的吸引力在于他的抵押品：他拥有苏伊士运河的大量股份，包括当外国投资者不愿购买股份时雷赛布抛给埃及的那些。伊斯梅尔已带领埃及奔向更伟大的政治独立，但财政开支之巨却使他以独立为代价冒险妥协。1875 年，唯一的选择似乎只有出售埃及所拥有的运河股份。法国买家做好了一掷千金的准备。然后，本杰明·迪斯雷利（Benjamin Disraeli）得悉此事，并明白只要花费 400 万英镑，他就有机会获得地中海至印度洋航线的部分控制权。他告知维多利亚女王，购买运河的股份“只是花几百万的事”，“将至少足以使所有者对苏伊士运河的管理运作施加重大的（虽不能说是压倒性）影响。在这紧要关头，它对陛下您的权威至关重要，苏伊士运河应当归英国所有”。到 1875 年末，英国政府发现自己已拥有运河全部股份的 44%，这使它成为运河的最大股东。迪斯雷利告知女王：“事情已办妥，您已拥有运河，陛下。”[16]

此番购买对埃及和地中海产生了重大影响。一个盎格鲁-法兰西双方共管委员会（Anglo-French Dual Control Commission）

建立起来，以便管理埃及国库，并对赫迪夫的预算施加一定约束，此举大大增强了大不列颠在埃及事务中的影响力。但是，委员会授权赫迪夫以超低的价格将运河 15% 的税赋收入卖给一家法国银行，此举根本无助于巩固赫迪夫的地位。当伊斯梅 555
尔对外国贷款的依赖足以危及赫迪夫向君士坦丁堡缴纳的岁入时，奥斯曼苏丹有充分理由认为，这一举动是盎格鲁 - 法兰西接管埃及的第一步。伊斯梅尔梦想着从苏丹统治的地区获取新的资产，但向南方派兵却使他入不敷出。他变得愈发孤立：公元 1879 年，苏丹将他撤职，尽管身处如此宽容的时代，他还是遭受了被流放至那不勒斯湾的严重处罚。然而在罢免伊斯梅尔时，苏丹其实是迫于双方共管委员会的压力，亲近欧洲列强的伊斯梅尔之子陶菲克（Tawfiq）的继任只会使埃及进一步落入英国人的网中。到 1882 年，陶菲克受到国内的巨大压力：一次军事政变组建了一个由阿拉伯人领导的敌视土耳其 - 阿尔巴尼亚旧贵族的政府。1882 年夏末，在一支英格兰派遣军的帮助下，英军炮击亚历山大港为欧洲人泄愤，因为那里发生了对外国人的大屠杀；英军确保了苏伊士运河的安全，并向开罗推进，其公开目标是助陶菲克复位。[17] 埃及实际上成为英国的被保护国，即便赫迪夫（和他的继承者，即埃及国王）获准拥有大量自治权。在罢免伊斯梅尔的过程中，苏丹的行为引发了一系列事件，这些事件导致奥斯曼帝国最终丢掉埃及，但事实上，当雷赛布的强制劳工撬动苏伊士运河的第一块草皮时，这一系列事件的结果就已经出现了。

2

公元 19 世纪中叶地中海发生的另一场变革是蒸汽轮船的

到来，随之而来的是铁甲舰。建造蒸汽轮船的第一次尝试可以追溯到18世纪80年代的美国和法国。轮船航行的新特性是速度，可靠且匀速。但速度不应该被夸大；8海里/小时即可认为是快速。尽管如此，1837年开通的从的里雅斯特到君士坦丁堡的轮船航线仍旧要耗时两周，相形之下，帆船则需要一个月甚至四十天，到19世纪末，更大型的、铁甲的、螺旋桨驱
556 动的轮船驶抵土耳其首都用不了一周时间。蒸汽机轮船无须根据季风的方向更改航线，可于任何季节在地中海上航行。航运不再受限于追随盛行风和洋流的传统航线；换言之，点到点的航线变得更直接，并且可以相当准确地预测船只何时抵达。但是，轮船造价昂贵，而且——帆船的甲板下是空荡荡的——轮船需满载燃料（以煤为燃料），更不消说引擎与轮汽机这些船体最重要的部分，以及为工作人员与乘客提供的舱室；它们还携带风帆以便在适当时候增强或替换轮汽动力。一篇报道解释说，“轮船不可能也永远无法成为货船”；因为它们提供的是快捷服务，它们不会游荡在港口间，像帆船那样用不紧不慢的方式装卸货物。[18]

很明显，蒸汽轮船最适于运送邮件，包括银行汇票；换句话说，轮船在贸易中起着重要的辅助作用，它加快了支付的速度和商业信息的传播，并为那些发现邮轮更为舒适的乘客提供了空间。法国政府早在公元1831年就在规划邮轮航线，当时开辟了从马赛到南意大利的轮船航线。[19]时间表也可以制定：1837年，奥地利政府与总部位于的里雅斯特的奥地利劳埃德（Lloyd）公司签了一份合同，每月两次航行，从的里雅斯特到君士坦丁堡和亚历山大，途经科孚、佩特雷、雅典、克里特和士麦那，运送钱币、邮件和乘客。[20]此前四年，在的里雅斯特，

一批保险从业者建立了一个被称为“奥地利劳埃德”的机构，得名于伦敦的一个咖啡厅，该咖啡厅于 18 世纪诞生了一个类似的保险从业者合作机构。1835 年，奥地利劳埃德创建了一家轮船公司，其保险事业大大受益于能够获得最新的信息；奥地利劳埃德公司 60% 的股份被维也纳的罗斯柴尔德家族抢购，罗斯柴尔德银行的伦敦分行帮助它从英国补充船只和引擎。[21]1838 年，奥地利劳埃德公司的船队由 10 艘轮船组成，其中最大的是“马赫穆迪亚号”（*Mahmudié*），它显然得名于连接亚历山大港和尼罗河的运河，排水量为 410 吨；其引擎有 120 马力。的里雅斯特的英国领事称该船队“建设一流、 557
设备一流、配员一流”。[22]

在地中海之外，“半岛轮航公司”（Peninsular Steam Navigation Company）开设了从英格兰出发、穿过直布罗陀海峡的航运服务；它此前就已经开始专注于英格兰和伊比利亚之间的班轮服务［公司名称中的“半岛”后来演变为“半岛与东方”（Peninsular and Oriental 或 P&O）］，并以西班牙国旗中的红色和金色、葡萄牙国旗中的蓝色和白色为其颜色。P&O 与奥地利劳埃德公司之间的竞争引发了一些麻烦事：公元 1845 年英国公司开辟了穿越地中海，进入黑海，远及特拉布宗的航线；一旦进入黑海，英国公司就威胁要进一步冲撞奥地利在多瑙河与黑海沿岸的轮船的利益。[23]蒸汽航行已演变为一则成功的故事：欧洲列强争相夺取商路的主导地位，但竞争显然仍旧是和平的；19 世纪的地中海的确发生了一些航海冲突，但自从美国和法国对柏柏尔人取得胜利后，海盗威胁便大大减少，而希腊独立战争后，武装船队之间的摩擦也鲜有发生。

有一次算是例外的武装冲突，该冲突以公元 1866 年 7 月奥地利海军在利萨岛（Lissa）——今称维斯岛（Vis）——击败新组建的意大利舰队而告终。拿破仑战争后奥地利对威尼斯的占领使威尼斯舰队归奥地利指挥，奥地利人也短暂控制过托斯卡纳地区由哈布斯堡家族统率的舰队——直到1848年，意大利语仍是哈布斯堡海军的指挥语言，大部分水兵也是意大利人，不过到1866年时，德国人已占士兵总数的60%。[24]哈布斯堡舰队管理有方；皇帝的弟弟斐迪南·马克西米利安（Ferdinand Maximilian，他后来作为皇帝马克西米利安一世，在墨西哥遭遇了悲剧命运）于1854～1864年担任总司令，他不仅了解使用蒸汽动力的优势，而且也明白用铁甲包裹船体的好处。他建造了由帆船和一些明轮船组成的舰队；他将螺旋桨帆船编入舰队，之后还让铁甲轻帆船入役，后者耗资甚巨——1861年奥地利铸造厂已无法保质保量地及时完成铁甲生产任务，铁甲不得不从卢瓦尔河谷（Loire Valley）订购，并
558 从马赛高度保密地出口。不过发动机却在的里雅斯特的新工厂生产，皇帝持有该工厂的股份。他允许他的弟弟花费任何一笔其认为有必要的款项。[25]

对北意大利领地的统治使哈布斯堡皇帝与在萨伏伊家族领导下追求半岛统一的势力发生冲突。普鲁士和意大利王国的结盟对奥地利在威尼斯和意大利东北部的控制权构成了威胁。当奥地利和意大利舰队在克罗地亚海滨的利萨相遇时，奥地利舰队显然兵力处于劣势——意大利有十二艘铁甲轮船，而奥地利仅仅动员了七艘。意大利一方的无铁甲轮船数量也稍稍多些。另外，意大利人显然没怎么考虑要采取必要的行动。铁甲舰之间的对决是件新鲜事，奥地利人认定，正确的战术（采用古典时代的战法）是冲击敌军。尽管这种战法不利于他们的军

舰，但奥地利人确实击沉了两艘意大利铁甲舰。奥地利指挥官承认道："整个是一场混战……我们无一军舰损失真乃奇迹。"打败意大利的优势兵力，奥地利人获得了胜利。[26]胜利并没能让他们守住威尼斯，威尼斯还是落入意大利王国之手，但它确实阻止了意大利获得达尔马提亚海岸的控制权（一些"奥地利"水兵就来自这里）。[27]倘若还有什么值得关注的东西，那就是利萨之战后威尼斯的沦陷竟然强化了的里雅斯特作为哈布斯堡帝国进军地中海的门户的地位。

的里雅斯特在哈布斯堡家族的统治下盛极一时。苏伊士运河开通三十年前，一位驻维也纳的美国外交官向华盛顿的国务卿做了如下报告：

> 的里雅斯特本身是个美丽的城市，在更大程度上也是个新城市——与大多数新城市一样，的里雅斯特也有很多活动和商业。它的优质港口有着足够的深度，足以停泊任何船只。该城有 5 万居民从事据称有利可图且正在快速发展的商业。其进口额高达 5000 万弗罗林（超过 1 亿美元），出口额达 4000 万。[28]

的里雅斯特也面临许多挑战：哈布斯堡内陆的维也纳和布拉格周边所生产的产品质量并不高，这使得的里雅斯特难以在地中海市场上销售奥地利产品，而前往奥地利心脏地带的通道又被
阿尔卑斯山阻隔。另外，的里雅斯特是个可以享受慷慨的商业 559
税豁免的自由港。早在公元 1717 年，该城就从奥地利皇帝查理六世手中获得了种种特权，而在这之前还有亚得里亚海海域内历史更加悠久的贸易传统——查理五世曾在 1518 年赐予的

里雅斯特商人在南意大利的特权。在那几个世纪中，的里雅斯特仍旧非常狭小，完全笼罩在威尼斯的阴影下，直到 14 世纪才摆脱威尼斯的政治监护。但它摆脱威尼斯的经济控制所经历的时间更长：在 18 世纪末，威尼斯商人通过的里雅斯特转运商品，为的是借助它的自由港身份获利。18 世纪末，在女皇玛丽亚·特蕾西亚（Maria Theresa）统治时期，的里雅斯特获得了更进一步的特权以及海商法，甚至能在 1797 年威尼斯丧失独立地位后更好地利用自身地位：1805 年，537 艘船在的里雅斯特注册，它们中的大部分属于威尼斯人。[29]

的里雅斯特的另一方面更为与众不同。当查理六世意识到了里窝那的成功时，便在这里设立了一个特区，持任何信仰的商人都可在这个特区内定居、发展。当约瑟夫二世于公元 18 世纪 80 年代颁布《宽容敕令》（Edicts of Toleration）后，犹太人和其他种族群体的安全便有了保障。[30]的里雅斯特城堡下山坡上的逼仄隔都在 1785 年被废弃。一位名叫埃利亚·莫普尔戈（Elia Morpurgo）的犹太作家——他也是丝绸生产商——称赞玛丽亚·特蕾西亚为《箴言》（*Book of Proverbs*）中所描述的“女勇士”，因为她使她的臣民能够享受商业繁荣带来的红利：“港口开放，道路缩短，既方便又快捷，在海上飘扬的旗帜受人尊重，也变得安全。”在的里雅斯特能够看到的其他宗教群体包括亚美尼亚派、希腊东正教派、路德派、加尔文派、塞尔维亚东正教派等。每个群体都被组织为一个“族群团体”（*nazione*），在承认更多定居者——他们应当在经济上有利用价值，而非流浪者——之前，每个族群团体都被寄予希望去关注城市福祉。宗教标签背后是很多种族群体，不仅有附近的斯洛文尼亚人和克罗地亚人，还有德国人、荷兰人、英格兰人、阿尔巴尼亚人以及土耳其移民或访客；这里是各种语言的杂糅地（*guazzabuglia*），不过在公共生活中占主导地位的是意大利语和德语。[31]

伊塔洛·斯韦沃①的城市因其犹太人社区而格外著名，该社区在公元19世纪30年代较好地融入当地社会，但它还保留着自己的学校和机构。事实上，拉比们开始对各项宗教习俗的标准化感到万分担忧，无论是打破安息日规制，还是对犹太饮 560
食戒律的漠视态度。[32]犹太人口也有大幅增长，从1735年的100多人——当时城镇总人口还不到4000——上涨到1818年的2400人，这时的里雅斯特居民数量已增长到超过3.3万人。由于比哈布斯堡王朝治下其他地区条件宽松，的里雅斯特的犹太人在城市经济发展中发挥了重要作用。无论是理论还是实践都留下了他们的印迹——博拉菲欧（G. V. Bolaffio）撰写了一本论述货币兑换的著作，塞缪尔·维塔尔（Samuel Vital）撰写了有关保险业的著作，在之后几十年的里雅斯特犹太人在簿记、经济和商业法的研究方面都取得了杰出成就。犹太人也积极参与股票交易所（Borsa）的活动，并参与了奥地利劳埃德公司的创立：创立者包括犹太人罗德里戈·达·科斯塔（Rodrigues da Costa）和科恩（Kohen），希腊人阿坡斯托布鲁（Apostopoulo），斯拉夫人乌切提克（Vučetić），莱茵兰人布鲁克（Bruck）和利古里亚人萨尔托利奥（Sartorio），其中最后两位深得王室赏识，以至于获得贵族头衔。[33]民族融合还为文化发展提供动力。到19世纪末，的里雅斯特以其文学咖啡馆著称

① 伊塔洛·斯韦洛（Italo Svevo）是意大利犹太小说家埃托雷·施米茨（Ettore Schmitz）的笔名，他出生于的里雅斯特，是20世纪最出色的小说家之一，代表作为《季诺的意识》。——编者注

于世，它始于建于 1837 年的“镜子咖啡屋”（Caffé degli Specchi）。19 世纪末的文化和政治生活的核心问题是：的里雅斯特到底属于意大利还是奥地利，这与城市中斯洛文尼亚人自我意识日益增强的现状格格不入。[34]

在维也纳——另一座各民族试图在不同程度的紧张状态下共存的城市——看来，的里雅斯特似乎是通向东方的一座理想桥梁。在公元 1830 年之后的三十年中，当地的商业通过港口逐步扩张：进口额翻了一番有余，与此同时，轮船数量开始增加，而帆船数量日渐减少，这表明轮船渐渐商业化。1852 年，接近 80% 的商品通过帆船运输，但到 1857 年仅有三分之二的商品由帆船运输。的里雅斯特的主要贸易伙伴是奥斯曼帝国，对其的出口量在 19 世纪 60 年代占总出口量的三分之一左右，但美国、巴西、埃及、英国、希腊都与的里雅斯特保持经常性往来；的里雅斯特的船舶总量在亚历山大港的贸易中排在继英法之后的第三，土耳其和意大利位列第四和第五，其在 19 世纪末仍然没有衰落。它经营的商品范围也令人印象深刻，尽管大部分只运往维也纳和哈布斯堡帝国的心脏地带，这些商品有
561 咖啡、茶叶、可可、大量胡椒、水稻以及棉花等。[35]从运河开通那年到 1899 年，商品运输量几乎增长了四倍。[36]

的里雅斯特和奥地利劳埃德公司的历史揭示了那些试图在公元 19 世纪的地中海利用新条件之人面临的机会和挫折。地中海航行局面已经今非昔比：伟大的海现在已成为通往印度洋的通道，这使它提供了与旧时代完全不同的通行体验；随着邮件网络的发展，各种信息来往于各方；此时的和平与安全程度远胜于罗马帝国全盛期以后的任何时期。然而，统治地中海的既非奥地利，也非土耳其，亦非法国，而是大英帝国。

注 释

1. Cf. E. Said's tendentious *Orientalism* (London, 1978).
2. Z. Karabell, *Parting the Desert: the Creation of the Suez Canal* (London, 2003), pp. 147, 183.
3. Ibid., pp. 28–37; J. Marlowe, *The Making of the Suez Canal* (London, 1964), pp. 44–5.
4. Marlowe, *Making of the Suez Canal*, pp. 1–3.
5. Karabell, *Parting the Desert*, pp. 56–7; Lord Kinross, *Between Two Seas: the Creation of the Suez Canal* (London, 1968), pp. 20–30.
6. Kinross, *Between Two Seas*, pp. 32–3; R. Coons, *Steamships, Statesmen, and Bureaucrats: Austrian Policy towards the Steam Navigation Company of the Austrian Lloyd 1836–1848* (Wiesbaden, 1975), pp. 148–61.
7. Karabell, *Parting the Desert*, pp. 131–2; Kinross, *Between Two Seas*, pp. 98–9.
8. Karabell, *Parting the Desert*, p. 183.
9. Ibid., pp. 208–11; Kinross, *Between Two Seas*, pp. 222–5.
10. Marlowe, *Making of the Suez Canal*, pp. 227, 231.
11. Karabell, *Parting the Desert*, p. 254; Kinross, *Between Two Seas*, p. 246.
12. Kinross, *Between Two Seas*, p. 253.
13. G. Lo Giudice, *L'Austria, Trieste ed il Canale di Suez* (2nd edn of *Trieste, l'Austria ed il Canale di Suez*, Catania, 1979) (Catania, 1981), pp. 163–7, 180–81; Kinross, *Between Two Seas*, p. 287; Karabell, *Parting the Desert*, p. 269.
14. Lo Giudice, *Austria, Trieste*, p. 180, table 20; p. 181, graph 7; Board of Trade report cited in Marlowe, *Making of the Suez Canal*, p. 260.
15. Karabell, *Parting the Desert*, p. 260; Kinross, *Between Two Seas*, p. 287.
16. Marlowe, *Making of the Suez Canal*, pp. 255–75; Karabell, *Parting the Desert*, pp. 262–5; R. Blake, *Disraeli* (London, 1966), pp. 581–7.
17. Marlowe, *Making of the Suez Canal*, pp. 255–75, 313–20; Kinross, *Between Two Seas*, pp. 293–309, 313–14; Karabell, *Parting the Desert*, pp. 262–5.
18. Cited in Coons, *Steamships, Statesmen*, p. 55: 'Dämpschiffe warden und können niemals Frachtschiffe seyn'.
19. Ibid., pp. 26–7, 35, 63.
20. Ibid., p. 61.
21. L. Sondhaus, *The Habsburg Empire and the Sea: Austrian Naval Policy 1797–1866* (West Lafayette, IN, 1989), p. 95.
22. Cited by Coons, *Steamships, Statesmen*, p. 63.
23. U. Cova, *Commercio e navigazione a Trieste e nella monarchia asburgica da Maria Teresa al 1915* (Civiltà del Risorgimento, vol. 45, Udine, 1992), p. 171,

n. 13; Coons, *Steamships, Statesmen*, pp. 129–32.

24. Sondhaus, *Habsburg Empire and the Sea*, pp. 5–7, 13, 36.
25. Ibid., pp. 184–7, 209–13.
26. Ibid., pp. 252–9, 273 (battle diagram).
27. Ibid., pp. 36–8, 129, 151, 178–9, 259; L. Sondhaus, *The Naval Policy of Austria-Hungary, 1867–1918* (West Lafayette, IN, 1994), pp. 6–7.
28. Cited in Coons, *Steamships, Statesmen*, p. 3; see also Lo Giudice, *Austria, Trieste*, p. 221.
29. Cova, *Commercio e navigazione*, pp. 10, 28–9, 74–5; Sondhaus, *Habsburg Empire and the Sea*, pp. 2–3, 12–13.
30. L. Dubin, *The Port Jews of Habsburg Trieste: Absolutist Politics and Enlightenment Culture* (Stanford, CA, 1999), pp. 44–5.
31. Ibid., pp. 3–4, 10–17, 43.
32. Ibid., pp. 164–73.
33. Ibid., p. 32; Coons, *Steamships, Statesmen*, p. 9; Cova, *Commercio e navigazione*, p. 153.
34. C. Russell, 'Italo Svevo's Trieste', *Italica*, vol. 52 (1975), pp. 3–36; A. J. P. Taylor, *The Habsburg Monarchy 1809–1918: a History of the Austrian Empire and Austria-Hungary* (London, 1948), pp. 201–3.
35. Lo Giudice, *Austria, Trieste*, pp. 135, 137, 142, 145–6, tables 8, 9, 10, 14, 16.
36. Ibid., pp. 205–6, table 29 and graph 13.

二　希腊人与非希腊人（1830～1920年）

1

第五地中海的一个重要特征是第一地中海的发现与第二地 562
中海的重新发现。希腊世界逐渐囊括了荷马所描述的青铜时代（Bronze Age）驾驶战车的英雄们，罗马世界也被人们发现它植根于鲜为人知的伊特鲁里亚人文化之上。因此，在公元19世纪和20世纪初，关于地中海历史的全新观念开始呈现。早期线索是对古埃及兴趣的增长所给予的——这点在前面的章节已有论述——尽管这也与传统的圣经研究密切相关。在18世纪，大旅行（Grand Tour）将富有的旅行家从北欧吸引到罗马和西西里的古典遗址，英国绅士们将此视为除牛津、剑桥——在牛津和剑桥，相比古代实物，那些集中精力于研究之人更愿意沉溺在古代典籍之中——之外另一值得消遣之地。[1] 另外，由于德国艺术史学者温克尔曼（Winckelmann）开始对希腊艺术形式倾注爱意，辩称希腊人将他们自己献身于美（罗马人不曾做到这点），对古代艺术品的美学鉴赏在18世纪末重获生机。他的《古代艺术史》（*History of Art in Antiquity*）于1764年以德文出版，不久又推出法文版，影响力巨大。

随后几十年，庞贝和赫库兰尼姆被发掘出来——被纳尔逊戴了绿帽子的威廉·汉密尔顿爵士（Sir William Hamilton）就积极参与其中。之后对伊特鲁里亚的发掘又进一步增强了北部

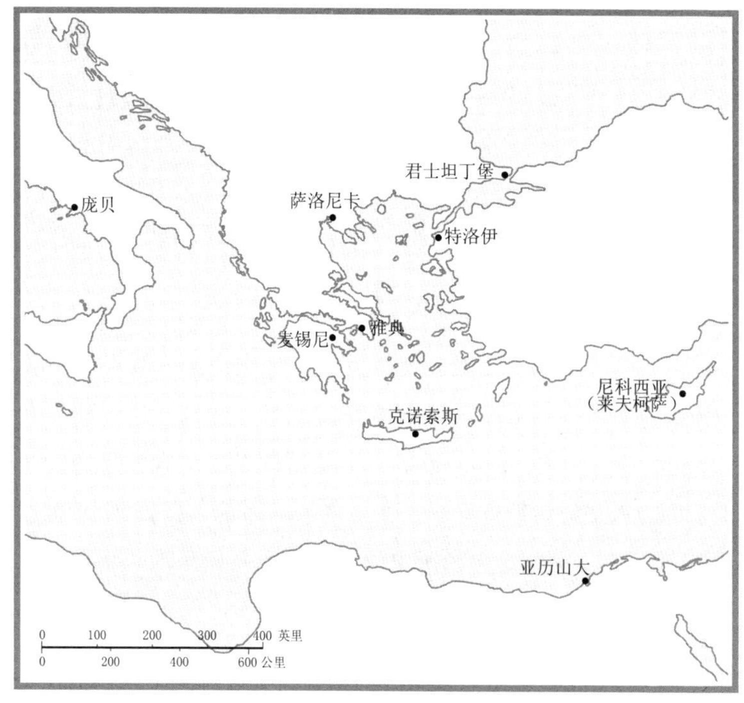

欧洲人对古代艺术的兴趣，它为室内设计师提供了丰富的模型，为收藏家提供了大量劫掠品。当伊特鲁里亚的墓穴被开启
563 时，“伊特鲁里亚花瓶”，几乎都是真正的希腊制品，被装船运出意大利。在希腊，在挖掘和运出发掘物之前，要买通奥斯曼官员。最著名的实例是，在公元 19 世纪初，帕特农神庙（Parthenon）的那些大理石制品被其他文物劫掠者运往欧洲北部的一些博物馆：帕加马的祭坛被运往柏林，迈锡尼王阿特柔斯宝藏中的面具被运往大英博物馆，等等。存世的大量裸体男女雕像唤起美学想象和情欲思想，这不足为奇。徜徉于英国、法国、德国的大型博物馆中，就有机会看到地中海的古代遗址，这些博物馆内的古代藏品充斥着温克尔曼的原则：要理解

古典艺术，最重要的就是欣赏它的美。[2] 地中海世界也通过英
国艺术家劳伦斯·阿尔玛－塔德玛（Lawrence Alma-Tadema）
和沃特豪斯（J. W. Waterhouse）等人的重构古典时期历史的绘
画作品而进入欧洲北部。阿尔玛－塔德玛画作中几乎照相般的 564
细节呈现让他格外受欢迎，毫无疑问，他将年轻的裸体女子画
在画布上也让他声名大噪。[3]

人们通常不认为驻足于古希腊土壤是一件重要的事。特洛伊的传说是关于本不存在的诸神和英雄的神话，但当希腊人摆脱奥斯曼统治时，有关希腊和希腊人的浪漫主义臆断便获得了力量。最著名的浪漫主义例子便是拜伦勋爵（Lord Byron），公元 1824 年他在希腊抗击土耳其人时死于热病。早在十多年前，他就完全投身古典历史，当时他进行了覆盖地中海北部许多地区，如意大利、阿尔巴尼亚、希腊的大旅行。但很难认定他对希腊的兴趣是被对古典历史的深刻依恋，而不是对自由的浪漫主义信念所激发。事实上，英国人对希腊的态度一点儿都不浪漫。1848～1850 年，支持希腊独立运动的帕默斯顿勋爵因希腊政府没有对直布罗陀犹太人唐·帕西菲柯（Don Pacifico）——他的财产遭到骚乱暴徒的侵害——进行赔偿，一度对希腊政府大发雷霆。英国皇家海军封锁了雅典，直到希腊人向盛怒的法国人、俄罗斯人——他们和大不列颠一道充当了希腊独立的保证人——做出让步。但帕默斯顿深知，对古典学成就之诉求，在阻碍着而不是有利于希腊人的行为举止：

> 就像古罗马人一样——只要他说我是罗马公民（*civis Romanus sum*），就能使自己免遭羞辱——不列颠臣民不论身

> 在何处，都能信心满满地感受到，英格兰警惕的目光和强大的武力会保证他免受不公正的待遇。

古希腊的某种精神可以概括为坚持着希腊人对自由的热爱，但在 19 世纪初的希腊已难以见到伯里克利和柏拉图的后代。如果某人想见识真正的罗马人，那他只好转而去见英国人。

2

一小部分人在理论上确实相信特洛伊的传说。正如所见到的，爱琴海文明的发现始于海因里希·施里曼对于特洛伊故事
565 的迷恋，他于 1868 年首次来到特洛伊，五年后，他发掘了他所声称的“普里阿摩斯宝藏”。在地层学和年代测定法尚不发达的时代，施里曼凭直觉识别他所发现的一切。在经过伊萨卡时，他从地下挖出了一堆古代瓮罐；问题不在于它们是不是奥德修斯家族的瓮罐，而在于瓮罐中的骨灰到底属于哪位成员。[4] 公元 1876 年，他已在迈锡尼进行发掘，此处比特洛伊更易识别，因为历经千年的狮子门仍可依稀辨别。可以预期的是，他发现了阿伽门农及其家族的墓穴。相比他的考古发现的政治寓意，他对证明荷马的存在更感兴趣，但种族主义者很快便开始利用他的发现，认为最初的希腊文明，即欧洲高级文明的创立者是金发碧眼的雅利安人。[5] 尽管学术界花了很长一段时间（八十年）才让人相信，迈锡尼人与后来的希腊人关系密切，甚至使用早期形式的希腊语。此时，这些争论才转向发掘者在希腊和克里特找寻到古怪铭文：重要的是，正是这种微小的象形文字，恰好适合近视的阿瑟·埃文斯爵士，将他吸引到克里特，引导他去发掘和重构（同等重要的）他所谓的“克诺索

斯的米诺斯宫殿”。

埃文斯在克里特的事业在公元 19 世纪末 20 世纪初克里特政治和社会变化的背景下能够得到更好的理解。到 1900 年时，约 30% 的克里特人是穆斯林，他们大多数讲希腊语并且是希腊人后裔。这些穆斯林中包括大地主和相当比例的商人，穆斯林人口集中于城镇，而传统上基督徒多分散在乡村。[6]大陆上的希腊人赢得的独立使信仰基督教的克里特人燃起希望，他们认为自己能够进入新的王国。他们的目标是“统一”（*enôsis*）；随之而来的是 1821 年希腊反抗奥斯曼人的起义，起义持续了九年时间，混乱不堪的局面则在克里特岛持续了整整一个世纪。希腊历史学家们注意到了土耳其人的残酷报复，尽管双方的手都不干净——在 19 世纪末，克里特东部的穆斯林惨遭蹂躏。欧洲列强意识到不能简单地将克里特纳入希腊王国；经土耳其人同意，克里特被委托给穆罕默德·阿里，从 1830
年起，该岛由埃及统治十年。之后一个希腊人委员会将克里 566
特委托给英国，后者却无意统治克里特，或者说无意推翻东地中海的秩序。[7] 奥斯曼人清楚地意识到妥协的必要性，从 1868 年起允许克里特人享有更大的自治权，尽管这并未使统一运动的倡导者感到满意，到 1897 年时，这些倡导者正从遥远的斯堪的纳维亚、英国和俄国招募志愿者来为他们的事业而战。

公元 1898 年，饱受战争创伤的小岛最终被允许在高级专员希腊乔治亲王的管理下获得完全自治，同时它还成为法国、意大利和英国的保护对象，但君士坦丁堡的苏丹仍旧是名义上的君主，因为他并不想放弃自己的土地，尤其在受益人主要是希腊基督徒时更不愿如此。代表两大社群的岛屿政府试图全力促进经济发展，但许多穆斯林在和平到来前就离开了克里特，许多人在内战尚在进行时也逃走了。要知道，恢复经济的过程也包括重构克里特人的身份认同感。1898 年，阿瑟·埃文斯需要大量人手来帮助他发掘克诺索斯，在首批发掘行动中，克里特政府热心地通过一系列法律，以鼓励外国考古项目，甚至允许艺术品的出口。[8] 克里特人将此视为一场公关行动，一个通过在列强保护国的博物馆中展现其历史，从而将克里特的现状公之于世的机会。

这是一个追求和平的岛屿，当发掘者们将克诺索斯展现在世人眼前时，埃文斯想象出了一个和平的克里特形象，用来解释那些令人费解的遗迹。埃文斯的克里特是由某个他假定其名字为米诺斯的人统治的王国。他的解释表明他对克里特的未来与克里特历史的设定有着同样真挚的祝愿。他将米诺斯王国时期的克里特视为一个高贵的、崇尚自然的母系社会，在这样的社会中，即使是国王的男性朝臣也变得女性化：追求时尚的廷臣们如宫廷妇女那般，乐意在他所发现的宽敞“舞池”中恣意旋转。他让他的工人们为他舞蹈，以图恢复米诺斯时代克里特的魔力。[9]利用米诺斯壁画的残片，爱好和平的王公和喋喋不休的宫廷妇女的形象被重新塑造出来。在克诺索斯重建的宫殿——它在很大程度上归功于他丰富的想象力——是现代主义
567 的和平殿堂。

3

塞浦路斯的历史在很多方面都是克里特的写照，它是另一座让土耳其人感到压力越来越大的岛屿，尽管它的穆斯林人口比例更低一些。在这里，希腊内陆的事件有着巨大影响力：从

公元 1821 年起，希腊人的塞浦路斯变得桀骜不驯，于是土耳其人总督禁止非穆斯林持有武器。19 世纪 30 年代，多达 2.5 万名塞浦路斯人离开该岛前去希腊，意在取得希腊公民权后再返回海岛，成为希腊国王的臣民，这使他们获得了充当希腊独立担保人的英国、俄国、法国领事的保护，这激怒了奥斯曼当局。[10]即便如此，塞浦路斯东正教多数群体具有“希腊人”主体观念这一认识也不应被夸大：与希腊祖国实现统一的概念更多产生于希腊，而非塞浦路斯；在塞浦路斯，其内部各族的社会关系在很长一段时间内是相当和平的。英国驻塞浦路斯领事馆与土耳其当局合作，以确保倡导希腊统一的势力能受到控制：1854 年，英国副领事向总督通告了有关宣传“谋反”的小册子的消息，它被认为出自尼科西亚的希腊高等学校校长之手。副领事与总督之间的密切关系还见于 1864 年总督邀请副领事参加他儿子割礼仪式的邀请函：“我诚挚地邀请您全程参加庆典，庆典将从周一一直持续到周四，请您在这四天享用晚餐。”[11]鉴于塞浦路斯地处安纳托利亚、叙利亚和埃及之间，它的价值主要是战略性的。它的一些基本农产品略有剩余，如大麦出口叙利亚，角豆可出口亚历山大，但生活水平不高——引用一位 18 世纪晚期的到访者的话——“进口微不足道，因为塞浦路斯只进口刚好可满足其少量居民所需的产品”，即一些精细纺织品、锡、铁、胡椒和染料等[12]。到 19 世纪后期，染料被用于当地的工业：英格兰的白色棉布通过贝鲁特输入，并在当地作坊进行染色，丝织业也蓬勃发展。但塞浦路斯仅仅是东地中海局部网络的一部分，其国际联系相当有限。[13]然而，随着人们对古代遗物兴趣的增强，一种新型的大宗违法贸易开 568
始在塞浦路斯兴起。从 1865 年到 1875 年，美国领事路易·帕尔马·迪·塞斯诺拉（Louis Palma di Cesnola）将军是所谓的“我的财富”的最辛勤搜集者；他在气势恢宏的库里翁（Kourion）遗址劫掠的大部分古物进入了纽约的大都会博物馆（Metropolitan Museum）。[14]

当英国人迫使苏丹在公元1878年将塞浦路斯岛的行政权交给大不列颠时，奥斯曼政权在东地中海的衰弱显露无遗。苏丹阿卜杜勒哈米德二世（Abdülhamid Ⅱ）知道，如果他想要牵制俄国，就需要获得英国人的支持，因为俄国人仍希望能一直出现在地中海上，这只有在他们保有博斯普鲁斯海峡和达达尼尔海峡自由通行权的情况下才能实现。当对亚美尼亚人和其他反对土耳其当局的人进行大屠杀的消息传到大不列颠时，英国对奥斯曼人的支持开始减弱；英国对独立王国疆域外的希腊人生活状况的同情依旧十分强烈。[15]所以，塞浦路斯被视为维系持续性友谊的首付款。依照典型的奥斯曼作风，“高门”仍旧对海岛享有名义上的主权，英国人则被期望将他们从对塞浦路斯的管理中得到的所有收益汇给君士坦丁堡（直到英国和土耳其在第一次世界大战期间针锋相对时，塞浦路斯才被大不列颠吞并，且直到1925年它才成为英国王室的殖民地）。大不列颠对塞浦路斯的兴趣纯粹是战略性的，随着英国人获得了苏伊士运河的大部分股份，而且随着大不列颠于1882年在埃及确立统治地位，其股价也得以提升。对塞浦路斯的占领，使英国控制了自直布罗陀海峡经马耳他到黎凡特一线的所有海运基地；但与此同时，英国人也获得了一口“大锅”，在锅中，持两种不同信仰的塞浦路斯人之间的仇视非但没有缓和，反而因身处第三方势力的统治下而激化：希腊族的岛民越来越强调海岛的归宿是并入希腊，而土耳其族岛民则担心在克里特土耳其

人身上发生的恶性事情将再度降临塞浦路斯。到 20 世纪初，
塞浦路斯的土耳其族人群紧紧追随奥斯曼帝国的青年土耳其党
改革运动，而且一种民族认同意识开始发展，该意识因与希腊
民族主义的对峙而进一步加强。[16]奥斯曼帝国的衰败伴随着日 569
益强烈的民族认同意识，这将会产生一种危险，即把一个曾经
使不同种族和宗教群体在某种程度上和谐共存的社会撕成
两半。

4

民族认同意识在各族群和宗教群体本来呈分散和混居状态的奥斯曼土地上发展。毫不奇怪的是，民族成分和宗教成分最为混乱的地区是地中海周边的港口城市，如萨洛尼卡、亚历山大和士麦那。尤其是萨洛尼卡，它成为土耳其人、斯拉夫人、希腊人斗争的战场，尽管在 1912 年时犹太人是该城的最大的单一群体，该城的犹太码头工人数量极其庞大，以至于这里的港口在每周六都会关闭。[17]正如马克·马佐韦尔（Mark Mazower）所观察到的，该城通行四种文字、四种日历，因此，“今天中午是几点？”这个问题有多种答案。[18]城市大部分地区的主体语言是犹太－西班牙语，它是 1492 年后由塞法迪犹太人流亡者带来的。犹太会堂的名称仍旧让人回想起住在萨洛尼卡的各支犹太人的发源地：这里有加泰罗尼亚人的会堂，有“萨拉戈萨”（其实是西西里的叙拉古）会堂，还有个会堂别称为“马卡隆”（Macarron），因为阿普利亚的犹太人后裔常常出入此地，据信他们和意大利人一样喜欢通心粉。[19]

但是，将萨洛尼卡浪漫化却是错误之举。1911 年，拉迪

诺的报纸《工人团结报》(*La Solidad Ovradera*)就表达了这样一种观点：

> 萨洛尼卡不是一座城市。它是若干小村庄的集成。犹太人、土耳其人、东马派犹太人（追随沙贝塔伊·泽维的犹太人）、希腊人、保加利亚人、西方人、吉普赛人——在今天，这类团体中的每个都能称为“民族”——彼此远离，就好像害怕传染病一样。[20]

不可否认，一家以“工人团结报”来命名的报纸可能无法提供关于各族群之间关系的最客观观点，因为它希望超越民族情感，创建一个无产阶级的同一化社区。犹太人、土耳其人以及其他族群之间的日常友好交流可从莱昂·夏基（Leon Sciaky）对 19 世纪末在萨洛尼卡的童年时光的描述中获悉；在这里，
570 一个富足的犹太家庭与一些保加利亚农民关系密切，这些农民给夏基的父亲供应谷物，以使他从事市场交易，而在城市的街道上，小夏基受到许多穆斯林和基督徒邻居的善待，他们往往乐于在其他社区成员遭难时伸出援手。[21]

相较于在阿什肯纳兹犹太人居住的东欧所实践的通常比较严格的犹太教义，塞法迪犹太人对周边文化总是更加开放；当西欧在奥斯曼世界的影响更加强烈时，犹太精英的举止和语言正日益西化。塞法迪犹太人的族群认同意识具有矛盾性。理想的状态是，塞法迪犹太人应该将西方的温文尔雅与东方的异域风情稍加融合，英国的迪斯雷利也持该观点。即便还是个孩子，莱昂·夏基都穿西式服装，这是其家庭社会经济地位和文化趣旨的明显标志，而萨洛尼卡最富有的犹太家族阿拉提尼

(Allatini) 则用东西方最精致的家具来装饰自己的房舍。[22]从公元 1873 年起，借助“全球以色列人同盟”（Alliance Israélite Universelle，AIU）建立的诸多新学校，法语开始大规模渗入萨洛尼卡的犹太人中间，并取代了拉迪诺语——一些人将它视为下等人的语言［在亚历山大的犹太精英中，法语也成为流行语，甚至是礼节性语言（*de rigueur*）］。到 1912 年，AIU 拥有四千多名学生，占该城犹太学校学生的半数以上。[23]萨洛尼卡人和亚历山大人根本不担心他们正日益屈从于法国的文化帝国主义；不仅是犹太人，就连奥斯曼境内所有富裕城市的居民都将讲法语视为与众不同的标记。

在土耳其人还统治着萨洛尼卡时，他们就知道，尽管土耳其人只是少数，但他们掌控着局面。夏基报道了公元 1876 年的骚乱是如何爆发的：那时一位保加利亚父亲请求外国领事阻止他女儿和一个土耳其人的婚礼；法国领事和德国领事犯了致命的错误——他们怒气冲冲地进入清真寺，且动用私刑。[24]不同社区内的不安局面到 1900 年变得更加严重。希腊人被教育普及所排斥：他们的孩子现在在专门的学校中接受本民族语言的教育，他们向南方看去，关注着他们的同胞正生活在独立的希腊王国内。斯拉夫人也变得很难驯服。19 世纪 90 年代，激进的马其顿斯拉夫人——他们使用 571
保加利亚语的一种方言——自行组成马其顿内部革命组织（Internal Macedonian Revolutionary Organization，IMRO），欲在萨洛尼卡与斯科普里之间的所有奥斯曼行省进行自治，但他们将萨洛尼卡视为理所当然的首都，他们还打算让这些地区认同保加利亚文化。这是萨洛尼卡的希腊人所无法容忍的，他们利用自己获得的 IMRO 行动信息向土耳其人示好。[25]不久之后，

IMRO 认定采取激烈行动的时候到了。1903 年 1 月，IMRO 的代理人得到了奥斯曼银行对面的一间小杂货铺，该杂货铺由一位沉默的保加利亚人经营，他似乎并不愿意出售他所陈列的不多的货物。但是，到夜里，这个杂货铺恢复了生气。一支 IMRO 小队在地下挖好坑道后，将地雷安装在奥斯曼银行的宏伟建筑下。掘地道的人堵住了横在通道前的一处市政下水道，附近的科伦坡旅店抱怨说排水系统坏掉了，这些人因此差一点儿就被逮捕。4 月 28 日，他们引爆了地雷，炸毁了银行和临近的几幢大楼。[26]

当青年土耳其党宣布成立并将启动政治改革时，萨洛尼卡感受到了土耳其政府内部变化所产生的强烈动荡。地中海的政治困境正在剥夺萨洛尼卡的生计：在意大利人于 1911 年入侵的黎波里塔尼亚（Tripolitania）后，意大利商品遭到联合抵制；又因为奥地利控制了波斯尼亚，萨洛尼卡与的里雅斯特的贸易也遭到抵制。富有的阿拉提尼家庭已经挣得盆满钵满，于是就撤离了萨洛尼卡回到意大利。奥斯曼政权的崩溃速度比之前更快，因此当希腊人于 1912 年开始向萨洛尼卡进军并称此举是为了祖国时，也就没什么好惊讶的了。不幸的是，保加利亚军队也来了，并且不愿离开；当劝说他们离开时，希腊军队和保加利亚军队在城外爆发了小规模冲突。希腊人占领了萨洛尼卡，但保加利亚的威胁却实实在在，城市失去了富饶的内陆地区，那里曾经是莱昂·夏基的父亲收购谷物的地方。1913 年，除了 4 万名东正教基督徒，该城也是约 4.6 万名穆斯林和 6.1 万名犹太人的家园，但希腊的激进分子却想使后两者感到自己是不受欢迎的人。[27]他们的墓地被亵渎，商店遭洗劫。首相韦尼泽洛斯（Venizelos）——克里特人革命的英雄——坚信

希腊应该是东正教希腊人聚居的希腊的理念。剩下的犹太人怎 572
么办，这一问题还不清楚，因为韦尼泽洛斯对他们并不信任。1917 年 8 月，一场大火摧毁了城市的大片居民区，让犹太人和穆斯林街区化为灰烬。这场大火和犹太人、穆斯林的逐渐外迁，为希腊当局重建萨洛尼卡，使它成为一座希腊居民聚居的希腊城市提供了契机。至此，目标清晰可见：萨洛尼卡将再度成为圣德米特里守护的基督教城市。萨洛尼卡将以塞萨洛尼基的身份获得重生。

注 释

1. J. Black, *The British Abroad: the Grand Tour in the Eighteenth Century* (Stroud, 1992).
2. R. Jenkyns, *The Victorians and Ancient Greece* (Oxford, 1980), pp. 133–9.
3. Ibid., pp. 313–15, 318–24; C. Wood, *Olympian Dreamers: Victorian Classical Painters 1860–1914* (London, 1983), pp. 106–30; *J. W. Waterhouse: the Modern Pre-Raphaelite* (Royal Academy of Arts, London, 2009).
4. C. Gere, *Knossos and the Prophets of Modernism* (Chicago, IL, 2009), p. 20.
5. Ibid., pp. 38–44.
6. T. Detorakis, *History of Crete* (Iraklion, 1994), pp. 368–72.
7. Ibid., pp. 295–6, 320–26, 349 (very biased).
8. Gere, *Knossos*, p. 73.
9. Ibid., pp. 67, 82–5.
10. A. Gazioğlu, *The Turks in Cyprus: a Province of the Ottoman Empire (1571–1878)* (London and Nicosia, 1990), pp. 220, 242–8.
11. Ibid., pp. 216–17.
12. Giovanni Mariti (1769), cited ibid., p. 155.
13. Archduke Louis Salvator of Austria, ibid., pp. 164–5.
14. Ibid., pp. 225–34.
15. R. Rhodes James, *Gallipoli* (2nd edn, London, 2004), p. 4.
16. A. Nevzat, *Nationalism amongst the Turks of Cyprus: the First Wave* (Acta Universitatis Ouluensis, Humaniora, Oulu, 2005).

17. M. Mazower, *Salonica, City of Ghosts: Christians, Muslims and Jews 1430–1950* (London, 2004), p. 6.
18. Ibid., p. 194.
19. Ibid., p. 242.
20. Ibid., p. 253.
21. L. Sciaky, *Farewell to Ottoman Salonica* (Istanbul, 2000), p. 37 (another edition, as *Farewell to Salonica: a City at the Crossroads*, London, 2007).
22. R. Patai, *Vanished Worlds of Jewry* (London, 1981), pp. 90–91; Mazower, *Salonica*, p. 237.
23. Mazower, *Salonica*, p. 234; also Sciaky, *Farewell to Ottoman Salonica*, pp. 92–3.
24. Sciaky, *Farewell to Ottoman Salonica*, p. 37.
25. Mazower, *Salonica*, pp. 264–5; Sciaky, *Farewell to Ottoman Salonica*, pp. 73–4.
26. Mazower, *Salonica*, pp. 266–8; Sciaky, *Farewell to Ottoman Salonica*, pp. 75–81.
27. Mazower, *Salonica*, p. 303.

三　奥斯曼退出地中海（1900～1918年）

1

地中海的历史已经被分成相互联系的各个阶段，并被呈现 573
于本书中，在这些阶段中，地中海或多或少地融为单一经济区乃至政治区。随着第五地中海的到来，该进程的所有特点都发生了改变。地中海成为交通大动脉，商品、军舰、移民以及其他旅客都从大西洋经地中海到达印度洋。地中海周边陆地生产力的下降，以及巨额贸易的开启——比如来自加拿大的谷物、美国的烟草，使商人对地中海的兴趣逐渐下降。就连在埃及获得重振的棉花贸易都面临印度和美国南部的竞争。从热那亚出发的航线穿过西地中海，进入大西洋，将成千上万的移民带往新世界；1900年前后，这些移民在纽约、芝加哥、布宜诺斯艾利斯、圣保罗以及美洲其他一些蓬勃发展的城市内定居下来。意大利移民主要是南方人，因为南部村庄的生活水平没有得到提升——米兰和其他北方城市正在获得改善。

另外，法国人可以在地中海区域内找到创造新生活的机会：阿尔及利亚成为法国移民的首选，因为他们的目标就是在北非沿岸建立一个新法国，并在广大内陆地区依旧维持殖民统治。该政策的两个明证是，将阿尔及尔的大部分地区重建为一座欧洲城市，以及在公元1870年将3.5万名阿尔及利亚
犹太人统一纳为法国公民。阿尔及利亚犹太人被认为是“文明 574

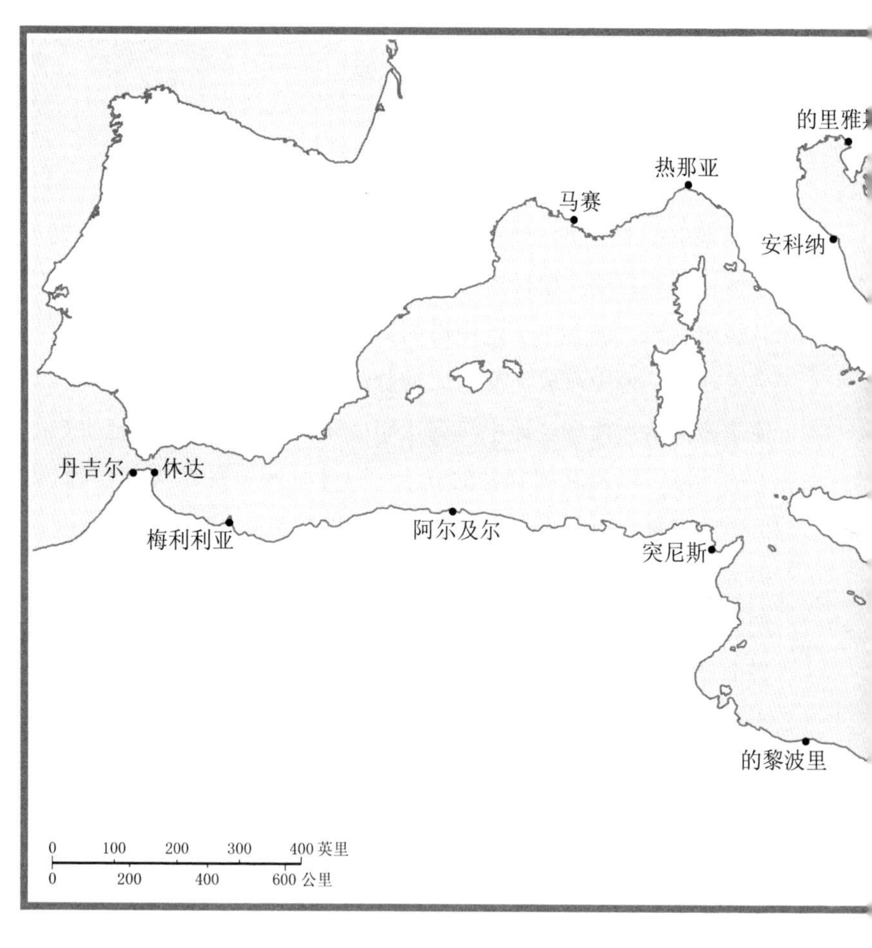
的里雅
热那亚
马赛
安科纳
丹吉尔
休达
梅利利亚
阿尔及尔
突尼斯
的黎波里
0 100 200 300 400 英里
0 200 400 600 公里

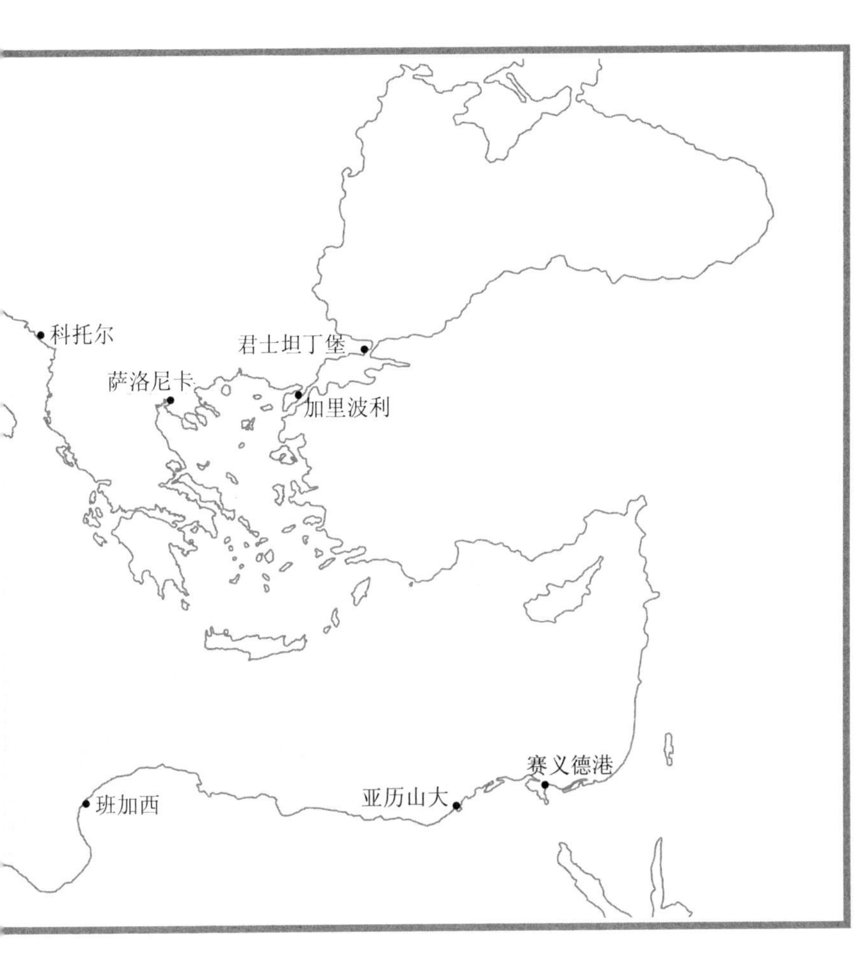
科托尔
君士坦丁堡
萨洛尼卡
加里波利
赛义德港
亚历山大
班加西

开化的”（*évolué*），因为他们早已抓住法国统治者提供的机遇，在“全球以色列人同盟”的支持下开办现代学校——旨在按照欧洲模式提升犹太人的教育水平，并将自己改造为新的专业阶级。[1]从19世纪80年代起，在被法国控制后，突尼斯也吸引着法国殖民者，尽管进程更加缓慢；1900年前后，相比法国殖民者，意大利殖民者对突尼斯有了更大的热情。意大利王国也垂涎北非，因为其政治领导人看到了将他们国家建成堪与法国匹敌的地中海殖民强国的机会。意大利人尚未像20世纪30年代的墨索里尼那样，明确表达地中海是
575 “我们的海”（*Mare Nostrum*），因为很显然，大不列颠统治着海洋，但意大利的公众和民主派确信意大利负有建立帝国的使命。一方面，其道义上的理由是：他们要做的事，与在法属阿尔及利亚发生的事一样，有机会将欧洲文明带给人们眼中的落后民族。另一方面，其政治上的理由是：如果意大利无法展示自己有能力取得伟大的成就，它将在欧洲丧失影响力。更重要的是经济上的理由：意大利的国力仰仗其经济成就，而经济成就的取得只有在它利用好殖民地所提供的原料基础上才可能实现。西班牙只是个弱小的竞争对手，到1904年，它将势力范围扩展到包括得土安在内的摩洛哥沿海地区和休达、梅利利亚内陆腹地。[2]

576 公元19世纪60年代，突尼斯国家财政的崩溃为法国和意大利提供了契机。如果总督及其政府无法履行他们的义务，大量法国债权人就将蒙受损失。此番情形与赛义德和伊斯梅尔治下的埃及没有多大的不同。一个国际金融委员会成立了，法国人的目标是控制该委员会。意大利政府对此不悦：意大利人深涉突尼斯经济，大批意大利殖民者鼓励意大利控制突尼斯全境

的经济，如烟草的生产和出口、铁路的运营等。但到 1883 年，法国已经稳占主导地位，总督同意法国在突尼斯建立保护领地。[3] 意大利政府被迫另辟蹊径，它很快发现身边——在奥斯曼统治的利比亚——存在类似的机会；到 1902 年，意图瓜分地中海的法国和英国同意让意大利按自己意志行事——这是将意大利拉进更广泛的政治同盟以对抗未来敌手的有效方法。可能的敌手迅速出现：德国银行开始投资利比亚以便与罗马银行（Banco di Roma）展开竞争。1911 年，德国人而非意大利人获准在利比亚购买土地。随着罗马与君士坦丁堡之间的关系日益紧张，土耳其人试图用商业特许权安抚意大利人。但这太晚了。意大利人认定，建立一个帝国的使命是其跻身欧洲强国之列计划的一个不可分割的部分。奥斯曼实力的虚弱——尤其是在边远地区——日益明显。1911 年 9 月末，意大利政府对土耳其宣战，到 10 月底，意大利舰队顺利将六万人的军队运抵的黎波里、班加西（Benghazi）和其他主要城镇。这是顺利的一面。然而地方上的抵抗运动风起云涌，随着意大利伤亡率节节攀升，意大利政府同意与君士坦丁堡进行和谈。和之前一样，奥斯曼苏丹不愿意放弃土耳其对昔日臣属之名义上的主权。在意大利人入侵一年后，他承认了意大利对名义上属于奥斯曼的利比亚的统治权。[4] 意大利人无法控制内陆腹地，但正如在阿尔及尔那样，他们决定将他们所控制的地区欧洲化，并开始将的黎波里重建为一座现代化的意大利城市。

于是，到第一次世界大战爆发时，从西部休达到东部赛义德港之线上的城镇都处于西班牙、法国、意大利和英国的 577
统治或保护下。德意志的皇帝于 1905 年访问丹吉尔，并对法国加强其在摩洛哥的影响力提出抗议，但德国并未在摩洛哥获得立足之地，没有获得比在利比亚更多的利益。其实，丹吉尔成了一块飞地，摩洛哥苏丹在此与外国领事分享权力。一个尤为重要的角色是警署总督察，他在苏丹和领事之间起联络作用；他为瑞士出现于地中海提供了一个稀有的例证，因为雇用一些严守中立的人是至关重要的。土耳其人因此丧失了他们在北非残存的权威；德国人并没有获得任何立足之地；奥地利人依旧被局限在的里雅斯特和达尔马提亚海岸，并未参与北非的争夺；英国人控制着直布罗陀海峡和苏伊士运河之间的海路。

2

对于意大利来说，另一个有价值的奖励是罗得岛和多德卡尼斯群岛。岛上居民主要是希腊人，他们试图摆脱奥斯曼的控制。“多德卡尼斯群岛联邦”的前景似乎很美好：该群岛沿商路分布，给当地的希腊人和犹太人带来福祉。意大利人深知群岛的战略价值（它离奥斯曼政权中心太近了），并抓住利比亚与土耳其开战的机会，于 1912 年占领了群岛。意大利想要发展其新殖民地的经济。多德卡尼斯群岛是与利比亚截然不同的计划，或者说，是与意大利梦想在阿比西尼亚（Abyssinia）建立的帝国不同的帝国，意大利人更愿望像对待自己一样对待多德卡尼斯群岛人。[5] 意大利人的征服标志着欧洲列强试图最终瓜分奥斯曼帝国的第一步。当然这不可能是一个协同一致的过程；事实上许多动力来自奥斯曼领土内部，因为即便是传统上忠于君士坦丁堡的阿尔巴尼亚，到 1912 年也成为不满的焦点。第一次世界大战只是加速了奥斯曼行省分崩离析的过程。土耳
578 其坚定地站到德国一方绝非必然。当战云笼罩欧洲时，土耳其

人对与英国人商讨新条约表现出极大的热忱，他们继续视英国人为对抗俄国人从黑海闯入白海之企图的显而易见的盟友；他们也意识到了希腊人外交上的冒险主义——它使希腊国王乔治一直打到萨洛尼卡——对土耳其人的首都始终构成威胁，韦尼泽洛斯的“远大志向”（Megalé Idea）就是让君士坦丁堡取代雅典成为希腊的首都。但在 1914 年 8 月，地中海最显著的特征是各种政治关系的极度不稳定性：英国会与土耳其达成协议吗？或者与俄国？希腊会发生什么情况？情况似乎是，苏丹正被纳入德意志皇帝的网中，但没有任何事情是确定的。1914 年 8 月 10 日，两艘德国军舰获准驶入金角湾，土耳其政府同意，如果它们遭到英国舰艇追击，土耳其炮兵将向英国人开火。与此同时，英国为土耳其舰队建造的造价 750 万英镑的两艘舰艇却被英国皇家海军征用，这引起了土耳其媒体对英国的强烈抗议。[6]

在那些最终转向极端敌视土耳其的人中，有一位是英国时任海军大臣的温斯顿·丘吉尔。首相阿斯奎斯（Asquith）在 8 月 21 日说，丘吉尔是“强硬的反土耳其”派。然而隐藏在他的雄辩背后的是一个特殊而大胆的政策。战胜奥斯曼帝国不仅将确保英国在地中海的利益，还将保障英国在印度洋的利益——在印度洋，波斯正在成为重要的石油生产国，并通过苏伊士运河运输石油。一旦俄国加入了对德战争，达达尼尔海峡就成为一条重要的通道，俄国可经此补充武器装备，出口乌克兰谷物——这对它平衡收支至关重要。[7]1915 年 3 月，因害怕俄德停战，英国政府决定准许俄国控制君士坦丁堡、达达尼尔海峡、色雷斯南部和临近达达尼尔海峡的爱琴海群岛。[8]

丘吉尔积极支持发动战争打通达达尼尔海峡的计划，此举引发了第一次世界大战期间地中海最重要的海上进攻。不同于第二次世界大战，在一战中在地中海上发生的战事相对有限，正如我们将看到的，奥地利舰队并未过多地驶出其决心防守的
579 亚得里亚海。然而，在地中海沿岸发生了几场重要的陆战，尤其是在巴勒斯坦和意大利东北部。土耳其对苏伊士运河构成的军事威胁足以让英国人将自己支持的人选任命为埃及的赫迪夫，以使埃及成为英国的被保护国——从这时起，无论是在埃及还是在塞浦路斯，这些地区仍处于苏丹保护伞之下的神话被遗忘了。[9] 地中海海面仍旧相当平静，尽管水下潜伏着越来越多的潜艇，它们危害帝国海军的能力在大西洋上已得到充分证明。出现这种相对平静局面的部分原因是，英国和德国舰艇需要在北方诸海承担更重要的任务。

备受争议的例外是1915年的加利波利之战。1915年1月，第一海军大臣费舍尔（Fisher）向其同僚杰利科（Jellicoe）勋爵抱怨说：

> 内阁决定单靠海军占领达达尼尔海峡，动用十五艘战舰和三十二艘其他舰艇，并派三艘巡洋舰和一支驱逐舰分队留守那里——这一切都是本土在危急时刻所急需的！现在只有一条出路，那就是放弃！但你说“不！”，这意味着我得接受那些我坚决反对的意见。我不同意采取任何行动。[10]

即便在做出让步时，费舍尔也仍向丘吉尔致电：“我越是考虑到达达尼尔海峡，就越不喜欢它！”[11] 他坚持认为，海军冲突必须在北海解决。加利波利之战以其艰苦卓绝而被后人铭

记，战斗中土耳其人在达达尼尔海峡的欧洲一侧岬角对抗英
国、奥地利和新西兰的军队。原计划是英国舰艇在法国人的
支持下打开通道。当该计划显然行不通时，决定变为用渡船
将5万军士运到穆德洛斯湾（Bay of Mudros，利姆诺斯南侧
的天然港口，临近加利波利半岛）登陆。穆德洛斯湾缺乏皇
家海军所需的港口设施，那里既没有部队所需的足量淡水，
也没有任何地方可供居住。自于2月到达以来，他们就不得
不忍受恼人的冬季环境。[12]1915年3月18日，一支英国海军
对达达尼尔海峡门户之地发动的进攻导致英国损失三艘战列
舰，尽管土耳其人向舰队射击时用尽了他们的弹药，但海峡 580
中的水雷被证明是更大的威胁。[13]英国人曾希望俄国黑海舰队
率4.7万人的军队进攻君士坦丁堡，但俄国人除在安全距离
外炮击博斯普鲁斯海峡的土耳其据点之外，并没有采取任何
行动。他们只看到，东正教收复君士坦丁堡的时刻还没有到
来。[14]更多的灾难导致丘吉尔被逐出海军部，但那时，部队已
陷入无助的境地：

在崎岖的海岸边
有块荒凉不毛之地，
这是一片墓地，被人类的鲜血浸染，
时光将使之圣化，记忆将奉献给亡灵。
那里埋葬着英烈的骨灰，
青年人在黑暗中燃起火把将其照亮，
全身心为自由而战，无惧枪林弹雨，
英名长存，永垂不朽。[15]

英方——大英帝国和法国——共损失 26.5 万人，土耳其方面大概损失 30 万人；但是，尽管损失惨重，土耳其人还是坚守了阵地，不到九个月进攻方就撤退了。在英国人看来，加利波利之战有其积极意义：土耳其人被迫将其最精锐的部队撤出巴勒斯坦，缓解了埃及和苏伊士运河的压力。[16]

3

在第一次世界大战期间，地中海大部分地区依旧平静。开战前夕，英国人和法国人希望将西班牙国王阿方索拉入同盟，英国海军部认为休达适合作为潜艇和鱼雷艇的基地，而法国人则希望将巴利阿里群岛用于从法属北非运输军队的中转站。如果西班牙国王没有鲁莽地提出用接管混乱的葡萄牙共和国，来补偿他向法国和英国提供的援助，或许谈判还能继续下去。[17]但他至少保持了中立，就航运而言，西班牙的水域依然是安全
581 的。在战争的中心地区，海军行动的焦点是亚得里亚海，那里停泊着奥地利舰队。意大利领土收复主义者正在向伊斯的利亚和达尔马提亚海岸投去贪婪的目光；奥地利人将科托尔视为重要的海军基地，依靠该基地，他们就能控制亚得里亚东海岸。1918 年 2 月科托尔的一次兵变表明，必须给予水兵们的生活工作条件以更多考虑。水兵们抱怨军官的生活方式：军官们经常带着妻子或情妇。一名水兵称，他被要求用光他的肥皂配额去给长官的狗洗澡。更糟糕的是，普通水兵不得不穿破衣烂衫，食用腐败变质的肉类和不足量的面包，而军官们则有优质肉类、蔬菜和水果。想要给年轻护士留下印象的军官，为了满足年轻护士对飞行的好奇，带她们进行空中旅行，便不足为奇了；有时候水上飞机还要带奥地利军官到杜布罗夫尼克去逛高

级妓院。兵变被镇压后，当局仅仅枪决了几位首犯，因为他们意识到，是时候对海军进行彻底重组了［重组后的海军由新晋升的海军将领霍尔蒂（Horthy）统率，数年后他将骄傲地享有内陆国家匈牙利的“摄政”头衔］。[18]

战争之初，科托尔的情况不算太糟。港口在卡塔罗湾（Bocche di Cattaro）狭窄通道深处的峡湾之内；背靠陡峭的黑山山脉。为了最大限度地保证安全，奥地利人需要驯服黑山，黑山统治者出于对其塞尔维亚同伴的同情，在弗朗茨·费迪南（Franz Ferdinand）被刺后不久便对奥匈帝国宣战。1914 年夏末，奥地利海军开始炮击黑山的巴尔港（Bar），法国人也从马耳他派出包括十四艘战列舰和几艘轻型舰艇的庞大舰队以作为回应。法国舰队将奥地利人逐出巴尔港，并炮击了卡塔罗湾的外围据点，但没有进攻科托尔。可局势非常凶险：直到意大利于 1915 年 5 月对奥匈帝国宣战，法国人才获得比英属马耳他更近的基地，而且法军在遥远的北方忙于应付马恩河（Marne）会战。[19]后来，奥地利人变得更加大胆，疯狂进攻意大利沿岸的塞尼加利亚（Senigallia）、里米尼和安科纳等城镇，他们通过摧毁火车站、煤矿、油井，破坏了包括一座医院在内的公共设施，实施了大规模报复，造成六十八人死亡。即便如 582
此，奥地利人避开了塔兰托——它是意大利的主要海军基地。他们并没有寻求海战。意大利人从阿普利亚向达尔马提亚南部派遣海军以作为回应；他们破坏了从杜布罗夫尼克到科托尔的铁路线。这种一报还一报的博弈以德国 U 型潜艇对意大利船只发动鱼雷攻击的方式继续下去；因为意大利尚未对德开战，只是和奥地利作战，德国的 U 型潜艇便恬不知耻地挂上了奥地利国旗。1915 年，神出鬼没的德国潜艇造成了恶劣的后果：

一艘德国 U 型潜艇在北非沿岸击沉了意大利班轮“安科纳号”（*Ancona*，当时它正从西西里驶往纽约），造成重大人员伤亡，美国总统向奥地利人表达了严正抗议，奥地利人当然急于将责任推给德国人。[20]最后，在海上炮击恢复后，奥地利军队于 1916 年初登陆黑山，并占领了黑山的首都采蒂涅（Cetinje）。[21]

这仅仅是争夺地中海一隅之控制权的战争。1917 年春，战争行动集中发生于奥兰托和阿尔巴尼亚之间的狭长通道，当时奥地利人已占领了都拉斯。所有能用上的新技术都尽可能地被利用起来。双方都出动水上飞机向敌舰投掷炸弹，但没有造成任何严重伤害，英国人在布林迪西为水上飞机建立了一处新基地。网被用于抗击奥地利和德国潜艇，但即便它们能阻止潜艇，也无法阻止鱼雷。支持英国人、意大利人和法国人的援军赶到了：十四艘日本驱逐舰和一艘巡洋舰在战胜德国潜艇方面发挥了重大作用；六艘澳大利亚巡洋舰也到了；在希腊人于 1917 年 7 月拖拖拉拉地进入战斗后，一支实力可观的希腊舰队便派上了用场。[22]与奥地利进行有限战争的重要性在于出现了争夺制海权的新战法：水上飞机的价值依旧有待验证，潜艇价值的验证进展迅速。一些新危险开始显露：商船深受敌军潜艇威胁，到 1917 年时，英国人和法国人开始采用有效的护航制护送船只从直布罗陀海峡向东行驶。[23]在经历了一个世纪的相对和平后，比柏柏尔海盗更狡猾的敌人在战时出现了：那种无形的、致命的且肆意的破坏方式是寻求战利品和人质的海盗们从未企及的。

注　释

1. R. Patai, *Vanished Worlds of Jewry* (London, 1981), p. 120.
2. J. Abun-Nasr, *A History of the Maghrib in the Islamic Period* (Cambridge, 1987), pp. 309, 376–81.
3. Ibid., pp. 281–93.
4. Ibid., pp. 319–23.
5. N. Doumanis, *Myth and Memory in the Mediterranean: Remembering Fascism's Empire* (Basingstoke, 1997).
6. R. Rhodes James, *Gallipoli* (2nd edn, London, 2004), pp. 9–11; P. Halpern, *The Mediterranean Naval Situation 1908–1914* (Cambridge, MA, 1971), pp. 357–8; M. Hickey, *The First World War*, vol. 4: *The Mediterranean Front 1914–1923* (Botley, Oxon, 2002), pp. 33–4.
7. Hickey, *Mediterranean Front*, p. 36.
8. Rhodes James, *Gallipoli*, pp. 23, 33–7.
9. Ibid., pp. 16–17; P. Halpern, *A Naval History of World War I* (London, 1994), pp. 106–9.
10. Cited by Rhodes James, *Gallipoli*, p. 33.
11. Ibid., p. 38.
12. Ibid., pp. 40–41; Halpern, *Naval History*, pp. 112, 118.
13. Rhodes James, *Gallipoli*, pp. 61–4; Halpern, *Naval History*, p. 115.
14. Halpern, *Naval History*, p. 113.
15. J. W. Streets, 'Gallipoli', in L. Macdonald (ed.), *Anthem for Doomed Youth: Poets of the Great* War (London, 2000), p. 45.
16. Rhodes James, *Gallipoli*, p. 348; Halpern, *Naval History*, pp. 106–9.
17. Halpern, *Mediterranean Naval Situation*, pp. 287–90.
18. L. Sondhaus, *The Naval Policy of Austria-Hungary, 1867–1918* (West Lafayette, IN, 1994), pp. 318–24.
19. Ibid., pp. 258–9; Halpern, *Mediterranean Naval Situation*, p. 365; Halpern, *Naval History*, pp. 142–3.
20. Sondhaus, *Naval Policy of Austria-Hungary*, pp. 275–9, 286; Halpern, *Naval History*, pp. 148, 381–5; P. Halpern, *The Naval War in the Mediterranean, 1914–1918* (London, 1987), pp. 107–19, 132–3.
21. Sondhaus, *Naval Policy of Austria-Hungary*, pp. 285–6.
22. Halpern, *Mediterranean Naval Situation*, pp. 329–30, 337–42; Sondhaus, *Naval Policy of Austria-Hungary*, pp. 307–8; Halpern, *Naval History*, p. 393; Halpern, *Naval War*, p. 344.
23. Halpern, *Naval History*, p. 396; Halpern, *Naval War*, pp. 386–94.

四　四个半城市的传说（1900～1950年）

1

583 从地中海的角度看，第一次世界大战仅仅是奥斯曼帝国行将崩溃前的一系列危机的最后阵痛：丧失了塞浦路斯、埃及、利比亚、多德卡尼斯群岛之后，土耳其人又在战时将巴勒斯坦的管理权丢给英国人，不久又是法国人对叙利亚的代管。所有这些变化都在不同民族和宗教团体和谐共存数个世纪的港口城市，特别是萨洛尼卡、士麦那、亚历山大和雅法等产生了一系列有时甚至十分严重的后果。战争结束时，奥斯曼的心脏地带被各战胜国瓜分，就连君士坦丁堡也挤满了英国士兵。[1] 苏丹在政治上是稳定的，这为土耳其激进派提供了许多机会，尤其是穆斯塔法·凯末尔（Mustafa Kemal），他因在加利波利取得了战功而成名。土耳其人的种种怀疑中还掺杂着公共情感：1915年春夏对亚美尼亚人的大规模驱逐活动在美国驻君士坦丁堡和士麦那的外交官中激起恐慌。穿越炎热的安纳托利亚高原，在暴戾监工的驱赶下，男女老幼，或因疲惫不堪而死亡，或被屠杀取乐，而奥斯曼当局则对据称在亚美尼亚人当中盛行不衰的叛国阴谋喋喋不休。其目的是“消灭五十岁以下的所有男性”。[2] 希腊人、犹太人和外国商人的担忧是发生在安纳托利亚的“种族清洗”不一定局限于对亚美尼亚人的迫害。在其最后岁月里，奥斯曼帝国抛弃了旧有的和谐共存理念。在土

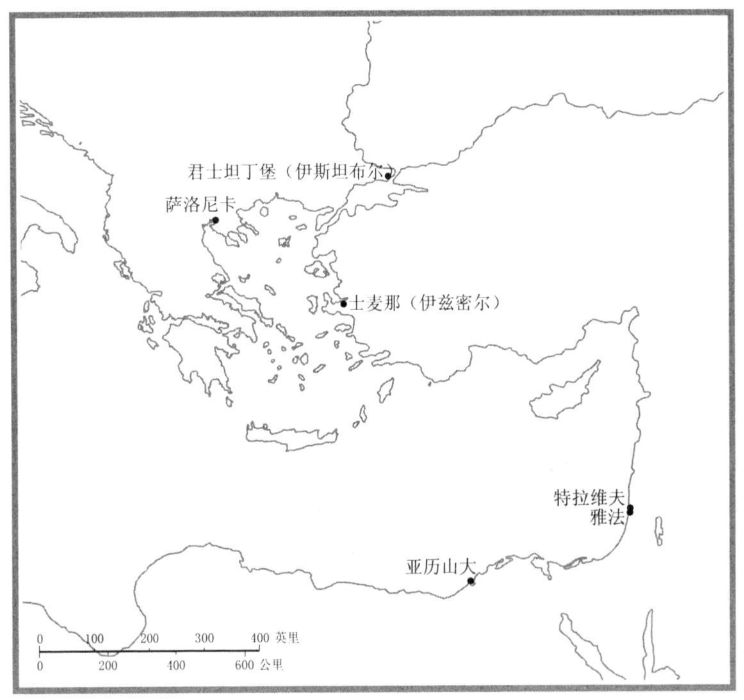

耳其亦是如此，正如激进的青年土耳其党经常表现出来的那样，强势的民族主义情感正战胜昔日的宽容。 584

士麦那在战争中完好地保存下来，其大多数人口免遭迫害，这在一定程度上是因为其总督（vali）拉赫米贝伊（Rahmi Bey）曾质疑奥斯曼帝国与德奥的同盟关系，并知道其城市的繁荣有赖于城内希腊人、亚美尼亚人、犹太人、欧洲商人与土耳其人的融合。[3] 当他受命将亚美尼亚人押送给奥斯曼当局时，他便敷衍了事，尽管他不得不将约一百名“声名狼藉者”送上生死难卜之路。[4] 希腊人是士麦那的主体民族；事实上，那里的希腊人比雅典城的希腊人还多，而且他们仍旧依附于东正教，这种信仰在希腊人的学校系统和公共庆典中发挥着重要作用，而希腊的民族主义理念也开始向这一群体渗透。希腊人在干果贸易活动中非常活跃，在内陆收获的无花果的到来，是士麦那港口的一件大事。虽然操拉迪诺方言的犹太社区不如萨洛尼卡的社区那么出名，但士麦那和萨洛尼卡一样，西
585 方时尚盛行。士麦那总督曾拜访“全球以色列人同盟”的学校，并评价说，他希望犹太人能戴土耳其帽，而不是他们正戴着的西式帽子：“你们不是在法国或德国，你们是在土耳其，你们是苏丹陛下的臣民。”[5]

士麦那有一个优良的港口，并从公元 18 世纪末期以降一直持续繁荣，而其他奥斯曼港口的生意却日益萧条。在 1800 年左右，法国垄断了奥斯曼对欧洲的贸易，它不仅供应士麦那城以欧洲的服饰，还有诸如糖、咖啡、胭脂虫红和靛蓝之类的殖民地产品。士麦那的土耳其人购买的土耳其毡帽其实是法国货。[6] 在欧洲人中有一帮活跃的英国、法国、意大利裔商业家族，在整个 19 世纪它们都有助于士麦那的商业繁荣，当时像水果出口大户惠特尔（Whittall）家族，以及辖下地毯厂雇用了 15 万人的吉劳德（Girauds）家族等，控制着这里的经济生活。美国人是新到者之一，他们使士麦那成为新泽西标准石油公司（Standard Oil Company of New Jersey）的交通中转站。[7] 耸立着黎凡特各家族豪宅的广阔郊区——恰如名副其实的伊甸园——位于城外几英里处，有铁路和船舶将其与士麦那市中心连接起来。[8] 众所周知，即便是在战时，这些“黎凡特人”也都能维持舒适惬意的生活，因为拉赫米贝伊没有理由将外国商人当作异族敌人——他们大多数出生在士麦那，并且从未去过其护照发放国。

再看伦敦，胜利的英国政府无视士麦那黎凡特商人的利益。他们对土耳其人有着强烈的敌视：外交大臣寇松勋爵

(Lord Curzon) 将奥斯曼人描绘成地球上“最致命的邪恶根源”之一，而英国首相劳合·乔治有几年时间对古希腊文明的巨大成就很是痴迷，并不在意土耳其人的惨败——在最不切实际的错误判断下，他将凯末尔视为“在集市上叫卖地毯的人”。这使他赞成韦尼泽洛斯所心怀的复兴希腊统治区域的理想——该统治区将跨越爱琴海，将小亚细亚沿岸也包括在内。对韦尼泽洛斯而言，古代爱奥尼亚才是希腊文明的中心，他坚持认为，爱奥尼亚的希腊居民“是希腊民族最纯粹的组成部分”，乐观估计有 80 万人。[9] 在 1919 年对抗俄国布尔什维克革 586
命的过程中，英国对希腊的军事援助十分重视。显然，有必要嘉赏这些希腊的自由卫士。英国人乐于将士麦那及其内陆腹地给予希腊人，尽管美国人和大陆列强——他们于 1919 年召开了巴黎和会——对此不甚确定，士麦那的惠特尔家族提交证据说，该城的居民不愿受希腊政府统治，因为他们所有人——希腊人、土耳其人、犹太人、亚美尼亚人——都珍视城市内部的安定和谐，他们更希望实现地方自治。劳合·乔治试图让他的大多数盟友相信，士麦那及其内陆腹地应当立刻委托给韦尼泽洛斯，应当敦促他派希腊军舰前往士麦那，并迅速占领爱奥尼亚沿岸。美国驻君士坦丁堡高级专员、海军上将布里斯托尔(Bristol) 极力反对这种处置方式，此人的偏见与他所处的职位极不相称：他声称，“亚美尼亚人类似犹太人；他们鲜有或根本没有民族精神，而且道德品质低下”，但他对英国人最为愤怒，因为他不相信劳合·乔治之举是出于高尚的道德关怀——他完全是为了争夺石油。[10]

1919 年 5 月，1.3 万人组成的希腊军队抵达士麦那。开始时还很平静，随之是各种事件层出不穷：土耳其人的村庄遭到洗劫，仅在士麦那就有四百名土耳其人和一百名希腊人被杀。新任希腊总督阿里斯台德·斯特吉阿德斯（Aristides Sterghiades）身在远方，却更喜欢凌驾于士麦那精英的社会生活之上。他力图做到公正，而且常常在争端中支持土耳其人，打压希腊人；他所付出的代价是受到希腊人的鄙视，希腊人的必胜主义威胁着这个城市所有有特色的东西。另外，他通过各项政策，使贸易重回士麦那。然而在内陆腹地，问题变得愈发严重；红十字会搜集了许多希腊人在土耳其人聚居区实施种族清洗的证据。红十字会曾问一位希腊官员，为什么他让他的手下杀害土耳其人，官员回答道："因为这令我感到兴奋。"事实上，暴力是双方共有的标签。但穆斯塔法·凯末尔正在集结他的军队，1921 年，希腊人试图进入东部高原，希望在希腊和土耳其西部高原之间划定一条边界，一开始取得了成功，但很快遭遇土耳其人的猛烈反击，希腊人深陷安纳托利亚无法脱
587 身。希腊人的溃败使土耳其军队一路向西抵达士麦那，并于 1922 年 9 月 9 日进入士麦那城，但在此前，来自内陆的 5 万名战败的希腊士兵和 15 万名内陆的希腊人已经进入该城。

这是铭刻于希腊人记忆中的灾难的开始。尽管首批进驻士麦那的土耳其部队是纪律严明的骑兵，但随军而来的还有"切特"（*chettes*）——土耳其非正规军，他们在安纳托利亚西部的劫掠中已沾满了希腊人的鲜血。当难民拥入城市时，屠杀、强暴、抢劫成为难以言喻的日常秩序，刚开始的目标对象是他们最喜欢的敌人——亚美尼亚人，而不是希腊人——这些主要是"切特"们所为，但并不全是。无论是新任土耳其总督，还是穆斯塔法·凯末尔，他们似乎已经将这些现象视为一种战争事实，并且没有任何担心；对希腊人和亚美尼亚人而

言，新土耳其已经没有他们的容身之地。亚美尼亚人聚居区遭到彻底洗劫，接踵而至的是满城的暴力，但土耳其人聚居区受到尊重。黎凡特商人的郊区别墅遭到抢劫；大多数黎凡特人（如果他们还活着的话）变得一无所有，他们的贸易公司不再营业。最后，士麦那的街道和房子被泼上汽油（再次从亚美尼亚人聚居区开始），9 月 13 日这天，城市被付之一炬。此举使难民人数暴增至七十万，因为在当时，士麦那的希腊人和亚美尼亚人被迫逃到码头。在那里，等待他们的是令人叹为观止的场景：英国、法国、意大利和美国的军舰停泊在港口，各方都焦急地保护着各自国家的利益。大火逼近码头，威胁着各大贸易公司的仓库和办事处，市中心化为灰烬，而大量绝望的民众——他们中许多人死于伤痛、饥渴和劳累——则祈求救援。

列强们的冷漠令人不寒而栗。布里斯托尔上将早就对两名美国记者下达指令，不准他们报道土耳其人的暴行，法国和意大利严守“中立”，防止接纳难民——以至于游向军舰的许多人溺亡在海中。当一艘美国舰船在附近水域发现有一位男孩和一位女孩时，水手们告诉阿沙·杰宁（Asa Jennings）——基督教青年会（Young Men's Christian Association）雇员，他正力图组织大规模撤离行动——尽管他们也十分希望提供帮助，但此举有违禁令，有损美国的中立性。他拒绝接受建议——孩子 588
们被救了起来，原来他们是兄妹。[11]在英国军舰上，当军官们在食堂用餐时，乐队奉命奏乐以掩盖几百码以外码头区传来的哀号。最终英国上将为人们强烈的哀求所感动，坚持不懈的杰宁获得了附近莱斯沃斯基地希腊海军的援助，盟军船只救起两万人，杰宁的希腊舰队救起的更多。即便如此，士麦那及其腹地仍有十万人左右被杀，至少有同样数量的人被赶往安纳托利亚内陆，绝大多数人消失在那里。

士麦那海湾指挥官的冷酷无情，以及身处君士坦丁堡的布里斯托尔上将深深的敌意表明，当时对人道主义灾难的思考方式与21世纪初迥然不同。“中立”被理解为人们应该袖手旁观，而不是中立方最好向种族冲突中流离失所、濒临死亡的受害者伸出援手。这种袖手旁观的态度掺杂着某种意识，即劳合·乔治对韦尼泽洛斯的支持引发了一系列事件，对于它们无论希腊还是英国都无法控制。士麦那大部分居民都离去了；士麦那也不复存在，被大火焚毁，新的土耳其城市伊兹密尔也从未恢复士麦那曾长期保持的商业优势。希腊人和亚美尼亚人留下的空白被那些从克里特和意大利北部逐出的、大批拥入土耳其的土耳其族人填充。最终，根据1923年的《洛桑条约》(Treaty of Lausanne)，希腊和土耳其之间实施了大规模的居民交换——仅克里特一处就有3万名穆斯林离开。1922年11月，末代苏丹离开伊斯坦布尔，这为建立一个新的、亲西方的土耳其——有一座新的首都、一套新的字母体系、一部世俗宪法——扫清了最后的、极其无力的障碍。在希腊，“伟大的理想”（*Megalé Idea*）胎死腹中，但土耳其帝国的多民族特点也消失了。尽管出现了民族、宗教关系的紧张局面甚至引发了仇恨，尽管奥斯曼统治当局往往用各种财政和社会限制性条件来羞辱基督徒和犹太人，但它的体制还是将不同的民族凝聚在一起长达几个世纪。它为一系列民族国家所取代，这些民族国家
589 的领导人宣扬着激烈的民族主义，并发现它难以容纳他们当时所认为的外来者——在土耳其的希腊人和亚美尼亚人，在希腊的犹太人和穆斯林。

2

亚历山大是另一座港口城市，市内各种文化相互碰撞、相互融合。19 世纪末 20 世纪初，该城初具现代雏形，优美的滨河公路（Corniche road）傍水而建，宽阔的大街与公寓楼、办公室开始出现。这些建筑中有仿科普特风格的圣公会教堂（始建于 19 世纪 50 年代）以及建筑师亚历山德罗·洛里亚（Alessandro Loria）——他生于埃及，受教于意大利，20 世纪 20 年代成名于亚历山大——设计的著名建筑群。他设计的埃及国家银行俨然一座威尼斯宫殿；他还建造了犹太人的和意大利人的医院，这与他既是犹太人又是意大利人的身份相称；他所修建的最常被光顾的建筑是著名的塞西尔酒店（Cecil Hotel）——温斯顿·丘吉尔和劳伦斯·达雷尔（Lawrence Durrell）的最爱，当然，还有达雷尔创作的人物贾斯廷（Justine）。[12]城市内的希腊人、犹太人、意大利人、科普特人和土耳其居民为亚历山大骄傲，并认为，古典时代的 *Alexandria ad Aegyptum* 指一座埃及之外——而非其内部——的欧洲城市。[13]贾斯伯·布林顿（Jasper Brinton），一位在 20 世纪初担任埃及混合法庭诉讼法官的美国人，谈及亚历山大时总是兴致勃勃，他说，亚历山大的“宏伟和精巧，远超出地中海任何城市”；音乐爱好者在城市最大的剧院欣赏托斯卡尼尼（Toscanini）、巴甫洛娃（Pavlova），以及来自拉斯卡拉（La Scala）的最优美的声音。[14]据说街道十分干净，你可以吃掉落在地上的食物，而这种事在当今是无人会去尝试的。

当然，国际性的大都会亚历山大并非亚历山大的全部，这里将简要交代一下精英的生活，而不是居住在城市北部海滨的希腊人、意大利人、犹太人和科普特人中多数人的生活。在19世纪晚期的地图上，这座窄长的城市的南部叫阿拉伯乡（*Ville arabe*），但除了提供厨师、侍女、电车司机外，阿拉伯人并没有大规模地进入亚历山大中产阶级的生活。欧洲人仅占城市人口的15%，即便他们把持着经济命脉；1927年，城内约有4.9万
590 名希腊人，其中3.7万人有希腊公民权，还有2.4万名意大利人和4700名马耳他人。在国籍交叉人群中，有2.5万名犹太人（约5000人有意大利护照，尽管许多人依旧无国籍）；许多希腊人也持有非希腊护照——或为塞浦路斯人（这使之成为英国人）或罗得岛人（这使之成为意大利人），或在1923年后成为土耳其的臣民。[15]大部分有影响力的穆斯林家族，包括皇室在内，来自土耳其、阿尔巴尼亚、叙利亚或黎巴嫩。就像在萨洛尼卡和士麦那那样，法国人对亚历山大大举入侵，而无视埃及是英国的被保护国。一名亚历山大流亡者承认，他的阿拉伯语阅读水平仅限于菜单和报纸头条："我始终认为英语和法语是我的母语。"他的妻子讲述了一个不同的故事："我妈妈操一口地道的法语，我爸爸只会说意大利语。我不知道他们如何彼此了解，但他们的确能了解对方。"[16]对阿拉伯语略知一二主要是因为这有利于和其仆人进行交流。在民族主义高涨的年代，拒绝任何东方意识将最终被证明不利于这些社区的存活。

安德烈·阿西曼（André Aciman）关于亚历山大生活的传记体小说揭示了许多亚历山大人的思维方式。阿西曼的家庭于1905年从君士坦丁堡来到亚历山大，但他的叔叔维利（Vili）既喜欢亚历山大，也爱慕欧洲：

> 就像世纪之末大多数出生于土耳其之人，维利蔑视

> 任何有关奥斯曼文化的事物，同时渴慕西方，并最终像土耳其大多数犹太人那样，成为“意大利人”：通过声称祖上与里窝那——比萨附近的一个港口城市，16 世纪时从西班牙逃出的犹太人就定居在那里——沾亲带故。[17]

建筑师洛里亚喜欢让自己和家人身穿法西斯主义者的黑衫；他也是亚历山大犹太会堂的赞助者。最有势力的犹太家族是费利克斯·德·梅纳谢男爵（Baron Félix de Menasce）的家族，男爵拥有奥地利帝国的贵族头衔，尽管其祖父——生于开罗——在成为埃及总督伊斯梅尔的银行家后才获得了财富；到费利克斯时代，支持着该荣誉家族的财富不仅有银行业，还有与的里雅斯特的商贸往来。他创办学校、医院，甚至建立了自己的犹太会堂和墓地，这是因为他与坚持将新犹太会堂建于内比丹尼尔大街（Nebi Daniel street）的当权者不和。虽然他过着一种世俗生活，犹太习俗并不受到重视，但当得知正在巴黎学习的儿子让（Jean）在天主教会接受了洗礼，他还是沮丧万分。更 591
糟糕的是，他眼睁睁地看着儿子参加了多明我会，并来到亚历山大传教。费利克斯·德·梅纳谢是犹太复国主义者哈伊姆·魏茨曼（Chaim Weizmann）的密友，后者于 1918 年 3 月访问亚历山大，并在气势不凡的梅纳谢宅第停留。有趣的是，费利克斯男爵利用他与巴勒斯坦阿拉伯人的关系，试图促成犹太人和阿拉伯人就巴勒斯坦的未来达成双边协议，但托管巴勒斯坦的英国人对此并不感兴趣。[18]

这些关系往来为劳伦斯·达雷尔描述亚历山大的巨富银行家内西姆（Nessim）提供了灵感，他将内西姆描写为一位科普特人，而非犹太人。20 世纪 50 年代早期，达雷尔在塞浦路斯的贝拉佩斯（Bellapais）写完了《亚历山大四部曲》（*Alexandria Quartet*）的第一卷，但他是通过其第二任妻子伊芙·科恩（Eve Cohen）与亚历山大的犹太人保持着密切的联系，甚至通过第三任妻子克劳德·万桑东（Claude Vincendon）——她是费利克斯·德·梅纳谢的孙女——与犹太人保持着更密切的联系。[19]梅纳谢家族与另一名门望族佐格布（Zogheb）家族社会交往颇深——该家族是来自叙利亚的默基特天主教徒，属于一个由许多富有的丝绸、木材、水果、烟草贸易者组成的社会团体。[20]士麦那黎凡特家族豪华的中产阶级生活和梅纳谢家族及其同级贵族那真正的贵族风格不可相提并论，尤其是在这位亚历山大精英得到国王和奥玛·图颂（Omar Toussoun）——一位非常受人钦佩的王室成员，他懂得与亚历山大不同社区保持联系的重要性——的器重后。他可能会在某犹太学校，或是维多利亚学院（Victoria College）——仿照英国公学而建——向亚历山大精英人士的子女颁发奖金。他是“科普特考古学会”（Coptic Archaeological Society）的荣誉主席，并慷慨地捐资修建科普特医院。与此同时，他对当地经济也抱有浓厚兴趣，致力于稳定棉花价格。[21]

外国社区的日常生活围绕贸易和咖啡馆而转，在诸多咖啡馆中，最著名的是希腊人的咖啡馆，尤其是帕斯特洛迪斯咖啡店（Café Pastroudis）。在这些咖啡馆中，可以找到希腊知识界人士，其中最有造诣的当数诗人卡瓦菲（Cavafy）。[22]英国小说家福斯特（E. M. Forster）——他在该城度过了第一次世界大战时期的大部分时光（并爱上一位阿拉伯男电车司机）——将卡瓦菲诗作的知名度传到亚历山大之外，而诗人自己却一次又

一次地回到故乡主题。问题在于，他的思绪总是回到古代亚历 592
山大，而不是那座现代化的城市，现代城市对他没有吸引力。[23]在东地中海的所有港口城市中，亚历山大是在奥斯曼帝国崩溃后受政治变迁影响最小的城市，它的复兴主要归功于被赫迪夫而非苏丹的进取心吸引而来的外国居民。

3

亚历山大是座重建的新城市；离此不远处，在巴勒斯坦，诞生了一座新城。在那里，英国人发现自己身处与埃及完全不同的政治环境中。第一次世界大战中发生的阿拉伯人起义——在一定程度上是 T. E. 劳伦斯所扶植的——使英国重要的盟友都对抗土耳其人；与此同时，犹太复国主义者（Zionist）对建立犹太人家园的要求加剧了巴勒斯坦地区犹太人和阿拉伯人之间的紧张关系，尤其是在英国政府于 1917 年《贝尔福宣言》（Balfour Declaration）中表露出对建立犹太人的民族家园（Jewish National Home）之理念的同情之后。犹太人的渴望在重返故土的理念中表现出来。中东欧的理想主义犹太人移居者建立了农业定居点——基布兹运动（Kibbutz Movement）的目的是让犹太人走出城市，到乡间呼吸新鲜空气——但犹太复国主义还有另一条路线，根据该路线，在巴勒斯坦建立由犹太人定居的西方化城市才是基本任务。1909 年，一群犹太人，主要是欧洲的阿什肯纳兹犹太人，获得了古代雅法港以北一英里处的沙丘，并将这片地区划分为六十六块，这六十六块土地通过抽签方式进行分配——他们理想主义的表现形式，因为抽签方式能保证没有人能为得到好的位置而讨价还价，而且无论贫富都能比邻而居。[24]他们的目的是建立一个宜居的花园城市，或一个花园郊区，因为起初他们不愿将任何商店纳入他们的计划中。他们认为，居民们可以去雅法寻求他们所需的一切补给品。为取一个名字，移民者们为各种备选名争论不休，其中包括坚定的复国主义者荷兹利亚（Herzliya）和讨喜悦耳的叶菲菲亚（Yefefia，“最美丽的”）。最后西奥多·赫茨尔（Theodor Herzl）赢得胜利，因为特拉维夫是他关于重建锡安山的小说《新故土》（*Altneuland*）的希伯来文标题：特拉（*tel*）代表古
593 代遗存，它提醒来访者，犹太人在一千年前曾出现在那里，维夫（*aviv*）象征小麦丰收的第一批绿芽，引申含义就是春天。[25]

就这样，地中海沿岸诞生了自中世纪早期——突尼斯被建立起来以取代迦太基的时期，也是威尼斯以其潟湖为发源地而兴起的时期——以来首个将成为大城市的城市。特拉维夫的诞生为了解以色列曲折建国史提供了一个独特的、地中海的视角，这座新城市崛起于其阿拉伯邻居的盛怒之下——许多中东阿拉伯国家绘制的地图上至今仍不标注特拉维夫。[26]特拉维夫的建立者清楚地知道，他们想要建立一个犹太人定居地，该城将拥有区别于雅法的欧洲特点，他们认为雅法是令人痛心的“东方”城市。对雅法而言，这种对欧洲现代化的向往并不陌生。带着强烈的日耳曼种族优越的意识，19 世纪 80 年代，一支名为共济会（Templars）的新教派别在雅法城外依次建立了两处定居地：“在宽阔的街道、优雅的建筑丛中漫步，人们可能会忘记他实际上处于不毛之地，会以为自己身处一座欧洲文明城市。”[27]雅法城内富有的阿拉伯人也在其郊区建立舒适的别墅。而特拉维夫也并不是雅法的第一个犹太郊区。19 世纪 80 年代，富有的阿尔及利亚犹太人阿哈龙·舍卢什（Aharon Chelouche）——自 1838 年起就定居在巴勒斯坦——便购买了

土地，在这片土地上诞生了雅法的尼维兹德克（Neve Tzedek）。令见过尼维兹德克的人印象深刻的是整洁宽敞的格局，这里的房舍被认为是雅法最漂亮的建筑。[28]尼维兹德克吸引了各方的殖居者——包括北非的切鲁切斯（Chelouches），来自中欧的阿什肯纳兹犹太人；所罗门·阿布拉菲亚（Solomon Abulafia）成为该市市长，他来自离太巴列不远的地方，他和他的阿什肯纳兹犹太人妻子瑞贝卡·弗里曼（Rebecca Freimann）于 1909 年逃离切鲁切斯，加入特拉维夫的创建者之列。毫不奇怪，他的肖像，与他在雅法的土耳其和阿拉伯同僚一样，穿戴着礼服上衣、领结和条纹裤子，这些都是现代化的象征。[29]作家阿格农（Agnon）在尼维兹德克的阿布拉菲亚家中住了一段时间，在特拉维夫成为希伯来文化中心前，这里聚集着一个作家和艺术家的移民群体。

雅法也在日新月异地发展。它是巴勒斯坦地区的主要港口，也是耶路撒冷的主要出海口，但稍大一些的船只仍无法靠岸，旅客们因此不得不乘驳船下船，或者让码头装卸工将东西
背上岸。奥斯曼苏丹在那建了座钟楼——至今仍旧矗立，作为 594
雅法现代化的象征。到第一次世界大战前夕，雅法已有 4 万多居民，有穆斯林、基督徒、犹太人（犹太人群体约占总人口的四分之一）。此后，在战争期间，根据土耳其人的命令——他们担心雅法市民与逼近的英国军队狼狈为奸，该城的阿拉伯人和犹太人被撤走；但雅法和其犹太人郊区并未遭到土耳其人的劫掠（更多的破坏来自澳大利亚军队，他们在空城内驻扎了一段时间），雅法在战后又重新振作起来。[30]人们可从其火车站向北前往贝鲁特，向西南方向前往开罗——甚至前往喀土穆（Khartoum）。雅法不仅从地中海到内陆的贸易往来中获利，还

从其盛产的柑橘中获得收入，其柑橘行销奥斯曼帝国和西欧。雅法——而非耶路撒冷——也是巴勒斯坦的文化中心，阿拉伯人中日益强化的认同感体现在一份由基督教徒所有的报纸《巴勒斯坦》（*Falastin*）的标题和内容上。[31]这并不意味着其文化生活对亚历山大构成挑战。抛开顽固的德国新教徒，雅法是一座讲阿拉伯语的城市，切鲁切斯人与其阿拉伯朋友和邻居关系良好。[32]但特拉维夫的出现引发了新的紧张关系。在 20 世纪 20 年代，雅法的基督徒和穆斯林喜欢前往新定居地，那里有伊甸园影院（Eden Cinema）之类的消遣之地，以及新开的赌场和妓院。但从 1921 年起，犹太人和阿拉伯人之间的暴力冲突便开始破坏双边关系；当雅法那神经紧绷的阿拉伯人误认为，特拉维夫的一次共产党示威游行是一群暴民意图攻击雅法时，第一次骚乱发生了；49 名犹太人被杀，包括位于郊区的作家移民区的多位居民。[33]

造成关系紧张的深层次原因是跨越地中海的大量犹太移民的到来。1919 年底，俄国船“鲁斯兰号”（*Ruslan*）将 670 名乘客从敖德萨运到雅法。即使是这些阿什肯纳兹犹太人移民也未能改变老雅法的内部特点，因为他们前往特拉维夫和巴勒斯坦内陆腹地居住，雅法和特拉维夫之间平衡关系的改变也是可以察觉到的，而且速度十分快。1923 年，特拉维夫已有 2 万居民，几乎都是犹太人。在此之后，特拉维夫的犹太人数量逐
595 渐超过了雅法的犹太居民：一年后，特拉维夫有 4.6 万居民；1930 年有 15 万人；1948 年以色列建国那年，达到 24.4 万人。它渐渐地摆脱雅法而自治，从 1921 年起便享有内部自治权，在雅法边缘吞并了其他犹太人区，如尼维兹德克，并在 1934 年成为一个独立的自治区。[34]特拉维夫的早期发展之一是建立

一所学校，即赫兹利亚预科学校（Herzliya Gymnasium），它迫使现代建筑（令人难以置信的是，现在它已荡然无存，被一座丑陋的塔楼取代）承担起重要文化中心的职能。[35]另外，这使犹太儿童脱离雅法的混合学校——通常由修女开办，犹太人、基督徒和穆斯林在这里一同学习。

最重要的发展之一是港口的创建。雅法港一直为特拉维夫服务到1936年发生一场新的、更严重的暴力冲突。此后，在阿拉伯人也联合抵制犹太商店、犹太人也联合抵制阿拉伯商店的过程中，城镇议会请求英国当局批准他们在这座日益扩大的城市以北建立一座港口。犹太领导人大卫·本-古理安（David Ben-Gurion）说："我想要个犹太海。此海是巴勒斯坦的延伸。"雅法很快便感受到竞争港口的影响：1935年雅法进口商品总额为770万英镑，次年该数额跌到320万英镑，而特拉维夫进口是60.2万英镑；但到1939年，雅法进口商品总额仅为130万英镑，特拉维夫则增长到410万英镑。因为在1936年危机中阿拉伯劳动力供应不足，雅法港便从萨洛尼卡雇用人手，萨洛尼卡城因此以为犹太人提供码头工而闻名。[36]一系列黎凡特集市也为特拉维夫带来财富，这些集市在1924年平稳起步，但在1932年增长到有831家外国公司在此展出它们的商品。特拉维夫正成长为地中海和中东之间的新的交通枢纽（证明这一点是可能的），集市还吸引了来自叙利亚、埃及和新成立的外约旦王国的商品。[37]

伴随着这种增长，特拉维夫发展为一个真实的城市，甚至在其与雅法的边界还不确定且是争论的主题时就已经如此。城市建筑是不协调的私人产业和一定数量的中央规划的混合体——足以建一条以罗斯柴尔德家族名字命名（以希望获得更多财政支持）的宽阔林荫大道。20 世纪 30 年代，苏格兰建筑师格迪斯（Geddes）提出了一项总体规划，他试图将城市
596 与其漫长的海岸线更紧密地联系起来。市中心令人瞩目的包豪斯（Bauhaus）式建筑表达了富裕居民希望被视为现代西方文化的承载者；他们建造的“白城”就被认为足以收入 2003 年联合国教科文组织的世界文化遗产名录。寻求西方的、欧洲的认同的其他表达方式可见于哈比玛剧院（Habima Theatre）和城市的文学、艺术、音乐文化。类似的趋势也发生在亚历山大、萨洛尼卡、贝鲁特以及雅法；这里不同一点的是，正如观察者经常评论的那样，相比于那不勒斯和马赛之类的地中海城市，特拉维夫有时看起来更像敖德萨和维也纳之类的东欧的城市。

在双方关系日益紧张的时刻，雅法居民对犹太邻居的行为的困惑感可从 1936 年的名为《巴勒斯坦》的阿拉伯报纸刊载的一幅漫画（见第 825 页）中看出。一位盎格鲁大主教站在布道坛上告诫身材肥胖的约翰·布尔（John Bull，亦可译为约翰牛，即英国人）——他已同两位妻子分手。第一位妻子是端庄的巴勒斯坦阿拉伯人，她的脸和头发都暴露在外，但她穿着传统的巴勒斯坦衣裙，提着一个装着鸽子的鸟笼。第二位妻子是一位长腿、身穿超短裤和紧身上衣，抽着香烟的犹太时髦女郎。约翰·布尔解释说，第一次世界大战的压力迫使他两次结婚，大主教坚持认为，他必须与他的犹太妻子离婚。漫画中的政治信息十分明确，但对新的犹太定居者行为方式的沉迷和不安也表露得淋漓尽致。[38] 切鲁切斯移民建立尼维兹德克时存在于犹太人和阿拉伯人日常生活中的那种随意的熟悉感消失了。特拉维夫的创建者们开始过分强调他们提议创建的事物和

The man of the two wives

JOHN BULL :— My Lord, I married first an Arab woman and then a Jewess and for the last 16 years I have had no peace at home ..

THE ARCHBISHOP :— How did you manage to have two wives, are you not a Christian ?

JOHN BULL :— It was the pressure of the Great war, my Lord ...

THE ARCHBISHOP :— Well my son, if you are sincerely looking for peace you must divorce your second wife, because your marriage to her is illegal ...

الرجل ذو المرأتين

جون بول : انى يا سيدنا تزوجت امرأة عربية اولا ثم تزوجت عليها امرأة يهودية ومنذ ١٦ سنة حتى الان والخصام قائم في بيتي...

رئيس الاساقفة : وكيف تزوجت اثنتين ألست مسيحيا ؟؟

جون بول : كان ذلك تحت ضغط الحرب العظمى ياسيدنا...

رئيس الاساقفة : اذن عليك يا ولدي اذا كنت حقيقة ترغب في السلام ان تطلق الثانية لان زواجك بها غير شرعي ...

图片来源：**Mark Levine**，***Overthrowing Geography*** （**California，2005**）.

他们留在雅法的事物之间的区别。建立尼维兹德克的少数现代主义者已被移民们淹没了，对他们而言，东方道路是完全的异域之物。这种变化自然产生于成千上万的新来者——他们从中欧和东欧逃避迫害而来——对特拉维夫所施加的压力。与此同时，一些犹太复国主义领导人评估了建立犹太人城市——第一座完全属于犹太人的城市——的优势，他们宣称，他们为达此目的已经坚持了一千九百年了。讽刺的是，在这一切发生之时，欧洲的迫害浪潮达到了一个前所未有的新高度，摧毁了那些犹太人居民接近或已占多数的东欧城市。萨洛尼卡就是其中之一。

4

598 人们已经看到，萨洛尼卡是如何发现自己卷入了奥斯曼帝国的瓦解进程中；它甚至发现自己从 1915 年起就被置于最前线，当时英法军队已抵达，希望（但又很快放弃）支持塞尔维亚军队抗击奥地利；协约国军队在萨洛尼卡及其周边地区——一个英国人称为“鸟笼”（Birdcage）的地方——驻扎。协约国军队的出现使政局动荡不安：英国和法国支持韦尼泽洛斯对抗希腊国王——韦尼泽洛斯于 1916 年来到萨洛尼卡，加深了希腊政治中既有的分裂局面，保王党和韦尼泽洛斯党之间爆发了冲突，协约国军队占领了希腊皇家海军的几艘舰艇。[39] 之后，在 1917 年大火及战争结束后，萨洛尼卡吸引了希腊和土耳其政府的注意力，因为它还保有大量穆斯林：1923 年 7 月，尚有约 1.8 万名穆斯林居住在萨洛尼卡。100 万名基督徒从土耳其到达了希腊——他们是逃避那摧毁了士麦那的战乱的难民，随之而来的是根据《洛桑条约》的居民交换条款而遭驱逐的那些人；这些人中有 9.2 万人将定居萨洛尼卡。城市及其周边农村的穆斯林被清空，而来自小亚细亚的基督徒则被安置在土耳其人的空屋和土地上，或大火后重建的区域内。具有讽刺意味的是，萨洛尼卡人发现许多来自安纳托利亚的难民说土耳其语；他们身份的标识是希腊教会，而非希腊语，他们的服装几乎无法与那些土耳其穆斯林相区别——他们在土耳其穆斯林中生活了将近九百年。[40]

萨洛尼卡仍然有 7 万名犹太人。希腊政府鼓励他们希腊化，尤其是通过在学校教他们希腊语的方式推动这一转化。有时，这种希腊化进程也会在政府去挑战那些“狭隘的宗教观念”，取缔犹太商店可在周六关门歇业但可在周日开业的规定时，导致紧张局面。[41]然而与此同时，赎罪日（Day of Atonement）却成为萨洛尼卡一大公共节日，而且每个人都明白，这座城市经济的稳定有赖于希腊人和犹太人的合作。也有一些犹太人移民至法国、意大利和美国；在海法和特拉维夫，犹太码头装卸工受到重视。但总体感觉是，尽管政治发生了巨大变化，犹太人并没 599
有受到什么威胁；即便有，在希腊、土耳其、保加利亚和南斯拉夫之间的边界确定之后，威胁也已经减弱了许多。

在第二次世界大战期间，即在德国人于 1941 年 4 月占领萨洛尼卡后，上面这种观点的错误就变得十分明显了。城内偶有暴行发生，如查封犹太人的珍贵手稿和建筑，但在约两年的时间内，此地对犹太人的限制比希特勒帝国境内任何地方都少。这在一定程度上是由于食物的严重短缺，该城的经济濒临崩溃，德国人不愿扰乱那里的商业活动。[42]纳粹对待讲西班牙语的塞法迪犹太人与对待中东欧阿什肯纳兹犹太人的态度无异。一旦纳粹决定采取行动，他们便迅速而高效——在这些行动背后是阿道夫·艾希曼（Adolf Eichmann）的邪恶推手。1943年2月，犹太人被限制在隔都内不得随意出入。当时流传着这样的传闻，他们将被流放到克拉科夫（Cracow）的橡胶工厂去工作；3月15日，第一列火车装载着受害人前往波兰。到8月时，引用当时德国人的话说，该地几乎完全没有犹太人了（*Judenrein*）。在几周之内，43850名萨洛尼卡犹太人被处死，大部分人刚到奥斯维辛（Auschwitz）和其他地方就被毒害。[43]意大利领事拯救了一部分人，个别希腊人，包括教士，经常做他们力所能及之事帮助犹太人；西班牙当局有时愿意帮助那些他们认为长期以来都是西班牙人伙伴的犹太人。尽管如此，纳粹在希腊还是成功地清除了85%的犹太人社区。

所以，在三个半世纪后，旧的萨洛尼卡不复存在。士麦那是第一个被压垮的大型港口城市。士麦那的陷落导致约10万人被杀。萨洛尼卡经历了因工业化杀戮机器而倍增的恐惧。东地中海港口城市在第二次世界大战后继续遭到破坏，尽管没有如此大规模的生灵涂炭。每座城市都取得了其特定的身份认同，如一座希腊城市、一座土耳其城市、一座犹太城市或一座埃及城市。在更靠西的地区，将不同文化、不同宗教的人民聚在一起的港口城市正在衰落。里窝那早在19世纪中期，在这些事件发生前，就加入了统一的意大利国家，当该城市失去特权并将首要地位让给热那亚和其他竞争对手时，它的精英认同（无论个人出身何处）了意大利，日益趋向于专业领域的职业
600 和非商业事务。[44]第一次世界大战后，的里雅斯特脱离了奥匈帝国，曾是其优势的地理位置如今成为一种尴尬，因为该城处于新的塞尔维亚、克罗地亚、斯洛文尼亚王国，以及跨越阿尔卑斯山的无足轻重的小国奥地利的包围之中，以至于无法明确

自己的文化和政治身份。接着，在第二次世界大战后，它成为意大利和南斯拉夫争论的焦点，直到 1954 年才获得模棱两可的“自由市”（Free City）地位。它独特的文化身份，或者说其多重身份，被证明无法在这些政治经济变革中保留下去。

雅法的变化更加突然，尽管早已随着特拉维夫发展为一个独立的非阿拉伯城市而失去了多重身份。在 1948 年春的几个星期中，在以色列诞生前夕，上万名雅法阿拉伯人乘船或经陆路逃离，在加沙、贝鲁特和其他地方寻求避难。联合国已将雅法标注为拟建立的阿拉伯国家的一块飞地，这个阿拉伯国家将会与一个犹太国家共存于巴勒斯坦地区。4 月下旬，在犹太军队轰炸后，雅法人口数量越来越少。阿拉伯社区——此时该社区已经缩减至仅有约 5000 人——的领导人于 5 月 13 日交出了城市，以色列国于第二天在特拉维夫的罗斯柴尔德大道上宣布正式独立。[45]此后，雅法便成为特拉维夫的一个有少数阿拉伯人居住的郊区，这与四十年前的情况恰恰相反，而那些已经离开之人发现自己再也无法回去。在亚历山大，最后的行动一直拖延到 1956 年，在苏伊士运河国有化之后，迦玛尔·阿卜杜尔·纳赛尔（Gamal Abdel Nasser）下令驱逐意大利人、犹太人和其他人并没收其财产。该城将自己重塑为一个穆斯林众多的阿拉伯城市，但经济状况却急转直下。城内留有老亚历山大的一些遗迹，但主要是希腊人、天主教徒、犹太人和科普特人的公墓。至于萨洛尼卡的公墓，规模较大的犹太人公墓以及所有墓穴都被纳粹洗劫一空。如今它已被塞萨洛尼基的亚里士多德大学的广阔校园所覆盖：“那里尚存的一些墓冢已无碑铭。”[46]

注 释

1. M. Housepian, *Smyrna 1922* (London, 1972), p. 83.
2. G. Milton, *Paradise Lost – Smyrna 1922: the Destruction of Islam's City of Tolerance* (London, 2008), pp. 84–8.
3. H. Georgelin, *La fin de Smyrne: du cosmopolitisme aux nationalismes* (Paris, 2005); M.-C. Smyrnelis (ed.), *Smyrne: la ville oubliée? Mémoires d'un grand port ottoman, 1830–1930* (Paris, 2006).
4. Milton, *Paradise Lost – Smyrna 1922*, pp. 86–7, 98–9; Housepian, *Smyrna 1922*, pp. 124–5.
5. H. Nahum, 'En regardant une photographie: une famille juive de Smyrne en 1900', in Smyrnelis, *Smyrne: la ville oubliée?*, p. 103.
6. E. Frangakis-Syrett, *The Commerce of Smyrna in the Eighteenth Century, 1700–1820* (Athens, 1992), pp. 121, 207–14; E. Frangakis-Syrett, 'Le développement d'un port méditerranéen d'importance internationale: Smyrne (1700–1914)', in Smyrnelis, *Smyrne: la ville oubliée?*, pp. 23, 37, 45–9; and in the same volume, O. Schmitt, 'Levantins, Européens et jeux d'identité', pp. 106–19.
7. Milton, *Paradise Lost – Smyrna 1922*, pp. 16–19; Frangakis-Syrett, 'Développement d'un port', p. 41.
8. Georgelin, *Fin de Smyrne*, pp. 44–50.
9. Milton, *Paradise Lost – Smyrna 1922*, pp. 36–8, 121, 127–8, 155, 178.
10. Ibid., pp. 128–34; Housepian, *Smyrna 1922*, pp. 63–4, 76.
11. Milton, *Paradise Lost – Smyrna 1922*, pp. 176, 322, 332, 354; Housepian, *Smyrna 1922*, pp. 191–2.
12. M. Haag, *Alexandria Illustrated* (2nd edn, Cairo, 2004), pp. 8–20; M. Haag, *Alexandria, City of Memory* (New Haven, CT, 2004), pp. 150–51.
13. Haag, *Alexandria, City of Memory*, p. 17; E. Breccia, *Alexandria ad Aegyptum: a Guide to the Ancient and Modern Town and to its Graeco-Roman Museum* (Bergamo and Alexandria, 1922); K. Fahmy, 'Towards a social history of modern Alexandria', in A. Hirst and M. Silk (eds.), *Alexandria Real and Imagined* (2nd edn, Cairo, 2006), p. 282.
14. Haag, *Alexandria, City of Memory*, pp. 136–7.
15. R. Mabro, 'Alexandria 1860–1960: the cosmopolitan identity', in Hirst and Silk, *Alexandria Real and Imagined*, pp. 254–7.
16. J. Mawas and N. Mawas (*née* Pinto) speaking in M. Awad and S. Hamouda, *Voices from Cosmopolitan Alexandria* (Alexandria, 2006), p. 41.
17. A. Aciman, *Out of Egypt* (London, 1996), p. 4; K. Fahmy, 'For Cavafy, with love and squalor: some critical notes on the history and historiography of

modern Alexandria', in Hirst and Silk, *Alexandria Real and Imagined*, pp. 274–7.

18. Haag, *Alexandria, City of Memory*, pp. 139–50.
19. L. Durrell, *Justine* (London, 1957); also his *Bitter Lemons of Cyprus* (London, 1957).
20. M. Awad and S. Hamouda (eds.), *The Zoghebs: an Alexandrian Saga* (Alexandria and Mediterranean Research Center monographs, vol. 2, Alexandria, 2005), p. xxxix.
21. S. Hamouda, *Omar Toussoun Prince of Alexandria* (Alexandria and Mediterranean Research Center monographs, vol. 1, Alexandria, 2005), pp. 11, 27, 35.
22. Cited by M. Allott in E. M. Forster, *Alexandria: a History and Guide and Pharos and Pharillon*, ed. M. Allott (London, 2004), p. xv.
23. Cavafy's 'The gods abandon Antony', trans. D. Ricks, 'Cavafy's Alexandrianism', in Hirst and Silk, *Alexandria Real and Imagined*, p. 346; E. Keeley, *Cavafy's Alexandria* (2nd edn, Princeton, NJ, 1996), p. 6; Fahmy, 'For Cavafy', p. 274; also N. Woodsworth, *The Liquid Continent: a Mediterranean Trilogy*, vol. 1, *Alexandria* (London, 2009), p. 175.
24. Y. Shavit, *Tel Aviv: naissance d'une ville (1909–1936)* (Paris, 2004), pp. 9, 44–6.
25. J. Schlör, *Tel Aviv: from Dream to City* (London, 1999), pp. 43–4; M. LeVine, *Overthrowing Geography: Jaffa, Tel Aviv, and the Struggle for Palestine, 1880–1948* (Berkeley and Los Angeles, CA, 2005), pp. 60, 72.
26. Schlör, *Tel Aviv*, p. 211.
27. Cited in A. LeBor, *City of Oranges: Arabs and Jews in Jaffa* (London, 2006), p. 30; Shavit, *Tel Aviv*, p. 31.
28. LeVine, *Overthrowing Geography*, p. 285, n. 2.
29. *Bare Feet on Golden Sands: the Abulafia Family's Story* (Hebrew) (Tel Aviv, 2006), pp. 18–21.
30. Shavit, *Tel Aviv*, pp. 81–4.
31. LeBor, *City of Oranges*, pp. 12–13; LeVine, *Overthrowing Geography*, pp. 33–4.
32. LeBor, *City of Oranges*, pp. 38–41; Schlör, *Tel Aviv*, p. 208.
33. Shavit, *Tel Aviv*, pp. 90–91.
34. Ibid., pp. 9, 34.
35. Ibid., pp. 55–6.
36. LeVine, *Overthrowing Geography*, p. 88; LeBor, *City of Oranges*, pp. 46–7; Schlör, *Tel Aviv*, pp. 180, 183–5.
37. Schlör, *Tel Aviv*, pp. 191–9.
38. LeVine, *Overthrowing Geography*, p. 138, fig. 8.
39. P. Halpern, *The Naval War in the Mediterranean, 1914–1918* (London, 1987), pp. 295–300; M. Hickey, *The First World War*, vol. 4: *The Mediterranean Front 1914–1923* (Botley, Oxon, 2002), pp. 65–9.
40. M. Mazower, *Salonica, City of Ghosts: Christians, Muslims and Jews 1430–1950* (London, 2004), pp. 345, 359–60.
41. Ibid., pp. 402–8.

42. Ibid., pp. 423–4.
43. R. Patai, *Vanished Worlds of Jewry* (London, 1981), p. 97.
44. C. Ferrara degli Uberti, 'The "Jewish nation" of Livorno: a port Jewry on the road to emancipation', in D. Cesarani and G. Romain (eds.), *Jews and Port Cities 1590–1990: Commerce, Community and Cosmopolitanism* (London, 2006), p. 165; D. LoRomer, *Merchants and Reform in Livorno, 1814–1868* (Berkeley and Los Angeles, CA, 1987), p. 15.
45. LeBor, *City of Oranges*, pp. 2, 125–35; B. Morris, *The Birth of the Palestinian Refugee Problem, 1917–1949* (Cambridge, 1997), pp. 95–7, 101.
46. Ecclesiasticus 44:9.

五　我们的海——再现（1918～1945年）

1

尽管在第一次世界大战期间，地中海上大部分海军行动发生于地中海东部和亚得里亚海，在分崩离析的奥斯曼帝国和哈布斯堡家族所占有的海域内，但在1918年至1939年，整个地中海都成了对抗的舞台。[1] 处于地中海霸权争夺战核心位置的是贝尼托·墨索里尼（Benito Mussolini）的野心，他于1922年开始执掌意大利大权。他对地中海的态度摇摆不定。有些时候，他梦想着意大利王国能伸展到"大洋"，为意大利带来"阳光下的地盘"；1935年，他力图通过入侵阿比西尼亚来实现梦想，除了艰难困苦的军事战争外，入侵行动本身就是一场政治危机，因为到那时，入侵使他丧失了此前英国和法国对他的尊重。在其他一些时候，他将注意力集中于地中海本身：他说，意大利是"一座深入地中海的岛屿"；他的法西斯大议会（Fascist Grand Council）也不安地认为，意大利是个被囚禁的岛屿——"监狱的围栏是科西嘉、突尼斯、马耳他和塞浦路斯，监狱的守卫是直布罗陀海峡和苏伊士运河"。[2]

意大利的野心得到了第一次世界大战后签订的和平协定的饲育。意大利不仅得到了多德卡尼斯群岛，意大利东北部的奥地利人也被逐出，意大利获得了许多"尚未收复的意大利领土"（*Italia irredenta*）——如的里雅斯特、伊斯的利亚和达尔

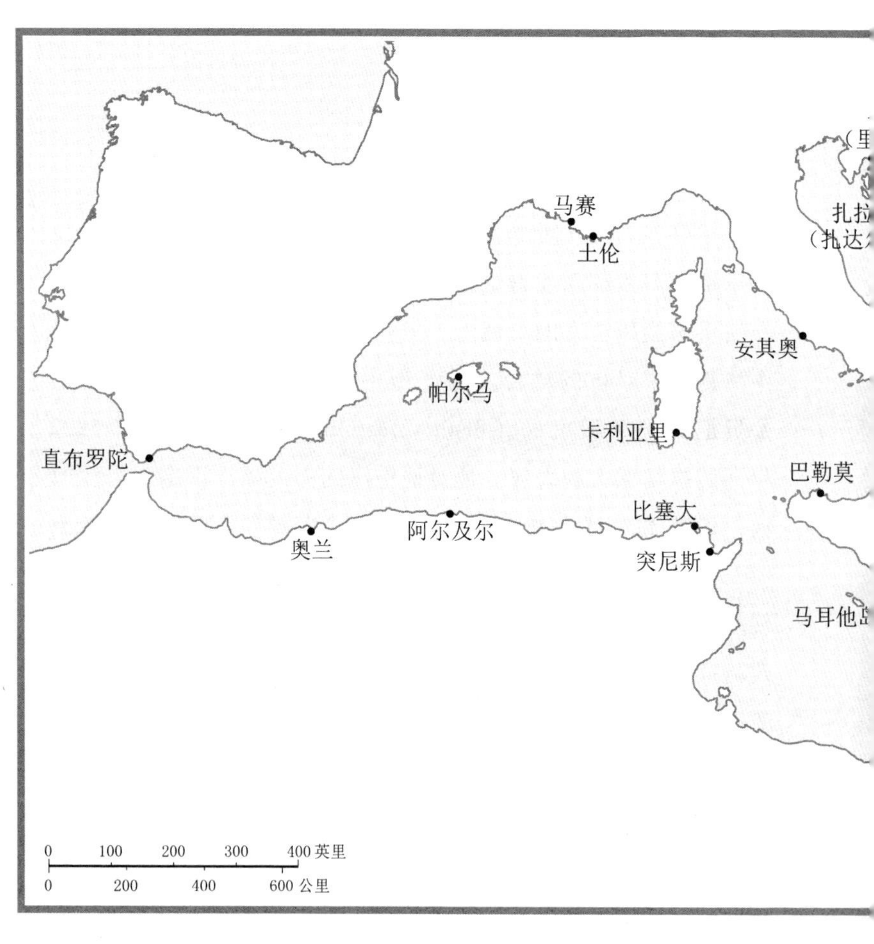

马赛
土伦
安其奥
帕尔马
卡利亚里
直布罗陀
巴勒莫
比塞大
奥兰
阿尔及尔
突尼斯
0 100 200 300 400 英里
0 200 400 600 公里

托
萨扎尼岛
利尼亚岛
亚历山大

马提亚海岸的扎拉（扎达尔）之类的城市，后者以路萨朵（Luxardo）家族生产的樱桃白兰地著称于世。伊斯的利亚的阜姆［Fiume，即里耶卡（Rijeka）］于1919年被民族主义诗人邓南遮（d'Annunzio）统率的私家军占领，并被称为“意大利
602 卡尔拿罗摄政国”（Italian Regency Carnaro）；尽管遭到国际社会的反对，法西斯主义统治下的意大利还是在1924年将阜姆并入自己的国家。一个奇怪的现象——它揭示了历史对法西斯主义梦想的重要性——是各种机构纷纷成立，以促进对科西嘉、马耳他和达尔马提亚历史的严谨研究（及它们的“意大利化”）。沿着横贯古罗马广场的庆典大道，经过古罗马市中心，人们都会仰慕罗马帝国的庞大地图，它向人们展示了它是如何从帕拉丁山（Palatine Hill）上的一个小聚落发展为囊括整个地中海及其远处大片土地的图拉真的帝国的。1913年获得不稳定独立的阿尔巴尼亚也进入了意大利人的视野：阿尔巴
603 尼亚中央银行设在罗马；它的新统治者索古（Zog）国王迫切希望得到意大利的经济和政治援助，随着意大利于1939年4月入侵阿尔巴尼亚，矛盾被迅速解决。甚至在此之前，意大利就在萨扎尼（Saseno）——阿尔巴尼亚海滨的一个小岛——修建了一个重要的潜艇基地。当意大利意欲挑战大不列颠的海上霸权时，潜艇被视为意大利夺取地中海未来胜利的关键。1935年意大利军队最高统帅巴多格里奥（Badoglio）将军宣布，意大利不需要重型战列舰就能通过更现代的手段赢得海上霸权。事实上，意大利舰队根本不值一提：“它在海战的每个方面都处于落后状态——技术陈旧、操控不稳定、领航能力不堪想象。”[3]

入侵阿尔巴尼亚，继续镇压利比亚起义，这些都证明，意
604 大利要建立一个地中海帝国并不只是夸夸其谈，但是在许多观

察家眼中，墨索里尼是一个半喜剧形象，从他那凸起的下巴中喷出一大堆关于复兴“我们的海”的长篇大论。对利比亚的占领催生了跨越地中海的一条南北轴心线，北非将构成意大利的“第四海岸”。英属马耳他统治着西西里与“第四海岸”之间的海洋的事实令意大利感到格外不便；它是一道障碍。墨索里尼于 1937 年成功访问的黎波里，庆祝利比亚海滨第一条长达一千英里的宽阔公路的开通，以及利比亚首都内的一些区域被建成现代型欧洲城市。[4]法西斯主义欲取代大英帝国野心的更多证据出现了，当时，意大利人竟然将其财政扶助的对象扩展到耶路撒冷的大穆夫提（Grand Mufti），他是一位极具破坏力的人物，曾利用 1936 年巴勒斯坦的阿拉伯人骚乱来提高自己作为逊尼派穆斯林首领在巴勒斯坦的政治影响力。法西斯民兵——绿衫军和蓝衫军（他们自然彼此攻讦）——在埃及创立，而亚历山大的意大利社区内还有大量黑衫军。[5]

后来，在 1936 年，意大利人积极帮助由冷酷残暴、毫无魅力可言却指挥有方的佛朗哥（Franco）将军领导的长枪党军队在西班牙作战。除了提供五万人的部队外，法西斯意大利还提供了空中和海上援助，并在巴利阿里群岛战役中发挥了重要作用。墨索里尼没有对西班牙大陆提出主权要求，但海岛就另当别论了。意大利人在马略卡岛登陆，于 1936 年 9 月将共和军从该地逐出；他们以同情共产党为罪名，处决了三千名马略卡人。在接下来的两年内，该岛成为意大利空军向共和军中心巴伦西亚和巴塞罗那发动猛烈进攻的基地。墨索里尼可能想要控制马略卡岛，但他已经获得了他想要的：一个对西地中海采取行动的中心，它与土伦和奥兰之间的距离足以警示在那里驻扎的法国舰队，尽管他的主要困扰是英国海军。然而，事实上，意大利人总能使人们感受到他们的存在：在马略卡岛上，帕尔马城内的主要街道被重新命名为罗马大道（Via Roma），入口处装饰着一些青年人的雕像，罗马鹰停留于他们的肩上。[6] 十五个世纪后，“我们的海”再一次从意大利扩展到西班牙水域。

605 大不列颠还不知道它究竟要从地中海获得什么。到 1939 年，只有百分之九的英国进口品从苏伊士运河通过；而事实上，马耳他并非特别有用的补给基地，尽管它有着优良的港口，但资源短缺（首先是缺水）让它时常需要获取补给物。然而它的确为飞越地中海的飞机提供了有效的中转机场，使它们能够在直布罗陀海峡和亚历山大之间加油。除了公元 16 世纪的雄伟堡垒外，马耳他没有很好的防守设施。在战争之初，海岛由三架单引擎双翼飞机，即“信念号”(*Faith*)、“希望号”(*Hope*) 和“仁慈号”(*Charity*) 守卫，机上配备轻型点 303 机枪。[7] 从战略角度看，马耳他有优势，也有劣势，它距离西西里只有几分钟航程，处于危险的被暴露状态，但英国不会轻易放弃控制地中海中部通道的据点。然而，英国还是选择了亚历山大为其地中海舰队的集结点，尽管它不得不使用比瓦莱塔更差的港口。[8] 至于英国的其他地中海据点，塞浦路斯在被英国人从奥斯曼人手中夺取后，很少被用作海军基地，而海法湾具有特殊的战略价值，是来自伊拉克石油管道的终端。实践证明，直布罗陀海峡不像英国政府预想的那样，会成为与西班牙关系中的一个问题，即便是在与德国开战之后：令希特勒恼怒的是，佛朗哥仍然拒绝参战，一定程度上是因为他害怕英国会占领加那利群岛。希特勒指责佛朗哥在得到多年的支援后就忘恩负义，称他肯定有犹太人血统。[9] 英国仍旧想要获得从西方到东方，尤其是到苏伊士运河的便捷通道。

即便在1939年9月英国和法国向纳粹德国宣战后，也没有理由认为，波兰的防御战将震撼地中海。卷入战争的大多数人都希望在第一次世界大战期间佛兰德拉锯战的现象能够重现。墨索里尼对加入希特勒一方有所保留，尽管他的宣传部长例行公事地自吹自擂：1940年4月21日，他的发言人宣布“整个地中海都处于意大利海军和空军的控制之下，如果英国人胆敢开战，他们就会被即刻赶出去”。[10]仅在法国即将崩溃时，他才适时地决定于6月10日加入德国的阵营。这使他占领了法国的一小块地区，尽管不是他所垂涎的尼斯港。

2

英国在地中海的首要问题是法国，而非意大利。大部分法 606
国指挥官因战败而震惊，他们在贝当（Pétain）与希特勒的耻辱和谈中看到了祖国的救赎；他们用强烈的爱国主义情感掩盖了所感受到的耻辱——他们没有像怨恨英国那样讨厌德国，因为要不是英国参战的兵力过少，他们的祖国怎会遭受不该蒙受的战败？在与意大利人打起来之前——意大利人正开始威胁英国护航船，英国海军有必要弄明白自己与法国舰队的关系，代号为“*Force X*”的部分法国舰队正驻扎在亚历山大。在事实上是英国领土的亚历山大，法国人拒绝向英国人移交船只，但同意封存它们；之后没有发生什么麻烦，尽管法国水兵宣誓效忠驻于维希（Vichy）的贝当政府。[11]但是法国舰队的骄傲停在奥兰，主要驻扎在米尔斯克比尔（Mers el-Kebir），其中包括他们拥有的世界上装备最为精良的两艘战列巡洋舰——“敦刻尔克号”（*Dunkerque*）和“斯特拉斯堡号”（*Strasbourg*）。

海军上将达尔朗（Darlan）被证明是法国利益的誓死捍卫者，在他对维希政权的忠诚动摇前，这种坚定态度将持续几年。英国人向达尔朗提供了多种选择，比如将其舰队并入英国舰队，或者让他率领舰队驶向加勒比海，从而在余下的战争中丧失机动性。达尔朗的观点是，他们是法国人，他们永远是法国人。英国人清楚，剩下的唯一选择是皇家海军发动进攻。1940 年 7 月 3 日，进攻开始，毫不留情。尽管“斯特拉斯堡号”成功逃跑，英国人还是达成了主要军事目标：法军舰艇遭重创，尽管以 1300 名法军士兵的生命为代价。[12]英国为此付出了政治代价：与维希政府仅存的外交关系破裂。达尔朗对英国的憎恶得到充分确认。如今，希特勒可以看到，北非的法国海军和陆军及法属叙利亚由仍旧誓死效忠维希政权的人领导。他们可被用于对抗英国人，但有些不清不楚：法国认为自己已经退出战争。米尔斯克比尔战役坚定了希特勒的想法：他应该将战事集中于北方。墨索里尼获准保有他在地中海所寻求的残破零碎的
607 领地，但不包括突尼斯，因为德国人认为，北非在顺服的维希法国政府手中会更加安全，他们嘲笑外交部长齐亚诺（Ciano）对于尼斯、科西嘉、马耳他、突尼斯和阿尔及利亚部分地区的诉求。[13]

所以英国人在地中海的下一轮冲突是同意大利人的对决，意大利人占据着西迪巴拉尼（Sidi Barrani）——埃及最西部的地区，尽管时间不长。1940 年 11 月，英国人在塔兰托证明了自己，从“卓越号”（*Illustrious*）航母甲板上发动的空袭击穿了意大利人最强大的军舰“利托里奥号”（*Littorio*），并击沉了“加富尔号”（*Cavour*）战列舰。[14]这一快速轻松的胜利打消了意大利人寻求海上决战的念头，更重要的是，它使人确信，

即便是有限的空中力量也能战胜骄傲的敌军舰队。现在的问题是，空袭是否有助于攻占岛屿。马耳他自英意开战以来就饱受意大利空袭摧残，尽管在新开发的雷达的帮助下，小型飞机“信念号”、“希望号”和“仁慈号”在对抗意大利皇家空军（Italian Regia Aeronautica）时异常高效，直到一整支中队的现代化飓风式战斗机抵达，英国的空中防卫力量才得以增强。1941 年初，当“卓越号”从直布罗陀海峡向东进发时，遭到德国和意大利战斗机重创，但它还是设法缓缓滑入马耳他的大海港。[15]对马耳他的轰炸加强了，德国人的每日空袭摧毁了瓦莱塔和大海港对面的三座设防城市，屠杀了成千上万的马耳他居民，这些居民与驻守在岛上的英军一样，常常面临食物和其他基本补给品的匮乏。1941 年 12 月以后，时局每况愈下。这时德军更加严肃地应对地中海战场。穷凶极恶的凯塞林（Kesselring）被任命为地中海指挥官，力图摧毁前往马耳他的英国护航舰船；德军频繁出现于地中海，纳粹德国与苏联开战后，来自其他方向的压力也在增强。到 1941 年秋，英国人能够以轰炸西西里和北非为回击，英国潜艇也袭击为北非的轴心国部队运送补给的意大利和德国船只。德国人和意大利人被激怒了，考虑到日本在太平洋上的经验，他们向第三大轴心国日本求教占领岛屿的最佳方法；日本提议使用的一个方法就是实行坚壁清野以制造饥荒。[16]

现在，马耳他的大港口遍布着残骸、溺亡的水兵尸体和沉
船的油料（有着火的危险）。马耳他守军的部分成功在于保障 608
了马耳他作为有能力突袭敌军、阻止他们向北非调动军队和补给的空军和潜艇基地的价值。与公元 1565 年第一次大围城一样，第二次大围城同样使马耳他人刻骨铭心。[17]丘吉尔担心情况

会发展到轴心国没有必要发动入侵的境地：马耳他会被轰炸至屈服。英国护航船在马略卡南部水域承受着潜艇的巨大压力，然后是去往突尼斯通道上的意大利巡洋舰和德国、意大利水上飞机的巨大压力——1942 年 8 月，从直布罗陀海峡出发了一支有十四艘护航船的舰队，其中只有五艘在马耳他安全抛锚。[18]幸运的是，德国人自己都不知道他们究竟想不想夺取岛屿，尤其是这需要与意军联合行动，北非的经历使他们越来越不尊重意军；墨索里尼认为，一旦大不列颠被迫全线投降，该岛便应该是他的了。[19]同样幸运的是，隆美尔（Rommel）向图卜鲁格（Tobruk）东进后，德国人日益沉迷于他们对北非的野心，因此，到 1942 年 5 月，马耳他似乎成了边缘性的考虑。轴心国相信，地中海战争将在陆地上赢取，而不是通过攻占一座满是尘埃的小岛实现。英国指挥官也认为，“相较于埃及，还是丢掉马耳他更好”。[20]然而，毫无疑问，拯救马耳他的还是岛上那些人，他们拒绝因持续的轰炸和数月的极端困苦而放弃坚守，当国王乔治六世向整座岛屿授予乔治十字勋章时，这点已得到充分肯定。该勋章至今仍印在马耳他的国旗上，提醒人们应记住这座海岛表现出的英勇抗争精神：3 万幢建筑被破坏或被毁，1300 名平民被炸死。[21]

马耳他顶住了，但在 1941 年，英国人在克里特战争中惨遭打击，即便它对德国人而言并不具有什么战略价值。[22]德国最高统帅部对地中海的重要性只有一些零散的认识。德国人站在巴尔干人的角度上审视地中海。谁将长期控制跨越海洋的通道，这是意大利和英国之间的问题。德军与意大利人一道在北
609 非战斗，轴心国想要确保地中海南北补给线的安全，但是希特勒的选择极具争议。在他决定将潜艇派往地中海——一个冒险

之举，因为这意味着得穿越直布罗陀海峡——后，海军上将雷德尔（Raeder）劝说道，此举将危及德国在大西洋的战争努力。轴心国知道，地中海是通过苏伊士运河的中东石油补给通道，但想要将其迅速打通是不切实际的。然而轴心国的石油储备正在耗尽；到 1942 年夏，没有油料的意大利舰队深陷困境，出于通盘考虑，德国人拒绝提供任何补给。所以希特勒另辟蹊径，穿过开阔的俄罗斯大平原前往波斯，在 1941 年打响与苏联的战争，此举之后对他意义更大。他的军队被这场战争带入斯大林格勒（Stalingrad），并陷于其中，然后遭到重大失败。地中海日益增长的重要性让德国吃惊不已。1942 年 11 月，盟军（如今已包括美国人）在 1830 年法国人入侵阿尔及利亚时登陆的海滩登陆时，地中海真正的重要性就更加明显了。[23]

对阿尔及利亚的“火炬行动”（Operation Torch）伴随着在摩洛哥登陆和向突尼斯东进。1942 年 7 月，德国人就已受阻于阿拉曼（El Alamein），并于 11 月被蒙哥马利的军队“沙漠之鼠”（Desert Rats）决定性地击退。但是维希政府的指挥官们，尤其是在北非出现的达尔朗，使局势极端复杂化。事实上，达尔朗只对支持胜利方感兴趣。他自视贝当的天然继承人，愿意与盟军谈判，不管盟军对他这位众人眼中的怯懦叛国者有多轻视。然而达尔朗担心的是，盟军会被击退，那么自己的两面派属性将会被揭露。1942 年 11 月，艾森豪威尔（Eisenhower）将军在阿尔及尔会见了在此地过着奢华生活的达尔朗。艾森豪威尔希望他将法国本土舰队从土伦带到北非，并为美国人效力。达尔朗小声嘟囔着表示同意，但他知道，在土伦当值的海军上将——一位老对手——不会希望如此行事，甚至亚历山大的法国舰艇也表示反对，尽管法国船员与英国人关系良好。一份糟糕的妥协案允许达尔朗在北非担任贝当的代总理，这在英国和美国激起民愤：达尔朗被斥为卖国贼和反犹者；CBS 主持人爱德华·默罗（Ed Murrow）问道："我们是在反抗纳粹，还是在与他们共枕？"
610 圣诞前夜，达尔朗的困境得以解除：当时一位狂热的保王党潜入阿尔及尔的政府办公楼，在达尔朗用完午餐归来时，开枪射杀了这位自以为是的海军上将。[24]

对地中海霸权的争夺日趋激烈；盟军的胜利似乎仍不明朗。1942 年 12 月，驻突尼斯的维希政府的指挥官将装备精良的比塞大（Bizerta）海军基地交给轴心国。与此同时，在 11 月，希特勒决定通过占领维希政府控制区来结束法国的分裂局面；作为奖励，墨索里尼获准得到尼斯，此外他还向科西嘉派遣了几支舰队，他们在岛上升起了意大利国旗。维希政权的指挥官们在地中海战争和政治中的角色令人困惑不解，他们利用一个并没有正式参战的国家的代表身份在交战双方间左右逢源。当盟军用潜艇将一位不出名的法军将领亨利·吉罗（Henri Giraud）从维希法国运到阿尔及尔时，他们发现他身上具有达尔朗的一切傲慢和偏见——他不想成为盟军的走狗，他对废除排犹法令不感兴趣，他逮捕"普通嫌疑犯"，并将他们扣押于盟军视野以外的集中营。他迫切希望发动大规模进攻，将祖国从被德国占领的屈辱中解救出来。[25]大西洋或太平洋上的敌对势力分野远比地中海上的清晰。

3

地中海的政治乱象在 1943 年变得更加混乱。3 月，盟军在突尼斯的梅德宁（Medenine）击败了德国人，隆美尔的德军撤离了突尼斯。5月8日，突尼斯和比塞大落入盟军手中，同时还有25万人的意大利和德国军队。突尼斯的陷落使盟军船只变得更加安全，有多达100艘船的超级护航船队如今通过马耳他到达直布罗陀海峡或亚历山大——英国控制下的地中海的统一即便尚未达成，至少可以预见了。1943年6月，国王乔治六世从的黎波里穿过公海前往马耳他，在那里他受到了喜气洋洋的马耳他民众的欢迎。其目的不只是鼓舞马尔他人的士气，更是为了昭示整个大英帝国正朝着必然到来的最终胜利前进。[26]

对于轴心国而言，还有更多的坏消息。希腊陷于内战，南 611
斯拉夫正掀起反抗。[27]在轴心国内部，有人怀疑，撒丁岛正成为人多势众的盟军取道法国南部入侵欧洲的集结点，卡利亚里为该假情报付出了沉重的代价，盟军轰炸的痕迹至今依旧可见。真正的问题是，地中海上的法国或意大利（用丘吉尔的话说）究竟是不是轴心国在欧洲的“软肋”。1943年6月，盟军第一次在意大利攻占了一片土地：位于马耳他西部、面积很小却极具战略位置的潘泰莱里亚岛，在那里，1.2万名士气低落的意大利士兵因密集的轰炸而投降。[28]当7月盟军出乎意料地选择在西西里登陆时，法西斯大议会召开了一场特别会议，向墨索里尼发难。在他和维克托·伊曼纽尔（Victor Emmanuel）国王接下来的会面中，墨索里尼没有被要求辞职，而是被告知，他已被陆军元帅巴多格里奥取代。在离开奎里纳勒宫（Quirinale Palace）时，他被推入一辆警车，遭到逮捕。尽管巴多格里奥政府的政策导向尚不明确，德国人还是开始组建他们自己在意大利的势力，等待着盟军向内陆攻来。7月22日，美军在巴顿（Patton）将军的率领下占领巴勒莫；8月17

日盟军到达墨西拿时，该城已沦为一片废墟，6 万名德军士兵和 7.5 万名意军士兵已经逃走。这些意大利人并不热衷于战争，他们的情绪也是国家的情绪；在 9 月初，巴多格里奥被连哄带骗地与盟军签订了停战协定。德军飞机轰炸了意大利战列舰“罗马号”（*Roma*），造成大量伤亡，意大利海军将骄傲的本土舰队开往马耳他，并将其移交给英国。塔兰托的巨大港口被心甘情愿地割让给盟军。另外，岛上的情况更加复杂。英军成功地占领了多德卡尼斯群岛中的一些小岛；在凯法利尼亚，德国人残酷地屠杀了 6000 名意军；科西嘉也完全处于混乱之中，德国人、意大利人、自由法国和科西嘉反抗军均对海岛提出主权要求。[29]这样一来，意大利的投降将新的不确定性引入了地中海。

1943 年底，盟军在意大利首次尝试获取立足点，紧接着在罗马南部的安其奥出其不意地空降了大批士兵。之后，盟军
612 将一路战斗至亚平宁半岛的其他地区；意大利政局因墨索里尼的逃跑和他默许北部建立纳粹控制下的“意大利社会共和国”而变得复杂化。尽管进展缓慢，自由法国（不出意外地）和美国人热衷于继续在法国南部登陆，以配合盟军 1944 年 6 月在诺曼底登陆：土伦于 8 月 26 日落入盟军之手，比他们预期的时间更早，这样便腾出了进攻马赛的兵力，马赛于 8 月 28 日被攻克。[30]

不久，人们开始考虑德国战败后的地中海的未来。主要争议问题包括巴勒斯坦、南斯拉夫和希腊，在这些地区，共产主义者的活动开始让国家走向分裂。1944 年 10 月，丘吉尔在莫斯科时，向斯大林表明了英国立场：英国“必须成为地中海的领袖国家”。斯大林理解了这一主张，并同情英国在德国干涉其跨

地中海航线时所面临的困境；他甚至向丘吉尔保证，他不会在意大利搞破坏。这是因为，斯大林主要关心的是，让英国默认苏联在斯拉夫欧洲，包括塞尔维亚在内的统治地位。[31] 对苏联人而言，重申他们是地中海强国的时刻还没有到来。

注 释

1. D. Porch, *Hitler's Mediterranean Gamble: the North African and the Mediterranean Campaigns in World War II* (London, 2004), pp. xi, 5, 661; S. Ball, *The Bitter Sea: the Struggle for Mastery in the Mediterranean, 1935–1949* (London, 2009), p. xxxiii.
2. Cited by Ball, *Bitter Sea*, pp. 10–11.
3. Porch, *Hitler's Mediterranean Gamble*, p. 48.
4. Ball, *Bitter Sea*, pp. 7, 18–19.
5. Ibid., pp. 20–23; M. Haag, *Alexandria, City of Memory* (New Haven, CT, 2004), p. 151.
6. H. Thomas, *The Spanish Civil War* (London, 1961), p. 279 and n. 2.
7. T. Spooner, *Supreme Gallantry: Malta's Role in the Allied Victory 1939–1945* (London, 1996), p. 14; C. Boffa, *The Second Great Siege: Malta, 1940–1943* (Malta, 1992).
8. Porch, *Hitler's Mediterranean Gamble*, pp. 12–16, 40–46.
9. Ibid., pp. 59–60; C. Smith, *England's Last War against France: Fighting Vichy 1940–1942* (London, 2009), p. 142.
10. Cited in Ball, *Bitter Sea*, p. 41.
11. Porch, *Hitler's Mediterranean Gamble*, p. 63; Ball, *Bitter Sea*, pp. 48, 50.
12. Smith, *England's Last War*, pp. 57–94; Porch, *Hitler's Mediterranean Gamble*, pp. 62–9.
13. Ball, *Bitter Sea*, p. 51; Porch, *Hitler's Mediterranean Gamble*, p. 358.
14. Porch, *Hitler's Mediterranean Gamble*, pp. 93–5; Ball, *Bitter Sea*, pp. 56–63.
15. Ball, *Bitter Sea*, p. 68.
16. Spooner, *Supreme Gallantry*, pp. 27, 40–42, 92, 187–205.
17. See e.g. Admiral of the Fleet Lord Lewin in Spooner, *Supreme Gallantry*, pp. xv–xvi.
18. Ball, *Bitter Sea*, p. 149.
19. Spooner, *Supreme Gallantry*, p. 17.
20. Porch, *Hitler's Mediterranean Gamble*, pp. 259–65; Ball, *Bitter Sea*, p. 133.

21. Spooner, *Supreme Gallantry*, p. 11.
22. Porch, *Hitler's Mediterranean Gamble*, pp. 158–76.
23. Ball, *Bitter Sea*, pp. 109, 148–9; Porch, *Hitler's Mediterranean Gamble*, pp. 348–51.
24. Porch, *Hitler's Mediterranean Gamble*, pp. 360–62; Ball, *Bitter Sea*, pp. 170–73; Smith, *England's Last War*, pp. 246–7, 424–5.
25. Ball, *Bitter Sea*, pp. 160–61, 167, 178, 186–7; Smith, *England's Last War*, pp. 350–51, 361–2, 366, 372–3, 402, 416.
26. Spooner, *Supreme Gallantry*, p. 281; Ball, *Bitter Sea*, p. 261.
27. Ball, *Bitter Sea*, pp. 200–209; Porch, *Hitler's Mediterranean Gamble*, p. 566.
28. Ball, *Bitter Sea*, p. 220; Porch, *Hitler's Mediterranean Gamble*, pp. 424, 429.
29. Ball, *Bitter Sea*, pp. 219–33, 239–40; Porch, *Hitler's Mediterranean Gamble*, pp. 430–52.
30. Porch, *Hitler's Mediterranean Gamble*, p. 597.
31. Ball, *Bitter Sea*, pp. 272–7, and for Moscow meeting, p. 280.

六　碎片化的地中海（1945～1990年）

1

同第一次世界大战一样，第二次世界大战中盟军对德国的 613
胜利也让地中海动荡不安。希腊从内战中诞生出亲西方的政府后，塞浦路斯的喧嚣更甚，其号召与希腊统一的运动（*enôsis*）再次开启。正是因为希腊人站在西方一边，以及土耳其没有卷入战争，在20世纪40年代后期，美国才开始将地中海视为对抗苏联扩张势力的新斗争的前哨。[1] 斯大林的现实主义态度使他没有支持共产党在希腊的起义，但他积极探求通过达达尼尔海峡自由出入地中海的方法。在伦敦和华盛顿，对地中海沿岸建立苏维埃同盟国家的担心依旧存在，因为南斯拉夫的游击队领导人铁托（Tito）在战争的最后阶段打出了正确的牌，甚至开始赢得英国的支持。此外，意大利人已经失去了扎达尔、科托尔的海军基地和他们在战争中垂涎的达尔马提亚的大片地区，而阿尔巴尼亚在经历了第一次意大利人占领以及之后德国人占领的痛苦后，已在受教于巴黎的共产党领导人恩维尔·霍查（Enver Hoxha）的领导下重获独立，霍查毫不妥协的姿态使他的国家陷入更深重的孤立。

掌权后，霍查设想，他的国家将与铁托领导下的新生的南斯拉夫和苏联一道，成为社会主义众兄弟国家中的一员。与南
斯拉夫的密切关系在诸多经济协定中留下了印记，这些协定表 614

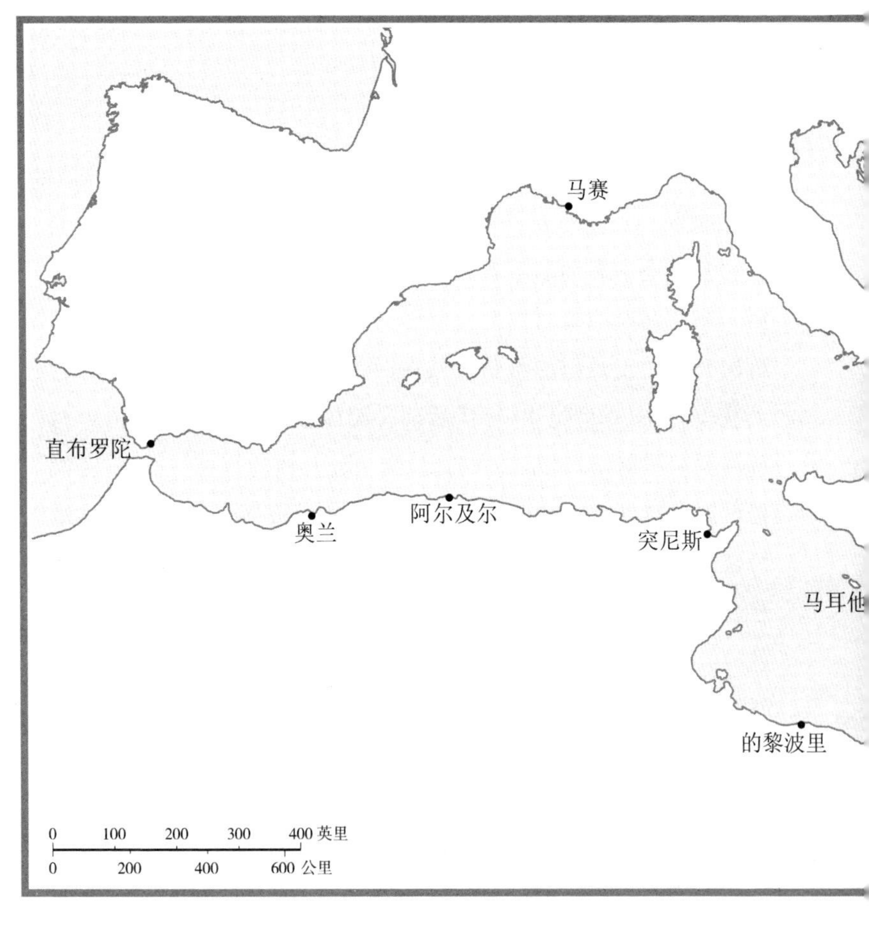

马赛
直布罗陀
奥兰
阿尔及尔
突尼斯
马耳他
的黎波里
0 100 200 300 400 英里
0 200 400 600 公里

科孚岛
尼科西亚
（莱夫柯萨）
法马古斯塔
海法
雅法
赛义德港
加沙

明铁托希望将阿尔巴尼亚拉入南斯拉夫联盟。霍查却另有打算，在他看来，阿尔巴尼亚保卫国家每寸领土的权利，应延伸至阿尔巴尼亚沿岸水域：长期以来作为联系希腊到亚得里亚海的水路的科孚海峡被布上了水雷，防止别国入侵。英国决定派军舰通过海峡，宣称它有权代表世界各国的利益担任地中海海上的警察。1946 年 10 月 22 日，两艘英国军舰在通过科孚东北部的阿尔巴尼亚港口萨兰达（Sarande）附近时触发水雷，四十四名船员丧生。[2] 谁布下了这些水雷是个备受争议的问题；对海峡的后续清理表明，那些还在水中的水雷没有锈迹，是刚
615 上过油的；即便它们不是新的，也有人强烈质疑，它们是铁托的海军代表霍查安放的。阿尔巴尼亚人没有适合安装水雷的船只。[3] 霍查并未道歉，却将手指向了根本不可能是嫌疑犯的希腊人。这一事件终止了英国与霍查的阿尔巴尼亚建立外交关系的尝试。另外，铁托对苏联试图将南斯拉夫当作卫星国的态度愤怒不已，他拒绝了苏联在达尔马提亚建立海军基地的请求。

理论上，英国在地中海的影响依旧强大：利比亚从意大利手中被夺走，置于英国人的托管统治下，尽管英国因战争而处境艰难，希望尽快摆脱这个国家。美国人被授予对的黎波里外
616 围庞大的惠勒斯空军基地（Wheelus Field）的全权使用权，这意味着他们比英国人从利比亚获得的更多——英国在此地的石油开采直到 20 世纪 50 年代后期才开始。[4] 但英国人无力勾画地中海未来这一事实在巴勒斯坦危机中表露无遗，英国对巴勒斯坦的托管再也无法遏制犹太人和阿拉伯人之间的暴力冲突，英国军队逐渐成为极端派别的目标。[5] 美国国防部长詹姆斯·福莱斯特（James Forrestal）对于使地中海充当对抗苏联的前哨的理念非常着迷，他也对巴勒斯坦，其实是对犹太人十分着

迷，他认为，美国在地中海的利益会因美国那些逼迫杜鲁门总统去支持在巴勒斯坦建立犹太国的人而受到致命伤害。在他看来，这会招致其他国家，如阿拉伯国家的不满，如果美国想要在地中海建立海军基地，阿拉伯人的配合是至关重要的。形势也很明朗，斯大林正在利用巴勒斯坦来实现他的个人目的，首先鼓励暴乱，接着在 1948 年 5 月，和美国争着承认以色列国，以色列很快从苏联卫星国捷克斯洛伐克（Czechoslovakia）获得了武器补给。围绕这些问题的不同意见令总统大为光火，他于 1949 年向福莱斯特发难；之后不久，沮丧的福莱斯特便自行了结了生命。[6]

在地中海舞台上，以色列的重要性既体现在人口方面，也体现在政治方面。人们可以看到，巴勒斯坦最大阿拉伯城市雅法的居民在该城落入哈加纳（Haganah）——以色列未来的军队——手中前是如何流散的。另一个重要港口是海法，一个阿拉伯人和犹太人杂居的城市，该城在 1948 年初有约 7 万名阿拉伯人。到独立战争结束时只有约 4000 名阿拉伯人留在该城市。局势不可避免地十分混乱：一些阿拉伯首领放弃了早先的战斗，并于 1948 年 4 月离开城市，这使留下来的人士气低落；阿拉伯高级指挥部（Arab Higher Command）似乎希望阿拉伯人离开，因为它担心他们会在 5 月英国人最终离开巴勒斯坦后被劫持为人质；哈加纳炮击海法，引发了恐慌，人们顶着炮火逃向阿卡和贝鲁特。轰炸的目的是迫使海法的阿拉伯领导人尽快投降。这一冷酷政策遭到一些犹太领袖人物的反对，他们认为，这座城市的未来必须像一家犹太人和阿拉伯人的合资企业——一个犹太代表团前往海法的阿拉伯人居住区劝说人们不 617
要离开，而英国军事情报机构注意到，“犹太人已尽力阻止阿拉伯人成批撤离，但他们的宣传似乎没有多少效果”。[7] 随着更多的人知道阿拉伯人撤离海法城的消息，其他阿拉伯人开始离开那些哈加纳正在逼近的城市：最著名的是雅法，也有加利利内陆各城镇。哈加纳的一篇报道表明，“精神恐慌性逃离”因有关内陆村庄阿拉伯人被驱逐的报道而更趋严重。[8]

20 世纪早期的犹太定居者受犹太复国主义理想指引，而后来的大部分则是在纳粹迫害犹太人之前和迫害期间，以及迫害刚一结束时，为了寻求避难所而来。1938 年以来，英国人对犹太移民的限制主要是因为阿拉伯领导人的无情反对，这使巴勒斯坦成了难以到达的避难所。阿拉伯人对犹太国的强烈敌视不仅局限于巴勒斯坦本身，也让以色列中来自阿拉伯世界的犹太人口激增，他们被视为“新的出埃及者”，从 1948 年开始大量离开阿拉伯国家。在十二年内，地中海的犹太人社区大量集中于以色列。在北非，以色列的建立引发了反犹骚乱，这使得来自摩洛哥、阿尔及利亚、突尼斯和利比亚的成千上万名犹太人大量离去，但更加富裕和更加西化的家庭常常会离开中东，前往法国或意大利。由此便有了犹太人的南北流动和东西流动。到 1967 年，除去以色列，地中海主要的犹太人中心是法国南部，这是北非移民的结果。另外，长达一千九百年的地中海犹太人大离散已经突然被逆转了。

如今，英国、法国和意大利开始失去它们对东、南地中海之占领地的控制。1943 年（这并非最佳时机），黎巴嫩人已经开始煽动摆脱法国的统治，但他们在 1946 年颁布了一项奇怪的法令，保障基督徒和穆斯林的权利；伴随独立而来的是经济的繁荣，就像贝鲁特一样，凭借西方化的举措，成为阿拉伯黎凡特的主要港口和银行中心。在埃及，与过去的告别呈现出一种截然不同的形式：1952 年，一个阿拉伯军官的政变集团夺取了政权，国王法鲁克（Farouk）被流放，这标志着亚历山大混合社会解体的第一阶段，法鲁克的王朝在对亚历山大进行统治时太过挥霍。法属和西属摩洛哥、阿尔及利亚以及突尼斯的
骚乱继续给其宗主国施压。英国的直接控制范围正收缩为从直 618
布罗陀海峡经马耳他到塞浦路斯和苏伊士运河一线。这与它本应在战争期间完成的设想相比，不足挂齿；印度在战争结束两年后获得独立，而且，即使英国仍然保留着马来亚、新加坡和香港，苏伊士的军事和政治重要性也正在下降。这一切意味着丘吉尔希望恢复英国在地中海的霸权正变得无关紧要，但前提条件是：苏联还没有在地中海内找到盟友。而在 1956 年之前，的确如此。

2

推翻了法鲁克国王的革命引发了新的担忧。埃及新领导人迦玛尔·阿卜杜尔·纳赛尔开始向阿拉伯世界展示自己的这样一种形象：他会重塑阿拉伯国家的自尊心（与之相伴的是他们所坚持的主张，所有阿拉伯国家最终是一个统一的“泛阿拉伯民族”）。尽管纳赛尔于 1954 年支持与以色列进行秘密对话，但双方互不信任，对恢复与以色列关系的犹豫尝试演变成了相互敌视。[9]1954 年，英国和法国同意从运河区撤军，而且他们应该不会对 1956 年 7 月纳赛尔在亚历山大城的讲话——宣布运河国有化——感到太过惊讶；也许最困扰他们的是纳赛尔在抨击殖民列强时的强硬语气。英国首相安东尼·艾登（Anthony Eden）认定，他面对的是“尼罗河上的希特勒”。这些恐惧背后隐藏着其他东西，全球性的担心：当美国不再为修

建阿斯旺大坝提供援助时——人们认为大坝能为埃及带来繁荣——纳赛尔转向了苏联。不能忽视纳赛尔可能为他的新盟友在地中海提供一个海军基地的风险。

英国人和法国人认为，埃及人会把运河经营得一团糟，以色列人则正急于表明，埃及对内盖夫（Negev）居民区的轰炸和阿拉伯突击队（*fedayin*）从埃及占领的加沙对以色列发动的进攻，都必须用武力加以阻止。1956 年 10 月，纳赛尔在加沙
619 组建了他的军队，并对以色列进行言语攻击，扬言要将以色列从地图上抹掉——由此来进一步提升他在阿拉伯世界中的威望。[10]1956 年 10 月在巴黎附近举行的一次秘密会议上，以色列总理大卫·本 - 古理安鼓励法国和英国步调一致地对抗埃及，而且提出了一些匪夷所思的主意，诸如同信奉基督教的黎巴嫩一起重建中东，在以色列的保护下建立一个半自主的西方银行，在约旦和伊拉克建立英国的优势地位。英国外交大臣塞尔温·劳埃德（Selwyn Lloyd）认为这一计划野心太大，而且他仍然相信，只要纳赛尔肯听他的，外交游说（jaw-jaw）远胜于战争（war-war）。如果发生战争，他就坚持：目标一定是“占领运河区并摧毁纳赛尔”；如果以色列进攻了埃及，法国和英国就将出面干预，保护运河，这会给他们重获已经失去东西的机会，但他们不可能公开站在以色列一方。[11]

所以，事情的结果是丢人的惨败，向全世界昭示了英国和法国的势力在地中海范围的终结。以色列进攻埃及，迅速占领了加沙和西奈；英国和法国军队在运河区登陆，声称要保护运河，将交战双方隔离开来；但艾森豪威尔总统不赞成早早地结束战争，以色列被要求从西奈撤军，它仅仅得到从红海到埃拉特（不是通过苏伊士运河）自由通行的承诺，以及一份心照不

宣的协定，即埃及所支持的阿拉伯突击队的进攻将告终结。纳赛尔看起来比之前更强大，而艾登的首相任期只持续了数月。欧洲人担心难以维护运河被证明是没有根据的，但危机彻底动摇了地中海昔日的霸主地位。[12]在接下来的十一年里，苏联在埃及的影响与日俱增，正如前者在叙利亚——它一度被并入埃及，成为“阿拉伯联合共和国”（United Arab Republic）的一部分——所做的那样。苏联为纳赛尔提供“顾问”，与此同时埃及对以色列的抨击变得越来越乏味，其中包括一系列受政府控制的媒体中的反犹卡通片。

纳赛尔对以色列的抨击使他建立起在阿拉伯世界的统治地位，但当全中东的民众一起为他欢呼，并谴责以色列时，他被自己的话语冲昏了头脑。1967 年夏初，他承诺对以色列实施
海上封锁，尽管只是在红海，而非地中海。[13]6 月 5 日，以色列 620
先发制人，发动了大规模空袭，仅仅六天后，以色列攻占了加沙、西奈、戈兰高地和巴勒斯坦的约旦所属地区。结果，苏伊士运河成为以色列和埃及军队的交战前线，被封锁了十天，之后双方便在运河两岸打起了消耗战，直到埃及人于 1973 年 10 月发起突然袭击——赎罪日战争（Yom Kippur War）。这次，他们的目标不是“将以色列扔进海里”，而是更加现实地收复西奈。尽管以色列人取得了前期胜利，最终埃及人还是反攻到运河对岸，四年之后，埃以双方才开始艰难的和平谈判，埃及总统萨达特（Sadat）勇闯虎穴，在以色列国会发表演讲，不久后，他就为此付出了生命的代价。之后，运河再度向所有国家的船只开放，最后也包括以色列。但六日战争还使苏联对以色列的态度变得强硬起来；在战争期间，除了摇摆不定的罗马尼亚，苏联一方最终都中断了与以色列的外交关系，此举意在

赢得阿拉伯世界的赞许，同时强调，以色列的朋友是英国、法国，尤其是美国这类资本主义列强。事实上，赎罪日战争具有美苏代理人战争的某些特点：苏联向埃及和叙利亚提供大量武器，而美国则通过亚速尔群岛的美军基地运送装备。更多的危害也因苏联支持暴力的巴勒斯坦极端组织而产生，其中一些，像“解放巴勒斯坦人民阵线”（Popular Front for the Liberation of Palestine），就舒适地在大马士革安顿下来，在此宣传着某种版本的马克思主义。

3

苏联进入地中海政治的过程并非一帆风顺。斯大林答应，意大利和希腊将留在西方世界，1952 年希腊和土耳其都被纳入三年前美国、英国和法国建立的新同盟——北大西洋公约组织（North Atlantic Treaty Organization）。这是一个错误的名字，因为意大利也是其中一员。北约将地中海视为对抗苏联扩张的前线：无论是法国及其北非帝国，还是英国及其在直布罗陀海峡、马耳他和塞浦路斯的基地，都是地中海上的大势力。尚在
621 利比亚惠勒斯基地驻军的美国对如何保卫地中海免遭苏联侵犯有其自己的想法。1952 年，美国第六舰队到访西班牙八座港口，包括巴塞罗那和马略卡岛的帕尔马，此举给佛朗哥大元帅撑足了脸面，当时他正兴奋地将政府的敌人送往另一个世界。尽管西班牙加入北约需等到 1975 年这位独裁者死后，但美国在此之前就已开始在西班牙建立空军基地。

20 世纪 50 年代，法国逐渐从地中海向外张望。这在一定程度上是因为欧洲的重心如今比以往更清楚地集中于北方：1957 年欧洲经济共同体（EEC）的建立不仅被视为促进经济

合作的利器，更被看作防止法德间发生新冲突的手段。意大利的加入给了欧洲经济共同体向地中海发展的空间，但这种空间不应该被过分夸大：意大利之所以有资格加入共同体，凭借的是米兰和都灵（Turin）这些游离于地中海之外的工业城市，在欧洲经济共同体的第一个十五年，意大利是共同体中最贫穷的国家，其贫困的南部文化落后、农业衰退、工业化程度低。[14]背离地中海的更多证据可见于法国去殖民化的痛苦历史。法国先是承认了恼人的摩洛哥人和突尼斯人的自治，后来又允许他们独立，随后又想象着他们的独立能控制住阿尔及利亚，后者的北部沿海已经被纳入了法国本土（metropolitan France）。法国军队与当地民族主义者“民族解放阵线”（*Front de Libération Nationale*）之间的恶性斗争因激进的“秘密军组织”（*Organisation de l'armée secrète*）的参与——他们既攻击阿尔及利亚的民族主义者，也攻击法国政府，以保护他们所谓的法国在阿尔及利亚的利益——而变得复杂。阿尔及利亚问题震撼着民意和法国政治。随着法国在阿尔及利亚的移民者占领了政府大楼，最终导致法兰西第四共和国覆灭和戴高乐在1958年执掌法国大权的军事政变开始了；法国继续向科西嘉派兵。戴高乐接掌政权后，认为法国必须保留对阿尔及利亚的控制，但不久他便承认，这是不可能的，他的几个同僚将军断定，戴高乐背弃了他们的初衷，并发动针对他的暗杀行动。戴高乐不为这些威胁所惧，于1962年允许阿尔及利亚独立。后果是可以预料的：发生了大规模群众运动。那些还未离开阿尔及利亚的欧 622
洲人因1962年7月5日的“奥兰大屠杀”而被劝告离开：阿尔及利亚独立那天，奥兰的欧洲区遭到民族主义者的攻击，他们屠杀了大量民众——人数存在争议（估计至少有100人），但成功实现了吓走成千上万欧洲人的目标。尚在奥兰的法国军队奉命保持中立，持观望态度。在阿尔及利亚独立前后数月，大约有 90 万名法国籍的阿尔及利亚人离开了，包括法国移民和阿尔及利亚犹太人的后裔，他们大部分人定居在法国南部。随之而来的是一波阿尔及利亚本土移民，和来自摩洛哥和突尼斯的移民，他们使马赛和其他城市的中心地区大为改观。大量北非民众的出现，并没有在法国南部创造出新的多民族和谐共存局面，反而催生了丑陋而恐怖的仇外情绪，这种情绪因对“阿尔及利亚民族解放阵线”（简称 FLN）的恐怖主义记忆而得以强化。

英国也面临其地中海各附庸国强烈的独立要求。马耳他人面临三种选择：其一，加入意大利——一种在战前风靡一时但在遭围攻后显得不可思议的观点；其二，通过与英国的联合加强与宗主国的关系；其三，独立。第二种意见获得了广泛的支持，但皇家海军显然对马耳他造船厂的使用越来越少，随着英国人逐渐减少在地中海的出现频率，到 1964 年，独立运动最终获得胜利。但马耳他在此后的十年仍然奉伊丽莎白女王为国家首脑，并继续留在英联邦内。后来，在多姆·明托夫（Dom Mintoff）的社会党政府执政时期，马耳他开始鼓吹其不结盟地位，并在地区内寻求盟友，其中就包括谁都想象不到的，于 1969 年攫取了利比亚政权的卡扎菲上校（Colonel Gaddafi）。该岛保留着一笔奇怪的遗产：鱼和薯条，肉桂卷和英语——尽管如今英语对马尔他人而言处于次要地位。继任的马耳他政府对遗留问题头痛不已，因为他们不知道该如何开发利用不再有英国舰队出没的大海港。海岛的不结盟地位意味着苏联舰队无法从马耳他获得多少利益。但随着与苏联的关系恶化到意识形态方面的论战，中国人开始看到了机会。渺小的马耳他和庞大的中华人民共和国正式建立了外交关系，中国人投资了对马耳他干涸码头的改造工程。另外，截至 20 世纪 70 年代末，中国 623
一直享有使用阿尔巴尼亚海上军事设施的权利，阿尔巴尼亚是中国亲密的欧洲盟友，现在，它乐意拒绝向莫斯科的“修正主义社会法西斯分子”提供设施。[15]

对英国而言，马耳他是只恼人的蚊子，塞浦路斯却是个大马蜂窝。希腊族的塞浦路斯人要求与希腊实现统一，塞浦路斯的希腊族和土耳其族民众之间日益严重的分野产生了一个可以预见的结果：土耳其政府认定，由希腊人把持的塞浦路斯对土耳其南部水域是个战略威胁。然而，反对的焦点不仅仅是对立的社区。外国势力成为希腊暴力民族主义者的目标，这些民族主义者中有日益极端化的中学生。他们想象着，他们正在重新开始摆脱奥斯曼人的统治并实现希腊独立的斗争，一些人成为“埃奥卡”(*Ethniki Organôsis Kypriôn Agonistôn*，EOKA，即塞浦路斯全国战斗者组织）的成员。它的青年分支组织要求成员以“圣三位一体”之名发誓，将“为塞浦路斯摆脱英国桎梏而竭尽全力，甚至不惜献出我的生命”。[16]这并非儿戏。埃奥卡指挥官乔治斯·格里瓦斯（Georgios Grivas）是个毫无同情心的狂热民族主义者。在最紧要的关头，尼科西亚的街头每天都可以看到对英军（共屠杀一百多人）和土耳其人的屠杀行为，希腊社区和土耳其社区都防守着各自的区域——由铁丝网隔开，或由非正规军把守。[17]

劳伦斯·达雷尔——受教于尼科西亚的希腊高中，后来成为塞浦路斯的英国情报官——还记得骚乱开始时，英国殖民当局的优柔寡断：

> 例如，是否以希腊人的方式行事就能被算作希腊人？当雅典正在广播诋毁和煽动性言论，激励希腊人奋起之时，希腊国歌应该在独立日奏响吗？这似乎没有明确的答案，所以我被迫在模糊的友善和责难之间行事。[18]

埃奥卡誓言中的圣三位一体祈祷强调了统一斗争中希腊正教的作用，因为正是希腊教会，而并非作为伯里克利后代的观念，是希腊人认同感的核心——土耳其人对伊斯兰教的情感则随意许多。马卡里奥斯（Makarios）大主教担任了总督（Ethnarch），成为希腊社区的首脑，但英国当局在1956年将其逐出海岛，把他扣留在塞舌尔群岛（Seychelles）上长达三
624 年。他是去殖民化理念的坚定倡导者，并引领了塞浦路斯与希腊的合并运动，土耳其人反击说，缓解土耳其人和希腊人紧张关系的唯一途径是拆分海岛。很难说，这到底是否可行，因为土耳其人遍布海岛各地。此外，希腊人日益掌握经济主导地位，而混合型村庄中的土耳其人社区常常贫困落后。

1960年塞浦路斯共和国成立了，马卡里奥斯任总统，但共和国需要悉心呵护。希腊、土耳其和英国是保护国，如果塞浦路斯受到威胁，它们有权干涉。英国在泽凯利亚（Dhekelia）和阿科罗提利保留了非正式的基地，面积约100平方英里（250平方公里），作为英国统治下的领土；它们成为北约在中东的监听站。根据塞浦路斯宪法，由土耳其人担任副总统，且土耳其人的政治影响力超出了与其人口数相对应的水平（希腊人坚信这一点）。但宪法的目的是确保希腊人不会使海岛与希腊合并。尽管1960年马卡里奥斯承认，塞浦路斯将成为独立共和国，但合并在1967年后仍然是塞浦路斯希腊人的待议事项，

当时一个野蛮的、民族主义强烈的军政府在雅典夺取了希腊政权。1974 年夏，驻扎塞浦路斯的希腊军官成为骚乱的根源，马卡里奥斯在一场政变中被推翻。希腊军官们似乎打算通过武力实现合并。土耳其政府于 7 月下旬进行干预，宣称其作为保护人有权如此行事；土耳其派 3 万人的部队登上海岛，占领北方三分之一的土地，而此时雅典的军事集团名誉扫地，失去了政权。在塞浦路斯，人的作用是可以预料到的。19 万名塞浦路斯的希腊人从凯里尼亚（Kyrenia）、法马古斯塔和一些小城镇或村庄逃至南方，逃往希腊控制区，数万名塞浦路斯土耳其人则匆忙向北逃跑，寻求土耳其军队的保护。由此，海岛终于以民族为界产生了分裂，但也出现了深刻的生理和心理创伤：靠近土耳其前线的法马古斯塔海滨耸立着希腊人利用独立后相对和平局面而建造的酒店，现在已成了废弃的幽灵城镇，与古城法马古斯塔——由四百年前遭土耳其人轰炸的哥特教堂废墟构成的幽灵城镇——相伴。横穿海岛，延伸着在联合国监督下的大片无人区，隔开了两个民族区。尼科西亚早在 1963 年就 625
已经分为土耳其人区和希腊人区，设置了街垒的区域住着土耳其人。[19]土耳其人和希腊人的边界从老城的中心穿过。仅在 2008 年 4 月才开放了尼科西亚老城区的一处十字路口。

土耳其人继续他们针对合并运动的政策。1983 年，北塞浦路斯土耳其共和国（Turkish Republic of North Cyprus）建立，除土耳其外，它不为国际承认，那里驻扎着大量军队，并鼓励成千上万的安纳托利亚土耳其人在当地寻找新生活。塞浦路斯的政治变化可从地名的变化中，从废弃礼拜场地，从四处飘扬的旗帜中得知——在塞浦路斯北部地区，土耳其国旗与北塞浦路斯的旗帜——白底红新月——一同飘扬；在南部，希腊国旗与塞浦路斯共和国旗帜一同飘扬。事实上，塞浦路斯隶属于四种相互独立的势力：希腊塞浦路斯共和国、北塞浦路斯土耳其共和国、英国和联合国。2004 年塞浦路斯加入欧盟之后便致力于团结各方力量，因为欧盟将希腊共和国视为全体塞浦路斯人的政府，欧盟的投资也使土耳其尼科西亚、凯里尼亚和北塞浦路斯其他地区的项目获益。希腊竭力推动欧盟承认塞浦路斯，这不足为奇，因为站在希腊的立场上，这是在欧盟圆桌上增强希腊话语权的机会，让欧盟更深入地卷入希腊 - 土耳其竞争当中，将塞浦路斯的分裂问题带到国际舞台上。[20]而土耳其民众则普遍准备接受成立塞浦路斯联邦的计划，希腊塞浦路斯人拒绝放弃他们在北方的财产，但希望借塞浦路斯加入欧盟之机来解决分裂问题的人未免过于乐观了。迫使北塞浦路斯去寻找一个解决办法的最重要因素是一个严重依赖土耳其经济援助的、不被承认的国家的经济困境，更不用说军事上的困境了。[21]

英国在地中海的第三块领土，也是最小的一块领土没有去殖民化的机会——它也不愿去殖民化。第二次世界大战结束后，英国仍旧将直布罗陀海峡视为重要的海军基地，尽管其重要性随英国在地中海义务的减少而下降，美国人不需要它，因
626 为他们为使用西班牙南部的基地与佛朗哥达成了协议。佛朗哥想象着，如果他能制造出足够的呼声，他就能拥有直布罗陀海峡。但 1950 年前后，英国对于发展与西班牙政府——因镇压记录而名声很差——的关系并不十分感兴趣；西班牙也无法使其声音传到联合国，它到 1955 年才获准加入联合国。[22]前一年，新女王伊丽莎白在她为期六个月的环球之旅中最后访问了直布罗陀海峡，这使佛朗哥有借口调动马德里街头的人群。西

班牙认为，它对国家的每一寸领土都拥有权利，许多直布罗陀人和英国人一样是外国侨民，它宣称，真正的直布罗陀依赖圣罗克（San Roque）的居民而生存，附近的西班牙城镇早在1704年就已有巨岩上的原住民定居。[23]不像其他去殖民化观点，这个问题不在于居民获得自治权，而是一个更加传统的自然边界问题（这点如何适用于摩洛哥对西班牙设在休达和梅利利亚前哨的主权要求，却没有解释清楚）。随着王室到访，佛朗哥对西班牙和巨岩之间的来往做了更严格的规定。一位前美国空军（USAF）飞行员写道：

> 70年代后期和80年代初期，我几次从那不勒斯和西西里飞往直布罗陀。它是我被要求执行的最困难航程之一，因为西班牙的空中交通管制（Spanish Air Traffic Control）为飞机在东部的降落划出了极其狭窄的空中走廊。[24]

英国在该问题上摇摆不定，因为它发现，相比在皇家海军的全盛时期，此时直布罗陀海峡的用处不大，但它还是对直布罗陀人不停地对英国表示忠诚印象深刻。[25]

英国坚持认为，真正值得关注的不是领土完整问题，而是直布罗陀人的意愿。1969年5月，英国政府解释说："女王陛下的政府绝不会让直布罗陀人民屈从于不让他们自由民主地表达意愿的他国政府。"[26]沮丧恼怒的佛朗哥——他从未丧失横行霸道的能力——彻底关闭了西班牙和直布罗陀之间的边界。这一关就是十三年，直到进入民主西班牙时代，而且直到1986年西班牙加入欧洲共同体才完全开放。那段时间，在直布罗陀有份工作的西班牙工人与他们的工作地完全切断了联系，直布

627 罗陀人只能经丹吉尔迂回到达西班牙。西班牙的敏感性达到了巅峰：1965 年，西班牙扬言，如果直布罗陀小姐被允许参赛，它将抵制世界小姐选美；但英国外交部让西班牙自行决断的任何念头都因所有居民拒绝解除与英国的关系而不断遭到抵制。[27]由于其民众融合了英国人、西班牙人、热那亚人、马耳他人、犹太人、印度人以及后来的穆斯林居民，直布罗陀可以被视为曾普遍存在的地中海港口城市的最后幸存者之一。

注 释

1. S. Ball, *The Bitter Sea: the Struggle for Mastery in the Mediterranean, 1935–1949* (London, 2009), pp. 303–6.
2. E. Leggett, *The Corfu Incident* (2nd edn, London, 1976), pp. 28–100.
3. Ibid., pp. 113, 128–30.
4. Ball, *Bitter Sea*, pp. 309, 323.
5. See, e.g., N. Bethell, *The Palestine Triangle: the Struggle between the British, the Jews and the Arabs 1935–48* (London, 1979); M. Gilbert, *Israel: a History* (London, 1998), pp. 153–250; A. Shlaim, *The Politics of Partition: King Abdullah, the Zionists and Palestine 1921–1951* (Oxford, 1990: 2nd edn of his *Collusion across the Jordan*, Oxford, 1988).
6. Ball, *Bitter Sea*, pp. 295, 305–14.
7. Cited by B. Morris, *The Birth of the Palestinian Refugee Problem, 1917–1949* (Cambridge, 1997), p. 87.
8. A. LeBor, *City of Oranges: Arabs and Jews in Jaffa* (London, 2006), p. 122.
9. A. Shlaim, *The Iron Wall: Israel and the Arab World* (London, 2000), pp. 118–19; Gilbert, *Israel*, pp. 306–11; see also Shlaim, *Politics of Partition*, p. 172.
10. Gilbert, *Israel*, pp. 297–8, 311–12, 317.
11. Shlaim, *Iron Wall*, pp. 172–3.
12. H. Thomas, *The Suez Affair* (London, 1967); Shlaim, *Iron Wall*, p. 184.
13. M. Oren, *Six Days of War: June 1967 and the Making of the Modern Middle East* (London, 2002), pp. 60–116.
14. G. Schachter, *The Italian South: Economic Development in Mediterranean Europe* (New York, 1965).
15. H. Frendo, *Malta's Quest for Independence: Reflections on the Course of*

Maltese History (Malta, 1989); B. Blouet, *The Story of Malta* (3rd edn, Malta, 1987), pp. 211–22.

16. L. Durrell, *Bitter Lemons of Cyprus* (London, 1957), pp. 193–4.
17. J. Ker-Lindsay, *Britain and the Cyprus Crisis 1963–1964* (Peleus: Studien zur Archäologie und Geschichte Griechenlands und Zyperns, vol. 27, Mannheim and Möhnesee, 2004), pp. 21, 51–65.
18. Durrell, *Bitter Lemons*, p. 159.
19. Ker-Lindsay, *Britain and the Cyprus Crisis*, p. 37.
20. M. Gruel-Dieudé, *Chypre et l'Union Européenne: mutations diplomatiques et politiques* (Paris, 2007), pp. 160, 165–6.
21. D. Ioannides, 'The dynamics and effects of tourism evolution in Cyprus', in Y. Apostolopoulos, P. Loukissas and L. Leontidou (eds.), *Mediterranean Tourism: Facets of Socioeconomic Development and Change* (London, 2001), p. 123.
22. M. Harvey, *Gibraltar: a History* (2nd edn, Staplehurst, Kent, 2000), pp. 167–8.
23. M. Alexander, *Gibraltar: Conquered by No Enemy* (Stroud, 2008), p. 237.
24. Private communication from Dr Charles Stanton.
25. 注意书中方法的模糊性: G. Hills, *Rock of Contention: a History of Gibraltar* (London, 1974)。
26. Alexander, *Gibraltar*, p. 241.
27. S. Constantine, *Community and Identity: the Making of Modern Gibraltar since 1704* (Manchester, 2009), pp. 414–15.

七　末代地中海
（1950～2014年）

1

628 20世纪后期是地中海移民的大时代之一。前面的章节已经论述了来自北非和进出以色列的移民。西西里和南意大利的移民史始于19世纪后期，移民者主要前往北美和南美。20世纪50年代和60年代，移民转向了北意大利城镇。被忽视、缺乏投资的南意大利农业随着农庄的废弃而继续衰落。在其他地区，殖民联系是重要的。例如，英国对塞浦路斯的统治就将大量的希腊和土耳其社群带到伦敦北部地区。和这些移民一起到来的是他们的烹饪：20世纪70年代，比萨饼在伦敦风行，且英国的希腊餐馆有了塞浦路斯风味。不足为奇的是，南意大利的食物在意大利移民中占据着主导地位：20世纪70年代之前，热那亚酱汁面条这一热那亚烹饪法的卓越创造在意大利之外，或者更确切地说是在利古里亚之外，鲜为人知。但北部欧洲对地中海食物的第一波热情出现在20世纪50年代，当时伊丽莎白·戴维（Elizabeth David）的《地中海食物》问世了。[1]该书引用她常在地中海地区开展的惊险旅行，并在二战中将敌人甩在身后。起初，该书唤起的是渴望而非成就：英国仍旧实行战后食物配给，即便是橄榄油都难以找到。随着欧洲北部的日益繁荣，地中海产品开始向陌生地区开拓市场，1965年戴维夫人终于有信心开了自己的餐馆。到 1970 年，在英国、德国或荷兰的杂货铺里找到茄子和鳄梨还不算太难；到 2000 年，富含鱼、橄榄油和蔬菜的地中海饮食远比主要基于猪肉和从猪肉中提取猪油的传统北方饮食更健康的理念已生根发芽。对地中海烹饪的兴趣——不仅对意大利食物，还有罗马食物，不仅对罗马食物，还有罗马犹太人食物，等等——遍及整个欧洲和北美。[2] 人们对产自远在南方的阿普利亚和阿利坎特的地中海葡萄酒，越来越有兴趣，在先进的加利福尼亚葡萄栽培技术的影响下，颇有前景的克罗地亚沿海地区或土耳其的新种植区被不断提及，更不必说贝卡谷地（Bekaa Valley）和戈兰高地的新老葡萄园了。清淡的北方菜（法国和比利时除外）成了遥远的记忆。这些饮食变化的意义远不只尝鲜猎奇：随着地中海饮食的日益全球化，旧的民族认同被动摇了。 629

从某种意义上说，地中海已经成为所有人的文化财产。但远距离的人口迁移仍旧可造成巨大的政治和社会影响。新的非地中海人口暂时或永久地定居于地中海上的城市，或在乡村充当廉价劳动力。在 2000 年前后到达地中海的大量非洲和亚洲移民只是想借地中海踏上欧洲土地，之后向北前往法国、德国或英格兰，当然意大利的大城市也具有吸引力；但终究是那些加入欧盟的地中海国家站在应对不断膨胀的移入人口的前线。和休达一样，西西里和北非之间的小岛兰佩杜萨、潘泰莱里亚、马耳他都成了受欢迎的入口。联合国难民事务高级专员公署（UNHCR）于 2009 年 5 月痛斥意大利将船上的大量难民送回利比亚。2008 年，36900 名避难者到达意大利，比 2007 年增长了 75%；2008 年，2775 人到达马耳他，相当于每 148 个

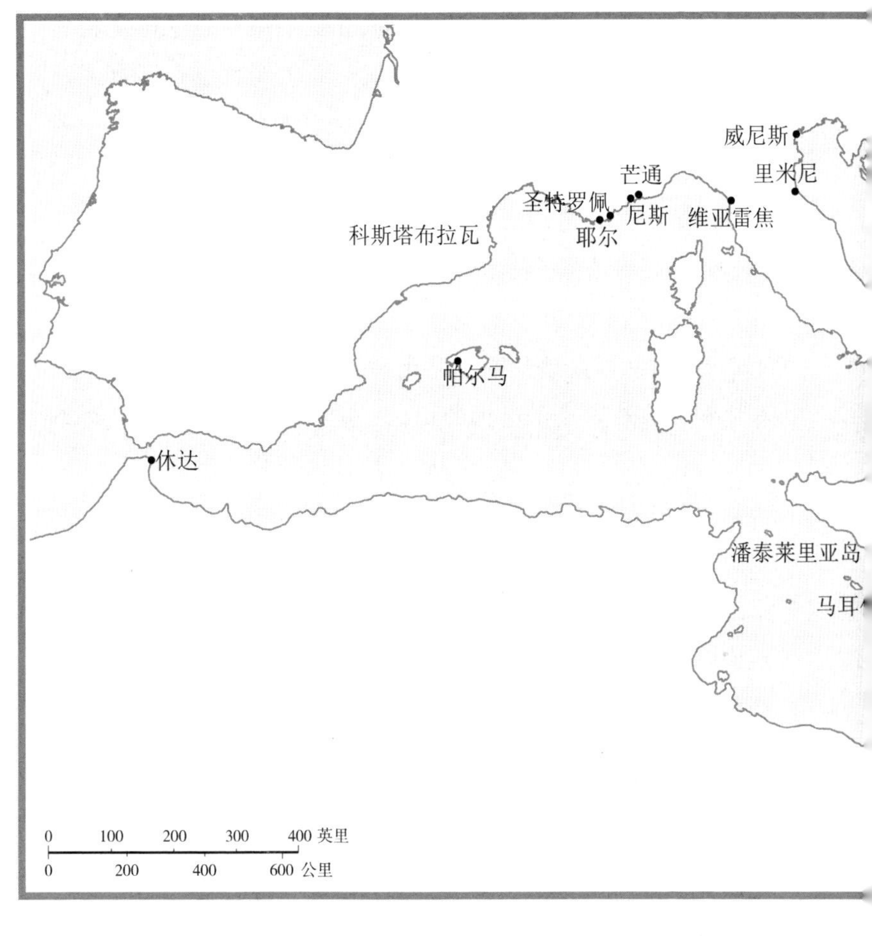
威尼斯
芒通
里米尼
圣特罗佩
尼斯
维亚雷焦
科斯塔布拉瓦
耶尔
帕尔马
休达
潘泰莱里亚岛
0 100 200 300 400 英里
0 200 400 600 公里

法利尼亚
马利亚
阿依纳帕
特拉维夫

马尔他人中就有一个外来移民；但这是 2002～2010 年这九年时间中的顶点。事实上，2010 年移民人数急剧下降，因为马耳他从利比亚和意大利——许多移民的计划目的地——的难民协定中获得了好处，或许是因为深受经济危机之苦，欧洲本身似乎不再那么有吸引力。[3] 这不仅是地中海西部国家面临的问题：多德卡尼斯群岛也已成为民众从亚洲取道土耳其以最后到达欧洲的理想入口。

630 这些新移民的一个重要特点是穆斯林占主导地位，这引发了有关建立清真寺的争论。这一旧的敏感话题，或者说偏见，在安达卢西亚和西西里依旧显眼；但时常出现的极端主义者索取之前所有的伊斯兰土地，包括安达卢斯，以图恢复一个新的哈里发领土国家，这无疑是火上浇油。与之相对的是移民的旧现实：随着西欧生活水平的提高，地位低下的服务性工作落在了移民身上，他们可在酒店找到类似清理房间的女服务员、侍者或保洁员的工作，或者成为修建这些酒店的建筑工。二战后地中海经济领域中的旅游业经历了空前的繁荣，带来了就业机会。

2

631 20 世纪下半叶，地中海中不再存在重要的商业或海军势力，而是发展了一种新行业：大众旅游业。[4] 大众旅游业最早出现在地中海，如今它每年都会吸引 2.3 亿游客。[5] 数百万来自欧洲北部、美国和日本的民众为寻求阳光或文化，或兼而有之，会临时性地迁至地中海。与此同时，希望在西班牙海岸或马略卡、马耳他、塞浦路斯的公寓或别墅度过余生的退休德国人、英国人和斯堪的纳维亚人，在地中海地区建立了以夜总会、小酒吧和酒窖为特色的独具风格的社区，马略卡甚至成立了一个德国人的政党。[6] 没有执照的建筑和土地所有权方面的 632
纠纷（以塞浦路斯为例）使地中海的退休生活并不总是一种愉快的经历，尤其是当房子被暴怒的西班牙当局悉数拆除时。这种南迁造成了严重的环境后果，使有限的淡水和能源供给面临巨大的需求压力（尤其是在塞浦路斯），并用毫无设计、单调乏味的白色混凝土建筑群取代了海滨美景（尤其是在西班牙）。

要了解旅游业是如何在地中海兴起的，就有必要回顾一下它在二战前的良好发展势头。大旅行时代使英国和德国游客前往那不勒斯湾和其他地中海地区（或景点），满足了少数精英人士的需求。在铁路穿越法国，维多利亚女王让芒通（Menton）和耶尔（Hyères）成为公元 19 世纪晚期的冬季流行休假地后，地中海变得更加通达。纪念性的酒店在尼斯和戛纳（Cannes）沿步行街修建起来，一小块地中海海滨"蔚蓝海岸地区"（Côte d'Azur），成为富人在夏天和冬天的度假胜地。而蒙特卡洛（Monte Carlo）在过了一段时间后扬名天下，之后摩纳哥王子建立了海滨浴场协会（*Société des Bains de Mer*）——与其说它关注洗浴（英国人推崇其有益健康一面），不如说它更关注赌博。[7] 意大利的温泉疗养地开始在内陆的蒙特卡蒂尼（Montecatini）、阿巴诺（Abano）和海边的里米尼发展起来，它们的服务对象主要是意大利客户；尽管在福斯特的小说中，英国人到达佛罗伦萨，以包膳宿的方式住上几个月，但此时的大海似乎对他们并没有太大的吸引力。[8] 在 20 世纪晚期发生了戏剧性变化的是游客的人数及其目的地，以及他们到达地中海的多数角落的便捷度。旅游者取代了旅行者。

旅游业的扩张是由以下三种因素导致的：首先，在地中海，一些政府——国家、地区或城市——将旅游业视为吸引外国资本、提升当地产业的一种手段。例如，1976 年、1987 年和 1996 年，以色列提出了三项总体规划，以期鼓励旅游业；该国主要有四类游客——犹太游客、基督教朝圣者、被该国海滩和纪念物吸引的本国旅游者及国外度假者。到 2000 年，从
633 雅法边界向北延伸的特拉维夫海岸分布着大量新建的、成排的四星级或五星级酒店，但少有结构优美的建筑。[9]其次，地中海外的大型旅游公司如汤姆森（Thomson）和赫伯罗特（Hapag Lloyd），积极地进入地中海旅游市场，向西班牙、意大利、希腊和突尼斯海滨派遣他们的代理人，去寻找能够吸引英格兰、德国以及其他地区的游客的酒店。最后，同样重要的是，一些顾客认为在地中海海滨度假的两周是一种摆脱 20 世纪五六十年代欧洲北方的的阴沉的方式——许多人只是想要海滩上的日光浴场或酒店中的游泳池，一些人则不确定他们是不是真的想要品尝一下摆在他们面前的当地食物。在希腊的塞浦路斯，英国度假者可以轻易发现吉百利巧克力和英国的切片面包。[10]人们都知道，荷兰度假者通常要带上几袋荷兰本地的土豆。法国人因为有自己的地中海海岸线，比其北欧邻居更具创造性。地中海俱乐部（Club Méditerranée）集团从 20 世纪 50 年代起就率先推出包价的旅游度假服务，从马略卡的海滩小屋开始，目的是制造出荒凉小岛的浪漫场景。除此之外，该公司的地中海的游览目的地还包括许多鲜有人探访的地方，如摩洛哥的地中海海滨。它的创新手法包括对向顾客直销的强调，但其巅峰期是在 1990 年之前；后来，经济状况和管理问题弱化了它的实力。[11]

起初北部的入侵比较温和。里米尼早在 1938 年就有了机场。尽管在这一时期，里米尼吸引了富裕的顾客，但航空旅行还是非常昂贵，并且很快，战争也中断了这些涓涓细流般的外国游客。二战后，里米尼采用了最受公众欢迎的方法。[12]随着航空、铁路、公路旅行变得日益廉价、便捷，各地的商业开始繁荣起来。20 世纪 50 年代，德国人和英国人的铁路运输开始直通里米尼；卫星城镇大量兴起，以致里乔内（Riccione）和海上米兰（Milano Marittima）开始与里米尼相竞争。它们的商标一直都是为每个实体酒店确定范围的密集的日光浴床、太阳伞和雨伞。相似的发展也发生在比萨附近，在那里维亚雷焦（Viareggio）成为托斯卡纳主要旅游中心，因为它满足了一类对佛罗伦萨的艺术之旅和其他托斯卡纳城市少有兴趣，而更乐意去海边度假的人们的需求（他们可以前往比萨进行奇妙的一日游，以一观斜塔）。大量的旅游者和新酒店及其他基础设施的 634
兴建，成为意大利、西班牙和希腊经济复苏的重要途径。

但是真正的变革的确随飞机的广泛使用而到来。[13]廉价、安全、快捷的航空旅行时代到来了。在这个方面，英格兰是先行者，因为它没有直达地中海的铁路，陆上交通极为不便。英国是航空工业的主要中心，它在 20 世纪 50 年代后期、60 年代早期利用战争中发展起来的新飞机技术，制造了高效的客机，如维克斯子爵（Vickers Viscount）客机和“大不列颠”（Britannia）客机。所以先是英国人，后来是德国人、斯堪的纳维亚人飞向了天空。20 世纪 50 年代的汤姆森度假公司开通了飞往马略卡岛的航班，它将成为大量空中旅行的首个目的地。否则，前往马略卡岛的旅途将慢得令人生厌，需要先坐火车、船、火车，然后换乘另一趟火车（西班牙宽轨），最后再坐船。[14]到20世纪60年代后期，随着更高速、更平稳的喷气式飞机的引进，如BAC Ⅰ－Ⅱ，交通迅速发展；帕尔马的机场仍旧是——至少在夏天是如此——欧洲最繁忙的机场之一。1960年到1973年，每年前往马略卡岛的游客人数从60万猛增到360万。[15]到21世纪初，旅游业占马略卡岛经济总量的84%。所有的混凝土城镇，如帕尔马新城（Palma Nova）都是为旅游业而建的。但这些成就的根基可以追溯到佛朗哥时代。1967年，马略卡岛和西班牙（包括加那利群岛）吸引了25%的英国出国度假者，到1972年吸引了36%，而前往意大利度假者的比例却从16%下降到11%。[16]没有哪个国家可以与西班牙竞争，这正是佛朗哥政权想要的结果：1959年西班牙经济的“稳定规划”并没有料到地中海西班牙、巴利阿里群岛和加那利群岛在旅游业方面的扩张会如此稳定。[17]西班牙海滨的大片混凝土建筑带来了一定程度的繁荣，但也没有为布拉瓦海岸（Costa Brava）和地中海西班牙其他地区的自然美景做足够考虑。一时之间，西班牙令人叹为观止的文化遗产——托莱多、塞哥维亚、科尔多瓦、格拉纳达——在吸引力方面让位于海岸线，这些海岸线得益于新公路的开通、合适的照明，以及其他重要发展，即便铁路交通在很长一段时间内仍旧速度缓慢。

旅行变得大众化和全球化。受益于旅行团的全包旅游，从英国前往西班牙旅行的概念开始吸引来自所有背景的大量人
635 群。游客们不再是穿行于地中海城镇和乡村间的冒险者，因为现在他们可以在安全、舒适的英格兰或德国客厅，通过一份目录来选择航班、酒店、用餐甚至日程，他们知道一位能讲他们的母语的人会在那里帮助他们克服任何困难。人们想要的是“流水线上的假日”。[18]为避免让人们觉得出国似乎太过危险，

有了颇为舒适的多人同行，且当地人也乐意满足外国游客的各种怪异需求：为英国人提供鱼和薯条，为德国人提供烤肠。

那些到地中海度假的人乐于展示，他们从西班牙或意大利回来后皮肤变成了深棕色。到 1947 年，一些法文的小册子在宣传蔚蓝海岸旅游时，强调的一直是海滩的乐趣。[19]深棕色的皮肤成了富有和健康的标志，因为人们所了解的维生素 D 的好处远多于紫外线（UVA）和电磁辐射（UVB）的害处。苍白色的皮肤现在与肺痨与办公室雇员相关联。了不起的鉴赏家可可·香奈儿（Coco Chanel）在 20 世纪 20 年代决定按照自己在漫游地中海晒黑之后的形象设计时装，为以后各时代的女性树立了榜样。但这种对古铜肤色的追求也导致了道德理念的变化。[20]甚至早在第二次世界大战之前，人们就可以在海滩上暴露某些身体部位，在其他公众场合却需要小心地遮掩。女性（及男性）对身体的暴露越来越多。比基尼泳装以一处用于核试验的太平洋环礁的名字命名，于 1946 年在巴黎的时装展示会上获得展示，但又过了二十多年才被广泛接受——即使设计者希望它能像核反应那样在反对它的人群中迅速发展。随着时代的推移，人们变得越来越大胆，于是，通常被掩盖的肚脐也常常被露出。[21]比基尼引起道德缺失行为的可能性让意大利人和西班牙人在 1948 年对其下达禁令（梵蒂冈发表口头声明支持这种观点），但随着外国游客大量前来，这种立场很难坚持。比基尼的部分吸引力来自 20 世纪 60 年代制造此类产品的原料氨纶和莱卡，它们是不吸水的天然及人造纤维的混合材料。即使是连体游泳衣，莱卡紧贴身体的性能也能充分地展示女性的身材，而不如保守派所愿。展示是人们穿泳衣的重要目
的之一，游泳池经常是多数人静静观望、少数人游泳的场 636

所。[22]于是，飞机和比基尼这两项人们难以想象的发明，在20世纪下半叶改变了地中海和欧洲北部间的关系。[23]

显然，追求古铜肤色的游客们的到来令地中海居民感到困惑，对他们而言，太阳是正午时分所要躲避的。随之产生的困惑源于游客们的表现：男女之间的肢体接触，尤其是当他们穿着不是很多时，会令希腊人、突尼斯人和其他人震惊。在共产主义的阿尔巴尼亚，游客的这些行为被视为西方堕落颓废的表现：恩维尔·霍查抱怨邻国游客的种种怪诞行为，“穿短裤，或根本不穿”。无论他的意思是什么（或许是在攻击南斯拉夫的自由主义），他都想强调，没有多少西方游客能进入阿尔巴尼亚，除了来自马克思主义-列宁主义-毛泽东主义政党的来访者。北方的享乐主义和放纵，尤其是在20世纪60年代以后，影响了他们对这些情形的态度，这发轫于当地那些痴迷于其所见所闻的年轻人。[24]20世纪80年代，当女性在海滩上袒胸露乳的现象变得普遍时，文化碰撞就变得更加明显。法国对形体美的崇尚，加上其庞大的美容产业，使得圣特罗佩（Saint-Tropez）不可避免地成为这一领域的先驱；意大利和西班牙度假区紧随其后。某些人的自由化对其他人来说，是种两难境地，而且人们的反应也各不相同。威尼斯圣马可大教堂的一位修女因驱逐衣着不得体的游客而遭到起诉，她发现这份工作压力巨大，并因此精神崩溃。在西班牙，伊维萨岛以同性恋旅游中心而闻名于世，这一迹象表明了该国自佛朗哥时代以来的发展。抓住机遇、从旅游业中获得巨大成就的另一个国家是南斯拉夫，它无可动摇地确立起以酒店为基础的、廉价的、安排合理的度假产品供应者的好名声，尤其受到德国人青睐；它的独特之处在于它是裸体主义者的度假胜地。铁托政府深知这将吸引追求浑身黝黑的德国和斯堪的纳维亚的拥趸，于是相当精明地鼓励了这一产业的发展。

廉价航空和廉价酒精也能摧毁旅游业：克里特的马利亚和
塞浦路斯的阿依纳帕（Ayia Napa）就已遭遇恶名，年轻的英 637
国游客的所作所为已足以破坏他们的形象。他们对当地文化不感兴趣，却想“有机会花费比在家更少的时间来寻求更多的乐趣”。“乐趣”主要指性和酒精，2003 年，英国媒体称，这二者都得到了18～30 岁俱乐部（Club 18－30）旅游公司代表的极力支持。[25]不足为奇的是，马略卡岛曾努力尝试进军高端市场；尽管这意味着游客人数会减少，但每个更富有的造访者会消费更多。一些地方，如阿普利亚和撒丁岛部分地区，已有意识地以“高品质”目的地的名头来做推广，精品酒店已开始抢走大型综合性设施的生意。旅游业已将繁荣带给先前的贫困和非生产性地区。然而环境代价十分高昂。水资源紧缺，空调设备、飞机造成的碳排放，以及酒店综合体附近的海水污染都使地中海环境日益恶化。随着节日日益商业化，当地传统也惨遭荼毒：早就濒临消亡的威尼斯狂欢节被重新启用，并在威尼斯日历上被明显标示出来以加以推广——它在淡季，即城市通常没有游客之时庆祝并非巧合。路易斯·德·贝尔尼埃（Louis de Bernières）的畅销书《柯莱利上尉的曼陀林》(*Captain Corelli's Mandolin*)① 的出版让凯法利尼亚的游客增多，2008 年大获全胜的电影《妈妈咪呀》（*Mamma Mia*）也让希腊群岛得到游客的关注。[26]

长期以来，地中海地区、葡萄牙和加那利群岛几乎是夏季

① 又译《战地情人》。——译者注

大众旅游业发展的绝对受益者；前往古巴、佛罗里达或多米尼加共和国的长途度假在20世纪90年代才成为其在大众市场的主要竞争者。价格战导致一些由英国和爱尔兰企业家领导的廉价航空的建立，因而20世纪90年代末还见证了短途度假，即“城市间旅游”的迅速发展。爱尔兰的瑞安航空公司（Ryanair）在英国、比利时、德国和意大利设立中转站，建立了欧洲最大的航线系统。这些航线不仅有价格优势，也吸引了那些在法国南部、托斯卡纳或西班牙有度假居所的人们。除了航空旅行，海上旅行也繁荣发展起来，有时，航运公司会有些滑稽地宣称：乘坐游轮比乘坐飞机更加有利于环境保护。杜布罗夫尼克挤满了游轮，以致在旺季时得派交警控制流向老城的人流。

638 当然，地中海旅游业并不只针对欧洲人。更遥远国家的两次“入侵”尤为重要：美国人和日本人。虽然在第二次世界大战前，美国人就常出现于地中海的酒吧中（D. H. 劳伦斯就曾经和一位美国朋友一起参观过伊特鲁里亚墓冢），但他们如今的游览路线中还包括了意大利、希腊、法国南部和埃及的历史遗迹，这再次表明，价格低廉和经过精心设计的便捷交通网络使得乘坐飞机从大西洋另一端到达地中海变得轻而易举。日本人试图在欧洲文化和历史中探寻西欧经济成功的原因；此外，这些联系加速了日本已经开始的快速西化进程。日本游客的数量随日本经济的扩张与萎缩而起起落落。旅游业的另一个限制因素是政治骚乱：20世纪90年代，曾经繁荣一时的美丽的达尔马提亚海滨度假区从南斯拉夫的解体中缓慢恢复过来。与中世纪地中海的商路相比，现代游客的度假轨迹没有发生太大的改变：如果克罗地亚或以色列不安全，其他地区，如塞浦路斯、马耳他、土耳其等，就可获得相对优势。

3

因为莫斯科不再试图在叙利亚、利比亚以及其他盟国大肆建立反美集团，所以共产主义运动的低落和苏联解体在一定程度上缓和了紧张关系，但这些国家仍旧普遍敌视以色列。这是因为以色列似乎没有兴趣兑现其对和平的承诺，不愿放弃其在约旦河西岸的定居点，尽管它于 2005 年从加沙地带撤出了（此后，该地区便落入了哈马斯的手中）。2010 年，土耳其和以色列之间牢固的经济与军事联系断裂了，名义上是因为以色列袭击了向加沙运送援助的船只，当时加沙受到以色列的严密封锁；但同样很明显的是，土耳其正在中东寻求新使命，一些人将其定义为“新奥斯曼主义”，这在一定程度上是欧盟对土耳其排斥政策的后果：欧盟最强大的几个成员国反对土耳其加入，而且，没有哪个国家能就塞浦路斯问题提出让土耳其人满 639
意的解决方案。

尽管如此，从 1995 年的“巴塞罗那进程”开始，欧盟就试图引导所有地中海国家向共同的政治、经济、文化目标努力。根据 1995 年的协定，2008 年诞生了“地中海联盟”（*Union pour la Méditerranée*），整个欧盟和地中海所有国家都参与其中，在这个组织中，它们可以试探性地找出共同利益而不是分歧。但这个联盟的缺陷在于，它被地中海国家视为欧盟之外，尤其是被视为羸弱的欧盟候补成员的土耳其。其他一些人则希望看到欧盟成为欧洲－地中海联盟，将其成员国身份拓展到地中海所有地区，但在地中海内部，有大量的政治敌对、经济发展不平衡等问题需要解决，更别说欧洲的未来了，这些都让上面的观点听起来像乌托邦式的美梦。其他极具价值但被忽略了的目标包括清洁海洋计划。海洋污染和过度开发已经使（例如）金枪鱼捕捞业遭受灭顶之灾——地中海金枪鱼四分之三的捕捞量流向了日本。

2009 年底，过于沉重的政府债务引发了欧元区的经济衰退，但整个地中海都受到了影响：地中海北岸和南岸间的沟通交流变得愈发困难；与此同时，高失业率、濒临破产的银行、无力维持经济增长、严厉的紧缩政策，令西班牙、意大利、马耳他、希腊、塞浦路斯的政府忧心忡忡。这些国家同欧元绑在一起，却无力控制国内经济事务，毫无疑问，经济复苏因此变得更难实现。然而，在它们加入欧盟时，它们都深信德国的经济模式也适用于自己。2012 年实现经济增长的地中海国家并非欧盟成员，而是土耳其和以色列，且土耳其的表现尤为抢眼。直布罗陀成为地中海上保持增长的唯一欧盟属地，但它也未能免于责难。批评者们攻击它的金融服务业和政治地位，且后者还面临着西班牙政府强硬姿态带来的挑战：西班牙政府急
640 于让人们把注意力从经济危机上转移，危机的阴影已笼罩该国全境，且再次点燃了加泰罗尼亚的分离主义火焰，该地区的城市上空扬起了加泰罗尼亚旗。

有人可能会认为这是一个良机，可就此脱离布鲁塞尔和法兰克福的体系，在地中海欧洲、北非和黎凡特间建立更紧密的经济文化纽带。可是地中海沿岸阿拉伯国家的未来充满不定性，只有摩洛哥仍能勉力维持稳定，这妨碍了跨海联系的发展。“阿拉伯之春”首先发生在了最繁荣的北非国家突尼斯。之后，埃及废黜了一位总统，然后军方无情地夺得了大权。联合国对利比亚内战的干预使地中海上出现了有史以来的第一批女性海员，她们来自英国和其他地方；不过干预并未带来稳定，而是使当地重拾部族忠诚的文化。叙利亚爆发了最致命的

暴力冲突：叙利亚的城市曾因对基督徒少数族群的宽容而自豪，可如今这些人也沦为该国流亡者大军中的一分子。越来越多的经济和政治难民试图登上马耳他的海岸和意大利的岛屿；一些漏水小船在海上倾覆，夺走了很多难民的性命；过去对利比亚难民限流的协议纷纷宣告无效。

21 世纪初的这些趋势表明：第五地中海已经瓦解。在 21 世纪的世界经济中，一个完整的地中海具有重要的地方意义，而非全球意义。地中海不再是不同文明的交汇之地，也不再是紧密经济联系网络的发源地。跨越全球的便捷联系——通过航空的有形联系及通过网络的虚拟联系——意味着，远距离的政治商业和文化联系得以维持。就这点而言，世界正变成一个大地中海，而且，第五地中海是末代地中海，无论在何种意义上，在这个大地中海内，世界都围绕着伟大的海而转。大海既能连接又能分隔，有时某种趋势会占据上风。地中海尽管曾多次把三块大陆连在一起，现在却成了分隔它们的边界地带。

注　释

1. E. David, *A Book of Mediterranean Food* (London, 1950).
2. C. Roden, *Mediterranean Cookery* (London, 1987); J. Goldstein, *Cucina Ebraica: Flavors of the Italian Jewish Kitchen* (San Francisco, 1998).
3. Information kindly supplied by Dr V. A. Cremona, Maltese ambassador in Tunis, and by Julian Metcalf, Ministry of Justice and Home Affairs, Valletta.
4. L. Segreto, C. Manera and M. Pohl (eds.), *Europe at the Seaside: the Economic History of Mass Tourism in the Mediterranean* (London, 2009); Y. Apostolopoulos, P. Loukissas and L. Leontidou (eds.), *Mediterranean Tourism: Facets of Socioeconomic Development and Change* (London, 2001); P. Obrador Pons, M. Craig and P. Travlou (eds.), *Cultures of Mass Tourism: Doing the Mediterranean in the Age of Banal Mobilities* (Aldershot, 2009);

N. Theuma, *Le tourisme en Méditerranée: une perspective socio-culturelle* (*Encyclopédie de la Méditerranée*, vol. 37, Malta and Aix-en-Provence, 2005).

5. P. Obrador Pons, M. Craig and P. Travlou, 'Corrupted seas: the Mediterranean in an age of mass mobility', in Obrador Pons et al. (eds.), *Cultures of Mass Tourism*, pp. 163, 167.
6. K. O'Reilly, 'Hosts and guests, guests and hosts; British residential tourism in the Costa del Sol', in Obrador Pons et al. (eds.), *Cultures of Mass Tourism*, pp. 129–42.
7. M. Boyer, 'Tourism in the French Mediterranean; history and transformation', in Apostolopoulos et al. (eds.), *Mediterranean Tourism*, p. 47.
8. P. Battilani, 'Rimini: an original mix of Italian style and foreign models', in Segreto et al. (eds.), *Europe at the Seaside*, p. 106.
9. Y. Mansfeld, 'Acquired tourism deficiency syndrome: planning and developing tourism in Israel', in Apostolopoulos et al. (eds.), *Mediterranean Tourism*, pp. 166–8.
10. P. Obrador Pons, 'The Mediterranean pool: cultivating hospitality in the coastal hotel', in Obrador Pons et al. (eds.), *Cultures of Mass Tourism*, pp. 98, 105 (fig. 5.3); D. Knox, 'Mobile practice and youth tourism', in the same volume, p. 150.
11. E. Furlough, 'Club Méditerranée, 1950–2002', in Segreto et al. (eds.), *Europe at the Seaside*, pp. 174–7.
12. Battilani, 'Rimini', pp. 107–9.
13. P. Blyth, 'The growth of British air package tours, 1945–1975', in Segreto et al. (eds.), *Europe at the Seaside*, pp. 11–30.
14. C. Manera and J. Garau-Taberner, 'The transformation of the economic model of the Balearic islands: the pioneers of mass tourism', in Segreto et al. (eds.), *Europe at the Seaside*, p. 36.
15. Ibid., p. 32.
16. Blyth, 'Growth of British air package tours', p. 13.
17. V. Monfort Mir and J. Ivars Baidal, 'Towards a sustained competitiveness of Spanish tourism', in Apostolopoulos et al. (eds.), *Mediterranean Tourism*, pp. 18, 27–30.
18. Blyth, 'Growth of British air package tours', pp. 12–13.
19. P. Alac, *The Bikini: a Cultural History* (New York, 2002), p. 38.
20. I. Littlewood, *Sultry Climates: Travel and Sex since the Grand Tour* (London, 2001), pp. 189–215.
21. C. Probert, *Swimwear in Vogue since 1910* (London, 1981); Alac, *Bikini*, p. 21.
22. Alac, *Bikini*, pp. 54, 94; Obrador Pons, 'Mediterranean pool', p. 103.
23. D. Abulafia, 'The Mediterranean globalized', in D. Abulafia (ed.), *The Mediterranean in History* (London and New York, 2003), p. 312.
24. Theuma, *Tourisme en Méditerranée*, p. 43.
25. Knox, 'Mobile practice', pp. 150–51.
26. M. Crang and P. Travlou, 'The island that was not there: producing Corelli's island, staging Kefalonia', in Obrador Pons et al. (eds.), *Cultures of Mass Tourism*, pp. 75–89.

结语：穿越大海

将地中海历史缩减为些许共性，或试着定义一种“地中 641
海特性”（Mediterranean identity），抑或强调地中海的某些自然特性塑造了人类经验（正如布罗代尔强烈主张的那样），这些做法都是很诱人的。[1] 然而，这种对基本统一的追求始于一个误解，即误解了地中海对于定居于其沿岸和海岛，以及穿越其海平面的民族的意义。我们应当注重多样性，而非追求统一性。在人类的层面上，这些种族、语言、宗教和政治上的多样性始终受到来自地中海彼岸的外部影响，因而处于一种流变状态。从本书前几章描述的西西里岛的最早移居者，到西班牙海滨的带状发展，地中海沿岸地区为不同背景的民族提供了交汇点；这些民族利用地中海资源，有些时候还学会将产品从富饶之地运往贫瘠之地，并以此谋生。鱼类和盐是地中海的馈赠，这是古代罗马进行大量交易的两种商品，也是地中海大城市之一的威尼斯早期繁荣的基石。正如前言所述，渔民并不是本书的主要研究对象，因为他们只留下了极少的历史遗存，且他们追求的是海面以下的资源而非与地中海彼岸的地区建立联系。但也有显著的例外，它位于马耳他附近的狭窄通道：为了采集珊瑚，公元 1540~1742 年，热那亚人在突尼斯海岸的塔巴卡（Tabarka）建立了一处殖民地；也是在这里，现在突尼斯的渔民加入了西西里岛的“马坦萨”（*matanza*），即对金枪鱼的大规模季节性捕杀。由于鱼类只有腌制和风干后才能长久保存，
所以粮食长期以来成为跨地中海的主要贸易产品，地中海沿岸 642

或黑海地区是最初的粮食产地，直至 17 世纪才慢慢为欧洲北部地区所取代。粮食和其他原料的供给为城市兴起提供了可能性，无论是古代的科林斯、雅典和罗马，还是中世纪的热那亚、威尼斯和巴塞罗那。对于这些城市和其他城市而言，被敌人切断了必要的供给就意味着被扼杀。虽然小麦、木材和羊毛贸易不及香料贸易那样出名和富有魅力，记载也不够详细，但是这些贸易为丝绸、黄金和香料这些产自遥远地区的商品贸易奠定了基础。为了获取这些商品，竞争者之间爆发了流血冲突，而满载货物的船只越是频繁往来于地中海，越有可能引起海盗们——古代伊特鲁里亚人、近代早期的柏柏尔人和乌斯科克人——的觊觎。

因此，维持海域内的安定是各政权的重要职责。罗马通过一系列有力的军事活动打击海盗，从而统治整个地中海，进而保障了地中海的安全；在地中海航道无人做主的时期，商队可从诸如威尼斯穆达之类的军事护航队得到保护。位于北非海岸及其他地方的海盗国可能是统治者们为获得安全保障而希望进行谈判的对象，或与其签订条约，或武力对战，如美国在公元 19 世纪初所做的那样。当大的内陆帝国，例如古代的波斯帝国、14 世纪后的奥斯曼土耳其帝国以及 18 世纪的沙皇俄国（它获取永久基地的努力失败了），扩张至地中海沿岸并开始介入航海活动时，地中海上的航运风险变得更大了。也许地中海内最卓越的扩张的例子就是大英帝国了，虽然它是一个不占有地中海海岸的王国，但由于其势力范围从直布罗陀海峡一直延伸到苏伊士运河，能够对地中海施加一定程度的控制，所以引起了地中海周边政权，尤其是法国的愤怒和嫉妒。本书既是一本有关冲突的历史，又是一本关于联系的历史。

必须将控制地中海理解为对横跨地中海的主要航道的控 643
制。为了实现这一目标，建立基地是有必要的，这些基地可以为船只提供食物和淡水补给，还能派遣巡逻队抗击海盗及其他入侵者。因此，从很久以前起，近海诸岛上的定居点就为商人深入地中海冒险提供了重要补给。同样，海岸线的失陷则意味着难以获取建立舰队和商队所必需的木材及其他原料，对这一点埃及的统治者们感受颇深。对地中海航路的控制因竞争对手对地中海海岸和岛屿的统治而变得异常困难。在罗马时期，单一的政治区域造就了单一的经济区域。当然，这也是特例。

地中海的历史也是那些政治隶属各异的港口的历史，来自地中海周边乃至更远地区的商人和居民在此聚集和交流。在本书中，一个屡被提及的港口城市是亚历山大。最初，它具有复杂的身份；直至20世纪下半叶，民族主义的兴起摧毁了地中海的国际化社区，亚历山大城才失去了这一身份。这些港口充当着一些思想观念包括宗教信仰的传播媒介，将希腊诸神传至伊特鲁里亚的塔尔奎尼亚，后来成为犹太教、基督教和伊斯兰教传教的核心地区，每个港口都对地中海周边地域留下了显著的影响。

那些横跨地中海的个人往往具有远见卓识，亚历山大大帝和圣保罗就是其中的佼佼者。值得注意的是，这些人似乎一直都是男性。在性别成为历史问题讨论焦点的时代，人们也许会问：“地中海究竟有多男性化？”在公元11世纪埃及的犹太商人和12世纪热那亚的基督徒商人中，坐商也许是女性。尽管犹太人、基督徒和穆斯林对于经商的态度各异，至少在那个时代，妻子不会随同丈夫参与贸易远行，而是任由他们逐利而行。在13世纪晚期的突尼斯，在热那亚人建立的贸易殖民地

中可以看到些许欧洲女性，她们主要为基督徒商团提供性服务。至于女性参与海战这一 21 世纪的现象尚未在地中海史的
644 框架内被加以考察。但是在移民中——无论是圣奥古斯丁时期入侵北非的阿兰人和汪达尔人，还是 1492 年被驱逐出西班牙的塞法迪犹太人——经常会出现大量的女性参与者（虽然并非总是如此），甚至早期十字军军队中也存在许多贵族妇女及妓女。关于女性朝圣者的记载出现于基督教罗马帝国的前几十年里：4 世纪晚期的一则史料记载了一位来自高卢或西班牙北部的勇敢女性埃格利亚（*Egeria*）或埃特利亚（*Aetheria*）前往圣地的旅行。同样不甚清楚的是，以“海洋人”之名而为人知晓的青铜时代的入侵者是否有女性参与他们前往叙利亚、巴勒斯坦乃至其他定居地域的活动；事实上，关于早期腓利士人放弃爱琴文明的合理解释是他们与迦南人通婚，接受了迦南人的神明并学习了迦南人的语言。然而，在地中海历史上，女奴这一群体有特殊的重要性，她们的境遇天差地别，有的可能在奥斯曼帝国的后宫享有显著的权力，有的遭到了性剥削和性羞辱，还有的则在富有的罗马人别墅内从事下贱劳作。中世纪时，无论男女，许多这样的奴隶从黑海地区被掠来，然而在柏柏尔海盗的猖獗期（还有许多其他时期），沿海居民也面临着劫掠者恐怖的人口掠夺——基督徒从意大利、法兰西和西班牙沿岸被掠夺，穆斯林从摩洛哥、阿尔及利亚和突尼斯海岸被掠夺。1543 年，当法兰西国王弗朗西斯一世允许土耳其人进入马赛并在土伦居住的时候，他们绑架了包括昂蒂布的修女们在内的诸多受害者。整个地中海的相对男性化值得思考——意大利人的“海”（*il mare*）是阳性的，法语的“海”（*la mer*）是阴性的，拉丁语的“海”（*mare*）则是中性的，而希腊人、伊

特鲁里亚人和罗马人的海神——波塞冬、弗福伦斯（*Fufluns*）和尼普顿——都是男性。

在那些横穿地中海的人群中，一般而言商人最多，这是有原因的。最浅层次的原因是，自腓尼基人将字母文字沿地中海传播开始，贸易者就已希望将自己的交易行为记录在册。所以无论是在罗马的普特奥利，或是在中世纪的热那亚和威尼斯，还是在现代的士麦那和里窝那，我们都对他们了解颇多。但是据定义，商人几乎均属于外乡人，为了寻找故乡没有的物品而 645
远走他乡，跨越文化与地域的边界，接触诸多新的神明，听到许多别样的言语，当然有时也会在寻找家乡稀有物品时，将他们（及极少数的情况中的她们）自己置身于当地居民的尖锐批评之中。作为极有价值的外乡人，商人模糊不清的形象早已出现在了我们最早的文献中。我们已经看到，荷马不喜欢商人，对仅有的一些腓尼基商人更表露出轻蔑之态，认为他们惯于欺诈、胆小如鼠，但矛盾之处在于在奥德修斯的诡计中他们极为光荣；在某种程度上，从事交易这种不体面的事情所带来的虚伪之感，依然深深地影响着古罗马时期荷马史诗的贵族读者们。然而，正是腓尼基人冒险探索到西班牙南部，并在靠近西地中海当地人口居住地但又与之相隔一段距离的地方建立了诸多殖民地——比较典型的是易于防守的近海岛屿，因为人们无法预料到和近邻能保持多久的友好关系。作为腓尼基人的殖民地，迦太基凭借自身的力量最终发展成为一支经济和政治力量，这座繁荣的城市成为新贸易网的枢纽、黎凡特文化和北非文化的世界性交汇点、不同文化相互交融的中心。尽管城中的精英阶层依旧称自己为“推罗人”，但实际上他们已经形成一个新的统一体。在迦太基，希腊文化也受到欢迎，城中百姓视腓尼基神麦勒卡特等同于希腊神赫拉克勒斯。男神、女神和商人往返于古地中海之上。此外，出现在意大利海岸的腓尼基人、希腊人——他们都带着独特的文化身份——促进了古朴的伊特鲁里亚农村向城市转变，城市中较为富裕者对舶来品有着强烈的渴望：希腊的花瓶、腓尼基的银碗、撒丁岛的铜像。我们也发现，除了前往意大利寻找金属的商人们，还有很多匠人也旅居于西部“蛮族”的土地上，因为他们清楚，他们的技能在这些地方能让他们赚取比家乡更多的薪金。

在此后数世纪，情形依旧惊人相似。外族贸易者是中世纪地中海的一个显著特征。在这里一个有趣的现象是，拜访伊斯兰世界或拜占庭领土的商人会集中于一个小客店或商栈中，该商栈也兼有货栈、礼拜堂、面包铺和浴室的功能，每个小客店为每个主要“国家”而设：热那亚、威尼斯与加泰罗尼亚，
646 等等。在此意义上，商人可能会成为宗教亵渎和政权颠覆的诱因，这使得埃及统治者下令在晚间将这些旅店反锁（钥匙由在店外的穆斯林持有）。这种做法增强了这些居住在一起的商人的团结和共存感；同时，当不同的意大利人和加泰罗尼亚人群体共同在竞争性的、善于剥削的埃米尔国家中生存时，他们之间的差别也得到了突显。拜占庭人在公元 12 世纪时也将意大利商人隔离于高墙内，在首都培养仇外心理，这样做的可怕后果是迫害拉丁人的丑陋行径。然而，大约在 1300 年，当阿拉贡国王首次对马略卡岛的犹太人实施隔离政策时，将不同群体以墙壁进行分隔的想法就已不再是新鲜的东西了；到威尼斯当局在 1516 年建立“新隔都”将犹太人隔离开来，这种做法就已经十分受推崇了；这些商人的社群为隔都的建立提供了很有用的先例。在这些封闭的区域里，无论是犹太人聚集区，还

是欧洲商人的聚集区，自治、自由的宗教崇拜活动、赋税免除等权利都被加以限制，人们的自由活动受到约束，并需要依赖无常的公共权威来获得保护。

谈及犹太人，就是谈及一些在穿越文化边界方面有非凡能力的商人：在伊斯兰教早期，来自开罗的经冢犹太人开始崛起，建立了跨地中海以及超出地中海范围的广泛联系网；在加泰罗尼亚人商贸扩张的时期，为了寻找黄金、鸵鸟毛和其他非洲产品，他们中的少数人可以将其家庭和贸易联系扩展到同教的教友中间，并深入撒哈拉地区；而当时的基督徒依然被束缚于自己的贸易圈中，对这些物品鞭长莫及。关注一个表现突出、机动性强的少数群体是很有趣的。这些犹太商人可以带回关于地中海港口以外世界的信息，这些信息被记载下来，且沿着欧洲的地中海海岸传播，进而促使著名的波托兰航海图和世界地图在中世纪晚期的马略卡岛出现。因为商人四处移动，全世界的地理环境信息也传播开来。

地中海是“信仰之海”这一概念引自近期一部论文集的标题，这里需要考虑在海上来往的人们不仅有穷人和无名流浪者，也有一些有魅力的使臣，如拉蒙·鲁尔。他逝世于公元1316 年，生前写下数百部关于如何让穆斯林、犹太人和希腊 647
人皈依真信仰的专著和短论。但必须要说的是，他从未使任何人改宗。[2] 鲁尔的职业生涯提醒我们，宗教的冲突与对抗只是整幅画面的一部分而已。他模仿苏菲派（Sufi）的韵句，并与卡巴拉派交往甚密。他是一个敏锐的使者，也是古老的伊比利亚“和谐共存”派的代表，他承认三个源自亚伯拉罕宗教的上帝是同一个唯一真主。与之不同的另一种“和谐共存”理念存在于一些宗教团体成员的脑海中，随着 1492 年西班牙明确了它的天主教属性之后，他们被驱逐或被迫改宗：马拉诺、摩里斯科人、犹太人和穆斯林可能在私下里还坚持其祖辈的信仰，但在公共场合被要求做一些天主教的礼拜仪式。在近代早期，塞法迪犹太人在诸多方面的优越性着实令人惊讶。他们有获得和转变为不同身份者的能力——作为“葡萄牙人”，他们可以进入伊比利亚半岛，作为犹太人则可以居住在里窝那或安科纳。这种能力使他们得以跨越文化、宗教和政治的的边界，就像在六个世纪前生活于开罗的经冢犹太先人一样。他们的多重身份是范围更为广阔的地中海现象中的一个极端例子：不同的文化会在一些地方交汇和融合，而他们反映了不同的身份在个体身上的交汇和融合，通常来讲这的确不易。

当下存在一种将地中海作为交融中心的浪漫化倾向，这无可厚非，但近代早期跨地中海交流的黑暗史实也应当被铭记于心：公元 15 世纪至 19 世纪早期柏柏尔海盗的猖獗，使劫掠与贸易紧密结合。在柏柏尔海盗被镇压之前，地中海航行只有在罗马帝国统治时期（由于罗马对地中海沿岸及其岛屿的完全统治）才真正免于海盗威胁。但是，海盗揭示了一些多重身份最为显著的事例：一些来自苏格兰和英格兰的海盗至少在表面上接受了伊斯兰教，前去掠夺自己祖国的船只。地中海历史的这一黑暗面还包括已经提到的被海盗劫掠的男女奴隶和俘虏，尽管他们就像历史学家波利比乌斯一样，在地中海两岸的文化交流中发挥着显著的作用。

648 地中海历史的统一性矛盾地依赖于它旋涡式的易变性，依赖于商人和流放者的流动，依赖于那些匆匆忙忙要尽快横跨地中海的人们——他们并不希望像遭受长久折磨的朝圣者伊本·居巴尔和菲力克斯·法贝尔一样滞留海上，尤其在航行变得危险的冬天。地中海两岸离得足够近，建立联系很容易；地中海两岸又隔得足够远，让各个社会能够在与内陆腹地的相互影响下保持独立发展。那些横跨地中海的人往往并不是其所生活的社会中的代表者。如果他们在出发远航时不是外乡人，那么在他们渡海进入不同的社会之后，他们也会变成外乡人——或是贸易者，或是奴隶，或是朝圣者。但是他们的存在对这些不同文明产生了变革性的影响，他们将某一个大陆文化的某些因素引入另一个大陆。因此，地中海可能是地球上不同文明之间交流最为频繁的地域，它在人类文明史上所发挥的作用远远超过其他任何海域。

注　释

1. E. Paris, *La genèse intellectuelle de l'œuvre de Fernand Braudel: 'La Méditerranée et le monde méditerranéen à l'époque de Philippe II' (1921–1947)* (Athens, 1999), pp. 315–16, 323.
2. A. Husain and K. Fleming (eds.), *A Faithful Sea: The Religious Cultures of the Mediterranean, 1200–1700* (Oxford, 2007).

扩展阅读

649 此书参考了大量的文献资料。此篇简单的记录只指出了一些将地中海视为整体的作品，但这些作品强调的更多是周边的陆地而非地中海本身。佩里格林·霍尔登（Peregrine Horden）和尼古拉·柏塞尔（Nicholas Purcell）的《被腐蚀的海：一部地中海的历史》（*The Corrupting Sea*：*a Study of Mediterranean History*，Oxford，2000）是关于地中海周边区域及它们间的相互作用的宏大且资料丰富的第一部著作。它着眼于古代和中世纪早期。一部由威廉·哈里斯（William Harris）主编的有价值的论文集《对地中海的反思》(*Rethinking the Mediterranean*，Oxford，2005）也思考了他们的结论。沙恩·雷诺兹（Sian Reynolds）翻译的费尔南·布罗代尔的《菲利普二世时代的地中海和地中海世界》（*The Mediterranean and the Mediterranean World in the Age of Philip II*，2 vols.，London，1972 – 3)，塑造了整整一代人对中世纪晚期和早期近代地中海的研究。布罗代尔的思想世界在帕里斯（E. Paris）的《费尔南·布罗代尔之〈菲利普二世时代的地中海和地中海世界〉(1923 ~ 1947 年）的智力创新》[*La genèse intellectuelle de l'œuvre de Fernand Braudel*：'*La Méditerranée et le monde méditerranéen à l'époque de Philippe II*'(*1923 – 1947*)，Athens，1999］中获得了很好的解释。对于地中海历史的更深入探索是瓜拉奇诺（S. Guarracino）的《地中海：布罗代尔著作中的想象、故事及理念》（*Mediterraneo*：*immagini*，*storie e teorie da Omero a Braudel* ，Milan，2007)。关于1350年到1900年地中海经济和生态变化的富有成果的研究，见塔巴克（F. Tabak）《1550～1870年地中海世界的衰微：历史地理学的视角》（*The Waning of the Mediterranean 1550－1870：a Geohistorical Approach*，Baltimore，MD，2008），尽管这一时间跨度与其标题中的并非一致。关于地中海的环境，格罗夫（A. Grove）和拉克姆（O. Rackham）的《地中海欧洲的自然环境：一部生态史》（*The Nature of Mediterranean Europe：an Ecological History*，New Haven，CT，2001）特别有意义且引人深思。在具有布罗代尔传统的作品中，有一部较为简短但很重要，即普赖尔（J. Pryor）的《地理环境、科学技术和战争：地中海海洋史研究，649～1571年》（*Geography，Technology，and War：Studies in the Maritime History of the Mediterranean 649－1571*，Cambridge，1988）。

除哈里斯的论文集外，其他论文集还有：我自己编写的 650
《历史上的地中海》（*The Mediterranean in History*，London and New York，2003）（同时有法文、西班牙文、土耳其文和希腊文版本），其中有托雷利（Torelli）、巴拉尔（Balard）、格林（Greene）和其他许多人写的精彩章节。卡尔庞捷（J. Carpentier）和莱布伦（F. Lebrun）的《地中海历史》（*Histoire de la Méditerranée*，Paris，1998）主要关注近代，但也包含了一些生动的原始资料。关于宗教问题，可见侯赛因（A. Husain）和弗莱明（K. Fleming）所著《信仰之海：地中海宗教文化，1200～1700年》（*A Faithful Sea：the Religious Cultures of the Mediterranean，1200－1700*，Oxford，2007）。对某些领域进行专门研究的有考恩（A. Cowan）的《地中海城市文化，1400～1700年》（*Mediterranean Urban Culture 1400－*

1700，Exeter，2000），其中有萨克拉里乌（Sakellariou）、阿贝尔（Arbel）、阿梅朗（Amelang）及其他人的文章；以及富萨罗（M. Fusaro）、海伍德（C. Heywood）及奥马里（M. S. Omri）编写的《近代早期地中海上的贸易和文化交流》（*Trade and Cultural Exchange in the Early Modern Mediterranean*，London，2010）。还有一部由米里亚姆·库克（Miriam Cooke）、古克纳尔（E. Göknar）和帕克（G. Parker）编写的英文资料集《地中海航线：从狄多到德里达》（*Mediterranean Passages*：*Readings from Dido to Derrida* ，Chapel Hill，NC，2008）。

更受欢迎的关于地中海的描述经常是有插图的著作，包括：萨拉·阿伦森（Sarah Arenson）的《环形之海：地中海航海文明》（*The Encircled Sea*：*the Mediterranean Maritime Civilisation*，London，1990），它充分利用了海洋考古研究的成果；以及大卫·阿腾伯勒（David Attenborough）的《第一个伊甸园：地中海世界和人》（*The First Eden*：*the Mediterranean World and Man* ，London，1987），它的真正精彩之处是插图。以上两本书都以电视系列片为基础。地中海的迷人之处在马特维耶维奇（P. Matvejević）的《地中海：一处文化景观》（*Mediterranean*：*a Cultural Landscape* ，Berkeley and Los Angeles，CA，1999）中得到了展现。约翰·朱利乌斯·诺维奇（John Julius Norwich）的《中间之海：地中海的历史》（*The Middle Sea*：*a History of the Mediterranean*，London，2006）离海岸太远，并不是他的作品中我最喜欢的一部。曼塞尔（P. Mansel）的《黎凡特：地中海的光彩和灾难》（*Levant*：*Splendour and Catastrophe on the Mediterranean*，London，2010）关注的是不同

族群和宗教共存时的士麦那、亚历山大和贝鲁特。

关于整个地中海的游历见闻，有文笔极好的保罗·泰鲁（Paul Theroux）的《赫拉克勒斯之柱：地中海大环游》（*The Pillars of Hercules：a Grand Tour of the Mediterranean*，London，1995），埃里克·纽比（Eric Newby）的《地中海海岸》（*On the Shores of the Mediterranean*，London，1984），以及罗伯特·福克斯（Robert Fox）的《内海：地中海和它的人民》（*The Inner Sea：the Mediterranean and Its People*，London，1991）。最后，任何迷恋于地中海的人都不会忽视伊丽莎白·戴维（Elizabeth David）的作品《地中海食物》（*A Book of Mediterranean Food*，London，1950），以及记录地中海饮食的克劳迪娅·罗登（Claudia Roden）更近斯的著作《地中海烹饪》（*Mediterranean Cookery*，London，1987）。

译后记

英国学者大卫·阿布拉菲亚的《伟大的海：地中海人类史》中文版在诸多同人和朋友的关注下，在翻译团队所有人的共同努力下，终于问世了。

本书的翻译历时近三年，主要译者有（按所译章节先后排序）：李继荣（导言、第一部、第二部第一章至第八章）；徐家玲（第二部第九章、第十章，第三部）；郭云艳（第四部）；张书理（第五部）。徐家玲负责统校全书。在专业术语面，译者基本参照以往西方历史著述中的译法，但也对某些词做了不同处理。

首先是 tribe、race、nation、people 的翻译。在以往著述中，nation 一词常被译为“民族”，以指代中世纪晚期民族国家兴起之后出现的讲不同语言、居住区相对集中、有相对集中的国家管理机构，以及共同经济、政治生活的人群。但对于古代人群而言，这种译法并不适合，于是本书中做了区别描述和个别调整，在描述古代 nation 时多用“族群”概言之，而谨慎使用“民族”这一译法。Tribe 是部族，race 为种群、种族，自然没有疑问。而 people 一词则比较抽象，如第一部分第四章章名“Sea Peoples and Land Peoples”中 people 译为“民族”显然不合理，用“族群”也不甚贴切，于是本书把群的概念抽象化，把章名译为“海洋人和陆地人”。

在述及埃及犹太人埋经处的文献 Genizah 时，本书没有使用国内通行译法“戈尼萨”（例如见夏继果先生所译《作为全球史的地中海史》)，而是意译为“经冢”。根据犹太教律法的规定，这些文献通常含有神圣的名称和一些犹太人视为禁忌的符号，因此即使是废弃的文献也不可玷污，于是犹太商人将其束之高阁，而不是焚毁。故译者认为将该词译为“经冢”更为贴切。

对于描述古希腊人的 Hellas 一词，尽管它在现代希腊语语境中指的就是希腊人，但本书还是遵从希腊史专家的惯常处理方法，将其译为“赫拉斯”。而 Greece 源自意大利半岛足根处希腊移民区的拉丁称呼，当代希腊人对此其实并不认同。

值得关注的还有通常被译为“僭主”的 despot。它的本意是君主，即一个小型政权的专制者。使用“僭主”这一译名，其实是为了避免在描述希腊古代政权统治者时出现“专制”字样，以“亵渎”传统上人们向往的希腊古代民主政治。但这个名词在不同时期有不同的意义。它在古希腊指小邦君主；在中世纪一些独立城市中可以理解为城主；而在拜占庭分崩离析的后期态势下，通常指获得一片封土的亲王或王子。本书在涉及该词时，通常根据不同的时代做出相应处理。

本书不仅包含历史叙述，还涉及考古学、古人类学、民族学、社会学、宗教学、地理学甚至生物学等多个领域的基本理论和研究方法。其涉及时段跨越数万年，从远古人类尼安德特人的出现一直到 21 世纪地中海金枪鱼濒临灭绝，而关于地中海地理形成机制的描述更是属于地球史领域。坦言之，翻译此书对于涉足“世界史研究”不足百年的中国学者来说是严峻挑战。译者虽然尽力以信、达、雅为宗旨，但仍有学力和文才不逮之处，因此译本难免存有遗憾。在此恳请各界读者谅解，并从自己的特长领域出发提出善意批评，以资日后改进。

徐家玲

于长春净月东师家园

索　引

（索引中的页码为本书页边码）

图书在版编目（CIP）数据

伟大的海：地中海人类史：全二册／（英）阿布拉菲亚（Abulafia，D.）著；徐家玲等译. --北京：社会科学文献出版社，2018.7（2023.6 重印）

书名原文：The Great Sea：A Human History of the Mediterranean

ISBN 978-7-5097-9112-7

Ⅰ.①伟… Ⅱ.①阿… ②徐… Ⅲ.①地中海区-历史 Ⅳ.①K10

中国版本图书馆 CIP 数据核字（2016）第 096257 号

伟大的海（全二册）
——地中海人类史

著　　者／［英］大卫·阿布拉菲亚（David Abulafia）
译　　者／徐家玲 等　　审　　校／徐家玲

出 版 人／王利民
项目统筹／董风云　段其刚
责任编辑／周方茹　廖涵缤　陶　璇
责任印制／王京美

出　　版／社会科学文献出版社·甲骨文工作室（分社）（010）59366527
地址：北京市北三环中路甲 29 号院华龙大厦　邮编：100029
网址：www.ssap.com.cn
发　　行／社会科学文献出版社（010）59367028
印　　装／北京盛通印刷股份有限公司

规　　格／开　本：889mm×1194mm　1/32
印　张：33.375　插　页：2　字　数：748 千字
版　　次／2018 年 7 月第 1 版　2023 年 6 月第 3 次印刷
书　　号／ISBN 978-7-5097-9112-7
著作权合同登记号／图字 01-2013-5410 号
定　　价／168.00 元（全二册）

读者服务电话：4008918866